PAOLI

DU MÊME AUTEUR

La Royale au temps de l'amiral d'Estaing, préface du duc de Castries, Paris, 1977. Prix Feydau de Brou 1978 de l'Académie française.
Les Officiers généraux de la marine royale, thèse de doctorat d'État ès lettres (1987), Paris, Librairie de l'Inde, 1990, 7 vol., 3 547 p.
Campagnes de mer sous Louis XIV, éd. critique des *Mémoires du marquis de Villette-Mursay*, Paris, Tallandier, 1991.
Marine et éducation sous l'Ancien Régime, thèse de doctorat d'histoire (1980), CNRS Éditions, Paris, 1991. Préface de J. Meyer.
Voiles et voiliers au temps de Louis XIV, avec E. Rieth, Paris, Du May, 1992.
Abraham Duquesne, huguenot et marin du Roi-Soleil, Paris, France-Empire, 1992. Préface de F. Bluche. Prix ACORAM 1993. Prix Meurand 1993. Prix Neptunia 1993.
Henri le Navigateur, un découvreur au XVe *siècle*, Paris, éd. du Félin, 1994. Préface de M. Mollat du Jourdin, de l'Institut. Rééd. 1998.
Histoire de Corse. Le pays de la grandeur, 2 t., Félin, 1996. Préface d'E. Le Roy Ladurie, de l'Institut. Rééd. 1998, 2000, 2002. Ouvrage couronné par l'Académie des inscriptions et belles-lettres, prix 2003.
La Mer, coll. « Les Symboles », Paris, éd. Ph. Lebaud, 1997.
La Marine française au XVIIIe *siècle*, Paris, SEDES, 1996.
Chronique maritime de la France d'Ancien Régime, Paris, SEDES, 1998. Préface de l'amiral Lefebvre, chef d'état-major de la Marine nationale.
Sampiero Corso. Un mercenaire européen au XVIe *siècle*, avec A.-M. Graziani, Ajaccio, éd. Piazzola, 1999. Préface de J. Bérenger. Prix du Livre de la Région Corse 2001.
Un prince portugais, Henri le Navigateur, Félin, 2000. Préface de M. Balard. Traduit en portugais, Lisbonne, Piaget, 2000.
Toulon, port royal (1481-1789), Tallandier, 2002. Préface de l'amiral Turcat.
Le Cap Corse. – Généalogies et destins, Ajaccio, éd. Piazzola, à paraître, 2005.

Sous sa direction

Guerre et commerce en Méditerranée (IXe-XXe *siècle)*, Paris, Kronos, 1991.
La France et la mer au siècle des Grandes Découvertes, Paris, Tallandier,1993.
La Guerre de course en Méditerranée (1515-1830), Paris, PUPS, éd. Piazzola, 2000.
La Méditerranée des Doria (1284-1945), Ajaccio, éd. Piazzola, 2001.
La Corse, île impériale, Ajaccio, éd. Piazzola, 2002.
Dictionnaire d'histoire maritime, Paris, Robert Laffont, coll. « Bouquins », 2 vol., 2002.
La Corse, carrefour des routes de Méditerranée, Ajaccio, éd. Piazzola, 2003.
Le Corail en Méditerranée, Ajaccio, éd. Piazzola, 2004.
La Corse, la Méditerranée et l'Angleterre, éd. Piazzola, à paraître, 2005, sous le haut patronage de S.A.I. la princesse Napoléon.

En collaboration

Dictionnaire du Grand Siècle, F. Bluche (dir.), Paris, Fayard, 1990.
Documents d'histoire moderne, Presses universitaires de Bordeaux III, 1992.
Les Sources de la France moderne, J.-F. Solnon (dir.), Larousse, 1994.
Encyclopédie du protestantisme, Le Cerf, Labor et Fides, 1995.
Dictionnaire de l'Ancien Régime, L. Bély (dir.), Paris, PUF, 1996.
Encyclopédie de la France, J.-F. Sirinelli (dir.), Paris, Bordas, 1997.
Le Règne de Louis XIV, Paris, Tallandier, 1998.
Dictionnaire de l'histoire de France, J.-F. Sirinelli (dir.), Hachette, 1999.
Le Larousse de la généalogie, Paris, Larousse, 2002.

Catalogues d'exposition

Marine (1789-1989), Paris, Mission du Bicentenaire, Hôtel de la Marine, 1989.
Les Îles d'Amérique, Jean Favier de l'Institut (dir.), Arch. nat., 1992.
Des vaisseaux et des hommes, Musée maritime de Tatihou, Tatihou, 1992.
Le Chevalier de Borda, Musée de Borda, E. Neuville (dir.), Dax, 1999.
Pirates et flibustiers, Abbaye de Daoulas, Michel Le Bris (dir.), 2002.

Michel Vergé-Franceschi

PAOLI

Un Corse des Lumières

Fayard

À celle qui m'a permis de traverser l'Océan.

« Ami, je crois que dans ce monde il ne faut rien faire à moitié, et qu'une fois entreprise une honnête carrière, il convient de la poursuivre avec fermeté d'âme en laissant à la Providence l'issue, ou bonne, ou mauvaise, de nos travaux. »

Pascal Paoli à Ferdinando de Leon
(Pastoreccia, 11 juin 1755).

AVANT-PROPOS

> « Cet homme [Paoli] fait honneur à l'Homme... Il me paraît digne d'être peint pour l'honneur de l'Humanité. »
>
> Père jésuite Giuseppe Maria Bettinelli (Mantoue, 1769).

Né dans un minuscule hameau du petit village de Morosaglia, peuplé d'une centaine d'âmes, le Père de la patrie corse est mort dans la plus grande capitale européenne de son temps : Londres, cinq cent mille habitants. Né en Corse en 1725, élevé à Naples durant seize ans de 1739 à 1755, rentré en Corse pour moins de quinze ans de « pouvoir » de 1755 à 1769, exilé en Angleterre de 1769 à 1790 – début de la Révolution française –, revenu à Corte pour quatre ans, retourné à Londres de 1794 à sa mort londonienne en 1807, celui qui fut enterré à l'ombre de Westminster auprès de Théodore de Neuhoff a vécu trente-deux ans en Corse, trente-quatre années en Angleterre, seize années de jeunesse napolitaine et quelques semaines parisiennes. Corse de Corse, Paoli est aussi Corse de la diaspora, comme Sampiero Corso avant lui et Napoléon Bonaparte après lui. Curieux destin pour ce petit garçon du Rostino (région de Morosaglia) qui a donné naissance outre-Atlantique à plusieurs *Paoli-Cities*, en sept États américains.

« Né de la plèbe » comme Sampiero, mort en exil comme l'Empereur, Paoli surprend, étonne, séduit, révolte parfois. Quel est-il ? Philosophe du siècle des Lumières ? Religieux comme son frère Clemente, tertiaire franciscain mort au couvent ? Franc-maçon précocement affilié à une loge italienne à Gallipoli ? Ou tardivement affilié à une loge anglaise à Londres ? Humaniste ou soldat ? Homme de plume ou d'épée ? Homme d'action ou de réflexion ? Les ouvrages sur Paoli sont légion, car les sources sont immenses. Sa correspondance, allant de 1749 à 1807, fait régulièrement l'objet de tentatives d'éditions critiques : celle du docteur Perelli publiée dans les années 1880 dans le *Bulletin de la Société des sciences naturelles et de la Corse* ; celle, particulièrement prometteuse, d'Antoine-Marie Graziani : le premier des dix volumes prévus (1749-1756) vient de paraître. Les articles concernant le personnage sont nombreux, chacun s'attachant à lever les ombres qui pèsent sur un point de détail : « Paoli à Naples », « La formation intellectuelle de Paoli », « Paoli et la Révolution », « Paoli en Angleterre », « Le royaume anglo-corse », « Paoli et Bonaparte », « Paoli et Napoléon ». Pourtant, les tentatives de synthèse manquent car Paoli n'est généralement étudié qu'à partir du moment où il arrive au pouvoir, c'est-à-dire 1755 seulement. Résultat, les trente premières années de sa vie – plus du tiers de son existence – sont rejetées dans l'oubli. Or ces trente années sont essentielles et c'est pourquoi nous avons décidé de leur consacrer le premier tiers de cet ouvrage. Paoli, avant d'être un « chef », puis un « héros », a été un « héritier » : l'héritier d'une terre, certes, d'une île ouverte sur le monde, mais surtout l'héritier de son père, Giacinto de'Paoli, l'un des « généraux de la nation corse » de la première moitié du XVIIIe siècle, avec Giafferi, Ceccaldi, Lusinchi, Lucca d'Ornano, au temps où devint « roi des Corses » un gentilhomme originaire de Westphalie : Théodore de Neuhoff. L'héritier enfin de ce Théodore sans lequel l'aventure paoline n'aurait jamais pu prendre la dimension qui fut sienne.

Sous Paoli, la guerre des Corses contre Gênes, commencée avec Sampiero Corso en 1553, aurait repris sous le nom de guerre de Corse, dite aussi guerre de Quarante Ans (1729-1769), et l'assassinat de Sampiero à proximité de Cauro en 1567 aurait eu pour épilogue sanglant la défaite des Corses à Ponte Novo en 1769, face aux troupes de Louis XV, alliées de Gênes. Napoléon aurait alors mis un terme à cette histoire insulaire par ces mots restés célèbres : « Il faut que la Corse soit française une bonne fois pour toutes » (1805) avant de conclure l'épisode en 1821 en demandant à être inhumé à Paris, sur les bords de la Seine, au milieu de « ce peuple français » qu'il avait « tant aimé ».

La réalité quotidienne des Corses de l'époque paoline est différente de cette vulgate stéréotypée. Pour percevoir cette différence, il faut avant tout travailler les généalogies des familles corses, ce que nous avons entrepris au cours de trente-cinq ans de recherches archivistiques. Il n'y a pas d'histoire sans hommes, pas d'hommes sans familles. En faisant de l'histoire « générationnelle », en étudiant les officiers de marine, la parenté de Colbert ou des Corses, en faisant de l'Histoire une alliée de la généalogie, et non de la généalogie la parente raillée de l'Histoire, il en résulte la mise en lumière certaine de « réseaux » : les Giafferi sont pro-vénitiens sur des générations, comme les Lusinchi, les de'Battisti, les Giappiconi, les Abbatucci, les Paganelli, les Boerio, les Arrighi. Les Colonna – du moins Andrea – sont pro-espagnols, comme l'avocat ajaccien Sebastiano Costa qui a laissé d'excellents *Mémoires*, pas toujours objectifs, sur la période 1729-1737, date de sa mort livournaise. Les Ornano – dont Lucca – sont volontiers pro-français, dans la lignée des maréchaux de leur nom. Tous ces réseaux existent depuis cent, cent cinquante, voire deux cents ans, lorsque naît Paoli. Le Père de la patrie corse ne voit pas le jour dans une de ces îles réputées « vierges » d'un océan inconnu. Il naît dans une île européenne, plus que méditerranéenne, dont les habitants n'ont cessé de faire des choix au cours des siècles : aller ou non combattre à Lépante ; aller ou non aider les Vénitiens assiégés par les Turcs à Candie ; partir en France avec Sampiero ou au contraire le combattre ; servir ou combattre Gênes ; rejoindre ou non Alphonse d'Ornano au Louvre ; s'engager ou non dans la garde corse pontificale ; s'affilier ou non à la franc-maçonnerie. Paoli a donc une tout autre dimension que celle qu'on lui prête. Il y a autour de lui des Corses qui combattent pour que la Corse soit vénitienne (Giafferi). D'autres qui la veulent espagnole (Costa). D'autres encore qui la souhaitent rattachée à telle ou telle puissante maison souveraine comme la maison de Lorraine (Théodore de Neuhoff). Et puis il y a tous les Corses qui militent pour que la Corse reste génoise, notamment les habitants des quatre grands ports : Bastia, Ajaccio, Calvi, Bonifacio, véritables « présides » génois. Sans oublier ceux qui luttent pour que la Corse passe sous la souveraineté de l'ordre de Malte (l'abbé de'Zerbi). Réduire Paoli à un pseudo-combat corso-génois serait le réduire à un rôle non seulement mineur mais historiquement faux car les réseaux familiaux dont l'histoire le précède depuis cent, cent cinquante, voire deux cents ans, ne se sont pas constitués par hasard : un Corse ne décide pas de partir servir à Venise, à Rome ou à Madrid comme il décide de partir servir à Marseille. Derrière chaque établissement « en terre ferme », il y a un engagement qui, compte tenu de l'époque sur laquelle nous travaillons (XVIe-XVIIIe siècle), est avant tout un engagement religieux et par conséquent politique. Le Corse comme Giafferi qui part servir à Venise comme capitaine, parce que fils, petit-fils, arrière-petit-fils de colonels corses, tous au service de la république de Saint-Marc, est un dévot inféodé sur trois, quatre, cinq générations aux Habsbourg de Vienne. Le Corse comme Sampiero Corso qui s'allie aux corsaires musulmans, à Dragut, à Soliman pour mieux servir le roi de France n'est pas un dévot ultra-catholique ! Loin de là ! Il recrute des « luthériens » et des « vaudois » pour mener son combat contre Gênes inféodée à Charles Quint, c'est-à-dire au Roi Catholique, Empereur qui plus est. Entre le Corse qui s'engage pour lutter contre le Turc à Lépante ou à Candie, et qui sert sous la bannière des chevaliers de l'ordre de Saint-Étienne de Toscane, et le Corse qui accepte de devenir renégat et raïs sur les corsaires de Tunis, d'Alger ou de Tripoli, le fossé est immense ! Paoli s'inscrit donc dans un combat beaucoup plus large qu'on pourrait le croire à première vue : au-delà du combat corso-génois qu'il mène, et qui est connu, il fait partie des Corses qui sont opposés à l'intolérance, au « fanatisme » qu'il dénonce souvent, aux héritiers des Ligueurs, aux croisades tardives. En bons termes avec le bey de Tunis et les Juifs de Livourne ou d'Amsterdam, en relation étroite avec les loges maçonniques écossaises ou messines, celui qui a combattu pour que la Corse soit corse a aussi combattu pour voir accoucher dans son île une quasi-démocratie de type républicain et laïc. Et cela était un objectif particulièrement difficile à atteindre car, justement, Paoli n'arrivait pas en Corse sur un terrain vierge. Bien au contraire ! Le fait que le pouvoir en Corse n'ait quasiment jamais pu être « unique », qu'il ait toujours été aux mains d'une collégialité faite de plusieurs « généraux de la nation corse » s'opposant – conjointement – au gouverneur génois de Bastia, a été maintes fois remarqué, mais jamais expliqué. Quand Giacinto Paoli est « général », l'autre « général » est Giafferi. Quand Giafferi est « général », Ceccaldi l'est aussi, de même que Lucca d'Ornano et Gio Francesco Lusinchi. Quand Paoli devient « général », Matra est proclamé « général » dans les semaines qui suivent. Puis Abbatucci se met sur les rangs. Cette surabondance de « généraux de la nation corse » est forcément le reflet de quelque chose. D'ambitions personnelles ? Certes. D'une certaine géographie insulaire ? Aussi, surtout dans une île si grande, la plus vaste de Méditerranée, où les communications terrestres sont quasi inexistantes. Mais il faut surtout voir que tous ces « généraux » – comme nos politiques actuels – défendent des idées différentes et qu'ils ne sont pas tous des anti-Génois interchangeables ! L'un travaille pour Venise (Giafferi). L'autre devient colonel espagnol (Ceccaldi). Un autre officier français (Buttafoco) ou colonel britannique (les neveux de Paoli). Derrière chaque proclamation d'intention, derrière chaque velléité de pouvoir en apparence personnel, il y a en réalité un engagement beaucoup plus profond qui dépasse (heureusement) la volonté (médiocre) de vouloir le pouvoir pour le pouvoir : il y a un engagement politique international. S'y ajoute un engagement d'ordre social : un Matra ne défend que la noblesse dont il se dit issu. Un Gaffori, aussi, comme son fils et le gendre de celui-ci, le comte de Buttafoco, royaliste puis émigré, alors qu'un Paoli se veut égalitaire (il s'excuse auprès de George III de défendre des idées « populaires », c'est-à-dire de défendre les intérêts du peuple). Le nombre d'engagements possibles est donc aussi grand que le nombre de combinaisons possibles puisque les Corses s'engagent – comme tous les hommes – en fonction d'au moins trois critères : religieux, social, politique. Existent donc au temps de Paoli des Corses, ultra-catholiques ou non, inféodés à Rome, à Venise, à Madrid, à Vienne, à l'ordre de Malte, ou au contraire inféodés à Versailles, à Gênes ou à Londres, mais il faut ajouter à ces critères religieux et politiques que certains de ces insulaires sont « de basse extraction » comme le dit méchamment Matra du père de Paoli, fils de meunier, ou au contraire « bien nés » comme Matra lui-même qui se prétend « marquis de Matra ». À ces phénomènes d'appartenance – lignagère –, assez faciles à déterminer, il y a encore lieu d'ajouter les phénomènes d'appartenance plus difficiles à déceler : appartenance culturelle d'un homme, de par ses lectures : lecture des philosophes français (Montesquieu, Rousseau), des Anciens (Virgile, Tacite, Polybe), des écrivains (Machiavel, Sarpi, Boswell, Ramsay) ; appartenance philosophique en une époque où la franc-maçonnerie est avant tout une forme de sociabilité. Étudier Paoli, c'est donc tenter de le replacer dans cet immense contexte : diplomatique et international, social et insulaire, religieux et intellectuel. Et c'est le faire en une époque qui voit la Méditerranée agitée comme elle le fut rarement depuis les croisades. Les Anglais hivernent pour la première fois en Méditerranée en 1694. En 1704, ils s'installent à Gibraltar et y restent. En 1707, ils s'emparent de Minorque qu'ils gardent jusqu'en 1756. En 1744, ils bombardent les escadres franco-espagnoles réfugiées à Toulon. En 1756, ils perdent Minorque, mais la reprennent à Louis XV en 1763. La pression anglaise devient alors immense en Méditerranée, en Europe, en Amérique du Nord : le Canada devient anglais en 1763. Paoli voudrait combattre Gênes avec les Corses, avec les seuls Corses. C'est impossible. Bastia, Ajaccio, Calvi, Bonifacio sont présides génois. Les citadelles génoises sont fortes même si les garnisons sont faibles. Les murailles génoises sont épaisses même si les chances génoises sont minces. Il faut des canons, des bouches à feu, de l'artillerie, de la poudre continentale. Il faut des métaux, du cuivre, du fer, du bronze. Il faut surtout de l'argent. Les paolistes n'ont que leur détermination. Sampiero avait eu besoin des galères françaises du baron de La Garde et des renforts discrets de Catherine de Médicis. Paoli a donc eu besoin, à son tour, de secours extérieurs : prussiens, suisses, écossais (Stuart, jacobites), transylvaniens (Rakoczy). Pour l'essentiel, ils s'avérèrent britanniques. Cela n'enlève rien à ce « cosmopolite » dont même le père jésuite Giuseppe Maria Bettinelli disait depuis Mantoue, en 1769 : « Cet homme fait honneur à l'Homme [...]. Il me paraît digne d'être peint pour l'honneur de l'Humanité. »

CHAPITRE PREMIER

La Corse : entre tolérance et esprit de croisade (1533-1669)

« Il a toujours suffi à nos armes de combattre pour vaincre. Si nous combattons, nous vaincrons. Si nous ne combattons pas, nous mourrons. »

Don Luigi Giafferi, janvier 1736
(*Mémoires* de S. Costa, t. I, p. 781).

« On ne peut vraiment pas appeler victoire celle que l'on remporte sur ses propres concitoyens. »

Pascal Paoli à don Gregorio Salvini,
Morosaglia, 8 septembre 1755.

La Corse évoque trop aujourd'hui les seuls sangliers, la chasse, la farine de châtaigne, les mouflons aux cornes recourbées. Faire naître Paoli dans une Corse présentée comme archaïque, purement pastorale et bucolique, vivant médiocrement de son pain de châtaigne, de ses fromages de chèvre et de ses pâtés de merle ou de sansonnet serait non pas une hérésie mais une injure à l'île, au passé de l'île, à la culture de l'île. La Corse dans laquelle naît Paoli est loin d'être repliée sur elle-même, enfoncée dans un affreux conflit corso-génois. L'île est exceptionnellement ouverte sur le monde. C'est vrai, il y a des mouflons, mais il ne faut pas oublier que le frère de l'amiral Anson a chez lui, en Angleterre, un mouflon corse ! Depuis le XVIe siècle, en effet, les Corses sont omniprésents au sein des armées européennes : en l'île de Wight avec Sampiero Corso, ou sous les murs de Belgrade avec les Colonna d'Ornano (1717). En relation avec l'Écosse, dès l'époque de Marie Stuart, les Corses ont vu débarquer dans leur île les alliés de Sampiero : des escadres ottomanes et les généraux des galères de France issus de la puissante maison de Lorraine, les Guises. Loin d'être des paysans frileux repliés dans leurs montagnes, les Corses, semblables aux Highlanders d'Écosse, ont donné des soldats à Lépante, des colonels au Saint-Siège, des provéditeurs généraux dans les armées de Venise, des gardes au pape, des chefs à Candie, des gouverneurs à Zante ou Famagouste, des colonels au Roi Catholique, des agents secrets à l'Empereur, des maréchaux à la France, des corsaires à Malte, des chevaliers de Saint-Étienne de Toscane, des milliers de prêtres, des centaines de docteurs en théologie, des centaines de diplômés des universités de Padoue, de Rome, de Venise, de Salamanque. La diaspora corse est connue. Les Corses, de tout temps, ont été partout : à Marseille, certes, à Livourne, à Rome, mais aussi à Édimbourg ou à Dunkerque.

Paoli ne naît pas en une île périphérique, encore moins en une île marginalisée. L'une des plus grandes îles de Méditerranée attire depuis des siècles toutes les puissances du monde : depuis la France des Valois jusqu'à la Moscovie de Catherine II. Toutes les puissances cherchent à se créer en Corse leur propre clientèle. C'est dire que lorsque Paoli naît, il y a bien autre chose en Corse que des Corses asservis et des Génois dominateurs. Il y a des lignages, et, à la tête de ceux-ci des hommes, et derrière ces hommes « illustres » des fidélités – familiales, villageoises –, des solidarités – religieuses, politiques –, affirmées ou secrètes, mais aussi des inimitiés tenaces, vivaces, violentes et héréditaires. Lorsque Paoli naît, il y a en Corse des familles qui servent Venise depuis Lépante, c'est-à-dire depuis plus de cent cinquante ans, soit depuis quatre ou cinq générations. Il y a d'autres familles traditionnellement inféodées à Gênes, depuis des siècles. D'autres encore qui ont des liens privilégiés à Cadix, à Barcelone, dans l'Amérique espagnole, parce que tel ou tel arrière-grand-oncle y a fait souche. Depuis lors, la famille vit en relation constante avec ses descendants et participe par exemple au transport des piastres depuis Cadix jusqu'à Livourne. La Corse n'est pas une île repliée sur elle-même : le chocolat chaud que sert Paoli à ses invités à Corte ne provient pas d'un éventuel cacao planté dans l'île ! L'argenterie qu'utilise Paoli à Corte, pour faire honneur aux hôtes de la Corse (et frappée aux armes de celle-ci), ne provient pas de mines d'argent insulaires ! La poudre, les canons, les armes, le fer, le cuivre, le bronze viennent d'ailleurs. La Corse participe du monde et est totalement intégrée au monde, même si le Romantisme du XIXe siècle a voulu véhiculer une tout autre image, faite de « bons sauvages » rousseauistes. Si les Corses des XVIe-XVIIIe siècles n'avaient été que de pauvres Robinson Crusoë, l'île regorgerait-elle de trésors architecturaux : églises, cathédrales, chapelles, huiles sur toile, baptistères, marbres, sculptures, tableaux, fresques, peintures, trésors des églises [1] ? Paoli a la chance de naître dans une île à une époque où son histoire, réelle, n'a pas été encore dénaturée ni par Flaubert, pauvre bachelier de dix-neuf ans, seulement intéressé par les bandits bastiais, ni par Mérimée – bon archéologue, certes, mais sinistre écrivain – qui a cru que Colomba ou, pis, Matteo Falcone se devaient d'être les héros d'une île qui, un siècle avant, avait justement réussi à donner Paoli !

Dans cette île intégrée au monde, ni périphérique, ni marginale, encore moins oubliée, l'Europe dynastique a planté ses clous. Venise a pris une option sur quantité de familles. Gênes sur d'autres, tout comme Madrid. François Ier, Henri II, Catherine de Médicis ne sont pas demeurés en reste, et, dans cette Europe d'Ancien Régime qui est une Europe lignagère (pas seulement pour les souverains), Louis XV, comme Louis XIV ou Henri IV, continue à avoir ses « réseaux » corses. Le public, qu'il soit corse ou continental, pense généralement que les Corses et les Génois formaient deux camps d'ennemis irréductibles : d'un côté les Corses auraient lutté pour leur indépendance, en suivant leur chef unanimement reconnu, Paoli ; de l'autre, les Génois auraient lutté pour conserver la Corse, sorte de colonie soumise au gouverneur génois de Bastia. Vulgate simpliste. C'est oublier qu'il n'est jamais dans l'Histoire de peuple ou de pays uni. Chaque peuple a ses révolutionnaires et ses monarchistes, ses sujets fidèles et ses frondeurs, ses ligueurs et ses anti-ligueurs, ses Bleus et ses Blancs, ses républicains et ses chouans, ses gaullistes et ses pétainistes, ses résistants et ses collaborateurs. L'Histoire est jalonnée de papes et d'anti-papes, de chrétiens et de musulmans, de catholiques et de protestants, d'affameurs et de croquants, d'officiers et de mutins. Opposer les Corses dans leur globalité aux Génois relève de la pure hérésie historiographique. Pourquoi les Corses auraient-ils dû être les seuls à être unis face à un ennemi commun alors que partout dans le monde s'opposent, sur le sol britannique, orangistes et jacobites, sur le sol français, robespierristes et dantonistes, royalistes et républicains, Montagnards et Girondins. Le peuple corse n'est ni pire ni meilleur (dommage) que les autres. C'est un peuple aussi divisé que les autres et, au temps de Paoli, le révérend père Bartolomeo d'Ornano, porteur de l'illustre patronyme, va jusqu'à se féliciter d'être le « descendant de Michel'Angelo d'Ornano, l'assassin du séditieux Sampiero Corso[2] » ! Pour les descendants de Sampiero – dont aucun ne porte plus le nom (ce sont des Grignan, des Richelieu, des Montluc, des Lorraine, des Guises, des Harcourt, des duchesses de Bouillon et de Cadaval) –, Sampiero est un héros. Pour tous les autres Ornano, qui eux portent le patronyme, mais dont aucun ne descend de Sampiero, Sampiero n'était qu'un « rebelle » ! Comme pour Sampiero, Paoli a eu ses disciples : les paolistes. Il a eu aussi ses ennemis : les Génois, certes, dont le gouverneur Grimaldi à Bastia, mais pas uniquement.

Nombre de Corses l'ont combattu parce qu'inscrits, depuis un ou deux siècles, dans la logique héréditaire de l'histoire de leurs propres familles : les matristes, disciples de Mario Emanuele Matra ; les abbatuccistes, disciples de Gio Pietro Abbatucci ; les Corses pro-génois, très nombreux et appelés *vittoli* (traîtres) par les paolistes ; les Corses pro-vénitiens – ils sont légion – ou pro-français, dont le père de Napoléon.

Étudier Paoli, c'est donc étudier sur la longue durée bien autre chose qu'un homme. Chez Louis XV, l'homme étouffe le roi. Chez Louis XIV, le roi étouffe l'homme. Chez Paoli, le mythe étouffe la réalité. Étudier Pascal Paoli, ce n'est pas seulement vouloir connaître un homme. C'est tenter d'appréhender un moment de l'Histoire, pas seulement un moment de l'histoire corse mais un moment de l'histoire générale, européenne, replacée dans la totalité de son contexte : un contexte Nord-Sud, et pas seulement Est-Ouest, réduit à la traditionnelle Méditerranée (Gênes/la Corse/Barcelone). Dans l'histoire de Paoli, la Grande-Bretagne – et surtout l'Écosse –, et le pays messin comptent en effet tout autant que Gênes. Pour toute puissance maritime (France, Grande-Bretagne, Espagne, républiques de Gênes et de Venise, ordre de Malte, Provinces-Unies, Empire ottoman), l'intérêt pour la Corse est évident : il est géostratégique, toutes les marines du monde étant à la recherche de bases navales (Jamaïque, Malte, Minorque, Sardaigne, Sicile, Martinique, Guadeloupe, Saint-Christophe, les Malouines), bases presque toujours îliennes en dehors de Gibraltar. Il est aussi alimentaire dans le cadre de la navigation car la Corse peut fournir aux galériens des vivres, du bois de réparation et de chauffage (pour cuire les aliments à bord), des eaux pures – ils en boivent l'équivalent de dix litres par jour. Lorsque les flottes européennes deviennent des armadas de voiliers qui sortent d'Europe, notamment au XVIIIe siècle, cet intérêt alimentaire pour la Corse grandit car les îles Britanniques ne jouissent que d'un climat froid, handicap majeur pour un pays qui vise à l'hégémonie navale. Créée en 1547, la Navy[3] a fait de l'Angleterre une « nation pirate », selon le mot de Vergennes, depuis l'époque élisabéthaine : cela grâce à Francis Drake, aux Raleigh, Hawkins et autres grands corsaires d'Élisabeth Ire. Or, au bout de soixante-huit à soixante-quinze jours de mer, le scorbut sévit. Dès 1660, les Hollandais savent que seule la vitamine C peut enrayer le fléau qui décime les escadres. Ruyter[4] est le premier, semble-t-il, à embarquer quantité de citrons. Cette nécessité d'avoir du jus de citron imposera à la fin du XVIIIe siècle aux Anglais de s'intéresser aux plantations du sud de la péninsule italienne, à Naples, à la Sicile. Nelson[5], amiral britannique franc-maçon qui viendra perdre un œil devant Calvi en 1794, en voulant aider Paoli, fera dans ces circonstances la connaissance de Lady Hamilton (1765-1815), jeune épouse depuis 1791 du vieux représentant de la cour de Saint-James à la cour de Naples de 1764 à 1800. Mais les citrons corses aussi sont réputés. Enfant, Napoléon en plante dans la propriété familiale d'Ajaccio [6]. Adulte, l'Écossais sir Gilbert Elliot en fait cultiver dans le jardin bastiais de son gouvernement : la maison de'Battisti [7], à la plus grande joie de Lady Elliot qui se réjouit de voir le bon docteur Wilson guérir « tous ceux qu'il soigne », officiers, soldats et matelots, à coups de « citron pressé ». L'Angleterre s'est intéressée à la Corse bien avant le royaume anglo-corse (1794-1796) dû à l'alliance de Paoli et de George III. En mai 1768, lors du traité de Versailles, les instructions de George III d'Angleterre à son agent secret John Stuart-Mountstuart (1744-1814) sont claires. John, premier marquis de Bute, fils aîné d'un ancien Premier ministre adversaire de Pitt, doit se rendre auprès de Paoli à Corte pour voir ce qui peut être réalisé en Méditerranée ; mais aussi, sur ordre de Shelburne (1737-1805) [8], obtenir des renseignements sur ce que prépare la France en Manche. Même les navires russes de Catherine II rôdent entre Livourne et la Corse, au temps de Paoli, pour voir si quelque chose ne pourrait pas y être tenté pour la gloire de la tsarine en guerre navale contre l'Empire ottoman. Comme Calais, comme Dunkerque, la Corse représente pour les puissances maritimes un enjeu géostratégique. D'ailleurs, le 10 janvier 1794, sir Elliot sera chargé de représenter son roi pour les affaires civiles et politiques à la fois à Dunkerque et à Toulon, et c'est de la baie d'Hyères que ce « commissaire plénipotentiaire » embarquera sur la frégate *Lowestoft* pour aller en Corse négocier avec Paoli la « cession » de l'île à la Grande-Bretagne. C'est-à-dire qu'Elliot aura, en 1794, un pied à Dunkerque et l'autre en Méditerranée, comme le sieur Brodart en 1669, qui était à la fois, pour Louis XIV, « commissaire général des galères à Marseille et Toulon » et « subdélégué de l'intendant de Flandre à Dunkerque ». Cela sort la Corse de son carcan historiographique qui se veut perpétuellement méditerranéen. Or la Corse n'est pas seulement île méditerranéenne, elle est enjeu européen, car sise sur un axe à première vue étonnant : Édimbourg/Corte.

Corte-Édimbourg : les Corses et les Stuarts

Quand on commence à étudier Paoli on se rend vite compte que la Grande-Bretagne joue un rôle majeur dans son existence. Il y passe plus du tiers de sa vie, soit trente-quatre ans (1769-1790 ; 1794-1807) sur une existence de quatre-vingt-deux ans. Il s'y plaît, se partageant volontiers entre Londres, Cliffton, les collines de Cheltenham, la ville d'eau de

Bath, l'Écosse de son ami Boswell. Londres lui plaît. Il y vit, il y meurt et il y reposera quatre-vingt-deux ans de 1807 à 1889. La plupart de ses vrais amis sont du reste sujets britanniques, notamment la duchesse d'Albanie, marraine à Londres de Louisa Paolina Angelica Cosway (1790-1796) [9] dont Paoli est le parrain ; ou encore Boswell et son épouse Isabelle Montgomery, aux noces desquels il assiste à Londres en 1769 alors qu'il occupe l'ancienne maison de la duchesse Douglas ; sans oublier le général Charles Stuart (1753-1801) que Paoli soutint en Corse contre les « empiètements » d'Elliot. Quand on entre dans le détail des choses, il convient toutefois de ne plus parler de « Britanniques » mais d'Écossais. Entre 1765 et 1769, Paoli en reçoit à Corte une dizaine. Parmi eux, deux portent le patronyme de Stuart qui vient de *Stewart* qui signifie « sénéchal d'Écosse ». Ils sont les contemporains du franc-maçon Adam Ferguson, lui-même highlander et auteur (1767) de *Essay on the History of Civil Society*. Paoli est donc déjà très « britannique » bien avant de connaître Londres, bien avant que sir Elliot ne le compare – selon l'humeur des jours – tantôt à Richard II, tantôt à Richard III – comme il le fera en 1794 [10] –, voire à Cromwell ; donc bien avant que Paoli ne soit admis dans une loge maçonnique à Londres en 1778 (loge Les Neuf Muses n° 325) ; puis à la loge n° 259 du prince de Galles (futur George IV), en 1800, les deux à l'orient de Londres. Dès 1765, Paoli est proche des francs-maçons écossais. Cette année-là, alors qu'il n'est encore jamais allé en Grande-Bretagne, il reçoit en Corse James Boswell of Auchinleck (1740-1795), maçon depuis peu (1764), futur député, grand maître d'Écosse de 1776 à 1778 [11]. Boswell descend en ligne directe de John Boswell of Auchinleck, officier écossais qui est un des tout premiers maçons non opératifs dont l'initiation soit certaine : elle a eu lieu dès 1600 [12], preuve d'un engagement maçonnique familial inscrit sur six ou sept générations. En 1766, Paoli reçoit en Corse le comte Philippe-Goswyn de Neny [13], autre franc-maçon, petit-fils de l'Irlandais Mac Neny ; puis Frederik Augustus Hervey (1730-1803) [14], curieusement nommé lord-lieutenant d'Irlande dix jours après son retour de Corse. Hervey, quatrième comte de Bristol, arrive de ce grand port anglais où les loges maçonniques « ont conservé un rituel archaïque dont l'origine est inconnue » (D. Ligou). Curieusement nommé parce que Neuhoff lui-même avait épousé une cousine du duc d'Ormond (1665-1745), lui-même lord-lieutenant d'Irlande de 1703 à 1707, puis de 1710 à 1713. En 1767, Paoli reçoit en Corse John Symonds, lequel vient de visiter l'Écosse. En 1768, il accueille James Lockhart, colonel écossais, proche de la faculté d'Édimbourg, puis Francis Stuart [15], neveu d'Alexander Seton Montgomery (1723-1769), dixième lord Eglinton et grand maître de la Grande Loge d'Écosse en 1750. Toujours en 1768, Paoli reçoit John Stuart-

Mountstuart [16], puis le peintre américain Benbridge, beau-fils de Thomas Gordon (v.1684-1750), Écossais établi à Philadelphie que Paoli connaît sans doute de réputation pour la violence de ses pamphlets contre la royauté et le sacerdoce mais aussi pour ses traductions d'auteurs antiques qu'il apprécie tant : les *Lettres de Caton* (1720), publiées avec Trenchard, ses traductions de Tacite (1728-1731), deux volumes *in-folio,* de Salluste et de Cicéron (*Catalinaires*), outre ses commentaires politiques. Le 1er août 1768, John, qui voyage incognito sous le nom de John Murray, arrive sur les côtes de Corse. Débarqué près de Saint-Florent, il fait halte de nuit à Olmeta di Tuda où Paoli lui envoie des chevaux [17]. Au même moment, le général gallois Henry Humphrey Evans Lloyd, partisan des Stuarts, tente de passer en Corse. Il échoue. Le capitaine Archibald Menzies of Culdares, *commissioner of customs* à Édimbourg, lui, y parvient. À la veille de la défaite des paolistes à Ponte Novo (1769), face aux troupes de Louis XV, Paoli reçoit encore John Stuart-Mountstuart et Peter Capper Junior, de la Compagnie des forges Caron, de Falkirk, qui sont sur le point de mettre sur pied la célèbre caronade [18] fondue en Écosse (1774), adoptée par la Royal navy (1779) puis par la marine française (1794). À noter que la loge maçonnique de Falkirk est celle où s'affilia William Boyd, quatrième comte Kilmarnock, combattant de Culloden en 1746, proche parent de Mme de Neuhoff. Enfin, après la défaite de Ponte Novo, lorsque Paoli arrive à Londres, Walpole qui l'aperçoit à la cour de Saint-James le compare à un officier écossais rouquin, en grande tenue militaire rouge à galons d'or, mais ayant l'air d'attendre l'heure de sa promotion [19] ! Force est donc de constater que Paoli a eu des contacts privilégiés en Europe essentiellement avec des Écossais ; des Écossais affiliés à la franc-maçonnerie et proches des Stuarts.

On peut penser que cette proximité vient de ce que l'Écosse et la Corse se ressemblent. L'Écosse est en effet un pays rude, souvent comparé à la Corse : hommes brutaux, femmes soumises, dit-on ! C'est aussi la vision qu'a des Corses le général Lloyd. Les Écossais, les Corses passent pour des mercenaires robustes et redoutables, même au jeu, depuis que Montgomery [20] a accidentellement tué Henri II, roi de France. L'Écosse, la Corse : les pays se ressemblent : une agriculture archaïque ; du pain de châtaigne en Corse, du pain d'avoine en Écosse [21] ; de très rares routes qui dominent des fjords ou des criques sauvages ; une industrie inexistante, des structures sociales analogues fondées sur les clans, des costumes spécifiques, des instruments de musique comparables, des « dominateurs » étrangers anglais ou génois. En 1794, l'Écossais sir Gilbert Elliot visitant la Corse de Paoli avec le colonel John Moore définit la Corse depuis Corte à son épouse : la Corse ? « *Scotland with a fine climat* [22] » (« L'Écosse avec un beau climat »). À Bastelica, il évoque les Highlands. Sur la route de Bastia à Corte, et dans la région de Sartène, ce sont encore des paysages écossais qui lui reviennent en mémoire.

Ce grand nombre de « Britanniques » en visite à Corte entre 1765 et 1769 est généralement présenté comme étant le résultat du seul prestige intellectuel de Paoli en Europe. En réalité, cette vulgate est fausse. Il ne s'agit pas là – contrairement à ce que prétend la légende – de voyageurs faisant leur célèbre « Grand Tour » et s'arrêtant – par hasard – à Corte, pour inclure la Corse dans un quelconque itinéraire touristique. Le fait que la plupart de ces Britanniques soient quasiment tous écossais, la plupart jacobites (partisans des Stuarts) et affiliés à la franc-maçonnerie doit imposer à l'historien d'autres pistes sous peine de dénaturer le personnage. Pourquoi Paoli gravite-t-il au sein de ce véritable « réseau » ? Plusieurs réponses sont possibles. Tout le monde sait que Neuhoff, roi des Corses en 1736, a épousé miss Sarsfield à Madrid, mais nous avons découvert en travaillant les généalogies anglaises que milord Patrick Sarsfield, tué à la bataille de Neerwinden le 29 juillet 1693[23], avait laissé, outre une fille, une veuve : Honorée de Burck (Burke) « très aimable femme [...], belle, touchante, faite à peindre, une nymphe » (Saint-Simon), fille du comte de Clanrikard et d'Hélène Clancarti et que cette veuve s'était remariée à Montmartre le 26 mars 1695 à Jacques Fitz-James, maréchal de Berwick (1671-1734), fils naturel de Jacques II Stuart et d'Arabella Churchill. Par conséquent, la belle-mère de Neuhoff était la bru de Jacques II. « Ce mariage s'est fait par amour (Dangeau) ; et le roi et la reine d'Angleterre avaient eu peine à y consentir. » En outre, cette dame est morte à Pézenas en Languedoc dès le 16 janvier 1698. Par conséquent, on peut penser que Paoli a été mis au contact des Stuarts et de l'Écosse à partir de l'arrivée de Neuhoff en Corse, courant 1736, sur un navire anglais. À partir de ce moment-là, enfant de onze ans, il se serait mis à graviter en milieu jacobite, écossais et maçonnique, ce qui expliquerait qu'il ait été protégé à Naples, dès 1739, par de grandes dames anglaises : c'est ce que nous avons également découvert puisqu'il voua à Londres, à la fin de sa vie, une grande amitié au prince génois Andrea Vincenzo Giustiniani (1762-1826) en raison de la protection que lui avait apportée à Naples dans sa jeunesse la grand-mère maternelle de celui-ci : Anne, baronne Clifford de Chudleigh, comtesse de Newburgh, épouse de John-Joseph Mahony, d'où la comtesse Cecilia Mahony, épouse de Benedetto Giustiniani, père et mère du prince. Dans les années 1800, à Londres, Paoli fit des achats de dentelle et de mantilles pour la jeune comtesse de Newburgh, femme d'Andrea Vincenzo, et assista même au baptême de leur fils, arrière-petit-fils de celle qui l'avait protégé à Naples trois quarts de siècle plus tôt, preuve d'une grande fidélité sur quatre générations, fidélité à un lignage, fidélité aussi à une philosophie car une Charlotte Mary, fille d'un comte de Newburgh, avait épousé à Sainte-Marie de Bruxelles le 24 juin 1724 un jacobite célèbre : Charles Radcliffe, lord Derwentwater (1693-1746), fils d'Édouard Radcliffe et de Mary Tudor (morte à Paris le 5 novembre 1726), elle-même fille naturelle de Charles II Stuart et de l'actrice Mary Davies. Or Derwentwater, né à Little Parndon (Essex) le 3 septembre 1693, et élevé à la cour de Jacques II à Saint-Germain-en-Laye puis à celle de Jacques III à Rome, avait été visiblement initié à la franc-maçonnerie avant 1730 et passe « pour avoir été l'un des fondateurs de la première loge qui aurait battu maillet en France » (D. Ligou), dès 1725-1726 (loge de Saint-Thomas, nom choisi en raison de l'exil de saint Thomas Beckett en France), puis élu grand maître de l'ordre lors de la Saint-Jean d'hiver 1736 (27 décembre) et défini par le chevalier de Ramsay (ultérieurement l'un des auteurs favoris de Paoli à Londres) comme « un martyr *de la royauté et de la catholicité* [qui] voulut ramener ici tout *à son origine* et restituer tout sur l'ancien pied », souhait fort proche de la fameuse « rédemption » voulue par Paoli, ennemi lui aussi de la royauté, donc de la monarchie prétendue « absolue » – à la française –, mais pas de la France des philosophes et des Lumières. Là est toute l'ambiguïté du personnage dans ses relations complexes avec elle : Paoli fut aussi proche de la Constituante en 1789-1790 qu'il avait été éloigné de Louis XV en 1768-1769. Paoli ne rejette pas un pays. Il rejette des institutions. Cela est fondamental. Aux institutions françaises de type monarchique il préfère les institutions anglaises, de type parlementaire, estimées plus libérales par toute l'Europe éclairée du temps.

Les liens qui existent entre la Corse et la Grande-Bretagne sont antérieurs à Paoli et à l'arrivée de Neuhoff sur la plage d'Aléria. Il ne s'agit pas du reste de liens entre la Corse et la Grande-Bretagne, car cette dernière n'existe pas avant le début du XVIIIe siècle. Il s'agit de liens avec l'Écosse des Stuarts et avec l'Irlande catholique. Patrick Sarsfield, beau-père de Neuhoff, est un soldat irlandais, né à Lucan, comté de Dublin, qui est devenu le chef de la résistance catholique romaine des Irlandais en 1689-1690 face au protestant Guillaume d'Orange. Demeuré jusqu'à aujourd'hui le héros favori de la tradition nationale irlandaise, Sarsfield est le petit-fils de Rory O'More, également *leader* des catholiques irlandais contre Cromwell en 1641-1642. Sarsfield est un jacobite acharné et, après avoir servi dans l'armée de Louis XIV de 1671 à 1678 (la France étant l'alliée de Charles II Stuart de 1671 à 1674), il sert Jacques II Stuart lorsque celui-ci est chassé de son trône en 1688. Il est notamment le chef des catholiques irlandais aux côtés de Richard Talbot (1630-1691), lorsque celui-ci purge l'armée irlandaise des protestants. Talbot, créé comte de Tyrconnell en 1685 par Jacques II, lieutenant général de l'armée irlandaise (1686), lord-député d'Irlande (1687), créé duc de Tyrconnell (1689) par Jacques II en exil – titre uniquement reconnu par les jacobites –, fut le grand chef de l'armée catholique irlandaise contre Guillaume III. Sarsfield fut son bras droit, Jacques II en exil l'ayant nommé major général de sa cavalerie irlandaise et catholique. En juillet 1690, Sarsfield combat à La Boyne – avec le duc de Lauzun et les troupes françaises – contre Guillaume d'Orange. Il organise la défense de Limerick et attaque en août 1690 le train d'artillerie de Ballyneety, entre Limerick et Cashel, alors que la flotte française de Tourville débarque des troupes à Teignmouth au même moment pour aider Jacques II. En octobre 1691, malgré la victoire de la flotte française à Béveziers en juillet 1690, c'est Sarsfield qui négocie la fin de la résistance jacobite à Limerick (où Tyrconnell vient de trouver la mort le 3 août 1691), avant de rejoindre l'armée de Louis XIV aux Pays-Bas espagnols. Créé comte de Lucan, comté de Dublin, en 1691 par Jacques II, titre seulement reconnu par les jacobites, Sarsfield passe au service définitif de Louis XIV et trouve la mort à Neerwinden, fin juillet 1693. En arrivant en Corse en 1736, Neuhoff est l'héritier de cette tradition jacobite : depuis 1641, sa belle-famille Sarsfield et Rory O'More (bisaïeul de la baronne de Neuhoff, sa femme) sont des catholiques irlandais en guerre contre Cromwell puis contre Guillaume d'Orange. Mais les liens entre la Corse, l'Irlande et l'Écosse sont encore plus anciens.

Depuis 1533 (arrivée de Sampiero Corso à la cour de France), Corses et Highlanders sympathisent. En 1533, à Marseille, Sampiero assiste aux noces du futur Henri II. Qui « conduit Catherine de Médicis à son époux[24] » ? John Stuart (v.1480-1536)[25], duc d'Albanie, petit-fils de Jacques II Stuart, roi d'Écosse, et de Bertrand de La Tour d'Auvergne, comte de Boulogne[26]. Or, quel est l'un des principaux contacts de Paoli lors de son exil anglais ? Le duc d'Albanie, Charles-Édouard Stuart (1720-1788), fils du Prétendant Jacques III (1688-1766) et Prétendant lui-même à la mort de son père. Paoli est sans arrêt à l'écoute des besoins de la dynastie écossaise. Le 1er août 1788, par exemple, il écrit à Maria Cosway depuis Londres : « Je me suis engagé à faire des visites dans le Nord [en Écosse][27]. » Pourquoi donc ? Parce que le Prétendant est mort à Florence le 31 janvier 1788 et que le clan jacobite doit redéfinir ses positions autour du cardinal d'York (1725-1807), frère du défunt et dernier rejeton mâle de la lignée. À qui Paoli fait-il d'ailleurs sa première visite parisienne le 6 avril 1790, jour de son soixante-cinquième anniversaire, dès son arrivée sur le sol français, avant d'aller voir Robespierre, Mirabeau et La Fayette ? À la duchesse d'Albanie, veuve du Prétendant.

Les liens qui existent entre les Corses et les Écossais sont anciens. Sous Louis XII, John Stuart participe à l'entrée du roi à Gênes (28 avril 1507).

La garnison française du port, composée de quatre mille hommes, a alors pour commandant Giacomo Corso, oncle paternel de Sampiero [28]. À partir de cette date, il n'est pas de décennie que Corses et Highlanders ne participent à quelque action commune. Régent d'Écosse à la mort de Jacques IV (1513), John reste en effet en France et côtoie régulièrement Sampiero devenu colonel des bandes corses (1524) : John commande par exemple les troupes destinées à la conquête de Naples, avant de rebrousser chemin après Pavie. À la mort de Jacques V (13 décembre 1542), John étant mort, François Ier s'appuie sur un autre Stuart, Mathieu, son commandant des gardes écossaises depuis 1527, l'équivalent écossais de Sampiero en quelque sorte, pour faire couronner reine d'Écosse Marie Stuart, fille du défunt âgée de cinq jours – elle est née le 8 décembre 1542, jour de la fête de la Conception de la Vierge. Mais les Anglais s'agitant, François Ier doit envoyer des troupes à Boulogne-sur-Mer où la veuve de John Stuart (Anne de La Tour d'Auvergne [29]) s'accroche pour demeurer comtesse de Boulogne. François Ier lui envoie « cinq cents fantassins *corses* et italiens » commandés par le frère de Sampiero, Filippo Corso, maréchal de camp, assassiné d'ailleurs devant Boulogne (1544) [30]. À Édimbourg, Mathieu Stuart s'oppose à la mère de Marie Stuart, Marie de Lorraine (v.1520-1560) [31], veuve de Jacques V mais sœur du deuxième duc de Guise. Pour lui arracher la régence, Mathieu épouse une nièce du roi d'Angleterre, Marguerite Douglas [32]. François Ier lui envoie de nouvelles troupes corses [33]. Sampiero les commande et combat les Anglais à Montreuil-sur-Mer (1544) [34] puis débarque en l'île de Wight [35]. Rentrés dans leurs foyers corses, ces cinq cents fantassins corses se réjouissent du couronnement de Marie Stuart : le village de Multifao, près de Morosaglia, décore son église de l'Annunziata d'un beau retable : *Le Couronnement de la Vierge,* daté de 1545 ; depuis, les tombes d'une famille Stuart se multiplient à Multifao. Le village compte aujourd'hui encore nombre de Jacques et de Marie Stuart [36] !

Ce Mathieu Stuart, régent d'Écosse, est le petit-fils de Marguerite Hamilton. Parent des Stuarts que Paoli reçoit en Corse, il l'est aussi du capitaine Hamilton qui ravitaille Paoli en armes en décembre 1768 [37]. Il l'est également de William Hamilton (1730-1803) qui reçoit Hervey à Naples (1766) juste avant de rencontrer Paoli en Corse, puis qui accueille John Stuart-Mountstuart sur le point de revenir voir Paoli huit semaines avant Ponte Novo. William n'est autre que le mari de lady Hamilton, maîtresse de Nelson qui arrive sur les côtes corses au secours de Paoli en 1794.

Aux armées, Giacomo Corso à Gênes en 1507, Sampiero Corso à Marseille en 1536, Filippo Corso à Boulogne en 1544 n'ont pas seulement côtoyé John et Mathieu Stuart. Sampiero a guerroyé avec Robert Stuart, lui aussi capitaine des cent gardes écossaises du Roi. Fils de John [38] des seigneurs de Darnley et d'Isabelle Montgomery, Robert est devenu maréchal de France [39] sous le nom de maréchal d'Aubigny (1515). Comme Sampiero, il a combattu à Novarre, Bologne, Gênes, Milan, Villafranca. Tous deux ont participé à la défense de Marseille (1536) [40]. Robert a fréquenté les mêmes personnages que Sampiero, notamment Prospero Colonna [41]. En 1543, il a laissé une veuve, née Anne Stuart [42], fille du connétable de Naples Béraud Stuart [43].

Au milieu du XVIe siècle, la Corse est devenue un terrible enjeu entre Henri II roi de France et Philippe II roi d'Espagne, marié à Marie Tudor, reine d'Angleterre. Allié du sultan, Henri II, grâce à Sampiero et au baron de La Garde [44], général des galères de France, s'empare de Bastia, d'Ajaccio et de Bonifacio (1553) et donne Marie Stuart pour épouse à son fils le futur François II (1558). Au traité du Cateau-Cambrésis (1559), le roi rend la Corse à Gênes [45] mais l'Espagne intervient auprès de Londres pour que la France conserve Calais prise aux Anglais (1558) par le deuxième duc de Guise, François de Lorraine (1519-1563) [46]. Dès lors, la Corse et la Grande-Bretagne ont une histoire commune, l'île étant repassée sous suzeraineté génoise pour permettre à Calais de demeurer française. François II mourant après quelques mois de règne (1559-1560), Marie Stuart, rentrée à Édimbourg, rappelle au pouvoir Mathieu Stuart, épouse son fils Henri, baron de Darnley, et lui donne le futur Jacques VI. Mais son amant Bothwel ayant étranglé Darnley, Mathieu redevient régent, tout en se faisant aider par Jacques Stuart, bâtard d'Écosse, comte de Murray, demi-frère de Marie [47]. Lorsque Paoli reçoit en Corse John Stuart-Mountstuart, celui-ci le visite sous nom d'emprunt : John Murray.

Entre l'aide apportée aux Stuarts par Sampiero, débarqué en l'île de Wight, et celle apportée à Paoli par le général Charles Stuart débarqué en Corse deux cent cinquante ans plus tard, il y a un lien certain. De même entre Filippo Corso et Paoli. En effet, la comtesse de Boulogne pour laquelle meurt Filippo est issue des La Tour d'Auvergne. Or ceux-ci donnent au XVIIe siècle le maréchal de Turenne, « oncle » du duc de Lauzun [48] connu pour son emprisonnement au côté de Fouquet à Pignerol et « capitaine des cent gentilshommes au bec de corbin », de la mort de son père (1660) jusqu'à sa propre mort nonagénaire en 1723. Les « becs de corbin » sont une formation militaire créée en 1474, qui comprend deux compagnies de cent officiers de la Maison du Roi, marchant devant le roi qu'ils gardent l'épée au côté, portant à la main un bec de corbin, espèce de hallebarde dont la partie supérieure ressemble à un bec de faucon, d'où leur nom. La charge de capitaine de l'une des deux compagnies, honorifique, appartint aux Caumont-Lauzun sur trois générations. Ces gentilshommes se tenaient auprès du roi dans les cérémonies officielles (sacre de

Louis XV) et lors des batailles. Lauzun, lors du mariage de Louis XIV à Saint-Jean-de-Luz, portait le bâton de commandement de sa compagnie : une canne de velours bleu semé de fleurs de lys, surmontée d'un pommeau d'or aux armes de France, canne semblable à celle que portera Neuhoff en débarquant à Aléria.

Lauzun fut un serviteur fidèle des Stuarts. Passé en Angleterre, « la révolution s'y brassait déjà. Elle éclata (novembre 1688) au bout de huit ou dix mois que Lauzun y fut », écrit son beau-frère Saint-Simon [49]. Lorsque Jacques II Stuart a été chassé du trône, Lauzun a accompagné à Calais la reine et le prince de Galles [50] pour les mettre en sécurité en France. En 1690, il combat à La Boyne comme « général de Jacques II », en compagnie de Berwick, mais les 23 000 hommes du Stuart y sont battus par les 36 000 orangistes de Schomberg [51] ! Pourtant, Lauzun a bien fait le jeu du Stuart même si son oncle maternel, calviniste, fut l'un des fidèles de Guillaume d'Orange [52]. En fait, Lauzun, comme Berwick, est le produit de deux cultures, française et écossaise : lors de la révocation de l'édit de Nantes, sa tante d'outre-Manche [53] a sauvé l'essentiel des biens français offerts par Louis XIV au huguenot Abraham Duquesne [54] et son autre tante a sauvé le reste [55]. Lauzun, proche des Stuarts, et créé duc par Louis XIV le 10 mai 1692, est curieusement un proche des Ornano ! En 1693, lorsque meurt la Grande Mademoiselle, sa première « femme », sa dépouille est conduite à Saint-Denis par la princesse d'Harcourt [56], arrière-petite-nièce de Marguerite de Brancas mariée en 1547 à Jean de Pontevès, comte de Carcès, grand sénéchal et lieutenant du Roi en Provence, lesquels ont marié en 1576 leur fille au maréchal Alphonse d'Ornano ; en outre, la princesse est la bru depuis 1667 d'Anne d'Ornano, arrière-petite-fille de Sampiero. De plus, lorsque Lauzun s'est remarié [57], il a donné à sa jeune épouse pour demoiselles d'honneur deux « anciennes filles » de Mme de Guise [58], petite-fille d'Anne d'Ornano. Or, la célèbre canne « à bec de corbin » de Neuhoff n'est pas la seule chose qui rapproche Lauzun de la Corse : en 1769, lorsque Paoli se prépare à combattre à Ponte Novo, il reçoit, huit semaines avant la bataille, Armand-Louis de Gontaud, duc de Lauzun (1745-1793) [59], bientôt second grand surveillant du Grand Orient (1773), affilié aux loges Saint-Jean de Montmorency-Luxembourg et La Candeur avant 1789, et Les Pyrénées, orient de Bagnères-de-Bigorre en 1791.

L'histoire de Paoli plonge ses racines au cœur du XVIe siècle européen, à l'époque où Paris de Saint-Florent, second de Sampiero, servait Marie Stuart en Écosse (1562-1563) [60]. Tout l'entourage de Paoli est inscrit au cœur d'un étonnant triumvirat : l'Écosse, la Corse, la Lorraine, c'est-à-dire au cœur de petits États alignés sur un axe Nord-Sud qui coupe à angle droit, exactement en Corse, l'axe Ouest-Est de la catholicité militante : Madrid, Rome, Venise, Vienne, Malte. Cet axe se poursuit jusqu'à Tunis d'où arrive Neuhoff lorsqu'il débarque à Aléria ; Tunis, régence avec laquelle Paoli entretient des rapports aussi excellents que ceux que Sampiero entretenait avec Alger, Dragut, les Turcs et le sultan. Le bey offre du reste une magnifique selle à Paoli, conservée dans sa maison natale, offerte à l'époque où Laetitia Ramolino paradait dans les salons du Palais national de Corte (1768), alors que Paoli recevait un envoyé du bey avec ses présents : cheval arabe, tigre et couple d'autruches, en remerciement de l'aide apportée à ses corsaires mis en difficulté par leurs avaries. Au côté de Laetitia évoluait alors son mari, l'avocat ajaccien Charles Bonaparte, jeune homme de vingt ans, lui-même maçon comme nombre d'intellectuels d'outre-Manche.

Le lien étonnant qui unit Paoli aux Écossais, et qui explique le rayonnement de Paoli (grâce à Boswell), passe par les Stuarts. De 1660 – restauration des Stuarts à Londres – jusqu'en 1794 où l'Honorable Charles Stuart, frère de John, marquis de Bute, est nommé par George III commandant de Corse sous l'autorité d'Elliot, l'histoire de la franc-maçonnerie est parcourue par l'idée que les Stuarts seraient les « Supérieurs Inconnus » d'un ordre secret dépositaire de l'art de la transmutation des métaux, en relation avec des alchimistes. Pourtant, ni Jacques II Stuart (1633-1700), ni son fils le chevalier de Saint-Georges (1688-1766), dit le Prétendant, ni le fils de celui-ci Charles-Édouard (1720-1788), duc d'Albanie, ni son frère, Henri-Clément-Benoît Stuart, cardinal d'York (1725-1807), ne semblent avoir appartenu à la Fraternité. Néanmoins, cette histoire est tellement ancrée dans les esprits que Charles-Édouard, étroitement lié à Paoli, reçut en 1777-1780 un émissaire de la Stricte Observance – fondée par le baron de Hund (1722-1776) –, qui écrit avoir questionné « M. le comte d'Albany pour s'informer si M. le comte avait été instruit par feu Monsieur son père que la Dignité de Grand Maître des francs-maçons était héréditaire dans l'illustre Maison de Stuart depuis Charles II roi de Grande-Bretagne, et s'il avait reçu en conséquence les Papiers et Documents y relatifs[61] ». Les francs-maçons écossais sont omniprésents dans l'histoire paoline, le plus célèbre étant Boswell. D'autre part, les liens qui ont existé entre le père de Paoli, Giacinto (v.1677-1763), et Théodore de Neuhoff, proche parent de William Boyd, lord Kilmarnock (1704-1746), reçu franc-maçon dès 1740 et oncle de William Boyd, quatrième comte Kilmarnock, grand maître de la Grande Loge d'Écosse à partir de 1742[62], renforcent encore cette image d'autant plus que le baron Karl Gotthelf von Hund – initié à la franc-maçonnerie à Francfort dès 1742 – prétendait avoir été reçu en Angleterre dans un chapitre templier, en présence de lord Kilmarnock, par Charles-Édouard Stuart. Quand on sait que Kilmarnock père a été décapité dans la tour de Londres en 1746 comme lord Derwentwater, après l'échec stuardiste de Culloden, on constate que Paoli adolescent a totalement baigné – par le biais de Neuhoff – dans une atmosphère à la fois jacobite, écossaise et maçonnique.

Il est essentiel de comprendre cela car Paoli a mauvaise presse dans une partie de l'opinion qui le considère comme un « traître » qui aurait « vendu » la Corse aux Anglais. Les choses sont beaucoup plus compliquées. D'une part Paoli n'était pas français. Né sujet génois, il ne pouvait pas « trahir » les Français puisqu'on ne trahit par définition que les siens. D'autre part, il était inscrit dès l'enfance au cœur d'un « réseau » écossais et jacobite. Or, en 1603, à l'extinction des Tudors, les Stuarts sont montés sur le trône de Londres. L'Écosse des Stuarts, si chère aux Corses depuis Sampiero, et l'Angleterre ont donc évolué vers un statut qui a fini par devenir la Grande-Bretagne. Paoli – proche des Stuarts – se retrouvait donc *de facto* proche des souverains d'Angleterre. Jacques II Stuart ayant été chassé du trône d'Angleterre en 1688, Paoli n'a en effet connu les Stuarts qu'en tant que prétendants exilés, exclus des trônes britanniques réservés à des souverains protestants à partir de l'Acte d'établissement de 1701, battus, notamment à Culloden, en la personne de Charles-Édouard, et enfin condamnés à l'extinction à partir de 1788, en la personne du cardinal d'York. Privés de Stuarts, Paoli ne pouvait donc que faire le jeu, non plus de la seule Écosse mais de la Grande-Bretagne tout entière, donc de George III de Hanovre.

Ironie de l'Histoire, c'est en 1807 que meurt en « terre ferme » le dernier Stuart écossais (mais le patronyme est toujours porté à Multifao, à Bastia et à Ponte Leccia près de Morosaglia), alors que Paoli meurt en Grande-Bretagne. Étonnant chassé-croisé : s'ils avaient eu une vraie tombe pour accueillir leurs pauvres corps meurtris, Sampiero – coupé en quatre – et Marie Stuart – coupée en deux – auraient pu s'y retourner. Images terrifiantes que celles de ces dépouilles pantelantes sous la hache du bourreau, images qui hantaient peut-être les cauchemars de Paoli lorsque, en 1786, parcourant à cheval les collines de Cheltenham, il évoquait le folklore écossais fait de fantômes de chevaliers sans tête[63]. Images qu'il cherchait à oublier en fréquentant à Londres la belle cantatrice Sophia Dussek, fille du directeur du théâtre royal d'Édimbourg, quand il ne rendait pas visite à Boswell en Écosse.

Au temps de Paoli, les Lorrains – ceux de Metz, notamment – étaient tout aussi présents dans l'histoire de Corse que les Écossais et cela constitue une deuxième piste.

CORTE-METZ : LES CORSES ET LA MAISON DE LORRAINE

Le seul roi que l'île de Corse ait eu est Théodore de Neuhoff, né à Metz, évêché français, sis en Lorraine. Les hommes de l'art qui l'accompagnent en Corse, au temps de Giacinto Paoli, sont « ingénieurs du duc de Lorraine », notamment Humbert de Beaujeu. Le comte de Boissieux, arrivé en Corse pour y servir Louis XV, a commencé sa carrière « commandant d'une compagnie d'infanterie du régiment de Lorraine à l'armée de Moselle ». Le duc de Choiseul[64], qui a signé le traité de Versailles, est né à Nancy où meurt sa mère[65]. Stanislas, roi de Pologne et duc de Lorraine, l'a nommé gouverneur de Mirecour en 1748[66]. En 1750, il est « ministre de l'Empereur [François Ier] comme grand-duc de Toscane » (François II), lorsqu'il épouse le 14 décembre 1750 à Paris la fille du marquis du Châtel, lieutenant général des armées du Roi qui a écrasé les Corses à Zicavo et dans l'île fin juin 1739, contraignant Giacinto Paoli et son fils Pascal à s'exiler à Naples début juillet. Son père, le marquis de Stainville (v.1680-1769)[67], a été successivement chambellan (1721), lieutenant des gardes, conseiller d'État (1726), grand veneur (1727) du duc de Lorraine, ministre de Lorraine en Grande-Bretagne (1725), puis de François II de Toscane en France (1737) lorsque François III de Lorraine est monté sous ce nom sur le trône grand-ducal du dernier des Médicis. L'une des premières Histoires de Corse, due à Jean-François Goury de Champgrand, commissaire des guerres à Ajaccio, a été publiée en 1749 dans la capitale de Stanislas. En 1753, c'est le prince Charles de Lorraine qui remet à Bruxelles son ordre de la Toison d'or au marquis de Choiseul-Stainville[68], père de Choiseul, alors que l'abbé de Stainville reçoit l'abbaye Saint-Arnoul de Metz (1757). Le maréchal de Vaux[69], avant de devenir « commandant en chef en Corse », était gouverneur de Thionville (1761). Marbeuf, lorsqu'il arrive en Corse, est « premier gentilhomme de la chambre du feu roi de Pologne Stanislas, duc de Lorraine et de Bar » (protecteur de la maçonnerie lorraine), avant d'être affilié à une loge maçonnique bastiaise en 1778. Et il a à Bastia une véritable cour « lorraine » dominée par Jean-François Hénault[70], qui l'assistera dans ses derniers moments, « subdélégué général de l'intendance de Corse » dont le père avait fait partie du cercle intime de Marie Leczinska. Quant au colonel comte de Ludre qui débarque en Corse pour combattre à Borgo (1768), il est fils du chambellan de Stanislas, petit-fils du chambellan de Léopold, arrière-petit-fils de Charles IV, tous ducs de Lorraine ; issu des sénéchaux et maréchaux de Lorraine, il y possède la terre de Ludre. Il semble que la Corse et la Lorraine aient des destins si liés que lorsque la Lorraine devient française (1766), la Corse suit (1768). En décembre

1768, lorsque Paoli reçoit la « marchandise d'Écosse » (*mercanzia di Scozia*) : canons, boulets, mitraille, poudre, achetés par Boswell et Andrew Crosbie, avocat d'Édimbourg, celle-ci arrive à Livourne à bord du navire *Nancy*, capitaine Hamilton [71] ! Sans oublier que Bastia est reprise aux « rebelles » corses fin 1747 par le futur duc de Praslin (César-Gabriel, comte de Choiseul), qui a commencé sa carrière (1733) comme sous-lieutenant de la compagnie des gendarmes écossais [72]. Peu après le traité de Versailles signé par Choiseul, Louis XV et Louis XVI envoient en Corse un nombre impressionnant de Lorrains. Parmi eux, l'intendant de Corse Claude-François Bertrand de Boucheporn (1741-1794), natif de Metz [73], membre de la loge Saint-Jean de l'Amitié de Saint-Étienne, orient de Metz, dont il avait été l'orateur en 1763. Avant de devenir intendant de Corse (1775-1785), il a été avocat général puis conseiller d'honneur au parlement de Metz. Son père [74] y avait été conseiller ; son grand-père [75] aussi, à l'époque des frères Fürstenberg, évêques de Metz. Or, nous avons découvert que les Fürstenberg avaient pour jeune protégé un certain baron de Neuhoff, père de Théodore ! L'intendant Boucheporn, qui doit son nom à la terre lorraine de Boucheporn apportée en dot à son grand-père par son épouse [76], est en outre le contemporain de Daugé, président du Conseil supérieur de la Corse en poste à Bastia dans les années 1770. Franc-maçon, ce dernier aussi avait été conseiller au parlement de Metz à une époque où Maximilien-Claude-Joseph de Choiseul-Meuse, comte de Choiseul (1736-1815) et colonel aux grenadiers de France, était le vénérable maître des Enfants de la Gloire dont fait le plus grand éloge en 1761 le vénérable maître de Saint-Jean des Amis Parfaits à l'orient de Metz [77]. Éloge mérité, semble-t-il, car Choiseul-Meuse est un homme de lettres remarquable pour sa traduction de l'*Aminte* du Tasse et du poète italien Métastase, si appréciés des paolistes. Pourquoi tant de Lorrains ? Est-ce parce que le pays messin est un foyer maçonnique parmi les plus actifs d'Europe juste après les loges écossaises ? Ou ces liens remontent-ils à l'époque où Marie Stuart était fille de Marie de Lorraine ?

La maison de Lorraine a la particularité de servir de trait d'union entre l'Écosse et la Corse. Les Lorraine ont en effet combattu, à partir de 1542 – mort de Jacques IV d'Écosse –, le vieux Mathieu Stuart pour faire le jeu de Marie de Lorraine, régente d'Écosse au nom de sa fille et sœur du deuxième duc de Guise. Pour la soutenir, les Lorraine ont compris qu'il leur fallait obtenir des charges maritimes pour traverser la Manche. François de Lorraine (1534-1563), Grand Prieur de France, oncle de Marie Stuart, parvint donc à devenir général des galères de Malte (1555), gouverneur de Provence et général des galères de France (1557-1563) [78]. C'est lui qui ramena sa nièce veuve de Calais à Édimbourg [79]. Son frère René de Lorraine (1535-1566) devint à son tour général des galères de

France (1563-1566)[80]. Leur frère Claude (1526-1573) devait leur succéder, mais il fut tué au siège de La Rochelle. Leur neveu Charles de Lorraine (1554-1611), fils du deuxième duc de Guise et frère du troisième duc (1549-1588), devint alors amiral de France (1578-1582). Leur petit-neveu, Charles, quatrième duc de Guise (1571-1640), devint à son tour gouverneur et amiral de Provence. Implantés en Écosse, les Lorraine ont constamment cherché à s'installer en Méditerranée car le deuxième duc de Guise avait épousé Anne d'Este : par elle, les Guises avaient des droits sur Naples[81]. Or, pour aller de Marseille – port des galères – à Naples, la Corse s'est tôt imposée comme une escale idéale. Sous Henri II, les Guise furent donc parmi les plus ardents promoteurs de l'*entreprise de Corsègue.* François et René de Lorraine se sont rendus maintes fois en Corse où Sampiero débarqua plusieurs fois François qui transportait des troupes dans le cap Corse où il s'empara de plusieurs tours génoises[82]. François avait pour lieutenant général de la flotte des galères de France Jean de Pontevès, comte de Carcès (1512-1582), marié depuis 1547 à Marguerite de Brancas, couple dont le maréchal Alphonse d'Ornano, fils de Sampiero, épousa la fille le 2 juin 1576[83]. Ce mariage – de par le jeu des clientèles – prépara en grande partie l'avenir de la Corse de Paoli car, pendant deux siècles, les Brancas (chez lesquels Montesquieu écrivit en Provence *De l'esprit des lois)* restèrent au cœur du réseau au sein duquel s'inscrit Pascal Paoli.

Dès François Ier, les Lorraine ont cherché à multiplier des liens étroits avec les Corses. En 1533, Sampiero assiste au mariage de Catherine de Médicis comme faisant partie de la suite du cardinal Hippolyte de Médicis. Il participe au bal masqué avec le cardinal de Lorraine[84]. En 1555, Tomasino Lenche, cap-corsin et banquier de Sampiero, a un fils à Marseille. Il lui donne pour parrain François de Guise, grand prieur de Lorraine[85]. Entre la trêve de Vaucelles et la paix du Cateau-Cambrésis, les plénipotentiaires français font tout ce qu'ils peuvent pour qu'Henri II puisse conserver la Corse, Calais, les trois évêchés lorrains de Metz, Toul et Verdun. Parmi eux, le cardinal de Lorraine. En 1560, Vannina d'Ornano donne une fille à son mari Sampiero. Sa marraine ? Alphonsine Strozzi, future dame d'honneur de Louise de Lorraine[86]. En 1576, le fils de Sampiero épouse la fille du lieutenant général des galères, commandées par François de Lorraine. En 1619, les Corses et la maison de Lorraine continuent à être en bons termes et lorsque les Lenche n'ont plus les moyens de défendre le Bastion de France que Tomasino a créé en 1550 sur les côtes du Maghreb, c'est au quatrième duc de Guise qu'ils cèdent la totalité de leurs droits moyennant une pension annuelle[87]. Après 1631, lorsque Richelieu dépossède le quatrième duc de Guise de l'amirauté de Provence, la maison de Lorraine, qui a déjà perdu le généralat des galères au profit des Gondi[88], continue d'entretenir des liens étroits avec les Corses. Le 12 juillet 1645, une arrière-petite-fille de Sampiero – Anne d'Ornano (morte en 1695), petite-fille du maréchal Alphonse – épouse au Palais-Royal, en présence de Louis XIV, un petit-fils d'Henri IV et de Gabrielle d'Estrées : son amant, François de Lorraine (1623-1694), comte d'Harcourt. Elle lui a déjà donné un fils[89] et elle lui donnera encore cinq enfants. Dorénavant, la descendance directe de Sampiero constitue une branche parallèle de la maison de France. En 1669, le chevalier de Lorraine[90] est même l'amant favori de Monsieur, frère du roi, et époux d'Henriette Stuart.

Paoli se retrouve curieusement inscrit sur un axe Nord-Sud qui relie Édimbourg à la Corse, en passant par Metz et Livourne. De son temps, Livourne, peuplé de Corses, est le principal port du grand-duché de Toscane. Or, sur le trône de Toscane monte en 1737 François de Lorraine (1708-1765), natif de Nancy, duc de Lorraine (1729-1737) sous le nom de François III, grand-duc de Toscane (1737-1765) sous le nom de François II, empereur (1745-1765) sous le nom de François Ier. Étonnante chronologie : la révolution corse qui donne naissance à la guerre dite « de Quarante Ans », commence en décembre 1729 alors que François de Lorraine règne à Nancy depuis fin mars ; le vendredi 14 mai 1731[91], François de Lorraine est en outre initié à la franc-maçonnerie, initiation demeurée célèbre et dont fait mention J. Anderson (*Le Nouveau Livre des Constitutions,* 1738) et c'est en 1736 que Neuhoff, natif de Metz, arrive en Corse alors que les préliminaires de Vienne qui projettent de donner la Toscane à François de Lorraine viennent d'être signés. Neuhoff arrive à Aléria huit semaines après le mariage de François de Lorraine avec Marie-Thérèse d'Autriche, fille de l'empereur Charles VI.

Qui dit « empereur » dit lutte contre les Turcs, mais Sampiero fut leur allié et Paoli un homme de grande tolérance religieuse. Pourtant, la peur sur les côtes du Turc – c'est-à-dire du barbaresque – fut particulièrement grande sur les côtes de Corse depuis l'installation de Barberousse en la régence d'Alger en 1516 et jusqu'à la prise d'Alger en 1830 où un Corse de Centuri fut le premier à mettre pied à terre : Leonetto Cipriani d'Ortinola (1812-1888), dont deux ancêtres avaient été reçus chevaliers du Saint-Sépulcre en 1607 et 1618[92]. Paoli ne représenterait-il alors qu'un courant insulaire, celui de la tolérance religieuse déjà défendue par Sampiero, face à un autre courant ultra-catholique, celui des dévots, représenté par exemple par don Luigi Giafferi, officier au service de Venise ? Tout tend à le prouver.

CORTE-CONSTANTINOPLE : DE LA TOLÉRANCE AU COMBAT ANTITURC

Sous prétexte que Paoli avait vingt-trois ans lors de la parution de l'*Esprit des lois,* l'historiographie se plaît à en faire un disciple de Montesquieu, initié à la franc-maçonnerie à Londres dès 1730[93]. Sous prétexte qu'il est né à l'époque où Voltaire écrivait : « La Régence, époque où l'on fit tout, excepté pénitence », l'historiographie se plaît à en faire une sorte de philosophe déiste, à l'image de Voltaire, initié à la franc-maçonnerie le 7 avril 1778 mais mort le 30 mai suivant. Sous prétexte de son amitié avec Boswell et parce que lui-même s'était affilié à la franc-maçonnerie, on s'est plu à faire de Paoli un athée, oubliant que la franc-maçonnerie du XVIIIe siècle permettait à Bernis d'être à la fois cardinal et maçon. On a finalement l'impression – fort triste – que la Corse, que le paysage corse, que l'environnement corse auraient été incapables de nourrir l'esprit. Le ciel bleu qui brille sur la Grèce, les eaux bleues qui entourent le Péloponnèse, la vigne, le blé et l'olivier qui fleurissent dans la campagne athénienne ont pu engendrer Aristote, Socrate et Platon, mais la Corse n'aurait pu engendrer aucun penseur, aucun philosophe, aucun cerveau. À la rigueur deux soldats : Sampiero et Napoléon, parfois réduits à deux caricatures : un mercenaire et un dictateur ! Ici point d'Athéna, point de Minerve. L'historiographie corse – souvent autoflagellante – donne l'impression – regrettable – que le Corse, pour nourrir son esprit, aurait eu besoin ou des philosophes français, ou du catholicisme romain, ou de la maçonnerie écossaise. L'historiographie part d'une vulgate : l'intelligence est partout, sauf en Corse. Elle est à Rome et à Athènes, à Bordeaux et à Édimbourg, à Florence ou à Versailles, et pour qu'un Paoli existe, il lui faut lire *Le Prince* de Machiavel, l'*Esprit des lois* de Montesquieu ou les *Constitutions* d'Anderson. C'est oublier que la pensée peut nourrir la réflexion d'un enfant à Morosaglia aussi bien qu'à Florence ou qu'à Bordeaux et que le petit-fils d'un meunier de Morosaglia peut penser aussi bien que le fils d'un verrier d'Aberdeen (James Anderson). Ce n'est pas parce que Paoli vit en un siècle qui s'achève dans la « déchristianisation », surtout urbaine d'ailleurs, que Paoli, petit rural du Rostino, fait montre de tolérance religieuse. Deux cents ans avant lui, Sampiero, comme nombre de ses contemporains dont les frères Gaspari au cap Corse, entretenait avec le monde musulman des rapports excellents qui étaient du reste des rapports de nécessité : de par la situation de l'île, les Corses devaient perpétuellement racheter leurs compatriotes tombés aux mains des musulmans, et leur revendre les musulmans tombés aux mains des galères pontificales ou maltaises[94]. Pour ne pas être trop maltraité par le Turc, il y avait donc intérêt à parler l'arabe comme les frères Gaspari et à ménager les corsaires afin qu'ils épargnent les villages côtiers. Nombre de ces bâtiments « turcs » avaient du reste pour capitaines des renégats corses dont le fameux Mammi Corso (mort en 1585), chef de file de toute une lignée d'Hassan Corso et autres Ali Corso. Allié du Turc, du dey d'Alger, de Dragut, Sampiero était toujours prêt à engager des hommes à son service en faisant une abstraction totale de leurs croyances religieuses : des musulmans, mais aussi des « luthériens » ou des « vaudois »[95]. Il avait du reste sans doute pillé pas mal d'églises catholiques puisque Vannina dispersa au feu des enchères à Marseille, alors qu'il était à Alger en route pour Constantinople, deux calices, deux croix, deux candélabres, deux reliquaires, trois bréviaires, un missel et autres objets de piété[96], qu'elle prétendit achetés. Toujours est-il que lorsque Paoli reçoit une selle du bey de Tunis, on le présente comme athée, cosmopolite. Mais alors, comment qualifier Sampiero lorsqu'il demande de l'aide au dey d'Alger et lorsqu'il est reçu par Soliman ? Force est de constater qu'en raison du contact permanent établi entre les deux religions chrétienne et musulmane, la Corse – également au contact des juifs de Livourne – est devenue au cours des siècles à la fois une terre de superstitions crasses, tous les voyageurs le disent, une île farouchement catholique, toutes les églises, chapelles et oratoires en témoignent, mais aussi un étonnant creuset de tolérance qui a donné naissance à Sampiero, l'allié du Turc, à Paoli, affilié à la maçonnerie, à Napoléon, l'homme du Concordat qui alla jusqu'à retenir prisonnier le pape Pie VII à Fontainebleau.

La Corse, considérée par l'Église comme patrimoine de Saint-Pierre, constitue depuis le Moyen Âge une entité tout à fait particulière. Rome s'intéresse continuellement à l'île et réciproquement. Dans la chapelle de Morosaglia, village natal de Paoli, un triptyque sur bois de 2 m sur 1,60 m en témoigne. C'est une *Vierge à l'Enfant entre saint Pierre et sainte Reparata,* avec une inscription *MCCCCC XX VII. Il die.. Agosto. Pinsit,* achevée le 10 août 1527, au lendemain du sac de Saint-Pierre de Rome par les Impériaux, lequel a duré du 6 mai au 5 juin. Cette œuvre semble avoir été peinte pour que sainte Reparata apporte « réparation » au malheureux saint Pierre. À noter deux choses : que sainte Reparata est inconnue au calendrier des saints aussi bien sous sa forme de Reparata que de Liberata ; que le terme de « réparation » constitue en revanche un grade maçonnique qui aurait été créé pour obtenir « réparation » de l'exécution des Templiers. À noter aussi que le tympan de la façade de cette église, en laquelle Paoli fut baptisé, est décoré de deux serpents entrelacés qui se mordent la queue – mais le symbolisme du serpent peut être revendiqué par une foule de familles de pensée.

Rome joue en Corse un rôle politique considérable. En Europe, Rome soutient généralement le roi d'Espagne – le seul qui combat véritablement le Turc, à Lépante par exemple –, alors que le Très Chrétien ose signer des capitulations avec le sultan (1536) et attaque Bonifacio, Calvi, Bastia et Ajaccio (1553) grâce aux forces navales conjuguées d'Henri II et de Soliman. En Corse, Rome soutient traditionnellement le haut clergé insulaire, recruté dans le patriciat génois. En 1567, Pie V s'est d'ailleurs félicité de la mort de Sampiero, colonel français allié du Turc. En 1559, le pape s'était déjà félicité du retour de la Corse sous la suzeraineté de Gênes. Cela est à retenir quand on songe aux difficultés survenues entre Paoli et le haut clergé génois insulaire. De même qu'en 1553, Rome reste prudente en 1764 car soutenir Paoli, c'est comme soutenir Sampiero : ce serait apporter son appui non seulement à un « sujet rebelle », mais encore à un mauvais catholique, à un homme que les contemporains – dont l'abbé de Zerbi – dénoncent comme un dangereux « cosmopolite » ; d'où les prudences pontificales d'un côté et les efforts de Paoli de l'autre, afin de tenter de gagner le pape à sa cause, notamment grâce à l'arrivée en Corse d'un visiteur apostolique. Quelque part, Paoli a la religion de Sampiero : une religion assez personnelle, il le dira lui-même, opposée à tous les « fanatiques » et, à ce titre, il reçoit des présents du bey de même que Sampiero recevait des vestes d'or du sultan. Paoli est aussi éloigné des Jésuites – que la France expulse en 1764 et que Gênes voudrait établir en Corse – que Sampiero l'était de la milice naissante du Christ. Vis-à-vis des juifs, Paoli affiche la même tolérance à L'Île-Rousse que celle d'un Colbert à Marseille (1669) : l'attrait économique, l'apport d'argent frais, l'essor espéré de la pêche au corail, l'arrivée de nouvelles ressources et les nécessités du crédit bancaire doivent l'emporter, selon lui, sur les différences religieuses. Vis-à-vis des musulmans, Paoli sait sans doute que Sampiero n'a pas hésité à donner officiellement, par acte notarié, le trésor de l'église de Bonifacio à Dragut, pour qu'il l'aide à s'emparer de ce préside génois [97], et ce moins de vingt ans avant Lépante.

Lépante constitue dans l'histoire corse une pierre d'achoppement. Comment Paoli a-t-il pu tant s'opposer à l'Église de son temps, se demandent beaucoup d'insulaires, alors que la Corse est réputée terre de haute catholicité ? Les choses sont complexes. En 1571, le sultan ayant déclaré la guerre à Venise et s'étant emparé de Chypre, Nicosie et Famagouste – dont le gouverneur était le Corse Giacomo Savelli de Corbara [98] de 1559 à sa mort à Rome en 1570 –, certains Corses ont voulu aller aider les Vénitiens comme ils étaient allés aider les chevaliers de Malte en 1565 : une des vingt relations du Grand Siège est due d'ailleurs au Corse Cirni. Mais n'ont combattu à Lépante que certains Corses, ceux qui étaient proches de Venise, du pape, du roi catholique et de l'ordre de Malte. Les Corses proches du roi de France ont été totalement absents à Lépante car Charles IX – il avait envoyé Sampiero en ambassade auprès de Soliman du 7 novembre 1562 au 8 mai 1563[99] et était fort lié aux Turcs depuis les Capitulations – n'a pas voulu participer aux opérations. Charles IX et Catherine de Médicis, protectrice de Sampiero, se souvenaient trop bien que c'était le Turc qui avait aidé Henri II à prendre Bastia, Ajaccio, Saint-Florent et Bonifacio. Par conséquent, les Corses qui ont participé à la bataille de Lépante sont ceux qui étaient proches de Philippe II fils de Charles Quint, de Pie V qui a engagé douze galères à Lépante et de Venise qui en a engagé cent quatre[100]. Côté français, seuls quelques chevaliers de Malte et quelques gentilhommes dévots – dont Charles de Lorraine (1554-1611), duc de Mayenne, deuxième fils du duc de Guise – ont combattu à Lépante, mais uniquement parce que Mayenne était passé au service de Venise, donc en qualité d'officier vénitien et non de gentilhomme français. Côté corse, quelques insulaires ont pris part à la bataille : des Corses pro-vénitiens et quelques Cap-Corsins[101]. Plusieurs sont même devenus d'excellents soldats au service de la république de Saint-Marc[102], voire gouverneurs de colonies vénitiennes. Il y avait donc en Corse, dès l'époque de Lépante, d'un côté des Corses d'une foi tolérante, mais d'une superstition vive : ils n'avaient pas participé à la « croisade » et ils aboutiraient à Paoli ; de l'autre, les dévots et, parmi eux, les Giafferi, les Giappiconi, les de'Battisti, les Boerio, ultra-catholiques et pro-vénitiens, sans doute heureux de voir la Vierge fouler le croissant ottoman sur une foule de tableaux qui avaient fleuri en Corse au lendemain de la victoire chrétienne : par exemple en l'église Sant'Agnello de Rogliano[103]. Ces derniers constitueraient pour longtemps dans l'île – jusqu'au XVIIIe siècle sur cinq à six générations – « le parti dévot », proche de Rome, du roi catholique, de Venise, des ordres de Malte et de Saint-Étienne de Toscane. Ce sont schématiquement les Corses de la façade orientale de l'île : la plaine de Moriani, là où vivent les Giafferi. Ceux de la façade occidentale (l'Ornano) n'ont pas combattu à Lépante, même s'il y a eu des exceptions. Dès Lépante, les Corses paraissent donc aussi divisés que les Français. Il y a ceux qui ont combattu le Turc aux côtés des Vénitiens et ceux qui n'ont pas participé à la bataille, pas plus qu'Alphonse d'Ornano (v.1547-1610), pas plus que les Stuarts qui ont subi de lourdes pertes cette année-là sur leur sol : Jacques Stuart, bâtard d'Écosse, comte de Murray, a été assassiné courant 1571 ; peu de jours après, le Régent Mathieu Stuart, s'opposant aux ultra-catholiques de son pays, a fait pendre Jean Hamilton, archevêque de Saint-André, et s'est retrouvé mortellement blessé.

Lors des troubles de la Ligue, la plupart des Corses de Marseille – généralement tolérants – ont combattu les ligueurs. D'un catholicisme peu militant, ces Corses de Marseille ressemblaient à Sampiero, si peu chrétien qu'il a osé proposer à François Ier d'assassiner à Rome, sur le pont

Saint-Ange (!), Charles Quint, second personnage de la Chrétienté ! En 1588, les Corses de Marseille ressemblent à Alphonse d'Ornano qui propose cette année-là à Henri III d'assassiner le duc de Guise et son frère le cardinal de Lorraine, parce que chefs des ligueurs [104]. Henri III refuse, mais le double assassinat est néanmoins perpétré à Blois, le jour de Noël. Un prélat, et un 25 décembre ! Double sacrilège ! Partout, les Ornano [105] vainquent les ligueurs aux ordres d'Alphonse à Grenoble (1587) comme à Lyon (1590), d'où récompenses : Alphonse est fait gouverneur du Dauphiné, chevalier du Saint-Esprit (1595), maréchal de France (1595), lieutenant général pour le Roi en Guyenne. Belle promotion pour un « étranger » débarqué à Marseille en 1569 avec trois cents amis de son père ; à Marseille où les Ornano ont des amis fidèles, dont Tomasino Lenche et son neveu Antonio, consul de Marseille massacré par les ligueurs (1588) [106]. Le quatrième duc de Guise, gouverneur de Provence, est alors dépêché à Toulon le 10 février 1596 par Henri IV pour y concerter avec un Corse de Calvi, Pietro Baglione [107], l'assassinat du chef des ligueurs marseillais : le consul Cazaulx qui est en train d'introduire les galères d'Espagne à Marseille. Baglione poignarde Cazaulx huit jours plus tard, vengeant ainsi Antonio.

Tout se passe comme si la Corse constituait un double enjeu : géostratégique, certes, mais aussi religieux. D'un côté, des chrétiens tolérants. De l'autre, des catholiques intransigeants, depuis les ligueurs jusqu'à la révolte de la Crocetta (Petite-Croix) à l'époque révolutionnaire. Ces derniers sont toujours désireux d'en découdre avec le Turc. Du côté des Corses tolérants dominent Sampiero, assassiné à Cauro en 1567 peu avant Coligny, victime de la Saint-Barthélemy [108] ; Alphonse d'Ornano ; Tomasino Lenche et plus tard Paoli. La postérité ne s'y est pas trompée et Sampiero et Paoli demeurent depuis des siècles les figures symboliques de la Corse. Du côté des Corses ultra-catholiques, on trouve les ennemis de Coligny dépossédé de l'Amirauté de France (1569) au profit d'un amiral catholique (Honorat de Savoie), beau-père de Mayenne qui combat à Lépante. Lequel Honorat de Savoie fait exécuter (1567) un certain Robert Stuart, gentilhomme écossais enfermé à Tours par les Guises. Amiral de France (1578-1582), chef de la Ligue, Mayenne eut pour successeurs le duc de Joyeuse, amiral de France (1582-1587) tué par les protestants, puis un gentilhomme tolérant : Gontault-Biron, ambassadeur d'Henri IV en Angleterre et aïeul du jeune duc de Lauzun qui vint voir Paoli à Corte en 1769. Paoli – comme Lauzun – est l'aboutissement de cette histoire biséculaire et ne peut se comprendre qu'en tant que membre d'un « réseau » philosophique fait de tolérance religieuse, allant des loges maçonniques écossaises et messines jusqu'à l'islam maghrébin, en passant par la volonté d'accueillir les juifs à L'Île-Rousse ; et d'autre part en tant qu'ennemi farouche d'autres réseaux, non pas ceux de la catholicité, encore moins ceux de l'Évangile – dont Paoli défend toujours la morale –, mais ceux de l'intolérance, le réseau de ceux que Paoli appelle « les fanatiques », celui qui prend ses racines dans les guerres de Religion et les troubles de la Ligue et qui renaît en Europe lorsque certains agitent la bannière de la « croisade » : Mayenne à l'époque de Lépante, Beaufort lors de la guerre de Candie, les chevaliers de Malte, les Vénitiens, les dévots français, les jésuites espagnols, toujours prêts à combattre le Turc. Très tôt, dans sa correspondance, Paoli dénonce le « fanatisme », maçonniquement considéré – sous sa plume comme sous celles de ses amis dont Hannah Moore à Bath – comme le troisième vice du mauvais compagnon et il le dénonce au même titre que le « despotisme », la Couronne et la Tiare passant pour les deux responsables de la mort de Jacques de Molay, dernier grand maître de l'ordre du Temple. À ce premier stade, il est permis de constater que Paoli s'inscrit dans la logique d'un axe Nord-Sud : Édimbourg, Metz, Morosaglia, différent de celui dans lequel l'inscrit une légende historiographique beaucoup trop réductrice, historiquement et géographiquement : Madrid, Corte, Gênes. Paoli ne constitue pas une exception religieuse corse. Avant lui, nombre de Corses n'ont pas combattu à Lépante et nombre d'entre eux ont, au contraire, combattu les ligueurs. Paoli s'inscrit dans ce courant insulaire fait de Corses superstitieux mais tolérants. À Marseille, ce réseau compte depuis le XVIe siècle les Ornano alliés à des « hérétiques », les Lenche installés au Maghreb dès 1550, les Franceschi de Merlacce, les Vinciguerra de Bastia, les Agostini de Luri, les Napoleoni de Centuri dont Sanson Napollon, gouverneur du Bastion de France jusqu'à sa mort en 1633 et accusé – lui aussi – par les dévots d'être un « mauvais catholique » [109], voire d'organiser des « orgies » au Bastion en compagnie d'adolescents musulmans. Ce reproche – la participation à des orgies – restera une constante chez tous ceux qui attaqueront les francs-maçons à la fin du XVIIIe siècle, en France comme à l'étranger, en Russie par exemple. Les Corses se divisent donc schématiquement en deux camps : ceux qui mettent leurs compétences au service du grand négoce maritime à Marseille ou Livourne, où ils sont au contact des juifs et des marchands protestants ; et les dévots qui mettent leur épée au service des armées catholiques : en Espagne – les Gaspari à Valence, Cadix, Barcelone –, à Venise – les Giafferi, Giappiconi, Franceschi de Cannelle, Paganelli de Zicavo, Abbatucci de Zicavo, Lusinchi de Zicavo, Boerio de Corte –, et à Rome où le pape entretient depuis le XVIe siècle une garde de six cents hommes encasernés à qui Alexandre VII (1655-1667) donne le nom de « garde-corse », illustrée par une célèbre rixe (1662) qui fit couler beaucoup d'encre et aussi un peu de sang.

Corte-Rome : la garde corse pontificale

Un siècle après Lépante, Louis XIV négocie l'achat de Dunkerque. Le port, espagnol jusqu'en 1650, est resté français de 1650 à 1658, mais il est anglais depuis 1658 et, en 1662, Louis XIV demande à son cousin germain Charles II Stuart de le lui vendre. Charles II, rétabli sur son trône en 1660, deux ans après la mort de Cromwell, accepte, car il a besoin d'argent. Godefroi, comte d'Estrades, ambassadeur extraordinaire du Roi à Londres depuis 1661, mène les négociations. Ennemi de l'ambassadeur d'Espagne en Angleterre – le baron de Batteville –, d'Estrades est d'un catholicisme mitigé. Fils d'une Secondat [110], de la famille de Montesquieu qui sera l'un des premiers francs-maçons français, il est allé jusqu'à se battre en duel aux côtés de M. de Coligny, comme second, contre le duc de Guise, tous deux symboles d'appartenances religieuses extrêmement marquées [111]. À Rome, en Espagne, à Malte, à Venise les dévots s'insurgent contre la vente de Dunkerque – longtemps propriété du roi catholique –, et pensent que le Très Chrétien ferait mieux d'utiliser ces trois millions et demi de livres pour lutter contre le Turc plutôt que de continuer à agrandir son « pré carré ». Alexandre VII – ancien nonce Fabio Chigi naguère en conflit avec Mazarin puis Hugues de Lionne – veut en effet promouvoir une ligue générale contre les Turcs, ce que désapprouvent Louis XIV et Colbert qui estiment le souverain pontife trop ami des Espagnols. Des troubles opposent alors dévots et partisans du roi. À Rome, gardes de l'ambassadeur de France et gardes pontificaux multiplient les vexations à partir de juin 1662, date de l'arrivée du nouvel ambassadeur du Roi : le duc de Créquy. D'un côté, les gardes pontificaux sont inquiets de voir Louis XIV se rendre maître d'un port longtemps propriété du Roi Catholique. De l'autre, les gardes corses sont inquiets du séjour que fait à Rome le consul de France à Alep, François Pecquet (alias Picquet), présent dans la Ville éternelle de mars 1662 au 1er juin, afin d'y négocier pour les siens (son père est banquier à Lyon) la possession du Bastion de France créé par Tomasino Lenche en 1552, puis administré par Sanson Napollon de Centuri, tué en 1633 en défendant le Bastion. Pecquet, futur évêque, prétend comme d'habitude que les Corses du Bastion – ils sont six à huit cents, jeunes et célibataires – se livrent en terre musulmane à des orgies paillardes avec de jeunes Arabes, oubliant de faire célébrer la messe ou de rémunérer leur chapelain. Déjà en 1630 un des détracteurs de Sanson Napollon écrivait aux consuls de Marseille que celui-ci faisait « apporter des garçons » au Bastion, qu'il « les envoyait quérir dans sa maison, en compagnie d'autres capitaines et [que] là se faisaient de grands banquets et soupers ensemble, chose qui me fait penser que je n'ose dire[112] ». Bref, les dévots veulent empêcher l'achat de Dunkerque par le roi et mettre la main sur le Bastion, Pecquet étant en effet sur le point d'obtenir du roi la dépossession des Lenche au profit de son père, « marchand à Lyon », moyennant quatre mille huit cents livres de pension annuelle à verser aux héritiers Lenche. Or la garde pontificale est majoritairement composée de Suisses et de Corses. En 1662, une centaine d'insulaires est au service du pape dans Rome même, dont Tomaso Marchetti d'Appilia. Issus de bonnes familles, ils vivent dans leur caserne de la Trinité des Pèlerins, proche du Mont-de-Piété créé par un Calvais enrichi dans le commerce des Indes. Ils sont venus d'Ajaccio, Calenzana, Montemaggiore, Rogliano, Bastelica, Corte, Orezza, Belgodère, Vallerustie, Pietraverde, Volpaiola, Bastia, Santa Reparata de Balagne. Le plus jeune a dix-neuf ans, le doyen quarante. La moyenne est de vingt-six ans. Jeunes, turbulents, rarement mariés, ils suivent les affaires européennes : en mars 1661, ils ont vu d'un mauvais œil Colbert arriver aux affaires. En septembre, ils ont déploré l'arrestation du dévot Fouquet. Début 1662[113], lorsqu'ils entendent parler de l'achat de Dunkerque par le roi, ils s'insurgent ! En juin, portant l'épée et l'arquebuse, voire la hallebarde pour les sergents et caporaux, ils en viennent aux mains avec les gardes de l'ambassadeur[114] qui les traîtent d'« espions du pape ». Un garde corse[115] est blessé. Le dimanche 20 août, à la sortie de la messe, les gardes de Créquy poursuivent dans les rues deux gardes corses[116]. Le Roglianais se cache chez l'habitant mais le second est mortellement blessé. Dans la soirée, les gardes ajacciens aux ordres du capitaine Savelli de Corbara, de la famille de l'ancien gouverneur de Famagouste, complotent pour venger leur camarade. Là-dessus, la marquise de Créquy, belle-sœur du duc, rentre au Palais Farnèse. Grande dévote, dotée par Fouquet[117], femme d'un fouquettiste notoire[118], elle est la fille de Mme du Plessis-Bellière, maîtresse de Fouquet, grande amie du commandeur de Nuchèze[119], mais les gardes corses la regardent uniquement comme la belle-sœur de l'ambassadeur de France, aussi tentent-ils de lui barrer l'accès au Palais. Néanmoins, elle échappe à ses assaillants qui la poursuivaient à coups de pierres depuis sa sortie de l'église Saint-Louis-des-Français. Sa belle-sœur, épouse de l'ambassadeur, a moins de chance. Après avoir passé la journée à visiter les églises, elle tente de regagner aux flambeaux le Palais. Les gardes corses barrent la route à son équipage qui doit faire demi-tour. Pendant la manœuvre, son page de vingt ans[120] est tué à la portière de son carrosse par le quatrième aïeul de Napoléon ! Il est vingt-trois heures ; l'affaire tourne à l'émeute. Le page du secrétaire de l'ambassadeur est tué[121]. Les gardes de l'ambassadeur chargent sous le commandement de leur capitaine[122] qui se retrouve mortellement blessé. Une trentaine de Corses attaquent les gardes de Créquy malgré les ordres du capitaine Alfonso de'Franchi[123] d'Ajaccio qui commande, comme Savelli, une des deux compagnies d'insulaires. Des coups de feu partent des fenêtres de l'ambassade. Quelques spectateurs sont tués dont un mendiant aveugle[124]. Franchi[125] est débordé malgré les tambours pontificaux qui battent le rappel. Le surlendemain, huit gardes corses, dont le meneur – un aïeul de Napoléon[126] –, s'embarquent pour la Corse[127]. À Rome, une enquête commence[128]. Neuf Corses emprisonnés aux Carceri Nuove sont mis à la torture extraordinaire (la *veglia*)[129]. La procédure s'achève le 21 novembre[130]. Le 16 décembre, Matteo de Petralba est pendu sur la Piazza Campo dei Fiori, près du Palais Farnèse et de la caserne de la Piazza della Trinità dei Pellegrini. L'affaire est grave car les gardes appartiennent aux élites insulaires au service du Saint-Siège depuis des générations[131]. Dans la liste des fugitifs, le Vatican déplore de trouver le nom de Paolo Maria Pozzo di Borgo, fils d'un colonel ajaccien au service du pape, et celui du *nobile* Andrea Crovero d'Ajaccio – l'ancêtre de Napoléon. Dès le 30 août, désireux de faire monter la pression contre les dévots au lendemain de l'internement de Fouquet, Louis XIV a écrit sa colère au pape. Les choses se règlent au traité de Pise, le 12 février 1664, Fouquet étant en cours de jugement : le roi y déclare les Corses hors d'état de servir dorénavant « tant à Rome que dans l'État ecclésiastique » (article XII) et exige l'érection d'une pyramide de marbre noir vis-à-vis l'ancien corps de garde des Corses (article XIII), à édifier « en exécration de l'odieux attentat commis par les soldats corses contre la personne de Son Excellence le duc de Créquy [...]. La Nation corse a été déclarée, dit-il, par décret de Notre Très Sérénissime Seigneur le pape Alexandre, incapable et indigne de servir le Siège apostolique, en exécution du traité de Pise ». Le dévot Olivier d'Ormesson fait allusion à cette « négociation de Rome » en novembre 1664, lors du procès Fouquet. Louis XIV fait en outre graver une médaille : « Pyramide élevée *en punition de l'attentat des Corses* en 1664 ». Ce n'est qu'en 1668 que Clément IX (Giulio Rospigliosi) obtiendra du roi que cette pyramide soit abattue. Louis XIV fera alors graver une nouvelle médaille : « Destruction du monument qui conservait la mémoire de l'attentat commis contre la Majesté royale ». Licenciée, la garde corse se disperse et la plupart des six cents Corses qui doivent quitter les garnisons romaines de Rome, de Rom agne, de Velletri, d'Ascoli, de Campanie, d'Ombrie, de la Marche et de Bologne gagnent le service de Venise.

L'achat de Dunkerque, où Louis XIV fait son entrée solennelle le 2 décembre 1662, met en relation le roi et le Stuart avec, entre les deux, les gardes corses du pape. Sont réunis là les trois éléments qui composent la configuration géographique de la Corse paoline : Rome, l'Écosse, la France, comme au temps de Sampiero, de Marie Stuart et de François Ier. Cette affaire est essentielle car elle montre combien les Corses, loin d'être repliés dans leurs montagnes au milieu des cochons sauvages, sont attentifs à ce que fait le Stuart, et la vente de Dunkerque au roi les conduit à tirer des coups d'arquebuse en pleine place Farnèse ! Pourquoi ? Parce que la ville natale de Jean Bart est un site à haute valeur stratégique, tout comme la Corse. Bien avant que la Corse ne soit définie comme « la sentinelle de la Méditerranée », par Henry Seymour Conway, Dunkerque constitue la clef de la mer du Nord. En 1768, Henry Seymour Conway déclarera aux contemporains de Paoli qu'il craint une Corse française car, selon lui, elle est, comme Dunkerque, un véritable « nid de corsaires »[132]. Seymour Conway n'est pas le seul à penser à la Corse lorsqu'il pense à Dunkerque. En effet, depuis le XVIe siècle, suite à une erreur d'éthymologie, la plupart des auteurs assimilent « Corse », « course » et « corsaire » et pensent que ces trois termes ont une racine commune. L'archidiacre corse Filippini le croit en 1594 ; l'abbé provençal Moréri aussi dans son *Grand dictionnaire historique* de 1674 et l'auteur britannique de la *Description de la Corse* de 1743 écrit encore : « Formerly, they [les Corses] were so addicted to Pyracy and Pilfering, that the name of *Corsair,* which now signifies a Rover or *Pyrate,* was originally derived from hence[133]. »

En outre, les Corses sont nombreux à Dunkerque au XVIIe siècle, en qualité de « mercenaires » au sein des régiments suisses. Lors de la signature du traité de Pise, Louvois fait état d'un « maître à monter à cheval » corse : le sieur Philippin, alias Filippini[134]. En 1677, Le Tellier fait mention d'un soldat corse[135] accusé de sacrilège. Du 11 avril 1666 au 23 avril 1669, Louvois écrit au magistrat de Dunkerque au sujet d'un « sergent d'un régiment suisse de la compagnie du capitaine Marchetti[136] qui est une suisse franche ». À l'époque de la guerre de Hollande vit à Dunkerque le RP Olmeta, mineur observatin, aumônier du régiment du Roi dans les Flandres. Son neveu, le docteur Olmeta, médecin et lecteur de l'université de Pise, sera en 1737 l'un des proches de Giacinto Paoli[137], père de Pascal. En outre, Olmeta est un lieu où Paoli aimera toujours à se retirer. C'est à Olmeta que Paoli enverra en août 1768 des chevaux à John Stuart Mountstuart lorsqu'il viendra le rencontrer en Corse. C'est là aussi qu'il se fera peindre par le portraitiste américain Benbridge (1768). La présence à Dunkerque de régiments français composés d'étrangers explique le nombre conséquent de Corses présents dans les Flandres comme aumôniers, soldats ou capitaines. En 1659 sert dans les Flandres le *régiment des Isles,* constitué en 1636 pour la défense des îles d'Aunis, embarqué sur la flotte du comte d'Harcourt en Méditerranée puis au large des présides de Toscane (1636-1649), passé dans la péninsule italienne puis en Catalogne jusqu'en 1658, et formé majoritairement de Corses, car hérité du régiment *Antemari Corse* stationné en 1622-1623 à Bagnols-sur-Cèze en Languedoc (là où s'installeront les Stuarts en 1688), aux ordres d'Anton Maria (Antemari) de Casanova de Corte, fils de Leonardo, compagnon de Sampiero[138]. Les Corses font partie de ces « Italiens » qui peuplent ces régiments, comme celui des frères Fürstenberg stationné à Dunkerque en mai 1669 ; ou encore le *régiment de Lauzun,* essentiellement composé, depuis sa création en 1658, d'« Italiens » – Corses fantassins – et de cavaliers lorrains ; ou comme le *régiment Mazarin-Italien* où sert un certain M. de Valcroissant en 1656. Il y a dans cette concentration de mercenaires un terreau étonnant puisqu'on retrouve, auprès de Paoli, un siècle plus tard : Neuhoff, dont le père fut au service des frères Fürstenberg ; un chevalier de Valcroissant, agent secret de Louis XV dépêché à Corte en 1763 pour faire signer à Paoli un traité d'alliance entre lui et le roi ; le jeune duc de Lauzun, dépêché auprès de Paoli en 1769 quelques semaines avant Ponte Novo ; et nombre de capitaines Marchetti ou Marchelli. C'est-à-dire qu'entre 1662 (achat de Dunkerque) et 1769 (installation des troupes de Louis XV en Corse) on trouve exactement les mêmes patronymes à des postes clefs : Neuhoff/Fürstenberg, Lauzun – le duc louis-quatorzien et le duc de 1769 –, Valcroissant – officier en 1656 ou agent secret en 1763 –, Stuart – souverain en 1662 ou agent secret en 1768 –, Marchetti – garde corse à Rome en 1662, capitaine à Dunkerque en 1669, capitaines génois dépêchés à Morosaglia tout au long de la décennie 1730. La plus grande énigme du XVIIe siècle pourrait-elle trouver sa résolution au cœur de ce puzzle qui oppose chrétiens tolérants – peu hostiles aux Turcs – et catholiques « fanatiques », toujours prêts à lancer la croisade ?

Un Masque de Fer corse ?

Gênes tient à la Corse pour une foule de raisons. Économiques : l'île fournit des denrées. Fiscales : l'île rapporte des taxes. De prestige : l'île est un « royaume », le *Regno di Corsica,* et, à ce titre, la Sérénissime pense pouvoir faire recevoir ses ambassadeurs dans la *sala regia,* c'est-à-dire dans les salons réservés par les souverains pour y recevoir les diplomates. En 1709, d'ailleurs, l'empereur Joseph II accordera peut-être ce droit aux ambassadeurs génois alors que la Papauté et l'Espagne s'y refuseront[139]. En qualité de « royaume », la Corse fait rêver les ambitieux : au XVIIe siècle, on a reproché par exemple à Fouquet d'avoir rêvé d'une « couronne fermée », c'est-à-dire d'une couronne royale, la couronne ouverte étant simple symbole nobiliaire. Au XVIIIe siècle, le grand maître de Malte rêve aussi d'une couronne « fermée » et finit par la porter à la fin du siècle après avoir rêvé de s'emparer de la Corse à différentes reprises, notamment en 1754, projet qui indisposa Pascal Paoli [140] contre son auteur corse, l'abbé de Zerbi. De Fouquet en 1661 au grand maître en 1780, ceux des Européens qui ont le plus désiré la Corse sont les Vénitiens, rivaux des Génois. Or, en Corse, depuis Lépante, les Vénitiens ont une foule de « clients » : parmi eux, la dynastie ultra-dévote des Giafferi, tous officiers au service de la république de Saint-Marc. Or, le père de Pascal Paoli, Giacinto – général de la nation corse –, a longtemps partagé le destin de son compatriote don Luigi Giafferi [141], autre général de la nation corse, et quand ce dernier est mort à Naples en 1745, un petit livre anonyme [142] s'est mis à révéler que le Masque de Fer, mort à la Bastille depuis 1703 sous le nom de « Marchially », s'appelait *Giaffer*, prononciation continentale de Giafferi. Dans ces *Mémoires secrets pour servir à l'Histoire de Perse* qui ont valu la Bastille à leur auteur, on lit en effet : « Le commandant [M. de Saint-Mars] de la citadelle de l'île d'Ormus [Lérins] traitait son prisonnier avec le plus profond respect. Il le servait lui-même et prenait les plats à la porte de l'appartement des mains des cuisiniers, dont aucun n'a jamais vu le visage de *Giafer* [...]. *Giafer* resta plusieurs années dans la citadelle d'Ormus. On ne la lui fit quitter pour le transférer dans celle d'Ispahan [la Bastille] que lorsque Cha-Abbas [Louis XIV], en reconnaissance de la fidélité du commandant [Saint-Mars], lui donna le gouvernement de celle d'Ispahan qui vint à vaquer. » Le nom de Giaffer n'est pas la seule surprise du dossier. Ces *Mémoires* sont dus à Antoine Pecquet [143], commis dans les bureaux des Affaires étrangères, apparenté au médecin personnel de Fouquet, le célèbre anatomiste Jean Pecquet (1622-1674) de l'Académie des sciences, emprisonné avec l'ancien surintendant jusqu'en 1664. Mais Pecquet est aussi le fils d'un riche banquier de Lyon, Geoffroi [144], et le frère du consul de France à Alep (1652-1662) qui a succédé en ce poste à Sanson Napollon de Centuri et qui a réussi à déposséder Alphonse Lenche du Bastion de France. Colbert – proche des Lenche – a du reste déploré que le Bastion soit passé à Pecquet – proche de Fouquet. Cette opposition entre Colbert – tolérant, notamment à l'égard des juifs de Marseille en 1669 –, face à Fouquet – dévot caricaturé dans le *Tartuffe ou le faux-dévot* de Molière en 1664 – préfigure les rapports ultérieurs qui existeront entre Paoli – tolérant, également à l'égard des juifs de L'Île-Rousse en 1767 –, face aux dévots corses – notamment les Giafferi. En 1745, il est curieux de voir que la mort napolitaine de don Luigi rouvre le dossier du Masque de Fer qui est un dossier méditerranéen comme le dossier Paoli, sur fond britannique comme le dossier Paoli. C'est d'autant plus curieux que l'année suivante le chevalier de Mouhy, né en 1710 à Metz – comme Neuhoff [145] –, fait paraître à La Haye un roman anonyme, *L'Homme au masque de fer*, immédiatement mis à l'Index en France alors que onze éditions se succèdent en Hollande ! Louis XV craint le succès du chevalier qui a gravité dans sa jeunesse dans le même entourage que Neuhoff car protégé de son parent, M. de Longepierre, mort en 1721, ancien précepteur du Régent à une époque où Neuhoff était page de la Palatine, mère du Régent. En outre, Mouhy est un proche du maréchal de Belle-Isle, petit-fils de Fouquet, auquel il procure nombre d'aventures galantes. En 1749, Jourdan de Launay, vieux gouverneur de la Bastille, se confie au père jésuite Griffet, confesseur de la prison [146] : il confirme l'hypothèse *Giaffer*, ce que Griffet écrira en 1769. Entre-temps, Voltaire se passionne pour l'énigme : en 1751, dans son *Siècle de Louis XIV,* publié à Berlin [147]. Puis dans son *Supplément au siècle de Louis XIV*, il conclut : « M. de Chamillart [148] disait quelquefois, pour se débarrasser des questions pressantes du dernier maréchal de La Feuillade [149] et de M. de Caumartin, que c'était un homme *qui avait tous les secrets de Fouquet.* » Or La Feuillade était fils de François d'Aubusson, comte de La Feuillade (1623-1691) qui avait levé à ses frais la troupe de gentilshommes français qui partirent combattre à Candie au secours des Vénitiens. La Feuillade fut en 1669 l'équivalent de Mayenne à Lépante en 1571. Enfin, tous les contemporains ont toujours relié l'énigme : à Fouquet ; à la guerre perdue par les Vénitiens à Candie ; à la disparition mystérieuse du duc de Beaufort, petit-fils naturel d'Henri IV, chef des troupes françaises dépêchées au secours des Vénitiens sous bannière pontificale et curieusement disparu à Candie dans la nuit du 24 au 25 juin 1669 sans que jamais personne ait pu retrouver son cadavre ! Les bruits les plus fous ont couru : certains le crurent demeuré dans un couvent de Crète. On l'imagina aux îles de Lérins. Mouhy évoque une île de Méditerranée. Bref, la Méditerranée est avec Fouquet et Beaufort au cœur de l'« affaire » sur fond britannique. Saint-Simon lui-même, mort octogénaire en 1755, relie l'affaire à Fouquet au point de prétendre que l'ancien surintendant est mort « après trente-quatre ans de prison » – alors qu'il n'en a fait « que » dix-neuf (1661-1680) –, preuve qu'il songe au Masque de Fer en écrivant cela puisque ce dernier a effectivement fait trente-quatre années de forteresse d'État, de 1669 à 1703. En 1754, Lenglet-Dufresnoy [150] réfuta l'idée que Beaufort était l'homme masqué. En 1759, Lagrange-Chancel, embastillé aux îles de Lérins quarante ans plus tôt, affirma le contraire [151]. En 1769, l'« affaire » rebondit avec un petit-neveu de Saint-Mars [152]. La même année, le Père Griffet [153] réaffirme que l'homme masqué était *Giaffer* [154]. Quand on sait combien le général de la nation corse don Luigi Giafferi a été dans l'île l'agent d'un clan pro-vénitien totalement inféodé à ; l'Empereur et farouchement ennemi du clan Marchetti/Marchelli – leurs voisins de Talasani [155] où la maison Giafferi, en hauteur, fait exactement face à la maison Marchetti, en contrebas –, il est permis de se poser des questions.

En 1669, nombre de dévots sont mécontents. Le Très Chrétien ne cesse d'agrandir son pré carré : le Roussillon, l'Artois, gagnés sur le Roi Catholique au traité des Pyrénées (1659) ; puis Dunkerque, ancien port espagnol acheté au Stuart. Le camp du Habsbourg aimerait une compensation. Après tout, lors de la paix du Cateau-Cambrésis, la France avait rendu la Corse à Gênes pour conserver Calais. En 1669, les ports de Corse sont regardés par le Habsbourg comme une compensation possible : Louis XIV vient d'acquérir Collioure, Port-Vendres, Banyuls, Dunkerque. Le Habsbourg pourrait bien obtenir Bastia, Ajaccio, Calvi, Saint-Florent. Il peut espérer l'appui du pape toujours prêt à revendiquer l'île comme « patrimoine de Saint-Pierre » et celui de Venise, toujours rivale de Gênes. En France, Fouquet est à Pignerol depuis 1664, mais son ancienne maîtresse, la marquise du Plessis-Bellière, tante de l'ambassadeur de l'ordre de Malte auprès de Louis XIV[156], continue d'animer le camp dévot.

L'« affaire » de Candie est au cœur du mystère. Le Masque de Fer est connu sous trois patronymes. Le premier apparaît en 1669, lors de son incarcération : le nom d'emprunt qui lui est alors donné dans la correspondance de Louvois est « Auger », nom d'un domestique du comte de Grignan[157], arrière-petit-fils du maréchal d'Ornano. En 1703, lors de son décès à la Bastille, le Masque de Fer est inhumé sous un deuxième patronyme inscrit sur le registre des sépultures de la paroisse Saint-Paul à Paris : « Marchiali », patronyme écrit à Talasani tantôt « Marchelli », tantôt « Marchiali », tantôt « Marchetti ». Enfin, en 1745, Pecquet et, en 1769, Griffet écrivent qu'il s'appelait « Giaffer ». Quand on connaît la carrière de don Luigi Giafferi (v.1669-1745), agent vénéto-impérial fort dévot né justement vers 1669 ; quand on sait que le parlement anglo-corse de 1794-1796 a été présidé, non par Paoli, mais par le fils de don Luigi, Agostino Giafferi (1716-1798), et que ce dernier a été effectivement fusillé à Bastia par les autorités françaises ; et quand on voit le nombre impressionnant de Marchelli, Marchetti qui parcourent l'histoire paoline au point que Giacinto Paoli avait pour monture l'ancien cheval du commandant génois Marchelli, on ne peut que tenter de confirmer des hypothèses que nous avons par ailleurs ébauchées.

Plus de cinquante « Masques de Fer » potentiels – en dehors du faux jumeau de Louis XIV d'Alexandre Dumas – ont été envisagés, presque tous en relation avec les Stuarts et les îles de Méditerranée. Côté Méditerranée, arrivent en tête des « masqualisables » : Beaufort, un enseigne de Beaufort[158] et quelques agents italiens[159] dont Matthioli[160]. Côté anglais : Henry Cromwell[161], fils du Lord Protector, un certain Jacques

Stuart[162], prétendu fils naturel de Charles II, un dénommé Hunt ou Hund[163] impliqué dans une tentative d'assassinat de Guillaume d'Orange par un jacobite écossais[164], un fils d'Anne d'Autriche et de Buckingham[165], le duc de Monmouth[166], un des bâtards de Charles II, voire un fils naturel d'Henriette Stuart[167]. La troisième série de candidats, moins sérieuse, réunit Fouquet, enfermé à Pignerol en même temps que Lauzun et qu'Eustache Auger. L'hypothèse Eustache Auger amuse beaucoup Mme de Sévigné dans cinq de ses lettres à sa fille[168] car voyant souvent le domestique de son gendre Grignan – le sieur Auger – à Paris, à Aix, à Pont-Saint-Esprit, alors que le prisonnier de Pignerol porte son nom, elle le compare à un être surnaturel capable de se déplacer dans les airs à une rapidité incroyable, ce qui lui permet d'être en plusieurs endroits en même temps. Cette piste mérite d'être fouillée pour mieux comprendre l'époque paoline car Paoli est inscrit à la croisée de deux chemins : l'un – que Paoli embrasse : celui de la tolérance qui relie Morosaglia à Édimbourg, via Metz ; l'autre – que Paoli combat : celui qu'il définit comme étant celui du « fanatisme » qui relie Madrid à Vienne, via Rome, Venise et Malte.

En 1669, la guerre de Candie – capitale de la Crète – est en train de s'achever. Les Vénitiens ploient sous la menace turque mais Louis XIV n'est guère prêt à aller les aider. À cette époque – ce ne sera plus le cas en 1684 lors du bombardement de Gênes par la flotte française –, Louis XIV est en effet proche des Génois et notamment du marquis Centurioni[169]. « M. de Centurion » s'apprête d'ailleurs à lui vendre trois vaisseaux et promet « à Sa Majesté de lui entretenir sept galères ». D'autre part, Louis XIV a plusieurs familles génoises attachées à sa personne : les Doria à Marseille, arrivés au port au XVIe siècle, et les Fieschi à la cour, venus en France du temps de Sampiero, au lendemain de la conjuration de Fiesque[170] qui lui avait valu d'être emprisonné à Bastia du 25 décembre 1547 au 9 avril 1548, ce qui avait nécessité l'intervention d'Henri II auprès de Gênes afin d'obtenir sa libération. Une comtesse Fieschi fut d'ailleurs marraine d'une fille de Sampiero le 12 décembre 1560 à Marseille et, en 1669, une autre comtesse de Fieschi, née d'Harcourt, est l'intime amie du duc de Lauzun. Certes, Venise risque de perdre la Crête dont la capitale résiste difficilement aux Turcs depuis 1645. Certes, face aux soixante mille Turcs d'Achmet Kiuperli, Venise lance des appels au secours, mais Louis XIV ne souhaite pas y répondre car la menace turque dans le dos de l'Empereur lui est plutôt utile. Seul Clément IX (Rospigliosi) et l'ordre de Malte répondent favorablement. De Corse, comme du temps de Lépante, certains partent au secours de Venise, tel le corsaire cap-corsin Giorgio Maria Vitali, tué courant 1668 dans les eaux de Tinos, ou nombre de chevaliers de Saint-Étienne[171], mais la plupart des insulaires partagent les hésitations de Colbert.

En France, Beaufort est prêt à la croisade comme Mayenne à l'époque de Lépante. Chef de la Cabale des Importants, il a dû émigrer en Angleterre sous Charles Ier Stuart, mais il est revenu en France à la mort de Richelieu. Frondeur devenu grand maître de la navigation et commerce de France à la mort de son père César, duc de Vendôme (1665), Beaufort est toujours prêt à combattre les musulmans – il l'a fait à Gigery en 1664 puis devant Cherchell en 1665. Au service de Venise, son subordonné Nuchèze, commandeur de Malte et vice-amiral de France mort en 1667, a longtemps été prêt à le suivre[172]. Fouquet est certes emprisonné, mais la marquise du Plessis-Bellière anime son réseau, tout comme sa fille, la marquise de Créqui, poursuivie dans les rues de Rome par les gardes corses. Fille d'une Venieri[173], descendante de trois doges de Venise[174], issue de Sebastiano Venieri qui combattit à Lépante et veuve d'un officier général tué aux côtés d'un des plus célèbres chevaliers de Malte de son temps – le commandeur Paul –, la marquise, en l'hôtel de laquelle Fouquet a été arrêté à Nantes[175], règne sur un cercle dévot qui comprend La Fontaine, ami de Fouquet ; les Gondi, vieux amis des Du Plessis-Bellière[176] ; le neveu de la marquise, ambassadeur de Malte auprès du Roi ; la parenté de Nuchèze qui cachait chez elle ses bijoux et ses lettres de change tirées sur Venise ; Mme de Sévigné mariée jadis par Mgr de Nuchèze ; la marquise de Créquy et son mari ; le duc de Créquy, ambassadeur de France à Rome. Mais Louis XIV résiste à leur pression car il désire protéger sur mer l'amitié franco-turque. Il lui faut par conséquent lutter contre les dévots inféodés à Madrid et Vienne, et contre les chevaliers de Saint-Jean-de-Jérusalem qui s'intéressent beaucoup aux îles de Méditerranée en qualité de chevaliers de Malte. Or, au cas où le Turc deviendrait trop puissant en Méditerranée orientale, il ne faudrait pas que l'ordre de Malte, déjà chassé de Rhodes et replié à Malte depuis Charles Quint, s'intéresse trop à la Corse, maintenant que Venise est sur le point de perdre Candie. Colbert ne veut pas d'un camp dévot (Malte/Papauté/Venise) inféodé au Habsbourg de Madrid, en face de ce qui est en train de devenir le premier arsenal du royaume : Toulon[177], et alors qu'il ne cesse de développer la marine française de guerre et de commerce : création de Rochefort et de Sète en 1666 ; et formidable essor des constructions navales depuis 1661. Il faut donc infiltrer le réseau dévot pro-vénitien et le démanteler. Pour cela, Louis XIV, comme Louis XIII en 1635, et comme Henri IV en 1588-1600, n'a qu'une solution : faire appel aux Corses de Marseille qui n'ont jamais cessé d'être les agents fidèles du roi de France en Méditerranée au point que l'ambassadeur de Charles IX auprès de Soliman fut Sampiero Corso, en attendant que l'homme de confiance de

Richelieu en Méditerranée orientale soit le Cap-Corsin Sanson Napollon, consul de France à Alep, chevalier de Saint-Michel, gouverneur du Bastion de France après Giovanni de Porrata, autre Cap-Corsin déjà gouverneur du Bastion au temps d'Henri III.

En Provence, Louis XIV a pour conduire sa politique méditerranéenne un allié puissant : le comte de Grignan, issu de ces Grignan qui ont donné, cinq générations plus tôt, le baron de La Garde, général des galères des Valois. Par sa mère, Grignan est l'arrière-arrière-petit-fils de Sampiero, l'allié du baron de La Garde. Comme son arrière-grand-père le maréchal Alphonse d'Ornano, Grignan est un homme sûr, suffisamment détaché de la religion pour faire raser une partie de sa chapelle de Grignan pour l'aménager en terrasse. Il faut donc marier Grignan [178] – fils de Marguerite d'Ornano – à la fille de Mme de Sévigné – dévote et fouquettiste –, qui fait trop campagne en faveur du surintendant emprisonné. Pour museler la principale épistolière de son temps, le mariage est préparé par la princesse d'Harcourt (née Françoise de Brancas, celle qui conduira en 1693 à Saint-Denis la dépouille de la Grande Mademoiselle, femme de Lauzun), et il est célébré le 19 janvier 1669. Le marié a pour témoin « son cousin Louis Escalin des Aymars de La Garde », arrière-petit-fils du général des galères baron de La Garde [179], ce qui prouve que les liens tissés au temps de Sampiero demeurent intacts cinq générations plus tard. Pour Colbert, nommé le 18 février suivant secrétaire d'État à la Marine, il faut refuser d'aider les Vénitiens : le Roi, écrit-il le 30 mars, ne veut « point déclarer ouvertement la guerre au Grand Seigneur [180] ». Il faut que les vaisseaux de Louis XIV qui seront malgré tout dépêchés à Candie « paraissent sous le nom de Sa Sainteté » [181] et non sous pavillon fleurdelysé. En Corse, comme du temps de Lépante, certains sont peu désireux de voler au secours de Saint-Marc. D'autres, dont les aïeux étaient à Lépante, prennent partie pour Beaufort. Parmi eux, les Giafferi de Talasani, c'est-à-dire l'*alfiere* (enseigne) Zannettino Giafferi et ses quatre frères, tous fils et petit-fils de colonels au service de Venise. Or Louis XIV ne veut absolument pas être entraîné dans un conflit contre le Turc, pas plus que Colbert, contrôleur général des Finances depuis 1665, lequel préfère combattre économiquement les Hollandais plutôt que le sultan : guerre des tarifs à partir de 1664, aggravée en 1667, et transformée en conflit armé à partir de 1672 sous le nom de guerre de Hollande. Fin janvier 1669, Colbert envoie donc son fidèle Brodart [182], commissaire de marine, à Dunkerque où sert le capitaine corse Marchetti dont parle Louvois : c'est le fameux « capitaine d'une compagnie du régiment suisse ». (À noter que Paoli aura encore à son service nombre de Suisses à Ponte Novo en 1769, lesquels font toujours de Genève un vrai refuge religieux). Autant les Giafferi – ultra-catholiques – sont inféodés à Venise, autant les

Marchetti – proches des Suisses – le sont à Gênes. Brodart arrive de Marseille à Dunkerque le 9 février alors que le duc d'York, futur Jacques II, amiral d'Angleterre, vient de se convertir au catholicisme. Son frère Charles II, sur le point de se convertir lui aussi [183], entretient des correspondances codées avec sa sœur Henriette Stuart, épouse de Monsieur, correspondances secrètes peut-être apportées de Londres à Dunkerque par le capitaine Marchetti. Le 15 avril, Brodart repart de Dunkerque pour Marseille accompagné de Louis d'Estrades, fils du gouverneur de Dunkerque [184] et frère de Jean-François, abbé de Moissac [185]. Pour avoir correctement effectué sa mission, Brodart est récompensé : ce même 15 avril, il est nommé « commissaire général de l'armée navale mise en mer en Provence sous le nom et à l'instante prière du pape pour le secours de Candie ». Il y servira avec Maulévrier, frère de Colbert, lui-même nommé maréchal de camp le 2 avril, et avec Vivonne, frère de Mme de Montespan, nommé commandant de l'escadre des galères de France le 4. Le 3 mars, Louis XIV a en effet fait démissionner le maréchal de Créquy estimé trop dévot du généralat des galères et Vivonne a aussitôt acheté sa charge [186]. Le 21 avril, Louis d'Estrades est récompensé : il reçoit les gouvernements de Bergues et de Furnes, mais le plus important survient le 5 mai. Ce jour-là, Louis XIV arrive en personne à Marseille. Henri IV, venu à Marseille en 1600 avec Marie de Médicis, y avait été accueilli par Jean-Baptiste de Forbin-Gardanne, mort en 1601, et son épouse Désirée Lenche, morte en 1605, fille de Tomasino, principal banquier de Sampiero. Le premier consul de Marseille était alors Orso Santo Cipriani d'Ortinola, Cap-Corsin de Centuri [187]. Le capitaine de la Porte réale de Marseille, Pietro Baglione de Calvi, venait de mourir (1597), mais Henri IV venait de lui faire ériger un magnifique tombeau, aujourd'hui conservé au musée lapidaire de Marseille, et son frère Bartolomeo Baglione réunissait dans ses mains les charges de viguier perpétuel du port et de commandant du fort Notre-Dame. Il avait en outre hérité des cent soixante mille écus de récompense donnés à Pietro par le roi pour avoir poignardé Cazaulx [188]. Louis XIII s'était appuyé lui aussi sur la colonie corse de Marseille : en 1635, aux premiers jours de la guerre franco-espagnole, par peur que le parti dévot n'ouvrît Marseille aux galères d'Espagne comme Cazaulx jadis, le roi avait fait en sorte qu'un autre Cap-Corsin devînt premier consul de Marseille : Balthazare Cipriani, fils d'Orso Santo ! Le 5 mai 1669, fort de cette complicité avec les Corses de Marseille qui vont jusqu'à usurper parfois une fleur de lys pour la mettre en chef sur leurs armes – ce que Louis XIV n'interdira par édit qu'en 1697 [189] –, Louis XIV est reçu au port, non par le premier échevin en charge, mais par le premier échevin de 1667-1668 sorti de charge : Jean-Baptiste Franceschi, autre Cap-Corsin de Centuri (1607-1673) [190], marié à Jeanne de Bricard, arrière-petite-fille de Désirée Lenche. C'est chez l'échevin – que Colbert appelle « M. de Franchiscou » – que dort le ministre, en son hôtel de la rue de la Loge. Le roi dort chez un cousin de l'échevin : Scipion Lenche (v.1640-1677), ancien seigneur de Moissac [191], maître de camp de la compagnie des mousquetaires du Roi, lequel met à la disposition du souverain l'hôtel Lenche, actuelle place Lenche. Scipion [192] est le petit-fils de Louise d'Ornano [193], fille du maréchal Alphonse et grand-tante de Grignan. Le roi se trouve donc au cœur de la colonie corse qui a combattu les ligueurs. En 1669, il apparaît urgent d'éliminer Beaufort, trop inféodé au gouverneur vénitien de Candie, Francesco Morosini ; mais il faut agir discrètement car grande est la popularité de l'ancien « roi des Halles ». Mais personne n'a oublié que le maréchal d'Ornano avait proposé à Henri III d'assassiner le duc et le cardinal de Guise [194] ; que Sampiero avait proposé à François Ier d'assassiner Charles Quint [195] ; que Baglione a poignardé Cazaulx sur ordre d'Henri IV.

Le 25 mai, Louvois passe en revue à Dunkerque le régiment de Fürstenberg [196], princes allemands inféodés à la France, évêques de Metz qui ont pour protégé un certain Neuhoff, père du futur « roi des Corses ». Ces Fürstenberg sont agents français et l'Empereur en fera bientôt capturer un, en violation de toute règle diplomatique [197]. Il faut dire que Louvois tente à pareille époque de faire assassiner un agent espagnol, et qu'il écrit [198] au maréchal d'Estrades, gouverneur de Dunkerque : « Il y a bien de l'apparence que M. de Lisola doit bientôt partir de Liège pour s'en retourner à Cologne. Comme ce serait un grand avantage de le pouvoir prendre et que même il n'y aurait pas grand inconvénient *de le tuer* [...] parce que c'est un homme [...] qui emploie toute son industrie [...] contre les intérêts de la France [...] vous ne sauriez croire combien vous feriez votre cour à Sa Majesté si vous pouviez faire exécuter ce projet. » Ce type d'assassinat politique n'était pas rare. En 1541, dans les affaires de Corse, Rincon, dépêché vers l'Empire ottoman, et Fregosi, Génois dépêché vers Venise, tous deux aux ordres de François Ier, avaient été assassinés sur les rives du Pô sur ordre de l'Espagne [199].

Fin mai, on est dans une conjoncture voisine. Le 27, « le fils de M. d'Estrades [Louis] veut embarquer, ne fût-ce que sur une galiote », pour suivre l'escadre de Beaufort [200]. Le commandement des galiotes a été prudemment donné par lettres – datées du 5 avril précédent alors que Brodart était à Dunkerque – à deux officiers de la colonie corse de Marseille : le chevalier de Foresta [201] – capitaine de la *Légère* ou la *Volante,* arrière-petit-fils d'Antonio Lenche massacré par les ligueurs [202] – et le comte Maurice de Grimaldi de Bueuil [203] – capitaine de la *Subtile* –, proche parent de Marguerite Napollon, fille de Sanson, mariée depuis 1631 à Charles de Grimaldi de Régusse [204]. Le 5 juin, Beaufort appareille de Toulon[205], destination Zante, colonie vénitienne. Le 16, avec ses seuls vaisseaux, Beaufort y arrive après onze jours de navigation. Zante grouille de Corses qui bouent d'impatience d'aller en découdre avec les Turcs. À Zante résident les Pozzo di Borgo, Ajacciens, cousins du colonel du Saint-Siège et du garde-corse fugitif. Ils sont issus de Stefano Pozzo di Borgo, capitaine au service de Venise venu à Zante au début du siècle, qui a tous les siens inhumés en la chapelle San Francesco de la forteresse de Zante. Son fils Domenico, sergent-major des ordonnances de Zante depuis 1656, est en 1669 « le commandant et le provéditeur général de la citadelle de Parga ». « Major de la place de Candie », marié à Zante dans une bonne famille des îles ioniennes[206], Domenico est prêt au combat avec ses trois fils aînés : le premier, capitaine vénitien ; le deuxième, sergent-major, futur capitaine de la citadelle de Parga en 1671 ; le troisième, futur sergent-major, futur capitaine vénitien en 1683. Le quatrième est un prêtre « fanatique » : futur « chancelier épiscopal de l'île de Zante », il convertira en 1692 la mosquée de Gastuni (Morée) en église latine dédiée à l'Annonciation. Le plan de l'attaque de Candie est mis au point alors que Vivonne retient visiblement en mer ses galères. Beaufort le regrette : « C'est dommage qu'elles ne soient pas avec nous » écrit-il. Mais le frère de Mme de Montespan, parti de Toulon depuis le 21 mai, a sans doute reçu l'ordre de se traîner en Méditerranée afin de n'arriver à Candie que lorsque tout serait fini. Le 4 juin, Louvois et Vauban quittent Dunkerque[207] après une dernière entrevue avec le gouverneur d'Estrades. Beaufort arrive à Candie. Dans la nuit du 24 juin, Maulévrier est la dernière personne à le voir vivant. Le lendemain matin, à l'issue d'une brève sortie contre les Turcs, tout le monde s'interroge : La Feuillade, le duc de Navailles, le marquis de Fénelon, un Fouquet. Rien. Beaufort a disparu. Personne ne retrouvera son corps. « C'est un coup de M. Colbert », s'écrie Rospigliosi[208], bailli de Malte et neveu du Saint-Père ! Le marquis de Sourches[209], autre dévot, et nombre de contemporains le pensent aussi car, Beaufort éliminé, Colbert devient le seul chef de la marine française. La clientèle Nuchèze, déjà marginalisée depuis l'arrestation de Fouquet, est totalement décapitée. En quelques mois, les chevaliers de Malte sont écartés de la marine et les huguenots les remplacent : les plus beaux exemples en sont Abraham Duquesne, Belle-Isle-Érard, Villette-Mursay, les Gabaret, les La Roche-Allart, les Sainte-Hermine, les Froger, les Forant[210], la plupart dieppois ou venus de La Rochelle, « la Genève française ». Que s'est-il passé à Candie ? Il y a eu visiblement un trio infernal : Beaufort, pro-vénitien ; un Giafferi, officier vénitien au service de l'Empire ; et un Marchetti, pro-génois, capitaine français, passé sans doute de Dunkerque à Candie à bord de la galiote de Louis d'Estrades et du chevalier de Foresta qui se prétendait d'ailleurs patricien génois. Marchetti était peut-être un proche du marquis de Centurioni présent à Candie avec Brodart à son bord, en qualité de commissaire des sept galères génoises. Toujours est-il qu'une fois Beaufort éliminé, Vivonne arrive à Candie le 1er juillet[211], après six semaines de mer. L'officier de l'escadre qui l'informe de l'opportune disparition n'est autre qu'un huguenot : Belle-Isle-Érard.

Le 19 juillet, Louvois donne ses ordres à Saint-Mars[212], geôlier de Pignerol, pour accueillir un mystérieux prisonnier : le Masque de Fer, qui n'arrive à Dunkerque que le 28. Ce jour-là, le sergent-major de la citadelle, le capitaine Alexandre de Vauroy[213], le prend en charge [214]. Nous émettons l'hypothèse qu'il s'agit du capitaine Marchetti. À Candie, Beaufort devait sans doute rencontrer l'agent impérial Giafferi de Talasani, officier vénitien. Marchetti de Talasani a sans doute assassiné Giafferi, puis s'est sans doute présenté à Beaufort sous le nom de Giafferi. Beaufort s'est sans doute laissé approcher et s'est retrouvé assassiné. Cette lutte entre un espion français (Marchetti pro-génois) et un espion impérial (Giafferi pro-vénitien) pourrait expliquer que le Masque de Fer ait été appelé « Marchially » lors de sa mort à la Bastille en 1703 car Saint-Mars savait bien que c'était le capitaine Marchetti ; mais qu'il ait été appelé « Giaffer » par Pecquet en 1745 qui ne pouvait pas savoir que Giafferi avait été assassiné par Marchetti à Candie. Cela expliquerait aussi que le Masque de Fer ait reçu le nom d'emprunt d'« Eustache Auger », Grignan – auteur du complot Marchetti contre Beaufort – ayant suggéré à Louvois de donner au prisonnier masqué le nom de l'un de ses domestiques : « Auger », cité cinq fois par Mme de Sévigné.

L'histoire de Pascal Paoli naissant dans un contexte de luttes intestines entre Venise et Gênes, dans les années 1730, au temps de Giacinto Paoli, Venise étant résolument du côté de l'Empire et Gênes ne cessant de basculer dans le camp français, il ne nous semble pas choquant d'émettre cette hypothèse dont les Stuarts et les Suisses ne sont pas absents. Deux camps sont visiblement en guerre en 1669 : les Corses tenants d'une certaine « tolérance » religieuse : les Paoli, héritiers des Corses qui ont boudé les opérations de Lépante et de Candie, héritiers d'une tradition d'amitié avec le Turc, née avec Sampiero et poursuivie avec Alphonse d'Ornano, les Lenche, Sanson Napollon ; et les Corses ultra-catholiques, présents à Lépante et à Candie un siècle plus tard, gouverneurs de Famagouste en 1559 ou de Candie en 1669, héritiers des Corses qui ont toujours combattu le Turc et qui sont volontiers chevaliers du Saint-Sépulcre, chevaliers de Saint-Étienne de Toscane, héritiers des croisades.

En 1669, Beaufort n'est pas mort seul. Le 6 août, à Aix-en-Provence, meurt subitement le duc de Mercœur[215] son frère, devenu cardinal de Vendôme en 1667 à la mort de son épouse. Le 13 meurt Henriette d'Angleterre, tante du roi, et veuve de Charles Ier Stuart, victime d'une overdose d'opium prescrite par son médecin ! Le 8 septembre meurt la mère de Beaufort et de Mercœur. Duchesse de Vendôme, elle était née Françoise de Lorraine. En outre, l'attitude du roi et de Colbert est curieuse : certes, le 20 août, Louis XIV a adressé ses condoléances au chevalier de Vendôme (1655-1727) pour la mort de son père et de son oncle, mais le 21, Colbert – qui aurait dû être consterné par la mort de Beaufort – a félicité Navailles[216] : « On a *fort loué* l'ordre que vous aviez donné pour la grande sortie que vous avez faite du côté de la Sablonnière » – sortie qui a officiellement coûté la vie à Beaufort ! « Vous devez être *content* de la manière dont tout le monde a parlé de cette sortie »[217] ! Le 21, le ministre écrit à son frère Maulévrier : « Sa Majesté [...] a dit *tout le bien* de vous que vous pouvez désirer. » Le roi et Colbert paraissent satisfaits. Le 23, Louis XIV écrit : « Après la mort de mon cousin [...] j'ai jeté les yeux sur mon fils naturel, le comte de Vermandois, pour le pourvoir de la charge d'Amiral de France[218]. » Les contemporains sont choqués : « Le Roi [...] a donné *cinq heures après la nouvelle* [officielle] de la mort [supposée] de Mgr l'amiral [Beaufort] la charge à Mgr le comte de Vermandois[219] ! » Cette rapidité frise l'indécence[220]. Le 21 août, le Masque de Fer arrive à Pignerol[221]. La plupart des contemporains pensent que c'est Beaufort. L'ambassadeur de Venise en France rapporte au roi les vifs reproches que Francesco Morosini, contraint de capituler le 5 septembre, a fait, à Candie, à Navailles et il pousse « de si grandes plaintes » que Louis XIV fait semblant de le disgracier ; mais en 1675, Louis XV fait maréchaux de France Navailles, Vivonne et d'Estrades, preuve que tous trois ont bien exécuté ses ordres, et l'abbé d'Estrades est nommé ambassadeur du Roi... à Venise !

Autre fait troublant, à Pignerol, suite au quadruple décès de Beaufort, de Mercœur, de leur mère[222] et d'Henriette Stuart, Fouquet songe à s'évader. Sa mère et sa femme lui envoient son valet La Forêt dès mars 1670 pour l'aider. Louis XIV le double d'un agent fidèle : André de Marmet, seigneur de Valcroissant[223]. André, gentilhomme de Provence fieffé à Apt dont Honoré de Brancas-Forcalquier[224] est gouverneur (marié à une Grignan), est un protégé de Grignan dont le bisaïeul Alphonse d'Ornano s'était installé à Apt comme gouverneur du Dauphiné. Capitaine dans le régiment *Mazarin-Italien* (1656), Valcroissant hait les chevaliers de Malte : son père[225] est né posthume car son propre père a été tué en duel par l'un d'eux[226]. Ennemi des Vénitiens, Valcroissant fait rater son coup à La Forêt ! Ils sont certes arrêtés ensemble mais seul La Forêt est pendu ! Valcroissant, après un simulacre de procès, épouse à Marseille une riche Génoise : Madeleine Doria[227], fille d'une Forbin, cousine de Scipion Lenche et du chevalier de Foresta, et il se retrouve nommé commissaire des guerres par Louvois[228] ! Son frère mousquetaire[229] est fait gouverneur de Barbezieux, fils de Louvois, et commandeur de Saint-Lazare et de Notre-Dame du Mont-Carmel[230] et le commandement de la citadelle d'Arras est donné à un Valcroissant[231] alors que le lieutenant du Roi depuis 1654 n'y était autre que le frère de Mme du Plessis-Bellière[232]. Or, en 1763, à Corte, Paoli reçut à trois reprises un agent secret de Louis XV : le chevalier de Valcroissant, issu des viguiers d'Apt, avec lequel il lui fut demandé de signer un traité secret d'alliance perpétuelle entre la France et la Corse, ce que Paoli accepta, mais le roi ne put évidemment ratifier le traité, l'île appartenant à Gênes. Ces chevaliers de Valcroissant de 1671 et 1763 sont formidablement intéressants car ils arrivent d'Apt où sont installés des Corses depuis la fin du XVIe siècle et ces Corses sont curieusement venus de Rocca Soprana, minuscule hameau du village natal de Pascal Paoli : Morosaglia. Ils sont issus en effet des frères Ciccolo et Orsone della Brocha di Rostino, autre nom de Morosaglia. Tous deux officiers de la compagnie de Piero della Leca, ils ont suivi Alfonso d'Ornano en 1569 en France où ils sont devenus « lieutenants de la Colonelle ». Cité dans l'*Histoire de la ville d'Apt* de Remerville de Saint-Quentin[233], Ciccolo (mort à Apt en 1586) y a fait souche, y ayant épousé Honorade de La Faugière, fille de Simon, procureur du Roi à Apt. Mais à la mode des familles corses, les liens continueront à être entretenus entre les cousins d'Apt et ceux de Morosaglia qui prennent à la fin du XVIIe siècle le patronyme de Polidori et qui donnent le curé de Morosaglia Giovan Andrea Polidori, contemporain du père de Pascal Paoli, qui offre au couvent San Francesco de Morosaglia – futur lieu de résidence de Paoli – une toile représentant Notre-Dame du Rosaire entre saint Dominique et saint François avec l'inscription : « 1699 a 2 Luglio, opera fatta fare per sua devotione da prete Giovan Andrea Polidori rettore di Santa Reparata »[234].

La présence des Giafferi, Marchetti, Valcroissant dans l'affaire de 1669 auprès de Beaufort, de Fouquet, du Masque de Fer, et dans l'entourage de Paoli un siècle plus tard ne peut qu'étonner. De même la pluie de récompenses qui s'abat sur Grignan ne peut pas ne pas faire penser à celle qui s'abattit sur Baglione au lendemain du meurtre de Cazaulx. Grignan est ainsi nommé lieutenant général pour le Roi en Provence dès le 29 novembre 1669, et arrive le 19 mai 1670 à Aix dont son trisaïeul Sampiero avait été gouverneur. En revanche, toute trace de Beaufort est effacée au point que Brodart passe en revue ses cinquante-six gardes dès le 14 décembre 1669 afin de permettre au roi de les licencier en avril[235]. Sur ce, le 30 juin 1670, à Saint-Cloud, une deuxième Stuart meurt : Madame, fille de Charles Ier, et on murmure que le chevalier de Lorraine, amant favori de son mari, l'aurait fait empoisonner. Le 8 août, cette série de disparitions incite Louvois à se rendre à Pignerol[236]. Vauban – qui était déjà avec lui à Dunkerque – l'accompagne sous un nom d'emprunt : « M. de La Brosse ». Le 9, pour mettre un terme aux ragots qui prétendent que Beaufort est enfermé à Pignerol, Louis XIV fait célébrer à Notre-Dame un service à sa mémoire. Mais les messes que l'on célèbre à Rome et à Vienne pour le repos de son âme semblent plus sincères. Le 1er mai 1671, une lettre de Mme de Sévigné prouve que Vienne s'inquiète de la disparition d'un agent : sans doute l'*alfiere* Zannetino Giafferi ou l'un de ses frères. Elle écrit à Mme de Grignan : « Je dînai hier chez Mme de Villars avec M. de Vindisgras... » Il y a à table « M. et Mme de Schomberg ». La conversation tourne autour de Beaufort. « Ce qui me parut plaisant, c'est que Vindisgras se souvint d'avoir ouï dire ce que vous dites, il y a six ans, d'un comte de Dietrichstein, qu'il ressemblait à M. de Beaufort, hormis qu'il parlait mieux français. » Mme de Grignan a donc fréquenté vers 1665 un parent du futur prince Jean-Baptiste-Charles de Dietrichstein (1720-1808), grand maître provincial de la Grande Loge provinciale d'Autriche dépendant de Berlin en 1777, ami personnel de Joseph II et qui s'intéressa toute sa vie à toutes les formes d'associations secrètes[237]. Ce comte de Windischgraetz est un envoyé de l'Empereur[238]. Le 20 avril, reçu en audience par le roi, il a révélé aux autres ambassadeurs qu'il était venu en France pour aller enquêter « à Dunkerque »[239] sur la disparition d'un agent. La *Gazette de France* en témoigne.

Là-dessus, le 12 décembre, est enfermé à Pignerol Antonin Nompar de Caumont, futur duc de Lauzun, grand-oncle du duc reçu par Paoli à Corte huit semaines avant Ponte Novo ! Lauzun vient d'être arrêté par le chevalier de Forbin, mousquetaire du Roi comme son cousin Lenche et le frère Valcroissant. Les Forbin, maintes fois alliés à des familles corses (Lenche en 1565, Baglione en 1622), appartiennent à la colonie corse de Marseille. Lauzun feint de ne pas savoir pourquoi on l'arrête mais s'écrie au moment de l'arrestation : *Requiescat in pace*. Allusion à Beaufort ? Lauzun en tout cas connaît le Masque de Fer [240]. Louvois l'affirme. Ancien colonel-lieutenant du régiment de dragons étrangers du Roi à partir du 23 janvier 1658[241], Lauzun a en effet formé ce régiment à partir de quatre compagnies d'« Italiens »[242] et de deux autres détachées du régiment de cavaliers lorrains du maréchal de La Ferté-Senneterre. Lauzun a donc eu sous ses ordres des Corses. En outre, Lauzun connaît bien Dunkerque : avant de combattre en Lorraine en 1663, il a participé à la bataille des Dunes qui a fait passer Dunkerque des mains du Roi Catholique à celles de Cromwell au grand scandale des dévots. En 1664, c'est même lui qui a commandé le corps expéditionnaire que Louis XIV a chargé d'aller venger dans les États du pape l'insulte faite par les gardes-corses à Créquy[243] ! Enfin, en 1665, le roi l'a placé auprès de Beaufort, lorsque celui-ci est allé combattre les Algériens à Cherchell. Aidés du chevalier Paul, ils ont poursuivi les Barbaresques « sur les îles Pianosa, Monte-Christo et Corse » en août 1665[244], c'est-à-dire au moment où l'on perd en Corse la trace de l'*alfiere* Zannetino Giafferi après son testament du 3 juin[245]. Lauzun, comme Grignan, est un personnage au catholicisme mitigé. Il entretient certes de bons rapports avec Morosini qui se partage entre Vienne et Venise[246], mais il est surtout l'ami de la comtesse de Fieschi, née d'Harcourt, une des premières à déplorer son arrestation. Comme Valcroissant marié à une Doria, Lauzun a plutôt des amis génois. Lauzun, comme Grignan, n'est point dévot. Sa mère huguenote est d'ailleurs cousine germaine de la maréchale de Turenne[247] au mariage de laquelle Lauzun a assisté. Lauzun a du reste de nombreux liens avec l'Angleterre des Stuarts où plusieurs de ses parents ont trouvé refuge après la Révocation[248]. Lauzun est resté fort en cour jusqu'en 1671 auprès de Madame, mais aussi auprès de la comtesse de Soissons[249], épouse du colonel général des Suisses et Grisons en France[250], supérieur direct du capitaine Marchetti. Lauzun vient de visiter toutes les places de Flandre, dont Dunkerque, courant 1670, lorsque son arrestation lui est signifiée. Qu'une affaire de cœur avec la Grande Mademoiselle lui ait valu dix années d'enfermement à Pignerol est aussi invraisemblable que les dix-neuf années de prison imposées à Fouquet pour avoir donné la trop somptueuse fête de Vaux ! Si Fouquet, dévot pro-vénitien, et Lauzun, ami des Fieschi, sont emprisonnés ensemble, c'est visiblement parce que Louis XIV cherche à décapiter le réseau pro-vénitien toujours inféodé au Habsbourg de Madrid, en introduisant Lauzun dans la cage, comme il a introduit Grignan auprès de Mlle de Sévigné. Lauzun, mis en prison, n'est d'ailleurs pas « perdu » : le roi lui-même le dit. Il est provisoirement emprisonné car il a sans doute pour mission de faire parler Fouquet : déjà, en septembre 1661, Lauzun était à Nantes lors de l'arrestation du surintendant. Et, dans la grande salle de l'hôtel de Rouyé, il entamait la conversation avec le jeune Brienne, fils du secrétaire d'État, qui écrit dans ses *Mémoires* : « Il voulait que je lui avouasse que je savais le sujet pour lequel Sa Majesté était venue à Nantes[251]. » D'autre part, Lauzun a quelque peu tenté de faire chanter le roi ! Quand il a vu contrecarrer ses projets de mariage avec la Grande Mademoiselle, il a osé menacer le roi de gagner Venise avec elle et d'y parler à Francesco Morosini, gouverneur de Candie jusqu'en 1669, un peu comme s'il avait quelque sombre révélation à lui faire ! Quand on sait que Lauzun ne doit absolument pas revoir le Masque de Fer – Louvois l'exige –, on est en droit de se poser la question : pourquoi ne pas avoir choisi une autre forteresse pour Lauzun : la Bastille, Lérins, Pierre-en-Cize ? Le royaume n'en manque pas. Cette concentration de prisonniers de marque est en réalité savamment orchestrée. Le Masque de Fer doit sans doute parachever à Pignerol ce qu'il a commencé à Candie. Beaufort éliminé, Lauzun doit vraisemblablement faire révéler à Fouquet un « secret », comme le dit Voltaire : un complot d'alchimistes car Fouquet est très proche de ceux-ci, ou d'empoisonneurs ; ou un complot dévot hispano-vénitien, qui aurait pu viser – hypothèse – à retirer la Corse à Gênes pour la donner à Venise, au Habsbourg de Madrid, à l'ordre de Malte ou au Habsbourg de Vienne, peut-être à Fouquet lui-même qui rêve de ceindre une « couronne fermée ». Il est vrai que Fouquet a eu une politique personnelle particulièrement avide en Méditerranée : en 1661, il a acheté le généralat des galères de France au nom d'un homme de paille, Créqui, dont l'épouse est attaquée à Rome par les gardes-corses quelques mois plus tard ! En 1661, il a acheté aussi l'intendance générale de la navigation au nom de Nuchèze, commandeur de Malte inféodé à Venise. En 1664, au cours de son procès, le dévot Olivier d'Ormesson a parlé à mots couverts au chancelier Séguier de la « négociation de Rome », c'est-à-dire du traité de Pise. Bref, en 1671, Lauzun rejoint Fouquet à Pignerol, ce qui relève à notre sens des pratiques policières de tous les temps : si Lauzun réussit à obtenir de Fouquet les renseignements souhaités, il regagne sa liberté car tout « pouvoir » attend toujours les « révélations » de l'un grâce aux confidences monnayées de l'autre. Le plan multiséculaire est donc prêt à fonctionner avec, entre M. le surintendant et le futur duc de Lauzun, l'inévitable tueur corse ; comme en 1596, au temps où Baglione tuait Cazaulx ; comme en 1536, lorsque Sampiero envisageait de poignarder Charles Quint ; comme en 1588, lorsque Alphonse d'Ornano projetait d'assassiner le duc et le cardinal de Guise. Le plan fonctionne à merveille : en 1680, Fouquet meurt, or Louvois laisse entendre que l'ancien surintendant est mort empoisonné par « les drogues » qu'Auger lui aurait administrées[252]. D'autres contemporains le disent : notamment Challe, proche de Seignelay et de Barbezieux. Et juste après la mort de Fouquet, Lauzun est – comme par hasard – autorisé à quitter Pignerol (juin 1681), libre, alors que plusieurs femmes se précipitent dans son lit ! Quant au Masque de Fer, il quitte Pignerol pour Exilles (octobre 1681) « en chaise fermée ». À la veille de la guerre de la Ligue d'Augsbourg, Saint-Mars le conduit d'Exilles aux îles de Lérins (avril 1687), toujours « en chaise fermée », sorte de chaise à porteurs méchamment bâchée de toile cirée, tout à fait identique à celles dans lesquelles seront transportés les grands « rebelles » corses, de Gênes à Savone par exemple, en 1732, dont Luigi Giafferi, général de la nation corse en même temps que Giacinto Paoli[253]...

Pour l'instant, il nous faut conclure que Paoli naît en une île où nombre de Corses sont depuis Lépante et Candie inféodés à Venise et à Vienne. Parmi ceux-là : don Luigi Giafferi, peut-être neveu de l'agent impérial recherché à Dunkerque en 1671 ; la dynastie des Giappiconi, capitaines, colonels et gouverneurs vénitiens ; celle des de'Battisti, officiers et médecins à Venise ; les Boerio de Corte, colonels et brigadiers vénitiens ; les Arrighi de Corte, officiers vénitiens et universitaires à Padoue ; les Lusinchi de Zicavo, capitaines à Venise ; les Paganelli de Zicavo, provéditeurs généraux à Venise, gouverneurs de Brescia ; les Abbatucci de Zicavo, colonels vénitiens, gouverneurs de Brescia ; les Savelli de Corbara, gouverneurs de Famagouste ; les Pozzo di Borgo d'Ajaccio, capitaines vénitiens, gouverneurs de la citadelle de Parga à Zante ; l'abbé de'Zerbi, pro-maltais. Tous ont des responsabilités politiques dans la Corse paoline au sein des « malcontenti ». D'un autre côté, nombre de Corses paraissent religieusement beaucoup plus tolérants, plus proches de Gênes ennemie de Venise, plus proches de la France qui sera celle des Lumières, et ils émigrent volontiers à Marseille dans le sillage de Sampiero et du maréchal Alphonse d'Ornano ; ils sont proches des Stuarts alliés des Valois puis accueillis à Saint-Germain-en-Laye par Louis XIV : ce sont des Corses modérés, comme le père de Pascal Paoli et comme Paoli lui-même qui reçoit à Corte un Valcroissant en 1763, trois Stuarts et un Lauzun en 1768-1769[254], et qui traite en 1794-1796 avec le lieutenant-colonel Edward Dillon, collaborateur de sir Elliot en Corse lors du gouvernement anglo-corse, visiblement issu du chargé d'affaires de Jacques II, le sieur Dillon[255], auquel le vieux Lauzun demandait de remettre au roi déchu son collier de la Jarretière. Du temps de Paoli, les lignages corses reconstitués montrent qu'ils continuent à respecter les engagements pris par leurs aïeux, cinq à six générations plus tôt. Il en est de même du roi de France qui continue de compter en Méditerranée sur la nombreuse descendance de Sampiero. Quand il faut prendre Minorque aux Anglais en 1756, le roi fait confiance au maréchal duc de Richelieu, marié depuis 1734 à Élisabeth-Sophie de Lorraine[256], arrière-petite-fille d'Anne d'Ornano[257], elle-même arrière-petite-fille de Sampiero ! Dans cette Europe du XVIIIe siècle, Paoli ne naît pas soudain dans ses montagnes sans être précédé d'une longue histoire, insulaire et européenne. Au milieu du siècle, l'abbé Soulavie interroge encore le duc de Richelieu[258] au sujet du Masque de Fer, espérant que feu son épouse, parente de Grignan, savait peut-être la vérité. Et le duc de lui répondre en effet « que ce prisonnier n'était plus aussi intéressant quand il mourut au commencement de ce siècle (1703) [...] qu'il l'avait été *beaucoup,* quand, au commencement du règne de Louis XIV par lui-même (1661), il fut renfermé (1669) *pour de grandes raisons d'État* ». Louis XV confirme puisque pour lui le Masque de Fer fut un ministre ou diplomate « italien ». Replacé entre Valcroissant et John Stuart-Mountstuart, en contact avec un Lauzun, un Boswell, les loges maçonniques ou le bey de Tunis,

Paoli prend un autre relief. Face à ces arbres généalogiques corses que nous étudions depuis plus de trente ans, on comprend mieux la partie qui se joue en Corse au temps de Paoli. Deux camps archaïques s'opposent en Méditerranée, se livrant un combat d'arrière-garde sorti tout droit du Moyen Âge : celui des Génois – qui font passer le négoce avant tout – et celui des Vénitiens – pour qui la foi catholique ne saurait souffrir aucune autre priorité. Dans le camp vénitien, il y a toujours les Giafferi, dont Luigi, principal rival de Giacinto Paoli dans les années 1730, et Giacomo Pietro Abbatucci, principal rival de Pascal Paoli dans les années 1750. Aussi serait-il totalement faux de croire que la partition qui se joue en Corse au temps de Paoli est une partition à deux : les Corses contre Gênes. Dans ce véritable creuset européen qu'est la Corse, il s'agit d'une partition à plusieurs mains : les dévots, c'est-à-dire l'Espagne, l'Empire, Venise, Malte, Rome ; les sociétés secrètes, dont les francs-maçons, c'est-à-dire, à l'ombre des Stuarts, les loges d'Édimbourg, de Metz et de Sicile en attendant le fils du docteur Gaffori de Corte et la plupart des amis de Paoli dont les Ciavaldini ; la maison de Lorraine avec Neuhoff d'abord puis François III, grand-duc de Toscane ; et dans ce contexte médiéval viennent se surajouter la France (avec Choiseul, Boissieux, Maillebois, Cursay, Marbeuf, Napoléon) et l'Angleterre (avec Boswell, Hervey, Pembroke, Nelson, Elliot et George III) : c'est-à-dire les nouvelles grandes puissances maritimes qui ne peuvent que chercher à éliminer définitivement le petit suzerain génois médiéval qui ne sait plus à quel saint se vouer car bombardé et humilié par la France (1684), il est ruiné par l'Empire (1746). Alors que nombre de Corses font encore le choix de leurs pères : celui des villes-États maritimes – Gênes et Venise –, Paoli hésite devant un choix délicat : celui des États-nations : la France en 1755 ou l'Angleterre en 1794. Délicat, car son vrai choix à lui serait celui de la « nation corse ». Ce qui est sûr, c'est que l'île de Corse est intégrée depuis le Moyen Âge à ces « grandes questions d'État » qu'évoque le duc de Richelieu. Les contemporains, du reste, ne s'y sont pas trompés et ont toujours comparé Paoli à Cromwell ou à Guillaume d'Orange. Paoli serait en quelque sorte un stathouder sans la prestigieuse ascendance des Nassau ; une sorte de Lord Protector. Babbu di a Patria – « Père de la Patrie » – signifie-t-il du reste autre chose que *Lord Protector ?* Paoli, quelque part, c'est la tentation précoce du pouvoir démocratique, à la fois républicaine et laïque, dans une Europe monarchique, un peu peut-être comme dans « la République du royaume de Pologne » (*sic*), où le roi est élu et la Diète souveraine d'un peuple où, comme en Corse, tout homme « libre » se dit et se veut « noble ».

CHAPITRE II

Paoli : le fils de Giacinto

> « Nous tous et chacun de nous, et *chaque homme du peuple,* avons – et devons – avoir la liberté absolue de manifester notre sentiment, quel qu'il soit, et de donner ou de ne pas donner notre assentiment à ce qui nous est proposé *par la pensée* d'autrui. »
>
> Giacinto Paoli, janvier 1735,
> (*Mémoires* de S. Costa, t. I, p. 349).

> « Quoique Giacinto *ne fût pas de la classe des nobles,* il fut choisi pour être un des douze représentants de la nation auprès du gouverneur génois. *C'est par lui que la famille Paoli commença d'être connue* et qu'elle cessa d'être confondue avec celles *de tous les paysans de l'isle.* »
>
> Pommereul, 1779.

Filippo Antonio Pasquale Paoli – « le précurseur de Jefferson », « le nouveau Lycurgue », « l'homme des Lumières » mondialement reconnu (surtout aux États-Unis où sept États ont donné son nom à une ville (Paoli City dans l'Indiana, dans le Colorado, en Pennsylvanie, dans le Massachusetts, le Connecticut, l'État de New York, et même dans le Vermont) – naît à Morosaglia, au hameau de La Stretta, le 6 avril 1725[1], dans une grosse maison de pierres au toit couvert de lauzes. Celui que l'empereur Joseph II (fils du maçon François de Lorraine) reçoit à Mantoue les 18 et 19 juillet 1769 en l'appelant « le Thémistocle de notre siècle », le nouvel Épaminondas si l'on en croit le révérend John Wesley[2] (1703-1791 ; franc-maçon initié à la loge n° 38 de la Grande Loge d'Irlande le 30 octobre 1738), le Miltiade de la Corse selon Antonio Genovesi, lui-même maçon, le Solon du XVIIIe siècle d'après Bonaparte fils de maçon ajaccien, le successeur de Timoléon, admiré de l'ensemble des Lumières du XVIIIe siècle, a vu le jour dans la montagne corse, en un site champêtre et verdoyant qui a pu inciter le jeune Pascal à apprendre tout Virgile. Tacite et Virgile, « on prétend qu'il les sait par cœur, ce qu'il n'a pas voulu m'avouer », note le révérend père jésuite Giuseppe Maria Bettinelli. Virgile, lecture d'été, car Morosaglia ne peut pas ne pas faire penser aux *Bucoliques*. Tacite pour l'hiver, froid, rigoureux, lorsque l'Histoire seule peut maintenir l'esprit éveillé tout au long des longues soirées à l'angle de la cheminée. Les *Bucoliques* ne sont pas seulement œuvre champêtre : ciel méditerranéen, climat méditerranéen, végétation méditerranéenne. Les principaux personnages y sont des bergers, comme ces Bonelli de Bocognano évoluant dans la montagne corse (1766), mi-bergers mi-bandits, fidèles partisans de Paoli sur le point d'être écrasé par les troupes de Louis XV à Ponte Novo (9 mai 1769). Et Virgile n'est pas seulement un poète : c'est un proscrit. Lui qui est né près de Mantoue a vu son domaine familial confisqué comme les biens des Paoli le furent par les Génois (1739), pour agissements politiques estimés subversifs. Virgile aussi a dû quitter sa province pour Naples. Premier exil. Naples que Paoli découvre à quatorze ans. Et puis Virgile mourut à Brindisi où Paoli, jeune officier, mit encore ses pas dans les siens. Tout rapproche Paoli de Virgile : la campagne de Morosaglia et la philosophie du poète qui souligne la valeur édifiante du travail : le *durus labor*. Virgile est le premier maître à penser de nombre de Corses qui continueront à porter son prénom jusqu'à la guerre de 1914 ! Virgile est l'auteur d'une épopée nationale. Elle préfigure la victoire et la venue d'un empereur : Auguste. Paoli, à deux millénaires de distance, ouvre la voie à Napoléon comme il l'ouvre aux *Insurgents* américains qui, dès 1769, vénèrent son nom, comme Benjamin Franklin, franc-maçon initié dès février 1731 à la loge Saint-John de Philadelphie. Celui que le poète Tommaso Valperga di Caluso appelle « la Lumière de la Liberté » est né modestement à Morosaglia.

MOROSAGLIA : LE VILLAGE NATAL

Le village de Morosaglia est sis dans la *pième* (sorte de canton [3]) de Rostino et dépend de la juridiction de Bastia, dans le Deçà-des-Monts (le nord de l'île), par opposition au Delà-des-Monts (le sud de l'île). Le Deçà comprend sept provinces : le cap Corse, Bastia, le Nebbio, les deux Balagne, Corte et Aléria. Le Delà en compte quatre : Vico, Ajaccio, Sartène et Bonifacio. La paroisse de Morosaglia, appelée aussi communauté de Santa Reparata della Brocca, relève de l'évêché de Mariana. Elle est sise dans le Rostino, région de l'île réputée notamment pour la pureté de son eau (l'*acqua povera)* qui, disait-on, soignait la vue. En 1755, Pascal Paoli écrit d'ailleurs depuis l'île d'Elbe à son vieux père en exil à Naples : « Le mal aux yeux que j'éprouve [...] pousse les médecins à m'exhorter à retourner dans notre Patrie le plus rapidement possible. Ils me disent qu'il faut me rendre en Rostino pour aller prendre l'*acqua povera,* le premier jour de mars[4]. » En réalité Paoli – qui n'a pas encore trente ans et qui ne souffrira de la vue qu'après soixante-quinze ans – se doit de rentrer prestement en Corse pour raisons « politiques » : l'*acqua povera* n'est ici qu'un prétexte évoqué uniquement au cas où cette lettre tomberait dans des mains hostiles. Là est l'un des premiers handicaps de l'abondante correspondance de Paoli qui ne doit jamais être prise au premier degré car l'homme est aussi rusé que son père, et même ses lettres non codées contiennent – comme celle-ci – des indications fausses à la fois par goût du secret – toujours cher aux membres des sociétés secrètes –, mais aussi – et surtout – par peur des Génois qui suivent quotidiennement ses faits et gestes.

Pascal Paoli voit le jour dans une belle maison transformée depuis 1954 en musée d'allure patricienne, et par conséquent différente de ce qu'elle était lors de la naissance du Babbu di a Patria. La chapelle qui a accueilli au rez-de-chaussée les cendres de Paoli, exhumées le 31 août 1889 et ramenées d'Angleterre en septembre, ne devait être alors qu'une cave obscure ou qu'un frais cellier à vin. Les plaques de marbre qui rappellent sur la façade la naissance du « héros de l'indépendance corse », la qualité de la restauration extérieure, l'agencement intérieur en musée, tout concourt à donner une image assez fausse du cadre originel dans lequel Paoli a passé son enfance. Il en va de même à Ajaccio lorsqu'on visite la maison où Napoléon a vu le jour le 15 août 1769.

Aujourd'hui, les vitrines qui abritent les gilets et foulards de soie de Pascal Paoli, sa canne, ses autographes et ses cent soixante portraits peints ou gravés donnent de sa maison natale l'image d'une vraie bastide de gentilhomme campagnard. Aux murs, les portraits sont signés de Sophie Caron, Thomas Lawrence, Richard Cosway, Novellini, grands noms de la peinture européenne. Mais tous ne sont pas là : celui que Henry Benbridge est venu croquer de Paoli à Olmeta, en août 1768, est en Californie (M. H. De Young Memorial Museum) : Paoli, en perruque courte, y pose dans l'attitude qu'Hyacinthe Rigaud a donnée à Louis XIV en manteau du sacre. À gauche, l'épée. À droite, la main fait songer à celle du roi appuyée sur le sceptre, le bâton de commandement ou la main de justice. Les bas de soie blancs, les escarpins de cuir noir à boucle d'argent, le jabot et les manchettes de dentelle, la veste et le gilet de couleur, les boutons d'or, les galons sur les manches, tout est fait pour donner de Paoli l'image que souhaitait Boswell, commanditaire du tableau : celle d'un chef d'État, à l'embonpoint naissant, lequel contraste avec la légende d'un Paoli frugal, alors que lui-même avoue, de son adolescence à sa vieillesse, un « fort appétit ». Un autre portrait de Paoli (1m sur 84 cm) a été acheté aux enchères par sir John Ramsden, sixième baronnet de Byram, dans les années 1920. Dû au pinceau de Benbridge, il montre le Général au lendemain de Ponte Novo, entouré de son chien, sans doute de son frère Clemente et de son secrétaire l'abbé Bonfiglio Guelfucci (1721-1813)[5]. Le chien n'est pas là par hasard : dans la seconde moitié du siècle, il incarne la démocratie, le peuple[6] ; ici, il a pour objectif d'incarner la démocratie corse naissante, battue par les armées du Roi, et ce modeste chien a pour objectif de rapprocher les Corses des Anglais puisque Louis XV vient de battre les premiers. Peinture éminemment politique. Un autre portrait, peint par le Romain Vincenzo Rotigliardi – qui accompagna lord Pembroke en Corse au printemps 1769 –, et représentant Paoli assis, un gros chien à ses pieds, entouré de deux miliciens chevelus et d'un observateur austère, se trouve à Wilton House, demeure des Pembroke[7]. L'abondance de ces portraits ne doit pas nous surprendre : ils sont certes dus à la notoriété de Paoli mais ils sont aussi des commandes de loges maçonniques hollandaises, tel celui réalisé par Sophie Caron à La Haye le 4 septembre 1769 à la demande du vénérable maître de la loge Les Frères de l'Indissoluble [8]. Quant à Richard Cosway, il est l'époux de Marie, intime amie de Paoli à Londres et de Jefferson à Paris, qui, qualifiée de « sœur »[9] par nombre de contemporains, semble avoir été en maçonnerie féminine ce que Boswell fut en maçonnerie masculine. Elle est du reste la sœur de George Hadfield qui a travaillé comme architecte pour le Capitole de George Washington[10], lequel reçut les trois grades maçonniques dans la Lodge of Fredericks entre le 4 novembre 1752 et le 4 août 1753[11]. Or la pose de la pierre angulaire du Capitole, à Washington, par Washington, le 18 septembre 1793, maître maçon, président des États-Unis, premier citoyen d'Amérique, est une cérémonie considérée « comme le plus grand événement de l'histoire maçonnique américaine » (D. Ligou).

À Morosaglia, ces portraits alternent avec des drapeaux à la tête de Maure. Ils encadrent un imposant bureau sculpté. Ils se partagent l'espace avec des cartes d'époque, des livres dont la *Giustificazione della revoluzione* ou *Le Tour de Corse* de Boswell. Pour retrouver l'âme de la maison natale telle qu'elle devait être en 1725, il est nécessaire de faire abstraction de tout cet art muséographique, du reste remarquable. Il faut oublier les vitrines pour ne regarder que les grosses poutres de châtaignier du plafond. Il faut oublier le verre fin des fenêtres pour ne regarder que les vieux manuscrits, la plupart rédigés en italien. Il faut oublier les néons pour fixer son regard sur la vieille selle défraîchie de Paoli, offerte par le bey de Tunis. Les lettres adressées à Paoli au lendemain de la mort de son rival Mario Emmanuele de Matra (1757), les procès-verbaux de l'union du peuple corse au royaume d'Angleterre, la liste des notables corses en 1790 [12], la mise hors la loi de Paoli par la Convention sont documents à la fois plus parlants et plus émouvants car le « Père de la Patrie » les a vus, touchés, lus, médités, écrits, jetés à terre de colère ou embrassés d'émotion, car l'homme était sensible. Sur les hauteurs du hameau de La Stretta, le musée de l'épopée paoline renferme des trésors que l'esprit contemporain a du mal à imaginer : le sceau du gouvernement corse, certes, le fusil du maître de céans, mais aussi une épée d'honneur, cadeau de Frédéric II de Prusse, avec la devise *Patrias Libertas* assez proche de la devise *Pugna pro patria* inscrite sur les douze drapeaux offerts par Catherine de Médicis à Sampiero en 1567 [13]. Cette épée jouxte la célèbre conque marine dont les « mécontents » de Corse faisaient usage pour rassembler leurs forces. D'un côté, la tradition : le crucifix. De l'autre, l'innovation : les Lumières. À la charnière des mondes, celui de la Contre-Réforme catholique et celui des philosophes, l'ombre de Paoli plane entre ces vieux murs qu'éclairent de nombreuses fenêtres : huit sur une façade ensoleillée ; presque autant sur celle qui lui fait angle. Et la lumière qui filtre à travers les volets intérieurs (il n'y en a pas à l'extérieur, selon la mode corse) éclaire le passé : là, le service de table en faïence anglaise [14] qui lui servit pendant l'exil ; ici, les armoiries de Paoli, une statue, un de ses bustes ; là, quatre panneaux de bois, ancien chemin de croix offert à l'église du village vers 1730 : l'un d'eux le fut par le père de Pascal, le *nobile* Giacinto della Stretta, à ne pas confondre avec son voisin plus modeste, Giacinto della Stretta, époux de la marraine de Paoli.

Avant le « retour des cendres » [15], la maison avait conservé son cachet quoiqu'elle eût été en grande partie détruite courant 1798 par les ennemis de Paoli alors en exil ; sa sœur Maria Chiara, âgée de quatre-vingt-cinq ans, fut même obligée de fuir la demeure et en mourut d'émotion quelques semaines plus tard. La grande voyageuse écossaise Miss Thomasina M.A.E. Campbell, qui vit Morosaglia sans la tombe de Paoli, sans les plaques de marbre, sans la statue du *Babbu* érigée en 1952, a pu en donner une description en 1868 encore assez proche de l'état de 1725 malgré une reconstruction avantageuse, postérieure à 1798 et non financée par Paoli qui refusa toujours de restaurer l'immeuble dévasté. « Morosaglia, écrit-elle, [est] le pays de Paoli, et où se trouve le célèbre couvent des Franciscains, autrefois habité par le *moine soldat* Clemente, frère de Paoli » qui y décéda début 1794. Elle ajoute : « En traversant le village, on aperçoit la maison de Pasquale Paoli, le héros corse. Plus grande que les autres bâtiments à côté, *mais ne différant nullement comme construction.*

Le rocher sur lequel elle s'élève se partage avec ses voisins, les pierres sont de la même teinte noire, les fenêtres *sans vitrage,* les mêmes châtaigniers l'ombragent avec celles à côté, le même petit ruisseau coule devant toutes ces maisons »[16]. Miss Campbell ne dit rien de l'intérieur de la maison qu'elle ne visite pas : il y a cependant une particularité étonnante dans celle-ci : l'énorme escalier de pierre, extrêmement large, qui ne ressemble en rien aux escaliers de bois des maisons corses traditionnelles. Cet escalier – il existe toujours – est une véritable exception et date de l'époque de Paoli qui le mentionne d'ailleurs à regret dans ses lettres de 1798 : peut-être parce qu'il l'avait fait construire. On peut le supposer.

Sinon, ce qui ressort de la description de Miss Campbell, c'est avant tout le manque de différence profonde entre la *casa* de'Paoli et les maisons de leurs voisins : même architecture, même structure, même toiture, même rocher, mêmes pierres de teinte noire, mêmes châtaigniers, même ruisseau. L'immeuble est simplement « plus grand » car reconstruit sans doute vers 1823[17], meublé de gros meubles de campagne, tables rustiques de châtaignier, coffres de bois, chaises paillées. Les lits de bois, les matelas de laine, les édredons et oreillers de plume ont disparu, mais continue à voler dans la maison le souffle de l'esprit de celui qui intéressa Rousseau et Catherine II, Washington et La Fayette, Frédéric II et Robespierre, Grimm, la France et l'Angleterre. Étonnant destin pour un petit garçon anonyme né en cette maison oubliée de La Stretta, un hameau minuscule d'un village perdu ! À deux siècles d'écart, Paoli reproduirait-il l'étonnant destin de Sampiero, né au milieu des porcs de Bastelica et devenu colonel à la cour de Catherine de Médicis ?

Paoli ne peut pas ne pas être rapproché de Sampiero, « né de la plèbe » lui aussi. Ni de Napoléon, son cadet de quarante ans, qui fut son admirateur avant de devenir son ennemi. Napoléon, fils d'avocat ajaccien, devenu empereur. Sampiero, roturier de Bastelica, devenu l'épée des Valois. Qu'en est-il de Paoli ? D'où sort ce petit garçon qui passera sa vie en perruque courte et en redingote longue, en Corse, certes, mais aussi à Naples, à Londres et à Paris ? Avant de porter l'habit bleu du *Real-Farnèse* et la perruque blonde et poudrée, avant de chausser les bottes et de porter l'épée, avant de tremper la plume dans l'encrier de l'Histoire, Paoli n'était que l'héritier d'une longue lignée de paysans têtus, et ces paysans n'avaient guère d'autre débouché que l'armée : Paoli le sait puisque son village a déjà donné les frères Ciccolo et Orsone della Brocca di Rostino, *alfieri* de Piero della Leca, devenus officiers au service d'Henri III et passés à Apt avec Alphonse d'Ornano. Ciccolo y mourut en 1586, tout en ayant conservé des liens avec leurs cousins de Morosaglia qui devinrent des notables, offrant une toile au couvent Saint-François en 1699 et faisant ériger un tombeau armorié dans l'allée centrale de l'église du couvent, juste devant les marches conduisant à l'autel, en 1733[18], sans oublier un autel dans l'église Santa Reparata, en 1733 également[19].

La mère de Paoli

Il semble que la mère de Pascal Paoli ait été élevée chez les Ursulines de Bastia. Elle en est visiblement ressortie avec un caractère particulièrement trempé, ce qui est rare pour une jeune fille de son temps ! Dionisia Valentini est originaire de Pastoreccia, « résidence des anciens *Caporali* »[20]. Pastoreccia, dans le Rostino Sottano, sur le versant du Golo, fait face à Morosaglia, dans le Rostino Soprano, sur le côté opposé de la montagne. Orpheline de père, c'est une jeune fille entêtée. Fille du « père de la commune » de Pastoreccia (sorte de maire élu), nièce du curé piévan (sorte de curé doyen cantonal), elle est issue d'une famille de petits notables distingués et instruits. Les siens donnent dès 1651 des Noble Douze (sorte de conseillers du gouverneur génois, sans grand pouvoir toutefois), dont son oncle Filippo en 1671. Elle a d'ailleurs donné le prénom de cet oncle à son second fils Antonio *Filippo* Pasquale Paoli en souvenir de son illustration locale. Vers 1698, les siens lui cherchent une alliance « assortie », c'est-à-dire de même « rang » du point de vue de la naissance et de la fortune. Dionisia a alors dix-huit ans environ et nombre de prétendants la convoitent, mais à partir de villages voisins – Campile[21], Morosaglia –, ce qui tend à prouver qu'il n'y a pas de parti estimé de son « rang » dans son propre village. Orpheline de père depuis trois ans, elle est aux mains de son vieil oncle prêtre, le piévan Ignazio Valentini. L'homme d'Église est autoritaire, aussi têtu que sa nièce et fort peu scrupuleux. C'est d'un bon œil qu'il voit le mariage de don Tomaso Valentini avec une cousine de Campile[22], mariage célébré en 1698 avec dispense de consanguinité. Il ne dirait pas non, non plus, au mariage de Dionisia avec un autre cousin de Campile. Tomaso Valentini et Dionisia Valentini épouseraient ainsi un frère et une sœur selon une coutume extrêmement répandue et les liens familiaux s'en trouveraient renforcés, ce qui est fondamental pour la solidité du clan et la transmission des patrimoines. Mais Dionisia se rebiffe. Elle refuse ce parti. Le mariage n'a pas lieu. Dionisia est-elle amoureuse de Giacinto Paoli, son cousin de Morosaglia ? Peut-être. Mais à cette époque, Giacinto n'est pas encore l'homme « doux et aimable » qu'il sera à cinquante ans. Sorti de son collège de Gênes, âgé de vingt ans, c'est un jeune homme bouillant qui n'est guère perçu comme un parti honorable par le vieux piévan. D'une part, son meunier de père a fait l'objet de deux condamnations par la république de Gênes en 1672-1674. On le sait au village. C'est de surcroît un homme procédurier, sans doute peu religieux, et en procès avec un vieux chanoine bastiais [23]. D'autre part, à vingt-quatre ans (1701), Giacinto se trouve compromis dans une rixe bastiaise (*alla Bastia*) avec son frère. Tous deux sortent indemnes de la bagarre, mais avec un mort sur les bras [24]. Son frère est condamné pour meurtre, par contumace, à l'exil à perpétuité [25], et Giacinto est forcé de disparaître de la circulation pour six ans, c'est-à-dire jusqu'en 1707 [26]. Le vieux piévan profite alors de la séparation forcée de Giacinto et de Dionisia pour rédiger le contrat de mariage de sa nièce, contre son gré, avec un autre cousin au quatrième degré, un Valentini évidemment : Cornelio [27]. Ce mariage constitue un véritable « enlèvement » de Dionisia par le cousin Valentini. Perelli écrit d'ailleurs – mais sans citer une source aujourd'hui disparue – que Dionisia « a connu le sort des Sabines ». Il s'agit donc d'un « rapt » au sens juridique du terme en matière de procédure matrimoniale. Or, en vertu des décisions du concile de Trente de 1563 – applicables en Corse, mais non reçues en France –, s'il y a « rapt violent », il y a empêchement au mariage tant que la personne ravie – généralement la femme – est sous la dépendance de son ravisseur : tout mariage contracté dans ces conditions doit être déclaré nul. Or le mariage de Dionisia a bel et bien été célébré : la dispense de consanguinité nécessaire a été obtenue en 1703. Un cousinage au quatrième degré canonique nécessite en effet une dispense pour consanguinité délivrée soit par l'évêque dans les familles populaires, soit par le pape chez les élites ou également pour les dispenses au deuxième degré (mariages entre cousins germains ou oncle et nièce). En l'absence de dispense, ou de dispense arrivée *après* la célébration des noces [28], le mariage peut être déclaré nul, ce degré étant considéré comme « incestueux » malgré l'éloignement du cousinage : les promis étant arrière-petits-enfants de frères ou sœurs. Mais ce n'est pas le cas ici, la dispense accordée étant arrivée avant le mariage de Dionisia.

Le mariage a donc été béni dans les formes requises. Le 15 août 1707, Giacinto, de retour à Morosaglia, en ce jour de l'Assomption, passe un traité de paix notarié avec la famille de celui qui a été tué dans la bagarre de 1701 [29]. Le piévan tremble. Giacinto – il est majeur, son père étant décédé – veut « récupérer » sa promise. En 1709, Giacinto ronge son frein et vit à La Stretta avec son frère aîné [30], rentré d'exil lui aussi. Mais, en 1710, ce frère meurt. C'est donc à Giacinto qu'incombe la pérennité de sa famille. Entré en campagne, aimé des populations, il se fait élire procurateur, c'est-à-dire représentant de sa communauté auprès des autorités génoises, et profite de son statut pour chercher des noises au vieux piévan. Pour « récupérer » Dionisia qui l'aime toujours sans doute, Giacinto fait valoir devant la justice épiscopale que ce mariage peut être cassé. Le piévan réplique : les conjoints sont cousins, mais ils ont obtenu la dispense nécessaire. Le « rapt » étant difficile à prouver, Giacinto, fin juriste, trouve un autre argument, imparable. Le ménage de son « rival » est sans enfants. De 1703 à 1710, Dionisia ne lui a donné aucune postérité, car elle se refuse peut-être à son « mari » depuis sept ans ! Or, l'impuissance du mari rend le mariage nul. En l'absence de divorce, apparu en 1792, seul le tribunal ecclésiastique de l'officialité[31] – qui existe dans tout diocèse – peut annuler un mariage de ce type, d'où son nom : le « tribunal de l'impuissance ». Ce tribunal s'appuie sur diverses expertises médicales pratiquées en public, devant une assistance telle que l'impuissance totale du malheureux époux ne peut généralement être que confirmée. L'affaire fait un bruit immense dans toute la piève ! Séparer un couple légalement marié depuis sept ans est en Corse une chose quasi impensable ! D'autre part, pour que Giacinto soit dans le secret de ce qui se passait, ou plutôt de ce qui ne se passait pas, dans le lit de Dionisia et de Cornelio, il a bien fallu que Dionisia se confie à Giacinto sur des problèmes sexuels intimes, ce qui prouve une très grande modernité d'esprit chez l'un comme chez l'autre ! L'affaire remonte donc jusqu'au gouverneur génois de Bastia pour le civil, le contrat de mariage devant être annulé, c'est-à-dire les dispositions du piévan en matière de dot, et elle remonte jusqu'à l'évêque pour le religieux, lequel, président du tribunal diocésain, doit invalider le sacrement du mariage. Dionisia se retrouve donc libre et peut-être jeune fille, comme la mère de Mirabeau, veuve en premières noces d'un vieillard, et toujours vierge lors de son second mariage avec le père du tribun. Plus de trois quarts de siècle après « l'affaire », on doute toutefois de la virginité réelle de Dionisia et l'historien Pommereul ironise en 1779 en écrivant encore au sujet de celle qui a donné le jour à Paoli : « Sa mère avait d'abord contracté *et consommé* un mariage que Giacinto fit déclarer nul par l'officialité de Mariana (le tribunal ecclésiastique) et le gouverneur de l'île, afin de pouvoir l'épouser. Ainsi, il tira *d'un lit étranger* cette femme. » Giacinto, en effet, réussit cet exploit rarissime : il a bel et bien tiré la femme qu'il aimait « d'un lit étranger » après sept ans de mariage, sous prétexte que sa première union – forcée – était restée stérile ! L'événement dut faire plus que jaser dans une île où le simple fait de toucher les cheveux ou la coiffe d'une femme constituait une atteinte telle à son honneur que cela la rendait non épousable par un autre ! Des propos grivois ont dû se répandre dans tout Morosaglia, à Pastoreccia et dans toute la piève. Mais cet événement est capital en cela qu'il éclaire très tôt la personnalité de Giacinto en matière de comportement religieux puisqu'il est capable d'épouser une femme mariée et de faire casser une union bénie par l'Église. Comme son père Liberato, en procès avec un vieux chanoine bastiais, Giacinto, lui-même en procès avec un prêtre de Pastoreccia, n'était sûrement ni un grand dévot ni le bigot austère que l'on a prétendu. Pascal lui-même dira que ses partisans sont des « impies ». En 1710, Giacinto est un homme de trente-quatre ans, il a défendu ses droits par la force à vingt-quatre ans et en justice dix ans plus tard. Son contrat de mariage est signé le 10 février 1710 [32]. C'est un homme jeune et vigoureux, et une fois mise dans son lit Dionisia ne cesse d'accoucher : vers 1711 elle a un premier fils, Clemente, des jumelles en 1713, puis une fille encore, puis un fils – Pascal –, puis une quatrième et une cinquième fille après ce second garçon. Mais le vieux piévan ne se tient pas pour battu. Il pousse le curé de Pastoreccia à plaider contre Giacinto pour une sombre affaire d'intérêts [33]. Puis, afin de refuser à Dionisia sa dot dans la succession de son père, il exhibe le testament du défunt. Dionisia se rebiffe. Courant 1715, on plaide [34]. Le testament exhibé est un faux, rédigé par l'abominable piévan une fois son frère mort ! Des témoins l'ont vu en train de le rédiger à l'ombre d'un figuier. Les parents de Pascal Paoli parleront tellement de ce faux testament, le soir, à voix basse, dans leur cuisine d'amoureux, que dans sa « Constitution » de 1755 Pascal édictera la chose suivante : « Le demandeur, s'il veut que soient exécutés l'acte, la police ou *le legs faits en sa faveur,* doit avant toute chose apporter la garantie suffisante que les écritures qu'il produit ne sont [pas] fausses [35]. »

Dionisia est certes apparentée à Giacinto, car fille du capitaine Pietro Felice Valentini [36], et Giacinto est frère d'un Pietro Felice Paoli, le frère meurtrier. Cette similitude de prénoms dans les deux familles semble attester que les Paoli et les Valentini avaient un aïeul commun qui aurait porté ce prénom deux ou trois générations en amont. Mais ils forment un couple heureux et uni. En 1725, Clemente [37] est âgé de quatorze ans. Des trois filles, Daria Maria [38] est morte au berceau et la petite Dionisia [39] est morte en bas âge, mais Maria Chiara [40], la jumelle de Daria, se porte bien, et, après avoir eu Pascal, le couple eut encore Maria Francesca [41], et peut-être une autre fille [42]. Cette dernière a pu coûter la vie à sa mère car Paoli adulte ne parle pratiquement jamais d'elle sauf dans une lettre à Maria Cosway [43], ce qui semble prouver qu'il a dû la perdre lorsqu'il avait cinq ou six ans [44]. Dionisia, qui avait eu Clemente vers trente ans, ce qui est tard pour une femme corse de son temps, et Pascal à quarante-cinq ans environ, puis Francesca cinq ans plus tard, est morte vers cinquante ans, en couches trop tardives sans doute. Giacinto lui resta fidèle toute sa vie et demeura veuf jusqu'à sa propre mort à Naples, trente ans plus tard. Dans sa vieillesse, Paoli confiera à sa jeune correspondante anglaise qu'il n'a « jamais vu de regard se poser sur lui avec tendresse », preuve d'un manque d'affection certain au cours de son enfance.

LE PREMIER VENDREDI APRÈS PÂQUES

Le 7 avril 1725, lendemain de sa naissance, *Philippus Antonius Paschalis* est baptisé en l'église Santa Reparata, dite aussi Santa Liberata, de Morosaglia. On lui donne selon l'usage le prénom d'un parent proche, généralement l'un des derniers morts de la famille : le prénom de son grand-oncle le RP Clemente Paoli ayant été donné à son frère aîné, il reçoit celui de son parrain *Antonio* Vittini de La Porta d'Ampugnani – c'est un usage fréquent –, associé au prénom d'un oncle de sa mère, *Filippo* Valentini (v. 1630-apr. 1710)[45], Noble Douze en 1671, c'est-à-dire un des douze représentants du nord de l'île auprès du gouverneur génois établi à Bastia. Mais c'est sous le nom de Pasquale – car Pâques est tombé cette année-là le 1er avril – que Paoli sera connu. Il est porté sur les fonts par sa marraine, Barbara Maria, épouse de Giacinto della Stretta, établi dans ce hameau qui compte environ soixante-dix à quatre-vingts habitants répartis en une quinzaine de feux.

Chose amusante, mais jamais notée jusqu'ici : le dimanche de Pâques étant tombé en 1725 le 1er avril, Paoli, né le 6, est né un vendredi et a été baptisé, comme le note le curé, le lendemain, samedi. Mais la famille corse est alors beaucoup trop superstitieuse pour accepter la venue d'un enfant un vendredi, jour de la crucifixion, jour de jeûne, huit jours après le vendredi saint ! La famille véhiculera alors la légende selon laquelle Pasquale n'est pas né le vendredi 6 mais le jeudi 5. C'est ainsi que Pasquale se vieillira d'un jour tout au long de son existence. Cette hésitation entre le 5 et le 6 est à l'origine d'une foule d'erreurs car nombre d'auteurs ont pensé que ce qui était en jeu ce n'était pas le jour – 5 ou 6 avril – mais l'année : 1725 ou 1726. Résultat : Voltaire fait naître Paoli en 1726 au lieu de 1725. Boswell aussi. L'erreur vient sans doute de Paoli lui-même : en se disant parfois né en 1726, il pensait sans doute qu'il ne serait plus né un vendredi, jour de deuil, mais un autre jour, donc sous de meilleurs auspices. Mais Pâques tombant toujours un dimanche, Pâques 1726 tombe le dimanche 21 avril ! Paoli serait donc né le vendredi 26 avril : c'est justement cette date du 26 avril que retient Pommereul, preuve que tous les contemporains savaient que Paoli était né « le premier vendredi après Pâques ».

LE PÈRE DE PAOLI

Paoli est le cinquième des six ou sept enfants de ses parents, mais quatre seulement ont vécu : Clemente, Pascal, Maria Chiara et Francesca. Son père, Giacinto [46], est originaire de Morosaglia. L'abbé Germanes qui écrit en 1771 le dit « médecin » affable : « Il n'y avait rien de plus doux que son commerce, rien de plus insinuant que ses discours [47]. » Pourtant Giacinto n'a jamais été médecin, ce qui ne veut pas dire qu'il n'exerçait pas la médecine. Un manuscrit italien du XVIIIe siècle révèle qu'il fut élevé par son oncle le RP Clemente Paoli avant de poursuivre ses études à Gênes au collège Del Bene, fondé en 1619, lequel réservait neuf à douze places à des collégiens insulaires. Giacinto a donc fait ses études en terre ferme comme don Luciano Bonaparte, sorti du même collège, grand-oncle de Napoléon, et comme nombre d'insulaires brillants, dont l'historien Rostini. Du collège Giacinto est sorti excellent latiniste, prêt à devenir « homme de loi, excellent orateur et poète d'un grand naturel ». Le latin de Giacinto est si châtié que l'avocat ajaccien Sebastiano Costa (Ajaccio, 1682-Livourne, 1737) le raillera avec colère.

En 1713-1715, *il nobile* Giacinto de'Paoli [48] tourne ses premiers talents de juriste contre son entourage : en 1713, il plaide contre le RP Baldassari de Pastoreccia pour une affaire de maison indivise ; en 1715, contre l'oncle piévan de son épouse, mais il le fait sans hargne, avec une douceur certaine, et en 1712, le voilà *pacificatore* de sa communauté, sorte d'arbitre local destiné à apaiser les inimitiés entre familles. Il fréquente alors Antonio Vittini qu'il donne pour parrain à Paoli en 1725. Vittini est effectivement médecin à La Porta d'Ampugnani [49] d'où peut-être la confusion de l'abbé Germanes. Vittini a des parents en terre ferme. Parmi eux, le capitaine Anton Francesco Giappiconi (v. 1710-apr. 1759) [50] qui l'appelle respectueusement *Illustrissimo Signor Zio* : très illustre seigneur oncle. Par ce neveu, Vittini, qui est un « vieillard », est un homme remarquablement informé. En effet, Giappiconi, capitaine à Venise, est marié à la petite-fille du docteur Dominiatius de'Battisti, également médecin, qu'il a pu connaître lorsqu'ils faisaient leurs études en terre ferme. Le docteur de'Battisti a fait choix de rester à Venise où il a « réussi » et où sa maison, calle de Borzolosco, porte d'orgueilleuses armoiries. Mme Giappiconi sort d'une des familles les plus riches de l'île. Elle est notamment la cousine du chanoine don Gio Battista de Battisti, autrefois propriétaire en Corse de la Padulella, un domaine gigantesque du côté de Moriani dans la plaine orientale. Mais de riches patriciens génois, les Fieschi, ont fini par s'emparer de ce domaine unique : il compte une sorte de palais (*palazzu*) à Fano, près de Moriani, *U Casinu,* deuxième petit palais en partie en marbre, vraie maison de « villégiature en été et en automne », et un troisième *palazzu* littoral fait de salles immenses et voûtées. Toute la famille évoque à regret ses vastes caves, ses appartements, sa loggia, sa terrasse, son four, ses deux moulins et ses terres ; surtout ses vignes, ses prés, ses oliviers, ses châtaigniers « sur deux milles de territoire », ses arbres fruitiers, son jardin à côté de la chapelle ; sans oublier ses aménagements : boutique de marchand, auberge ; et surtout les deux mines de fer[51] ! Le chanoine a aussi perdu son magnifique *palazzu* de Bastia près de l'église Saint-Jean. Vittini est indigné par ce qu'il estime être la spoliation que la famille de'Battisti a subie. C'est du reste parce qu'ils s'estiment spoliés par la république de Gênes que les de'Battisti ont fait choix d'aller servir la grande ennemie traditionnelle de Gênes en Méditerranée : Venise. Tout cela, Vittini le sait. Homme engagé, malgré le grand âge il participe encore en 1718 comme *popolare* (non-noble) à l'élection des Nobles Douze[52] et il incite Giacinto qui n'a que trente ans à militer avec lui contre ce genre de spoliation afin d'assurer la relève. Rien ne changera toutefois le malheureux destin de la magnifique demeure bastiaise des de'Battisti[53] : en 1765, Boswell rencontre Marbeuf dans « ses appartements particuliers, installés dans les vastes et belles salles de la maison de'-Battisti », et trente ans plus tard, après les Génois, après les Français, la demeure sera la résidence appréciée de sir Elliot, le gouverneur anglais du royaume anglo-corse !

Giacinto hésite. L'homme est discret. Tous les contemporains, dont Costa, lui trouvent une certaine « lenteur ». La condamnation pour meurtre de son frère aîné en 1701 a rafraîchi ses ardeurs. Ce frère est mort prématurément depuis 1710, à quarante-cinq ans, et Giacinto n'a rien à gagner à lutter contre Gênes. Marié à Dionisia qu'il aime, il a quatre enfants à élever et rendre la justice dans son petit village est une occupation qui lui sied. Fin 1725, alors que Pascal n'a que quelques mois, Giacinto progresse dans ses fonctions judiciaires. Il est l'un des trois juges assermentés du village (*asserti giudici*), c'est-à-dire qu'il est une sorte de juge de paix avec deux autres villageois[54], ou juge délégué (*giudice delegato*). Ces fonctions l'amènent à recevoir dans sa maison (*in casa di Giacinto Paoli*) des plaideurs, des plaignants, des habitants de Morosaglia mais aussi des villages voisins, de Salicetto par exemple, en désaccord entre eux ou avec les autorités locales, notamment les « pères du commun ». Sa fonction essentielle consiste à empêcher les inimitiés de tourner au tragique : problème de voisinage, de bestiaux errants, de jardins dévastés par ceux-ci, de clôture. Giacinto fait preuve dans ses fonctions de « quelque science » et jouit bientôt d'« une certaine considération dans sa province ».

Le manque d'argent

Pour l'heure, l'essentiel consiste pour Giacinto à faire vivre son ménage d'autant plus qu'il y a sans doute des femmes à charge autour de lui : notamment la veuve de son frère et peut-être quelques vieilles tantes demoiselles. Pour cela, il dispose de « huit mille lires » de biens[55], « ce qui était beaucoup pour lui et pour son pays ». Un patrimoine de ce montant peut être appréhendé de deux manières différentes : sous l'angle de sa valeur, ou sous celui de son rapport. En matière de capital, huit mille lires de patrimoine, c'est effectivement beaucoup : cela équivaut à la possession de quatre-vingts chevaux ou de quatre-vingts bœufs, prix de 1684. Les contemporains ont donc raison de dire que Giacinto est riche « en terres ». Mais en matière de revenu, il en va autrement. Compte tenu qu'un capital rapporte sous l'Ancien Régime ce qu'a longtemps rapporté le Livret A de la Caisse d'épargne (4 à 5 %, c'est-à-dire l'ancien denier vingt), 4 % de 8 000 lires cela équivaut à 320 lires annuelles. Comparons. Les Fieschi tirent en 1735 vingt mille lires de rente annuelle de leur domaine insulaire, selon Sebastiano Costa. Les Veneroso, autres Génois, tirent à pareille époque « trois mille lires » annuelles du seul étang de Diana qui leur procure une « pêche d'huîtres fort lucrative »[56]. Trois cent vingt lires de rente annuelle, c'est le revenu du curé d'un village de deux cent cinquante âmes[57] et un prêtre, normalement, n'a ni femme à entretenir, ni enfants à élever. Par conséquent, Giacinto est loin d'être riche. Selon Symonds qui visite la Corse au temps de Paoli, un ouvrier agricole lucquois qui achève sa « saison » en Corse en repart avec quatre-vingts à cent lires génoises après trois à quatre mois de travail dans l'île. C'est-à-dire que Giacinto qui jouit de trois cent vingt lires pour douze mois dispose du revenu annuel d'un Lucquois. C'est peut-être pour cela que les médisants ont prétendu que Dionisia avait été séduite par un domestique, petit-fils de Lucquois[58], d'autant plus qu'à vie Paoli entretiendra d'excellents rapports avec des Lucquois, faisant venir l'un d'eux de Lucques pour lui confier son Imprimerie nationale. Si l'on ne peut bien sûr comparer la fortune des Paoli à celle des Fieschi et des Veneroso, génois, comparons-la à celle des élites insulaires car il n'y a pas d'histoire autre que comparative. Nous voyons que Francesco Saverio Matra verse « deux mille lires annuelles de redevance » à Gênes pour jouir en emphythéose de la plaine d'Aléria qui avait appartenu à ses aïeux[59]. En 1736, lorsque Théodore de Neuhoff devient roi des Corses, il se met à octroyer deux cents lires *mensuelles* de solde à ses colonels, y compris à Giannoni, l'oncle par alliance de Giacinto. Le revenu annuel de Giacinto équivaudrait sur cette base à un mois et demi de solde. Giacinto est si peu à son aise que ses hommes lui offriront un jour le cheval du Génois Marchelli car il n'aura pas les moyens d'avoir sa propre monture. De même, le 19 janvier 1756, Pascal Paoli écrit à son ami Quilico Casabianca : « À cette heure, la mule ne peut être vendue et *le service public* en a besoin. Ainsi, mon cher ami, ayez la bonté de la remettre au porteur de ce pli, parce que *j'en ai besoin* pour la visite que je dois faire après-demain à Orezza[60]. » Paoli grandit donc au sein d'un milieu peu fortuné, d'où l'âpreté des procès paternels et grand-paternels. Dans leur exil napolitain, Paoli et Giacinto furent d'ailleurs – grâce à leurs soldes de militaires – les soutiens financiers de Clemente, preuve que les revenus terriens de la famille étaient toujours insuffisants pour faire vivre décemment Clemente, marié et jeune père de famille. Ce manque de fortune venait de ce que les Paoli étaient gens du peuple.

Le manque de « naissance »

Paoli sort d'une lignée paysanne. Elle est connue à Morosaglia depuis son trisaïeul Angelo Paolo né vers 1550 et déjà établi au hameau de La Stretta[61]. Ce trisaïeul est sans doute à l'origine du patronyme, son prénom évoquant certainement plus sa filiation : Angelo « fils de Paolo », qu'un prénom composé : « Angelo Paolo ». Tous les descendants de ce Paolo ont donc pris, selon l'usage corse, le nom de l'ancêtre vivant en 1550 (Paolo), d'où l'apparition du patronyme *de'Paoli*, c'est-à-dire « les descendants de Paolo », patronyme que les contemporains écrivent indifféremment Paoli, de'Paoli, Pauli, Pavuoli, Pauoli[62]. Au temps de Sampiero vivait effectivement à Morosaglia un Paolo della Brocca di Rostino, tué en mai 1566, mais il ne semble pas qu'il soit l'ancêtre des Paoli du hameau de La Stretta. D'une part, c'était un notable, un homme cultivé, Noble Douze en 1559-1560[63], nommé par Sampiero « commissaire des tailles et des dîmes ». D'autre part, il était d'un autre hameau : Rocca Soprana, comme Ciccolo et Orsone partis à Apt en 1569, et non de La Stretta. Ce Paolo fut un personnage agité au point d'être relégué par le maréchal de Thermes à Ajaccio avant de se rallier à la France. Cité par René Emmanuelli dans *La Pandetta di Corsi*, ce Paolo della Brocca fut le contemporain de Columbano della Brocca, autre « caporal », et de son fils Marco, aussi partisans de Sampiero en 1564.

À noter que dans les registres paroissiaux insulaires, la mode des années 1730 veut que tout le monde porte le « de' » : de'Paoli (fils de Paolo), de'-Franceschi (fils de Francesco), de'Peretti (fils de Peretto)[64]. C'est la raison pour laquelle Paoli et Clemente font usage à vie du « de' » comme leur père Giacinto. On a prétendu que ce « de' » est chez Paoli le reflet d'un fantasme nobiliaire ! Rien n'est plus faux. La particule n'a jamais été signe de noblesse. On a prétendu aussi que Paoli a pris la particule à partir de son installation à Naples en 1739. Or Sebastiano Costa appelle toujours Monsieur son père Giacinto *de'* Paoli, et Costa meurt à Livourne dès 1737 !

Les trisaïeux du *Babbu* ont eu à La Stretta un fils Ignazio[65], « gardien » des terres de sa communauté. Il devait sans doute y veiller à ce que les bestiaux errants ne viennent pas endommager les cultures. Ignazio a obtenu de Gênes le « port d'armes » en 1649[66], premier signe à la fois de petite notabilité mais aussi d'allégeance à Gênes. Marié au sein même de son hameau, ce qui tend à confirmer en revanche une fortune médiocre et un rayonnement nul, Ignazio a eu au moins sept enfants[67]. L'un d'eux fut le grand-père de Paoli : Liberato della Stretta, appelé parfois Liberato de' Paolo[68]. Lui aussi obtint le « port d'armes » en 1669 puis en 1680 et devint même procurateur de la communauté de Morosaglia en 1680-1682. Mais il eut surtout la chance d'être le frère de Clemente, doué pour les études (déjà) et qui réussit à être ordonné prêtre. Or « celui qui a un prêtre dans sa famille, il est plus que riche avec les biens de l'Église[69] ». Dans un pamphlet[70], Liberato est donné pour meunier. Il aurait possédé et exploité la moitié d'un moulin. C'est sans doute vrai, mais le meunier fut agité au point d'être proscrit à deux reprises par les autorités génoises, une fois dans le Delà-des-Monts (1672) pour une durée de « six ans », c'est-à-dire en Corse du Sud (au-delà des montagnes), et une seconde fois en terre ferme (1674), pour « trois ans », c'est-à-dire dans la péninsule italienne. Condamnations sévères pour un jeune marié. Condamnations qu'il n'a pas du reste respectées puisque sa femme accoucha aussi bien en 1673 qu'en 1678 d'enfants conçus pendant les années où il était officiellement proscrit[71] ! Marié lui aussi dans son propre hameau[72], Liberato eut effectivement de son épouse huit enfants : deux filles[73] et six garçons, Pietro Felice[74], capitaine des milices pédestres de Morosaglia (1688)[75], Angelo Paolo[76], un autre Angelo Paolo[77] conçu pendant les six années de prétendue relégation, Angelo Felice[78], également conçu pendant le prétendu exil en terre ferme, Clemente[79] et Giacinto qui est le père de Paoli. Visiblement, même s'il s'agit de prénoms courants en Corse (en dehors de Liberato et de Clemente, rares), la famille cultive sur au moins trois générations les prénoms qui symbolisent le bonheur ou l'espérance : Paoli a un grand-père Liberato (= Liberté), deux oncles Pietro *Felice* et Angelo *Felice* (Felice = Bonheur), une grand-tante, une grand-mère et une sœur Daria ou Doria (diminutif de Adoria = Adorée), un grand-oncle, un oncle et un frère Clemente (= Clémence), une tante Lucia (= Lumière). Curieusement aussi, il n'y a pas un seul Santo dans la famille, ni aucun des dérivés habituels de ce prénom (Angelo Santo, Giacomo Santo, Pietro Santo), alors que ce prénom et ses dérivés sont surabondants dans l'île. Aucun Gio Batta non plus.

Giacinto est fils de meunier. Lorsque Paoli est petit, la plupart des cousins travaillent la terre. La preuve en est donnée en 1735. Cette année-là, Giacinto a pour ennemi dans son village don Marco Pasqualini que Gênes vient de nommer capitaine. Don Marco est son « cousin au deuxième degré »[80], c'est-à-dire son cousin issu de germains. Les deux hommes se détestent. Don Marco va jusqu'à « former une conjuration résolue à le tuer pour le sacrifier [...] à ses propres intérêts »[81]. Découvert, il se réfugie à Bastia. Néanmoins, « il n'emporta pas [...] ses biens dans sa fuite. On les brûla[82] ». Giacinto envisage un moment de brûler aussi les biens de ses autres cousins conjurés contre lui, mais il pardonne, les obligeant simplement « à prêter le serment [...] *de ne plus s'occuper que de la culture journalière de leurs champs.* Ce qu'ils firent ». Preuve que tous les cousins sont alors paysans. Ses meilleurs amis aussi. Notamment, son plus fidèle allié, Gio Francesco Ambrosi, d'ailleurs cousin de don Marco, appelé familièrement « Castineta », du nom de son petit village à moins d'une lieue de Morosaglia. Comme don Marco, Castineta est un montagnard violent : c'était, avant de devenir un « comte » théodorien (1736), « un des plus grands assassins et des plus fameux brigands qui fût[83] ». Les premiers amis des Paoli père et fils ont cette réputation d'hommes des montagnes, durs, rustiques, mi-bandits mi-bergers. C'est encore le cas en 1766 lorsque Paoli a parmi les plus fidèles de ses fidèles Angelo Matteo Bonelli, dit Zampaglinu[84], et Felice Baldrini de Bocognano. Le premier n'est autre que l'aïeul des célébrissimes frères Bellacoscia[85]. Cette violence n'est du reste pas spécifique au seul milieu des bergers corses. Même si l'oncle de Paoli a été condamné pour meurtre en 1701, même si Giacinto a été impliqué dans la rixe, le quatrième aïeul de Napoléon, Ajaccien distingué, a dû fuir la garde-corse romaine après avoir tué le page de la duchesse de Créquy. C'est l'époque qui le veut : Richelieu perd son frère en duel et Mazarin a un neveu adolescent assassiné dans son propre collège parisien. Il est nécessaire de le dire. Le pape a du reste souhaité une garde-corse pour contenir les violences romaines : sous le pontificat de Clément XIV (1769-1774), Rome aura encore à déplorer en cinq ans quatre mille meurtres pour une population de cent soixante mille âmes, sans compter six mille autres assassinats dans le reste des États pontificaux[86] !

Ce manque de « naissance » est toutefois un vrai handicap pour Giacinto. Le siècle est bourré de préjugés. En 1735, Francesco Saverio Matra, qui se dit « marquis » car issu d'une famille de caporaux insulaires (= chefs) connus depuis le XIVe siècle, déclare à Sebastiano Costa qu'« il ne pourra jamais accepter la condition – plus que toute autre dure – de se soumettre au commandement *de vilains et de paysans*, selon ses propres termes »[87]. « Ces messieurs [Matra et les Cortoni] reconnurent qu'ils [...] ne pouvaient se soumettre de gaîté de cœur à l'autorité de Giacinto Paoli et de Gio Giacomo Ambrosi, *hommes plus ordinaires* [que don Luigi Giafferi] et, disaient-ils, *de basse extraction.* » La première opposition entre la famille Paoli et les Matra est sociale. Roturier, Paoli s'apprête à souffrir à vie de la fierté, de l'orgueil, de la vanité des Matra. Adulte, il s'emporte souvent contre Mario Emmanuele Matra, neveu de Francesco Saverio. Il lui reproche d'être « fier au-delà de toute limite » ! Il déclare à ceux qui veulent l'entendre : « Les aïeux de Matra sont comme ceux de tout le monde : dans l'obscurité. » Ce n'est certes pas tout à fait faux, mais les Matra ont donné nombre d'officiers. Ils ont une orgueilleuse devise : *In proelio semper leo* (Toujours lion au combat) ; des armoiries timbrées. Ils sont *benemeriti* de Saint-Georges, c'est-à-dire qu'ils sont honorés par Gênes. Riches, ils jouissent du fort et du beau domaine d'Aléria. Pour le louer, ils versent à Gênes par an l'équivalent de sept années de revenu de Giacinto ! Puissants, ils sont reconnus et écoutés. Au début des années 1710, Angelo Luigi Matra fut l'orateur du Deçà-des-Monts et, à ce titre, représenta tout le nord de la Corse auprès du sénat de Gênes. En 1736, celui qui traite de « vilains » Giacinto Paoli et Castineta est Francesco Saverio son neveu. En 1757, celui qui trouve la mort en combattant Paoli et Clemente est Mario Emanuele, neveu de Francesco Saverio et petit-neveu d'Angelo Luigi. L'opposition est donc héréditaire : les Matra représentent la noblesse ; les Paoli, le peuple. Et on se combat sur au moins trois générations, à la mode insulaire.

Paoli sort donc d'une lignée paysanne et peu riche. Tous les contemporains le savent et le disent. C'est un homme nouveau. Pommereul le confirme en 1779 : « Quoique Giacinto *ne fût pas de la classe des nobles*, il fut choisi pour être un des douze représentants de la nation auprès du gouverneur génois. » C'est vrai, il devient Noble Douze en 1726. Et Pommereul conclut avec intelligence : « *C'est par lui que la famille Paoli commença d'être connue* et qu'elle cessa d'être confondue avec celles *de tous les paysans de l'isle* ; mais ceci même ajoute à la gloire de Giacinto et de Pascal Paoli, qui ont su donner une illustration réelle à leur nom et l'ont rendu aussi honorable à porter que ceux des plus distingués de leur pays. » Comment y sont-ils parvenus ? Par l'étude.

LA CULTURE DE GIACINTO

Giacinto évolue en milieu paysan. Dans la décennie 1730, alors que Pascal a cinq ou six ans, plusieurs de ses parents ne savent ni lire ni écrire, notamment son oncle par alliance, Paolo Francesco Giannoni. Originaire de Salicetto, petit village proche de Morosaglia et de Castineta, c'est un homme de terrain doué pour le combat militaire, mais totalement illettré comme ses deux fils[88], cousins germains de Giacinto. En 1756 encore, le propre secrétaire de Paoli sera un homme peu instruit. Depuis Corte, Paoli écrit à son sujet à don Gregorio Salvini : « J'ai un secrétaire qui doit encore progresser, comme on dit en Corse ; on peut pour cela l'excuser, s'il montre peu de soin de l'orthographe[89]. » Mais, dans la branche de Giacinto, l'intelligence brille et tout a été rendu possible grâce à l'instruction, d'où la vénération que Paoli portera à vie aux études, jusque dans son testament londonien avec ses legs nombreux aux écoles de Corte et de Morosaglia. Cet accès à l'instruction a été réalisé en deux générations grâce à deux hommes : le premier est l'oncle de Giacinto, le RP Clemente Paoli ; le second est Giacinto lui-même, le père de Paoli.

C'est le RP Clemente qui a conduit Giacinto à Gênes où il a pu étudier au collège Del Bene comme don Luciano, le grand-oncle de Napoléon. Sans le RP Clemente, pas de Giacinto. Sans Giacinto, pas de Paoli. Cet oncle prêtre a sans doute laissé quelques vieux livres dans la maison familiale de Morosaglia, de ces vieux ouvrages reliés de cuir marron ou de peau tannée de couleur blanche, comme on en trouve dans toutes les vieilles maisons corses qui ont donné des prêtres. C'est lui sans doute qui a fait aimer Virgile à son neveu Giacinto, reconnu par tous ses contemporains comme un poète de talent. Virgile est un modèle. Poète « national », il est aussi pour les Paoli une sorte de modèle social, une sorte de revendication, car lui aussi n'était issu que de la toute petite bourgeoisie. Lui aussi était un orateur éloquent, comme Giacinto. C'est sans doute le RP Clemente qui a fait découvrir Tacite à son neveu. De Tacite, Giacinto prit goût pour les discours en public, pour l'histoire, pour l'agriculture, grâce sans doute à la *Vie d'Agricola.* En 1736, lorsqu'il accueille Neuhoff en Corse, Giacinto lui parle en véritable physiocrate. Il lui dresse un tableau saisissant de toutes les ressources agricoles de la Corse. Giacinto à son tour transmet à Pascal ces notions de poésie, d'éloquence, d'histoire romaine, d'agriculture. Paoli adulte pourra parler de tout avec John Symonds, collaborateur d'Arthur Young !

Giacinto a surtout un goût immense pour la culture latine. Il en tire des enseignements philosophiques alors à la mode dans le reste de l'Europe : nécessité de stigmatiser les vices, volonté de sauver les vertus de l'oubli. Dans les années 1720, il est en effet de bon ton de reprocher aux hommes au pouvoir (donc aux gouverneurs génois en poste à Bastia aussi) les vices dont toutes les époques cherchent à les taxer : malhonnêteté, relations sexuelles multiples ou contre nature, corruption morale, financière, politique. À Londres, John Trenchard et Thomas Gordon incitent leurs contemporains à nettoyer « les écuries d'Augias »[90]. Boswell offrira plus tard les ouvrages de Trenchard et de Gordon à Paoli. Swift (1667-1745) – membre de la loge maçonnique n° 16 (qui se réunissait vers 1730 à la taverne Boat at the foot of Haymarket), orient de Dublin[91] – fustige le monde politique et fait dire au roi de Brobdingnag que ce monde est corrompu[92]. Alexander Pope (1688-1744), membre de la même loge, dénonce la corruption et le « lucre »[93]. Tout cela entre 1720 et 1733, à l'époque où Swift donne (1731) son écrit fameux : *A Letter from the Grand Mistress of the Female Free Masons to Mr Harding the Painter* (*Lettre de la Grande Maîtresse des Franc-maçonnes à M. Harding, peintre*). En Corse, on ne parle que de la corruption des gouverneurs, taxés d'homosexualité – Costa l'écrit à mots couverts[94] – et d'enrichissement personnel. Ici ou là, on cherche des solutions pour arrêter l'enrichissement des fermiers généraux : un Écossais, John Law, en propose une au Régent. Dans toute l'Europe, des esprits éclairés dénoncent les abus, la fraude, la vénalité. Parmi eux Adam Ferguson (1723-1816), et avant lui Lord Bolingbroke (1678-1751), futurs francs-maçons. À noter que Bolingbroke, vicomte de Saint-John, épousa en 1725 la veuve du lieutenant général des armées navales marquis de Villette-Mursay, lui de souche protestante[95], et elle fort liée à Pope. En Corse aussi, certains cherchent des solutions pour améliorer le fonctionnement des rouages de la société : la justice, les impôts, l'éducation. Giacinto Paoli est de ceux-là alors que Pascal grandit.

Giacinto, pour restaurer les vertus d'autrefois et dénoncer les vices qu'il croit n'être que de son temps, lit les Romains. Il les admire, il les adule : un peuple de paysans-soldats. Parmi ses modèles : Agricola, le beau-père de Tacite, à la fois agriculteur et général. Giacinto n'est du reste pas le seul Corse de son temps à réagir ainsi face aux études classiques dispensées au collège Del Bene. Jusqu'en 1914, nombre de familles corses vont continuer à donner à leurs enfants – cela a donc duré deux mille ans – des prénoms romains : César, jusqu'à César Campinchi, Auguste, Tullio, Octavie, Julie, Marc Aurèle, Virgile, Titus, Bérénice ! Les contemporains de Giacinto, s'ils sont un peu cultivés, élèves des Jésuites notamment, revendiquent tous pour aïeux les « anciens Corses » dont César fit un vibrant éloge lorsqu'il vint séjourner dans l'île pendant vingt-sept jours, au temps de Cicéron. Les Corses de l'époque vivent au cœur d'un curieux paradoxe. D'une part, ils revendiquent l'héritage romain. D'autre part, ils se perçoivent comme les héritiers de ceux qui résistent depuis toujours aux envahisseurs. Or les Romains étaient des « envahisseurs » ! Pour contourner la difficulté, les Corses s'assimilent aux Romains car Rome incarne l'armée, le combat et le sang, alors que Gênes n'incarne que le commerce, l'argent, la « vile marchandise ». Par conséquent, en dénonçant l'argent – on dirait aujourd'hui l'argent sale –, le vice et la corruption, ils attaquent Gênes, réputée, depuis le Moyen Âge, pour être l'une des plus grandes républiques marchandes de Méditerranée. Déjà Sampiero opposait la république des marchands aux valeureux soldats romains. Il y a là un héritage de la Renaissance qui est fondamental à retenir et qui remonte à Du Bellay qui écrivait le 7 juin 1553 au connétable de Montmorency après avoir longuement discuté avec Sampiero : « Les Corses ne prennent point de plaisir d'être sous les Génois qu'ils estiment marcadants [marchands] et canailles auprès d'eux qui se disent nobles, et de fait, y a de bien anciennes maisons [96]. »

Giacinto, petit juge de ses montagnes du Rostino, a un objectif : ressembler aux héros romains. Pascal le lui rappellera d'ailleurs dans sa vieillesse : « Lisez et faites vous lire [car Giacinto, à soixante-quatorze ans, n'y voit presque plus] les histoires romaines et contemplez *à nouveau* ces *modèles* auxquels vous cherchiez autrefois à vous conformer [97]. » Giacinto est un excellent latiniste. Il lit dans le texte Virgile, Tacite, Cicéron, Tite-Live. Mais toute la Corse du XVIIIe siècle baigne dans cette romanité. Les Corses cultivés du siècle ont plus d'ouvrages romains dans leurs bibliothèques que de livres génois. La *Géographie* de Strabon qui parle des Corses (livre V, chapitre II, 7). Les *Consolations à Helvia* de Sénèque (VIII, 8-9), le soi-disant prisonnier de la tour de Luri au cap Corse. Polybe (XVIII, 9). La *Géographie* de Ptolémée. Tels sont les ouvrages qui constituent le fonds « classique » de toute bonne bibliothèque insulaire. Les ouvrages de Mgr Giustiniani ou de l'archidiacre Filippini sont estimés bien trop récents (1531, 1594) pour y trouver leur place. Cet engouement pour l'éloquence de Cicéron – car il faut parler au peuple, soulever les foules, haranguer les masses – est tel que l'abbé Giulio Natali [98], lorsqu'il publie en 1736 son *Disinganno intorno alla guerra di Corsica,* le fait non sous son nom mais sous le pseudonyme de Curzio Tulliano, double allusion à Marcus Tullius Cicero et à son frère Quintus, ancien légat de Corse. Cet intérêt pour l'Antiquité est encore accru à partir de 1748, lorsqu'un archéologue, ingénieur du roi de Naples, commence à faire entreprendre les premières fouilles du site de Pompéi. Boswell en 1765 et Hervey en 1766 rendent d'ailleurs visite à Paoli en Corse, juste après avoir fait l'escalade du Vésuve qui coûta la vie à Pline l'Ancien, lequel a laissé quelques écrits sur la Corse qui lui fournissait des marins enrôlés dans la flotte de Misène. Pline, dans son *Histoire naturelle,* attribuait notamment la grande longévité des Corses au miel amer que les abeilles insulaires leur permettaient de consommer.

Toute l'enfance de Paoli n'est qu'un long apprentissage à la romanité, sous la férule de Monsieur son père (*Signor padre*), sévère mais toujours bienveillante. Paoli, comme nombre de ses contemporains élevés en des collèges jésuites, a dû apprendre à lire, à Morosaglia, sur des textes en latin. Plus tard, jeune officier, il demandera à son père de lui envoyer les *Considérations sur les causes de la grandeur et de la décadence des Romains* de Montesquieu (paru en 1734). Il lui commandera l'*Histoire romaine* de Rollin. Plus tard encore, ceux qui viendront visiter Paoli à Corte, regarderont sa bibliothèque avec étonnement : Horace, Polybe, Plutarque, Virgile, Tite-Live. Disciple de son père, Paoli vivra toujours hors du temps : dans l'Antiquité. Boswell le dira : « He just lives in the times of Antiquity. » Et au jeune Écossais, Paoli recommande d'ailleurs Plutarque et Tite-Live, mais pas les auteurs modernes ! Tous les contemporains s'en étonnent. Symonds, en visite auprès de Paoli, écrit qu'il maîtrise Thucydide, Tite-Live, Polybe, Tacite ; qu'il s'est donné à son tour pour modèles Cimon et Épaminondas [99]. « On ne guérit jamais de l'enfance » (Françoise Dolto). Adulte, Paoli est regardé par ses contemporains comme sorti tout droit des *Vies* de Plutarque, comme un héros antique, voire païen. Il est important de le souligner. Résultat : la quasi-totalité des références de Paoli, à vie, sont tirées des Anciens, même lorsqu'il cite la Bible ! Le passage qu'il cite à Boswell en 1765, c'est celui dans lequel il est dit que Judas Maccabée, « entendant ce qu'on disait des Romains », leur proposa « amitié et alliance » contre Antiochos III Megas [100]. Le 26 juillet 1767, lorsque Paoli doit définir le voyageur John Symonds à Ceccaldi, il lui dit : c'est Agricola vu par Tacite [101].

Ce goût pour l'Antiquité ne doit pas nous abuser. Toute la seconde moitié du siècle vit dans cette atmosphère. Les premiers mots de Boswell à Paoli en 1765 sont : « Sir, I have lately visited Rome. » Lorsque Boswell visite l'université de Corte, il écrit : « Je ne dois pas laisser mon enthousiasme s'abandonner à l'espoir trop vif de voir la Corse *comme une Athènes, comme une Thèbes.* » Lorsqu'il évoque le miel corse, il cite Virgile, Pline, Diodore de Sicile et Martial qui en faisaient état avant lui ! Lorsque Symonds visite L'Île-Rousse, il cite Paoli et Virgile en moins de trois lignes et s'écrie : « O fortunati ! Quorum jam moenia surgunt » *(Remarks*, p. VI-VII, et *Énéide*, I, 437). Lorsque Rousseau parle de la Corse, il cite Diodore de Sicile. Lorsque Dubois rédige un *État de la Corse* après Boswell et Burnaby, il conclut : « Ces savants voyageurs ne trouvent pas de ressemblance plus frappante qu'entre Lycurgue et Paoli. » Et quand Belle de Zuylen ou Zélide a fini de lire Boswell, elle se précipite « avec délice » dans Plutarque. Tout le siècle baigne dans une atmosphère antique de Londres à Morosaglia. Lorsque les Walpole ont un fils, ils l'appellent Horace. Lorsque les Nelson ont un fils, ils l'appellent encore Horace, comme son arrière-grand-oncle Walpole. En 1794, lorsque Nelson fait le blocus de Bastia pour aider Paoli, la Navy a baptisé le vaisseau qu'il commande l'*Agamemnon.* Le siècle s'achève avec un empereur, nouvel Auguste ; de nouveaux tribuns, dont Mirabeau issu des Lenche du cap Corse ; de nouveaux consuls, dont l'Ajaccien Bonaparte. La mode est à l'Antiquité, partout. Pour tout étranger, Corte est tantôt Sparte, tantôt Lacédémone ; sa citadelle, l'Acropole. L'île devient Ithaque ; ses rivages ceux de l'Égée. La campagne corse ne peut évoquer que Virgile ou les *Métamorphoses* d'Ovide. Le grand chancelier de Paoli [102] est regardé comme un nouveau Cincinnatus. L'Antiquité est méditerranéenne car gréco-latine et la Corse participe totalement de cet engouement pour l'Antiquité. Son ciel est bleu comme à Tyr et Sidon ; sa mer bleue comme à Carthage. Pour Boswell, Paoli a la mémoire de Thémistocle, l'activité de Catilina, des chiens comme Télémaque ou Patrocle, des visions comme Marius ou Numa, et il est aussi grand législateur que Lycurgue. Clemente est un nouvel Hannibal. Pour Rivarola, Paoli est un nouveau Caton.

Nombre d'historiens se sont posé des questions sur l'initiale formation intellectuelle de Paoli. Comment ce petit garçon du Rostino put-il être aussi cultivé ? Qui l'a influencé ? Machiavel, Dante, l'Arétin (amant de Giovanni des Bandes noires, le maître de Sampiero), Genovesi, Montesquieu ? En réalité, celui qui a le plus influencé Pascal, c'est son précepteur de père. C'est faire offense au fils du meunier du Rostino que de vouloir faire de Paoli l'héritier de l'*Esprit des lois* ! Costa rapporte des paroles de Giacinto tout à fait dignes de Montesquieu. Or Costa est mort onze ans avant la parution de l'*Esprit des lois,* quatorze ans avant sa traduction en italien ! Paoli eut pour premier précepteur son père, veuf, totalement enfermé dans ses lectures antiques. Giacinto fut son premier maître à penser, son premier pédagogue, son premier initiateur aux choses de l'esprit. Du reste, les contemporains le savaient, y compris John Symonds, professeur d'histoire moderne à Cambridge, qui, après avoir vu Paoli en Corse, écrivit combien il était fabuleux que « l'un des gouvernements les plus libres du monde » fût le fait d'« une personne [Pascal] qui a[vait] reçu sa formation dans un camp [le camp militaire armé par son père contre les Génois], et qui n'avait pas d'autres avantages [bourse, collège, université] que les fruits *de son propre mérite.* » C'est le XIXe siècle qui a voulu faire de Paoli un « étudiant » de terre ferme au sens contemporain du terme, un peu comme s'il était inconcevable qu'un Corse pût être cultivé chez lui, dans son île, aux XVIIe et XVIIIe siècles, surtout au cœur de la toute petite bourgeoisie rurale. Il suffit pourtant de regarder une bibliothèque corse des années 1750 pour mesurer ce qu'était la culture du milieu dans lequel évoluaient Giacinto et ses fils [103] : une culture classique, humaniste, nourrie d'auteurs latins, païens, épicuriens, stoïciens, avec, sur une autre étagère, la Bible, l'Ancien Testament en une quinzaine de volumes reliés cuir.

Et Dieu ?

Pascal a reçu de son père Rome en héritage. Certes, adulte, Paoli cite de temps en temps Moïse, Josué, Maccabée, mais chez lui l'Histoire païenne l'emporte sur les références bibliques. Les références évangéliques sont encore plus rares. Paoli, à vie, ne se dégagera jamais de la romanité paternelle. Adolescent, devenu un urbain installé à Naples, il embrasse une certaine facilité, fréquente quelques bordels, avoue être dépensier et qu'il serait plus élégant s'il avait plus d'argent. Il est coquet, compte ses chemises, souhaite toujours en acheter des neuves. Quelque peu jouisseur, il dit avoir « bon appétit ». Adulte, il aime le chocolat chaud bu et offert à Corte, les belles choses, l'argenterie, les beaux meubles apportés au Palais national : fauteuils dorés, portières d'étoffes, dais cramoisi à franges d'or, les vêtements bleus ou verts rehaussés de dorures, les boutons cuivrés ou d'or fin, les uniformes rouges à galons d'or à Londres, les chapeaux à la mode, les perruques courtes, les redingotes longues. Clemente et lui évoluent différemment. Séparé de son père dès 1739, Clemente reste un rural à la différence de Paoli, officier napolitain. Clemente, élevé en Corse et par les femmes de la famille, peut-être la grand-tante Daria, demeure plus pieux. À vie, les deux hommes demeureront complémentaires, même si Pascal ira mourir à Londres et franc-maçon, et Clemente au couvent de Morosaglia et tertiaire de Saint-François ; d'autant plus complémentaires qu'en ce siècle il n'y a pas de raison d'opposer franc-maçon et catholique. À l'amour de l'Antiquité – culturel, intellectuel, littéraire, linguistique – se superpose chez Paoli celui de la religion chrétienne, mais à la manière de Sampiero. Certes les trois plantes essentielles du christianisme sont celles de la Corse : le blé pour le Pain, la vigne pour le Vin et l'olivier du mont des Oliviers pour la Paix ; certes Paoli procède totalement des deux cultures, antique et chrétienne, païenne et catholique, mais chez lui l'esprit de tolérance domine, le faisant adepte d'un catholicisme aménagé, compte tenu du fait que les dévots issus de familles toujours prêtes à renouer avec les croisades demeurent omniprésents. Paoli, à vie, déteste les « fanatiques » et se montre toujours prêt à accueillir les juifs de Livourne à L'Île-Rousse ou les envoyés du bey à Corte. À ces deux cultures, romaine et chrétienne, il faut encore ajouter quelques lectures personnelles qui ne sont pas forcément héritées de Monsieur son père : Dante et l'Arioste dont Paoli récite des passages entiers, selon Hannah More qui l'écoute aux eaux de Bath ; et puis un peu de Shakespeare sur quoi il s'extasie et que le fils du meunier aurait eu bien du mal à goûter, faute d'en connaître la langue.

LE FILS DU VOLTAIRE CORSE

En 1726-1728, Pascal est sans doute en nourrice. Sa mère qui vient de le mettre au monde a environ quarante-six ans. Il ne figure pas sur le registre des tailles de Morosaglia, pas plus que Clemente, peut-être absent pour études. Giacinto lui-même n'est guère présent à Morosaglia. Il fait partie du Conseil des Douze, composé de dix-huit membres, douze pour l'en-deçà et six pour l'au-delà. Ces Nobles Douze n'ont qu'un rôle consultatif, mais Giacinto est néanmoins contraint de résider souvent à Corte, près de la maison des Nobles Douze, contrainte agréable car elle marque son élévation sociale, lente mais progressive, totalement intégrée au sein du système génois : *pacificatore* (1712), procurateur (1714), juge délégué (1725), Noble Douze (1726) ; et grâce au système génois, car rien n'aurait été possible si sa vive intelligence ne lui avait pas permis de faire partie des douze adolescents insulaires de sa génération élevés au collège Del Bene.

En janvier 1726, alors qu'il est le Noble Douze du mois auprès du gouverneur, Giacinto est victime à Corte d'une agression de la part d'un jeune dévot, Corse de la diaspora de passage en ville, preuve que la Corse des montagnes reçoit déjà des étudiants romains. Ce jeune agresseur est Salvadore Ginestra (v.1703-v.1782), dont le grand-père avait été Noble Douze en 1669. L'aïeul vient de mourir (1724) à quatre-vingt-douze ans. Tout sépare Giacinto de Ginestra. Giacinto est encore quelque peu rustique, surtout face à ce jeune prétentieux qui se croit tout permis parce qu'étudiant à l'université de la Sapienza à Rome. Ginestra a du talent : c'est le futur auteur de la *Storia naturale dell'isola di Corsica.* Il a aussi ce qui manque à Giacinto : la « naissance ». Il est fils du chancelier de l'évêque de Sagone [104], et alors que Giacinto est Noble Douze, c'est-à-dire un Corse qui accepte le jeu des institutions génoises dont il attend honneurs et promotion, Ginestra appartient à toute une lignée de Corses qui militent pour que l'île change de suzeraineté. Le père de l'étudiant va d'ailleurs passer dès 1729 au service du roi catholique et Gênes va mettre sa tête à prix et ordonner de dévaster ses biens (1731). Tout sépare Giacinto, quarante-cinq ans, de Ginestra, vingt-trois ans. Giacinto a un frère mort condamné pour meurtre. Ginestra un frère vivant, officier en Espagne. En outre, le grand-père maternel de Ginestra, Frediani, a été fait comte français par Louis XIV en 1710 [105] de même que son frère. L'inféodation des Ginestra aux Bourbons qui règnent à Versailles et Madrid depuis 1713 met mal à l'aise Giacinto, d'où querelle. Le ton monte comme entre Voltaire et le chevalier de Rohan-Chabot à pareille époque. Le jeune Ginestra tente de souffleter Giacinto, deux fois plus âgé que lui. Ginestra n'est pas homme à se battre avec un « vilain », auquel le duel est d'ailleurs interdit en France, ce que sait sans doute Ginestra, petit-fils de comte louis-quatorzien. Face au gentilhomme souffleteur, Giacinto se défend, mais « à coups de bâton », geste roturier qui fait songer au roturier Voltaire que le chevalier de Rohan-Chabot fait « bâtonner » par ses gens, ne pouvant accorder réparation par les armes à un non-noble ! C'est de ce père souffleté par un gentilhomme que Paoli est fils. En gros, Paoli est le fils du Voltaire corse. L'incident marque la famille pour longtemps. Dans sa « Constitution » de 1755, Paoli édictera la chose suivante : « Celui qui [...] au cours d'une rixe frappera quelqu'un *avec une pierre ou un bâton,* ou seulement portera atteinte à un autre avec n'importe quelle arme, sera condamné à une peine de quinze à trente jours de prison et à payer vingt *soldi* par jour pour son emprisonnement [...]. Et s'il est contumace, tombant aux mains de la justice, il sera condamné au double [106]. » D'autre part, l'algarade montre plusieurs choses : d'une part, l'écart social qui existe entre un Paoli souffleté et un Ginestra souffleteur ; entre le petit-fils d'un comte français et le fils d'un meunier corse ; mais on voit aussi, dès 1726, que les Paoli ne sont pas en Corse du côté des dévots comme l'étudiant romain de la Sapienza. Les Ginestra sont inféodés à Rome depuis longtemps : l'arrière-grand-oncle du gentilhomme souffleteur, Nicolo de Frediani, était déjà colonel au service du Saint-Siège à l'époque de l'« affaire » des gardes-corses [107]. Plus sage, plus modéré, Giacinto se maîtrise et se contient pour ne pas finir comme son frère aîné condamné pour meurtre, et, de cette algarade, Giacinto sort avec des accents à la Montesquieu vingt-deux ans avant que le philosophe bordelais n'écrive l'*Esprit des lois*. En effet, Giacinto intervient immédiatement auprès du gouverneur car il trouve injuste qu'un témoin doive payer six deniers de sa poche pour témoigner au cours d'un procès, ce qui prive les plus pauvres d'appuis. Or, il y a eu des témoins de son altercation, mais ceux qui lui sont favorables sont bien trop modestes pour avoir les moyens financiers de témoigner en sa faveur. Venus de Frasso de Rostino, de Silvareccio d'Ampugnani, de Gavignano de Rostino [108], ce sont de petites gens, surtout face aux témoins favorables à son agresseur issu des *alfiere* Ginestra et des comtes de Frediani, anciens notaires bastiais devenus « magnifiques ». La philosophie paoline prend ses racines dans cette espèce de ressentiment social. L'envie de légiférer, de rendre la justice, l'envie d'« égalité » que l'on retrouve omniprésentes dans toute l'œuvre de Paoli naissent en partie de cet incident alors que Paoli n'avait qu'un an. Pour se défendre, les Paoli n'ont que des bâtons. Ils n'ont que la violence à opposer à la violence, d'où la condamnation pour meurtre de cet oncle que Paoli n'a jamais connu. Paoli, adulte, aura un souci majeur : remplacer les bâtons par la plume, la force physique du corps par la force supérieure de l'esprit.

LE *NOBILE* GIACINTO DE LA STRETTA

Giacinto est roturier. Il le sait et en souffre, d'où cette volonté de se qualifier de *nobile,* à Morosaglia comme plus tard à Naples. Mais cela n'a pas la même signification en Corse et à Naples. À Morosaglia, lorsqu'il offre un des panneaux de bois du chemin de croix de l'église Santa Reparata, comme les Leonetti, le curé Astolfi et son homonyme Giacinto della Stretta[109], Giacinto fait noter par l'imagier local que ce présent est dû au *nobile Giacinto Paoli.* Cela signifie qu'il n'est ni noble, ni gentilhomme, simplement un notable comme il y en a tant. En France, un gentilhomme est un noble « ancien », un noble d'« extraction chevaleresque », au point, dit-on, que « si le Roi peut faire un noble [un anobli], il ne peut faire un gentilhomme », fruit des générations accumulées. Giacinto n'est point gentilhomme. Ce titre de noblesse, la Sérénissime le réserve aux rares feudataires : Da Mare et Gentile en Corse du Nord ; Della Rocca, Istria, Leca, Ornano, Bozzi en Corse du Sud. Giacinto n'est pas gentilhomme à la différence d'un Francesco d'Ornano, beau-père de Sampiero, ni même *benemerito* de Saint-Georges, c'est-à-dire un homme qui *a bien mérité* de Gênes et qui reçoit, en remerciement de sa fidélité, un ensemble de faveurs regroupées sous un nom, la *benemerenza* : dispense de taille et de corvée, port d'armes, droit de construire une tour, droit de marcher entouré d'une escorte armée de six, huit ou douze hommes. Giacinto, localement, jouit à La Stretta du simple statut de *nobile* (noble homme) qui caractérise les élites roturières en Corse comme ailleurs. Le père de Duguay-Trouin était à Saint-Malo *noble homme* en 1673-1688, c'est-à-dire un roturier de qualité, armateur, instruit, père de fils envoyés à l'université de Caen. Giacinto est lui aussi un roturier de qualité. Il est un homme distingué, proche de ce qu'est ailleurs le *noble homme*, le *spectable homme* (l'homme respectable), le *spettabile,* la *discrette et honnête personne.* En revanche, à Naples, lorsqu'il se dit *nobile,* Giacinto, bombardé lieutenant-colonel *ad honores* du *Real Farnèse* à cinquante-huit ans, sans être passé par aucun grade inférieur, a – à présent – de réelles prétentions nobiliaires ! « Marquis » théodorien depuis 1736 et officier supérieur, il revendique dans les États du roi de Naples le statut d'un noble authentique. Sur les registres du régiment, le qualificatif de *nobile* a un sens tout à fait autre que sur le chemin de croix de la chapelle de l'Annunziata de Morosaglia. La preuve, c'est que ceux de ses compatriotes qui ne sont pas *nobile* à Naples sont apostillés comme *plebeiano,* c'est-à-dire « roturiers ».

Paoli ne sort donc pas de ce que l'on appelle dans l'île « une grande famille ». Son père, comme le père de Napoléon, est un roturier instruit, mais modeste, bien plus que celui de Napoléon. Giacinto, fils de meunier et cousin de paysans, appartient à ces élites bourgeoises qui ne cessent d'engendrer de savants esprits, volontiers législateurs : *ordonnances* du grand Colbert issu d'avocats rémois, *Code civil* de Napoléon fils d'avocat ajaccien, en passant par la *Constitution* corse de l'avocat livournais Sebastiano Costa. Dans l'entourage de Paoli : pas un garde-corse ; pas un officier au service d'une grande puissance ; pas un capitaine génois avant Marco Pasqualini ; pas un colonel vénitien comme chez les Giafferi ; pas un comte français comme chez les Frediani ; pas un officier espagnol comme chez les Ceccaldi. Chez les Paoli, on est corse, on reste corse, on naît en Corse, on meurt en Corse jusqu'à Giacinto mort à Naples, jusqu'à Pascal mort à Londres, donc morts en exil comme Napoléon à Sainte-Hélène. Exils significatifs qui semblent vouloir opposer l'ordre et le désordre, l'ordre subi mais viable au désordre glorieux mais insupportable. Trublion de l'Europe, Napoléon meurt seul sur son rocher. Héros des révolutions insulaires, Giacinto meurt seul à Naples. Père de la Patrie, Paoli meurt seul à Londres. Leurs contemporains considéraient peut-être qu'ils étaient trop grands pour eux, que leurs aspirations coûtaient trop de sacrifices, trop d'efforts et surtout trop de sang, de Ponte Novo à la Berezina. Tout se passe comme si la « tranquillité » publique exigeait leur mise à l'écart : Sampiero est assassiné, Paoli et Napoléon exilés. Seuls les historiens auraient donc besoin de « héros » pour vivre ? Les peuples préféreraient-ils la « tranquillité » pour ne pas mourir ?

CHAPITRE III

Une enfance entre révolution et complots

« La Corse est devenue le sujet de toutes les conversations. »

Journal historique de la république des lettres (juillet-août 1733), p. 151.

En 1729, l'Europe paraît en paix. Les Habsbourg sont éteints à Madrid. Depuis la fin de la guerre de Succession d'Espagne et la signature du traité d'Utrecht (1713), un Bourbon règne sur les Espagnes catholiques : Philippe V (1700-1746), petit-fils de Louis XIV. Philippe V s'intéresse à la Corse car les Anglais lui ont arraché Gibraltar en 1704 et Minorque en 1707. L'Espagne est donc à la recherche de nouvelles possessions en Méditerranée et notamment d'îles qui lui permettraient de reprendre pied dans la péninsule italienne en des lieux qu'elle a perdus (Naples) ou qu'elle convoite : Parme, Plaisance, le grand-duché de Toscane où Jean-Gaston de Médicis (1671-1737), dernier mâle de sa maison, est un sexagénaire malade. En 1713, Philippe V a cédé le royaume de Sicile à Victor-Amédée II de Savoie mais Philippe V a violé le traité, et sa flotte, partie de Sardaigne, a repris la Sicile cinq ans plus tard. En 1720, Philippe V a cédé la Sardaigne au duc de Savoie pour le dédommager. Résultat, l'Espagne recherche une autre île qui pourrait remplacer la perte de la Sardaigne. La France aussi regarde en direction de la Corse car Louis XV veut la Lorraine. Depuis le XVIe siècle, les rois de France s'intéressent au duché. Henri II s'est emparé des Trois-Évêchés, Metz, Toul et Verdun. Un siècle plus tard, Charles IV de Lorraine (1604-1675) ayant intrigué contre Richelieu, Louis XIII a fait occuper le duché. Louis XIV y a maintenu l'occupation française au point que Charles V (1643-1690) ne put jamais rentrer en possession de son héritage. Il en fut ainsi jusqu'au traité de Ryswick. Après vingt-huit années d'occupation, Louis XIV a alors rendu la Lorraine à Léopold, tout en prenant soin de marier le duc le 13 octobre 1698 à sa nièce, fille de Monsieur et de la Palatine. Depuis 1701, l'Europe envisage de donner la Lorraine à la France, le Milanais à l'Empereur et autre chose au duc de Lorraine. La maison de Lorraine souhaiterait assez que ce soit la Corse, car depuis Louis XI la maison de Lorraine a des visées sur le royaume de Naples. Or, au début de 1729, Léopold, à moins de cinquante ans, crache le sang. Gênes craint que la France s'empare de la Corse, qu'elle la donne au duc de Lorraine, et qu'en échange le nouveau duc donne la Lorraine à la France !

Gênes compte alors ses fidèles. Giacinto Paoli est l'un d'eux. Violemment opposé à Ginestra, frère d'officier espagnol, il vient de faire ses preuves de loyauté à l'égard de la République. Sa famille ayant obtenu son premier port d'armes en 1649 (son grand-père), puis en 1669 et 1680 (son père), et en 1684 (son oncle), Giacinto appartient à ces petites élites rurales et méritantes qui accèdent d'abord à la culture par le biais d'un oncle prêtre (le RP Clemente), puis au pouvoir local : juge, Noble Douze. Il a donc tout intérêt à rester fidèle au suzerain génois qui ne devrait pas tarder à lui procurer quelques honneurs comme le lui glisse sans doute à l'oreille Dionisia lorsqu'il se laisse trop séduire par les propos enflammés du vieux docteur Vittini. Giacinto écoute les conseils de sa femme et, le 21 mars 1729, lorsque Gênes, sous prétexte de vouloir éradiquer « le banditisme », se met à distribuer des arquebuses à plusieurs de ses fidèles, par crainte d'événements subversifs, Giacinto en reçoit douze avec mission de couvrir le pays de Ponte Leccia à Ponte Novu. En fait, ce n'est pas le banditisme qui préoccupe Gênes. C'est le contexte international. Six jours plus tard, le 27, Léopold meurt à Lunéville. Les Bourbons de Versailles et les Habsbourg de Vienne sont prêts à se jeter sur la Corse, d'autant plus que l'empereur Charles VI, ne pouvant laisser la Lorraine sous influence française, a élevé le successeur de Léopold, son fils François III, en sa cour de Vienne à partir de 1723. Le nouveau duc, vingt et un ans [1], arrive à Lunéville le 29 novembre. Curieusement, la « révolution » éclate en Corse le 27 décembre. Elle s'achèvera en 1769, avec l'annexion de la Corse par Louis XV, trois ans après qu'il aura hérité de la Lorraine.

La « révolution » corse a officiellement une cause majeure : la « pénurie des grains ». C'est ce qu'écrit le gouverneur Pinelli dans ses *Ragguagli dei tumulti succeduti in Corsica* (Raisons des tumultes survenus en Corse). Les années 1727 et 1728 sont en effet terribles. En raison d'hivers et de printemps pluvieux, les semences ont pourri en terre, d'où des moissons quasi inexistantes sur lesquelles se greffe un contexte épidémiologique effrayant. À Bastia, Pinelli tente d'acheter du blé et des fèves à Livourne et Palerme, mais la crise sévit aussi à Gênes. Certains notables tentent de constituer un stock de grains pour les semailles, mais même les notables cap-corsins meurent en série. Le printemps 1729, trop sec, entraîne une nouvelle récolte déficitaire. En décembre, selon la vulgate traditionnelle, nombre de Corses réduits à la misère ne peuvent payer l'impôt. L'insurrection aurait donc éclaté dans la région de la Castagniccia le 27 décembre sous la forme d'une jacquerie dans un petit village du Bozzio (Bustanico) où un habitant âgé, surnommé Cardone, n'aurait pu offrir qu'une pièce usée au collecteur des impôts génois Gio-Batta Gallo[2], marié à une petite-fille de Gio-Pietro Vivaldi, gouverneur de Corse lors de la mort de Sampiero. Gallo se serait alors attiré l'indignation de la population en refusant ladite pièce, d'autant plus qu'il y a environ cent vingt mille habitants en Corse et quarante mille familles assujetties à l'impôt.

CARDONE : NOM DE CODE

Vulgate étonnante, car le vieillard Cardone paraît remarquablement instruit. Voici pourquoi. L'impôt dit des deux *seini* est en effet illégal depuis quatre ans. Il s'agit d'une taxe créée pour dix ans en 1715 à la demande du père Murati, député (*oratore*) des Nobles Douze. En 1715, en effet, Gênes avait accepté de prohiber le port d'armes en Corse ; or porter des armes ne se pouvait qu'à condition d'obtenir de Gênes des lettres patentes payantes. Prohiber le port d'armes revenait donc à diminuer les ressources de la Dominante. Par conséquent, cette taxe visait à compenser un manque à gagner. S'opposer au paiement d'une taxe qui ne devait plus être perçue depuis quatre ans nécessitait donc une certaine culture car, pour un homme de l'époque, la notion du temps qui passe n'était pas la même qu'aujourd'hui. La plupart des contemporains ignoraient l'année de leur naissance et seul le jour était connu. On se savait né « à la Saint-Roch », « à la Toussaint », « le premier vendredi après Pâques », mais l'année, on l'ignorait ! Cardone, qui a une notion si précise du temps, n'est sûrement pas le pauvre paysan que l'on prétend puisque même dans l'entourage de Paoli, pourtant fort cultivé, on dit Pascal tantôt né en 1724, tantôt en 1725, tantôt en 1726 ! De surcroît, personne n'est d'accord sur le patronyme que cache ce prétendu Cardone : Lanfranchi ? Defranchi ? Ou de'Franchi[3] ? Nous émettons l'hypothèse qu'il pourrait s'agir de Gio Antonio de'Franchi (1666-1732), soixante- trois ans en 1729 (donc le « vieillard » de la légende), colonel d'un régiment corse levé à ses frais au service de Rome en 1708[4], cité dans la *Praticca Manuale* du père Morati de Muro (livre I., p. 185). Le colonel serait d'autant mieux à même de s'opposer à la levée de ladite taxe qu'il a été en 1693 collecteur des tailles à Vico et que sa famille a donné un fermier de la gabelle de la pêche à Calvi. Il a donc des connaissances réelles en matière fiscale. D'autre part, le colonel a pour mère Laura d'Ornano, mariée en 1657 à Ajaccio. Il est le cousin de Domenico de'Franchi, marié en 1656 à Ajaccio à Angela Maria Baciocchi dont la famille est si bien renseignée sur les origines de Paoli, petit-fils de « meunier » selon un certain colonel Baciocchi. Il est le parent du capitaine ajaccien de'Franchi qui est avec Savelli l'un des deux officiers qui commandaient l'une des deux compagnies de la garde corse à Rome en 1662. C'est dire que sa famille appartient au réseau dévot qui donne aussi l'avocat ajaccien Sebastiano Costa marié à une Baciocchi d'Ajaccio, fille d'une Colonna d'Ornano.

Le nom de Cardone n'a en apparence aucune signification mais nous émettons l'hypothèse qu'il puisse s'agir d'un cri de guerre du style *Operation Overlord*. La ville de Cardone constitue en effet le centre du duché catalan de ce nom, sis sur la rivière de Cardone à sept ou huit lieues de Montferrat. Les Corses le savaient-ils ? Oui, car l'oratoire de Montferrat était très prisé des Corses, notamment par les Gaspari de Centuri reconnus nobles à Valence en 1569, devenus collecteurs de fonds aux Indes-Occidentales pour l'ordre du Saint-Sépulcre entre 1569 et 1594 et qui testent depuis l'Escurial, en faveur de cet oratoire, devant un notaire madrilène : en témoigne le testament d'Andrea Gaspari de 1590[5]. Les ducs de Cardone, alliés à la maison d'Aragon, ont donné nombre de gouverneurs, deux cardinaux, divers prélats dont Jean-Baptiste Cardone, natif de Valence, mort en 1590 à l'époque où l'archidiacre Filippini relatait les exploits des frères Gaspari dans les colonies espagnoles, aux Indes du Pérou et au Portugal. Ils ont donné aussi Henri Cardone (1485-1530), évêque de Barcelone créé cardinal par Clément VII, vice-roi de Sicile à une époque où Charles Quint faisait escale à Bonifacio (1541) pour se rendre à Alger. Le nom de Cardone est connu en Corse, car lorsque Alphonse V venait tailler dans les falaises de Bonifacio l'escalier « du roi d'Aragon » (1420), l'un des principaux conseillers du souverain n'était autre que le cardinal Jacques Cardone, mort en 1466, beau-frère de Jeanne d'Aragon. En 1715, les ducs de Cardone existent toujours. Cette année-là, à Madrid, la princesse des Ursins, *camarera-major* de la feue reine d'Espagne, est remplacée auprès de la nouvelle reine, Élisabeth Farnèse (1692-1766), par la comtesse d'Altamire, veuve du huitième comte, « duchesse douairière de Cardone »[6], car fille du sixième duc. Dès qu'Élisabeth Farnèse, fille de Dorothée-Sophie de Bavière duchesse de Parme[7], monte sur le trône d'Espagne après avoir épousé Philippe V le 16 septembre 1714, la duchesse devient *camarera-major* alors que la princesse des Ursins, réfugiée à Gênes, se lamente[8] avant de mourir octogénaire à Rome en 1722. La duchesse paraît être une femme organisée. Son fils, septième duc de Cardone, est « fort dévot, fort grave, fort espagnol », selon Saint-Simon qui l'a fort bien connu à Madrid. En outre, la duchesse a pour demoiselle d'honneur une certaine baronne de Neuhoff, femme du futur « roi des Corses » ! La duchesse est donc au centre d'une véritable toile d'araignée d'autant plus que celui qui a obtenu « la réduction du château de Cardone », en septembre 1714, pour le compte de Philippe V, n'est autre que Jacques de Fitz-James, duc de Fitz-James depuis 1710, duc de Berwick, maréchal de France depuis 1706[9], fils naturel de Jacques II Stuart et d'Arabella Churchill, sœur du duc de Marlborough. Quand on voit Charles, duc de Marlborough, investi dans le développement de l'hôpital de Bath à l'époque où Paoli y sera en exil[10], et quand on sait la proximité de parenté qui existe entre Berwick et Neuhoff, on ne peut que penser que *Cardone* est un nom de code comme il en existe tant dans les milieux diplomatiques et dans la correspondance de Paoli, afin de définir une opération secrète sur la Corse, de caractère jacobite, catholique, voire maçonnique, à l'ombre du Prétendant Stuart. Le colonel Gio Antonio de'Franchi, colonel d'un régiment corse au service de Rome, pourrait alors être le chef de file de cette opération projetée sur la Corse depuis l'entourage de la duchesse douairière de Cardone, veuve depuis 1698 de l'ambassadeur d'Espagne à Rome, d'autant plus que le marquis de Brancas (1672-1750)[11], gouverneur de Gérone (1727), est ambassadeur extraordinaire de France auprès de Philippe V depuis 1727[12]. On a donc vraiment l'impression, dès 1729, d'une convergence d'intérêts qui dirige vers la Corse nombre de pensées qui émanent de personnages extrêmement divers mais tous unis par leur précoce appartenance maçonnique : Montesquieu (ami des Brancas de Forcalquier), Brancas (cousin des Ornano), Berwick (veuf de la belle-mère de Neuhoff), la duchesse de Cardone (veuve de l'ambassadeur d'Espagne à Rome), le colonel de'Franchi (ancien colonel corse au service de Rome), la baronne de Neuhoff (épouse du futur roi et demoiselle d'honneur de la duchesse de Cardone).

La *similitude* de pensée entre Pascal Paoli adulte et Montesquieu a souvent été mise en lumière ; mais c'est à tort que l'on fait de cette similitude le résultat de l'*influence* de Montesquieu sur Paoli. Ce n'est pas l'*Esprit des lois* de 1748 qui a influencé Pascal. Cette similitude vient de ce que Giacinto Paoli et Montesquieu étaient déjà intellectuellement très proches en 1729, alors que Pascal était enfant. En effet, Montesquieu (1689-1755), comme Giacinto son contemporain, a fait de solides études : d'abord chez les Oratoriens de Juilly, puis son droit à Bordeaux et à Paris. Avocat, juriste (comme Giacinto), conseiller puis président à mortier au parlement de Bordeaux, il a visité l'Italie en 1728-1729, s'est rendu de La Haye à Londres (31 octobre 1729-3 novembre 1729), a traversé la Manche sur le yacht personnel de Philippe Stanhope, comte de Chesterfield, lord ambassadeur d'Angleterre à La Haye, lui-même franc-maçon depuis le 24 juin 1721, et est entré très tôt en maçonnerie : initié le 12 mai 1730 avec le père du marquis de Sade, à la loge Horn Tavern de Westminster selon le *British Journal* du 16 mai, il est à Bordeaux lors de la création de la loge anglaise de ce port le 27 avril 1732, et avant le 7 septembre 1734 il est présent à Paris à une tenue chez la duchesse de Portsmouth (Louise-Renée de Penancoët de Kéroualle), avec Waldegrave, le duc de Richmond, son fils de dix-huit ans (le « petit » Montesquieu) et surtout le marquis de Brancas [13]. Or Louis de Brancas (1672-1750) tient à la famille d'Ornano par une infinité de liens. Son trisaïeul [14] était le cousin germain de Marguerite de Pontevès-Carcès mariée au maréchal Alphonse d'Ornano. Son arrière-grand-père était le cousin issu de germains du second maréchal d'Ornano : Jean-Baptiste. Lui-même est le cousin du vieux Grignan, lieutenant général pour le Roi en Provence, et des Foresta. Il l'est aussi de cet ingénieur du duc de Lorraine, Humbert de Beaujeu, qui fut en Corse le fidèle de Neuhoff. En outre, l'épouse de Brancas, née Élisabeth-Charlotte-Candide de Brancas, est fille de Louis-François de Brancas, duc de Villars et petite-nièce de la princesse d'Harcourt (née Françoise de Brancas, qui vient de mourir en 1725) qui fit le mariage de Grignan avec Mlle de Sévigné et qui accompagna la dépouille de la femme de Lauzun à Saint-Denis. Les Brancas, héritiers des comtes de Forcalquier depuis le XVIe siècle, constituent le noyau dur qui réunit en son sein nombre de personnages essentiels dans l'histoire paoline : c'est chez les Brancas qu'est lu pour la première fois l'*Esprit des lois,* c'est-à-dire chez un cousin des Ornano, et ce dans une sorte de pré-clandestinité, l'intendant de Guyenne Boucher ayant dénoncé Montesquieu au cardinal de Fleury comme franc-maçon dès le 6 avril 1737. James, comte Waldegrave (1684-1741), qui est porté sur les tableaux de la loge maçonnique Horn de Westminster dès 1723 [15], n'est autre que le fils d'Henriette Fitz-James, fille de Jacques II Stuart et d'Arabella Churchill et sœur de Berwick. Quant au duc de Richmond, il s'agit de Charles Lennox, petit-fils de Charles II Stuart et de la duchesse de Portsmouth. Membre de la très maçonnique Société royale de Londres, Richmond est maître de la loge Horn. Il tient loge à Paris mais aussi, à partir du 12 août 1735, en son duché berrichon d'Aubigny-sur-Nère qui avait autrefois appartenu au maréchal d'Aubigny (Robert Stuart), lequel avait « défendu la Provence » en 1536 avec Sampiero et Jean de Pontevès-Carcès. C'est dire que Montesquieu est à la fois en relations étroites avec les Brancas-Ornano et les Stuarts, même s'il s'agit de Stuarts maçons non jacobites, ralliés aux Hanovre, ce qui pourrait expliquer les divergences de pensée entre Paoli et Montesquieu puisque Boswell et Burnaby regardent son gouvernement comme une « espèce de despotisme fondé, *contrairement aux principes de Montesquieu,* sur le sentiment de l'amour », en grande partie chrétien. Les liens qui existent entre les Brancas, cousins des Ornano, et Montesquieu peuvent aussi contribuer à expliquer pourquoi Montesquieu charge Gênes dans ses écrits, et défend au contraire Venise, écrivant par exemple en 1729 que le peuple de Venise a « une bonne opinion de la justice de ceux qui le gouvernent » avant d'ajouter dans l'*Esprit des lois* : « Une république d'Italie [Gênes] tenait des insulaires [les Corses] sous son obéissance, mais son droit politique et civil à leur égard était vicieux. » Par ces phrases, en apparence anodines, Montesquieu fait le jeu des Vénitiens, des Espagnols, des jacobites et des maçons en Corse.

1729 : COMPLOT ESPAGNOL AUTOUR DE LA CORSE

En 1729, les Corses déçus par la Sérénissime sont nombreux, surtout depuis que Louis XIV a bombardé Gênes (17-22 mai 1684), prouvant à toute l'Europe que Gênes n'était plus qu'une petite république déchue. Le doge, qui, statutairement, ne doit jamais quitter la ville pendant la durée de son mandat, a dû aller s'humilier à Versailles courant 1685. Nombre de Corses constituent alors en Europe, à Gênes, Livourne, Madrid, Barcelone, et en Corse surtout, un parti d'opposition, hispano-vénitien, qui jouit de la gloire immense acquise par la Chrétienté à Lépante, victoire autant vénitienne qu'hispano-pontificale. Il jouit aussi d'une longue tradition catholique puisque l'île a été inféodée au roi d'Aragon (1296-1297) par Boniface VIII, investiture renouvelée (1305) par Clément V. La Corse a donc des liens anciens avec l'Espagne au point que Vincentello d'Istria a été le vice-roi du roi d'Aragon en Corse. En 1729, le chef de file du camp espagnol à Gênes est Francesco Maria Colonna, des seigneurs feudataires de Bozzi. Sebastiano Costa le dit « seigneur des fiefs du Delà-des-Monts ». Son ancêtre, de la maison d'Ornano, est devenu seigneur du Bozzio vers 1350. Cette branche des

Ornano a pris le nom de Bozzi au milieu du XIVᵉ siècle. Les Colonna de Bozzi, *nobili signori da Botio,* ont contracté de nombreuses alliances à Ajaccio avec les Bonaparte (1623, 1727), les Costa (1648), les Baciocchi (1633, 1692, 1700). Leur seigneurie de Bozzi ou de Botio est un fief noble sur lequel ils ont droit de justice civile et criminelle et ils lutteront contre Gênes jusqu'en 1789, au point que Salvatore Colonna de'Bozzi mariera sa fille [16] à Mathieu, baron de Drost, né en Westphalie, parent de Neuhoff, et que les filles du couple Drost [17] épouseront les frères Colonna de'Bozzi vers 1788 [18].

Francesco Maria Colonna de'Bozzi est capitaine au service de Gênes. Quoique issu de la branche des Bozzi à qui Gênes a accordé nombre de privilèges [19], il entre en conflit avec l'inspecteur des compagnies qu'il commande courant 1729 [20]. Profitant de ce prétexte, il demande « une permission de trois mois entiers pour rentrer dans sa patrie (la Corse) et s'occuper de ses affaires. Comme il était à quelques jours du départ, il ne fréquentait plus le Palais public (de Gênes), mais passait le temps sur la place des Bancs à s'entretenir des nouvelles de Corse car déjà avait jailli la première étincelle [21] ». Comprenant qu'il veut se rendre en Corse pour y appuyer la révolte du Bozzio, Gênes l'accuse d'avoir « machiné une trahison envers la République ». On lui reproche de vouloir passer au service de Philippe V comme colonel d'un régiment corse et d'avoir promis au Roi Catholique, par lettre secrète, de faire « la conquête du royaume de Corse » [22] ! Il serait allé jusqu'à écrire dans cette missive qu'il « était capable d'attirer à lui toutes les populations en foule et de s'emparer de n'importe quel préside » comme l'avait fait Sampiero pour Henri II. Confondu par « la confrontation légale » de son écriture avec la « lettre secrète » expédiée à Madrid, et en présence d'un « chevalier-notaire » convoqué par « le général des armées », Bozzi remet « épée et bâton (de commandement) aux mains du major de la place ». Condamné à « la prison perpétuelle », sans « plume ni encre » (comme le Masque de Fer), il est conduit à la tour de Gênes sur ordre « de MM. les Inquisiteurs d'État, appelé Magistrat des muets (car) les motifs et les causes étaient gardés très secrets » [23]. Il s'agit en effet d'un crime de haute trahison commis par un officier né en Corse, mais soldé par Gênes. Costa, parent du prisonnier dont il sait la tête menacée, vole chez « Son Excellence Geronimo Veneroso, son ami intime », sur le point d'être nommé gouverneur de Corse au printemps 1730. Il « ne put rien obtenir, sinon un sévère avertissement de n'avoir pas à se préoccuper de Colonna de'Bozzi s'il ne voulait pas se rendre lui-même suspect ». Costa reçoit néanmoins quelques nouvelles car le prisonnier « lui écrit au crayon », mais personne ne peut rien pour Bozzi qui, homme d'honneur, avoue sa « trahison contre le Prince » : Gênes. La réalité du complot est certaine depuis la publication des *Mémoires* de Costa. Bozzi reste donc emprisonné jusqu'en 1740 sans jamais crier à l'innocence persécutée. Dès son arrestation, tous ses proches sont aux abois. Costa, riche juriste établi à Gênes, s'inquiète car il est marié à Virginia Baciocchi, cousine du prisonnier. Le fils du prisonnier, Anton Francesco, s'alarme. La fille du prisonnier, Bianca, mariée au capitaine Francesco Saverio Rossi, s'enflamme ! Giuseppe Costa, fils de Sebastiano, est prêt à aller découvrir ses cousins corses – il les rencontrera pour la première fois en 1735 après un voyage en Espagne ! Ces cousins sont Lucca d'Ornano (1704-1779), Alfonso et Paolo Francesco d'Ornano, tous deux « cousins au troisième degré » de Sebastiano Costa, et établis en leur maison forte de Santa Maria Sicché. Ces Ornano, à la différence de la branche issue de Sampiero, sont inféodés au camp dévot établi à Venise : Pietro Paolo d'Ornano a été colonel des Corses au service de Venise (1593)[24] ; Gio Francesco d'Ornano, capitaine à Crema en Lombardie (1602) ; Pietro Maria et Domenico d'Ornano, colonels ; Francesco Maria, gouverneur de Vérone ; Alfonso, membre du conseil communal de Crema (1636), colonel (1644) ; il est du reste mort à Candie (1667)[25]. Tous ces Ornano se partagent entre Venise, Crema, Vérone, possession vénitienne, et Ajaccio. Pietro Paolo est l'un de ceux qui participent à l'embellissement de la cathédrale d'Ajaccio après avoir été autorisé par le sénat de Venise à y rapatrier le corps de son fils[26]. Face à l'arrestation de Bozzi, tout ce clan est horrifié. Costa avoue sa « consternation », sa « stupeur ».

1730 : DU SANG ET DES LARMES

De fin décembre 1729 à fin janvier 1730, la première région qui s'enflamme en Corse est la Castagniccia, la région de Giacinto Paoli. Il est vrai que dans les années qui ont précédé un certain Pompiliani, dit « du Rostino » et parfois « du Poggio de Tavagna »[27], officier au service des armées étrangères, avait déjà accoutumé la région à se soulever avant de disparaître assez mystérieusement après l'exécution de son lieutenant Fabio Filangeri. Résultat, le tocsin sonne, les « mécontents de Corse » s'avertissent en allumant des feux sur les sommets, puis se lancent sur les présides génois. Giacinto – sans « naissance », « vilain » à faible ressource –, pourrait faire partie de ce premier « soulèvement ». Plusieurs choses le retiennent : sa culture, sa « lenteur » restée légendaire, et surtout le fait que Dionisia se meurt au même moment, en mettant au

Francesco Bonaparte

Geronima Bonaparte
ép. en 1623
Domenico Colonna de'Bozzi
(-av.1648)

Alfonso Colonna d'Ornano

Bernardino Colonna d'Ornano

Orlando Colonna d'Ornano
établi à Ajaccio (1531), mort entre 1582 et 1591
capitaine au service de la France puis de Gênes
ép. Béatrice Sorba de Gênes

Sebastiano Colonna d'Ornano
teste à Ajaccio en 1611

Brancassio Colonna d'Ornano
capitaine au régiment corse par brevet (1600)
établi à Aubenas
ép. en 1600 à Pont-Saint-Esprit Isabeau de Bernard

Jean-Georges Colonna d'Ornano

Jean-Baptiste Colonna d'Ornano
(mort en Hongrie)
maintenu noble le 9 janv. 1669
par Bezons, intendant du Languedoc
passe au service de l'empereur Léopold

Marcantonio
mort à
Saint-Florent
en 1651

Diego Colonna d'Ornano
(v.1624-)

Laura
(v.1650-)
ép. 1672 à Ajaccio
Gio Battista Baciocchi
(1649-apr.1725)
spettabile, *dottor*

Virginia Baciocchi
(-apr.1729)
ép. Sebastiano Costa
(1682-1737), avocat

Giuseppe Costa

Maria Francesca

Marc'Aurelio Rossi
(-apr. 1713)
ép. en 1689 Maria
Teresa Palma d'Ajaccio

Francesco Saverio Rossi (-av.1770)

Mario
capitaine des gardes
d'Alphonse d'Ornano

Flaminia
ép. en 1629 à Ajaccio
Marcaurelio Rossi
(-av.1644)

Giuseppe Maria

mariés
en
1661

Francesco Maria Colonna de'Bozzi
(v.1680-apr.1729)
capitaine génois

Anton Francesco Colonna de'Bozzi
fait « comte » par
Théodore Ier (1736)

Bianca
épouse

monde Francesca qui avouera quarante ans en 1770 lorsqu'elle sera recensée à Bastia.

Ce débordement de fureur est une sorte de jacquerie mais les « montagnards » révoltés ne sont guère soutenus ! Ajaccio les accueille à coups de canon. À Sartène, quarante familles offrent leur épée à la République. À Saint-Florent, les habitants font feu au côté de la garnison génoise. Mais à Bastia, quatre mille « montagnards », dit-on – chiffre bien énorme –, réussissent à investir les faubourgs les 19 et 20 février 1730. La citadelle ferme ses portes mais le quartier de Terra Vecchia est pillé. Une partie des Bastiais se réfugie dans l'île de Capraja. Ensuite, les montagnards remontent vers le nord, mettent à sac le cap Corse, Brando, Cagnano, et lancent un raid fin février sur Rogliano – l'une des capitales économiques de l'île, lieu de résidence habituel de Gio-Batta Gallo[28]. Mais les Roglianais se barricadent car les révoltés fort impies violent les femmes, dit Rostini qui qualifie cette bande armée de « bandits »[29]. On se défend. À Canari, les habitants s'arment. À Lota, la population se mêle aux Génois pour les aider à maintenir l'ordre. Dans la plaine, une seule piève maritime s'agite : celle de Tavagna. C'est celle dans laquelle résident la plupart des Corses au service des régiments vénitiens, la plupart des Corses parmi les plus dévots : c'est-à-dire « toute la parenté » de don Luigi Giafferi et notamment les Giappiconi « notables du Poggio de Tavagna »[30], tous officiers vénitiens. La « révolution » corse comprend donc deux tendances parallèles : l'une intérieure – les montagnards, bergers, « paysans » pauvres, pour des raisons économiques ; l'autre extérieure – la Tavagna, les officiers au service de Venise, pour des raisons politiques. *Pacificatore* né, Giacinto Paoli, pour l'heure aux côtés d'une épouse à l'agonie, est absent du théâtre des événements en dehors de quelques réunions sur la place de son village ou à l'ombre du couvent franciscain du Rostino où Pascal étudie sans doute ses premiers rudiments : lecture, écriture, calcul. Comme son père, il apprend peut-être à faire des mèches « avec la moelle des joncs »[31].

Le sang ayant coulé dans le Cap sur la crête qui sépare Pietra-Corbara de Cagnano – vingt-sept « montagnards » ont été tués[32] –, Pinelli est immédiatement remplacé par l'ancien gouverneur des années 1708-1710 : Veneroso. Arrivé le 10 avril 1730, il reste à Bastia jusqu'au 28 novembre. L'homme, pourtant, n'est pas aimé car estimé trop riche : « La République a fermé l'embouchure (du Tavignano) et a interdit l'accès (de l'étang de Diana) aux bateaux qui y trouvaient asile ; elle en a fait un lac qui, en hiver, donne une abondante pêche d'huîtres, *fort lucrative pour la maison Veneroso* de Gênes qui en tire trois mille lires[33] », écrit Costa qui prétend être son « ami intime » ! Les hommes comme

Giacinto sont dans l'embarras. Toujours légaliste (novembre 1730), il semble élu Noble Douze pour la deuxième fois de sa carrière[34], mais, à proximité de Morosaglia, à Orezza, un Génois est poignardé. Simone Fabiani, qui est là chez sa femme, déclare à la foule : « Le Prince (Gênes) demande les élections des Douze. La Corse ne veut plus des Douze [...]. Ils ont assassiné la Corse[35]. » L'élection est boycottée. Résultat, lors de la première réunion des Douze, le 10 décembre, Giacinto ne siège pas. Pourtant, Ambroggio Rossi le voit qualifié de « Noble Douze » en train d'aller parlementer avec « les mécontents », au nom de Gênes, alors qu'ils marchent sur Bastia (22-24 décembre). En vain. Le *pacificatore* est débordé. C'est dans ces circonstances qu'a lieu la grande *consulta* (assemblée) de San Pancrazio de Biguglia, le 22 décembre. Les « mécontents » y proclament « généraux de la Nation corse » quatre grands personnages : don Luigi Giafferi, Andrea Ceccaldi, Lucca d'Ornano et Gio-Francesco Lusinchi. En entendant ces noms, le commissaire Doria écrit : « Tous les meilleurs [*tutti i migliori*] ont jeté le masque ! » Le grand chef du moment est Lusinchi qui, à la différence des « montagnards », suit les événements européens comme tout officier : en janvier 1730, François III de Lorraine est allé à Paris ; le 1er février, il y a été reçu par le roi ; le 15 février, il a quitté Paris.

COMPLOT VÉNITIEN AUTOUR DE LA CORSE

Venise est toujours apparue à une partie des Corses comme un refuge face à Gênes. Lorsque Sampiero envisageait d'assassiner Charles Quint à Rome sur le pont Saint-Ange, il projetait déjà de fuir à Venise une fois le coup fait. Il le dit au cardinal du Bellay et Brantôme le répète[36]. Depuis Lépante, les Corses pro-vénitiens constituent en Corse un parti puissant hostile à Gênes. Chaque jour, ce parti véhicule l'idée que Venise est une excellente république et que Gênes est une suzeraine misérable. Montesquieu confirme leurs dires courant 1729 en rentrant d'Italie. Néanmoins, les partisans de Gênes en Corse sont infiniment plus nombreux que ceux de Venise. Costa le regrette au début des années 1730 : le noble Vénitien Pantalone, écrit-il, « se trouvait un jour sous la célèbre Loge des Bancs (à Gênes), au milieu d'un grand nombre de gentilshommes génois rassemblés. L'un d'eux lui demanda quelle pouvait être la différence existant entre les deux républiques, Venise et Gênes [...]. Ce M. Pantalone répondit : [...] "Ma république [Venise] met en œuvre toute sa sagesse et toutes ses ressources pour conserver sa puissance et elle n'y arrive pas. Elle fait tout ce qu'elle peut *pour attirer les Corses et s'en faire aimer et elle n'y arrive pas non plus.* La vôtre [Gênes], tout au contraire, emploie toute sa sagesse et ses ressources à amoindrir, sinon à perdre sa puissance, et elle n'y arrive pas. Elle met toute son application et sa volonté à dresser contre elle les Corses, *à perdre leur affection, à en faire ses ennemis éternels, et elle n'y arrive pas non plus*". » Costa reconnaît par là que les Corses sont majoritairement pro-génois, mais les Vénitiens en Corse sont bien organisés parce que nombre d'officiers corses sont au service de Saint-Marc.

Gio Francesco Lusinchi, né vers 1680 [37], est issu de ces Corses pro-vénitiens. Quoique dévot proche du Roi Catholique, il n'est guère enthousiaste d'apprendre les menées conduites sur la Corse par le capitaine génois Bozzi auprès de Madrid. Ses ancêtres [38] se sont établis dans la partie haute du village de Zicavo à laquelle ils ont donné leur nom : *chè di Lasincu* ou *chè di Losinchi.* En 1612 et 1629, son aïeul [39] fut procurateur de sa communauté. À la fin du XVIIe siècle, Delfino Lusinghi était devenu un homme si puissant à Zicavo que la magnifique Laura de'Bozzi se plaignait de ne plus réussir à percevoir les tailles de ses vassaux de Zicavo car il les percevait à sa place depuis 1681 ! Au début du XVIIIe siècle, les Lusinchi sont si bien assis à Zicavo qu'ils se disent, à tort ou à raison, « originaires de Milan » [40], arrivés en Corse au temps où Galeazzo Maria Sforza, duc de Milan, confirmait les Bozzi dans la possession de leur seigneurie corse s'étendant de Chercho à Pruno, par acte passé à Pavie le 26 mai 1475 [41]. Au XVIIIe siècle les Lusinchi, dont l'un s'appelle toujours « Milanino », passent en tout cas au service de Venise. De 1710 à 1785, dix d'entre eux y servent en qualité d'officiers d'infanterie. Ils y ont eu pour prédécesseurs Domenico de Zicavo, « colonel et provéditeur général de l'armée chrétienne » (1648) ; Domenico Paganelli di Scaglionu, « colonel puis sergent-major de bataille » lors de la chute de Candie ; Domenico Paganelli (v.1670-1744), « sergent général des Vénitiens », mort à Crémone. À Venise, les Lusinchi côtoient dix cousins, sept Paganelli et trois Abbatucci, tous de Zicavo. En outre, la famille – ultra-catholique – compte nombre de prêtres : le RP Giuseppe Anton Lusinchi, le Reverendo Simone Francesco Lusinchi [42], le Reverendo Anton Lusinchi, syndic du couvent franciscain de Zicavo, le prévôt Bucchini, piévan de Zicavo [43], et le RP Michelo Angelo Lusinchi, recteur du séminaire d'Ajaccio. Lusinchi est enfin le cousin germain de Michel Angelo Paganelli, médecin « pourvu d'un solide bon sens, d'une intelligence déliée et d'une science remarquable [44] ». Lieutenant d'infanterie au service de Venise, Lusinchi est en Corse lors des événements de 1730, prétendument en permission comme son cousin Paganelli, officier au service de l'Empereur, alors que Gênes a refusé sa demande de permission au capitaine de'Bozzi à la fin de 1729. Chef énergique, Lusinchi marche sur Ajaccio en août 1730 à la tête de deux mille révoltés et se retrouve nommé lieutenant général des *malcontenti* le 22 décembre. Il attaque alors toutes les places occupées par Gênes entre Ajaccio, Sartène et Bonifacio. Le 18 mars 1731, il s'empare de la seule fontaine de Sartène *extra-muros*, saccage la campagne environnante et obtient la reddition de la place. La prise de Sartène n'est pas seulement une victoire corse : le chef de l'expédition est officier dans les armées de Venise.

Don Luigi Giafferi (Talasani, v.1669-Naples, 1745)[45] est dans le même cas, mais son exemple est plus significatif car Giafferi est bien autre chose qu'un officier d'envergure pour lequel Giacinto Paoli composera un sonnet (1738) au lendemain de la victoire corse de Borgo sur les troupes de Louis XV. Giafferi est un immense chef de parti, le chef du parti inféodé à Venise depuis plus d'un siècle. Le premier Giafferi connu en Corse est son arrière-grand-père Antonio Giafferi de Talasani[46], dit Italiano, surnom qui fait penser qu'il est peut-être vénitien. Mort avant 1615, Antonio est le père de Gian Paolo (v.1554-1647). Tous deux ont été colonels au service de Venise. Ce dernier a eu à son tour cinq fils : trois furent prêtres[47], le quatrième, Francesco[48] (père de don Luigi), officier, surintendant de Tavagna et de Casinca ; et enfin Zannettino, *alfiere* (enseigne) dont on perd la trace en Corse après son testament du 3 juin 1665. Francesco s'est marié à Moriani en 1650, sans doute dans la famille Marchetti. Italiano Giafferi a laissé aussi une nièce, Fidelia, mariée le 13 décembre 1650 à l'*alfiere* Almone Poli de Talasani. Très vite, les Giafferi et les Marchetti, dont les maisons à Talasani sont quasiment face à face, sont devenus ennemis. Les Marchetti sont pro-génois. Les Giafferi, pro-vénitiens. On connaît la suite et la guerre intestine que se livrent les Giafferi et les Marchetti des années 1660 aux années 1799 au moins.

En 1696, don Luigi est devenu capitaine au service de Venise[49] alors que le Masque de Fer s'apprêtait à gagner la Bastille[50] où il sera inhumé en 1703 sous le nom de Marchialy, Marchioly[51], de Marchiel[52], car on a alors l'habitude de franciser tous les patronymes corses ou génois[53]. Marchialy n'est certainement pas l'anagramme de *Hic Amiral* (« C'est l'Amiral »[54] = Beaufort), mais plutôt le capitaine Marchetti, assassin d'un agent vénéto-impérial de la famille Giafferi. En 1730, l'histoire n'a toujours pas été élucidée mais les deux familles continuent de se combattre comme plus tard les Bonaparte et les Pozzo di Borgo. Costa parle d'un « neveu au second degré » de Giafferi[55], le révérend père Emidio ou Ermindo Mirabilio *Marchetti,* chapelain des troupes du préside génois de San Pellegrino qui, comme tous les siens, « n'avait [...]

que Gênes et sa gloire dans son cœur ». Le gouverneur génois Pallavicino le charge d'éliminer Giafferi. Marchetti échoue. Le gouverneur ne pouvant prendre le risque « de voir révéler la noirceur de ses ordres », fait alors assassiner le révérend par un soldat génois : Rotondo de l'Orneto. À noter que ce prêtre, appelé *Marchetti* par Costa, est appelé *Marchelli* par Rostini[56]. Peu après, un mariage tente de mettre fin à la *vendetta* familiale et don Cosmo Poli, issu des Giafferi, reçu docteur en médecine à l'université de Padoue (1737), épouse la fille du capitaine Ambroggio Marchetti de Talasani.

Né au sein de cette grande lignée insulaire inféodée à Venise, Giafferi est un homme cultivé. Il est vraisemblablement l'auteur des *Ragioni che vengono allegate da'popoli di Corsica per la loro sollevazione, 1730,* riposte littéraire aux *Ragguagli* du gouverneur Pinelli. Giafferi est alors à la tête d'un clan qui réunit autour de sa forte personnalité nombre de prêtres, de militaires et d'amis : le vieux docteur Vittini, parrain de Paoli ; le « neveu » du docteur : le capitaine Anton Francesco Giappiconi de Tavagna, *alfiere* au service de Venise au sein d'une compagnie du régiment Boretich ; l'épouse de Giappiconi, petite-fille du docteur de'Battisti établi à Venise. Giafferi est le pivot de ce clan qui jouit de protections telles, à Rome et à Vienne, que même lorsqu'il sera emprisonné par les Génois il sera toujours ménagé par eux, d'autant qu'après la prise de Sartène par Lusinchi Gênes a compris qu'elle n'a pas affaire à une jacquerie mais à un coup d'État militaire orchestré par des officiers soit à la solde de Venise (Lusinchi, Giafferi), soit en passe de devenir colonels espagnols (Bozzi, Ceccaldi).

Andrea Ceccaldi (1692-1741) pour Gênes est moins dangereux. Médecin, troisième général de la nation corse, il n'est que le jeune beau-frère de Giafferi, son aîné de trente ans. En 1715, il a épousé Bastiana Bagnaninchi, jeune sœur de Paola Giacinta mariée en 1701 à Giafferi. Âgé de trente-huit ans en 1730, il n'a ni l'aura ni le prestige de Giafferi. Issu cependant d'une lignée historique, Ceccaldi revendique pour aïeux les princes romains du nom de Colonna. Sa famille, les Ceccaldi de Vescovato, a d'ailleurs donné le célèbre chroniqueur Marc'Antonio Ceccaldi (1521-1561), marié à une sœur de Giacomo Santo Da Mare, seigneur de San Colombano, tué au service de Sampiero. Toutefois, Ceccaldi appartient à la branche des Ceccaldi opposée à celle de Marc'Antonio : si le chroniqueur a combattu en 1554 dans les rangs génois à la bataille du col de Tenda, comme son fils tué près de Biguglia en 1557, Andrea appartient à la branche issue d'un frère du chroniqueur : Gio Paolo, juge arbitre à Vescovato, anti-génois notoire au point que sa maison de Vescovato a été détruite sur ordre de Stefano Doria comme celle de Sampiero à Bastelica. Si le fils de Gio Paolo s'est contenté d'être Père de la commune de Vescovato[57], son petit-fils[58] a eu un fils Pier Giovanni (1648-1699) assassiné à Vescovato avec son propre fils Angelo Santo (1670-1699). Ceccaldi avait donc sept ans lorsque son père et son grand-père ont été victimes de ce double meurtre. Élevé par son oncle[59], Ceccaldi est prêt à poursuivre la lutte engagée par sa famille contre les Génois. Général de la nation corse, Ceccaldi n'a aucun des siens dans les armées de Venise en dehors de son beau-frère Giafferi. En revanche, il est prêt à passer au service de Philippe V qui le recrute peu après comme colonel. Après quoi, il ne donne plus de nouvelles en Corse, même pas à son frère Sebastiano, et meurt prématurément. Le fait que Ceccaldi devienne colonel espagnol, que Bozzi ait été emprisonné à Gênes pour avoir voulu l'être, que Giafferi et Lusinchi soient capitaine et lieutenant vénitiens, prouve bien que les événements de 1729-1731 sont loin d'être une simple révolte de montagnards. C'est d'un complot hispano-vénitien qu'il s'agit, lancé dans l'entourage de la duchesse de Cardone qui a déjà la baronne de Neuhoff pour dame d'honneur !

UN VRAI COMPLOT DÉVOT, HISPANO-VÉNITIEN, THÉOLOGIENS EN TÊTE

Dès le 28 janvier 1731, le commissaire génois en poste en Corse saisit un mémoire adressé au roi d'Espagne[60]. En septembre, Pier Simone Ginestra écrira du reste à Ceccaldi pour lui signaler qu'à Vico, où le colonel de'Franchi a été collecteur des tailles, on s'apprête à hisser le drapeau espagnol ! Gênes est donc bien menacée par un changement de suzeraineté en Corse. Au congrès de Corte du 5 février 1731, les « mécontents » reconnaissent qu'il faut édicter des peines contre ceux qui envahissent les biens d'autrui, allusion au sac de Bastia, mais certains proposent de changer de Prince (*cambiar Principe*)[61]. Pofitant de la trêve conclue entre « rebelles » et Génois (23 décembre 1730-30 mai 1731), avec suspension de l'assaut projeté contre Bastia, le major de la place, Francesco Maria de'Gentile, Cap-Corsin issu des anciens feudataires de Brando, rencontre le 18 février, à la demande de Gênes, Giafferi et Ceccaldi au fort génois de San Pellegrino[62]. Le 8 avril, les « mécontents » réunis chez Ceccaldi à Vescovato établissent une liste des requêtes adressées à Gênes. Le 23, l'évêque de Mariana rencontre Giafferi et Ceccaldi à Vescovato mais le sénat de Gênes a déjà dépêché à Vienne le 20 avril le marquis Pallavicini afin de solliciter l'aide de l'Empereur moyennant cinq millions de florins. Le 24, Campredon, diplomate français, écrit au comte de Maurepas, ministre de Louis XV, que les Corses forment une « féroce nation »[63]. Le 10 mai, Pallavicini est reçu par l'Empereur. La situation est grave car vingt théologiens corses – dix séculiers[64] et dix réguliers[65] – viennent de se réunir à Orezza autour du chanoine Teramo Orticoni de Santa Reparata di Balagna. Le 4 mars, ils ont discuté de la légitimité de la guerre contre Gênes. Cela fait penser aux conférences organisées en Espagne au temps de Charles Quint pour savoir s'il était ou non légitime de faire la guerre aux Indiens. Cette conférence prouve qu'Orticoni sait qu'en Espagne ce genre de débat existe, et pour cause : il vient d'y passer deux ans et y a rencontré Neuhoff et son épouse ! Ce congrès prouve aussi l'inculture de Rousseau qui écrira un jour : « Où sont les princes qui s'avisent d'assembler des théologiens pour consulter si ce qu'ils veulent entreprendre est légitime[66] ? » Ces princes étaient à Valladolid où la pratique s'avérait courante. Ce congrès réunit parmi ses membres le RP Astolfi, piévan de Murato. Est-ce l'ancien curé de Morosaglia qui a offert l'un des panneaux de bois du chemin de croix de l'église paroissiale Santa Reparata en même temps que Giacinto Paoli ? Peut-être. Y participe aussi le RP Carlo de Rostino, mineur observatin. Ce fils d'un simple artisan de Morosaglia – *maestro* Domenico – est né en 1702. *Canonico* d'Aléria, il a fait toutes ses études à Gênes au collège Del Bene et il est sur le point de passer à Rome son doctorat en théologie et en droit canon qu'il obtiendra en 1737. C'est dire que Giacinto Paoli a pu être tenu au courant de près des décisions prises par le congrès, lequel aboutit d'ailleurs à des conclusions aussi modérées que celles généralement soutenues par lui. F. Ettori a donné la traduction des questions posées aux théologiens et leurs réponses[67] : 1) « Le gouvernement génois peut-il être qualifié de tyrannique ? » Seule la tyrannie du Prince légitime en effet la révolte dans la tradition thomiste. Or les théologiens répondent : « Il faut traiter *amicalement* avec le Prince, c'est le moyen de remédier aux abus. » 2) « Dans le cas où ce gouvernement serait déclaré tyrannique, serait-il licite et juste d'employer contre lui les armes défensives et offensives si besoin était ? » Réponse : « Nous devons attendre les décisions du Prince *avec patience* s'il le faut. » 3) « Peut-on espérer que le gouvernement génois puisse devenir juste et utile pour le royaume ? » Réponse : « On doit l'espérer. » 4) « Convient-il que les ecclésiastiques s'unissent à la *consulta* pour demander au nom de la Corse la satisfaction des requêtes déjà faites ou à faire ? » Réponse : « Oui, mais *avec la plus grande humilité*. » 5) « À supposer que le gouvernement génois accorde les requêtes et promette de respecter les concessions, est-il prudent de se fier à ces promesses ? » Réponse : « La nation doit rester armée de peur de quelque surprise. » 6) « Et si on ne peut espérer des Génois qu'ils respectent les concessions octroyées, est-il licite et juste d'établir un nouveau *système* de gouvernement ? » Réponse : « La nation doit rester unie. » 7) « Est-il permis de se dédommager des pertes subies par le fait des Génois ? » Réponse : « Il ne faut jamais *manquer de respect* au Prince. » 8) « Quel est l'avis de l'assemblée sur le *quid agendum hic et nunc* ? » Réponse : « Si la république s'obstine à rejeter les requêtes, il faut soutenir la guerre, et à plus forte raison si elle vient à force ouverte opprimer les peuples. »

Prudent, veuf, en charge de deux fils et de deux filles, âgé d'un peu plus de cinquante ans mais se disant physiquement peu apte au combat, Giacinto Paoli attend car il est conscient de trois choses : 1) de l'attachement passif de la majorité des Corses à Gênes comme le déplore Costa ; 2) de l'impossibilité pour les Corses de se rendre militairement maîtres des présides, fortifiés ; 3) du manque de moyens, les insulaires n'ayant ni artillerie lourde pour percer les murailles, ni poudre en quantité suffisante. Mais Giacinto évolue. À partir du moment où des militaires vénitiens, rompus à la guerre continentale sur des théâtres européens, comme jadis Sampiero colonel français, se lancent dans un combat antigénois, les « montagnards » pourraient profiter de ces militaires pour obtenir d'eux poudre, balles, fusils et canons. Les premiers fourniraient les troupes : corses ; les seconds : les armes : continentales. En s'alliant, les deux minorités pourraient peut-être faire jeu égal contre Gênes. D'autre part, Giacinto semble avoir un premier contact avec des marins « anglais » (en réalité irlandais ou écossais) dès le printemps 1731. L'abbé Galletti, après avoir relaté des événements du 29 mars 1731, écrit que « parut (un beau jour), dans l'embouchure du Golo, un navire anglais qui portait aux Corses cinquante-cinq quintaux de poudre et une grande quantité de plomb », alors que Giacinto se plaint de manquer de poudre et de munitions. Galletti ajoute : « La conduite du capitaine qui ne voulut rien accepter des Corses *resta un mystère pour le moment,* mais les Génois, qui remuaient ciel et terre pour savoir de quelle nation venaient ces secours, furent assurés que *de généreux Anglais* faisaient une offrande à un peuple qui s'efforçait de briser ses chaînes pour conquérir sa liberté. Le gouvernement génois fit alors des démarches [...] près de George II. Ce souverain défendit par une ordonnance, à tous ses sujets, de prêter secours aux rebelles corses[68]. » Visiblement, ces secours n'émanent pas de George II (1683-1760), roi de Grande-Bretagne et d'Irlande depuis 1727. Il est permis en revanche d'émettre l'hypothèse qu'ils viennent « mystérieusement » de la maçonnerie écossaise. À la fin de sa vie, nous y reviendrons, Pascal Paoli parlera en effet des « engagements » pris par son père et qu'il a voulu respecter tout au long de son existence. D'autre part, l'abbé Galletti, qui ne cite certes pas sa source, est un historien remarquablement informé : né en 1784, fils d'un notable de Lucciana qui devint maire (né vers 1750), il est le petit-neveu de Simon Galletti (né vers 1720), qui s'illustra à la prise de Capraja en 1767 et fut contemporain de nombre d'événements ; or l'abbé a bien connu son grand-oncle mort quasi nonagénaire vers 1810. Ce qui est certain, car la chronologie de l'abbé Galletti est toujours scrupuleusement respectée, c'est que cette livraison d'armes d'outre-Manche est postérieure au 29 mars 1731 et antérieure à la bulle pontificale *Paterna charitate movemur* datée, elle, de juin.

La Corse : base navale de toute l'Europe

Depuis la montée sur le trône ducal de François III de Lorraine, la Corse est convoitée aussi bien par la France, qui envisage de donner l'île à François III en échange de son duché, que par l'Empereur qui voudrait bien la donner à François III en échange du Milanais, et par Philippe V et Élisabeth Farnèse qui ont des fils à établir. Seul l'aîné du premier lit pouvant régner à Madrid, Élisabeth louche sur tout trône susceptible de devenir vacant. Or, le 20 janvier 1731, elle perd son oncle Antoine Farnèse, duc de Parme et de Plaisance. Conformément à différents traités, ce trône doit revenir à don Carlos, fils d'Élisabeth et de Philippe. Par là, les Bourbons d'Espagne ont l'intention de reprendre pied dans la péninsule italienne. Par conséquent, la Corse s'avère pour l'Espagne un enjeu. Giafferi et Ceccaldi le savent et Orticoni, rentré de Madrid vers décembre 1730 après un séjour de deux ans[69], est envoyé par eux à Rome le 2 mai 1731 alors qu'un nouveau libelle est publié à Gênes : *Ragguagli degl'ultimi tumulti seguiti nell'isola di Corsica sino al presente,* sous le pseudonyme de Caporale Orazio Buttafuoco[70] qui cache, semble-t-il, le nom de Pier Simone Ginestra. Orticoni s'embarque le 18 pour Livourne, multiplie les contacts avec la curie romaine au point que le seul portrait existant du général Gio Francesco Lusinchi se trouve aujourd'hui aux Archives du Vatican sous le nom d'Antonio Francesco Losinchi *Corso*, curieux amalgame entre le nom du général et le prénom d'Antonio Francesco Colonna de'Bozzi, fils du capitaine emprisonné. Le 30, en Corse, la trêve est rompue. À Rome, Orticoni offre la suzeraineté de l'île au pape[71]. Clément XII refuse mais adresse au doge un bref *Paterna charitate movemur*, et un autre bref du 19 juin (*Inter gravissima dissidia*) invite les insurgés à obéir à la Sérénissime. Le 6 juillet, Giafferi arrivé à Livourne tente de passer des armes en Corse sur un bateau battant un faux pavillon français[72], d'où incident diplomatique une fois le navire intercepté par les Génois. Au même moment, Orticoni rencontre à Pise l'archevêque primat de Corse, puis à Florence le grand-duc Jean-Gaston de Médicis. Le 10 juillet, à la *consulta* de Santa Maria d'Ornano, Lusinchi s'impose. Un témoin écrit : « Nous trouvâmes le lieutenant (vénitien) Lusinchi avec le titre que l'on sait (lieutenant général des *malcontenti),* escorté de laïcs et d'ecclésiastiques, tant séculiers que réguliers, ces derniers en grand nombre. Peu après l'*Ave Maria,* les cloches sonnèrent pour l'arrivée du personnage auquel fut réservée une des meilleures chambres avec toutes les commodités désirables [...]. Il se tint ensuite une grande *consulta* en présence d'ecclésiastiques [...]. Il y fut résolu que Ceccaldi (Andrea) serait le généralissime du Royaume ; Lusinchi le général pour ce côté-ci des monts, sous l'autorité de Ceccaldi [...] que tous devaient promettre obéissance et fidélité aux généraux et combattre pour la liberté du Royaume, au prix de leur vie et de leur sang. » Le curé de Canale – où vivaient des Colonna de'Bozzi – invita Lusinchi à prêter serment de fidélité devant un crucifix qu'il lui présenta, et Lusinchi, se tournant vers le peuple, dit à haute voix : « Je promets et jure sur ce crucifix d'exercer rigoureusement la justice, même, s'il le faut, contre mes propres fils, d'être fidèle à ma patrie, de la défendre aux dépens de ma fortune, de ma vie, de mon sang », et après avoir baisé le crucifix, il regagna sa place. Nommé « commissaire général et surintendant de l'au-delà des monts », Lusinchi apparut à Gênes comme un danger considérable en raison de son sens stratégique attesté par la chute de Sartène.

Le 15 juillet, le curé Balisoni d'Olmeto, docteur en théologie, harangue la foule – à Ornano – et nous donne une information capitale car il déclare qu'il ne s'agit pas d'une *guerra di ribellione* mais d'une *guerra di religione*[73]. D'une guerre de religion, pourquoi ? Parce que la guerre de Quarante Ans qui commence lui apparaît sans doute – sans qu'il le dise d'une manière aussi nette – comme opposant deux camps : d'un côté les ultra-catholiques, officiers vénitiens (Lusinchi, Giafferi), officiers du Roi Catholique (Ceccaldi), chanoines (Orticoni), Corses inféodés à Venise, Rome et Madrid, et, de l'autre côté les « impies », c'est-à-dire les « montagnards » auteurs des viols de 1729, les paolistes, peut-être les Ornano, cousins des Brancas de Forcalquier, les maçons qui commencent à apparaître (Montesquieu, maçon depuis 1730, ami de ces mêmes Brancas de Forcalquier, François III de Lorraine, maçon depuis 1731, Chesterfield, ami de Montesquieu et de François III, maçon depuis 1721), francs-maçons dont Balisoni ignore sans doute s'ils sont jacobites ou hanovriens, catholiques ou non, mais qui viennent d'envoyer – pour la première fois –, sur un navire britannique, « cinquante-cinq quintaux de poudre et une grande quantité de plomb ». Mais tous ceux qui écoutent le RP Balisoni ne sont pas à même de comprendre. L'abbé Galletti lui-même écrit : ce secours « resta *un mystère* pour le moment ». Et un Corse de Sartène qui relate à Gênes la harangue de Balisoni commet un contresens complet et croit que cela signifie que les Génois seront excommuniés[74] ! Absolument pas, Balisoni, prêtre, est bien informé de ce qui se passe à la curie romaine qui condamnera la franc-maçonnerie quelques années plus tard, d'où sa formule : ce n'est pas une guerre « de rébellion », mais une guerre « de religion » ! Il est d'autre part indispensable d'insister sur le fait qu'il harangue la foule à Ornano, c'est-à-dire dans le fief qui appartint jadis à Vannina, femme de Sampiero, allié des Turcs, des luthériens et des vaudois. Or arrivent à ce moment-là en Corse des troupes allemandes, souvent luthériennes, à la demande de Gênes. La situation est donc explosive car les officiers de ces troupes vont-ils faire le jeu de la Sérénissime, ou pousser un des leurs, un Allemand, sur le trône de Corse ? Pourquoi pas le baron de Neuhoff ?

Les Allemands en Corse

En août 1731, une escadre espagnole entre dans le port de Livourne, ce qui incite Gênes à temporiser même si le doge a répondu au pape le 11 juillet que les affaires de Gênes en Corse ne sont point du ressort du Saint-Père. Le 4 août, la République accorde une amnistie générale aux Corses révoltés qui voudront bien déposer les armes sous quinze jours. Ce pardon est signé par « Camillo Doria, Francesco Mari, commandants en chef génois au nom de la République, et [par] le colonel Wachtendonck, chef suprême des troupes auxiliaires ». Sont exclus de l'amnistie vingt-huit villages dont Zicavo et Bastelica. Sont mises à prix les têtes de plusieurs insulaires : Giafferi, Ceccaldi, Lusinchi, Lucca d'Ornano, Pier Simone Ginestra, Carlo Francesco Alessandrini de Canari, Simone Fabiani, Gio Tomaso Giuliano de Muro (1689-1756), arrivé de Rome, docteur en mathématiques, physique et médecine. Les troupes impériales promises à Gênes par Charles VI débarquent en Corse du 9 au 12 août, aux ordres du colonel baron César de Wachtendonck secondé par Waldenstein. Il a sous ses ordres quatre mille hommes, dont le colonel Vinces, plus douze compagnies de Suisses-Grisons et vétérans allemands. (Marchetti aussi, en 1669, était capitaine d'une compagnie suisse).

Quoique aidé de Lucca d'Ornano, parent de Mme Sebastiano Costa, du chanoine Paganelli, de Simone-Francesco Lusinchi, de Fabio Lusinchi et de Gio-Carlo Lusinchi[75], Gio Francesco Lusinchi craint pour sa tête mise à prix : deux mille écus mort, deux mille cinq cents vivant. Gênes augmente la pression sur lui par le biais de son cousin Paganelli « major titulaire des troupes de l'Empereur, qui se trouvait alors chez lui dans le pays ». Le 27 décembre, Gênes s'alarme : l'escadre espagnole est à nouveau dans le port de Livourne. Don Carlos y débarque pour aller s'installer chez sa grand-mère, duchesse douairière de Parme. Grâce aux quinze mille Impériaux débarqués, les Génois reprennent Saint-Florent aux « insurgés » qui y avaient hissé la bannière espagnole. Mais, le 2 février 1732, Vinces est battu à Calenzana et laisse une foule de morts sur le terrain, qu'on inhume dans le Campo Santo de Tedeschi. Le 3, Ceccaldi bat les Génois. Le 4, Giafferi bat Wachtendonck. En mars arrive dans l'île un nouveau gouverneur, en poste jusqu'au début de l'été 1733. Arrive aussi le prince Louis de Wurtemberg qui débarque avec cinq ou six mille soldats allemands le 7 avril 1732. Wurtemberg proclame dès son arrivée une amnistie générale, mais pour quelques jours seulement. Renouvelée le 16 avril, elle est suivie d'une invitation à se soumettre, faute de quoi les têtes mises à prix risquent de rouler. L'Europe découvre alors l'ampleur de « l'affaire » corse alors que l'île, selon l'*Historie van Corsica* de 1732, attribuée à H. Kaltenbach, était jusqu'alors « aussi inconnue que la Californie ou le Japon »[76].

Giacinto Paoli, un veuf discret

Jusque-là, Giacinto Paoli est demeuré un quinquagénaire en apparence discret. Nul de sa famille n'est jamais sorti de Corse avant ses années de collège à Gênes et en dehors des quelques années d'étude de son oncle le RP Clemente Paoli. Homme de loi, latiniste et poète, veuf chargé de quatre enfants, il est plutôt prêt, comme la majorité des Corses, à respecter les institutions génoises ; et si la République promettait de l'honorer en lui confiant quelque charge, il s'estimerait satisfait. Homme de cabinet, juriste, il est très différent de tous ces officiers engagés dans les armées européennes : le capitaine Giafferi, fils, petit-fils, arrière-petit-fils de colonels vénitiens ; le colonel Ceccaldi son beau-frère ; le lieutenant Lusinchi. Il n'a absolument rien à voir avec tous ces notables, bien plus riches que lui, connus depuis des générations à Talasani, à Vescovato, à la Padulella, tous mieux « nés » que lui, qui ont donné d'illustres chroniqueurs, des officiers supérieurs, des comtes louis-quatorziens, des « magnifiques » génois. Le fils du meunier n'a rien à voir avec toutes ces grandes puissances qui convoitent « son » île et qui ont accueilli les pères, grands-pères et bisaïeux de tous ces hommes qui gravitent autour de lui, tels les Giappiconi, et que le vieux docteur Vittini soutient par amitié pour le docteur de'Battisti, son ancien condisciple peut-être, grand-père de Mme Giappiconi. Pour Giacinto, l'Ajaccien Sebastiano Costa qui a un cabinet d'affaires opulent à Gênes n'est ni un ami, ni même une connaissance. Le capitaine de'Bozzi, seigneur feudataire emprisonné pour félonie à Gênes, ne l'est pas davantage. Le docteur Ceccaldi de Vescovato, le grand Giafferi de Talasani sont plus des noms qu'autre chose. Giacinto est plus proche de l'abbé Carlo Francesco Raffali d'Orezza, voire du *nobile* Simone Fabiani marié à Orezza à une Raffali. Ses amis sont Castineta et son oncle Giannoni de Salicetto. Tous les autres, proches de Venise ou de Madrid, ne sont ni de son milieu, ni de sa piève. Les Giappiconi vivent en Tavagna ; les Lusinchi, les Paganelli, les Abbatucci à Zicavo ; les de'Battisti à Moriani. Quel lien pourrait bien exister entre le fils du meunier et ces Colonna d'Ornano passés au service de l'Empereur et devenus comtes palatins ? La mère de Mme Sebastiano Costa a même un cousin issu de germains qui a trouvé la mort en Hongrie : Jean-Baptiste Colonna d'Ornano, passé au service de l'Empereur. Il n'est même pas sûr que Giacinto ait su où était la Hongrie puisque en 1914 encore plusieurs montagnards corses ignoraient où était cette malheureuse Alsace pour laquelle ils acceptèrent de mourir.

Giacinto Paoli n'occupe pas du tout le devant de la scène. D'abord, tous ces hommes sont trop dévots, trop inféodés à Venise, au pape, au roi catholique. Tous se perçoivent comme des combattants, les défenseurs de la Méditerranée chrétienne qu'il faut garder de la pression ottomane, lors du siège de Malte, de la bataille de Lépante ou de la guerre de Candie. Combattre le Turc n'est pas la préoccupation majeure du Rostino. Ce n'est pas d'ailleurs uniquement dû à un simple facteur géographique. Domenico Baldacci (v. 1705-apr. 1746) quitte après tout Corte pour prendre part à la guerre contre les Ottomans en 1735-1739. Non, c'est une question d'engagement religieux. Giacinto n'appartient pas à ce monde que son fils Pascal qualifiera de « fanatique ». Aucun membre de sa famille n'a servi au sein des armées vénitiennes, espagnoles ou pontificales. Aucun n'a jamais porté ses pas à Lépante, à Candie ou à Belgrade. Pas une femme de la lignée n'a voulu appeler un fils Santo, Giacomo Santo, Angelo Santo ou Gio Batta. On croit, certes, mais on est surtout superstitieux au point de ne pas avouer à Pascal qu'il est né un vendredi. Bref, jusqu'en 1731, Giacinto, toujours modéré, a surtout « voulu avoir l'honneur d'apaiser les Corses », comme l'écrit Costa. *Pacificatore* il était, *pacificatore* il reste, et sa grande tolérance l'incite visiblement à être proche des Britanniques, d'où ce mystérieux secours du printemps 1731.

Gênes, de son côté, ne regarde ni Giacinto ni la grande majorité des Corses comme ces quelques chefs de lignage, fers de lance de la diaspora qui cherchent régulièrement à soulever les villageois de leur entourage afin d'en faire, non des hommes heureux, mais des « partisans » : de Venise, de Rome, de Madrid, de Florence, de Vienne, de Lunéville. C'est en raison de leurs agissements européens que Gênes considère ces Corses comme des « rebelles », parce qu'ils sont effectivement coupables du crime de lèse-majesté : parce qu'ils se soulèvent contre Gênes mais surtout parce qu'ils veulent donner l'île à une autre puissance, et cela, la République ne peut le supporter, surtout quand ces « rebelles » touchent une solde de Gênes en qualité d'officiers génois, ce qui est le cas du capitaine de'Bozzi et du major de'Gentile, commandant de la place de Bastia, né corse, mais officier génois décapité à Gênes ; dans les mêmes circonstances, Gentile aurait été décapité par n'importe quel suzerain, comme le furent Cinq-Mars ou Chalais dans la France de Richelieu. Il y a donc lieu – et il est impératif de le dire – de ne pas confondre un Giafferi avec Giacinto Paoli, les Bozzi avec les Giannoni oncle et cousins germains de Giacinto, les Giappiconi avec Castineta ami de Giacinto. Au sein de ceux que l'historiographie appelle les « nationaux », seuls Giacinto puis Pascal font l'admiration des philosophes car ce sont eux qui posent prématurément la Corse en nation consciente d'elle-même : ils ne considèrent pas la Grande-Bretagne comme un nouveau « suzerain » de Corse potentiel, mais comme un modèle politique, quasi parlementaire. C'est par abus de langage que certains ouvrages attribuent le même label à un Sebastiano Costa – qui fait pratiquer la torture contre les marins cap-corsins : mèches enflammées sous les ongles, pour les empêcher de ravitailler Bastia – ou à un Gentile, qui sont non des « nationaux » mais des comploteurs qui visent à faire passer l'île sous d'autres suzerainetés afin d'améliorer leurs situations personnelles. Par conséquent, seul le projet des Paoli s'inscrit dans la philosophie des Lumières. Beaucoup de leurs contemporains ne sont donc pas des « nationaux », des « patriotes », mais effectivement des « rebelles » qui visent à conserver la Corse en état de « vassalité » pour reprendre le terme utilisé par Costa, mais sous une suzeraineté autre que génoise. Il y a là des termes à employer avec précaution et Gênes elle-même ne regardait pas Marengo et Gentile, décapités en 1746, comme les Paoli morts octogénaires dans leurs lits. La France ne regardera pas non plus Paoli comme le fils Giafferi (fusillé en 1798) et Giappiconi (condamné à mort). Il y a bien lieu de distinguer ce qui est du ressort de la pensée et ce qui est de celui de l'action. Il y a bien lieu de distinguer ce qu'est la philosophie éclairée de ce qu'est le coup d'État militaire.

Giacinto, né de la plèbe, n'est ni le capitaine de'Bozzi, ni le major de'Gentile, tous deux gentilshommes, officiers et feudataires. Il n'est pas Giafferi non plus. Question de naissance, de milieu, d'origines. Question d'époque aussi. Pour Giafferi, homme du XVIIe siècle, la lutte insulaire ne peut que s'inscrire dans le cadre d'un changement de suzerain, parce qu'il est capitaine vénitien, dévot et sexagénaire. Intellectuellement, il n'est plus à même de s'adapter à l'esprit philosophique du temps. Il meurt trois ans avant la publication de l'*Esprit des lois*. Il n'en n'est pas de même de Giacinto, un peu plus jeune et qui survivra huit ans à Montesquieu. Cela dit, il y bien lieu de veiller à ne pas mettre sous les mêmes vocables de « nationaux » et « patriotes » des hommes qui n'ont pas le même projet : seuls Giacinto puis Pascal vont développer le principe du « droit des peuples à disposer d'eux-mêmes », d'où d'ailleurs les conflits internes qui vont surgir entre Giacinto et Giafferi, tout simplement parce que Giacinto a des idées à défendre mais que c'est Giafferi qui peut se procurer des armes à Venise et dans les colonies vénitiennes. À partir du moment où il faut mourir pour ses idées, il est évident que le philosophe se transforme en guerrier et que même son fils Clemente passe à la postérité sous le double épithète de « moine-soldat ».

Giacinto, qui n'a jamais eu un seul membre de sa famille au service de l'étranger, est éloigné d'un Giafferi de par la « naissance », de par la culture, plus « antique » sans doute et moins « universelle » peut-être, de par son ignorance de ce qu'est l'étranger en dehors de son collège génois. L'amitié qui le lie au docteur Vittini le rapproche néanmoins des militaires étrangers dont il se méfie pourtant. Mais se fait entendre rapidement tout autour de lui, surtout après son veuvage, le chant des sirènes. De plusieurs prêtres, notamment. Parmi eux, le RP Gio Aitelli, piévan de Borgo mais natif de Morosaglia. Et Giacinto connaît bien les Aitelli puisqu'il a fait office de juge de paix, pourrait-on dire, avec Ignazio Aitelli en début de carrière. Lui-même petit-fils d'Ignazio Paoli, il en était d'ailleurs peut-être le cousin. Certes, il lui manque la « naissance », mais tout le monde arrange alors ses origines à la fois pour impressionner ses adversaires et pour séduire ses amis. Les Lusinchi se disent venus de Milan. Ils se diront bientôt venus de Pologne et parents de Stanislas ! Les Ceccaldi se disent issus des princes romains Colonna et portent le nom pompeux de Colonna-Ceccaldi. Les Marchetti se prétendent arrivés de Pistoie en 1539. Les Ornano se disent Colonna d'Ornano, issus des princes Colonna. Quant aux Giafferi, ils se disent sortis d'Italiano Giafferi, venu peut-être de Venise, mais revendiquent parfois d'aristocratiques origines sarrasines, Giafferi pouvant venir de *djiaffer*[77], d'où, qui sait, le nom de *Marchialy* (le « marquis Ali ») donné par dérision au malheureux prisonnier de la Bastille. S'il suffit de créer une tradition orale pour avoir des ancêtres bien nés et des armoiries timbrées, les Paoli de Morosaglia auraient eu tort de s'en priver.

Des armoiries faussement problématques

Sur la façade de la maison de Morosaglia, des armoiries sont venues orner le fronton au-dessus de la porte d'entrée, comme d'autres décorent la façade ajaccienne de la maison Bonaparte depuis 1753. On a vu dans ces armoiries le chevron renversé des Paoli toscans, posé sur deux palmes enlacées et timbré d'une couronne de laurier. Les Paoli toscans portent en effet « d'azur au chevron d'argent », c'est-à-dire un triangle d'argent, pointe en bas, sur fond bleu. Ces armoiries prouvent, non la noble extraction des Paoli, mais au contraire que les Paoli, comme nombre de leurs compatriotes, sont en quête d'illustration pour tenter d'en imposer à leurs contemporains, tels les Matra ou les Cottoni, fort méprisants pour les Paoli et autres « vilains ». À pareille époque, les Bonaparte – petits notables eux aussi (avocat, archidiacre), mais plus riches et citadins (Ajaccio n'est pas La Stretta) – se prétendent issus des Bonaparte de San Miniato[78] ; les Rivarola d'un comte palatin[79] ; les Lusinchi des Leczinski polonais[80] ! Chaque famille qui veut compter se met à véhiculer de pseudo-traditions, toujours orales et rarement fondées au plan archivistique.

En fait d'armoiries, il s'agit de celles de Pascal ou de Giacinto : « d'azur[81] au dextrochère [bras droit] d'argent armé, mouvant du flanc senestre et tenant une épée d'argent en pal, la garde d'or posée en barre ». Armoiries timbrées d'une couronne représentant « une feuille d'ache de face, deux de profil »[82], avec pour devise : *Cuore in Fronte, Strada Dritta.* Or il n'y a pas de grande différence graphique entre un chevron renversé – celui des Paoli toscans – et un bras droit composé de deux parties, bras et avant-bras, reliées par une articulation, le coude, qui, à la base de l'écu, forme la pointe d'un triangle. Le chevron des Paoli toscans, le dextrochère de Paoli, comme le triangle maçonnique qui serait représenté, dit-on, sur la façade de la demeure, ont tous trois une représentation quasi identique ! Seule l'affiliation de Paoli à la maçonnerie a fait naître des interprétations abusives, surtout lorsque le dextrochère tient dans son poing une épée qui, du poing qui la tient va jusqu'à l'épaule, et ferme par conséquent parfaitement le triangle.

Comme les Bonaparte, les Paoli véhiculent leur légende. Par leurs compatriotes les Colonna de'Bozzi sans doute, ils ont appris qu'il y avait des Paoli en Ombrie, car existe une famille Bozzi à Gubbio[83]. À partir de ce moment-là, les Paoli prétendent que leur ancêtre serait un riche négociant de Gubbio venu établir un comptoir en Corse au XIIIe siècle ! En réalité, il n'y a aucun lien entre ces lainiers médiévaux et les Paoli de Morosaglia. Néanmoins, adulte, Paoli voulant accréditer cette thèse, entretint une correspondance assidue avec Lorenzo et Francesco Paoli de Gubbio, allant jusqu'à envisager d'adopter un de leurs fils[84]. Cela ne doit pas faire sourire : tout notable a l'habitude, aux XVIIe et XVIIIe siècles, et pas seulement en Corse, de vouloir « s'ensoucher » – comme le disait Saint-Simon – à une famille homonyme perçue comme de meilleure extraction. En Corse, les Cipriani d'Ortinola de Centuri se disent issus de Florentins cités par Dante[85] ; les Porrata de Morsiglia, de patriciens de Voltri[86] ; les Vivaldi de Rogliano, du gouverneur génois qui a lutté contre Sampiero[87] ; les Franceschi de Merlacce, d'un croisé florentin[88]. Leurs voisins Mattei créèrent même un faux aïeul Merlaccino venu de Rome au Moyen Âge pour créer ce hameau centurais[89] ! Déjà La Bruyère écrivait : « Si certains morts revenaient au monde, et s'ils voyaient *leurs grands noms portés* et leurs terres les mieux titrées, avec leurs châteaux et leurs maisons antiques, possédées par des gens dont les pères étaient peut-être leurs métayers, quelle opinion pourraient-ils avoir de notre siècle ? » Les Paoli, comme nombre de contemporains, feignent de croire que l'homonymie implique la parenté. Partant de là, Pasquale se lie d'amitié avec les Paoli de Gubbio[90]. La Toscane et l'Ombrie ne sont pas du reste les seuls pôles continentaux qui attirent Paoli. Le choix du « dextrochère d'argent poigné d'or » ne semble pas être le seul fruit du hasard. Est-ce le symbole de la justice paoline comme on l'a parfois cru ? Ce n'est pas certain, car on retrouve ce bras levé et armé dans l'écu des Paul de Corinthie, des Paulewicz d'Autriche, des Pauli et Pauli von Paul de Bavière. D'autre part, sur les médailles du roi Théodore, on voit déjà le souverain tenant une épée de sa main droite terrassant le dragon. On voit pareillement ce bras levé tendant une épée parmi les symboles maçonniques de la loge de la Parfaite Union créée à Bastia le 22 mars 1774, avec au-dessus le triangle et le compas. Plus que la justice paoline, cette épée symbolise le combat, car la justice est plutôt représentée en Corse sous la forme d'une balance au fléau triangulaire. Quand ces armoiries sont-elles apparues sur la façade de la maison de Giacinto ? En 1736 sans doute, lorsque le roi Théodore le fit marquis. Peut-être même dès les années 1729-1730, lorsqu'il semble revendiquer le statut de « caporal » qui était celui des ancêtres de Dionisia. Quelque part, Giacinto fait songer à Charles Bonaparte. Juriste comme lui, il est un représentant de cette petite bourgeoisie, rurale et modeste pour les Paoli, urbaine et plus aisée pour les Bonaparte, qui, cherchant à s'élever, prépare le terrain à ses fils. Il en était déjà ainsi du temps du père, du grand-père et du bisaïeul de Sampiero. Pour l'instant, ce qui est certain, c'est que l'épée dressée qui apparaît, peinte ou gravée, sur cet écu flambant neuf est bel et bien le reflet du combat que Giacinto commence à livrer et qui le conduit directement en prison, lui, l'ancien Noble Douze !

Un père emprisonné (1732)

Jusqu'en 1732, le principal « rebelle » du Rostino avait été un certain Pompiliani, « officier au sein des armées étrangères » selon Pommereul, tué fin 1730 en s'emparant des hauteurs de Bastia (quatre couvents et le fort de Monserrato), et le RP Carlo de Rostino, un des théologiens de la conférence d'Orezza. Lors du pardon du 4 août 1731, Giacinto Paoli, « au lieu de venir aux pourparlers (avec les Génois) les armes à la main, conseilla aux Corses de rendre les armes avec le fol espoir de trouver auprès du prince de Wurtemberg[91] les faveurs de la Fortune. Il s'attendait à être comblé d'honneurs et à voir sa personne mise en tout son lustre », ironise Costa. Mais face à ce simple *pacificatore* se dresse le gouverneur génois de Bastia et, entre eux, l'état-major allemand des troupes débarquées : les princes de Wurtemberg, de Culmbach, de Waldeck, le baron de Wachtendung, les généraux Schmettaw et Lowendahl, les comtes de Ligneville et de Lowenstein ; ce dernier, Maximilien-Charles-Antoine, comte de Lowenstein, né en 1681, est un homme essentiel pour l'histoire paoline, car neveu de la marquise de Dangeau et proche de Neuhoff. Il est en effet le fils du frère de la marquise, Maximilien-Charles, prince de Lowenstein (1656-1718), conseiller d'État et chambellan de l'Empereur, fort impliqué dans les « affaires d'Italie » en sa qualité de gouverneur du Milanais. En 1718, lui a succédé à Milan le comte Daun, et c'est lui, nouveau gouverneur de Milan, qui expédie des renforts à Wachtendonck. Ces Allemands s'intéressent d'autant plus à la Corse que celui qui règne en Sardaigne depuis 1730 n'est autre que Charles-Emmanuel-Victor de Savoie, prince de Piémont, devenu Charles-Emmanuel III, duc de Savoie et roi de Sardaigne, lequel a successivement épousé en 1722, puis en 1724 (étant resté veuf en

1723), deux petites-nièces de la marquise de Dangeau, toutes deux petites-filles de sa sœur née Lowenstein ! C'est dire que ces Allemands, appuyés par le roi de Sardaigne – qui sera à vie l'allié de Pascal Paoli –, peuvent envisager d'installer facilement un des leurs en Corse, pourquoi pas le baron de Neuhoff. Wurtemberg publie alors un manifeste invitant les insurgés à élire leurs procurateurs afin de présenter leurs revendications[92]. Giacinto est élu pour le Rostino. Un premier mémoire parvient alors à Bastia dans lequel quelques procurateurs font au gouverneur des propositions. Giacinto, peut-être poussé par Simone Fabiani[93], marié à Maria Raffali d'Orezza, présente à Wachtendung un deuxième mémoire destiné à Wurtemberg et rédigé par Anton Marengo, marié depuis 1722 à Paola Maria Raffali de Terra Nova. Marengo, avocat et consul du grand-duc de Toscane à Bastia, a écrit dans ce mémoire : « Une demande *au nom du pays* ne peut se faire *qu'avec le consentement public* et général *des populations*[94]. » Cette affirmation est digne de Montesquieu. Paoli adulte n'écrira pas autre chose au temps de Choiseul. Resterait à savoir si Marengo a ou non des liens avec la première loge maçonnique établie dans la péninsule italienne, à Florence justement, dès avant 1734. En effet, dès le début des années 1730, « la franc-maçonnerie se développa en Toscane sous le regard bienveillant du grand-duc Jean-Gaston » (D. Ligou). Dès son origine, elle y est du reste aux prises avec l'Église catholique. Toujours est-il que ce deuxième mémoire fut remis à Wurtemberg. « Il n'en fallut pas davantage pour que se déchaînât la colère du gouverneur et que les rédacteurs du mémoire, c'est-à-dire Marengo avec M. Paoli, fussent déclarés passibles de la peine de mort. Aussitôt le gouverneur les fit jeter en prison, au secret. » Costa ajoute : « La Fortune lui fut inique et traîtresse [à Giacinto]. S'étant rendu à Bastia en qualité de procurateur de sa province, il fut jeté dans le cachot *le plus sordide et le plus exigu* de tous ceux qui sont en cette ville [à cause de son manque de « naissance » ou de ses liens avec les sociétés secrètes de Toscane], et cela pour n'avoir commis d'autre crime que celui d'avoir signé, avec les autres otages [garants de la soumission des insurgés] et procurateurs, un mémoire et une liste des requêtes du Royaume qui devaient être présentés au prince de Wurtemberg. »

Paoli a sept ans lors de l'emprisonnement de son père et de Marengo. L'enfant s'inquiète, mais « M. Wachtendung prit leur défense. Ne pouvant souffrir qu'il fût répondu par une injustice [...], à un écrit [...], légitime [...], présenté par lui [...], il exigea que Paoli fût libéré » comme Henri II avait autrefois imposé au doge l'élargissement de Sampiero. Le grand-duc Jean-Gaston écrit à Vienne pour faire libérer son consul et ses compagnons, ce qui est fait. Giacinto – simple fils de meunier – est donc libéré sur intervention du prince de Wurtemberg – prince allemand allié à la maison des Thurn and Taxis. C'est sans doute la raison pour laquelle, Paoli, après sa défaite de Ponte Novo en 1769, fera halte, sur le chemin de Londres, au château des Thurn and Taxis. Très vraisemblablement, Giacinto et Marengo sont déjà en train d'être approchés par la maçonnerie, en raison de leurs talents et de leur culture. Mais la guerre des libelles anonymes se poursuit. Une *Lettera di un Corso ad un suo amico nazionale abitante in terra ferma*, datée de Campoloro (15 avril 1732), est imprimée à Cologne ! Huit pages in-octavo. C'est peut-être le premier écrit de Neuhoff dont les liens avec Cologne sont incontestables. La réponse, aussi publiée à Cologne (1732) – *Lettera d'incerto autore* : douze pages in-folio –, veut montrer en revanche combien est « détestable » la « rébellion » des insurgés « envers la Sérénissime République de Gênes, leur *légitime* Souveraine ». Tous les regards de l'Europe se portent alors sur l'île. Augsbourg publie la carte de Corse de Mathias Seutter (1731). Nuremberg en publie une autre gravée par les héritiers Homann (1732). Amsterdam édite une *Histoire de Corse*, la première depuis 1594. Bientôt, Covens et Mortier gravent une nouvelle carte de l'île (1736), alors que Naples publie la *Descrizione del Regno di Corsica* (1737) de don Giacomo Semidei, théologien de Brando. C'est toutefois *La Storia degli anni 1732 e 1733,* publiée à Amsterdam, qui est la plus intéressante car imprimée « a spese [aux frais] di Francesco Pitteri, Libraio *in Venezia* »[95]. Le samedi 20 mai 1732, en Angleterre, le *Fog's Weekly Journal* publie dans le numéro 185 une *Lettera da'Corsi esistenti in Corsica a'Corsi che sono fuori dell'Isola,* véritable appel des Corses de Corse à ceux de la diaspora.

Fin mai-début juin, Giafferi, Ceccaldi, les abbés Raffali et Aitelli sont arrêtés malgré les promesses d'amnistie faites par les Génois à Corte le 11 mai[96]. Le 4 juillet, ils sont conduits de Bastia à Gênes. Débarqués, on les amène « à la Tour, dans quatre chaises *fermées* », écrit Costa, et voilà donc Luigi Giafferi véhiculé dans une chaise à porteurs « bâchée de toile cirée » (on étouffe à l'intérieur, surtout en plein mois de juillet), semblable à celle dans laquelle le Masque de Fer (*Giaffer* ?) faisait déjà route à la génération précédente ! Troublant. Mais « protégés par la garantie officielle de l'Empereur [...] ils n'ont pas à craindre le moindre châtiment » (Costa). Ce sont donc des prisonniers qui ne risquent pas d'être exécutés (comme le Masque de Fer). Dans la foulée, les Génois s'intéressent à Gentile. Convoqué à Gênes en août, accusé d'intelligence avec l'Espagne comme Bozzi, il est mis « à la Tour » le 3 décembre. Sont aussi arrêtés le capitaine Virgile de Gentile de Brando (v.1689-apr.1749), qui jusqu'alors soupirait « après quelque honorable emploi dans les milices d'Espagne », et son frère Geronimo. Le docteur Carlo

Rinesi, médecin à Luri, originaire de Bastia, est également emprisonné[97]. Alerté, le RP Gio Torre de Vallerustie, docteur en théologie, se précipite dans la maison du docteur et y récupère quelques tracts antigénois « sous la housse d'un fauteuil » (Costa). Après cette série d'arrestations, « Giacinto Paoli [...], qui avait été le premier à inciter les populations à se soumettre, se rongeait de regrets et s'en prenait à lui-même » (Costa).

Le 29 septembre, Costa quitte Gênes pour Livourne, prétendant faire un choix « patriotique ». En réalité, c'est parce que son cousin Bozzi est emprisonné non en qualité de Corse mais en tant que capitaine génois accusé de haute trahison pour avoir voulu livrer les « présides » de Corse au Roi Catholique ; et surtout, parce que la menace génoise se resserre. Le 4 juillet, Giafferi a été emprisonné à Gênes, non pas en tant que Corse, mais en qualité de capitaine vénitien ayant des agissements armés dans l'île ! En août, Gentile, major de Bastia à la solde de Gênes, a été arrêté pour haute trahison. Il risque d'être décapité et le sera en 1746. Giacinto Paoli est certes emprisonné à Bastia, mais il a peu à voir avec Costa, avocat à Gênes. Et, surtout, Giacinto ne touche aucune solde de Gênes à la différence de Bozzi ou de Gentile. Et, s'il admire la Grande-Bretagne, il n'est au service d'aucune puissance étrangère, à la différence de Giafferi, de Lusinchi et de Marengo, issu d'un architecte génois établi en Corse. C'est donc un homme financièrement et intellectuellement libre, ni traître, ni félon, à la différence de Bozzi et de Gentile.

Complot espagnol sur la Corse

Parvenu à Livourne, Costa vit caché chez le chanoine Brandi, précepteur bastiais d'un neveu du gouverneur. Costa y reçoit secrètement Orticoni et rédige avec lui « un mémoire destiné à la cour d'Espagne ». Orticoni devra retourner à Madrid et le remettre en personne à José Patino (1667-1736), marquis de Castelar, principal ministre de Philippe V. Jésuite milanais élevé à Rome, Castelar est alors gouverneur de Catalogne... où se trouve le duché de Cardone. C'est Castelar qui, depuis Madrid, est l'âme de tout ce réseau. Orticoni, muni de son mémoire, gagne alors Florence, y « communique l'affaire au Père Sauveur Ascanio » (Costa), ambassadeur de Philippe V auprès du dernier des Médicis. À Livourne, l'abbé cortenais Gio Paolo Gaffori espionne discrètement Costa qui gagne Rome où il s'établit chez le RP Giuseppe Anton Colonna, de Zicavo, docteur en théologie, cousin des Lusinchi.

Madrid. Rome. Venise. Le complot est parfait. Toutes ces tractations sont faites, Costa l'écrit, « sous la protection et avec l'accord tacite des ministres d'Espagne ». Il ajoute : « Le Royaume de Corse est tout disposé *à devenir le vassal de l'Espagne.* »

De retour à Livourne, Costa y rencontre Anton Battista d'Angelo, lieutenant-colonel à Venise, dont le frère Anton Francesco est le gendre d'un illustre corsaire tué au service de Venise en 1668, à la fin de la guerre de Candie : Giorgio Maria Vitali, cap-corsin, sergent général des bâtiments de mer de Venise et chevalier de Saint-Marc[98]. Vitali était un adversaire du Turc si acharné que sa capture et sa mort ont été solennellement annoncées à la Porte. Costa multiplie les contacts : le comte de Charny, général espagnol débarqué à Livourne le 27 octobre 1731 ; le marquis da Silva (un Fitz-James, issu des Stuarts en ligne illégitime), consul d'Espagne à Livourne ; à Londres, après 1769, Paoli sera en contact avec sa bru, marquise da Silva et sœur de la duchesse d'Albanie, femme du Prétendant. Costa contacte aussi Domenico Carlo Rivarola (1667-1748), consul d'Espagne à Bastia ; et les quatre fils de celui-ci : l'un jésuite à Milan, l'autre médecin futur lieutenant-colonel en Espagne (1734), les deux derniers officiers à Turin ; ou encore Luigi Ciavaldini de Piedicroce d'Orezza (1696-1788), capitaine espagnol. Le docteur Rivarola, fils du consul, et Ciavaldini gagnent Cadix en avril 1733, d'où Rivarola se rend seul à Madrid pour obtenir une audience de Castelar. Gravitent autour de Costa le capitaine Giappiconi, alors en fonction au sein de la garnison espagnole de Livourne, beau-frère de Giuseppe Dominatius de'Battisti établi à Venise où servent les capitaines Gio Marco et Anton Nobile de'Battisti.

À la Noël 1732, Orticoni se rend à Milan. Le 24 mars 1733, il est à Vienne. Il sollicite de l'Empereur la libération de Giafferi, de Ceccaldi, d'Aitelli et de Raffali. Cela ne peut pas ne pas faire songer au diplomate Vindisgrass qui allait déjà rechercher un agent impérial à Dunkerque en 1671. D'autre part, après un nouveau séjour à Rome, Orticoni, à Turin, supplie le prince Eugène de faire libérer Giafferi. Or, en juin 1673, le père d'Eugène de Savoie, le comte de Soissons, colonel général des Suisses et Grisons, est curieusement mort « à l'armée, en Westphalie ». On l'a dit empoisonné. Si Beaufort et un Giafferi ont été effectivement victimes à Candie du capitaine Marchetti pro-génois, capitaine d'une compagnie franche du régiment suisse stationné à Dunkerque, il n'est pas étonnant qu'un pro-vénitien ait voulu se venger du colonel général des Suisses et Grisons : Soissons. Or, du temps de Giafferi, celui qui va venir se faire proclamer roi des Corses (1736) n'est autre que Neuhoff, originaire de Westphalie !

En 1733, Orticoni est à Madrid auprès de Castelar ; Costa, à Florence, chez le dominicain Ascanio. Voltaire écrit dans son *Siècle de Louis XIV* : « Les Corses commençaient à avoir des chefs très intelligents, tels qu'il s'en forme toujours dans les guerres civiles, un Giafferi, un Hyacinthe (Giacinto) Paoli, un Rivarola et surtout un chanoine nommé Orticoni qui eut quelque temps la principale influence. » Le *Journal historique de la république des lettres* de 1733 reconnaît que « la Corse est devenue le sujet de toutes les conversations ». Tout y est : le « secret » ; les papiers compromettants « sous des housses de fauteuil » ; des lieux de rendez-vous discrets dont la « gentilhommière » du marquis de Silva (Fitz-James) ; la nuit ; l'achat secret d'armes à feu auprès de négociants livournais. Gênes est aux abois.

Un père menacé d'arrestation

Le 23 janvier 1733, les « concessions gracieuses » obtenues de Gênes sur intervention de l'Empereur sont imprimées en latin [99]. Le 24 mars, Charles VI les ratifie. « Au moment de la publication de ces articles, arriva un ordre de Vienne stipulant que l'on remît en liberté les otages et les prisonniers » (Costa) [100]. Giafferi, Ceccaldi, Raffali et Aitelli transférés de la tour de Gênes à la forteresse de Savone, toujours « en chaises fermées », sont donc libérés le 22 avril [101]. Le 8 mai, ils font « amende honorable » dans la grande salle du Sénat. Aitelli se place aussitôt à Florence « sous la protection du Père Ascanio ». Raffali s'établit à Rome comme « auditeur de Montecitorio ». Ceccaldi gagne Pise – où se trouve l'archevêque, primat de Corse –, mais sans avantage particulier. « Il n'en alla pas de même pour M. Giafferi *dont le nom* était *plus célèbre et plus craint de la République* » (Costa). Gênes le libère et le fait « capitaine honoraire avec une solde de cent lires mensuelles » ; mais Giafferi se précipite à Venise, écrit Rostini.

Au début de l'été, le gouverneur génois de Bastia « commença à tourner ses regards vers les sujets *de quelque importance* dans le royaume : Giacinto Paoli, Paolo Francesco Giannoni [102] de Salicetto [103] et Gio Giacomo Ambrosi di Castineta [104] ». Les préparatifs de l'élection au trône de Pologne de Stanislas Leczinski (septembre 1733) contraignant l'Empereur à rapatrier ses troupes, la ruse doit suppléer à la force. Le gouverneur convoque alors à Bastia Giacinto « dont il redoutait la perspicacité » et programme « l'arrestation des deux chefs principaux » du Delà-des-Monts : Gio Francesco Lusinchi et Lucca d'Ornano [105]. « En se voyant cité à comparaître, Giacinto Paoli soupçonna qu'on lui tendait un piège. Il se souvenait encore mieux de son emprisonnement [...] et de la mort qu'il avait frôlée. Il déclara qu'il était tout prêt à obéir mais demanda un sauf-conduit [...]. *L'homme était entré en défiance* » (Costa). Le gouverneur « expédia (alors) en secret vers le Rostino un capitaine (Gagliardi) avec cinquante soldats, pour qu'il surprît Giacinto Paoli de bon matin dans son lit. Arrivé dans le Rostino [...] le capitaine eut la fortune de trouver Paoli chez lui ». Paoli lui fit préparer par ses domestiques « une légère collation ». Giannoni et Ambrosi surgissent. Gagliardi est fait prisonnier (16 novembre). Lusinchi eut moins de chance. Le commandant de la place d'Ajaccio [106] l'invite à le rencontrer, mais cet entretien aimable aboutit à son assassinat à Zicavo. Fin novembre-début décembre 1733, Venise dépêche à Corte un autre de ses lieutenants d'infanterie : Ignazio Arrighi, « engagé dans l'armée de la République ». Même grade. Même engagement politique. Même foi : Arrighi combat toujours avec, autour du cou, un reliquaire et un crucifix dont Felice Cervoni de Soveria, ami de Paoli, s'emparera un jour de pillage, dans sa maison cortenaise. Arrighi est le frère du RP Anton Maria Arrighi, docteur en jurisprudence établi à Venise, devenu lecteur de droit canon à l'université de Padoue, auteur de l'*Historia juris pontificii* publiée à Padoue, in-quarto, en 1731. En 1749, il publiera en latin l'histoire d'un doge de Venise : comme par hasard, celle de Francesco Morosini, le gouverneur de Candie en 1669 ! Preuve que tout ce milieu dévot et pro-vénitien, dont Giafferi, ne cesse de graviter autour de ce douloureux souvenir. Le professeur Arrighi écrira aussi la biographie d'un évêque : Mgr Ruzzini, de Bergame, évêché vénitien, publiée à titre posthume (1764). Pendant ce temps, Giacinto Paoli, peut-être aidé de Marengo, compose son propre réseau.

Giacinto Paoli : un homme qui monte (1734)

Arrighi entamant le siège de la citadelle génoise de Corte, Giacinto, fin politique, décide de l'aider. Le gouverneur capturant un frère d'Andrea Ceccaldi et son beau-frère Antonio Buttafoco [107], les partisans de Giacinto les libèrent. C'est à partir de ce moment-là, Costa est formel, que « les *nationaux* furent *unanimes* à reconnaître *la géniale habileté* de M. Giacinto ». En se jetant dans la bataille, aux côtés d'officiers vénitiens, Giacinto double tout éventuel concurrent mais hypothèque le mouvement « national » puisqu'il le lie à une tentative de déstabilisation du suzerain génois par un complot vénéto-hispanique. Là encore, Costa est formel : dorénavant « les *nationaux* eurent recours *aux ministres* d'Espagne », c'est-à-dire à Castelar. La marge de manœuvre de Giacinto est étroite car il n'a que des hommes et des idées à offrir : celles de Montesquieu, des Brancas, des premiers maçons, dont François III de Lorraine. L'autre camp, celui des Vénitiens, a des armes, des munitions, de la poudre. Le marquis da Silva (Fitz-James) reçoit par exemple Costa et d'Angelo afin « de faire monter, au plus tôt, des canons de fusil que M. Passagli avait reçus de *Brescia* ». Pourquoi de Brescia ? Évêché vénitien, certes, mais en réalité c'est parce que le gouverneur de Brescia n'est autre que le vieux général Domenico Paganelli, de Zicavo (v.1660-Crémone, 1744), proche cousin de Lusinchi qui vient d'être assassiné et oncle de Gio Carlo Paganelli, sergent-major de bataille au service de Venise. Septuagénaire, le vieux général aura pour successeur en 1735 son petit-fils, Giacomo Abbatucci, lieutenant-colonel au service de Venise, et ce dernier n'est autre que le frère de Giacomo Pietro Abbatucci (1723-1813) qui sera le grand rival de Pascal Paoli parce que, dès 1733, alors que Paoli n'est qu'un enfant de huit ans, les jeux sont déjà faits ! Les Vénitiens constituent un réseau, ancien : Giafferi, Paganelli, Abbatucci. Les paolistes un autre, en cours d'élaboration : maçonnique ; et les deux réseaux ont des objectifs différents : Giacinto cherche à animer un mouvement « national » qui repose sur la tolérance ; les Giafferi-Lusinchi-Paganelli-Abbatucci un courant « dévot » ultra-catholique qui remonte aux affaires de Lépante et de Candie. Leur alliance est purement conjoncturelle, sans objectif *commun.* D'ailleurs, Costa ne cherche jamais à tromper son lecteur et parle toujours de « l'ennemi *commun* » (Gênes), preuve que le reste ne l'est pas.

Avec l'accord du comte de Charny, les armes de Brescia sont transportées « sur des bateaux *espagnols* qui, partant de Livourne, faisaient route vers Cadix » et qui devaient les remettre à Giacinto et à Castineta, « en tant que *chefs* de la nouvelle révolte » (Costa). L'un des endroits les plus pratiques pour déposer ces armes devient alors le port de Centuri, à l'extrême nord du cap Corse, où nombre de notables ont à la fois vignobles et navires, d'où leur nom de « patrons ». Ces notables deviennent alors un véritable enjeu entre les trois composantes du moment : nationale (paoliste), génoise (légaliste), hispano-vénitienne (les dévots). Or, parmi ceux qui ne cessent de négocier avec Cadix, il y a à Morsiglia, village mitoyen de Centuri, les Giacomini de'Porrata, une des familles les plus aisées du cap Corse, en partie établie à Cadix depuis le milieu du XVIIe siècle, famille extrêmement pieuse bientôt gagnée à la cause paoliste comme d'autres familles du cap, également fort dévotes : les Franceschi de Bovalo de Centuri qui donnent d'illustres pères servites de Marie, les Rinesi de Luri, médecins bastiais et livournais, les Franceschi del Campo de Luri, médecins pontificaux, les Terami de Quercioli de Rogliano, dont le savant RP Giuseppe Maria Terami, qui seront toutes pour Pascal Paoli des points d'ancrage forts au cap Corse réputé généralement anti-paoliste ; preuve que ces familles très catholiques, mais cultivées, n'auront aucune répugnance à l'égard de Pascal Paoli, franc-maçon.

Ce statut de « chef de la nouvelle révolte » inquiète les Génois mais aussi les Corses pro-vénitiens qui, à la différence des « nationaux » (paolistes), ne sont pas aussi « unanimes » face à la « géniale habileté » de Giacinto. Au lieu de la « reconnaître », ils la dénoncent. Pour les Vénitiens, il s'agit en effet de mener en Corse, comme l'a dit le RP Balisoni, une guerre « de religion ». Pour Giacinto, une guerre « de rébellion ». Le piévan Aitelli sait parfaitement que Giacinto n'est prêt à combattre ni pour Castelar, ministre du Roi Catholique, ni pour Venise. C'est la raison pour laquelle il introduit aux côtés de son concitoyen de Morosaglia Giuseppe Arena, Génois établi à Saint-Florent, chargé de « prendre morts ou vifs » Castineta et Giacinto car ils sont « encore inexpérimentés » ! Ayant échappé à l'embuscade, ceux-ci écrivent *pour la première fois* « à MM. Costa et Passagli pour leur demander des secours en armes de guerre et en munitions ». À partir de ce moment-là, Giacinto – proche des idées de Montesquieu et marié en son temps à une femme non vierge et déjà mariée –, devient l'allié conjoncturel des dévots ! Par manque d'armes, il rejoint Giafferi et utilise alors comme intermédiaires Carlo Ciavaldini d'Orezza (1707-1787) – dont la famille sera arrêtée à Orezza en janvier 1734 – et surtout Gio Vitus Battaglini dont la famille est à nouveau le reflet de tout un engagement politico-religieux.

Issu d'une longue lignée d'officiers au service de Venise, Battaglini a pour premier ancêtre connu Pietro Battaglini, gouverneur de Zara[108], archevêché vénitien à l'époque de Charles Quint. Cet ancêtre se fixa à Pero di Tavagna vers 1554, alors que le premier Giafferi s'établissait près de Talasani et à Velone Orneto. La descendance de Pietro a proliféré à Poggio di Tavagna, le village des Giappiconi, et à Velone Orneto où les Giappiconi sont nombreux. Les Battaglini ont donné Pier Andrea et Geronimo, officiers vénitiens, grand-père et père de Gio Vitus, et surtout une certaine Anna Maria Battaglini, mariée à Zannetino Giafferi, oncle de Giafferi, *alfiere*, que nous croyons avoir pu identifier comme l'agent impérial tué à Candie en 1669 au temps de Beaufort et recherché à Dunkerque par l'Empereur en 1671. En 1733, Gio Vitus s'apprête à être officier dans les armées de Philippe V comme Ceccaldi. Gio Vitus est en outre parent de l'épouse de Giafferi et de celle de Ceccaldi : les sœurs Bagnaninchi. Enfin, en 1733, Ciavaldini et Battaglini sont « tous les deux cadets dans les troupes espagnoles, dans la compagnie même du capitaine Anton Giappiconi » (Costa) ! Ce sont ces officiers de Venise, de Brescia, de Crema, de Zara qui passent alors l'essentiel des armes en Corse[109]. « Une grande partie des armes et des munitions fut remise » à Castineta et à Giacinto « pour armer les habitants du Rostino » (Costa), qui n'en avaient point. « Le reste fut partagé entre les pièves d'Orezza » où vivent les Ciavaldini « et de Tavagna » où vivent les Giappiconi[110]. Dans les années suivantes, un Battaglini s'engage dans le régiment Corse de Naples[111] comme « plébéien ». Bientôt sa famille revendique des origines nobles. Un notaire du lieu veut bien en attester l'authenticité en 1750 : Salvadore Marchetti[112].

Début 1734, « Giafferi qui avait passé quelque temps à Venise [...] *sous le prétexte* [c'est Costa qui le dit] de revoir son frère, lieutenant-colonel, ne quitta pas moins les délices de Venise que les flatteries de Gênes pour venir à Livourne[113] ». Ceccaldi « séjournait [alors] à Pise pour plus de sécurité[114] ». Giafferi le rejoint. Arrive aussi à Pise, en provenance de Rome, Orticoni, déjà « en relation avec le comte Francisco Benavides de Santi Esteban del Puero, plénipotentiaire de Leurs Majestés Catholiques, gouverneur de don Carlos, infant royal de Parme ». Fin janvier 1734, don Carlos marche sur Naples, y détrône le vice-roi au nom de l'Empereur, et se proclame roi de Naples et des Deux-Siciles sous le nom de Charles VII, nommant Charny vice-roi de Naples au nom de Philippe V. À partir de ce moment-là, il est clair que tous les agissements du clan Costa depuis 1729 avaient pour objectif d'introduire les Bourbons d'Espagne à Parme, à Plaisance, puis à Naples. C'est fait en 1731, puis en 1734.

« Revenu à Livourne [Giafferi] s'installa alors dans la demeure du capitaine Giappiconi que M. Costa avait l'habitude de fréquenter. » Les Corses pro-vénitiens envoient alors « MM. Giappiconi et Costa, accompagnés du R.P. Sylvestro Colombani [neveu de Giafferi][115], à Venise, pour inviter le colonel Giappiconi, le lieutenant-colonel Giafferi, le brigadier Boerio [...] à soutenir le combat ». Gio Tomaso Boerio (1672-Venise, 1757) est un des poids lourds du moment, comme le gouverneur de Brescia, Paganelli. Officier corse au service de Venise, il est parmi les plus brillants. Lieutenant-colonel, son brevet du 8 août 1691 lui a été donné par le doge Francesco Morosini. Colonel par brevet du 19 octobre 1697, il est devenu à la fois gentilhomme de la chambre du duc de Parme (1699), colonel au service de Philippe V (par brevet du 6 février 1720, donc de peu postérieur à celui de Neuhoff daté de 1718), brigadier, puis « ministre à Venise de Sa Majesté le Roi Catholique ». Il a été introduit à Venise par son parent Anton Francesco Boerio (1649-1719), lui-même « capitaine-lieutenant de la compagnie du colonel Angelo Santo Boerio », premier de son nom illustré au service de Venise et inhumé en l'église Santa Catarina des Carmes de Crema. Boerio est issu de trois générations d'officiers vénitiens : son parent a reçu (1692) un certificat de « bons et loyaux services » du podestat de Crema, et le premier Boerio passé à Venise, des lettres patentes fort élogieuses (1694). Boerio est un homme considérable, et, le 16 septembre 1731, Giafferi et Ceccaldi, à la requête de tout le *Regno di Corsica,* ont demandé aux peuples qu'il soit « associé à leur rang, puissance et dignité » en qualité de « capitaine général et de gouverneur du royaume de Corse[116] ». Très catholique, Boerio est parent des Baldacci de Corte qui vont partir combattre les Turcs en 1735-1739 avec Domenico Baldacci, et le cousin des Romei de Corte, suite à un mariage Boerio/Romei conclu en 1733. Venu combattre en Corse, Boerio retournera vite à Venise où il sera en contact avec Neuhoff de passage en cette ville en 1740[117]. Boerio est un officier de trop haut rang pour s'engager à la légère. En 1734, « ces Messieurs [Boerio et le colonel Giafferi] ne voulurent pas donner un sou pour contribuer à l'entreprise [corse], prenant pour excuse l'absence du colonel Giappiconi qui était à ce moment-là en garnison à Crema[118] ». Le capitaine Giappiconi, Costa et le RP Colombani se rendent alors à Crema où le colonel Giappiconi est l'un des premiers à constater que ses compatriotes sont loin d'être unis : d'un côté, Giafferi (pro-vénitien), Costa, Colombani. De l'autre, Ceccaldi (pro-espagnol), Aitelli, Orticoni. De Giacinto Paoli, il n'est même pas question ! Des rumeurs commencent alors à circuler et Ceccaldi, Orticoni et Aitelli laissent entendre aux « *ministres* d'Espagne [Castelar]... que les intentions de M. Costa [ne sont] pas tournées vers la liberté de la Patrie, *ou la plus grande gloire de la Couronne d'Espagne,* mais qu'il vis[e] bien plus haut, n'ayant qu'un désir : devenir *le roi* et le maître de la Corse avec l'aide du capitaine Giappiconi »[119]. On retrouve ici le rêve de « couronne fermée » que l'on reprochait déjà à un autre dévot en 1661-1664 : Fouquet.

Dès lors, la marge de manœuvre de Giacinto est encore plus réduite car ses alliés – qui ne sont pas ses amis – sont divisés entre eux. Son objectif est donc d'assurer la supériorité des « nationaux » du Rostino qu'il faut armer avec le maximum d'armes en provenance de l'étranger. À Livourne, Costa en achète grâce à un Cap-Corsin « de retour des Indes (occidentales) ». Il pourrait s'agir de Giacomo Giacomini de'Porrata (v.1710-1765), en train de s'enrichir « aux Indes du Pérou », ou encore de son vieux cousin de Pino qui l'y avait précédé. Achètent ces armes Anton Battista d'Angelo et quelques amis[120]. Transportées sur une plage de Tavagna par le RP Colombani et Giuseppe Costa, fils de l'avocat, et débarquées près de la tour de la Padulella, elles donnent lieu à de vives échauffourées : Agostino Giafferi, fils de Giafferi, est blessé.

C'est celui-là même qui sera le président du Parlement anglo-corse en 1794-1796 au temps de Paoli.

Dans le Rostino, Giacinto Paoli est en train de combattre les Génois furieux de le voir ravitaillé en armes par les partisans de Giafferi. Qui commande ces Génois ? Le major Marchelli. C'est-à-dire que l'on retrouve sur le sol corse en 1734 l'opposition Giafferi/Marchelli que l'on croit pouvoir déceler en 1669 à Marseille, à Dunkerque et Candie. Marchelli, face à ces premiers paolistes, crie à ses hommes : « Sauve qui peut ». Les paolistes « partagent alors entre eux tout leur équipage, faisant cadeau du cheval du commandant Marchelli, avec tout son harnachement, à M. Paoli, comme chef des insurgés, qui s'en trouve très fier[121] ». Dégradé, Marchelli est embarqué « pour Gênes comme prisonnier ». À Livourne, Costa transforme sa maison en quartier général provénitien, d'où mécontentement de Ceccaldi et d'Aitelli qui accueillent au port le docteur Rivarola « qui avait accompli le voyage d'Espagne [début mai 1733-janvier 1734] pour supplier la cour de Philippe V [c'est-à-dire Castelar] d'accorder des secours[122] ». Tout ce parti est farouchement pro-espagnol : Rivarola est en effet par sa mère[123] le petit-fils du comte Gio Ambroggio de Frediani, donc le cousin germain de Ginestra qui a souffleté Giacinto. Philippe V « n'a pas voulu exaucer leurs prières », mais Castelar a néanmoins accepté de recréer le « régiment de deux bataillons au service de la Couronne d'Espagne » qui avait existé de 1658 à 1731, que Bozzi sollicitait en 1729, et que Castelar fait donner en 1734 à Bartolomeo Seta de Bastelica, « qui en devenait le colonel, Rivarola [le docteur] [...] le lieutenant-colonel[124] ».

En cette année 1734, on aurait donc tort de dire « les Corses » comme on dit « les Génois ». Il y a en réalité en Corse quatre tendances : 1) les Corses pro-génois, largement majoritaires : les habitants de Bastia, Ajaccio, Calvi, Saint-Florent, Sartène, Bonifacio ; les Cap-Corsins ; la plupart des citadins ; une grande partie des élites dont les Matra, et bien sûr les autorités génoises, civiles et ecclésiastiques, notamment les évêques génois ; 2) les Corses pro-vénitiens, très minoritaires mais actifs, avec pour chef le vieux capitaine vénitien Giafferi, soixante-cinq ans, qui jouit de plus de prestige que de pouvoir ; suivi des dévots et de nombre de prêtres « fanatiques », dont Balisoni qui prône la « guerre de religion » ; 3) les Corses pro-espagnols, aussi minoritaires mais actifs, avec pour chef Ceccaldi, aidé d'Orticoni, d'Aitelli et du docteur Rivarola ; aussi dévots que les précédents, ils sont en contact permanent non avec l'Espagne, comme on aurait trop tendance à le dire, mais avec Castelar, principal ministre de Philippe V, gouverneur de Catalogne, jésuite milanais qui représente le courant dévot le plus dur de la cour d'Espagne avec la duchesse douairière de Cardone, duché catalan ; 4) et enfin les Corses du Rostino, seuls vrais « nationaux », terme d'époque qui est le seul à leur convenir parfaitement, car ils ne ressemblent finalement ni aux « mécontents de Corse », révoltés suite à la pénurie des grains, ni aux « rebelles » style le capitaine Bozzi ou le major Gentile, qui sont effectivement corses mais officiers génois et félons. Ces « nationaux » ont pour chefs Giacinto Paoli, son oncle Giannoni, son ami Castineta. Ils vivent à Morosaglia, à Castineta ou à Salicetto, juste à côté de Morosaglia, patrie du futur conventionnel franc-maçon Anton Cristofaro Salicetti. La seule chose qui unisse entre elles les trois dernières tendances, c'est la volonté commune de combattre les Génois. Giafferi, quoique « d'un âge très avancé », quitte alors Livourne, gagne la Corse avec Bartolomeo Seta et décide de rencontrer Giacinto pour tenter de s'imposer à lui. Giafferi, pour l'époque, est un « vieillard ». Costa le dit plusieurs fois : « vieillard », « admirable vieillard », homme « d'un grand âge ». Ses réflexes demeurent toutefois intacts : en tombant dans l'eau, lors de son débarquement sur la plage de Moriani, il ne lâche « pas son fusil », le tenant « à bout de bras » pour éviter d'en mouiller la poudre, préférant être « trempé et tout ruisselant d'eau ». Intellectuellement, Giafferi reste vert même si l'on perçoit à travers les *Mémoires* de Costa un comportement qui prouve un irrémédiable déclin. Mais, l'esprit vif, et avant même de revoir sa famille, Giafferi sait qu'il lui faut aller à Morosaglia rencontrer Giacinto en toute hâte, preuve que Giacinto pèse, fin 1734, d'un poids certain parmi les opposants à Gênes. Quoique Giacinto soit plus jeune (cinquante-sept ans), Giafferi, officier, fils, petit-fils, arrière-petit-fils de colonels de vieille souche, a l'intelligence de monter jusqu'à Morosaglia où l'attend le fils d'un meunier. Il le fait sans état d'âme et « MM. Castineta et Paoli l'accueillirent avec les plus grandes marques d'amitié [125] » (apparente). « Banquet de gala dans le couvent des Révérends Pères Franciscains », puis quelques jours de repos au couvent, en raison des fatigues du double voyage, et par mer, et par terre, pour un homme de son âge mais qui a encore onze ans à vivre.

UN PÈRE GÉNÉRAL DE LA NATION

Les 26 et 27 avril 1734 a lieu la grande *consulta* du couvent San Antonio de la Casabianca. « Les chefs du Rostino [Giacinto, Giannoni, Castineta et Marco Pasqualini] prétendant [...] que les chefs de la première révolte [1729-1730] ne comptaient plus [ils ne sont plus que trois depuis l'assassinat de Lusinchi : Giafferi, Ceccaldi, Lucca d'Ornano], voulaient manœuvrer pour exclure M. Giafferi du commandement suprême et laisser tout le commandement à M. Paoli en lui donnant le titre de généralissime[126]. » Aitelli, pro-espagnol qui a bien compris que Giafferi s'est jeté dans les bras de Giacinto à Morosaglia pour exclure Ceccaldi pro-espagnol, souhaite lui aussi que le nouveau généralissime soit « M. Giacinto [...] *le premier à être persécuté par les Génois,* et le premier que choisirent comme chef les pièves qui prirent les armes contre l'oppresseur ». Giacinto se trouve donc courtisé à la fois par les pro-vénitiens (Giafferi) et par les pro-espagnols (Aitelli). Plusieurs acteurs de la *consulta* réagissent. Lesquels ? Le vieux docteur Vittini, parrain de Pascal ! « Homme très âgé et de grand crédit » (Costa), il est l'oncle du capitaine Giappiconi[127] et de son épouse née de'Battisti. Vittini maintient la candidature Giafferi. Résultat : Giacinto et Giafferi sont – tous deux – reconnus « chefs suprêmes et commandants du royaume ». Sont élus à la même *consulta* quatre lieutenants généraux : Castineta pour le Rostino ; le *nobile* Simone Fabiani (1698-1736) pour la Balagne[128] ; Ignazio Arrighi pour Corte ; Orsovecchio Paoletti[129] pour Casacconi. Puis un cinquième : le *nobile* Angelo Luigi Luccioni, d'Orezza[130]. Puis un sixième : Tomaso Santucci[131]. Est pareillement formé un tribunal de six membres[132]. Aitelli est élu quant à lui *auditeur général du Royaume* afin d'examiner les affaires portées ensuite en appel devant ce tribunal. Tous ces titres, donnés dans la liesse populaire, ne représentent en réalité pas grand-chose. Le lendemain, sans locaux, sans crédits, sans structures, chacun vaque à ses occupations et c'est « dans sa vigne » que le « lieutenant général » Paoletti est assassiné par le « lieutenant général » Luccioni. La réalité du pouvoir n'est pas là et c'est à tort que l'historien cherche souvent à étudier le fonctionnement de ces rouages (tribunaux, lieutenances générales, généralissimat), car ils sont bien éphémères et peu constructifs ! La réalité du pouvoir, elle est dans la seule volonté de Giacinto. Costa l'écrit : « L'ambition qui dormait chez M. Giacinto de' Paoli se réveilla et son ancien désir d'être seul au commandement suprême se ralluma dans son cœur lorsqu'il sut qu'une feuille imprimée à Livourne, anonyme, lui donnait le titre de "roi"... *Jacintus primus rex corsicae*. Il mit [alors] tout son zèle à tenter d'affaiblir *le parti* de M. Giafferi [...], plaignant *sa vieillesse* qui lui ôtait ses forces, [...] variant le venin de ses médisances... » Giacinto, né vers 1677, ne cesse de vouloir supplanter Giafferi, né vers 1669. Giacinto, pour arriver à ses fins, va jusqu'à se rapprocher de l'évêque Camillo de Mari « pour se faire acclamer généralissime et chef du royaume [...]. M. Paoli (toutefois) se trompait dans ses illusions », quoique « *supérieur à tous* dans le

Royaume par ses dons politiques ». Supériorité que l'on retrouvera chez son fils Pascal qui est, bel et bien, et avant tout, un héritier.

Malgré la chute de la citadelle génoise de Corte qui capitule après quatre mois de siège devant Arrighi et Pasqualini, Giacinto, « en voyant grandir la suite des partisans de M. Giafferi, préféra dissimuler son ressentiment avec l'idée de provoquer une [nouvelle] *consulta* générale dans laquelle il pensait pouvoir améliorer sa situation et réussir à exclure M. Giafferi du commandement suprême. Il continua donc, plus que jamais, ses menées politiques et *secrètes* dans toutes les pièves, employant *sa grande intelligence*[133] ». Fin 1734, Gênes nomme un nouveau gouverneur reçu à Bastia « avec la plus grande joie » (Costa). « Se répandit partout le bruit que les Corses allaient s'entendre avec la République. » Costa, inquiet, embarque son fils « pour l'Espagne sur un bateau *catalan.* » Lui-même informe Lancilotto Casanova, bastiais, lieutenant de grenadiers à Livourne aux ordres du commandant des troupes espagnoles en Toscane[134], de son prochain départ pour la Corse. « Les officiers espagnols donnaient aux Corses les marques de la plus grande amitié car ils *étaient persuadés* qu'ils combattaient contre les Génois *dans l'espoir de se donner ensuite à l'Espagne*[135]. » Costa, Casanova, Domenico Rivarola, père du docteur, achètent, des armes. En Corse, Giafferi est « découragé par *l'aversion de son collègue,* M. Paoli, et aussi parce qu'il [a] perdu tout espoir de freiner les populations qui commen[c]ent à s'agiter *prenant parti pour la République* ». Costa s'embarque à Livourne le 22 décembre 1734 avec le capitaine Giappiconi et le RP Fondacci. À l'île d'Elbe, ils sympathisent avec les garnisons espagnoles installées là depuis 1731. Arrivés en Corse le 30, Costa et Giappiconi sont le lendemain à Poggio Mezzana, en Tavagna, « dans la maison de la femme du capitaine », née de'Battisti. « M. Giafferi, dans son village de Talasani, fut *le premier* averti. » Un banquet réunit alors Costa, Giappiconi et Giafferi. « M. Giacinto Paoli [lui] était en voyage, *parcourant les pièves* pour inviter tout le monde et inciter chacun à prendre part à une *consulta* générale fixée pour le 6 janvier et qui devait se dérouler dans le couvent des pères franciscains à Orezza », près de Pastoreccia. Toutefois, « avide de profiter des armes et munitions [débarquées], Giacinto Paoli se rendit avec empressement en Tavagna » et resta avec Costa, Giafferi et Giappiconi du 1er au 3 janvier 1735. « Monsieur Paoli passa deux de ces jours à s'entretenir familièrement avec l'avocat Costa [qu'il découvre pour la première fois de sa vie], jusqu'à vouloir dormir dans le même lit [nuit du 1er au 2], pour avoir la commodité de prolonger la discussion tard dans la nuit[136]. » Sans doute aussi pour surveiller ses moindres gestes, car Giacinto est au-delà de prudent ; trop de morts autour de ce futur octogénaire : Lusinchi, assassiné par Martinetti ; le père et le grand-père de Ceccaldi, assassinés ensemble ; son frère Pietro Felice Paoli, condamné pour meurtre ; le « lieutenant général » Paoletti assassiné par Luccioni ; et encore beaucoup d'autres.

Costa admire les « clartés de son esprit ». Giacinto veut « instaurer *un système* »[137]. C'est la première fois depuis le congrès des théologiens d'Orezza que l'on trouve cette expression dans l'histoire paoline. Ce n'est pas la dernière. Pour commencer, Giacinto veut avoir « cinquante soldats corses [...] et de l'argent pour leur donner une solde suffisante ». Ce serait assez, d'après lui, « pour amener tous les peuples de Corse à se soumettre à l'autorité des généraux ». Ensuite, on pourrait « instaurer partout *le meilleur système* que l'on puisse désirer ». Costa pro-espagnol se pose des questions sur Giacinto : Ambition ? Noble sentiment ? Il trouve l'homme doté d'« une grande intelligence », constate sa modération : « M. Paoli n'était pas porté, de sa nature, à sévir. » Il remarque sa culture, raille « tout son latin »[138], mais lui parle souvent dans cette langue[139]. « La nuit suivante », du 2 au 3 janvier, Giacinto dort « en compagnie de M. le docteur Vittini [pro-vénitien], avec lequel il faisait *la tournée des pièves* »[140]. Le 3, Giacinto part pour Orezza et exhorte tous les villages « à n'élire qu'un seul chef et commandant suprême, sous le prétexte que c'[est] *dans la pluralité des chefs* que se trouv[e], selon son expression, l'origine infecte des murmures et des désordres dans le royaume[141] ». Le 5, Costa, Giafferi, Giappiconi partent pour Orezza. La *consulta* y a lieu du 6 au 8 janvier. Giacinto la prépare avec eux, évoquant la nécessité d'une « Corse nouvelle ». Il déclare : « Nous tous et chacun de nous, *et chaque homme du peuple*, avons – et devons avoir – la liberté absolue de manifester notre sentiment, quel qu'il soit, et de donner ou de ne pas donner notre assentiment à ce qui nous est proposé par la pensée d'autrui [...]. C'est ce qu'exigent le Droit et la Raison [...]. La Paix et la Guerre sont dans les mains de tous et non de quelques-uns[142]. » Nous sommes en janvier 1735, treize ans avant l'*Esprit des lois.* Celui qui rapporte ces propos, Costa, mourra en 1737, onze ans avant l'*Esprit des lois.* Preuve que Giacinto se veut déjà le législateur d'une « Corse nouvelle », celle que son fils tentera de réaliser. Il y a là quelque chose d'exceptionnel pour la formation de l'esprit de Pascal, âgé de neuf ans, qui, privé de mère et de grands-parents, n'a que son père pour maître quotidien, mais quel père ! Le Voltaire corse parle comme Montesquieu !

UN PÈRE LÉGISLATEUR

Giacinto est peut-être le seul grand philosophe insulaire du siècle des Lumières. Bâtonné comme Voltaire, ce fils de meunier est étonnant : toujours calme, rarement enflammé, éloigné de tout fanatisme religieux, mû par un réel esprit de justice et d'égalité sociale. Nourri de Virgile et de Tacite, c'est un homme lent : il « avait l'habitude de presser autrui, tout en étant lui-même le plus lent [143] ». Il a certes une grande vivacité d'esprit mais manifeste une grande lenteur dans l'action, comme Clemente. Costa fut impressionné par Giacinto qui, au pays de la *vendetta,* déclarait que « le droit ne souffrait pas qu'un innocent pâtît *de la faute de son frère* coupable » [144]. Le propos est intéressé, il est vrai, puisque son frère aîné a été condamné pour meurtre, événement capital et douloureux dans sa vie et qui explique beaucoup de choses, notamment le fait qu'il dise vouloir s'opposer aux *vendettas* exercées sur les proches parents ; ce que ne cessera de répéter Pascal, et pour cause. Certes, l'homme sait marcher « à la tête de cinq ou huit cents fusiliers », comme plus tard ses fils, mais Giacinto, éternel *pacificator*, préfère toujours négocier la paix. Il veut toujours gagner ses adversaires « par la douceur » [145], et en fait preuve même à l'égard de don Felippo du Poggio, de Moriani, qui lui tire dessus à coups de fusil ! Même avec les Cotoni qui le traitent de « vilain ». Même avec les Matra qui ne voient en lui qu'un « paysan », un homme « de basse extraction ». Ce n'est qu'après avoir longuement écouté Giacinto que Costa rédige quinze propositions connues sous le nom quelque peu pompeux de *Constitution corse* de 1735, mais qu'il est absolument nécessaire de connaître car la fameuse *Constitution* de Paoli de 1755 est loin d'être une innovation. Alors que Pascal n'avait que dix ans, son père déjà jouait à Lycurgue et Paoli finalement n'est pas Solon, mais le fils de Solon. En 1735, Costa propose en effet :

I. Que l'on élise **primats du royaume** MM. don Luiggi Giafferi, Giacinto de'Paoli et Andrea Ceccaldi [déjà en Espagne [146]], avec le titre d'« Excellence » et la préséance sur tous les autres sujets. – II. Que l'on élise, parmi les sujets les plus importants du royaume, douze membres d'une **junte** qui ait l'autorité la plus haute et la plus totale dans toutes les matières et en particulier dans les affaires de l'État ; et que les primats soient les chefs de cette junte, laquelle ne puisse prendre aucune mesure sans leur intervention ou sans l'intervention de l'un d'eux au moins. – III. Que l'on élise, parmi les combattants les plus valeureux du royaume, six autres membres d'un **office de la Guerre** dont dépendront toutes les décisions en matière de guerre et d'armement. – IV. Que l'on élise encore six sujets parmi les plus sensés et les plus prudents, pour former un **office de l'Abondance** à qui il appartienne de veiller aux vivres et au ravitaillement et qui prenne toutes les décisions dans cette matière si importante de l'approvisionnement des populations. – V. Que l'on forme encore un **office des Pères du Commun** composé de six membres choisis parmi les plus sages et les plus avisés, à qui il incombe de décider dans toutes les questions et querelles touchant les biens communaux, les communes et l'entretien des routes. – VI. Que l'on élise dans chaque province un chef ou commandant qui ait la charge de juger toutes les causes civiles et criminelles de sa province, pourvu qu'il ne prononce pas de condamnations graves comme peines de mort, d'exil perpétuel, d'incendie ou de dévastation de biens, etc., condamnations réservées à la junte suprême. – VII. Que l'on nomme et élise un **secrétaire d'État et garde des Sceaux.** – VIII. Que l'on élise un **capitaine général des armées** et un **lieutenant général** pour chaque province. – IX. Que l'on crée un **office de la Monnaie** qui ait toute autorité pour frapper les monnaies au sceau et aux armes du royaume, établir leur valeur et retirer de la circulation les monnaies qui n'ont plus cours, composé lui aussi de six membres, choisis parmi les plus compétents et les meilleurs connaisseurs de la valeur de l'or, de l'argent et des autres métaux. – X. Que l'on abolisse toutes les lois et les statuts faits par les Génois et la République et que l'on ordonne par la publication d'un édit que tous les peuples de la Corse apportent les copies des lois et des statuts qu'ils ont chez eux au secrétaire d'État, pour que l'on fasse publiquement de ces lois et statuts un incendie en signe de l'éternelle séparation des Corses des Génois et de la Corse de Gênes. – XI. Que toutes les décisions et les mesures prises par les offices, chefs, et commandants susdits soient dépendantes et soumises à l'appel et au recours devant la junte suprême. – XII. Que l'on nomme et élise un **auditeur général** auprès de la junte suprême. – XIII. Que l'office de la Guerre avec les lieutenants généraux ait la faculté de choisir tous les officiers des milices. – XIV. Que tous les offices et tous les commandants des provinces, et chacun d'entre eux, soient tenus d'élire leur chancelier auquel devront être remis tous les actes, toutes les délibérations et sentences afin qu'il les conserve avec un soin religieux. – XV. Qu'enfin la junte suprême fixe et établisse un tarif que tous les chanceliers soient tenus d'observer sous peine de mort, afin que les peuples de Corse, qui furent pendant des siècles opprimés par l'avarice sordide des Génois, ressentent le soulagement et la consolation d'une dépense légère et mesurée pour leurs litiges et leurs recours.

Cette *Constitution* paternelle relativise beaucoup le côté novateur que l'on prête généralement à Paoli. Plus qu'un novateur, Pascal est l'héritier de son père qu'il a injustement fini par éclipser. Si Giacinto est moins connu, c'est parce que ses rivaux ont été nombreux. Tout d'abord Costa, qui représentait le courant pro-espagnol. En effet, il présenta ces articles « d'abord, et en privé, à M. Giacinto [chef du courant « national »], *en présence* du docteur Vittini », qui représentait le courant pro-vénitien, c'est-à-dire les trois tendances opposées à Gênes. Giacinto approuva ces articles comme le reflet de sa pensée. « Il ne trouva rien à redire et fit appeler M. don Luigi Giafferi. » Ces statuts « semblaient (en effet) en tous points propres à établir le meilleur gouvernement du royaume selon l'idéal *commun*[147] », mais la *consulta* s'acheva en un effroyable piège. Le samedi soir, « après la messe, on chanta le *Veni Creator Spiritus*. Puis les deux généraux [Giacinto et Giafferi] [...] sortirent de l'église ; les peuples se réunirent sur la grande place du couvent et on proclama qu'on allait donner lecture des statuts que les généraux proposaient aux peuples [...] étant bien entendu qu'ils étaient libres de les rejeter totalement ou en partie [...]. M. Giacinto monta sur un mur assez haut, avec M. don Luigi à sa droite et l'avocat Costa à sa gauche ». Là encore, les trois courants sont magnifiquement représentés : Giacinto, courant « national » au centre. Giafferi, le plus âgé, à sa droite (courant vénitien). Costa à sa gauche (courant espagnol). Giacinto se fend d'un beau discours, en partie en vers. Il cite la reine Didon, comme souvent Voltaire, et fait référence à l'*Éneide*[148] ! Dans un style académique, Costa le qualifie de « valeureux guerrier », de « savant », de « grand humaniste », de « maître merveilleux dans l'art du bon gouvernement » ; mais cette avalanche de compliments n'a pas d'autre objectif que d'endormir Giacinto sous la flagornerie. Alors que le peuple approuve dans l'enthousiasme tous ces beaux discours, « Halte ! » s'écrient MM. Gio Vitus Battaglini et Carlo Ciavaldini, Corses pro-vénitien (Battaglini) et pro-espagnol (Ciavaldini). « Nous voulons savoir quel titre et quel emploi sont donnés à MM. Costa [pro-espagnol] et Giappiconi [pro-vénitien] : les statuts ne peuvent être votés sans cela. Nous le déclarons solennellement. » Alors que Giacinto a demandé à Costa de rédiger quinze articles à caractère démocratique et « national », les Corses inféodés à Venise et Madrid veillent à ne pas se laisser déborder. « Le peuple commença aussitôt à murmurer » (Costa), preuve que les masses populaires n'ignorent rien des menées vénéto-hispaniques de Costa. Certes, les statuts sont votés – « On chanta le *Te Deum* et le vote fut renouvelé par une infinité de coups de fusils » –, mais à peine la *consulta* achevée, Giacinto sait que le pouvoir unique lui a échappé. Aussitôt, les chefs se séparent fâchés : d'un côté Giacinto, qui rejoint ses amis qui ne sont pas venus à la *consulta* afin de pouvoir en contester les décisions (Arrighi, Castineta, Fabiani) ; de l'autre, Giafferi, Giappiconi et Costa, mécontents de voir le dévot Arrighi, frère d'un professeur d'université, passer dans le camp de Giacinto ! Preuve que les « nationaux » commencent à débaucher les dévots. Preuve aussi que les « nationaux », « vilains », « paysans », gens « de basse extraction », ont un discours qui commence à attirer les intellectuels : le professeur Arrighi n'est autre que l'examinateur de Goldoni. Néanmoins, Giacinto reste un chef contesté par les militaires : vénitiens (Giafferi), espagnols (Ceccaldi), et par nombre de prêtres (Aitelli).

Un père contesté

Giacinto prétexte après la *consulta* un « différend » pour ne pas se joindre à Giafferi. En fait, il « désavoue la *consulta* ». Arrighi, Castineta et Fabiani profitent du fait qu'ils en étaient absents pour déclarer que « jamais ils ne reconnaîtr[o]nt sa légitimité ». Le 14 janvier, suite à une réunion autour de Giacinto, la rupture est consommée. Officiellement, Giafferi et Giacinto commencent à organiser le royaume. En réalité, les deux hommes mènent deux politiques opposées. Giafferi interdit « le commerce des Corses avec les présides ». Costa use « de la torture » contre les patrons de barques qui n'obéissent pas : « mèche enflammée entre deux doigts » ; condamnation à mort. Giacinto s'y oppose. Il désire « que la peine de mort soit commuée en une autre plus légère [149] » : une amende. Fin janvier, Giafferi a toute autorité sur les pièves de Tavagna, de Casinca, de Moriani et de Campoloro ; Giacinto, sur le seul Rostino. Le divorce est total. Leur opposition est politique, voire religieuse. Une autre, sociale, se greffe par-dessus. Un homme comme Francesco Saverio Matra commence à déclarer à Costa qu'« il ne pourrait jamais accepter [...] de se soumettre au commandement de *vilains* et de *paysans* [...]. Ces messieurs [les Cotoni et les Matra] reconnurent qu'ils n'avaient rien contre l'autorité de M. Giafferi, *homme distingué et des plus importants du royaume* ; mais qu'ils ne pouvaient se soumettre [...] à celle de Giacinto Paoli et de Gio Giacomo Castineta, hommes [...] de basse extraction [...]. Ils se défendirent d'avoir fait à ces messieurs du Rostino des démonstrations d'amitié sincères : ce n'était que faux-semblants suggérés *par la crainte* de leur puissance dans les circonstances présentes [150] ». En Tavagna, « MM. Giafferi et Giappiconi eurent *grand plaisir* à entendre l'avocat [Costa] leur raconter les dispositions des Cotoni [...]. [Mais] M. Paoli [...] ne se sentait pas le cœur d'abandonner le désir de régner seul [151] ». Costa ne cesse de charger Giacinto, lui reprochant « son ambition démesurée ». L'ambition et la discorde : « c'étaient là les idoles auxquelles il voua toujours un culte *secret*[152] », écrit-il méchamment. Costa le taxe d'« hypocrisie », de « duplicité », de « vaine superbe », d'« inaction ».

Profitant de ce divorce, Gênes attire dans son camp un homme influent : Paolo Morati, de Borgo, marié à la troisième fille de Cesare Bagnaninchi, et par conséquent beau-frère de Giafferi et de Ceccaldi. Morati fait le jeu de Gênes ; son beau-frère Giafferi celui de Venise ; son beau-frère Ceccaldi celui de Madrid ! La République dresse aussi contre Giacinto son cousin don Marco Pasqualini, bientôt « ligué avec don Felippo du Poggio, de Moriani ». Don Marco et don Felippo vont jusqu'à « décharger ensemble leurs fusils [contre Giacinto], dans l'intention de le tuer, uniquement pour se faire apprécier de la République » (Costa). Une autre fois, on fait courir le bruit que Giappiconi a été tué par don Marco afin de provoquer une émeute. Giacinto « fut en grand danger d'être tué comme parent de don Marco » ! « Les Cotoni [...] se mirent à prêcher ouvertement aux populations la nécessité et l'utilité de se soumettre à la République [...]. Giacinto considéra que sa force n'était pas suffisante pour freiner cette rébellion, puisque *la plupart des villages désiraient la tranquillité et la paix avec la République*. » Partout, « le peuple, sottement, désirait la paix[153] ». Giacinto convoque alors « toutes les pièves à une *consulta* générale » au couvent de Vescovato (28 mars). Giafferi s'y rend malgré « le torrent des *vittoli* », c'est-à-dire des Corses pro-génois appelés « traîtres » (*vittoli*) par Costa qui se lamente car ce « torrent déborde »[154] ! À Vescovato, même Sebastiano Ceccaldi abandonne son frère, « général des Corses[155] », pour rejoindre ses cousins Cotoni, pro-génois, de même que Buttafoco, autre notable du village.

Aitelli, toujours pro-espagnol, « ne pouvant souffrir de voir le commandement suprême entre les mains de Son Excellence Paoli, son concitoyen[156] », multiplie alors les consultes : 30 mars, au couvent San Antonio de la Casabianca ; 3 avril, au couvent de Bozio où les lieutenants généraux prêtent serment sur un « crucifix étendu par terre » ; du 25 au 30 avril, à Venzolasca ; mi-mai, à Pero. Mais les pièves de Casinca, Tavagna, Moriani et Campoloro se soumettent les unes après les autres aux Génois « de crainte de voir leurs récoltes brûlées ». Giacinto « montra [alors] un extrême déplaisir de cette décision du peuple[157] ». Costa se lamente : « Nos partisans sont *peu nombreux*[158]. » Après le frère d'Andrea Ceccaldi, après Buttafoco, c'est Marco Taddei de Pero (1699-apr. 1770) qui passe dans le camp génois. Il est pourtant fils de Paola Giacinta Giafferi, neveu de Giafferi et arrière-petit-fils de Fidelia Battaglini. Mais il est proche de ses cousins Poli-Marchetti, issus aussi de Fidelia. Toutes les pièves de « marine », régulièrement inféodées à Venise depuis le XVIe siècle, se soumettent les unes après les autres au petit préside génois de San Pellegrino. « Il n'y eut à Moriani qu'Angelo Santo Contri, avec *dix* des siens, et en Tavagna que le RP Sylvestro Colombani, neveu de Giafferi, avec ses frères et *douze* autres parents qui méprisèrent l'édit [de soumission] pour soutenir les généraux[159]. En conséquence, MM. Giafferi, Costa et Giappiconi décidèrent de quitter la Tavagna comme une terre infidèle et peu sûre [...]. La femme de Giappiconi, avec toute la famille de M. Giafferi [...] les rejoignirent [...]. transportant tout leur mobilier[160]. » Giafferi se réfugie à Pie-di-Partino « dans la maison natale de M. le chanoine Albertini ». Le clan Giafferi s'effondre et c'est là un tournant capital de l'histoire corse : le clan dévot, inféodé à Venise depuis Lépante, n'a jamais été aussi mal en point.

« *Dès lors,* le général Paoli n'avait plus qu'à s'employer à couvrir par l'abondance de la parole les déficiences de l'action[161]. » Rejoint par Castineta, « tous deux firent de Vescovato une place d'armes », dans le propre fief de Ceccaldi passé en Espagne[162], mais dont on est sans nouvelles depuis bientôt deux ans ! « La volonté *générale* » est alors « le ralliement à Gênes »[163]. Les « nationaux » cherchent à s'y opposer. Les combats dérapent : « La guerre n'est plus entre Corses et Génois, mais *entre Corses et Corses*[164]. » Le 10 juin, Costa quitte Pie-di-Partino avec son fils Giuseppe, Giappiconi et ses neveux Gio Paolo Costa rentré d'Espagne et Anton Francesco Colonna de'Bozzi. Il part rencontrer dans l'Ornano Lucca, Alfonso et Paolo Francesco d'Ornano. Tous refusent de le suivre : « Tant que dureraient les moissons, il ne fallait pas songer à se mettre en campagne contre les Génois[165]. » Costa est isolé. Michel Angelo Lusinchi, recteur du séminaire d'Ajaccio, le lâche quoique « cousin germain du général Lusinchi de glorieuse mémoire ». Même Blanche Colonna de'Bozzi l'abandonne car elle craint que son père, emprisonné à Gênes, ne soit exécuté. D'autre part, Gênes l'a quelque peu achetée en donnant la compagnie du prisonnier à son mari. Costa, seul, décide donc d'aller agiter Zicavo, gros village de « mille feux » où vivent de vraies dynasties d'officiers corses au service de Venise : les Lusinchi, les Paganelli, les Abbatucci. Il y arrive le 1er août.

Les combats deviennent sanglants. « Toute la parenté de M. Giafferi en armes [est] prête à semer mort et désolation » (Costa). Giacinto lui-même se met à combattre tous azimuts. Jusque-là épargnée, la maison de don Felippo du Poggio, de Moriani, est brûlée. Ce dernier met « le feu à celle du révérend père Sylvestre Colombani », neveu de Giafferi. « Avec deux barils de poudre, il fait [même] sauter celle de M. Giafferi à Talasani. » Les maisons des Cotoni sont incendiées, leurs vignes coupées, leurs arbres fruitiers abattus. Giannoni s'affirme[166]. Quelques voix de vieux sages s'élèvent, dont celle de M. Garelli de Valle qui invective les Cotoni : « En vous ralliant au parti de Gênes, vous n'eûtes nul souci de savoir si le droit des gens, le *jus patriae,* l'ancien usage et l'honneur, étaient offensés »[167]. Le 9 septembre 1735, Giafferi et Giacinto, acculés, « acceptent les propositions génoises ». Une trêve est signée jusqu'au 11 novembre « pour laisser à la population tout loisir de faire les vendanges et la récolte des châtaignes »[168]. Trêve « universellement approuvée »[169]. Fin 1735, de nouvelles distorsions apparaissent[170] : « M. Arrighi [...] laissa éclater sa colère contre les généraux [Giafferi et Giacinto] en leur attribuant la responsabilité de tous les désordres, à cause de leur funeste ambition du commandement suprême. Il se montra irrité [...] contre M. Paoli, disant qu'il voulait avoir la suprématie dans la province de Corte, où il prétendait être seul à exercer le commandement que les peuples eux-mêmes lui avaient confié par un acte *écrit* de soumission ; mais il protestait qu'autant il était furieux contre M. de' Paoli, autant il était satisfait de M. Gio Giacomo Ambrosi di Castineta, qui était pourtant, lui aussi, du Rostino *et du même clan*[171]. » Costa se lamente : « Tous voulaient être chefs suprêmes et personne ne voulait d'égal[172]. » Plusieurs Corses le disent aussi, dont le capitaine Giulio Pietro Pantalacci, de Vivario, qui déclare que « la guerre que se faisaient les Corses ne consistait qu'en incursions de miquelets [bandits des Pyrénées] et ne rapportait aux nationaux et au royaume que *ruines et désolation* »[173] ! Les Génois sont toutefois loin d'être exempts de ces désordres puisqu'ils font jeter nuitamment par une fenêtre de la chambre de Costa « une petite machine pyrique [...] machine incendiaire [...] [munie d'une] mèche et [d'un] revêtement de cuir »[174] ! Fin 1735, la situation est bloquée. Giacinto est dans une impasse alors que Pascal hésite à fêter ses dix ans en constatant qu'il est le fils d'un père vaincu.

Un père vaincu

Début janvier 1736, à Moriani, un neveu de Giafferi est assassiné. Voyant le nouveau gouverneur « reçu à Bastia par les applaudissements, les vivats et des manifestations d'allégresse », les « nationaux » s'inquiètent. D'un côté, « le peuple exultait, se réjouissant de la paix comme si elle était déjà signée ». De l'autre, Giafferi et Costa « s'en attristèrent » d'autant plus que « la nouvelle résonna [...] que le Rostino était disposé *à un arrangement* [avec Gênes] [...] On apprit que [...] Castineta et Giannoni, avec l'assentiment tacite de M. le général Giacinto Paoli, devaient se rendre près de Bastia où le gouverneur les avait fait appeler pour négocier la paix »[175]. Toujours modéré, Giacinto est ouvert à la négociation. Seuls les Corses au service de l'étranger veulent poursuivre la lutte. Giafferi et Costa se préparent même à attaquer la tour de la Padulella car il faut tenir le littoral pour introduire en Corse les Vénitiens ou les Espagnols. « Giannoni en ressentit une grande amertume. Il voyait déçus tous ses espoirs de se mettre en grand crédit auprès du gouverneur grâce *aux traités de paix*. Son neveu, c'est-à-dire le général Giacinto Paoli, en ressentit aussi, mais moindre, en voyant ordonnée et exécutée – sans lui – une levée générale des peuples. » Giannoni resta « dans son village ». Giacinto, comprenant qu'il ne pouvait abandonner les militaires au risque de ne plus recevoir d'armes, « monta vite à cheval et [...] descendit en Tavagna pour y rejoindre l'autre général : don Luigi Giafferi ». Alors que le gouverneur remercie Giannoni « de sa fidélité »[176], Giacinto, aux côtés de Giafferi, attaque la Padulella. Après sa prise (5 février), Giacinto « jouit de l'hospitalité de MM. de'Battisti [pro-vénitiens] avec lesquels il entretient des relations d'amitié »[177]. Ce sont les neveux du Dr Vittini, le parrain de Pascal. Simon Fabiani, lui, voulut « aller dans le même village, mais dans une autre maison » : la tour carrée du Fano, propriété des Marchetti (pro-génois) ! Giafferi, avec Costa et Giappiconi (les plus dévots), partit dormir « à la Castellana... chez le curé »[178]. Paoli et Castineta, rentrés peu après dans le Rostino, « s'abandonnèrent [alors] à un parfait repos ». Mais Giafferi, Costa et Giappiconi espèrent toujours plus, et veulent à présent s'emparer du fort génois de San Pellegrino, près de la Padulella. Giacinto hésite. Le fort est solide et son gouverneur y fait réaliser des travaux par un ingénieur réputé : le major Marchelli, officier du génie[179]. Voulant inciter Giacinto à attaquer, Costa prétend attendre de prochains « secours d'Espagne », c'est-à-dire de Castelar dont dépend l'arsenal de Barcelone. L'attaque commence le 16 ou le 17 mars. Giacinto est au camp. Il s'y adresse à Clemente : « Et toi, mon fils, toi, supplée à la force qui manque à ton père ! Marche au combat »[180]. Il s'agit sans doute du « camp » auquel les contemporains font allusion lorsqu'ils écrivent dans les années 1765-1769 que Pascal y a été « élevé ». Apprenant la déroute corse[181], Giafferi et Costa « restèrent pâles, muets et exsangues ; mais non pas M. Paoli [...]. MM. Paoli, Castineta et Arrighi [...] parlent de traités de paix [...]. MM. Giafferi, Costa, Giappiconi non[182] ». Pascal, dix ans, a sans doute été terriblement marqué par l'échec de son père à San Pellegrino. Vingt ans plus tard, il ne cessera de réclamer à celui-ci, à Naples, des ouvrages sur les fortifications et surtout sur l'art de les attaquer afin de s'en emparer.

Trois jours après cet échec (20 mars), « les chefs pensaient à abandonner *la cause commune* et à se retirer sur le continent »[183]. Giacinto et Giafferi étaient deux vaincus qui « ne pensaient qu'à se préparer à un *secret* et salutaire départ »[184], en attendant « qu'un secours de l'Espagne [en réalité du jésuite Castelar], si désiré, leur ouvrît *encore* la voie à un nouvel et plus heureux soulèvement »[185]. « Cependant, la Providence ne les abandonna pas ; *deux navires anglais* jetèrent l'ancre à L'Île-Rousse et débarquèrent une certaine quantité de provisions et de munitions pour les patriotes. *Les capitaines des navires* ne voulurent accepter en récompense que quelques barils de vin, qu'ils burent à la santé et au triomphe des armes des insulaires. Les commissaires génois, informés de cet événement, voulurent entamer de nouvelles négociations qui furent rejetées [...]. Les patriotes, armés de courage [...] seraient tombés dans l'abattement à la fin de leurs ressources, sans [...] un personnage inconnu débarqué dans la plaine d'Aléria[186]... » L'abbé Natali dresse un premier bilan de toutes ces années de révolte dans son *Disinganno intorno alla Rivoluzione di Corsica* (1736). Chacun cherche à assurer sa survie matérielle : Giacinto veut obtenir de Gênes un « brevet pour son fils » ; Giafferi, deux brevets de capitaine, « l'un pour son fils, l'autre pour son neveu » ; Costa, « un brevet au nom de son fils » ; Giappiconi, « un brevet pour lui ». Tous « se préparaient à abandonner la patrie pour se rendre sur le continent avant que les peuples ne se soumissent aux Génois[187] ». Le gouverneur remet alors à l'envoyé des généraux « un traité de paix[188] ». C'est alors que débarque en effet à Aléria[189] un étonnant personnage : Théodore de Neuhoff dont le rôle s'avère essentiel pour toute la formation de Pascal Paoli et pour tout son avenir. Sans Giacinto, pas de Pascal. Sans Neuhoff, pas de Paoli. Réduire Giacinto au seul rôle de père purement biologique serait totalement faux. Mais Neuhoff, quelque part, fut – pour la révélation de Paoli – une sorte de second père, un père spirituel d'autant plus que le bâtiment qui transporte Neuhoff à Aléria est commandé par un Anglais, un certain capitaine Dick, fils naturel du consul britannique en poste à Tunis. C'est ce consul Dick qui se serait porté garant du paiement des marchandises apportées en Corse par Neuhoff. Décrété d'arrestation par la cour de Londres, le capitaine Dick se suicida peu après à Smyrne, d'un coup de pistolet dans la tête[190].

CHAPITRE IV

Paoli : l'élève de Neuhoff ?

« Ceux-là se trompent qui croient que la vengeance et la cruauté exercées contre leur ennemi sont une noble entreprise. »

Théodore de Neuhoff,
roi des Corses, 5 août 1736
S. Costa (*Mémoires*, t. II, p. 543).

On a souvent tendance à écrire que Paoli a commencé sa formation intellectuelle une fois arrivé à Naples (1739), et on prétend qu'elle a surtout été poussée à l'université du port à partir de 1745 sous la férule d'un savant maître Genovesi, lui-même franc-maçon. Rien n'est plus faux. En 1745, Paoli aura vingt ans ! C'est beaucoup trop tard, à l'époque, pour entreprendre des études de type universitaire. Il ne faut pas oublier que Paoli sera sous-lieutenant à Naples à partir de 1741 et il est impensable qu'un jeune officier devienne alors un jeune universitaire. C'est méconnaître toutes les règles qui régissent le cursus des études aux XVIIe et XVIIIe siècles : le fils de Colbert, Seignelay, « soutenait ses thèses » en Sorbonne à dix-sept ans et il n'y a aucune raison pour que Paoli, sous-lieutenant, devienne tout à coup étudiant à l'âge de nos étudiants du XXIe siècle. La formation d'Ancien Régime se fait beaucoup plus tôt : Duquesne embarque à dix ans à destination de l'Inde ; Jean Bart embarque à Dunkerque ses fils de dix ans eux aussi. Du reste, l'université de Naples ne mentionne pas Paoli parmi ses étudiants. Seule une académie militaire a pu perfectionner le bagage initial de Paoli, bagage acquis en Corse, puis à Naples de 1739 à 1741, peut-être dans un collège – c'est ce qui expliquerait que certains jeunes gens de son temps parlent de lui comme de leur ancien camarade « d'école » et non d'université. Il est possible que cet enseignement au collège, sans doute en qualité d'externe ; ait été doublé à la maison, le soir, par un « répétiteur », ou pendant les vacances ; et il est vraisemblable que ce « répétiteur » peu argenté, jeune homme de vingt-six ans, ait été Genovesi qui aurait enseigné à l'adolescent « la grammaire, la rhétorique et l'éloquence », bien avant d'être nommé en 1745, à trente-quatre ans, professeur à l'université de Naples.

En réalité, la formation intellectuelle de Paoli s'est faite en Corse, véritable carrefour européen dans les années 1730, grâce à trois personnages essentiels ou, mieux, à trois groupes de personnages : le père de Paoli, sorte de philosophe corse ; Giafferi, capitaine vénitien, auquel s'est adjoint Costa, juriste livournais ; et Théodore de Neuhoff, officier westphalien. Les contemporains écossais et anglais s'étonneront en effet, entre 1765 et 1769, que Paoli ait pu devenir ce qu'il était en ayant été « élevé dans un camp », c'est-à-dire le camp militaire formé et tenu par Monsieur son père. Les maîtres de Paoli ont été en fait Giannoni, son grand-oncle, et Castineta, illettrés mais tous deux érigés en véritables professeurs de guérilla montagnarde. Le vieux Giafferi, fort cultivé, a été aussi pour Paoli un exemple dans l'art de la guerre, comme tous les officiers vénitiens qui l'entouraient : les lieutenants Lusinchi et Arrighi, Battaglini, le capitaine Giappiconi, le brigadier Boerio. Enfant, Paoli n'a cessé de voir cette armée disparate composée de *pelone* corses – sortes de manteaux de berger – et d'uniformes rutilants, espagnols ou vénitiens. Paoli lui-même, comme son père, sera représenté à vie soit en berger chevelu, grossièrement vêtu de drap corse ; soit en général continental, en uniforme étincelant et perruque poudrée. Enfin, Paoli a bénéficié à partir de 1736 de la venue, au côté de son père, d'un personnage étonnant, Théodore de Neuhoff, sorte de véritable livre ouvert et permanent. Neuhoff connaît toute l'Europe, de l'Écosse des Stuarts à la Livourne de François de Lorraine, il connaît Madrid et Belgrade, La Haye et Barcelone, Tunis et Amsterdam. Neuhoff arrive avec des instruments (longue-vue, jumelles), des cartes européennes à peine sorties des presses, un savoir prodigieux en matière de monnaie, de mines, de métaux, d'agriculture, et il constitue pour l'enfant de onze ans qu'est Paoli un des maillons essentiels de sa propre formation. Neuhoff sera le professeur de diplomatie et d'économie de Paoli en quelque sorte, alors que les ingénieurs du duc de Lorraine qui l'accompagnent, dont Humbert de Beaujeu, seront pour lui, des maîtres dans l'art des fortifications. C'est Neuhoff, le premier, qui envisage la création d'une université insulaire. Paoli la créera à Corte (1765). C'est Neuhoff, le premier, qui fait frapper des monnaies en Corse. Là aussi, Paoli l'imitera. C'est Neuhoff, le premier, qui voulut créer une marine corse : il « proposa de faire construire des barques armées afin de donner la chasse aux navires génois qui croisaient sur le littoral[1] » ; Paoli créera cette marine corsaire et le port de L'Île-Rousse. Paoli, adulte, fera du reste référence à Neuhoff dans plusieurs lettres à son père, avant d'entretenir une correspondance corso-anglaise avec Frédéric de Neuhoff, neveu de Théodore. C'est dire que ces années 1734-1739 sont cruciales pour Paoli qui passe de Virgile, de Tacite et du droit romain paternel à la connaissance géographique, militaire et diplomatique de l'Europe de son temps. Double cursus, formation bicéphale, parfaitement complète, antique et contemporaine, livresque et militaire, adjoignant la plume à l'épée. Cela, parce que Monsieur son père a réussi à devenir un des deux « généraux de la nation corse » avec Giafferi (1734), puis l'un des deux « Premiers ministres » de Neuhoff, toujours avec Giafferi (1736).

Neuhoff est regardé par l'historiographie traditionnelle comme un personnage incompréhensible, une sorte de roi-bouffon, de roitelet d'opérette, tombé on ne sait d'où pour aller on ne sait où. Personne jusqu'à présent n'a réussi à déterminer le pays qu'il servait parce que nous raisonnons justement en fonction de pays, de puissances, d'États, de nations. Était-il au service de la France ? De l'Angleterre ? De l'Espagne ? Telles sont les grandes questions auxquelles on n'a pu répondre jusqu'à présent. Mais il faut se replacer au XVIIIe siècle et ne pas raisonner en fonction des États mais des dynasties, et encore davantage des « réseaux », et notamment du réseau dévot – ancien – et du réseau maçonnique – naissant. Alors tout devient parfaitement clair.

L'INTERNATIONALE JACOBITE

Qui est Neuhoff et d'où tire-t-il ses subsides ? Telle est la question de fond. Ce n'est qu'en y répondant avec précision que l'on peut comprendre pourquoi Pascal Paoli va se retrouver bientôt sur un axe européen Nord-Sud (Angleterre/Metz/Livourne/Corte), et non plus sur l'axe Ouest-Est qui était l'axe sur lequel évoluaient traditionnellement les contemporains de son père, Giafferi ou Costa (Catalogne/duché de Cardone/Rome/Venise/Vienne/la Porte). Axe Nord-Sud ancien toutefois, préexistant, puisque Sampiero combattait en l'île de Wight et que son frère Filippo Corso trouvait la mort à Boulogne-sur-Mer alors que Marie Stuart voyait le jour.

Pour connaître Neuhoff, nous disposons de plusieurs sources. Tout d'abord de son *Testament politique*, publié à Montpellier (1895) par le capitaine d'infanterie Emmanuel Orsini, officier d'Académie. Document original ou apocryphe ? Plusieurs éléments nous font pencher vers la première solution. E. Orsini disait avoir travaillé sur le document original signé de Théodore. Hormis le fait qu'il n'y a pas de raison de mettre en doute ses assertions, les fautes mêmes qui existent dans cette publication prouvent qu'Orsini a eu du mal à lire un document réellement ancien : il écrit par exemple régulièrement « Saxe », ce qui n'a aucune signification dans le contexte, pour « Save » : affluent du Danube. Il commet visiblement des erreurs de traduction ou d'interprétation lorsqu'il écrit, par exemple, que Neuhoff arrive en Espagne le 20 décembre 1718, laissant croire à une mauvaise chronologie. Or, Neuhoff arrive à Dunkerque le 20 décembre 1718, mais Neuhoff fait partie de tout ce groupe qui continue de considérer Dunkerque comme un port espagnol, ce qui était le cas jusqu'en 1658, Dunkerque ne devenant français qu'en 1662, après avoir été anglais de 1658 à 1662. Ce genre d'erreur n'a pu être sciemment inventé en 1895. Enfin, tout concorde pour faire de ce *Testament* un acte authentique, une fois comparé à d'autres sources, notamment aux propos médisants tenus par écrit à sir Thomas Robinson. Nous disposons aussi en effet de ce courrier anonyme, daté de Paris (8 juin 1736) et expédié à sir Robinson, ambassadeur d'Angleterre à Vienne, pièce conservée au British Museum. Ces sources révèlent beaucoup mieux le passé de Neuhoff que l'opéra de l'abbé Casti (1721-1803), au titre néanmoins intéressant : *Le Roi Théodore à Venise*, opéra qui réduit Neuhoff au rôle d'aventurier de bas étage et qui fait songer aux pièces que fera jouer Catherine II à Pétersbourg et à Moscou, pour stigmatiser Cagliostro : *L'Aveugle* (4 janvier 1786), *L'Imposteur* (2 février), *Le Sorcier sibérien* (24 septembre). Catherine qualifie Cagliostro de « franc-charlatan » dans sa correspondance avec Grimm. « Charlatan » eût suffi. Pourquoi « franc » ? Allusion à « franc »-maçon, bien évidemment, pour définir Giuseppe Balsamo, dit « Alexandre, comte de Cagliostro », né à Palerme le 2 juin 1743. Pour connaître Neuhoff, nous disposons aussi des *Mémoires* de Costa écrits entre 1732 et 1737 qui racontent le quotidien de Neuhoff en Corse, depuis son premier banquet « entre les généraux [Giacinto et Giafferi] qui lui donnèrent le titre d'Excellence, le reconnaissant ainsi pour baron [2] », et jusqu'à son départ de l'île. Nous disposons enfin de nombreux documents émanant de Neuhoff et de contemporains, conservés dans différents dépôts d'archives, notamment à la Bibliothèque Méjanes d'Aix-en-Provence et aux Archives départementales d'Ajaccio, dont un édit de Théodore du 31 janvier 1743 [3], essentiel.

Neuhoff est né à Metz, évêché français depuis 1552. Les contemporains ne disaient pas que Neuhoff était allemand, mais *d'origine* allemande : « Le baron de Neuhoff, dont le nom sera sans doute mémorable dans les Annales de Corse, est allemand *d'origine* », écrit le correspondant de sir Robinson. Son père « était du comté de La Marck », sans doute de la paroisse de Ruggeberg. Une Catherine-Amélie de Neuhoff épouse d'ailleurs le 16 août 1736 le docteur Gio Battista Garibaldi, médecin corse, en la paroisse de Ruggeberg, comté de La Marck. Elle est sans doute la nièce de Neuhoff et elle doit visiblement son prénom à sa grand-mère Amélie, mère de Neuhoff. Elle serait, semble-t-il, l'arrière-grand-mère de Garibaldi[4]. Neuhoff, comme le comte de La Marck[5], est un émigré bien né. Il l'écrit : « Je suis issu d'une famille noble [...]. Mes ancêtres ont toujours tenu un rang *assez considérable* dans le cercle de Westphalie[6] » ; bien né mais sans fortune, comme La Marck[7], car son « médiocre bien » se trouve « sous la main de l'Empereur[8] ». Autrefois, sa famille possédait des terres au comté de La Marck et en Courlande : les baronnies de Neuhoff, de Nienrod, de Pungelscheid, de Gelinden, les seigneuries de Ruchembourg et de Nucingen. La sœur du bisaïeul de Neuhoff, Anne-Henrique, épouse du baron E.-Frédéric de Nucingen, est du reste la grand-mère du baron Bernard de Drost que nous retrouvons en Corse au temps de Paoli. Arrière-arrière-petit-fils du gouverneur du duché de Clèves[9], petit-fils du baron de Neuhoff et de Gelinden[10], neveu d'un conseiller de Brandebourg[11], Neuhoff a un oncle baron de Neuhoff, officier de cavalerie tué à Landen (sans doute à Neerwinden, près de Landen, en 1693)[12] ; un autre, capitaine d'infanterie tué à Kaiserswerth[13] ; un troisième, capitaine du château de Siégen[14], et le dernier, châtelain de Ruchembourg[15]. Le père de Neuhoff[16] a été capitaine des gardes de Mgr de Fürstenberg, évêque de Metz[17] puis de Strasbourg[18] ; puis de son frère le cardinal de Fürstenberg, aussi évêque de Metz[19] puis de Strasbourg, candidat malheureux au siège épiscopal de Liège (1688).

« Encore jeune », le père de Neuhoff a épousé, sans doute *de la main gauche*, « une bourgeoise de la petite ville de Visé »[20], Amélie, fille d'un riche marchand du « pays de Liège » en l'électorat de Cologne, d'où les armes *brisées* dont Neuhoff dotera le royaume de Corse en 1736[21] : « coupé 1 d'argent à la tête de Maure de sable, tortillée d'argent et bouclée » (armes de la Corse) ; « au 2 : de sable, à la chaîne d'argent en pal, *brisée* en son milieu ». Un mariage de la main gauche ou mariage morganatique ne permet pas en effet aux enfants de ce lit de porter des armes pleines, d'où la nécessité de la brisure. Le cardinal de Fürstenberg étant devenu chef du conseil de Maximilien-Henri de Bavière (1621-1688), archevêque-prince de Cologne, évêque de Liège, le père de Neuhoff a « suivi l'Électeur »[22] puis en 1688, à la mort du prélat[23], il est passé au service du neveu du cardinal, alors gouverneur général de l'électeur de Saxe[24]. À noter qu'Albert, duc de Saxe, a été le premier mari de

Chrestienne-Thérèse de Lowenstein (née en 1665), sœur de la marquise de Dangeau. Neuhoff écrit : « Je vins au monde pendant l'attachement (de mon père) aux intérêts de l'électeur de Saxe » ; puis, en raison de son mariage-mésalliance, ce père est arrivé « en France où il parvint à avoir le commandement d'un fort qui fait partie des fortifications de Metz »[25]. Là, la mère de Neuhoff « accoucha de deux enfants » : Théodore-Étienne et la future comtesse du Trévoux[26]. La comtesse, née Marie-Anne-*Élisabeth-Charlotte* de Neuhoff, doit peut-être son prénom à la duchesse de Lorraine *Élisabeth-Charlotte* d'Orléans, fille de la Palatine, mariée par Louis XIV au duc de Lorraine Léopold en 1698, laquelle pourrait avoir été sa marraine. Théodore, baron libre von Neuhoff[27], est né en janvier 1690[28], date de naissance qu'il avoue lui-même, à Metz donc, quoique Cologne[29], Liège et Altena[30] en Westphalie[31] revendiquent aussi sa naissance. Neuhoff, en tout cas, vient du pays messin. Lui-même a été parrain à Metz, paroisse Sainte-Ségolène, de son neveu Théodore-*Hiacinthe,* fils de sa sœur Mme de Trévoux. Le prénom de ce neveu est dû à la marraine, « haute et puissante dame Marie-*Hyacinthe* Danois, épouse de haut et puissant seigneur Jean-Philippe de Saillant, lieutenant général des armées du Roi et gouverneur des trois évêchés de Metz, Toul et Verdun, et gouverneur de la ville et citadelle de Metz[32] ». Le comte de Saillans (mort en 1723), lieutenant-colonel du régiment des gardes françaises, a succédé en 1712 au maréchal de Villars, gouverneur des Trois-Évêchés. Ce dernier est à la fois le beau-père du marquis de Brancas, ami des Ornano, présent à une tenue maçonnique à Paris chez la duchesse de Portsmouth avant le 7 septembre 1734, avec Montesquieu, Waldegrave et le duc de Richmond ; et le père d'Honoré-Arnaud de Villars (1702-1770), admis à la loge Coustos-Villeroy à Paris, courant 1737.

Orphelin de père assez tôt, semble-t-il, le comte de Mortagne, officier général de la gendarmerie du Roi[33], et chevalier d'honneur de la Palatine, « prit soin de ses enfants et plaça le fils dans les pages de Madame » (la Palatine)[34]. Cette formation de Neuhoff auprès de la Palatine, il est essentielle de la mettre en valeur pour comprendre quelque chose à l'avenir de la Corse du temps de Paoli : la Palatine « appartient » en partie aux Stuarts, par sa grand-mère (morte en 1662), fille du roi d'Angleterre Jacques Ier Stuart (Jacques VI d'Écosse). Elle est la petite-nièce de Charles Ier Stuart et la nièce du prince Rupert (1619-1682), duc de Cumberland, comte de Holderness et vice-amiral d'Angleterre. Non seulement la Palatine « tient » aux Stuarts et à toute la famille royale d'Écosse, mais la sœur de son père a épousé en 1651 Sigismond Rakoczy (Ragotzi). Or les Rakoczy, comme les comtes de Holderness, sont présents dans la correspondance de Pascal Paoli qui attend des secours des

Rodolphe, duc de Bavière, marié en 1295, mort en 1319

Adolphe (v.1306-1327)

Robert II (mort en 1398)

Robert III (mort en 1410)

Étienne (1385-1459), frère de Louis III (mort en 1439) dont le fils Frédéric (1425-1476) est l'auteur des *Lowenstein* ; leur nièce Agnès épousa en 1399 Adolphe **de La Marck.**

Frédéric (1417-1480)
Jean Ier (mort en 1509)
Jean II (1486-1557)
Frédéric III (1515-1576)
Louis V (1539-1583)
Frédéric IV (1574-1610)
Frédéric V (1596-1632)
ép. en 1613 Élisabeth **STUART,**
fille de Jacques Ier

Charles-Louis
(1617-1680)

Élisabeth-Charlotte
(1652-1722)
« la Palatine »
ép. en 1671 Philippe,
duc d'Orléans
sœur du dernier Électeur
de cette branche (mort en 1685)

Robert (1619-1682)
comte d'Holderness,
vice-amiral
d'Angleterre

Henriette-Marie
(1626-1651)
ép. en 1651
Sigismond Ragotzi

Sophie
(1630-1714)
ép. le duc de Hanovre
déclarée par
le Parlement d'Angleterre
héritière de la Couronne
le 23 mars 1701

Louis (mort en 1489)
Alexandre (1462-1514)
Louis II (1502-1532)
Wolfgang (1526-1569)
Philippe-Louis (1547-1614)
Wolfgang-Guillaume (1578-1653)
Philippe-Guillaume (1615-1690), Électeur (1685)

Dorothée
Sophie
(1670-)
ép. Édouard
puis
François
Farnèse
princes de Parme
Sœur de deux grands maîtres
de l'ordre Teutonique et de la
reine d'Espagne (épouse de **Charles II**)

uns et des autres ! D'autre part, la Palatine a prématurément perdu son frère, Charles II, duc de Bavière (1651-1685), comte Palatin du Rhin et électeur. En 1685, l'électorat est donc passé de leur branche (branche des ducs de Simmeren issue de la branche palatine du Rhin ou Rodolphine) à une branche cadette de leur maison représentée en 1685 par leur lointain cousin du 9e au 7e degré, Philippe-Guillaume de Bavière (1615-Vienne, 1690) dont Louis XIV ravagea le Palatinat (1688). Neuhoff sert donc la Palatine au moment où ce dernier a fait basculer le Palatinat dans le camp de l'Empire[35], depuis les débuts de la guerre de la Ligue d'Augsbourg (1688-1697). Philippe-Guillaume, père de dix-sept enfants, la plupart remarquablement mariés, a en effet un gendre qui n'est autre que l'empereur Léopold[36] dont il devint le chef du conseil ; son autre gendre n'est autre que Charles II d'Espagne[37] ; quant à ses filles, elles ont été mariées de façon telle que la famille électorale de Bavière veille avec un soin jaloux sur tout ce qui se passe dans la péninsule italienne : Dorothée-Sophie a épousé successivement les princes de Parme : Édouard[38] puis François Farnèse ; et sa bru[39], restée jeune veuve, a épousé le dernier des Médicis de Florence, Jean-Gaston, grand-duc de Toscane, fils de Côme III. C'est ce qui explique l'action diplomatique de Neuhoff entre la cour de Madrid, les Farnèse et le dernier des Médicis. Neuhoff, adulte, gravitera en effet au cœur de la diplomatie impériale : maison de Lorraine, Habsbourg, Madrid, Parme, Florence, Sardaigne, sans oublier les jacobites, maçons écossais. Et Paoli sera très exactement son continuateur. En outre, il ne faut pas oublier l'appui de l'ordre Teutonique dont Neuhoff jouit en Corse : or les deux fils de Philippe-Guillaume furent successivement grand maître de l'ordre[40].

Mortagne « s'appelait Collin, et n'était rien du tout, du pays de Liège », écrit Saint-Simon. Il était « de fort obscure naissance. Son père était un riche maître de forges devers Liège qui laissa à son fils un nom qui n'était pas à lui ». Mortagne est sûrement le frère d'Amélie, mère de Neuhoff, et non son amant[41], comme la calomnie l'a répété, d'autant plus que la jeune veuve s'est remariée à un commis des douanes de Metz[42], d'où une fille mariée à un conseiller au parlement de Metz[43]. Mortagne « eut un soin tout particulier » de Neuhoff. « Le jeune baron y répondit avec succès et se rendit habile en tout ce qui peut faire valoir un homme de qualité » : mathématiques, allemand, français, italien. La Palatine du reste y contribua puisqu'elle écrit : les gazettes « me divertissent fort et quand je les ai lues, je les donne à deux pages allemands que j'ai, *un Neuhoff* et un Keversberg, pour qu'ils conservent l'habitude de l'allemand et n'oublient pas leur langue[44] ». Et tous les contemporains s'accordent avec le manuscrit aixois de la Bibliothèque Méjanes

(p. 111) qui dit au sujet de Neuhoff : il « était baron de Newoff en Allemagne, d'un esprit supérieur et entreprenant, savait plusieurs langues, montrait beaucoup de valeur et de courage, bien fait d'ailleurs, poli et d'un maintien sérieux, mais trop violent dans ses résolutions ». Toutes les sources attestent que Neuhoff parle effectivement plusieurs langues – comme Pascal Paoli ultérieurement –, et en Corse on dira de lui : « *Un'Uomo... molto affabile, parlava varie lingue*[45] ». Neuhoff fit, dit-on, ses délices de Plutarque[46] qui devint l'auteur favori de Pascal Paoli, « sorti tout droit des *Vies* de Plutarque » d'après nombre de contemporains. Jeune, Neuhoff est en outre « beau et bien fait[47] ». On le dira encore en Corse en 1736 : « *Un'Uomo ben formato.* » « Son air était noble, son esprit avait plus de douceur que de brillant, mais sa douceur même cachait une vanité démesurée, à laquelle il a toujours eu beaucoup de penchant, *ainsi qu'à toutes sortes de débauches.* »

Au sortir des pages, Neuhoff a été effectivement pris en main par le prince de Birkenfeld[48], de la maison électorale de Bavière, lieutenant général qui « lui conféra une lieutenance dans le régiment d'Alsace [c'est-à-dire le régiment de La Marck[49]] en garnison à Strasbourg », mais les médisants prétendirent que « le marquis de Courcillon, qui l'entretenait *par un amour socratique,* lui procura une compagnie dans le régiment de cavalerie [de son grand-oncle Fürstenberg[50]] dont il était colonel ». Il y serait resté, selon la calomnie, jusqu'au jour où Courcillon l'aurait disgracié pour cause d'opération d'une fistule à l'anus, résultat de « la plus sale débauche dont cette opération passa publiquement pour être le fruit[51] ». Certes, Maréchal, médecin du Roi, a bien opéré Courcillon pour ses dix-neuf ans[52], note Saint-Simon. Certes, Neuhoff est peut-être un adolescent homosexuel de seize ans, comme Vermandois, fils du roi, mais il est faux que Courcillon l'ait disgracié à cette époque. Il est en effet opéré en 1706, révèle Saint-Simon ; or le dossier militaire de Neuhoff montre qu'il devint sous-lieutenant du régiment de cavalerie de Courcillon le 30 août 1712, puis lieutenant dans la compagnie mestre de camp le 4 juillet 1713 et qu'il ne quitta ce régiment que le 30 juin 1714[53]. Par conséquent, lorsque le correspondant anonyme de sir Robinson écrit : « il lui fut aisé [à Courcillon] d'obtenir congé [du régiment de La Marck] pour son mignon [Neuhoff] qui passa quelques années dans le libertinage à Paris ; enfin, une maladie qu'eut le marquis (en 1706), et dont il attribua la cause aux faveurs du baron, fut la source de sa disgrâce », il est pris en flagrant délit de mensonge. La réalité est autre. Neuhoff, jeune homme issu du comté de La Marck, et page de la Palatine, gravite en fait au cœur de la petite cour de la marquise de

Dangeau, mère de Courcillon, car celle-ci est la petite-fille de Jossine de La Marck.

Au traité de Bade en 1714, Maximilien-Marie de Bavière[54], mis au ban de l'Empire (29 avril 1706) en même temps que l'électeur de Cologne son frère[55], tous deux privés de leurs États, réfugié en France depuis près de dix ans, les récupère. Neuhoff obtient alors son congé (23 mars 1714) et quitte le régiment de Fürstenberg à la mi-juin, le fameux régiment passé en revue par Louvois à Dunkerque, en mai 1669, juste avant l'arrestation du Masque de Fer. Neuhoff écrit dans son *Testament politique* : « À peine la paix de Rastadt [ou traité de Bade] avait-elle rétabli Maximilien dans la possession de son électorat, que ce prince me donna des preuves de l'estime qu'il avait pour mon père[56]. [...] Capitaine du régiment d'infanterie de l'Électeur, je restai deux ans à la cour de Bavière[57]. » Fin 1716, Neuhoff rentre en France, Mortagne[58] devant épouser sa voisine[59], petite-fille du duc de Montbazon, mort fou dans une abbaye de Liège[60]. Le mariage a été préparé par le comte de La Marck[61], veuf de la fille aînée du duc de Rohan, et par Birkenfeld, petit-fils de Catherine de Rohan[62]. Neuhoff reste alors à Versailles où il a été élevé, auprès de Courcillon, mort à trente-deux ans en 1719, et de sa mère, la marquise de Dangeau, née Lowenstein, tante de ce comte de Lowenstein que l'on a vu arriver en Corse en 1732 dans les troupes impériales du duc de Wurtemberg qui a sollicité auprès de Gênes la libération de Giacinto Paoli. Il y est arrivé avec le comte de Waldek, petit-fils de Birkenfeld, semble-t-il[63].

À Versailles, Neuhoff côtoie le plus grand professionnel de la révolte de son temps. Non seulement la Palatine a une tante mariée jadis à Sigismond Rakoczy, mais Mme de Dangeau est la sœur de la landgrave Guillaume de Hesse-Rinfels, de la famille du landgrave de Hesse, franc-maçon que Paoli ira rencontrer en exil sur le chemin de Corte à Londres en 1769, après la défaite de Ponte-Novo. Or le landgrave de Hesse-Rinfels a une nièce mariée au chef des révoltés hongrois : le prince Rakoczy, fils, petit-fils, arrière-petit-fils et arrière-arrière-petit-fils de « rebelles » ! Les Rakoczy n'ont cessé de s'opposer à l'Autriche, faisant par là le jeu de la France. Sigismond a été élu prince de Transylvanie (1606). Son fils Georges Ier (1591-1648) aussi. Le fils de ce dernier, Georges II (v.1615-1660), élu prince de Transylvanie, fut tué au combat par le grand vizir Koproli, présent à Candie en 1669. Son fils François, mort en 1676, conspira contre Vienne. Découvert, il vécut dans la retraite, composant un livre de prières : l'*Officium Racoczianum*. François-Léopold Rakoczy (1676-1735), élevé en Bohême chez les Jésuites, a épousé en 1694 Charlotte-Amélie de Hesse-Rinfels (v.1679-1722). Accusé d'exciter les Hongrois à la révolte, avec l'appui de Versailles, il

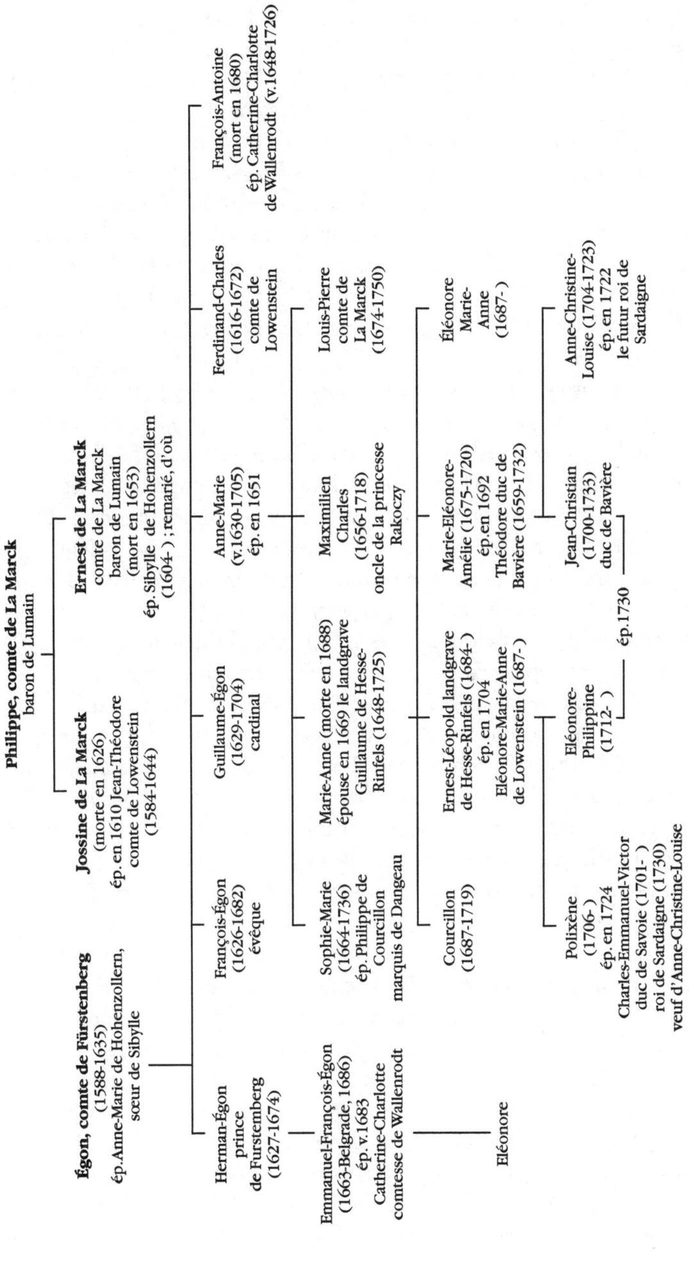
Philippe, comte de La Marck
baron de Lumain
Jossine de La Marck
(morte en 1626)
ép. en 1610 Jean-Théodore
comte de Lowenstein
(1584-1644)
Ernest de La Marck
comte de La Marck
baron de Lumain
(mort en 1653)
ép. Sibylle de Hohenzollern
(1604-) ; remarié, d'où
Égon, comte de Fürstenberg
(1588-1635)
ép. Anne-Marie de Hohenzollern,
sœur de Sibylle
Herman-Égon
prince
de Furstemberg
(1627-1674)
François-Égon
(1626-1682)
évêque
Guillaume-Égon
(1629-1704)
cardinal
Anne-Marie
(v.1630-1705)
ép. en 1651
Ferdinand-Charles
(1616-1672)
comte de
Lowenstein
François-Antoine
(mort en 1680)
ép. Catherine-Charlotte
de Wallenrodt (v.1648-1726)
Emmanuel-François-Égon
(1663-Belgrade, 1686)
ép. v.1683
Catherine-Charlotte
comtesse de Wallenrodt
Sophie-Marie
(1664-1736)
ép. Philippe de
Courcillon
marquis de Dangeau
Marie-Anne (morte en 1688)
épouse en 1669 le landgrave
Guillaume de Hesse-
Rinfels (1648-1725)
Maximilien
Charles
(1656-1718)
oncle de la princesse
Rakoczy
Louis-Pierre
comte de
La Marck
(1674-1750)
Eléonore
Courcillon
(1687-1719)
Ernest-Léopold landgrave
de Hesse-Rinfels (1684-)
ép. en 1704
Eléonore-Marie-Anne
de Lowenstein (1687-)
Marie-Eléonore-
Amélie (1675-1720)
ép. en 1692
Théodore duc de
Bavière (1659-1732)
Éléonore
Marie-
Anne
(1687-)
Polixène
(1706-)
ép. en 1724
Charles-Emmanuel-Victor
duc de Savoie (1701-)
roi de Sardaigne (1730)
veuf d'Anne-Christine-Louise
Eléonore-
Philippine
(1712-)
ép.1730
Jean-Christian
(1700-1733)
duc de Bavière
Anne-Christine-
Louise (1704-1723)
ép. en 1722
le futur roi de
Sardaigne

a été arrêté sur ordre de Léopold Ier (1701) et enfermé dans la forteresse de Wiener-Neustadt qui avait accueilli (1673) le cardinal de Fürstenberg enlevé au mépris de l'immunité diplomatique par les cavaliers impériaux. Le père de Rakoczy a composé la célèbre *Marche de Rakoczy,* hymne national des Magyars, mélodie guerrière qui préfigure le *Dio vi salvi Regina* introduit en Corse en 1735. Condamné à être écartelé, sa tête mise à prix comme celles des « rebelles » corses, ses biens confisqués, Rakoczy a réussi (1703) à soulever la Hongrie contre l'Autriche à la tête des Kuruczes qui ont pillé les faubourgs de Vienne, une génération avant que les Corses des montagnes ne pillent ceux de Bastia. Rakoczy est un homme qui refuse toujours de négocier avec l'Empereur. Son seul objectif ? Rétablir « les privilèges *de la nation hongroise* ». Élu prince de Transylvanie (1704), réélu (1707), il a réussi à obtenir la déchéance de l'Empereur en tant que roi de Hongrie et il préfigure la volonté des paolistes qui souhaitent obtenir celle de Gênes sur *la nation corse.* Pour Louis XIV, Rakoczy est un allié merveilleux, car capable d'agiter les Hongrois dans le dos de l'Empereur ! Battu par les Impériaux, débarqué à Rouen (1713), arrivé à Versailles, Rakoczy « descendit chez Dangeau », allant voir « Madame [la Palatine] ensuite »[64]. Louis XIV, qui lui avait jusque-là « fourni des subsides[65] » pour maintenir la Hongrie soulevée contre l'Empereur, le pensionne : « six cent mille livres sur l'Hôtel de ville [...] six mille livres par mois et l'Espagne [Philippe V], trente mille par an. Cela lui fit autour de cent mille livres de rente » ; ce qui préfigure le fait que Paoli sera pensionné à Londres par la cour de Saint-James, car on pensionne toujours les ennemis de ses ennemis. Alors que George III pensionnera Paoli, Louis XV pensionnera John Wilkes (1727-1797), chef des libertés « nationales » anglaises (The Friends of Liberty), franc-maçon initié le 3 mars 1769 à la prison de King's Beach par les membres de la loge de la Jerusalem Tavern[66] ! Nom prédestiné quand on sait combien Paoli est capable de réciter par cœur des strophes entières de la *Jérusalem délivrée* du Tasse ! Le prince Rakoczy, à Versailles, se met à évoluer entre Mme de Maintenon, le duc du Maine, la Palatine[67], Mme de Dangeau « tout Allemande et fort attachée à sa parenté ». Dangeau et sa femme « firent leur propre chose de Ragotzi [...] qui voyait le roi assidûment ». À vie, Neuhoff entretiendra d'excellentes relations avec des Hongrois au point de mourir à Londres chez l'un d'eux (Larkoszi ?)[68] que l'on prétendit « fripier ». À noter aussi que la Palatine a pour dame d'honneur Marie de Brancas, morte à Paris au Palais-Royal le 27 août 1731, femme de Louis de Brancas, duc de Villars (1663-1739), et mère de Louis-Antoine de Brancas, duc de Villars, gendre depuis 1709 du président à mortier au parlement de Metz[69].

En 1715, Louis XIV meurt. Le fils de la Palatine devient Régent. Les médisants prétendent que Neuhoff « fit des pertes considérables au jeu », qu'« il fut cité devant les maréchaux de France, et [que] comme il ne voyait point le jour à payer, il sortit du royaume et alla joindre en Suède le fameux baron de Goertz »[70]. La réalité est différente ! En 1715 arrive en France James Butler, deuxième duc d'Ormond (1665-1745), natif de Dublin, général irlandais, héritier de son grand-père, le premier duc d'Ormond, depuis 1688. Le duc d'Ormond a été lord-lieutenant d'Irlande de 1703 à 1707 puis à nouveau de 1710 à 1713. Cela est déjà intéressant en soi quand on sait que Paoli a reçu à Corte Frederik Augustus Hervey (1730-1803) et que celui-ci a été nommé lord-lieutenant d'Irlande dix jours après son retour de Corse, mais il y a plus intéressant. De 1701 à 1713, le duc d'Ormond a commandé en chef l'armée anglaise contre les troupes de Louis XIV, pour le compte de la reine Anne Stuart. Or lorsque celle-ci meurt en 1714, George Ier de Hanovre, qui monte sur le trône de Grande-Bretagne, accuse le duc de complicité jacobite. Poursuivi devant la Chambre des pairs, le duc, contraint de quitter sa maison près de Londres, se réfugie près de Paris. Là, il prétend qu'il « y avait en Angleterre un parti pour le roi Jacques ». Ce parti, Louis XIV a déjà tenté de l'aider en 1688 puis en 1707, en envoyant en Écosse une escadre confiée, comme par hasard, au comte Claude de Forbin (1656-1733), chef d'escadre des armées navales qui passe pour Provençal, mais qui est surtout le descendant direct du fondateur du Bastion de France, Tomasino Lenche (v.1510-1568), car arrière-petit-fils de Désirée Lenche, mariée à Jean-Baptiste de Forbin, seigneur de Gardanne : c'est le couple qui a reçu à Marseille Henri IV en 1600, avec Marie de Médicis[71], après l'assassinat de Cazaulx. En 1715, nombre de Britanniques, suite à la mort de la reine Anne, prennent parti pour les Stuarts. Parmi eux, George Keith (1695-1778), lord Maréchal, maréchal héréditaire d'Écosse, qui soulève celle-ci en faveur du Prétendant. Or milord maréchal est cité dans la correspondance de Paoli ! Il est le frère de John Keith, comte de Kintore, grand maître de la Grande Loge d'Écosse (1738) puis d'Angleterre (1740), et de James Keith (1696-1758), « grand maître provincial de Russie, considéré comme le vrai fondateur de la maçonnerie et son premier chef dans l'Empire des tsars » (D. Ligou). À Paris, le duc d'Ormond s'adresse à Cellamare, ambassadeur d'Espagne en France, « pour obtenir l'assistance » de Philippe V en faveur du Prétendant, alors que le lord Maréchal prend du service dans l'armée espagnole. C'est sur les instances du duc d'Ormond, poursuit Saint-Simon, que Cellamare « informa la Suède *par une voie détournée* » de la possibilité de fomenter un complot contre le roi George d'Angleterre. Pour cela, il utilisa « des gens *dont le nom plutôt que le mérite peu connu* pouvait faire plus d'impression dans les pays étrangers qu'ils n'en faisaient en France[72] ». Il est permis de penser que cette « voie détournée » n'est autre que Neuhoff car le duc d'Ormond le connaît : le 29 juillet 1693, à la bataille de Neerwinden, là où Patrick Sarsfield fut tué, le duc de Berwick a été fait prisonnier et il a été échangé contre le duc d'Ormond ! Par conséquent, fin novembre 1716, lorsque est signé à La Haye un traité secret entre le Régent et l'Angleterre[73], et lorsque le Régent, début 1717, nomme ambassadeur de France en Suède le comte de La Marck, ancien colonel des deux régiments de Fürstenberg[74], Neuhoff, originaire du comté, n'eut aucun mal à suivre le comte à Stockholm, d'autant plus que Mme de Dangeau y avait des contacts, ayant une cousine Lowenstein mariée autrefois à Oxenstierna, le chancelier de la reine Christine. À Stockholm, Neuhoff rencontre Goertz (1668-1719), Allemand du Holstein devenu ministre des Finances de Charles XII, et ils décident d'allier le Nord (Russie orthodoxe, Suède luthérienne) au Sud (Espagne catholique), contre le roi d'Angleterre hanovrien afin de le remplacer par le Prétendant. Sont du complot : le comte de Gyllembourg, ambassadeur de Suède à Londres, et le baron Spaar, ambassadeur de Suède en France. Après Stockholm, Neuhoff revient à Paris où Goertz vient aussi. Puis il est à La Haye où Goertz réside souvent et où le huguenot normand Basnage – chantre de la tolérance religieuse – sert d'intermédiaire avec le cardinal Dubois ; puis il est à Londres. Mais en février 1717, le frère de Gyllembourg est arrêté à La Haye et Goertz à Arnheim. C'est le moment où le tsar visite Paris (avril-mai). Rakoczy « ne lui cacha pas que les Turcs le pressaient de se rendre auprès d'eux et que son dessein était d'y aller[75] ». Rakoczy quitte la France. Neuhoff aussi. C'est également en 1717 que Jacques Keith, jacobite et frère du lord Maréchal, quitte Paris pour l'Europe du Nord, avant d'entrer au service de la Russie (1728).

Les Turcs envahissant la Morée[76] et Corfou, nous sommes dans une situation qui rappelle celle du temps où ils attaquaient Candie. Comme en 1669, l'Empereur se trouve « obligé de secourir les Vénitiens ». Neuhoff part en Hongrie comme Rakoczy. « Il ne me fut possible de joindre l'armée [chrétienne] qu'au printemps 1717. » En Hongrie, il y trouve des princes allemands, notamment Alexandre de Wurtemberg dont le fils est filleul de la Palatine[77] ; des officiers français, dont M. de La Colonie[78] ; des Florentins, dont M. de Massei, et même des Colonna d'Ornano et un Sebastiano Colonna Cesari della Rocca fait « comte palatin » par lettres de 1720[79]. Lorsqu'il débarquera en Corse en 1736, Neuhoff fera avertir par lettres personnelles deux personnes en priorité : Giacinto Paoli et Francesco Saverio Matra. Or ce dernier est frère du capitaine Giulio Francesco de Matra, marié en 1719 à Bastia à Maria

Cattarina Massei d'une famille de Sisco (cap Corse) qui se prétend parente des Massei florentins. Quant à Gio Pietro Gaffori – assassiné en 1754 et auquel succédera en Corse Pascal Paoli –, il est l'époux de Faustina de Matra, fille de cette Massei. Certes, le marquis de Massei qui est un des chefs des troupes bavaroises est un vrai Florentin, frère de Bartolomeo (1663-1748), camérier de Clément XI, futur nonce apostolique en France (1721) puis évêque d'Ancône (1731), mais les Massei de Sisco cherchent à s'ensoucher à ces Toscans et c'est d'ailleurs d'Ancône que Paoli Giafferi, frère de don Luigi, fera passer des armes en Corse, *via* Livourne, à partir de... 1731.

Lorsque Eugène de Savoie (fils du comte de Soissons empoisonné en 1673 en Westphalie) fait investir Belgrade, Neuhoff, aux ordres du marquis de Massei subordonné de La Colonie, est au pied de la ville[80] comme l'avait été Emmanuel-François-Égon de Fürstenberg (1663-1686), deuxième mari de la comtesse François-Antoine de La Marck, tué sous les murs de Belgrade. Neuhoff, jeune homme, a donc gravité au sein de tout un groupe engagé en Hongrie contre les Turcs, c'est du reste ce qui le rapproche des Corses au service de Venise dont les Giafferi, qui à Lépante, Zante, Chypre, Famagouste, ont eux aussi toujours combattu le Turc. François-Léopold de Lowenstein (1661-1682), chanoine de Cologne, est mort par exemple major général des armées de l'Empereur à Zathmar. Son frère Ferdinand-Herman (1663-1684), chanoine de Cologne et chevalier de Malte, mourut aussi après avoir servi en Hongrie. Leur frère Guillaume (1668-1693), lieutenant-colonel d'un régiment au service de l'Empereur, est mort devant Bude âgé de vingt-cinq ans. Tous trois sont les frères de la marquise de Dangeau ! Quant au protecteur de Neuhoff, Maximilien-Marie de Bavière, « il se signala au siège de Neuhausel en 1685 et à la défaite des Turcs avant la prise de cette place, au siège de Bude l'année suivante, à la tête de ses troupes, à la bataille de Mohaten en 1687, commanda la principale armée de Hongrie l'année suivante et emporta Belgrade l'épée à la main le 6 septembre » (Moréri). Il est donc logique que Neuhoff combatte les Turcs au sein des troupes bavaroises. Toutefois, comme le cardinal de Fürstenberg à la génération précédente, c'est surtout un informateur qui cherche à s'introduire partout, dînant avec le prince Eugène et soupant chez le comte Jean Palsi qui paraît être le père du comte Palssy von Erdod, l'un des plus remarquables représentants de la franc-maçonnerie hongroise qui protégera bientôt l'ordre ésotérique des frères asiatiques issu des Rose-Croix d'Or et assurera la fonction de provincial pour la Transylvanie au sein de l'ordre des Illuminaten[81].

Soudain, Neuhoff disparaît de Belgrade ! Dans son *Testament politique,* il explique cela en prétextant un duel contre le maréchal de camp de La Colonie. Certes, dans ses *Mémoires,* La Colonie parle bien d'un duel, mais contre un certain « M. de Boismorel »[82]. En fait, en novembre 1717, Neuhoff rencontre à Madrid Albéroni, ancien secrétaire du duc de Parme. Venu à Fontainebleau trois ans plus tôt, Albéroni y a négocié le mariage de Philippe V avec Élisabeth Farnèse. Depuis, il gouverne l'Espagne. Neuhoff sut « plaire au cardinal [...]. Cette Éminence lui accorda sa protection, lui conféra le brevet de colonel, lui assura six cents pistoles de *pension,* outre ses *appointements*[83] ». Dans son *Testament politique,* Neuhoff écrit avoir été fait par Philippe V « colonel de dragons le 10 janvier 1718, à la suite du régiment d'Oran, avec huit mille livres de *traitement* ». Les deux sources disent donc bien la même chose : une pistole valant dix livres, une *pension* annuelle de six cents pistoles correspond bien à six mille livres. Si on y ajoute environ deux mille livres d'*appointements* annuels pour un officier supérieur, on obtient bien huit mille livres de *traitement.*

Colonel espagnol[84], Neuhoff rentre à Paris. Il y retrouve Goertz qui, libéré depuis août 1717, cherche à « gagner le sieur Law », financier écossais. Neuhoff continue de fréquenter le salon de Mme de Dangeau : le cardinal de Polignac, le duc et la duchesse du Maine, le marquis de Pompadour, beau-père de Courcillon[85], la marquise sa femme, fille du maréchal de Navailles – ancien de Candie, comme La Feuillade, parent de Georges d'Aubusson de La Feuillade (1609-1697), ambassadeur à Venise (1659) puis à Madrid (1661), évêque de Metz (1668-1697) pendant l'enfance de Neuhoff –, et surtout Cellamare (1657-1733), ambassadeur d'Espagne à Paris, lequel a été nommé grand écuyer de la reine d'Espagne lorsque la duchesse de Cardone est devenue *camarera-major* d'Élisabeth Farnèse (1715) ! Mais Neuhoff ne s'attarde pas à Paris. « Je fis route vers la France [depuis Madrid] pour me rendre en Écosse, écrit-il. Je débarquai assez heureusement à Sterling » et « quatre mois durant » (août-décembre 1718), il tente, de son propre aveu, « d'y allumer et d'y soutenir une guerre civile[86] ». Sans doute prend-il des contacts avec les sociétés secrètes. On sait que « les plus anciennes loges [maçonniques] du monde sont écossaises[87] » ; que l'Écosse passe « pour le berceau de la franc-maçonnerie[88] » ; qu'elle est « considérée comme le refuge des Templiers après leur condamnation[89] ». David Stevenson y recense vingt-cinq loges dès avant 1710[90]. En 1717, quatre premières loges se sont associées pour créer le 24 juin, jour de la Saint-Jean d'été, la Grande Loge de Londres. « Leur création résulte des *Statuts* rédigés en 1598 et 1599 par William Shaw[91]. D'autres [...] furent ensuite constituées après la fondation de la Grande Loge d'Écosse en 1736[92] », l'année de l'arrivée de Neuhoff en Corse. Neuhoff a-t-il fait connaissance avec le jeune Anderson, fils d'un vitrier d'Aberdeen, qui prépare ses célèbres *Constitutions* de 1723 ? On ne sait.

Dans son *Testament politique*, Neuhoff écrit : de retour d'Écosse, « *je débarquai à Dunkerque* » le 20 décembre 1718, comme l'avait fait en 1669 le Masque de Fer. La situation internationale est agitée. Charles XII de Suède vient d'être assassiné (2 décembre). Cellamare est soupçonné de vouloir renverser le Régent, trop proche de Londres depuis la signature du traité secret de La Haye. Le bruit court que l'ambassadeur espagnol tient des « conférences secrètes avec le duc d'Ormond [...] caché aux environs de Paris [lequel] se promettait des révolutions sûres en Angleterre[93] ». On murmure que les conjurés « voulaient mettre le roi d'Espagne à la tête des affaires de France [et] le véritable régent [n'aurait été] autre que le duc du Maine[94] », proche de Philippe V et des Stuarts. On prétend que Cellamare a l'appui de la Bretagne ultracatholique « infatuée [...] de l'honneur de rendre *la liberté* à toute la France en recevant les troupes d'Espagne dans ses ports » comme l'avait fait Cazaulx à Marseille en 1595[95]. Le 8 décembre[96], le complot de Cellamare vient d'être découvert. Le 13, l'ambassadeur a été reconduit à la frontière. Neuhoff écrit : « À Dunkerque, j'appris, non sans quelque inquiétude, que les menées de M. le prince de Cellamare étaient découvertes » ; que Cellamare était « arrêté, ainsi que le duc et la duchesse du Maine » ; que « le cardinal de Polignac [était] exilé, le marquis de Pompadour *mis à la Bastille* et les troubles de Bretagne étouffés dans leur naissance[97] » ! Le beau-frère de Neuhoff, le comte de Trévoux, « premier cornette des chevau-légers de Bretagne » est-il un proche de Pontcallec, capitaine de dragons bientôt décapité à Nantes pour conspiration contre le Régent ? Possible. En tout cas, les frères Rohan du Poulduc, tous deux parents de la comtesse de Mortagne, du comte de La Marck et du prince de Birkenfeld, sont exécutés en effigie. Neuhoff réagit et écrit avoir répandu « dans le public un mémoire justificatif de la conduite de l'ambassadeur espagnol [...] dont on chercha en vain l'auteur[98] », procédé fort proche de la guerre des libelles imprimés à Cologne et menée entre la Corse et Gênes à partir de 1729 ! Mais « craignant de me rendre suspect en prenant la route d'Espagne, poursuit Neuhoff, je résolus de franchir les Alpes et de venir m'embarquer [...] à Gênes, pour Barcelone[99] ». Le duc d'Ormond s'établit « à Madrid sur un grand pied de considération ». « Il tirait gros du roi d'Espagne [...]. Il était traité partout *comme les grands*[100]. »

En mars 1719, Neuhoff est « à Madrid lorsque M. de Goertz fut décapité[101] ». « Heureusement [...] Albéroni lui témoigna beaucoup de confiance, de sorte que quantités de personnes s'adressèrent au baron pour obtenir des grâces de Son Éminence [...]. Tant de bonne fortune éblouit le baron naturellement vain : il devint fier et arrogant[102] », riche de cent vingt mille livres. Mais le cardinal étant disgracié à cause du complot de Cellamare, Neuhoff « après la disgrâce de son bienfaiteur se trouva sans ami et sans appui ». Regrets : « J'affectais un attachement et une admiration sincères *pour cette nation* [l'Espagne]. Je parlais parfaitement leur langue et j'adoptai leurs usages. Mon goût pour l'espagnol parut si naturel que la plaisanterie était de m'appeler "le véritable Espagnol"[103]. » « Chagrin de voir son crédit ainsi déchu, [Neuhoff] se préparait à quitter l'Espagne, lorsque le duc de Ripperda [...] lui proposa d'épouser une des camérières de la Reine [...] parente du duc d'Ormond, alors réfugié en Espagne, et que S.M. distinguait entre ses filles[104]. »

La nouvelle baronne de Neuhoff – qui aurait dû être reine des Corses en 1736, si elle n'était morte à Paris visiblement dès 1724 – est un personnage essentiel de l'histoire paoline et pourtant totalement occulté dans cette histoire toujours regardée, à tort, comme purement masculine. On oublie trop souvent les femmes dans l'histoire corse (en dehors de Colomba !) et nous avons tenté d'y remédier en mettant notamment en valeur l'importance de Franceschetta d'Istria, par exemple, belle-mère de Sampiero Corso. Il en va de même de lady Sarsfield. Fille de Patrick Sarsfield (v.1650-1693), comte de Lucan, dans le comté de Dublin, elle a une mère née Honorée Burke, remariée à Montmartre le 26 mars 1695 au maréchal de Berwick (1671-1734), fils naturel de Jacques II Stuart. Après avoir perdu son père, tué à Neerwinden en 1693, elle a perdu sa mère, morte à Pézenas en Languedoc dès le 16 janvier 1698. Sans doute, orpheline de sept ou huit ans environ, elle a dû être recueillie en la terre languedocienne de Bagnols-sur-Cèze, proche de Nîmes, par son oncle Henry de Fitz-James, duc d'Albemarle (v.1672-Bagnols, 17 décembre 1702), autre fils naturel de Jacques II et d'Arabella Churchill, chef d'escadre des armées navales au service de Louis XIV[105]. Curieusement, Bagnols-sur-Cèze a été le siège d'une importante garnison corse du régiment *Antomari Corse* en 1622-1623, régiment d'Anton Maria de Casanova, de Corte, fils de Leonardo, grand compagnon de Sampiero[106], et nombre de Corses y ont fait souche. La future baronne de Neuhoff a dû ensuite être extrêmement ballotée entre les siens, mais toujours de cour souveraine en cour souveraine. En effet, son beau-père Berwick se remarie le 18 avril 1700 à Anne Burkeley (1673-1751), « une des principales dames de la reine d'Angleterre à Saint-Germain » (Saint-Simon), fille de Sophie Stuart, aussi « dame d'honneur de la reine d'Angleterre ». La future baronne de Neuhoff a donc dû quitter le Languedoc pour Saint-Germain-en-Laye de 1700 à 1715 environ. À cette époque, elle suit la famille de son cousin James Butler, deuxième duc d'Ormond (1665-1745), général irlandais et jacobite. Grâce à lui, elle devient l'une des camérières de la reine d'Espagne, Élisabeth Farnèse. Or, en 1715, la reine remplace sa camérière major, la princesse des Ursins, par la duchesse de Cardone. La future baronne de Neuhoff, qui a alors vingt-cinq ans, comme son futur mari, gravite donc entre la famille du duc d'Ormond et la duchesse de Cardone. En Irlande, en Écosse, mais aussi à Naples – c'est-à-dire partout où Paoli aura ses principaux appuis –, la baronne a des parents intéressants : sa mère irlandaise, née Burke, paraît proche parente du grand philosophe Edmond Burke (1729-1797), natif de Dublin, initié à la Jerusalem Lodge n° 44 à Londres. En outre, la jeune baronne de Neuhoff est la demi-sœur utérine de Jacques-François Fitz-James (19 octobre 1696-Naples, 2 juin 1738), fils du maréchal de Berwick et d'Honorée Burke. Duc de Liria et de Xerica (1716, par démission de son père), grand d'Espagne de première classe (1716, pour la même raison), comte de Teignmouth (dans sa jeunesse), baron de Borsworth, chevalier de la Toison d'or (1714) et des ordres russes de Saint-André (remis à Moscou le 28 mars 1728) et de Saint-Alexandre, grand alcaïde et premier régent perpétuel de la cité de Saint-Philippe, chambellan de Philippe V d'Espagne, colonel du régiment d'infanterie irlandaise dit de Limmerick (1718), brigadier, maréchal de camp (1724), lieutenant général (1732), mestre de camp général des armées de Sa Majesté le Roi Catholique, Jacques-François Fitz-James est le beau-frère de Neuhoff et explique en partie la carrière de celui-ci et son admiration pour Pierre le Grand en particulier et la Russie en général : Jacques-François fut en effet ambassadeur extraordinaire et plénipotentiaire d'Espagne à la cour de Russie (30 décembre 1727-30 novembre 1730), puis ministre plénipotentiaire de Philippe V auprès de l'Empereur à Vienne (23 janvier 1731-5 février 1733). La jeune baronne de Neuhoff est aussi parente de William Boyd, quatrième comte de Kilmarnock, propriétaire du château de Dean Castle, reçu franc-maçon dès 1740, futur grand maître de la Grande Loge d'Écosse (1742), blessé et pris à Culloden, jugé et pendu[107]. Kilmarnock est le contemporain de lord Auchinleck, juriste écossais sorti de l'université de Leyde, père de Boswell qui, dans une lettre du 11 octobre 1765, juste avant de rencontrer Paoli, évoque à mots couverts le marquis da Silva, petit-fils du maréchal de Berwick ; marquis da Silva auquel Paoli fait allusion dans ses lettres à son vieux père et dont il fréquentera à Londres l'épouse, la jeune marquise da Silva, sœur de la duchesse d'Albanie, cette dernière femme du Prétendant Charles-Édouard Stuart ! En outre, selon Rostini, lady Sarsfield est aussi la parente « du duc de Sales actuel, alors marquis de Monte Allegro », ministre du roi de Naples à partir de 1738 sous le nom de « el marques de Salas », c'est-à-dire au moment même où Paoli adolescent arrive à Naples en exil avec son père.

En 1720, Neuhoff quitte Ripperda (1680-1737), Néerlandais[108] huguenot converti au catholicisme, ambassadeur de Hollande en Espagne et ministre de Philippe V à la place d'Albéroni. Il arrive à Paris où régne « la fureur du Mississipi. Il fit d'abord connaissance avec le fameux Law qui lui fournit bientôt les moyens de s'accommoder avec les créanciers qu'il y avait laissés et même de faire une fortune des plus brillantes. Il figura parmi les actionnistes du premier rang. Rien n'était assez magnifique pour lui. Il semblait que ce fût Plutus en chair et en os[109] ». La Palatine l'aperçoit. De Saint-Cloud, elle écrit le 20 octobre 1720 : « J'avais eu pour page un jeune gentilhomme du nom de Neuhoff. Il s'était bien conduit. Je l'ai donc fait recommander à l'électeur de Bavière qui lui a donné une bonne compagnie. Mais il s'est mis à jouer en Bavière et ensuite de cela, il est devenu un coquin, un *excroq*. Il empruntait de l'argent qu'il ne rendait pas. Il dit un jour à deux chevaliers de Malte : “J'ai encore un oncle et une tante chez Madame. Mon oncle c'est M. de Wendt[110], et ma tante Mme de Rathsamhausen[111]. Je vais vous donner une lettre pour l'un et l'autre ; ils vous payeront immédiatement.” Et il leur remet des lettres cachetées. Quand ces chevaliers vinrent ici, ils dirent à Wendt et à Mme Rathsamhausen qu'ils avaient des lettres de leur neveu Neuhoff pour eux. “Nous connaissons fort bien Neuhoff, répondirent-ils ; il a été page de Madame, mais il n'est pas notre parent.” Ils ouvrent les lettres : il n'y avait que du papier blanc. Par là, les deux pauvres chevaliers de Malte virent bien qu'ils avaient été trompés. Ils me demandèrent conseil. “Cet homme, répondis-je, n'est pas à mon service ; faites-en ce que vous voudrez.” Neuhoff vint à Paris, son beau-frère [Trévoux] voulut lui faire une semonce ; le gentil enfant tenta de l'assassiner mais apprenant qu'on allait l'arrêter et le mettre en prison, il se sauva en Angleterre. Là, une dame s'éprit de lui car il est bien de sa personne, il n'est pas laid de figure et sait causer. Cette femme l'épouse. Dès qu'ils sont mariés, il lui vole tout et se sauve avec à Paris. Elle le suit. Lui se dit que cela pourrait bien lui jouer un mauvais tour et s'en va en Espagne. Là, il se marie derechef. Je ne sais où a passé l'Anglaise. [En fait, c'est l'Anglaise qu'il a épousée en Espagne, ce qui montre combien la Palatine est mal informée.] J'ignore aussi si le beau jeune homme n'a pas une troisième épouse en Bavière[112] ; il pourrait au fond se contenter de deux. Il a eu l'insolence de m'écrire une longue lettre pour m'offrir ses services et il est venu à Paris [...]. Je lui ai fait défendre de jamais se présenter devant moi. Un jour, en allant aux Carmélites, je le rencontrai, il était en voiture. “Voilà cet honnête garçon de Neuhoff”, dis-je. Il baissa les yeux et devint blanc comme le papier sur lequel je vous écris [...]. Il a volé à sa sœur tout ce qu'elle avait, deux cent mille livres ; on prétend qu'il a pris un million au frère de M. Law. Personne ne sait où il est allé, tout d'un coup, il avait disparu. Sa sœur, Mme de Trévoux, est au désespoir. »

À peine plus sûr paraît le témoignage du correspondant de sir Robinson qui prétend que la baronne de Neuhoff « était désagréable, d'une humeur revêche et d'une conduite qui n'imposait point aux médisants », et que « ne pouvant endurer tant de désagréments, Neuhoff profita un jour de l'absence de la Cour qui était allée à l'Escurial » pour enlever « à sa femme tout ce qu'elle avait de bijoux et de nippes précieuses » et qu'« avec cela, il gagna Carthagène » d'où il passa à Paris où Law l'enrichit. « Toutes ces richesses enchantées disparurent et s'anéantirent avec les billets de banque. Sa chute [après la banqueroute] fut encore plus prompte que ne l'avait été son élévation. Sa sœur [...] le soutint tant qu'elle put [113]. L'amitié qui était entre eux donnait sujet à gloser et vint martel en tête au comte de La Marck [...] ambassadeur de Suède [...] sur qui roulait la dépense de Mme de Trévoux, laquelle [...] n'était pas plus chaste que M. son frère. Le comte de La Marck voulant donc se débarrasser d'un rival odieux, excita les créanciers du baron à solliciter une lettre de cachet pour le pouvoir faire arrêter [...] Il lui fallait payer ou sortir, et comme il était tout à fait insolvable, il prit la résolution [...] de quitter la partie. » En effet, le Régent mort (1723), Neuhoff perdit son épouse et sa fille – mortes à Paris courant 1724 [114], semble-t-il, et pas forcément abandonnées à l'Escurial –, porta divers noms d'emprunt dont celui de baron Étienne Romberg, et « passa en Angleterre [...]. De là, il vint à Amsterdam, où il se faufila avec tout ce qu'il y a de plus riches négociants *et particulièrement avec les Juifs portugais*. Il trouva le moyen de leur arracher quelques sommes avec quoi il passa dans les Échelles du Levant. Il y a demeuré quelques années [115] ». On retrouve ici le condensé de tout ce que certains s'acharnent toujours à reprocher à un homme : voleur, escroc, frère incestueux, libertin couvert de dettes, et bien sûr ami des Juifs ultérieurement accueillis par Paoli à L'Île-Rousse (1767).

Neuhoff gravite alors au Maghreb où Ripperda, disgracié à son tour, s'est réfugié (1726) [116]. Au Maroc, devenu musulman sous le nom d'Osman Pacha, Ripperda [117], ancien huguenot, ancien catholique, ancien grand d'Espagne, aide Mulay'Abd Allah Allaoui à reconquérir Fès (1732). Puis il passe de Tanger à Constantinople et y devient commandant des troupes du sultan. Neuhoff se rend alors à la Porte, l'un des grands arsenaux de Méditerranée. Il y rencontre Ripperda et y revoit Rakoczy qui continue d'écrire à la marquise de Dangeau. Passé dans l'Empire ottoman depuis 1718, interné à la paix de Passarowitz, Rakoczy a laissé son épouse dans un couvent parisien où elle est morte en 1722[118] malgré les soins d'Helvétius, petit-fils d'alchimiste, fils de médecin et père de maçon. Veuf, sexagénaire, Rakoczy est logé par le Grand Seigneur mais sa vie quotidienne est quasi monacale. Neuhoff le rencontre alors qu'il achève plusieurs ouvrages ascétiques ainsi que ses *Mémoires*[119]. Dans son *Testament politique,* Neuhoff dit néanmoins être resté basé à la cour d'Espagne durant toute cette décennie, le Maghreb, Constantinople, les Échelles n'étant que voyages ponctuels. « Il y avait cinq ou six ans [1722-1728] que je vivais, écrit-il, dans ces désirs de carrière » (devenir vice-roi d'une des colonies de l'Amérique espagnole). La vice-royauté du Mexique devenant vacante, il se serait porté candidat : « La proposition surprit sans paraître extraordinaire. » Pour l'obtenir, Neuhoff a l'appui à la cour de Madrid des frères Patinho : Balthazar, marquis de Castelar (1670-1733), ambassadeur d'Espagne à Paris, et Joseph (1667-1736), ministre de la Marine espagnole (1716-1736), qui a la haute main sur un autre grand arsenal de Méditerranée : Barcelone. Tous deux, écrit Neuhoff, « se trouvaient à la tête des affaires ». Patinho « avait les Indes dans son département. Il pouvait donc beaucoup influer sur le choix des vice-rois et des gouverneurs [...]. Les choses en étaient là [...] lorsque je vis arriver à la cour un prêtre corse chargé d'une commission secrète [...]. Ce prêtre se nommait Orticoni[120] ».

NEUHOFF ET L'EFFONDREMENT DU COMPLOT ESPAGNOL (1729-1735)

La première arrivée d'Orticoni à la cour d'Espagne se situe visiblement courant 1729. Le duc de Lorraine Léopold meurt à Lunéville le 27 mars. Bozzi est incarcéré à Gênes en décembre. La révolution corse éclate le 27. C'est entre mars et décembre que les dévots corses, traditionnellement inféodés à Rome, Venise et Madrid, s'inquiètent pour le devenir de la Corse susceptible d'être donnée au duc de Lorraine afin qu'il abandonne son duché à Louis XV. Chaque fois que la France s'agrandit (Calais en 1558, l'Alsace en 1648, Dunkerque en 1662), les dévots réagissent violemment, complotent, se jettent dans les bras de l'Espagne catholique, s'engouffrent dans la Ligue (les Guises), donnent Marseille aux galères espagnoles (Cazaulx), deviennent « le roi des Halles » (Beaufort), tentent d'empêcher l'acquisition de Dunkerque (les gardes corses romains), et souhaitent introduire les vaisseaux espagnols en Bretagne (Cellamare, les Rohan-Poulduc). Or François de Lorraine, monté sur le trône de son père en 1729, a été reçu à La Haye – dès 1731 – par une délégation de la Grande Loge de Londres conduite par

Jean-Théophile Désaguliers (1683-1744), organisée par Philip Stanhope (1694-1773), quatrième lord Chesterfield, ambassadeur d'Angleterre à La Haye[121], lui-même initié à la franc-maçonnerie le 24 juin 1721[122]. À partir de 1732, The Union French Lodge (la loge française de l'Union) se réunit d'ailleurs à Londres à l'enseigne du Duc de Lorraine, dans Suffolk Street[123].

Pour Orticoni, seul le Roi Catholique demeure le pôle de référence religieux après le pape et l'Empereur. Il en est resté à l'époque où le Roi Catholique était un Habsbourg, ce qui fut le cas de Charles Quint à Charles II. Mais, depuis 1713, le Roi Catholique est un Bourbon : Philippe V ; et le petit-fils de Louis XIV ne manifeste guère d'empressement à l'égard du projet d'Orticoni. C'est à partir de là qu'il faut raisonner non en termes d'États mais en terme de « réseaux ». Neuhoff écrit dans son *Testament politique* : « Il n'y avait que l'Espagne sur qui les Corses [pas tous] opprimés pouvaient lever les yeux [...]. Orticoni reçut [des dévots corses] *les pleins pouvoirs* pour traiter [...]. Il ne fut pas difficile de me lier avec ce député [1729] dans un pays qu'il ne connaissait pas [...]. Je me chargeai volontiers *de présenter Orticoni à Patinho,* après l'avoir prévenu de *la mission du prêtre corse.* J'amenai l'abbé Orticoni à *ce ministre* [...]. Il finit par demander la protection du roi catholique », mais ne l'obtint pas. Certes, Orticoni souhaitait « obtenir du plus généreux monarque du monde qu'il reçût des peuples malheureux *au rang de ses sujets* ». Certes, poursuit Neuhoff, « je représentais [à la cour de Madrid] que, puisque l'on prévoyait que l'on serait obligé d'en venir à une rupture avec l'Empereur pour l'établissement de l'infant don Carlos en Italie [on est donc *avant* le 20 janvier 1731, date de la mort du dernier Farnèse], la situation de la Corse était d'une *utilité* infinie ; qu'il ne fallait pas laisser cette île à la discrétion du vice-roi de Naples [au nom de l'Empereur] et des Anglais [hanovriens] ; que ces derniers, en s'y établissant, détruiraient l'espérance de porter par mer une armée aux lieux où l'on voudrait agir ; que, *sous prétexte* de se rendre médiateur entre le sénat de Gênes et la Corse, *le roi d'Espagne s'emparerait de toute l'île* ». Rien n'y fit. Philippe V refusa, deux années durant, son soutien, et Orticoni n'obtint donc que l'appui, non du roi, mais du réseau dévot, celui du jésuite milanais Patinho et de son frère Castelar. Déçu, Orticoni s'embarqua « à Barcelone, écrit Neuhoff, d'où le roi Philippe V *se chargea encore de le faire transporter en Corse.* Il partit après être resté *plus de deux ans à Madrid* », de début 1729 à fin 1730, ce qui explique la tenue de la conférence des théologiens d'Orezza le 4 mars 1731 sur le mode des conférences ibériques ignorées de Rousseau.

Orticoni, comme Bozzi, comme Ceccaldi, comme Costa, est inféodé non pas à l'Espagne, mais, comme l'écrit Costa, aux « ministres » d'Espagne, c'est-à-dire non à Philippe V, mais au jésuite Patinho. Ces Corses pro-espagnols comptent pour leur approvisionnement en armes sur des complicités en Catalogne, grâce à la duchesse de Cardone, duché catalan, et ils mettent leurs espérances dans le grand arsenal de Barcelone. Lorsque le fils de Costa passe de Livourne en Espagne en 1734, il embarque d'ailleurs sur un navire *catalan*. Ces Corses dévots constituent donc bel et bien un groupe distinct du clan des Vénitiens animé par le vieux Giafferi qui a son propre réseau et son propre ravitaillement en armes : à Brescia, grâce au vieux gouverneur Paganelli, à Crema, à Crémone, à Venise – autre grand arsenal de Méditerranée –, et ce grâce aux officiers corses au service de la république de Saint-Marc : Lusinchi, Paganelli, Abbatucci, tous de Zicavo, Boerio, Baldacci, Arrighi, tous de Corte, Giafferi, Battaglini, Giappiconi, tous de la plaine de Moriani, de Tavagna, de Talasani.

Neuhoff est un ambitieux qui a plusieurs modèles de « réussites » dans ses bagages : Rory O'More, l'arrière-grand-père de son épouse, chef des catholiques irlandais en 1641-1642 ; Patrick Sarsfield, père de son épouse, chef de la résistance catholique irlandaise face à Guillaume d'Orange en 1688-1693 ; et puis surtout Rakoczy qui a réussi à se faire élire prince de Transylvanie comme tous ses ancêtres sur cinq générations. Neuhoff voudrait bien l'imiter. Abandonnant son projet d'être vice-roi du Mexique, il envisage de prendre la Corse, mais pour qui ? Pour l'Espagne de Philippe V et d'Élisabeth Farnèse ? Pour y établir le Prétendant Stuart ? Pour lui ? Issu d'une illustre famille, comme La Marck, les Lowenstein ou les Fürstenberg, Neuhoff est en effet en manque de racines, de par l'exil, et en manque de légitimité car tous ces hommes n'appartiennent jamais à la bonne branche de leur maison. C'est une constante. Ils n'ont jamais une mère ou une grand-mère d'aussi bonne souche que leur père ou leur grand-père, ce qui, dans l'Empire, où s'applique la règle des huit quartiers de noblesse (huit arrière-grands-parents nobles), est un handicap nobiliaire majeur. En France, seuls comptent les degrés et non les quartiers, c'est-à-dire la ligne paternelle. Avoir quatre degrés de noblesse (père, grand-père, bisaïeul du nom nobles) est donc assez simple, mais avoir les huit quartiers est, dans tous les pays du monde, beaucoup plus difficile. Or, la mère de Neuhoff est une « bourgeoise de Visé ». Il y a donc eu « mésalliance », mariage morganatique, mariage « de la main gauche », ce qui prive de droits à la succession toute la descendance du couple. Chez les La Marck, il en est de même : le grand-père, pourtant veuf d'une Hohenzollern, s'est « remarié fort bassement, et de ce deuxième mariage vint le père du comte [124] ». Chez les Lowenstein, c'est pareil : le jour de la signature de son contrat de mariage par la famille royale, Mme de Dangeau s'est dite fille d'une princesse de Bavière et Madame la Dauphine, née princesse légitime de Bavière, a exigé une humiliante rectification de l'acte, car si l'aïeul de Mme de Dangeau était bien de l'illustre maison, son second mariage – morganatique – a contraint ses descendants à ne porter que le simple nom de Lowenstein, nom d'un minuscule comté long de quatre lieues et large de deux, sis dans le cercle de Franconie et enclavé dans celui de Souabe : les comtes de Lowenstein n'ont pour eux que le simple château de leur nom, quelques bourgs et petits villages[125]. Neuhoff n'a donc rien du tout à attendre des biens de sa famille. La vice-royauté, voire davantage, du *Regno di Corsica* lui conviendrait assez, à condition de tirer suffisamment d'armes de deux ou trois arsenaux méditerranéens : Constantinople grâce à Ripperda ; Barcelone grâce à Patinho ; voire Venise ou Brescia grâce à Giafferi. Pour ce qui est des hommes, il reviendra à Giacinto Paoli de fournir ses « montagnards » du Rostino.

Dans son *Testament politique,* Neuhoff écrit : « Peu de temps *après* son retour [de Barcelone, du chanoine Orticoni] dans sa patrie [la Corse], les troupes impériales y débarquèrent, commandées par le prince de Wurtemberg », débarquement qui a effectivement lieu le 7 avril 1732. Neuhoff a donc bel et bien rencontré Orticoni en Espagne – et non à Livourne comme on l'a toujours cru –, dès 1729, et non en 1734 seulement comme le prétend l'historiographie. Sur ce, la flotte espagnole fait le siège d'Oran, préside espagnol depuis 1709, mais reprise par les Barbaresques en 1732. Il y a de grandes chances que Neuhoff participe aux opérations comme « colonel du régiment de dragons à la suite d'Oran ». Ensuite, « la cour impériale de Vienne [...] rappelant ses troupes » de Corse, en raison de la prochaine élection du roi de Pologne, les troubles reprennent « quelques jours après l'évacuation que M. de Wurtemberg fit de l'île ».

Autour de Neuhoff, les choses se précisent mais trop lentement. « Les événements qui déterminèrent insensiblement *le ministère* d'Espagne [Neuhoff, comme Costa, ne dit jamais "le roi" mais toujours "le ministère"] à entrer dans mes vues sont devenus publics. » Neuhoff parvient en effet à déterminer « Patinho [il l'écrit en toutes lettres] à entrer dans les vues d'Orticoni ». Mais Castelar – cheville du complot espagnol – meurt en 1733. Là-dessus, son frère Patinho tombe malade, s'alite à Sainte-Ildefonse et meurt en 1736 alors que Neuhoff débarque en Corse. Neuhoff se trouve donc privé des secours qu'il espérait pouvoir tirer des arsenaux de Barcelone et Cadix. Reste Constantinople. Neuhoff s'y rend et écrit dans une lettre adressée à son cousin Drost[126] qu'il a pu y charger une cargaison d'armes, mais en route le fier colonel espagnol à la suite du régiment d'Oran se retrouve capturé par des corsaires d'Alger.

Il écrit à Drost avoir été fait « *schiavo in mare l'anno passato e condotto in Algeri* » (avoir été fait esclave en mer l'année passée et conduit à Alger). Il est certes libéré mais avec une très grave perte (« *gravissima perdita* ») : sa cargaison d'armes est gardée par les corsaires. Là-dessus, Rakoczy meurt à la Porte (1735). Ripperda, malade, mourra dès 1737. De jour en jour, la situation évolue au détriment de Neuhoff. Le duc Léopold est mort depuis 1729. Bozzi est emprisonné depuis plus de six ans. Don Carlos a réussi à devenir duc de Parme et de Plaisance en 1731 [127]. Il est maintenant dans « l'*expectative* de la succession du grand-duché de Toscane », écrit Neuhoff; or il l'obtient en 1736. C'est dire qu'on n'est plus du tout dans la conjoncture de 1729 quand Orticoni s'est précipité à Madrid, mais sept ans plus tard, au lendemain des préliminaires de Vienne passés entre Louis XV et l'Empereur le 3 octobre 1735. Neuhoff ne fait pas l'événement : il le suit ! Et lorsqu'il débarque en Corse, Philippe V est toujours aussi peu intéressé par l'île qu'en 1729, peut-être même encore moins, maintenant que les Bourbons d'Espagne ont réussi à prendre pied à Parme (1731), à Plaisance (1731), à Naples (1734) et sous peu à Florence (1736). Castelar mort (1733), Patinho à l'agonie (1736), Rakoczy mort (1735), Ripperda sur le point de mourir (1737), Neuhoff arrive néanmoins en Corse avec un projet.

NEUHOFF AGENT DU DUC DE LORRAINE EN CORSE

Neuhoff n'est pas véritablement l'agent d'une puissance. Il l'est depuis vingt ans (1715) d'un réseau sans frontières : celui des jacobites, celui du duc d'Ormond parti s'établir en terre pontificale en Avignon (il y mourra octogénaire le 16 novembre 1745), celui des Stuarts proches de la franc-maçonnerie. Début 1736, après la mort de Castelar et avec la maladie de Patinho, les Corses pro-espagnols n'ont plus aucun crédit à Madrid, d'où d'ailleurs le silence du pauvre Ceccaldi, colonel espagnol depuis 1734, qui n'ose même plus donner de nouvelles à son frère Sebastiano resté à Vescovato. Costa fait état de ce silence « de deux ans » (1734-1736) et insiste sur le fait que Philippe V n'ayant donné aucune aide effective, il convient dorénavant de s'adresser à d'autres : c'est le sentiment profond de Sebastiano Ceccaldi qui, à Vescovato, « lâche » son frère. Or, aux préliminaires de Vienne, François III de Lorraine accepte d'abandonner son duché à Stanislas Leczinski, beau-père de Louis XV. En échange, François doit recevoir à la mort du dernier des Médicis le grand-duché de Toscane, outre ceux de Parme et Plaisance qui seraient retirés à don Carlos qui recevrait en échange le royaume de Naples et des Deux-Siciles avec les présides de Toscane. Début 1736, la chronologie se précipite. Le 12 février, François de Lorraine, petit-fils de la Palatine par sa mère, épouse Marie-Thérèse d'Autriche, reine de Hongrie, fille de l'empereur Charles VI. Le 11 avril est signé le traité d'exécution qui fait suite aux préliminaires de Vienne. Jean-Gaston de Médicis n'ayant aucune descendance, François accepte de céder son duché à Stanislas « et, après lui, à Sa Majesté Très-Chrétienne, pour être ensuite réuni à la Couronne de France ». Or Neuhoff débarque en Corse quinze jours plus tard et avant que les conventions du 28 août ne confirment les préliminaires. Neuhoff ne pouvant compter ni sur l'Espagne, ni sur le Prétendant en exil, arrive donc avec pour objectif d'asseoir François de Lorraine, son compatriote maçon, à Florence, Pise et Livourne – peuplée de Corses ; il a mission de soutenir en Corse la politique du petit-fils de la Palatine en utilisant les ressources des arsenaux de Barcelone, de Livourne, de Brescia. Gageure difficile. Si Neuhoff a des relations qui passent du calvinisme au catholicisme, puis du catholicisme à l'islam, comme Ripperda, les Corses sont catholiques, superstitieux et parfois dévots : ce sont les pro-Vénitiens et les pro-Espagnols. Neuhoff sait toutefois que le clan des Vénitiens conduit par Giafferi s'est effondré depuis l'échec de la prise du fort de San Pellegrino. Quant au clan pro-espagnol, Philippe V n'ayant jamais voulu apporter la moindre attention à Orticoni, il est militairement et diplomatiquement inexistant. Neuhoff introduit donc en Corse, entre ces deux tendances ultra-catholiques, une troisième voie, favorable au duc de Lorraine. Il écrit : « Ma traversée d'Espagne en Corse fut assez heureuse. Je touchai à Tripoli où je commençai à me croire véritablement roi de Corse. » Neuhoff y charge des armes, ainsi qu'à Tunis où il achète aussi deux esclaves maures. Il écrit : « Une légère obligation que m'avait le dey me mit à portée de briser les chaînes de quelques malheureux que je ramenai dans leur patrie. » Opération publicitaire. Louis XVI fera pareil en 1779 [128]. Ensuite, « je débarquai [...] sur la plage d'Aléria ». Le correspondant anonyme de sir Robinson, qui suit les agissements de Neuhoff, écrit à Vienne : « Le voilà sur le glissant théâtre de Corse. S'il ne périt pas sur un échafaud [comme Goertz ou Pontcallec] il deviendra un grand homme. » Pour l'instant, c'est un bel homme de quarante ans [129] : « *Un'Uomo di anni 40 circa* », dit-on à son arrivée à Aléria.

Le messager du Ciel

En ce printemps 1736, les dévots corses vivent dans une véritable attente messianique. Le *Regno di Corsica* vient d'offrir la couronne de Corse à l'Immaculée Conception de la Vierge dont l'image est gravée ou peinte sur les armes et les drapeaux (30 janvier 1735), d'où d'ailleurs les railleries grivoises de Pommereul (1779) qui ne comprendra pas comment le chef des « nationaux » a pu à la fois se placer sous la bannière de la Vierge et être le fils de Dionisia Valentini « tirée d'un lit étranger » par Giacinto après avoir « consommé » un premier mariage ! Le *Dio vi salvi Regina* vient également d'être introduit en Corse en janvier 1735. Créé vers 1676 par un jésuite napolitain[130], cet hymne a été imprimé pour la première fois à Naples (1681) dans la *Dottrina cristiana spiegata in versi* du Père Innocenzo Innocenzi, puis réimprimé (1704) dans le *Sommario della Dottrina christiana* de Mgr G.B. Spinola, archevêque de Gênes. Le Christ est nommé au même moment le « Gonfalonnier » (porte-drapeau) du *Regno di Corsica.* C'est sur le crucifix allongé sur le sol que les généraux de la nation prêtent serment. Au printemps 1736, les dévots corses attendent un « messager du Ciel » qui viendrait en cette vieille terre chrétienne où saint Paul aurait débarqué à l'extrémité du « Promontoire sacré », près de Santa Maria della Chiappella. Neuhoff le sait lorsqu'il débarque avec dix-neuf personnes : douze Français, trois Maures, un Toscan (Cristofaro Buongiorno), un aumônier et deux Elbois (Bondelli et Attima). À peine fut-il à terre que « les Corses le prirent pour un prince royal ou un lord anglais, et quelques-uns pensèrent qu'il était le prince Ragotzy[131] ». Tous ceux qui ont préparé sa venue le présentent comme un « messager céleste[132] ». Le chanoine Albertini, chez qui vit Giafferi, le définit comme « un envoyé du Ciel », « un nouveau Moïse », le « libérateur[133] ». « Je considère l'arrivée de Théodore, dit-il, comme un miracle du Ciel[134]. » Tous les assistants regardent sa venue comme « une faveur céleste ». Ils vont jusqu'à faire la liste des « prodiges » récents et cette arrivée subite est perçue comme le « dernier prodige du Ciel[135] ». À peine débarqué, Neuhoff cherche à s'imposer en « rédempteur ». Il arrive pour apporter la « liberté » au sens que les Bretons donnaient à ce terme lorsque Cellamare espérait introduire les navires espagnols dans leurs ports. L'un des deux ordres que Neuhoff va créer en Corse s'appelle du reste « l'ordre de la Rédemption ».

Neuhoff cherche immédiatement à frapper les esprits en s'inscrivant dans le processus des grandes « entrées » royales : en 1628, Louis XIII a pénétré dans La Rochelle le jour de la Toussaint. Un siècle plus tard,

Victor-Amédée II de Savoie s'est fait sacrer roi de Sicile un 24 décembre. Selon R. Luciani, Neuhoff aurait débarqué le 20 mars, date obtenue « par déduction, en suivant, jour après jour, les événements ». Selon Le Glay, il aurait débarqué le 12. En fait, Neuhoff a débarqué le 24 ou le 25, jour anniversaire de l'Annonciation, jour où l'archange Gabriel a annoncé à la Vierge qu'elle accoucherait de Jésus dans la nuit du 24 au 25 décembre. Les hommes du XVIIIe siècle savaient que Neuhoff avait débarqué « le jour de l'Annonciation » : l'historien Rostini, dans son tome II, page 2, qui écrit à l'époque des faits, place son débarquement le 24 ou le 25 mars. Certes, un autre contemporain qui publie à Amsterdam (1737) un récit de cette épopée sous le titre *Het Leeven en Daden van den Alom berucht Theodorus Antonius, Baron van Nieuwhoff, Verkoore Koning van Corsica,* situe l'arrivée à Aléria le 18, et le manuscrit de la Bibliothèque Méjanes parle du 17 (p. 110), mais si nous négligeons le témoignage d'Humbert de Beaujeu qui parle du 20 [136] (ingénieur qui n'était pas en Corse lors du débarquement), nous avons le choix entre le 17, le 18, le 24 et le 25 mars. Pourquoi ces différences ? Parce que la fête de l'Annonciation tombe toujours le 25 mars et rarement dans la quinzaine de Pâques ; elle n'est d'ailleurs pas célébrée le 25 si elle vient à tomber dans cette quinzaine. Or, en 1736, Pâques tombe le 2 avril. Les auteurs ont donc réagi différemment. Rostini, témoin du temps, situe bien l'arrivée de Théodore le jour où elle a eu lieu : le jour de l'Annonciation, 24 ou 25 mars, mais plusieurs ont retiré quinze jours à la date de Pâques, situant ainsi l'arrivée de Théodore soit le 17 mars (2 avril moins quinze jours), soit le 18 (lundi de Pâques moins quinze jours). Nous avons encore là la preuve du discours des contemporains qui parlaient en fonction de dates religieuses : Paoli est né « le premier vendredi après Pâques » ; Neuhoff est arrivé « le jour de l'Annonciation ».

NEUHOFF ET LA FÊTE DE L'ANNONCIATION : LE MYTHE FONDATEUR DE PASCAL PAOLI

Neuhoff débarque donc à Aléria le jour de l'Annonciation. Ce n'est pas un hasard. La fête de l'*Annunziata* est très célèbre en Corse où nombre d'enfants sont prénommés jusqu'en 1914 au moins : Nunziata, Annunziata, Nonciade, Annonciade, Marie-Annonciade [137], Nonce. Cette fête tire son origine d'une hérésie du XIVe siècle connue sous le nom de « mouvement des *giovannali* », sorte de catharisme insulaire. Cette hérésie a été pourchassée par Urbain V et Grégoire XI qui nomma un inquisiteur en Corse à trois reprises (1372-1395). Tous deux firent massacrer les giovannali qui avaient pour chef un certain Paolo [138]. Faute de preuves archivistiques, il n'est pas permis de penser qu'existe une filiation quelconque entre les Paoli de Morosaglia et ce Paolo cité par le chroniqueur Giovanni della Grossa qui dit de Paolo qu'il est frère d'Arrigo – tous deux bâtards et frères de Goglermo de Laitalà. Paolo s'installa à Carbini avec Arrigho et, écrit G. della Grossa, « sous couvert de dévotion, ils formèrent une confrérie d'hommes et de femmes [...] les *Giovannali* [...]. Tout devait être *en commun* [...]. Ils faisaient *des pénitences* si exemplaires qu'ils attiraient de nombreux adeptes. Paolo, qui était l'aîné, était appelé par certains *frère* Paolo et par d'autres Misser Paolo. Il était *le chef* et le membre principal de la confrérie ». Frère Paolo est mort à Alisciani. Urbain V et Grégoire XI organisèrent contre les giovannali une croisade menée par un franciscain : frère Giorgio Sardo. Massacrés « tués et brûlés » dans la région d'Alesani (Alisciani), réfugiés près de Ghisoni, à nouveau massacrés, ils ne laissèrent que quelques survivants dont Annunziata. Découvrant le corps de son frère au milieu des morts, elle l'inhuma. Les croisés se vengèrent : capturée, Annunziata fut brûlée vive le jour de Pâques ! Ainsi s'acheva l'histoire des Giovannali en un siècle commencé avec la suppression de l'ordre du Temple (1312) et la transmission d'une partie de leurs biens aux Hospitaliers. Ces « bonshommes » de Corse, loin de Montségur, demeurèrent très présents dans les esprits dans l'île au cours des siècles, et ils s'appelaient « frères » comme les maçons du XVIIIe siècle. Leur référence n'était que l'Évangile de saint Jean et Dante leur fait dire : « Je suis *de la bergerie de saint Jean.* » Cette volonté de reconnaître saint Jean pour patron pourrait peut-être contribuer à expliquer d'ailleurs le désir récurrent de certains insulaires, dont l'abbé de'Zerbi en 1754, de voir l'île inféodée à l'ordre de Malte. Ces giovannali étaient-ils en relation avec les chevaliers de Saint-Jean qui possédaient une ancienne commanderie templière à Bonifacio devenue le couvent Saint-Julien ? Étaient-ils en relation avec les Franciscains, saint François d'Assise rentrant d'Espagne ayant fait halte, dit-on, en cette commanderie toujours décorée aujourd'hui d'une croix de Malte ? Ambrosi [139], Mgr Mollat [140] et le chanoine Casanova ont tenté de répondre. Ce qui est sûr, c'est que dans les années 1780 ces giovannali apparaissaient au jeune Bonaparte comme les précurseurs des Lumières. Le futur Empereur l'écrit dans ses *Lettres sur la Corse* : il les voit prêchant « les dogmes de l'*égalité,* de la *souveraineté du peuple,* de l'imposture de toute autorité *qui n'émanait pas de lui* ». Or ces trois thèmes majeurs constituent exactement la base de toute la philosophie paoline, père et fils confondus : 1) égalité ; 2) souveraineté du peuple corse ; 3) imposture de toute autorité étrangère. Que les giovannali du XIVe siècle aient été ou non cela n'a aucune importance. Ce qui est en revanche fondamental, c'est qu'un homme né en 1769 les ait perçus comme tels, car, si Bonaparte pense encore cela à la veille de la Révolution, Giacinto Paoli, né un siècle plus tôt, était encore plus proche du mythe !

En débarquant le jour de l'*Annunziata,* Neuhoff, habilement, tente d'opérer à son profit une triple « récupération » : religieuse, celle des Corses dévots, pro-vénitiens : le capitaine Giafferi, ou pro-espagnols : le chanoine Orticoni, et politique : le fils du meunier Giacinto et ses « nationaux ». Il cherche à unir, par là, à la fois la noblesse (Giafferi [141]), le clergé (Orticoni), le tiers état (Giacinto), mais surtout, il cherche à rassembler les descendants de ceux qui ont combattu à Lépante et Candie : les dévots, et les descendants de ceux que les papes ont considérés comme « hérétiques » : les descendants des giovannali, « frères » médiévaux, futurs maçons. Là est le véritable chef-d'œuvre de Neuhoff. Là est véritablement le mythe fondateur qui donne naissance à Paoli, franc-maçon lui-même, mais frère d'un tertiaire de Saint-François, curieusement qualifié par tous les contemporains et plus tard par la voyageuse écossaise miss Campbell (1868) de « moine-soldat » – ce qui est l'exacte définition des Templiers –, lequel est mort dans son couvent du Rostino. Que Neuhoff débarque le jour de l'*Annunziata* est d'une stratégie socio-politico-religieuse exceptionnelle. Que Giacinto ait appelé son fils *Pasquale* n'a rien d'extraordinaire en soi. Mais qu'*Annunziata* ait été massacrée le jour de Pâques constitue une étonnante conjonction. S'il y a « miracle du Ciel », il est là. Tout se passe en ce printemps 1736 comme si un souffle inattendu avait décidé de mettre en relation le baron westphalien et le fils du meunier corse ! L'histoire des giovannali, il est vrai, est connue en Allemagne depuis que Beckaurs a publié son *Bullaire* (1732). Par conséquent, Neuhoff peut connaître leur sanglante épopée et même le nom de certains excommuniés, tel le giovannale Zevaco qui aurait tenté, dit-on, de concilier christianisme et raison – comme Paoli –, acceptant la morale chrétienne mais refusant son culte – comme Paoli. Que Neuhoff en 1736 et Paoli en 1755 veuillent sans arrêt obtenir leur « rédemption » pourrait alors signifier – un peu comme chez Machiavel – qu'ils veulent renouer « la chaîne des Temps » comme le dira Louis XVIII en 1814. Il est certes impensable d'affirmer que Giacinto se percevait comme l'héritier des giovannali, mais il y a en Corse une autre tradition, celle de Sambucuccio, qui assure le relais entre l'hérésie de ces pseudo-cathares et le désir de « rédemption » de Neuhoff et de Paoli. Bonaparte, dans ses *Lettres sur la Corse,* écrit :

« Le vieux Sambucuccio était un des plus fermes soutiens des giovannali. » Or « son fils [...] fit jurer à ses compagnons de ne rien épargner *pour rétablir la République* et la Commune ». Là encore, qu'il s'agisse peut-être d'une légende n'a aucune importance. Ce qui est en revanche capital, c'est qu'en 1789 un jeune étudiant insulaire, élevé en l'École militaire de Brienne, puisse continuer à véhiculer ce genre de tradition, alors qu'il est doté d'un exceptionnel esprit cartésien et mathématique. Si Bonaparte, fils d'avocat, étudiant quasi parisien, croit encore, en 1789, en ces vieilles traditions, on imagine aisément combien Giacinto, qui n'osait pas dire que son fils était né un vendredi, par pure superstition, devait être prisonnier, malgré tout « son latin », d'un véritable héritage insulaire, fait de savoirs mythiques et de croyances médiévales. « Rétablir la république » serait donc la « rédemption » souhaitée ?

Il est vexant, et pour la Corse, et pour les Paoli père et fils, de voir que l'historiographie cherche régulièrement à savoir qui a influencé Paoli : le philosophe bordelais Montesquieu, initié à la loge maçonnique The Horn de Londres dès 1730 ? Le docteur Cocchi, franc-maçon toscan ? Le professeur napolitain Genovesi, également franc-maçon ? Ou le savant vénitien Sarpi ? La Corse était loin d'être un désert intellectuel. L'île avait une Histoire propre, son histoire personnelle, faite de traditions anciennes, de légendes plus ou moins historiques. L'île avait un passé chargé, véhiculé – oralement –, le soir, à la veillée. Elle avait une culture, une langue – belle –, des chansons, des poèmes, des *lamente,* des *vociferi.* Il est quelque peu agaçant de voir qu'on cherche toujours à expliquer Paoli grâce à Plutarque, à Homère, à Cicéron, à Virgile ou à Machiavel. Enfants du Rostino, les Paoli père et fils devaient l'essentiel de leur culture à leurs pères, à ces récits sur les giovannali et Sambucuccio que leurs mères, grand-mères et bisaïeules avaient dû leur chanter le soir, à la chandelle, avec la geste de Sampiero et celle d'Arrigo *bel messere.* Que les Corses cultivés aient lu Machiavel ou Montesquieu est évident. Matteo Buttafoco écrira même le 26 août 1768 à Paoli : « Tous ceux qui ont du pouvoir sont naturellement portés à en abuser si l'on ne met pas de limites à leur autorité [...]. Comme le dit *le célèbre Montesquieu* [...] le pouvoir arrête le pouvoir. » Mais ce n'est pas parce que les élites connaissent Montesquieu en 1768, que Montesquieu est en 1748 le père des idées que développe Giacinto déjà en 1735-1736. En débarquant le jour de l'*Annunziata,* le westphalien Neuhoff était un meilleur connaisseur de l'Histoire corse que les historiens d'aujourd'hui. Neuhoff savait que tous les Corses, qu'ils soient pro-vénitiens, pro-espagnols, pro-génois, ou « nationaux », avaient certes des divergences de vue politiques, mais il savait aussi qu'ils avaient une langue, une culture et un passé commun. Issus des élites, ou issus des montagnards, Neuhoff espérait que tous ces Corses, en apparence désunis, pourraient peut-être être unis – grâce à lui –, car leur fonds culturel est commun, fait de religion chrétienne, de superstitions crasses mais aussi d'espérances temporelles. Neuhoff sait que les Corses se retrouvent au sein de nombreuses confréries [142] qui ont toutes leurs règles, leurs rites avec séances de flagellation, dos nu, leurs processions nocturnes, torches allumées, leurs cérémonies, leurs chants, leurs pompes, leurs costumes : habits bleu, blanc ou noir, camail blanc, capuchon vert, cagoule blanche, chaperon rouge, costume noir, croix rouge et bleu, manteaux divers. Neuhoff sait que Virgile et Tacite sont les auteurs que le sage Giacinto a appris au collège Del Bene. Mais il sait aussi que les giovannali et Sambucuccio sont les légendes que Giacinto a appris dès le berceau. Double culture : romaine et médiévale, païenne et chrétienne, corse et italienne. Neuhoff va donc essayer de séduire méthodiquement chacune des trois composantes insulaires : pro-vénitienne, pro-espagnole, et « nationale ». Il va essayer de séduire les élites et les montagnards, la noblesse, le clergé et le tiers état, l'homme nourri de Plutarque et celui qui n'a eu pour tout bagage que les chants d'une grand-mère veuve balançant d'un pied encore ferme le berceau de l'enfant qui geint.

Giacinto Paoli – Neuhoff : premiers contacts

Giacinto est l'un des deux premiers Corses à recevoir une lettre émanant de Neuhoff [143]. Un messager l'apporte à Morosaglia, preuve que Neuhoff sait combien il est nécessaire d'avoir Giacinto avec soi pour tenter quelque chose. Muni de cette missive, Giacinto et Castineta se rendent à Pie-di-Partino chez le curé Albertini où se trouvent toujours repliés Giafferi, Costa et Giappiconi depuis la défaite du fort de San Pellegrino. Tous trois, abasourdis par leur désastre et prêts à quitter l'île, sont déjà au courant de l'arrivée de Neuhoff qui a expédié à Francesco Saverio Matra une seconde missive quasi identique à celle portée à Giacinto, et que Matra a déjà apportée lui-même à Giafferi. Cette intrusion soudaine de Matra dans les affaires de l'île alors que jusqu'à présent il « n'avait jamais donné *le moindre signe* de sa volonté de se séparer du parti de la République » est si étonnante qu'elle surprend Costa. Petit-fils d'une Colonna de'Bozzi, celui qui se qualifie assez pompeusement de « marquis de Matra » – peut-être par référence au marquis de Massei connu par Neuhoff à Belgrade – est certes parent du capitaine emprisonné depuis 1729. Certes, sa famille avait déjà au XVIe siècle des intérêts à Zigliara, fief des Bozzi. Mais pourquoi Matra veut-il se mettre tout à coup à jouer un rôle alors qu'il qualifiait peu auparavant Giacinto, Giannoni et Castineta de « paysans de basse extraction » ?

En fait, Neuhoff n'ayant plus qu'un accès impossible à l'arsenal de Constantinople depuis la mort de Rakoczy, et difficile à l'arsenal de Barcelone en raison de l'état de santé de Patinho, Matra s'offre comme une véritable opportunité. Il est la roue de rechange. En effet, il est parent d'un certain capitaine Rainiero Bigani [144] qui n'est autre que l'intendant de l'arsenal de Livourne où Neuhoff a des compatriotes banquiers [145]. Or, dans son périple au Maghreb, Neuhoff a rencontré un certain Leonardo Buongiorno, originaire de Palerme, médecin à Tunis [146]. C'est ce docteur qui a d'ailleurs introduit Neuhoff auprès du bey pour lui permettre d'acheter les armes tunisiennes que Neuhoff débarque à Aléria. Or le bon docteur a un frère, Cristofaro Buongiorno, et celui-ci est le gendre de Bigani [147]. Le bon docteur a donc conseillé à Neuhoff de se procurer des armes à Livourne (dix canons, sept mille fusils) auprès de l'intendant de l'arsenal et, en Corse, ce dernier ne peut avoir pour meilleur contact que son parent Francesco Saverio Matra. Ne voulant pas laisser la haute main sur les événements aux « vilains », le « marquis » de Matra introduit donc en Corse en 1736, à côté des pro-Vénitiens battus (Giafferi), des pro-Espagnols déçus (Orticoni), des « nationaux » de Giacinto, une quatrième tendance favorable à un « roi » (Neuhoff), favorable à la Lorraine (François III), voire favorable à la France (tous les Matra passeront bientôt au service de Louis XV), et très hostile aux Paoli au point que le neveu de Francesco Saverio – Mario Emmanuele Matra – sera tué en 1757 en luttant contre Pascal Paoli. Les Matra représentent la noblesse. Giacinto le peuple. Le conflit est donc d'ordre social mais il est surtout d'ordre idéologique ; les Matra ne sont pas hostiles à la France : ils seront tous maintenus nobles par Louis XVI dès 1776. Neuhoff non plus : né à Metz, évêché français, élevé à Versailles, page de la Palatine, gendre de Sarsfield et beau-fils de Berwick, officiers français tués au service de Louis XIV, dont un maréchal de France, il sert la cause de François de Lorraine, petit-fils de cette vieille duchesse d'Orléans qu'il a tant côtoyée dans les salons de la marquise de Dangeau, principalement fréquentés par la noblesse française et germanique. Du côté français : Courcillon, ses beaux-parents Pompadour, le cardinal de Polignac, le duc et la duchesse du Maine, feu Mme de Maintenon. Du côté germanique : les Hesse-Rhinfels (sœur de Mme de Dangeau née Lowenstein), lesquels sont à l'origine de la fondation maçonnique de la Stricte Observance due au baron Karl Gotthelf von Hund und Altengrotkau (1722-1776), initié à Francfort (1742). Or Frédéric de Hesse-Darmstadt est le parrain maçonnique de Hund, élevé au grade de maître de la loge Les Trois Roses, orient de Gand, en 1742.

Pour Neuhoff, l'entente avec Matra est capitale. Non seulement il est parent de l'intendant de l'arsenal de Livourne, mais en plus il tient « en emphythéose » des Génois la plaine d'Aléria, « terre de ses aïeux », moyennant « deux mille lires annuelles de redevance qu'il paie à la République »[148]. S'allier à Matra, c'est donc disposer de plages de débarquement. C'est par Aléria que les Phocéens sont arrivés en Corse. Féru d'histoire, Neuhoff le sait. Matra, gentilhomme riche, accueille donc Neuhoff avec tous les égards dus à sa « naissance ». C'est lui qui lui prête le cheval qui va permettre à Neuhoff de découvrir la Corse, monture que Neuhoff lui fera rendre lors de son départ. L'intrusion de Matra dans le jeu insulaire introduit un autre personnage capital pour mieux cerner l'histoire de Paoli : le docteur Gio Pietro de'Gaffori. Ce médecin cortenais, issu d'une lignée de praticiens, est en effet marié à Faustina de'Matra, nièce de Francesco Saverio. Les Gaffori n'ont pour l'instant joué aucun rôle en dehors de l'abbé de'Gaffori qui espionne régulièrement Costa dans ses déplacements à Livourne, Gênes et Rome. Comme les Matra, tous les Gaffori passeront bientôt au service de Louis XV et, eux aussi, seront maintenus nobles par Louis XVI : en 1789. Par conséquent, cette intrusion de Matra et de son neveu Gaffori dans le jeu insulaire vient troubler les tendances traditionnelles qui existaient jusqu'alors en Corse. Les pro-Vénitiens n'apprécient guère. Ce n'est pas un hasard si le docteur de'Gaffori est assassiné en 1754 à Corte par les Romei, cousins cortenais des Boerio officiers vénitiens. Ce n'est pas un hasard non plus si le frère du docteur de'Gaffori est massacré à Corte peu après, par un Paganelli, issu de cette dynastie d'officiers au service de Venise. En perte de vitesse à partir de 1736, les pro-Vénitiens (Giafferi) cherchent à lutter contre l'attraction française, d'autant plus que Louis XV est sur le point de créer un régiment *Royal Corse* (1739).

Dans ses deux lettres annonçant son arrivée à Giacinto et Matra, Neuhoff écrit : « Je ne veux et ne demande qu'une chose : que vous me choisissiez pour roi et me permettiez d'accorder *la liberté de conscience* à tous ceux qui voudront venir d'autres pays habiter en Corse afin d'en accroître la population[149]. » Neuhoff – quoique gendre de feu Patrick Sarsfield, chef ultra catholique irlandais – se veut tolérant comme le lord Maréchal qui affichait – d'après Dezos de La Roquette – « une grande tolérance, une douce et sage philosophie », et comme son frère James Keith, de l'Académie des sciences. Neuhoff demande aussi aux deux généraux de la nation corse – Giacinto et Giafferi – de le rejoindre à Aléria. Il achève sa missive par ces mots : « Emmenez avec vous MM. Costa et Giappiconi que je désire voir présents à tout traité. »

Tous ceux qui comptent sont donc invités : les pro-Vénitiens (Giafferi et Giappiconi) ; les pro-Espagnols (Costa) ; la noblesse (Matra) ; le peuple (Giacinto). Faisant route vers Aléria pour aller à sa rencontre, Giacinto et Giafferi dorment à Matra « chez les cousins de M. Francesco Saverio ». Giappiconi, Costa et son fils chez Matra lui-même « *leur parent* »[150]. Giacinto se méfie. Dans un premier temps, il « s'opposa à la requête de *la liberté de conscience*[151] dont il ne voyait pas la signification ». Costa prétend que Giacinto aurait déclaré à Neuhoff : « Ici, la religion fleurit sans cesse sans être contrariée par des *dépravations hérétiques*[152]. » « Il fallut appeler le chanoine Albertini, curé du village et bon théologien[153] », pour qu'il explique à Giacinto que la liberté de conscience « était accordée aux étrangers par les premières cités d'Italie... aux Anglais, Hollandais, Grecs, Juifs et autres schismatiques [qui pouvaient y vivre] dans l'observance de leurs *faux rites,* sans que la véritable religion catholique des nationaux s'en ressentît. Les doutes de M. Paoli s'évanouirent[154]. » Giacinto a-t-il entendu parler de Neuhoff rencontré par Orticoni à Madrid en 1729 ? Sans doute. Alors pourquoi cet accueil réservé, d'autant plus que Giacinto ne paraît jamais tout au long de sa vie d'un catholicisme intransigeant, sauf à cette occasion. Parce qu'il s'agit de propos rapportés par Costa ou plutôt parce que Neuhoff est précédé d'une réputation effroyable ? Frère réputé incestueux, voleur, escroc, prétendu homosexuel, accompagné du reste en Corse de trois jeunes esclaves grecs et maures[155], d'où les termes de « dépravations hérétiques » qui feraient référence aux « débauches » contre nature régulièrement reprochées à Neuhoff et non à son manque de foi ? D'autre part, Neuhoff passe pour membre d'une société secrète. Parent de lord Kilmarnock, bientôt grand maître de la Grande Loge d'Écosse, et peut-être du maçon Edmond Burke, on dit de lui tantôt qu'il est franc-maçon, tantôt « illuminé », tantôt le lointain disciple de Chrétien Rosenkreuz (1378-1484), contemporain (fictif ?) des giovannali, mort centenaire dans une grotte après avoir visité l'Orient, le Maroc et l'Espagne. Cet illuminé allemand serait revenu d'Orient persuadé que lui incombait *la réformation générale* du monde, sorte de « rédemption ». Selon un petit livre (récit historique ou mystification littéraire ?) dû à un théologien du Wurtemberg et paru en 1614[156], suivi d'un autre ouvrage publié en 1615[157], Rosenkreuz aurait donné naissance aux Rose-Croix, société secrète connue en France et dans les pays allemands après la découverte en 1604 de sa sépulture[158]. Libres penseurs, ces Rose-Croix alchimistes, cabalistiques et théosophiques avaient leurs exigences sexuelles : le célibat (que choisit à vie Paoli), l'abstinence sexuelle (comme Clemente, rapidement veuf, « moine-soldat » mort au couvent ; comme Giacinto, demeuré plus de trente ans veuf), l'initiation de nouveaux membres (comme les chevaliers créés en Corse par Neuhoff), le secret, la transmutation des métaux (si chers à Neuhoff, à Giacinto et à Paoli), la connaissance du monde, l'application de la science des nombres à la découverte des choses, l'exercice de la médecine charitablement, sans aucune contrepartie en rémunération (comme Giacinto peut-être, d'où cette réputation tenace de « médecin » malgré lui). Ils devaient vivre selon les usages des pays où ils se trouvaient (comme Neuhoff en Corse, comme Paoli en Angleterre), et se rendre une fois par an au lieu de leur assemblée générale (sorte de *consulta* ?). Ils devaient choisir chacun, avant l'heure de leur mort, un successeur capable de tenir leur place, comme le fera Neuhoff en quittant la Corse en intronisant son neveu Frédéric avec lequel Paoli sera toujours en correspondance vingt ans plus tard. Ils devaient aussi prendre les précautions nécessaires pour que le lieu de leur sépulture reste inconnu s'ils venaient à mourir en pays étranger. G. Naudé écrit : « Les Rose-Croix affirment qu'ils sont destinés à accomplir le *rétablissement* de toutes choses [la rédemption ?], en un *état meilleur* [est-ce le « meilleur système » évoqué par Giacinto dès 1735 ?], avant que la fin du monde arrive[159]. » Louis Figuier partage cette analyse : « Les Rose-Croix annoncent [...] que l'univers subira une *réformation* générale [une rédemption], dont ils se regardent comme les agents prédestinés. Mais pour préluder à cette grande restauration, ils doivent commencer par en opérer une du même ordre *dans la religion et la morale* sans se préoccuper, malgré leur titre, de la croix du Christ, ni de la Bible [...]. La vérité est qu'en religion les Rose-Croix étaient des libres penseurs[160]. » En 1710, à Breslau, le pasteur silésien Samuel Richter[161], sous le pseudonyme de Sincerus Renatus, place « les expériences alchimistes au cœur de son projet, alors que le projet rosicrucien travaillait *à la réforme sociale, religieuse* – en relation étroite avec les piétistes »[162]. Ces Rose-Croix du XVIIIe siècle sont des mystiques, adjectif régulièrement appliqué à Clemente Paoli : « le mystique guerrier » ; versés dans le spiritisme comme nombre de Corses, et qui entrent en contact avec les esprits comme Frédéric-Guillaume[163], le successeur de Frédéric II, grand admirateur de Paoli. Or les contemporains se sont tous étonnés des célèbres « visions » de Paoli. John Stuart-Mountstuart, venu à Corte avant Ponte Novo, note même que Paoli utilise ses « visions », révélations et rêves pour en imposer à ses contemporains que John qualifie d'esprits faibles et sans culture (« *weak and uncultivated* »). John Stuart-Mountstuart l'écrira à Shelburne le 20 août 1768 : « I find [that] like Numa and Mahomet he [Pascal Paoli] does not scruple to employ even Visions, Revelations and Dreams to strengthen his power[164]. » Boswell, confronté au problème des « visions » de Paoli, tentera de les justifier, non plus par assimilation à Numa et Mahomet, mais en faisant référence à l'oracle de Delphes, à Lycurgue, et à Sertorius qui recevait des « révélations » d'une jeune biche.

La vision contemporaine que l'on a des Paoli père et fils, esprits « éclairés », « hommes des Lumières », « philosophes corses » du XVIIIe siècle européen, est juste. Toutefois, elle ne peut pas faire une abstraction totale de cet héritage médiéval fait de giovannali, d'hérétiques, de templiers bonifaciens ou écossais, de pseudo-cathares persécutés, de chevaliers de Saint-Jean, voire de chevaliers de l'ordre Teutonique sur lesquels viennent se greffer Sambucuccio, les Rose-Croix allemands, les confréries corses traditionnelles, les sociétés secrètes écossaises et les « visions » de Paoli. Tout ce qui pourrait à première vue paraître clair aux esprits matérialistes du XXIe siècle – à savoir les Paoli père et fils définis comme esprits philosophiques, cartésiens, soucieux d'égalité, de justice sociale, de réformes, de paix universelle, de sciences exactes : monnaie, université – se brouille assez vite sur fond de mysticisme, d'occultisme, de superstitions crasses, de religiosité mal canalisée et de sociabilité maçonnique naissante. Comment se fait-il, par exemple, que Pascal Paoli en chemin de Corte pour Londres rencontre justement Goethe (1749-1832), fort lié aux Rose-Croix ? Comment se fait-il que Samuel Vaughan collecte des fonds pour les expédier à Paoli depuis Londres ou depuis les îles d'Amérique à la veille de Ponte Novo alors que la *Fama fraternitatis* et la *Confessio fraternitatis* de 1614-1615 des Rose-Croix ont eu justement pour unique traducteur dans les années 1650 à Londres l'alchimiste Thomas Vaughan (1612-apr. 1678) qui a publié ces traductions sous le pseudonyme d'Eugenius Philalèthes en les teintant fortement de christianisme ésotérique, d'où leur succès en Allemagne, à Vienne, aux Pays-Bas et en France ? Pourquoi Vaughan – prénommé Samuel comme Samuel Richter qui a orienté les Rose-Croix vers des théories mystiques et des tendances nationalistes (d'où son succès auprès de l'aristocratie allemande contemporaine de Neuhoff) – refuse-t-il énergiquement de rencontrer Paoli à Londres – malgré les supplications de Boswell –, en l'accusant d'avoir trahi une noble cause ? Le lien qui a pu exister entre Pascal Paoli, Théodore de Neuhoff et les Rose-Croix est bien entendu quasi impossible à établir car il s'agit de société secrète. Ce qui est sûr, en revanche, c'est que Neuhoff fréquentait Rakoczy à Versailles chez la marquise de Dangeau ; que l'épouse de Rakoczy était soignée par Helvétius père à Paris en 1722 ; qu'Helvétius grand-père accueillait déjà chez lui à La Haye en 1666 Thomas Vaughan, rentrant lui aussi d'Amérique ; que Neuhoff a été accueilli en Corse comme le messie dont Thomas Vaughan prédisait l'avènement ; que le tablier maçonnique d'Helvétius petit-fils (1715-

1771) a été remis à Voltaire le 7 avril 1778 lors de son admission à la loge Les Neuf Sœurs alors que Paoli était admis le 15 juin suivant à Londres à la loge Les Neuf Muses. Ce qui est certain aussi, c'est l'énorme impact de Neuhoff sur Giacinto et sur son fils Pascal Paoli.

NEUHOFF : UN SAVOIR ENCYCLOPÉDIQUE AUX PIEDS DE PASCAL PAOLI

Au lieu que Paoli soit allé à l'Université, l'Université est allée à Paoli. Courant 1736, Pascal, onze ans, voit déferler le monde à travers Neuhoff. Neuhoff adore l'histoire : « L'histoire fait mes délices[165] », confie-t-il dans son *Testament politique*, où il montre son admiration totale pour les souverains français, ce qui a pu engendrer chez Paoli quelques tendances ultérieures à l'absolutisme, déjà présentes chez Monsieur son père toujours soucieux de revendiquer pour l'île un seul chef : lui. Neuhoff, élevé à la cour de Versailles jusqu'à l'âge de vingt-quatre ans, cite Hugues Capet[166], le roi Jean[167], Charles le Sage[168], Louis XI[169], Louis XII[170], Henri IV, Louis XIV et les apostille : « Le nom de Henri le Grand sera toujours cher à la France[171]. » « L'exemple de ce grand roi peut servir de modèle aux princes[172]. » Louis XIV est « un grand prince [qui] a procuré à ses peuples établissements et autres avantages[173] ». Neuhoff évoque « la prison du roy Jean, la folie de Charles VI, les dépenses de François Ier, la fureur des guerres de Religion, les désordres de la Ligue, les dix années du règne paisible d'Henri IV ». Neuhoff admire « Sully [...] ministre vigilant et laborieux », imité par « Colbert et le maréchal de Vauban ». Il désapprouve César qui a « ignoré l'importance du commerce[174] ». Il méprise Charlemagne « *superstitieux* et stupide, un barbare qui versa des torrents de sang[175] ». Il respecte « Salomon (le fondateur du Temple [...] qui) avait enrichi son peuple par le commerce[176] ». Sa préférence va vers le tsar : « Je me regardais [en Corse] comme le créateur *d'une nation nouvelle.* En cela, plus heureux que Pierre le Grand puisque j'avais *son exemple à suivre*[177]. » Neuhoff lui voue une grande admiration car « *la nation moscovite* était comme ignorée en Europe avant que le tsar Pierre eût entrepris de la rendre commerçante[178] ». « Avec le commerce, sa force a vite augmenté. Sa marine et le port de Pétersbourg construit [1704] [...] lui sont plus utiles que ne l'étaient les vastes campagnes de Sibérie et de Tartarie[179]. » Pascal enfant écoute, ou écoute son père qui lui transmet, et, adulte, il construira L'Île-Rousse et la première marine corse.

Neuhoff, ancien page de la Palatine, est un grand admirateur de la France, le royaume le plus peuplé d'Europe : vingt millions de sujets, le seul royaume d'Europe à tenir – seul – face à toutes les guerres de coalition dirigées contre lui. « Il n'a jamais existé de plus belle monarchie que le royaume de France[180]. » Il vante « la bonté des lois de la France[181] », « les prospérités et la grandeur où l'on voit cet État ». Il admire en France l'« esprit d'ordre et de prévoyance ». On comprend que ses proches, les Matra, les Gaffori, soient passés au service de la France et que le premier emploi que Paoli lui-même sollicitera dans sa vie d'homme soit un grade de capitaine dans l'armée de Louis XV (1755), admission qui lui sera refusée. Un regret pour Neuhoff : ce « puissant voisin[182] » de la Corse vit dans « l'indolence » ; et de passer en revue les autres puissances européennes. La maison d'Autriche ? Neuhoff la redoute car elle « paraît avoir eu pour principal et constant objet l'augmentation de ses possessions[183] ». L'Espagne ? Il la définit comme « l'orgueilleuse rivale » de l'Angleterre[184]. La Hollande ? Il en admire le « crédit » et « les richesses »[185]. L'Angleterre ? Il en connaît toutes les ficelles : « Gibraltar ? Elle l'a enlevée à l'Espagne[186]. » Et lorsqu'il écrit : « Un port *trop heureusement situé* pouvait nuire à la sûreté de sa navigation, elle oblige son fier ennemi à le démolir à ses frais[187] », c'est à Dunkerque qu'il fait allusion, sans le citer, port détruit par Louis XIV au lendemain du traité d'Utrecht (1713), et sur ordre de l'Angleterre.

Neuhoff cite dans son *Testament politique* « les lois de Lycurgue » surnom de Paoli, « les institutions de Solon », autre surnom de Paoli, « les usages des Perses »[188], l'éducation « des Grecs », « les Romains... devenus la plus puissante des nations », « les Arabes », « les Carthaginois », « les peuples du Nord », « l'Asie », « le Califat », « le Grand Seigneur » et nombre de pays : « l'Asie-Mineure, la Syrie, l'Égypte »[189]. Sa conversation est un cours permanent d'histoire, de géographie, de sciences politiques. Il a étudié Machiavel, « grand génie qui a publié un excellent ouvrage dans lequel les principes de l'art de régner sont développés avec une profondeur et une clarté incroyables[190] ». Il s'intéresse à l'économie, maritime notamment, au commerce, aux ports, aux échanges internationaux. L'étude des religions le passionne. Au sujet de l'Inquisition, il a lu le huguenot Charles Barbeyrac (1629-1699), né à Ceyreste près de Marseille[191]... en la baronnie du marquis de Brancas-Forcalquier ! Il compare. En France, la religion « persécute[192] ». En Hollande, toutes les religions sont « satisfaites[193] ». En Espagne, « l'Inquisition [...] est contraire à tout droit humain et divin[194] ». Il dénonce ses tribunaux qu'il estime aussi « barbares » en Espagne qu'au Portugal et à peine « moins dignes d'horreur » en Italie. Neuhoff – qui a peut-être quitté l'Espagne face à l'ultra-catholicisme de l'Inquisition – est pétri de cette tolérance religieuse que l'on retrouve chez Paoli à l'âge adulte. Neuhoff apparaît quelque part comme la transition entre les jacobites ultra-catholiques de l'époque de Sarsfield (1688) et les maçons tolérants de la seconde moitié du XVIIIe siècle qui accueilleront Paoli (1778).

Giacinto est trop intelligent, trop cultivé, trop instruit pour ne pas profiter abondamment de l'encyclopédisme de Neuhoff. Leurs conversations se font en italien sans doute, peut-être en latin. Ces connaissances sont retransmises, le soir, à Pascal enfant. Toutefois, Giacinto n'apprécie guère Neuhoff. Ce n'est pas tant à cause des ragots qui le précèdent que Giacinto ne l'aime pas. Après tout, on reprochait à Dionisia de n'être point vierge pour son mariage et au Régent d'être un père incestueux. Voltaire, Eugène de Savoie, Suffren étaient eux aussi hétérosexuels, comme le maître de Sampiero : Giovanni des Bandes noires ou l'Arétin. Non, ce que n'aime guère Giacinto, c'est le fait que Neuhoff soit, en réalité, totalement étranger à la cause corse. Professionnel de la révolte, il agite les minorités contre leurs suzerains, là où il passe : les jacobites contre le roi hanovrien d'Angleterre, les Hongrois contre l'Empereur, et il est, comme naguère les agents de Louvois, tel Fürstenberg, un agent de la subversion chez l'adversaire[195]. En Corse, il est l'agent de François III de Lorraine et, en tenant la Corse, il doit permettre au duc de prendre possession du grand-duché de Toscane. Par là, d'ailleurs, il trouve le moyen de rendre service à tout le monde : à la fois aux Bourbons, qui vont récupérer la Lorraine ducale pour Louis XV et le royaume de Naples et des Deux-Siciles pour don Carlos ; mais aussi aux Habsbourg, François étant le gendre de l'empereur Charles VI. C'est dire que Neuhoff peut recevoir des subsides de tout le monde puisqu'il ne nuit à personne.

Pour Paoli, Neuhoff est une révélation, sa première vraie ouverture sur le monde, sur l'Europe entière. Jusque-là, Pascal a vécu au milieu de Corses, les uns plutôt « rustiques », montagnards (son grand-oncle Giannoni) et bergers, les autres fort cultivés, hommes de loi (son père) et médecins (son parrain). Les premiers lui ont montré par l'exemple l'usage des armes et ce qu'est la guérilla. Les seconds se posent des questions théologiques quant à la légitimité de la révolte, un peu dans la tradition de Théodore de Bèze et d'Hubert Languet, tous deux calvinistes[196], ou à la manière des théoriciens du régicide à l'époque de l'assassinat d'Henri III dont Alphonse d'Ornano était un proche. Jusque-là, le *Regno di Corsica* était désincarné, fondé sur des mouvements sporadiques et des réflexions religieuses émanées de catholiques romains et « curialistes » qui ne pouvaient reposer que sur la doctrine de saint Thomas qui n'accepte la rébellion contre le Prince que s'il est tyrannique. Paoli a grandi au sein de ce premier débat : celui de la définition de la « tyrannie ». Le Prince est estimé « tyrannique » soit parce qu'il n'a pas de titre : ce n'est pas le cas de Gênes perçue par toute l'Europe comme légitime « suzeraine » de l'île depuis le Moyen Âge ; soit parce que son usage de l'autorité est pervers. Second débat : si le Prince est reconnu « tyrannique », les « principaux » de la nation doivent agir progressivement ; humble remontrance d'abord, appel au suzerain ensuite, puis réunion des deux premiers ordres de la société – noblesse et clergé –, réunis en corps, pour résister au tyran afin, à terme, de le déposer. Or, l'une des difficultés des élites corses réside justement dans le fait qu'elles ne sont pas considérées par Gênes comme une « noblesse ». Certes, le clergé est omniprésent en Corse, mais Giacinto, Castineta et Giannoni ne sont que des « vilains », d'où la nécessité, pour la quasi-totalité des insulaires (en dehors des feudataires), de se faire reconnaître « nobles » pour avoir voix au chapitre : d'où cette floraison de revendications en matière d'ancêtres : un Paoli de Gubbio (Giacinto), un comte palatin (le docteur Rivarola), un prince arabe (Giafferi), un noble florentin (Cipriani), un gouverneur génois (Porrata, Vivaldi), un croisé toscan (Franceschi), un grand seigneur polonais (Lusinchi), un prince romain (Colonna de'Bozzi, Colonna-Ceccaldi, Colonna d'Ornano, Colonna d'Istria), un duc romain (Mattei), un gentilhomme de San Miniato (Bonaparte). La première problématique est d'ordre thomiste, avec lecture des textes essentiels de saint Thomas : la *Somme théologique,* II a-II ac, q. XLII, a-2, ad 3um, et le *De regimine principum,* l. I, c.VI. La seconde est d'ordre social. À partir du moment où Neuhoff est en Corse, le petit Pascal vit le *Regno di Corsica* non plus comme une problématique désincarnée mais comme une réalité quotidienne et proche, d'autant plus que c'est Giacinto qui accueille personnellement Neuhoff à Aléria ! C'est même lui qui prononce le discours d'accueil, achevé par une citation du Tasse. C'est encore lui qui compose des chansons guerrières – sur le modèle de la *Marche de Rakoczy* – au fur et à mesure que le cortège pénètre à l'intérieur de l'île. À onze ans, Pascal, « élevé au camp », ne comprend certes pas tout, mais il ne peut pas ne rien apercevoir de ce moment fabuleux que représente l'arrivée de Neuhoff. Le baron, beau, aimable, affable, volubile, ne cesse de distribuer des présents aux « mécontents » de Corse ! Alors que son père était naguère jeté en prison par les Génois dans le cachot le plus sordide de Bastia, Pascal voit soudain un noble étranger offrir à ce même père, et à ceux qui le suivent : des souliers « à la turque », des bottes à mi-jambes « en cuir de Russie », des sequins de Tunis (*sultanini*) et des sequins au lys, des « lisbonines » et des « mirlitons de France ». Même si sa cargaison turque a été saisie par les corsaires d'Alger, Neuhoff a encore assez d'armes et de munitions à distribuer pour impressionner les masses. Il a débarqué quelques-uns de ces petits canons de bronze et de fer qui font tant défaut aux « nationaux ». Il a distribué des fusils, des arquebuses, des barils de poudre, des sacs de balles et des boulets de canon. Il a donné aux « nationaux » trois mille paires de souliers et sept cents sacs de farine. Neuhoff, murmure-t-on, aurait avec lui « deux millions de ducats » environ, mais « on n'y voit point de la monnaie d'Espagne »[197], ce qui inquiète Costa qui commence à comprendre que Neuhoff et lui ne travaillent pas pour défendre la même cause ! Entre les Génois qui persécutent son père et cet Européen venu de nulle part puisqu'il vient de partout, Paoli ne peut faire que le choix qui sera le sien à vie : celui du cosmopolitisme. Neuhoff ne se fait-il pas peindre avec cette formule : *Il baron di Niewhoff* che si fa *Grande di Spagna, Lord d'Inghilterra, Pari di Francia, Barone del S. Imperio e Principe del Soglio Romano e riconasciuto* Re da Corsi *sotto il nome di Teodoro I*er. Formule intéressante, doublement. D'une part, Neuhoff s'empare de tous les titres de sa parenté (le comte de La Marck est grand d'Espagne, les Neuhoff « barons libres » du Saint Empire, Kilmarnock lord d'Angleterre), mais surtout Théodore dit « s'être fait » grand d'Espagne, lord d'Angleterre, pair de France, baron du Saint Empire et prince du Siège romain. Il ne dit pas *avoir été fait* par qui que ce soit lord, pair ou prince. Il y a là une quasi-contestation de tous les pouvoirs monarchiques, impériaux ou pontificaux – réunis –, comme Rakoczy, devenu prince *élu* de Transylvanie. D'autre part, bientôt Neuhoff ne se dira pas « roi de Corse » (*di Corsicae*), mais « roi des Corses » (*da Corsi*), préfigurant par là Napoléon qui ne sera plus dans la lignée des rois « de France », mais empereur « des Français », ou encore Louis-Philippe qui sera roi « des Français ». La revendication en Corse, en cette année 1736, ne porte déjà plus sur la terre, comme du temps de la féodalité qui s'enfuit, mais sur les hommes futurs citoyens. Avec plus de cinquante ans d'avance, Neuhoff introduit en Corse une notion qui sera revendiquée par les révolutionnaires français lorsqu'ils feront pour la première fois de Louis XVI, ex-roi « de France et de Navarre », le premier roi « des Français », non plus en vertu *du droit divin,* mais en vertu de la *Constitution.* Il y a là, pour Paoli, une première mise en place de la démocratie telle que la concevait son père dès janvier 1735, lorsqu'il déclarait à Costa : « Nous tous et chacun de nous, et *chaque homme du peuple,* avons – et devons avoir – la liberté absolue de manifester notre sentiment, quel qu'il soit, et de donner, ou de ne pas donner, notre assentiment à ce qui nous est proposé *par la pensée* d'autrui[198]. » Le roi réputé bouffon, et régulièrement sali – à tort – par une historiographie mal informée, est – en réalité – un roi peut-être, mais un roi élu ! Avec quel objectif ?

Les objectifs de Neuhoff

Ce que Neuhoff propose aux yeux de Pascal enfant, c'est une véritable synthèse de l'histoire corse. Le baron westphalien a en effet débarqué avec un drapeau à tête de Maure, comme Vincentello d'Istria jadis. Il marche sous cette bannière, emblème de l'île depuis les prétentions aragonaises du XVe siècle. Il y a là de quoi rassurer Costa et les Corses pro-espagnols. Neuhoff se veut aussi « roi des Corses », or en 1562, Sampiero – colonel français – était déjà acclamé à Alger par les Corses du port qui ne criaient pas « Sampiero, roi *de Corse* », mais qui disaient déjà : « il est là *notre roi*[199] ». Il y a là de quoi rassurer les Matra, les Gaffori. Et il déclare vouloir associer à tout Giafferi et Giappiconi : il y a là de quoi contenter les Corses pro-vénitiens. Politiquement, historiquement, religieusement, c'est un sans faute. Géographiquement, Neuhoff connaît la Corse d'une manière étonnante. Sans doute l'a-t-il étudiée, pendant six ou sept ans, à travers les pages 40 et 41 du neuvième des onze volumes du grand Atlas hollandais de Blaeu publié à Amsterdam de 1662 à 1665, ou à travers la carte de Seutter, publiée à Augsbourg en 1731. En outre, Neuhoff a sans doute appris beaucoup de choses sur l'île grâce au comte de Lowenstein débarqué en Corse avec Wurtemberg en 1732[200]. On peut même se demander dans quelle mesure Neuhoff n'était pas infiltré parmi ces milliers d'Allemands débarqués dans l'île en avril 1732, soit sous son nom, soit sous un nom d'emprunt, car il est coutumier de la chose comme tout agent secret. Diplomatiquement, Neuhoff est prudent : il déclare jouir du « crédit d'*une Cour* [sans la citer, mais on comprend aujourd'hui que c'était celle de Lunéville], à qui mon établissement en Corse pouvait être *utile*[201] », afin de permettre à François III de Lorraine, son compatriote maçon, de monter sur le trône du grand-duché de Toscane. François est né à Lunéville, Neuhoff à Metz. Tous deux sont lorrains. Nous sommes au sein du même réseau géographique. François est le petit-fils de la Palatine dont Neuhoff fut longtemps le page. Nous sommes au sein du même réseau dynastique. François a été reçu à La Haye dans une loge maçonnique en 1731. Neuhoff est le parent de Kilmarnock, franc-maçon dès 1741. Nous sommes au sein du même réseau philosophique.

Que veut Neuhoff ? Il le dit dans son *Testament politique* : peupler la Corse ; y développer le commerce et l'instruction ; y installer un gouvernement indépendant de Gênes. Lui qui a voulu être vice-roi du Mexique pour la couronne d'Espagne, semble hésiter entre l'ancien statut du duc d'Ormond – lord-lieutenant d'Irlande – ou celui de Rakoczy – prince élu de Transylvanie. Mais c'est plutôt vers celui de prince élu qu'il évolue, quelques couronnes étant électives en Europe, notamment dans les pays qu'il connaît le mieux : le prince-électeur-archevêque de Cologne, le roi de Pologne, les électeurs de Trèves ou de Mayence, l'Empereur lui-même.

Premier objectif : peupler la Corse. « L'île manquant d'habitants, n'était presque pas cultivée. Mais *en la repeuplant,* je comptais en augmenter la culture[202]. » Dès son arrivée, Neuhoff est « assuré [...] de *doubler* en quelques années les habitants du royaume[203] ». « La population était un des principaux objets de mes soins [...]. La douceur du gouvernement attire les étrangers, fait fleurir le commerce... » Neuhoff veut « encourager les mariages, punir sévèrement les assassinats » et accueillir en Corse « le Juif proscrit de Bohême » en lui procurant « des privilèges considérables ». Ce sera aussi l'attitude de Paoli à L'Île-Rousse en 1767 : accueillir des juifs de Livourne pour stimuler le commerce et notamment la pêche au corail. Neuhoff veut aussi accueillir en Corse « des familles qui abandonnent la Morée et les îles de l'Archipel ». Il veut attirer « des voisins pauvres »[204], leur « distribuer des terres incultes » ; solder en Corse « un corps de cinq ou six mille étrangers, Suisses ou Allemands [qui] auraient contribué à l'augmentation de l'espèce » (ils seront toujours au service de Paoli en 1769). Homme de son temps, Neuhoff sait que « la richesse d'un État consiste *dans le nombre* de ses habitants et dans leur travail[205] ». Mais Neuhoff sait que « la religion de l'Île est la catholique romaine sans mélange d'aucune *secte* », d'où ses regrets : « Il était impossible de *la repeupler* sans altérer cette uniformité[206]. » Neuhoff n'aime ni les couvents de femmes – jugés inutiles – ni les prêtres « mendiants vêtus d'habits en forme [qui] vont mettre le peuple à contribution au nom de Dieu et viennent souper chez [les gens] dans de grandes maisons où ils vivent à leur aise[207] ». Religieuses, prêtres et moines ne font pas d'enfants : il n'est pas le seul homme du XVIIIe siècle à dénoncer leur existence, surtout en une époque où tout le monde croit – à tort – que la population générale baisse. Homme de son temps, Neuhoff véhicule aussi l'idée, alors très présente dans les esprits, selon laquelle il faut empêcher « les habitants [d'un pays] d'aller peupler des colonies[208] » car elles sont censées dépeupler une métropole qui manque déjà suffisamment de bras pour les besoins de l'agriculture.

Deuxième objectif : développer le commerce, créer « certaines compagnies », car « l'empire que les Hollandais se sont procuré dans les Indes orientales est dû à la puissance commerciale »[209]. Quant à la nation anglaise, elle a le « génie commerçant ». Or « l'étendue de la Corse, le nombre et la sûreté de ses ports, sa situation presque au milieu de la Méditerranée, en font *un entrepôt commode* pour tous les peuples qui naviguent dans cette mer[210] ». Neuhoff veut développer les richesses insulaires en cultivant « les vignes », en transformant les chênes en « parquet » et le sable en « glace »[211]. En Corse, il veut établir « un gros négoce »[212]. Ce commerce n'exclut personne : ni les Juifs, ni « une compagnie de marchands hollandais » calvinistes – acheteurs d'huile corse –, contactée par Neuhoff, ni les « mahométans », car « la Porte offrait les richesses et les ressources du vaste empire des Turcs ». Pour que ce commerce ne soit pas la proie de la piraterie barbaresque, il faut avoir, dit Neuhoff, des « liaisons avec le sultan » ce qui « rend un traité avec les barbaresques aisé à conclure ». Paoli ne fera pas autre chose en recevant à Corte des envoyés du bey de Tunis. En développant le commerce, Neuhoff espère développer en Corse les « arts », les « sciences », « le luxe »[213]. Neuhoff est arrivé en Corse couvert de soieries et de broderies : « *Un'Uomo [...] vestiva come i Levantini nell'Italia*[214] », ont noté les Corses à Aléria ; avec perruque de neige[215], la fameuse canne à bec de corbin, et une veste pourpre : « *veste lunga di scarlatto*[216] » ; avec, en dessous, « une longue robe de couleur écarlate foncé[217] », sans compter divers colifichets. Il dit pourquoi : « Un *luxe effroyable* à la Cour entretient l'industrie et suffit à la perfection des arts. » Paoli utilisera à Corte une belle argenterie aux armes de la Corse. Il commandera de beaux meubles pour le Palais national : des fauteuils de bois doré, des portières recouvertes d'étoffe. Il fera servir du chocolat chaud à Boswell et à ses hôtes. Lorsqu'il quittera la Corse, Neuhoff éprouvera un très vif regret dans ce domaine : « Les sciences et les arts auraient embelli la Corse où tous les encouragements possibles auraient attiré *les philosophes, les savants et les artistes célèbres.* » À Corte, Paoli ne cessera de recevoir des écrivains (Boswell, auteur et journaliste à la mode), de nobles étrangers, des pasteurs, des religieux d'outre-Manche, des intellectuels et même un peintre américain : Benbridge, venu de Philadelphie pour croquer son portrait.

Troisième objectif : former les esprits par l'**éducation**, extirper « la superstition »[218] (qui empêche de naître un vendredi), limiter le pouvoir de la religion, limiter la peine de mort « abus déplorable et trop enraciné[219] ». Toutes ces maximes se retrouveront sous la plume de Paoli adulte, ce qui prouve que l'enfant du Rostino a tôt baigné dans ce double contexte : celui de la « philosophie des Lumières », par le biais de Neuhoff, pétri de « despotisme éclairé », grand admirateur de Frédéric II, à son tour admirateur de Paoli ; et celui de la révolte « nationale », style Rakoczy, style Giacinto. Grâce à la généralisation de l'éducation, si les insulaires pouvaient avoir des moyens autres que ceux qui permettent de n'envoyer qu'une douzaine d'adolescents corses par an au collège Del Bene, dont Giacinto jadis, il serait alors possible de constituer en Corse un vrai « gouvernement ».

Pour l'instant, Neuhoff a un partenaire privilégié, Giacinto, qui, après le banquet du premier soir, « alla *le premier* revoir ce monsieur aux manières si éminemment nobles et aimables ». « Le premier » : donc avant Giafferi, avant Costa, avant Matra – quelle formidable promotion pour le fils du meunier par rapport au capitaine vénitien, au juriste livournais, au « marquis » insulaire ! Comment Pascal n'aurait-il pas voulu devenir, lui aussi, un jour « le premier » ? Avec Neuhoff qui a parcouru le monde, Giacinto – qui ne connaît pourtant que le Rostino – « eut un long entretien »[220]. « MM. Giafferi, Giappiconi et Costa parurent *ensuite*. On reprit les mêmes conversations[221] » avec ces pro-Vénitiens et pro-Espagnols. On but « du chocolat » (déjà) et « du bon *rosolio* » (liqueur). Neuhoff est un jouisseur. L'homme a quarante-six ans. C'est un bon vivant qui paresse souvent au lit où il reçoit « dans la ruelle » en fin de matinée. Il se montre « gai », « joyeux », mange de bon appétit : de « bons poissons », du sanglier, du cerf, des dattes amenées de Tunis, de « belles oranges » et de « beaux citrons ». Il boit des « vins divers du royaume, de Florence et de Tunis ». Il offre à Giacinto et à Giafferi des vins de Rhénanie amenés de chez lui. La table est copieuse et variée. Dans la journée, on parcourt la campagne. Neuhoff s'étend sur des touffes d'herbe verte, notamment pour mieux écouter Giacinto afin de mettre en place le « nouveau *système* de gouvernement ». Comment Paoli ne serait-il pas devenu législateur à l'âge adulte ?

Les objectifs de Giacinto Paoli

Giacinto a de la Corse une connaissance de véritable chef d'État. C'est l'impression qui se dégage des *Mémoires* de Costa qui place dans sa bouche une description complète de l'île : géographique et économique, même si l'agriculture corse n'a guère changé depuis les *Géorgiques* et même s'il semble que les meilleurs agronomes insulaires restent Pline, Varron et Columelle. Giacinto décrit au roi la plaine d'Aléria, totalement aux mains des Génois : étang des Veneroso, vignes de la Casabianda, oliveraie de Vadina, *palazzi* des Spinola, ferme fortifiée des Giustiniani, terres des Portonopei, domaine du Migliacciaio des Fieschi, *precojo de Coasina*[222]. Giacinto leur reproche d'avoir dépouillé les Corses de la terre de leurs aïeux. Il dénonce l'omniprésence des Génois sur les meilleurs sites. « La plaine de Porto-Vecchio » ? « La plus grande partie est occupée par MM. Imperiale de Gênes et le reste par MM. Giustiniani[223]. » « La plaine de Campoloro » près d'Ajaccio ? « La République en occupe une partie qu'elle nomme Confina et dont elle exige une redevance de trois mille cinq cents lires. » Même les Matra doivent payer deux mille lires annuelles pour jouir de la terre « de leurs aïeux » à côté du fort d'Aléria. Neuhoff regarde, écoute. Autre grief : le sel. « Sans le secours de l'art, et sans fatigue humaine, il se cristallise lui-même en été et suffirait aux besoins de quelques pièves ; mais *messieurs les Génois* [...] ont des soldats à cheval qui font bonne garde pour empêcher les peuples d'en profiter[224]. » Les salines de Saint-Florent et d'Ajaccio sont négligées, abandonnées, « cachées par les roseaux[225] » ! Selon Giacinto, Gênes ne fait rien pour le bonheur des insulaires en ce siècle universel du Bonheur. Les mines ? Pas exploitées[226]. Ni la mine de fer d'Alesani, ni la mine d'étain d'Ampugnani, ni les mines de soufre et de plomb du cap Corse, et pas davantage les mines d'or et d'argent nichées « entre Corte et le Niolo ». Les terres ? À l'abandon. L'industrie ? Négligée. « Toute industrie est bannie de Corse[227]. » « Les ports eux-mêmes sont ignorés » alors que « les marins pêchent à pleins filets ». Il y a certes peu de marins, mais « cette pauvreté en marins vient tout entière du manque de commerce dû à la volonté de Gênes qui veut en priver la Corse ».

Giacinto fait à Neuhoff un portrait alléchant de l'île afin de le séduire. La Corse, dit-il, rapporte à Gênes quatre vingt mille pistoles par an en « taxes ordinaires » ; plus les taxes extraordinaires et autres « gabelles » (impôts) : les droits d'ancrage, les taxes sur les exportations : vins, grains, boutargues, dorades ; la gabelle sur le fer, les tabacs, l'eau-de-vie, la poudre et le buis ; les taxes sur les produits de la pêche ; la « double taxe » sur les planches ; les taxes sur les appels en justice ; le paiement des cens liés aux charges des huit chanceliers de Gênes établis dans l'île ; les taxes liées aux patentes permettant le port d'armes à feu ou d'armes blanches ; la taxe sur les coralines ; les impôts divers liés à l'entretien des gouverneurs et des forteresses ; les revenus fournis par le sel. « Tous ces impôts et gabelles divers seraient très supportables », car la Corse possède une foule de richesses : mines d'or entre Calvi et Sagone ; de « purs cristaux » dans les montagnes de Bocognano ; des « pierres précieuses » ; des « coraux marins » ; des « arbres de toute espèce ». La Corse « abonde en blé, en seigle, en orge »[228] ; en « vins exquis » exportés à Gênes, Livourne, Rome et jusqu'en Angleterre ; en huile : « cent mille barils sont produits en Balagne ». En fromages, en viande ! La Corse produit des fruits, des poires, « des figues pleines de miel », des pommes, des « amandes très douces », un « miel absolument irréprochable », des « cires très précieuses », des « chasses magnifiques » : « volatiles », « quadrupèdes » ; des porcs qui « donnent des jambons et des viandes salées de saveur peu ordinaire, égaux à ceux d'Espagne ». (Visiblement Giacinto continue à mettre Bayonne en Espagne). Les châtaignes « fournissent du pain à la plus grande partie des peuples de la montagne[229] ». Giacinto cherche à prouver à Neuhoff que « toute la Corse est féconde et fertile »[230] ; qu'elle est grande : « cinq cents milles[231] de tour » ; que c'est « le gouvernement génois qui en empêche le peuplement ». Preuve qu'il partage les idées de Neuhoff quant à la nécessité d'accueillir des étrangers. L'île compte alors 116 053 âmes[232] – chiffre de 1732 – et Giacinto en conclut que Gênes « réduit à zéro les habitants quant à leur nombre » et que la Corse voit « disparaître ses habitants[233] », propos alors général dans toute l'Europe. Résultat : « les forêts croissent », « les maquis subissent le feu », l'agriculture manque de bras. Proche des physiocrates et des agronomes britanniques, Giacinto voudrait « ensemencer les champs ». Il regrette que « la Corse n'emploie pas de fumier pour engraisser ses terroirs comme les autres nations »[234] ! (Paoli à Corte recevra des amis d'Arthur Young). Giacinto le regrette d'autant plus qu'il sait que les terres qui produisent davantage sont celles « que les brebis occupent pendant la nuit, car elles sont fumées sans que les agriculteurs se fatiguent ». Giacinto voudrait « couper les maquis et les déraciner »[235]. Il voudrait introduire de meilleurs « procédés de vinification »[236], faire preuve de progrès en matière agricole comme on le fait alors en Angleterre et en France. Giacinto a une culture agronomique étonnante. Ce fils de meunier est à la pointe des connaissances du moment qui étudient en Angleterre et en France la notion de rendements. « Le fruit de toute semence [...] la multiplie quelquefois par vingt ou trente et l'on dit que l'année est mauvaise si l'on n'en tire que du douze ou du seize pour un. Les terrains défrichés [appelés *diceppi*] rendent pour le moins cinquante pour un, et jusqu'à cent pour un, là où le maquis était très ancien[237]. »

Giacinto dresse à Neuhoff un véritable état des lieux de l'île, avec ses qualités (corses) et ses abus (génois). Il prétend que les Génois « provoquent sans cesse des homicides, des inimitiés, des vengeances »[238], d'où des frais, car la justice est « vendue ». L'ancien Noble Douze est loin d'être un montagnard replié dans son Rostino natal, hostile aux étrangers, réfractaire à la nouveauté. Au contraire, il est comme son siècle. Il s'intéresse à la fumure des sols, à la blancheur des laines, à la vinification des crus, au rendement des terres et il milite pour faire connaître la Corse au monde. Mais « ce qu'il y a de bon et de beau en Corse demeure ignoré » car Gênes s'accapare les meilleurs produits[239]. Giacinto veut montrer que les Corses ne sont « ni féroces ni inhumains » comme le prétendent les Génois, mais que, s'ils sont remuants, c'est parce que « les évêques [tous génois] n'enseignent dans leurs diocèses, par leurs œuvres, qu'avarice et concupiscence »[240]. On trouve déjà là, dès 1736, l'opposition qui existera entre Pascal Paoli et les évêques génois trente ans plus tard. L'homme est croyant, sans doute ; superstitieux : c'est certain, plutôt anticlérical ; mais sa morale est ferme comme celle du giovannale Zevaco au Moyen Âge : « En Corse [...] les adultères, les stupres ne trouvèrent jamais refuge. » Propos tenus pour égratigner Neuhoff, accusé d'avoir été le « mignon » de Courcillon, l'amant de sa propre sœur Mme de Trévoux, le rival « odieux » de La Marck auprès d'elle ? Peut-être. Une fois les deux projets établis – celui de Neuhoff et celui de Giacinto –, les deux hommes se mettent au travail pour instaurer dans l'île un premier régime politique, parallèle à celui de Gênes indignée.

Un royaume mal en point

À la tête de la nation, Neuhoff veut un prince élu, un roi, comme Rakoczy en Transylvanie. C'est Giacinto qui présente Neuhoff aux premiers villageois, sur la petite place de Pedi Pughiettu. Costa insiste : Neuhoff est l'« ange libérateur [241] ». Une fois Neuhoff acclamé, Castineta distribue à la population des « cuirs de Russie » et des « souliers ». Puis Neuhoff, Giacinto, Giafferi, Giappiconi et Costa gagnent Cervione. Les Cotoni, jusque-là méprisants pour les « vilains », se rallient [242] au beau-fils du maréchal duc de Berwick, fils naturel de Jacques II roi d'Angleterre. Don Marco Pasqualini aussi, au point d'être nommé « capitaine de la compagnie du Rostino ». D'autres l'imitent. Toux ceux qui sont capables d'enrôler un certain nombre d'hommes sont nommés capitaines alors que Giacinto et Giafferi recrutent des soldats. Pour accélérer « son élection » [243], Neuhoff prétend « que les secours tarderaient si ses alliés [lorrains] et ses parents [les Drost de Cologne], qui devaient les envoyer, n'apprenaient pas qu'il avait été acclamé comme roi ». L'élection doit être d'autant plus rapide que Neuhoff est véritablement chef de toute sa famille depuis que le maréchal de Berwick a été tué à soixante-quatre ans au combat à Philippsbourg en juin 1734. Giafferi est « fort bien disposé [244] », Giacinto hésitant : « Le moins empressé était M. Paoli », avoue Costa. Pourtant, Neuhoff s'entretient « tous les jours » avec lui [245], mais participe à toutes les réunions entre Giafferi et Giacinto : le docteur Gio Pietro Gaffori, neveu de Matra. Gaffori use alors « des ressources de son esprit et de son éloquence [246] » auprès de Giacinto, mais celui-ci ne veut « rien décider sans avoir *auparavant l'avis des peuples* [247] ». Costa, à l'opposé de Giacinto, n'est point un démocrate. Méprisant les populations, il veut – avant toute chose – attacher à la cause de Neuhoff les « principaux », car ce sont eux, dit-il, qui, « la plupart du temps, *dans ces contrées [sic]*, font croire bon *au vulgaire [sic]* ce qui leur plaît[248] ! » Gaffori continue à « travailler » Giacinto. Toujours en vain. Par conséquent, « on résolut d'appeler les peuples au couvent des R.P. Franciscains à Alesani ». Giacinto hésite, mais Gaffori (dont le fils sera franc-maçon) le double et expédie les lettres circulaires « à son insu, afin de convoquer les peuples en consulte générale[249] ». À la *consulta,* « le premier à prendre la parole fut M. Paoli[250] ». Arrighi, comme lui, cherche à retarder l'élection, prétextant que Ceccaldi est en Espagne depuis avril 1734[251]. Il ne lui paraît donc pas correct de traiter avec Neuhoff qui agit visiblement pour le compte d'une autre puissance jamais citée en public : la Lorraine. Mais Sebastiano Ceccaldi, frère d'Andrea, réplique violemment : « Voici déjà *six ans* que la Corse a fait appel à l'Espagne[252] », c'est-à-dire depuis la rébellion de « Cardone », fin décembre 1729, et il ajoute : « jusqu'à présent, nous n'avons pas été exaucés ». Par conséquent, Sebastiano incite les populations à abandonner le projet espagnol, à couronner Neuhoff et à le servir. Il y parvient.

Costa, pro-espagnol qui a déjà rédigé la « constitution » corse de 1735 à la *consulta* d'Orezza, rédige alors une sorte de « contrat » entre le roi et les Corses, sorte de « constitution théodorienne » (ou seize *capitoli*) à la *consulta* du couvent d'Alesani[253]. Le roi devra vivre dans le royaume et y maintenir la foi catholique. Il pourra choisir son successeur qui devra être catholique et vivre en Corse. Toutes les charges et dignités du royaume ne pourront être données qu'à des Corses. L'impôt personnel ne devra pas excéder trois lires par feu. Le roi ne pourra pas avoir plus de douze cents hommes étrangers dans ses troupes. Une diète générale du royaume sera constituée et composée de vingt-quatre membres sans lesquels le roi ne pourra rien décider en matière de paix, de guerre, de nouveaux impôts. Enfin, après l'extinction de la lignée royale (Théodore étant veuf sans enfants), la Corse pourra élire un autre souverain ou « se gouverner en République[254] », ce qui laisse supposer que le régime théodorien ne sera qu'un régime de transition destiné à faire accoucher la démocratie dans l'île. Ce rétablissement de la république ne peut pas ne pas faire penser aux giovannali. Le dimanche 16 avril 1736 ont donc lieu l'élection et le sacre de Théodore Ier. Le clergé célèbre la messe solennelle du Saint-Esprit devant une place « noire de monde ». Théodore est assis sur un trône de fortune, avec Giafferi et Giacinto assis à ses côtés (préfigurant le futur Consulat avec Bonaparte et deux autres consuls). Giacinto, selon Costa, déclame un poème, fait le discours du trône et cultive la rime « Theodoro » avec *secol d'oro* (siècle d'or), au milieu des salves, vivats, serments et acclamations. « On amena le souverain sur une éminence d'où on le montra au peuple, selon l'ancien usage, et on lui plaça la couronne de laurier sur la tête[255]. » (C'est avec une couronne de laurier sur la tête que Napoléon sera – lui aussi – ultérieurement représenté, comme Jules César avant eux).

Le lendemain, Giacinto est déjà prêt à lacérer le premier décret du roi lorsqu'il voit nombre de Corses anoblis par Neuhoff qui se met à se constituer une véritable clientèle dans l'île en distribuant, tout autour de lui, titres de noblesse, grâces, dignités et emplois. Une véritable cour est constituée faite de « chevaliers du deuxième ordre » ou « du premier ordre », de « gentilshommes de la chambre », de « chevaliers de Cour », de « conseillers d'État », de « familles de noblesse théodorine », de « comtes » et de « marquis ». Si l'image de Théodore « roi-bouffon », « roi d'opérette » s'est imposée souvent au sein d'une historiographie hâtive, c'est, en partie, en raison de cette distribution subite de titres et de grâces jusque-là inconnus en Corse. Théodore attribue tous azimuts emplois, charges et fonctions. Ses fidèles deviennent tout à coup : « cornette », « adjudant », « lieutenant des gardes du corps » (le fils Costa), capitaine de la garde royale (Giappiconi) ou lieutenant-colonel de la garde. Neuhoff, pour constituer une armée levée en masse, multiplie les capitaines, les colonels, les lieutenants généraux, les inspecteurs généraux des troupes (le neveu de Costa), les provéditeurs généraux (titre vénitien) et nomme un « capitaine de la compagnie des soldats étrangers » composée d'une soixantaine d'Allemands (Colombani, neveu de Giafferi). Dans son entourage immédiat, il se dote d'un « secrétaire de la chambre du Roi », d'un « confesseur » privé (moine observantin), d'un « chapelain royal » (un Franchi). La cour compte bientôt un « auditeur du royaume », un « provéditeur de la Cour », un « grand chancelier » (Costa), un « secrétaire de chancellerie », un « secrétaire d'État » (encore Costa), un « secrétaire à la Guerre et au Cabinet » (Gaffori), un « président de l'hôtel de la Monnaie » (encore Gaffori). Des membres de la diète, des « commandants » de telle ou telle province, des « commandants » de telle ou telle piève, des « commandants généraux » de telle ou telle région complètent le tout. Des « commandants *suprêmes* », un « chancelier de la magistrature *suprême* et de l'auditoire royal » prêtent quelque peu à sourire. Néanmoins, il faut bien voir que Neuhoff, qui s'est entouré de deux « Premiers ministres » : Giafferi (pro-vénitien) et Giacinto (chef des « nationaux »), est un homme habile dont la préoccupation majeure est de doter le royaume de ressources financières. Ancien ami de Law et du baron Goertz, il crée des « administrateurs des biens fiscaux et percepteurs royaux à Corte, au nom de Théodore », un hôtel des Monnaies, et fait en sorte que ce soit ses plus proches collaborateurs (Costa et Gaffori) qui aient accès au nerf de la guerre : l'argent. Gaffori est du reste bombardé secrétaire à la Guerre et président de l'hôtel des Monnaies, ce qui est significatif, mais Giacinto va immédiatement faire en sorte de placer les siens au sein de l'hôtel des Monnaies, préfigurant par là ce que fera Paoli trente ans plus tard.

Tous ces titres sont évidemment bien futiles. La distribution des terres à confisquer aux Génois ou aux riches Bastiais favorables à la république de Gênes est plus intéressante. Costa – qui, dans ses *Mémoires,* cache bien sûr son avidité – espère se servir abondamment. Il reçoit « tous les biens tombés *ou à tomber* dans le domaine public à Ajaccio », mais Ajaccio ne sera jamais prise par Neuhoff ; plus les « deux palais des Fieschi et des Spinola à Bastia », mais Bastia ne sera non plus jamais prise par Neuhoff ; plus le palais « de Massimo de Patrimonio et les jardins des Giustiniani »[256] ; plus « les biens et les terres de MM. Portonopei et Giustiniani, Génois ». Le palais bastiais des Fieschi est bien entendu l'ancien *palazzo* du chanoine de'Battisti que le vieux docteur Vittini voulait faire rendre à son neveu et à sa nièce Giappiconi, née de'Battisti. Gaffori reçoit « la moitié des biens confisqués aux rebelles de la ville de Corte, plus l'étang de Vadina » ; Giafferi, les « anciens biens des Spinola, à San Pellegrino, avec tous les domaines des Génois jusqu'aux confins de Bastia, ainsi que les biens confisqués en Tavagna »[257] ; comté immense comme celui de Giacinto qui reçoit « l'ancien patrimoine de Pietro Casale du Nebbio ». Giannoni, l'oncle illettré de Giacinto, est fait « comte » et « reçoit les biens de MM. Moneglia, Génois : à savoir « le domaine dit *Muniglia* avec sa source *la funtana de'Genovesi* ». Castineta, qualifié la veille de « vilain de basse extraction », reçoit l'immense « domaine ou *procojo* de Vadina, comme fonds de son comté ». Ceccaldi, quoique en Espagne, se voit attribuer « l'étang de Chiurlino aux environs de Bastia ». Lucca d'Ornano est fait comte avec possession de toutes les terres de Campoloro « sur le territoire d'Ajaccio »[258]. Arrighi est fait comte d'un « bon comté ». Borghetti reçoit « tout le patrimoine que possédait en Tavagna M. Pietro Zerbi de Bastia » ; Casabianca, « les biens de MM. Zerbi, riches propriétaires bastiais et d'autres biens sis dans sa propre piève d'Ampugnani »[259] ; Casanova, « les terres confisquées aux Gentile de Brando » ; Les Cervoni de Soveria, « la moitié des biens confisqués aux rebelles de la ville de Corte » ; le père Colombani, neveu de Giafferi, la moitié de « tous les biens confisqués à Moriani »[260], domaines des Fieschi et des Spinola, anciens domaines des de'Battisti. Contri est fait comte de l'autre moitié de « tous les biens confisqués à Moriani »[261]. Buttafoco devient « comte de terres confisquées dans le Nebbio ». Ferrandi de Verde reçoit « une bonne part des biens génois sis près des confins de cette piève »[262]. Franzini : « quelques biens de sa piève tombés dans le domaine public », ce qui lui vaudra d'être condamné aux galères par les Génois. Garelli : « la ferrière avec le moulin d'Hugone Fieschi, à Alesani[263]. » Giuseppi :

« tous les biens confisqués de la piève de Caccia. » Grazietti : « l'étang d'Urbino. » Mari : « tous les biens de Pierre Casale, acquis au fisc. » C'est « le plus grand comté ». Monti de Verde : « une bonne part des biens génois sis près des confins de cette piève[264]. » Pietri : « l'autre moitié des biens du Migliacciaro[265]. » Seravalle : « la ferrière d'Orezza. » Susini : « la moitié de l'imposant domaine du Migliacciaro d'Hugues Fieschi », c'est-à-dire la Coasina, lequel comprend « toutes les terres que possédaient dans les parages MM. Domenico et Felice Spinola »[266]. Vinciguerra : « les biens des citadins bastiais rebelles dans le territoire même de sa piève[267]. »

Costa se gave de titres, d'honneurs, d'argent, en attendant les terres génoises qu'il espère. D'abord comte, grand chancelier du royaume, secrétaire d'État, garde des Sceaux, vice-roi de Tavagna, il se charge du ravitaillement en vivres de l'armée (en fromages et farine de châtaigne) – poste hautement lucratif dans toutes les armées européennes – et du paiement des troupes des deux camps chargés d'assiéger Bastia et San Pellegrino – autre poste lucratif. Bartolomeo Vittini s'occupe de la frappe des monnaies, mais « au grand préjudice des caisses de l'État »[268]. Fabiani cumule tout ce qu'il peut : il est vice-président du conseil de guerre, lieutenant général de l'armée des *malcontenti,* gouverneur de Balagne. Giacinto est écœuré. Costa reste pour lui un dévot qui se prétend « patriote » et qui n'est qu'un tartuffe qui tente de gagner et sur le ravitaillement des troupes qu'il nourrit mal et sur la solde des soldats qu'il paie irrégulièrement. Costa devient rapidement « l'être au monde que M. Paoli tenait le plus à voir chasser de la Cour[269] ».

Neuhoff, proclamé « Sa Majesté *des Corses »,* visite son royaume. Il est généralement bien accueilli par les populations qui se pressent autour de lui. Dans la quasi-totalité des villages, les femmes se précipitent pour semer des fleurs sous les sabots de son cheval. Les jeunes se bousculent contre son fier « destrier » pour lui baiser la main. Les vieilles lui tendent des épis de blé en gage de prospérité. Les hommes tirent des coups de feu ; crient : « vive le Roi » ; transportent leurs meilleurs meubles dans les couvents où il doit passer la nuit. Notables, curés, piévans apportent leurs draps de lin et leurs couvertures de soie. Ici, on repeint en hâte la salle d'un couvent transformée en « salle du trône ». On y place ce que l'on a de mieux : un dais de l'église paroissiale, des portières de soie, un fauteuil de velours sur une estrade de chêne. Les « principaux » des villages mettent sur leurs chevaux leurs plus belles selles « richement ornées ». Ils multiplient les « harnachements de bon goût »[270]. Tous les jours, les populations apportent leurs meilleurs ingrédients à la table du roi. Les gros bestiaux sont saisis sur les domaines génois : bœufs, vaches. Les dîmes sont exigées en farines, vins et fromages. Neuhoff fait rapidement de Zicavo son quartier général : « Je laissai à Zicavo mon neveu, le baron de Drost, écrit-il, avec la qualité de lieutenant général. » Zicavo s'érige en capitale éphémère. Costa y réside auprès de ses parents Colonna, cousins des Lusinchi, eux-mêmes parents des Abbatucci et des Paganelli. Peu à peu, Neuhoff met en place la « nouvelle Corse » espérée par Giacinto. Il la dote de nouvelles armes, visibles sur la seule carte contemporaine du règne gravée à Amsterdam par Covens et Mortier (1736). La moitié droite de l'écu est réservée aux armoiries des Neuhoff : la chaîne à trois maillons ; la moitié gauche : au peuple corse, symbolisé par la tête de Maure. Neuhoff organise assez vite le *Regno di Corsica*. Il fait promulguer plusieurs lois : « contre l'homicide et les meurtriers » ; « contre les justiciers et la vengeance » ; « contre les vols et les voleurs » ; « contre les offenses et les offenseurs » ; « contre ceux qui attentent à l'honneur féminin » ; « contre les faux témoins ». « Toutes condamnaient à la peine de mort et à la confiscation des biens[271]. »

En règle générale, le début du règne est marqué par sa volonté de se créer une clientèle. Neuhoff multiplie grâces et récompenses. Il fait « comtes » ceux qui se distinguent au combat. Il nomme colonels ses lieutenants-colonels et ses capitaines. Il honore les familles des militaires morts à l'ennemi : les Vinciguerra ; leur accorde des pensions, établit un cérémonial de cour. Il y a les Corses admis « au baiser de la main » ou « à la table du Roi » et puis ceux qui mangent « à la table de Buongiorno ». Au cours des déplacements continuels, il y a ceux qui logent dans les maisons où dort Neuhoff : Costa, Giappiconi, Buongiorno, Gaffori, et ceux qui n'y dorment pas : Giacinto et Giafferi ! D'où des vexations. Giacinto supporte mal de voir ses contemporains devenir « comtes » comme lui et comme son fils Clemente. Rapidement, les difficultés se multiplient. Giacinto s'oppose à Neuhoff. Fabiani jalouse Costa. Giacinto n'apprécie ni Costa ni Fabiani. Les gens du Deçà rivalisent avec ceux du Delà. Les gens du Rostino s'opposent aux pro-Vénitiens. Nombre de Corses affirment leur fidélité à Gênes. Neuhoff alterne terreur et douceur. Il va jusqu'à faire fusiller Imperiale Tiberi du Poggio de Tavagna pour trahison. (Était-il parent de Pompiliani du Poggio de Tavagna ? Et à ce titre revendiquait-il quelques prérogatives ?). Très vite, les hommes du Rostino (Castineta) et les bons soldats (Arrighi) jalousent les « courtisans ». Fabiani est regardé comme le « favori » du roi. Il s'en défend, accuse Giacinto, dit de lui que c'est un « homme douteux, altier, ambitieux et perfide »[272]. Costa trouve Giacinto « ambitieux et violent ». Il reproche aux paolistes « leurs cervelles mesquines »[273], les accuse de « courte vue », prétend que « leur esprit est plein de superbe et d'orgueil ». Face aux rivalités, Neuhoff multiplie les récompenses, se met à faire « chevalier » tout Corse chez qui il passe la nuit ; va jusqu'à déclarer ses hôtes d'une nuit dispensés « d'impôts à perpétuité »[274] !

Malgré tout, Neuhoff organise son royaume. On l'appelle « Sire » et « Votre Majesté ». Costa lui parle à la troisième personne mais Costa le met en garde. Il dénonce « la légèreté » des Corses, les taxe d'« instabilité »[275]. Neuhoff va à l'essentiel et organise l'armée. Les Corses capables d'enrôler un certain nombre de soldats sont faits capitaines mais les mêmes hommes s'enrôlent sous l'autorité de plusieurs afin de procurer le grade à plusieurs amis ! Autre difficulté : Neuhoff manque vite d'armes, de poudre, de munitions. Il dit en attendre de terre ferme. Effectivement, au début, quelques barques catalanes assurent quelques transports mais Patinho finit par mourir à Sainte-Ildefonse (1736), ce qui prive Neuhoff de secours. Neuhoff l'avouera vers 1748 : « Je reçus quelques secours d'armes et d'argent *par la voie de Barcelone* mais je perdis, *en ce temps-là,* le fondement le plus solide de mes espérances *par la mort de Patinho.* Le chanoine Orticoni fut pénétré de cette nouvelle. Nous convînmes *ensemble qu'il ne fallait pas témoigner* à quel point elle nous intéressait[276]. » Les armes se mettent à faire défaut. Les hommes se disputent les fusils débarqués. Les canons (dix) sont en nombre insuffisant. Lourds, ils sont difficiles à tracter à travers les montagnes. Autre difficulté : Neuhoff doit solder « les troupes ». Il s'agit en fait de Corses qui portent leurs propres armes, sans uniformes, sans régiments, sans compagnies, sans officiers ; des hommes armés, certes, très redoutables, fusil en bandoulière, cartouchière à la ceinture, pistolet au côté, poignard dans la ceinture du pistolet, sac de châtaignes sur les reins, mais totalement indisciplinés. Au début, Neuhoff solde les troupes pour de courtes durées : huit jours tout au plus. Certes, ses troupes s'emparent de Porto Vecchio, grâce à Anton Colonna de'Bozzi, nommé colonel, mais Luccioni vend la place aux Génois ! Neuhoff se voit contraint de le faire fusiller, d'où l'inimitié de sa famille ! Ses troupes s'emparent aussi de Saint-Florent, mais l'argent et l'artillerie manquent. Les vrais présides, Bastia, Ajaccio, Calvi, Bonifacio sont autrement puissants que la tour de la Padulella ou le fort de San Pellegrino. Faute de canons, les troupes corses, commandées par Giacinto, ne peuvent prendre que de petits postes fortifiés : Saint-Joseph, les Capucins, sur les hauteurs de Bastia. Qui plus est, elles n'ont aucun usage militaire. Elles manquent de discipline. Elles sont avant tout familiales. Résultat : quand un chef est blessé devant Bastia (Castineta, Giannoni), c'est une foule de parents qui l'évacue à l'arrière. Quand un chef est tué, toute sa compagnie part l'enterrer au village ! Pour Neuhoff, il s'agit de désertions ; pour les Corses, de traditions. Dès le siège de Bastia, bien défendue par la population et de fortes compagnies de Suisses, Neuhoff s'impatiente : « Il prévoyait qu'il ne pourrait mener aucune entreprise avec les Corses s'ils ne changeaient de style[277]. » En l'absence de solde régulière, d'artillerie suffisante, l'attaque des présides s'enlise. Il faut ravitailler les camps de Bastia et de San Pellegrino pendant des mois. Les troupes corses attendent inutilement. Costa envoie aux camps des farines réquisitionnées, mais Bastia a faim. Les hommes du camp commencent à vendre les farines à leurs parents établis dans la place assiégée ! Le camp se transforme « en magasin » ! Le printemps s'achève. L'été survient, période de récolte. Il devient alors impensable de retenir les hommes au camp. Les femmes les attendent. Il faut songer avant tout à assurer la subsistance de l'hiver. Les troupes se débandent. Les blés rentrés, les vendanges surviennent, puis c'est la récolte des châtaignes. Les « magasins d'État » restent vides car les paysans veulent d'abord remplir leurs greniers.

Pour retenir les hommes aux armées, en les soldant, Théodore décide de créer une monnaie, ce que fera aussi Paoli. Héritier du baron Goertz qui avait créé pour Charles XII une « monnaie de crise », il l'est aussi de Law. Neuhoff installe donc un hôtel des Monnaies au couvent de Tavagna, près d'Orezza. La direction en est confiée à Gaffory mais celui-ci remet « tout pouvoir sur les forgerons et sur le maniement des monnaies » à « un certain Vittini de La Porta d'Ampugnani », sans doute neveu du parrain de Paoli[278]. Costa dénonce vite l'« ingérence » de Giacinto dans le fonctionnement de l'hôtel. La frappe est confiée à don Matteo d'Ortiporio, prêtre du Rostino, puis à Giulio Francesco, homme si talentueux qu'on l'a surnommé *Settecervella.* Il est de Pastoreccia ! Tous deux sont sans doute parents de Giacinto, marié à Pastoreccia et arrière-petit-fils de Cipressa d'Ortiporio. En tout, neuf forgerons frappent les pièces au marteau, faute de presse, mais ces hommes n'ont aucune confiance en la monnaie qu'ils fabriquent : lorsque vient le moment de la paie, ils refusent d'être payés avec la monnaie qu'ils ont frappée ! Les troupes les imitent ! Neuhoff s'obstine, fait collecter tout objet de cuivre et d'argent, fait frapper des écus d'argent « de la gandeur et du poids du petit écu de France », valant trois lires, et deux monnaies de cuivre, valant soit cinq sols, soit deux sols et demi. On lit sur les pièces de cuivre « T.R » (*Théodore Rex*). On y voit le profil et « les armes du Roi unies à celles de la Corse » ; une couronne royale (*corona reale*) ; la Vierge de face, debout, *sur un croissant renversé,* symbole de la Corse chrétienne depuis Lépante. Elle a la tête nimbée de quatre étoiles. Quelques inscriptions l'entourent : *Monstra te esse matrem* ou *Pro bono publico regni Corsicae,* plus une date (1736) et parfois des palmes (*palma*). Sur les monnaies d'or et d'argent, on lit : *Pro bono et libertate.* « Dans toute l'Europe, les pièces de Théodore suscitèrent une telle curiosité que les pièces d'argent se vendirent quatre sequins l'une, et quand les pièces authentiques furent épuisées, on fit à Naples des imitations qui furent achetées très cher et précieusement conservées dans les cabinets des collectionneurs » (Boswell) ; mais, pour les Génois, « T.R » signifie : *Tutti Ribelli* ; pour les insulaires : *Tutto Rame* (Tout cuivre) ! Résultat : la plupart des insulaires refusent ces pièces qu'ils estiment sans valeur ! Les troupes préfèrent la bonne monnaie de Gênes (*scudo* et *mezzoscudo*), les *scudi di Francia,* les *pezze o lanternine di Livorno,* les *scudi d'argento e parpagliole,* les « doubles et sequins de bel or » [279]. Costa enrage. Gaffori démissionne. « Les forgerons rentrent chez eux » [280].

Neuhoff enfin veut créer en Corse « en un lieu choisi par le Roi, une Université publique d'études, tant pour les sciences que pour les arts libéraux », projet que Paoli réalisera à Corte. Il veut « que soit fixé par le Roi, conjointement avec la Diète, le revenu suffisant pour le maintien de ladite Université [...] et que ladite Université jouisse de tous les privilèges dont jouissent toutes les autres universités d'Europe ». Rapidement, ce beau projet s'écroule. Neuhoff s'enlise dans le stérile siège de Calenzana, soutenu peut-être pour venger ses compatriotes enterrés depuis 1732 dans le célèbre « cimetière des Allemands ». Dès juin, huit semaines après son arrivée, Neuhoff « commence à craindre d'être trahi ». Il « résolut de protéger sa personne avec une bonne garde de soldats étrangers [281] » commandés par le RP Sylvestro Colombani, neveu de Giafferi. « En peu de jours, il forma une compagnie de soixante-dix hommes, la plupart allemands, avec le titre de Garde Royale », mais partout « factieux et mécontents » se multiplient. Ils ont dans l'idée de « remettre le Roi aux mains des Génois » [282] ! À Bastia, le gouverneur a pour objectif de faire « tuer M. Costa, l'ennemi le plus odieux à la République [283] ». En quelques mois, Giafferi et Giappiconi, officiers au service de Venise, ont compris que Neuhoff les utilise pour faire le jeu de François de Lorraine. Costa a compris que Neuhoff, privé de Patinho, ne peut faire le jeu de l'Espagne. Tous se brouillent. Sans argent, sans secours, sans navires, Neuhoff perd tout crédit. Il « se trouvait abandonné de tous, désespéré et sur le point d'embarquer pour le continent [284] ». Le 15 juillet, son favori Fabiani, qu'il vient de faire comte (15 avril), est assassiné par les parents de Luccioni. Neuhoff craint pour lui-même car les parents de Luccioni qu'il a fait exécuter veulent le tuer. Chaque jour, Giacinto sent croître sa répugnance à lui obéir car faire le jeu de François de Lorraine est loin d'être son objectif majeur ! Arrighi ne reconnaît plus l'autorité de Neuhoff. Théodore « craint de tous côtés le naufrage [285] ». À Corte, ses fidèles et les partisans d'Arrighi se combattent. Le sang coule. La maison d'Arrighi est pillée par le fils Costa, les colonels Cervoni et Poggi. Costa y vole « un beau pistolet » ; Poggi « quelques pièces d'argenterie » ; Cervoni « le reliquaire d'argent » qu'Arrighi portait toujours autour du cou lors des combats. L'immeuble est incendié. Grâce au coup de force cortenais, Neuhoff rétablit un peu sa situation. Il écrit à un banquier d'Amsterdam – le sieur Ryks-Gravin – pour qu'il paie les armes promises à son correspondant westphalien Edelmann[286]. Son règne connaît un sursaut. Neuhoff recommence à multiplier grâces et récompenses. Quatre comtes (Giacinto, Giafferi, Costa, Lucca d'Ornano) voient leurs comtés érigés en marquisats. Les capitaines sont promus colonels. Les nouveaux théodoriens sont faits « chevaliers du second ordre » ; les plus brillants, « chevaliers du premier ordre ». Neuhoff distribue à ses fidèles les premières terres prises aux Génois. Nombre de biens confisqués sont réunis au domaine « public » mais le principal handicap de Neuhoff réside dans la résistance que Giacinto oppose à ses vues.

Au cours de l'été, Giacinto convoque une *consulta* générale au couvent Saint-Antoine de Casabianca alors que Neuhoff envisage de convoquer la Diète. Plusieurs insulaires font savoir à Neuhoff qu'« ils ne reconnaissent d'autre autorité en Corse que le général Paoli[287] ». Fin août, Neuhoff – malgré l'appui des Cottoni[288] – envisage de quitter la Corse. Rostini l'écrit : « Le Roi, informé des préparations de la *consulta*, déclara à quelques personnes que *les dernières lettres reçues l'avertissaient* à se préparer à retourner sur le continent[289] » ; preuve qu'il est bien un agent de subversion qui n'agit en Corse qu'en fonction d'ordres reçus de l'extérieur. Giacinto est chez lui en Corse. Neuhoff, lui, y est en mission. Début septembre, Neuhoff fait « faire une grande quantité de biscuit, sans que l'on [sache] son dessein[290] ». Ce ne peut être que pour embarquer pour une destination lointaine. Pas l'Angleterre : le 24 juillet 1736, la reine régente a fait « une proclamation qui interdit à tout sujet de Sa Majesté de fournir provisions ou assistance aux mécontents de Corse », car à Londres on sait Neuhoff jacobite et le Prétendant Stuart demeurera une menace jusqu'à ce qu'il soit battu à Culloden en 1746. Pas la France non plus : tant de biscuit serait inutile pour aller à Toulon ou Marseille. Il s'agit des ports de la mer du Nord, en réalité, car Neuhoff a décidé de rentrer à Cologne. Neuhoff réunit son dernier carré : Humbert, comte de Beaujeu, dit Beaujeu de La Salle[291], jeune ingénieur au service de François de Lorraine, débarqué à la Padulella fin août, et qui est venu le chercher, sa mission étant achevée : François de Lorraine va effectivement régner à Florence. Ancien officier du régiment de La Marck, nommé par Neuhoff colonel d'artillerie, Beaujeu est arrivé accompagné de quatre Corses qui, eux, viennent chercher le vieux Giafferi : le fils du Dr Poggi, de Bastia, immédiatement nommé enseigne des gardes du corps ; Milanino Lusinchi, major des armées de Venise ; Gio Francesco Lusinchi, officier vénitien ; Carlo Lusinchi, capitaine vénitien. Tous trois viennent chercher le vieux capitaine vénitien. Neuhoff nomme Milanino colonel, Gio Francesco lieutenant-colonel et Carlo capitaine. Chaque grande puissance vient faire chercher ses

« agents » : Giafferi pro-vénitien, Neuhoff pro-lorrain. Aucune grande puissance ne s'intéresse à Giacinto, preuve que lui seul est véritablement indépendant des grandes puissances européennes et qu'il n'y a pas lieu de le confondre avec la plupart de ses contemporains, dont Costa et Orticoni, pro-espagnols.

Gio Francesco Lusinchi négocie alors avec les autorités génoises le départ de Neuhoff et de Giafferi. Il rencontre « son cousin au troisième degré le RP Michel'Angelo Lusinchi, recteur du séminaire d'Ajaccio [292] » qui lui obtient un rendez-vous à Ajaccio avec le commissaire Grimaldi. Celui-ci l'envoie « muni de lettres de recommandation à Gênes », à Livourne puis à Naples. Là, il obtient « de lever en Corse cent hommes pour un nouveau régiment qui se créait au service du roi Charles » [293], l'ancien infant don Carlos devenu roi de Naples et des Deux-Siciles. Le manuscrit de la Bibliothèque Méjanes (p. 128) confirme : « Un certain Lozinchi, qui était en Corse depuis quelque temps, pour y faire des recrues pour le roi de Naples, trouve moyen de s'embarquer à Ajaccio d'où il passe à Livourne » puis à Naples. Lusinchi obtient de conduire Neuhoff à Livourne avec quelques fidèles et Giafferi à Naples avec ses partisans.

Le 16 septembre, avant de quitter la Corse, Théodore crée un ordre de chevalerie. Cet ordre procède de l'engouement de la première moitié du siècle pour les ordres chevaleresques. Mal compris par l'historiographie, il est uniquement connu par l'*Histoire des révolutions de Corse* [294]. Il s'agit de l'ordre de la Délivrance ou *ordine della Liberazione*. Le grand maître de l'ordre (*gran maestro*) est le roi, de même que le roi de France est grand maître de l'ordre de Saint-Louis (le cordon rouge, créé en 1693), ou de l'ordre du Saint-Esprit (le cordon bleu). L'habit des chevaliers (*abito di cavalieri*) est bleu azur : en France on dit bleu roi, avec une croix (*azzurro con una croce*) comme les chevaliers de l'ordre de Malte ou ceux de l'ordre toscan de Saint-Étienne. Les chevaliers portent une étoile d'or émaillée à quatorze branches, sept de sable (noires) et sept d'or, laquelle porte une Justice « couleur de chair, représentée par une femme » vêtue d'une ceinture et d'une feuille de figuier d'or, tenant une balance avec fléau triangulaire dans la main gauche [295], une épée d'acier dans la main droite, le pied droit sur un globe. En dessous de l'épée : un autre globe d'or surmonté d'une croix. En dessous de la balance : un triangle à l'intérieur duquel se trouve le « T » de Théodore. Dans un des plateaux de la balance « est une tache rouge, et dans l'autre une couleur de plomb ». Pourquoi ? Neuhoff – réputé alchimiste – voulait-il par le feu (rouge) changer le plomb en or ? Était-il, lui aussi, comme les Rose-Croix, à la recherche de la pierre philosophale ? Les commandeurs et chevaliers doivent porter la croix suspendue à un ruban vert, réciter chaque jour deux psaumes, le psaume LXX : *In Te, Domine, speravi*, et le psaume XL *Deus nolter refugium et virtus*. Les chevaliers de cet ordre sont nobles de première classe[296], ont les titres d'Illustrissime et d'Excellence[297]. Les commandeurs[298] sont exempts de toute gabelle[299] et de tout procès, à la réserve des crimes de lèse-majesté[300]. Seuls ces nobles de première classe pourront à l'avenir commander les galères et navires de guerre, les forteresses et les places des présides. Tous doivent être de religion chrétienne[301], mais ils peuvent être de n'importe quelle nation[302]. Leur effectif sera de quatre cents. Pour être reçu dans l'ordre, il faut payer mille écus[303]. Une fois cette somme versée (ce qui correspond à peu près aux deux mille livres de frais nécessaires pour être admis dans l'ordre de Malte), chaque chevalier recevra les dix pour cent de la somme à titre viager[304]. Le capital de base, versé par chaque chevalier, aurait été garanti sur l'Amirauté et personne n'aurait pu en hériter en dehors de la caisse commune de l'Amirauté[305]. Par là, Neuhoff tentait d'assurer l'avenir : si quatre cents hommes lui versaient mille écus pour devenir nobles, cela représentait quatre cent mille écus, c'est-à-dire un million deux cent mille livres, le prix d'un vaisseau de guerre du roi de France, muni de soixante-quatorze à quatre-vingt-dix canons ! En faisant payer les Corses, Neuhoff espérait pouvoir acheter armes et munitions en terre ferme. Cela devenait d'autant plus nécessaire que « ce fut à cette époque [automne 1736] qu'on apprit que la France s'était chargée de la pacification de l'île et qu'on allait y faire passer des troupes[306] ». « Un traité sur cet objet devait, en effet, être signé quelques mois après, le 12 juillet 1737. » Date exacte. À noter que c'est aussi en 1736 que le futur Frédéric II ranime l'ordre Bayard dans son château de Rheinsberg alors qu'il inaugure la même année sa *Kronprinzenloge*, loge maçonnique du prince héritier. À noter aussi que c'est en 1736 qu'est instituée la Grande Loge maçonnique d'Écosse. Enfin, se dire « chevalier de l'Épée » est une pratique attestée en Allemagne à partir de 1739. Hund prend du reste ce nom en août 1742 à Bruxelles, lorsqu'il reçoit des mains du duc d'Albemarle, franc-maçon et jacobite, son premier grade écossais. En 1743, à Strasbourg, Hund participe à « l'allumage des feux » d'une loge dite L'Épée d'or. Selon Pommereul (1779), Pascal Paoli aurait créé lui aussi un ordre de cinquante *braves* qui s'appelaient entre eux « confrères », lesquels devaient porter une médaille représentant sainte Dévote[307].

Le 1er octobre 1736, Neuhoff dépêche Orticoni à Rome auprès du cardinal Acquaviva, muni d'une lettre pour Clément XII. Le 5 novembre, le souverain pontife répond à Acquaviva qu'il ne peut recevoir Orticoni et ajoute : « Je ne sais pas si on le soutiendra de Madrid, cela devrait être[308]. » Mais Philippe V ne soutient pas l'agent du duc de Lorraine. Neuhoff reste isolé. À diverses reprises, il a envoyé des lettres : une fois « trois gros paquets » à un major (Milanino Lusinchi) et à un capitaine (Cesare Lusinchi), officiers du régiment étranger au service du roi des Deux-Siciles ; une autre fois, des lettres « à remettre à Livourne à M. Bigani, qui devait [...] les expédier [...] à Cologne, en Allemagne, en France et à Rome[309] » ; une autre fois, des « lettres à remettre à son oncle [Drost] et autres messieurs de Cologne afin de hâter les secours[310] ». Une autre fois encore, Neuhoff évoque la nécessité de faire passer « des lettres en Sardaigne » où la reine depuis 1724 est la petite-nièce de la marquise de Dangeau. Mais, en dehors de quelques barques catalanes, de quelques secours venus de Barcelone, de quelques chargements envoyés de Livourne et de quelques armes arrivées de Hollande, Neuhoff reçoit peu d'aide. Milanino Lusinchi – dit le colonel Zicavo – confie alors la garde de Porto Vecchio à « trente Zicavais »[311] et à quelques Corses et prépare l'embarquement du roi. Neuhoff n'a plus avec lui qu'Anton Colonna de'Bozzi, le fils et le neveu de Costa, réfugiés avec lui à Sartène et manquant de tout, de blé comme de bestiaux[312]. Neuhoff met alors « en ordre les affaires du gouvernement sans faire comprendre à personne qu'il voulait s'embarquer[313] ». « Dans le plus grand silence, l'on prépara les diplômes pour ceux que l'on devait laisser au gouvernement. » Le 10 novembre, il s'embarque à Solenzara. Arrivé de Tunis sur un navire anglais, il repart sur une barque française avec son secrétaire florentin, Costa, son fils Giuseppe, son neveu Gio Paolo, Durazzo, les Poggi oncle et neveu, les Lusinchi : Milanino et Gio Francesco, et six prêtres « tous résolus à suivre le prince jusqu'à Cologne »[314]. Le 14 novembre, il débarque à Livourne où le consul de Madrid en ce port est mis en cause par le sénat de Gênes qui accuse également Ripperda de complicité avec Neuhoff. Gio Francesco Lusinchi gagne Naples. Giafferi et Giacinto restent pour l'instant en Corse.

CHAPITRE V

L'absent : Naples (1739-1754)

Le règne du baron de Neuhoff n'a en apparence duré que huit mois : d'avril à novembre 1736, mais en apparence seulement. Neuhoff se considère en effet « roi des Corses » jusqu'à sa mort à Londres fin 1755 et il réapparaît à deux reprises dans l'île, courant 1738 et courant 1743, toujours comme agent de François de Lorraine sur le point d'être élu empereur. En 1743, en Corse, Neuhoff date du reste ses édits de « la septième année » de son règne. Par conséquent, tout au long de cette longue période (1736-1755), son ombre en Corse ne doit pas être négligée, même si les agents français raillent les insulaires qui veulent rester fidèles à « leur fantôme de roi ». En effet, les « mécontents » continuent de considérer son absence, non comme le résultat d'une abdication, mais comme une simple période de « régence ». Au début de la guerre de Sept Ans, Pascal Paoli lui-même continuera d'entretenir une correspondance suivie avec son neveu, Frédéric de Neuhoff, qui, comme tout souverain, fait abstraction de son patronyme pour ne signer que « Frédéric », ce qui n'a pas toujours permis – dans le passé – d'identifier le mystérieux correspondant londonien de Paoli. Toujours est-il que lorsque Neuhoff arrive à Livourne en novembre 1736, tout est joué : le 18 janvier 1737, Louis XV donne à Stanislas ses lettres patentes pour prendre possession du duché de Lorraine. Le 13 février, François III cède la Lorraine à Stanislas. Le 5 mars, il relève tous ses sujets lorrains de leur serment de fidélité et les « renvoie auxdits roi de Pologne [Stanislas] et de France qu'ils auront à l'avenir à reconnaître pour leurs vrais et légitimes souverains ». Le même jour, Amelot, agent français, écrit à Campredon, autre agent français : « L'Espagne n'est pas la seule qui ait des vues sur l'île de Corse. Le mémoire que j'ai reçu de Vienne et dont je vous envoie une copie vous fera connaître que *le duc de Lorraine peut être soupçonné d'y prétendre* et de vouloir y exciter un parti en sa faveur[1]. » Dans cette même lettre, Amelot écrit à Campredon : « Il serait à désirer que la République fût, comme on vous l'a assuré, dans la disposition de vendre cette île [...]. Lorsqu'il s'agira de traiter de la vente de cette île, il ne conviendrait pas aux intérêts de la France qu'aucune autre puissance en fît l'acquisition [...]. Ce qu'on offrirait aux Génois ne serait payé qu'après que la France en serait entrée en possession. » Le 21 mars, à Nancy, l'évêque de Toul entonne le *Te Deum.* Le 9 juillet, Jean-Gaston, dernier des Médicis, meurt à Florence. François III de Lorraine devient François II de Toscane. Le fils de Philippe V (don Carlos) régnant à Naples et sur les Deux-Siciles, le gendre de l'empereur Charles VI régnant à Florence, Louis XV – afin de respecter les équilibres internationaux en Méditerranée – cherche à imposer à Gênes son aide militaire en Corse sous prétexte d'y maintenir l'ordre. À partir de ce moment-là, la France et Gênes sont dans le même camp. Ce n'est du reste pas une nouveauté puisque les ennemis de Gênes, en Corse, y étaient depuis toujours les dévots, alliés au Roi Catholique et à l'Empereur, ennemis du Très Chrétien.

Le 12 octobre 1737, Costa, qui croyait se gaver en Corse de terres, de titres et d'honneurs, meurt à Livourne, à cinquante-cinq ans, quasi ruiné. Son fils conduit toutefois aussitôt en Corse six officiers étrangers, deux aumôniers, le capitaine Sinibaldi (sans doute de Calenzana), et, le 12 janvier 1738, le fils de Colonna de'Bozzi débarque à son tour en Corse avec quatorze officiers allemands car il a appris que Gênes a dépêché le 12 juillet 1737 le marquis Brignolé Salé auprès de Fleury pour demander des secours militaires à la France[2]. Les troupes françaises commandées par le comte de Boissieux (cinq régiments) débarquent en effet à Bastia le 6 février 1738, transportées sur la *Flore,* frégate du chef d'escadre de Pardaillan, arrière-petit-fils de la marquise de Montespan et du marquis son mari. Or Pardaillan est le cousin germain du vice-amiral de France Antoine-François de Pardaillan, marquis d'Antin (1709-1741), et de son frère Louis de Pardaillan duc d'Antin (1707-1743), ce dernier entré dans la maçonnerie vers 1734[3]. D'une part, leur grand-père d'Antin (1665-1736), fils légitime de Mme de Montespan, aurait lui-même été initié[4]. D'autre part, d'Antin succède à la grande maîtrise le 24 juin 1738 à lord Derwentwater « devenu compromettant [pour les maçons français] en raison de son activité politique antihanovrienne » (D. Ligou). Enfin, d'Antin est depuis 1727 colonel du régiment Royal Marine ; or nombre d'officiers commencent à être attirés dans les ports par les réunions des loges. On a donc nettement l'impression que Louis XV s'appuie en Corse sur le duc d'Antin, parfait courtisan et grand familier du roi, afin de contrebalancer l'influence maçonnique écossaise des jacobites : Neuhoff et lord Derwentwater (1693-1746), ce dernier étant le fils d'Édouard Radcliffe et de Marie Tudor, fille naturelle de Charles II Stuart et de l'actrice Mary Davies. Aux dévots ultra-catholiques traditionnels liés à Madrid et Vienne, la France oppose des officiers moins engagés religieusement : le colonel Sampiero autrefois, le chef d'escadre d'Antin à présent. Renforce encore cette idée le fait que Boissieux (fils aîné de Thérèse de Villars) est le neveu du maréchal duc de Villars, de la maison de Brancas, mort à Turin en 1734. Louis de Fretat, comte de Boissieux (1688-1739), arrivé en Corse en février 1738 à la tête de six bataillons (ou de cinq régiments ?), a en effet commencé sa carrière comme aide de camp (1704) de son oncle le maréchal de Villars. Colonel d'un régiment de son nom (1707), brigadier d'infanterie (1719), il a été promu maréchal de camp (1734)[5] l'année où le marquis de Brancas a été présent à une tenue maçonnique à Paris (avant le 7 septembre 1734) avec Montesquieu. Pour aider Boissieux, Louis XV dépêche dans l'île Jaillot, géographe ordinaire du Roi, qui réalise une carte de Corse (1738). Boissieux reçoit à Bastia Giafferi, Tommassini, et Orticoni arrivé en Corse sur la felouque du consul d'Espagne. Puis il reçoit le docteur Gaffori, l'abbé Cuttoli et encore Orticoni qui lui affirment que les Corses se tiendront tranquilles si Théodore est reconnu roi des Corses, sous la protection de Gênes avec la garantie de la France[6]. Mais Louis XV refuse[7]. On a ainsi l'impression que Louis XV cherche à combattre en Corse l'influence maçonnique catholique et jacobite (Neuhoff, les Stuarts) en leur opposant une autre influence maçonnique mais moins engagée religieusement (les Brancas, cousins des Grignan, les d'Antin). Ce qui semble confirmer cette hypothèse, c'est le contexte dans lequel se déroulent ces opérations corses : le 13 septembre 1737, un nouvelliste, l'abbé de La Garde, écrit : « On dit que le Grand Maître [Derwentwater] va se démettre et en élire un autre. » Le 14, on dit que « l'ambassadeur d'Angleterre [à Paris], de l'ordre de son maître [...] appréhende que mylord Derwentwater, Grand Maître de cet ordre et *jacobite outré*, ne se serve de toutes ses associations en faveur du Prétendant et contre son gouvernement[8] ». En outre, Clément XII publie sa bulle *In eminenti* contre la franc-maçonnerie en mai 1738. Mais au sein des maçons, les jacobites sont catholiques fervents. Visiblement, Giacinto Paoli, au contact de Neuhoff jacobite, a pris un « engagement » (Pascal le dira dans sa vieillesse, nous y reviendrons), et Giacinto est à partir de ces années 1735-1738 soit maçon jacobite et catholique, soit en tout cas proche d'eux, ce qui explique la protection dont Pascal adolescent jouira bientôt à Naples de la part de la comtesse de Newburgh, car Derwentwater a épousé le 24 juin 1724, à Sainte-Marie de Bruxelles, Charlotte Mary, fille du comte de Newburgh. Il est donc tout à fait faux de parler de « trahison » de Pascal Paoli lorsqu'il fera le choix de l'Angleterre aussi bien en 1769 qu'en 1794. Il n'y a pas « trahison » puisqu'il n'a jamais été français d'une part, et que, d'autre part, l'engagement de son père auprès des Stuarts catholiques date de 1736 environ (arrivée de Neuhoff à Aléria). Sans s'arrêter au cas corse, D. Ligou a raison d'écrire : « S'il existait une opposition entre les maçons jacobites et ceux qui ne l'étaient pas, l'activité politique de Derwentwater et de ses amis émigrés, partisans des Stuarts, n'alla pas sans inquiéter le ministère de Versailles. »

Toujours est-il qu'après les troupes allemandes venues en 1731 et en 1732, les Français débarquent, ne pouvant prendre le risque de voir Toulon bloqué un jour par une Corse habsbourgeoise, espagnole ou grand-ducale. La Corse s'avère en effet essentielle pour protéger cet arsenal, l'un des deux plus grands du royaume, mais aussi pour que le commerce de Marseille ne soit point entravé par les ambitions d'une autre puissance. Il ne convient pas « à notre commerce de Provence que cette île passe en d'autres mains »[9] ne cessent de répéter les agents français. Le 13 mars 1738, Gregorio Salvini – qui est depuis longtemps en relation avec Neuhoff[10] – est découragé : « La Corse embrasserait un mahométan, écrit-il, s'il lui apportait la liberté. » Que faire ? Neuhoff a disparu. On le sait tantôt à Pescia près de Lucques (novembre 1736), tantôt à Florence (décembre), dans l'entourage de François III, tantôt à Rome (décembre) auprès de Cassandre et d'Angelica da Fonseca, religieuses au couvent des Saints-Dominique-et-Sixte. Quant au chanoine Orticoni, il a gagné Naples où don Carlos lui a offert dès novembre 1735 une pension mensuelle de quinze *duros* pour « services rendus ». On apprend de loin en loin que Neuhoff est à Turin (janvier 1737) auprès du duc de Savoie qui est en même temps roi de Sardaigne et petit-neveu de la marquise de Dangeau ; que deux coups de feu sont tirés sur son carrosse en plein Paris (fin janvier). Puis on le perd de vue : Rouen, La Haye (chez le juif Tellano), Amsterdam (mars, sous le pseudonyme de baron de Savoye) où on le dit emprisonné quelques jours pour dettes (fin avril-début mai)[11], Dresde (novembre 1737), Bonn-sur-le-Rhin (mars 1738). Courant 1737, c'est curieusement depuis Dunkerque qu'un certain sieur Guillaume, lieutenant réformé logé à la Grande-Sainte-Catherine, se met en rapport avec Sorba, ministre de Gênes à Paris, pour lui annoncer qu'un de ses amis, susceptible de venir le rencontrer à Furnes, est prêt à révéler à Gênes les manigences de Neuhoff avant de gagner l'« Italie, avec les équipages du duc de Lorraine »[12]. Curieusement, cet ami, de peur d'être arrêté en France, se propose de rencontrer, non Sorba à Paris, mais l'envoyé génois Gastaldi à Londres. On se retrouve dans la même configuration qu'en 1669, lors de l'arrestation du Masque de Fer à Dunkerque, laquelle avait valu au fils d'Estrades le gouvernement de Furnes. Fin 1737, Neuhoff est en relation constante avec son cousin « le baron de Drost, résidant à Scaden, seigneur de Morsbrock, grand commandeur de l'ordre Teutonique à Cologne » ; avec Mme de Champigny, rue de La Poterie, près la Grève à Paris, mère de M. de Champigny, gentilhomme de l'électeur de Cologne, officier dans les gardes royales, ancien camarade du jeune Trévoux, neveu de Théodore. C'est l'époque où le père du futur marquis de Sade – Jean-Baptiste-François-Joseph de Sade (1705-1767), reçu franc-maçon le 12 mai 1730 à la loge la Horn-Tavern de Westminster en même temps que Montesquieu – est nommé ministre de Louis XV auprès de l'électeur de Cologne (1740) après avoir été ambassadeur à la cour de Russie (1730) puis négociateur secret auprès de la cour de Londres (1737). Courant 1738, Pierre Paupie – qui édite la *Gazette d'Amsterdam* – publie à La Haye l'*Histoire des révolutions de l'île de Corse et de l'élévation de Théodore Ier sur le trône de cet État.* Elle est traduite en italien alors qu'est anonymement publié *A General Account and Description of Corsica* (1739), premier ouvrage en langue anglaise consacré à la Corse. En janvier 1738, le *Mercure historique et politique de Hollande* fait l'éloge de Neuhoff, le « libérateur » de la Corse. Dans l'île, en dehors des Zicavais, on ne s'occupe plus guère de Neuhoff qui change de nom (Villeneuve, Bookman, baron Kepre), qui se dit parfois « marchand de Venise », parfois « citoyen de Lucques ». On le sait à Amsterdam, libéré de prison par un consortium de marchands (Lucas Boon, négociant, député de Gueldre, quelque peu alchimiste, César Tronchin, Daniel Dedieu ancien président des échevins d'Amsterdam et ancien représentant de Hollande en Russie, Neufville négociant) [13], et sur intervention du comte de Golowkin, ministre de Russie à La Haye. On le sait au Luxembourg, sur les bords du Rhin, en Hollande, à Bologne, à Lisbonne (juillet 1737) où les officiers de marine maçons sont aussi nombreux que dans la Navy. De Lisbonne est du reste adressée une lettre à un certain Giuseppe Buonarotti [14]. En juin 1738, Neuhoff expédie toutefois à Milanino Lusinchi quelques munitions débarquées en septembre à Aléria après un premier échec à L'Île-Rousse en janvier qui coûta la vie au Florentin Francesco de Agata, pris et pendu par les Génois. Cette fois-ci, sa goélette de dix-huit canons a pris toutes ses précautions pour réussir sa mission : outre son pavillon vert et jaune, de la couleur de l'ordre de la Délivrance – lui-même proche de l'Amirauté de Corse créée par Neuhoff, quoique plutôt factice –, elle arbore un étendard significatif : *In te, domine, speravi* [15]. En octobre, Neuhoff rôde sur les rivages de l'île, au large de Porto-Vecchio. Il y commande trois vaisseaux de 64, 60 et 55 canons, plus quelques bricks, bombardes et transports ; le tout armé et équipé par de riches maisons hollandaises (de Boom, Trouchain ou Tronchin, Neuville)[16]. Le jeune Drost débarquerait alors en Corse 12 canons de 24 avec 3 600 boulets ; 3 couleuvrines de 18 avec 700 boulets ; 12 canons de 12, avec 4 000 boulets ; 6 000 fusils avec baïonnettes ; 1 000 mousquets et 390 mousquetons ; 2 000 paires de pistolets ; 8 000 livres de poudre à canon ; 20 000 livres de poudre fine ; 20 000 livres de plomb ; 400 000 pierres à fusil ; 50 000 livres de fer ; 2 000 pics et autres outils ; 400 tonneaux cerclés de fer ; 2 000 grenades chargées ; 700 bombes ; 50 caisses de tambours ; une cymbale, 24 trompettes ; 200 habits pour gardes ; 6 000 paires de souliers et de bas ; du cuir pour 3 000 florins ; de la toile pour 1 000 paillasses et 1 000 tentes ; 50 drapeaux ; 40 coffres pour l'équipage du roi Théodore ; 2 000 bandoulières, ceinturons, gibernes et autres équipements ; 300 couteaux de chasse et 300 fusils pour les officiers[17]. Boissieux s'inquiète ; avec raison ; après avoir exigé des « nationaux » par édit royal de novembre 1738 qu'ils se soumettent à Gênes sous quinze jours, alors qu'ils ont déjà envoyé douze otages à Toulon en garantie de la paix, il expédie quatre cents hommes sur Borgo et Lucciana (où vit le grand-père de l'abbé Galletti) et il est effectivement battu par les « nationaux » à Borgo le 13 décembre. Humilié, il meurt à Bastia dans la nuit du 1er au 2 février 1739 (il a cinquante et un ans)[18]. Maillebois (1682-1762) lui succède[19] et débarque à Calvi le 21 mars avec ses troupes commandées par Villemur (colonel du régiment de Bassigny), Du Châtel, Larnage (brigadier), Russet, Avaray, le marquis de Lussan, le marquis de Crussol, gouverneur de l'Île-de-France et futur ministre plénipotentiaire du Roi (1751-1754) auprès de l'Infant duc de Parme. Frédéric de Neuhoff débarque à son tour le 19 avril ! Maillebois, grâce à l'interception de lettres de Neuhoff destinées à plusieurs insulaires[20], prend alors conscience de l'inimitié qui oppose à présent Théodore à plusieurs Corses qu'il considère comme ses pires ennemis : Giacinto Paoli, le chanoine Orticoni, don Gregorio Salvini et Arrighi ! Envoyant la copie de ces lettres à Versailles, Maillebois écrit : « Le mécontentement que Théodore a contre Hyacinthe Paoli vient de ce que l'on assure que le susdit Paoli est à la tête d'une cabale conjointement avec le chanoine Orticoni, *pour livrer l'île au roi de Naples*, et que Théodore est très opposé à ce projet pour les raisons que voici : la première est qu'il a pris des engagements à Amsterdam avec les juifs de cette ville pour leur livrer des établissements dans l'île de Corse et l'on prétend même que la république de Hollande en a aussi à cet égard. La seconde raison vient aussi, dit-on, des quelques engagements qu'il a pris avec les Tunisiens pour leur fournir un asile dans cette île, et tous ces engagements pris à condition d'en être reconnu le légitime souverain[21]. » C'est ce petit-neveu de Colbert qui conduit les opérations. En juin 1739, le marquis de Lussan, colonel du régiment de la Sarre, « s'empare de plusieurs postes sur les rebelles de Corse », ce qui lui vaut les honneurs de la *Gazette de France*[22]. Il deviendra maréchal de camp et lieutenant général des armées du Roi. Le 17 octobre, le brigadier Larnage a aussi les honneurs de la *Gazette* car « il contribue à la prise du poste de Zicavo sur les rebelles corses », ce qui fera de lui un maréchal de camp[23]. Giacinto Paoli est vaincu à Lento. Arrighi et Castineta font comme lui leur soumission. Luca d'Ornano aussi. Maillebois négocie alors avec les « nationaux » le départ groupé de vingt-sept d'entre eux pour Naples. « Commandant en chef des troupes du Roi en Corse », Maillebois accélère le mouvement en faisant brûler les biens des Cervoni à Omessa et ceux de Castineta à Morosaglia. Il ravage la Balagne où il fait couper les oliviers. Le 27 juin 1739, la *Gazette de France* fait état des succès des troupes françaises dans l'île : « le marquis Crozat du Châtel[24] s'empare de plusieurs postes sur les rebelles de Corse ». Début juillet, vingt-sept « nationaux » sont prêts à entamer leur exil. Or, il n'est pas inintéressant de s'arrêter un instant sur la carrière du marquis du Châtel. Brigadier des armées du Roi (1734), maréchal de camp (1738), lieutenant général (1744), il mourra en 1750 à cinquante-neuf ans en laissant une fille, Louise-Honorine Crozat du Châtel (1735-1801), qui épouse par contrat signé à Paris le 6 décembre 1750 : Choiseul (1719-1795) !

L'amertume de l'exil

Le 6 ou 7 juillet 1739, Giacinto Paoli s'embarque à la Padulella, près du fort génois de San Pellegrino. Ils sont vingt-sept à prendre passage sur une barque de Capraia, destination Naples où le « neveu » de Neuhoff, Mathieu de Drost, se trouvait en janvier-février[25]. Le marquis de Montalègre, parent de Mme de Neuhoff, est du reste ministre du roi des Deux-Siciles en ce port et Joseph Valembergh, consul de Hollande à Naples, est l'un des partisans de Neuhoff. Quant au demi-frère utérin de la baronne de Neuhoff, le duc de Fitz-James (1696-1738), fils du maréchal de Berwick, il vient de mourir à Naples le 2 juin 1738, laissant une veuve de haute naissance, Catherine de Portugal-Colomb, épousée en 1716, fille du duc de Veraguas et de La Véga, grand d'Espagne et chevalier de la Toison d'or. Giacinto est à bord avec Pascal mais aussi avec Giafferi, Giappiconi, Castineta, Gio Giacomo Ciavaldini[26]. Giacinto ne reviendra jamais en Corse : le vieux philosophe mourra à quatre-vingt-six ans à Naples, à la mi-décembre 1763. Pascal fera dire une messe pour lui à Corte le 26 janvier 1764, célébrée par l'abbé Massesi qui prononcera son éloge funèbre, mais il reposera à Naples, loin de Dionisia.

Arrivé à Naples, Pascal Paoli, qui ne connaît que Morosaglia et le Rostino, est sans doute fortement impressionné par cette ville portuaire, à la fois grand port de Méditerranée, archevêché – siège de nombreux conciles – et capitale du royaume où règne depuis 1736 l'infant espagnol don Carlos, mais qui relève du Saint-Siège : le pape demeurant propriétaire du fief, l'ambassadeur de Naples lui présente tous les ans une haquenée blanche de six mille ducats, le jour de la Saint-Pierre. La première chose que l'enfant dut voir en arrivant de la mer est le célèbre château de l'Œuf, de forme ovale, construit dans l'eau, sur un rocher, bâti par Guillaume III, prince normand. Il a dû aussi contempler le château Neuf, élevé par Charles Ier d'Anjou et de Provence, frère de saint Louis, et augmenté par Ferdinand d'Aragon. Transformé en palais du gouverneur, il abrite de vastes salles d'armes, magasins et entrepôts de munitions, avec « beaucoup de machines de guerre ». Au-dessus de la ville, le château Saint-Elme, bâti par Charles Quint, commande à tous les environs. Le site est remarquablement fortifié : torrion des Carmes, tour Saint-Vincent, château capouan, palais du vice-roi. L'ancienne Parthénope est une ville magnifique au climat exceptionnel. L'air est bon. Toute la noblesse du royaume y est concentrée, dominant du haut de ses palais le petit peuple fourmillant et bruyant des Napolitains, volontiers pêcheurs, de corail notamment, sur les côtes de Corse. Il faut dire que le royaume abonde en grands d'Espagne et en gentilshommes de toutes sortes : une cinquantaine de princes, quatre-vingts ducs, une centaine de marquis, soixante-cinq comtes, mille barons, quatre cents nobles de vieille souche, plusieurs cardinaux. Les rues – notamment la *strada di Toledo*, la plus belle de Naples, pavée de pierres de taille – sont bordées de *palazzi* et de maisons castrales : palais de Tolède, des Ursins, de Cassignan, des Caraffes, du prince de Sulmone, de Stigliano, des ducs d'Atri, de Matalone, de Gravine. La plupart de ces maisons sont couvertes de terrasses où l'on se promène le soir. Peintures, sculptures, statues de bronze ornent les nombreuses églises de la ville, dont Saint-Janvier, la métropole. Le sang congelé du saint y est conservé dans un vase de verre ; il se liquéfie, dit-on, lorsqu'on s'approche de la fête du saint. Les autres églises, Saint-Jean-de-Carbonara, des Théatins, des Jésuites, des Carmes, des Cordeliers, des Chartreux, de l'Annonciade, conservent d'autres trésors. L'église Saint-Pierre, des Dominicains, abrite par exemple le fameux crucifix qui aurait parlé à saint Thomas d'Aquin.

Entre les palais et les églises, Naples offre le visage d'une ville aérée, de par ses immenses places, entourées de balustres de fer. Le môle qui s'avance un quart de mille dans la mer, avec un phare tout au bout, où il y a une fontaine d'eau douce, accroît les perspectives. Avec sa noblesse espagnole de haute distinction, ses beaux esprits et ses deux académies, Naples, entourée d'une campagne fertile et prospère, se montre accueillante.

Pourtant, dès leur arrivée, Pascal et son père y voient circuler un libelle hostile, preuve, comme le disent les contemporains, que « Naples est un paradis habité par des diables ». Ce libelle est intitulé : *Relation répandue à Naples par quelques adhérents du baron de Neuhoff qui y sont actuellement de la victoire qu'ils prétendent que les rebelles corses ont remportée sur les troupes du Roi les 12 et 13 décembre 1738* [27]. Ils y voient aussi circuler un faux portrait de *Theodorus primus Corsicae rex* : il s'agit d'une estampe qui représente Jabach, grand collectionneur peint par Van Dyck vers 1635, gravée par Michel Lasne (*Michael Asinius fecit*) et attribuée à tort au peintre bolonais Marc'Antonio Franceschini [28]. Jabach était l'aïeul du banquier livournais de ce nom. Ils y voient aussi une gravure allemande accompagnée d'une pièce de vers : « Fait parce qu'un nouveau roi, le baron de Neuhoff, a été proclamé par *quelques* Corses ». Elle représente « Théodore premier et dernier en sa personne pseudo-roi des Corses *rebelles* ».

Pascal et son père entament un long exil : pour Giacinto, il sera définitif. Pour Pascal, il va durer seize ans. Sorti du Rostino qui compte deux mille cinq cents habitants [29], Pascal découvre Naples comme Sampiero découvrait Rome et Florence. Heureusement, les Corses émigrés à Naples sont légion. Le 4 août, un Génois informe le sénat de Gênes que Carlo Lusinchi vient d'arriver au port [30].

Pascal, quatorze ans, partage l'intimité indigente de son père. Riche de culture, Giacinto est pauvre d'argent, surtout du 7 juillet 1739 au 5 février 1741. Durant ces dix-huit mois, Giacinto n'a ni solde, ni patrimoine napolitain, or il lui faut payer les dépenses courantes : loyer, nourriture, vêtements, bois de chauffage et de cuisson. Père et fils se serrent, en terre étrangère, et n'ont qu'un seul serviteur : Paolo. On vit modestement sur le petit pécule apporté de Morosaglia. Giacinto compte et recompte ses lires. Il y a donc peu de chance pour que Pascal suive les cours d'un collège payant. Il n'y a d'autre part aucune chance pour que Pascal Paoli lise Montesquieu ! L'*Esprit des lois* ne sera écrit que près de dix ans plus tard, et traduit en italien pas avant le début de la seconde moitié du siècle. Certes, Montesquieu a séjourné dans la péninsule italienne d'août 1728 à août 1729, mais à Venise il s'est plus intéressé à l'anecdotique (les courtisanes) qu'au politique (le système de la Sérénissime). Quant à ses commentaires sur Gênes, ce sont surtout des réflexions sur les Génois : Montesquieu les trouve d'une « extrême avarice » et « entièrement insociables ». Turin a peu marqué l'auteur des *Lettres persanes* : « un dîner qu'on donne à quelque étranger est une grande nouvelle » ! Milan a davantage séduit le jeune académicien à l'automne 1728, la princesse Trivulce ayant, semble-t-il, « poussé très loin l'hospitalité ». Florence a certes charmé Montesquieu de même que le cosmopolitisme romain : « Chacun vit à Rome et croit y trouver sa patrie. » Mais si Rome est la ville « la plus belle du monde », Montesquieu y déplore que ce ne soit pas, « comme partout ailleurs, les femmes qui donnent le ton, mais les prêtres ».

Les ressemblances qui existent entre Paoli et Montesquieu – la valorisation de la vertu civique comme principe de base de l'État populaire ; le respect de la Loi ; le dévouement au bien public ; la tolérance religieuse ; le contrôle de l'opinion – viennent peut-être davantage du fait que les deux hommes ont tous deux largement apprécié Machiavel dont Montesquieu possédait les œuvres complètes dans le texte, preuve qu'il lisait l'italien couramment ; il a d'ailleurs traduit en français des paragraphes de ses *Istorie fiorentine* qui ont dû vivement intéresser Paoli (notamment l'insurrection des Ciompi). De Machiavel, Montesquieu a été l'admirateur : « Il était grand républicain. » Il avait un « grand esprit ». En fait, Machiavel, Montesquieu, Paoli (par le biais de Giacinto) ont une vision assez commune de l'histoire, de la politique, de la religion, peut-être parce que tous trois sont fortement imprégnés des souvenirs de l'Antiquité et notamment de la lecture des *Histoires* de Polybe, père de la théorie cyclique de la dégénérescence/corruption et de la regénération/vertu des régimes politiques (la fameuse rédemption paoline qui nécessite un retour aux premiers principes). De Machiavel, qui n'aimait pas la noblesse ou patriciat florentin, Paoli retient la nécessité de vivre dans un État libre, c'est-à-dire indépendant de l'étranger, en qualité de citoyen, comme le citoyen de Florence qui écrit dans ses *Istorie fiorentine* le dialogue suivant entre les délégués des seigneurs et le duc d'Athènes usurpateur : « Vous cherchez à asservir une cité qui a toujours vécu libre [...]. Avez-vous considéré combien pèse dans une cité pareille le nom de Liberté, qu'aucune force ne dompte, qu'aucun temps n'efface, qu'aucun mérite ne balance ? Pensez, Seigneur, quelle force il faut pour maintenir serve une telle cité[31]. » Reste ensuite à définir l'essentiel, à savoir ce qu'est la liberté. Pour Machiavel, c'est avant tout la sûreté : les citoyens « ne désirent être libres que pour vivre en sécurité »[32], pour « jouir des bienfaits de la Liberté sans inquiétude », sans « avoir à craindre ni pour l'honneur de sa femme, ni pour ses enfants, ni pour soi-même »[33]. Et cette sûreté procède du règne de la

Loi, c'est-à-dire de l'État de droit. Cet État machiavélien (plus tard paoliste) respecte la religion, quoique le scepticisme religieux soit de mise : « Tout ce qui tend à favoriser la religion est le bienvenu quand bien même on reconnaîtrait *sa fausseté* [...]. Il est du devoir du prince et des chefs d'une République de maintenir sur ses fondements la religion qu'on y professe[34]. » Or c'est exactement ce que Giacinto Paoli a exigé de Neuhoff lors de son premier entretien ! Costa l'écrit ! Preuve que si Pascal ressemble parfois tant à Montesquieu, c'est tout simplement parce qu'ils ont tous deux des références communes dues au fait que Giacinto et Montesquieu – contemporains – devaient lire Machiavel à la même époque car Machiavel est très à la mode dans la décennie 1730, avec ses deux œuvres essentielles : *Le Prince* et surtout les *Discours sur la première décade de Tite-Live* ; c'est à Londres que Montesquieu lit en 1730 l'*Oceana* d'Harrington et les *Discourses* d'Algernon Sydney qui reflètent Machiavel ; et le 27 juin 1730, un article du *Craftsman,* le journal de Bolingbroke dont Montesquieu est un lecteur assidu, déclare que Machiavel a écrit « many excellent things ».

Contemporains, Giacinto et Montesquieu ont sans doute lu le célèbre auteur des *Origines juris civilis,* Gio Vicente Gravina (1664-1718) que cite Montesquieu[35], et qui fut à Rome le fondateur et le directeur de l'Académie des Arcades (1695) avant de devenir professeur de droit civil au collège romain della Sapienza (1699). Opposé à l'autorité trop grande du pape, Gravina – esprit éminent qui passe pour le précurseur de Montesquieu – développa des idées qui firent sensation à son époque et qui lui donnèrent pour disciple le célèbre Métastase, ultérieurement l'un des auteurs favoris de Paoli. Entre le moment de sa mort en 1718 et 1756, les élèves de Gravina travaillent à Naples à la collecte des *Œuvres complètes* de leur maître, éditées pour la première fois à Naples en 1756, en trois volumes in-4°, lesquelles font suite à son savant traité *De ortu e progressu juris civilis,* édité à Naples de 1701 à 1713, et à son *De instauratione studiorum.* Montesquieu et Giacinto ont peut-être lu aussi le *Trattato della vita civile* du Napolitain Paolo Matteo Doria (1675-1743)[36], de 1710-1729, ou encore son *Idea d'una perfetta republica* (ouvrage regardé comme subversif au point que le gouvernement de Naples le fit supprimer), de même que la *Storia civile del Regno di Napoli* (Naples, 1723, 4 volumes in-4°), de l'avocat napolitain Pietro Giannone (1676-1748), histoire qui n'est pas événementielle, mais juridique, économique, sociale ; ouvrage qui attaque si violemment le pouvoir temporel des papes que Giannone, excommunié, dut quitter Naples, de même que Vienne, Venise et Modène où la colère pontificale ne cessa de le poursuivre, le contraignant à s'établir à Genève (1735) avant que de mourir prisonnier dans la citadelle de Turin, quoique s'étant rétracté et que l'inquisition romaine l'eût relevé des censures ecclésiastiques. Peut-être Montesquieu et Giacinto ont-ils lu aussi la *Scienza Nuova* (1725) du juriste napolitain Gio Battista Vico (1668-1744)[37] – franc-maçon –, car les analogies sont nombreuses avec l'*Esprit des lois*. Philosophe, historien, juriste, Vico, fils d'un pauvre libraire, fut d'abord précepteur des enfants du marquis de La Rocca avant de devenir professeur de rhétorique à l'université de Naples et d'achever sa carrière historiographe du roi (1738).

Rechercher l'influence de Montesquieu sur Paoli est quelque part faire offense à Giacinto car c'est vouloir gommer toute une génération corse, celle de son père ; c'est vouloir gommer ce qu'était la Corse des années 1730 pour en faire une île archaïque, pauvre et pastorale, ne vivant que de fromages, de châtaignes grillées et de chasse au sanglier ; c'est vouloir gommer la culture énorme de ce père, sorti du collège Del Bene, et qui avait assimilé comme nombre d'insulaires de son siècle Tite-Live, Aristote ou la *République* de Platon pour être un jour le principal précepteur de son fils. C'est Giacinto, à Naples, qui a martelé à Pascal les formules clefs de Machiavel : « l'amour des lois » (car il est juriste) ; « l'amour de la patrie » (car il est combattant). Pour Machiavel, le régime idéal, après le régime de Sparte selon Lycurgue, c'est la République romaine telle qu'elle lui a paru exister entre l'établissement du Tribunat et les guerres civiles. Là est la référence fondamentale des Paoli père et fils qui voient l'État corse comme une synthèse de trois systèmes : 1) le monarchique, représenté par un général de la nation (Giacinto puis Pascal), ou un consul (plus tard Napoléon Bonaparte), voire par un dictateur provisoire lors de l'installation du régime ; 2) l'aristocratique, représenté par une sorte de sénat, appelé diète par Neuhoff puis par Paoli, gardienne de la Constitution voulue par Costa dès 1735, approfondie par Paoli en 1755, diète qui partage avec les généraux-consuls l'initiative des lois et qui représente les « élites » aristocratiques (les « comtes » et « marquis » théodoriens, les « chevaliers » de l'ordre de la Délivrance, la noblesse « théodorine ») ; 3) le démocratique, représenté par les *consultas,* assemblées populaires corses traditionnelles où les tribuns du peuple haranguent les foules comme le fera un jour Mirabeau – « le » tribun du peuple révolutionnaire, comme par hasard originaire du cap Corse ! Ce peuple est associé à l'œuvre législative, à l'action des magistrats qu'il choisit (podestats, pères du commun), par voie d'élection. Bref, ce que Giacinto a assimilé de Machiavel et des auteurs antiques, c'est la nécessité d'avoir une sorte de régime composite reposant sur un solide bon sens : c'est la liberté sans l'anarchie, le respect de Dieu sans la superstition, l'existence de l'Église au côté de l'État et non au-dessus de lui. Si Pascal Paoli, à Paris, en 1790, est du reste proche des Jacobins dont Robespierre, c'est en grande partie parce que ceux-ci, aussi, étaient de grands admirateurs de la République romaine : « Rome fut sauvée par la force de son institution[38] » (Montesquieu).

Seule une lecture approfondie de Costa, de Machiavel et de Montesquieu permet de dire que les Paoli furent finalement beaucoup plus proches du secrétaire florentin que du parlementaire bordelais. En effet, de 1729 à 1736, la guerre de Corse a été marquée par nombre d'attentats, corses ou génois, par l'explosion de machines infernales jusque dans la chambre de Costa (lancées par les Génois), par l'incendie et la destruction de biens, de maisons, de vignes et de troupeaux, sans oublier l'assassinat politique. Or, pour installer le « système » dont ils parlent – à la fois monarchique, aristocratique et démocratique –, les Paoli père et fils envisagent de passer par la nécessaire conquête du pouvoir, face à Gênes, laquelle impose *de facto* une période de troubles intérieurs et de violences civiles. Or, en ce domaine aussi, Machiavel est le véritable maître des Paoli puisqu'il écrit au sujet de l'insurrection des Ciompi que les émeutiers doivent multiplier les brigandages, les incendies et les pillages, tout en recrutant des complices en secret. Pourquoi ? Parce que « là où l'on est nombreux à mal faire, personne n'est puni, car ce sont les peccadilles que l'on châtie. Les grands forfaits, on les récompense..., car le tort qui est fait à tous, on le prend en patience plus que celui qui vous est fait à vous. Par conséquent, multiplier les méfaits nous vaudra plus facilement l'impunité et, de plus, les moyens d'obtenir ce qu'il nous faut pour être libres[39] ». Le Voltaire corse a donc donné à son fils, à travers Machiavel et sa propre culture, une double formation : celle d'un lettré, d'un philosophe, d'un érudit, mais aussi celle d'un adepte de la guérilla montagnarde, du secret, du complot.

Pascal Paoli, adolescent à Naples, a essentiellement étudié auprès de son père. Néanmoins Ferdinando Galiani, devenu secrétaire de l'ambassadeur de Naples à Paris (le marquis de Castromonte), à partir de 1759, parlant de Paoli, écrira un jour à Tanucci, devenu ministre du roi de Naples, que Paoli fut son « camarade *d'école* »[40]. Or Galiani a été confié en 1740 par son oncle, l'archevêque de Naples, aux Célestins de Naples où il a eu pour principal maître le père Bonafede, gastronome et théologien. Pascal Paoli a pu aussi être élevé chez les Célestins. Il faut l'espérer car la compagnie de Giacinto est aride. L'homme est amer. Ancien général de la nation corse, il se retrouve sans ressources. Le 5 février 1741, don Carlos le fait, à soixante ans, colonel (*coronel agregado*) du régiment *Corsica*. Giafferi, doté du même grade le même jour, à soixante-douze ans, partage son sort. Son fils Agostino Giafferi y est admis ce 5 février lui aussi[41]. Âgé de vingt-cinq ans, il a l'avenir devant lui, mais, pour les pères, il s'agit de grades purement honorifiques.

Giacinto touche sa solde à Naples et n'est visiblement tenu à aucune obligation de service. Orticoni est à Naples lui aussi, aumônier du régiment ; de même que Castineta, admis au régiment *Corsica* comme lieutenant-colonel dès le 1er novembre 1739. Âgé de quarante-trois ans, « marié, roturier, courageux, jamais absent », Castineta a sous ses ordres tous les Corses arrivés avec Giacinto : Pietro Giannoni, de Salicetto, cousin germain de Giacinto, trente ans, admis au régiment dès 1740. « Marié, courageux, plein d'honneur », il ne sait « ni lire ni écrire » ; Carlo Lusinchi, capitaine de compagnie (1739) ; Cesare Lusinchi, adjudant-major (1740) ; Vincente et Vitanius Aitelli de Morosaglia, neveux du piévan de Borgo[42], sergents (1740) ; Don Anton et Gio Paolo Colombani, de Tavagna[43], neveux de Giafferi, reçus cadets coup sur coup (1740 et 1741) ; Francesco Seta, de Bastelica, neveu du colonel espagnol de ce nom, capitaine de compagnie (1740), tout comme Garelli (1739), ancien bagnard toulonnais, qui est là avec son fils Nicomède, dix ans, admis comme cadet. Virginio de Gentile est là lui aussi, comme sergent-major (1740). Il sert au régiment *Corsica* en 1740-1744 avec son fils Côme, sous-lieutenant de dix-sept ans (1740).

Galiani, dont Grimm dira « ce petit être né au pied du Vésuve est un vrai phénomène », a sans doute été l'un des premiers compagnons d'adolescence de Pascal Paoli qui se lie à Bernardo Galiani (futur marquis Galiani, traducteur de Vitruve), dont Ferdinando (1728-1787) est le frère cadet. Ferdinando, qui se fera franc-maçon et qui soutiendra Paoli dans les années 1760 à la veille de la défaite paoliste de Ponte Novo, se souviendra à la fin de la décennie 1760 du colonel Giacinto de'Paoli « qui a *bien servi* les Deux-Siciles ». Né à Chieti, Ferdinando n'est pas de Naples, lui non plus. Il y est arrivé à huit ans en 1736, mais il a la chance de graviter dans l'entourage de la cour car son oncle est premier chapelain du Roi qui pensionne le chanoine Orticoni. Ferdinando et son frère logent du reste au palais archiépiscopal où leur oncle reçoit la fine fleur des savants napolitains : le législateur Marcello Cuano ; le juriste napolitain Nicolo Capasso (1671-1745), professeur de droit civil et de droit canon à l'université de Naples ; Alessio Simmacho Mazzocchi (1684-1771), vingt-quatrième enfant d'un pauvre paysan, devenu abbé (1709) puis chanoine (1732), professeur de grec et d'hébreu au grand séminaire de Naples, préfet des études, professeur de théologie et d'écriture sainte et directeur du grand séminaire de Naples ; Bartolomeo Intieri (v.1676-1757), professeur de philosophie et de mathématiques à Naples, fondateur d'une école de commerce à Naples et d'une chaire d'économie politique à l'université de la ville, lequel Intieri fut de façon certaine le professeur de Ferdinando ; le mathématicien Agostino Ariani ; le docteur Francesco Serao (1702-1783), professeur de médecine à l'université de Naples depuis 1732, futur médecin de Ferdinand IV ; et Giambattista Vico. Membre de l'Académie des émules à seize ans (1744) en sortant de chez les Célestins et ami de Pasquale Carcani, Ferdinando Galiani a vu sa thèse publiée dès 1750 : *Traité sur les monnaies*. Quand on sait combien Paoli fut attaché à son hôtel des Monnaies créé en Corse, il n'est pas inintéressant de souligner cette amitié de jeunesse d'autant plus que Galiani – comme Paoli – apprit de bonne heure l'anglais au point de traduire le travail de Locke sur la monnaie. Il apprit aussi la musique qui fut l'une des passions de Paoli à Londres et à Bath. Le lien d'enfance entre Paoli et Galiani, « le plus joli petit arlequin qu'eût produit l'Italie » (Marmontel), est certain. Il est important de le souligner car « sur les épaules de cet arlequin, était la tête de Machiavel » (Marmontel).

À la différence de Galiani, extrêmement petit (« quatre pieds et demi », soit 1,35 m), laid et « gras à lard », Pascal Paoli est grand : cinq pieds, cinq pouces (1,75 m)[44]. Tous les contemporains le disent : Buttafoco, Symonds, Marbeuf, Bettinelli, Expilly. Pascal est « plutôt gras que maigre » (Expilly) en attendant de devenir « assez gros » (Marbeuf), preuve que l'homme forcira entre le jugement d'Expilly (1756) et la description de Marbeuf (1765). Il a déjà le corps « robuste » (Bettinelli), bien proportionné (Boswell, Expilly), plein de vigueur (Symonds). Son père s'acharne à lui donner un maintien « distingué » (Expilly), « dégagé et sans affectation » (Burnaby), « viril et noble » (Boswell), avec un « port majestueux » (Bettinelli). « Courtois et poli » (Burnaby), gracieux (Bettinelli, Expilly, Symonds), Pascal est un jeune homme ouvert, sensé, à son aise (Boswell), « spirituel » (Buttafoco), à la figure « fort riante » (Marbeuf) et qui conservera toujours « l'air frais » (Marbeuf) malgré les soucis de la vie. Adolescent au « visage beau » (Bettinelli), voire « fort beau » (Marbeuf), aux traits « réguliers » (Bettinelli), aux yeux bleus et aux « cheveux blonds » (Bettinelli), au teint clair (Boswell, Burnaby), le jeune Paoli a une chevelure d'adolescent qui tire sur le roux (des cheveux « presque rouges » écrit l'abbé Expilly en 1756), portée « en queue » (Expilly), qu'il frise – c'est gratuit – mais ne poudre pas (Expilly) – c'est payant –, et qu'il portera ultérieurement plus courte, sous une perruque poudrée. Le jeune homme a la « voix claire et agréable » (Bettinelli), mais il n'aime pas ses sourcils trop fournis et il sera heureux plus tard que Thomas Lawrence ait renoncé à exposer son portrait dans lequel ressortent « ses sourcils blancs et hérissés comme ceux d'un sanglier »[45], preuve qu'à soixante-treize ans l'homme sera toujours soucieux de son apparence.

Durant ces seize années d'exil, Giacinto s'impose aux yeux du cadet de ses fils comme un homme prudent et avare par nécessité. En dix ans de luttes (1729-1739), il n'a jamais réussi à devenir le seul chef de la nation corse. Perpétuellement marginalisé, par Giafferi pro-vénitien, par Ceccaldi pro-espagnol, par Neuhoff pro-lorrain, et surtout par la majorité des Corses pro-génois, il a échoué, et s'il a échoué, c'est parce que Giacinto n'a offert à ses contemporains qu'un dilemme cornélien : la Liberté ou la Mort. Toute sa vie, il ne dira pas autre chose. En 1738, à la veille de quitter la Corse, il écrit encore : « Il vaut mieux pour nous *mourir* dans la bataille qu'être spectateurs des *malheurs* de notre nation », formule tirée des Macchabées : « *Melius est mori in bello, quam videre mala gentis nostrae* » (« Mieux vaut mourir à la guerre, que de voir les maux de notre peuple »). Jamais Giacinto n'a pu proposer un avenir autre que cette vision préromantique du drame ; or, en n'offrant aux Corses qu'un choix entre la mort ou le malheur, il ne pouvait être contraint qu'à l'exil car le fondement même de son siècle, c'était d'être « le siècle du bonheur ». Le XVIIIe siècle est celui du confort. Les fauteuils se multiplient, leurs dossiers s'incurvent pour encadrer la colonne vertébrale. Le café, le sucre, le chocolat, le thé, tout concourt à améliorer les conditions de vie. En ces années 1740 qui introduisent en Europe les laques et les porcelaines de Chine, les chocolatières d'argent à manche d'ébène, les beaux meubles, les indiennes, les étoffes précieuses, Giacinto a l'inconvénient de parler un langage désuet, celui de Corneille : « Mourir pour le pays est un si digne sort / Qu'on briguerait en foule une si belle mort. » Or ses contemporains sont ceux de Rousseau. Alors que Giacinto se fonde sur une romanité militaire, l'époque correspond à « l'ère où l'on fit tout, excepté pénitence » (Voltaire) ! Il y a un divorce profond entre Giacinto et son temps.

Pascal se trouve, pour exister, devant le choix freudien traditionnel : imiter le père ou, au contraire, « tuer » l'image du père, de l'homme qui songe à faire du beau Pascal un pauvre prêtre afin de lui assurer un revenu modeste mais régulier. Pour gagner sa propre identité, pour forger sa personnalité face à ce père étouffant, Pascal doit s'insurger : il refusera bientôt d'entrer dans les ordres. À Pascal, adolescent de quinze ans qui a besoin de vivre, de courir, de jouer et d'aimer, Giacinto n'offre que l'image dure d'un veuf déçu. À soixante ans, l'homme a conscience que sa génération a vécu : Patinho est mort en 1736, Castelar en 1733, Costa en 1737, Rakoczy en 1735, le RP Colombani en 1738, l'oncle Giannoni en 1736, Lusinchi a été assassiné, Fabiani aussi (1736), Luccioni a été exécuté (1736). Giafferi a perdu plusieurs neveux. Ceccaldi meurt en 1741. À l'adolescent qui rêve de parcourir le monde, Giacinto ne cesse de ressasser le passé : la Corse, le Rostino, la Corse, le Rostino. Pascal, sa vie durant, connaîtra les moindres détails de la vie de son père. Il connaîtra ses moindres combats, ses moindres succès. Plusieurs lettres en témoignent. Ainsi, le 17 octobre 1754, il écrit à son père : « Avec de pareilles craintes auriez-vous fait obstacle, même du fond des prisons, aux cabales qui se créaient contre la patrie ? » Et il lui énumère ses anciennes *victoires* « à La Mazza, à Sant'Antonino, à la Venzolasca, à Corte, en Balagne », bien modestes « faits d'armes » qui, dans le meilleur des cas, rapportèrent à Giacinto le cheval du major Marchelli !

Tous les témoignages donnent à penser que Pascal a été élevé dans la maison paternelle sans fréquenter aucun établissement scolaire. Dans un mémoire de 1755, on lit : « Que le sieur Paoli soit né en Corse, sa patrie (c'est certain). Il a cependant resté longtemps à Naples et y a reçu *presque* toute son éducation *sous les yeux de son père*[46] », formule qui revient comme une litanie sous la plume de tous les contemporains. Giacinto a imposé à son fils une pratique religieuse stricte, non par conviction mais en vue du prochain état qu'il souhaitait lui faire embrasser. Pascal s'en départira à l'âge adulte, allant jusqu'à dire avec regret, trois ans après la mort du père : « Ah, si j'avais conservé l'habitude de dire l'office de la Madone et quelques-unes des pratiques de dévotion *que j'avais à Naples*[47]. » Pascal, en réalité, est vite devenu une sorte de libre penseur. John Stuart-Mounstuart le dira après l'avoir vu en Corse en 1768. Il prend des libertés avec la religion. Il est assez superstitieux, plutôt incroyant selon Burnaby, mais c'est néanmoins un chrétien sincère (« *a true and sincere christian* », Burnaby), pieux et humble, religieux avec dévotion mais sans affectation. Sa religion repose sur des principes rationnels de libre examen (*free enquiry*), de liberté et de tolérance (Burnaby). Paoli se situe à la lisière de deux mondes : celui de la tradition chrétienne et celui de l'innovation des Lumières.

Paoli a-t-il eu d'autres maîtres que Giacinto ? On n'en sait rien. Antonio Genovesi a été tout au plus son répétiteur le soir, à la maison, voire son jeune précepteur. Lorsque Paoli arrive à Naples, Genovesi n'a que vingt-six ans. Il y a peu de chance que Pascal ait été son étudiant car Genovesi a obtenu une chaire à l'université alors que Pascal était déjà sous-lieutenant. Du reste, les contemporains confirment cette hypothèse ; Raimondo Cocchi[48], médecin florentin, professeur d'anatomie à l'université de Pise, fils d'un ami de Genovesi, écrit : Paoli « fit toutes ses études de grammaire, de rhétorique et d'éthique, dans cette dernière matière sous la direction d'Antonio Genovesi, *aujourd'hui* professeur de commerce dans la cité de Naples ». « Aujourd'hui », c'est-à-dire qu'il ne l'était point lorsqu'il enseignait au petit Pascal. Quant à John Symonds[49], professeur d'histoire à Cambridge reçu par Paoli à Corte (1er-4 août 1767), il dit que Paoli a été l'*élève* (et non l'étudiant) de Genovesi : il le tient « de la bouche même du général » mais il ne dit pas que Paoli a suivi ses cours *à l'université*. Du reste, Genovesi ne publie ses *Éléments de métaphysique* qu'en 1743 alors que Paoli est en garnison à Gaète, et ses *Éléments d'art logique-critique* ne sont publiés qu'en 1745, alors que Paoli suit des cours d'artillerie au sein d'une académie militaire. Ce n'est du reste qu'en 1745 que Genovesi obtient la chaire d'éthique de l'université de Naples et ce n'est qu'ultérieurement qu'il obtient celle d'économie politique. Dans toute son œuvre, Genovesi n'a du reste pour Paoli qu'une courte phrase dans ses *Lettere academiche* dans laquelle il compare le petit garçon de jadis au Miltiade ou à l'Épaminondas de la Corse. Que Raimondo Cocchi, antiquaire florentin passionné de civilisation préromaine, fasse mention de Paoli est toutefois un renseignement capital. En effet, dans son *Journal,* Cocchi raconte son initiation précoce par des francs-maçons anglais, dès le 4 août 1732. « Après avoir passé la matinée avec M. Holdsworst et d'autres Anglais, il fut reçu le soir parmi les *Free-Masons* et dîna avec eux. Le Maître était Mr Shirly. Les autres, le capt. Spens, Mr Clarke, capt. Clarke, Mild. Middlesex, Milord Robert Montagu, et baron Stosch. Les autres novices entrés avec moi furent le Sr Archer et Mr Harris [50]. » Par conséquent, il est permis de penser que Paoli a évolué lui aussi très tôt vers la franc-maçonnerie, comme le dit l'abbé Casanova qui le dit affilié à une loge à Gallipoli dès 1745, bien avant son affiliation londonienne de 1778.

Pendant ces seize années d'exil, que font Pascal et Giacinto ? Ils étudient la conjoncture internationale tout en ayant des contacts privilégiés avec nombre de hauts personnages. Pascal parle notamment des bontés qu'eut pour lui, adolescent à Naples, une grande dame anglaise, Anne, baronne Clifford de Chudleigh, comtesse de Newburgh, épouse de John Joseph Mahony. Il le dira en 1802 à Londres au petit-fils de celle-ci, le sixième prince Giustiniani [51].

SÉDUCTIONS FRANÇAISES ET RÉSISTANCES CORSES

Depuis 1738, la France de Maillebois s'installe dans l'île. Louis XV multiplie les gestes de séduction. Le 10 avril 1739, il crée le régiment *Royal Corse.* Nombre de Corses s'y engagent, même les fils de Lucca d'Ornano, ancien général de la nation, qui se soumet à Maillebois ! Pareillement, Louis XV multiplie les pensions, notamment sur l'ordre de Saint-Louis. Le Très Chrétien fait alors tout ce qu'il peut pour constituer dans l'île le « parti français » qu'espérait Chauvelin dès 1735 et qui est une réalité incontournable. Costa de Castellana, chevalier de Saint-Louis, futur maréchal de camp, en est l'un des pivots. Toutefois, la résistance à Maillebois s'organise : Neuhoff, après son court séjour sur le littoral corse, dépêche le fils de son frère en Corse. Le 19 avril 1739, ce jeune Frédéric, baron libre de Neuhoff et seigneur de Rauschenburg, débarque à Aléria. Un ingénieur l'accompagne. Ils s'installent à Zicavo. Maillebois pratique alors une véritable politique de la terre brûlée mais Zicavo résiste car le prévôt Bucchini fait jurer à ses ouailles « de mourir jusqu'au dernier plutôt que de manquer à la fidélité qu'ils prétendent *à leur fantôme de Roi* », attitude qui émeut l'Europe. Le 22 septembre, Maillebois investit Zicavo alors que le maréchal de camp Crozat du Châtel, futur beau-père du duc de Choiseul, ne cesse d'informer le petit-fils de Fouquet de la situation corse, quasiment de jour en jour[52]. À Zicavo, la répression commence. Terrible. Bucchini « est embarqué pour passer en Terre Ferme [à Livourne] avec défense de reparaître dans l'île sous peine d'être rompu vif[53] ». Sa maison est rasée. Le couvent franciscain de Zicavo est brûlé[54]. Des moines sont pendus ! « Quarante hommes de la suite du curé de Zicavo préférèrent être brûlés dans une aire remplie de paille plutôt que de se rendre prisonniers[55]. » Les Français traitent les Zicavais de « coquins », « mutins » et « rebelles », mais le *Daily Post* du 8 octobre 1739 salue « cette poignée de braves gens du district de Zicavo qui refusera de se soumettre au joug de leurs *médiateurs* tant qu'il leur restera de quoi se défendre » ! Propos intéressés car la Grande-Bretagne vient de déclarer la guerre à l'Espagne et si elle valorise les Corses (« braves gens »), c'est simplement qu'elle est à la recherche d'une nouvelle base navale en Méditerranée. Maillebois poursuit son œuvre. Le 2 février 1740, jour de la chandeleur, alors que tous les Zicavais « attendaient tranquillement dans leurs lits l'heure de la messe pour aller à la bénédiction des cierges », il attaque Zicavo. Milanino Lusinchi, « misérable colonel théodorien », est blessé. Pris, il est « rompu vif à Ajaccio huit jours après »[56]. Fin septembre, Frédéric de Neuhoff est embarqué de force. En octobre, il est à Livourne. Il y est invité à dîner par le général Wachtendonck[57]. Maillebois pense avoir définitivement maté l'île au point qu'il autorise en août 1740 Gaffori à y revenir alors que celui-ci avait été expédié comme otage à Toulon à l'époque de la défaite des troupes françaises à Borgo. Fier de ses succès, Maillebois obtient le bâton de maréchal (1741). À la fin de l'année, ses troupes quittent la Corse (Villemur en dernier). Gênes crée une *Giunta di Corsica* destinée à s'occuper des « affaires de Corse ». Elle établit une tentative d'« accommodement » : les *Concessions Giustiniani.* En vain, car les Corses de la diaspora, dont les Paoli père et fils, s'agitent alors que Neuhoff est à Cologne (1740) et que la guerre internationale renaît.

PASCAL CADET AU RÉGIMENT *CORSICA*

Le 1er février 1741, Pascal est admis comme cadet au régiment *Corsica*, à la veille de ses seize ans, âge requis pour être admis dans nombre d'armées européennes. C'est aussi le cas en France pour les gardes de la marine sous le ministère de Maurepas. Admis au sein de la compagnie du lieutenant-colonel d'Ambrosi, il est stationné à Pizzo Falcone. On l'y apostille : « *Conduite : moyenne. Application : moyenne. Valeur : non prouvée. Santé : bonne. Costumes : bons. Âge : dix-neuf ans. Qualité : venu de Corse. Patrie : Corse. État : célibataire.* [58] » Après un court séjour à Gaète (1742-1743), Pascal est promu sous-lieutenant surnuméraire le 8 décembre 1743 dans la compagnie du capitaine Carlo Lusinchi. Jeune officier, Pascal est sérieux. « Quoiqu'il soit entré très jeune dans son corps, il n'y a jamais proposé aucune partie de débauche, et s'il a été quelquefois entraîné par quelque officier dans des lieux dangereux [les bordels du lieu], il ne s'y est jamais attaché [59]. » Pascal aime les femmes toutefois et, à soixante-quinze ans encore, il évoquera dans une lettre à sa jeune amie Maria Cosway (28 avril 1800) « les sueurs de bonheur répandues pendant les guerres de l'amour » ; en janvier 1800, il aura déjà écrit à la même combien sont excitantes « les robes légères des belles Anglaises [...]. Ces robes prennent feu et brûlent les yeux de ceux qui les observent trop ». Néanmoins, l'adolescent semble plus sage que le septuagénaire amoureux qui écrira à Maria Cosway depuis Londres, le 15 septembre 1786 : « Je ne crois pas que la nature ait encore fait des créatures bonnes de votre sexe après le désagrément que lui causa la première qu'elle créa. La Sainte Vierge m'excusera de ce sarcasme parce qu'elle n'est pas en cause. Elle avait été imaginée avant que ne fût fixé le projet de faire ce monde beau, puis de l'empoisonner au moyen d'une femme » ! Paoli jeune homme aime les femmes et mène la vie de tout militaire de son âge. Il « est toujours sorti avec honneur des disputes qu'il a eues avec ses camarades ». Il a ignoré les « voies de fait avec eux » mais, courageux, il « ne les aurait point évitées » en cas de besoin. Pascal apprend sans doute l'équitation au sein de son régiment : il continuera à parcourir au galop les collines anglaises de Cheltenham à plus de soixante ans [60]. Pour l'instant, il est néanmoins contraint à l'inactivité. Simone Fabiani, colonel du régiment *Corsica*, l'apostille : « *Cet officier est jeune et donne l'espérance d'une bonne santé et il sera capable en son temps de promotion.* » Ce Fabiani, écuyer de Sa Majesté la reine d'Espagne, est le cousin issu de germains du Simone Fabiani assassiné à Orezza en 1736. Sous-lieutenant, Paoli poursuit sa médiocre carrière. Le 1er mai 1747, il est inspecté par son lieutenant-colonel : « *Valeur :*

non prouvée. Expérience : peu. Application : bonne. Conduite : bonne. Robustesse : bonne. Âge : vingt-deux ans. Nation : Corse. Cet officier se trouve à la Royale Académie. Il a toujours fait son devoir avec honneur. » Peut-être envie-t-il Côme de Gentile qui passe du régiment *Corsica* au service de la marine napolitaine en qualité de brigadier (1745)[61] ? Peut-être envie-t-il Garelli, promu capitaine au régiment d'Amberes (1750) comme Agostino Giafferi né en 1716 ? Peut-être envie-t-il Virginio de Gentile, créé comte par le roi de Naples (1749) pour ses cinquante ans ? Par rapport à eux, l'avenir de Pascal semble bouché. Question de « naissance » : les Gentile sont gentilshommes et les Giafferi beaucoup plus connus que le petit-fils du meunier.

À la même époque, nombre d'insulaires retournent à Venise où Neuhoff réside (mars 1740)[62] et où les attendent leurs régiments, leurs familles, voire leurs *palazzi* ornés d'armoiries de marbre : le général Paganelli, plusieurs Lusinchi, le colonel Giafferi, le brigadier Boerio, le colonel Giappiconi. Le vieux général Domenico Paganelli (v.1660-1744) est certes mort à Crémone, mais son gouvernement de Brescia est passé à l'aîné de ses petits-fils, don Giacomo Abbatucci, tout jeune mais déjà lieutenant-colonel au service de Venise ! Et son neveu Gio Carlo Paganelli, sergent-major de bataille au service de la république de Saint-Marc, continue à porter d'orgueilleuses armoiries : « Coupé d'or *à une aigle de sable* couronnée d'argent. D'or à un mur de gueules mouvant de la pointe et des flancs, accompagné de deux tours crénelées du même, ouvert et ajouré de sable. » À Venise, le colonel « marquis de » Giafferi – frère de don Luigi – continue de porter les siennes : « D'azur *au lion d'or* tenant un fanon du même » avec une triple devise : *Pax et Libertas. Libertas sine Pace, Forsan. Pax Libertate, nunçuam,* et une curieuse date au cœur de l'écu : 1729, date de la révolte du Bozzio. Affichant volontiers leur appartenance politico-religieuse sur leur écu – l'aigle impériale des Habsbourg ou le lion de Saint-Marc –, ces insulaires attendent leur heure comme les Battaglini pro-vénitiens qui portent : « D'azur, à la tour donjonnée, à deux étages d'argent, ouverte et ajourée de sable, crénelée à la gibeline, terrassée de sinople, accostée et soutenue *par deux lions affrontés d'argent,* lampassés de gueules, le donjon supportant un penon de gueules » ; ou comme le colonel Giappiconi et ses parents de'Battisti dont le *palazzo* vénitien est somptueusement orné de leurs armes : « D'azur au *phénix d'argent, becqué de gueules,* mouvant à dextre de l'écu d'un brasier de gueules mouvant de la pointe de l'écu, constitué de cinq flammes ondoyant en bande ; ledit phénix regardant à senestre un soleil figuré d'or mouvant du flanc de l'écu » ; ou encore comme le brigadier Boerio (1672-1757), gentilhomme de la chambre du duc de Parme, devenu ministre à Venise de Sa Majesté

Catholique et qui porte jusqu'à sa mort vénitienne des armoiries ornées d'une couronne « chargée *d'une aigle éployée bicéphale* de sable couronnée » et en cimier « *un lion* issant tenant de la dextre un glaive en pal et la senestre posée sur un livre ouvert [sans doute l'Évangile de Saint-Marc], le tout d'or », avec, en supports « *deux lions,* à dextre regardant, à senestre assis, contourné, enchaîné d'or et de laurier ».

Le jeune Pascal demeure extrêmement éloigné de ces insulaires, nobles et nantis. Rien ne l'attend au-dehors, ni un grade précoce de lieutenant-colonel, encore moins un poste de provéditeur général, ni le gouvernement de Brescia, de Zante ou de Crémone, ni un riche *palazzo* au bord de la lagune ou sur le Rialto. Il côtoie plutôt ceux des Corses qui, à Naples, n'ont guère de débouché. Ils sont tous là, regroupés à l'étroit au sein du régiment *Corsica,* simples cadets pleins d'espérances, ou déjà capitaines quadragénaires, donc inquiets, voire aigris. Certains s'acharnent à faire le jeu de l'Espagne, tel le chanoine Orticoni qui offre encore la Corse à Philippe V (1741) ! En vain. D'autres, la plupart, attendent des nouvelles du pays où les cousins gagnés par l'âge finissent par se retirer chez eux, tel le vieux chanoine Michelo Angelo Lusinchi qui quitte son poste de recteur du séminaire d'Ajaccio pour aller finir sa vie à Zicavo, dans la maison de ses pères (1741). À Morosaglia, Clemente continue d'incarner le courant « paoliste » mais la famille est calme. Marié depuis 1736, il vit avec celle qu'il a épousée avec dispense de quatre degrés d'affinité[63]. Veuve d'un cousin Valentini, elle jouit en usufruit du bien de son premier mari, et c'est donc chez elle, à Pastoreccia, que Clemente s'est installé. Elle lui a donné un fils – Giacinto – et une fille – Dionisia – que leur grand-père ne connaîtra jamais. Jeune père de famille, Clemente se tient tranquille comme la plupart de ses parents. Fils de l'ancien général de la nation corse, il est devenu une sorte de paysan-soldat romain, beaucoup plus mystique que Pascal, une sorte de moine-guerrier semblable aux anciens templiers, uniquement marié pour assurer la pérennité de son nom. À Bastia, le cousin Giovan Felice Valentini se tient tranquille lui aussi. Il est même Noble Douze (1742-1743)[64], preuve que l'on respecte à nouveau les institutions génoises traditionnelles comme dans la jeunesse de Giacinto. Quant aux sœurs de Pascal, elles se sont mariées à Morosaglia, l'aînée, Maria Chiara (1713-1798), à don Leonetti, du hameau de Cima, issu de ces Leonetti qui jadis faisaient peindre un des panneaux de bois du chemin de croix de l'église paroissiale au temps de la jeunesse du *nobile* Giacinto. Les petits Leonetti naissent à Morosaglia à partir des années 1740[65], sans doute dans la maison de La Stretta. La cadette, Maria Francesca, a épousé don Franceschetti de Pozzo di Brando à qui elle donne aussi des enfants[66]. Toutefois, malgré cette ambiance feutrée, faite de deuils, de contrats de mariage et de baptêmes annoncés par courriers à Naples, la révolte n'est jamais loin. Poggi, consul de Naples, écrit même courant 1743 : « Les *malcontenti* sont toujours dans la résolution de [devenir plutôt sujets] du Grand Turc que des Génois » et le retour de Neuhoff demeure toujours possible.

Le retour de Neuhoff

Depuis l'installation des Paoli à Naples, Neuhoff a perdu plusieurs soutiens : sœur Angelica-Cassandre Fonseca est morte à Rome (1740), suivie par Wachtendonck[67], mais il reste en relation avec M. de Champigny[68] qui réside en Bavière auprès de l'électeur auquel il avait prédit qu'il serait empereur, ce qui arriva en 1742 ; et aussi avec Marc Antonio Giappiconi, colonel d'un régiment au service de Venise en garnison à Brescia[69]. Résultat, on voit Neuhoff partout : à Cologne (1740), à Venise (mars 1740), à Londres (novembre 1742). Le 31 janvier 1743, la guerre franco-espagnole commencée depuis 1739 et les incidents qui se sont multipliés sur mer entre la France et la Grande-Bretagne depuis 1741, sans déclaration de guerre, incitent Neuhoff à débarquer à Île-Rousse chargé de « quantité d'armes et de munitions[70] », alors que les Anglais réunissent devant Toulon les vingt-huit vaisseaux de l'amiral Matthews qui y commence le 27 avril 1742 un blocus qui durera vingt-deux mois[71]. Une nouvelle fois, la Corse devient un enjeu entre grandes puissances. Une nouvelle fois, l'île n'est perçue que comme un pion sur l'immense échiquier international. Parvenu sur le littoral corse à bord du *Revenger*, capitaine Barckley, Neuhoff y promulgue un édit[72] imprimé à Pise[73] par les soins du docteur Salvatore Olmetta, neveu du RP Olmetta, lequel était l'aumônier du régiment du Roi à Dunkerque lors de l'arrestation du Masque de Fer. Daté de « la septième année » de son règne, sa teneur est la preuve qu'il n'a jamais été autre chose en Corse qu'un redoutable agent impérial au service de la maison de Habsbourg et ennemi des Bourbons en général (Naples, Madrid, Versailles) et du roi de France en particulier. Neuhoff y écrit : « En ce qui concerne ceux [des Corses] qui sont au service de Son Altesse Royale *de Lorraine* [François III] et Sérénissime Duc de Toscane, nous voulons qu'ils continuent de servir la dite Altesse Royale avec le même zèle et la même fidélité » qu'avant son retour en Corse. Il souhaite « par la présente » qu'ils soient « obligés de Nous servir *à partir du moment* où il plaira à ladite Altesse Royale d'agréer leur service », preuve que servir François III c'est servir Neuhoff, ou « de les congédier *gracieusement* afin qu'ils puissent retourner dans leur patrie [la Corse] ». Il promet d'« assister avec toutes les forces que Dieu nous a données Son Altesse Royale *de Lorraine* et Sérénissime Grand-Duc de Toscane, pour la défense et le maintien de tous ses États ». Neuhoff dit vouloir aider Marie-Thérèse en sa qualité de « *reine de Hongrie et de Bohême,* comme héritière royale de toutes les monarchies et États possédés et dévolus à feu Sa Majesté Impériale et Catholique » Charles VI, mort depuis 1740. En effet, à la mort de Charles VI, les cousines germaines de Marie-Thérèse ont revendiqué l'héritage habsbourgeois en tant que filles de Joseph Ier, frère aîné de Charles VI, et par conséquent en tant qu'aînées de la lignée issue de Ferdinand, frère de Charles Quint. Louis XV a aidé le mari de l'une de ces cousines à devenir empereur à la mort de Charles VI, mais ni Neuhoff, ni Marie-Thérèse n'ont accepté ce succès de la diplomatie française et Neuhoff promet par conséquent « d'assister et d'accourir » avec ses « propres sujets [corses] à la défense des *justes droits* de Sa Majesté *la reine de Hongrie et de Bohême* ». Neuhoff traite de « parjures » et de « perfides chefs », de « filous » et de « traîtres » Giacinto Paoli et tous les Corses passés au service du Bourbon de Naples. Ils « Nous ont *trahi*, dit-il, ainsi que tout Notre royaume qu'ils ont abandonné de manière indigne [...] à la tyrannique impudence de notre ennemi génois » allié à Louis XV. Neuhoff qualifie le « *canonico* Teramo Orticoni et le prêtre Gregorio Salvini » de « parjures », « filous » et « traîtres ». Comme Giacinto, Neuhoff les « bannit ». Il déclare « leurs biens confisqués » et destinés à être distribués à ses « fidèles partisans ». Comme Giacinto, qualifiés de « perfides ennemis », Orticoni et Salvini sont « condamnés à la mort la plus ignominieuse [...] s'ils avaient jamais la téméraire hardiesse de mettre le pied dans Notre Royaume ». C'est sans doute la raison pour laquelle Giacinto, intellectuel « doux et aimable », a préféré ne jamais revenir en Corse ! Neuhoff ajoute : « Nous interdisons, sous peine irrémessible de mort et confiscation de tous leurs biens, à tous nos sujets en général et à qui que ce soit en particulier, quels que soient leur sexe, grade ou qualité, d'avoir des rapports directs ou indirects avec les prénommés *félons* Giacinto de Pauli, Teramo Orticoni et Gregorio Salvini ou leurs adeptes [...] qui ont *abandonné notre service royal* et la patrie [...] pour se mettre *à la solde de la France, de l'Espagne et de Naples* », c'est-à-dire des Bourbons. En dehors de ces trois Corses, tous ceux passés au service des puissances peuvent rentrer en Corse : sous « six semaines » pour ceux passés à Naples ou dans les possessions espagnoles de la péninsule italienne ; sous « trois mois, pour ceux qui sont en Espagne ou en France » ; sous « un mois » pour ceux qui sont au service « du Souverain Pontife » ; sous « deux mois » pour ceux qui sont au service de Venise. Pour terminer, Neuhoff ne considère comme « bons Corses » que ceux qui servent « Son Altesse Royale *de Lorraine* » et son épouse « la reine de Hongrie et de Bohême ». Tous ceux-là peuvent rester à Nancy ou Vienne au service des régiments qui les emploient. Puis, Neuhoff – qui est resté prudemment sur le *Revenger* – s'apprête à quitter définitivement la Corse, nouvelle preuve qu'il n'est qu'un agent de subversion impérial et qu'on aurait bien tort de passer trop de temps à vouloir étudier les pseudo-rouages insulaires qu'il aurait prétendu vouloir instituer dans l'île, telle la diète de 1736. Agent de subversion impérial, Neuhoff a l'entier soutien de Walpole qui écrit à Horace Mann, représentant de l'Angleterre à Florence depuis 1740 : « Je lui souhaite succès de tout mon cœur. Je déteste les Génois. Ils ont fait d'une république la plus diabolique de toutes les tyrannies[74]. » Le 2 mars 1743, en rade d'Ajaccio, Neuhoff à bord du *Folkestone* assiste à la destruction du vaisseau espagnol le *Saint-Isidore* [75], puis, à bord du navire de George Barclay, il gagne Lisbonne, Villafranca et enfin Livourne le 16 où il est reçu le 18 par Horace Mann auquel il dit être l'oncle de lady Yarmouth, l'intime de lord Carteret et le protégé de lord Orford, père d'Horace Walpole[76]. Il est également reçu par le général Breilewitz, gouverneur de Toscane au nom de Marie-Thérèse. À Londres, il a pour principaux correspondants MM. Salweys, milord Harrington, milord Vinchelsea, l'amiral Rowley, et surtout le duc de Newcastle (1693-1768)[77], franc-maçon initié par le grand maître lord Lovel à Houghton Hall (Norfold) en 1731. « Je désire son succès », conclut H. Mann. Neuhoff réussit à retourner d'ailleurs sur les côtes de Corse, accompagné du *Winceff*, du *Salisbury* et de la *Vengeance* de la flotte de Matthews[78], puis, de retour, il reste en Toscane, souvent visité par le docteur Olmetta[79]. D'autres Corses tentent de lui soutirer des renseignements : « Une députation de Corses lui fut alors envoyée [à Neuhoff] pour savoir de quelle nation il était aidé et protégé ; Théodore garda le silence, alors les envoyés lui firent entendre qu'il ne pouvait plus espérer de tromper leurs compatriotes. Ce langage peu encourageant détermina Théodore à s'éloigner de l'île et ce fut pour la dernière fois[80]. »

À la consulte de Bozio (17-19 mars 1743), la « régence » de Neuhoff est néanmoins confirmée car au même moment (mais la date est incertaine), Neuhoff se serait retrouvé emprisonné à Naples puis transféré à Gaète. Hasard ? Visiblement, Neuhoff a dû chercher à revoir Giacinto à Naples et à prendre contact avec Pascal à Gaète. Son modèle Pierre le Grand, après tout, avait bien vu Goertz dans sa prison ! Libéré « aux frontières des États pontificaux », Neuhoff s'établit à Sienne sous le nom de baron de Bergheim (avril 1744) alors que s'ouvre la guerre de Succession d'Autriche entre la France et l'Angleterre (15 mars). Sans doute cherche-t-il à tendre la main aux Turcs. En effet, son fidèle Beaujeu de La Salle, ingénieur du duc de Lorraine et ancien officier du régiment de La Marck, se précipite à la Porte courant 1744[81]. À noter aussi que le 15 avril 1744 Neuhoff donne à Mann des renseignements sur le fils du Prétendant Stuart[82] tout en faisant le total des Corses au service des armées continentales[83] : 742 au service du pape, 885 au service de Venise, 911 au service de l'Espagne et de Naples, 409 au service de la France, 89 au service du Piémont, 83 au service de la Toscane, 1 481 au service de Gênes, soit le tiers des 4 600 Corses au service de l'étranger, tout cela comptabilisé alors que Pascal Paoli poursuit ses études.

Pascal à l'Académie royale de Naples

Pascal réside alors dans les Pouilles, à Gallipoli et Brindisi. Il s'y lie avec des Corses, notamment avec le sous-lieutenant Andrea, du Rostino. De retour à Naples vers février 1745, il y suit des cours d'artillerie à l'Académie royale alors que Ferdinando Galiani est admis à l'Académie des émules (1744). Seule une bonne connaissance de l'art des bouches à feu devrait en effet permettre à Paoli d'arracher un jour les présides insulaires aux Génois. Pascal, qui a conservé un souvenir cuisant de l'échec paternel devant le fort génois de San Pellegrino, se passionne pour les canons comme plus tard Bonaparte, élève à l'École d'artillerie de Brienne. Comme dans toute académie militaire, les aspirants étudient « l'art du canon », les mathématiques, l'art du « blazon », la danse, l'escrime et quelques langues, notamment l'anglais dont l'enseignement n'apparaît en France aux salles des gardes de la marine qu'en 1756, un demi-siècle après l'enseignement de l'espagnol. En France, comme à Naples, pour éviter tout espionnage londonien, les maîtres d'anglais sont souvent des « Irlandais de nation » : le RP jésuite Bellamore à Toulon en 1756-1764[84], Guillaume Suin au Havre en 1773-1775[85]. Pascal étudie sans doute la langue de Shakespeare avec des maîtres d'anglais venus d'Irlande et dont les Bourbons catholiques se méfient moins que des Anglais. Plus tard, Paoli aura à Corte plusieurs ouvrages en anglais dans sa bibliothèque : Pope, Robert Barclay (*Apologie pour les Quakers*), *Les Voyages de Gulliver.* Lire l'anglais, parler avec Boswell, Burnaby ou Symonds, vivre trente-quatre ans à Londres, tout cela sera un jour possible à Paoli grâce à cette efficace initiation. Parler l'anglais comme le français, l'italien et le latin est autre chose. Hannah More (1745-1833), qui évoque Paoli dans ses *Memoirs* après l'avoir rencontré aux eaux anglaises de Bath au cours de longues soirées d'hiver en 1781 et 1782, écrira en effet que si Paoli est capable de réciter des passages de Dante et de l'Arioste, que s'il connaît bien *Romeo et Juliette*, il ne parle pas du tout l'anglais et fort mal le français, car son français est mélangé d'italien. Elle conclut sévèrement : « Il ne parle aucune langue avec pureté[86]. » Il est vrai que les Anglais sont exigeants. En 1739, on pouvait déjà lire dans *A General Account and Description of the Island of Corsica* que la langue corse était une sorte d'italien *corrompu* mélangé de français et d'espagnol ! C'est aussi à la bibliothèque de l'Académie militaire de Naples que Pascal entre sans doute en contact avec les œuvres de fra Paolo Sarpi (1552-1623), auteur vénitien alors à la mode. L'abbé de Marsy s'apprête en effet à traduire et à publier ses œuvres : *Le Prince de fra Paolo Sarpi ou Conseils politiques adressés à la noblesse de Venise* (Berlin, 1751), et c'est à Helmstaedt que paraissent pour la première fois ses *Œuvres complètes*, en 1750, en deux volumes *in-folio*. Il n'y aurait rien d'étonnant que Paoli se soit passionné pour Sarpi au point de vouloir diffuser ses travaux. Sarpi est en effet un théologien que Bossuet taxa d'avoir été un protestant déguisé. En fait, Sarpi prônait des idées que Pascal avait déjà entendues enfant car elles étaient proches de celles développées par Neuhoff. Sarpi était un humaniste. Il avait étudié le grec, l'hébreu, les mathématiques, l'histoire, le droit public, les sciences naturelles, l'astronomie, l'anatomie. Professeur de philosophie à Venise (1575), puis de théologie (1578), il avait été reçu docteur en théologie de l'université de Padoue (1579). Or Giacinto a parmi ses meilleurs amis le Cortenais Arrighi dont le frère est aussi professeur en ladite université. En outre, Sarpi avait été provincial des Servites de Marie (1579-1589), ordre fort cher à la Corse. Enfin, lié à nombre de savants dont Galilée, Sarpi s'opposa souvent à Rome, ce qui lui valut d'être nommé théologien consulteur de la république de Saint-Marc. Longtemps, il a attaqué les prétentions du pape, notamment dans son *Traité de l'interdit* (Venise, 1606) et il s'est efforcé de démontrer l'inanité des excommunications en matière d'affaires temporelles, allant jusqu'à proposer aux Vénitiens de s'allier aux Hollandais calvinistes ! Par là, Sarpi plaisait à Neuhoff, toujours prêt à s'adresser aux négociants d'Amsterdam pour obtenir des armes. Par son *Discours sur l'Inquisition,* publié à titre posthume en 1638, Sarpi avait sûrement séduit Neuhoff qui lisait tout ce qui se rapportait à ladite Inquisition, notamment les ouvrages de Barbeyrac né en la seigneurie provençale des Brancas de Forcalquier. Pascal a donc dû avoir accès à l'œuvre de Sarpi soit par Neuhoff, soit par le professeur Arrighi, soit par la bibliothèque du vieux Giafferi, capitaine vénitien, qui pouvait contenir les ouvrages du savant docteur, né et mort à Venise. Toujours est-il que Pascal est un jeune officier à l'esprit ouvert. Sous-lieutenant pauvre, jeune homme brillant, particulièrement cultivé, il a une intelligence vive pétrie de tolérance. Dès 1745, il aurait créé une loge maçonnique à Gallipoli, d'après l'abbé Casanova généralement bien informé. Cette information est vraisemblable car son ami Ferdinando Galiani – persécuté à Naples par les Jésuites – sera lui aussi franc-maçon et le frère aîné de celui-ci, Bernardo, s'intéresse particulièrement à l'art de l'architecture au point de publier à Naples dès 1758 sa traduction de Vitruve, gros *in-folio* enrichi de vingt-cinq gravures. Cette loge de Gallipoli n'aurait duré que peu de temps. En tout cas, son érection correspond bien à l'idéal de Pascal tel qu'on se le représente. Le jeune homme a alors vingt ans. Il est visiblement bien dans sa tête et dans son corps. Amateur de quelques amours vénales, sans doute plus sage par manque d'argent que de tempérament, Pascal est le prototype même du jeune sous-lieutenant, robuste et viril, mordant la vie à belles dents ; un rouquin qui a gros appétit, les cheveux longs noués en queue, la chemise ouverte quelque peu élimée, mais des espérances plein la tête. Il aime le bon vin mais pas la piquette ; plus tard, il comparera les eaux anglaises de Cheltenham au vin de l'avare napolitain : « elles mouillent, elles rafraîchissent et elles lavent »[87]. La ville de Brindisi est pour lui pleine de souvenirs. Brindisi est autre chose qu'un port de l'Adriatique. C'est là qu'est mort Virgile dont son père lui a rabattu les oreilles ! Virgile que son père lui appris tout enfant et qu'il est à présent capable de réciter par cœur. Que Pascal ait voulu créer là une structure philosophico-intellectuelle est possible. Il ne souhaite pas entrer dans les ordres et le dira bientôt à son père avec plus d'ironie d'ailleurs que de sévérité. Il ne veut se faire ni curé ni moine. Il se refuse à devenir un « frère châtré ». Jouisseur et amateur des plaisirs de son âge sans aller jusqu'à la débauche outrée, Pascal a dû graviter au milieu de tous ces officiers de terre et de mer, volontiers maçons et omniprésents en Sicile. Là, les francs-maçons de Saint-Jean d'Écosse, orient de Palerme, ont tissé très tôt de nombreux liens avec les ateliers maçonniques installés sur tout le pourtour de la Méditerranée. Même si « les négociants de cet atelier sicilien [sont] pour la plupart originaires des cantons suisses[88], le réseau palermitain s'élargit en direction des loges de l'intérieur. Au total, il coïncide presque parfaitement avec celui de la loge Saint-Jean d'Écosse de Metz », la ville natale de Neuhoff ! Or Neuhoff s'est trouvé successivement à Naples puis à Gaète au moment même où Pascal y était. De plus, les Palermitains ont pour « loge mère » la loge « Saint-Jean d'Écosse, orient de Marseille »[89] et dans tous ces ports (Marseille, Lisbonne, Nantes, Lorient), les négociants jacobites sont légion qui se partagent entre le grand négoce maritime et les marines de guerre : c'est le cas en France des Mac'Carty, des O'Neil et surtout des Mac'Némara, propriétaires jusqu'en 1688 du vieux château féodal et familial de Limerick[90] où Tyrconnell a trouvé la mort en 1691 en combattant aux côtés de Patrick Sarsfield ! Que le parent de lord Kilmarnock, devenu grand maître en Écosse en 1745, ait incité le jeune Pascal à ouvrir une loge maçonnique dans le sud de la péninsule italienne – en 1745 justement – est donc une supposition fortement étayée. D'autre part, à Naples même et au sein du régiment *Corsica,* Pascal a pour compatriotes des jeunes gens tels que Côme de Gentile, son aîné de deux ans qui passe au service de la marine napolitaine en qualité de brigadier de marine (1745) ; or les marines de guerre sont en train de se peupler de maçons, notamment la Navy et la marine portugaise, alors qu'éclate la guerre de Succession d'Autriche.

Que le roi de Naples ait fait fermer cette première loge maçonnique vers 1745 n'aurait rien d'étonnant. Son royaume est en effet agité à cette époque par des courants de pensée contradictoires. En 1741, une académie *Di Materie ecclesiastiche* a été ouverte à Naples : composée de vingt-quatre puis de trente membres, elle se réunit deux fois par mois dans la congrégation des pères de l'Oratoire, sous la protection de Son Éminence M. le cardinal Spinelli, archevêque de Naples. L'objet de cette académie est d'éclaircir l'histoire ecclésiastique, d'étudier la liturgie, de se pencher sur l'histoire de l'Église de Naples, de se préoccuper de la doctrine et de la discipline dans ce diocèse, afin de réfuter ceux que ces religieux nomment les « novateurs », taxés d'erreur, notamment Basnage. En 1743, cette académie publie du reste le résultat de ses deux premières années de travaux : *Saggio breve dell'academia di materia ecclesiastiche,* volume imprimé à Naples[91]. Or, la famille Basnage, huguenots normands, s'est faite l'apôtre de la tolérance en matière religieuse : Benjamin Basnage (1580-1652), auteur du *Traité de l'Église* (1612), a en effet laissé à Carentan une abondante postérité qui a préféré l'exil à la conversion au catholicisme. Antoine Basnage, son fils aîné (1610-1691), pasteur à Bayeux, emprisonné au Havre (1685), acheva sa vie en Hollande. Samuel (1638-1721), fils de celui-ci, termina sa vie à Zutphen où il laissa plusieurs ouvrages consacrés aux choses sacrées. Henri (1615-1695), fils de Benjamin, avocat au parlement de Rouen (1636), a laissé à son tour Jacques (1653-1723), établi à Rotterdam puis à La Haye (1719), auprès du grand pensionnaire Heinsius. Or Jacques a joué un rôle diplomatique important à La Haye en 1716-1717, lorsque le Régent y a envoyé le cardinal Dubois pour y conclure le traité de La Haye de 1717. À cette époque, Neuhoff aussi gravitait dans les milieux diplomatiques de La Haye et il n'est pas exclu que Neuhoff et Jacques Basnage, dit Basnage de Beauval, aient eu d'étroits contacts à ce moment-là. D'ailleurs le Régent rendit tous ses biens à Basnage, suite à ce traité, alors que tous les biens normands de sa famille avaient été confisqués en 1685. Jacques a laissé de nombreux ouvrages : *Traité de la conscience,* Amsterdam, 1696 ; *Histoire de l'Église depuis Jésus-Christ,* 1699 ; *Histoire des Juifs depuis Jésus-Christ,* 1706 – une de ses œuvres les plus importantes ; *Antiquités judaïques,* 1713 ; *Dissertation historique sur les ordres de chevalerie,* 1720 ; *État de l'Église gallicane sous le règne de Louis XIV et sous la minorité de Louis XV,* 1719. Quand on voit la tolérance dont Neuhoff puis Paoli font état à l'égard des juifs, quand on voit l'intérêt porté par Neuhoff et par Paoli aux ordres de chevalerie (ordre de la Délivrance, ordre des Cinquante « Braves » ?), quand on voit Basnage contesté à Naples en 1741-1743, alors que Pascal Paoli s'y trouve, il est tout à fait permis de penser que Pascal a effectivement ouvert une loge maçonnique à Gallipoli en 1745 pour combattre l'influence de l'Académie des matières ecclésiastiques ouverte à Naples en 1741, d'autant plus que le maître mot de Paoli adulte est « tolérance ». Or le frère de Jacques Basnage, Henri (1656-1710), avocat rouennais réfugié en Hollande, est l'auteur d'un remarquable travail : *Tolérance des religions* (1684), qui paraît avoir nourri l'esprit de Pascal Paoli qui a peut-être lu aussi les douze volumes de son *Histoire des ouvrages des savants* (1687-1709) qui font suite aux *Nouvelles de la République des lettres* de Bayle. C'est dire que Paoli a grandi au sein d'un exceptionnel creuset de pensée alors que se préparait la guerre de Succession d'Autriche (1744-1748).

La guerre de Succession d'Autriche

Le 22 février 1744, l'amiral Matthews canarde les escadres de France et d'Espagne au large du cap Sicié. Le 15 mars, Louis XV, indigné, déclare la guerre au roi d'Angleterre. Aussitôt, les Anglais bloquent Marseille mise en état de défense par son premier échevin. Comme en 1598 lors de la guerre franco-espagnole, comme en 1635 à la veille du nouveau conflit franco-espagnol, ce premier échevin est encore un Cap-Corsin : c'est le plus riche armateur marseillais du siècle, Georges Roux de Corse (1704-1792)[92], alias Rossi de Centuri, natif de Tinos, archipel des Cyclades, naturalisé français avec ses parents en 1714. Les deux camps d'ennemis traditionnels se reconstituent. Côté Habsbourg, Marie-Thérèse d'Autriche, attaquée par Frédéric II de Prusse qui lui vole la Silésie, s'allie le 13 septembre 1744 à l'Angleterre et à la Sardaigne dont le roi est le duc de Savoie Charles-Emmanuel III. Côté Bourbons, la France s'allie à Gênes le 1er mai 1745, à l'Espagne et au royaume de Naples. Madrid, Naples et Versailles garantissent l'intégrité du territoire génois, y compris la Corse et le marquisat de Finale. Le 11 mai 1744, Neuhoff écrit avoir reçu une lettre du docteur Olmetta « touchant le prince Rakoczy [le fils], lequel, à ce que j'ai appris hier d'un Corse venu de Rome, a, depuis deux années, la promesse de France et d'Espagne d'avoir en Corse son refuge avec le caractère de général, et ceci est notoire à tous les partisans d'Espagne en Corse[93] ». Le 14, il ajoute : « Le dénommé Maurice-Léopold Kartz [ou Kerartz], dépêché de Rakoczy, est à Livourne présentement [...] et doit passer en Corse[94]. » Neuhoff dit dans cette lettre attendre le retour de l'un de ses agents envoyé en Corse « pour assister à la consulte générale tenue », preuve qu'il continue de surveiller les affaires insulaires depuis l'étranger, preuve aussi que les liens tissés entre Neuhoff et Rakoczy père, mort depuis 1735, pèsent toujours dans le jeu international corse alors que Neuhoff et Rakoczy père se sont connus dans les salons de Versailles trente ans plus tôt ! Dans ce contexte, Domenico Rivarola est nommé le 1er août 1744 colonel du régiment corse au service du roi de Sardaigne[95]. Son lieutenant est Giuseppe Costa, fils de l'avocat Sebastiano mort à Livourne en 1737, preuve que le combat continue de génération en génération, de manière héréditaire, chez les Rakoczy (sixième génération), comme chez les Costa ! Il y a quarante-neuf soldats corses dans la première compagnie du régiment, onze dans la seconde. Rivarola devient alors un des pires ennemis de Gênes. Ancien podestat de Bastia, ancien commissaire génois de Balagne avant 1729, ancien conseiller d'État théodorien en 1736, cet homme de soixante-treize ans est marié depuis 1701 à Diana Frediani et il en a onze enfants dont deux fils, l'un capitaine et l'autre lieutenant-colonel de son régiment. Le 24 août, le Génois Luigi Molinello[96], installé à Naples, rapporte les propos du RP don Pietro Cavalloni qui prétend que Giacinto Paoli et Luigi Giafferi sont de mèche avec le consul d'Angleterre à Livourne pour introduire les Anglais en Corse. C'est sans doute vrai, preuve que l'engagement de Pascal Paoli auprès des Anglais en 1794 n'est point « trahison » conjoncturelle mais choix politique, héréditaire là aussi ! La correspondance de Coutlet, agent français en poste à Gênes, montre effectivement combien la situation géostratégique de la Corse intéresse alors toutes les puissances. – 28 mars 1744 : « Ces peuples [de Corse] paraissent toujours avoir dans l'idée de changer de maître et que cette île serait cédée à l'infant don Philippe. » – 18 juin : « Il [s'est] répandu un bruit que le baron de Neuhoff avait écrit à ses partisans qu'il viendrait bientôt se mettre à leur tête, se trouvant, disait-on, en Toscane. »

– 1er août : « La désertion continue ici [à Gênes] parmi les Corses qui sont au service de la République [...]. On croit qu'ils vont chez les Vénitiens. » Cependant, les Corses n'ont plus, pour les Vénitiens, « la fidélité et l'attachement qu'ils avaient *autrefois* ». – 7 septembre : les « Corses sont *fort divisés* entre eux ». – Début octobre, Gênes libère « les Corses qui étaient en prison depuis longtemps ici [à Gênes], parmi lesquels il y a les sieurs Colonna de'Bozzi [prisonnier depuis 1729] et Gentile ».

Neuhoff à nouveau se démène dans le camp impérial. Courant 1745, il est à Turin puis dans les faubourgs de Volterra (janvier 1745). Au même moment, la consulte d'Orezza (29-30 août 1745) organise en Corse un gouvernement parallèle à celui de Gênes. On y nomme un « président », l'abbé Ignazio Venturini, parent de Giacinto[97], qui représente la composante « nationale ». Deux « protecteurs » (*protettori*) ou « généraux du royaume » sont également acclamés : Gio-Pietro Gaffori – médecin, comme l'était Ceccaldi – et son beau-frère Alerio Francesco Matra – officier, comme l'était Giafferi –, tous deux neveux de Francesco Saverio Matra. Venturini, comme Giacinto naguère, représente le peuple ; Gaffori et Matra : la noblesse. Ce schéma va demeurer longtemps en Corse : Gaffori aura pour fils Francesco qui en 1790 représentera les intérêts du Second Ordre (la noblesse) avec le comte Matteo Buttafoco son gendre. Il en va de même pour le « marquis » de Matra – futur maréchal de camp génois – qui se dit issu de la « première maison de l'île » et qui revendique des aïeux connus du temps de Charlemagne.

En 1745, les choses changent en Europe et il appartient à chaque famille de se resituer au sein de la nouvelle donne. En effet, l'Empereur meurt, or il avait été élu grâce à l'appui de la diplomatie française. Lui succède François III de Lorraine, devenu François II de Toscane, élu Empereur sous le nom de François Ier le 14 septembre 1745 grâce à l'appui de sa femme Marie-Thérèse d'Autriche. Neuhoff n'est donc plus le simple agent du duc de Lorraine mais il a à présent la qualité d'agent de l'Empereur. Ce n'est pas un hasard si le 17 octobre, quatre semaines après l'élection impériale, Coutlet écrit à d'Argenson, ministre français des Affaires étrangères : « Il se répand un bruit [qui s'avéra faux] que le baron de Neuhoff est revenu en Corse. » Neuhoff du reste est menacé : « Il y a toujours une récompense [génoise] de six mille croisats sur la tête de cet aventurier » ; mais le 24 octobre Coutlet ajoute : « On prétend [...] que le baron de Neuhoff est retourné [en Corse]. Cet aventurier risque beaucoup [de la part des Génois]... Les mutins se sont flattés jusqu'à présent de pouvoir *changer de maîtres* à la conclusion de la paix [...]. Cette île pourrait passer à l'infant don Philippe ou au roi des Deux-

Siciles [don Carlos]... On peut compter qu'ils se donnent plutôt aux Turcs. » – 31 octobre, nouvelle lettre : « On y murmurait [en Corse] [...] de l'embarquement du baron de Neuhoff à Livourne, pour se rendre dans cette île. » – 21 novembre : « On met Théodore de la partie. »

La partie, quelle est-elle ? C'est celle que jouent alors les Austro-Anglo-Sardes qui ont proclamé le 2 octobre 1745 leur volonté d'aider les mécontents de Corse avec Rivarola[98]. L'escadre anglaise du commodore Cooper bombarde Bastia les 18 et 19 novembre et gagne Livourne le 20. Bastia capitule le 21 devant les forces de Rivarola, colonel sarde. Aussitôt, il nomme Francesco-Maria Gentile, à peine sorti des prisons de Gênes, commandant de la place, poste qu'il détenait jadis en qualité de major à la solde de Gênes. Le 12 décembre, Coutlet écrit : « Les insulaires passeront [...] sous la domination du roi des Deux-Siciles [don Carlos], *n'inclinant point pour les Anglais* ni pour le roi de Sardaigne [le duc de Savoie]. » Coutlet est inquiet car don Carlos « se fait bien puissant [ayant] établi [un important] commerce avec la Porte et la Régence de Tripoli ». En 1746, la chronologie s'accélère. Philippe V meurt. Le Prétendant Stuart s'apprête à combattre à Culloden (27 avril 1746). À Bastia, les « rebelles » sont au pouvoir depuis que le port est occupé par les Anglo-Austro-Sardes. « Le nommé Gaffori qui a exercé autrefois [...] la profession de médecin et Matra [sont] arrivés [à Bastia] après avoir été élus par les rebelles, généraux du Royaume... [Ils sont entrés] dans le château au bruit du canon et au son des cloches de la cathédrale où ils furent faire leurs prières [avec] mille hommes armés... [Ils] se joignirent avec le nommé Rivarola qui a été autrefois vice-consul d'Espagne » à Bastia[99]. Rivarola étant nommé troisième général de la nation, les trois généraux donnent aux officiers anglais « un grand bal où se trouvèrent plusieurs des principales femmes et bourgeoises. Rivarola avec les peuples [déclare] pour quatrième général Sebastiano Ceccaldi », preuve que Rivarola est bien du même bord que Sebastiano auquel Neuhoff dut sa royale élection. Tous deux sont bien dans le camp impérial. « Mais le nommé Gaffori s'y opposa[100] », preuve que Gaffori poursuit un jeu autre. Les contemporains sont du reste témoins de ces dissensions : « ces rebelles vont se détruire entre eux[101] ». En outre, les Corses pro-génois – majoritaires – sont « piqués des titres et distinctions que se font attribuer les chefs des rebelles[102] ». Rapidement, les marins capcorsins contraignent Rivarola à rendre Bastia aux Génois et l'obligent à fuir. Coutlet s'étonne : « Ce qu'il y a de particulier dans toutes ces affaires de Corse est qu'il ne s'entende plus parler du baron de Neuhoff[103]. » Puis il se frotte les mains : « La division continue à régner plus que jamais parmi les chefs des rebelles[104]. » M. du Pont, agent français, hésite entre l'optimisme : « Les Corses ne se donneront à personne *sans consulter la France*[105] » (le sait-il par Gaffori, pro-français ?) et le pessimisme : « Ils inclineraient assez pour l'Espagne. » Mais à Corte, Gaffori s'empare de la citadelle (7 juillet 1746), contraignant Rivarola « à se réconcilier avec lui et Matra »[106]. Pour que Gaffori cesse son tir, les Génois – dit-on – auraient exposé son fils de vingt mois – Francesco, né en 1744 – sur les remparts ! Boswell l'écrit, mais il s'agit sans doute d'une légende qui cherche à assimiler Gaffori à un héros romain. Paoli croira néanmoins à cette légende puisque dans une lettre où il parle de Gaffori, il écrit à son père (le 8 février 1755) : « Brutus sacrifia deux fils à la liberté naissante », preuve que dans son esprit il assimile Gaffori et Brutus. Il y cite en outre un autre « patriote » qui finit son discours « en disant [lui aussi] vouloir faire disparaître sa propre famille » si nécessaire. L'épouse de Gaffori, Faustina de'Matra, se serait conduite en héroïne dans ces circonstances – analogues du reste à celles réellement vécues par les franquistes et les républicains à Tolède, lors du siège de 1936.

Le 9 avril 1746, Louis XV condamne le roi de Sardaigne et Marie-Thérèse : ils « manquent aux devoirs de la justice *en fomentant la rébellion* de ces insulaires contre leur légitime souverain ». Début mai, le roi déclare vouloir « maintenir, par tous les moyens opportuns, l'autorité légitime de la République ». Gênes fait arrêter l'évêque de Sagone[107], l'archiprêtre de la cathédrale d'Ajaccio[108], l'ancien major Gentile, autrefois soldé par Gênes. Condamné à mort pour haute trahison, il est décapité à Gênes le 7 mai avec neuf autres « rebelles », dont l'ancien consul de Toscane Marengo[109] et un Sansonetti. Coutlet prend peur : « Il sera bien difficile, pour ne pas dire impossible, de réduire les Corses sur le pied qu'ils étaient avant leur souslèvation[110]. » En outre, « on prétend que la déclaration du Roi a encouragé ce gouvernement [Gênes] à en venir à une pareille résolution [l'exécution][111] ». Mais, attaquée par les Autrichiens, Gênes doit rapatrier ses troupes. La France accepte donc de maintenir les siennes en Corse car l'Espagne mène des négociations avec l'Angleterre dans l'espoir d'obtenir l'île. Le 7 septembre, Gênes tombe aux mains des Impériaux. Le 18, la *consulta* de Casinca nomme « plusieurs députés pour se rendre *à Vienne et Turin*[112] » mais on apprend vite que « la députation [...] n'aura pas lieu, personne n'ayant voulu contribuer aux frais[113] ». C'est donc Neuhoff qui est reçu à Turin ! L'invasion autrichienne met la Banque de Saint-Georges au bord du gouffre. La guerre coûte cher. Gênes y engloutit entre trente et quarante millions de livres mais on commence à murmurer : « On ne doit pas attribuer aux Autrichiens la ruine de la Banque de Saint-Georges : la Corse en est à l'origine[114]. » Néanmoins, le 6 décembre 1746, une insurrection populaire libère Gênes des troupes autrichiennes. Les

Corses « au service de la République se sont battus on ne peut mieux et ils ont beaucoup contribué à la victoire que le peuple [de Gênes] a remportée[115] », preuve que nombre de Corses demeurent fidèles à la République. D'ailleurs, Coutlet avoue : « La plus grande partie de ces insulaires sont fort las et fatigués de toutes ces révolutions[116] », ou encore : « Les insulaires, las de se massacrer entre eux pour satisfaire à l'ambition et aux caprices de trois ou quatre chefs, *gens de rien* qui ne pensent *qu'à leur propre intérêt,* semblent disposés à revenir à l'obéissance de leur légitime souverain. » Mais en juillet 1747, Rivarola octogénaire tente de reprendre Bastia aux Génois ! En septembre, le comte de Choiseul, futur duc de Praslin (1762) et parent du futur duc de Choiseul qui est alors titré comte de Stainville, arrive avec une flottille et attaque Rivarola aux portes de la ville, ce dont rend compte la *Gazette de France* : « Le comte de Choiseul, colonel, débarque à San Fiorenzo avec un détachement de 550 hommes et attaque un corps de 1 500 rebelles qui assiégeait la Bastia et qui était à la veille de s'en rendre maître. Il disperse entièrement cette troupe après lui avoir tué environ 800 hommes ! » Un neveu de Rivarola est arrêté : « on lui a coupé la tête[117] ». Le comte de Choiseul, lui, est promu lieutenant général des armées du Roi[118]. Le 22 octobre, Rivarola rejoint la flotte anglaise[119]. Giuliani l'accompagne à Turin où Rivarola meurt le 12 avril 1748[120] « en trois jours de temps ». Le 6 mai, Guymont écrit : « La mort de Rivarola aura vraisemblablement alarmé le parti des rebelles de Corse. On a lieu de croire que cette perte ralentira beaucoup leurs efforts. » Le 11 mai, Coutlet conclut en effet : « Les rebelles sont fort divisés », les uns tenant pour l'Empire (Matra), les autres pour la France (son beau-frère Gaffori).

À la veille de la paix, les Anglo-Austro-Sardes débarquent à Saint-Florent (mai 1748) mais leur commandant, accompagné de Gaffori et de Matra, ne peut entrer dans Bastia où les bourgeois offrent aux Génois leur vaisselle d'étain pour faire des balles et utilisent l'argenterie des églises pour acheter de la poudre à Livourne. Début juin, les Anglais sont contraints de se retirer. Les événements se précipitent. – 7 juin : « La levée du siège de Bastia a fait plaisir ici [à Gênes] [...]. Les ennemis ont [...] réembarqué leur artillerie sur les vaisseaux anglais. L'amiral Byng a écrit qu'il cesserait les hostilités le 11[121]. » – 16 juin : « Le sieur Matra a envoyé dans le cap Corse et autres endroits des invitations très fortes de secouer le joug de la République et il fait faire des menaces à tous ceux qui abandonneraient le parti des rebelles[122]. » En vain. – 19 août : Matra s'est « retiré en son pays d'Aléria avec très peu de monde[123] ». Déçu, il entre « au service du Piémont [Sardaigne] et laisse Gaffori *seul général* de l'île[124] ». – 9 décembre : « Les rebelles paraissent se soumettre entièrement à tout ce qu'il plaira au Roi de décider sur leur sort[125]. » En janvier 1749, la tendance victorieuse en Corse est donc celle de Gaffori pro-français. Rivarola, colonel sarde, est mort à Turin et Matra, marginalisé, a été contraint de prendre du service en Piémont. Les « mécontents de Corse » remettent donc Saint-Florent, L'Île-Rousse et Corte au marquis de Cursay[126], débarqué le 29 mai 1748 à Bastia avec 2 000 Français. Cursay, « commandant général des troupes de Sa Majesté en Corse[127] », maréchal de camp (25 août 1749), va rester dans l'île à la demande du sénat génois même après la signature du traité de paix (18 octobre 1748). Coutlet se réjouit : « Il semble que l'on puisse présentement regarder la guerre de Corse comme terminée. Les chefs rebelles sont divisés[128] » en deux tendances, pro-française (Gaffori) et pro-impériale (les frères Matra). Même si le traité de paix est une « paix blanche » entre la France et l'Angleterre, avec retour au *statu quo ante bellum,* en Corse, la France sort du conflit en vainqueur. Elle a alors 1 300 à 1 400 soldats dans l'île et Cursay est bien accueilli à Corte, la ville de Gaffori, en janvier. Certes Coutlet perd parfois son optimisme : « Le frère du nommé Matra, accompagné de plusieurs autres rebelles, qui s'était retiré avec les Piémontais, [est] revenu » (10 mars). Tous « excitent les peuples » mais, en règle générale, Coutlet n'est pas trop inquiet : « La tranquillité paraît présentement bien établie dans l'île [...]. Les assassinats qui y étaient si fréquents dans le temps de la rébellion étant presque complètement cessés » (23 juin). Comme Gaffori et Antonio Buttafoco, Pascal Paoli lui-même est tenté par la France.

Pascal Paoli et la tentation française

Au lendemain de la paix, Français et Génois n'ont pas la même attitude en Corse. Les Génois s'y montrent sévères, les Français doucereux. Gênes déplore en effet que les populations insulaires vivent depuis « environ vingt-trois ans [...] sans maître et sans payer ni taille, ni gabelle[129] ». La reprise en main est donc difficile et le gouverneur Grimaldi – authentique libertin et vrai épicurien – fait régulièrement brûler les maisons des « rebelles » et tuer leurs bestiaux, méthodes que désapprouve Coutlet qui écrit au sujet de sa sauvagerie : « Il paraît avoir adopté *la haine* que sa famille a toujours fait paraître contre les Corses, car Octave Grimaldi, qui était alors ici général des Armes, ne se donna point de repos qu'il n'eût fait condamner à mort [en 1746] les dix prisonniers de cette nation détenus dans la Tour et qui furent tous exécutés en une matinée dans la prison, *au grand scandale* de toute la ville[130]. » Le roi de France, de son côté, qui tente de se substituer doucement aux Génois, multiplie les grâces : Antonio Buttafoco, capitaine d'infanterie au service de la France dès 1739, a fait toutes les campagnes de la guerre à Dunkerque et en Flandre. Depuis 1746, il est chevalier de Saint-Louis. Son ami Costa de Castellana, avec lequel il avait été envoyé comme otage à Toulon en 1738, est également officier au *Royal Corse* et chevalier de Saint-Louis. Par le biais du *Royal Corse*, nombre d'insulaires sont passés ainsi en dix ans au service de la France.

À Syracuse, le jeune Paoli le sait. Se partageant entre son régiment et l'étude, il lit des ouvrages français, philosophiques ou militaires. Il lit Genovesi qui fait de Montesquieu « le législateur de toutes les nations ». Il constitue sa bibliothèque et dit à son père : « Je vous écris [...] de vouloir bien me faire acheter *un livre français* qui s'appelle *Le Parfait Ingénieur* et, si vous le pouvez, le Rollin avec l'*Esprit des lois* [traduit en 1751] et les *Considérations sur les causes de la grandeur des Romains et de leur décadence*. Ces livres sont plus que nécessaires en Corse[131]. » Montesquieu, Rollin, le *Parfait ingénieur* acheminent Paoli vers la culture française qui s'ajoute à l'immense bagage romain imposé par son père depuis l'enfance : Tacite, Virgile. Paoli continue du reste à lire les auteurs antiques et écrit à son père : « Si vous trouvez l'ouvrage d'Agricola *De fossilibus ac metallis*, achetez-le-moi[132]. » Mais sa formation intellectuelle s'élargit grâce aux ouvrages français et grâce à l'apprentissage de l'anglais. Sans doute Paoli rencontre-t-il aussi à cette époque Ferdinando de Leon, futur juriste et élève de Genovesi. Paoli devient un jeune intellectuel. Il lit beaucoup, réfléchit tout autant et entretient avec son père une correspondance dense et émouvante quant à l'avenir de son île : « Je ne croirai jamais bon pour la Corse un quelconque accord avec la République. Notre but final est *notre rédemption*[133]. » De garnison en garnison, Brindisi, Gallipoli, Syracuse, Pascal traîne ses espérances et son manque d'argent. Ses espérances sont claires : faire une honnête carrière militaire au service d'une grande puissance, or Naples ne lui offre aucun avenir. Son régiment n'est selon lui qu'un « infortuné bataillon[134] », réformé de surcroît le 21 juillet 1749. Pascal passe alors au *Real-Farnese* comme premier enseigne (*primo alfiere*), c'est-à-dire le plus ancien des sous-lieutenants ! Il a toujours pour supérieur Carlo Lusinchi, quarante-cinq ans, capitaine depuis dix ans. Généralement, il réside à Syracuse avec les autres Corses du régiment : Giulio Cesare Lusinchi, trente ans, Giuseppe Ginestra, trente-six ans, Domenico Zerbi. Marco Pasqualini est à la même époque capitaine à Tiano ; Carlo Franceschi à Syracuse. L'image que renvoient certains de ces capitaines à Pascal est désolante pour un jeune ambitieux : Antonio Poggi, soixante-trois ans, Giuseppe Altiani, quarante-six ans. À un âge déjà avancé, ils achèvent là de médiocres carrières qui incitent Pascal à se poser des questions quant à son avenir. Il s'en ouvre à son père, colonel sans emploi, âgé de soixante-huit ans. Le fils du meunier, sans argent, ne peut que l'engager à se faire prêtre. Pascal jouirait alors d'un honnête bénéfice mais Pascal s'y refuse. « L'état religieux, sans une vocation particulière, lui répond-il, est trop périlleux. » Pascal, jeune militaire au langage souvent cru, ne souhaite absolument pas devenir « un frère châtré »[135]. Au même moment, il se confie à un camarade de son âge qui le raille et l'honore « du titre de consul *des porcs* »[136], ce qui laisse supposer que le jeune sous-lieutenant a alors des aspirations autres que le petit collet ! Resterait une solution : passer au service de la France. En Corse, en effet, après Boissieux et Maillebois, Cursay tente de séduire les insulaires, tout en introduisant avec détermination une francisation poussée de l'île qui ne convient guère au gouverneur Grimaldi. Cursay fait célébrer la Saint-Louis à partir du 25 août 1750, procure aux Corses francophiles emplois, pensions et décorations, pratique à l'égard des non-francophiles une politique répressive[137], instaure la justice française, fait « rouer vif un bandit fameux et assassin en présence de près de dix-sept cents personnes[138] », purge l'île « de trois cents voleurs, assassins ou bandits qui inquiétaient le pays et cela entre roués, pendus, condamnés aux galères ou exilés[139] », entretient « de longues et secrètes conférences[140] » avec « les deux principaux chefs des mécontents » : Gaffori et Gio Tomaso Giuliani, médecin de Muro, élu général de la nation à la *consulta* de Bozio (1743). Cursay recherche des solutions pour l'avenir et il n'est sans doute pas loin de penser ce qu'écrit Coutlet : « La tranquillité de l'île ne sera rétablie que lorsqu'on aura établi *le même système qu'à Monaco,* c'est-à-dire en conservant la souveraineté de la République sous la protection du Roi[141]. » Cursay crée une imprimerie à Bastia qui imprime l'*Almanacco reale di Corsica dell'anno 1750,* favorise l'ouverture de l'*Accademia dei Vagabondi* (1749), construit des ponts, dote d'un môle neuf le port de Centuri mais en fait un peu trop. Se disant volontiers « commandant en chef des troupes du Roi », il finit par agacer son supérieur Chauvelin, seul lieutenant général des armées du Roi en Corse, et surtout Grimaldi qui déclare bientôt qu'il ambitionne « un pouvoir personnel ». Pascal, privé de tout, de mère, d'argent, d'avancement, est toutefois séduit par Cursay qui distribue les grâces du roi. Costa de Castellana, capitaine au *Royal-Corse,* âgé de quarante et un ans, rentre par exemple de Versailles en août 1749[142] avec « une pension de quatre cents livres et la croix de Saint-Louis ». Par conséquent, depuis Syracuse, Pascal écrit la première lettre que nous ayons de lui. Datée du 20 novembre 1749, elle est adressée à Antonio Buttafoco, capitaine au

Royal-Corse de quarante-deux ans, bien vu de Cursay. Pascal, qui n'a que vingt-quatre ans, lui écrit avec une naïveté certaine : « Je servirai plus volontiers dans les troupes françaises [que napolitaines] parce qu'on y a plus lieu de combattre. » Il le dit et le répète : « Je ne suis que trop désireux de servir *dans les troupes françaises.* » Sollicitant l'appui de Buttafoco, Pascal – qui a presque vingt ans de moins que lui (Buttafoco est né en 1707) – espère obtenir le même grade que lui : un brevet de capitaine dans le *Royal-Corse.* C'est une maladresse de sa part, d'où le peu d'empressement de Buttafoco qui serait peut-être intervenu pour faire du jeune sous-lieutenant surnuméraire napolitain un lieutenant français mais sûrement pas un capitaine ! En 1751, Pascal, toujours ambitieux, revient à la charge. Son père effectue une seconde demande, plus directe, auprès de Cursay cette fois-ci, mais il n'en obtient que « des espoirs plutôt lointains »[143]. Pascal est dans une impasse. En outre, il manque d'argent : « Mes affaires, écrit-il à son père depuis Syracuse, je les envoie par voie maritime parce que le prix du transport serait plus élevé que leur valeur propre, un *ciamburlino,* une paire de chaussures et une paire de caleçons [...]. Considérez donc dans quelle situation je me trouve[144]. » Son père lui propose de lui envoyer leur domestique Paolo car il est alors de bon ton pour un officier d'avoir un laquais qui fait la barbe à son maître, l'aide à enlever ses bottes, les cire, porte ses billets doux en ville. Mais Giacinto est presque septuagénaire, il y voit mal et Pascal refuse : Il « vous est bien plus utile qu'à moi[145] ». Jeunesse studieuse par conséquent, sans argent et sans élégance vestimentaire. Pascal en souffre car il est bel homme et se voudrait élégant, voire séducteur. Soucieux de l'apparence de ses chemises, il les compte et recompte, vérifie l'état de leur col et de leurs poignets car ils dépassent de son habit de drap bleu, uniforme du *Real-Farnese* rehaussé de quelques boutons de cuivre doré.

Le 17 février 1752, Pascal se voit enfin promu au modeste grade de lieutenant en second au *Real-Farnese.* À vingt-sept ans, transféré à Longone, il continue de lire « avec avidité », cherche à se cultiver, parle aux officiers « les plus instruits » de son entourage, s'intéresse aux « fortifications », à « l'artillerie », aux mathématiques. Son colonel, le marquis d'Arezzo, le voit même servir prochainement « dans le corps des ingénieurs » ! Pascal s'intéresse à tout ce qui est susceptible d'emporter les présides génois en Corse : les bouches à feu, les grosses pièces, l'art de la fortification. Ses préoccupations inquiètent les Génois d'autant plus qu'il recrute nombre de déserteurs corses en provenance de l'île. Il en recrute tant que Filippo Spinola suppose même que « le frère de Clément Paoli forme un régiment au service du roi de Naples » ! Dans l'île, il est vrai, les esprits demeurent agités. « Le bruit commun et presque général est que la Corse ne tardera pas *à changer de maître* et que cette île sera cédée à l'Infant, duc de Parme[146]. » « Si le Roi vient à retirer ses troupes de l'île, celle-ci ne sera plus ni à la République [Gênes], ni à Nous [la France][147]. » « *Les Anglais voient avec beaucoup de peine* le séjour que [les troupes françaises] y font[148]. » « Le bruit court d'un établissement de l'ordre de Malte en Corse[149]. » « L'île est dans une grande agitation [...]. Les cours de Naples et de Madrid guettent cette île depuis longtemps[150]. » « Le bruit [court] que la République est en pourparlers avec l'Espagne pour lui céder » la Corse[151]. Face à autant de prétentions (Parme, Malte, Naples, Madrid, Versailles, Londres), les Corses proches de Giacinto et de Pascal Paoli évoluent et les contemporains s'en aperçoivent. Dès l'automne 1752, on commence à écrire que les mécontents « ne dorment pas. On prétend qu'ils travaillent à arranger *entre eux* une forme de *gouvernement indépendant de la République*[152] ». Au cours de l'été 1753, on tient un discours analogue : « Les rebelles semblent ne plus penser à recourir aujourd'hui à *aucune puissance étrangère,* leur dessein paraissant être de se gouverner *par eux-mêmes* en forme de république[153]. » C'est-à-dire qu'au lendemain de la paix de 1748, les différentes tendances pro-vénitienne (Giafferi, Giappiconi), pro-espagnole (Costa, Ceccaldi), pro-lorraine (Neuhoff), pro-sarde (Rivarola), s'effacent progressivement pour laisser la place à la seule tendance « nationale » née avec Giacinto Paoli entre 1726 et 1735. Cette tendance « nationale » bénéficie de la disparition physique de Sebastiano Costa (1737), d'Andrea Ceccaldi (1741), de Luigi Giafferi (1745), de Rivarola (1748), de l'absence de Neuhoff en Corse à partir de 1743. Elle bénéficie de la longévité de Giacinto, toujours présent intellectuellement au lendemain de la paix et jusqu'en 1763, et elle se fortifie rapidement entre 1752 et 1755 en raison des divisions qui surviennent entre alliés, français et génois. En effet, Grimaldi à Bastia supporte mal Cursay au point que le 14 décembre 1752 un coup de théâtre a lieu : « M. de Chauvelin ordonne [...] à [...] M. Truguet [...] de se rendre [de Toulon] à Bastia. M. de Courcy, colonel du régiment de Tournaisis, lui remettra M. de Cursay [...] afin qu'il l'embarque tout de suite [...]. M. de Cursay est transporté comme prisonnier et il semble avoir été arrêté [le 9] par ordre du Roi, à Bastia, pour être transféré au château d'Antibes » (Coutlet). Louis XV accuse Cursay « de n'avoir pas exécuté l'objet de sa mission ». Traité « non en criminel d'État, mais comme un officier général qui a manqué aux plus essentiels de ses devoirs » (d'Argenson), Cursay est remplacé par Courcy, lequel rapatrie les troupes françaises le 4 avril 1753[154]. Aussitôt, les appétits s'aiguisent. À Londres, on s'intéresse à Neuhoff, resté ardent jacobite malgré le désastre de Culloden et la double exécution de lord Derwentwater et de lord Kilmarnock décapités le 9 décembre 1746, la même année que Gentile, Marengo et huit de leurs compagnons. Après avoir parcouru l'Europe : Vienne (1747), Florence (1747), Cologne, la Westphalie, La Haye, Hambourg, Amsterdam (1747-1749), l'ancien Théodore semble regretter d'avoir choisi le camp impérial pendant la guerre et va jusqu'à faire l'éloge de Frédéric II de Prusse dans son *Testament politique* : « Il y a aujourd'hui un prince en Europe dont le génie seul suffit à tout : père de ses peuples, guerrier consommé, législateur prudent et éclairé, enfin politique judicieux, il réunit dans sa façon de gouverner tous les avantages répandus dans les différentes formes d'administration. Quels en ont été les fruits ? De vastes projets [contre Marie-Thérèse] *heureusement* exécutés, une grande et fertile province réunie à ses domaines [la Silésie], la balance de la paix déposée entre ses mains [paix d'Aix-la-Chapelle]. Ennemi redoutable [pour Marie-Thérèse], allié considéré [de Louis XV], sa conduite et sa sagesse l'ont élevé à un point de grandeur que la nature de sa puissance ne comportait pas [155]. » Que Neuhoff veuille faire le jeu de Frédéric II dans un avenir proche (la guerre de Sept Ans commence sur mer dès 1755) alarme Londres alliée aux Austro-Sardes. Lorsque Neuhoff arrive à Londres en janvier 1749 sous le nom de baron de Stein, il y est reçu par divers diplomates dont le ministre suisse Schaub. On feint de le traiter de « Majesté » mais on l'emprisonne, prétendument pour dettes, le 21 décembre. Soutiennent néanmoins Neuhoff le peintre et graveur William Hogarth (1697-1764 ; *The King of a Summer* : le Roi d'un été), grand steward de la Grande Loge d'Angleterre en 1734, ainsi que l'acteur David Garrick (1719-1779), membre de la loge Saint-Paul n° 194, orient de Londres [156]. Toutefois, réduit à l'aide financière de lord Grenville (Carteret) et de lady Yarmouth (« nièce » de Mme de Neuhoff, dit-il), et prodigieusement amer, Neuhoff se rebiffe et se met à qualifier les Corses d'« ignorants insulaires [157] », de « peuple grossier et pauvre [158] ». « Jamais, dit-il, on n'a mieux vu le triomphe d'une affreuse superstition que parmi eux [159]. » « Il n'y a rien de moins aimable et de plus affreux que les femmes de ce pays [160]. » « La paresse naturelle des Corses [161] », « la légèreté de ce peuple » sont selon lui les seuls motifs de son échec. De son côté, Coutlet cherche à discréditer les Allemands en Corse : « Le premier dessein de ces messieurs [les Génois] était, lorsqu'ils y envoyèrent les Allemands [de Wurtemberg], d'y mettre tout à feu et à sang, de se partager l'île entre eux en autant de fiefs et de *la repeupler* par des colonies [162]. » Londres, profitant des dissensions survenues entre Versailles et Gênes, cherche à « récupérer » Neuhoff, porté sur le trône corse par les « rebelles ». Belle-Isle, petit-fils de Fouquet et franc-maçon notoire, s'en inquiète depuis Metz auprès de Puisieux [163]. Gautier, agent de Belle-Isle, rencontre même Neuhoff dans sa prison de Londres le

11 juillet 1750. Le 22 février 1753, Walpole va jusqu'à ouvrir une souscription en faveur de Neuhoff dans le journal *The World* (n° 8) afin de le sortir de sa geôle ! « Une somme très coquette » est immédiatement recueillie entre les mains du libraire Robert Dodsley et David Garrick – le meilleur interprète de Shakespeare – donne une représentation théâtrale au profit de Théodore. Pour Londres, ce geste est un aveu – comme l'article du *Daily Post* du 8 octobre 1739 qui qualifie les Zicavais de « braves gens » : la Grande-Bretagne, dorénavant, veut attirer à elle les « mécontents de Corse », « nationaux », « patriotes » ou « rebelles », afin de faire basculer l'île dans sa mouvance et de multiplier ses bases navales en Méditerranée. C'est dans ce contexte, retrait des troupes françaises de Corse (4 avril 1753), propos aimables de Walpole pour Neuhoff (22 février 1753), que survient en Corse l'assassinat de Gaffori (2 octobre 1753).

L'assassinat de Gaffori

À Corte, Gaffori (1704-1753) se montre visiblement trop favorable à la France. C'est un « homme aux talents remarquables », à l'« éloquence exceptionnelle », aux « harangues » admirables, selon Boswell qui ne l'a jamais connu. Ces éloges sont donc dus à Pascal Paoli qui en a fait part au jeune Écossais sans doute heureux ensuite de voir le fils Gaffori admis dans la loge maçonnique de Bastia. Issu d'une vieille famille cortenaise, Gaffori appartient à une lignée traditionnellement hostile aux Arrighi pro-vénitiens et plutôt fidèle à Gênes comme les Matra, avant de passer au service de la France comme les Matra et d'être reconnue noble par la France comme les Matra. Fils du vieux podestat de Corte, Gaffori est docteur en médecine. Jeune homme, il a d'ailleurs exercé à Gênes comme chirurgien des hôpitaux. Son oncle paternel a été médecin à Gênes avant d'exercer à Corte. Son grand-père y était lui-même médecin lorsqu'il a été élu Noble Douze (1692) dans le cadre des institutions génoises que la famille n'a jamais contestées. Son bisaïeul était déjà *medico fisico* en 1682. Un autre oncle est vicaire d'Aléria (1741) et son arrière-grand-oncle était déjà vicaire de Centuri en 1665. La famille, qui compte des notaires, donne aussi des *anziani* à la ville de Corte, comme les Bonaparte en donnent à Ajaccio, qui sont une sorte de conseillers municipaux. Gaffori, dont l'oncle espionnait déjà Sebastiano Costa à Gênes, Livourne et Rome dans les années 1730, est devenu comte théodorien en 1736. Proche de Neuhoff en 1736, avec Francesco Saverio

Matra, il en a épousé la nièce, Faustina de'Matra, qui est en même temps sa cousine. Otage à Toulon en 1738 après la défaite de Boissieux à Borgo, et retenu en détention à Toulon avec Anton Buttafoco et Costa de Castellana, Gaffori a été libéré par Maillebois dès août 1740. On ignore sous quelles conditions. Ce qui est certain, c'est que Buttafoco et Costa de Castellana sont revenus de Toulon totalement pro-français, capitaines au *Royal-Corse* et chevaliers de Saint-Louis, promus en 1746 et 1749. Il y a fort à parier que Gaffori soit rentré de Toulon pareillement francophile. En effet, après la mort de Rivarola, colonel sarde, le jeune Matra, beau-frère de Gaffori, est redevenu pro-génois au point que la République l'a fait maréchal de camp. À la signature de la paix (1748), alors que nombre de Corses restent fidèles à Venise – les Abbatucci, les Paganelli, les Lusinchi, les Giafferi, les Boerio –, Gaffori est à Corte un médecin jalousé et riche. Alors qu'il est en train de faire construire en ville une superbe bâtisse (*U Casino*), les pro-vénitiens murmurent que c'est grâce aux six mille livres de pension annnuelle que Cursay lui aurait procurées [164] ; pension énorme, égale à la solde annuelle d'un chef d'escadre français (équivalent de nos contre-amiraux). À Corte, Gaffori a parmi ses opposants les Arrighi certes, mais surtout les Romei, parents depuis 1733 des Boerio, véritable dynastie d'officiers au service de Venise. Le 2 octobre 1753, en début d'après-midi, près du couvent des Capucins, alors que Gaffori rentre chez lui, Gian Battista Romei l'abat d'un coup de pistolet alors que Francesco Romei abat *maestro* Carlo, le maître maçon du chantier d'*U Casino* [165]. Les conjurés sont nombreux : peut-être dix. Pascal Paoli écrit d'ailleurs à son père : « L'assassin de Gaffori » est Giovan Battista Fornello de l'Acquale de Niolo dit Baretta Vecchia. C'est lui « qui, réellement, lui porta le coup à la tête parce que les autres Cortenais ne lui firent aucun mal avec leurs coups de fusil [166] ». On mit aussi du complot son beau-frère Matra et même son frère Anton Francesco de'Gaffori. « Les Corses, écrira plus tard le duc d'Aiguillon, soupçonnant son frère d'être complice de ce crime, le transférèrent au château de Corte où il fut victime de leur fureur [167]. » Anton Francesco est en effet assassiné le 24 octobre par un Paganelli de Cervione au fond de sa prison, à coups de barre de fer ! Celui qui commande alors les prisons, depuis la prise de la citadelle de Corte par Gaffori en 1746, est un Marchetti, de Moriani, qui laisse faire et que l'on retrouve deux ans plus tard aux côtés de Pascal Paoli, dans sa marche du 3 août 1755 contre Matra. Les obsèques de Gaffori – inhumé à Corte en l'église conventuelle des Capucins – constituent un point fort de l'histoire insulaire. Gaffori, pensionné par la France, a sa messe d'enterrement célébrée par le vieux chanoine Orticoni, pensionné par l'Espagne. Celui qui fait l'éloge funèbre du défunt est don

Marco Ambrosi, le fils de Castineta, l'ami de Giacinto. Cet assassinat inaugure en Corse une longue période de troubles : « Cinq des maisons des assassins [Romei] ont été détruites de fond en comble à Corte, dans l'une desquelles on prétend qu'il y avait une bibliothèque fort estimée [168]. » Les troubles deviennent si violents que le gouverneur Grimaldi est inquiet comme les Génois ne l'ont jamais été : « Quand Giovan Pietro [Gaffori] était vivant, il y avait *un ordre dans le mal.* Cet ordre a cessé, de sorte qu'il règne aujourd'hui *une confusion totale.* Les chefs sont jaloux et ennemis les uns des autres. Les peuples, chacun à sa fantaisie, acceptent ou refusent d'obéir [169]. » Bientôt Grimaldi « ne veut plus rester dans l'île » [170]. Il se démet du gouvernement le 31 décembre 1753. Son successeur, Giuseppe-Maria Doria, hésite à venir. Il n'arrivera à Bastia que fin juillet 1754 ! Cette période d'incertitudes renforce le camp Paoli dans sa volonté de reprendre la lutte.

PASCAL, CLEMENTE, GIACINTO : UNE FAMILLE DE COMPLOTEURS

En Corse, en 1754-1755, les opposants à Gênes sont toujours divisés en plusieurs tendances. La plus importante devient toutefois la tendance « nationale », héritée du vieux Giacinto et représentée par son fils Clemente et le président Venturini. Au sein de ce camp continuent de compter les Ambrosi, dont Marco Maria, fils de Castineta, qui « a de beaucoup surpassé son père [171] ». Cultivé, le jeune homme a composé un drame, *Lavinia,* joué près de Castineta en présence de Cursay, preuve que la tendance « nationale » – farouchement anti-génoise – est assez proche de la France qui semble pouvoir être substituée à Gênes dans un futur plus ou moins immédiat. La France a l'immense avantage de se montrer religieusement tolérante depuis Sampiero, allié du Turc, ce qui convient bien à Giacinto comme à Pascal Paoli, alors que le Roi Catholique et l'Empereur n'attirent que des extrêmes, « dévots », ligueurs, frondeurs pro-espagnols inféodés à Vienne, Madrid, Venise ou Rome et que Paoli qualifie de « fanatiques ». Paoli – modèle de tolérance – est dans la tradition de Sampiero allié de Dragut et de Soliman (1553) ; dans la tradition d'Antonio Lenche victime des ligueurs (1588) ; dans celle d'Alphonse d'Ornano qui voulait assassiner les Guises (1588) ; dans celle de Baglione, l'assassin de Cazaulx (1596). En outre, la France, pays des philosophes, des sciences et des techniques, convient assez bien au fils du Voltaire corse et au jeune Castineta qui fait des études et a, à l'évidence, de réelles connaissances en matière d'exploitation minière.

Or, l'une des priorités du clan Paoli est justement de disposer de suffisamment d'argent pour pouvoir solder des troupes contre Gênes. Les Paoli père et fils savent bien que l'échec de Neuhoff est en grande partie dû au manque de numéraire et la France est le plus riche royaume d'Europe. Ils savent aussi que le royaume qui a donné naissance à Vauban et au chevalier de Clerville est la patrie d'ingénieurs réputés dont certains sont venus en Corse au temps de Neuhoff : Dufour et Beaujeu. Par rapport au suzerain génois – honni –, la France s'offre donc comme l'une des composantes possibles de l'alternative, avec l'Angleterre.

Les autres tendances demeurent toutefois : celle de la noblesse, toujours incarnée par les « marquis » de Matra, toujours « hauts » sur leur « naissance », pour qui les paolistes ne sont plus les « vilains » de 1735 mais les fils de ces « vilains » : Pascal, Clemente, Castineta. Demeure aussi puissante la tendance des pro-vénitiens, même s'ils sont en perte de vitesse : mais les Zicavais demeurent fidèles au service de la république de Saint-Marc, notamment les Abbatucci, les Paganelli, les Lusinchi, toujours proches du fils Giafferi, des Boerio ou des Baldacci cortenais. Les tendances pro-espagnole (feu Ceccaldi, Orticoni, Colonna de'Bozzi), pro-sarde (feu Rivarola) sont en revanche en perte de vitesse totale mais depuis le désastre jacobite de Culloden survenu en 1746, Rome – où s'est réfugié le Prétendant Stuart – est encore plus qu'auparavant à la recherche d'un trône en Europe pour ce prince catholique qui vient de perdre un solide appui en la personne du duc d'Ormond (1665-1745), mort en Avignon, terre pontificale, en novembre 1745, octogénaire. Là-dessus se greffent les ambitions persistantes du grand maître de l'ordre de Malte qui se verrait volontiers coiffé d'une couronne fermée : celle du *Regno di Corsica*. Face à cette terre natale si convoitée, Pascal Paoli piaffe d'impatience alors que le volume IV de l'*Encyclopédie* (1754) ne consacre que quelques lignes à la Corse : « Île très considérable d'Italie, dans la mer Méditerranée, appartenant à la république de Gênes. Les Corses sont remuants, vindicatifs et belliqueux. » Au lendemain de l'assassinat de Gaffori, Pascal est le seul héritier potentiel des luttes de la génération précédente. En Corse, il bénéficie d'un important courant de partisans, grâce à son frère aîné Clemente qui aurait sous ses ordres, dit-on, « sept mille rebelles », chiffre qui paraît fort exagéré. En effet, Alphonse d'Ornano est parti de Corse à Marseille en 1569 avec « trois cents rebelles ». En 1729, Rostini parle de « quatre cents montagnards » investissant le cap Corse. Giacinto et Pascal ont quitté la Padulella en juillet 1739 avec « vingt-cinq autres bannis ». En 1769, Pascal quittera la Corse après Ponte Novo avec « trois cents fidèles ». Cela ne veut pas dire que ces trois cents « rebelles » – actifs –, de génération en génération, n'aient pas eu effectivement chacun une vingtaine de sympathisants moins engagés, mais sept mille hommes sous les ordres de Clemente dès 1754 cela paraît beaucoup compte tenu du fait que l'histoire insulaire nous habitue à des effectifs généralement plus modestes. Toujours est-il que Clemente, comme Giacinto trente ans plus tôt, exhorte « tous les peuples à une parfaite union pour le salut de la patrie » et il déclare « une guerre perpétuelle contre les Génois jusqu'à ce qu'on leur ait remis les *sept* complices de l'assassinat de Gafforio, de la perte duquel ils sont toujours inconsolables » [172], preuve que Paoli – qui souhaitait entrer au *Royal-Corse* – et Gaffori – pensionné de la France – étaient bien dans le même camp à la veille des événements de 1753-1755.

En février 1754, « on prétend que les rebelles rassembleraient un gros détachement pour aller exiger des contributions au cap Corse et chasser d'un lieu, appelé Rogliano, un nommé Massoni qui y est resté podestat de la République, depuis le départ » des troupes françaises [173]. Au printemps est établi à Corte un *magistrato supremo* qui se met à lever à son profit taxes et impositions – vingt sols par feu et par an – pour soutenir la guerre contre Gênes. Tous les biens des Génois sont confisqués à son profit ainsi que ceux des Corses coupables d'homicide. Pascal, en garnison à Longone [174], entretient alors des relations étroites avec l'île : « J'ai envoyé Savelli à la maison [à Morosaglia], écrit-il à son père, pour savoir *du comte* [son frère Clemente, comte théodorien] ce qu'ils attendent de moi. » Pascal n'appelle jamais son frère « le comte » mais, en ces mois troublés, il use d'un langage quasi codé. « Savelli, ajoute-t-il, sera revenu ici le 30. Vous saurez *ce qui m'aura été écrit.* » Pascal gravite alors au sein du réseau paternel qui ne cesse de comploter. On y trouve son cousin Nicodemo Pasqualini, de Castineta, en route pour Rome [175], le fils Giafferi [176] (Agostino), le capitaine « don Cesare » (Lusinchi). Ce dernier « part avec son semestre [de solde] [...] pour la patrie [...] Comme il passera par le Rostino, note Pascal, j'écrirai à mon frère [177] » qui vit à Pastoreccia avec son épouse, même s'il réside souvent à Corte [178]. Pascal prépare de grandes choses et a sans cesse besoin d'argent. Passer en Corse ? Cela coûte seize sequins. En outre, dit-il à son père, « je n'ai pas de quoi acheter les marchandises [armes] dont il est fait état dans le billet [179] ». L'argent est rare, sa solde mince : « Nous pourrons à peine nous rembourser des dépenses [180]. » Giacinto, en outre, ne veut pas avancer un liard car il désapprouve l'idée de son fils de rentrer en Corse. À ses incessantes demandes d'argent, il fait la sourde oreille. Pascal se lamente : « Je ne sais où vous avez trouvé tant de patience à noircir tant de papier pour me persuader que vous n'avez pas d'argent à me donner. » Parfois, il se rebiffe : « Pour développer l'argumentation du radin, vous avez accompli de grands progrès. » Pascal va jusqu'à l'insolence en comparant son père à un vieux « caissier[181] » grippe-sou, alors que lui-même s'affirme dépensier. L'argent est un réel souci pour Pascal qui caresse de grands projets : « Je réfléchis à la manière de me rendre avec une felouque à Mariana avec Savelli, pour prendre le bon air de notre pays.[182] » En fait de « bon air », Pascal complote. Son père le sait comme il sait que la vérité n'est jamais exprimée dans ces lettres, de crainte qu'elles ne tombent aux mains de Gênes. « Écrivez-moi *avec prudence,* dit Pascal à son père, ce que dit Nicodemo, et faites en sorte que celui-ci me fasse connaître *tout ce qu'il sait* afin que *la personne* [sans la citer] qui dirige cette affaire [il ne dit pas laquelle] ne soit pas informée.[183] » Ou encore : « J'ai résolu d'attendre des nouvelles *de là-bas* [sans dire d'où][184] ». En bon comploteur, Paoli ne cite ni noms de personnes, ni noms de lieux, car il ne faudrait surtout pas compromettre sur le terrain Clemente qui « médite aussi quelque coup de main[185] ». À son vieux père, Pascal avoue toutefois vouloir poursuivre son œuvre : « Je désirerais me rendre dans l'île pour replacer les choses dans *quelque autre système*[186] ». C'est déjà ce que disait Giacinto à Costa dès 1735, preuve que les Paoli père et fils sont proches des hommes de leur temps, officiers (Cursay), francs-maçons (Boswell, Cocchi), philosophes (Rousseau, Grimm), historiennes (Catherine Macaulay), idéologues (Vasco), qui sont tous à la recherche d'un « système » inspiré plus ou moins de la démocratie grecque. La Corse serait érigée en nouvelle Athènes. La citadelle de Corte deviendrait une sorte d'acropole, l'île une nouvelle *Utopie.*

« Clemente [...] aurait voulu que je me trouve en Corse vers la mi-septembre [1754], écrit Pascal à son père. Je ne peux vous expliquer plus clairement les choses parce que je crains que la lettre ne soit interceptée. » Il y est question d'un projet secret, connu de quelques intimes : Nicodemo Pasqualini et Savelli, mais ce projet n'émane pas de Pascal qui condamne l'idée émise : « Je la tiendrai toujours pour une coyonnerie ; *c'est la seconde version de la royauté de Théodore.* » Pascal a alors le vieux Giacinto pour principal conseiller. Dans l'ombre, le vieux rebelle tire les ficelles au point que Pascal lui dit : « J'écris, par ce courrier, certaines instructions et *dès que j'aurai reçu une réponse de vous,* je prendrai une décision. » Les Paoli père et fils poursuivent le même combat. Résultat, ils sont physiquement menacés : « Le scélérat » Vinciguerra de Pastoreccia tente même « de tuer Clemente pour toucher la prime ». Néanmoins, Pascal multiplie les contacts. De Longone, il écrit s'être « abouché avec l'abbé Zerbi de retour de son pèlerinage[187] ». En fait de « pèlerinage », celui-ci arrive de Malte. « J'ai discuté avec lui plus de quatre heures pour lui faire confesser *la grande extravagance* de ses projets. » Il s'agit de donner la Corse à l'ordre des chevaliers de Malte !

Cette idée date au moins de 1669. Au XVIIe siècle, elle convenait aux dévots. Au siècle suivant, les franc-maçons assurent le relais car ils se placent volontiers sous l'invocation de saint Jean. À l'occasion de la Saint-Jean d'été du 24 juin 1777, le frère Arnaud Vacher, franc-maçon à Bastia, ira jusqu'à déclarer : « Ce jour [...] doit nous rappeler l'invocation sous laquelle les pieux chevaliers de Saint-Jean de Jérusalem, aujourd'hui de Malte, voulurent, dans le temps des croisades, rétablir sur ses anciennes ruines le magnifique édifice construit par Salomon. Cet édifice, mes frères, était un temple, c'est-à-dire un lieu consacré à la louange et à la gloire du Grand Architecte[188]. » Toutefois, Paoli ne fait confiance ni à Zerbi, ni à Colonna de'Bozzi, ni aux chevaliers de Malte. Il l'écrit à son père : « Colonna [fils du prisonnier de 1729] serait plus habile que lui [Zerbi] pour de semblables intrigues [...]. Dieu veuille qu'il ne cherche pas à se mêler de *nos* affaires », preuve que le projet maltais n'est pas un projet paoliste. Au contraire ! C'est « plus hasardeux et plus fou que tout ce qu'avait imaginé Natali ». À Zerbi, qui ne développe que des chimères, Paoli oppose la sagesse du vieux Giacinto qui conserve toute son aura auprès de ses partisans : « M. Ginestra [l'ancien souffleteur ?] vous révère, écrit Pascal à son père, ainsi que tous les autres *patriotes.* » Quant à Clemente, il « s'est gagné un si grand crédit à l'intérieur du peuple qu'il a dépassé à ce jour tous ses prédécesseurs. S'il était un peu moins scupuleux, il serait un grand homme ». À l'automne 1754, alors que Pastoreccia est ravagé par une épidémie[189], Paoli a un double objectif : s'appuyer sur le prestige de son père et sur le crédit de son frère pour rentrer en Corse et, d'autre part, ruiner le projet maltais voulu par Bozzi et Zerbi. Il s'avoue dans l'expectative : « J'ai reçu des lettres signées *collectivement* afin que je me rende en Corse. Il s'ourdit quelque chose de bon. Pour moi, si les réponses de mon frère sont en conformité avec les instructions que je lui ai adressées, je pars. Je crains que ces messieurs [les comploteurs] n'attendent trop de moi. Mon frère m'écrit de me garder, parce que les Génois me surveillent. »

La Corse et le grand maître de l'ordre de Malte

Pour ruiner le projet maltais, Paoli entretient une correspondance suivie avec son ami de Centuri, Franceschi, lequel se rend souvent à Malte. Franceschi, corsaire cap-corsin, voyage beaucoup en Méditerranée et a quelque peu la folie des grandeurs. Marin de bonne souche, il s'est rendu à Chypre, île que l'ordre du Temple avait achetée en 1191 à Richard Cœur de Lion, avant de revendre l'île à Guy de Lusignan. Il en a ramené une superbe dalle armoriée de marbre blanc aux armes des Lusignan, qu'il a apposée en l'église Saint-Sylvestre de Centuri où elle se trouve toujours. Les Franceschi de Merlacce se feront du reste inhumer sous cette orgueilleuse dalle tout au long du XVIIIe siècle à la différence des Franceschi de Bovalo inhumés au couvent de l'Annunziata. À noter que « les premiers échos de la restauration de l'ordre des Templiers [...] apparaissent vers 1754 » dans les rangs de la franc-maçonnerie britannique[190]. À ce capitaine Franceschi, Paoli confie les dessous de l'affaire maltaise : « Ce projet tenait [...] dans l'espérance entretenue là-bas que, vers le milieu du mois courant, les Maltais viendraient avec leurs forces maritimes surprendre l'île[191]. » Cela insupporte Paoli car Zerbi est encore « plus *fanatique* que don Lorenzo » son frère. Ce prêtre, Paoli le hait et le surnomme *l'abbate Coglia* (l'abbé Couille)[192] ! Paoli le déteste car il est allé jusqu'à faire « écrire des lettres offrant la Corse à la Religion par des chefs du Royaume » ! Pourtant, avoue-t-il à Franceschi, « il m'affirma n'avoir pu parler *que deux fois au Grand Maître* et que celui-ci lui avait dit que, si les puissances donnaient leur consentement, la Religion se rendrait en Corse et qu'on ferait de bonnes conventions ». Paoli enrage : « Ces conventions que voulait passer Zerbi étaient [...] stupides. » Il y a en outre d'autres projets en cours en ce mois de septembre 1754. « On sait que le pape s'est entremis pour faire céder [la Corse] à *un Prétendant* (Stuart réfugié à Rome), contre une somme d'argent [versée à Gênes]... L'Espagne, l'Empereur, le roi de Naples et tous les autres y consentaient. » Le projet maltais, Pascal s'y refuse, préférant « traiter avec un autre souverain » (Louis XV ou le roi d'Angleterre). « Le gouvernement maltais est mille fois pire que celui de Gênes », écrit-il à Franceschi. « Les Maltais sont plus misérables que nous », dit-il à son père. Les chevaliers ne sont que « les meurt-de-faim de l'Europe ». Pauvres cadets de famille de maisons nobles, ils sont réduits à leurs « légitimes », toutes petites parts dans les successions de leurs père et mère, mais ils sont nobles et cela insupporte Paoli : à Malte, « personne n'ose mettre son chapeau devant un chevalier » ! Et Pascal de conclure : « Le choix que l'on fit de Théodore fut ridicule », celui de Malte le serait davantage. Bref, l'entrevue avec Zerbi a mal fini : « Je lui ai arraché des mains la clef du chiffre que mon frère m'envoyait par Pasqualini et que ceux de Rome [...] ne m'avaient pas fait mander. » Et Paoli d'achever sa longue missive à Franceschi par ces derniers conseils : « Vous, lisez cette lettre et puis brûlez-la et n'en parlez à personne. » Le projet maltais ruiné, Paoli attend à Longone, portant un jugement sévère à la fois sur les Corses de Rome (*quelli minchionati*, dit-il[193]) et sur ceux de Corse : « il n'y a pas de foutre-bouc qui n'ait un protecteur[194] » ! De fait, dans l'île, les choses se compliquent. « Colonna est allé d'où il revenait [Malte] ! Quelles embrouilles ! Quelles embrouilles[195] ! » Il devient urgent de rentrer en Corse.

Paoli à la veille de rentrer en Corse

Fin 1754, Pascal manque toujours d'argent et souffre de devoir se présenter en Corse trop modestement vêtu : « J'ai fait rénover les manchettes de mes chemises[196]. » « Je chercherai à épargner autant que je le peux[197]. » « Ce matin, j'ai fait la dépense de cinq chemises fines, en ayant éliminé quatre anciennes. J'en possède vingt médiocres, treize neuves et sept en état moyen[198]. » À Morosaglia, Clemente aussi manque de liquidités : « J'essaierai de lui apporter le secours d'une petite somme[199]. » Seul le vieux Giacinto est quelque peu fortuné grâce à sa solde d'officier supérieur mais il la garde précieusement, même lorsque Pascal se fait pressant : « Achetez-moi là-bas [à Naples] une épée tranchante, une vieille selle avec les autres fournitures[200] » ; mais son père ne lui a toujours pas envoyé la selle au printemps 1755[201]. Pascal continue de se lamenter : « Ici [à Longone], la toile simple pour quatre chemises me coûte, venue de Livourne, douze ducats. J'ai besoin qu'on m'en fasse quatre autres.[202] » Pascal attend des secours, pas seulement financiers. « J'ai écrit à M. le marquis da Silva[203] », dit-il à son père (un Fitz-James, de la branche issue du maréchal de Berwick), mais il n'a pas daigné lui répondre. Quant aux musulmans, « le bruit concernant les Barbaresques est tout à fait ridicule. Certains Bonifaciens, venus ici, disent que, de Corse, sont partis huit personnes pour solliciter leur alliance ». C'est malheureusement faux, et pourtant « cela serait tout à fait indiqué pour ruiner tout le commerce de la République et la mettre au désespoir s'ils pouvaient installer un port franc en Corse. L'autre jour j'ai envoyé le plan de ce projet[204] ». Mais cela ne semble guère avancer, ce qui fait du reste plaisir à Giacinto, vieux, prudent, avare et malade[205]. Il n'y voit presque plus : « Vos yeux ne sont plus bons[206] », lui dit souvent Pascal ; mais c'est aussi un père très aimant qui regarde le « passage » en Corse de Pascal comme « un pas vers la mort ». Pascal tente de le rassurer : « Vous êtes tout empli de terreurs paniques[207]. » « Le jour où vous avez quitté la Corse a été le dernier de votre gloire. » « Giacinto Paoli, avant de devenir colonel, était maître de faire des colonels, et depuis qu'il est devenu colonel, il n'a pu faire de son fils un lieutenant. » « Je ne suis plus un enfant. » Néanmoins, Giacinto craint un mauvais coup. Pascal tente de le rassurer : « Don Cesare [Lusinchi] a pacifié les grandes inimitiés qui divisaient le Delà-des-Monts [208] », mais Giacinto fait du chantage et prétend que de savoir Pascal sur le point de partir va abréger ses jours. Pascal rétorque : « Si je me rends en Corse, vous aurez un si grand plaisir que cela vous fera vivre dix ans de plus. » Giacinto en doute mais Pascal ne l'écoute plus. Il se porte bien, a « grand appétit [209] », est déjà un peu gros et se voit mal dans la peau d'un simple soldat : « ma complexion ne me permet pas que j'agisse comme tout autre fusilier [...]. *Je ne suis point apte* à ce rôle » militaire [210]. En revanche, il voudrait s'imposer par la plume car il s'accorde un esprit brillant : « mes idées [...] peuvent paraître bien hardies ». C'est volontiers qu'il met sur le papier le « *plan du gouvernement* que j'aurais voulu voir établir en Corse ».

Giacinto est inquiet face aux ambitions de Pascal car Clemente s'est imposé dans le Rostino comme le successeur de son père. Giacinto craint-il une guerre fratricide ? Pascal le rassure. « Le peuple aurait voulu que Clément prît en mains les *rênes du gouvernement* » mais « lui n'a pas voulu accepter l'offre, ni le titre de général, quoiqu'il en soutienne toutes les fatigues ». Pascal reconnaît le « grand crédit » de Clemente malgré « le parti de Giuliani ». Il sait que « chaque jour, on voit, à Pastoreccia, des nuées de gens venus de tous les coins de l'île » pour consulter Clemente ; mais Pascal connaît aussi les faiblesses de son aîné : « Comme Clemente ne fait pas exécuter lui-même les arrêts qu'il prononce, les dispositions qu'il prend n'offrent pas toujours de bons résultats. » D'autre part, Clemente n'est pas assez vigilant. « Certains membres du *Magistrato* ont mangé cinq mille lires qui avaient été perçues sur le parti de Giuliani. » Bref, Clemente « dépasse tout le monde pour ce qui est du crédit », mais il ne peut rester seul. « Le secret est l'âme de ses actions. » Il lui faut donc un proche sur lequel il puisse se reposer : son frère cadet, car on ne peut se confier à personne en dehors du cercle de famille : les « temps [sont] corrompus » et le peuple craint même que Clemente « ne connaisse le même sort que Gaffori ». Il faut donc être deux sur le terrain. Ensemble, les frères Paoli pourront alors faire ce que Giacinto n'a pu réaliser : mettre « un chef suprême à la tête de l'État ». « Les Corses [les paolistes] eux-mêmes ont reconnu cette [nécessité] et, à cause du refus obstiné de Clemente, ils se sont retournés vers moi [...]. *Le plan* que je leur ai envoyé a reçu leur approbation [...]. Ils attendent maintenant que je vienne le mettre en pratique. »

Ambitieux, plein d'idées, sous-lieutenant sans avenir et jeune intellectuel en exil, Pascal ne veut plus « attendre une lieutenance, d'ici quatre ou cinq ans ». « Au service de votre Roi, dit-il à son père, je ne puis espérer autre chose que, dans vingt ans, devenir capitaine, autrement dit, demeurer ce que je suis aujourd'hui puisque ma solde ne s'accroîtra que de trois ou quatre ducats. » Il raisonne et se veut persuasif : « Vous êtes déjà vieux et vous ne pourrez longuement me secourir. Moi, j'ai eu de trop mauvais principes pour que ma solde puisse me suffire. Que ferai-je, si vous veniez à disparaître[211] ? » Preuve *a contrario* que Giacinto, prétendu si avare, ne cesse de l'aider financièrement. Il faut donc agir, et vite. Le moment est opportun car Giacinto, tant qu'il est vivant, peut servir « d'éperon auprès des *patriotes* pour qu'ils répandent autour d'eux les édits et les lois que je compte faire promulguer de manière solennelle », écrit Pascal. Certes, il y aura des embûches : « Mon frère me répète que je dois me garder de quelque sicaire et du poison », mais, conclut-il : « Sur le continent [...] je ne suis pas en sûreté » non plus. Les risques sont réels partout. Le cousin de Pascal, Gio Felice Valentini, ancien Noble Douze de 1742, vient d'être blessé d'un coup de couteau, en Corse. L'assassin de Gaffori – Baretta Vecchia – lui a dit : « Va retrouver Gaffori [...] en lui enfonçant [le couteau] dans le ventre ! » Heureusement, « parce qu'il était à jeun, il put malgré tout se le retirer du ventre, sans que le coup ne vienne lui percer les intestins[212] » ! Immédiatement, Baretta Vecchia a été tué par les compagnons de Valentini qui « l'ayant mis dans un sac, le conduisirent à Corte. L'ayant pendu sur le lieu de l'assassinat [de Gaffori], ils l'y laissèrent pour que les chiens le dévorent et le dépècent[213] ». Coutlet confirme : « le principal des assassins de Gafforio, Baretta Vecchia, [a été] massacré avec un de ses frères et trois ou quatre autres » dans la piève de Niolo. « Le cadavre de ce coquin a été traîné et pendu à la porte [du château de Corte] par ses propres parents[214]. »

Pascal, dans ces conditions difficiles, prépare donc son départ. Le 21 novembre 1754, il écrit à son père : « Faites connaître à Pasqualini *notre secret* admirable[215]. » Le 14 décembre, les choses se précisent : « De mon frère, je reçois des nouvelles très détaillées et des instructions *sûres* par où je devrai débarquer[216]. » Le même jour, Pascal confie à son ami Franceschi de Centuri : « La *tractation de Rome* se défait un peu plus chaque jour. » Projet maltais ? Ou instauration en Corse d'une royauté Stuart ? « L'abbé Vinciguerra [...] n'attendait plus que les ordres de Malte [...]. Le *secret de ce subterfuge* est trop caché pour que *nos agents* le puissent pénétrer [...]. Depuis l'affaire de Théodore, la Nation a ouvert les yeux [...]. Il est difficile de la tromper aussi grossièrement [...]. S'il était possible de leur prendre une partie du butin [à Zerbi et aux tenants du projet maltais], je pourrais m'en servir *dans une affaire de grande importance, que je suis en train de concevoir* et dont je ne puis rien vous dire dans ce moment [...]. En arrivant en Corse, je créerai des capitaines.[217] » Le 20 décembre, Pascal achève ses préparatifs et écrit à son père : « N'oubliez pas d'envoyer une petite valise pour mettre sur la croupe du cheval avec une paire d'éperons et un petit bonnet noir pour l'usage de chaque jour, pour que je ne sois pas obligé de porter le chapeau. Le mieux serait un bonnet *à l'anglaise.* »

Giacinto est peu enthousiaste car divers partis se déchirent en Corse. « Clemente [...] appelle les deux partis gueules cassées et troubles. » Pascal avoue à son père : « Bartoli, qui a été chargé de commander à L'Île-Rousse, m'engage à passer rapidement en Corse afin de faire cesser les coups de bâton que se donnent ces deux partis *aveugles et fanatiques.* Les deux se valent[218]. » « Giuliani [...] est un fanatique. » Pascal compte sur son clan pour réussir. Malheureusement, en février 1755, son cousin Nicodemo souffre du « mal français »[219] et don Marco Maria Ambrosi meurt en mars. Néanmoins, Pascal s'avoue prêt à passer en Corse. Pour tenter de l'en dissuader, son père ne lui envoie plus un sou. Pascal s'en désole : « Un simple sequin [...] était plus que suffisant et je ne serais pas allé – nu et cru – me présenter dans notre patrie après seize années d'absence. Tout cela pour avoir voulu m'éloigner d'une idée que *ma longue expérience* m'avait mise en tête[220]. » Pascal s'insurge face à ce qu'il appelle « la tyrannie de mille conseils *inutiles* » mais Giacinto demeure prudent car les choses ne s'annoncent pas aussi bien que son fils l'espère. Pascal le reconnaît mais déclare cependant : « Bien que la clef de Rome soit perdue [le projet Stuart ? – la clef est symbole maçonnique], malgré tout, chaque chose doit aller de l'avant[221]. » Du reste, Colonna, à Livourne, établit un plan avec Gavi, pour s'emparer de Capraia mais Pascal manque de livres techniques nécessaires pour prendre les places génoises de l'île. Il souhaiterait que son père lui envoie *Le Parfait Ingénieur* mais celui-ci ne se presse pas alors que Pascal expédie à son père le code nécessaire pour déchiffrer leurs lettres : « Vous conserverez prudemment le chiffre afin qu'il ne soit pas découvert. » Pascal, tout à ses préparatifs, cherche aussi à acheter du tissu pour sa sœur Francesca Franceschetti établie à Bastia et sa nièce Dionisia Paoli de Pastoreccia, adolescente de dix-sept ans, avant que d'embarquer[222], « du chocolat, du café, une solide chocolatière et un petit lit de campagne » pour Clemente[223], des « ustensiles de cuivre et des couverts de laiton » pour lui[224]. Rien, en revanche, pour son autre sœur, Maria Chiara Leonetti de Cima de Morosaglia, sans doute parce qu'elle occupe avec son ménage la maison familiale et indivise de La Stretta et qu'elle n'a donc pas besoin d'un cadeau supplémentaire. Il y a des chances pour que cette hypothèse puisse être retenue car il ne semble pas y avoir au sein de la fratrie de conflits d'intérêts : dot non payée, mariage non approuvé, mésentente entre beaux-frères, puisque Paoli, à vie, s'intéressera au fils et au petit-fils (Fondacci) de Maria Chiara, tous deux officiers britanniques qui participeront, le premier, à la défense de Gibraltar (1782) face à l'escadre franco-espagnole lors de la guerre d'Amérique, et le second, au conflit franco-britannique du début du XIXe siècle puisque pensionné du Roi à Londres jusqu'en 1823 au moins. En attendant, à la mi-avril 1755, tout est prêt pour que Paoli appareille. Destination : la Corse.

CHAPITRE VI

Le général (1755-1756)

« Les peuples des îles sont plus portés à la liberté que les peuples du continent. »

Montesquieu, *L'Esprit des lois.*

Le 16 avril 1755, Paoli arrive, semble-t-il, à Porraggio, sur la côte de Castagniccia[1]. Il a fêté ses trente ans dix jours plus tôt. Dès le 21, Coutlet, remarquablement informé depuis Gênes, écrit : « Le frère de Clément Paoli est arrivé de Porto Longone avec deux Corses de ses amis. Ils ont débarqué et ont été reçus, avec de grandes marques de joie, par *un nombre considérable* de rebelles armés qui les ont conduits comme en triomphe dans leurs quartiers de Casinca. C'est *un jeune homme de mérite* et fort accrédité parmi la nation [...]. *Il pourrait succéder à Gafforio.* » Le 9 mai, le capitaine britannique John Dick écrit en Angleterre au comte de Holderness, secrétaire d'État : « On the 16 april *lieutenant Pasqual de Paole,* brother to general Clement de Paole, landed, from a board a feluga, which was armed on purpose at Longona in the island of Elbe, at Porraggio, on the coast of Castagniccia, in Corsica, and proceded immediately to Rostino his native country[2]. » Cet intérêt du capitaine Dick en particulier et des Anglais en général pour Paoli n'a rien de surprenant. On se souvient que le bâtiment qui a transporté Neuhoff à Aléria en 1736 était commandé par un certain capitaine Dick, fils naturel du consul britannique en poste à Tunis. C'est ce consul qui s'était porté garant du paiement des marchandises apportées en Corse par Neuhoff. Il se suicida peu après. John, en 1755, est-il parent de celui-ci ? C'est probable. D'autre part, on se souvient que le 24 août 1744, au tout début de la guerre franco-britannique, le Génois Luigi Molinello[3], installé à Naples, rapportait déjà les propos du

RP Cavalloni prétendant que Giacinto Paoli était de mèche avec le consul d'Angleterre à Livourne (Horace Mann) pour introduire les Anglais dans l'île. Cette arrivée de Pascal en Corse, mi-avril 1755, est étonnante car, depuis 1754, des bruits de nouvelle guerre franco-britannique agitent le monde. En 1754, le capitaine anglais Clark, venant de Gibraltar, s'est même arrêté à Rochefort pour visiter le port, troisième arsenal français après Brest et Toulon, et il a pu le faire en uniforme, en toute impunité, avec l'accord des autorités françaises[4] ! Or on se souvient de l'initiation maçonnique de l'ami de Pascal Paoli, Raimondo Cocchi, le 4 août 1732. Il fut reçu le soir parmi les *freemasons*. Le maître était Mr Shirly. Les autres : capt. Spens, Mr Clark, capt. Clark, milord Middlesex, milord Robert Montagu et le baron Stosch[5]. S'agirait-il du même capitaine Clark ou le second serait-il parent du premier ? En outre, le moment où Pascal Paoli arrive en Corse correspond exactement au moment où la France commence à armer ses premières escadres à Toulon, Brest et Rochefort pour veiller à la protection de ses côtes. Celle de Rochefort est confiée au lieutenant général des armées navales Mac Némara (v.1690-1756), d'une illustre famille de jacobites irlandais de Limerick réfugiés en France depuis 1688. Mac Némara meurt du reste dès le début de la guerre, le 18 octobre 1756, sans même avoir appris son élévation à la vice-amirauté. Paoli arrive en Corse au moment même où l'escadre britannique de Hawke patrouille le long des côtes françaises. Il ne faut pas oublier que si la guerre de Sept Ans commence officiellement en mai 1756, les incidents se multiplient sur mer entre escadres françaises et anglaises dès le début de l'année 1755. L'amiral anglais Boscawen fait même prisonniers des centaines de matelots français avant la déclaration de guerre afin de priver les futures escadres de Louis XV du personnel nécessaire, d'où le mot de Vergennes vingt ans plus tard : l'Angleterre ? « Une nation pirate ! » Il ne faut pas oublier que le vicomte Jubert de Bouville (v.1705-1775), officier des vaisseaux du Roi, pris en mer dans le golfe de Gascogne par l'amiral West dès le 11 novembre 1755, a refusé en Angleterre le statut de « prisonnier de guerre », et préféré faire deux ans de prison ferme comme proie « des pirates » plutôt que d'être échangé, puisque capturé en période de paix. Ce beau geste de la part d'un homme qui est allé jusqu'à offrir « sa rançon » au roi d'Angleterre est dû à Bouville, arrière-petit-neveu de Colbert et proche parent de Maillebois, cousin germain de son père. À Marseille, face aux exactions britanniques, le plus riche armateur du port, Roux de Corse, va jusqu'à déclarer personnellement la guerre au souverain britannique : Georges Roux à George d'Angleterre, ce qui stupéfia tous les contemporains dont Voltaire et d'Alembert. Or Roux de Corse est celui qui a mis Marseille en état de défense contre l'amiral britannique Matthews en 1744. Il est donc étonnant que Paoli débarque en Corse le 16 avril 1755 justement, alors que la France et l'Angleterre s'apprêtent à ouvrir, dans le monde et en Méditerranée, autour de Minorque notamment, un nouveau conflit. Le 11 juin, dans ce contexte de guerre internationale imminente, et installé chez son frère à Pastoreccia, Pascal écrit à son jeune ami Ferdinando de Leon, juriste anticurialiste protégé de Bernardo Tanucci, pour l'informer de son arrivée. Le 15 juillet, *la Consulta suprême générale du Royaume de Corse*[6] proclame Paoli nouveau général de la nation en des termes élogieux : « Nous avons pensé que le moyen le plus acceptable et le plus efficace [...] était l'élection *d'un chef, un Général* s'occupant de l'économie et de la politique du royaume, possédant des moyens illimités sauf toutefois en ce qui concerne les affaires d'État qui, elles, réclament l'accord des populations ou de leurs députés. Notre vote, à l'unanimité, s'est porté sur le Très Excellent Monsieur Pascal Paoli, l'homme qui en a été jugé le plus digne par tant de vertus et de qualités. » Cette élection, « à l'unanimité », a obtenu « sa confirmation par les chefs de guerre et les procureurs respectifs de toutes les *pievi* et les députés des provinces *qui sont intervenus ici* [...]. On a diffusé un commandement à celui dont on vient de parler et l'on a envoyé chez lui un grand nombre des principaux sujets qui composent l'assemblée afin qu'il veuille bien se rendre ici pour être reconnu comme Général et pour prêter le serment solennel d'exercer avec zèle, amour et indépendance la charge dont il a été investi et pour recevoir en échange le serment de fidélité et d'obéissance de la population [...]. Celui-ci, après avoir présenté différentes raisons pour refuser cet emploi, a fini par l'accepter mais avec beaucoup de répugnance [...]. Il a été conduit ici, hier soir, et il a prêté et reçu le serment [...]. Il devra gouverner, assisté par deux conseillers d'État et par un représentant de chacune des provinces que l'on remplacera chaque mois [...]. Nous espérons que ces délibérations seront approuvées unanimement par la nation ». D'autres versions, quasi identiques, du même texte font de Paoli « un esprit éclairé », un « gentilhomme » – ô nécessaire vanité – à qui le pouvoir est confié « afin qu'il dirige cet État avec des pouvoirs absolus ». Visiblement, l'introduction du mot « gentilhomme » est loin d'être anodine. N'oublions pas que le camp Matra ne voulait pas être gouverné par des « vilains » (Giacinto, Castineta, Giannoni) du temps de Costa et qu'il ne veut toujours pas être commandé par les fils de ces vilains vingt ans plus tard : Pascal et Clemente. D'un orgueil incroyable, les Matra se disent issus d'Alerius et de Marius, « gentilshommes espagnols passés de Barcelone en Corse à l'époque carolingienne », et fondateurs du fort d'Aléria en l'évêché de Mariana ! Par là, ils ne font du reste qu'imiter tous les Colonna insulaires qui se prétendent issus du légendaire Ugo Colonna, prince romain médiéval, auteur de tous ces Colonna d'Ornano, comtes palatins depuis 1720, de ces Ornano maréchaux de France, de ces Colonna d'Istria ou Colonna de'Bozzi qui seraient finalement assez fiers de faire passer la Corse sous l'autorité de l'ordre de Malte souvent regardé comme plus aristocratique qu'il n'est. Il ne faut pas oublier en effet que l'ordre sert au XVIIe siècle de « savonnette à vilains » pour les élites aisées, parlementaires notamment – parisiennes, bordelaises, rouennaises, aixoises –, qui n'hésitent jamais à « acheter, à prix d'argent », les commissaires aux preuves de l'ordre, auxquels ces robins rusés présentent volontiers de fausses preuves de noblesse fabriquées la veille par des experts en fausses écritures sur vieilles peaux tannées, lavées et grattées, mais porteuses de sceaux authentiques, d'où les fausses preuves des Gaspari de Morsiglia ou des Grimaldi-Régusse d'Aix, petits-fils de Sanson Napollon de Centuri reçus dans le prestigieux ordre en 1667-1672 grâce à ces subterfuges.

La naissance du paolisme

Ce 15 juillet 1755, en cette *consulta* de Sant'Antonio de la Casabianca, plusieurs décisions sont prises, parvenues jusqu'à nous par la plume de Giovanni Rocca du Rostino, bombardé secrétaire d'État du nouveau gouvernement paoliste. Il est décidé d'inciter les troupes génoises à la désertion, d'entretenir les déserteurs et de leur verser des primes, ce que faisait déjà Pascal depuis plusieurs années depuis ses villes de garnison ; de mettre par écrit des lois, sorte de compilation juridique des différents textes existant dans l'île, travail déjà entrepris dans les années 1750 par Cursay et que Gafforio complétait au mécontentement de Sorba, ambassadeur de Gênes en France[7] ; de tenter de s'emparer des présides, comme Giacinto et Neuhoff avaient déjà voulu le faire au temps de l'attaque de Bastia, de Saint-Florent ou de San Pellegrino ; de condamner à mort les Corses « rebelles » comme le préconisait déjà Costa en 1735 ; de dévaster leurs biens, de « mettre à fer et à feu leurs familles » comme cela se pratiquait couramment depuis 1729 et au temps de Sampiero ; de condamner les traîtres (les *vittoli*) « au dernier supplice » : ils seront « traînés à la queue d'un cheval » comme du temps de Brunehaut et de Frédégonde, et verront leurs biens confisqués. Il n'y a, dans ce catalogue de décisions, aucune innovation. Pascal est avant tout un héritier, l'héritier de son père, voire de Costa, l'avocat livournais, et de Neuhoff, le baron westphalien ; un héritier investi de pouvoirs immenses puisque les autorités de la *consulta* écrivent : « Nous ordonnons et commandons à chaque communauté, pieve ou lieu, d'obéir et *d'exécuter tout ce qui leur sera ordonné* de faire par notre Général [...] suivant le jugement du Très Excellent Monsieur le Général Commandant », propos tenus dans la liesse populaire au milieu des tumultes verbaux et par conséquent quelque peu en contradiction avec d'autres articles qui « interdisent à notre Général d'arbitrer [...] *sans le consentement* et en l'absence de l'Assemblée générale avec les quatre cinquièmes des voix, et pas autrement ». On ajoute : « Notre commandant général pourra mener un procès contre eux [les "rebelles" et "traîtres" pro-génois] *ex informata conscientia* », c'est-à-dire comme le gouverneur génois de Bastia qui peut juger « en conscience » de la culpabilité ou de l'innocence de tout insulaire. Il est décidé que ces procès pourront être menés comme ceux instruits par les Génois « sans la forme juridique », ce qui n'empêchera pas le commandant en chef de « procéder à l'*exequatur* ». La première loi introduite par le gouvernement paoliste est donc celle du talion : ce que les Génois ont l'habitude de faire subir aux « mécontents » de Corse, les « rebelles » le feront subir aux Génois et aux Corses de leur bord. Paoli adopte par conséquent à son arrivée une position beaucoup plus dure que celle de son père, beaucoup moins humaniste, et cela pour trois raisons. D'une part, des troubles agitent l'île depuis plus de vingt-cinq ans. Il faut agir de façon efficace. D'autre part, Pascal entre « en politique » à trente ans, donc avec des illusions et avec la volonté juvénile de montrer à son père comment il va réussir là où Giacinto a échoué lorsqu'il est entré « en politique » à plus de cinquante ans. Il y a visiblement chez Pascal cette volonté affirmée de tuer l'image du père, écrasante, bien supérieure à celle du fils : le Voltaire corse, c'est Giacinto. Troisième raison : Giacinto était un homme de plume « doux et aimable », un admirateur de Virgile et d'Ovide, un lettré, veuf inconsolable, père de quatre orphelins, réfugié dans la littérature latine. Extrêmement marqué par le meurtre commis par son frère lorsqu'ils étaient jeunes, quoiqu'il eût été un simple spectateur de cet assassinat, Giacinto est resté sa vie durant une sorte de non-violent, d'où son exil napolitain auquel il refusa de mettre fin jusqu'à sa mort ; d'où sa volonté d'empêcher Pascal de retourner en Corse ; sa volonté de savoir, dans le détail d'un meurtre, qui avait porté le coup mortel, par exemple, sur la personne de Gaffori. Les autres, les spectateurs, Giacinto le savait, et pour cause, n'étaient pas coupables au même degré. Pascal, lui, ne sort ni du collège Del Bene ni d'une quelconque institution susceptible d'enseigner des rudiments de droit comme cela a été le cas pour son juriste de père. Officier, cadet, sous-lieutenant surnuméraire, lieutenant en second, il a aspiré à un brevet de capitaine au Royal-Corse. C'est un militaire qui réagit devant les choses de la vie, non comme son législateur et poète de père, mais en soldat. Giacinto a retenu d'Agricola qu'il était le père des physiocrates ; Pascal qu'il était le général de Domitien. Enfin, l'enseignement suivi dans une académie royale de terre ferme a donné à Pascal cette perception du monde qui était celle de Neuhoff et qui a toujours manqué à Giacinto, évadé en esprit dans la Brindisi virgilienne pour échapper à la monotonie du Rostino. Par conséquent, dès la proclamation de Pascal au grade de général, il est décidé que « si des troupes, *de quelque puissance que ce soit, sans exception,* se rendaient dans ce Royaume, et qu'elles voulaient s'entremettre afin de nous remettre en paix *avec les Génois,* nous devons opposer *la force à la force,* même au prix du sacrifice de toute la nation, en faisant connaître, par le présent acte, que *nous déclarons une guerre perpétuelle* à la république de Gênes et *à toute puissance qui l'assurerait de sa protection* », donc à la France. Là est la vraie naissance du paolisme. Jusque-là, la Corse était parcourue de tendances : pro-vénitienne (Giafferi, Giappiconi, de'Battisti, Battaglini, Boerio, Lusinchi, Abbatucci, Paganelli), pro-espagnole (Costa, Andrea Ceccaldi, Orticoni, Colonna de'Bozzi, Ciavaldini), pro-sarde (Rivarola), pro-maltaise (Zerbi), pro-impériale (Neuhoff, Sebastiano Ceccaldi), pro-lorraine (Neuhoff), pro-française (Gaffori, Costa de Castellana, Buttafoco). Or, pour la première fois de l'histoire de l'île, quelqu'un affirme refuser la protection de « toute puissance étrangère quelle qu'elle soit ». La France étant devenue la protectrice de Gênes courant 1737, les « mécontents » de Corse déclarent leur hostilité à celle-ci. Là où il y a cependant ambiguïté, c'est qu'il y a un fossé immense entre ce que Paoli affirme et ce qu'il fait, car la rupture avec le passé n'est qu'illusion. Pascal, comme tous ses prédécesseurs, est à la recherche d'alliés extérieurs ; sa préférence va vers l'Angleterre, car elle incarne la liberté en sa qualité de monarchie perçue comme parlementaire, mais la France n'est pas absente de ses vues quoique son roi soit perçu comme absolu. En fait, de 1755 à 1796, Pascal est un politique pragmatique qui cherche pour la Corse la meilleure des solutions. Gênes n'est plus qu'une toute petite puissance médiévale et déchue. Pise est oubliée, l'Espagne sur son déclin. Paoli recherche pour la Corse la meilleure alliée possible : la France ou la Grande-Bretagne, c'est-à-dire l'une des deux plus grandes puissances du monde. Jusqu'en 1789, c'est la Grande-Bretagne qui domine dans son esprit pour quatre raisons essentielles : 1) les liens entre la Corse et les Stuarts sont anciens ; 2) la Grande-Bretagne dispose de la première flotte de guerre mondiale : la Navy ; 3) Théodore de Neuhoff et son neveu et héritier Frédéric de Neuhoff sont à Londres ; 4) les liens entre les Paoli et les maçons d'Écosse sont étroits.

La conquête du pouvoir

Si Giacinto Paoli bâtonné par M. de Ginestra ressemble au Voltaire corse, Pascal préfigure Saint-Just. Du passé, le jeune homme de trente ans voudrait lui aussi faire « table rase ». La chose est difficile partout dans le monde. En Corse, où les vendettas transversales se transmettent sur trois générations jusqu'aux petits-fils de cousins germains, la chose est impossible. Par rapport à son père, Pascal constitue d'ailleurs une nette régression : autant Giacinto se montrait humaniste, toujours enclin au pardon, y compris à l'égard de ceux qui lui tiraient dessus des coups de fusil, tel Filippo du Poggio de Moriani, autant Pascal arrive en Corse l'esprit vengeur. Sa loi du talion à l'égard des Génois en est une preuve. Sa volonté ironique de mettre à prix la tête du gouverneur Grimaldi en est une autre. Giacinto a échoué parce qu'il a été trop bon. Costa ne cesse de le répéter. Giacinto n'a jamais eu l'esprit à châtier. Giacinto, parce que frère de meurtrier, a toujours estimé que le frère d'un coupable ne devait pas être regardé comme coupable. Pascal est différent. Alors que son père relâchait les adversaires capturés, voulant les traîter en « prisonniers de guerre », Pascal souhaite les attacher « à la queue d'un cheval » comme aux pires moments du Moyen Âge ! Alors que Giacinto empêchait Giafferi et Costa de « condamner à mort », préférant imposer des amendes de deux mille lires, Pascal parle de condamnation à mort des *vittoli,* Corses non hostiles à Gênes. Alors que Giacinto condamnait le fait que le gouverneur pouvait condamner quiconque sur sa seule « conscience informée », Pascal accepte de condamner sur sa propre « conscience informée » ! Son père s'attaquait à la chose en philosophe : c'est le principe qu'il condamnait. Pascal ne condamne pas le principe : ce qui l'ennuie, c'est qu'il soit appliqué par les Génois ; si c'est lui qui l'applique, cela ne le dérange plus. Il y a donc un fossé énorme entre Giacinto, vrai philosophe des Lumières, et son fils qui est plus proche, dans la notion naissante de « despotisme éclairé », de celle de « despotisme » que de celle d'« éclairé ». Ce n'est qu'avec l'âge que Pascal évoluera, surtout après la mort de son père, car il n'aura plus alors à prendre le contre-pied des conseils du vieillard pour lui montrer comment s'y prendre. Pour l'heure, le 15 juillet 1755, dans sa maison de Morosaglia, Pascal est satisfait : il a fait semblant de se faire prier avant d'accepter le titre de général et le stratagème a fonctionné. Il s'espère seul général alors que tous ses prédécesseurs avaient dû partager le pouvoir : Giafferi avec Ceccaldi, Lusinchi et Lucca d'Ornano ; Giacinto avec Giafferi puis avec Giafferi et Neuhoff ; Gaffori avec Matra et Rivarola. En juillet, Pascal croit qu'il va conserver seul ce pouvoir. Il l'écrit à don Gregorio Salvini, prêtre formé au collège Del Bene : « L'assemblée *générale* du Royaume m'a chargé d'un fardeau que je ne peux *seul* porter [...]. Je vous prie donc de vouloir bien m'éclairer de vos lumières » ; mais Pascal sait très bien que l'assemblée n'a pas été aussi *générale* que cela ! Comment cela aurait-il d'ailleurs pu être, étant donné l'époque ? Quand on voit combien il est difficile aujourd'hui de voir sortir des urnes un président des États-Unis d'Amérique, à l'époque du vote informatisé, on imagine facilement combien il pouvait être difficile d'élire un homme en Corse en 1755 à la tête de toute l'île ! Qui votait ? Qui avait le droit de voter ? Nombre d'insulaires vivaient dans les présides génois : Bastia, Ajaccio, Calvi, Bonifacio. Près de cinq mille insulaires (les plus connus) étaient militaires au service de l'étranger, dont un tiers au service de Gênes, un quart au service de Venise. Qui participait à ces *consultas* ? Les contemporains eux-mêmes avaient conscience des balbutiements de cette démocratie naissante, porteuse d'avenir mais encore embryonnaire. Les membres de la *consulta* que Paoli voudrait *générale* écrivent eux-mêmes que les décisions prises ont été confirmées « par les chefs de guerre et les procureurs respectifs de toutes les *pievi* et les députés des provinces *qui sont intervenus ici* » ; c'est-à-dire qu'il y a une foule de chefs qui ne sont pas intervenus pour d'évidentes raisons : éloignement, manque d'information, de moyens de communication, de transports. Giacinto en son temps avait bien vu que toute décision prise dans une *consulta* prétendue *générale* pouvait être contestée dès le lendemain parce que tel ou tel « chef de guerre » n'avait pu y siéger : c'est la raison pour laquelle Castineta ou Arrighi pouvaient se dresser contre des décisions prises la veille en des assemblées au sein desquelles ils n'avaient pas siégé. Il en est de même en 1755. Dès août, alors que Pascal est dans l'île depuis quelques semaines, un certain Tomaso Santucci se dresse contre lui. Officiellement, Paoli aurait refusé de gracier un parent de Santucci, Ferdinando Agostini, accusé de tentative d'assassinat. La réalité est plus complexe. Les Matra n'ont pas l'intention d'être commandés par Pascal, fils d'un « vilain ». Le vieux Francesco Saverio Matra, ennemi de Giacinto, est certes mort, mais son neveu Mario Emmanuele a autant de droits à être général que Pascal. Issu des « marquis » de Matra, il a pour lui la « naissance » qui fait défaut au petit-fils du meunier. D'une famille de caporaux exemptée de tailles, il a le prestige de la résidence familiale du fort d'Aléria. Il a un oncle, Francesco Saverio, et un grand-oncle, Angelo Luigi, qui ont eu leur heure de gloire au temps du père et du grand-père de Pascal. Lui-même a une sœur, Faustina, veuve de Gaffori et un frère, Alerio Francesco, général avec Gaffori et Rivarola. Les Matra constituent donc un réseau d'autant plus puissant qu'Alerio Francesco a épousé Maria Violanta, fille de Rivarola (1667-1748), et que Mario Emmanuele est marié depuis 1749 à Angela Cattarina Sansonetti dont la famille n'a pas de leçon de « patriotisme » à recevoir ! Le 9 août, le fait que Santucci gagne le camp de Mario Emmanuele prouve bien que Matra est en train d'orchestrer la résistance à Paoli, moins de quinze jours après son élection. La position de Pascal est donc fragile. Le 16 juillet, lendemain de son élection, et depuis le Rostino, Pascal se veut néanmoins rassurant et écrit à son père : « L'Assemblée *générale* tenue hier à Sant'Antonio m'a *contraint* d'accepter la charge de Général du Royaume [...]. Jamais *consulta plus régulière* ne s'est tenue en Corse[8]. » Ces propos mensongers visent surtout à rassurer Giacinto car Paoli, conscient de ce que doit être une démocratie, est très inquiet quant à la régularité de la *consulta* dans la mesure où elle n'a pas été aussi *générale* qu'il l'aurait souhaité. Il ajoute : « Je me suis recommandé à Dieu qui m'assista [...]. La nation, au cours de la même *consulta,* m'a confié les fonds d'où tirer l'argent comptant et puis Dieu m'aidera [...]. J'ai obligé tout le monde à me prêter un serment de fidélité et d'obéissance à titre personnel et, sur le même autel, avant le sacrement, j'ai juré de m'employer uniquement en faveur de la nation [...]. Jusqu'à présent [il n'est élu que depuis un jour], les Corses paraissent satisfaits mais, à l'avenir, ce sera *à la grâce de Dieu.* Ma principale préoccupation sera de punir les délits et d'empêcher *les ligues* pour maintenir l'union. *J'espère empêcher les parents de protéger les coupables.* Dieu connaît mes intentions. Il m'assistera [...]. J'ai envoyé des lettres circulaires en priant les couvents et les prêtres de participer à un *triduum* pour me dispenser les lumières de l'Esprit saint. » Paoli, jeune Périclès chrétien, prévoit immédiatement une marche de ses fidèles pour le 3 août, afin d'établir partout la paix. Le chef de cette troupe est le dénommé Marchetti, de Moriani, présent au château de Corte lors de l'assassinat d'Anton Francesco de'Gaffori. Cette marche a pour objectif d'asseoir le pouvoir naissant de Paoli qui a quatre questions majeures à régler : ses rapports avec l'Église ; ses rapports avec les Génois ; ses rapports avec d'éventuels concurrents dont Matra ; et la nécessité de se ravitailler en armes. « Pour prévenir les abus horribles qui se commettaient dans la collation des *bénéfices* [ecclésiastiques], j'ai défendu, écrit-il, qu'un bref [pontifical] ou qu'une quelconque bulle [papale] n'entre en vigueur *avant que je puisse en juger* pour savoir si elle était, ou non, dangereuse pour le public et pour fermer la route *aux impies* qui, par des voies indirectes, s'introduisaient dans le gouvernement spirituel de ces populations. » Paoli – avec naïveté – se place au-dessus du Saint-Père ! Pascal a en effet besoin d'argent. Sans fortune personnelle, avec une simple solde de lieutenant napolitain qui va cesser de lui être versée puisqu'il a quitté le service, il a pour premier objectif la nécessité d'avoir des fonds ; d'où la lettre à son père : « La nation, au cours de la même *consulta*, m'a confié *les fonds* d'où tirer l'argent comptant » ; d'où aussi cette première décision quant à « la collation des *bénéfices* ». Seule l'Église dispose en effet en Corse de liquidités. Seule la mainmise sur les revenus de l'Église et notamment sur les dîmes pourra lui permettre de solder l'armée, ce qui a fait défaut à Neuhoff et pourra lui permettre d'acheter à l'extérieur de l'île armes et munitions. Pour Paoli, il faut immédiatement s'occuper de « la fabrication de la poudre » ; très vite, elle « est de très bonne qualité » et il en envoie à son père « quelques échantillons ». Il faut immédiatement voir aussi ce que peuvent rendre les fameuses mines de cuivre corses et les prétendues mines d'or et d'argent qui se révéleront bientôt n'être que de simples mines d'antimoine. Paoli n'est pas seulement Périclès en herbe, il lui faut aussi être Rakoczy. Mais le jeune-homme n'est pas qu'ambitieux, il jouit de cette supériorité intellectuelle que ses contemporains reconnaissaient déjà à Monsieur son père. Dès sa prise de pouvoir, Pascal reste étonnamment lucide pour un homme de trente ans. Avec beaucoup de maturité, il confie à son père dès le 16 juillet : « Le monde est une comédie [...]. Nous devons bien réciter notre rôle sur cette scène », preuve que le lieutenant napolitain sourit lorsqu'il se voit bombardé général corse. Autant Paoli fait peur lorsqu'il veut attacher ses adversaires à la queue d'un cheval, autant ce jeune homme, qui trouve sa fulgurante ascension digne d'une « comédie », devient sympathique. Très vite, Paoli accepte de « réciter le rôle » – pour reprendre ses propres mots – que ses partisans veulent lui voir jouer. Très vite, il accepte de se mettre dans la peau d'un véritable chef d'État : « Ma *résidence* ordinaire sera dans ce lieu [Corte] qui est muni d'un *palais public* avec une *chapelle.* » Très vite, il affirme les grandes lignes de sa politique, les grands principes de son gouvernement : la clémence au premier chef. « Vous savez combien je suis opposé à brûler les maisons et à couper les arbres », écrit-il à Luce de'Casabianca[9], comme effrayé par la vision de Brunehaut et de Frédégonde retransposée sur le sol corse. La clémence, celle d'Auguste, celle du XVIIe siècle cher à son père (Cinna), chère à Louis XIV si admiré de Neuhoff. Après la clémence : l'autorité. « J'ai fait donner le fouet à deux jeunes du Rostino auteurs de rixes et de blessures légères[10] », écrit-il à Salvini. « Je ferai marquer [Untel] comme faussaire » ; condamner (Untel) à un « exil pour six années ». Tel autre sera « deux ans au moins enchaîné, comme débauché ». Très vite, Pascal cherche à imposer la fameuse « justice paoline » restée célèbre dans sa légende. « Je dois *exterminer les bandits,* affirme-t-il comme Cursay, et rompre *les ligues* de parents » comme le souhaitait Neuhoff. Lui-même n'hésite pas à faire passer par les armes un sien cousin au troisième degré, de Pastoreccia ! Cela ne se fait pas sans risque. Après quelques semaines de pouvoir, Paoli avoue : « Certains chefs de parti veulent me tuer. » Ses ennemis sont légion. Il y a tout d'abord les Génois. Depuis juin 1755, afin de financer la guerre contre eux, le *magistrato Supremo* « s'attribue toutes les rentes que la noblesse génoise avait dans l'île[11] ». Les terres ajacciennes des Fieschi sont saccagées. Il y a ensuite les Grecs. Quinze de leurs familles, qui « étaient retournées [en Corse] après avoir cherché refuge en Sardaigne », sont malmenées, de même que Martinetti fermier des Fieschi. Il y a ensuite et surtout nombre de Corses et, pour Paoli, c'est là le plus grave. En effet, le 15 juillet, à la *consulta* de Saint-Antoine de la Casabianca, il a certes été élu « général », mais cette élection est contestée car seize pièves seulement sur plus de soixante y étaient représentées ! Si Paoli ne cesse de répéter, y compris à son père, que cette *consulta* a été « régulière », c'est parce qu'il sait bien qu'il n'est général que pour le quart des pièves et, pour un démocrate – ce qu'il est –, là est le vrai problème car c'est sa propre légitimité qui est en cause. Le 1er août, Paoli cherche toujours à se voiler la face et écrit à Ferdinando de Leon : « Ce peuple, au cours d'une assemblée *générale, unie juridiquement*, a décidé de m'obliger à abandonner mon service [à Naples] pour que je le gouverne, et m'a concédé plus d'autorité que n'en aurait voulu avoir aucun roi de Corse », mais il avoue à son camarade : « Je suis Polichinelle jouant le Prince »[12]. Là est l'une des qualités de Paoli : cette grande capacité à l'autodérision. Toute sa vie Paoli aimera à rire de lui et, devenu vieux, l'ancien Polichinelle se voyant peint par Richard Cosway en uniforme vert, armé de pied en cap, se comparera encore au comte Culagna, héros bouffon de *La secchia rapita* de Tassoni[13]. En 1755, Paoli décrit à Ferdinando quelques-unes des scènes de ce qu'il appelle une « comédie » : « Depuis quinze jours que je suis Général, *j'ai dû faire mourir deux hommes,* en faire marquer un au visage et fustiger deux autres [...]. Le peuple est divisé, qui me dit sévère et qui me dit clément [...]. Je châtie *durement* quand je châtie [...]. Un continental, aveuglé par l'éclat des gardes et du commandement, croirait mon sort très enviable, mais [...] je suis un esclave galérien [...]. Je dois rédiger nos lois, tu pourrais être mon Ulpien. » Âgé de trente ans seulement, Paoli ne perçoit peut-être pas assez vite que son pouvoir – il vient de « faire mourir deux hommes » – n'est plus une comédie, mais tourne à la tragédie. Le clan Matra a tôt fait de lui rappeler les réalités.

Paoli face à Matra

Le 10 août, trois semaines seulement après son élection, les vrais problèmes commencent pour Paoli. Tomaso Santucci, son gendre, les Ciavaldini et les gens de l'Alesani proclament un autre général : Mario Emanuele de'Matra, avec l'appui des pièves non représentées à l'élection du 15 juillet. La légitimité de Matra est donc identique à celle de Paoli. Deux hommes, différents, représentent – face au gouvernement génois – deux courants, différents. Mais Paoli bénéficie dans l'action de trois semaines d'avance. Pour avoir des liquidités, il somme « la ville de Bastia de payer une contribution de dix mille lires, menaçant, en cas de refus, de ravager toutes les terres des habitants ». D'autre part, Paoli semble disposer très tôt d'argent britannique : « Le consul anglais à Gênes, écrit Coutlet, a reçu *de l'argent d'Angleterre* et le fait passer en Corse à Pasquale Paoli, nouveau Général des rebelles, pour être employé à y débaucher les soldats que la République a présentement dans les places maritimes de cette île, en leur offrant jusqu'à trois sequins chacun d'engagement[14]. » Cela, Londres ne le fait en aucun cas pour aider les « rebelles » au plan philanthropique ! Si ces versements ont lieu – ce qui est probable mais improuvable par une quelconque source archivistique (fait-on un reçu dans ce genre d'opérations ?), si ces versements sont effectués, c'est simplement parce que Londres manifeste à l'égard des « rebelles » la même fausse sympathie que le *Daily Post* de 1739 face aux « braves » Zicavais ! Londres craint pour Minorque : elle n'a pas tort, l'escadre française de La Galissonnière et les troupes du maréchal de Richelieu arrachent l'île à l'Invincible Albion le 20 mai 1756. Et de même que Louis XV pousse vers la Corse Richelieu, marié à l'arrière-petite-fille de l'arrière-petite-fille de Sampiero, la Grande-Bretagne cherche à prendre les ports de Corse en tenaille entre les escadres anglaises d'un côté et les « montagnards » paolistes de l'autre. Cette tactique est la seule qui soit militairement payante : ce sera celle des troupes françaises lors de la guerre d'Amérique car, pour vaincre les Anglais, il n'y aura pas d'autre moyen, pour les escadres de D'Estaing et de Grasse et pour les troupes de Rochambeau, que de tendre la main aux *Insurgents* de Washington. En 1755, le Washington corse est Pascal Paoli ; les *Insurgents* : les « nationaux », « rebelles » ou « patriotes » ; les places de guerre : non pas Yorktown, mais Bastia. La guerre de Sept Ans est, pour la Corse, une véritable « guerre d'Indépendance », guerre maritime comme le sera la guerre d'Amérique (1778-1783) dans laquelle plusieurs Corses seront appréciés de Rochambeau, car les matelots corses, écrit-il, supportent bien le climat antillais.

Dès août, Matra se trouve donc en train de livrer un inégal combat. Certes, il a des atouts. Issu d'une famille[15] généralement inféodée à Gênes, il est jeune lui aussi. Né à Moïta courant 1726, il a l'âge de Paoli. En outre, il a pour lui la « naissance », le fort d'Aléria, le prestige des siens, mais on chuchote qu'il a trempé dans l'assassinat de Gaffori, de sorte que, dès le lendemain de sa proclamation dans l'église d'Alésani, des combats opposent paolistes et matristes. La rumeur contre lui se fait alors plus forte car les paolistes prétendent qu'on a trouvé chez le frère de Gaffori (Anton Francesco) une lettre du gouverneur Grimaldi lui conseillant de s'entendre avec Matra pour éliminer Gaffori ! L'homme, à la différence de Pascal, a donc un crédit miné qui le met en position de faiblesse. Le 11 août, il se retire d'ailleurs sur le mont Santo Appiano alors que le président Venturini, cousin de Giacinto, le poursuit, accompagné du colonel Fabiani – le colonel de Pascal à Naples – et de Clemente, le frère de Pascal. Provisoirement victorieux, les matristes contraignent Paoli à se retirer au couvent de Campoloro mais, du 12 au 18 août, Paoli rallie autour de lui plusieurs partisans (Zerbi, Tiburzio Morati, Ginestra) et, le 18, Matra, contraint de fuir, gagne son fort d'Aléria où il se retire le 28. Certes, les combats ont été durs, même le 15 août, jour de l'Assomption, où plusieurs matristes ont été capturés avant d'être emprisonnés dans le château de Corte, mais Paoli sort victorieux de l'épreuve. Il en sort même grandi. Le lendemain, depuis le couvent d'Orezza, il déclare : « Autant nous détestons les discordes civiles, autant Matra en jouit[16]. » Le portrait qu'il se met alors à dresser de son adversaire est régulièrement brossé au vitriol. Matra ? Un prétentieux « enflammé d'orgueil » ; un prétendu marquis « fier au-delà de toutes limites » ; un traître, allié des Génois. « Je suis désormais persuadé, répète Paoli, que la trame est génoise » (26 août), et il confie à son ami Gio Quilico de'Casabianca : « Tôt ou tard, nous en arriverons à nous battre [...]. Il est besoin, une fois pour toutes, d'en finir[17]. » Paoli perçoit bien le danger : « Matra veut tenter quelque chose [...]. Mon frère [...] s'est rendu ici cette nuit [...]. Nous sommes dans l'urgence [...]. Venez avec toutes les armes possibles », écrit-il à Casabianca (26 août). Les matristes ne sont que des « fanatiques ». Le 1er septembre, Paoli écrit à Venturini : « Je vous prie [...] de vouloir bien montrer *la différence* qui existe entre nos troupes et celles de Matra. » Gravitent en effet autour de Matra les traditionnels dévots, régulièrement au service de Venise et traditionnellement inféodés à Vienne. Or, dans la guerre de Sept Ans qui se prépare, Versailles – qui protège Gênes depuis 1737 – est paradoxalement sur le point de s'allier à Vienne : le traité d'alliance sera signé le 1er mai 1756. Par conséquent, événement rarissime dans l'histoire européenne, le Très Chrétien et l'empereur François Ier, ancien duc de Lorraine, ancien grand-duc de Toscane, vont se trouver dans le même camp, celui des Génois ; d'où la volonté farouche des Anglais de retenir Neuhoff – agent impérial et ex-jacobite – prisonnier à Londres. Gravitent donc autour de Matra tous les anciens officiers au service de Venise, dont les Paganelli qui « sont à la Padulella[18] », dans le « fief » des Giafferi. La partie pour les paolistes est serrée car les Génois ont l'appui de l'une des deux plus grandes puissances du monde, la France, donc de l'une des deux flottes les plus puissantes du monde. Ils ont dans leur camp l'Empire, donc le clan pro-vénitien, toujours hostile à Gênes, et il ne reste par conséquent aux « nationaux » paolistes que deux recours possibles en Europe : Frédéric II, à la tête d'une petite Prusse bien trop continentale pour soutenir leur action ; et le roi d'Angleterre, détenteur de la première marine du monde. La situation de 1755 est, on le voit, étonnamment semblable à celle de 1284 lorsque les Génois battaient sur mer les Pisans à La Meloria. En 1755, comme en 1284, la Corse est bien entendu une île et c'est en cette seule qualité qu'elle intéresse, de siècle en siècle, la puissance qui possède la première flotte du monde : Gênes en 1284, l'Angleterre en 1755, d'où des rivalités avec la deuxième flotte mondiale : Pise en 1284, la France en 1755. Les Génois veillent donc tout particulièrement à leurs présides, en 1755, notamment à la région de L'Île-Rousse dont ils ont fait dresser deux plans en 1737 et en 1738 par l'ingénieur Marchelli[19]. Dans ce contexte délicat, Paoli cherche à entrer en relation avec les matristes, mais avoue rapidement : « Nous n'avons aucune réponse de Matra, ni de Santucci. J'attends avec impatience de leurs nouvelles. » Le 2 septembre, il écrit à Venturini : « Les choses pourraient encore se terminer à l'amiable [...]. Calmons, tant que nous pouvons, l'ardeur qui agite les esprits[20]. » Dès le 29 août, Matra a proposé à Clemente et à Venturini de quitter l'île sous huit jours. Paoli l'apprend le 2 septembre. Il exulte : « Matra a écrit hier ! » Mais il lui faut demeurer prudent et manier la ruse : les gens du Niolo ? « Je les flatte, afin de les rendre plus dociles[21]. » Et, surtout, il faut tenter d'unir les « nationaux » : « Nous n'avons [...] d'autre but que celui de cimenter l'union des peuples[22]. » Pour cela, Paoli compte beaucoup sur l'exil de Matra. Il l'écrit à Venturini (3 septembre) : « On pourrait accorder à Matra tout le mois courant, afin de lui donner le temps de faire ses préparatifs de départ. » En même temps, Paoli intervient « pour que l'on mette immédiatement en liberté Madame Faustina », sœur de Matra, afin d'essayer de « casser » le clan de son adversaire en montrant aux « nationaux » qu'elle n'est pas pour lui la sœur de son ennemi mais la veuve de Gaffori ; habileté politique qui porte ses fruits. Dès le 8, depuis le couvent franciscain de Morosaglia, Paoli écrit à Venturini : « Il a été convenu avec Matra qu'il aurait tout le mois pour quitter l'île sans pouvoir plus y rentrer à moins d'une autorisation expresse[23]. » Dans les deux camps, toutefois, paolistes et matristes s'acharnent à prendre des otages, d'où les regrets de Paoli qui avoue à Salvini : « On ne peut vraiment pas appeler victoire celle que l'on remporte sur ses propres concitoyens » (8 septembre). Néanmoins, Paoli est soulagé : « Matra a fui honteusement[24]. » Il « a perdu tout espoir ». Il « a demandé son pardon ». « Sa maison et beaucoup de ses châtaigniers ont été détruits. » « Il a promis de quitter l'île. » Paoli doit toutefois vite s'employer à rassurer ses partisans car nombre d'insulaires, y compris chez les « nationaux », doutent de la totale légalité de ses actions : « Ne vous affligez pas pour la confiscation des biens des Génois, leur dit Paoli, pas plus que de ce qu'on a pris aux ecclésiastiques », mais les incertitudes demeurent. Paoli notamment n'est pas libre. Il lui faut se mettre en règle vis-à-vis du roi de Naples qui le solde et auquel il doit demander son congé. Ce n'est qu'après l'obtention de celui-ci que Paoli ne sera plus lieutenant napolitain au Royal-Farnese, mais général de la nation corse. Il lui faut aussi être certain du départ de Matra qui, vaincu, s'est jeté « du parti de la République ». Il envoie du reste à Bastia – siège du gouverneur – « sa famille et ses meilleurs effets[25] », preuve qu'il a désormais choisi son camp : Gênes, donc la France, qui maintiendra noble toute sa famille après Ponte Novo, alors que le petit-neveu de Paoli, à la solde de Murat, deviendra comte napolitain.

Illusions perdues

Après huit semaines de généralat, Paoli avoue ses inquiétudes à Salvini : « Matra [...], à tout moment, cherche à semer le trouble. Il m'a été dit qu'*il ne pensait plus à s'embarquer* [...]. Matra œuvre déjà au grand jour *en faveur des Génois* [...]. Il a *ruiné mes projets* : il me semble impossible que la Providence ne lui inflige sévèrement un châtiment à proportion de son crime. Il a fait plus de mal en ce lieu que la République en dix ans[26]. » Paoli ne parvient plus à cacher son amertume. Comme Neuhoff vingt ans plus tôt, il s'en prend aux Corses : « Notre nation, dit-il, est trop avide de titres » (15 septembre). Chacun veut du pouvoir. Chacun est prêt à servir Paoli ou Matra, les Génois ou les Vénitiens, le pape et l'Espagne, le roi de France ou le roi d'Angleterre, quand ce n'est pas l'Empereur, le duc de Lorraine, le grand-duc de Toscane, le grand maître de Malte ou le roi de Sardaigne qui est aussi duc de Savoie ! Paoli se désole et l'écrit à Salvini (23 septembre) :

« Matra se déclare chaque jour plus ouvertement *pour les Génois.* » La rage le gagne. « L'air [au fort d'Aléria] est pestilentiel. Il faut que tous ceux qui sont au fort *crèvent* avant le mois d'octobre. » Propos peu humaniste ! « Matra ne peut plus relever la tête. On n'avait déjà guère de confiance en lui et maintenant qu'on l'a vu travailler ouvertement *pour les Génois,* on en a encore moins. » Jeune homme de trente ans à peine, Paoli essaie de se rassurer : « Le peuple m'aime[27]. » Ce sera dorénavant une constante dans toute son œuvre. Huit semaines de guerre civile ont suffi pour rapprocher Pascal de Giacinto. Lui qui arrivait en Corse en lieutenant conquérant, va dorénavant inaugurer ce qu'il souhaite : le *Regno di Corsica,* par la douceur. Pascal est l'anti-Néron : « Qu'ils me haïssent, pourvu qu'ils me craignent. » Toute sa vie, Pascal va chercher à se faire aimer et le Très-Haut l'écoute puisque Santucci est emporté par l'air pestilentiel d'Aléria : il meurt le 26 septembre à Lugo di Nazza[28] ! Paoli se réjouira à vie des malheurs survenus à ses ennemis. Il écrira du reste plus tard à Londres à son amie Maria Cosway une vraie maxime de La Rochefoucauld : « Les maux d'autrui, Dieu sait pourquoi, soulagent aussi en grande partie l'âpreté dont nous souffrons nous-même. »

L'avant-veille, Pascal a écrit quelques confidences à Pietro Casale, chevalier génois inscrit au Livre d'or de la noblesse de Gênes, mais natif de Corse. Lui parlant de son père Giacinto, il lui livre ses intimes pensées : « Je m'inscris *dans la suite de celui-ci* », preuve que Paoli est bien un héritier et qu'ignorer Giacinto, c'est méconnaître Pascal. À l'heure des confidences, profitant de ces moments de répit liés au fait que Matra est replié à Aléria, Paoli avoue à Salvini : « Je crains que ce climat ne me soit contraire. Je n'ai plus goût de rien. Les gens sont [...] indiscrets. Je suis suivi d'une foule de personnes. Pas [...] un moment de liberté. Je suis à bout de force[29]. » Le jouisseur de naguère, élégant et gastronome, qui ne répugnait pas à fréquenter quelque bordel, est près de la dépression : une charge écrasante, aucune femme, aucun moment d'intimité, une vie publique et en public, plus un moment pour goûter les plaisirs de la lecture, Tacite ou Sarpi, Virgile ou Rollin, Ovide ou Montesquieu ; plus un instant pour compter ses chemises et couper les fils de ses vêtements les plus élimés ; plus une minute pour nouer ses cheveux rouquins en une queue vagabonde. Une sorte de piège corse, dur, sévère, sanglant, est en train de se refermer sur ses illusions. Ce père qui n'a pas voulu rentrer dans l'île, ce père qui se préfère vieux colonel à Naples que général en Corse, ce vieux père aux yeux fatigués avait donc raison. La Corse serait-t-elle donc ce qu'il lui avait prédit, lui, le vieux sage : un « pas vers la mort » ? Consolation cependant, la malaria sévit au fort d'Aléria comme à chaque automne. Trois jours après la mort de Santucci, « Matra est au désespoir[30]. » « Il finira par se rendre », s'acharne à écrire Paoli. Effectivement, « Matra a quitté le royaume[31] » mais, une semaine plus tard, depuis Morosaglia, Paoli évoque la venue d'autres personnes déjà prêtes à se partager le soi-disant gâteau : tout d'abord, l'abbé Giafferi ! Le même jour, Paoli confie ses désillusions à Ferdinando de Leon : « Après avoir été cette *idole de la nation,* celui vers qui tous se tournaient, je me suis vu dans la plus horrible *guerre civile* que l'on puisse imaginer [...]. Mon frère a abattu tout le parti adverse [matriste] sans que l'on répande trop de sang [...]. Matra [...] demanda son pardon et l'obtint à condition d'être exilé à perpétuité et déjà il a quitté le Royaume [...]. Celui qui dirigeait cette grande tempête [Santucci] est mort des fièvres. On dit que Matra se rendra à Gênes pour prendre la tête d'un régiment que lui offre la République [...]. Les Génois [...] cherchent *à me tuer par ruse* [...]. Même à mon père je ne dis rien[32]. » Au fringant lieutenant qui voulait attacher ses adversaires à la queue d'étalons sauvages a donc succédé en huit semaines le Paoli de l'adversité, de la sagesse et de la tolérance. « Sans que l'on répande trop de sang ». Telle est la chose qui devient importante pour le jeune Pascal qui a fait mettre à mort deux de ses compatriotes aussitôt après son arrivée. Alors qu'il ne dit rien à son père, Pascal n'a jamais été aussi proche de lui qu'en ces moments de doute. Le 20 octobre, Régny – suppléant de Coutlet à Gênes – donne toutefois une autre image de Pascal lorsqu'il écrit au cabinet de Versailles : « On ne fait plus mystère de *l'intelligence de Paoli avec les Anglais.* Il reçoit *des sommes d'argent* de Livourne par une "espéronaire" maltaise portant pavillon impérial qui fait chaque semaine le trajet de Livourne en Corse et va prendre terre à l'embouchure du Golo, preuve non équivoque *des idées des Anglais* pour un établissement dans l'île de Corse. » Où est le vrai Paoli de 1755 ? Est-ce le jeune Pascal quelque peu déprimé ? Ou est-ce un agent britannique à la solde de Londres comme Neuhoff était déjà un agent impérial à la solde de François de Lorraine, Giafferi un capitaine vénitien, Ceccaldi un colonel espagnol, Arrighi et Lusinchi deux lieutenants vénitiens, Rivarola un colonel sarde et Matra un maréchal de camp génois ? En octobre 1755, en tout cas, « Paoli songe à établir sa résidence à Corte n'ayant rien à craindre de la part de Matra ». Méfiant, « quoiqu'il tienne bonne table, il ne mange que les mets qu'un père capucin, son seul confident, lui apprête pour son particulier. Il craint le poison de la part des Génois et de la part des Corses *qui le soupçonnent*[33] ». De quoi ? D'anglophilie ? C'est en tout cas par ces précautions dignes des Ptolémées que Paoli, grâce à son goûteur et aux chiens corses qui veillent sur son sommeil, peut commencer à mettre sur pied ce que lui et son père ont successivement souhaité : un « système » de gouvernement indépendant de Gênes pour donner naissance à cette « nouvelle Corse » que Giacinto tentait de décrire à Costa dès 1735, allant jusqu'à partager son lit avec lui pour mieux lui présenter ses projets !

Constitution paoline et gouvernement national

Très courageusement, compte tenu de son âge et des circonstances (opposition matriste, guerre franco-anglaise, menaces génoises, crainte du poison), Pascal Paoli commence à gagner ses étoiles de général en se mettant au travail. L'homme est intelligent, enthousiaste mais pondéré, souvent déprimé mais jamais dépressif, résolu, déterminé. Aussi écrit-il à Casabianca : « Je vous prie d'employer tout votre talent afin d'obtenir de Mme Faustina [veuve de Gaffori], les mémoires *sur le gouvernement* qu'a laissé son excellent mari[34]. » Il faut en effet mettre sur pied un gouvernement, voire une constitution, comme Costa en 1735, comme Neuhoff en 1736. À chaque génération il incombe de reprendre la plume. Horreur ! Paoli manque de papier ! Lui qui est habitué à noircir des pages d'écriture, lui qui écrit à son père des lettres – fleuves, qui correspond avec Casabianca, Franceschi, Salvini, Savelli, lui qui a écrit depuis Naples, Syracuse, Longone des tas de lettres, à Corte il ne trouve pas l'ombre d'une feuille vierge ! Il le dit et le répète : « Pour avoir cette demi-feuille, j'ai fait mettre sens dessus dessous tout Corte ! » Pour écrire, dans une ville qui accueillera dix ans plus tard une université, une imprimerie, des lettrés d'outre-Manche, journalistes et écrivains écossais, Pascal est contraint de réemployer le papier des lettres reçues après les avoir grattées avec un rasoir[35] ! Cette privation technique a un avantage. Elle lui permet de peaufiner ses idées : « Je voudrais extirper *les ligues* du Royaume. » Pour cela, il est prêt à tout, même à utiliser la torture. Il écrit à Casabianca au sujet d'un adversaire capturé : « *En le faisant torturer,* il aurait révélé le lieu[36]. » Le 16 novembre, il fait aussi état de la nécessité d'avoir « un bourreau et des aides-bourreaux ». Il est vrai que partout en Europe les têtes roulent. L'amiral John Byng, pour avoir perdu Minorque au profit de la France le 20 mai 1756, sauve sa tête, certes, mais il est fusillé le 14 mars 1757 à bord du *Monarch,* prise française. Et Voltaire lui-même trouve que c'est pour un pays un moyen efficace d'avoir de bons officiers ! Mais cela montre toutefois que l'adhésion de Paoli aux idées « nouvelles » est largement postérieure à la guerre de Sept Ans. Louis XVI lui-même n'abolira la torture qu'en 1787 et ce n'est que dans le dernier tiers du siècle que le despotisme éclairé des

Frédéric II, admirateur de Paoli, et Catherine II mettra en débat le problème de la torture, de la grande et de la petite « question », d'ailleurs perçues non comme des châtiments mais comme de simples moyens d'information policière, d'où leur nom : « mise à la question ». Les temps sont en effet cruels et agités. Paoli le reconnaît : « Nous devons chercher à donner quelque forme à notre *gouvernement tumulteux*[37]. » Une fois Matra embarqué à Erbalunga, ancien lieu de résidence de Cursay, l'avenir semble s'éclaircir. Écrivant à Casabianca et à Venturini, Paoli fait mention de la nécessaire convocation d'une « Diète » générale[38], terme directement issu de la langue maternelle de Neuhoff ! Tout en continuant à surveiller Matra débarqué à Livourne (« M. Matra ne voit d'autres Corses dans cette cité que M. le chanoine Orticoni avec lequel il se concerte toujours »)[39], Paoli écrit à Salvini : (j'espère) « donner une forme convenable à notre gouvernement » (22 novembre) car, pour l'instant, c'est un « *système* désordonné » d'autant plus qu'Orticoni considère « *irrégulière et illégitime* la dernière diète de Sant'Antonio », d'où les craintes de Paoli. Mémoire vivante des troubles insulaires depuis vingt-six ans, Orticoni, reçu docteur *in utroque jure* à Rome en 1717, près de dix ans avant la naissance de Pascal, n'a nullement l'intention de s'en laisser conter par ce jeune blanc-bec fraîchement arrivé de Naples ! S'appuyant sur le fait que seulement seize des soixante *pievi* étaient représentées lors de l'élection de Paoli, Orticoni dénonce ce qu'il appelle une irrégularité et, à partir de celle-ci, il « fait en sorte de justifier la conduite de Matra avec tous ceux avec qui il parle ». En outre, Matra écrit aux amis de Paoli qui est contraint d'avouer lui-même : « J'ai aussi vu une autre lettre, écrite par Matra à MM. Valentini [cousin de Pascal] et Casabianca [ami de Pascal], dans laquelle il cherche à montrer ne pas avoir eu d'intelligence avec la république de Gênes dans ses entreprises. »

En cet automne 1755, Paoli, inquiet, cherche à se rassurer : Matra « est battu et seul ». « Le peuple m'aime. » L'armée paoliste est forte et belle : « les nôtres, écrit-il, ont déclaré que combattre avec des *vestes blanches* et des *culottes larges* augmente leur plaisir », mais l'épineuse question du clergé grossit de jour en jour. En raison de la confiscation des dîmes au profit de la nation, en raison de sa volonté de veiller à l'attribution des bénéfices ecclésiastiques, « le gouvernement génois, constate Paoli, a une extrême envie de me mettre aux prises avec les évêques que j'avais seulement en tête d'intimider ». Du 16 au 18 novembre, se tient la Diète générale représentant le peuple de Corse « légitimement maître de lui-même, convoquée, *selon les formes,* dans la cité de Corte, par le Général[40] ». Son objectif est de doter la Corse d'un « gouvernement » dont la forme serait « durable et permanente » et qui tirerait sa force d'une véritable « constitution », supérieure aux écrits de

Costa et aux articles de Neuhoff. Paoli emploie officiellement ce mot de « constitution », mais son élaboration est difficile car même la Constitution de Jefferson est de beaucoup postérieure ; d'où des difficultés rédactionnelles évidentes. D'autre part, Paoli ne peut que s'inspirer du contexte, donc de l'héritage génois. De même qu'il y avait *Douze Nobles,* il met sur pied un système de *Douze Présidents* devant siéger dans trois chambres respectives avec trente-six conseillers, ce qui est trop ! De même, il est prévu que les détenteurs de telle ou telle fonction devront « se succéder, tour à tour, chaque mois » comme le font les Douze Nobles auprès du gouverneur. Or ce système prive tous ces responsables non seulement de tout pouvoir, mais encore de toute continuité de gestion ! Sur ce point, la Corse, qui a quarante ans d'avance par rapport à la Constitution américaine et plus d'un demi-siècle d'avance sur la Constituante, a un siècle de retard : en France, jusqu'à Richelieu et même jusqu'à Colbert, ce système de roulement dans l'exercice des fonctions était à la mode. Mêmes les capitaines des vaisseaux du Roi commandaient les navires à la mer « par roulement », une semaine l'un, une semaine l'autre, d'où des inconvénients majeurs disparus vers 1669 au profit de commandements fixes. À partir de 1745, les commandants des ports français occupent leur fonction de manière fixe et non plus par roulement, ce qui était le cas jusqu'alors, le plus ancien des chefs d'escadre présents au port étant le commandant de la marine dans celui-ci. Les institutions paoliennes sont donc l'absolu reflet de leur temps.

Ce dont la Corse accouche dans la douleur en 1755, c'est d'une première tentative de régime démocratique en une Méditerranée où l'État n'a jamais été puissant, ni dans la péninsule italienne, ni dans les régences barbaresques. Ce premier État paoliste comprendrait un Conseil d'État investi de « l'autorité suprême, aussi bien dans le domaine politique que militaire et économique », composé d'un Général qui serait « son chef et directeur et de nombreux présidents *de la première classe* et conseillers *de la deuxième classe* ». Formulation qui ne signifie pas grand-chose mais qui rappelle les chevaliers théodoriens de *première* et de *deuxième classe*. Par là, Pascal, fils de « marquis » et frère de « comte » théodoriens, s'inscrit dans la lignée de Neuhoff, héritage qu'il ne peut rejeter car en faire table rase reviendrait à replonger les siens dans la « vile roture ». Premier constat. Deuxième constat, Paoli crée trois chambres : une Chambre de justice « chargée du politique » ; une Chambre de guerre « chargée du militaire » ; une Chambre des finances « chargée de l'économie », ce qui le conduit à créer douze présidents et trente-six conseillers, c'est-à-dire à multiplier inutilement, comme Théodore, charges et emplois ; mais c'est aussi le seul moyen pour lui de se constituer une forte clientèle, comme avait tenté de le faire Théodore, composée d'une foule de Corses tout à coup promus « auditeurs », « inquisiteurs », « conseillers », « chanceliers » de toute une série de juridictions (*Rota, pieve*), sans oublier les podestats traditionnels et les pères du commun. Cette constitution expérimentale est fort boiteuse. Elle tente néanmoins de s'intéresser à tout ce qui devrait composer les rouages essentiels d'un État constitué : « De la Diète générale. Du tribunal civil et des auditeurs des *pievi*. Comment procéder dans les causes civiles. Des causes exécutives. Du délai pour produire les sentences. Des appels. Du délai prévu pour l'instance des causes. Des commissaires des *pievi* et des capitaines et lieutenants d'armes de chaque paroisse. Des podestats, pères de la commune et estimateurs. Des lois pénales. De ceux qui se feront justice par eux-mêmes. Des bandits ». Cette « constitution » complète « les statuts civils du Royaume » qu'elle n'annule pas tout en développant de nombreux principes démocratiques : « Tous les membres du Conseil [...] seront *élus* par le peuple dans la Diète générale. » Les élections se feront à la « *majorité* des voix ». « Tout officier de la nation sera tenu de rendre *un compte exact* de sa conduite » une fois par an. Le général aussi, et il « attendra *avec soumission* le jugement *du peuple* ». Il n'en reste pas moins que l'ambiance monarchique du temps demeure omniprésente : « Dans les affaires de guerre, la voix du Général sera *décisive.* Chaque président et conseiller aura une voix et le Général en aura *deux.* Tous les membres du Conseil resteront *leur vie durant* dans leurs fonctions. » À travers cette « constitution », Paoli s'impose comme un chef d'État sévère : « Celui qui commettra des homicides volontaires ou blessera gravement quelqu'un avec une arme quelconque sera coupable d'homicide. En tant que tel, *s'il* tombe aux mains de la justice, *il sera passé par les armes comme ennemi de la société.* Il ne pourra plus jouir de ses biens et, en conséquence, il ne pourra plus disposer de ce qui lui appartenait. Ses biens, *dans la mesure du possible,* seront détruits. Tous ses biens mobiliers passeront au pouvoir du Fisc [...]. Celui qui tuera ou [...] tentera de tuer par vengeance transversale [entre parents] à la suite de quelque offense reçue par lui-même ou par quelque parent [...] celui qui tuera ou [...] tentera de tuer son ennemi pour venger des offenses antérieures à l'établissement de la paix, non seulement sera déclaré coupable d'homicide volontaire mais, sur le site de sa maison qui devra être irrémédiablement détruite, on érigera une colonne d'infamie [comme Louis XIV l'a fait faire au Vatican lors de la condamnation des gardes corses], sur laquelle seront indiqués le nom du coupable et le crime... » D'autres mesures sont prises envers celui qui blessera légèrement quelqu'un « avec préméditation » d'un « coup d'arquebuse ou avec n'importe quelle autre arme » : trois à six mois de prison. Pour les « menaces de mort » : « deux ou quatre mois de prison ». La famille des contumaces « sera emprisonnée ». À défaut : « le plus proche parent » du fugitif. Pour les blessures légères données « au cours d'une rixe » : un à deux mois de prison. « Celui qui, de vive force, s'emparera de quelque objet mobilier à celui qui ne l'aura pas volé, mais le possèderait comme une chose lui appartenant en propre, et de bonne foi, et s'en emparera de vive force, sous prétexte que l'objet fut sien à l'origine, se trouvera privé de toute justification qu'il pourrait avoir, et sera de plus condamné à payer de vingt-cinq à cinquante lires. S'il ne peut payer, il sera condamné à trois mois de prison. Mais si, de vive force, quelqu'un s'empare d'un bien mobilier en faisant valoir qu'il lui appartient, bien qu'il n'ait en réalité aucun droit, en sus de la restitution de la chose prise à son propriétaire, et des dommages et intérêts, il sera condamné à payer de cent à deux cents lires. S'il ne paie pas et est insolvable, il sera condamné de trois à six mois de prison. En ce qui concerne celui qui enlèverait une jeune fille et la transporterait, contre sa volonté ou celle de ses parents, d'un lieu à un autre afin de la violer, il encourt la peine de mort. »

Le 29 novembre, le gouvernement est installé à Corte. « Tout le monde est satisfait parce que j'ai fait de nombreuses nominations[41] », écrit Paoli à Casabianca. Satisfaction apparente. Le problème majeur reste le manque d'argent, comme pour Neuhoff, vingt ans plus tôt. Certes, Paoli a donné ses ordres au *Magistrato* de Balagne : il faut faire un relevé « de tous les biens tant ecclésiastiques que séculiers [dîmes, bénéfices, rentes, loyers] appartenant aux Génois et aux Corses demeurant dans les présides génois [...] [et] de tous les biens des étrangers » afin de constituer une masse de « biens nationaux »[42] – comme le fera la France révolutionnaire. Puis, à partir de ce patrimoine, il faut établir les revenus et les dépenses de l'État, mais la chose est plus facile à dire qu'à faire. En outre, il s'agit d'une véritable violation du droit de propriété puisqu'« une circulaire [...] condamnera tous ceux qui continueraient à payer les loyers à leurs propriétaires » génois ou étrangers ! Certes, Paoli écrit à Casabianca et à Valentini qu'il faudra dorénavant « percevoir le produit des locations, des dîmes et des grandes propriétés » des Génois afin de pouvoir solder les troupes « nationales », mais les biens des Corses « demeurant dans les présides génois » ne sont pas exempts de ces prévisions d'exactions. C'est dire que le gouvernement paoliste est un gouvernement rebelle qui s'appuie sur les montagnards les plus pauvres et qui menace l'Église, le haut clergé, les évêques, mais aussi les élites et la bourgeoisie corse omniprésente à Bastia, Ajaccio, Calvi et dans tout le cap Corse. La revendication paoliste n'est pas seulement d'ordre « national » : elle est aussi sociale. Tous ces ennemis de Paoli constituent le terreau sur lequel poussent les racines du clan Matra. Celui-ci regroupe bientôt autour de lui des opposants très divers : Mgr Matteo de'Angelis, évêque traité de « fanatique » par Paoli, mais important soutien des Génois ; le dénommé Chiarelli qui « se rend chaque jour chez [le gouverneur] Grimaldi ». Il est un des pires ennemis de Paoli qui écrit à Venturini : « Chiarelli pris, Matra perd ses bras[43]. » On y trouve aussi, comme en 1735, les Cottoni. Le père et les oncles ne voulaient pas obéir au « vilain » Giacinto et, à la génération suivante, ce sont les fils et neveux Cottoni qui ont poussé le nouveau « marquis » de'Matra à se faire élire général contre Paoli. On trouve aux côtés des Matra aussi bien Garelli, fameux bandit de Valle, que le docteur Giuliani, Pietro Casale, de Bastia, que Domenico Francesco Paganelli qui a poussé lui aussi Matra à se faire élire général avec Santucci et les Cottoni. C'est dans ce contexte délicat que Paoli prend contact avec Frédéric de Neuhoff, réfugié à Londres auprès de son oncle Théodore.

Pascal Paoli et Frédéric de Neuhoff

Frédéric de Neuhoff est en contact avec Paoli dès novembre 1755 puisqu'il écrit sur une lettre que lui adresse Paoli courant 1756 : « This is an answer to a letter, dated London March 25 [1756], in which I wrote to him, that I had presented myself the Lord Holderness and had laid the petition before him, and Hir Lordship would not vouschsafe to listen to it ; and this was about november 1755[44]. » Cette nouvelle ne satisfait guère Paoli qui en plus est souffrant. Depuis Morosaglia, il confie à Casabianca et à Valentini : « J'ai mes habituels vertiges[45]. » Clemente aussi est malade : « Mon frère est retenu au lit par ses maudites hémorroïdes[46]. » À la Noël 1755, la situation n'est guère meilleure : « Je vais mal du fait de mon indisposition[47]. » Or Paoli compte visiblement sur lord Holderness, secrétaire d'État à Londres, lequel se tient étroitement informé des activités jacobites. David Hume (1711-1776), l'écrivain écossais si lié à Boswell dont il encouragera les publications pro-paolistes après 1765, écrira en effet ultérieurement au docteur Pringle, qui sera le médecin britannique de Paoli à Londres : « Il est certain que le Prétendant [Charles-Édouard Stuart] était à Londres en 1753. Je l'ai su de Milord Maréchal[48] [George Keith] [...]. Cinq ans après je contai cette histoire à Lord Holderness qui était secrétaire d'État en 1753[49] » ; et celui-ci lui dit que le Prétendant était aussi à Londres en 1761 lors du couronnement de George III ! Que Hume qui soutiendra Boswell et Paoli à partir de 1765 soit en relation étroite avec Lord Maréchal est fort intéressant car cela éclaire mieux le réseau européen au sein duquel gravite Paoli. En effet, George Keith, connu sous le nom de milord Maréchal, est né dans le comté de Kincardine en 1686 et il est maréchal héréditaire d'Écosse, quoique dépouillé de ses fonctions par les Hanovre. Déclaré pour les Stuarts en 1715, donc de la même mouvance que Neuhoff qui alla à cette époque en Écosse, Lord Maréchal se trouve au cœur du réseau écossais qui soutient Paoli. Boswell écrira d'ailleurs dans la *London Chronicle* du samedi 24 janvier 1767 que Paoli a envoyé un ambassadeur extraordinaire à « Mylord Marischal, noble Écossais, et un autre à Sir Andrew Mitchell ». Lord Maréchal, qui mourra près de Potsdam en 1778, ne protège pas que Paoli ; il protège aussi Rousseau, mort la même année que lui et invité par Pascal Paoli à aller rédiger une constitution pour la Corse en 1764 ; Rousseau qui a conseillé à Boswell de se rendre à Corte. Nous y reviendrons. En attendant, Paoli se bat car il estime : « Notre guerre est juste, nos vues honnêtes. Dieu est dans l'obligation de les faire réussir[50]. » Pour gagner la guerre, Paoli cherche « du soufre afin d'en faire de la poudre », « du plomb »[51], « du cuivre[52] » pour fabriquer des armes, des hommes de qualité car il veut constituer son armée et son gouvernement selon « la valeur des personnes[53] ». Les moyens de « réussir » ne sont certes pas toujours recommandables. « Le *Magistrato* [de la province du Nebbio] a proclamé [par exemple] un édit qui contient la prime de mille sequins à qui tuera [le gouverneur] Gio Giacomo Grimaldi en plus de se voir conférer un poste d'importance[54] ! » Et Paoli espère « que le Ciel ne fera pas longtemps attendre *l'assassinat* de cet homme pervers » ! À sa décharge, il est légitime de souligner que l'état de guerre civile pousse tout le monde à la dernière extrémité. Matra « cherche à faire courir des rumeurs par l'entremise de son sicaire Angeluccio, que l'on dit être rentré dans l'île en promettant *de tuer* des chefs[55] ». « Le patron Giacinto Cecconi de Bastia [...] dit avoir porté Antonuccio Matra de Livourne jusque dans cette cité [Bastia]. Les affaires deviennent chaque jour plus sérieuses[56]. »

Néanmoins, Paoli confie à Salvini : « Dans l'état présent, personne ne peut s'opposer aux vues du gouvernement parce qu'il serait aisément renversé[57]. » Machiavélique, il avoue : « Il est nécessaire d'entretenir un peu de rancune [chez les gens] afin que l'un veille sur l'autre[58]. » Militairement, il fait prendre les mesures qui s'imposent : « Pour prévenir tout mouvement de Matra, j'ai fait occuper le fort d'Aléria et mon frère s'y rend actuellement avec le président Venturini, soit pour le démolir, soit pour y laisser une garnison suffisante. De Matra, ne craignez plus rien. Il ne peut plus rien faire [...] Ne craignez pas que quelqu'un s'engage ici désormais pour Grimaldi ou pour Matra[59]. » Ce qui permet à Paoli de parler en maître : « Donnez les ordres nécessaires, écrit-il au *Magistrato* de Balagne, *afin que l'on arrête tous les bandits* [...] *et ceux qui leur donneraient asile*[60]. » « Occupez-vous des bandits en les faisant arrêter et en punissant ceux qui leur fourniraient de l'aide[61]. » Prudent, Paoli fait retenir Antonio Matra comme otage. À l'égard du clergé, Paoli réussit moins bien, car le clergé, qui sait bien que Paoli voudrait qu'évêques et provinciaux établissent « leur résidence en dehors des présides », se coalise conte lui. Cela indispose les prélats[62]. Certes, « un de mes desseins est de ruiner les présides[63] », écrit Paoli, mais la vraie question n'est pas là. À la rigueur, les prélats pourraient accepter de sortir de Bastia et d'Ajaccio, mais ce dont ils ne veulent à aucun prix c'est de voir confisquer les revenus de l'Église ! Imperturbable, Paoli poursuit son idée : « Les révolutions doivent avancer à bonne vitesse [...] sinon l'ardeur des peuples se refroidit[64]. » À Venturini qui commence à craindre l'influence de « Mgr Matteo » (Matteo de Angelis, évêque d'Aléria) autant que Clemente, Pascal écrit : « N'écoutez pas à ce sujet mon frère à qui, en de telles matières, *parce qu'il en ignore presque tout,* l'on peut tout pardonner, lui qui, en raison de son naturel timide, se montre irrésolu[65]. » Mais la *consulta* du 15 au 17 janvier 1756 persistant dans sa volonté de taxer le clergé pour payer la guerre, évêques, Jésuites, Lazaristes, Servites et Capucins décident de mener la vie dure au jeune général. Les autres questions se trouvent reléguées au second plan, notamment le projet d'université. « Notre clergé assemblé, ayant songé à l'établissement d'une université des sciences si nécessaire au royaume », écrit Paoli dans la tradition de Neuhoff, il lui apparaît indispensable de louer « au bénéfice de l'université » l'édifice appelé Finale « sur le territoire de Belgodere [...] propriété des Olivétains[66] », mais les nécessités de la guerre maintiennent le projet à l'état d'espérance.

Les débuts de la guerre de Sept Ans entraînent Paoli à se positionner au sein du concert des puissances : « N'oubliez pas de vous entremettre *pour les Anglais* », écrit-il au fils Rivarola[67]. Paoli craint toutefois de faire tout cela en pure perte. Dans un nouveau moment de dépression, il avoue à Salvini depuis Morosaglia : « J'espère mettre en route des choses qui fassent honneur à mon successeur puisque moi, si mes vertiges durent, qui se font plus violents tous les jours, je pense que je vivrai peu de temps pour les voir [...]. Ami, je n'ai personne sur qui me reposer. Je fais tout par moi-même. Avec cette indisposition, je vois arriver ma fin[68]. » Un court instant, Paoli semble heureux : « Matra s'est rendu à Gênes[69]. » Trois semaines plus tard, ce bonheur est gâché : « Matra a débarqué [...] à Bastia ! Il a discuté secrètement avec le commissaire [génois]. Il a écrit de nombreuses lettres à quelques personnes qu'il croyait être de ses partisans[70] ! » Heureusement, « ils m'ont remis les lettres loyalement [...] Il s'est retiré dans le fort d'Aléria ». Bref répit pour Paoli retenu au lit par « un rhume sans importance[71] » mais qui dure : « Mon indisposition ne me laisse quelque jour de trêve[72]. » Les soucis s'accumulent. Calenzana demeure un village tout aussi hostile à Paoli qu'il l'avait été à Neuhoff et à Wachtendonck, d'autant plus que Paoli a une garde personnelle composée de déserteurs prussiens si l'on en croit le consul de France à Bastia. Il a du reste des contacts nombreux avec plusieurs officiers allemands, dont le baron Kleist, sans doute parent du poète maçon Edwald Christian von Kleist (1715-1759). Ensuite, la guerre qui s'internationalise laisse présager de nouvelles attaques sur la Corse. Enfin, l'argent manque : les porteurs des messages de Paoli sont « misérablement vêtus »[73], ce qui discrédite la « nation » aux yeux de l'étranger alors que Paoli est à la recherche de soutiens. Le 25 mars 1756, Frédéric de Neuhoff lui écrit. Sur la réponse de Paoli, datée de l'été, Frédéric écrit : « Paoli foretold the new alliance between France and Genoa and on that account, he thought England ought to listen to the offers. » Paoli est inquiet car les Matra – l'un maréchal de camp génois, l'autre capitaine sarde – ont fait imprimer deux lettres pour « faire savoir au monde que le présent gouvernement [paoliste] est assez mal établi ; que les populations n'en sont pas contentes ; que les dispositions prises sont de peu d'importance[74] » ; il est inquiet parce que « les évêques ont mis l'interdit sur leurs diocèses[75] » ; parce que Paoli voudrait s'emparer des présides, or nombre de Corses ont l'habitude de vendre leurs surplus aux Bastiais (châtaignes, céréales, vins) et les Cap-Corsins n'ont pas l'intention de voir Bastia tomber aux mains des « nationaux » car leur quotidien repose sur les liaisons maritimes qu'ils assurent entre le cap Corse (Macinaggio, Santa Severa, Centuri) d'une part, Bastia, Livourne, Marseille d'autre part. Dès le 21 mars 1756, le noble Domenico Tully de Quercioli (1723-1793), père de la commune de Rogliano, fort hostile à Paoli, réunit en présence du notaire Luciano-Maria Lucchetti, en ce « Jour de dimanche, dans la matinée, dans la Vénérable Confraternité de Sainte-Croix de Rogliano, au milieu de la célébration du divin office [...], le Conseil ordinaire de la communauté doublé du Conseil ancien, rassemblés dans ladite confraternité », afin de prendre les mesures nécessaires quant à « l'exportation des vins » malgré les escadres française et anglaise qui ne cessent de grossir leurs divisions en Méditerranée. Au cap Corse, toutefois, l'hostilité à Paoli n'est pas aussi grande que l'historiographie le prétend. Les Terami de Quercioli, pourtant parents des Tully, sont fervents paolistes. L'abbé Giuseppe Maria Terami (1737-1825) est même un chaud partisan de Paoli. Homme d'une culture immense, il a pour frère

Teramo Terami (1731-1822), futur corsaire de la marine de guerre paoliste. À Luri, le clan Rinesi/Franceschi del Campo est également inféodé à Pascal : le vieux docteur Carlo Rinesi, chez qui on avait trouvé des papiers compromettants lorsqu'il exerçait à Livourne au temps de Costa, est même arrêté par les Génois qui trouvent chez lui une lettre autographe du fils Rivarola. Les Génois découvrent aussi à Luri, au cours d'une perquisition chez le chanoine Bernardi, des écrits émanant de Théodore de Neuhoff : le *Libro de capitoli.* Or ce clan jouit d'importantes protections à Rome où le docteur Domenico Franceschi del Campo, médecin du pape, entretient d'étroites relations avec nombre de médecins pontificaux dont Natale Saliceti. À Morsiglia et Centuri, Paoli jouit aussi de l'amitié du riche Giacomo Giacomini de'Porrata (v.1710-1765), très lié à Rivarola puisque c'est Rivarola qui conseillera à Boswell de demander leur hospitalité aux Giacomini de'Porrata en 1765, à défaut à leurs cousins Antonetti de Morsiglia ou à leurs parents Tomasi de Pino.

Le 30 avril 1756, Paoli, qui sent planer diverses menaces, écrit à son vieux père[76] qu'il est « en parfaite santé ». Il cherche à le rassurer : « Depuis longtemps, je ne ressens plus mes vertiges. En me soignant quelque peu, j'espère m'en guérir tout à fait. » Il le remercie pour ses envois d'ouvrages : « Le père Lusinchi, arrivé avec la felouque, m'a ponctuellement consigné les livres décrits dans votre lettre. » Déception : « *Le Parfait Ingénieur* n'est pas le livre que vous m'avez envoyé. C'était un autre livre, divisé en plusieurs petits tomes, qui permettait pratiquement de former un jeune homme sur tout ce que doit savoir un ingénieur. J'en aurais grand besoin pour les figures des machines de guerre qui, dans ce livre, sont parfaitement gravées et pour tous les ouvrages et les arts mécaniques qui ont un rapport avec la guerre. » Au cours de l'été[77], Paoli répond à Frédéric de Neuhoff d'autant plus volontiers qu'Horace Mann, résident d'Angleterre à Florence, est entré en contact avec l'abbé Zerbi. Gênes voudrait faire assassiner le fils Colonna de'Bozzi, Guasco, Zerbi, Matteo Natali, le fils Rivarola et le fils de Sebastiano Costa (Giuseppe), tous demeurant à Livourne[78]. La situation s'avère quasi identique à ce qu'elle était en 1729, alors que l'abbé Expilly (1719-1793) débarque à Calvi le 2 novembre 1756, accompagné du marquis de Castries, maréchal de camp, « commandant en chef des troupes françaises dans l'isle de Corse »[79], sous prétexte de vérifier la nouvelle carte de Corse avec le concours du colonel du Royal-Corse[80]. Expilly rencontre Paoli dont il brosse le portrait, mais Paoli est inquiet. Il a des troupes mais manque d'armes. Il a des partisans mais redoute l'arrivée en Corse de six mille *French,* alliés de l'ordre génois. Le jeune général voudrait placer la Corse sous la protection de l'Angleterre, ennemie de la France, pour faire pièce aux Génois. Pour cela, il ne peut avoir de meilleur contact que Frédéric de Neuhoff. Lorsqu'il lui écrit, il lui parle respectueusement du roi Théodore, voulant avoir des nouvelles du « vieil homme » (*old man*). Il voudrait que Frédéric revienne en Corse puisqu'il représente une certaine légitimité, celle qui lui fait défaut ! Il se fait pressant d'autant plus qu'il n'a reçu aucun courrier de Colonna de'-Bozzi, au point qu'il s'interroge sur sa fidélité. Frédéric écrit en note de la lettre de Paoli : « Colonna est un gentilhomme corse qui était au service de la France. Il est retourné dans son pays *sans savoir pourquoi Paoli l'avait envoyé à Londres.* Il s'est présenté lui-même aux ministres et depuis il a disparu. Paoli le suspecte beaucoup. » Ce qui apparaît fortement au cours de cette première année de guerre franco-britannique, c'est le fait que Pascal parvient à cristalliser autour de lui la quasi-totalité des courants traditionnels des « mécontents », en dehors des élites nobiliaires (Matra) et religieuses (le chanoine Orticoni, les évêques génois, les provinciaux). En dehors de ces exceptions, on voit Lusinchi pro-vénitien lui servir de messager pour le transport de livres entre son vieux père à Naples et lui à Morosaglia. On voit Colonna de'Bozzi, pro-espagnol devenu pro-français, accomplir pour lui une mission à Londres. On voit Paoli en contact avec Zerbi autrefois pro-maltais, avec la famille Rivarola autrefois pro-sarde, avec Frédéric de Neuhoff, Westphalien établi à Londres. Bref, Paoli est en train de s'imposer comme « la » référence anti-génoise, ce qui n'était pas le cas à la génération précédente lorsque son père Giacinto devait sans arrêt négocier avec Giafferi ou Costa.

Paoli : déjà pro-anglais

Dès le début des hostilités franco-britanniques en Méditerranée (mai 1756), Paoli écrit : « Je prévois qu'en Corse on mènera des opérations, mais que celui *qui est avec nous* [l'Anglais] l'emporte est certain. Si les Génois reçoivent de l'aide [française], nous en recevrons et nos fidèles aussi [aide anglaise]. Le 18 du mois passé, Matra et Angeluccio étaient à Livourne, très tristes et fort désorientés après le départ [du gouverneur] Grimaldi [81]. » Mais Paoli avoue ses craintes : « Où sommes-nous ? Notre peuple que nous servons croira ensuite nous récompenser en nous trucidant [82]. » Les relations internationales constituent alors l'essentiel des préoccupations du jeune général. Le 23 mai, trois jours après la chute de Minorque tombée aux mains de La Galissonnière et du maréchal de

Richelieu, Paoli écrit à Salvini : « Port-Mahon paraît être occupé à cette heure par les Français. *Les Anglais voudront nécessairement se procurer un repaire en Méditerranée et l'on dit communément qu'ils auront l'idée de le trouver en Corse.* Que l'Espagne s'alliera avec la France par l'entremise de qui lui sera donnée la forteresse de Port-Mahon. Que la reine de Hongrie [Marie-Thérèse] et le roi de Sardaigne [duc de Savoie] se déclareront pour les Anglais et finalement *que la France tentera par tous les moyens d'empêcher les desseins de l'Angleterre en ne lui laissant pas occuper la Corse. J'espère que nous sommes au moment de notre rédemption* ! » Il est assez curieux de voir Paoli placer la rédemption – si attendue depuis Neuhoff – dans ses espérances anglaises, dès 1755-1756.

Le surlendemain, Paoli confie à son ami Quilici qu'il faut absolument « supprimer l'opinion fausse qui fait de nous des usurpateurs de biens ecclésiastiques »[83]. Le 8 juin, Frédéric de Neuhoff expédie à Paoli, qui lui en accuse réception, douze cents mousquets de Hollande à bord du navire du capitaine John Dick[84]. La plupart des armes, qui ont plus de vingt ans, sont rouillées. La cargaison contient aussi cent pistolets et cinq cents sabres en mauvais état. Paoli reçoit au même moment deux lettres de Colonna de'Bozzi qui doit se rendre en Hollande. Il écrit attendre un certain comte Tersatz (en fait Maurice-Léopold Kersarts ou Kerartz, agent du fils Rakoczy), avec cent cinquante esclaves, mais c'est surtout la venue de Frédéric en Corse qu'il souhaite ! La perte inattendue de Minorque par l'Angleterre enflamme les esprits. Le 28 juin, Paoli écrit : « Nous n'avons rien encore d'assuré au sujet de Port-Mahon. Plusieurs batailles navales se succèdent pour cette forteresse, les flottes anglaise et française, chacune composée de seize navires. *Les navires anglais sont plus gros.* De ce siège ou, pour mieux dire, de son issue, *nos affaires* prendront – ou non – un bon pli. Il y a plus à espérer qu'à craindre [...] Je suis très affligé d'une très mauvaise affection du charbon sous l'aisselle, qui m'accable[85]. » Dès 1755, Paoli est apparu à Frédéric de Neuhoff comme un allié potentiel et réciproquement. Horace Walpole l'a vite compris[86]. Dès le printemps 1755, Walpole a décidé de considérer le vieux Théodore comme un souverain légitime. À nouveau emprisonné fort opportunément, Neuhoff est contacté par Walpole qui l'a rencontré jadis à Florence par l'entremise d'Horace Mann. Walpole, qui a déjà soutenu Neuhoff en lançant une souscription en sa faveur dans le journal londonien *The World,* prend la décision d'ouvrir les portes de sa prison au « roi » déchu mais, avant de le relâcher, il obtient du « monarque » malade la promesse d'un acte officiel « par lequel il cèderait le royaume de Corse comme gage à ses créanciers [...], [avec] le grand sceau du royaume ». Théodore libéré rencontre donc Walpole « chez une dame » et signe l'acte, ou *bill,* officiellement enregistré le

24 juin 1755 par lequel il abandonne ses droits sur la Corse à un groupe de négociants anglais auprès desquels il s'était endetté. Il meurt peu après, dès le 20 septembre 1755, semble-t-il, et non le 11 décembre 1756 comme le prétend l'*Encyclopédie des gens du monde.* Il s'éteint chez un Hongrois, le sieur Larkoszi (patronyme bien proche de Rakoczy), dans le quartier de Soho, au n° 5 Little Chapel Street, soi-disant fripier juif. Ses obsèques discrètes, payées par un marchand d'huile de Compton Street (car Neuhoff était en relation constante avec des négociants hollandais acheteurs d'huile corse), prirent un caractère assez solennel, mais un an plus tard seulement, puisque sur la tombe de l'ancien roi des Corses, inhumé dans le cimetière Sainte-Anne de Westminster, près de Soho Square, Horace Walpole, frère de Robert, chancelier de l'Échiquier, jugea bon de faire apposer une épitaphe au pied du clocher de l'église Sainte-Anne (démolie), à l'angle de Wardour Street et de Shaftesbury Avenue, inscription funéraire qui s'avère être une revendication officielle de la Corse par le roi d'Angleterre ! On y lit : « Sous cette place est enseveli Théodore, *roi de Corse,* mort dans cette paroisse le 11 décembre 1756 [*sic*], immédiatement après avoir été libéré de la prison du Banc du Roi[87], au bénéfice d'un acte d'insolvabilité, en conséquence de quoi *il a hypothéqué son royaume de Corse* pour garantir ses créanciers. Le tombeau est un grand maître : il place au même rang héros et mendiants, forçats et rois. Mais Théodore apprit cette morale bien avant sa mort. Le destin grava ses leçons sur sa tête – vivante : *il lui donna un Royaume* mais lui refusa du pain. » Visiblement, lors de l'apposition de l'épitaphe, Théodore était mort depuis quatorze mois mais Walpole a sans doute tenu cachée la mort de l'ancien roi afin de ne la rendre publique qu'une fois la guerre déclarée et Minorque perdue ! Aujourd'hui, il y a là un petit jardin public et, à proximité, dans Berwick Street (nom du beau-père de la baronne de Neuhoff !), un pub : The King of Corsica, avec le portrait de Théodore et sa courte biographie. Dès 1756, l'Angleterre, si l'on en croit les termes de l'épitaphe, prend une « hypothèque » sur la Corse. Frédéric de Neuhoff, certain des droits de son oncle, se considère comme l'héritier du royaume. Trompé dans ses espérances, réduit pour subsister au simple état de « maître de langues », il écrira plus tard une *Histoire de Corse.* Colonel d'un régiment du grand-duc de Wurtemberg, ministre du duc à Londres, Frédéric se trouvera dans une impasse à la fin de sa vie, le Wurtemberg interdisant les loges maçonniques sur son territoire dès 1784. À la Révolution, il soutiendra les émigrés français passés en Angleterre, geste qui lui fera perdre son poste. Toute une partie de sa famille continuera cependant de s'impliquer dans l'histoire corse, en particulier les descendants d'Anne-Henrique de Neuhoff, arrière-grand-tante de Théodore, épouse

d'E.-Frédéric de Nucingen, baron de Drost. C'est ainsi qu'on trouve en Corse après Hermann, baron de Drost, lieutenant général des armées de Théodore, et Georges, baron de Nucingen, le fils de ce dernier, Mathieu de Drost[88] époux d'une Colonna de'Bozzi d'où deux filles Drost mariées à leurs cousins germains Colonna de'Bozzi[89]. Quant à Francesco Antonio de Drost, baron de Wallinghausen tué à Ponte Novo en 1769, il avait épousé en 1760 Maria Madalena Zicavo puis, en 1766, Madalena Bonaparte.

Neuhoff mort, Paoli, officiellement regardé comme pro-anglais, est fragilisé car la France impose à Gênes le premier traité de Compiègne, le 16 août 1756, appelé « traité de subside conclu entre le Roi et la République de Gênes et pour la sûreté de l'île de Corse ». En échange d'un million huit cent mille livres la première année, de un million et demi les suivantes, y compris durant les six années qui suivraient la paix, Gênes permet à la flotte de Louis XV d'occuper les ports corses, ce que la marine royale va faire jusqu'en 1759, année où elle subit un désastre tel sur d'autres théâtres que la France se trouvera contrainte d'interrompre ses libéralités. Le camp franco-génois paraissant soudain plus fort que le camp anglo-paoliste, Matra s'empresse de demander des secours à Gênes et les obtient. Marchant contre Paoli, il l'oblige à s'enfermer dans le couvent de Bozzio avec une soixantaine d'hommes. Clemente Paoli tombe alors sur les assiégeants malgré la neige. Matra est tué le 28 mars 1757, ce qui entraîne « l'anéantissement de son parti[90] ». Son cousin se réfugie à Bastia. Le paysage semble s'éclaircir mais un autre rival surgit face à Paoli : Giacomo Pietro Abbatucci, issu du clan Lusinchi/Paganelli, de Zicavo, traditionnellement inféodé à Venise, donc à l'Empire, donc, dans les circonstances du présent conflit, proche de la France alliée de Marie-Thérèse et de Gênes.

Paoli face à Giacomo Pietro Abbatucci

Giacomo Pietro Abbatucci est né à Zicavo le 7 septembre 1723. Baptisé le 6 novembre 1726, il a deux ans de plus que Paoli. Jeune insulaire, il est extrêmement différent de lui car, comme les Matra, les Lusinchi, les Paganelli, les Giappiconi ou les de'Battisti, il appartient aux élites et non aux « vilains ». Enfant, il a commencé par être l'élève des jésuites de Brescia en Lombardie. Son grand-père maternel, Domenico Paganelli, était gouverneur de la place pour le compte des Vénitiens. Étudiant à la faculté de médecine de Padoue, reçu docteur en médecine en

1746, le jeune homme est brillant. En 1750, à la mort de son père, il n'a plus grand-chose à faire dans la péninsule. Son frère aîné, don Giacomo, lieutenant-colonel, gouverneur de Brescia « en survivance » de l'aïeul depuis 1735, lui a succédé à sa mort en 1744 et il revient à Giacomo Pietro d'assurer en Corse la pérennité de sa famille. Rentré à Zicavo dans la demeure familiale, lui aussi connaît peu la Corse qu'il a quittée enfant, mais, comme Pascal, il appartient à un des premiers clans insulaires impliqué dans « la guerre de Corse ». Par sa mère Rosa Paganelli, il est le neveu « à la mode de Bretagne » du général Gio-Francesco Lusinchi, « terreur des Génois », disait Costa, mort assassiné. Il est le cousin du prévôt Leccia, dit « Bucchini », pilier de toute l'agitation zicavaise pendant dix ans avant d'être exilé par les Français en septembre 1739. Il est le cousin du feu colonel Milanino Lusinchi, principal soutien de Théodore, soumis à Maillebois en septembre 1739, révolté aussitôt et finalement rompu vif à Ajaccio par les Français en février 1740. Il est le cousin issu de germains de Fabiano Lusinchi, neveu du général, qui, épouvanté par la destruction de sa famille, devint, entre 1750 et 1760, le chef du parti « pro-français » de Zicavo. En effet, le clan Lusinchi-Paganelli-Abbatucci décimé a eu tendance, dès 1741, à se rapprocher de Gênes et de Versailles. Abbatucci les imite d'autant plus volontiers que son père a été nommé par Cursay en 1748 « commissaire-commandant de la piève de Talavo » et qu'il a, à Zicavo, une parente qui l'attire dans ce camp : Bianca Rossi, née Colonna de'Bozzi, fille du prisonnier de 1729. Bianca s'impose comme un véritable agent du gouvernement de Louis XV en Corse. Grâce au passé de sa famille, grâce à la prétendue noblesse de son aïeul le capitaine Paolo-Maria, premier Abbatucci connu (dit-on), grâce à son appartenance aux élites : un oncle Michelo-Angelo Paganelli médecin ; un cousin Michelo-Angelo Lusinchi recteur du séminaire d'Ajaccio ; nombre de parents prêtres, chanoines ou officiers vénitiens ; grâce à sa « clientèle », à ses connaissances médicales et juridiques, Abbatucci est regardé comme le « seul Corse digne et capable d'être le rival de Pascal Paoli ». Pommereul le dit. Face au fils de Giacinto, « issu d'une famille honorable [...] homme de savoir, de religion et de courage » selon Boswell, Abbatucci jouit d'une « naissance » supérieure, les Abbatucci revendiquant une noblesse remontant à 1561 alors que de Giacinto, Boswell dira : « gentilhomme corse [...] mais *son mérite* le distinguait plus que *son rang.* » En matière d'instruction, en revanche, Paoli et Abbatucci se valent. Si Abbatucci est médecin, Paoli « a été élevé avec grand soin par son père qui forma son goût pour les lettres et suscita en lui, écrit Boswell, les plus nobles et les plus dignes sentiments ». Si Abbatucci sort de chez les jésuites de Brescia et de l'université de Padoue, Paoli peut lui opposer ses années passées à l'Académie militaire de Naples. Comme le fils Rivarola élevé à Sienne, Abbatucci et Paoli font partie de tous ces Corses du milieu du siècle qui ont un solide bagage intellectuel. Ils parlent ou écrivent l'italien, le corse, le français et l'anglais, lisent les auteurs étrangers et même « beaucoup de débats parlementaires » (Boswell le dit pour Paoli). Bientôt, Paoli possède dans sa bibliothèque cortenaise plusieurs volumes du *Spectator* et du *Tatler* et une *Histoire de France* en vieil anglais en attendant que Boswell lui offre plusieurs ouvrages d'Harrington, de Sidney, d'Addison, de Trenchard, de Gordon, de Samuel Johnson, outre « une collection complète du *Spectator,* du *Tatler* et du *Guardian* ». Abbatucci, comme Paoli, est un bon latiniste pétri d'histoire et de littérature antiques. Comme lui, il lit Plutarque et Tite-Live, Rollin, Machiavel et Montesquieu, Dante et l'Arioste, le Tasse ou Racine.

Àrrivé à Zicavo (1751), Abbatucci y dispose de six à sept cents partisans armés mis spontanément sous ses ordres dans le seul canton du Doravo, selon Rossi. Jeune homme, « grand, sec, d'allure martiale, respirant la franchise et la bonté[91] », il est marié à la fille de Bernardino Sabiani, podestat de Zicavo, nièce de Gio-Francesco Sabiani, protonotaire apostolique, grand vicaire du diocèse d'Ajaccio et prévôt de Zicavo. Il en a des enfants. Élu à la *consulta* de Petretu (1753) par les représentants de l'Ornano, d'Istria, de la Rocca et du Talavo en qualité de « lieutenant général des milices » des quatre pièves, c'est un homme déterminé qui voit sa cousine Bianca Rossi prendre la tête du parti pro-français, parti réel dans l'île depuis Sampiero, quoique moins nombreux que le parti génois (en première position), que le parti vénitien (en deuxième position) et que le parti espagnol qui talonne ce dernier. Gênes emploie environ 1 500 militaires corses, Venise et Madrid près de 900 chacune, Versailles 400 seulement. « Depuis longtemps [...] retirée dans les montagnes », Bianca quitte Zicavo et se fait accompagner « à Ajaccio par des troupes françaises et plusieurs chefs rebelles portant *des cocardes blanches* au chapeau[92] », les cocardes blanches symbolisant leur attachement à Louis XV. Au port, elle obtient « continuellement une garde française à sa porte » ce qui choque le commissaire génois. En septembre 1757, lors de la *consulta* du couvent d'Istria, tenue sous la présidence d'Anton Colonna de'Bozzi, Abbatucci participe aux débats mais les participants n'acceptent de se rallier à Paoli que du bout des lèvres. Seul point positif pour Pascal, Bozzi et Abbatucci s'apprêtent à se déchirer. Courant 1761, à la tête de mille Talavesi, Abbatucci combat Bozzi tué au cours de cette lutte. Abbatucci a aussi pour ennemi son beau-frère « Peretti, du parti déclaré pour la République »[93]. Tous deux, « à la tête d'au moins cinq cents à six cents hommes », se livrent « avec un acharnement le plus cruel et le plus inhumain » un long combat qui entraîne « plusieurs morts et blessés de part et d'autre ». Par conséquent, Paoli peut continuer à creuser son propre sillon au milieu d'adversaires divisés. Les choses toutefois sont difficiles car Gênes se dote en juillet 1760 d'un excellent doge : Agostino Lomellini, ami de d'Alembert et de Condillac. « Le Doge travaille à pacifier la Corse par la voie de la conciliation. » « Le Doge est un vrai philosophe qui, suivant les maximes de M. de Montesquieu, voudrait rendre les Corses citoyens génois et épargner tout le sang qu'on devra répandre si la République est obligée d'en venir à la voie des armes pour les soumettre[94]. » La marge de manœuvre de Paoli est donc étroite, un peu comme celle de Cromwell autrefois que Paoli évoque dans une lettre[95]. Cerné par les évêques, contrecarré par Matra puis par Abbatucci, regardé avec hostilité par la majorité des Cap-Corsins et opposé à un doge pétri des Lumières, c'est avec un courage obstiné que Paoli fait réaliser le drapeau national corse en juin 1760 avec sainte Dévote au revers et la tête de Maure à l'avers. En décembre, ses troupes s'emparent « de la petite île de Centuri dans le cap Corse où il y avait un lieutenant et plusieurs soldats qui ont été faits prisonniers ».

CHAPITRE VII

Le chef d'État (1756-1768)

> « Celui qui commettra des homicides volontaires ou blessera gravement quelqu'un avec une arme quelconque sera coupable d'homicide. En tant que tel, s'il tombe aux mains de la justice, *il sera passé par les armes comme ennemi de la société.* »
>
> Pascal Paoli,
> Constitution de 1755.

Tous les voyageurs étrangers qui ont rendu visite à Paoli en Corse : Boswell (1765), Andrew Burnaby (1766), John Symonds (1767), professeur d'histoire à Cambridge, Frederick Augustus Hervey (1766), le médecin florentin Raimondo Cocchi (1767), le peintre américain Henry Benbridge (1768), le comte Pembroke (1769), le peintre romain Vincenzo Rotigliardi (1769), le Piémontais Vigne, le comte de Nény, conseiller d'État de Marie-Thérèse (1769), tous ont été stupéfaits par l'emploi du temps quasi louis-quatorzien de Paoli. Matinée de travail intense : affaires politiques, justice, audiences. Dîner rapide à midi : « bouillie, fromage, fruits ». Après-dîner studieux : lectures, correspondance, de dix à soixante lettres quotidiennes, soit un rythme identique à celui de Colbert ou de Louvois (soixante-dix lettres par jour pour chacun d'eux). Souper rapide le soir : *minestrone* (potage). Souvent, dans la journée, un baptême à honorer car les familles corses se l'arrachent pour porter sur les fonts tel ou tel nouveau-né. À Corte, on le voit porter un Baldacci sur les fonts baptismaux[1]. Du fin fond du cap Corse, un Giacomini de'Porrata lui demande d'être le parrain de son enfant. Paoli envoie une procuration[2]. S'ajoutent à ces écritures des déplacements permanents à travers toute l'île : la « cour » de Paoli est quasi itinérante, malgré les distances à parcourir, parfois à cheval, le plus souvent à dos de mule, à l'instar de Charles Quint ou du pape, sur de mauvais chemins, enneigés l'hiver, chauds et caillouteux l'été, d'où des fatigues considérables. Mais pour les grandes puissances, Paoli ne fait que jouer au chef d'État. Reconnu par aucune, il est ignoré par Gênes comme par Versailles qui ne songent qu'à l'avenir de la Corse une fois la guerre achevée. Ainsi, il est assez triste de constater que les années durant lesquelles Paoli s'acharne à organiser en Corse un embryon d'État, Choiseul, côté français, et Sorba, ambassadeur génois auprès de Louis XV, ne font que préparer l'après-Paoli ! L'État paoliste (1755-1769) n'a en effet pu se développer que dans un contexte de guerre maritime internationale (1755-1763) comme ultérieurement le royaume anglo-corse (1794-1796). Dès que l'Europe rétablit la paix, la Corse est un site géostratégique beaucoup trop important pour laisser un « rebelle » (Paoli en 1755 comme en 1794) « jouer » au chef d'État. En avril 1761, Choiseul déclare déjà à Sorba : « J'ai à vous entretenir, monsieur Sorba, d'une grande affaire [...]. J'ai *besoin de la Corse* et que la République *nous la vende.* » C'est dire que Paoli n'a pas seulement pour ennemi Gênes. Il a contre lui : Gênes, la France alliée de Gênes, mais surtout le temps. Le temps joue contre lui car si les puissances acceptent de le laisser faire le chef d'État tant que dure la guerre, il est évident qu'après la signature du traité de Paris (1763), désastreux pour la France qui perd Minorque et le Canada, les appétits des puissances vont se réveiller en ce qui concerne la Corse, précipitant d'un côté Paoli dans les bras de l'Angleterre après la visite de Boswell en 1765, et d'un autre côté la Corse dans l'orbite de la France qui ne peut envisager de voir la Navy basée face à Toulon alors qu'elle verrouille déjà Gibraltar depuis 1704 et qu'elle récupère Minorque en 1763.

Pour Choiseul, la situation corse est claire : « La révolte dure depuis *cent cinquante ans* et certainement ne finira jamais ! » Dire que la révolte dure « depuis *cent cinquante ans* » montre que Choiseul a pour référence la mort d'Alphonse d'Ornano, fils de Sampiero, mort en 1610. Alphonse étant passé au service de la France en 1569, avec trois cents Corses, Choiseul veut montrer à Sorba que les Corses ne veulent plus de Gênes, depuis Sampiero, et qu'ils ont choisi le camp de la France à l'époque des Valois. Choiseul appuie sa chronologie, du reste exacte, sur les faits les plus récents : le premier échevin de Marseille, Roux de Corse, a été le banquier de l'arsenal de Toulon pendant la guerre de Succession d'Autriche et, pour lutter contre l'Angleterre, il s'est quasi ruiné au cours de la guerre de Sept Ans. Pour Choiseul, les Corses sont tous pro-français puisque les Ornano ont donné deux maréchaux de France et d'illustres descendants, notamment la duchesse de Richelieu dont le mari vient de prendre Minorque aux Anglais (20 mai 1756). Choiseul ne connaît que les insulaires de la diaspora établis à Marseille et qui ont toujours soutenu le roi de France avec fidélité : les Lenche au temps d'Henri II ; les Baglione au temps d'Henri IV ; les Vinciguerra au temps de Louis XIII ; les Franceschi à l'époque de Louis XIV. De génération en génération, le roi a toujours fait confiance aux Corses lorsque Marseille était menacée et pas une fois il n'a eu à s'en repentir : Baglione a assassiné le ligueur Cazaulx en 1596 ; les Vinciguerra ont combattu à La Rochelle en 1628 ; Cipriani était consul de Marseille lors de la déclaration de guerre à l'Espagne (1635) ; le premier échevin Jean-Baptiste Franceschi a reçu Colbert (1669) à la veille des affaires de Candie ; les Lenche ont hébergé Louis XIV (1669) ; Jacques Franceschi (cousin germain de Jean-Baptiste) fut premier échevin lors des tractations de Nimègue (1678-1679) ; Roux de Corse l'était lors de la déclaration de guerre à l'Angleterre (1744) puis il a soutenu les finances de Maurepas. Il a perdu une dizaine de ses navires entre 1756 et 1763 pour lutter contre les Anglais. Alors que Boswell se précipite à Corte, Roux de Corse est à nouveau premier échevin de Marseille (1764-1765) et marie sa fille[3] à un capitaine des vaisseaux du Roi : un Glandevès-Castellet, commandant de la marine à Marseille (sorte de préfet maritime), neveu des deux commandants de la marine de Marseille et Toulon, et celle-ci mariera sa fille à un lieutenant des vaisseaux du Roi franc-maçon, Mercier, fils d'un chef d'escadre, lui-même fils de la nourrice de Louis XV[4]. Choiseul n'a de la Corse – malgré le séjour qu'y ont fait son beau-père le marquis Crozat du Châtel et son cousin Choiseul devenu duc de Praslin[5] – que la vision que peuvent lui en donner les Corses de Marseille ou leurs descendants établis à la cour, à Pont-Saint-Esprit, à Aubenas, à Aix, Toulon ou Marseille : les Ornano, les Grignan, les Richelieu. Pour lui, la Corse ne veut plus de la suzeraineté génoise depuis Sampiero. Choiseul – ancien ambassadeur et ministre de la Marine puis des Affaires étrangères – sait combien les Corses sont les alliés précieux de la France dans sa diplomatie maghrébine : Sampiero était l'envoyé de Charles IX auprès du dey d'Alger et de Soliman ; Sanson Napollon était consul de France à Alep, et l'un des négociateurs français les plus appréciés de Richelieu auprès des autorités du Maroc. Pour Sorba, la révolte paoliste n'est absolument pas la suite du mouvement sampieresque ! Pour Sorba, la « guerre de Corse » n'est née qu'en 1729. Autant Choiseul a une vision fausse des réalités, autant Sorba n'en a qu'une vision limitée. C'est cette période de flou et surtout les nécessités de la guerre qui permettent à Paoli de s'imposer en Corse, alors qu'il y a d'autres enjeux dans le monde estimés plus importants : la France fait des dépenses pour défendre Louisbourg, le Canada français (les fourrures), la Guadeloupe, la Martinique (les îles à sucre). La Grande-Bretagne ponctionne son budget pour arracher à la France Louisbourg en 1758, la Guadeloupe et Montréal en 1759, Québec en 1760, la Martinique en 1761 et Belle-Isle en 1762 afin de l'échanger contre Minorque à la paix. C'est grâce à cet état de guerre que Paoli peut jouir en Corse de quatorze années pour mettre sur pied son « système ». La paix internationale rétablie, Paoli ne peut maintenir son régime, à mi-chemin entre une sorte de royauté déguisée et un statoudhérat désiré. Consolation : le vieux Giacinto est mort assez tôt à Naples (à quatre-vingt-six ans[6]) pour éviter d'avoir à apprendre le désastre militaire final de Paoli : Ponte Novo, le 8 mai 1769, face aux troupes de Louis XV.

Entre royauté et statoudhérat : le mystère du trône

Plusieurs contemporains ont vu en Paoli sinon un souverain, du moins un monarque en puissance. « Dès qu'il parut, il fut reconnu pour commandant général de toute l'île. Il n'a pas sur son front placé le diadème, mais sous un autre nom *n'est-il pas roi* lui-même ? » écrit Voltaire qui ajoute : « Il ne put en faire assez, ni pour rendre la Corse libre, ni pour y *régner* pleinement. » L'abbé Germanes renchérit : « Paoli fit venir d'Italie *deux trônes* qu'il destinait à l'ornement de son palais et à la manifestation de sa grandeur. Le premier était si éclatant que, n'osant pas s'y asseoir, il le fit disparaître pour ne pas révolter des yeux peu accoutumés à de pareils spectacles. » Certains historiens ont prétendu que dans l'esprit de Paoli (mais comment lire des archives dans un esprit ?), ce premier trône aurait été destiné à rester vide, devant symboliser le trône de la Liberté ! Cela ne nous semble pas convaincant, même si le fauteuil du roi demeurait vide à côté de celui du chancelier de France, lorsque Louis XIV ne siégeait point. Un fauteuil vide peut symboliser une personne : mais il s'agit du roi ; pas un concept : la Liberté ! C'est beaucoup trop tôt. « Le second, poursuit Germanes, moins magnifique, l'était encore trop. Il le plaça dans la pièce qui précédait sa chambre à coucher. » Sur celui-ci, selon Germanes, Pascal Paoli s'est assis une fois en public et « il se fit un grand murmure dans l'assemblée. Le mécontentement de tant de chefs l'avertit de ne plus se permettre une représentation qui ressemblait trop au faste royal ».

Les propos de Germanes reposent sur une vérité altérée. Là encore, il faut en revenir à la stricte chronologie. Un trône est bien arrivé à Corte en mai 1766. Il est arrivé « d'Italie ». Pourquoi Paoli aurait-il fait venir un trône en 1766 et pas en 1755, 1756, 1757, etc ? Pourquoi avoir attendu onze ans si ce trône était pour lui ? En 1766, Paoli est au pouvoir depuis plus d'une décennie et il n'est plus au pouvoir que pour trois ans. La réalité est autre. En mai 1766 vient de mourir à Rome – il s'est éteint le 2 janvier, à soixante-dix-huit ans – le vieux Prétendant Stuart, le fils de Jacques II détrôné en 1688 à Londres. Le nouveau Prétendant, Bonnie Prince Charlie, le vaincu de Culloden (1746), né à Rome le 31 décembre 1720, comte d'Albanie, a alors quarante-six ans. C'est le fameux « Prétendant » soutenu par le pape dont parlait Paoli dans ses lettres à son père Giacinto en septembre 1754. « On sait que le pape s'est entremis pour faire céder [la Corse, lui écrivait-il] à *un Prétendant* [Stuart réfugié à Rome], contre une somme d'argent [versée à Gênes]... L'Espagne, l'Empereur, le roi de Naples et tous les autres y consentaient. » Visiblement, le trône expédié sans doute de Rome à Corte était destiné au Prétendant. Lorsqu'il mourra à Florence, le 31 janvier 1788, Paoli se précipitera au cours de l'été suivant en Écosse, pour voir avec Boswell ce qu'il serait possible de faire en faveur du dernier mâle de la dynastie : le cardinal d'York (1725-1807), frère de Bonnie Prince Charlie. En 1790, lorsqu'il débarquera à Paris, la première visite de Paoli ne sera ni pour Robespierre, ni pour La Fayette, ni pour Mirabeau, mais pour la comtesse d'Albanie, veuve du Prétendant ! En 1795-1796, face à sir Elliot, Paoli soutiendra fermement le général Charles Stuart (1753-1801), commandant en Corse pour George III, ancien aide de camp du vice-roi d'Irlande, et père de sir Charles Stuart, futur ambassadeur de Grande-Bretagne à Paris. En 1797, lorsque Paoli sera de retour en Grande-Bretagne, Frédéric de Neuhoff – que Paoli a tant rencontré à Londres à partir de 1769 – comprendra que le rêve stuardiste, pour lequel son oncle Théodore avait combattu à partir de 1715, est achevé : il se tire un coup de pistolet dans la tête le 1er février 1797 sous le portique de l'abbaye de Westminster[7], près de la tombe de son oncle, quelques mois après la fin du royaume anglo-corse (1794-1796) voulu par Paoli ! C'est encore à Westminster, fait rarissime pour un « étranger », que seront apposés dix ans plus tard une plaque et un buste de Paoli, mort à Londres en 1807. Si l'on néglige les relations Patrick Sarsfield-beau-père de Théodore de Neuhoff, puis Frédéric de Neuhoff-Paoli, et si l'on ignore l'appartenance maçonnique de Paoli qui doit penser, comme la plupart des contemporains qu'il lit dont le chevalier de Ramsay, que les Stuarts sont les fondateurs de la philosophie et de l'ordre maçonniques, on ne comprend rien aux engagements du général (engagement d'outre-Manche), mais rien non plus à l'arrivée du trône à Corte !

Ce trône était composé d'une série de sièges, cinq à gauche, cinq à droite pour les personnalités corses, avec, au milieu, un siège *plus élevé* que les autres, donc pour un prince – le Prétendant Stuart –, et gravé aux armes de la nation comme les plateaux d'argent vus par Boswell. Le visiteur apostolique Struzzieri mentionne ce trône dans ses lettres des 6 mai et 3 juin 1766 et c'est sans doute à la *consulta* cortenaise du 25 mai que Germanes fait référence, une des séances s'étant déroulée ce jour-là, pas en l'église San Marcellu ni dans les salles de l'université, mais dans la salle « du Trône ». Que Paoli ait eu la tentation de « régner » est un reproche absurde quand on connaît ses origines – sans aucune ressemblance avec celles des Neuhoff ou des Rakoczy – et quand on connaît le contexte et les pesanteurs sociales du siècle : Costa dit bien que Giafferi et Giacinto ont donné à Neuhoff le titre d'« Excellence » parce qu'ils le « reconnaissaient pour baron ». Aucun Corse n'aurait reconnu pour roi le petit-fils d'un meunier de Morosaglia, même si l'Europe a reconnu pour empereur le fils d'un avocat ajaccien. (Mais ce sera cinquante ans plus tard, et surtout après la Révolution.) D'autre part, cela est également absurde quand on lit Paoli ligne à ligne, même si la Corse est un « royaume » et qu'elle a une histoire médiévale faite de « comtes de Corse » qui avaient un sceptre d'arbousier ou d'oranger et avaient droit à un sacre baptismal dans les eaux du Lago Benedetto. Certes Vincentello d'Istria a été « vice-roi de Corse » au nom de l'Aragon et encore l'exactitude de ce titre est-elle contestable. Certes Sampiero fut regardé par les Corses d'Alger comme le roi des Corses ; ils le dirent lors de son séjour au port en 1562 en se regroupant autour des fenêtres de sa chambre de malade : « Il est là *notre roi.* » Certes, l'épisode théodorien a renforcé l'image d'un « roi des Corses » en un monde où la péninsule italienne et le monde germanique étaient composés d'une foule de duchés (Parme, Plaisance, Modène, la Toscane, la Savoie, le Wurtemberg), de royaumes (la Sardaigne, Naples, les Deux-Siciles, la Bavière) ou de principautés (Clèves, Juliers, les électorats de Trèves, Mayence, Cologne). Certes, l'insularité en renforce encore l'idée : il y a bien eu au Moyen Âge des rois de Majorque dont le palais orne Perpignan et dans l'Antiquité homérique Ulysse a été roi d'Ithaque. Mais s'il n'est pas étonnant que nombre de contemporains n'aient pu concevoir Vincentello, Sampiero ou Pascal que comme des candidats au trône, il nous paraît que cette analyse fait injure à Paoli. Même si la tradition insulaire véhicule l'image de souveraineté corse à travers son vocabulaire (*« Regno di Corsica »,* « comte de Corse »), il y a chez Paoli un ou deux termes qui reviennent sans cesse tout au long de son œuvre : « élections », « élu ». D'autre part, ce principe de base (l'élection) n'est pas propre à Paoli mais à la Corse tout entière. Théodore est roi parce qu'acclamé par les peuples, comme le roi de France au temps d'Hugues Capet. Sampiero aussi n'était chef de ses partisans que parce que ceux-ci l'avaient acclamé près du Lago Benedetto, d'où les reproches de ceux qui voulaient déjà voir en lui un candidat au trône. Les élections ont toujours été nombreuses en Corse : élection des podestats, des pères du commun, des Nobles Douze, et c'est plus dans cette tradition « électorale » qu'il faut concevoir Paoli même s'il bafoue gravement le principe démocratique de base – l'obtention du pouvoir par l'obtention de la majorité des voix –, en acceptant le pouvoir à lui conféré seulement par seize des soixante pièves, et en allant jusqu'à combattre, à main armée, ses rivaux, dont Matra, tué au cours de cette guerre intestine ! Malgré cela, Paoli, élevé dans un contexte où les doges de Gênes ne sont au pouvoir que pour deux ans, ne paraît pas avoir voulu briguer un quelconque pouvoir royal pour lui. Célibataire, il semble étranger à toute notion de dynastie, à la différence de Neuhoff puis de Napoléon. Il est vrai que, privé de fils et de neveux de son nom, il a envisagé d'adopter un des Paoli de Gubbio, mais jamais Paoli n'a envisagé de devenir le souverain de l'île.

Paoli semble trouver son inspiration du côté des républiques : républiques de Saint-Georges (Gênes) et de Saint-Marc (Venise) qui ont à leur tête des doges élus pour de courts mandats ; républiques « alliées » comme Raguse par rapport à Venise ; ou du côté des principautés placées sous la suzeraineté d'autres États, tel le rocher de Monaco où Honoré de Grimaldi a épousé en 1647 la petite-fille de Sanson Napollon ; ou la principauté d'Avignon qui appartient au pape. Il n'est du reste pas exclu que Choiseul ait songé à prendre la Corse pour la donner au pape en qualité de « domaine de Saint-Pierre » en échange du Comtat ! Paoli est un bon observateur. Pour lui, la Corse ressemble à toutes ces régions, duchés ou provinces qui se satisfont mal de l'autorité de leurs suzerains et qui cherchent tout au long des siècles à gagner leur indépendance : Naples, révoltée en 1647 avec l'aide de Mazarin contre le Habsbourg espagnol au profit du duc du Maine, fils de Louis XIV ; le Portugal, révolté en 1640 contre la suzeraineté castillane pour retrouver grâce aux Bragance l'indépendance qui était la sienne avant 1580 ; la Bretagne ducale, toujours prête à se rebeller contre la montée de l'« absolutisme » parisien ; le duché de Cardone, dressé contre Madrid, la Catalogne unissant en 1640 ses forces rebelles aux Portugais en colère, avec l'appui de Richelieu ; l'Irlande jacobite et catholique romaine, toujours sur le point de se soulever sous l'autorité de ses chefs Rory O'More ou Patrick Sarsfield, héros favoris de la tradition nationale irlandaise. Et puis, il y a ces « gueux de la mer », marins calvinistes qui ont réussi à gagner leur « indépendance » face à l'Espagne catholique pour donner naissance aux Provinces-Unies, à l'issue d'une guerre « de quatre-vingts ans » (1568-1648), et qui ont obtenu la reconnaissance de leur indépendance par les puissances en 1648. Enfin, dernier modèle peut-être, les cantons suisses, dont est originaire Rousseau, protégé de Lord Maréchal, Rousseau que Paoli sollicite pour doter la Corse d'une constitution. Mais en dehors de la Suisse, tous ces « rebelles » ont combattu pour porter au pouvoir des princes : à Naples, le duc du Maine, fils du roi et de Mme de Montespan ; à Lisbonne, les Bragance, issus en ligne illégitime de Joâo Ier d'Aviz ; en Hollande, les Orange, prince de Nassau ; en Irlande : les Stuarts, détrônés de Londres par des souverains protestants.

Paoli est beaucoup trop cultivé, beaucoup trop imprégné d'histoire, pour que l'on puisse voir en lui un candidat malheureux au trône de Corse ! Il est une sorte de stathouder hollandais ou de Lord Protector anglais, mais, à la différence de Cromwell, il n'a pas de fils. Et, homme du XVIIIe siècle, comme tous les « rebelles » de son temps, y compris les princes Rakoczy, il a conscience de ce qu'est la « naissance » et le pouvoir qui implique une certaine dose de « naissance » sinon de « droit divin ». Il ne faut jamais oublier que Paoli est né en 1725 ! Or, dans le contexte qui est le sien, le régime qu'il cherche à instaurer ne peut être totalement démocratique ; c'est plutôt une synthèse entre le régime démocratique, le régime aristocratique (mon frère « le comte » ; les armoiries sur la façade) et le régime monarchique (le *Regno di Corsica,* le « royaume ») ; et ce pouvoir doit avant toute chose être religieusement tolérant, ce qu'incarne alors la maçonnerie dont il pense, comme la plupart de ses contemporains, que les Stuarts sont les fondateurs. D'où ce trône sans doute prévu pour accueillir le Young Pretendant en mai 1766 au lendemain de la mort du Old Pretendant survenue en janvier. De même que Giacinto, fils de meunier, ne pouvait comme Giafferi que s'effacer devant la haute « naissance » du roi Théodore, Paoli ne pouvait pas envisager un instant de rivaliser avec le petit-fils de Jacques II d'Angleterre ! De toute façon, privé d'enfants, le généralat de Paoli ne pouvait pas s'inscrire dans la très longue durée. Au maximum, il n'aurait pu être que viager.

Le titre de « général » donné à Paoli, comme à ses prédécesseurs Giafferi, Ceccaldi, Lusinchi, Lucca d'Ornano, ou à ses contemporains Giuliani et Matra, est très proche de celui de stathouder, et c'est ce titre que l'Europe lui a finalement reconnu, surtout l'Angleterre, de manière officielle, puisqu'il figure aussi bien dans les correspondances étrangères que sur les tableaux, peintures et lithographies qui le représentent. Que Paoli n'ait pas eu d'aspirations monarchiques personnelles est une chose. Qu'il ait voulu vivre en chef d'État spartiate en est une autre. Plusieurs témoignages attestent qu'il avait un train de vie moins frugal que ne le voudrait la légende et plus princier que ne l'imagine une historiographie partiale. Le fait d'avoir un « goûteur » qui entame ses plats avant qu'il ne les consomme est une précaution pour éviter le poison, mais c'est aussi un rite qui fait songer à Cléopâtre ou à Louis XIV. Le fait d'avoir à Corte une argenterie aux armes de la nation révèle aussi un faste certain mais il faut bien voir que Paoli cherche à faire respecter à l'extérieur l'image de son gouvernement. Le fait de faire garder la porte de sa chambre par des chiens, le fait d'avoir une escorte armée de cinquante hommes au cours de ses déplacements, le fait de vouloir des messagers « bien vêtus » et des soldats habillés « de vestes blanches et en larges culottes » sont autant de signes de « pouvoir », mais tout « pouvoir » nécessite ces marques de distinction et la galerie des Glaces n'avait d'autre objectif que d'impressionner les ambassadeurs étrangers. Sur ce point, Paoli est le continuateur des désirs de Neuhoff plus que de ceux de Giacinto. De même, en matière de propagande. Paoli a ses historiographes, voire ses hagiographes. En 1758, don Gregorio Salvini publie la *Giustificazione della Rivoluzione di Corsica,* à Naples sans doute et non à Corte ou à Oletta comme l'indique l'ouvrage. En 1760, il en réédite une version abrégée en italien et en français : *Mémoire apologétique au sujet de la dernière révolution de l'île,* forçant Pier Maria Giustiniani, ancien évêque de Sagone devenu évêque de Vintimille, à riposter dans ses *Riflessioni intorno ad un libro intitolato Giustificazione della Rivoluzione di Corsica* (1760). En 1764, Salvini réplique dans sa *Giustificazione della Rivoluzione di Corsica, combattuta dalle riflessioni di un Genovese e difesa dalle osservazioni di un Corso,* publiée plutôt à Livourne qu'à Corte. Cette guerre littéraire rappelle celle des libelles du temps de Neuhoff qui en fit imprimer à Cologne. En cela aussi Paoli est proche des Hollandais maîtres dans l'art des gazettes, mais la différence fondamentale entre Paoli et les Nassau vient ce de que la Hollande était extraordinairement développée au plan économique lorsqu'elle a livré la guerre « de quatre-vingts ans » à l'Espagne, ce qui est loin d'être le cas de la Corse lors de la guerre « de quarante ans ». Au moment de la proclamation de leur indépendance, les Provinces-Unies disposaient d'une flotte marchande exceptionnelle et ces « rouliers des mers » étaient passés maîtres dans l'importation et la redistribution des épices dans toute l'Europe depuis Batavia. Ces « mangeurs de fromage » raillés par la France parce que calvinistes, ces « bourgmestres » protestants, n'étaient que trois millions, mais la Banque d'Amsterdam, antérieure de près d'un siècle à la Banque d'Angleterre (1694) et de deux à la Banque de France (1804), existait depuis 1609 ! Sans banque, sans commerce international, donc sans argent, sans métaux, donc sans véritable armée, sans artillerie, sans poudre, Paoli – qui veut donner le pas au politique et au philosophique sans maîtrise préalable de l'économie – court à la catastrophe, mais avec courage. Trop prisonnier de l'enseignement paternel, trop pétri de pure latinité, Paoli comprend vite que le seul argent dont il peut disposer est celui de l'Église, d'où conflit avec le clergé, d'où la nécessité d'attirer en Corse un visiteur apostolique afin de ménager le pape – auprès duquel est retiré le Prétendant – et de ne pas passer pour un « usurpateur des biens de l'Église ».

Le visiteur apostolique

Le 12 juin 1759, Paoli écrit au pape Clément XIII : « J'ai cru de mon devoir d'exposer à Votre Sainteté l'état déplorable dans lequel se retrouve tout notre Royaume en ce qui concerne les affaires spirituelles, espérant qu'un si pieux pontife – qui est vraiment digne de régner dans nos temps – nous fournisse le remède à nos nécessités urgentes de nous envoyer un visiteur apostolique [8]. » Paoli pense qu'en recevant un envoyé du pape il obtiendra une certaine « reconnaissance » politique de la part des puissances et le ralliement du clergé insulaire – prélats génois ou provinciaux corses – et des Corses trop inféodés à Rome jusque-là pour choisir de basculer dans le camp « national ». L'idée d'envoyer en Corse un visiteur apostolique est loin d'être nouvelle. Le pape avait envisagé de dépêcher dans l'île un prélat dès 1740. Les Génois avaient poussé la candidature de Mgr Mari, évêque d'Aléria, mais le pape avait refusé, l'évêque non résident étant génois ! Le cardinal de Tencin avait alors proposé Mgr de Fonseca, évêque d'Iesy, gentilhomme d'Avignon, mais Maillebois s'y était opposé [9], le prélat étant le frère d'Angelica-Cassandre de Fonseca, sous-prieure du couvent des Saints-Dominique-et-Sixte sur le mont Quirinal, laquelle avait longtemps hébergé Neuhoff à Rome dans la maison [d'un autre de ses frères [10]], attenante au couvent et voisine de Saint-Jean de Latran. D'autre part, Françoise-Constance de Fonseca, religieuse dans le même couvent, et autre sœur du prélat, servait de boîte aux lettres à Théodore dont les dépêches arrivaient à Rome chez l'abbé Punciani, le comte Fedi ou le comte Orsini (nom de l'officier qui a publié le *Testament politique* de Neuhoff), lesquels réexpédiaient les réponses à un certain Valentini (nom de l'épouse de Giacinto Paoli), qui les remettait au baron de Stos, qui les envoyait au consul d'Angleterre à Venise, qui les transmettait au baron Étienne Romberg, nom d'emprunt de Neuhoff [11] ! On comprend que Maillebois se soit méfié quand on voit Angelica-Cassandre en relation épistolaire continuelle avec Bigani, parent de Matra, Giuseppe Colonna et la veuve de Sebastiano Costa !

En 1759, l'évêque d'Ajaccio s'indigne de la demande de Paoli et écrit à un ami génois : « Le *chef rebelle* [lui ne dit pas – comme les Anglais – le « Général »] Pascal Paoli expédie à Rome, au nom des populations, l'abbé d'Olmeto, avec deux hommes du Delà-des-Monts pour obtenir, *le tout payé avec l'argent de ma mense épiscopale*, un visiteur apostolique. » Le pape, toutefois, héritier du « domaine de Saint-Pierre », décide de répondre favorablement à Paoli car il garde un œil jaloux sur la Corse. Son prédécesseur Benoît XIV a du reste fait vénérable par décret de 1755 Blaise de Signorio, illustre Cortenais devenu depuis saint Théophile (1676-1740), ancien étudiant au couvent franciscain de l'Observance de Corte, ordonné prêtre en 1700. Clément XIII décide donc d'envoyer en Corse Mgr Cesare Crescenzio de'Angelis (1705-1765), évêque de Segni depuis quatre ans. Angelis est à Rome dès le 22 août 1759, huit semaines après la demande de Paoli. Le pape lui remet deux mille écus pour son voyage. Le 17 septembre, un bref définit sa mission. Épouvantée, Gênes s'insurge ! Le 14 avril 1760, la République, par édit, fait mettre à prix la tête du prélat : six mille écus romains [12] ! En lisant cet édit émanant d'une puissance souveraine, on pardonne mieux à Paoli d'avoir mis à prix la tête du gouverneur Grimaldi ! Gênes pousse son indignation jusqu'à faire armer deux galères pour intercepter le prélat ! Néanmoins, le 22 avril, Mgr de'Angelis embarque à Talamone et débarque le lendemain à Prunete, escale privilégiée des « rebelles ». Le 26, il expédie sa première lettre de Corse après avoir été reçu par Giuseppe Barbaggi, marié à Dionisia, nièce de Paoli. Sans perdre un instant, Domenico Ascione, imprimeur à Bastia, installé en Corse à la demande de Paoli, imprime le discours prononcé par Barbaggi en l'honneur du visiteur, visant par là à donner un caractère « politique » plus que « religieux » à sa venue. Paoli essaie ainsi de transformer cette simple visite – sorte de visite pastorale à grande échelle – en une sorte de « reconnaissance » de son gouvernement par le Saint-Siège. Pour donner un caractère encore plus solennel à cette espérance, Paoli reconnaît les anciens droits du Saint-Père sur la Corse, « Terre vaticane ». Ainsi, la venue du représentant du pape équivaudrait à une sorte de légitimation de son pouvoir aux yeux des puissances étrangères ! Le 11 mai, pour mieux se rendre solidaire du représentant pontifical, Paoli fait « lacérer, déchirer et jeter aux flammes » l'édit génois ! Jusqu'à la signature de la paix, Paoli ménage le pape. Le cardinal Torrigiani, félicité par Paoli le 6 septembre 1758 lors de son accès au secrétariat d'État romain, écrira le 16 juillet 1763 : « Si les choses devaient changer et que cette île passe sous un autre prince [que Gênes, ou que le Stuart ?], Notre Seigneur pourrait faire ressurgir certainement les droits de domination qu'a le Saint-Siège sur la Corse. »

Le visiteur apostolique est la seule autorité à caractère diplomatique reçue par Paoli au cours de son généralat. Tout le reste de l'œuvre paoline se réalise dans le seul cadre insulaire et c'est encore ce qui différencie le général d'un stathouder, et ce qui explique l'échec final du premier et le succès du second. Pourtant, l'œuvre intérieure est réelle : imprimerie, monnaie, université. Mais seule une marine de commerce aurait pu donner à Paoli les moyens financiers qui lui firent défaut. Dire que la Corse n'avait pas grand-chose à exporter n'explique pas tout. Les « gueux de la mer » et autres « rouliers des mers » n'avaient pas non plus grand-chose à exporter en dehors des fromages de Hollande et des harengs de la mer du Nord ! Le fromage corse et les rougets de Méditerranée pouvaient fort bien soutenir la comparaison ; mais les Hollandais étaient passés maîtres de la redistribution des denrées qu'ils ne produisaient pas chez eux : épices des Indes, poivre, cannelle, clous de girofle, noix muscade, voire malaguette africaine. Ce qui a manqué à Paoli, ce sont ces négociants, cette bourgeoisie d'affaires, ces élites maritimes que l'on trouve sur toutes les côtes d'Europe : à Bordeaux, Nantes, La Rochelle, Amsterdam, Londres. En Méditerranée, le grand trafic international, celui des Échelles du Levant, est absorbé par Marseille où « réussissent » nombre de Corses. Ce qui a manqué à la Corse paoline, c'est l'ouverture sur la mer : face à Gênes, Venise, Livourne, Barcelone, Marseille, ni Bastia, ni Ajaccio, ni Calvi, ni Bonifacio n'ont jamais tenté de rivaliser. Malgré les Espagnols, Amsterdam, Rotterdam se sont développées. Malgré les Castillans, Lisbonne a connu un essor considérable. Malgré Madrid, Barcelone est devenue un immense carrefour européen. Malgré le Habsbourg madrilène, Naples s'est imposée comme un grand port. La présence des Génois à Bastia, Ajaccio, Calvi et Bonifacio n'explique donc pas tout. Premier constat. Deuxième constat : le manque de développement économique des présides génois n'est pas dû à une quelconque volonté d'asservissement de la Corse par Gênes. Rien n'a empêché les Cap-Corsins – étroitement contrôlés par Gênes dans leurs deux seigneuries génoises (San Colombano au nord, Gentile au sud), de s'enrichir. Leurs inventaires après décès abondent en velours de Gênes ou d'Utrecht, en soieries, en bijoux d'or et d'argent, en beaux meubles, en riches étoffes, en brocarts. Ce qui a manqué aux Corses c'est la volonté de s'engager dans les voies du grand négoce – considéré dans l'île, Sampiero le disait, comme « vile marchandise » –, en privilégiant le service militaire réputé glorieux mais peu lucratif. En devenant capitaine vénitien, colonel sarde, maréchal de camp français, colonel génois, lieutenant piémontais ou garde corse pontifical, les insulaires qui avaient une conception aristocratique de la « réussite » (l'armée et non le commerce) ont stérilisé l'essentiel de leur énergie en des combats qui les concernaient aussi peu que les mercenaires écossais, d'où le retard d'Édimburg par rapport à Londres, première ville d'Europe au temps de Paoli : cinq cent mille habitants, plus de trois fois la population corse ; d'où le retard de Bastia – ville « noble » truffée de *palazzi* armoriés – par rapport à Marseille – port marchand. Ce n'est pas « le politique » génois qui a étouffé les Corses, c'est surtout « l'économique » marseillais ou livournais. Troisième constat : repliée à Corte au milieu des montagnes, l'œuvre paolienne ne pouvait être, dans le prolongement de celle de son père, qu'utopie intellectuelle, d'où la réussite de son imprimerie ou de son université, mais qu'est-ce que ces structures sans logistique financière ?

L'Imprimerie nationale

L'Imprimerie nationale constitue l'une des réussites de Paoli. Le général la créa en 1760 dans le prolongement de ce qu'il disait déjà au fils Rivarola le 24 octobre 1759 : « Une imprimerie ne nous est que trop nécessaire », mais de même que Paoli manquait de papier à Corte, il ne trouva pas dans l'île les compétences nécessaires et surtout les jeux de caractères et les presses. Il fit donc appel à un imprimeur napolitain, Domenico Ascione, installé au couvent de Campoloro près de Prunete et rémunéré soixante lires mensuelles, outre trente lires expédiées à Naples à sa famille. Ascione ne resta pas à Campoloro. Il s'installa au couvent des Franciscaines de Sainte-Élisabeth-de-Hongrie, puis à Cervione. L'un de ses premiers travaux fut d'imprimer le discours de Barbaggi prononcé lors de la visite du visiteur apostolique (avril 1760). Puis il imprima nombre de documents « nationaux », dont le journal officiel du gouvernement : les *Ragguagli dell'isola di Corsica*, dirigé par l'abbé Rostini. Le premier numéro sortit en septembre 1760. Le journal fut tiré en cinq cents exemplaires et connut une parution régulière jusqu'en juin 1768. À noter que sa fondation s'inscrit dans un mouvement général en Europe : c'est en 1755 que l'Allemand Muller fonde à Saint-Pétersbourg la première gazette littéraire russe ; c'est peu après que le franc-maçon Pietro Verri (1728-1797), en relation avec Paoli, fonde à Milan *Le Café* qui eut une réputation égale au *Spectator* d'Addison (1672-1719) dont Boswell offrit une série à Paoli, preuve que les *Ragguagli* attestent de ce que la Corse est pénétrée par les Lumières du siècle comme le reste du monde. Lorsque Ascione mourut de maladie le 26 février 1763 à Cervione, le Lucquois Francesco Batini vint le remplacer (juin). Il s'installa à Corte en 1764 ; c'est là que Boswell le rencontra en visitant l'université. « Il y a [à Corte], écrit-il, une imprimerie [...] et une librairie [...] tenues par un Lucquois qui imprime [...] les manifestes publics, les calendriers des jours de fête et de petits ouvrages de dévotion ainsi que la *Gazette corse.* » Il ajoute : « On trouve en Corse différents traités de controverses politiques, imprimés d'après leur titre à Corte, mais qui le sont en réalité à Lucques ou à Livourne. »

L'université de Corte

L'université de Corte est le second grand succès de Paoli. L'île s'intègre à la République des lettres pendant la période paoline. Nombre d'auteurs s'intéressent à la Corse et publient maints ouvrages. Si la *Description de la Corse et Relation de la dernière guerre* est l'œuvre d'un officier français anonyme, l'*Histoire de l'isle de Corse* est visiblement due à la plume de Goury de Champgrand, commissaire des guerres à Ajaccio. Les *Mémoires historiques* sont l'œuvre de Jaussin, apothicaire-major en Corse, en attendant que le père de Singlande écrive des *Mémoires militaires et voyages* qui tous préfigurent l'intérêt de Boswell pour la Corse en attendant l'*Histoire de Corse* de Pommereul (1779). Dans ce contexte littéraire, scientifique, philosophique mais aussi d'exploration géographique – îlienne notamment (voyages de Bougainville en 1766-1768 et de Cook à Tahiti) –, Paoli s'est acharné à faire en sorte que les Lumières pénètrent la Corse comme l'avait souhaité Neuhoff qui avait manifesté le désir de doter l'île d'une université susceptible de soutenir la comparaison avec les grands établissements d'Europe qui accueillaient nombre d'insulaires : Giacomo Santo Vivaldi de Rogliano soutint en 1685 ses thèses de droit canon et de droit civil à Rome, Orticoni était docteur *in utroque jure* de l'université de Rome, Giuliani avait été reçu docteur en médecine à Rome, l'abbé Giuseppe Maria Lucchetti passait son doctorat de théologie à Salamanque, Arrighi était professeur à l'université de Padoue. La Sapienza accueillait Ginestra. Pise, Bologne, Naples recevaient ses contemporains.

Fin 1764, Paoli crée donc l'université de Corte, laquelle ouvre ses portes le 3 janvier 1765. L'établissement emploie six professeurs recrutés dès novembre 1764, neuf en novembre 1765, puis dix en juin 1769. Le recteur en est le père Francesco Antonio Mariani de Corbara (1715-

1779), mineur observantin que Paoli a peut-être connu jeune car il fut custode et provincial de Naples et visiteur général de Bari. Il doit se rendre à Pise pour y prêcher le carême lorsque Paoli lui confie la direction de l'université. Historien de son ordre, théologien du visiteur apostolique et des évêques de Mariana et de Sagone, examinateur synodal de Pise et de Mariana, professeur de droit civil, de droit canon et d'éthique, c'est, selon Boswell, un « homme de savoir et d'esprit qui avait passé trois ans à Madrid comme secrétaire du général des Franciscains ». Mariani, futur recteur français du collège royal de Calvi (1774-1779) après Ponte Nuovo et cinq ans d'exil à Pérouse, a pour collègues le père Leonardo Valentini, administrateur de l'université, sans doute parent de Paoli, le père Gio Battista Ferdinandi, le père Angelo Stefani de Venaco. Tous enseignent en latin. Seuls les cours de droit sont donnés en italien. Les enseignants ne sont pas seulement des ecclésiastiques, ce sont aussi des hommes « engagés » et ultra-catholiques, proches de l'Espagne. Non seulement Mariani est docteur de l'université d'Alcalà, mais Ferdinandi, né à Pozzo di Brando vers 1730, capucin formé par les Jésuites, est le petit-fils de Carlo Ferdinandi qui administra en 1689 au nom du roi d'Espagne une partie de ce Mexique dont Neuhoff voulait obtenir la vice-royauté. C'est ce Carlo qui, après avoir fait fortune aux Amériques, bâtit à Pozzo di Brando la maison familiale (1717) et sa chapelle (1724) que connaît bien la sœur de Paoli, mariée à Giuseppe Franceschetti de Pozzo di Brando. Ferdinandi, professeur de rhétorique à l'université de Corte (1765-1769) a un frère, Carlo, chanoine, et un autre, Antonio, marié à la sœur de Mgr Stefanini (1710-1775), vicaire général de Mariana et Accia, évêque de Sagone en 1770. Le père Leonardo Grimaldi de Campoloro, capucin, professeur de philosophie et de mathématiques, est tout aussi engagé : il est l'auteur d'un *Discorso Sacro Civile* dans lequel il enseigne qu'il faut considérer comme des martyrs ceux qui tombent au combat pour leur patrie. Le père Bonfiglio Guelfucci, servite de Marie et secrétaire de Paoli, professeur d'histoire ecclésiastique et de dogmatique, est l'auteur d'une histoire intitulée *Memorie per servire alla storia delle Rivoluzioni di Corsica del 1729 al 1764*. Boswell ne dit d'eux que du bien, mais comme il venait en Corse pour y être le véritable agent de propagande de Paoli, pouvait-il en être autrement ? Écoutons-le toutefois : « Les professeurs [...] pères de différents ordres religieux [...] sont infatigables à la tâche et la jeunesse corse montre à l'étude l'ardeur et la flamme qui la caractérisent au combat. » Boswell saisit parfaitement les deux débouchés traditionnels du Corse : l'étude et le combat, l'Université et l'Armée, débouchés anciens, depuis les archers corses au service des Valois au XIVe siècle, jusqu'aux adjudants de carrière et aux professeurs d'université du

XXe siècle. Du grand négoce, du commerce maritime, il n'est pas question. Quel dommage que les chaires ou enseignements créés par Paoli n'aient été consacrés qu'au droit civil et canon, à l'éthique, à la philosophie et aux mathématiques, à l'histoire ecclésiastique et à la dogmatique, au latin et à l'italien. Quel dommage que celui que l'on donne pour le disciple d'Antonio Genovesi, « professeur *de commerce* dans la cité de Naples », n'ait envisagé aucun enseignement d'économie politique alors qu'en 1765 les cours de Genovesi existaient depuis vingt ans ! Boswell se garde bien d'émettre la moindre critique et préfère faire savoir à l'Europe qu'« il y a, à Corte, quelques assez belles salles où les professeurs donnent leurs cours » ; que les étudiants sont au nombre de trois cents, dont Charles Bonaparte, père de Napoléon ; qu'ils « bénéficient d'études totalement gratuites et même de pensions de quinze à vingt lires mensuelles » leur permettant d'être « logés en ville ». Pour Boswell, tout est parfait : l'université jouit gratuitement d'une maison cortenaise[13] et les fonds nécessaires à son bon fonctionnement proviennent de taxes perçues sur les curés et chapelains, sur les revenus de deux terrains, l'un à Antisanti, l'autre confisqué sur les Grecs de Paomia, et d'une maison à L'Île-Rousse. Paoli aime beaucoup « son » université qui bénéficie de l'air du temps, notamment des idées d'Étienne Bezout qui vient de créer en France en 1763 des structures pour les gardes de la marine de Toulon, Brest et Rochefort que l'on retrouve à Corte : des examens annuels en présence non pas de Bezout, mais de Paoli ; des sujets d'examen tirés au sort non par Bezout, mais par Paoli. L'expulsion des Jésuites de France, d'Espagne, du Portugal – ils sont passés maîtres dans l'enseignement de certaines disciplines (hydrographie, astronomie) – est en train de donner naissance à une véritable période de « réformes » scolaires et l'université de Corte ouvre ses portes dans ce contexte qui est celui de la tentative d'ouverture d'une École royale de marine à La Ciotat (1767). Moscou a fondé son université en 1755. Mais les réalités quotidiennes corses sont difficiles : Paoli manque de ce « vil argent » si nécessaire pourtant, d'où la création d'une monnaie insulaire, comme au temps de Neuhoff.

La monnaie de Pascal Paoli

Le 24 mai 1761, à la *consulta* de Vescovato, il est décidé de frapper des monnaies « aux armes du Royaume » en cuivre et en argent. « Toutes les églises, paroisses, chapelles qui possédaient plus d'un ostensoir, calice, encensoir et autres ustensiles d'argent, durent fournir une livre de ce métal pour être réduit en monnaie » (abbé Galletti). Un atelier (la Zecca) est installé à Murato avant d'être transféré à Corte (1767). La direction en est confiée à un neveu de Barbaggi, c'est-à-dire à un proche, comme au temps où Neuhoff confiait la direction de la frappe à Gaffori. Deux presses sont achetées. La première, acquise d'occasion, fait songer aux mousquets rouillés envoyés par Frédéric de Neuhoff à Pascal Paoli quelques années plut tôt. La seconde, en revanche, est achetée neuve. Paoli, cependant, rencontre dans ce domaine les mêmes réticences que Théodore à la génération précédente. Commerçants et négociants corses refusent cette monnaie qui n'a cours nulle part. Les Génois la raillent comme au temps des pièces frappées « T.R. ». La plupart des insulaires regardent les nouvelles pièces comme « fausses ». À cela, il n'y a rien d'étonnant : pas une des créations qui apparaissent en Europe au cours du siècle n'inspire confiance. Après la faillite de l'Écossais John Law à Paris et la décapitation du baron Goertz en Suède – tout deux intimes de Neuhoff –, et jusqu'aux assignats révolutionnaires, les expériences monétaires sont toutes vouées à l'échec ; les cent millions de florins frappés à Leipzig de 1756 à 1763 par Frédéric II, lesquels n'étaient point en argent, n'ont eu d'autre conséquence que de ruiner la Pologne où Frédéric les avait fait répandre, causant un préjudice considérable à la nation polonaise. Face au refus de « sa » monnaie par les masses laborieuses et « ses » propres soldats, il ne reste alors à Paoli qu'une solution : faire la conquête du cap Corse, patrie des seuls marins insulaires, créer une marine corsaire comme à Dunkerque, Saint-Malo ou La Rochelle – qui ont parfois fait craindre au roi de France qu'elles ne s'érigent en « républiques » –, créer un port de toutes pièces : L'Île-Rousse, et faire de la Corse un pôle économique, seul susceptible d'offrir aux « nationaux » leur logistique. En cela, Paoli est peut-être l'élève de Genovesi, il l'est surtout de Neuhoff qui voulait faire de la Corse un immense « entrepôt » international avec des hommes de toutes origines, de toutes confessions, de tous pays, notamment avec des calvinistes hollandais, marchands d'Amsterdam, en qui Neuhoff voyait les acheteurs privilégiés de l'huile d'olive de Balagne. Paoli n'a pas d'autre politique lorsqu'il souhaite accueillir des juifs livournais à L'Île-Rousse ou lorsqu'il écrit qu'il espère l'établissement d'un port franc barbaresque dans l'île.

Pascal Paoli et le cap Corse

Paoli a trop longtemps vécu à Naples pour ne pas avoir compris que si Naples est un royaume indépendant c'est grâce à la fortune de son port. Les républiques de Gênes et de Venise sont elles aussi indépendantes de toute tutelle grâce à leur commerce, donc à leurs richesses, d'où l'existence médiévale de la Banque de Saint-Georges. Si l'ordre de Malte est ordre « souverain », c'est bien parce que les chevaliers, pauvres cadets de famille réduits à leurs deux mille livres de « légitime » dans les successions de leurs père et mère, pratiquent une fructueuse contre-course chrétienne à l'encontre de la course barbaresque. Pour Paoli, l'indépendance politique de l'île passe bien évidemment par son indépendance économique mais, malheureusement pour ses aspirations, les deux facteurs sont inversés. Le petit-fils du meunier est un pur terrien, le Rostino une région rurale, et ses meilleurs soutiens, les « montagnards », sont dénoncés depuis 1729 comme étant les pillards des faubourgs marchands de Bastia, comme des « bergers » et des gens de l'intérieur avides des richesses produites par la mer (pêche au poisson, au corail, exportation de muscats, de blé, de châtaignes) ou venues de la mer : importations d'étoffes, de soieries, de quincaillerie, de marchandises et denrées diverses. Paoli sait pouvoir compter au cap Corse sur quelques notables roglianais, dont les frères Terami : *messer* Teramo (1731-1822), excellent marin, et le R P Giuseppe Maria (1737-1825), prêtre éminent, de culture aussi grande que sa taille est petite. Le 17 août 1761, l'agent français Rigny écrit : « On a appris que Paoli, à la tête de deux mille hommes, a attaqué le village de Rogliano, cap Corse, s'emparant d'une petite tour défendue par un sergent et huit hommes qui ont capitulé. Une petite escarmouche eut lieu dans le village et deux hommes furent tués. Il est allé ensuite assiéger Macinaggio [la « marine » de Rogliano], dont le fort extérieur est gardé par deux cents soldats [...]. On a peur qu'il s'en empare et qu'il se rende maître de tout le cap Corse et de Saint-Florent », mais le fort « en très bon état de défense » résiste [14]. Fin septembre, les nationaux « continuent le siège du fort » qui « se défend avec toute la vigueur possible. On a [même réussi à] relever une partie de la garnison, au moyen de la prise que les Génois ont faite des magasins de Tomino [village voisin de Rogliano], ce qui assure la communication entre Bastia et Macinaggio [15] ». La prise d'une des tours de Rogliano (janvier 1760), celle de « la petite tour de la Chiappella dans le golfe de Macinaggio », celle de l'îlot qui fait face à Centuri permettent bientôt au gouvernement « national » de s'implanter au cap Corse. En janvier 1762, à la *consulta* de Luri, le cap se rallie à Paoli, mais la principale « marine », celle de Macinaggio, continue à lui faire défaut. Cela constitue un handicap majeur pour mettre sur pied une marine corsaire.

La marine corsaire de Pascal Paoli

Paoli n'a pas la volonté de rester replié dans ses montagnes. Pétri d'histoire antique, il sait que les Phocéens sont arrivés par Aléria. Disciple de son père, il connaît tout de l'histoire insulaire, tout des colonies romaines d'Aléria et de Mariana. Il sait que l'avenir de la Corse est sur l'eau. Corte n'est jamais pour lui qu'un pis-aller, un refuge, une retraite inexpugnable à l'ombre d'une citadelle quasi imprenable ; une capitale imposée par les circonstances, non une capitale choisie. En Corse, Paoli est chez lui et il n'y a aucune raison pour qu'il laisse les côtes à d'autres. Alors que les Romains contraignaient les Corses à gagner les montagnes de l'intérieur, Paoli – élevé en Romain – veut descendre des montagnes vers le littoral pour mettre sur pied une marine de commerce capable d'offrir aux insulaires richesses économiques, progrès technologiques et moyens militaires. La guerre aux Génois nécessite des armes, de la poudre, des munitions venues du continent. Si l'intérieur de l'île est autosuffisant au point de vue alimentaire, l'île a besoin de produits importés : textiles, objets de fer ou d'argile, papier, presses, caractères d'imprimerie, balances, sel, livres, traités techniques (*Le Parfait Ingénieur*), étoffes, meubles de sacristie, dais pour les églises, franges d'or, baldaquins, peintures, argenterie, vitraux marseillais pour les chapelles familiales comme celle des Cipriani d'Ortinola à Centuri. Or, entre 1756 et 1763, la guerre internationale – qui est en grande partie une guerre navale franco-britannique en Méditerranée, mais aussi sur les océans Atlantique et Indien – favorise partout le développement de la guerre de course, proclamée par Paoli contre Gênes et ses alliés français.

Paoli met donc sur pied sa marine corsaire qu'il confie à Gio Battista Peri (né en 1724 à Cuttoli-Corticchiato ou à Peri près d'Ajaccio ; mort en 1774 et inhumé le 5 décembre en la cathédrale d'Ajaccio). Peri est un personnage étonnant : sous-lieutenant de grenadiers au *Royal-Italien* au service de Louis XV, condamné par contumace pour avoir blessé en duel son colonel M. de Belval, rentré en Corse, il y devient le commandant du chébec la *Galeotta*, bâtiment maltais, puis de la felouque nationale *Il Terrore* à partir du 22 octobre 1762. En 1765, Boswell écrit qu'il dirige la marine paoliste « avec beaucoup de sagesse et d'habileté [...].

On peut l'appeler Grand Amiral de Corse ». Chevalier de Malte, Peri, qui se fait appeler « comte Perez », est le fils de Francesco Maria Peri (1687-1721), colonel au service de Louis XIV, et le petit-fils du capitaine Pietro Paolo (v.1640-1706), Noble Six de la piève d'Ajaccio (1692). Toute sa famille est au service de l'étranger depuis le XVIe siècle, notamment de Venise : l'un des siens, Francesco Maria Giacinto Peri (1626-1693), natif de Zara, fut notamment sergent-major de bataille à Candie dans la décennie 1660, surintendant de Candie lors du siège de 1669, avant de mourir à Venise et d'être inhumé à Vérone. Si nombre des siens ont été capitaines à Zara dès 1619-1631, colonels à Venise et Candie tout au long du XVIIe siècle, il doit son titre de comte aux trois frères de son grand-père, faits comtes par la duchesse régente Maria Giovanna de Savoie par lettres patentes de 1680, le quatrième, Jean-Baptiste (v.1647-1721), lieutenant général des armées du Roi (Louis XIV), étant mort en son château de la Norville, « marquis de Pery », le 4 mars 1721. Peri, qui sera regardé par Marbeuf dès le 20 février 1768 comme « une tête chaude de la première espèce[16] », est donc un « patriote » fort mitigé, ancien officier au service de la France ; il trahira du reste Paoli avant Ponte Novo (1769), se ralliant à Louis XV dès 1768, ce qui lui vaudra d'être fait chevalier de Saint-Louis. Son fils en revanche passera au service de Paoli à Londres avant d'aller servir outre Atlantique pendant la guerre d'Amérique.

En attendant, Paoli met sur pied sa petite marine corsaire. Des *Instructions pour les armateurs du royaume* sont imprimées chez Domenico Ascione. Il lui faut aussi délivrer des « lettres de marque » aux corsaires corses, ce qui est dangereux pour eux. Le gouvernement « national » n'étant reconnu par aucune puissance, tout « corsaire » paoliste ne peut être considéré par les marines de guerre européennes que comme un vulgaire pirate. Or, un corsaire muni de lettres de marque par son souverain, et pris en mer par l'ennemi en temps de guerre, est retenu par l'adversaire avec le statut de prisonnier de guerre ; tandis qu'un pirate capturé est « pendu haut et court à la plus haute vergue de son navire ». On comprend donc le peu d'empressement des Corses à se faire corsaires puisqu'ils ne sont perçus comme tels que par Paoli, l'ensemble des belligérants européens ne pouvant les regarder que comme pirates. Certes, les corsaires paolistes arborent sur leurs navires le pavillon blanc à tête de Maure, reconnu *de facto* par nombre de marins, mais Louis XV et Gênes regardent la flotte paoline comme une flotte « rebelle » ! Paoli se réjouit toutefois de voir le pavillon à tête de Maure plus ou moins reconnu : « À Livourne, nos pavillons sont reçus avec des acclamations[17]. » Ou encore : « Depuis que notre pavillon s'est montré dans les ports, le crédit de la nation a beaucoup augmenté[18] », mais ses corsaires risquent leurs têtes lorsqu'ils sont capturés, comme le *nobile* Teramo Terami, commandant du gros *felucone* national[19] le *Santissima Concezzione,* pris avec Giorgio Rossi dans la Cala Sevina en 1762, conduit dans un port sarde et difficilement relâché après plusieurs mois de réparations, son combat contre les Génois lui ayant occasionné nombre d'avaries. On comprend alors que les bâtiments corsaires « nationaux » n'aient pas dépassé la quinzaine, petits navires privés, propriété de « patrons » cap-corsins ou petits navires « nationaux » achetés par le gouvernement national à Livourne ou construits à Centuri et Farinole. On comprend aussi que les capitaines cap-corsins, aisés financièrement, mariés et pères de famille, se soient peu rassemblés autour des fils de ceux qui avaient pillé San Martino di Lota, Brando ou Rogliano en 1729, lors de troubles « où l'honneur des femmes n'avait point été épargné » (Rostini). À Rogliano, certains marins refusent de servir Paoli : les Silvagnoli de Quercioli et les Mariani préfèrent partir à Livourne. En revanche, le podestat d'Ersa, Giovanni Antoni, écrit à Paoli qu'il est prêt à faire fusiller pour l'exemple quelques matelots qui refusent de sortir en mer. Farouche paoliste, il est proche parent des Giacomini de'Porrata de Morsiglia. Paoli a donc autant de mal à protéger le commerce insulaire qu'à nuire au commerce génois. S'il parvient à se ravitailler en armes à Livourne ou Porto-Longone, c'est difficilement car sa flotte ne doit pas faire illusion. Il ne s'agit que d'unités petites, peu artillées, deux canons, deux ou quatre pierriers, une douzaine d'espingoles. Les capitaines sont peu nombreux, leurs équipages faibles (rarement plus de soixante-dix marins, dont souvent plus de vingt rameurs). En outre, la construction navale, confiée à des maîtres-charpentiers napolitains ou venus de l'île d'Elbe, n'est guère au point : la demi-galère construite à Centuri l'est en six mois (juin à décembre 1761), ce qui est rapide, mais, lancée le 10 janvier 1762, elle est perdue dans la nuit du 1er mars ! Quant aux ports favorables à Paoli, ils sont quasi inexistants, d'où la nécessité de développer L'Île-Rousse où John Symonds compte en 1767 « quarante maisons environ et pas moins de trente-quatre boutiques ». Paoli, conscient de ces faiblesses, a fait tout ce qu'il a pu pour tenter d'y remédier. Il a encouragé ses corsaires à relâcher les prises autres que génoises ou à entretenir d'excellentes relations avec les corsaires de Tunis (1767), ce qui, une fois encore, choqua les esprits catholiques et par conséquent les marins cap-corsins baptisés au milieu des ex-voto de leurs pères et toujours soucieux de prier la Vierge, au point que Christopher Hervey, qui faisait en 1760 une escale forcée à Ajaccio, a craint un moment d'être jeté à la mer, en qualité d'hérétique, par les matelots corses qui le transportaient et qui souhaitaient conjurer la tempête ! Les marins du cap Corse étaient trop exposés aux Barbaresques qui les conduisaient régulièrement au bagne d'Alger pour adhérer aux principes de « tolérance » développés par Paoli. Ces bâtiments servaient toutefois à transporter aussi nombre d'objets, de meubles, d'éléments de décoration destinés au Palais national de Corte afin de faire honneur à la Corse vis-à-vis des visiteurs étrangers. Ainsi fut-ce le patron Francesco Torre de Tomino qui transporta le fameux « trône » (1766) ainsi que beaucoup d'autres éléments de mobilier destinés à Paoli.

Le Palais national de Paoli à Corte

À partir de 1759, Paoli fait aménager pour lui à Corte l'ancien logement du lieutenant génois : le *Palazzo nationale*, qui n'a qu'un seul étage jusqu'en 1772 et qui comporte deux appartements de quatre pièces chacun : un au sud, celui de Paoli, l'autre au nord. En 1761, on refait les peintures. Pour la première fois, les fenêtres sont équipées de deux cent quarante vitres bastiaises et les anciens cadres de bois portant de l'étamine cloutée sont supprimés. La façade est recrépie en juillet 1763 puis peinte en blanc en mai 1765, juste avant l'arrivée de Boswell, ce qui semble prouver que Paoli était informé de sa venue. Le toit est réparé, des rideaux posés, deux grands tapis achetés. Ils suscitèrent peut-être la jalousie de Laetitia Ramolino. Celle-ci, le 15 août 1769, a accouché de Napoléon, en rentrant de la messe, dans l'entrée de sa maison. On a dit plus tard qu'elle avait accouché « sur un tapis » et Laetitia prétendit toujours qu'il n'y avait point de tapis chez elle faute de ressources ! À Corte, les portes du *Palazzo nationale* sont garnies de portières festonnées. Le menuisier Franchini aménage la bibliothèque et le cabinet de travail. Maestro Domenico, menuisier, équipe la salle du conseil d'une longue table aux extrémités arrondies. Début 1766, cette salle reçoit d'Italie dix fauteuils en noyer, sculptés et dorés, recouverts de tissu, et un baldaquin doré de damas cramoisi, décoré de guirlandes de fleurs et de vases, bordé de galon d'or et de franges d'or « à la milanaise pour le trône », brodé aux armes de la Corse. L'abbé Alessandrini achète quatre tables, quatre consoles en albâtre, un lustre et du damas pour équiper la salle à manger. Il dote le salon de trois canapés et de six chaises recouvertes de tissu. Une chapelle privée est aménagée (1759) et confiée au RP Anton Leonardo Valentini. Celui-ci commande en terre ferme six dais dorés (mars 1766 ; serait-ce pour la venue du Prétendant ?), six chandeliers, du mobilier vénitien venu de Vicence (juin 1767), douze mètres et demi de cordon de soie, des canons d'autel pour la messe, une chasuble florentine d'étoffe blanche garnie d'or, une aube génoise garnie de dentelle, des étoffes, du damas vert, du camelot de Hollande, des tissus, des rubans, deux pièces de damas brodées aux armes de la Corse inventoriées après Ponte Novo, de la chandelle, cinq bancs en noyer (hiver 1767-1768). Les portes du palais sont refaites (avril 1764), les serrures et ferrures des portes remplacées (septembre 1765), la prison est rénovée : grille de fer en encorbellement (novembre 1765), peinte (printemps 1766) ; entraves de fer pour immobiliser les prisonniers, serrures, peinture au lait de chaux. Partout, du carrelage est posé sur le sol. Des volets de chêne doublés de liège équipent les fenêtres (1765) pour les protéger des balles. Paoli fait fabriquer en argent carlin, pour la salle à manger, un huilier d'un poids de onze livres d'argent, un « cabaret à la française », sorte de cave à liqueurs, une chocolatière de sept livres et quart d'argent avec manche d'ébène, quatre carafes de cristal (décembre 1765). Un deuxième appartement est aménagé au couvent Saint-François à partir de décembre 1761, avec cuisine, pour y loger les hôtes de passage ; il servira à Boswell (1765), à Burnaby et Hervey (1766), l'appartement nord du palais servant aux domestiques de Paoli : un valet de chambre français, Joseph Dupuy, remplacé fin 1764 par Vincente Vincenti ; un maître d'hôtel : Diego Giovanetti (1765), et quelques autres serviteurs formant un total de neuf domestiques dont un goûteur père capucin, sans compter le concierge des prisons Christophe Vendrick. L'aménagement du Palais national est l'un des éléments du pouvoir de Paoli qui ne cesse de vouloir imposer la réalité de son État. En 1764, il exige de ses magistrats qu'ils soient vêtus de noir lorsqu'ils se produisent en public.

PAOLI ET VALCROISSANT

À partir de 1762, après le ralliement du cap Corse à Paoli lors de la *consulta* de Luri, celui-ci, malgré les disettes de 1763 et 1764, parvient à augmenter son influence dans l'île. En juin-juillet 1763, trois cents Corses s'illustrent en repoussant cinq cents Génois à Furiani et le 17 octobre les paolistes tentent un coup de main sur Ajaccio : Giuseppe Maria Masseria et son fils Bartolomeo sont tués en tentant de s'emparer de la citadelle. Leur fils et frère Philippe-Antoine (Ajaccio, 1739-Londres, 1814) sera l'agent secret du gouvernement anglais en Toscane et à Gibraltar... Mais le traité de Paris est signé entre la France et l'Angleterre le 10 février 1763. Au lendemain de la paix, Paoli pourrait être satisfait de la défaite de la France – alliée de Gênes – face à l'Invincible Albion qui a détruit la quasi-totalité des escadres françaises en 1759 : désastres de Lagos et des Cardinaux. La France a perdu le Canada. Elle a été contrainte de rendre Minorque à la Grande-Bretagne. Elle a perdu une centaine de bâtiments de guerre : vaisseaux, frégates et brûlots. Gazettes et journaux britanniques font alors l'éloge de Paoli, notamment le *Gentleman's Magazine* d'avril 1763 ou la *London Chronicle* du 5 avril, de crainte que Paoli ne bascule dans le camp français.

Côté français, le 9 décembre 1763, Paoli reçoit à Corte un agent secret de Louis XV, le chevalier de Valcroissant, dit Meissonier-Valcroissant, lieutenant-colonel des dragons du Roi. Valcroissant, d'une famille de Gap inféodée aux Ornano et aux Grignan, appartient à cette lignée d'espions qui a donné en 1669 l'autre chevalier de ce nom qui a empêché Fouquet de s'évader de Pignerol au lendemain des affaires de Candie ! Valcroissant est un agent dont la famille semble militer pour une Corse française depuis 1669 au moins, en relation avec les Ornano, côté français, et les Gaffori-Matra côté corse ! Le marquis de Cursay parle de Valcroissant dans plusieurs lettres à partir du 12 décembre 1763 : « Je n'ai pas ouï dire que les troupes du Roi eussent encore reçu les ordres. Celles qui doivent passer [en Corse], ainsi que les généraux, sont encore à Toulon. J'ai ouï dire que *vous deviez actuellement avoir un M. de Valcroissant* qui avait été faire un voyage *chez vous* [...]. Je n'ai pas été consulté. Je vis à ma campagne assez retiré [...]. Il est de l'intérêt de la nation et du Général de lui faire comprendre que la venue des troupes françaises ne peut jamais être qu'un bien[20]. » On ignore à qui Cursay adresse cette lettre en Corse mais il est certain qu'elle est destinée à quelqu'un de proche de Faustina Matra, veuve Gaffori, puisque Cursay achève sa lettre en disant : « Il y a encore à Bastia un de mes parents qui fait l'office de maréchal des logis [...]. Il s'appelle L'Enchère. Faustine le connaît beaucoup ! » Quel ton familier ! Valcroissant est regardé par Paoli comme « un homme aux multiples facettes ». Il le dira à John Stuart-Mountstuart en 1768, lequel répétera ses remarques à Shelburne[21]. Pour Paoli, Valcroissant est un « homme plein d'adresse ». « Il avait espionné en Russie pour le compte de la France et il faisait de même en Corse. Il avait tué son colonel [alors que Peri n'a fait “que” blesser le sien !]. Grâce à cet intermédiaire, écrit John, [Paoli] avait été sur le point de conclure avec la France, sur une base d'indépendance, une alliance [...]. De par le traité envisagé, la Corse devait être une nation libre placée sous la protection de la France, liée à elle et partageant ses intérêts, les ennemis de l'une devenant ceux de l'autre et leurs amitiés étant réciproques. » Paoli n'a alors aucune hostilité à l'égard de la France quoique Cursay n'ait rien fait en 1755 pour lui procurer le grade de capitaine au Royal-Corse auquel il aspirait et qu'il avait déjà sollicité une première fois par l'intermédiaire de Buttafoco. Une lettre de Luigi Zerbi à Casabianca, datée de Livourne (16 février 1764)[22], nous apprend que Valcroissant a débarqué de Corse en ce port à l'issue de ce premier voyage en Corse (décembre 1763-février 1764), et qu'il est « parti de cette cité pour la France », alors que Louis XV espère avoir pour lui toute la Corse et ne laisser à Gênes que Bonifacio.

Le 27 février, Louis XV ordonne à Valcroissant d'annoncer à Paoli l'installation de troupes à Ajaccio, Calvi, l'Algajola. Valcroissant repart aussitôt en Corse pour un deuxième voyage (mars 1764). Au printemps, il séjourne auprès de Paoli. Le 3 avril, il obtient une lettre de lui à Choiseul qui tente d'opposer aux sirènes maçonniques et stuardistes d'autres sirènes maçonniques et françaises, essentiellement lorraines. Natif de Nancy, Choiseul décide de confier le nouveau commandement des troupes dépêchées en Corse au comte de Marbeuf, gentilhomme du vieux Stanislas, duc de Lorraine, protecteur de la franc-maçonnerie lorraine à partir de 1751 et beau-père de Louis XV. Marbeuf – qui se partage entre Nancy embellie par Stanislas et le château de Lunéville, résidence de Stanislas – est sans doute déjà en contact avec les loges maçonniques de Metz, elles-mêmes en relation avec les maçons du sud de la péninsule italienne. Il sera bientôt affilié à Bastia à la franc-maçonnerie locale (1778). Choiseul ordonne à Marbeuf « de faire connaître [à Paoli] les vraies intentions du Roi *par le canal seul* du chevalier de Valcroissant » ! Le 6 avril, Cursay écrit à nouveau en Corse[23] et fait état de ce deuxième voyage de Valcroissant auprès de Paoli : « M. de Valcroissant m'a remis votre lettre, mon c. C. [mon cher Casabianca ?]. Il m'avait promis de venir chercher la réponse mais je n'en ai point entendu parler. Il doit être actuellement en Corse, et vraisemblablement il traite avec vos chefs [Paoli]... Le bruit court que l'on fait passer six bataillons en Corse [...]. Je n'ai point été consulté, quoique j'aie acquis des notions sur votre patrie. Je passe ma vie à la campagne, et je n'ai d'autre occupation que d'être tranquille [...]. Mes compliments à Clemente [Paoli], à Mme Faustina [veuve Gaffori] et à Madame [épouse de C.]. » La France des Lumières, la France des loges maçonniques, est loin de déplaire à Paoli et à nombre de Corses, officiers au Royal-Corse, amis de Cursay auquel même le fils Castinetta donnait une représentation théâtrale dans son village lorsque celui-ci résidait en Corse.

Le 10 avril, depuis Paris, Cursay écrit à l'issue du deuxième voyage de Valcroissant : « M. de Valcroissant est venu me voir et m'a apporté une lettre de vous. Il m'avait promis de venir prendre la réponse. J'ai appris qu'il était retourné à Savone et que de là il allait passer en Corse[24] » pour un troisième voyage (avril-mai 1764) ! Dans cette lettre,

Cursay avoue : « Les lettres ne sont point sûres [...]. Il est bon que l'on ignore ma façon de penser [...]. N'oubliez pas de me mander ce que l'on fera, tout ce que l'on dira, tout ce que l'on proposera à M. de Valcroissant. Il peut en résulter beaucoup de bien... Je vois que j'ai l'espoir de vous retrouver un jour. » Le 11 mai, alors que Valcroissant vient de rentrer de son troisième voyage, Cursay écrit à nouveau à son correspondant : « M. de Valcroissant m'a remis votre lettre. Je ne lui ai fait aucune question sur ce qu'il avait traité avec Paoli. Peut-être n'en aurait-il rien dit[25]. » Le 30, Cursay écrit à Casabianca : « M. Valcroissant m'a remis une lettre de votre part. Je n'ai pu le voir qu'un instant *à Versailles*... Je sais que la nation [corse] n'est pas en état de supporter les frais que je lui vois faire *pour la fonte du canon*, l'artillerie et les autres dépenses. Il est donc sûr que vous êtes soutenus par quelque puissance et *je crois que ce sont les Anglais*. Vous avez tort de ne pas me l'avouer [...]. M. de Valcroissant m'a prêté le mémoire d'un Corse [don Gregorio Salvini] à un autre Corse de Venise », preuve de la pérennité des contacts corso-vénitiens contrecarrés par les Valcroissant en 1764 comme en 1669 ! Il faut répéter que celui qui avait fait rater l'évasion de Fouquet à Pignerol avait épousé une Doria ! Depuis Rennes, le 31 août 1764, Cursay achève une lettre à un Corse en lui disant : « Je ne connais pas don Pasquale [Paoli] mais je suis persuadé qu'en faveur de son frère, il serait bientôt de mes amis [...]. Faites mes compliments à Giacinto Paoli que je révère beaucoup[26]. » Cursay ignore encore que Giacinto est mort à Naples à cette date.

Côté anglais, les services britanniques sont sur le qui-vive. Alertés des négociations qui se tractent entre Versailles et le général, ils ripostent. Le 29 décembre 1763, le roi d'Angleterre interdit à tous ses sujets d'avoir des relations avec la Corse. Pris entre deux feux, Paoli n'a qu'une seule joie : Alério Matra, maréchal de camp au service de Gênes et frère de feu Mario-Emanuele, meurt fin 1763 après avoir publié un dernier manifeste contre lui. Son cousin, Antonuccio Matra, très lié à Gênes, doit quitter l'île. Paoli réussit alors à rallier autour de lui de plus en plus de monde, notamment lors de la *consulta* de Sartène (1763), mais il reste toutefois, face à lui, un opposant de taille avec lequel les Français préféreraient négocier plutôt qu'avec lui : le docteur Abbatucci. Médecin cultivé et francophile, élu « lieutenant général » par une *consulta* tenue au couvent d'Ornano (1763), Abbatucci représente pour Paoli le plus grand danger du moment, comme Matra six ans plus tôt. Paoli le fait donc enfermer au *Palazzu naziunale* de Corte en novembre 1763, juste avant la première venue de Valcroissant. Abbatucci – prisonnier dans l'appartement même de Paoli au premier étage – meuble ses journées en faisant de la poésie. Aucun des Vénitiens de son entourage ne réussit à obtenir sa libération : ni son oncle maternel, le colonel Paganelli, ni son frère le capitaine Giacomo Abbatucci, gouverneur de Brescia. Ce n'est que le lendemain de la signature du projet de traité secret entre Paoli et Valcroissant, le 10 décembre 1763, qu'à l'initiative du podestat de Zicavo, Bernardino Sabiani, beau-père d'Abbatucci et de Cesare Paganelli père de la commune de Zicavo, que plus de soixante podestats et pères du commun de toutes les communautés des trois pièves du Talavo, de l'Ornano et d'Istria signent une pétition pour obtenir sa libération. Il « vivra – disent-ils – sans ambition aucune d'ingérence dans les affaires communes, sauf si Votre Excellence daigne lui donner une charge définie » ; mais tant que les négociations avec la France ne sont pas terminées, Paoli – qualifié de « vieux renard » par ses ennemis – préfère tenir enfermé Abbatucci dont il craint le poids auprès des autorités françaises – avec raison, puisqu'elles le feront colonel, maréchal de camp, chevalier de Saint-Louis, tout en le maintenant dans sa noblesse !

En outre, Pascal n'est pas à ce moment-là en état d'écouter les voix qui s'élèvent en faveur d'Abbatucci. Le 16 décembre 1763, son père Giacinto, quatre-vingt-six ans, est mort à Naples à l'issue d'un quart de siècle d'exil. Peut-être a-t-il pensé en mourant à ce que Pascal lui écrivait sept ou huit ans plus tôt : « Quel plaisir ressentiriez-vous aux derniers jours de votre vie, à me voir au chevet de votre lit, sans rien pouvoir vous rappeler de moi qui vous fasse honneur ? » Au chevet de son lit, le vieillard ne vit rien : ni fils, ni bru, ni petits-enfants ; le néant et peut-être quelque part l'échec d'une vie matérielle précaire, confinée entre la crainte pour la vie de ses fils et le manque d'argent sur une terre étrangère. Quelques éclairs passèrent peut-être devant ses yeux depuis quelque temps privés de lumière : l'image enfouie de Costa, celle plus marquée de Neuhoff, et puis le sourire de Dionisa trop prématurément disparue. Le 26 janvier 1764, Pascal est à Corte. Une messe du souvenir y est célébrée en hommage au défunt. L'abbé Massessi prononce l'éloge funèbre et dans l'immensité de l'espace qui fuit à l'arrière de l'autel où brillent les flammes de gros cierges, Pascal revoit sans doute Naples, la chaleur napolitaine de son adolescence écrasée de soleil, au milieu des odeurs d'encens. Jusqu'en 1764, Pascal est resté avant tout un héritier. Orphelin de père, il décide de créer l'université de Corte (novembre 1764), un peu comme si ce célibataire se sentait tout à coup devenir le père de tous les Corses, un pédagogue soucieux de vouloir transmettre un savoir, une culture, des sciences aux générations montantes. À chaque approche de la mort (celle de son père en 1763, la sienne en 1807), Paoli trouve sa consolation en se réfugiant dans le besoin de transmettre et, en 1807, c'est encore vers les « escholiers » de son île natale qu'iront ses livres, ses legs et ses dernières pensées.

En mai 1764, une fois achevées les négociations avec Valcroissant, Paoli accepte de libérer Abbatucci à condition qu'il quitte la Corse sous dix jours et pour trois ans. Libéré, Abbatucci rentre à Zicavo auprès de son épouse ! Il y entretient des correspondances avec le futur général Dumouriez, alors en Corse. Il rend visite à Ajaccio à M. de La Tour du Pin, maréchal de camp, neveu du marquis de Cursay[27], alors qu'un autre Français, Paul-Elzéar Rancurel, débarque à Centuri (juin 1764).

Paoli et Rousseau

Après les trois voyages de Valcroissant entre décembre 1763 et mai 1764, commence un autre ballet autour de Paoli, avec Rousseau pour épicentre ! Rancurel, donné pour chevalier de Malte provençal, rencontre Paoli en juillet 1764 à Corte et part voir Rousseau à Môtiers, muni d'une lettre de Paoli[28] ! Rousseau vient de se réfugier en Suisse en 1762 et il vit jusqu'en 1765 en la principauté de Neuchâtel, gouvernée pour le roi de Prusse par George Keith (1686-1778), jacobite exilé qui conserve le titre héréditaire de lord Maréchal en qualité d'ancien maréchal d'Écosse, fonction dont les Hanovre l'ont dépouillé. Rousseau est au mieux avec ce grand chef jacobite, et ce dès 1762. Cette année-là, Rousseau écrit dans *Le Contrat social* : « Il est encore en Europe *un peuple* capable de législation. C'est l'isle [*sic*] de Corse. La valeur et la constance avec lesquelles *ce brave peuple* a su recouvrer et défendre sa liberté mériterait bien que *quelque homme sage* lui apprît à la conserver. J'ai quelque pressentiment qu'un jour cette petite isle [*sic*] étonnera l'Europe. »

Personne n'a jamais constaté que Rousseau écrit ces lignes alors qu'il vient d'arriver à Neuchâtel dont le gouverneur est le lord Maréchal[29]. Or, du lord Maréchal Rousseau écrit qu'il est « un des plus zélés partisans de la nation corse » (lettre du 30 mai 1765). Quel peut bien être l'« homme sage » auquel Rousseau fait allusion ? Serait-ce Paoli ? Sans doute non puisque Rousseau place son étonnement dans le futur, alors que Paoli est au pouvoir depuis sept ans. Ne serait-ce pas plutôt Bonnie Prince Charlie, le Prétendant Stuart, pour lequel le lord Maréchal ne cesse de militer en Europe ? Le lord Maréchal est le frère aîné de James-Francis-Edward Keith (1696-1758), général écossais, dit Marshall Keith, fidèle serviteur des Stuarts. James s'est enfui d'Écosse en 1716-1717, après l'échec d'une tentative de restauration des Stuarts à laquelle avait pris part... Neuhoff ! James est ensuite passé en Bretagne... à l'époque de Cellamare et de la conspiration de Pontcallec ! Puis... comme Neuhoff, il est passé au service d'Alberoni en 1719 et a servi dans les armées d'Espagne à l'époque où Neuhoff y était colonel à la suite du régiment d'Oran ! Rousseau ne joue curieusement au devin (« j'ai quelque pressentiment ») qu'une fois entamées ses relations avec le lord Maréchal ! Pourquoi ? On a prétendu que Rousseau songeait déjà à Napoléon ! En 1762 ! Alors que Napoléon ne naîtrait qu'en 1769 ! En fait, non, Rousseau ne joue pas au devin mais le lord Maréchal a dû l'informer en 1762 du prochain établissement espéré du Prétendant en Corse, d'où l'arrivée du « trône » en 1766.

Rousseau et le lord Maréchal sont intimes au point que le second, riche, offre au premier, toujours pauvre, une pension de six cents livres annuelles, réversible à sa femme Thérèse, ce que Rousseau commence par refuser par lettre du 31 mars 1764, avant d'accepter. En outre, le lord Maréchal léguera sa montre au fils de l'horloger suisse ! Et c'est justement en 1764 que Paoli contacte Rousseau pour établir un projet de constitution pour la Corse, la monarchie Stuart devant être une monarchie constitutionnelle, à l'anglaise, comme à Londres. Rousseau, dans le livre XII des *Confessions*, écrit : « J'avais parlé des Corses dans *Le Contrat social* [...]. Un M. Buttafoco, d'une des premières familles du pays et *capitaine en France* dans le Royal-Italien, m'écrivit à ce sujet et me fournit plusieurs pièces que je lui avais demandées pour me mettre au fait de l'histoire de la nation et de l'état du pays. M. Paoli m'écrivit *aussi* plusieurs fois[30]. » Matteo Buttafoco (1731-1806), capitaine aide-major du régiment Royal-Italien, puis colonel commandant le régiment *Royal-Corse,* avant de devenir inspecteur du régiment Provincial-Corse, comte français et maréchal de camp, député de la noblesse corse aux états généraux de 1789 et émigré, écrit sa première lettre à Rousseau le 31 août 1764 depuis Mézières, juste après le débarquement à Centuri de Rancurel (juin) qui est venu rencontrer Paoli en juillet à Corte, avant de partir voir Rousseau à Môtiers ! Ce 31 août 1764, Buttafoco demande à Rousseau un « plan de système politique » pour la Corse. Rousseau lui répond le 22 septembre 1764 et se dit « transporté » par l'idée, mais il avoue manquer des connaissances nécessaires pour mener à bien une pareille entreprise. Le 3 octobre, Buttafoco lui répond et il invite Rousseau à se rendre en Corse afin d'y méditer sur place un système de gouvernement. À pareille époque, Paoli « aussi », comme l'écrit Rousseau, s'adresse par lettre au philosophe genevois. On ne peut être sûr que les deux démarches, celle de Buttafoco, futur grand ennemi de Paoli, et celle de Paoli, soient complémentaires ! Bien au contraire ! On a plutôt l'impression très nette que les deux démarches sont concurrentielles, Buttafoco contactant Rousseau pour un projet français, et

Paoli pour un projet stuardiste et maçonnique, car le lord Maréchal est le chantre de la tolérance. Il quittera d'ailleurs « son gouvernement de Neufchâtel parce qu'il n'avait jamais pu, *malgré sa tolérance,* apaiser les querelles théologiques qui s'étaient élevées dans ce pays, ni calmer l'esprit intolérant des prédicants » (Dezos de La Roquette). D'où les regrets de Rousseau qui s'écrie à la fin des *Confessions* : « Ô bon milord. Ô mon père ! »

En juin 1764, Paoli continue de reçevoir armes et munitions : sont notamment débarqués à Centuri trente-six canons « de différents calibres » transportés « par un vaisseau hollandais, de même que quantité de boulets et de poudre ». Au même moment (juillet 1764), le marquis de Chauvelin (1685-1762), ancien ministre de France à Gênes (1749-1753), y négocie avec l'ancien doge Agostino Lomellini le second traité de Compiègne signé entre Gênes et le roi de France le 6 août 1764. La première lettre de Buttafoco à Rousseau est du 31 août, et Buttafoco, officier français, l'écrit par conséquent dès qu'il apprend à Mézières la teneur du traité. Par ce traité, Gênes renonce aux subsides « échus ou à échoir » que le roi lui avait promis en 1756 et qui auraient dû lui être versés jusqu'en 1769, alors qu'ils ont cessé de l'être en 1759. En compensation, Gênes obtient le retour en Corse de nouvelles troupes du roi qui débarquent à Bastia (15 janvier 1765), Ajaccio, Calvi, Saint-Florent et Algajola et qui reçoivent le droit de séjourner dans les ports sous le commandement de Louis-Charles-René, comte de Marbeuf (1712-1786), débarqué à Ajaccio le 8 décembre 1764[31], et ce jusqu'au 6 août 1768, date à laquelle Louis XV devra retirer ses troupes.

Rousseau, qui se disait « transporté » par le projet de constitution pour la Corse dans sa lettre à Buttafoco du 22 septembre 1764, adresse une deuxième lettre à celui-ci le 15 octobre pour le remercier de son invitation à séjourner dans l'île, datée du 3 octobre. Rousseau est toujours favorable au projet et demande à Buttafoco toute une série de mémoires sur la Corse pour se mettre au travail. « Je voudrais savoir tout ce qui regarde M. Paoli, écrit-il. Quel âge a-t-il ? Est-il marié ? A-t-il des enfants ? Où a-t-il appris l'art militaire ? Comment le bonheur de sa nation l'a-t-il mis à la tête de ses troupes ? Quelles fonctions exerce-t-il dans l'administration politique et civile ? Ce grand homme se résoudrait-il à n'être que citoyen dans sa patrie après en avoir été le sauveur ? » Le 10 novembre 1764, depuis Fontainebleau, Buttafoco lui répond : « Je vais vous parler de M. Paoli avec sincérité. Il a trente-neuf ans. Il n'est pas marié. Il ne l'a jamais été et n'a pas envie de l'être. Lors de la pacification de la Corse sous le maréchal de Maillebois [notons que Buttafoco parle en officier français puisqu'il dit “pacification de la Corse” alors que les “nationaux” regardent d'un œil très différent l'attitude de Maillebois !], son père, qui était un des généraux de la nation, passa à Naples avec le titre de colonel : il y mena son fils très jeune, pour lequel il obtint une place dans l'Académie militaire [notons cette fois que Buttafoco ne parle d'aucune étude à l'université de Naples]... En 1754 [...], M. Paoli qui était au service du roi de Naples passa en Corse, fit une campagne comme volontaire [on sent là quelque critique chez Buttafoco], et fut ensuite élevé au généralat [promotion qu'il juge visiblement un peu trop rapide]. Son zèle, son attachement pour le public, et ses talents supérieurs l'en rendaient digne. Il n'a point démenti les espérances qu'on avait conçues de lui. Il n'aspire qu'à l'honneur de délivrer son pays du joug le plus cruel. Il n'a d'autre ambition que d'y voir régner la liberté. Je l'estime trop pour ne pas penser qu'il deviendrait volontiers citoyen dans sa patrie après en avoir été le sauveur, si le bien de la nation l'exigeait : il me semble même que quand son amour pour le bien ne l'y porterait pas, la gloire et la célébrité d'un nom dans les siècles à venir l'y résoudraient [....]. Lors de son élévation, son autorité était exorbitante : il proposait les matières de délibération et son avis était d'un grand poids et décidait presque toujours les affaires ; il jugeait les procès sans appel ; il commandait les troupes, c'est-à-dire toute la nation, parce que tout est soldat ; enfin, il n'était pas absolu de droit, mais il l'était de fait. Cependant, il n'a abusé de rien [...]. M. Paoli est simple et frugal dans sa façon de vivre, uni dans ses vêtements et ses manières, intègre, plein de droiture et d'équité, désintéressé, mais économe des revenus de la nation, dont il dispose, et avec lesquels il a fait beaucoup, quoiqu'ils soient très médiocres. Il est d'une belle taille, blond, les yeux bleus, vifs et pleins de feu, l'air grand et spirituel[32]. » Là-dessus, Rousseau apprend que les troupes françaises vont débarquer en Corse : ce qu'elles font le 15 janvier 1765. Rousseau écrit alors son indignation à Alexandre de Leyre (1726-1797), bibliothécaire du duc de Parme : les « Français sont un peuple bien servile, bien vendu à la tyrannie, bien cruel et bien acharné sur les malheureux. S'ils savaient un homme libre à l'autre bout du monde, je crois qu'ils iraient pour le seul plaisir de l'exterminer ». Buttafoco tente alors de conserver Rousseau dans son « camp ». Il lui adresse deux mémoires, conservés à Neuchâtel : *Examen historique, politique et justificatif de la Révolution de l'Isle de Corse contre la République de Gênes* et un *Memoria sopra la constituzione politica da stabilire nel Regno di Corsica* qui met en évidence les prérogatives de la noblesse corse. Quand on connaît les propos de Paoli sur les prétendus « marquis » de Matra et son hostilité au marquis de Negroni, on ne peut qu'être certain que ces mémoires émanent bien du « comte » de Buttafoco et non du petit-fils du meunier ! C'est à partir de ce moment-là que Paoli cherche à attirer Rousseau de son côté.

Le 1er novembre, la *Correspondance littéraire* de Grimm annonce à toute l'Europe que Rousseau est sur le point de se rendre en Corse. Le 9, la *Gazette de Leyde* en fait autant ! Le 14, c'est le tour de la *Gazette de Berne* [33]. Voyant Rousseau sur le point d'être pris en otage par des Corses partisans de la France (Buttafoco), la maçonnerie jacobite, qui compte déjà beaucoup sur l'influence du lord Maréchal sur le philosophe genevois, dépêche à Môtiers Boswell auquel Rousseau révèle début décembre 1764 [34] qu'il a été effectivement contacté. Rousseau comprend alors que Buttafoco a cherché à le piéger dès le début. Il s'étonne, lui écrit-il, « de voir un aussi bon patriote que vous me paraissez l'être rester, malgré l'envoi des troupes [de France] au service de la puissance qui les donne ! » Très vite (17 février 1765) il prend la double décision : 1) de ne pas se rendre en Corse et 2) de ne pas avancer davantage son projet de constitution.

Toute l'Europe, en revanche, veut alors donner des institutions à la Corse ! Le Milanais Giuseppe Gorani (1744-1819), franc-maçon et auteur d'un *Traité du despotisme* (1770), veut doter l'île d'« une constitution dans le genre de celle de la Grande-Bretagne [35] ». Pietro Verri et Giuseppe Parini (1729-1799), tous deux milanais et franc-maçons, aussi. Le Turinois Dalmazzo Francesco Vasco, le Toscan Luca Magnanima, le Florentin Raimondo Cocchi également (Cocchi en mai 1768). Grimm pense que donner des institutions à l'île est « la plus belle entreprise du siècle » et Mrs Catherine Gambridge-Macaulay-Graham (1733-1791) – que Paoli refusera de recevoir à Londres en 1769 – rédige à son intention un projet de gouvernement : *Remarques sur les principes du gouvernement et de la société par Hobbes* (1767, in-8°), puis *Pensées détachées sur quelques principes de Hobbes* (1769, in-8°). Toute l'Europe s'intéresse à Paoli, notamment Frédéric II, initié à la franc-maçonnerie dans une auberge de Brunswick dans la nuit au 14 au 15 août 1738 alors qu'il était prince-héritier [36]. Sans doute est-il influencé par l'envoyé britannique en poste à Berlin : sir Andrew Mitchell, ami de Boswell, mais, parmi les autres admirateurs de Paoli, citons en Suisse le médecin Simon-André Tissot (1728-1797), à Paris la marquise Du Deffand (1697-1780), à Londres Thomas Hollis (1720-1774), à Turin Louis Dutens (1730-1812). Tous voient en Paoli l'héritier des vertus de Sparte et de Rome. Paoli se trouve donc en même temps courtisé par les puissances qui s'apprêtent à dépêcher auprès de lui des francs-maçons catholiques, soit jacobites (Boswell), soit non jacobites (Marbeuf). Cela explique en grande partie sa mâle assurance puisqu'il sait très bien qu'il n'est pas seul mais appuyé par toute une intelligentsia stuardiste, philosophique et maçonnique qui le soutient en Europe, d'où les lignes du *Foglio di Napoli* du 25 décembre 1764 qui avoue : « La *fermeté* de

Pascal Paoli a de quoi *surprendre.* Il montre dans des circonstances critiques une *tranquillité d'esprit* qui ferait honneur aux plus grands généraux. » Le seul souci de Paoli réside dans le manque d'argent. Rousseau le rassurera bientôt, faisant valoir, dans son *Projet de constitution pour la Corse,* que les Romains ne payaient ni les troupes ni les juges !

Boswell découvre la Corse

Après quelques heurts armés début 1765, Paoli obtient la reddition d'Abbatucci qu'il fait embarquer pour Livourne où le consul de France à Gênes signale son passage. « J'apprends de Livourne que les frères Abbatucci, qui ont quitté la Corse par capitulation faite avec *le général* Paoli, y sont arrivés avec plusieurs partisans du frère aîné, le 22 [mars 1765] et qu'ils en sont partis le 3 [avril] pour Venise[37]. » Pour Venise, comme Giafferi quarante ans plus tôt ! Le 13 avril, Paoli rencontre Marbeuf à Barbaggio. Commence alors entre les deux hommes (admis tous deux dans la franc-maçonnerie en 1778, Paoli à Londres, Marbeuf à Bastia) une vraie relation d'amitié. À Corte, Paoli offre même à Marbeuf un feu d'artifice, mais cela vise surtout à faire impression sur le représentant du roi de France. Le 21 mai, Choiseul écrit à Paoli : « J'estime beaucoup M. de Buttafoco et le Roi compte de lui donner la place de colonel-commandant du régiment *Royal-Corse.* Sa Majesté n'a pas encore fait choix du colonel-propriétaire de ce régiment. Si la propriété de cette troupe pourrait vous agréer, ou à monsieur votre frère, en cas qu'il ne vous convînt pas de l'accepter, je vois que Sa Majesté serait charmée de vous voir entrer à son service. » Le 17 juin, Paoli à qui Louis XV avait refusé dix ans plus tôt le modeste grade de capitaine au Royal-Corse, décline l'offre. Comment accepter un emploi des mains de Choiseul, cousin de Praslin qui a fait trancher la tête à un neveu de Rivarola à Bastia en 1747, alors que la fille de Giuseppe Barbaggi, Anna Porzia, s'apprête à épouser en 1770 son promis, Simon Antonio Rivarola (1719-1795), colonel sarde, fils de Rivarola ! Au pays de la vendetta, ce genre de chose doit être pris en considération pour expliquer combien les esprits des paolistes sont cristallisés, pas forcément contre le royaume de France, mais contre Choiseul. En outre, alors que Louis XV remet sur pied ce régiment (15 novembre), Paoli a une trop haute conscience de ce qu'il est en train de créer en Corse – un État naissant – pour s'abaisser à accepter. À force de jouer à l'homme d'État, le « Polichinelle » de naguère est en passe de devenir Lycurgue ! Il a une capitale

(Corte), un Conseil d'État, des consultes réunies à Corte depuis 1762, une université, une armée, un embryon de marine, des rouages judiciaires et fiscaux, une monnaie, une imprimerie, un historiographe. Paoli commence à impressionner l'Europe et notamment les Français et les Anglais qui se le disputent pour faire tomber l'île dans leur camp. Après Marbeuf, bientôt franc-maçon français, Paoli est courtisé par Boswell, déjà franc-maçon écossais.

James Boswell (1740-1795) est le premier Britannique à visiter l'île où son compatriote Christopher Hervey n'a fait qu'une brève escale à Ajaccio en juillet 1760 en compagnie d'un officier suisse. Hervey s'est peu intéressé à l'île, se contentant de publier la proclamation de Paoli mettant à prix la tête du gouverneur Grimaldi (19 décembre 1755), quelques extraits de gazette sur les rapports entre les troupes du marquis de Castries et le gouvernement de Paoli, et encore une circulaire de Paoli demandant aux curés de dresser la liste des morts pour la patrie depuis 1729. Durant cinq semaines, Boswell séjourne en Corse (octobre-novembre 1765) et, après une entrevue avec Walpole à Paris (22 janvier 1766) et une autre avec Pitt (22 février), il publie le récit de ce voyage, témoignage élogieux mais pas toujours objectif de l'époque paolienne dont nous devons la dernière traduction (1992) à notre excellent collègue et ami Jean Viviès, professeur à l'université d'Aix-en-Provence, auquel nous empruntons la plupart des citations qui suivent. Il est notamment important de noter que Boswell – écossais – est en Corse en novembre 1765 pour la première fois de sa vie, après s'être rendu à Rome, alors que le vieux Prétendant Stuart se meurt à Rome où il s'éteint le 2 janvier 1766. Il est également intéressant de constater que le fameux « trône » prétendu de la Liberté arrive à Corte où on le voit pour la première fois en mai 1766 alors que Boswell a rencontré Walpole en janvier et Pitt en février.

Boswell arrive en Corse au moment où la Navy, satisfaite d'avoir récupéré Minorque et conservé Gibraltar, veut continuer son installation de bases navales en Méditerranée. S'intéresse à la Corse sir Charles Saunders (1713-1775), amiral sur le point d'être nommé Premier Lord de l'Amirauté (16 septembre 1766), lequel développe à l'égard de l'île les mêmes arguments que Boswell. La Corse ? Base de repli et de surveillance de la Navy en temps de guerre ; île riche en denrées de toutes sortes en temps de paix. Nelson l'écrira aussi à son cousin Suckling[38]. Au cours d'une session du Parlement de novembre 1768, on trouve déjà au sujet de la Corse des expressions reprises par le *Times* dans le numéro du 29 janvier 1795, page 3, colonne 4. Tous les Britanniques qui arrivent en Corse (Boswell, Stuart, Elliot, Nelson) se préoccupent du bois (« excellent wood », écrit Nelson) et des forêts, espérant disputer à l'arsenal de Toulon les chênes et pins que peut exporter l'île ; en 1794, le *Times* insistera sur le fait que le bois de Corse permet de construire des vaisseaux *of the first magnitude*. Elliot trouvera que le chêne de Cauro est « *a wood of fine oak* », que les arbres sont gigantesques : « *pines [...] immense* », les forêts énormes : « *considerable forest* ». Nelson estimera le bois « *of the finest texture I ever saw* ». Il comparera le goudron nécessaire au calfatage des vaisseaux à celui de Norvège. Il notera l'importance de la poix, de la résine des pins laricios, du chanvre pour le calfatage[39].

Boswell, élève à Édimbourg puis étudiant à Glasgow et à Utrecht, connaît déjà Londres (1762-1763), la Hollande (1763-1764), l'Allemagne (1764) – il l'a traversée avec le lord Maréchal –, la Suisse (1764), l'Italie (1765), Rome (mai 1765), Venise (juillet 1765), lorsqu'il décide d'aller en Corse voir « un peuple combattant pour sa liberté », après avoir rencontré Rousseau. Le 3 décembre 1764, Boswell déplore l'« invasion française » de l'île suite au traité de Compiègne. À Ferney, il rend visite à Voltaire. Boswell entreprend-il le voyage de Corse pour son seul plaisir comme Flaubert plus tard au lendemain de son baccalauréat, à la mode des adolescents issus des élites européennes adeptes du célèbre « Grand Tour » ? Absolument pas. Certes, « alors qu'il est déjà un franc-maçon actif, on ignore tout des liens qu'il a pu former avec des francs-maçons pendant son voyage en Allemagne et en Suisse »[40], mais il est certain que son voyage est méticuleusement préparé même s'il n'en dit peut-être rien à sir Alexander Dick (1703-1785)[41]. Le 11 mai 1765, Boswell est à Rome, où vit encore le Vieux Prétendant. Le voit-il ? Peut-être. En tout cas, il écrit à Rousseau : « Je ne saurais m'empêcher de faire une visite à *ces braves insulaires* qui ont tant fait pour leur indépendance[42]. » Heureux d'avoir en poche une lettre du philosophe qu'il regarde comme un vrai sauf-conduit, il lui avoue : « Il serait singulier qu'on me pende *comme un espion* ! » Et pourtant, ses contacts avant son départ pour la Corse sont troubles. Le lord Maréchal, à Neûchatel. Puis le fils Rivarola à Livourne, puis sir Horace Mann (1701-1786), représentant diplomatique de Grande-Bretagne à Florence de 1738 à sa mort, avec lequel Neuhoff était déjà en relation. À Horace Mann, Boswell fait même six visites en sept jours, les 12, 13, 14, 15, 16 et 18 août ! Puis il rencontre à Florence, quatre fois en six jours, les 19, 22, 23 et 24 août, le consul britannique John Dick, capitaine du navire qui a transporté les douze cents mousquets rouillés de Frédéric de Neuhoff en Corse ! Le 8 octobre, de retour à Livourne, Boswell y rencontre des « mécontents » corses. Le 10, Rivarola lui donne une lettre pour Buttafoco. Boswell monte alors à bord de la barque d'un Corse de Pino que jouxte le *Centurion* avec lequel Anson a fait le tour du monde ! Boswell serait-il le continuateur des agissements du jacobite Neuhoff ? En partie, c'est certain. Au moment d'embarquer, Boswell écrit sa dernière lettre de Livourne. Elle est curieuse : « Dans une demi-heure, je m'embarque pour la Corse. Je vais en droiture aux territoires de Paoli. Le brave comte Rivarola m'a donné des recommandations en quantité [...]. Si je péris dans cette expédition, pensez à votre *Écossais espagnol* [...]. *Je ne puis pas écrire. Je pourrais parler.* La mort ne m'est rien[43]. »

Écossais espagnol ? Neuhoff aussi passait sa jeunesse entre Édimbourg et Madrid, entre les jacobites et Cellamare, entre les Stuarts et Albéroni, entre le duc d'Ormond et le duc de Ripperda, entre les Sarsfield, les Fitz-James, les Berwick et la cour de Philippe V. Qui est donc ce mystérieux *Écossais espagnol* ? Il ne peut s'agir de Boswell, pur Écossais. Il ne peut s'agir que d'un petit-fils du maréchal de Berwick, tué au siège de Philipsbourg (1734), et qui était écossais en tant que fils naturel de Jacques II, mais aussi Grand d'Espagne de première classe depuis 1704. Berwick était à la fois duc de Berwick (1687, créé par Jacques II) et de Fitz-James (1710, créé par Louis XIV, ce qui signifie fils de James II), mais aussi « duc de Liria et de Xérica au royaume de Valence » (1707), pair de France (1710) et d'Angleterre[44] ; titres portés par Neuhoff lors de son débarquement à Aléria ! Boswell appareille donc de Livourne. Rousseau lui a remis une lettre pour Matteo Buttafoco dont le père Antonio (1707-1758) vient d'achever de volumineux *Mémoires de guerre* pour la période 1738-1748. Antoine de Rivarol, consul de Sardaigne à Livourne, fils aîné du colonel mort à Turin, a aussi « eu la bonté de lui remettre des lettres fort obligeantes [quatre] pour plusieurs personnes de l'île » : la première est destinée à Giacomino Giacomini de'Porrata delli Stanti de Morsiglia, capitaine quinquagénaire enrichi aux Indes-Occidentales et proche parent de Gio-Andrea de Pino, installé aux « Indes du Pérou », dont il a hérité et dont il a reçu (par l'intermédiaire du RP jésuite Miradal venu du Pérou à Rome) trois cent vingt pièces de huit réaux d'Espagne à répartir entre les habitants les plus pauvres de Morsiglia. C'est chez Giacomini que Boswell devait trouver l'hospitalité. Embarqué à Livourne le 11 octobre 1765 à bord du *Padrone Livornese,* Boswell arrive le lendemain à Centuri : « À sept heures du soir environ, nous débarquâmes sans encombre au port de Centuri. J'appris que le signor Giacomini qui y résidait et auquel j'étais recommandé par le comte de Rivarol venait de mourir. Il avait amassé une belle fortune aux Indes *orientales* [erreur] et avait, de son vivant, toujours montré beaucoup d'ardeur pour la cause de la liberté. Il en fit montre de nouveau et de manière éclatante dans son testament. Il léguait à la nation une somme d'argent considérable ainsi que quelques pièces d'artillerie. Il faisait également obligation à son héritier de demeurer en Corse et de montrer sa fermeté patriotique. Si l'île venait à passer de nouveau sous la domination génoise, il lui ordonnait de se retirer avec tous ses biens à Livourne. C'est seulement sous ces conditions que l'héritier pouvait jouir de ses biens. » La famille proche[45], affairée à faire ériger le buste de marbre blanc de l'oncle richissime dans le couvent de l'Annunziata (il y est toujours), ne pouvant héberger le jeune étranger et son serviteur suisse, ils furent confiés à des parents. « On m'envoya, écrit Boswell, chez le cousin du signor Giacomini, le signor Antonio Antonetti à Morsiglia, à environ un mile de là [...]. Je remis au signor Antonetti la lettre destinée à son cousin défunt. Il la lut et me reçut avec une franche cordialité [...]. Je fus [...] surpris de constater que la maison du signor Antonetti était dans le goût italien, très bien meublée et ornée de gravures et de copies de tableaux célèbres. Je fus en particulier frappé d'y trouver une petite copie du *Saint Michel et le dragon* de Raphäel [...]. Le signor Antonetti me servit une excellente collation et me donna un très bon lit. Il parla avec beaucoup de vigueur de la cause patriotique et avec une grande vénération du *Général* [...]. Le jour suivant, un dimanche [13 octobre] il plut très violemment [...]. Le signor Antonetti ne me laissa pas sortir sous la pluie car, dit-il, "Si l'on se trouve dehors, tant pis ; mais sortir par le mauvais temps est une sottise..." Quand le temps se fut éclairci, j'accompagnai le signor Antonetti et sa famille à la messe dans l'église de la paroisse [...] à deux cents mètres de là. » Boswell quitta son hôte pour Pino avec une lettre pour le signor Damiano Tomasi[46], père de la commune. Après y avoir bavardé avec plusieurs matelots corses « parlant un anglais acceptable » appris sur les quais de Livourne, Boswell poursuivit son chemin de village en village, de couvent en couvent, de maison en maison, et séjourna ainsi cinq semaines en Corse, à Canari, Patrimonio, Oletta chez Nicolao Rivarola frère du consul, à Murato chez Barbaggi, directeur de la Monnaie, où on lui offrit du chocolat au petit déjeuner et un dîner de douze plats « très bien présentés et servis dans de la porcelaine *de Saxe,* » plus « un dessert, plusieurs vins différents et une liqueur, tous produits de la Corse ». À Corte, Boswell logea chez les Franciscains, rencontra le grand chancelier de Paoli : Massesi, puis poursuivit sa route : Bastelica, Ornano, Sollacaro.

Boswell décrit longuement l'île, « pays d'une *importance* considérable » au plan géostratégique, et même s'il s'est donné mission de chanter la Liberté, il ne peut s'empêcher de donner des renseignements précis qui visent à répondre à la question principale de Pitt : « Comment sont leurs ports ? » Résultat, son *Tour de Corse* s'apparente à un rapport : Centuri ? « Petit port à présent, peut être [...] considérablement agrandi en raison de sa situation très favorable. » Macinaggio ? « Très sûr et commode pour les vaisseaux légers. » Les forêts ? « Il y a en Corse assez de bois pour entretenir une flotte très importante et le bois est ici beaucoup plus solide que l'on pourrait s'y attendre sous des latitudes si méridionales. » Aux renseignements d'ordre maritime, il en ajoute d'ordre militaire : « On trouve [...] au cap Corse beaucoup de tours anciennes [...]. Il y a là un petit village du nom de Tomino que son site protège. Les Génois l'ont attaqué à plusieurs reprises au cours des événements récents, mais toujours en vain. Les habitants en sont légitimement très fiers. Ils montrent fort glorieusement un boulet tiré par l'ennemi dans leur village pour les contraindre à se rendre. Ils l'ont placé dans une niche à l'extérieur de l'église. » (Il y est toujours.) Boswell décrit les villes avec précision. Bastia (5 287 habitants) : « siège du pouvoir [des Génois]... la plus grande ville de l'île [avec] un visage majestueux lorsqu'on vient de la mer... bâtie sur la pente d'une colline [avec des] maisons... souvent mal construites... des rues... étroites et très pentues... plusieurs belles bâtisses... Un château... piètrement fortifié [dont] on pourrait... faire une solide place forte... L'église Saint-Jean, nullement inélégante, [propriété des] Jésuites... Le collège [jésuite, avec un] jardin... bien situé, vaste et harmonieusement dessiné... Le couvent des Lazaristes ou missionnaires, vaste et magnifique bâtisse qui surplombe presque la mer. Le couvent des Franciscains et celui des Capucins... sur les coteaux derrière Bastia. Le second... fort bien orienté et sa façade est très élégante... » Puis « Ajaccio... la plus jolie ville de Corse [avec] beaucoup de très belles rues et des promenades magnifiques... une citadelle et le palais du gouverneur génois... » Enfin, « au centre de l'île... Corte (1 381 habitants) qui en est la capitale... Le *palais du Général* s'y trouve ainsi que le siège suprême de la justice... l'université... le château ou citadelle... Dans la plaine, au nord de Corte... un couvent de Capucins et, au flanc de la colline, au sud de la ville, un couvent de Franciscains ». Mais la population est surtout fixée « dans des villages comme c'est la coutume *dans les cantons suisses* et dans certaines régions allemandes ».

Dans son récit, Boswell, même s'il se veut « éclairé », ne peut s'empêcher de tenir des propos à la limite d'un nouveau colonialisme : « De bonnes relations avec la Corse, avoue-t-il, ne seraient pas un mince avantage pour les intérêts commerciaux de notre pays, à seulement considérer notre pêche et nos manufactures de laine et sans parler d'autres secteurs où l'on trouverait notre profit mutuel. » Pour authentifier ses dires, Boswell s'attarde sur les ressources de l'île : « Sources minérales, chaudes et froides... Diverses essences de pins, des chênes et des châtaigniers... de taille prodigieuse... des chênes verts... du buis... des figuiers de Barbarie et des aloès [qui] fleurissent dit-on aussi bien qu'en Orient... Des coraux... blanc, rouge et noir » qui alimentent à Livourne une manufacture de corail tenue par des marchands juifs qui « ont obtenu des Corses une sorte de privilège exclusif pour ce commerce ». L'île produit aussi « du porphyre... une grande variété de jaspe ». Boswell précise : « La magnifique chapelle du grand-duc de Toscane à Florence a été finie en jaspe de Corse... » On y trouve aussi « des morceaux de cristal de roche, très clairs et à cinq faces comme s'ils étaient l'œuvre d'un lapidaire... cristal si dur qu'il peut servir à allumer le feu et les Corses s'en servent souvent comme pierre à fusil... Du mûrier [qui] n'est pas exposé aux cloques et aux orages comme en Italie et dans le sud de la France... [d'où une] abondance de soie... De nombreuses mines de plomb, de cuivre, de fer et d'argent... d'alun et de salpêtre... Près de Saint-Florent, ajoute-t-il, se trouve une mine d'argent très riche qui rend plus de cinq livres sterling pour cent livres de minerai. Le fer de Corse est remarquable, d'une dureté égale à celle du fer préparé d'Espagne, célèbre dans le monde entier... Le métal des *canons corses* n'est qu'à peine inférieur à celui qu'on bat en général en Espagne et ils commencent à les fabriquer de la meilleure façon ». La Corse produit aussi beaucoup de laine, « une bonne quantité de lin... de l'huile en abondance pour [les] lampes... des bougies... assez peu de chandelles de suif... du cuir en abondance ».

Boswell énumère les oiseaux : « aigles, vautours, pigeons ramiers, tourterelles, grives, merles... perdrix... bécasses... bécassines... gibier d'eau » ; les poissons et coquillages : « truites et anguilles... très grasses et d'une taille peu commune... thons... esturgeons... huîtres... sardines... d'un goût exquis » ; les bestiaux : « chevaux... de très petite taille... ânes et mulets, petits également mais très robustes et d'une agilité remarquable... Vaches [qui] donnent souvent peu de lait et [dont la] viande est maigre et dure... Beaucoup de chèvres... Des moutons [qui] ont en général un pelage noir ou brun... Une excellente race de chiens au poil doux et [qui] tiennent à la fois du mâtin et du gros chien de berger... de bonne taille et excessivement farouches... très fidèles à leur maître ». Il s'attarde sur l'alimentation des Corses : « Beaucoup... de citronniers, d'orangers, de figuiers et d'amandiers, peu de noyers... Des pommiers, poiriers, pruniers et cerisiers... pas très beaux... Des grenadiers absolument irréprochables... Du blé, de l'orge, du seigle et du millet qui poussent tous bien en divers endroits de l'île... Pas d'avoine comme c'est d'ailleurs souvent le cas dans les pays méridionaux. Les Corses donnent de l'orge aux chevaux et aux mulets... Le millet est excellent et, quand on le mélange à du seigle, fait un bon pain fort apprécié des paysans. On peut considérer les châtaignes comme une sorte de grain car elles remplissent ce rôle. Les Corses les mangent rôties en guise de pain. Ils en tirent même en les broyant une farine qui permet de faire de très bons gâteaux... Beaucoup de miel... L'île est célèbre pour ses essaims d'abeilles... Du thym sauvage... des herbes aromatiques... Assez peu de lait puisque les Corses ne font pas de beurre et utilisent plutôt de l'huile... Une bonne quantité de fromages... Des cochons très nombreux... [qui] se nourrissent de châtaignes et... très agréables au goût... Les Corses peuvent faire quantité de vins admirables car leurs raisins sont excellents. On fait au cap Corse deux très bons vins blancs. L'un fait beaucoup penser au malaga. Ils en exportent une partie chaque année en Allemagne où il est vendu comme tel. On en achète également à Livourne pour l'Angleterre où il passe aussi pour du vin d'Espagne. Le deuxième de ces vins blancs a un goût qui rappelle un peu le frontignan. À Furiani, on fait un vin blanc qu'on prendrait pour du vin de Syracuse, pas tout à fait aussi moelleux mais finalement meilleur... Dans quelques villages, on fait un vin riche et doux qui ressemble au tokay. À Vescovato et à Campoloro, on trouve un vin comparable au bourgogne et dans l'île entière on fait différentes sortes de vin... » Ce qui n'empêche pas les Corses d'être « extrêmement sobres ». Boswell ajoute : « Les exportations d'huile ont atteint en un an deux millions et demi de livres de France et celles de châtaignes cent mille écus de la même monnaie. »

Boswell insiste aussi sur l'apparence des populations : « Le Corse est armé d'un fusil, d'un pistolet et d'un poignard. Il porte un vêtement court en étoffe sombre très grossière, fabriqué dans l'île, avec un gilet et une culotte de la même étoffe ou en drap français ou italien, souvent écarlate. Il a une cartouchière pour ses munitions attachée à la taille par une ceinture... Il porte de hautes guêtres de cuir noir ainsi qu'une sorte de bonnet en étoffe noire, doublé d'une frise rouge et orné sur le devant d'un morceau de tissu plus fin adroitement cousu. Ce bonnet... est doublé de chaque côté et quand on le rabat, il a tout à fait la forme d'un casque. » Les vêtements sont simples, en « laine... grossière et velue ». « Leurs mœurs sont strictes et chastes à un point peu commun, ce qu'ils doivent pour une part à des principes sains que la luxure n'a pas ébranlés et pour une autre part à la pratique de la vengeance privée à l'encontre de ceux qui attentent à l'honneur de leurs femmes. » (Le père de Victor Hugo, en poste à Bastia quarante ans plus tard, dira la même chose). Boswell décrit les conditions d'existence ; la chasse, car le gibier est pléthorique : « Les Corses aiment beaucoup la chasse au sanglier... Les forêts... abondent en cerfs... Beaucoup de lièvres... Pas de lapins... Pas de loups ni d'animaux sauvages de grande taille... Aucun animal venimeux... Des renards... très gros et extrêmement voraces. » Il s'apitoie sur « les pauvres grives et merles [qui] font partie du gibier car... très nombreux... très gros et particulièrement appréciés ». Dans les forêts « on... trouve un animal curieux, le mouflon... M. de Marbeuf, le commandant français... en avait un et il y en a maintenant deux à Shugborough dans le Staffordshire chez Mr Anson [frère de l'amiral] qui possède un riche assortiment de ce que la nature offre de curieux ». Boswell donne de précieux renseignements sur les moyens que les Corses ont pour résister : « Les Corses fabriquent une grande quantité de fusils et de pistolets, pour la plupart d'excellente facture. Ils fabriquent aussi beaucoup de poudre mais *n'ont point encore de fonderies de canons.* Ceux qu'ils possèdent ont été pris à l'ennemi, achetés à l'étranger [aux juifs de Livourne] ou encore trouvés dans les épaves des vaisseaux perdus en mer près de leurs côtes », comme au temps d'Andrea Doria. « Ils ne font pas non plus leurs balles : elles viennent du continent ou ont été prises aux Génois. »

Boswell rencontre Paoli

Arrivé à Sollacaro, Boswell y reçoit l'hospitalité dans la vieille demeure d'Ottavio Colonna d'Istria, absent. Né en 1736, Ottavio se ralliera bientôt au roi de France et Louis XVI le fera comte de Cinarca par lettres patentes d'août 1777. « Ugo Colonna ayant généreusement obtenu du pape honneurs et prébendes, s'installa en Corse. La famille Colonna est l'une des plus anciennes et des plus illustres du monde. Dès 1200, on trouve mention de Pietro Colonna, huitième du nom. La branche qui s'installa en Corse connut une grande splendeur dans son noble fief d'Istria, mais cette famille a beaucoup souffert des désordres et des troubles qui agitèrent l'île, des luttes sanglantes entre Génois et patriotes corses, et ses possessions ont été réduites à des dimensions très modestes. L'actuel chef de famille est un homme estimable, avisé et des plus zélés *à défendre la grande cause.* C'est dans sa maison que je fus logé à Sollacaro et que je rencontrai Pascal Paoli », lequel le garde à ses côtés une semaine (21-29 octobre) : « Je fus introduit dans le bureau où se tenait Paoli. Je le trouvai seul et fus frappé par son apparence. Il est grand, robuste et bien bâti. Il a le teint clair, l'air vif, libre et ouvert, le port viril et noble. Il était alors dans sa quarantième année. Il était vêtu d'un costume vert et or [...]. Je m'étais trouvé déjà devant bien des princes, mais je n'avais jamais éprouvé ce que je ressentis en présence de Paoli. » Paoli porte alors cet habit « à la française ou à l'anglaise » (Burnaby) qu'il a troqué contre son ancien uniforme de drap bleu à boutons de cuivre, hérité du Real-Farnese. De son côté, Paoli écrira plus tard à Fanny Burney : Boswell « vint dans mon pays et m'apporta des lettres de recommandation, mais je croyais que c'était *un espion.* Il notait tout ce que je disais. J'étais vraiment très en colère. Je m'aperçus bientôt que j'étais moi-même le monstre qu'il était venu découvrir. Oh ! Boswell est un homme très bon. Je l'aime beaucoup. Il est si enjoué, si gai, si agréable ». Paoli déclare toutefois très fermement au jeune Écossais : « Nous pouvons conclure une alliance [il vient d'en signer une avec Valcroissant, le 9 décembre 1763 !], mais nous ne nous soumettrons pas à l'autorité de la plus grande nation de l'Europe [la Grande-Bretagne]. Ce peuple qui a tant fait pour la liberté se ferait tailler en pièces jusqu'au dernier de ses représentants plutôt que de laisser annexer la Corse au territoire d'un autre pays. »

Ce qui séduit le plus Boswell et les philosophes, ce sont les structures « politiques » paoliennes. Boswell va jusqu'à écrire : « Je considère le gouvernement corse, tel qu'il est aujourd'hui, comme *le meilleur modèle de forme démocratique* qui ait jamais existé. » Il en donne pour preuve une longue description des rouages « nationaux » : « Chaque *paese* ou village *élit à la majorité des voix* un podestat et deux autres magistrats qui portent le nom respectable de *Padri del Commune,* "Pères du Commun". Ces magistrats sont choisis *chaque année.* Ils peuvent rester en fonction pendant plusieurs années si tel est le vœu de la communauté, mais il doit y avoir *une nouvelle élection chaque année.* » Tous trois ont en charge la justice, l'économie et la police du village. « Une fois par an, tous les habitants de chaque village se rassemblent et choisissent un procurateur pour les représenter à la *consulte* générale, le *parlement* de la nation [...]. Outre les procurateurs ordinaires, il est d'usage d'y convoquer plusieurs anciens membres du Conseil suprême et d'autres qui ont perdu un père ou un parent proche au service de la patrie, afin que les honneurs publics distinguent le sang des héros. »

Avant de quitter « l'illustre Paoli », avec lequel il a partagé ses petits-déjeuners – du chocolat chaud servi « sur un plateau d'argent aux armes de la Corse » –, tous ses dîners et soupers préparés par un cuisinier italien formé en France, Boswell note dans le désordre le maximum de renseignements afin de les publier à son retour. « Le cheval de Paoli [est] richement caparaçonné de velours rouge et orné de larges broderies d'or... » « Le Général [...] est commandant suprême des troupes ou milices de l'île. Sa fonction ressemble beaucoup à celle du *stathouder* de Hollande... » Il est gardé par une garde personnelle, servi par huit domestiques. Cinq à six chiens protègent sa porte et dorment dans sa chambre... « La religion de la Corse est *la religion catholique romaine et les insulaires en sont des fidèles très zélés.* Ce zèle touche peut-être dans une certaine mesure à la superstition [...]. On rencontre ici et là des prêtres qui ont étudié sur le continent [...] fort instruits [...] très pieux et de mœurs irréprochables. Il y a en Corse soixante-cinq couvents de frères mendiants, à savoir trente-quatre d'Observants, quatorze de Réformés de l'ordre de Saint-François et dix-sept de Capucins [...]. Deux collèges de Jésuites, deux couvents de Dominicains, cinq de Servites et un de Missionnaires. Il y a aussi quelques terres qui appartiennent à d'autres ordres religieux, notamment aux Chartreux de Pise auxquels leur sainte austérité assure la vénération de tous et dont les droits restent inviolés, même dans les périodes les plus troublées [...]. Il n'y a pas un seul couvent de femmes dans toute la Corse » car, d'après Boswell, les Génois y auraient encouragé le mariage des filles pour morceler les héritages et ruiner la noblesse insulaire. Cela est un méchant procès puisqu'il y a des annonciades à Bastia et des clarisses à Bastia et Ajaccio. « La langue des Corses est un très bon italien [...] beaucoup plus pur que dans beaucoup d'États d'Italie [...]. Les Corses écrivent l'italien à un degré de perfection [...] réussissent bien en musique et en poésie. Peu d'entre eux ne jouent pas de la cistre, cet instrument maure ancien dont ils se plaisent à penser que c'est l'antique cithare. Le son en est doux et romantique et beaucoup de leurs airs sont beaux et tendres [...]. Ils ont nombre de petites pièces tout à fait charmantes qui, pour la plupart, traitent de la guerre ou de l'amour [...], beaucoup de petites ballades et de madrigaux pleins de drôlerie et de satire acerbe à l'encontre des Génois, ainsi que des pièces d'un ton plus grave et diverses allégories à propos d'eux-mêmes et de leurs ennemis. »

Le mardi 29 octobre, jour de ses vingt-cinq ans, Boswell quitte Paoli. Le jeune voyageur est malade : « La vieille maison des Colonna [...] était tombée en décrépitude si bien que le vent et la pluie s'engouffraient dans ma chambre. » Souffrant, il fait halte à Cauro, chez le signor Peraldi d'Ajaccio où on lui offre un spectacle de violon et de danses. Les Peraldi, comme les Colonna d'Istria, se rallieront aussi au roi de France et Oliviero Peraldi (1775-1848), futur baron d'Empire, sera fait prisonnier par les Anglais en Corse le 17 février 1794 au camp de Fornali, et pendant qu'il sera détenu deux ans en Angleterre, les paolistes ravageront sa maison et ses biens. Boswell fait halte chez le curé de Cuttoli qui lui offre « une collation simple composée d'œufs, de châtaignes et de vin » et « du jambon et des vivres plus substantiels » à son serviteur. Puis Boswell poursuit son chemin : Bocognano, Corte, le Rostino « dans l'espoir d'y trouver le signor Clemente de'Paoli » – il est absent, il se trouve chez sa fille mariée –, Vescovato, chez le signor Buttafoco, « homme de principes, de culture et de talents, ainsi qu'homme du monde », colonel du *Royal-Corse*. Accompagné du colonel, Boswell arrive à Bastia chez le signor Ignazio Francesco Morelli,

« conseiller de justice, où nous prîmes le souper [...]. Le signor Morelli se montra remarquablement obligeant. Il me fit présent de livres, d'objets anciens et d'autres curiosités relatives à la Corse ». À noter qu'Ignazio Francesco Morelli, né en 1732, est petit-fils de Maria Gentile de Brando. Sa tante Maria Angela Morelli a épousé Nicolo Frediani, comte théodorien (1736), beau-frère de Rivarola. En outre, son épouse Serafina Asdente est fille du *nobile* Asdente décapité à Gênes (1746) avec le major Francesco Maria Gentile de Brando. Boswell est donc au cœur du réseau habituellement conjuré contre Gênes mais il ne loge pas chez Morelli, Marbeuf lui offrant l'hospitalité. Il est vrai qu'en cette année 1765 Paoli et Marbeuf échangent plusieurs dizaines de lettres. En juillet, c'est également sur les conseils d'un autre Français, La Chapelle (1707-1784)[47], médecin militaire, que Paoli se rend aux eaux d'Orezza[48]. En octobre, Paoli rencontre Marbeuf aux portes d'Ajaccio. Le 23 décembre, il va jusqu'à se confier à lui depuis Patrimonio : « Dès mon retour à Corte, j'ai appris qu'Abbatucci avait débarqué en secret sur la côte de Solenzara. Tout porte à croire qu'il est venu avec des desseins contraires à la tranquillité publique. » En réalité, Mme Abbatucci vient d'accoucher et Abbatucci veut faire la paix au lendemain du baptême de ce premier fils, baptisé à Ajaccio le 6 décembre sous le prénom symbolique de Giacomo-Nicolao-*Pasquale* ; paix obtenue puisque Paoli le nomme « commandant des provinces du Sud » avec un Ornano et un Rocca-Serra ; paix quasi générale puisque Paoli est alors proche du clan ajaccien des Bonaparte au point que le commissaire des guerres Jadart écrit le 11 septembre 1767 à Marbeuf : « Il y a dans cette ville [Ajaccio], des écrivains [= des gens qui écrivent] au général Paoli et je soupçonne fortement M. Buonaparte, frère de Mme la consulesse [Gertrude, épouse de Nicolo Paravisini, consul de France à Ajaccio], qui est établi à Corte avec sa femme, et qui ne reste ici que comme espion. »

BOSWELL : LE PÈRE DE LA LÉGENDE PAOLISTE

Le 20 novembre 1765, depuis Lyon, Boswell écrit à Rousseau : « Paoli a donné une trempe à mon âme qu'elle ne perdra jamais. » À Voltaire, il déclare : « Le *Général* Paoli est un homme tout à fait extraordinaire. Ses talents en politique et à la guerre, son savoir, son éloquence et ses sentiments généreux le rendent vraiment illustre. » Boswell est rentré de Corse bardé de nombreux contacts, par exemple avec Giovanni Stefanopoli, « excellent médecin » issu de la colonie grecque insulaire, lequel « a eu le premier la sagesse et le génie d'introduire en Corse la pratique de l'inoculation ». Boswell est devenu le « très bon ami » du fils Rivarola, « major au service du roi de Sardaigne et consul général de ce souverain en Toscane ». Il est l'admirateur de Clemente Paoli et de son gendre Barbaggi. Parti de Corse, le jeune Écossais s'apprête à devenir le pivot de la corsophilie britannique. Le 22 février 1766, il rencontre Pitt et lui parle de Paoli comme du « Périclès de la Corse ». En août, à Boston, un toast est porté en l'honneur de « Paoli et des combattants corses ». Mais c'est surtout le livre de Boswell sur son voyage en Corse qui est à l'origine de la réputation européenne puis américaine de Paoli alors que le Prétendant Stuart meurt à Rome le 2 janvier 1766 en laissant, de son épouse Marie-Casimire Sobieska, petite-fille de Sobieski, un fils né à Rome le 31 décembre 1720 : le comte d'Albanie, le combattant de Culloden.

Le 13 février 1768 est publié *An Account of Corsica. The Journal of a Tour to that Island and Memoirs of Pascal Paoli,* imprimé à Glasgow. Paoli y fait figure de héros antique, chef d'un peuple fier. Le titre fait songer au livre anonyme publié en 1739 : *A General Account and Description of Corsica.* Boswell a publié cet ouvrage poussé par quelques amis, la plupart écossais, dont le très célèbre David Hume (1711-1776), illustre philosophe natif d'Édimbourg. Bibliothécaire de la corporation des avocats d'Édimbourg, il a accompagné le général William Saint-Clair of Roslin dans ses ambassades à Vienne et Turin (1747), lequel Saint-Clair a la haute main sur toutes les confréries de maçons écossais depuis les Saint-Clair Charters du XVIIe siècle, privilège ancestral auquel il a fait mine de renoncer en 1736[49]. Hume a hébergé Rousseau chez lui en Angleterre en janvier 1766, juste après la mort du Vieux Prétendant. Rousseau – qui avait écrit renoncer à son voyage en Corse dès le 17 février 1765 – s'est senti fort mal en Angleterre. Établi chez Hume, il s'y considérait « captif » et finit par se brouiller violemment avec son hôte, déclarant vouloir fuir l'Angleterre définie comme « un piège » où ses « prétendus amis » n'auraient eu pour objectif, selon lui, que de le garder prisonnier « pour l'empêcher de révéler la vérité sur leurs machinations »[50]. À l'automne 1768, Rousseau va jusqu'à se déclarer « victime » d'un « complot affreux » et prétend avec obsession que nombre de documents ont disparu de ses papiers, notamment d'un recueil de copies autographes de lettres envoyées et reçues. Curieusement, les lettres échangées entre Paoli et Rousseau ont en effet toutes disparu. Curieusement encore, Rousseau s'en aperçoit l'année où la Corse passe sous suzeraineté française. Et tout aussi curieusement l'âme du complot fut, selon Rousseau, Choiseul en personne qui a tout « médité » et manigancé lors de « l'invasion de la Corse »[51]. Rousseau écrit alors dans ses

Confessions des phrases bien plus importantes que celles toujours citées du *Contrat social* de 1762. Il dit en effet : « Je sus voir le premier un peuple disciplinable et libre où toute l'Europe ne voyait encore qu'un tas de rebelles et de bandits. » Et il est alors évident qu'il pense que Buttafoco, officier français, a été dépêché auprès de lui par Choiseul !

Ont pareillement incité Boswell à publier son récit William Johnson Temple (1739-1796), Horace Walpole (1717-1797) et le poète lyrique Thomas Gray (1716-1771), professeur d'histoire moderne à Cambridge (1768), le plus intime ami d'Horace Walpole, qui considère Rousseau comme un charlatan et qui monte contre lui, avec Hume, une vraie mystification courant 1766 publiée dans les journaux de Londres lors de son séjour en Angleterre. A également incité Boswell à faire l'éloge de Paoli David Dalrymple, lord Hailes (1726-1792), avocat (1748) natif d'Édimbourg, juge à la Court of Session d'Édimbourg (1766) puis lord premier juge (1778), lequel a été étudiant en droit à Utrecht comme le père de Boswell. Lord Hailes est en outre l'historien des Stuarts. Correspondant du *London Chronicle,* Boswell organise une véritable campagne de presse autour de son ouvrage : sept articles en un mois. En six semaines, le premier tirage de trois mille cinq cents exemplaires est épuisé. Le 1er avril, une deuxième édition de trois mille cinq cents exemplaires est annoncée. En décembre, il publie un second ouvrage : *British Essays in Favour of the Brave Corsicans* en partenariat avec Edward Dilly (1732-1779), l'éditeur de son *Tour de Corse,* John Dick (1720-1804) et le général Oglethorpe (1696-1785). James Oglethorpe, né à Londres, a commencé par combattre sous les murs de Belgrade avec Eugène de Savoie à l'époque où Neuhoff y dînait avec ce même prince. Oglethorpe est ensuite devenu gouverneur de Géorgie (qu'il a fondée) puis de Caroline du Sud. En 1733, il a participé à la création de Savannah et il y a établi The Lodge of Savannah (1734) dont il est devenu le vénérable. Revenu en Angleterre (1739) et chargé de combattre les jacobites (1745), il a déclaré n'avoir pu les atteindre et a été mis en jugement. Membre de la Chambre des communes (1722-1747) et de la Royal Society, il a été un proche de Marlborough, donc de Berwick, fils naturel d'Arabella Churchill, sœur de Marlborough. Oglethorpe, général major puis lieutenant général (1765), traduit deux fois en conseil de guerre et deux fois acquitté, est un curieux personnage, ruiné par ses œuvres de bienfaisance au point qu'il doit exercer la médecine pour vivre. Il est avec Boswell le meilleur propagandiste de Paoli aux Amériques. Résultat, Boswell commande à Henry Benbridge, peintre américain de Philadelphie, un portrait en pied du Père de la Patrie corse et la Free Society of Artistsde Londres organise une exposition autour de lui ! Pour un shilling, tout visiteur peut contempler le tableau[52] ! Le

1er mars 1769, la sortie de la troisième édition du livre de Boswell prouve qu'à cette date sept mille exemplaires ont été vendus. Le *Tour de Corse*, véritable best-seller, connaît trois éditions anglaises, trois irlandaises, quatre françaises, deux allemandes, une hollandaise, une italienne. La traduction russe est interrompue par la mort de son traducteur.

Si Paoli fut un grand homme – ce qui est indiscutable –, il n'en est pas moins vrai que derrière sa statue se constate la volonté affirmée de créer son personnage grâce aux élites maçonniques du temps. Au sein de celles-ci se trouvent Boswell et Alexandre Deleyre (connu de Boswell, Rousseau, Montesquieu), et auteur de l'article « fanatisme » de l'*Encyclopédie*. Deleyre est le traducteur de deux œuvres de Goldoni, examiné naguère à l'université de Padoue par le professeur Arrighi, frère d'un des meilleurs amis de Giacinto. Il est en outre bibliothécaire du duc de Parme qui a pour gentilhomme de sa chambre un autre Cortenais, le colonel vénitien Gio Tomaso Boerio (1672-1757). Cette volonté de créer une véritable aura autour de Paoli – certes méritée – n'est pas seulement construction intellectuelle. Pour la Grande-Bretagne, mettre Paoli à l'honneur c'est mettre la nation corse à l'honneur dans un objectif tout autre que philanthropique. Ce que veut l'Angleterre, c'est la possession de la plus grande île de Méditerranée, face à Toulon. En outre, la Corse est aussi une terre potentielle d'expérience politique de par sa longue tradition électorale. Or, en 1762, les fils de lord Alexander Seton Montgomery, commandant du 77e régiment de Highlanders au Labrador, et de lord Lovat, commandant du 78e, étaient en Amérique du Nord à la recherche d'« une terre vierge de toute colonisation pour fonder une colonie dont le régime politique, celui d'une république de pairs, restaurerait *le monde harmonieux et réglé que nous avons perdu* »[53]. C'est ce monde que Giacinto recherchait dès 1730, qu'attendait Neuhoff en 1736 et que Paoli veut ressusciter depuis 1749 : monde fait d'égalité, de justice, de tolérance et qui constitue la fameuse « rédemption » recherchée par Neuhoff débarqué en Corse le jour de l'Annonciation, puis par Pascal né le premier vendredi après Pâques.

Paoli devient alors l'un des phares intellectuels européens. Si tout a commencé avec la venue en Corse de Mgr de' Angelis (décédé fin 1765), puis celle de Mgr Struzzieri, visiteurs apostoliques, tout s'emballe après la venue de Boswell. Courant 1766, alors que le nouveau Prétendant est Charles-Édouard Stuart depuis janvier, Paoli reçoit successivement quatre voyageurs : au printemps, le Piémontais Vigne, puis le comte de Nény[54], franc-maçon, fils du président du Conseil de Marie-Thérèse, qui après avoir quitté secrètement les Pays-Bas autrichiens, écrit à Marie-Caroline Murray : « J'ai passé quelque temps [l'hiver 1764-1765] à Toulon où quelques lettres de recommandation et la franche maçonnerie[*sic*] m'eurent bientôt mis en liaison avec tout le corps de la marine[55]. » Boswell ne fera connaissance avec Nény à Londres que le 11 avril 1776 mais ce petit-fils d'Irlandais réside un temps à Corte où son voyage est signalé dans une dépêche du 13 août. Du 9 au 16 août séjourne aussi à Corte Hervey, quatrième comte de Bristol, futur lord lieutenant d'Irlande douze jours après son retour de Corse, débarqué à Macinaggio avec Burnaby avant d'être reçu à Tomino par le dénommé Santi. Andrew Burnaby (v. 1734-1812), aumônier de la factorerie britannique de Livourne (1762), est l'ami d'Horace Mann, consul d'Angleterre en ce port en l'absence de John Dick, et futur curé de Greenwich (1769) ; son fils Sherrard Beaumont-Burnaby sera jusqu'en 1818 l'exécuteur testamentaire de Paoli ; c'est chez lui que Paoli déposera son testament. Burnaby est un bon observateur : il a dressé l'un des rares portraits de Clemente Paoli rencontré à Morosaglia. Le 22 septembre 1769, Boswell rencontrera Burnaby pour la première fois à Londres chez Paoli, en présence de Guelfucci.

En 1767, Paoli écrit beaucoup, à Boswell notamment qui lui-même écrit le 3 janvier à William Pitt : « J'ai reçu du général Paoli une lettre dans laquelle il parle en ces termes de M. Pitt : "La rumeur publique porte aux nues les talents de M. Pitt mais la relation que vous me faites de votre entretien avec lui me remplit d'une admiration et d'un attachement plus grands encore que la bonté de cœur *de ce Péricles* de la Grande-Bretagne[56]." » En Corse, Paoli reçoit trois voyageurs : le premier en juillet, le sieur Bel, capitaine d'infanterie anglaise, arrivé de Livourne à Corte où il a des « conférences secrètes » avec Paoli. Du 1er au 6 août : John Symonds (1728-1807), fils d'un docteur en théologie, qui a visité l'Écosse (1762), et est fort ami d'Hervey son voisin, de Boswell et d'Arthur Young. Embarqué à Livourne le 28 juillet, Symonds voit Paoli à Corte chaque jour. À l'automne, Raimondo Cocchi, anatomiste et antiquaire, fils du médecin florentin Antonio Cocchi, arrive à son tour auprès de Paoli. Ami d'Horace Mann, il est le beau-frère d'Angelo Tavanti, ministre des Finances du grand-duché de Toscane.

En 1768, les choses se précipitent. Paoli reçoit une dizaine de visiteurs. En janvier, James Lockhart, Écossais de Carnwarth qui a des liens avec la Faculté d'Édimbourg et qui y fréquentera Boswell (1774). Lockhart – colonel de l'Empereur – passe huit jours auprès de Paoli, et c'est un certain lord Covington (Alexander Lockhart) qui apprendra à Boswell la défaite de Ponte Novo. Le deuxième est Francis Stuart, neveu d'Alexander Seton Montgomery, présent à Paris en 1742, grand maître de la Grande Loge d'Écosse avant 1750 et cousin germain du capitaine Montgomery qui a commandé en 1762 le 77e régiment de Highlanders au Labrador. Mais c'est à partir de juillet 1768 que les visiteurs écossais se multiplient, c'est-à-dire après la signature du traité de Versailles. Leur objectif est d'aider Paoli car la réalité des années 1765-1769 n'est guère brillante pour l'avenir du gouvernement « national ».

La réalité corse

Au plan économique, même si Marbeuf introduit en Corse la culture des pommes de terre que toute l'Europe se met à cultiver à partir de 1763, les prisonniers de guerre ayant pris l'habitude d'en consommer en Prusse, la période paolienne correspond à une récession. Les mauvaises récoltes se succèdent. 1759 est une année de famine. 1764 aussi. En février, Paoli écrit à Casabianca : « On ne trouve pas un morceau de pain. » 1765 ne vaut guère mieux malgré une bonne récolte d'huile[57] : en juin-juillet, les parasites infestent les châtaigniers, les pluies abondent, la moisson s'annonce mauvaise, tout comme en 1766 à cause d'un mois d'août marqué par le sirocco puis par le brouillard[58]. En 1767, Paoli interdit l'exportation des grains. Jadart, commissaire des guerres à Ajaccio, écrit : « Le peuple [...] manque de pain. » En 1768, Paoli déplorant la pénurie de viande et le manque de vivres, écrit au capitaine Franceschi de Centuri établi à Livourne de lui envoyer deux mille sacs de farine[59]. Toutefois, les mauvaises conditions climatiques ne sont pas seules en cause. La marine paolienne ne parvient pas à contrôler la mer. Les liaisons avec l'extérieur s'avèrent difficiles. En avril et octobre 1763, Algajola puis Ajaccio résistent aux avances paolistes. En mai et novembre 1764, Bonifacio et Bastia affirment leur fidélité à Gênes. Saint-Florent s'oppose aux paolistes. Certes, les corsaires paolistes tentent de bloquer les présides mais ceux-ci, comme Saint-Florent en 1764, font appel aux galères génoises qui forcent le blocus. En outre, le principal port du cap, Macinaggio, fidèle à Gênes, continue d'assurer les liaisons entre Bastia et la République. En raison du blocus, les insulaires se trouvent peu à peu privés des objets traditionnellement importés. Quant aux « patrons » et propriétaires viticoles, ils souffrent de ne pouvoir exporter leurs surplus, d'où leur peu d'empressement à soutenir la cause paolienne, à l'exception de quelques-uns qui déclarent vouloir défendre l'intérêt intellectuel de la nation avant leurs propres intérêts. Parmi eux, les Terami à Rogliano, les Franceschi à Centuri et Ersa, les Mattei d'Ortinola, les Piccioni à Pino, les Giacomini de'Porrata et leurs cousins Antonetti à Morsiglia. La situation est d'autant plus mauvaise que le blocus augmente la contrebande et multiplie les demandes de dérogations auprès du Conseil d'État de Corte, d'où un profond malaise. Paoli essaie d'enrayer les choses en aménageant L'Île-Rousse où il concède aux juifs de Livourne le droit de pêcher le corail sur les côtes (1767). La même année, L'Île-Rousse – ville-champignon – envoie pour la première fois un député à la *consulta* générale. Pour l'élire, il a fallu déterminer qui voterait. À cette occasion, le droit de vote a été accordé à un juif ce dont Paoli tire pour devise : *La libertà in Corsica non confessa, ne si consulta colla inquisizione*[60] ; ce qui est conforme à ses vues sur le long terme puisqu'il écrivait dès le 26 juin 1760 à Rivarola : « Si les juifs voulaient s'établir parmi nous, nous leur accorderions la naturalisation et les privilèges pour se gouverner avec leurs propres lois. Parlez-en à quelque rabbin accrédité. » Cela avait incité le juif Modigliani à s'installer en Corse à l'automne 1763 et Paoli envisagea même la création d'une colonie juive un peu comme celle des Grecs de Cargèse. Quelques riches familles juives se mirent à construire quelques belles maisons à L'Île-Rousse : les Blasini, les Savelli, les Salvini et surtout Antonmatteo Arena (1731-1787), entrepreneur des fortifications de L'Île-Rousse. Mais « privée de ces poumons que sont les ports » (F. Ettori), l'économie insulaire s'asphyxia, comme en témoignent les vêtements, le drap grossier local se substituant aux fines étoffes, au velours de Gênes et d'Utrecht, au damas et aux brocarts qui arrivaient de la péninsule italienne aux XVIe et XVIIe siècles à l'usage des notables du cap. Le handicap majeur du régime paoliste réside dans le manque d'argent. Du couvent franciscain de Rogliano, Paoli écrit à Valentini le 20 octobre 1762 : « J'espère que nous aurons trouvé les fonds pour solder six cents hommes à la consulta[61]. » « La subsistance pour une année, j'espère que nous l'avons trouvée dans la frappe de la monnaie[62]. » « Je ne peux former les compagnies des régiments si la monnaie ne commence pas à être frappée[63]. »

L'ARMÉE PAOLINE

Le manque permanent d'argent priva Paoli d'armée régulière : sa « troupe payée » (*truppa pagata* ou *assoldata*), sa milice (*milizia pagata*), son camp volant (*campo volante* ou *squadrone volante*) ont toujours eu d'énormes défauts : des effectifs faibles et mal rémunérés, parfois en nature : toile de lin, vin, denrées alimentaires[64], inconvénients qui s'ajoutèrent à beaucoup d'autres : manque de discipline d'où l'appel à des Prussiens, manque de cadres en dehors de quelques vrais capitaines : Nicodemo Pasqualini, Casabianca, Saliceti, Catoni, Costa, Ristori, Achille Murati, manque de sous-officiers, absence d'avancement, grades fluctuants suivant les années : colonels ou commandants, capitaines ou commandants, voire commandants ou sergents, et composition de l'armée fort héréroclite : « nationaux » issus de la paysannerie, déserteurs génois des présides, déserteurs prussiens passés du service de Gênes à celui de Paoli : en 1769, à Ponte Novo, les Prussiens sont au nombre de mille, vêtus de vert, coiffés d'un tricorne et placés aux ordres de Gentili. Quant aux montagnards enrôlés, Paoli écrit : « Dans le cap Corse, j'ai peur que les nôtres ne se fassent prendre à coups de pied par les populations tant ils sont *impies* et infâmes[65]. » Là-dessus se greffe la volonté de tout Corse de commander. Paoli s'en afflige : « Il me coûte de dire que je trouve deux mille officiers et pas deux cents soldats. Notre nation est trop avide[66]. » Dès 1755, selon d'Angelo, consul à Bastia, Paoli a « une garde particulière [composée de] déserteurs allemands [...] nourris et payés[67] ». En 1764, sa garde compte vingt-trois soldats dont quatorze étrangers, la plupart prussiens. Le 8 septembre 1755, depuis le couvent de Morosaglia, Paoli écrit à Salvini : « Je suis en train de former à la hâte un bon corps de troupe régulière[68] » qui doit répondre à plusieurs missions : combattre les Génois, protéger Paoli et les personnalités : les magistrats provinciaux – trois à seize soldats ; plus tard les professeurs de l'université – un soldat par professeur ; le visiteur apostolique – douze soldats ; l'hôtel des Monnaies – trois à sept soldats ; la *Giunta di guerra* – trente hommes traquant les *sediziosi* ; cette armée doit aussi constituer de petites garnisons dans des sites stratégiques dont L'Île-Rousse : six hommes ; les tours et petits forts : soixante soldats à Erbalunga en 1764 aux ordres de Murati, cent trente-neuf à Capraja aux ordres de Gentili, dix dans la tour de Centuri, dix-neuf dans celle d'Algaiola. À noter que la garde de Paoli ne cesse de croître avec les années atteignant quatre-vingt-douze hommes en avril 1766 et comptant jusqu'à douze officiers en septembre 1767, dont plusieurs fidèles : Saliceti, Gio Battista Tiberi, Emmanuele Costa, Luccione Pasqualini.

Le 30 septembre 1755, Paoli passe en revue ses troupes : six compagnies de cinquante hommes, soit trois cents hommes, commandées par six capitaines[69]. En mars et août 1756, une taxe de deux lires par feu est établie afin de pouvoir solder cette troupe destinée à maintenir « la tranquillité » et à remplacer l'ancien système « des marches continuelles[70] ». En septembre 1758 puis en 1760, Paoli augmente son armée. En février 1761, à la *consulta* de Tavagna, selon Rossi, Paoli aurait décidé de lever dix-huit compagnies de cent hommes, chiffre jamais atteint, soit une armée de dix-huit cents hommes aux ordres de dix-huit capitaines. Enfin, à la *consulta* de Corte des 24-26 novembre 1762, Paoli aurait formé deux régiments de trois cents volontaires annuels chacun, confiés en décembre aux colonels Tito (diminutif de Jean-Baptiste) Buttafoco de Vescovato et Ignazio Domenico Baldassari, ancien capitaine au Royal-Corse jusqu'en 1758, chevalier de Saint-Louis. En 1763-1767, les rôles des compagnies donnent le chiffre de vingt-six compagnies et il semblerait qu'elles aient été au nombre de trente en 1768 mais avec une quarantaine d'hommes par compagnie et non la centaine espérée. L'armée paoline a en 1762-1763 : un général (Paoli), deux colonels, des capitaines, lieutenants, sergents, caporaux, voire quelques cadets dans certaines compagnies. En 1764, Paoli perd successivement Buttafoco – involontairement (?) tué d'un coup de feu par un de ses soldats en faisant l'exercice – et Baldassari, le seul à avoir quitté le service de France pour gagner les rangs de l'armée paoliste. « L'année 1764 est triste pour moi, écrit Paoli au père Guelfucci. La mort nous a pris dans un bref laps de temps les deux colonels. La secousse est fatale à l'édifice et nous nous en ressentirons d'autant plus que le chevalier [Baldassari] ne laisse pas d'héritier de son nom ni de ses vertus. » Sur le papier, cette armée a l'apparence d'une troupe régulière bien organisée. Dans la réalité, il en va autrement. Si le capitaine Murati a soixante hommes dans sa compagnie (1764), Casabianca ne peut en aligner que dix ! Si Colonna a quatre-vingt-douze hommes à ses ordres (1768), Quilici n'en a que huit ! Non seulement les compagnies ont des effectifs divers, mais ceux-ci évoluent avec la saison : la moisson puis la vendange privent les capitaines de soldats. La mort d'un homme à l'ennemi désorganise toute sa compagnie. Le recours à des engagements temporaires pour une, deux ou trois semaines reste indispensable en période de combat. Quant aux soldes, elles sont souvent théoriques : trente lires mensuelles pour un capitaine, parfois quarante, voire cent ; vingt-cinq pour un lieutenant, parfois trente ou quarante ; vingt pour un sergent, parfois vingt-trois ; dix-huit pour un caporal, parfois vingt-deux ; vingt pour un soldat canonnier, quinze pour un soldat, souvent dix, parfois dix-huit ; dix pour un cadet. En décembre 1766, les officiers de la garde de Paoli, lieutenant et capitaine, touchent quarante lires et se trouvent plus payés que les autres de même que les soldats de la garnison de L'Île-Rousse, ce qui prouve que Paoli avait ses priorités. Tous les ordres de paiement, signés par Paoli, sont adressés au caissier public du *Regno di Corsica,* Caroli, surintendant de l'hôtel de la Monnaies. « À cause du non-règlement de ces paies, de nombreux soldats ont déserté », reconnaît Paoli dès 1760[71], et son neveu Barbaggi écrit de Centuri : « De nombreux soldats recommencent à déserter. Cela fait un moment que nous avons les compagnies pleines de canailles qui mangent le pain lâchement et, quand elles se voient exposées à quelque danger, elles fuient rapidement[72]. » Nombre d'entre eux sont mal rémunérés et mal équipés : « Je ne veux plus entendre ces soldats qui, avec raison, écrit Paoli, se plaignent violemment de n'être pas payés ; la plus grande partie sont pieds nus car ils n'ont pas d'argent pour faire réparer leurs chaussures[73]. »

Le handicap majeur de Paoli c'est d'avoir privilégié le politique sur l'économique : comment rendre la justice sans magistrats rémunérés par l'État ? Comment solder des troupes ou nourrir les prisonniers de guerre que Paoli doit relâcher faute de pouvoir les entretenir ? L'autorité de Paoli, grande intellectuellement, est en réalité beaucoup plus apparente que réelle. Comment contraindre un Matra à un exil définitif sans police étatique ? Comment l'empêcher de rentrer dans l'île ? Comment l'éliminer autrement que par la mort, procédé peu démocratique ! Comment contraindre Abbatucci à s'exiler, comme il l'a promis en prison, alors qu'il rentre chez lui une fois libéré ? Comment retrouver ceux qui assassinent le notable bastélicais Francesco Seta en avril 1767 ? Quand le bandit Bonelli assassine un Français (1766), Choiseul proteste mais Paoli n'a aucun moyen de le faire arrêter. Comment faire respecter sa parole à un officier français (Bellot) qui, libéré, refuse de se considérer comme prisonnier de guerre puisqu'il se dit capturé par des « rebelles » ? Comment payer les professeurs de l'université, verser leurs bourses aux étudiants, entretenir les bâtiments : Palais national, université, hôtel de la Monnaie, jetées de L'Île-Rousse ou de Centuri, solder les colonels, capitaines, officiers, soldats et corsaires ? Privé d'administration et de « fonctionnaires », l'embryon d'État paoliste offre l'image d'un « État naissant » comme le constatent les contemporains, un peu comme la France de la Renaissance qui ne comptait que quatre mille cinq cents agents royaux sous François Ier pour seize millions d'habitants, alors qu'ils seraient quarante-cinq mille sous Louis XIV pour vingt millions de sujets, avant nos cinq millions de fonctionnaires pour soixante millions de citoyens. Tous les contemporains, y compris Choiseul, voient dans la Corse paoline une « République naissante », un peu comme la République rochelaise et calviniste, elle aussi écrasée (en 1628), car elle aussi maritime et formidablement géostratégique sur la façade atlantique du royaume dépourvue de grands ports : Rochefort n'existe pas avant 1666 et Brest n'aura deux mille habitants qu'en 1665. Mais cette République paoline – à la différence des Provinces-Unies de 1648 – n'a pas d'assise économique, d'où les menaces qui pèsent sur elle : à l'intérieur, opposition nobiliaire matriste, opposition vénitienne abbatucciste, opposition maritime cap-corsine, opposition bourgeoise bastiaise et ajaccienne ; à l'extérieur, convoitises françaises et anglaises sur fond de vigilance génoise.

Les paolistes prennent Capraja

Le principal danger qui menace Paoli vient de Choiseul qui est furieux de voir deux paolistes (Angelo Matteo Bonelli, dit Zampaglinu, et Felice Baldrini de Bocognano) tuer un Français (M. Belluard) pour venger la mort d'un parent, cordonnier ajaccien « pendu – écrit Choiseul à Paoli le 15 avril 1766 – en conséquence d'un jugement du prévôt de la garnison » et sur ordre de M. Poulariès, commandant français de la garnison d'Ajaccio. Choiseul réclame les assassins à Paoli en des termes menaçants : « Je dois vous avertir que Sa Majesté s'en prendra personnellement à vous si, par la réponse de M. le comte de Marbeuf, Elle apprend que la remise des deux hommes dont il s'agit n'a pas été faite. » Choiseul écrit à nouveau à Paoli à ce sujet le 9 juin et en juillet[74]. La pression monte et la mort du cordonnier sert de prétexte au ministre. En fait, Paoli s'inquiète des appétits de Choiseul qui lui écrit : « Il n'est pas naturel que vous pensiez que Sa Majesté se mêlera des affaires de Corse *sans en tirer un avantage*. Or cet avantage ne peut être autre que celui de se conserver *des points utiles à la navigation* de ses sujets. » Les choses sont claires. Le roi de France souhaite se substituer à la République à Bastia, Ajaccio, Calvi, Bonifacio, Saint-Florent. Les paolistes ripostent : en décembre, le signor Paolo Mattei d'Ortinola, de Centuri, rentrant de France, s'arrête à Capraja, s'informe de l'état des fortifications, une petite citadelle et deux tours génoises, et propose à Paoli de s'en emparer pour nuire aux communications entre Gênes et Bastia. Conduite par le signor Achille Murati de Murato (1734-1801), commandant d'Erbalunga, fils d'Angela Marchetti et petit-fils d'Achille Marchetti, l'expédition quitte Macinaggio le 16 février 1767 avec Mattei à sa tête, Gio-Batta Ristori de Santa Lucia de Bozio (v.1740-1812), commandant de Furiani, et un certain nombre de jeunes hommes courageux (dont le sergent Simon Galletti, grand-oncle de l'abbé de ce nom[75]), la plupart appartenant aux principales familles des provinces du cap Corse et du Nebbio. Malgré les renforts génois conduits par le sénateur Agostino Pinello et le colonel Antonuccio Matra, la citadelle de Capraja – à vingt milles du cap Corse – tombe le 29 mai[76] grâce aux renforts conduits par Angelo Franceschi, capitaine corsaire qui a appris à combattre sur mer avec son frère Guglielmo et leur neveu Angelo Carlini d'Ersa. Commandant l'un des bâtiments nationaux, attaqué par trois vaisseaux français, il se réfugie à Livourne où Paoli lui adresse ses félicitations datées de Casinca, avant de poursuivre sa carrière (1771-1777) au service de Malte, notamment à Candie où il tue un raïs turc. Émigrés à la Révolution, Angelo et Guglielmo achèveront leur carrière colonels, le premier au service de la Russie et le second au service de la Pologne, d'après Ambroggio Rossi. La prise de Capraja affole Gênes et ravit Londres. On lit, dans la *London Chronicle* du 7 mai 1767 : « On a entendu dire que la prise de Capraja avait valu à la Corse cent mille livres de crédit extraordinaire de la part des marchands anglais[77]. » Soudain, la République craint que la flotte de Paoli ne coupe ses relations avec Bastia et que les paolistes ne finissent par se rendre maîtres des présides dès que les troupes du roi s'en retireront comme prévu, à la date du 6 août 1768. Or Louis XV menace de les retirer plus tôt car Gênes envisage de permettre à deux mille jésuites expulsés de France, d'Espagne et du Portugal de se réfugier en Corse ! Dès le 4 juillet 1767, Gênes songe à céder la Corse au roi. Le 13 mai 1768, à Londres, Boswell reçoit sir John Dick et le capitaine Charles Pierrepont-Medows de la Royal Navy pour envisager l'évacuation de Paoli vers Londres. Le surlendemain est signé le traité de Versailles.

Paoli face au traité de Versailles

Le « passage » de la Corse à la France a fait couler beaucoup d'encre et beaucoup de bêtises ont été écrites à ce sujet jusqu'à ce que notre collègue et ami, le professeur François-Xavier Emmanuelli, publie l'excellent ouvrage posthume de son regretté père, René Emmanuelli, sous le titre *L'Équivoque de Corse : 1768-1805.* Rien n'est plus précieux pour étudier cette « mutation » que le texte du traité lui-même, souvent commenté sans avoir été lu.

TRAITÉ ENTRE LE ROI ET LA RÉPUBLIQUE DE GÊNES
Conservation de l'Isle de Corse à la République de Gênes

L'intérêt et l'amitié que le Roi a constamment marqués depuis le commencement de son règne à la Sérénissime République de Gênes ont été les motifs qui ont engagé Sa Majesté à conclure avec cette République différentes conventions dans les années 1737, 1752, 1755, 1756 et 1764, pour la maintenir dans la possession paisible de sa souveraineté de l'isle de Corse qu'il importait si essentiellement à la République de conserver ; mais la Sérénissime République ayant fait connaître au Roi que les moyens qui avaient été employés jusqu'à présent pour parvenir à un objet si salutaire avaient été malheureusement insuffisants, et que si à l'expiration de la convention de 1764 dont le terme est fixé au mois d'août prochain Sa Majesté jugeait à propos de retirer ses troupes des places de Corse, le trouble, la dissension et leurs effets seraient encore plus sensibles dans cette isle qu'ils ne l'étaient auparavant ; le Roi, touché de la vérité des représentations du Sérénissime gouvernement de Gênes et animé plus que jamais du désir de contribuer aux avantages et à la tranquillité de la République son ancienne alliée, a concerté avec elle un nouveau plan relatif à la Corse par lequel ces deux puissances contractantes se proposent de rétablir avec le temps l'ordre dans cette isle, de manière que la République ne puisse souffrir aucun dommage des troubles qui ont existé ou qui pourraient y exister dans la suite, et qu'en même temps la nation corse acquière les avantages du rétablissement de la paix dans l'intérieur de son pays.

En conséquence le Roi et la Sérénissime République ont nommé et muni de leurs pleins pouvoirs, savoir Sa Majesté le très illustre et très excellent seigneur Étienne-François de Choiseul, duc de Choiseul, d'Amboise, Pair de France, Chevalier des ordres du Roi et de celui de la Toison d'or, colonel général des Suisses et Grisons, lieutenant-général des armées de Sa Majesté, gouverneur et lieutenant-général de la province de Touraine, grand bailli d'Haguenau, gouverneur et grand bailli du pays des Vosges et de Mirecourt, ministre et secrétaire d'État ayant le département des Affaires Étrangères et de la Guerre, grand maître et surintendant général des courriers, postes et relais de France. Et la Sérénissime République le Patrice Augustin-Paul-Dominique Sorba[78], son ministre plénipotentiaire auprès du Roi, lesquels après s'être dûment communiqué leurs pleins pouvoirs en bonne forme et dont les copies seront transcrites à la fin de la présente convention, sont convenus des articles dont la teneur suit.

ARTICLE 1er : Le Roi fera occuper par ses troupes les places de Bastia, Saint-Florent, l'Algaiola, Calvi, Ajaccio, Bonifacio, ainsi que les autres places, forts, tours ou ports situés dans l'isle de Corse et qui sont nécessaires à la sûreté des troupes de Sa Majesté et au but que se proposent le Roi et la Sérénissime République de Gênes d'ôter tout moyen aux Corses de nuire aux sujets et aux possessions de la République.

ARTICLE 2. Les places et ports occupés par les troupes du Roi seront possédés par Sa Majesté qui y exercera tous les droits de la souveraineté, et lesdites places et ports ainsi que lesdits droits lui serviront de nantissement vis-à-vis de la République de la dépense que le Roi sera obligé de faire soit pour occuper soit pour conserver lesdits places et ports.

ARTICLE 3. Le Roi et la Sérénissime République sont convenus que l'exercice de la souveraineté cédé au roi par l'article précédent sera entier et absolu, mais que cependant, comme il ne doit être que le gage des avances que Sa Majesté fera pour l'intérêt de la République, ladite souveraineté dans les mains du Roi n'autorisera pas Sa Majesté à disposer des places et ports de Corse en faveur d'un tiers sans le consentement de la République.

ARTICLE 4. En conséquence, le Roi s'engage à conserver sous son autorité et sa domination toutes les parties de la Corse qui seront occupées par ses troupes jusqu'à ce que la République en demande à la France la restitution et en la demandant soit en état de solder la dépense que l'expédition actuelle des troupes et les frais de leur entretien en Corse pourront occasionner ; bien entendu que quelles que soient les sommes employées en Corse d'après les stipulations du présent traité, il ne pourra jamais y avoir que les places de Corse qui répondront de ces sommes, et qu'au-delà de l'occupation souveraine par la France desdits places et ports, la Sérénissime République dans aucun cas ne contractera et ne pourra contracter vis-à-vis du Roi ni dette ni aucune obligation de dédommagement.

ARTICLE 5. Si par la succession des temps l'intérieur de l'isle se soumettait à la domination du Roi, la République consent dès à présent que ledit intérieur reste soumis à Sa Majesté en totalité ou en partie de la même manière et aux mêmes conditions stipulées par les articles précédents par rapport aux places et ports de la Corse.

ARTICLE 6. Le Roi s'engage à remettre entre les mains de la République le plus tôt qu'il sera possible et au plus tard en 1771 l'isle de Capraia actuellement possédée par les Corses.

ARTICLE 7. Le Roi s'engage à faire tout ce qui sera en son pouvoir pour faire cesser, après que les places et ports de Corse seront à sa disposition, les hostilités des Corses contre la République ; mais comme il est impossible de statuer d'avance sur les effets de cet engagement, le Roi promet à la République que dès que ses troupes seront établies en Corse, Sa Majesté traitera suivant toute la rigueur du droit de guerre tout Corse qui nuira aux sujets de la République soit par terre soit par mer. La République de son côté s'engage à faire cesser les hostilités contre les Corses lorsqu'elle en sera requise par le Roi.

ARTICLE 8. Il a été convenu entre les deux puissances contractantes que les navires barbaresques ne pourront être admis dans les ports, rades et plages occupés par les troupes du Roi en Corse que dans les cas de détresse et de naufrage, conformément aux lois de l'humanité.

ARTICLE 9. Les nationaux génois et les individus Corses seront rétablis et réintégrés dans la possession de leurs biens qui auraient été confisqués, occupés ou détenus à quelque titre que ce soit relatif aux troubles passés, autant que cela sera ou pourra être dans la disposition du

Roi, Sa Majesté faisant en sorte que cela soit exécuté dans un temps convenable, ainsi que la liberté des individus des deux parties qui l'auraient perdue à l'occasion des mêmes troubles.

ARTICLE 10. Toutes les concessions particulières, exemptions, franchises ou privilèges dont jouissaient en terre ferme quelques peuples ou habitants de l'île seront abolis, et Sa Majesté prendra en considération les dédommagements qu'elle pourra accorder spécialement aux habitants de Bonifacio, de Calvi et de Saint-Florent.

ARTICLE 11. Sa Majesté s'engage à établir une méthode assurée et régulière pour empêcher la fraude et la contrebande que les bâtiments corses pourraient faire sous le pavillon du Roi, dans les ports, anses et plages des États de la Sérénissime République en terre ferme.

ARTICLE 12. On fera un inventaire de l'artillerie et munitions de guerre qui se trouveront appartenir à la République dans les places de Corse, et le Roi payera la somme à laquelle sera portée l'estimation de ceux desdits effets qu'il conservera, six mois après s'en être mis en possession ; tous les effets d'artillerie et munitions que le Roi ne prendra point seront envoyés à Gênes aux dépens de Sa Majesté ; il sera fait aussi un inventaire des protocoles des actes civils et criminels afin qu'il puisse en conster [*sic*] dans la vue de l'article quatre.

ARTICLE 13. Le Roi s'engage à garantir authentiquement et à perpétuité les États que la Sérénissime République possède en terre ferme, à quelque titre et pour quelque cause que ce fût qu'ils pussent être attaqués ou troublés, et Sa Majesté se charge de la même garantie pour l'isle de Capraia quand elle sera remise à la République, conformément à l'article six du présent traité.

ARTICLE 14. La justice et police générale et particulière ainsi que la justice de l'amirauté seront exercées au nom du Roi et par les officiers de Sa Majesté dans les places, ports, terres et pays qui seront occupés par ses troupes en Corse et en nantissement, comme il a été stipulé par l'article deux du présent traité.

ARTICLE 15. Sa Majesté établira en Corse aussi longtemps que les places, ports et terres de l'isle se trouveront sous sa domination, les droits de gabelle et d'aides et en général tous les droits de ses fermes générales ainsi que les impositions qu'elle jugera convenables, et le produit desdits droits et impositions dont on tiendra un état exact sera précompté sur la somme des dépenses que la République sera obligée de rembourser au Roi quand elle voudra rentrer en jouissance de la souveraineté de la Corse.

ARTICLE 16. Les ratifications du présent traité expédiées en bonne forme seront échangées dans l'espace d'un mois ou plus tôt s'il est possible à compter du jour de la signature du présent traité.

En foi de quoi, Nous ministres du Roi et de la Sérénissime République avons signé en leur nom et en vertu de nos pleins-pouvoirs le présent traité et y avons fait apposer le cachet de nos armes.

Fait à Versailles le 15 mai 1768.

ARTICLES SÉPARÉS ET SECRETS

ARTICLE 1er. Outre ce qui est stipulé par l'article trois du traité signé aujourd'hui, il est entendu qu'aucune des places de Corse que les troupes de Sa Majesté doivent occuper conformément à l'article premier dudit traité ne pourra jamais en aucun temps ni aucune circonstance être remise ou abandonnée aux Corses ni à aucun tiers.

ARTICLE 2. Le Roi, pour dédommager la Sérénissime République de Gênes de la perte qu'elle a faite de quelques arrérages de subsides qui lui étaient dus en vertu des conventions antérieures à celle de 1764, et pour lui donner une marque de son amitié sincère, fera payer à ladite République une somme de deux cent mille livres tournois par an pendant le cours de dix années, sauf à convenir après ce terme d'une continuation de subsides si la République se trouve dans des circonstances qui la mettent dans le cas de demander un pareil secours à Sa Majesté.

Les présents articles séparés et secrets auront la même force que s'ils étaient insérés dans le traité signé aujourd'hui.

En foi de quoi, Nous ministres plénipotentiaires avons signé les présents articles séparés et y avons fait apposer le cachet de nos armes.

Espérons qu'à l'issue de cette lecture le terme de « vente » de la Corse par Gênes au roi de France ne sera plus employé puisque le traité – au contraire – ne fait état, dès son titre, que de la « conservation » de l'île à la République grâce aux troupes de Louis XV. Gênes ne renonce en rien en 1768 à sa souveraineté sur l'île qu'elle espère récupérer. Gênes renonce seulement, et à titre provisoire, à l'exercice de cette souveraineté en attendant que ses finances ruinées lui permettent de rentrer un jour en possession d'une île pacifiée grâce à la soldatesque du roi, mais au lieu de pacifier la Corse au profit de la République, Louis XV, qui se doute que Gênes ne sera jamais en mesure de lui rembourser les frais occasionnés, espère la pacifier à son profit. Bref, Gênes fait mine de céder la Corse pour mieux la récupérer et le roi fait mine de vouloir la pacifier pour mieux s'en emparer. Des deux côtés, il s'agit d'un marché de dupes conclu entre une république déchue et un royaume sorti amoindri du traité de Paris. Louis XV et Choiseul savent très bien que Gênes ne pourra jamais rembourser les frais de la pacification, donc la Corse occupée ne pourra que rester partie intégrante de la monarchie au grand soulagement de Choiseul dont les efforts déployés en faveur de la marine royale sont méritoires. En 1768, en effet, le royaume souffre beaucoup plus de la perte de ses « quelques arpents de neige » – le Canada, selon Voltaire – qu'il n'y paraît. Au lendemain de la défaite, l'opinion française est en crise. Le Bien-Aimé a perdu son épithète. Le royaume est marqué par l'attentat de Damiens (1757). Ministres et secrétaires d'État se succèdent, paralysés par la brièveté de leur fonction. Les armées – donc la noblesse fournit les cadres – sont en crise, surtout la marine vaincue à Lagos puis aux Cardinaux (1759). Le roi veut redonner confiance à une opinion qui s'est mise à aimer la mer. En 1768, Cook fête ses quarante ans et Bougainville est parti depuis deux ans à bord de la *Boudeuse*. En France, en Angleterre, on ne parle que d'îles : Tahiti. En 1768, Choiseul a appris aux Français à construire à leurs frais des vaisseaux. Les citadins se sont mis à aimer les colonies et le chocolat chaud, le café, le sucre, les cotonnades et les indiennes. Louis XV veut redorer l'image d'une marine à la fois coûteuse et éprouvée. Depuis la paix, il est indispensable pour lui de redonner à sa marine renaissante et à sa noblesse décadente un objectif proche et capable de détourner l'opinion de ses mauvais souvenirs. Seule une conquête îlienne ou d'outre-mer paraît susceptible d'apaiser la fermentation des esprits. La compensation territoriale que Louis XV propose s'appelle la Corse. Au lendemain du traité de Paris, il ne peut plus se contenter d'avoir hérité de la Lorraine. Il lui faut une conquête et la Corse ne revêt que des avantages. S'installer en Corse c'est calmer l'opinion furieuse parce que le pays est sorti battu de la guerre. Le royaume n'a pas oublié Louis XIV à qui Paris avait donné son surnom de « Grand » à l'issue de la glorieuse guerre de Hollande et la mentalité du temps ne peut que désavouer Louis XV qui refuse d'agrandir le pays pour ne pas être accusé de traiter avec ses ennemis « en marchand ». Lors de la conclusion de la guerre de Succession d'Autriche, le royaume n'a rien gagné. Louis XV, au traité d'Aix-la-Chapelle, n'a travaillé que « pour le roi de Prusse ». La paix s'est trouvée brocardée par les poissonnières des halles au point de devenir partie intégrante d'une insulte : on dit : « bête comme la paix ». À cette déception s'est ajoutée l'humiliation du traité de Paris. Là, le roi n'a pas signé une paix blanche comme en 1748, il a entériné ses défaites. Ces pertes ne sont pas seulement territoriales, elles sont aussi sociales. La noblesse ne trouve la légitimité de ses exemptions fiscales que dans l'impôt du sang. La guerre gagnée justifiait et la noblesse – « ceux qui combattent » – et ses privilèges, mais deux guerres perdues qui se soldent, la première – malgré Fontenoy – par un retour au *statu quo ante bellum,* la seconde – malgré Port-Mahon – par une perte territoriale sévère, c'est poser le problème de la pérennité de la noblesse. Ordre toujours utile comme au Moyen Âge ou déjà parasitaire comme sous Louis XVI ? Dans un contexte personnel attristé (mort de Mme de Pompadour en 1764 ; décès du Grand Dauphin en 1765 ; disparition de Stanislas en 1766 puis de la reine en 1768), un contexte judiciaire délicat (exécution de Lally-Tollendal en 1766) ; réhabilitation de Calas en 1762, de Sirven en 1764, du chevalier de La Barre en 1766 ; affaire La Chalotais en 1765-1767), un contexte social miné par l'agitation parlementaire (1766), un contexte littéraire où dominent les écrits des philosophes (Diderot écrit : « Il y avait deux officiers à peu près égaux, d'âge, de naissance, de service et de mérite [...]. La seule différence qu'il y eut entre eux, c'est que l'un était riche et que l'autre ne l'était pas »), un contexte religieux tourmenté en raison de l'expulsion des Jésuites (1764) et de la traditionnelle agitation janséniste, Louis XV tente de réparer les abus de la Régence et les erreurs de son règne – le Parc-aux-Cerfs certes, mais surtout l'abandon de Montcalm – avant de quitter ce monde, alors que Voltaire publie son *Précis du siècle de Louis XV* (1768). À travers la conquête de la Corse, le roi pense offrir à ses peuples une foule de compensations. La Corse française ce serait l'équivalent de Minorque redevenue anglaise, une revanche, une sorte de Gibraltar français, un point d'appui géostratégique, une véritable « base navale » recherchée depuis Henri II, Coligny et Villegagnon ; une île riche en ports, en forêts (Vizzavone, Aïtone), en pins lariccio, en résine, donc une île susceptible d'alimenter l'arsenal de Toulon ; une île riche « en chairs » (viandes, gibiers), en eaux pures, sources et « aiguades », une véritable escale sur les routes de Méditerranée, vers le Maghreb, l'Égypte, les Échelles. La conquête de la Corse serait à la fois un succès territorial et stratégique, la France damant le pion à l'Invincible Albion. Et, pour la noblesse, ce serait un moyen de retrouver sa légitimité écornée, une nouvelle raison d'exister. Prendre la Corse ce serait enfin facile. Que pourra faire une île de cent vingt mille habitants face à la deuxième puissance du monde forte de vingt-cinq millions de sujets ? Que pourront les fusils et les poignards des « nationaux » paolistes face à l'artillerie du roi de France ? Prendre la Corse c'est redonner aux armées du roi un peu de leur lustre, faire oublier leurs défaites récentes.

Paoli : un grand cosmopolite oublié de Choiseul ?

Dès le 21 mai 1768, Paoli promet à Corte « de ne jamais soumettre la nation à quiconque » alors que toute l'Europe éclairée se passionne pour le devenir de l'île. Parmi les hommes de lettres : l'érudit huguenot Louis Dutens (1730-1812), secrétaire de l'ambassadeur anglais Stuart-Mackensie à partir de 1758, lequel gravite au sein de la loge La Mystérieuse à Turin. Parmi les philosophes : Voltaire, admis dans la franc-maçonnerie en 1778. Parmi les despotes éclairés : Frédéric II – lui-même maçon –, lequel écrit à son ambassadeur en Angleterre : « Cette entreprise de la France ne saurait que déplaire [au roi de Sardaigne], tout aussi bien qu'à la Toscane et à la maison d'Autriche. » Moins de deux semaines après la signature du traité, d'Alembert écrit à Voltaire : « Que dites-vous de l'expédition de Corse ? N'avez-vous point peur qu'il n'en résulte une guerre dont l'Europe n'a pas besoin ? » Le 5 juin 1768, Paoli tient à Vinciguerra des propos identiques à ceux de Frédéric II : « Une souveraineté française en Corse, sous quelque couleur ou prétexte qu'on veuille la faire passer, ne sera jamais tolérée [...]. Le roi de Sardaigne et le grand-duc de Toscane verraient leurs États par trop exposés. » Le *Journal encyclopédique* de juin 1768 consacre vingt et une pages à l'*Account of Corsica* de Boswell, dont vingt-quatre à Paoli (p. 76 à 83 et 101 à 115) : « Nous ne finirions pas, si nous voulions rapprocher tous les traits de grandeur d'âme, de valeur, d'intelligence et de patriotisme qui caractérisent l'illustre M. Paoli. » Le *Journal* insiste « sur les mœurs et les qualités estimables des Corses » et met en valeur leur « respectable chef ».

Le 18 juin, Shelburne (1737-1805), secrétaire d'État des Colonies, reçoit le texte du traité de Versailles. Le 30, le cabinet britannique s'inquiète de l'état de la Corse et le duc de Grafton décide, en Conseil des ministres, d'envoyer auprès de Paoli le sieur Dunant, Genevois, ancien capitaine des troupes suisses du roi de Sardaigne. Un capitaine de troupes suisses... comme le capitaine Marchetti de 1669. Le 22 juillet, Dunant débarque à L'Île-Rousse accompagné du lieutenant Stanhope[79], officier de la frégate le *Montréal*. Stanhope est proche parent de Philip Stanhope, lord Chesterfield, ambassadeur d'Angleterre à La Haye, qui a organisé en 1731 la réception maçonnique de François de Lorraine. À Corte, Paoli dicte à Dunant les besoins des « nationaux » puis, le 24 juillet, Dunant quitte Corte de nuit. Boswell rencontrera Dunant, à Londres, chez Paoli, en mars 1772. Pour l'heure, le 13 août 1768, Dunant rentre à Londres et Grafton envoie son rapport à George III qui se lamente : « Toute heure écoulée est à l'avantage des Français. »

Au printemps, John Stuart-Mountstuart, dit Murray (1744-1814), arrive clandestinement de Londres à Paris (mai 1768), sur ordre de lord Shelburne. Le 23 juin, de Paris, il lui écrit : « Il est impossible ici de connaître la puissance réelle de Paoli. Certains pensent qu'il sera capable de se défendre, d'autres sont convaincus qu'il succombera tout de suite[80]. » Aussi poursuit-il sa route. Le 3 août, il arrive à Saint-Florent à bord de l'*Aquilon.* Fils aîné de John Stuart, comte de Bute (1713-1792) et ancien Premier ministre (1762-1763), cet ancien capitaine de cavalerie (1758), sorti de prison depuis peu (1765), a fait la connaissance en février 1767 du colonel Laughlin Macleane, chef du service des renseignements secrets de Shelburne, et surtout membre « d'une tribu fort considérable qui porte son nom » – selon Boyer d'Éguilles, agent secret de Louis XV en Écosse –, tribu qui a donné le chevalier James-Hector Mac Leane ou Macleane, cinquième baronnet de Duart (1703-1750), lord et pair d'Écosse (1716), jacobite devenu grand maître de l'ordre maçonnique en France (1733-1736)[81] juste avant Derwentwater, lors de l'arrivée de Neuhoff en Corse ; lequel James-Hector fut de tous les combats jacobites de son temps (1744-1746), mais qui, emprisonné à la tour de Londres après Culloden, parvint à sauver sa tête à la différence de Derwentwater, étant régnicole puisque natif de Calais. Accompagné de Masseria, de l'Écossais Hamilton, officier de la garnison de Minorque, et du futur amiral Onslow, alors simple capitaine de vaisseau, Stuart-Mountstuart rencontre Paoli à Murato le lendemain de son arrivée (4 août). Parvenu à Corte, il écrit au sujet de Paoli : « C'est un grand homme. Il parlait avec intelligence, élégance et sa conversation dénotait une vaste connaissance des hommes et des choses [...]. Il était *très reconnaissant à l'Angleterre* [...]. Il commença par me dire que sans l'aide d'un peuple étranger sa nation était perdue, qu'il n'avait plus ni argent, ni munitions, ni vivres, ni matériel de guerre, que son peuple était découragé par les pertes subies [...]. Il déclara [...] qu'*avec la seule aide de l'Angleterre,* il pourrait tout et que la victoire échapperait aux Français. » Paoli considère l'Angleterre comme le « protecteur naturel de la Corse ». À John, Paoli se vante de pouvoir rassembler quarante mille hommes ! John réplique : « Je mentionnai que j'avais vu une carte de la Corse datant d'un arpentage effectué par Gênes en 1736 à laquelle était jointe la liste des habitants [...] dont le total ne s'élevait pas à plus de cent seize mille. » Paoli ramène alors l'effectif à trente mille hommes. Le 20 août, John écrit à Shelburne : Paoli « a l'esprit clair, il est intelligent et semble comprendre parfaitement les intérêts des différentes nations d'Europe, il est même parfaitement informé des événements se déroulant dans leurs cours. Notre *constitution* ne lui est pas inconnue et il est même au courant des différentes factions qui existent au sein de notre pays. Il connaît les noms de nos ministres actuels et les différentes positions qu'ils occupent ; il a mentionné tout particulièrement lord Shelburne, puisque, d'après lui, les affaires de la Corse étaient entre ses mains. Il semble bien connaître l'histoire ancienne et moderne, parle dans sa propre langue avec une éloquence remarquable mais s'exprime assez mal dans les autres langues et ce bien qu'il les comprenne toutes. Il traduit couramment l'anglais [...]. Homme habile et cultivé [...] comme Numa et Mahomet il n'hésiterait pas à recourir aux visions, révélations ou rêves pour raffermir son pouvoir. La religion n'a pas grand poids pour lui, et quoi qu'en dise son historien M. Boswell, je pense qu'il a, à ce sujet, des idées assez libres. J'ai déduit cela à la fois de la nature de sa conversation et de sa conduite envers le clergé et les moines [...]. Il lui manque le courage personnel [...]. Sa façon d'évoquer la maladie et la fièvre pour expliquer son inactivité semblait peu digne d'un soldat et équivoque pour le moins [...]. Pour compenser ce manque de courage, il avait un frère aîné qu'il plaçait en première ligne à toutes les occasions, un vrai lion qui allie une bravoure naturelle à un *fanatisme religieux* [...]. Signor Clemente prie toujours les mains jointes devant l'autel, mais ses mains savent aussi manier l'épée. » John reste auprès de Paoli du 3 au 5 août.

En août 1768, Henry Benbridge (1743-1812), natif de Philadelphie, est le premier Américain à venir en Corse. Sa mission est d'y réaliser un portrait de Paoli. Il le peint à Olmeta vers le 27 août[82]. C'est un ami de Boswell. Sa mère est remariée à Thomas Gordon, riche marchand écossais établi à Philadelphie, or George Gordon, écrivain écossais et mathématicien de renom, a constitué, à la demande de la Grande Loge d'Angleterre, la première loge maçonnique de Lisbonne connue sous le nom de Loge des marchands hérétiques (*Lojo dos hereges mercantes*)[83] car protestants. Ceux-ci sont en relation avec les officiers de la Navy dont l'amiral Norris. Benbridge est venu réaliser ce tableau afin d'en faire une œuvre publicitaire. En 1765, à Rome, il cohabitait avec le sculpteur irlandais Christopher Hewetson (v.1739-1798) et il est l'ami de George Willison, portraitiste écossais qui a réalisé le portrait de Boswell à Rome en 1765. Son œuvre achevée, Benbridge quitte L'Île-Rousse le 1er ou le 2 septembre 1768 et arrive à Livourne. Là, John Dick se charge de la faire encadrer. Benbridge réalisera un autre portrait de Paoli entre juin et octobre 1769.

Le 20 août, le comte Gustav Jacob von Horn, général prussien initié à la franc-maçonnerie en France en 1729-1730, et ancien officier au régiment d'Alsace de 1741 à 1746 (régiment de La Marck, auquel appartint Neuhoff), écrit à Shelburne, depuis Livourne, qu'il est prêt à passer en Corse pour aller aider Paoli. À noter que ce comte est l'ami de Christian Sehested, ancien ambassadeur de Danemark en France, et du comte franc-maçon Wrede-Sparre, Suédois dont Neuhoff prit souvent le nom (baron Sparr) comme nom d'emprunt au cours de ses pérégrinations.

Le 24, Boswell écrit à Temple : « Grâce à une souscription privée *lancée en Écosse,* j'envoie cette semaine des pièces d'artillerie en Corse, pour une valeur de sept cents livres. La Compagnie Carron me les a fournies à très bas prix. Il y a deux canons de 32, quatre de 24, quatre de 18 et vingt de 9[84]. » En novembre arrivent à Corte les capitaines William Augustus Fawkener (1747-1811) et Archibald Menzies of Culdares, *commissioner of customs* à Édimbourg, embarqués à Livourne le 1er du mois. L'un est capitaine d'infanterie, l'autre capitaine des gardes. Ils séjournent en Corse jusqu'au 1er décembre afin d'expliquer aux troupes paolistes le fonctionnement des armes expédiées, lesquelles arrivent à Livourne le 20 décembre 1768. Aussitôt, Paoli remercie Boswell pour la « marchandise d'Écosse » (*mercanzia di Scozia*) achetée par lui et Andrew Crosbie, avocat d'Édimbourg. Le 24 janvier 1769, Charles Gascoigne écrit à Boswell que ce chargement (30 canons, 2 917 boulets, 5 020 mitrailles, 38 fûts) est à bord du navire *Nancy,* capitaine Hamilton. À noter que sir Adam Ferguson, franc-maçon, qui avait promis cent livres sterling à Boswell se dérobe, laissant Boswell et Crosbie débourser seuls sept cent quarante livres sterling[85].

Le 27 août, Paoli écrit à Mann : « Si mon pays est écrasé, je ne resterai pas en Corse, ni dans aucun territoire de l'Empire français si j'ai la possibilité de m'échapper. Tout sera fait pour m'opprimer personnellement et pour *m'arracher mes écrits* qui, s'ils voient un jour la lumière, pourraient éclairer le monde sur la manière dont les ministres de France considèrent *la loyauté.* » Habilement, Paoli écrit à Mann : « Je recommande au dévouement de Votre Excellence la cause de notre nation *auprès de la cour de Londres* en faisant observer que les Français trouvent en Corse le bois de construction qui fait défaut dans leurs arsenaux, ainsi que cinq mille marins pour équiper leur flotte de Toulon, ce qui leur donnerait la supériorité en Méditerranée. Petit à petit, ils seront en mesure de faire une irruption en Amérique[86]. » Toujours le 27 août, d'Olmeto, Paoli écrit à Raimondo Cocchi : « Je suis dans une situation très critique si je ne suis pas rapidement secouru. » Il l'informe du succès des Français le 23 à Nonza où Barbaggi a été capturé. Les Français « envoient Barbaggi en France [à Toulon] avec les autres prisonniers, et cela vaut mieux pour lui, car les gens l'auraient lapidé et son oncle [Paoli] ne s'y serait pas opposé ! » Il l'informe aussi que son « beau-frère Franceschetti » a été fait prisonnier et conclut : « Je n'ai jamais vu tant de lâcheté. » Le 31 août, Horace Mann expédie à Shelburne une lettre de Paoli et divers documents. Il conclut en disant : « En dehors de ce que le général Paoli m'écrit, il chargea le moine qui m'apportait le message de m'informer que bien qu'il fût déterminé à résister jusqu'au dernier moment et qu'il répondait de la plupart de ses hommes pour en faire de même tant qu'ils auraient la moindre étincelle d'espoir *en l'aide de l'Angleterre,* l'énorme inégalité des forces devait inévitablement les conduire rapidement à la chute s'ils sont livrés à eux-mêmes. Il demande donc humblement à être informé s'il peut espérer de l'aide ou non[87]. » Le duc de Cumberland, frère du roi, est alors sur le point d'entrer en Méditerranée. En septembre, Paoli s'apprête à recevoir à Corte Henry Humphrey Evans Lloyd (v.1718-1784), fils de pasteur protestant, général gallois et jacobite qui a combattu à Fontenoy dans le *Royal-Écossais*. Anti-hanovrien, grand ami du franc-maçon milanais Pietro Verri (1728-1797), le général est arrivé à Livourne fin août sous un faux nom. Début septembre, il tente de passer en Corse sur un bateau danois mais, pris par les Français, il est reconduit en Toscane où il ne peut que participer à une souscription de trois mille livres sterling en faveur de Paoli. À la même époque, Stuart-Mountstuart rencontre à Livourne la religieuse Rivarola, « principal agent » de Paoli dans cette ville. « Lorsque je l'ai vue, écrit-il, elle avait auprès d'elle une nièce de Paoli, une jeune fille de seize ans, la fille de Barbaggio. » Le 21 décembre 1768, Stuart-Mountstuart est de retour à Londres après un crochet par l'Écosse et une absence d'exactement six mois et quatorze jours selon sa maîtresse ; mais la situation politique a changé : Mac Leane a démissionné et Shelburne a fait les frais d'un remaniement ministériel. Stuart-Mounstuart rédige alors un nouveau rapport de quatre-vingt-deux pages pour lord Weymouth, d'où mille livres de récompense.

Voltaire, Paoli, entre Lumières et déisme

Le 18 octobre 1768, Voltaire écrit à Wargemont : « La division est déjà parmi ces insulaires qui préfèrent leur pauvreté et leur anarchie à un gouvernement juste et modéré qui les enrichirait. » Le 12 novembre, le prince des philosophes écrit à Choiseul : « Mon protecteur, vous avez le beau jeu, le duc de Grafton n'est pas une tête à résister à la vôtre. » Protégé de Choiseul, Voltaire souhaite le plein succès des troupes du roi : « Mon avis est que les Corses viennent lui parler [à Chauvelin] et ils seront bientôt soumis. J'aimerais mieux qu'il réussît en les persuadant qu'en les tuant car, après tout, si on les égorge tous tant qu'ils sont, qui diable viendra habiter l'île ? Je ne connais que des boucs et des chèvres qui voulussent s'y établir ! » Ironie déplacée. Gabriel Seigneux de Correvon (1695-1775), Suisse de Lausanne et ami de Boswell, écrit quant à lui : « M. de Voltaire me mande qu'il vient de recevoir une lettre de M. de Chauvelin qui lui apprend qu'il espère de s'accommoder bientôt avec le célèbre Paoli. » Le 18 novembre, Voltaire écrit au poète Charles Borde (1711-1781), membre de la Société royale de Nancy (1759) : « On dit que les Français ont été encore frottés en Corse le 2 du mois. Que diable allaient-ils faire dans cette galère ! » Le 12 janvier 1769, Voltaire plaisante avec Dompierre d'Hornoy, l'aïeul de François Mitterrand : « Un officier général mandait de ce pays-là qu'il fallait, pour soumettre la Corse, vingt millions, vingt mille hommes et vingt bourreaux [...]. Il me paraît bien nécessaire que M. le duc de Choiseul, à qui je suis véritablement dévoué, réussisse dans son entreprise », mais Paoli dit à Rivarola : « Si [les Français] s'installent, l'équilibre de l'Italie cesse » (mars 1769). Voltaire devient ambigu. Défenseur des causes perdues, mais protégé de Choiseul, il ne peut que souhaiter le succès du ministre alors que Catherine II fait l'éloge de Paoli auprès de Voltaire (décembre 1768), le présentant comme seul capable de « combattre pour ses foyers et son indépendance ». Rien n'y fait, ni l'envoi de la traduction de Boswell le 23 décembre 1768 par Correvon, ni la lettre de celui-ci qui lui dit : « Vous êtes digne de plaindre cette brave nation, comme je plains infiniment la vôtre de vouloir la subjuguer. Quel dommage de faire périr là de si belles troupes et si dignes de servir ailleurs, et si le général Paoli venait à périr lui-même, qui ne regretterait un homme qui vous paraîtra un illustre législateur ? » Mais Voltaire n'apprécie guère l'*État de la Corse* de Correvon, ami d'Antoine-Louis de Chalamond de La Visclède (1692-1760), secrétaire perpétuel de l'Académie de Marseille créée par l'abbé de Porrata, cousin de Giacomo Giacomini de'Porrata qui devait recevoir Boswell à Centuri. Correvon, qui a traduit les réflexions d'Addison sur la religion chrétienne (1757) et les discours de Haller sur l'irréligion (1760), ne peut venir à bout des réticences de Voltaire, qui, comme Borde, déteste Rousseau, le « législateur des Corses » ! Néanmoins, le 20 janvier 1769, Voltaire fait part de ses inquiétudes à Marie-Louise Denis : « Le public [est-il en France] indisposé contre M. le duc de Choiseul et [désapprouve-t-il] hautement la guerre de Corse ? » Le 29 novembre 1768, Tanucci a écrit à Charles III pour lui dire combien les Napolitains apportent leur sympathie à Paoli. Le franc-maçon napolitain Ferdinando Galiani (1728-1787) a même déclaré : « Elle sera donc détruite, cette innocente nation d'hommes braves, coupables de lèse-majesté génoise », ajoutant le 30 janvier 1769 : « Je m'étonne de l'absence de gratitude dont nous avons fait montre à l'encontre de Paoli, fils d'un bon et brave colonel qui a servi les Deux-Siciles. » Ou encore : « La Corse est la plus grosse folie faite par M. de Choiseul et la plus fatale à la France. » Le franc-maçon Genovesi y va de son couplet : « C'est parce qu'ils ont trouvé en Paoli un nouvel

Épaminondas que les Corses ont pu devenir les égaux des Spartiates pour la valeur militaire. »

Après la signature du traité de Versailles, nombre d'Anglais se cotisent pour envoyer leurs dons à Paoli qui récolte ainsi plus de quatorze mille livres sterling. Paoli remercie le 20 mars 1769 Samuel Vaughan, riche marchand des Antilles, celui-là même qui fera plus tard un beau cadeau à Washington (1785). Vaughan semble être le petit-fils de Thomas Vaughan, établi aux Amériques après avoir traduit et publié, sous le pseudonyme d'Eugénius Philalèthes, la *Fama* et la *Confessio* de Christian Rosenkreuz de 1614-1615. Il semble être le filleul du pasteur silésien Samuel Richter, mystique auquel il pourrait devoir son prénom. À noter que l'alchimiste Thomas Vaughan, très célèbre sous Charles II Stuart, pratiquait – comme Oglethorpe – la médecine sans être médecin et que c'était peut-être le cas aussi de Giacinto Paoli, donné pour « médecin » par certains contemporains. Paoli remercie pareillement Barlow Trecothick (v.1718-1775), *alderman*. Et Pitt de conclure : « On peut dire de Paoli qu'il est un de ces hommes qu'on ne retrouve que dans les *Vies* de Plutarque. »

Si Versailles boude Boswell, outre-Manche il en va autrement. Walpole expédie le *Tour de Corse* à Mme Du Deffand, qui en est bouleversée : « J'en ai la tête tournée », et Samuel Johnson félicite Boswell. Quant à Alexandre Deleyre (1726-1797), ancien jésuite devenu athée et futur député à la Convention, il écrit au jeune Écossais : le « fameux Paoli » ? « Vous augmentez ma vénération pour son nom et me donnez une véritable envie de voir sa personne[88]. » Sir John Pringle (1707-1782), médecin à Édimbourg, ami du père de Boswell, médecin ordinaire de George III depuis 1763 et futur médecin de Paoli à Londres, et président de la Royal Society, fait part de son « plaisir » et de son « approbation » à Boswell tout comme Andrew Mitchell (1708-1771), fils d'un pasteur de la High Church d'Édimbourg, ancien étudiant à Édimbourg en même temps que Pringle puis à Leyde, toujours en même temps que lui, devenu successivement secrétaire du marquis de Tweedale, ministre des Affaires d'Écosse (1738), puis ambassadeur extraordinaire auprès de Frédéric II (1753). Or sir Mitchell est fort lié, comme Rousseau, au lord Maréchal au point que Dezos de La Roquette écrit : « Ses manières polies et sa liaison intime avec milord Maréchal lui firent obtenir une assez grande influence sur le roi de Prusse pour détacher ce souverain des intérêts de la France. » Or Paoli a des liens directs avec sir Mitchell puisque Boswell écrit dans la *London Chronicle* du 24 janvier 1767 que Paoli a envoyé un ambassadeur à « Mylord Marischal, noble écossais, et un autre à sir Andrew Mitchell ». Paoli appartient donc bien à un réseau au sein duquel gravitent toujours les mêmes personnages, réseau international extrêmement difficile à reconstituer mais qui, une fois méticuleusement recomposé, crève l'écran.

Soutient également Paoli le révérend Hugh Blair (1718-1800), natif d'Édimbourg, pasteur de la cathédrale, professeur à l'université d'Édimbourg (1761), rencontré par Boswell dès mars 1767. En janvier 1769, c'est John Hancock (1737-1793) qui donne le nom de Paoli à un navire ; maçon à la loge Merchants n° 277 de Québec (1762), il est affilié à la loge Saint-André de Boston, ce qui pourrait expliquer que l'on célèbre les anniversaires de Paoli en cette ville d'autant plus que Hancock est un des signataires de la Déclaration de l'indépendance des États-Unis d'Amérique avec John Blair (1732-1788), initié en 1762 dans une loge de Crown Taverns. Blair devint du reste grand maître de la Grande Loge de Virginie et Hancock président du Congrès américain (1775-1777). Tout se passe comme si cet engouement pro-Paoli en était orchestré depuis l'Écosse et l'Irlande jacobites. En avril 1768, une Société des Amis de la Liberté porte à Londres des toasts à l'occasion de son anniversaire. En mars 1769, Les Fils de Saint-Patrick, minorité irlandaise de Philadelphie, portent un toast « à Paoli et aux vaillants Corses ». En avril, Les Fils de la Liberté américains célèbrent son anniversaire. Une Taverne du général Paoli est créée à Philadelphie, la ville de Benbridge. Le 4 octobre 1769, le London Magazine relate les fêtes du jubilé de Shakespeare des 6-8 septembre à Stratford-on-Avon : Boswell y apparaît « en tenue de chef corse en armes » ! Sur le devant de sa veste est « brodé en lettres d'or : *Viva la libertà,* avec « une tête de Maure [...] entourée de branches de laurier ». Nombre de poésies paraissent en Angleterre : *The Cyrnean Hero,* de l'Écossais R. Colvill ; *Poetry to Pascal Paoli, Corsica,* de Mrs Anna-Laetitia Barbauld (1743-1825) et encore beaucoup d'autres d'Edward Burnaby-Greene (mort en 1788) ou de William Richardson (1743-1814).

La France est loin de partager cet enthousiasme. Au contraire ! Grimm écrit : « On a publié une relation de l'île de Corse ou *Journal d'un voyage dans cette île et Mémoires de Pascal Paoli,* par Jacques Boswell, écuyer, traduit de l'anglais (1769) par J.-P.-J. Dubois (franc-maçon). Cet ouvrage, imprimé en Angleterre pour la première fois en 1767 [*sic*] jouissait d'une telle réputation que le gouvernement de France crut devoir prendre des mesures pour empêcher la traduction de paraître. Mais ces mesures, comme il arrive, n'ont fait qu'augmenter la curiosité du public. Elle a enfin paru en Hollande l'année dernière et il vient d'en percer quelques exemplaires à Paris [...]. Depuis que les Français sont maîtres de cette île, il me semble qu'ils attaquent la véracité de M. Boswell et qu'ils prétendent que sa relation n'est qu'un roman [89]. » Choiseul s'est en effet fait traduire personnellement le livre de Boswell, nous dit Mme Du Deffand dans une lettre du 19 juillet 1768. À noter que Dubois est l'ancien secrétaire privé de l'ambassadeur du roi de Pologne en Hollande. En 1769, il n'était connu qu'en raison de deux publications antérieures, dont un recueil de chansons de francs-maçons[90].

Dans ce concert d'éloges géostratégiquement intéressés, Gênes et Versailles font front commun. Pour Choiseul, Paoli n'est qu'un « chef rebelle », le chef des « mécontents », et les puissances souveraines ne traitent jamais avec des rebelles sauf avec les rebelles qui dérangent leurs adversaires : Louis XIV et Rakoczy, Louis XV et John Wilkes, George III et Paoli. En outre, ce chef corse apparaît à Choiseul comme un général contesté : il est le chef du peuple (les « montagnards ») en opposition avec les élites bourgeoises de Bastia et d'Ajaccio, et en désaccord avec les élites nobiliaires héritées du clan Matra. De plus, il est religieusement contesté, attaqué par les prélats génois mais aussi par les provinciaux insulaires. Malgré la prise de Capraja par les « nationaux », Paoli se trouve fragilisé courant 1768 par l'abbé Zerbi (l'ancien abbé « Couille ») qui lance contre ce *gran cosmopolitano* une violente campagne l'accusant d'être *senza religione* et *ateista manifesto*, faisant par là référence à son appartenance à la franc-maçonnerie car, « en Sicile, les francs-maçons de Saint-Jean d'Écosse, orient de Palerme, font profession de foi *cosmopolite*[91] ». C'est toutefois de manière abusive que l'on fait de Paoli/maçon le synonyme de Paoli/athée. Certes, Clément XII le 4 mai 1738 et Benoit XIV le 17 juin 1751 ont frappé les maçons dans leurs bulles respectives (*In eminenti ;* et *Providas Romanorum Pontificum*), mais en France, par exemple, ces bulles ne furent jamais enregistrées par le Parlement et nombre d'ecclésiastiques fréquentent les loges. Frère d'un tertiaire franciscain, Paoli pouvait donc très bien juxtaposer le catholicisme des siens, aménagé à sa manière, aux idées maçonniques du moment, étroitement imbriquées à l'émergence des Lumières. Charles Bonaparte, avocat ajaccien et père de Napoléon, n'était-il pas maçon et neveu du pieux archidiacre d'Ajaccio ? En accueillant dans une loge bastiaise le procureur général Coster, le vénérable qui le présenta ne déclara-t-il pas : « Nous nous faisons une loi sacrée de ne rien faire qui puisse blesser la religion » ? D'autre part, les *Constitutions* d'Anderson (1723), dans l'article premier des *Obligations,* déclarent : « Concernant Dieu et la Religion, un maçon est, par son engagement, tenu d'obéir à la loi morale et s'il comprend correctement l'Art (royal), il ne sera jamais ni athée stupide, ni libertin irréligieux, mais bien que les maçons des anciens temps fussent obligés d'être en chaque pays de la religion de ce pays ou de cette nation, quelle qu'elle fût, on juge plus commode, aujourd'hui, de les contraindre à cette religion dont tous les hommes conviennent, laissant à chacun ses propres opinions ; c'est-à-dire, être hommes de bien et sincères, ou hommes d'honneur et de probité, quelles que soient les dénominations ou les croyances qui les puissent distinguer[92]. » Même si Paoli a été affilié à la franc-maçonnerie et même s'il a refusé de se faire prêtre, Paoli est loin d'être hostile à la religion et plus il avance en âge, plus il se rapproche de Dieu. Être athée est une chose, être anticlérical en est une autre même s'il est difficile parfois de faire la part des choses en une Corse où le clergé est surabondant, les femmes d'alors souvent superstitieuses et fort inquiètes face aux troupes « nationales » que Paoli lui-même qualifie d'« impies », surtout après les viols commis en 1729. En 1774, Marbeuf, oncle d'évêque, écrit à Versailles : « Les prêtres sont trop nombreux [en Corse] et des fauteurs de troubles et non des agents de pacification. Les moines sont plus *fanatiques* encore. Le gouvernement actuel [français] leur déplaît parce qu'il les force à obéir à leurs supérieurs [...]. Les moines et les prêtres ne nuisent pas seulement au pays par leur incapacité et leurs mauvaises doctrines, ils occasionnent des dépenses exagérées et toujours inutiles, ils font du tort à l'agriculture en lui enlevant des bras[93]. » Il est vrai que Marbeuf sera reçu « frère d'honneur » dans une loge bastiaise le 24 juin 1778, mais le poids excessif démographiquement et économiquement du clergé insulaire sur la population corse est incontestable. Que Paoli soit hostile au clergé – comme Napoléon le sera à l'égard des moines, fainéants inutiles selon lui, qui ne font ni travaux, ni enfants, ni soldats –, cela est évident, mais ce n'est pas parce que Paoli est déiste qu'il est athée. « Le déisme procède d'une critique de la religion traditionnelle ou établie, critique qui tend à détruire cette religion. Donc il est irréligion libératrice. Il est religion parce que déisme, voire théisme, il affirme Dieu et son culte social. Cette affirmation ou ce besoin de Dieu comptent autant et plus, dans l'ordre des valeurs de l'analyse déiste, que le refus de l'athéisme[94]. » Paoli qui a pour dieu le Dieu des philosophes, le Dieu de Newton et des Lumières, n'est pas irréligieux, mais il est l'un des tout premiers fondateurs de la séparation de l'Église et de l'État qui ne sera consacrée en France qu'en 1905, un siècle après sa mort.

Du traité de Versailles à la victoire paoliste de Borgo

Le traité de Versailles est pour Paoli celui d'un autre temps, celui où le droit des peuples à disposer d'eux-mêmes était inconnu. Pour Paoli, et pour les héritiers de la pensée paoliste, le traité de Versailles est entaché d'illégalité dans la mesure où Gênes possédait la Corse « par droit de conquête ». Or, à partir du moment où le gouverneur génois à été chassé de Bastia et où les impôts de Corse ne sont plus rentrés dans les caisses de l'État génois, l'autorité de celui-ci sur la Corse a disparu. Par conséquent, en 1768, Gênes n'avait plus le droit de céder quoi que ce fût puisqu'elle était vaincue. Ce raisonnement n'est pas tout à fait exact, puisque Gênes possède toujours les présides en 1768. C'est néanmoins le raisonnement encore d'un abbé Galletti, qui écrit en 1863, sous Napoléon III : « Par quel *droit des gens* Gênes pouvait céder temporairement ses droits sur cette île qui ne lui appartenait pas ? Le droit de conquête, *comme le plus fort,* elle l'avait perdu, ayant été chassée : au lieu de posséder *le consentement du peuple, si nécessaire pour rendre légitime le pouvoir souverain,* Gênes ne possédait que la haine et le mépris ; ainsi elle n'avait aucune autorité pour pouvoir transmettre ses pouvoirs et ses droits sur la Corse à une autre nation. Ce fut un acte monstrueux ! ! ! » [*sic*]

Dès le 19 mai 1768, deux bataillons de troupes royales débarquent à Ajaccio[95]. Le 22, inquiet, Paoli réunit une *consulta* à Corte quoiqu'il ignore le contenu du traité. Il y incite ses partisans à la vigilance : « Comme vous le savez bien, s'est produit ces jours derniers le débarquement de nouvelles troupes à Ajaccio et on croit qu'il va en arriver incessamment d'autres encore en plus grand nombre, les motifs et l'objet de cette nouvelle expédition nous restant totalement inconnus[96]. » Il écrit à Morati : « Les Français sont débarqués avec une artillerie formidable. Je le conçois : les canons sont les arguments d'une mauvaise cause. » Le 28, deux autres bataillons débarquent, qui sont aux ordres du comte de Narbonne-Pelet (1725-1804)[97], neveu du cardinal de Bernis : l'homme est d'une violence inouïe. Son beau-frère Anne-Joachim de Narbonne-Salgas (1730-1762) a été tué en Hesse à trente-deux ans comme jeune colonel aux grenadiers de France. Son autre beau-frère, François-Hippolyte de Narbonne, chevalier de Salgas (1733-1758), est mort à vingt-cinq ans comme capitaine de cavalerie dans le régiment de Montcalm. Sa belle-sœur Marie-Hélène de Narbonne-Salgas (1732-1756) est morte à la veille de ses vingt-quatre ans après six mois de mariage. Son oncle François de Narbonne-Pelet a été tué au siège de Prague. Son épouse Louise-Charlotte (1734-1762) est morte en couches à Montélimar à vingt-huit ans. L'homme a nombre de chagrins à exorciser et beaucoup de violence contenue à éliminer. Le 29 mai, Choiseul informe Paoli de l'arrivée prochaine en Corse de nouvelles troupes commandées par Chauvelin. Le 2 juin, Paoli se méfiant des Génois qui règnent sur la partie nord du cap Corse depuis le XIIIe siècle, en l'ancienne seigneurie de San Colombano, ordonne d'arrêter le marquis Ippolita Doria, propriétaire à Rogliano. La tour de son épouse, née Franceschi de Cannelle, est aussitôt démantelée et rasée à Centuri par les paolistes. Le 19 juin, on dresse à sa place un échafaud. Les habitants du port demandent « tous d'une seule voix que [le marquis] y soit pendu[98] » ! Le 20, Paoli décide de lutter contre les anciens feudataires, la plupart de souche génoise, mais le 24, la municipalité de Bastia riposte. Elle se rallie au roi de France. Sur ordre du sénat de Gênes, le drapeau de la République est retiré de la forteresse de Bastia et transporté avec pompe sur un navire génois. Les couleurs du roi sont alors hissées. La ville procède à des fêtes nocturnes et à une illumination générale alors que la municipalité dédie une inscription à *Ludovico Francorum Navarrae et Corsorum regi christianissimo.* Le 29 juillet, Marbeuf attend l'arrivée de Chauvelin.

De Bastia, Marbeuf écrit à Paoli que « le bien du service du Roi exig[e] que ses troupes [aient] une communication libre entre Bastia et Saint-Florent ». Il souhaite que les « nationaux » évacuent leurs positions. Le 30, cette lettre part pour Corte. Le soir, Marbeuf donne ordre à ses bataillons de marcher sur le col de Teghime alors que le vaisseau de guerre la *Provence* croise le long des côtes. Marbeuf, qui sera blessé d'un coup de fusil à l'épaule début octobre par les paolistes lors des combats de Borgo, a sous ses ordres M. de Grandmaison, maréchal de camp depuis 1763[99], et son lieutenant M. de Belaspect, qui sera tué au combat et dont le cadavre sera pendu par les paolistes[100]. Il a aussi sous ses ordres le marquis d'Arcambal (1728-1790), maréchal de camp, bientôt membre de la loge La Candeur (1772)[101], lequel manquera de peu d'être assassiné à Oletta avec M. d'Ampus dans la nuit du 13 au 14 février 1769[102] pour avoir maltraité un prêtre qui conspirait contre lui : le R P Saliceti, frère de Natale Saliceti (1715-1789), professeur de médecine à Rome et médecin particulier du pape Pie VI. Marbeuf a encore sous ses ordres le comte de Coigny ; M. de Beauvoir, commandant en chef de l'artillerie, M. Du puget d'Orval, capitaine du Corps-Royal d'artillerie dont l'oncle est colonel, et qui est lui-même sous-directeur du parc d'artillerie ; le jeune duc de Lauzun, le marquis de Laval, ancien de Gondelour, colonel d'infanterie rentré de l'océan Indien et marié depuis peu (1764), en présence du roi, à sa cousine Montmorency[103], le baron de Juigné, naguère enseigne de vaisseau (1754)[104]. Sert aussi sous Marbeuf l'encombrant mais valeureux comte de Narbonne-Pelet « si connu par le glorieux surnom de *Fritzlar* » à lui donné par Louis XV pour s'être distingué contre les Prussiens à la défense du poste de ce nom en 1761, exploit qui lui valut une foule d'honneurs : le cordon rouge surnuméraire de Saint-Louis (1761), une commanderie en pied dans l'ordre (1762), une commanderie de Saint-Lazare (idem), le grade de maréchal de camp (idem), puis la nomination de son épouse en qualité de dame d'atours de Madame (1764) [105] après avoir été dame du palais de madame Infante, duchesse de Parme, fille de Louis XV. À noter que l'aïeul de Narbonne-Pelet (le sieur de Narbonne) a été blessé au siège de Candie en 1669 et que son parent, l'abbé de Narbonne-Laza, était le voisin des Valcroissant d'Apt, en sa qualité d'évêque de Gap, diocèse où il fut nommé en 1763, avant de devenir aumônier du Roi (1764). Servent encore dans les troupes de Marbeuf M. de Vargemont, correspondant de Voltaire, M. d'Arnaud, M. de Nadal, M. de Bachimont, colonel au Corps-Royal d'artillerie, le chevalier de Ludre, officier lorrain, allié de Choiseul, colonel en second de la Légion royale, le chevalier de Betizi, aide-maréchal général des logis tué au combat par les paolistes et dont Catherine Baldacci de Corte (1860-1950) disait encore récemment : « Il a fait tant de mal à notre famille [106] ! » Marbeuf a aussi sous ses ordres Dumouriez, alors jeune officier d'état-major, le comte Tessoni, sous-lieutenant au Royal-Italien, blessé en Corse, M. du Balay, lieutenant des grenadiers de la marine, M. d'Hazeur, capitaine de grenadiers, M. de Campenne. Les troupes de Marbeuf sont nombreuses : les régiments Royal-Roussillon, d'Eptingen, de Rouergue, de Soissonnais, de Languedoc, de la Marine, de La Marck, arrivé de France le 18 septembre, et Royal-Italien. Marbeuf dispose de moyens considérables : des canons de quatre d'un poids de six cents livres, des pièces d'artillerie de huit « à la Gribeauval » tractées par des mulets « au moyen de traîneaux qui servaient en même temps d'affûts » (Pommereul) et manœuvrées à bras, des pièces « à la Rostaing », des obusiers de six pouces du modèle de 1765. Il a des milliers de cartouches, des centaines de fantassins, de grenadiers et de chasseurs, outre un hôpital ambulant. À noter que l'on fit « la première épreuve dans cette guerre (de) la nouvelle artillerie » (Pommereul), celle de Gribeauval, bien plus légère que l'ancienne. « Le premier essai des pièces du nouveau système d'artillerie s'est fait en Corse », répète Pommereul alors que les Anglais y essaient à titre expérimental leurs premières caronades !

Le 1er août, les troupes de Louis XV s'emparent de Patrimonio puis de Barbaggio où Lauzun conduit l'attaque à la tête des grenadiers. Le 5, les troupes royales prennent la tour de Farinole et le château d'Erbalunga qui se rend. Puis elles prennent Olmetta-du-Cap, puis Nonza, et sa tour, où Barbaggi est capturé avec les autres paolistes et où Casella de Corte s'illustre par des prodiges de valeur. Le 27 août, Chauvelin débarque à Saint-Florent avec un renfort de huit bataillons. Le lendemain, à Bastia, il publie les lettres patentes du roi, datées du 5 août : « La Sérénissime République de Gênes ayant confié en nos mains, par une cession volontaire, les droits de souveraineté qu'elle possédait sur le royaume de Corse, et ayant remis à nos troupes les places que les siennes occupaient dans cette île, nous nous sommes chargés *du gouvernement et de la souveraineté indépendante* du royaume de Corse d'autant plus volontiers que nous ne comptons l'exercer que dans le bien des peuples de cette île, nos nouveaux *sujets.* » Le 29 août au soir, Paoli réplique par une circulaire : « Le plus ferme appui de la souveraineté est le consentement du peuple entre lequel et le prince doit nécessairement être supposé un contrat. »

Malgré l'éminence de la moisson, Paoli convoque une *consulta* pour le 20 septembre, après les vendanges et l'indispensable récolte de châtaignes. Cette *consulta* s'ouvre à Corte le 18 mais les combats font déjà rage jusqu'aux portes de la Casinca : début septembre, les troupes du roi pillent Biguglia, puis Poggio d'Oletta, Oletta (où le marquis d'Arcambal, nouveau commandant français de la place, maltraite le RP Anton Cristofaro Saliceti), Furiani, Olmetta, les tours de Fornelli et de La Mortella. Elles arrivent jusqu'en Casinca (8 septembre), reprennent l'île de Capraia (11 septembre) remise à M. de Joannez, officier du régiment de Languedoc, mais les paolistes capturent deux compagnies royales à Penta-di-Casinca (11 septembre), reprennent Olmetta, « un des villages les plus essentiels du Nebbio » (Pommereul), s'emparent de Murato (15 septembre), et combattent avec acharnement au cri de *Patria e Liberta*, « cri le plus noble qu'ait eu aucun peuple » (Pommereul), et qui « vaut sans doute mieux que Montjoye et Saint-Denis » (Pommereul) ! À Corte, Paoli réunit un « conseil de guerre composé des officiers et des pères des communes voisines[107] » mais se voit adjoindre deux lieutenants généraux : le docteur Abbatucci et Francesco de'Gaffori né en 1744, fils du docteur assassiné, preuve que le généralat unique a vécu. Les différentes composantes de jadis réapparaissent : les pro-vénitiens déchus avec Abbatucci, successeur de Giafferi ; les pro-français en pleine expansion avec Gaffori, âgé de vingt-cinq ans.

Le 4 octobre, Paoli écrit au capitaine Ristori, retenu prisonnier à Bastia : « Sa Majesté Très Chrétienne nous intime de nous soumettre en vertu d'un traité conclu entre Elle et la Sérénissime République de Gênes [...]. Je demande qu'on me montre ce traité, on refuse de répondre. » Jusqu'en octobre, les paolistes résistent pied à pied : trente à trente-cinq mille hommes (chiffre de Pommereul, déjà donné par Paoli à ses visiteurs écossais) arment leurs soixante mille fusils (dont six mille anglais), mettent le feu au maquis les jours de grand vent pour enfumer le camp des troupes royales, se retranchent dans d'ingénieuses redoutes de pierres sèches, gardent précieusement les fontaines et points d'eau, occupent et mettent en état de défense les plus grosses maisons des villages, « voûtées et crénelées », d'où ils nourrissent un feu croisé contre les militaires du roi qui essaient de pénétrer à l'intérieur en tentant d'enfoncer chaque porte à coups de hache. En vain : elles sont généralement « murées de l'intérieur » (Pommereul) ! Le 9 octobre, à la tête des troupes du Talavo, Abbatucci – joint aux « patriotes » du Cismonti – remporte la victoire de Borgo contre Chauvelin et arrête, à la tête de quatre cents hommes, les troupes de Grandmaison. À Borgo s'illustrent, parmi les capitaines paolistes : Clemente Paoli, Charles Buonaparte (père de Napoléon), Abbatucci, Anton Gentili, Serpentini, Gaffori le fils, Colle, Raffaelli, Saliceti, Grimaldi, Agostini, etc. Ils prennent Borgo après un siège de douze jours intelligemment conduit : les paolistes ont en effet brisé les conduites d'eau qui ravitaillent Borgo depuis Saletto, privant ainsi les assiégés d'eau potable. Puis Abbatucci menace Narbonne-Pelet en direction de Bastia. Chauvelin est humilié : cinq cents soldats et officiers du roi, dont le colonel de Ludre, issu des sénéchaux et maréchaux de Lorraine, ont été faits « prisonniers de guerre sous les yeux de l'armée française », avec « leur commandant [...] par des paysans » (Pommereul) ! « Cinquante Corses battirent huit compagnies de grenadiers » (Pommereul). Les troupes royales déplorèrent « sept cents morts sur le champ de bataille », dont le colonel de Rouergue. « N'ayant pu donner tout de suite la sépulture aux morts, les porcs du village, en liberté, en dévorèrent quelques-uns ; ce qui fit que personne ne mangea de leur viande » (abbé Galletti). Dumouriez écrit dans ses *Mémoires* : « M. de Chauvelin avait amené avec lui quantité de jeunes gens de la Cour, pleins d'ardeur, qui prétendaient conquérir bien vite la Corse pour retourner au bal de l'Opéra. Cette canaille, ces paysans armés de fusils de chasse sans baïonnettes, habillés de brun, ne devaient faire aucune résistance ! » Narbonne-Pelet bat en retraite. Le 12 octobre, de Casinca, Paoli écrit à Sebastiano Buttafoco, cousin de Matteo : « Cher compère, dans votre lettre du 12, il y a ces paroles : pour ce que j'ai pu connaître des réponses, je juge qu'il y aurait lieu d'espérer pour la nation sur le traité conclu entre la France et la République. Voilà le point essentiel : que l'on convienne sur cet article, et le reste s'aplanira. J'attends votre réponse pour que je puisse prévenir les peuples des sûretés qui leur seront données [108]. » Début novembre, le régiment Royal-Corse est à Toulon en instance d'embarquement pour la Corse. Refusant de combattre contre les « nationaux », il est dissous par Choiseul qui reviendra sur sa décision mais qui acceptera qu'il ne soit pas employé dans la conquête de l'île. Le 13 novembre, Chauvelin, qui a établi son quartier général pour l'hiver à Bastia, tente de négocier avec Paoli établi au couvent de Santa Reparata, par l'intermédiaire du père Guasco, récollet, futur évêque de Sagone, et du père Morazzani, servite. « Paoli leur donna audience *en présence de deux seigneurs anglais* [109] ! » Ceux-ci auraient apporté à Paoli « huit mille livres sterling de la part du comité patriotique de Londres[110] ». Chauvelin ayant tenté de s'emparer de L'Île-Rousse (14 décembre), « *les deux Anglais* que nos envoyés avaient trouvés auprès de Paoli combattirent pour leur hôte avec toute la chaleur que la haine du nom français leur inspire ». Le 18 novembre, Voltaire écrit à Marie-Louise Denis : « On dit que les Français ont encore été battus par les Corses le 2 du mois. Cela est d'autant plus triste que *toute l'Europe est corse.* » Certes, mais tous les Corses ne sont pas paolistes au point que plusieurs des partisans du « Père de la Patrie » le trahissent : l'abbé Fabiani de Balagne, par exemple, tente de donner L'Île-Rousse aux troupes de Chauvelin, puis se noie de « crainte de tomber entre les mains des Corses » (14 décembre). Astolfi, sans combat, donne Capraja à un officier français. Quant au « comte Perès, ancien officier de Royal-Italien et ami de Paoli, [il] déserte son parti avec Cutoli » ! Passé à Ajaccio sur son brick, il enrôle même « deux cents Grecs et plusieurs Corses mécontents », et passe aux ordres de Narbonne-Pelet (Pommereul) ! Dans ce contexte de trahisons et de paniques, le Conseil supérieur ouvre son tribunal à Bastia le 24 décembre 1768 (joyeux Noël ! choix maladroit ou volontairement symbolique ?), lequel condamnera bientôt à mort les quatorze « rebelles » d'Oletta qui ont tenté d'assassiner le marquis d'Arcambal : sept d'entre eux y seront roués vifs, des proches de l'abbé Saliceti et du professeur de ce nom, dont un Leccia.

Après la victoire paoliste de Borgo, Mgr Torrigiani écrit au visiteur apostolique Struzzieri : « Le nom des Corses est désormais célèbre dans le monde entier. » Marbeuf suspendant les hostilités, le comte de Vaux cherche à lui nuire : « Le Roi a singulièrement désapprouvé la suspension d'armes. C'est *une tache* imprimée sur nos drapeaux. » Mais bientôt nombre de paolistes sont capturés et cent soixante d'entre eux embarqués pour Toulon alors que nombre de Corses qui appartiennent déjà aux troupes françaises appellent Marbeuf à leur secours : les Buttafoco, Ceccaldi, Capiassi, Fabiani, et même le fils de Massesi, chancelier de Paoli, preuve qu'une nouvelle génération se met en place : le fils Gaffori, le fils Massesi, le fils Buttafoco. Pour avoir voulu assassiner Paoli, le fils Massesi sera condamné à mort et exécuté et son père perdra les sceaux. Paoli, qui avait déjà contre lui Gênes et Versailles, a de plus en plus le temps qui joue contre lui. Non seulement les années de paix depuis 1763 ne lui ont pas été favorables (mauvaises récoltes, ambitions françaises), mais encore elles ont acheminé de l'adolescence vers l'âge adulte toute une série de jeunes hommes prêts dorénavant à servir la France proche, patrie des Lumières et des philosophes, alors que Gênes est ruinée, Venise sur son déclin, la Grande-Bretagne fort loin, les dévots contestés de par le discrédit dans lequel sont tombés quelques jésuites. L'Espagne qui a perdu Gibraltar en 1704, puis Minorque depuis 1713, ne séduit plus du tout comme au temps de Charles Quint ou de Philippe II. L'empereur François de Lorraine est mort depuis 1765, Stanislas depuis 1766. La Lorraine est devenue française et le réseau maçonnique palermitain, proche de celui de Metz, est favorable à une Corse française : Marbeuf gentilhomme du duc de Lorraine, Ludre fils de son chambellan, Boucheporn natif de Metz, compatriote de Choiseul natif de Nancy et du colonel comte de Ludre, Lorrain d'Épinal dépêché en Corse et parent des Choiseul-Beaupré. Du reste, lors de la victoire des « nationaux » à Borgo, il n'y a pas que quatre cents soldats et une cinquantaine d'officiers français à être faits prisonniers par les paolistes ; il y a aussi deux cent cinquante Corses au service du roi de France, soit un tiers des effectifs pris au colonel de Ludre ! Paoli s'en plaint auprès de Raimondo Cocchi : les Français « essaient de corrompre avec de l'argent qu'ils distribuent à pleines mains. Ils promettent tout. »

Reste à Paoli son réseau, celui de Neuhoff, celui de la maçonnerie jacobite ; à la veille de la défaite paoliste de Ponte Novo, toutes les manifestations de soutien dont jouit Paoli viennent d'Écosse et d'Irlande. En février 1769, à Livourne, un Irlandais arbore sur la poitrine un portrait de Paoli avec une légende : « Il a coûté plus de trente millions argent de France[111]. » Courant février, c'est Henry Thomas Fox-Stragways, plus connu sous le nom de lord Stavordale[112], qui est aux côtés de Paoli. Cet homme riche, neveu de lord Holland (1705-1774), ancien collaborateur de John Stuart, comte de Bute, n'est pas seul. Curieusement, l'accompagne le jeune duc de Lauzun (1747-1793)[113] dont il est un des familiers[114]. Le 25 février, Lauzun et Stavordale quittent Bastia sur le même navire. Il est assez étrange de voir le même groupe s'agiter en 1769 qu'à l'époque du Masque de Fer en 1669 ! À l'époque, étaient déjà fortement impliqués dans les affaires de Méditerranée un Valcroissant, comme en 1763, un duc de Lauzun, grand-oncle de celui-ci, et un capitaine de régiment suisse : Marchetti, en 1669, au service de la France, Dunant, en 1769, au service de la Sardaigne et de la Grande-Bretagne. En outre, en 1688, c'est le duc de Lauzun, dernier capitaine de la compagnie des becs de corbin, qui était allé chercher à Londres l'épouse de Jacques II Stuart et le prince de Galles, futur Prétendant, mort en janvier 1766. Or, en 1769, le jeune duc de Lauzun qui rencontre Paoli vient justement le voir alors que celui-ci a écrit à Mann le 27 août 1768 qu'il souhaitait pouvoir « s'échapper » de Corse au cas où les troupes de Louis XV s'y installeraient. Très vraisemblablement, c'est cette fuite qui est préparée par Paoli et Lauzun en février 1769, sorte de réplique de la fuite de Jacques II en 1688 dans l'autre sens (nord-sud et non sud-nord). Le 12 avril, Henry Herbert, dixième comte de Pembroke, septième comte de Montgomery (1734-1794), est accueilli par Paoli à Corte. Il est le gendre depuis 1755 de Charles Spencer, deuxième duc de Malborough, de la famille d'Arabella Churchill qui avait donné à Jacques II un fils naturel : Berwick, marié à la belle-mère de Neuhoff ! Non seulement Pembroke est, de par sa femme, le cousin des Stuarts, ducs de Fitz-James, issus de Berwick, et des marquis da Silva, mais il s'est enfui en 1762 avec la fille d'un des lords de l'Amirauté [115], et il gravite depuis dans les milieux de la Navy. Colonel du premier Dragon-Royal (1764), lord de la Bedchamber (1769), il est reçu par Paoli à Corte avec John Stuart-Mountstuart, le marquis milanais Giacomo Fagnani et le mystérieux « chevalier Tancrède » qui pourrait bien être, sous nom d'emprunt, Frédéric de Neuhoff. Tancrède est le nom de ce prince normand (or Neuhoff vit à Londres), établi en Sicile (pas très loin de la Corse), qui participa à la prise de Jérusalem qu'il gouverna en l'absence de son oncle Bohémond, de même que Frédéric espère gouverner la Corse en qualité de neveu de Théodore. Le Tasse, si cher aux Corses, a fait du reste de Tancrède le modèle des chevaliers dans sa *Jérusalem délivrée* que tout le monde lit avec avidité dans l'entourage de Paoli, y compris à Londres, notamment le docteur Samuel Johnson, ami de Boswell et parrain maçonnique de Paoli, et le jeune ménage Cosway qui en possède plusieurs exemplaires. Pembroke est un proche de Boswell qui l'accueillera à Édimbourg en 1774 alors que partira la même année d'Irlande un jeune Stuart, marié au passage à l'île d'Elbe, et finalement installé à Multifao-Castifao où vit toujours aujourd'hui sa descendance. Ce même 12 avril, Paoli reçoit aussi à Corte, pour la deuxième fois, Charles Pierrepont-Medows, capitaine de vaisseau de la Navy, vicomte Newark, un de ses futurs exécuteurs testamentaires. Ces visites écossaises qui se multiplient à un rythme si rapproché témoignent de la grande fébrilité qui existe à Corte moins de quatre semaines avant la défaite finale des paolistes à Ponte Novo. À Édimbourg comme à Corte, on craint que les armes puissantes du roi de France ne viennent briser non seulement un État naissant – l'État paoliste –, mais surtout ce que les Paoli père et fils cherchent à établir dans l'île depuis 1735 au moins et qu'ils appellent tous deux : un « système » novateur, synthèse de trois courants, monarchique, aristocratique et démocratique, fondé sur la tolérance et la séparation de l'Église et de l'État.

Ponte Novo

Humilié par la défaite de Borgo, Chauvelin a quitté la Corse le 28 décembre 1768 mais les combats continuent. Curieusement, en février 1769, le régiment qui a la garde de Barbaggio est celui de La Marck. Mi-février, « un corps de douze cents Corses aux ordres de Clemente Paoli marchait à leur secours [des habitants de Barbaggio]. Il fut arrêté et battu par M. d'Ampus qui n'avait que trois cents hommes dans la vallée d'Oletta. Clemente Paoli courut les plus grands risques d'être tué ou fait prisonnier[116] ». Le 17 mars 1769, la *consulta* de Casinca pose le principe de la levée en masse de tous les hommes valides de seize à soixante ans. Le 16 avril, à la *consulta* de Saint-Antoine de Casabianca, Paoli mobilise ses hommes pour s'opposer au comte de Vaux qui a réussi à saper en Cour le crédit de Chauvelin. Nouveau commandant en chef, Vaux connaît la Corse où il a servi en 1738 et en 1757, et il revient dans l'île avec l'espoir d'y obtenir le bâton de maréchal de France comme Maillebois (cet espoir sera couronné de succès). Vaux pense la victoire facile, c'est la raison pour laquelle il avait auparavant sollicité ce commandement, mais Chauvelin l'avait emporté. Après son échec, Vaux affirme qu'il est prêt à combattre « le conseil de Corte qui ne cherche rien d'autre que de conserver l'autorité *qu'il a usurpée* ». Pour Vaux, Paoli n'est ni un général, ni un homme d'État ; c'est un « vieux renard » qui a réussi à substituer un « gouvernement » illégal – il n'est reconnu par personne – à la suzeraineté génoise, légitime ; c'est l'habile petit-fils d'un meunier qui a réussi à vivre confortablement : plateaux d'argent aux armes, cheval caparaçonné de velours frangé d'or, palais national, fauteuils dorés, salon décoré de portières, chocolat chaud et goûteur !

C'est dans cet état d'esprit que Vaux débarque à Saint-Florent le 4 avril 1769 avec quarante-quatre bataillons d'infanterie, quatre régiments de cavalerie, une compagnie de sapeurs, d'ouvriers du génie et de miquelets basques, soit au total vingt deux mille hommes, fantassins, cavaliers, grenadiers, chasseurs. Il dispose d'une formidable artillerie : du canon de huit et non plus seulement des pièces de quatre estimées trop faibles. Il a avec lui des troupes régulières et aguerries, dont le régiment de Languedoc, celui de La Marck, celui de la Marine, ceux de Champagne et d'Aquitaine, le régiment Dauphin, la légion de Soubise. Du 25 au 30 avril, Vaux met toutes ses troupes en mouvement, depuis Bastia, le cap Corse, Saint-Florent et une partie du Nebbio. Il allume un grand nombre de feux pour inquiéter les paolistes. Parmi ses officiers : Antoine-Joseph des Lacs, marquis d'Arcambal (1728-1790), maréchal de camp, commandant des provinces de Rouergue et de

Quercy, future grande figure de la maçonnerie, admis à la loge La Candeur, orient de Paris (1772), puis à celle des Neuf Sœurs (1778), officier du Grand Orient, Premier grand surveillant de la chambre de Paris, président de la chambre d'administration, grand expert et grand conservateur [117]. Il sert avec quatre mille hommes plus le régiment de La Marck et forme la première colonne d'attaque. Le 1er mai, Vaux est à Oletta. Parmi ses officiers, servent également : le marquis de Canpenne, et surtout le marquis de Boufflers (fils du feu duc), maréchal de camp depuis 1763, ancien capitaine de la seconde compagnie des gardes du corps du duc de Lorraine Stanislas Leczinski, roi de Pologne ; Boufflers, officier général français, est également pro-génois au point que sa famille a été « inscrite à Gênes parmi celles de la première noblesse de la République, en reconnaissance des services [118] » de feu son père, « commandant des troupes que la France a envoyées au secours des Génois » ; son père, arrivé à Gênes le 1er mai 1747, y est d'ailleurs mort à quarante-deux ans le 12 juillet suivant [119] après avoir chassé les ennemis d'une grande partie de la côte ; le marquis de Boufflers commande en Corse la deuxième colonne, composée de la légion de *Soubise,* de deux compagnies de grenadiers et de chasseurs. La troisième colonne, également aux ordres de Boufflers, est composée du corps des volontaires. Le marquis d'Escouloubre, brigadier depuis 1761, commande en arrière seize bataillons et toute l'artillerie.

Le 5 mai, Boufflers et ses troupes chassent Paoli et son frère. « Les deux Paoli n'eurent que le temps de quitter précipitamment Murato et de s'enfuir à travers des rochers. Pascal Paoli ne put même dans cette déroute emporter ses papiers [120]. » Servent aussi sous Vaux le baron de Viomenil avec la Légion de Lorraine et le chevalier du même nom avec neuf cents volontaires, le comte de Narbonne-Pelet près de Bocognano, le marquis de Luker, colonel du régiment de Bourgogne depuis 1763, mais ancien capitaine au régiment de Fitz-James, M. de Geoffre, M. Durodois, officier du régiment de Rouergue, M. Durand d'Ogny, M. d'Ampus, M. de Montoury, major général de l'artillerie assassiné en allant de Corte à Bastia, M. Blanchard, capitaine du régiment de Languedoc, M. d'Altermath, brigadier d'infanterie depuis 1762, ancien aide-major au régiment des gardes-suisses (1756), le comte de Vargemont à la tête de la légion de Soubise, M. de Faure à la tête du régiment de Champagne, le chevalier de Cuzey et M. de Gromard, capitaines au Corps-Royal d'artillerie, M. Danzel, capitaine d'artillerie, M. de Ségur, capitaine de la légion de Soubise (tué à Ponte Novo, déjà blessé à Cassel en 1762), le chevalier de Chamisot (tué à Ponte Novo), le chevalier de Bezons, officier au régiment de Champagne comme Chamisot, tué aussi à Ponte Novo, et Marbeuf avec quatre mille hommes (autant que le marquis d'Arcambal), lequel reprend Borgo le 5 mai. Du 5 au 8 mai, les combats font rage. Les paolistes « montrèrent [...] le courage le plus intrépide. Ils gravissaient sous le feu des Français, et sans tirer, les rochers les plus escarpés[121]. »

« Pascal Paoli, qui s'était retiré dans le Rostino après la journée du 5, faisait passer le Golo aux Corses par bandes de deux cents. » Le 8 mai, les paolistes et les troupes du roi se trouvent aux prises devant le pont de Ponte Novo. « Ce pont a plus de cinquante toises de long sur quatre pieds et demi de large » (Pommereul). Les paolistes y arrivent pour franchir le Golo. L'abbé Galletti, dont le père a connu des vieillards qui, jeunes, avaient été présents à Ponte Novo, écrit : « Les nationaux, au nombre de deux mille, en gravissant la montagne furent assaillis par des forces imposantes et obligés de rebrousser chemin en se précipitant vers le Ponte Novo. Le maréchal de camp Gentili court avec les Esclavons qu'il avait sous ses ordres et ordonna de barrer le passage du pont aux fugitifs, afin de les encourager et de les faire retourner au combat. Le pont, qui est assez long, était encombré de Corses qui, *dans une extrême confusion,* se heurtaient les uns contre les autres. *Les soldats étrangers,* esclaves de leur consigne, *poussaient les nationaux* avec la baïonnette, et on dit que, *par un malentendu,* ils firent *feu sur eux.* De l'autre côté, les Français qui les poursuivaient les mitraillaient de la colline à bout portant. Les malheureux, pris entre deux feux, périrent presque tous. » Et il ajoute : « Paoli avait recruté quelques compagnies de soldats étrangers qu'on disait Prussiens ou Suisses. Des vieillards qui les ont connus nous ont assuré qu'ils étaient Esclavons-Dalmates. » Et « M. Renucci assure dans son *Histoire* que les troupes étrangères reçurent l'ordre, *par un chef corse, sans nous dire le nom,* de faire feu sur les nationaux. » Pommereul écrit lui en 1779 : « On les y attendait [les nationaux, sur le pont] et on leur fermait l'entrée en les chargeant à la baïonnette au bout du fusil. La mort était des deux côtés. » F. Beretti écrit aujourd'hui que les paolistes furent battus « car *les mercenaires suisses* et prussiens[122], engagés par Paoli, qui tenaient le pont sur la rive droite du fleuve, leur barr[èr]ent le passage[123] ». Pommereul a écrit à peu près la même chose : « Paoli avait établi deux redoutes à la tête du pont sur la rive droite du Golo ; ses gardes, la plupart étrangers [Suisses et Prussiens aux ordres d'Anton Gentili], les occupaient et tiraient par son ordre sur tous les Corses qui avaient eu le bonheur de repasser le pont malgré les Français[124]. » Visiblement, grande fut la confusion. Résultat, « plus de cinq cents Corses périrent dans ce combat, plus de deux cent cinquante furent tués sur le pont même. La nuit qui survint sauva la vie à trois ou quatre cents ; un grand nombre essaya de passer le Golo à la nage ; beaucoup s'y noyèrent [car] des pluies abondantes et la fonte des neiges grossissaient extraordinairement le Golo ; l'eau augmentait en hauteur de trois pouces par heure [...] mais d'autres, désespérant de passer le pont et s'y trouvant engagés, se précipitaient dans la rivière ; le désordre et l'effroi des Corses étaient au comble [...]. Quatre mois après ce combat, le pont était encore couvert de sang coagulé [...]. Le combat de Ponte Novo avait répandu la terreur et la consternation dans le parti de Paoli ; il s'était retiré à Morosaglia. Il y apprit que la nuit seule avait favorisé la retraite d'un petit nombre des siens. Dès ce moment, il semble qu'il ne fit plus qu'une ou deux dispositions de défense et qu'il s'occupa principalement de celles qui avaient pour objet sa fuite[125] ».

Monte à Pastoreccia Viomenil avec ses volontaires. Il y « trouva cinq ou six cents Corses [...]. Il les chassa [...] jusqu'à Morosaglia ». Le 16 mai, les troupes du roi campent sous Valle di Rostino. Le 17, elles sont « sur les hauteurs de Morosaglia ». Les soldats du roi « trouvèrent dans ce village quelques canons et des munitions de guerre et de bouche ». L'armée s'établit dans le Rostino. Le régiment que Marbeuf envoie occuper Morosaglia est assez curieusement celui de La Marck, ce qui empêcha sans doute que les biens personnels de Pascal Paoli fussent pillés. Les « patriotes » anglais, dont John Wilkes, reprochèrent quelques semaines plus tard à Paoli d'avoir empêché le pillage de ses biens par des moyens détournés...

Après Ponte Novo, Voltaire se fait admiratif afin de rejoindre l'opinion : « Le courage des Corses fut si grand que vers une rivière nommée Golo, ils se firent un rempart de leurs morts pour avoir le temps de charger derrière eux. Leurs blessés se mêlèrent parmi les morts pour affermir le rempart. On ne voit de telles actions que chez les peuples libres. » À Corte, Paoli reçoit fin mai Charles Wood, marin et franc-maçon selon le comte Maximilian von Lamberg (1729-1792), qui vint en Corse en 1770 alors qu'il était le conseiller intime du duc de Wurtemberg. Wood est le capitaine du *Courrier des Bermudes* (*Le Pacchettodi Bermude*, « paquet » signifiant chez les marins « paquet de lettres », « courrier »). Il est accompagné du jeune comte Francesco Saverio Carletti de Monte Pulciano (v.1740-1803), chambellan et ambassadeur du grand-duc de Toscane. Les accompagne le baron Carlo von Grotheus, au service de Hanovre, principauté allemande du roi d'Angleterre. Ils passent « trois jours auprès de Paoli » et préparent son passage à Londres car, en se faisant la protectrice des « nationaux », la Grande-Bretagne espère prendre un jour possession de l'île. Paoli réunit alors autour de lui Abbatucci, devenu pro-français, futur maréchal de camp, futur chevalier de Saint-Louis, et Francesco Antonio de'Gaffori, devenu aussi pro-français, l'un des premiers à lui avoir conseillé de capituler. Le ralliement à la cause française de Buttafoco, de Petriconi, de Colonna d'Istria, de Durazzo, de Charles Buonaparte incite le *Babbu* à s'exiler et Abbatucci accepte de protéger sa retraite, Buttafoco n'avait-il pas écrit à Choiseul, dès le 29 septembre 1766, d'envoyer « secrètement » de l'argent en Corse pour y renforcer le parti français [126] ? Or ce parti grossit chaque jour davantage, comprenant bientôt les Paravisini d'Ajaccio (proches parents des Bonaparte), Laurent et Domenico Giubega de Calvi, les Arrighi de Speloncato, les Cervoni de Soveria, les Arrighi de Corte et nombre d'autres « grandes » familles insulaires qui vont chercher à se faire maintenir « nobles » par Louis XV dès 1770-1771, représentant bientôt un total d'environ six à sept cents individus [127].

Le 21 mai, l'armée royale campe sous Corte. Voltaire exulte. Après la prise de la ville par les soldats du roi, il écrit à la duchesse de Choiseul : « Nous sommes à Corte, oui, nous sommes à Corte et il [Choiseul] triomphera de tout ! » « Paoli était parti la veille avec deux cents hommes et avait pris le chemin de Vivario, laissant tous ses effets renfermés dans le château de Corte sous la garde d'une garnison de trente hommes » aux ordres d'Alberti. Le 24, veille de la prise de L'Île-Rousse, l'Écossais Peter Capper Junior, de la Compagnie de forges Carron de Falkirk, quitte Paoli et se rend à Livourne. Venu pour expliquer aux « nationaux » le fonctionnement des caronades, son départ ne change rien. La veille, l'inventaire du Palais national a été réalisé [128]. Vaux a ordonné que le fameux « trône » doré sur lequel il focalise soit « porté à Bastia pour y être mis dans la salle principale du Conseil supérieur sous le portrait du Roi », mais n'arrive bientôt à Bastia que le « bois doré enveloppé dans du papier » ; le dais, les franges d'or, les étoffes précieuses (damas) et les armes de Corse ont été... égarés. D'où les plaintes de Vaux auprès de l'intendant de Corse Chardon : « Il me semble qu'il y a un peu de moquerie d'avoir envoyé seulement ce qui est propre à faire du feu. » Le reste appartenait-il au Prétendant ? Toujours est-il que Louis XV installe rapidement un Conseil supérieur à Bastia, deux cours prévôtales, l'une à Bastia, l'autre à Ajaccio, une dizaine de juridictions (futurs chefs-lieux) établies à Bastia, Ajaccio, Corte, Rogliano, Sartène, Calvi, Bonifacio, Vico, Cervioni, La Porta et Oletta.

Quand on songe qu'en 1669 Marchetti était un capitaine corse au service de la France au sein d'une compagnie d'un régiment suisse à Dunkerque où le duc de Lauzun l'avait vu avant d'être enfermé à Pignerol auprès de Fouquet ; quand on voit le duc de Grafton envoyer auprès de Paoli en 1769 le Genevois Dunant, ancien capitaine des troupes suisses du roi de Sardaigne ; quand on sait que les affaires de Candie en 1669 ont été suivies en 1673 par l'empoisonnement du colonel général des Suisses et Grisons, le comte de Soissons, « à l'armée », en Westphalie, terre de Neuhoff ; quand on voit qu'en 1768-1769 le nouveau colonel général des Suisses et Grisons n'est autre que Choiseul qui fait état de ce titre dans le traité de Versailles ; quand on voit qu'un nouveau duc de Lauzun est à Bastia quelques semaines avant Ponte Novo ; quand on voit un Valcroissant – agent secret de Louis XIV –, faire échouer la seule tentative d'évasion de Fouquet de Pignerol en 1671, et que l'on voit un autre agent secret du même nom faire signer un traité entre Paoli et Louis XV le 9 décembre 1763, il est permis de se demander si la France n'a pas tout fait pour reprendre la Corse perdue en 1559, et si le traité de Versailles de 1768 n'est pas l'aboutissement, non d'une guerre « de quarante ans », mais des efforts de la diplomatie française depuis 1669, voire la conclusion des troubles sampiéresques, d'où les propos de Choiseul qui fait état auprès de Sorba d'une guerre de « cent-cinquante ans », faisant remonter les débuts de celle-ci non en 1729 mais à Alphonse d'Ornano. La lettre de Stanislas-Auguste Poniatowski (1732-1798), adressée au comte Anton Gentili (1743-1798) le 15 février 1769, ajoute encore au mystère : « Si quelque chose pouvait m'inquiéter pour ce grand homme [Paoli] ce serait *le moyen* dont on *s'est servi* pour se défaire d'un homme qui est l'honneur de son siècle [129]. » De quel moyen veut-il parler ? S'agirait-il de trahison ? Et si oui, comment le roi de Pologne le saurait-il ? Par voies internes ? Poniatowski passe en effet pour avoir été Rose-Croix, comme Neuhoff et Orticoni, avant de devenir membre d'une loge varsovienne (1777). Les Suisses – mercenaires d'une fidélité irréprochable à la France, de Marignan (1515) aux marches des Tuileries (10 août 1792) – auraient-ils été soudoyés pour permettre la défaite corse ? Rousseau écrit sa tristesse à M. de Saint-Germain : « L'Europe n'offrira plus à M. de Choiseul d'autre peuple naissant à détruire ni d'autre grand homme à noircir que son illustre et vertueux chef. »

Paoli et Mirabeau

Paoli quitte Vivario à l'approche des troupes du roi de France, et tente en vain d'inciter les habitants de Ghisoni à résister, mais les militaires du roi se mettent à occuper toute la Corse. Parmi eux, Gabriel-Honoré de Riqueti, marquis de Mirabeau (1749-1791). Futur tribun révolutionnaire et proche cousin du chef d'escadre comte Claude de Forbin dépêché par Louis XIV auprès des jacobites en 1707, Mirabeau a pour trisaïeul Thomas de Riqueti, seigneur de Mirabeau, fils de Jeanne Lenche, et pour cinquième aïeul Antoine Lenche (v.1540-1588), victime des ligueurs de Marseille. Député du tiers état d'Aix-en-Provence, Mirabeau déclarera en 1789 à ses collègues de la Constituante : « J'avoue, messieurs, que ma première jeunesse a été souillée par une participation à la conquête de la Corse. » Sous-lieutenant en Corse d'avril 1769 à début mai 1770, Mirabeau prétend avoir mis successivement dans son lit : la jolie Maria Angela, puis Adélaïde, prétendue bru du général Ceccaldi, sa sœur supérieure de couvent, une femme de charge allemande de Buttafoco, ses différentes hôtesses dont l'intendante Chardon, une Grecque d'Ajaccio, la nièce du curé de Guagno (le célèbre Circinello), et bien d'autres encore dont Mmes Antoni (corse), Giustiniani (génoise) et Carli (romaine), sans oublier une fille d'huissier française, une boulangère et une petite Corse vendue par sa mère. Mirabeau, débarqué avec la Légion de Lorraine, visita l'île à pied accompagné « de trois Corses, habillé comme eux, parlant *leur jargon,* de manière qu'on me demandait de quelle piève j'étais ». Curieusement, Mirabeau se qualifie de « Français qui sait la langue ». Résultat, il est très apprécié des insulaires : « Je savais que les Corses avaient très bonne opinion de moi. J'étais si connu dans l'île qu'on ne m'appelait pas autrement que *le comte de Casinca.* » Il faut toutefois remarquer que ses propos ne sont guère objectifs, ne serait-ce que parce qu'il n'a pas pu mettre dans son lit la bru du général Ceccaldi, celui-ci n'ayant pas eu d'enfants. Cette fausse bru ne pouvait pas davantage avoir une sœur supérieure de couvent ! Mirabeau, franc-maçon, eut-il un contact à cette époque avec Paoli ?

Le 2 juin 1769, le chevalier Raiberti, ministre des Affaires étrangères du roi de Sardaigne, informe le ministre britannique en poste à Turin que Paoli va s'embarquer[130]. Le 13, jour où « la conquête de la Corse était absolument achevée » (Pommereul), accompagné de son frère, après étapes à Bocognano et à Bastelica, Paoli arrive à Porto-Vecchio, poussé par la légion de Lorraine ; là deux navires de commerce anglais l'attendent : le *Courrier des Bermudes* (capitaine Charles Wood) sur lequel Paoli monte seul – il se cache dans un double fond, dit-on – et le *Rachel* (capitaine Thomas Brown) où prennent place trois cents trois paolistes, notamment Clemente, le fils Giafferi, Gentili, Annibale du Rostino, les capitaines Saliceti et Angelo Franceschi, les sieurs Murati, Pietri, Belgodere, Colle, Pasqualini, Raffaelli, Petrignani, le corsaire Serpentini, dix-huit moines et six prêtres dont l'abbé Guelfucci. Nombre de contemporains se posent alors une question dont Pommereul s'est fait l'interprète : « On demandera peut-être pourquoi les Français ne cherchèrent pas à s'emparer de la personne de Paoli. Il semble qu'ils l'auraient pu *aisément,* mais on voit que tous leurs mouvements furent dirigés non pour s'en saisir, mais pour le forcer à sortir de l'île. Paoli même ne parut pas craindre qu'on ne le laissât pas échapper : ceci est donc *un de ces mystères* de la politique que nous ne tenterons pas de dévoiler [...]. Nous ne jugerons point une conduite *que des motifs qui nous sont inconnus* ont dictée[131]. »

Après Ponte Novo, le comte de Narbonne-Pelet tente de cultiver les élites corses et de se tailler une clientèle dans l'île. Il dîne avec Charles Bonaparte le 7 juillet 1769, soit cinq semaines avant la naissance de Napoléon. Souvent, il organise des soirées « folkloriques » avec costumes et chants corses, comme Boswell en Écosse et à Londres ! Néanmoins, il n'hésite jamais à réprimer les « rebelles » avec une grande sauvagerie. Subordonné de Marbeuf, il est son principal rival : en mai-juin 1775, il finira par quitter l'île lorsque Marbeuf y reviendra après une année d'absence due au décès de Louis XV. Il achèvera sa carrière lieutenant général des armées du Roi et grand-croix de Saint-Louis. De son côté, Paoli, quarante-quatre ans en 1769, vient à peine de dépasser la première moitié de sa vie. Ses vertiges ont disparu, ses maux de tête se sont espacés, alors qu'il en souffrait beaucoup lors de son arrivée en Corse. Même si les eaux d'Orezza n'ont pas remédié à ses premières coliques néphrétiques qui le conduiront aux eaux de Bath en Angleterre, Paoli est encore un homme jeune lorsque Ponte Novo ouvre le deuxième de ses trois exils. Il va durer vingt et un ans. Il prendra fin en 1790 lorsque Paoli débarquera à Paris : Mirabeau sera alors l'un des premiers Français que Paoli ira visiter dans la capitale, juste après avoir revu la comtesse d'Albanie, veuve du Prétendant.

CHAPITRE VIII

L'exilé londonien (1769-1790)

« Quand on raconte ses chagrins, ils se partagent d'une certaine façon et perdent de la force. »

Pascal Paoli à Maria Cosway,
1er août 1788.

Alors que Paoli se prépare à quitter la Corse pour Londres, Josuah Evans ouvre à Tredyffrin, à la sortie de Philadelphie, une auberge appelée General Paoli's Inn, rendez-vous des Fils de la liberté. Émigré sur le sol américain avec d'autres insulaires dont Gio Battista Peri, fils du chef de la flotte paolienne, le sergent Borghetti, les lieutenants de Casanova et Colonna de Giovellina, le corsaire Pasquale de Bonavita d'Ersa, anobli par Louis XVI, Pietro Poli prendra l'établissement en gérance en 1771 après avoir séjourné à Londres auprès de Paoli et du comte Giuseppe Poli (peut-être son frère), admis dans la franc-maçonnerie le 15 juin 1778 en même temps que Paoli. Connu de Benjamin Franklin, volontaire dans l'armée de Washington, Poli sera aux ordres du général américain Anthony Wayne (1745-1796), membre de la loge Winchester n° 12 auquel la Grande loge de l'État de New York élèvera un monument à Story Point[1]. Poli mourra au combat le 20 septembre 1777 lors d'une bataille souvent appelée le massacre de Paoli ou encore combat de Valley Forge. La ville de Paoli City (Pennsylvania) est aujourd'hui voisine du champ de bataille mais on trouve aussi des Paoli Cities dans l'Indiana, en Oklaoma, dans le Colorado, dans le Wisconsin, et des villes appelées Corsica en Pennsylvanie et dans le Dakota du Sud, Corsicana au Texas, et même Monticello dans le Maine.

Après Ponte Novo, Louis XV est regardé dans le monde comme un oppresseur alors que pour les philosophes la Corse s'inscrit dans l'histoire merveilleuse des îles enchantées : l'Ithaque d'Ulysse, les îles de saint Brandan, l'*Utopia* de Thomas More, Atlantis, New Atlantis. Les esprits éclairés voient dans le mythe corse quelque chose qui ressemble au mythe du bon sauvage. Quelque part, le mythe procède de Rousseau qui, à travers l'*Émile* (1762), vient de remettre au goût du jour le *Robinson Crusoé* de Defoe (1719). Face à la France monarchique qui opprime la liberté, qui débarque, qui envahit, qui combat et qui écrase, le beau rôle est intellectuellement attribué à l'Angleterre parlementaire héritée de la *Glorious Revolution*, à l'Angleterre où Paoli a demandé asile et où il arrive à l'issue d'une tournée européenne triomphale car le « héros corse » commence à incarner tous les grands thèmes du dernier tiers du siècle : la démocratie balbutiante, les droits de l'homme, la souveraineté du peuple, la liberté, l'égalité, le principe de la citoyenneté. Paoli passe pour l'héritier de Polybe et le précurseur de La Fayette : de Polybe, parce que celui-ci considérait que les peuples et les régimes se transforment à l'infini ; de La Fayette, parce qu'il a voulu aider les *Insurgents* corses à se libérer de leur suzerain : Gênes. En effet, Paoli est loin d'être un penseur isolé. *Les Droits et les devoirs du citoyen* de Mably datent de 1757 et Rousseau craint une révolution européenne. Paoli est loin d'être le seul à aspirer à la « rédemption ». Nombreux sont les « patriotes » qui attendent la redécouverte des droits naturels de l'homme. De 1769 – date de son arrivée à Londres – à 1790 – date de son arrivée à Paris où l'accueillent La Fayette, Mirabeau et Robespierre –, Paoli incarne un des esprits européens parmi les plus grands et parmi les plus précoces : les mouvements révolutionnaires qui agitent Genève n'ont lieu qu'en 1782 ; ceux qui soulèvent les Provinces-Unies n'éclatent qu'en 1783-1787, et en 1789 Paoli est assez proche de Robespierre qui considère la révolution comme un « retour à l'ordre des droits » et non comme un « désordre », à la différence d'Edmund Burke. À Londres, Paoli est regardé comme un philosophe qui s'inscrit dans un processus universel de reconquête des droits naturels de l'homme. Il n'est pas seulement perçu comme un révolté qui a voulu détruire l'ordre génois en Corse, il est regardé comme un « législateur » : Boswell le dit et Bonaparte le répétera ; un « républicain » qui a voulu introduire en Corse, à la suite de son père, un nouveau « système de gouvernement », c'est-à-dire que le « rebelle » est un « révolutionnaire » puisqu'il a un projet constructif : politique (l'État corse), social (la lutte aux côtés des « montagnards » contre les élites nobiliaires), religieux (la confiscation des dîmes et l'érection des biens d'Église en biens nationaux), culturel (création de l'université de Corte) et économique (création d'une monnaie, de ports comme L'Île-Rousse, d'une flotte de guerre et de commerce).

En 1769, les défenseurs des libertés nationales établis à Londres attendent Paoli comme un esprit éclairé dans un contexte international agité : le « Boston Massacre » par lequel débute la guerre d'Indépendance américaine éclate le 5 mars 1770. La « Boston Tea Party » a lieu en 1773. La même année, Pougatchev conduit la révolte des Cosaques du Don dans la Russie de Catherine II. Bientôt à Londres éclatent les troubles des « Gordon Riots » (1780). La Suisse est agitée par la révolution de Fribourg (1781), puis par celle de Genève (1782). La Belgique commence sa révolution brabançonne contre l'Autriche (1787). Nombreux sont les hommes des Lumières à attendre de Paoli des prises de position, mais, une fois à Londres, l'esprit *éclairé* s'affiche surtout comme un esprit *modéré* faisant retomber, dès 1775, l'enthousiasme qui avait soulevé les foules sur sa route.

Sur le chemin de Londres

Le dimanche 16 juin 1769, Paoli débarque à Livourne d'une barque couverte, cela afin d'éviter d'éventuelles manifestations populaires. Elle accoste près de la maison du consul d'Angleterre John Dick. Le gouverneur de Livourne, Bourbon del Monte, écrit : « Bien que le Général fût entré dans le port sur une petite barque couverte, la chose fut divulguée en un instant et le peuple se rendit chez lui en foule et y fit grand bruit et fortes acclamations [2]. » Le portrait de Paoli est brodé sur des mouchoirs. Un sonnet circule en ville en son honneur. Les dames arborent des rubans de couleur. On s'arrache les douze premiers feuillets de l'*Historia di Corsica* Cambiagi et la suite des *Memorie storiche concernenti la vita di S. E. Pasquale de'Paoli*. Chez John Dick, Paoli retrouve lord Pembroke, le colonel Lockhart, le baron von Grotheus, le comte Rivarola. De Livourne, Paoli gagne Pise, avec Dick, dans son carrosse tiré par quatre chevaux. Il y est rejoint par Cocchi. Le 20, Paoli retourne à Livourne. Elisabetta, veuve du capitaine Santo Antonmattei de Morsiglia, le loge, car elle est parente du consul Gavi, centurais, consul de Gênes à Livourne, ancien partisan de Neuhoff. D'autre part, son mari avait été anobli en Espagne par Ferdinand VI le 7 février 1755 sur rapport du comte Speranda, vice-roi du Pérou [3]. Le 21, Raimondo Cocchi écrit à sa femme : « Le *Général* est arrivé sur un navire anglais [...]. Son frère et trois cent trois autres Corses, hommes et femmes, sont arrivés hier soir [...]. Le *Général* Paoli est frais comme d'habitude et moralement pas abattu. » Le 23, Paoli gagne Florence. Horace Mann le présente le lendemain au comte Rosenberg-Orsini, Premier ministre du grand-duc de Toscane Pierre-Léopold, frère de l'Empereur. Le grand-duc lui accorde deux audiences. De Vienne, le prince de Kaunitz (1711-1794), franc-maçon selon Lennhoff et chancelier de Joseph II, informe Rosemberg-Orsini que « l'on ne peut refuser au malheureux chef corse l'asile qu'il implore pendant la durée de son séjour en Toscane », mais il faut veiller à ne pas créer un incident diplomatique avec Versailles[4]. Le *London Chronicle* du 6 juillet fait état de son arrivée à Livourne. Le 15, Paoli gagne Bologne. Le même jour, Horace Mann envoie une lettre chiffrée au vicomte Weymouth : « Le général Paoli m'a communiqué la résolution qu'il a prise *de se rendre en Angleterre* en passant par l'Allemagne », en évitant la France. « Son compagnon de voyage sera lord Pembroke. Ce voyage a pour seuls motifs d'exprimer *sa gratitude* aux ministres de Sa Majesté *pour les grandes faveurs qu'il a reçues* et pour les tenir informés dans les moindres détails de toutes les circonstances qu'ils voudront mieux connaître en ce qui concerne toutes les transactions de Corse. Il se cachera, autant que possible, sous un faux nom [comme Neuhoff jadis] en route et, quand il arrivera en Angleterre, il s'en tiendra entièrement aux ordres et instructions qu'il pourra recevoir au sujet de la conduite *qu'on lui demandera* d'adopter[5]. » De Bologne, Paoli gagne Mantoue où Joseph II[6] lui accorde « deux audiences fort longues » les 18 et 19 juillet en présence de Rosenberg-Orsini[7]. Paoli lui a sans doute été recommandé par le comte de Nény, franc-maçon dont le père était président du Conseil de Marie-Thérèse. À Mantoue, Paoli est reçu par une archiduchesse. Au théâtre, l'Empereur le regarde comme « le Thémistocle de notre siècle » et le père jésuite Bettinelli fait de lui un portrait exceptionnel adressé à Mme de l'Hôpital : « taille avantageuse... corps robuste... visage beau... traits réguliers... blond tirant au roux... yeux bleus... port majestueux... tempérament fort... sobre en tout. Les plaisirs de l'âme sont les seuls qu'il aime. » Toutes les qualités sont selon lui réunies en Paoli : « éloquence naturelle... voix claire et agréable... geste vif... simplicité... modeste... réservé... mémoire prodigieuse. » « L'anglais, le français, le latin lui sont familiers... L'histoire, la poésie, les Anciens, les Modernes, tous les grands maîtres et les meilleurs ouvrages fournissent sa conversation et embellissent ses discours... La lecture a toujours été sa passion... Tacite et Virgile semblent ses favoris... On prétend qu'il les sait par cœur... Les connaissances de l'Antiquité ne l'ont pas occupé au point de négliger l'étude de l'homme et du siècle. Le cœur humain et les affaires de l'Europe ne peuvent être plus connus par aucun philosophe ou politique. Cet homme fait honneur à l'homme. » Le 28, Paoli part pour Vérone alors qu'à Vienne « le public ne jure que par Paoli ». Un sonnet en son honneur, attribué à Métastase (1698-1782), est traduit en allemand. Le 9 août, Paoli est à Munich à l'auberge Stürtzer. Il visite Nympenburg, Augsbourg le 11 août, le temple luthérien de Nordlingen le 12, arrive à Marienthall, résidence du grand maître de l'ordre Teutonique le 14, descend le Main en bateau, fait escale le 15 à Hannau où le fils du Landgrave de Hesse-Cassel est présent, note Guelfucci qui ne dit pas en revanche combien le Landgrave était proche jadis de Neuhoff et de Rakoczy ! Arrivé à Francfort le 15, Paoli est reçu par le banquier Johann Philipp Bethmann, sans doute pour préparer sa survie matérielle au cours de l'exil. Goethe (1749-1832) – affilié aux Rose-Croix d'Or – écrit dans *Poésie et vérité* : « La Corse était longtemps restée le point de mire de tous les yeux. Lorsque Paoli, hors d'état de poursuivre sa patriotique entreprise, traversa l'Allemagne pour se rendre en Angleterre, il gagna tous les cœurs. C'était un bel homme, svelte, blond, plein de grâce et d'aménité. Je le vis dans la famille Bethmann où il a séjourné *quelque temps.* » Toutes les gazettes parlent de lui, dont le *Wienerisches Diariu,* alors que Clemente se retire au couvent de Valombrosa. Paoli rencontre le prince Carl Anselm de Thurn und Taxis (1733-1805), maître de la loge Zur Sonne, orient de Bayreuth depuis 1762, devenu vénérable de la loge Saint-Charles de la Constance, orient de Ratisbonne, en 1765[8]. Il rencontre aussi le baron d'Ellostein. Le 21 août, il les invite à prendre le chocolat chez son hôte. Il visite les arsenaux de Francfort, l'armurerie locale, le palais public. Le 30 août, l'ambassadeur de France écrit de La Haye à Paris : « M. Paoli est ici [...]. L'empressement du peuple est fort grand. Le prince Statholder l'a [...] fort fêté *à sa maison de campagne*[9] » près d'Utrecht. Gentili et Grotheus organisent une rencontre entre Paoli et une loge maçonnique qui lui témoigne sa « joie » : la confrérie des Frères de l'Indissoluble, qui le reçoit en qualité de maître d'honneur. Une jeune peintre française – Sophie Caron – fait du reste son portrait le 4 septembre à la demande du vénérable maître de ladite loge[10]. En 1786, Paoli avouera : « Je ne me rappelle plus le nom de la Française qui fit mon portrait à La Haye[11]. » Il visite Haarlem le 5, notamment l'orgue le plus grand d'Europe, une imprimerie, une fabrique de toile, et Leyde. Il salue les Hollandais, « peuple heureux qui jouit des riches fuits de la liberté conquise de haute lutte et d'une paix que rien ne trouble ». Paoli rencontre aussi le grand helléniste Peter Burmann (1713-1778) le 5 « à sa campagne » de Sandhorst près de Wassenaer : Burmann est pour lui un ravissement car il a publié à Amsterdam en 1746 le *Virgile* préparé par son oncle et il vient d'éditer *Les Antiquités de Sicile, Sicula,* de D'Orville, toujours à Amsterdam, en 1764. Il rencontre aussi l'abbé Coyer (1707-1782) qui a quitté l'ordre des Jésuites depuis 1736 et qui le décrit ainsi : « Sans être grand, il a les épaules assez larges, le teint fort blanc, des cheveux blonds, une physionomie douce et modeste. » Il dîne « avec Leurs Altesses Sérénissimes et Royales », avec le comte de Bentinck zu Varel, ancien plénipotentiaire des états généraux au congrès d'Aix-la-Chapelle et ancien protecteur de Neuhoff[12] : Bentinck, second grand maître national de la franc-maçonnerie de Hollande en 1758-1759, le reçoit « à la campagne ». Paoli dîne le 6, à La Haye, avec le chevalier York, ambassadeur d'Angleterre ; avec le comte d'Acunha, ministre de Portugal. Le 8, sir York écrit au comte de Rochford : « Le port, les manières et la conversation du général Paoli m'ont beaucoup plu et ont plutôt dépassé ce à quoi je m'attendais. Réservé quand il le fallait [...], clair dans ses idées, s'exprimant avec aisance, maîtrisant parfaitement les intérêts de l'Italie et les différents motifs qui y font agir les principales puissances, modeste à propos de sa propre conduite, décent à l'égard de ses ennemis et évoquant les épreuves qu'il a subies comme un homme de bon sens et un homme d'État [...]. Il tenait *constamment informé le roi de Sardaigne* [veuf des deux petites-nièces de la marquise de Dangeau, et remarié à la sœur de François de Lorraine devenu Empereur] de ce qui se passait, dans l'espoir que par cette voie [qui était la voie de Neuhoff] on pourrait faire prendre connaissance à Sa Majesté de la vraie situation, bien qu'il ignorât quelle utilisation on avait faite de ses renseignements. Il me pria ensuite de l'aider par mes conseils, et de croire qu'il ne nourrissait aucune intention qui puisse être désobligeante à l'égard du Roi et de ses ministres, envers qui il était *reconnaissant.* Il était désireux de se rendre en Angleterre en tant que simple particulier et d'emporter avec lui ses documents pour s'adresser au duc de Grafton et *communiquer tout ce qui s'était passé,* aussi bien que la situation actuelle et les conséquences probables. Il était conscient que certaines personnes pouvaient le soupçonner d'avoir des idées *populaires,* ou penser qu'il était susceptible d'être l'instrument d'un parti, mais il savait à quel point cette conduite serait sotte et il pouvait m'assurer qu'il désirait rester aussi peu connu que possible, qu'il était convaincu que *ce qu'il avait à montrer* était digne de la curiosité et de l'attention du gouvernement qui serait le mieux placé pour savoir quel usage il pourrait faire de ces renseignements *par la suite.* En ce qui le concernait, malgré le zèle ardent qui le poussait à servir son pays [la Corse] et à le sauver de l'esclavage, il était trop honnête pour souhaiter tromper ses compatriotes, ou songer à retourner dans sa position actuelle, mais les sentiments de l'Empereur, du grand-duc, du roi de Sardaigne et même de Gênes l'autorisaient *à attendre une occasion favorable,* avec prudence et sans désespérer, sinon immédiatement, du moins, *avec le temps...* Le général est, je le pense vraiment, un homme d'un mérite supérieur et il pourra être *utile un jour ou l'autre* ; sa conduite et son sort inspirent le respect et, si je peux me permettre d'exprimer une opinion, je ne peux m'empêcher de penser que cela pourrait rendre service à Sa Majesté de lui accorder une audience [13]. » Arrivé à Amsterdam, Paoli y loge symboliquement à l'hôtel Le Parlement d'Angleterre. Au port, Paoli est reçu par le directeur de la Compagnie des Indes. Partout, lit-on dans *le Mercure historique et politique,* Paoli est traité « sur le pied *d'un simple étranger de distinction,* sans aucun des honneurs qui auraient été dus à sa dignité », d'où ces réceptions qui se font toujours « à la campagne » et jamais en des bâtiments publics officiels. Partout, il est « révéré d'un chacun, *en particulier,* comme un de ces hommes qu'on ne trouve plus que dans les *Vies* de Plutarque ». Élisabeth Bekker (1733-1804), épouse Wolff, publie des poésies en son honneur. Sophie Caron orne son portrait des vers de Burmann, ce que relate le *Whitehall Evening* du 21 septembre : « Protecteur de nos lois, citoyen vertueux/ Intrépide guerrier, ennemi généreux/ Estimé des Français même après leur victoire/ Il ne manque rien à ma gloire. » Un opuscule est imprimé à Leyde : *À propos de l'odieuse victoire des Français sur Pascal Paoli, d'après le latin du très savant maître P. Burmann, ainsi que l'adieu de P. Paoli à la Corse lors de son départ vers Livourne,* dix-huit pages in-8°. Un autre à Amsterdam : *Amsterdam, enchantée de la venue et du séjour du héros corse Pascal Paoli pour quelques jours dans ses murs. Courte relation de son arrivée, ses faits et gestes et autres particularités ; par un témoin oculaire ; ornée d'un portrait ressemblant du Général,* vingt-deux pages in-8° [14].

En France, Voltaire, qui réédite son *Précis du siècle de Louis XV* (1769), y ajoute le chapitre XL *De la Corse* : « Le royaume de Corse n'était pas absolument donné au roi de France mais il était censé lui appartenir avec la faculté réservée à la République de rentrer dans cette souveraineté, en remboursant au Roi les frais immenses qu'il avait faits en faveur de la République. C'était en effet céder à jamais la Corse car il n'était pas probable que les Génois fussent en état de racheter ce royaume [15]. » « L'arme principale des Corses était leur courage. » En Angleterre, le devenir de l'île fait l'objet d'une véritable frénésie. Depuis Boswell, plusieurs Britanniques – marchands londoniens, négociants de la City, membres de la *gentry* – voudraient ériger la Corse en véritable épine plantée au cœur du commerce marseillais.

Londres

Le 18 septembre 1769, après une mauvaise traversée, exactement deux mois après son arrivée à Livourne, Paoli débarque de nuit à Harwich, à deux heures du matin, accompagné de Grotheus, de l'abbé Guelfucci qui, jeune novice, entendait parfois « une voix céleste », et du comte Antonio Gentili « qui commandait une compagnie *dans l'armée de l'Empereur* mais qui a donné sa démission afin de servir son pays et a lutté pendant une année environ au côté de Paoli[16] ». Gentili va lui servir d'aide de camp, de majordome et de cocher pendant vingt ans ; c'est du reste un « aurige vraiment maladroit » lorsqu'il conduit le phaéton à deux places de Paoli[17], car Paoli, dès son arrivée à Londres, a une voiture. Burnaby a en effet tout préparé pour l'arrivée du général qui dîne à Colchester le 18 et couche à vingt milles de Londres. Burnaby s'est occupé de tout avec Charles Pierrepont-Medows que Gentili, Grotheus et Guelfucci rencontrent à Londres le 19 septembre, Paoli ayant préféré rester seul à l'auberge d'Ingatestone. Burnaby a notamment acheté le « carrosse » dont Paoli dispose dès son arrivée et il a trouvé à Londres dans Old Bond Street une maison élégante à louer, « le plus somptueux logement meublé qu'on puisse trouver à Londres » selon Boswell. C'est en effet « la maison autrefois habitée par la duchesse de Douglas[18] ». Au bout de quelques jours, Paoli s'y installe à l'étage avec Guelfucci, Gentili, un laquais et un valet de chambre corses. Pour commencer, heureux de son voyage, il s'étonne de « l'accueil indescriptible des gouvernements et du peuple » dans les pays traversés. Quant à Londres, la ville le séduit malgré le brouillard et l'humidité du climat qui finira par avoir raison de ses bronches. La ville est alors l'une des plus grandes d'Europe, mais aussi des plus riches car les quais qui bordent la Tamise regorgent de marchandises, à trente milles de la mer. Capitale politique de l'Angleterre, dans le comté du Middlesex, avec son évêché suffragant de Canterbury, la ville offre à Paoli un paysage grandiose : le centre communique notamment avec le faubourg par un très beau pont de pierre, de six cents pas de long et garni de boutiques des deux côtés. Il est soutenu par dix-neuf arches, c'est dire qu'on est loin des ponts génois de Corse, superbes, mais à arche unique ! Paoli est impressionné par la tour de Londres qui renferme le trésor de la Couronne certes, mais aussi l'arsenal et la monnaie. Même le palais royal – Whithehall –, médiocre quant à ses bâtiments, renferme des richesses qui n'ont rien de comparable avec tout ce qu'il a pu voir jusqu'alors : meubles, peintures, porcelaines. Le parc de Saint-James, l'abbaye de Westminster – où les rois sont couronnés, et le Parlement assemblé –, les places de Lincolfinfields, Morfields et Smithfields, tout apparaît grandiose et considérable à Pascal Paoli arrivé de Corte. La maison des fous près de Morfields, la Bourse où les marchands s'assemblent, la maison de ville (Guildehall) sont autant de curiosités en cette ville sinistrée en 1666 par un terrible incendie ; mais en un siècle, tout a été reconstruit, agrandi, amélioré, embelli et Londres est centre de négoce et de culture. Paoli connaît déjà l'existence de la Royal Society, fondée d'abord à Oxford, dans la maison de M. Wilkins, puis établie à Londres (1660), au collège de Gresham, à partir de l'octroi des lettres patentes de Charles II Stuart qui s'en proclama le protecteur. En 1724, la Société comptait déjà deux cent dix-sept membres, anglais, écossais, irlandais, outre soixante-quatre étrangers, lesquels se retrouvent le jeudi, dans Crane Court, près de Flee Street. Paoli, par Boswell et quelques autres, sait combien est active cette compagnie qui fait de l'Angleterre un des plus grands pôles intellectuels, littéraires et scientifiques du temps. George III y règne depuis 1760. Fondateur de la future British Library, esprit éclairé, père de sept fils dont six sont franc-maçons, le roi verse des pensions à nombre d'artistes et d'écrivains. Paoli espère. Le 22, Boswell vient voir Paoli. Le général est élégant, vêtu d'une redingote bleue bordée de soie blanche. Burnaby y est déjà avec le duc de Queensberry, gentilhomme écossais, issu de James Douglas, duc de Queensberry[19], ancien gouverneur d'Écosse au temps de la reine Anne alors que le chancelier d'Écosse était James Ogilvie, comte de Seafield. Le duc descend en droite ligne du roi d'Écosse Robert Stuart et appartient à l'une des plus hautes lignées de la noblesse écossaise, régulièrement en guerre avec les Anglais. Le deuxième mari de Marie Stuart, Darnley Stuart, était d'ailleurs fils d'une Marguerite Douglas. Paoli s'épanche auprès de Boswell : « Quand je suis allé en Italie et que je fus obligé, ainsi qu'en Allemagne, de m'exprimer en français, langue que je ne parle pas couramment faute de pratique, je trouvai mon âme renfermée comme dans un cachot[20]. » Le 24, Paoli reçoit Frédéric de Neuhoff. Boswell écrit : « Quoiqu'il fût bien habillé, il m'a fait l'effet d'un rustre [preuve qu'il ne le connaissait pas avant]. Il était en train de montrer au général un annuaire de la cour où sont mentionnés les noms des principaux officiers de la Grande-Bretagne. » Le 25, Paoli reçoit l'écrivain Thomas Sheridan et garde à dîner Boswell : « La table était bonne car il avait fait venir un dîner à une couronne par tête de la taverne de la Tête de Sanglier dans Bond Street. » Le 27, en grand uniforme rouge bardé de galons d'or, uniforme britannique – geste symbolique –, Paoli est présenté au roi. George III a eu pour Premier ministre son mentor et beau-père de la main gauche John Stuart, comte de Bute, (amant de sa mère) et père de John Stuart-Mounstuart qui est allé rendre visite à

Paoli en Corse à deux reprises. L'entretien est cordial et le souverain accorde à Paoli deux mille livres sterling de pension, de même que Louis XIV pensionnait naguère Rakoczy. Pension honnête, sans plus : la cantatrice Lucrezia Aguiari (1743-1783) a au Panthéon de Londres un cachet de cent livres sterling par soirée pour deux chansons seulement et John Wesley estimera cette pension bien « modeste »[21]. En outre, cette grâce est loin d'être un hommage de la cour de Saint James comme on le prétend souvent ! C'est uniquement la réplique de la pension que Versailles verse à John Wilkes afin de nuire au gouvernement britannique car Wilkes ne cesse de faire campagne contre George III de 1763 à 1774, l'attaquant violemment dans son journal *The Nort Briton* ! D'ailleurs le chevalier d'Éon, agent secret occasionnel de Louis XV, écrira en 1773 au comte de Broglie : « Wilkes nous coûte beaucoup à nourrir, mais les Anglais ont le Corse Paoli qu'ils nourrissent aussi à notre intention [...]. Gardons bombe pour bombe[22] ! » Le 28 septembre, Paoli est présenté à la reine et rencontre à nouveau le duc de Grafton qui l'a déjà reçu le 21. Le 5 octobre, il assiste à une réception à la cour. Le 6, il rend visite au comte de Rochford, ancien ambassadeur de Grande-Bretagne à Versailles, chez qui il a déjà soupé le 21 et il se rend chez le major-général duc Georg-August von Mecklenburg-Strelitz qui « incarne parfaitement l'engagement maçonnique européen de l'aristocratie germanique[23] » depuis qu'il a reçu les trois premiers grades (1768) à la loge Della Vittoria, orient de Naples, et qu'il a reçu le quatrième (1769) de la loge écossaise de Hanovre (Au Cheval Blanc). Le 10 octobre au soir, Boswell – qui donne tous les jours à Paoli des leçons d'anglais en venant lire les journaux avec lui – le présente au docteur Samuel Johnson. Le 13, Paoli impressionne John Wesley. Le 25 novembre, Paoli signe le contrat de mariage de Boswell avec Margaret Montgomery, en compagnie de Samuel Johnson. Dès le 17 octobre, Margaret écrivait à Boswell : « Je ne pense pas que [Paoli] quittera Londres avant la session du Parlement étant donné que l'accueil favorable que lui a accordé notre bon roi lui permettra, je l'espère, de se faire des amis parmi les gens au pouvoir et qui, peut-être, l'aideront, dans un délai qui, je l'espère, ne sera pas trop long, à le rétablir dans sa chère Corse[24]. » Et le 31 octobre, toujours à Boswell : « Je ne puis m'empêcher d'être inquiète à l'idée que le général Paoli sera témoin à la cérémonie. C'est une épreuve terrible [...] en raison de la présence d'un si grand homme[25]. »

Au même moment, Paoli visite la base navale de Portsmouth (11 octobre) où lord Palmerston et M. Stanley l'accompagnent sur les fortifications. Du 17 au 20 octobre il est à Bath – superbe ville d'eau – où on l'acclame le jour de son départ. À Gloucester, il passe en revue la milice locale (23 octobre). À Oxford, il est l'invité du Saint John's College. À Birmingham, il voit les principales usines. Le 29, il est de retour à Londres. Partout, il est « reçu avec les plus grands égards », note Walpole, mais très vite Paoli est devant un choix cruel : ou soutenir la cause de tous les « patriotes » révoltés contre leurs suzerains, dont les *Insurgents* américains, et blesser le roi qui le pensionne ; ou se taire et offenser ceux qui le louent. Refusant de recevoir l'historienne Catarina Macaulay qu'il regarde comme une trop ardente patriote, il blesse ses soutiens, d'autant que celle-ci – épouse de médecin – est une femme de lettres influente connue par son *Histoire d'Angleterre depuis Jacques Ier jusqu'à l'avènement des Brunswick* (huit volumes in-8°) qu'elle publie depuis 1763. Résultat, Samuel Vaughan, qui avait envoyé à Paoli de l'argent en Corse, refuse de le rencontrer ! Certains « citoyens de Londres », qui lui ont fait un accueil triomphal à l'hôtel de ville, lui réclament les sommes expédiées à Corte dans le *Middlesex Journal* du 28 septembre 1769, lendemain du jour où George III lui a accordé sa première audience et sa pension ! L'*Independent Chronicle* du 16 octobre l'attaque violemment. Paoli est traité de « vil et vaniteux courtisan » dès le 26 septembre, huit jours après son arrivée ; de « soi-disant patriote » le 3 octobre, d'« esclave abject » le 5, une semaine après avoir été reçu par la reine ! On l'accuse de lâcheté face aux Français car il n'a pas combattu les armes à la main à Ponte Novo ; on l'accuse de cupidité, de détournement de fonds. Paoli s'en plaint à Boswell : « Me voici dans un pays nordique et je trouve les journaux tout enflammés[26]. » Les City Radicals et les partisans de Wilkes – député de l'opposition – sont déçus : notamment la Society of Supporters of the Bill of Rights. Lorsque Boswell propose à Vaughan de lui présenter Paoli, Vaughan lui répond : « Autant j'ai admiré et révéré celui qui fut un patriote infortuné, autant je méprise le flagorneur vaniteux[27] » (26 septembre). Mais Paoli ne peut à la fois être l'ami des Écossais et celui de Wilkes qui traîne les Écossais dans la boue dans une série d'articles : ce sont, dit-il, des gens « brutaux et cruels », « ignorants, prêts à la trahison, haïs et méprisés de tous » et « qui ne songent qu'à se partager les postes les plus lucratifs de l'État » ! Paoli ne peut à la fois être l'ami des Stuarts, comtes et marquis de Bute, et fréquenter Wilkes qui a orchestré une violente campagne de presse contre John Stuart, comte de Bute, qu'il a qualifié de « ministre insolent, incapable et corrompu » ! Il ne peut d'un côté toucher une pension du roi et de l'autre recevoir Wilkes qui a fait insulter au théâtre la mère du roi, maîtresse de Bute, et qui compare dans *The North Briton* Bute à Mortimer, amant de la reine Isabelle, mère d'Édouard III et fille de Philippe le Bel ! Paoli, qui sait Wilkes traîné en justice pour écrits séditieux, chassé de la Chambre des communes par les autres députés et objet de dix ans de polémiques (1763-1774) et d'exil en France, est contraint de se taire car il a trop besoin du roi pour reconquérir la Corse et il ne peut donc faire le jeu des *antiministeriali* britanniques qui ont contraint Bute à la démission en avril 1763. Paoli ne peut que chercher à calmer le jeu d'autant plus que l'Honorable Edward Vaughan a été grand maître à Londres de la grande loge dite « des Anciens » en 1754. Dès le 29 septembre, Paoli écrit donc à Thomas Vaughan une lettre qu'il lui fait porter par Frédéric de Neuhoff : « Le général de Paoli fait bien des compliments à M. Vaughan, il est fâché de n'avoir pas eu l'occasion jusqu'à présent de lui témoigner sa *reconnaissance* pour les généreux soins qu'il s'est donné pour le soutien de la liberté de sa patrie et a une grande envie [de la] lui marquer de vive voix[28]. » Vaughan fait alors amende honorable : « On avait dit à M. Vaughan que le Général avait négocié avec sir Joseph York à La Haye [vrai], que le général venait d'acheter un domaine en Suisse [improbable], que ses biens en Corse avaient été laissés intacts par les Français [vrai], qu'il était venu de Hollande à Londres en tant que simple particulier [vrai], qu'il avait caché son adresse pendant plus d'une semaine après son arrivée à Londres [vrai] ce qui empêcha M. Vaughan de faire immédiatement ses compliments au Général, et que, pendant ce temps, le Général avait été en pourparlers secrets avec les ministres séparément [vrai], que le Général donnait comme raison de sa conduite le fait qu'on lui avait dit que l'opposition était composée de la lie du peuple. Ce sont ces raisons, avec bien d'autres, qui ont poussé M. Vaughan à conclure que le Général avait été converti à la cause du gouvernement [vrai] et qu'il avait abandonné la noble cause de la liberté qu'il avait si longtemps soutenue avec tant de talent, une persévérance incomparable, et tant d'honneur pour lui, contre la formidable puissance du Grand Monarque[29]. » Les deux hommes se ménagent d'autant plus que la tension monte entre la France et l'Angleterre en 1770, alors que l'Espagne revendique les Malouines.

De son côté, Catherine II de Russie – en guerre contre le sultan et alliée de l'Angleterre – montre de bonnes dispositions à l'égard des paolistes dans l'espoir de pouvoir disposer des ports insulaires. En janvier 1770, quatorze navires de guerre russes reçoivent des provisions de Livourne à Port-Mahon. En avril, Catherine écrit à Paoli en termes élogieux car intéressés : « L'accueil [...] que mes vaisseaux dans la Méditerranée et le commerce de la Russie auraient à attendre d'un peuple libre et ami des miens sont des motifs qui ne sauraient que vous être favorables [...]. Je ne négligerai point les occasions qui pourront se présenter de vous rendre tous les bons offices que les conjonctures pourront permettre. » Cet intérêt de la Russie tsariste pour la Corse va du reste perdurer jusqu'en 1798 au moins. Lors du débat quant au décret de la Constituante du 30 novembre 1789, au sujet du rattachement de la Corse à la France, Mathieu de Buttafoco (royaliste) fera d'ailleurs observer que la Corse serait agréable à la sainte Russie, désireuse d'établir une base navale en Méditerranée. Et en 1798, lors de la révolte de la Crocetta, le tsar Paul Ier fera distribuer des fonds importants aux Corses pro-russes (proches des paolistes) par le biais de son consul de Russie en poste à Livourne (Calamaï), parmi lesquels les Giappiconi et le colonel tsariste Angelo Franceschi, cap-corsin. Nous y reviendrons. Pour l'instant, en septembre 1771, alors que Guelfucci a définitivement quitté Londres en juin pour s'installer à Florence avec Barbaggi sous prétexte du climat, deux frégates russes sont à Livourne.

Avec l'appui de George III et de Catherine II, Paoli espère pouvoir retourner dans son île. Dès 1770, il fait part de ses espérances à Raimondo Cocchi [30]. De même, le 7 mai 1781, il écrira à Boswell, suite à un léger froid entre eux : « If the King would send you as Secretary with me to Corsica to restore *our affairs,* I would say "I will not have him. From his fault, I cannot trust him" [31]. » Cette volonté de Paoli de vouloir rentrer en Corse permet à Horace Walpole d'ironiser : « Paoli, qui aspirait au pouvoir et non pas à la renommée de la vertu, fit une distinction entre son pays et ses espoirs, et n'étant pas tombé comme Léonidas, il ne désespéra pas comme Caton. Il s'enfuit et arriva en Angleterre où sa réputation avait été si avantageusement exagérée par le portrait enthousiaste et divertissant qu'en avait fait M. Boswell, que l'opposition était prête à le recevoir, et à l'inclure dans la liste des tribuns populaires. La Cour contrecarra habilement ce projet et, jugeant que les patriotes de toutes les nations étaient également corruptibles, accorda une pension de mille [ou deux mille] livres sterling par an au fugitif peu héroïque. Thémistocle accepta l'or de Xerxès et s'excusa de ne pas recevoir la visite de Mrs Macaulay [exact] qui avait imprimé *à son intention* des conseils pour l'établissement d'une république [32]. » Aussi, l'adulation dont a d'abord joui Paoli n'a-t-elle qu'un temps même si sa réception à la Grande Loge d'Angleterre dès 1770 lui ouvre de nombreuses portes dans le monde politique, artistique et littéraire. Très vite, les débuts de la guerre d'Indépendance américaine le mettent dans le cas soit de soutenir les *Insurgents*, soit de soutenir le roi. Étranger, craignant de voir sa pension supprimée, redoutant une expulsion du territoire, Paoli est dans l'incapacité totale, financière et morale, de s'opposer à George III. Soutenir Washington, c'est perdre l'amitié du roi. D'autre part, si l'Angleterre doit agir sur l'immense théâtre américain, Londres ne s'intéressera pas à la Corse. Dès le 21 janvier 1769, donc avant Ponte Novo, Paoli écrivait à Burnaby : « Je ne peux vouloir du mal aux

Américains, mais je préférerais qu'ils se calment[33] », afin que Londres puisse aider Corte contre Versailles ! Résultat, à partir de la proclamation de l'indépendance des colonies d'Amérique (1776), l'engouement dont jouissait jusqu'alors Paoli cesse à Londres, même si les nouveaux États-Unis d'Amérique prennent le relais. Ainsi, notre éminent collègue Francis Beretti a-t-il recensé seize poésies en l'honneur de Paoli publiées entre 1766 et 1775, mais aucune après 1775, alors que sept avaient été publiées en 1769[34]. En outre, l'admiration dont jouit Paoli ne doit pas nous leurrer. Ne font mine de l'admirer que les contemporains qui en attendent quelque chose : la Grande-Bretagne ou la Russie qui ont besoin de bases navales en Méditerranée. D'ailleurs, le neveu de Paoli – Felice Antone Leonetti – et Filippo Masseria se mettent tous deux au service de l'Angleterre en 1782 et défendent, en qualité d'officiers britanniques, Port-Mahon et Gibraltar ! D'autres paolistes passent au service de la Russie, tels les Giappiconi et le capitaine Angelo Franceschi, futur colonel du tsar.

En France, le ton de l'opinion est bien différent. Constant d'Hermenches traite Paoli de « menteur », de « charlatan », de « fanfaron », de « meneur de canaille », et l'écrit le 17 juin 1769 à Belle de Zuylen[35]. Dès le 3 septembre 1768, il l'accusait de s'être enrichi et d'avoir placé sa fortune hors de Corse. L'abbé Germanes prétend que « Paoli préféra toujours sa grandeur personnelle à la liberté de sa nation ». La plupart des Français portent sur Paoli un jugement négatif. En fait, les jugements portés sur Paoli sont le reflet de ce que les puissances attendent de la Corse qu'elles considèrent comme un simple pion sur l'échiquier européen. Le 23 juillet 1771, Paoli écrit à Burnaby que la France serait disposée à échanger la Corse contre une partie des Pays-Bas. Le 30 août 1774, la *Gazette de Leyde* prétend que le roi de Sardaigne « a agréé la possession de la Corse en dédommageant la république de Gênes » ! En juin 1775, Joseph II et le prince Louis de Rohan, ambassadeur de France à Vienne, envisagent une vente de la Corse au grand-duc de Toscane. En 1782, Paoli propose au gouvernement britannique d'arracher la Corse à la France et de rendre en échange Minorque et Gibraltar à l'Espagne afin de faire quitter à celle-ci le Pacte de famille. En Corse, celui qui continue d'animer la flamme du souvenir paoliste est Nicodemo Pasqualini, cousin de Paoli, qui se partage entre Londres et le Rostino. C'est lui qui soulève le Niolo en 1774 alors que Marbeuf « règne » à Bastia. Certes nombre d'officiers français cherchent à mater le Niolo, dont le terrible Sionville, mais réfugié à Luri chez les Dominici de Spergame, Pasqualini peut échapper à Marbeuf.

Marbeuf, à Bastia, remplace Paoli

En Corse, Marbeuf partage les sentiments exprimés par Ferdinando Galiani. Les Corses ? « Des gens pauvres et sauvages qui appellent *liberté* l'impunité et s'estiment heureux de ne pas être gouvernés. » Lieutenant général des armées du Roi depuis 1768, Marbeuf (1712-1786) a été nommé « commandant des troupes françaises en garnison en Corse » en 1764, puis « commandant provisoire » de décembre 1768 à avril 1769, entre le départ de Chauvelin et l'arrivée de Vaux, tous deux « commandants en chef ». Ce n'est qu'après le départ de Vaux que Marbeuf est devenu « commandant en chef pour le Roi dans l'île » du 1er avril 1770 à sa mort. Breton de Rennes, Marbeuf eut en Corse un rival – Narbonne-Pelet – et un ennemi, l'intendant Colla de Pradine, auquel succéda au printemps 1775 – grâce à Marbeuf – Boucheporn, ancien orateur de la loge maçonnique Saint-Jean de l'amitié de Saint-Étienne à l'orient de Metz en 1763. De même que Marbeuf est l'ancien premier gentilhomme du duc de Lorraine, Boucheporn arrive de Metz, « véritable carrefour d'influences maçonniques[36] ». « L'autre extrémité de l'Europe maçonnique par rapport à Metz [se trouve...] en Sicile. Le baron de Tschoudy [...] conseiller au parlement de Metz, figure de proue de la franc-maçonnerie messine au cours des années 1760, [est alors l'] intermédiaire culturel et maçonnique entre la France et la Russie[37]. »

Catholique, oncle d'évêque[38], Marbeuf est un officier général éclairé, véritable gouverneur de l'île sans le titre. Créé marquis de Cargèse, Marbeuf obtient du roi nombre de terres en concessions et se crée dans l'île une clientèle. Au sommet de celle-ci figurent Charles Bonaparte, avocat à Ajaccio, et son épouse Laetitia Ramolino. Le 21 juillet 1771, profitant de sa venue en ce port, Charles fait baptiser son fils Napoléon, âgé de près de deux ans, à la maison, mais le comte, surchargé de travail, ne peut assister à la cérémonie au dernier moment et y dépêche Lorenzo Giubega pour faire office de parrain à sa place. Les Bonaparte sont les intimes de Marbeuf au point que le couple passe l'hiver 1777-1778 à Bastia, chez lui. Au printemps, le couple rentre à Ajaccio où Marbeuf lui rend visite. En avril, Charles se rend en Italie auprès du chanoine Filippo Bonaparte qui lui remet quelques archives afin de préparer son voyage à Versailles. Le 2 septembre, Laetitia accouche de Louis, porté sur les fonts le 24 par Marbeuf et Mme de Boucheporn. Cette même année, Marbeuf – devenu « frère d'honneur » de la loge maçonnique de Bastia le 24 juin avec Boucheporn et Daugé, premier président du Conseil supérieur de la Corse[39] –, demande au ministre de la Guerre une bourse pour que Napoléon puisse entrer dans une école militaire, ce que le roi accepte. Laetitia l'apprend à la mi-janvier 1779, chez Marbeuf où elle loge alors que Charles a quitté Bastia pour Versailles le 12 décembre précédent avec Joseph, Napoléon et un petit cousin, Aurèle Varèse. Le 1er janvier 1779, tous quatre arrivent à Autun où le neveu de Marbeuf est évêque.

L'amitié du couple pour Marbeuf était telle qu'on ne put empêcher les médisants de prétendre que Marbeuf était le père de Louis. Charles – maçon quadragénaire – obtint en tout cas de Marbeuf une bourse au collège d'Autun pour Joseph, puis une place à l'école de Metz, une bourse à Brienne pour Napoléon et une à Saint-Cyr pour Élisa. Il lui en fut reconnaissant. Narbonne-Pelet ayant fait un portrait à charge de Marbeuf, Charles le défendit auprès du roi à Versailles, à la tête d'une députation de la noblesse.

Gentilhomme riche et sans enfants, Marbeuf fut l'amant d'une courtisane bastiaise, Mme de Varese née Cecconi, cinquante ans, puis de l'épouse[40] de l'intendant Chardon (1731-1796)[41], aussi maîtresse du jeune duc de Lauzun qui cherchait peut-être à obtenir des renseignements sur la situation corse par la voie de confidences sur l'oreiller. (Nombre de femmes s'étaient pareillement précipitées dans le lit du premier duc de Lauzun son grand-oncle à sa sortie de Pignerol pour obtenir de lui des renseignements sur Fouquet.) Marbeuf vécut en Corse en « pacha luxurieux », ses revenus atteignant quatre-vingt mille livres annuelles sans compter ceux de son épouse[42], riche veuve plus âgée que lui qui ne le rejoignit jamais en Corse et mourut seule en 1783. Pour Mme de Varese, Marbeuf construisit à l'extérieur de Bastia un pavillon somptueusement meublé et établit en ville « différents lieux de plaisirs et des jardins élégants » (Boswell). D'elle, il accepta qu'elle ouvre une maison de jeu et une boutique où elle revendait les présents qu'on lui offrait pour obtenir des rendez-vous avec lui ! Pour lui-même, Marbeuf construisit un véritable palais, avec orangerie, fontaines et cascades en son marquisat de Cargèse où il reçut les Bonaparte soit pour la Noël, soit pour des vacances estivales, jusqu'à son second mariage en octobre 1783, à soixante et onze ans, avec une jeune fille de dix-huit ans[43] qui lui donna une fille le 24 décembre 1784 puis un fils le 26 mai 1786. « Très haut et très puissant seigneur messire Louis-Charles-René, comte de Marbeuf, et depuis marquis de Marbeuf, premier gentilhomme de la chambre du feu roi de Pologne, duc de Lorraine et de Bar, lieutenant du Roi des quatre évêchés de la Haute-Bretagne, grand-croix de l'ordre royal et militaire de Saint-Louis, lieutenant général des armées du Roi et de l'île de Corse, commandant en chef dans ladite île et ses dépendances » mourut l'année de cette seconde naissance, à Bastia, le 20 septembre 1786, après avoir testé la veille[44] en présence de La Guillaumye, nouvel intendant de Corse[45]. Il fut inhumé en très grande pompe le 21 en l'église Saint-Jean-Baptiste. « La ville de Bastia lui fit de magnifiques funérailles » (abbé Galletti). Cependant, la Révolution profana sa tombe avec celle de Boissieux. Il fut remplacé par le vicomte de Barrin, maréchal de camp[46], parent de Barrin de La Galissonnière, lequel s'était emparé de Minorque en 1756[47]. Au moment de sa mort, Marbeuf était en train de faire établir la *Description locale et militaire de l'Isle de Corse* et une douzaine de mémoires *Sur les différentes places de l'Isle,* contenus dans huit grands atlas, dressés par différents ingénieurs du roi. Ces mémoires donnent un maximum d'informations. Ainsi y apprend-on qu'« on travaille actuellement à la route de communication d'Ajaccio à Corte et il est bien à désirer qu'elle soit bientôt finie pour établir le commerce intérieur de l'île avec Marseille, de préférence à l'Italie ». Le développement des routes doit aussi « rendre praticable la correspondance mutuelle des Postes ». Ces mémoires donnent aussi le nombre d'habitants, village par village, avec leurs édifices civils, religieux et militaires. Marbeuf, regardé comme un homme qui s'est beaucoup occupé de la Corse (routes, communications, postes, fortifications, tours, forêts), laissa longtemps le souvenir d'un « honnête homme ». Adepte des idées physiocratiques, il suggérait aux Corses de remplacer l'élevage de la chèvre par celui du mouton, de cultiver le mûrier, d'élever des vers à soie, d'améliorer la culture des oliviers, de dessécher les marais, de promouvoir la pêche et l'exportation des huiles. Napoléon déplora d'ailleurs la ruine de sa veuve qui vit ses immenses jardins parisiens des Champs-Élysées vendus comme biens nationaux. L'Empereur lui offrit en 1805 une pension de six mille livres réversible à ses enfants. Le XIXe siècle considéra Marbeuf comme un bon administrateur au point de baptiser le principal lycée de l'île, à Bastia : le lycée Marbeuf. En revanche, le XXe siècle a regardé Marbeuf plutôt comme un gouverneur « colonial » et c'est ainsi que le lycée Marbeuf ne porte plus aujourd'hui le nom de celui sans qui Napoléon n'aurait jamais pu être ce qu'il fut, c'est-à-dire le disciple puis l'ennemi de Paoli.

PAOLI : UN JEUNE RENTIER

En 1769, à Londres, Paoli n'a que quarante-quatre ans. « On le croirait un homme de quarante ans et il en a quarante-quatre accomplis » (Bettinelli). Pour lui, le temps semble s'arrêter et en 1784 John Wesley écrit dans son *Journal :* « Il a environ soixante ans mais n'en paraît pas plus de quarante. » Pendant ces vingt et une années d'exil, Paoli va devoir occuper son temps comme autrefois, lors de son exil napolitain ; mais à Naples, le temps passait plus vite. Paoli était jeune, avait des camarades de son âge, un projet d'avenir, la vie devant lui et, surtout, il parlait l'italien. À Londres, Paoli a une première épreuve à surmonter : le handicap de la langue, d'où la nécessité de voir quotidiennement Boswell qui lui sert d'interprète. Lorsqu'il rencontre Johnson, par exemple, Paoli « s'exprim[e] en italien, Johnson en anglais ». Boswell est la première planche de salut de Paoli en exil, ce qui n'empêche pas le général d'écrire : « J'examine souvent ses facéties avec une excessive sévérité. » Paoli trouve notamment que Boswell cherche trop à se mettre en valeur.

Au début de son exil, Paoli reste un homme politique. Courant 1770, il écrit un pamphlet intitulé *Sentiments des nationaux corses contre l'invasion de leur patrie.* Il y dit : « En admettant que les Génois aient eu jadis un droit sur la Corse, avaient-ils celui de le céder à la France ? Il est révoltant de penser que *les droits de souveraineté* qu'un monarque ou une république ont sur des hommes peuvent être cédés à un autre souverain *sans leur consentement* libre et spontané. » Le 2 avril, il remet à George III, en audience privée, un mémoire dans lequel il insiste sur le fait que la Corse constitue une base navale en Méditerranée bien supérieure à Minorque[48] ! Il y déplore « la mauvaise foi [...] [et] les artifices de la cour de France » qui a agi « dans cette affaire pour tromper les puissances de l'Europe et spécialement les actes garants du traité d'Aix-la-Chapelle, l'invasion de la Corse étant une infraction manifeste des articles et de l'esprit du traité ». Le 17 juin, il écrit à Rosenberg-Orsini, Premier ministre de Toscane, en route pour Vienne[49]. Mais l'Angleterre ne bouge pas et Paoli s'en plaint amèrement à Rivarola : « Les Anglais semblent s'intéresser peu aux affaires étrangères[50]. » « Ce lion britannique aime vraiment le repos et la paix [alors que] les Français veulent se maintenir en Corse[51]. » En 1771, Paoli passe en Écosse chez Boswell. Il multiplie les écrits, rédige des centaines de lettres, mais pas de Mémoires – il est trop jeune –, et tient à tous ses interlocuteurs un discours qui est celui d'un philosophe. Son langage est celui des loges maçonniques et ce depuis des années : « Il faut que la Liberté soit sur le point d'amener son *temple* à la perfection, quand la Providence fait disparaître les principaux *architectes* », écrivait-il déjà en 1764 après la mort de ses deux colonels. Paoli a tout intérêt à se montrer sous le jour d'un chef d'État en exil et à faire oublier qu'il a détenu un pouvoir parallèle au pouvoir génois en ayant été élu par seulement seize des soixante pièves de Corse, c'est-à-dire par vingt-cinq pour cent de celles-ci, ce qui, en matière de majorité électorale, est particulièrement scabreux, comme le notait Orticoni. Paoli, à Londres, doit faire oublier qu'il a mis à prix la tête du gouverneur Grimaldi, qu'il a combattu à main armée ses rivaux politiques (Matra, mort au combat), ou qu'il les a fait emprisonner sans aucun jugement (Abbatucci).

L'homme est ambigu, à la fois politiquement et religieusement. Celui que les jésuites disent être « un grand cosmopolite », voire un « athée », ne cesse d'évoquer Dieu. Dès sa prise du pouvoir en 1755, le Palais national cortenais lui convenait parce qu'il y avait « une chapelle », et en 1784 John Wesley note : « il craint beaucoup Dieu ». En fait, l'homme s'interroge sur la foi, Dieu, la mort, l'au-delà. Il reste ce qu'il était adolescent : « une nature inquiète ». Les premières questions qu'il pose au docteur Johnson en 1769 sont sur « l'incrédulité ».

À partir de 1776, avec le commencement de la guerre d'Amérique, Paoli se trouve dans une impasse. D'un côté, il attend l'ouverture d'un nouveau conflit franco-britannique pour arracher la Corse au roi de France, et il se réjouit de la vive tension qui monte entre Versailles et Londres à la veille de la déclaration de guerre (24 juin 1778). Dès juin 1777, Clemente Paoli écrit à leur cousin Orso Paolo Vincenti, depuis Prato : « Aujourd'hui, j'ai reçu une lettre de mon frère [Pascal]. Il m'écrit en chiffre que les choses n'ont jamais été aussi près de la rupture[52]. » D'autre part, la fièvre qui l'a porté en triomphe jusqu'à Londres est en train de retomber. À peine quinquagénaire, Paoli est sur le point d'être oublié car ses contemporains disparaissent. Louis XV est mort le 10 mai 1774, emporté par la petite vérole. Chauvelin s'est écroulé raide mort le 23 novembre 1773, en faisant la partie de jeu de Louis XV à Versailles : jouant au whist avec Mme Du Barry, il a été frappé d'une attaque d'apoplexie qui a fortement impressionné le roi[53]. Choiseul n'est plus qu'un ministre disgracié en sa terre de Chanteloup. La Méditerranée passe à l'arrière-plan géopolitique au profit de l'Atlantique. Le 6 février 1778, les ministres du jeune Louis XVI signent un traité d'alliance et un de commerce avec les commissaires américains. Mi-février, La Motte-Picquet est le premier officier français à rendre en mer le salut officiel du pavillon français à un bâtiment des États-Unis d'Amérique. Les Constitutions de Costa, les édits de Neuhoff, les textes de Paoli ou de Rousseau sont éclipsés par Jefferson, Benjamin Franklin, George Washington. Après dix ans d'exil commence pour Paoli le temps terrible de l'oubli. Pourtant, une chance demeure. Si la France et la Grande-Bretagne entrent à nouveau en guerre, la situation de 1756 peut se reproduire et ramener Paoli à l'époque du début de son généralat. Or, les 16 et 17 mars 1778, les relations diplomatiques sont rompues entre la France et la Grande-Bretagne. C'est le moment de multiplier les contacts.

PAOLI FRANC-MAÇON

Le 21 avril 1778 s'ouvre à Bastia la loge La Sincère Amitié. Formée de militaires, elle a pour vénérable le sieur Pichon, commissaire des guerres, natif de Metz. Le premier surveillant en est le docteur Raymond, médecin des hôpitaux militaires. Le second n'est autre que Francesco Gaffori, fils du médecin assassiné. En ce même mois d'avril, Samuel Johnson, invité chez Paoli, lui demande de lui réciter les premières strophes de *La Gerusalemme liberata* du Tasse. Huit semaines plus tard, parrainé par lui et Boswell, membre de la Fraternité des Amis de la Liberté, Paoli est reçu le 15 juin, jour de la Saint-Jean d'été, à la Thatched House Tavern, Saint James's Street, lieu de réunion des membres de la loge des Neuf Muses, fondée à la Saint-Jean d'hiver (21 décembre 1777) par Bartolomeo Ruspini, chirurgien-dentiste du roi d'Angleterre, lequel Ruspini, passionné de peinture, est l'ami du peintre Reynolds, auteur d'un portrait de Paoli. C'est en cette même année que meurt Lord Maréchal, quatre-vingt-treize ans, près de Potsdam, hôte de Frédéric II, ainsi que Rousseau son protégé.

Cette admission dans une loge parmi les plus huppées de Londres introduit Paoli au sein des élites intellectuelles européennes : Montesquieu avait été initié à Londres dès 1730 à la Grande Loge d'Angleterre constituée depuis 1717. Six semaines avant sa mort survenue le 30 mai 1778, Voltaire, reçu maître d'honneur par les maçons anglais, est initié le 7 avril à la loge des Neuf Sœurs dans le faubourg Saint-Germain, nouvel atelier du Grand Orient de France fondé en 1773, atelier qui a pour vénérable le célèbre astronome Joseph de La Lande ; admission faite en présence de plus de deux cents dignitaires dont Benjamin Franklin, ministre plénipotentiaire de la Fédération des États-Unis d'Amérique, et du comte Alexandre Stroganoff (1743-1811), chambellan de Catherine II et membre du Grand Orient depuis 1773. Sont alors maçons Mirabeau (1749-1791), admis en Hollande dans la loge La Bien-Aimée puis à la loge des Neuf Sœurs (1783) ; ou La Fayette (1757-1834) dont le père est mort en 1759 dans la Westphalie de Neuhoff et qui fut lui-même en garnison à Metz (1774) où il a sans doute été initié avant le 25 décembre 1775. À noter que Mirabeau et La Fayette seront les deux hôtes de Paoli dans le Paris révolutionnaire de

1790 et qu'il les fera contacter par Masseria dès 1789, ainsi que Bailly. Sont aussi franc-maçons Goethe (1749-1832), rencontré par Paoli à Francfort en 1769 et initié à Weimar en 1780, Beaumarchais, allié des *Insurgents,* John Adams, Thomas Payne, le général Anthony Wayne, membre de la loge des Neuf Sœurs. Cela pourrait expliquer la grande communauté de pensée entre Paoli et Franklin, né à Boston en 1706, fondateur de la Grande Loge de Philadelphie (1734), membre de la loge parisienne des Neuf Sœurs dont il devint vénérable (1779) après La Lande ; et entre Paoli, Washington et Jefferson, ami de Maria Cosway à Paris en 1786, l'amie londonienne de Paoli pendant plus de vingt ans. Cela pourrait aussi faire comprendre l'engouement dont Paoli jouit auprès des colons américains dès 1765 et dont témoigne le général Anthony Wayne qui mène le combat à la tête des *Insurgents* lors de la bataille de Valley Forge en s'écriant : « *Insurgents, remember Paoli* » afin de les inciter à connaître un sort différent de celui des « nationaux » à Ponte Novo ! Témoigne aussi de cet engouement entre 1766 et 1768 *The Pennsylvania Journal and Weekly Advertiser* et le *New York Journal* dans lequel John Holt qualifie Paoli de « plus grand homme de la Terre » ! Cela explique enfin pourquoi cinq ou six villes américaines, comme nous l'avons signalé, sont devenues des *Paoli Cities,* dont une en Pensylvanie.

Sont aussi initiés à la Lodge of the Nine Muses « His Hon. Lord Thomas Samworth, le comte Giuseppe Poli [et non Paoli comme on l'écrit souvent], le comte Gentili et le comte Cambiagi », tous admis avec « His Excellency Genl. Paoli ». Appartiennent à cette loge : le graveur florentin Francesco Bartolozzi (1730-1813), qui devint, en même temps que sa femme et son fils, l'un des meilleurs amis de Paoli, le sculpteur génois Agostino Carlini, le peintre allemand Jean Zoffani (1735-1810), ami de David Garrick (1719-1779), le peintre florentin Gio Batta Cipriani (1732-1790), tous quatre membres de l'Académie royale fondée en 1769 ; tous parlent italien avec Pascal Paoli. Appartiennent aussi à cette loge Jean-Chrétien Bach, fils de Jean-Sébastien, le violoniste Guillaume Cramer, le baron Scokaert, le comte d'Effingham, le marquis Pombal (1699-1782), Premier ministre du Portugal, initié depuis 1744 par le prince de Galles alors qu'il était ambassadeur de Portugal à Londres, Francesco d'Ageno, lord Dudley, lord Mac Donald, jacobite notoire, parent de l'héroïne écossaise qui sauva le Prétendant Stuart au lendemain du désastre de Culloden. À noter que la demoiselle de Neuhoff qui a épousé en 1736 en Westphalie le médecin corse Garibaldi, ami de Giacinto Paoli, serait, d'après Leonetto Cipriani de Centuri, l'arrière-grand-mère de Garibaldi, lui-même franc-maçon.

Paoli, admis en cette loge le 15 juin 1778, n'a pu qu'être influencé par le fils Gaffori, admis dans une loge bastiaise le 21 avril précédent, et surtout par Boswell, premier surveillant de la Grande Loge d'Écosse (1773-1774), puis député grand maître (1776-1778)[54], lequel écrit : « Je pensais que c'était un véritable honneur de parvenir à une position aussi distinguée dans une société aussi universellement répandue de par le monde et dont les principes étaient excellents. » « Sous la plume d'un homme qui se vantait lui-même d'être *cosmopolite,* un citoyen du monde en raison de ses voyages sur le continent, c'était vraiment un bel éloge[55]. » Au-delà de ces influences, il faut noter que Paoli n'a cessé d'évoluer sa vie durant aux marges du courant maçonnique européen. En 1736, il découvre Neuhoff, natif de Metz, officier au régiment de La Marck ; en 1739, Naples, Gaète puis les garnisons de Sicile. En 1745, il semble créer à Gallipoli une loge arbitrairement fermée par le roi de Naples. En 1768, Zerbi l'accuse d'être « un grand cosmopolitain ». En 1769, il est reçu par une loge hollandaise sur la route de l'exil et en 1770 par une loge anglaise. En 1778, il s'affilie à l'ordre. En 1781, le régiment de La Marck-infanterie est déjà pourvu de la respectable loge de Saint-Jean de la Parfaite Union, dont sont vénérables le capitaine Schutter et le « frère comte » de La Marck. Cette loge qui « est une des plus fameuses d'Europe émane et tenait ses patentes du roy de Prusse qui en était membre ainsi que l'Empereur, le roy de Suède, leurs cours respectives et toute l'Allemagne[56] ».

La flamme du souvenir

Quoique intégré au sein de cette élite politique et intellectuelle, Paoli souffre car il perd nombre des siens ; il adresse ses condoléances à l'abbé Guelfucci pour la mort de son jeune frère (15 février 1780) ; dans la même lettre, il évoque le suicide du richissime député Hans Stanley (1720-1780), gouverneur de l'île de Wight, qui s'est tranché la gorge auprès de sa compagne lady Spencer, des ducs de Marlborough, lesquels avaient reçu Paoli et Guelfucci à Portsmouth et près de Southampton ; il déplore la mort du père Caracciolo, entraîné par le « grand directeur des choses ». Paoli a des moments de dépression que rien ne peut atténuer car les cuisiniers français ne sont pas de son goût, les anglais trop routiniers, et parce que Guelfucci refuse de rentrer de Toscane accompagné d'un cuisinier italien ! Il est vrai qu'il a d'autres chats à fouetter. Son supérieur, le prieur général des Servites de Marie, est dans ces années 1770-1775 en relation avec le cardinal de Bernis (1715-1794), franc-maçon, ambassadeur de France à Rome depuis 1766 et président de l'Académie étrusque de Cortona. Guelfucci, membre à partir du 26 février 1776 de cette société savante dont Montesquieu était membre correspondant, a donc autre chose à faire en Toscane de beaucoup plus important que recruter un maître coq.

Paoli le sait et lui expédie à cette époque des lettres codées – non déchiffrées – qui prouvent qu'il continue à orchestrer depuis Londres des activités clandestines, d'où cet attrait pour les sociétés secrètes rosicruciennes ou maçonniques ; lettres qui se multiplient en 1774. De 1769 à 1774, la Corse est relativement calme même si Clemente Paoli, depuis la Toscane, continue d'agiter les paolistes contre les troupes de Louis XV par le biais d'un cousin : Nicodemo Pasqualini. En 1772, Leroux de Laric, officier français en garnison à Bastia, informe son père que « des bandits [c'est-à-dire des paolistes ! ont attaqué] des convalescents du régiment Royal-Italien » auquel ils ont fait cinq morts[57]. Pour Ambroggio Rossi, les « nationaux » disent « être non seulement soutenus par les réfugiés de Toscane et surtout par Clemente Paoli, mais être les soutiens de la libération de la patrie, et vouloir maintenir la guerre jusqu'à l'arrivée du Général [Pascal Paoli] avec de puissants secours[58] ». Ces secours espérés donnent naissance en Corse aux plus folles rumeurs : « On dit que le général Paoli a hérité *d'une grosse somme et de dix navires de guerre* qu'un milord anglais lui a légués par testament. On dit à Pise que des caisses contenant seize mille fusils sont près d'être embarquées pour la Corse. Quatorze vaisseaux vont y venir. On dit aussi que les Français vont se retirer partout dans les présides[59]. » Mais de 1769 à 1774 ces rumeurs inquiètent si peu Versailles qu'une amnistie partielle est accordée par Louis XV aux « rebelles » corses le 15 août 1772. En 1773, en revanche, les choses s'accélèrent : le 21 juillet, Clément XIV supprime la Compagnie de Jésus. Le 22 octobre est créé le Grand Orient de France. Le 16 décembre, la *Boston tea party* inaugure à Boston l'explosion du mécontentement des treize colonies anglaises d'Amérique du Nord. Au printemps 1774, Louis XV tombe malade. Assez curieusement, c'est le moment précis où Nicodemo Pasqualini, rentré de Toscane en février 1774 grâce à l'amnistie de 1772, commence à échauffer les esprits insulaires. Le 26 mars 1774, Leroux de Laric écrit à son père depuis Ajaccio : « Il y a une grande rumeur dans le pays. Un des réfugiés de Livourne, nommé Pasqualini, homme de tête, et qui a un très fort parti en Corse, est dans ce pays depuis quelque temps pour sonder si les esprits sont dans le même état que sous Paoli et les y entretenir. C'était un des bras droits de ce général des Corses. Son apparition dans le pays n'a eu d'autre effet que de réchauffer les esprits et les maintenir dans leur ancienne opinion[60]. » Le 21 avril, toujours à son père : « L'on croit [que les révoltés du Niolo] sont soutenus par des puissances d'Italie et l'on présume que c'est Paoli qui est en Angleterre et Clemente Paoli qui est dans les États du grand-duc qui nous fomentent tout cela[61]. » Le 10 mai, Louis XV meurt à Versailles. En juin, Leroux de Laric est en poste à « Morosaglia, quartier général » alors que la révolte du Niolo vient d'être terriblement réprimée. Nicodemo regagne alors l'Italie (juillet). Le chevalier de Berthellet écrit à l'intendant de Corse Barthélemy Colla de Pradines, le 19 juillet : « Ledit Nicodème ayant mis pied à terre [à Livourne] samedi matin chez le signor Clément Paoli, y resta ledit jour et le dimanche, en grande conférence avec ce chef[62]. » Le 28 août, Berthellet écrit à nouveau à Colla de Pradines : « J'apprends que Clemente Paoli, par le canal des autres chefs qu'il a employés, fait faire ici des achats d'armes à feu et de munitions [...]. Ce *projet de désordre* dans cette province est dû aux sieurs Matra *et Gentili* [alors à Londres auprès de Paoli], de concert avec les autres chefs et pour l'exécution duquel *Barbaggio* [gendre de Clemente] a ordre de fournir tout l'argent nécessaire[63]. » Dans ces années 1772-1774, Leroux de Laric, en garnison à Ajaccio, a vu débarquer en Corse « venant de Livourne, Achille de Murato, Franzini d'Ampugnani et quelques autres *du Rostino* »[64]. C'est donc bien la région natale des frères Pascal et Clemente Paoli et de leur cousin Nicodemo qui est le pôle fédérateur de la révolte (mars-juin) alors que Louis XV se meurt (mai). C'est d'autre part Zampaglino qui prend le relais de Nicodemo jusqu'à ce qu'il s'embarque pour la Sardaigne en septembre 1775[65], d'où du reste les protestations de Versailles auprès de la cour de Turin, « Sa Majesté sarde » donnant asile aux « rebelles »[66]. De 1774 à 1778, les choses évoluent peu. Leroux de Laric écrit le 1er août 1778 à son père : « L'on dit que Paoli a appelé auprès de lui le fameux bandit Zampaglino ; il s'en servira dans l'occasion pour nous [les troupes royales] inquiéter... Il y a beaucoup de mécontentement. S'il y avait quelqu'un qui ranimât les esprits et qu'ils se vissent soutenus *par quelque bâtiment anglais,* le feu serait bientôt général dans cette île[67]. » Mais les vaisseaux britanniques doivent agir sur d'autres théâtres et les insulaires se partagent, les uns sur les vaisseaux de la Navy, les autres aux ordres de Rochambeau et du comte d'Estaing.

Mi-1777, avec la guerre d'Amérique qui s'annonce (1778-1783), certains « nationaux » réfugiés à Livourne quittent la Toscane pour rentrer en Corse et Pascal s'en plaint à son frère qui écrit le 30 juin à leur cousin Orso Paolo Vincenti : « Mon frère m'écrit [...] “Vous direz à Cecco, de ma part, que s'il veut *se rapatrier,* il aurait pu le faire de meilleure grâce et en meilleure compagnie pour ne pas perdre son nom avec les patriotes ni la considération avec les Français, mais, en mon nom, assurez-le encore que la compagnie lui sera honteuse et dommageable." Pendant la guerre d'Amérique, le rôle majeur de Paoli consiste à recruter des Corses pour la marine et les troupes de George III. Il le fait discrètement, recommandant à son frère de favoriser l'enrôlement des insulaires, dont son neveu Leonetti et son ami Filippo Masseria, mais avec le maximum de discrétion. Clemente écrit d'ailleurs à leur cousin Orso Paolo Vincenti : « Mon frère recommande que les nôtres vivent tranquilles, qu'ils soient sourds et muets[68]. » Toutefois, John Undy, consul d'Angleterre à Livourne, organise nombre de passages de marins corses depuis l'île jusqu'à Livourne et de là il les répartit sur les divers théâtres d'opération[69] : Port-Mahon et Gibraltar. Toute cette activité militaire passionne les Corses. Ambroggio Rossi écrit : « De tout cela on parlait en Corse, on célébrait comme héroïque la conduite des Corses et comme presque rien la prise de Port-Mahon [par les Franco-Espagnols]. Les mêmes nationaux passèrent alors à Gibraltar où leur résistance mérita tous les éloges[70]. » Le zèle de certains insulaires aboutit du reste à l'expulsion de Toscane de quelques-uns d'entre eux, en 1783 par exemple[71]. Un jeune général – Elliot loue « ces braves et dignes étrangers »[72] –, mais la défaite britannique face aux escadres du comte de Grasse à la Chesapeake et du bailli de Suffren dans l'océan Indien, la perte des treize colonies d'Amérique par la Grande-Bretagne, le traité de Versailles sont pour Paoli autant de déconvenues. La défaite britannique incite alors nombre de Corses – licenciés des armées britanniques – à trouver du service auprès d'une autre puissance : la Russie, désireuse de s'implanter en Méditerranée. Cela n'empêche pas Paoli d'admirer à Londres et à Bath, ville d'eau à la mode et haut lieu de la prostitution d'outre-Manche, les attraits du beau sexe.

Paoli et les femmes

Célibataire, Paoli « est marié à son pays et les Corses sont ses enfants ». Paoli a eu peu de relations avec les femmes hormis des relations épistolaires avec Maria Domenica Rivarola, ursuline à Livourne, et amicales avec Laetizia Ramolino, jeune épouse de Charles Bonaparte reçue à Corte. Toutefois, à Londres, il passe nombre de soirées d'hiver avec Hannah More (1745-1833), romancière de talent, née près de Bristol. Comme lui, comme Maria Cosway, autre amie de Paoli et fille d'aubergiste ruiné, Hannah sort d'un milieu modeste. Fille d'un pasteur pauvre, instituteur de village devenu directeur de l'école Sainte-Marie de Bristol, Hannah paraît être parente (sans doute la nièce) de ce mystérieux abbé More, irlandais, qui fut en 1735-1737 – lors de l'arrivée de Neuhoff en Corse – grand secrétaire de l'ordre maçonnique sous les maîtrises de Mac Leane et de Derwentwater[73], ce qui a pu faciliter l'exceptionnelle réussite littéraire de Hannah. Amie de Johnson, de Burke, de Reynolds, de mistress Montagu et de Garrick – au point qu'elle n'écrit plus pour le théâtre après sa mort –, Hannah s'est formidablement enrichie grâce à son œuvre littéraire, gagnant jusqu'à deux millions de *pennies* par an, (elle vendait ses textes un *penny* chacun !), et elle profite de sa fortune pour fonder une soixantaine d'écoles primaires (les écoles du dimanche), où elle se fait institutrice avec ses quatre sœurs cadettes, ce qui entraîne des démêlés avec le clergé local hostile à son entreprise. Hannah, qu'on accuse de méthodisme, est intellectuellement proche de Paoli : celle qui crée en Europe le mot « bas-bleu » a en effet publié en 1788 *L'Esclavage ou la traite des nègres,* puis en 1799 les *Critiques du système moderne d'éducation des femmes,* en deux volumes in-8°. Ce ne sont là que deux de ses dix-neuf ouvrages. Enfin, elle laissera 250 000 livres à des établissements de bienfaisance. Paoli, de par ses préoccupations scolaires et universitaires, de par sa volonté constante d'éduquer le peuple et notamment les humbles, d'où l'octroi des bourses cortenaises, est proche d'Hannah, laquelle ne cesse de lire la Bible et le catéchisme, comme il aurait dû l'être de Catarina Macaulay qui lui proposa son aide jusqu'en 1769, aide mais qu'il refusa. Elle aussi s'intéresse à l'instruction de ses contemporains, comme Hannah More qui ouvre des écoles et comme Maria Cosway qui fondera bientôt une institution scolaire pour jeunes filles à Lyon. Catarina publiera ses *Lettres sur l'éducation* en 1790, puis des *Observations sur les réflexions de M. Burke sur la Révolution française,* in-8°. Mais Paoli se méfiera toujours de cette trop ardente patriote, restée veuve en 1778, et vite remariée, à plus de quarante-cinq ans, à un tout jeune homme, le frère de Graham, ce qui fera l'objet à Londres de railleries telles qu'elles déconsidéreront non seulement la femme mais aussi l'historienne.

Paoli fréquente aussi Angelica Church, fille du major général américain Philip John Schuyler (1731-1804), ancien combattant de la guerre d'Amérique devenu sénateur de New York (1789), et épouse de John Barker Church, député de Wendover ; Mme Greenland qui se partage entre Londres et l'Écosse ; Mme Pinto et sa parente portugaise, la très sensuelle Mme du Menes ; la baronne Giacobbi et surtout Maria Cosway, la mère et la « tante aimable » de cette dernière que Paoli a peut-être connue à Florence car il écrit qu'il ne l'a « pas vue depuis longtemps » ; ou encore miss Wilkes, la fille de John, qu'il raille parce que vieille fille attardée. Toutes ces femmes ont vingt-cinq à trente ans de moins que lui. Toutes, Paoli les considère en amateur éclairé. Il regarde

Mme du Menes comme « une des plus charmantes brunettes. Elle avait un air de langueur qui intéressait. Elle était accompagnée de la marquise de la Jamaïque [1755-1828], la sœur de la comtesse d'Albanie. Cette dernière était peut-être plus belle, mais la première me plaisait davantage ».

La marquise de la Jamaïque est une femme importante dans l'entourage de Paoli : née Caroline Augusta de Stolberg-Gedern, elle est la femme depuis 1771 de don Carlos Miguel de Fitz-James Stuart de Silva (1752-1787), quatrième duc de Berwick, dixième marquis de la Jamaïque, descendant direct de Jacques II Stuart par son fils naturel le maréchal de Berwick qui avait épousé la mère de la baronne de Neuhoff ! Sa sœur aînée, la comtesse d'Albanie, n'est autre que Louise Maximiliane de Stolberg-Gedern (1752-1824), mariée depuis 1772 à Charles-Edward Stuart (Bonnie Prince Charlie), dit « le Jeune Prétendant », appelé le comte d'Albanie depuis l'échec de Culloden ! Fils du Vieux Prétendant Jacques Stuart et de la princesse Clémentine Sobieska, Charles-Edouard est né à Rome en 1720, et mourra à Florence le 31 janvier 1788. Il est fort intéressant de voir Paoli fréquenter à Londres la comtesse d'Albanie, certes séparée de son vieux mari depuis 1783, mais néanmoins épouse légitime du Prétendant, même si elle est la maîtresse depuis 1777 du comte Vittorio Alfieri (1749-1803), lequel a publié pour la première fois sa tragédie *Filippo* à Sienne en 1783. Or, dès le 30 avril 1782, Paoli mentionne cette tragédie dans une lettre adressée à Maria Cosway qui l'a déjà lue, preuve que Maria connaît le travail du comte florentin avant qu'il ne soit paru ! Alfieri dédiera d'ailleurs sa tragédie *Timoléon* à Paoli[74]. Paoli gravite donc dans les années 1780 au cœur du réseau jacobite d'outre-Manche, et au plus haut niveau puisqu'il fréquente les deux sœurs, la comtesse d'Albanie et la marquise de la Jamaïque, avec régularité et plaisir. « Bientôt nous aurons le chagrin de voir partir Mme de Silva » écrit-il à Maria Cosway le 12 septembre 1786. En effet, Alfieri s'installe à Paris avec la comtesse d'Albanie qui sera la première personne à recevoir Paoli dans le Paris révolutionnaire en 1790 alors qu'Alfieri devra fuir la capitale. Il est aussi important de noter que Paoli appelle généralement la marquise de la Jamaïque, « Mme de Silva » ou « la marquise de Silva » ; c'est dire que le marquis de Silva, dont il attendait autrefois de l'aide et des réponses lorsqu'il était en Corse, était un proche du Prétendant !

Entouré de toutes ces jeunes femmes, il n'est pas étonnant de voir Paoli parler à Maria Cosway d'autre chose que des lois de Lycurgue ou de Solon ! « Vous n'avez pas encore adopté la mode du rouge à lèvres ? » lui demande-t-il de Londres le 15 septembre 1786 alors qu'elle est à Paris. Sans arrêt, il lui parle des « yeux étincelants », des cheveux, des

« beaux yeux », des « robes des jolies et jeunes Anglaises ». Nombre de fois Paoli plaisante sur son âge : « Je suis ce que vous voulez, sauf jeune. Certes, les eaux de Bath tuent beaucoup de vieux, mais elles n'en rajeunissent aucun », avoue-t-il le 12 novembre 1786. Visiblement, Paoli recherche la compagnie des femmes jeunes, mais lorsque Maria lui suggère de se marier, il lui répond : « Si un heureux mariage doit m'ouvrir la voie vers "le repos d'une vie meilleure", permettez-moi de vous assurer avec toute la plus grande sincérité de mon cœur que je pense rester célibataire encore un siècle[75]. » Quant aux femmes d'un certain âge, que Paoli appelle crûment « les vieilles », il les déteste. Celles de quatre-vingts, voire de quatre-vingt-dix ans, lui gâchent ses soirées, mais il lui plaît de les ruiner autour d'une table de jeu.

Le whist, le thé, la promenade, le cheval

Le jeu est à Londres et à Bath l'un des passe-temps favoris de Paoli qui se plaint de sa solitude. Il l'écrit le 22 août 1786 à Maria Cosway : « À propos de vos lettres, je suis mortifié du fait que celles que vous me faites l'honneur de m'envoyer me parviennent si facilement, et on dirait qu'elles n'ont pas été ouvertes. *Je ne suis plus considéré du tout* et on veut me laisser tranquille. » Ou encore : « Je vous envie les connaissances que vous avez faites » à Paris (12 septembre 1786), car Maria y est auprès de Jefferson. Paoli en souffre : « Cela fait un siècle que je n'ai pas entendu une note de musique [...]. Je joue au whist et je m'endors » (15 septembre 1786). « Je ne m'aventure pas volontiers dans le royaume de l'oubli » (28 octobre 1787). Cette vie de rentier avec des domestiques qui allument son feu, préparent son thé, son chocolat et ses dîners, est celle d'un homme qui serait volontiers un épicurien : « Le plaisir est la seule chose qui donne vie et mouvement à notre cœur, qui répand un lustre si brillant sur tous les objets que la gloire, l'honneur et la vertu elle-même en sont éblouis et contents, et c'est de lui qu'en toute chose ils prennent règle et conseil » ; mais l'âge est là : soixante ans en 1785 au moment où sa relation avec Maria est la plus forte, et l'épicurien mène en réalité une vie de rentier rythmée par de longs séjours annuels aux eaux de Bath qui connaissent leur âge d'or.

Paoli aime Bath, « la gloire des Anglais, dit-il, et le centre de leurs divertissements et de leurs délices ». Il séjourne aussi à Richmond là où demeurait jadis le duc de Richmond (1707-1750), petit-fils naturel de Charles II Stuart, grand maître de l'ordre maçonnique, et le duc d'Ormond, cousin de Mme de Neuhoff. Il réside volontiers à Clifton – où mourra Hannah More – et à Cheltenham, de la fin juillet à la mi-novembre. Là, il parcourt à cheval les collines avec « violence » (été 1786). Il fait d'« impétueuses courses à cheval » à Bath (12 novembre 1786), assiste à des chasses et reçoit du gibier en cadeau (12 novembre 1786), participe à nombre de collations : « Point de philosophie. Une tasse de chocolat, un peu de thé, ont davantage de valeur ! » L'hiver, de 1784 à 1791, il profite des jardins de Richard et de Maria Cosway à Pall Mall, espaces verdoyants qu'il appelle « le jardin d'Armide », allusion à la *Jérusalem délivrée.* Avec le ménage Cosway, il gravite dans ce qui deviendra l'actuel quartier de Mayfair, entre Oxford Street, Piccadilly, Regent Street et Hyde Park. Il prend le thé avec Maria chez des amies communes, dîne en ville ou chez des amis, passe des soirées avec Boswell, Maria et sa sœur Charlotte, se promène à cheval ou dans son phaéton à deux places, maximum trois, lorsqu'il fait beau. Il visite le quartier de Soho où est mort Neuhoff. Il y a là le célèbre Turk's Head, café connu de Gerrard Street, et siège du Literary Club fondé en 1764 par Samuel Johnson et Joshua Reynolds. Boswell fréquente l'établissement et y entraîne Paoli. Celui-ci assiste parfois au lever du roi – ainsi le 4 août 1786 – et se rend de temps en temps à la Cour, notamment lors de l'« attentat », qu'il qualifie d'« infâme ou insensé », perpétré contre le roi par une jeune déséquilibrée qu'on envoie à l'asile.

La lecture

Paoli lit beaucoup : les périodiques (le *Spectator,* la *London Gazette*), les auteurs italiens qui lui ont toujours été familiers : Dante, Pétrarque, Boccace, Alessandro Tassoni (1565-1635), auteur de *La Secchia rapita* éditée à Venise en 1630, poème héroï-comique qui met en scène le conte di Culagna, bouffon auquel Paoli ne voudrait surtout pas ressembler ! Il lit Francesco Algarotti, Bernardo Dovizi da Bibbiena, l'Arioste (ses *Historiettes*), Machiavel (*Histoires florentines*) Nicola Rienzi (1313-1354), libérateur de l'État romain, adversaire du gouvernement aristocratique, assassiné à Rome au cours d'une émeute. Il lit les *Mémoires* de César Borgia, modèle du nouveau prince dans le chapitre VII du *Prince* de Machiavel (1527). Il lit les trois volumes de tragédies d'Alfieri, l'amant de la femme du Prétendant. Il dévore Socrate, Sophocle, Théocrite, Horace, Euripide (*Hippolyte*), Diodore de Sicile. Il se plonge dans l'Ancien Testament, ne néglige pas les contemporains : l'abbé Raynal (*Histoire philosophique et politique des établissements et du commerce des Européens dans les deux Indes*) ; cet ancien jésuite proscrit s'est établi à Metz où Mirabeau a fait sa connaissance en 1774 et il est devenu membre de la loge des Neuf Sœurs à Paris. Paoli lit aussi le chevalier Andrew Michael Ramsay (1636-1743), écrivain écossais (*Voyages de Cyrus suivis d'un discours sur la mythologie,* 1727) et avoue : « Je ne suis pas comme dit M. Ramsay : "Je n'avais plus d'amante, il me fallait un Dieu." » (20 mai 1798). Il lit Pietro Trapassi, dit Metastasio (1698-1782), poète romain pour lequel Giuseppe Ottavio Nobili Savelli (1742-1807) a composé une œuvre que Paoli envoie à Maria Cosway (1786) : « Ci-joint une élégie sur la mort de Métastase composée par un élève de l'université fondée à Corte ; cela fait qu'en quelque sorte elle m'appartient. » Il lit le baron d'Hancarville (*Recherches sur l'origine, l'esprit et les progrès des arts*), Johann Capar (*Essai sur la physiognomie*) et les auteurs anglais : Boswell, Shakespeare (*La Tempête*), Pope (traduction de l'*Iliade*), Johnson, Peter Pindar. Paoli avoue aussi à Maria Cosway : « Je regrette de ne pas avoir de livres qui traitent de peinture. » Mais inventorier la bibliothèque de Paoli n'est pas suffisant pour connaître l'étendue de la culture du personnage : il est évident que Paoli a dû parler des heures durant avec Hannah More, durant l'hiver 1781-1782, de l'ouvrage qu'elle publia en 1782 : *Drames sacrés,* compositions bibliques qui obtinrent une vogue extraordinaire. Il est évident qu'il a dû lire la *Recherche du bonheur,* qu'elle avait composée à dix-huit ans, et qui ne fut imprimée qu'en 1773 ; et ses tragédies, dont *Percy,* représentées de 1773 à 1779 avec un grand succès. Nombre de lettres de Paoli à Maria Cosway notamment prouvent que Paoli échange sans arrêt des ouvrages avec elle et tout un groupe d'amis. La bibliothèque du Père de la patrie corse est donc double : les livres qui sont sur ses rayonnages ne représentent qu'une infime partie de son savoir. Tout le reste de sa culture vient de ses échanges de livres, mais aussi de réflexions entre amis, écrivains, historiens, penseurs, artistes.

L'ÉCRITURE, LES SALONS, LES AMIS, LES ARTISTES

Paoli écrit beaucoup « pour se distraire », dit-il ; « Écrire ces sottises me distrait d'afflictions réelles. » Paoli fréquente nombre de salons grâce à Boswell : il y rencontre Samuel Johnson, David Garrick, Thomas Sheridan, le général Oglethorpe, le général et Mme Bainsford (il dîne chez eux avec Masseria), Thomas Cumming séduit par le Sénégal, plus tard le colonel John More dont il fera la connaissance en 1794 en Corse. À Londres, comme à Bath, haut lieu thermal et mondain, Paoli fréquente beaucoup de monde pour sortir de son ennui : Francesco Sastres, « Italien de bonne réputation » qu'il recommande à Nobili-Savelli et qui est mentionné dans son testament ; miss Monkton ; Hannah Cowley, poétesse et dramaturge ; John Paradise, linguiste ; le savant napolitain Tiberio Cavallo (1749-1809) ; l'architecte Giuseppe Bonomi ; sir William Herschel (1738-1822), célèbre astronome ; le graveur florentin Francesco Bartolozzi qui a longtemps séjourné à Venise, futur directeur de l'Académie nationale de Lisbonne (1802). Paoli entretient de bonnes relations avec John Flaxman (1755-1826), sculpteur auquel il fait réaliser son propre buste (il se trouve aujourd'hui à Westminster Abbey, bas-côté sud). Ce buste toutefois ne plaît guère à Paoli : « Flaxman aurait fait davantage honneur à son ciseau s'il m'avait coupé la queue de cheval, ébouriffé les cheveux et déchiré le frac, vêtement léger pour aller à pied en été, mais pas assez sérieux pour faire bonne impression dans le marbre. » C'est sans doute parce qu'il est mécontent de l'œuvre que Paoli ne paie pas son buste au sculpteur : c'est sa succession qui réglera la note en 1807 ! Paoli fréquente l'astronome Archelli, le peintre sir William Beechey (1753-1839), qui réalise son portrait en 1798, et sir Thomas Lawrence (1769-1830) qui croque un portrait de Paoli pour miss Harriet Lee de Bristol, fille de l'acteur John Lee, portrait exposé à la Royal Academy en 1799, peinture qui ne plut guère à Paoli non plus. Le général fréquente aussi le graveur Agar, le collectionneur Robert Udny Fullarton (1722-1802), riche marchand des Antilles, propriétaire d'Udny Castle à Aberdeen, la patrie d'Anderson.

La musique, l'opéra

Quand il ne joue pas au whist, Paoli écoute des concerts privés, va à l'Opéra, assiste à quelques représentations au théâtre. À Nobili-Savelli, en exil comme lui, il dit : « Les muses sont un grand et bienfaisant réconfort en toutes les circonstances de notre vie. » La musique et la compagnie des musiciens occupent une grande partie de sa vie. Pourtant, Paoli n'y connaît pas grand-chose et l'avoue à Maria Cosway : « On croit que je suis un grand amateur de musique, et c'est pourquoi on me tient informé des différends qui agitent le théâtre » ; en réalité, c'est pour entendre chanter l'opéra en italien. Paoli fréquente beaucoup le théâtre, l'Opéra et cotise à nombre de concerts chez des particuliers, mais plus pour avoir des relations que pour d'autres raisons. Il écrit : « Je dois passer *un moment* chez lady Young pour montrer que je n'ai pas souscrit *mal volontiers* à son concert. » En fait, c'est surtout Maria Cosway qui attire Paoli au sein du monde des musiciens et c'est peut-être à cause d'elle qu'il a un piano dans son salon. Cela permet à Paoli de rencontrer et d'inviter la pianiste, harpiste et cantatrice écossaise Sophia Dussek (v.1775-v.1828), fille du directeur du Théâtre royal d'Édimbourg où elle est née : fille de l'éditeur Domenico Corri, elle est la femme de Jan Ladislav Dussek (1760-1812), pianiste et compositeur tchèque. Paoli écoute et fréquente le violoniste Luigi Borghi, le virtuose romain Muzio Clementi (1752-1832), le compositeur siennois Giusto Ferdinando Tenducci (v.1736-1790), castrat et chef d'orchestre pour lequel il « fait mettre en musique un chœur ». Pourtant, dit Paoli à Maria Cosway, « dans tous les salons ce genre de chant est en vogue. Je sais que vous ne l'aimez pas. Moi, je l'ai toujours exécré, mais en considération du goût prédominant, il faut s'adapter à tout ». Il fréquente aussi le claveciniste et organiste Andrea Lucchesi (1741-1801) dont plusieurs opéras ont été représentés à Venise, le soprano milanais Luigi Marchesi (1754-1829), éminent castrat.

Paoli et les hommes politiques

Paoli fréquente plusieurs hommes politiques intellectuellement proches de lui : le comte Oginski (1731-1803), hetman de Lituanie vaincu par les Russes et qui, cloué par la goutte, le reçoit chez lui à Londres sur un sofa ; ou encore le général Tadeusz Kosciuszko (1746-1817), Lituanien qui participe à la guerre d'Amérique aux côtés des *Insurgents,* puis qui lutte avec les Polonais contre les Russes. Paoli qualifie cet ami de Jefferson et de Maria Cosway de « brave et infortuné patriote », de « malheureux défenseur de la liberté de la Pologne », et il intervient même auprès de Welbore Ellis Agar, *commissioner of customs,* pour que la douane de Londres lui délivre ses bagages. À Cheltenham, il fréquente Charles James Fox (v.1749-1806), orateur brillant bientôt favorable à la Révolution française et à l'abolition de l'esclavage, tout comme Hannah More. En 1786, Paoli reçoit à Portman Square don Bernardo, ambassadeur d'Espagne à Londres, qu'il s'offre le luxe de faire attendre ! Il écrit à Maria Cosway : « Le marquis del Campo vient d'arriver. Je finis la lettre... Il est déjà dans la pièce[76]. » De même, le 5 juin 1788, il conseille à Maria de « faire un voyage en Angleterre avec la princesse Rospigliosi »[77], issue de la lignée qui a donné le pape et le bailli de Malte, omniprésents dans les affaires de Candie en 1669. Paoli fréquente aussi le comte Filippo Saint-Martin di Front, ministre du roi de Sardaigne, et Soderini, ministre de la république de Venise en poste à Londres. « Soderini, the Venetian minister » dîne par exemple avec Boswell le 17 février 1788 chez Paoli qui le considère comme « l'âme de tous »[78]. Lorsqu'il est élu « secrétaire du Conseil des Dix » à Venise, Paoli dit de lui : C'est un vrai ami, un parfait honnête homme[79]. »

Bref, Paoli évolue au sein de tout un milieu d'hommes politiques, de peintres, de portraitistes, de musiciens et de jolies femmes. Un jour, il rencontre le chevalier Andreoli : « je le connais bien », dit-il à Maria Cosway[80], un autre jour le marquis Totti bientôt marié à une Cipriani d'Ortinola de Centuri émigrée à Londres, ou encore Hanquette. Le soir, il va au théâtre avec Maria, seule ou accompagnée de son mari. Les jours suivants, il court les expositions à Somerset House, organisées par la Royal Academy. Ses portraits, réalisés par Richard Cosway et Lawrence, y sont exposés. L'hiver, au coin du feu, en 1781-1782, il partage ses soirées avec Hannah More qui évoque cet épisode dans ses *Memoirs*. Paoli s'est constitué toute une société dont il donne régulièrement des nouvelles à Maria lorsqu'elle est à Paris ou absente : « Le brave comte Front ne va pas bien. Il y a quatre jours qu'il est alité. Ageno va un peu mieux : depuis une semaine, il demeure dans la maison de campagne de Bartolozzi. Lucchesi va s'ennuyer davantage pendant trois mois à Richmond. Soderini est toujours aussi amical et de bonne humeur[81]. » Et puis, lorsque l'âge vient, Paoli assiste de plus en plus souvent à la messe et goûte avec l'aumônier de l'église catholique du coin.

Paoli et Maria Cosway

Maria Cosway a été de tous les amis de Paoli sa préférée. Avec elle, il va jusqu'à égratigner Boswell ! Née en 1760 sur les bords de l'Arno, elle est fille d'un aubergiste de Florence, Charles Hadfield, natif de Manchester, mort depuis 1776, et d'Isabella de Kok que Paoli appelle « ma bonne amie »[82], ce qui laisse supposer que Paoli a connu à Florence les parents de Maria. Il a de même des mots gentils pour la tante de Maria dans quelques-unes des cent vingt lettres qu'il lui a adressées entre 1784 et 1803. Maria est l'épouse depuis 1781 du peintre Richard Cosway, de la Royal Academy, premier peintre du prince de Galles à partir de 1785, défini par Paoli comme un « esprit éclairé »[83]. Cosway a été l'élève de Giovanni Battista Cipriani dont il est devenu l'ami. Avec lui, Maria forme un couple d'artistes à la mode. Jouant dans son salon du piano et surtout de la harpe, y donnant des concerts, chantant bien et aquaforiste de talent, Maria reçoit à Londres toute la bonne société : hommes de lettres, politiques, musiciens, peintres, artistes, savants. Les « patriotes » étrangers ne sont pas pour lui déplaire : Paoli, Kosciuszko, Jefferson. Son mari, quant à lui, est passionné d'occultisme, de magnétisme animal et il va jusqu'à le professer. Attiré par les théories de Franz Anton Mesmer – père du mesmérisme –, et celles de Philip Jakob Loutherbourg (1740-1812) – fondateur de la société théosophique –, Richard possède plusieurs exemplaires de la *Gerusalemme liberata*, le célèbre poème épique du Tasse publié en 1581. Pour Paoli, Maria devient donc « Armide », l'héroïne de la *Jérusalem délivrée*, d'où le surnom qu'il lui donne : « la magicienne », et lui-même se pare volontiers du rôle d'Arnaud qu'Armide tente de retenir loin de l'armée des croisés (les Corses) dans ses jardins enchantés. Maria se partage entre la musique et la peinture : de 1781 à 1789, elle expose trente et une de ses œuvres à la Royal Academy et Paoli noue avec elle une relation amicale teintée d'amour. Conscient de cette folie, il lui écrit le 1er avril 1786 sa *Rhapsodie d'un fou à lier*. Paoli reconnaît dans une foule de ses lettres qu'elle est « l'objet vers lequel se tournaient tous les regards, le grand ornement et la noblesse de la musique ». Il aime son salon où se trouve « une compagnie si choisie de belles dames de qualité », et lorsque la Révolution le rappellera dans son île, il lui enverra des fleurs de Corse. Quelques historiens se sont posé des questions sur la nature des sentiments entretenus par Paoli pour Maria. Il s'agit sans doute d'une amitié amoureuse telle qu'elle peut exister entre une homme de soixante ans et une jeune mariée qui a trente-cinq ans de moins que lui et qu'il a peut-être connue dans son enfance italienne. Les Cosway forment en réalité un couple que Paoli apprécie. Ils ont des idées communes, des lectures communes et lorsque le ménage s'installe à Paris (1786), le couple gravite autour du duc d'Orléans (1747-1793), grand maître de la franc-maçonnerie depuis 1771, du duc de Polignac (1745-1817), membre depuis 1776 de la loge La Candeur, orient de Paris, de Jefferson, également franc-maçon, que le frère de Maria, George Hadfield, accompagne en Amérique : architecte, il y dressera les plans du Capitole et y sera en relation avec les chefs de l'insurrection de Pologne de 1795, notamment Julien Niemcewicz qui appelle Maria Cosway « ma sœur ». Ce séjour en France ne plaît qu'à demi à Paoli qui écrit le 10 novembre 1786 à Maria : « Bien que vous soyez restée si longtemps en France *au milieu de mes ennemis*, j'espère encore un peu de reste de votre amitié. » À partir de 1787, Paoli est suffisamment introduit dans la bonne société londonienne pour aller jusqu'à dire du mal de Boswell à Maria. Il a trop « la prétention » d'être un bel esprit – comme Wilkes. « Ils ne sont jamais d'accord entre eux qu'aux dépens d'un tiers. » Boswell a trop la « manie de parler de lui-même [84] ». Maria, catholique fervente mais fille de protestants, a enfin contribué à rapprocher Paoli de l'Église de Rome. Rétabli d'une indisposition, Paoli lui écrit de Cheltenham le 5 juin 1788 : « Hier soir, le bon milord Kenmare, Irlandais et catholique, m'a dit quelques mots à l'oreille, après la partie (de whist) : il déplora mon mauvais état de santé, puis me dit que chez lui on disait la messe et qu'il y avait un prêtre *de notre confession.* »

Paoli, en réalité, est un exilé qui ne parle pratiquement pas l'anglais, même s'il le lit. La langue constitue pour lui un handicap majeur. En fait, dans le brouillard de Londres, Paoli cherche à multiplier le plus qu'il peut des contacts afin d'avoir des relations pour le tirer de sa mélancolie. Le 22 août 1786, il avoue à Maria Cosway qu'il « va mourir l'hiver prochain de *l'ennui* que [lui] cause *la solitude* ». C'est grâce à Boswell et à Maria que Paoli réussit à pénétrer tout un cercle de relations, mais il serait faux de croire qu'il a été l'idole de toute la bonne société anglaise. Réfugié politique, Paoli est le représentant des « nationaux » corses sur lesquels la Grande-Bretagne espère s'appuyer afin de conquérir l'île au cas où une opportunité viendrait à se présenter. En 1755, l'Angleterre n'avait pas agi autrement à la veille de la guerre de Sept Ans. Jusqu'en 1789, Paoli reste donc une sorte de pion dans le dispositif géostratégique de la Grande-Bretagne en Méditerranée. Grâce à ses amis, Paoli sort de son ennui mais il a assez souvent peu de choses à raconter à des tiers. Cela aussi, il le dit à Maria Cosway (22 août 1786) : « Je voudrais remplir cette page, mais *je ne sais que dire.* » « Cent fois, j'ai pris la plume pour vous répondre et, *ne sachant pas quoi vous écrire,* cent fois la plume m'est tombée des mains [...]. Le brouillard et *la solitude* ôtent toute énergie à l'esprit. Je me promène par habitude. Je vais à table et je me couche par nécessité. Tous les gens que je vois se réjouissent de l'apparence de bonne santé que je présente. Je ne trouve personne contre qui je pourrais me mettre en colère [...]. Je me suis engagé à faire des visites dans le Nord [en Écosse, chez Boswell, alors que le Prétendant – comme par hasard –, vient de mourir à Florence, le 31 janvier 1788]. Je veux attendre mon départ pour maintenir au moins la machine en mouvement afin qu'elle ne devienne pas plus endormie et inerte que l'esprit » (1er août 1788). Il faut en effet définir de nouvelles modalités d'action en milieu jacobite, catholique et maçonnique, le dernier des Stuarts étant le frère cadet du défunt Henri-Benoît Stuart (1725-1807), cardinal d'York. Mais la révolution qui éclate en

France conduit Paoli à Paris où sa première visite est d'ailleurs pour la comtesse d'Albanie.

La Corse et les débuts de la Révolution

En 1789, la Corse compte trois mille hommes de troupe français, 150 458 habitants dont quatorze cents ecclésiastiques : cinq évêques, quatre cent quarante séculiers, près de mille réguliers. Les inégalités sociales sont nombreuses de par la quantité de terres et de bétail possédée, de par les différences de fortune entre journaliers et propriétaires, bergers et *patrons* cap-corsins, *giornalieri* et *signori* (4 à 7 % de la population), simples travailleurs *lavoratori* et paysans propriétaires de leurs propres biens (*lavoratori dei propri beni*). À partir de 1769, le roi de France a multiplié en Corse les administrateurs étrangers : le comte de Marbeuf, marquis de Cargèse (1778), puis le vicomte de Barrin (1786). Il a érigé la Corse en gouvernement militaire, en généralité avec un intendant : Boucheporn, franc-maçon de Metz, un trésorier général des États : Gautier père, un secrétaire en chef de l'intendance : Le Changeur, tous deux francs-maçons. Il a instauré, dans l'île comme à la Martinique, un Conseil supérieur avec un président, Daugé, ancien conseiller au parlement de Metz[85], des conseillers continentaux dont Patin de La Fizelière, et des « gens du Roi » dont le procureur général Coster père, tous trois francs-maçons, ce dernier accusé en 1777 de propos sacrilèges, d'orgies (comme Neuhoff jadis), puis d'irréligion en 1784 : Mgr Cittadella l'accuse d'avoir mangé un agneau le Jeudi saint et d'avoir festoyé[86] ! Y siègent aussi les avocats généraux Baffier, franc-maçon, et Castanes.

Les Corses francophiles servent généralement dans le régiment Provincial-Corse formé en 1769 ou dans le régiment Royal-Corse créé en 1739. Pour asseoir sa domination, le roi a octroyé des titres : ont été faits comtes ou vicomtes cinq ou six concessionnaires du Domaine dispensés d'impôts mais qui éprouvent les pires difficultés à jouir de leurs concessions : le comte Rossi voit ses arbres coupés, ses installations détruites (1779), son matériel volé (1782) ; en 1784 comme en 1789, il s'avoue impuissant devant les ravages que commettent sur ses terres les « nationaux ». Le comte Mathieu de Buttafoco s'impose mieux. Lui aussi a reçu des terres près de Biguglia, comme les Peretti della Rocca près de Levie, les Rocca-Serra, les Colonna de Cesari-Rocca, les Pietri, les Ettori, les Giudicelli, dans le domaine de la Confina près d'Ajaccio. À partir de 1777, le roi a commencé à octroyer aussi quelques places à Saint-Cyr à quelques demoiselles bien nées : une Varese, une Cattaneo d'origine génoise, une Bonaparte – Élisa – admise en 1784 avec sa cousine Casabianca. Louis XVI s'est mis à distribuer quelques bourses : une à Napoléon ; quelques places à Autun, à Brienne, à Metz ou à l'école militaire de La Flèche. Mais les « nationaux » regrettent la fermeture de l'université de Corte dès 1769, la suppression des collèges de Calvi et de Cervione en 1785. En 1789, il n'y a plus aucun journal édité dans l'île depuis le départ de Paoli. Il faut attendre le 3 avril 1790 pour voir le gazetier pisan Buonarrotti (1761-1837) – franc-maçon– publier le samedi le *Giornale patriottico di Corsica* – quatre cents abonnés – qui disparaît dès novembre. Bastiais et Ajacciens sont indignés des faveurs que Laetitia obtient de Marbeuf. En 1793, Buonarrotti l'écrira sévèrement : « Chacun ambitionne les brevets de noblesse, les places, l'or et les regards d'un intendant ; des concessions immenses [qui] avaient enrichi quelques familles et ressuscité les principes du régime féodal. » Et de conclure : « Les anciennes vertus [spartiates, chantées par Boswell] s'étaient réfugiées à l'ombre des châtaigniers. » Tout est donc mis en œuvre pour opposer un régime présenté comme corrompu – la monarchie – à la rigueur paoline. On oppose à Paoli, célibataire sévère, la débauche publique de Marbeuf, amant de Mme Chardon, de Mme Varèse, de Laetitia, dit-on, avant que d'épouser, septuagénaire, une jeune-fille de dix-huit ans. On oppose à la vertu paoliste la légèreté française. À la moralité des montagnards (on oublie les viols de 1729), la licence des anciens présides. Un schéma se met en place, à l'origine d'un mythe qui veut que la vraie Corse ne soit que la Corse « de l'intérieur ». Le reste, le littoral, serait abâtardi, corrompu, gâté par la civilisation. Ce schéma s'imposera bientôt dans toute la littérature du XIXe siècle : d'un côté, la pureté des bergers, comme dans les Highlands ; de l'autre, la déprévation traditionnellement attachée aux ports et villes de garnison : à Bastia naît un enfant naturel chaque jour ; à Ajaccio, un tous les deux jours. D'un côté, Corte fait songer à la *Jérusalem délivrée.* De l'autre, Ajaccio, aux *Liaisons dangereuses.* Le 12 juin 1789, le jeune Bonaparte écrit d'ailleurs au *Babbu* à Londres : « Vous quittâtes notre île et avec vous disparut l'espérance du bonheur. » Bonaparte voue alors un véritable culte à Paoli qui a « résisté ». En revanche, il se montre sévère vis-à-vis de son propre père, Charles Bonaparte, mort en 1785 à Montpellier, lequel s'est abaissé devant les autorités françaises afin d'en obtenir une reconnaissance de noblesse puis des places pour ses enfants. En 1789, pour Bonaparte, Paoli incarne le père « résistant » qu'il aurait tant aimé avoir, plus que le géniteur « collaborateur » qui fut effectivement le sien.

Il est vrai que la première administration française de l'île laisse à désirer, au point que le 31 août 1789 Barrin, commandant militaire de l'île, écrit en Cour : « On a donné à la Corse des états [en 1772] mais *sans faire beaucoup attention* à leurs demandes. » Leurs sessions – tous les deux ans, huit de 1770 à 1785 – ont cessé en 1785. Un Conseil supérieur existe depuis 1768 à Bastia, mais ce n'est qu'un « parlement au petit pied ». Une noblesse existe – environ six cents nobles maintenus en 1789 –, mais elle n'est exemptée que des corvées, de la dîme et du logement des gens de guerre. Tous les Corses maintenus sont soumis à la « subvention », sorte de taille générale, et ne jouissent d'aucune des prérogatives continentales du second ordre. Le pavillon à tête de Maure est interdit depuis 1769 : certains cahiers de doléances en demanderont la reconnaissance. Bref, pour les paolistes, « la Reine Liberté vaut mieux que le Roi de France », comme le dit Angelo Franceschi, capitaine corsaire centurais qui refuse de se faire maintenir dans sa noblesse et préfère passer au service de la Russie comme colonel tsariste de Catherine II.

La Corse de 1789 souffre de plusieurs maux. Les salines chères à un Charles Bonaparte et auparavant à un Giacinto Paoli ont disparu au point que la Corse est réduite à importer de Sardaigne le sel nécessaire à la conservation de sa charcuterie et de ses fromages. Les impôts (cent vingt mille livres par an) sont lourds. Les deux vingtièmes pèsent sur tous les produits, denrées, loyers, y compris les semences, lesquelles donnent des grains à nouveau imposés. Quant aux droits de douane, ils grèvent tous les produits français qui entrent en Corse mais aussi tous les produits corses qui partent en France. Excessive aussi la taxe, augmentée en 1785, dite « du papier timbré », indispensable pour la rédaction de tous les actes, notariaux, de jugement, mais aussi municipaux depuis 1785. À cela s'ajoute l'inconvénient de centres de décision trop éloignés : Versailles pour l'administration civile et militaire ; le Vatican pour les dispenses de consanguinité. Ordres et secours viennent de trop loin. Les procès s'éternisent. Quant aux premiers administrateurs français, ils n'ont pas réussi à s'attirer la sympathie locale. Marbeuf ? Un « pacha luxurieux ». Sa tombe bastiaise sera profanée comme celle de Boissieux. L'intendant Chardon ? Un faible trahi par son épouse, maîtresse de Marbeuf ! L'intendant Pradine ? Un « imbécile », selon Marbeuf ! Seul Boucheporn semble avoir donné aux Corses l'impression d'un zèle éclairé. En outre, nombre d'officiers français ont cristallisé contre eux les ressentiments des populations. Ce manque d'« attention » a atteint son paroxysme en 1787 lorsque Calonne a décidé de réunir la première Assemblée des notables. Pas un seul Corse n'y a été invité, « exception humiliante » d'après le Conseil supérieur. Durant l'été 1788, nouvelle maladresse : alors que le Royal-Corse est dissous, Necker convoque la seconde Assemblée des notables. Les Corses sont à nouveau oubliés alors que séjournent à Paris, outre le premier président du Conseil supérieur Jean-Baptiste-Séraphin Gautier (1748-1839), créé marquis d'Urbino (1789), les trois Corses députés en Cour par les États de Corse de 1785 : Mgr Santini, évêque du Nebbio, l'avocat Jacques-Marie Ponte, procureur du Roi à Ajaccio, et Paul Mattei d'Ortinola, notable de Centuri. Ponte et Mattei écrivent le 3 septembre : « Des esprits mal intentionnés s'occupent depuis quelque temps à répandre dans l'île des bruits les plus propres à faire croire qu'elle ne restera pas plus longtemps sous la domination de Sa Majesté. » Le 18, Loménie de Brienne, ministre de la Guerre, feint d'excuser Sa Majesté : en raison de l'éloignement et de la date d'ouverture prévue, le roi a « regardé comme impossible que les Corses pussent y être rendus ». Il affirme : « Sa Majesté ne mettra jamais aucune différence entre ses sujets corses *et ceux de son royaume.* » Nouvelle maladresse. « Et ceux de son royaume » ? Donc l'île n'en fait pas partie ? Louis XVI essaie alors de réparer l'oubli, mais seul Gautier est sollicité ! Or il n'est ni Corse ni député ! La veille de l'ouverture de l'Assemblée, Ponte, député de la noblesse maintenu noble en 1771, est convié. Mattei, député du tiers, ignoré ! Tardivement rallié au régime – il n'a fait ses (fausses) preuves de noblesse que le 15 janvier 1787 –, il s'indigne : « Député du tiers-état, représentant d'une population d'environ cent quarante-sept mille personnes, quelle sera leur opinion de l'exclusion que l'on aura faite de leur représentant ? » Louis XVI tente d'acheter son silence en le faisant comte, dernier titre accordé à un Corse par le roi de France !

Début 1789, la convocation des États Généraux pour le 5 mai mécontente l'île car l'élection des députés n'est pas censée devoir s'y passer selon les mêmes règles qu'en France sous différents prétextes : éloignement, délais de voyage, ignorance du français, inexistence d'ordres privilégiés. L'intendant La Guillaumye, franc-maçon, successeur de Chardon et de Boucheporn, proteste : « Les habitants souffriront plus patiemment le regret d'arriver tard à l'assemblée auguste, à laquelle *ils aspirent,* que celui d'y être appelés par des formes qu'ils croiront les distinguer *du reste des Français.* » Le 21 février, Ponte, Mattei et Gautier, reçus par Necker, accompagnés du premier commis aux bureaux de la guerre (Campi), protestent à leur tour. Le 21 mars, Versailles décide d'appliquer en Corse la règle commune. Le 4 mai se tient à Bastia l'assemblée préliminaire des trois ordres. Le 18, le président de l'assemblée, Giuseppe Franceschi – originaire de Gênes –, prononce le discours inaugural et dresse un bilan élogieux de vingt ans d'occupation française. Résultat : il sera maintenu noble le 28 juillet ! Du 18 mai au 6 juin, l'assemblée écoute le discours de l'évêque de Sagone Mgr Guasco, mais aussi la lecture de lettres de Pascal Paoli, puis se sépare en trois assemblées distinctes : noblesse, clergé, tiers-état. À l'issue des débats sont élus les quatre Corses qui vont se rendre aux États Généraux : le maréchal de camp comte Mathieu de Buttafoco, pour la noblesse, avec François de Gaffori, maréchal de camp franc-maçon, pour suppléant ; le chanoine Charles-Antoine Peretti della Rocca, vicaire général du diocèse d'Aléria, pour le clergé, avec le chanoine Falcucci de Rogliano pour suppléant ; le comte Pierre-Paul Colonna de Cesari-Rocca et Antoine-Christophe Saliceti (1757-1809), paoliste et franc-maçon, pour le tiers-état. Ce dernier, né à Salicetto dans la piève du Rostino, le 26 août 1757, neveu d'un prêtre à qui il doit ses prénoms, a fait ses études chez les jésuites de Bastia. Étudiant en droit à l'université de Pise, condisciple de Buonarroti, avocat du Roi à La Porta puis à Corte, il est à présent avocat à Bastia près du Conseil supérieur. Tous quatre prêtent serment les 5 et 6 juin avant d'emporter pour Versailles les cahiers de doléances des trois ordres : celui du clergé, aujourd'hui perdu, celui de la noblesse, établi en italien, et celui du tiers imprimé à Bastia chez Stefano Batini, franc-maçon, « Imprimeur du Roi et de l'Assemblée générale des trois ordres », rédigé en italien et traduit en français. Stefano est le fils de Sebastiano Francesco, l'ancien imprimeur des *Ragguagli dell'isola di Corsica* de Paoli. Cahiers établis dans le tumulte, fruit d'assemblées qui ont « échauffé les esprits » contre les autorités municipales.

Le 14 août, Caraffa – maintenu noble en 1774 – devient le premier maire du Bastia révolutionnaire. À Zicavo, Giacomo-Anton Lusinchi, coadjudicataire de l'impôt depuis 1788 pour Zicavo avec son parent Angelo-Francesco Lusinchi, ancien père de la commune, écrit sur le cahier du tiers qu'il faut « que les hommes du tiers-état ne soient pas exclus des avancements militaires et qu'ils le soient *par le mérite personnel* et non par la *naissance* et qu'ils puissent de même être admis dans les écoles militaires [...]. Que les prêtres de la paroisse soient tenus de faire classe à la jeunesse de la communauté *sans rémunération* aucune », souhaits fort proches de la pensée des Paoli père et fils. Pendant ce temps, les quatre Corses députés aux États Généraux arrivent à Versailles le 23 juillet 1789, après leur transformation en Assemblée constituante. Saliceti y soutient les mesures les plus révolutionnaires. Entré en relations avec Paoli à Londres (Morosaglia et Salicetto sont villages voisins et les deux hommes sont apparentés), il veut affranchir la Corse du « joug monarchique ». Il incite alors ses compatriotes à la révolte et devient le principal défenseur de Paoli – le petit-fils du meunier – contre Buttafoco, « comte » depuis peu. Le 4 septembre, le vicomte de Barrin s'inquiète : « Le terme de *liberté de la nation,* dont le roi a été proclamé le restaurateur [le 17 juillet] [87], est entendu ici de la manière la plus ridicule : le peuple en conçoit qu'il est libre et peut faire *tout ce qu'il veut.* » Ajaccio murmure contre son évêque, Mgr Benoît-André Doria, dont la cathédrale menace ruine. Riche Génois, natif de Rogliano, et propriétaire du comté de Frasso, il refuse de la faire réparer à ses frais. Le 15 août, le peuple le conduit de force devant l'édifice et « lui fait promettre d'assurer sur-le-champ les fonds nécessaires ». Sont regardés comme des « intrus » l'évêque d'Aléria, français, qui retire dix-huit mille livres annuelles de son diocèse tout comme l'évêque de Mariana, génois, qui en retire quinze mille du sien ; intrus d'autant moins acceptés que les deux seuls évêques corses, Mgr François-Mathieu Guasco, évêque roturier de Sagone de 1772 à 1801, et Mgr Santini, évêque du Nebbio, ne retirent respectivement de leurs diocèses que six mille et quatre mille livres. Des troubles naissent dans la terre de Cargèse érigée en marquisat en 1778, et propriété depuis 1786 des enfants du feu comte de Marbeuf. Des émeutes éclatent sur les terres des Stefanopoli-Comnène, chefs héréditaires des colons grecs de Cargèse. Aux revendications sociales qui opposent noblesse et tiers-état s'ajoutent ici des revendications « nationales » qui opposent les Corses des montagnes, tel Saliceti du Rostino, aux « étrangers » du littoral : Français, Génois ou colons grecs.

À l'automne, Barthélemy Arena, avocat au Conseil supérieur qui a fait ses études en terre ferme – comme Saliceti dont il est l'aîné de quatre ans – dénonce à la Constituante « l'oppression de la monarchie » : « Les commissaires du Roi [gouverneur et intendant] rendirent vains tout effort des États de Corse, étouffèrent nos plaintes, s'arrogèrent le plus despotique des pouvoirs tant au civil qu'au militaire, et ne laissèrent aux habitants que le choix entre exécuter leur volonté ou payer par l'exil, la mort, la prison, toute doléance adressée aux ministres du Roi. Nous pouvons l'affirmer, plus qu'aucune autre *province* la Corse devint, plusieurs années durant, le théâtre de scènes horribles, d'exécutions sanglantes perpétrées par la violence des militaires employés dans cette île. Un fusil rouillé, quelques onces de poudre coûtèrent la vie à plusieurs individus de l'un comme de l'autre sexe. Un Sionville, et on peut se demander comment pareil homme peut exister, parcourait les villages, choisissait ses victimes à sa fantaisie, les jetait aux fers ou les envoyait endurer la plus terrible des tragédies dans les souterrains profonds des grandes tours de Toulon ou du fort de La Malgue [...]. La plus grande partie des emplois a été donnée à des sujets intrigants, sans culture et sans mérite. Faveur et protection étaient les seuls titres qui comptaient pour occuper ces fonctions et bien peu nombreux sont ceux qui y parviennent par des voies normales. » Dans son long *Mémoire à l'Assemblée nationale,* Arena fait de la lutte contre Gênes un combat pour « les droits de l'Homme et du Citoyen » ; du gouvernement paoliste de 1755-1769 un gouvernement « doux et démocratique », de Choiseul un oppresseur du « droit des peuples », de Marbeuf un autocrate qui priva la Corse du « bonheur, objet du *contrat social* ». Allusion à Rousseau, protégé du lord Maréchal. Saliceti dit de Paoli : « Il nous fit connaître le droit des nations, le dogme de l'égalité naturelle, le charme de la liberté et les avantages de l'union et du bon ordre [...]. Il nous donna un esprit public, un gouvernement régulier [...]. Il est l'ancêtre de la liberté présente. » Pour Saliceti, l'État paoliste détruit à Ponte Novo « se rapproche à plusieurs égards de la Constitution française décrétée en 1789 ». Bref, pour Arena, Saliceti et beaucoup d'autres, l'île attend un *uomo di merito* (un homme de talent). De son côté, dès le 11 septembre 1789, depuis Londres, Paoli écrit à l'abbé Andrei pour mettre tous les « nationaux » en garde contre Buttafoco : « M. Buttafoco [...] continue à semer le doute, former des partis, et à entretenir la confusion [...]. Chacun devrait s'attacher à faire connaître cet homme et son ambition despotique[88]. »

Le 11 octobre, plusieurs Corses francophiles adressent une lettre collective à La Tour du Pin, ministre de la Guerre. Le ton employé est d'autant plus respectueux que le ministre, Jean-Frédéric de La Tour du Pin-Gouvernet (1727-1794), comte de Paulin, maréchal de camp, noble libéral, député de la noblesse de Saintes aux États Généraux, l'un des premiers députés de la noblesse à se réunir à ceux du tiers-état, n'est autre que le neveu préféré du marquis de Cursay dont il a épousé la nièce en 1755. À La Tour du Pin, ministre de la Guerre d'août 1789 à novembre 1790, ces Corses francophiles écrivent : « Nous vous supplions, nous vous conjurons de venir au secours de notre patrie. Daignez déterminer l'auguste monarque qui nous gouverne à rendre *une déclaration qui désapprouve formellement le prétendu projet de céder la Corse aux Génois* », adresse signée par six représentants de la noblesse corse, tous maintenus par le Conseil supérieur, et deux abbés nobles : comte Paul Mattei de Centuri, Ponte d'Ajaccio, comte Mathieu de Buttafoco, comte Octave Colonna de Cinarca, intime de Buttafoco, Laurent Giubega, parrain de Napoléon, lieutenant-colonel Jacques-Pierre Abbatucci, alors à Paris, venant d'accompagner son second fils à l'école militaire de Metz, abbé Peretti della Rocca, abbé Aurèle Varese, cousin des Bonaparte. Tous les huit sont redevables au roi de leurs titres, de leur noblesse, de leurs grades, de leurs bénéfices. S'abstiennent de signer les deux députés du tiers : Saliceti, très opposé à « l'auguste monarque », et Colonna de Cesari-Rocca. Ce n'est pas l'idée du rattachement à la France qui déplaît à Saliceti, au contraire ; c'est le ton de soumission au roi. D'ailleurs, le lendemain, Saliceti porte la question du rattachement de l'île à la France, non *devant le roi,* mais *devant l'Assemblée nationale,* en quoi il est très proche, là aussi, des sentiments de Paoli. À noter que les La Tour du Pin-Montauban sont une dynastie du Dauphiné, qu'ils ont donné un célèbre évêque de Toulon, Mgr Louis-Pierre de La Tour du Pin-Montauban, lequel fut vicaire général d'Apt jusqu'en 1712, c'est-à-dire en la ville où vivaient les chevaliers de Valcroissant, ce qui semble bien renforcer l'idée de l'existence d'un parti pro-français en Corse animé depuis Apt, depuis l'époque où le fils de Sampiero, Alphonse d'Ornano, avait été lui-même nommé par Henri IV gouverneur du Dauphiné. Mais ce réseau est présent ailleurs : à Aubenas, Pont-Saint-Esprit, Bagnols-sur-Cèze, Marseille, Toulon, etc.

Le 26 octobre, Ponte et Mattei quittent Paris. Le lendemain, Paoli apprend les événements versaillais des 5 et 6 octobre 1789, jours où six mille Parisiennes affamées ont quitté le quartier des Halles pour aller chercher au château « le Boulanger, la Boulangère et le Petit Mitron ». Paoli, depuis l'Angleterre, s'en réjouit : « De tous côtés, il semblerait que le peuple veuille être libre » et il salue ces « modernes amazones [89] ». Dans l'île, les autorités françaises ne peuvent se maintenir : le subdélégué général de l'intendant, le sieur Henault, part pour Livourne en novembre, quelques mois après La Guyllaumie. Le comte de Rully, colonel du régiment du Maine, doit lui aussi quitter Bastia pour Paris au lendemain du 5 novembre : ce jour-là, une assemblée populaire se réunit dans l'église Saint-Jean-Baptiste et y constitue la garde nationale, avec la participation du lieutenant Napoléon Bonaparte venu d'Ajaccio, alors que Barrin et le maire de la ville font battre la générale. Rully tente de s'y opposer à la tête de ses troupes : plusieurs de ses soldats sont blessés (actuelle rue des Terrasses). Mais sa troupe blesse deux enfants à coups de baïonnette, d'où émeute. Trois capitaines de la garde nationale sont néanmoins désignés : Jean-Baptiste Galeazzini (1759-1833), franc-maçon et ami de Saliceti, Jean-Baptiste Guasco, Pierre-Paul Murati. Tous trois, le jour même, adressent une lettre aux députés de l'île à Paris : « Toute l'île est en fermentation en raison de l'incertitude où elle se trouve sur son destin. On dit vouloir tantôt nous maintenir sous le régime militaire, tantôt nous réassujettir à la République génoise [...]. De par nos demandes et remontrances *vous avez mandat de réclamer que la Corse soit partie intégrante de la monarchie française* [...]. On a beau dire que votre admission à l'Assemblée, comme députés, nous déclare par ce fait même *province de France* : cela ne nous semble pas suffisant. Le ministre Choiseul [formule intéressante] nous a conquis *par la force* à la suite d'un traité conclu avec la République ligure qui n'avait en aucune façon le droit de nous vendre. Pour notre sûreté, *et pour que nous soyons français, ce qui est notre unique vœu,* il nous faut un décret de la Nation sur une demande faite par vous, messieurs [les députés de

Corse], qui êtes nos représentants *librement et également* élus. » Les trois capitaines de la garde nationale de Bastia portent leur lettre à Paris où ils arrivent le 24 novembre. Dès l'émeute du 5 novembre, plusieurs *nationaux* « écrivent en Italie pour annoncer à Clemente Paoli et aux autres réfugiés qu'ils pouvaient revenir dans la patrie »[90]. Ambrogio Rossi croit même que ces émeutes sont orchestrées par les frères Paoli : « On savait clairement que tout était fomenté par Paoli et les réfugiés de Toscane[91] ! »

Le 30, Saliceti remet le texte cité ci-dessus à l'un des secrétaires de l'Assemblée, Volney, qui en donne lecture. Puis Saliceti prend la parole, ce qui aboutit à la promulgation immédiate d'un « Décret de l'Assemblée nationale portant que l'Isle de Corse *fait partie de l'Empire français* et que ses habitants seront régis par la même Constitution *que les autres Français* ». Sa promulgation sort la Corse de vingt ans de doutes. De 1768 à 1789, le rattachement à la France n'a jamais été aussi réel que plusieurs historiens l'ont affirmé jusqu'à la magistrale démonstration de René Emmanuelli dans son ouvrage posthume : *L'Équivoque de Corse (1768-1805).* En Corse, la majorité des habitants a redouté, vingt ans durant, un retour à Gênes. À Versailles, secrétaires d'État à la Guerre et contrôleurs généraux des Finances se sont maintes fois opposés à ce sujet, les premiers adoptant en Corse une politique dispendieuse comme si la Corse devait définitivement rester à la Couronne, les seconds hésitant à ordonner des dépenses en Corse dans des domaines autres que le domaine militaire (chemins, ponts), Gênes conservant une faculté de retour ; or, en cas de restitution à Gênes, seul le remboursement des dépenses *militaires* était prévu. Par conséquent, de 1768 à 1789, la France a maintenu une extraordinaire ambiguïté, non seulement vis-à-vis de la Corse mais aussi vis-à-vis de la Sardaigne, donnée par le roi d'Aragon à Louis XI (1462). C'est d'ailleurs parce que Louis XVI n'était pas du tout sûr des droits de la France en Corse qu'il ne convoqua pas de députés corses à l'Assemblée des notables en 1787 et en 1788. Si les Corses en montrèrent un tel mécontentement, c'est parce qu'ils craignaient d'être rendus à la Sérénissime, d'autant plus qu'il était de notoriété publique que les finances françaises étaient épuisées par la guerre d'Amérique. Dès le début de celle-ci, manquant d'argent, Louis XVI avait d'ailleurs envisagé de rendre la Corse à Gênes moyennant le remboursement des dépenses engagées dans l'île, au point que Paoli avait écrit le 14 août 1781 à Giuseppe-Ottavio Nobili-Savelli : « Le bruit court que la France demande de l'argent à la république de Gênes et lui propose de reprendre la Corse [...]. La situation de notre pays est telle que la maison d'Autriche ne devrait pas permettre qu'il reste plus longtemps aux mains des Français. » Mais après la promulgation du décret du 30 novembre 1789, la Corse est assez majoritairement soulagée : fêtes, réjouissances et *Te Deum* se succèdent dans toutes les paroisses de l'île. Paoli lui-même s'en réjouit et dépêche Antoine Gentili de Londres à Paris afin d'être son porte-parole dans les cercles révolutionnaires parisiens. Il n'est d'ailleurs pas du tout exclu que Paoli ait été consulté par ses « frères » maçons (dont Mirabeau qui parle le corse) *avant* la promulgation dudit décret puisque dès le 10 novembre il écrit qu'il verrait d'un bon œil la Corse intégrée aux autres « provinces » du royaume, sans *governo separato* (sans gouvernement séparé)[92]. Paoli a dépêché très tôt auprès de Mirabeau (en partie Corse), de Bailly et de La Fayette (tous trois francs-maçons), son fidèle Philippe Masseria avec plusieurs papiers dont un mémoire *Colpo d'occhio alla Corsica*[93]. En fait Paoli reste fidèle à l'idée qu'il développait déjà en 1763-1769 au temps de Valcroissant et de Choiseul : celle d'une Corse sous la protection de la France, celle d'une Corse intégrée à la « monarchie française » ou à « l'Empire français », mais sans vraie « suzeraineté » du roi sur l'île. Le 11 décembre, en apprenant la promulgation du décret du 30 novembre (qu'il a sans doute téléguidé depuis Londres), Paoli écrit en français à Saliceti et à Colonna de Cesari-Rocca qu'« en admettant la Corse à la parfaite jouissance de tous les avantages qui résultent de l'heureuse *constitution* qu'on vient de former, l'Assemblée nationale a trouvé l'unique moyen qu'il y avait d'attacher la dépendance et la fidélité de ses habitants à la *monarchie* française »[94]. Le 22, Paoli écrit à Gentili que la Corse, « au moment où on l'espérait le moins, peut se *régénérer* dans la paix et dans la liberté avec toutes les autres provinces de la monarchie[95] ». Le 23, il approuve encore le décret « puisque la patrie a obtenu sa liberté[96] ». Le même jour, il écrit à Nobili-Savelli : « Reprenez aujourd'hui votre inspiration poétique et chantez qu'en ce jour de *régénération du genre humain* je peux vous donner la nouvelle que notre peuple rompt ses chaînes [avec Gênes]. L'union avec la *libre nation française* n'est pas servitude mais participation de droit. » Autant Paoli rejetait la monarchie de type absolu, autant il adhère à la nouvelle France, à la nation française, à la monarchie constitutionnelle qu'il espère de type britannique. La nouvelle France de 1789 devrait permettre à l'île de se « régénérer », c'est-à-dire de devenir ce que son père appelait en 1735 la « nouvelle Corse ». Comme feu son père, Paoli ne raisonne pas en termes de puissances (France, Angleterre), il raisonne en terme d'idées : « système », « nouveau système », « autre système », « liberté », « constitution ». En outre, le décret du 30 novembre 1789 permet aux Corses exilés de rentrer dans leur île, toujours grâce à Mirabeau qui déclare à l'Assemblée : « Messieurs, après avoir rendu ce décret, il s'en présente un autre qui est la suite nécessaire, et que je pose en ces termes : l'Assemblée nationale décrète que ceux des Corses qui, après avoir combattu pour la liberté, se sont expatriés, par l'effet et à la suite de la conquête de leur île, et qui cependant ne sont coupables d'aucuns délits légaux, auront dès ce moment la faculté de rentrer dans leur pays pour y exercer tous les droits de citoyens français, et que le Roi sera supplié de donner sans délai tous les ordres nécessaires pour cet objet. » Là aussi, si l'on suit à la lettre Ambroggio Rossi, cette amnistie aurait été soufflée depuis Londres par Paoli à Mirabeau, par le biais de Saliceti et de Cesari, députés du tiers-état, comme Mirabeau. Rossi écrit que Paoli aurait fait « demander à l'Assemblée [nationale] le retour de tous les Corses expatriés, en commençant par lui, son frère, etc.[97]. » Il est donc plus que vraisemblable que Paoli a téléguidé, depuis Londres, le décret du 30 novembre 1789, ce qui explique son enthousiasme d'un côté, celui de Mirabeau, La Fayette, Bailly de l'autre[98], le tout dans un contexte de fraternité maçonnique des deux côtés de la Manche. Il n'est du reste pas vraisemblable que l'Assemblée de 1789 n'ait pas consulté Paoli avant de promulguer ce décret. Le croire serait offensant pour Paoli car cela reviendrait à dire qu'il aurait été quantité totalement négligeable, ce qui s'inscrit en faux contre tout ce qui suit.

Paoli et la Constituante

En décembre 1789, le sénat de Gênes refuse de reconnaître la validité du décret de la Constituante, car contraire au traité de 1768. En revanche, Paoli écrit à la Constituante une lettre officielle lue à la tribune le 19 : « C'est avec un transport de joie bien vive que j'ai appris ce que l'Assemblée nationale a fait pour ma patrie. En admettant la Corse parmi les provinces de la France, elle a trouvé le moyen infaillible d'attacher les habitants de cette île au gouvernement français. En faisant rentrer mes compatriotes expatriés, elle a attaché à la Constitution un nombre considérable d'individus qui la défendront jusqu'à la dernière goutte de leur sang[99]. » Le 22, Paoli écrit à Nobili-Savelli qu'il estime « l'incorporation » de la Corse à la France « avantageuse ». Toujours en décembre, le *Moniteur universel* publie les remerciements de Paoli : « Du moment que la patrie a obtenu sa liberté, toute sollicitude cesse, et si mon séjour ici [à Londres] donnait quelques ombrages, je me retirerais dans des lieux d'où l'on n'entendrait plus parler de moi. » Le sénat de Gênes adresse de son côté à l'Assemblée un mémoire de protestation, lu à la tribune le 21 janvier 1790. Massei s'inquiète : « On dit que la

République nous revendique et que le Roi ne sanctionnera pas le décret d'incorporation de la Corse à la France. » Mirabeau – affilié à la loge des Neuf Sœurs, orient de Paris, depuis le 22 décembre 1783 – prend le contre-pied des revendications génoises. Barnave s'appuie sur « le vœu énoncé par les habitants de la Corse de former *partie intégrante* de la monarchie française ». Mirabeau s'écrie : « Le principe sacré, régulateur en cette matière, c'est le vœu du peuple », propos identiques à ceux tenus par Paoli vingt ans plus tôt. Il emporte un vote majoritaire qui confirme le décret, vote appuyé par Robespierre qui craint une installation étrangère dans l'île, ce en quoi Robespierre est le fidèle continuateur de François Ier, d'Henri II, d'Henri IV, de Louis XV et le précurseur de Napoléon ! Pour la première fois, l'Assemblée nationale, à travers le cas corse, reconnaît le droit des peuples à disposer d'eux-mêmes. Antonio Capello, ambassadeur de Venise en France, remarque quant à lui que « la France n'a pas la souveraineté sur la Corse ». Le 29 janvier 1790, Paoli écrit à l'abbé Andrei : « Nous sommes plus sûrs de notre liberté en union avec tant d'autres provinces ; l'habit est plus large *[il panno è piu largo]*[100]. » Le 3 février, Louis XVI ratifie le décret. Gênes proteste. Le comte Armand-Marc de Montmorin-Saint-Hérem (v.1745-1792), ministre des Affaires étrangères, propose alors à deux reprises, le 9 et le 27 février, à Spinola, ambassadeur de Gênes à Paris, moyennant paiement de trente millions de livres, la rétrocession de l'île, preuve que la France n'a pas sur la question corse une voix unanime ! Gênes refuse. De son côté, Paoli écrit de Londres à Andrei, le 29 janvier : « Je préfère largement l'association [de la Corse] avec les autres provinces françaises à une liberté indépendante. On nous en priverait ou quelqu'un la vendrait ou s'en ferait tyran[101]. » Le 5 février, le comité urbain de Bastia décrète à l'unanimité que l'on invite Paoli à se « restituer » à sa patrie *(« restituirsi alla commune patria »),* « non seulement parce qu'il est le citoyen corse à mériter, plus que tout autre, de jouir de la précieuse liberté générée par la nouvelle Constitution française, mais aussi parce qu'il est le citoyen indispensable dans les circonstances présentes[102] ». Bastia écrit à Paoli que son « exemple enseignera quels sont les devoirs incontournables d'un *sujet libre* envers la nation dont il fait partie, envers les lois *à l'élaboration desquelles il a contribué* [remarque fort intéressante], envers le souverain qui en assure l'exécution [il ne s'agit donc plus d'un souverain prétendu absolu, mais d'un roi soumis à la Loi, à la Nation] ; en outre, cet exemple nous garantit la destruction de toutes les factions, l'écrasement de tous leurs chefs, et avec l'universelle prospérité de notre province sa perpétuelle tranquillité[103] ». Bastia attend de Paoli qu'il écarte par ses « sages conseils toute circonstance critique et scabreuse venant à se produire dans un gouvernement tout à fait inédit, dont la mise en place attire sur lui les regards du monde civilisé et qui promet à la France une grandeur incomparable ».

Le 21 février, profitant du décret d'amnistie, Clemente Paoli rentre en Corse où il est immédiatement « consulté comme l'un des chefs » (A. Rossi). Âgé de soixante-dix-neuf ans, il ne lui reste que trois ans à vivre. Arrive aussi à Bastia Anton Gentili (franc-maçon) qui a quitté Paris afin de voir quel est l'esprit de la Corse à l'égard de Paoli. Louis Ciavaldini rentre aussi de Londres. Quant au colonel de Petriconi, La Fayette le dépêche de Paris dans l'île pour y organiser la garde nationale à Bastia, dans le Nebbio et au cap Corse. Or, début 1790, Monteynard écrit : « Quelques pièves de l'intérieur ont nommé le général Paoli pour chef de leur milice nationale [104]. » La Fayette (commandant de la garde nationale à Paris et franc-maçon), le comte d'Estaing (commandant de la garde nationale à Versailles lors des journées des 5 et 6 octobre 1789 et franc-maçon) poussent donc Paoli – également franc-maçon – vers le commandement de la garde nationale en Corse, par le biais de Petriconi, fils de paoliste. Dès le lendemain, 22 février, Clemente fait convoquer à Bastia une assemblée des députés de toutes les pièves de l'île qui propose plusieurs choses : 1) elle remercie la Constituante pour le décret d'union de la Corse à la France ; 2) pour le rappel des exilés ; 3) elle sollicite à l'unanimité le retour de Paoli en Corse ; 4) elle décide de députer à Londres quatre insulaires pour aller le chercher : Louis Belgodere de Bagnaja, Pierre-Paul Murati, l'avocat Panattieri de Calvi, le lieutenant-colonel de Casabianca de Vescovato. Comme en 1755, plusieurs pièves ont refusé de participer à cette assemblée : les pièves du Delà-des-Monts et la ville d'Ajaccio. À Londres, Pascal ronge son frein. Quoique âgé de soixante-cinq ans, l'homme est en parfaite santé et enterre tous les ans nombre d'amis dont Samuel Johnson, mort en 1784. En dehors de quelques maux de tête qui prennent le relais de ses vertiges de jeunesse, Paoli a toujours « bon appétit » (12 octobre 1783), se déclare « bien disposé à dévorer plus de la moitié du *haunch of venison* » (1783), et se sent toujours jeune : le 5 juin 1788, rétabli d'une indisposition passagère, il écrit à Maria Cosway : « Tous les jours, je vais un peu mieux. Pour cette fois, je ne dérogerai pas *au vœu que j'ai fait de vivre cent ans.* »

De Londres, Paoli suit (et peut-être précède) les événements : le 4 mars, il est décidé à Paris que « l'Isle de Corse ne formera provisoirement qu'un seul département ». La Tour du Pin nomme deux commissaires du Roi pour veiller au bon déroulement des opérations électorales en Corse en vue de mettre en place les instances municipales (district, département) : Ponte et Mattei. Bastia proteste, non parce que Ponte a été maintenu noble en 1771 et Mattei créé comte en 1788, mais parce que tous deux – royalistes – sont estimés trop inféodés à Versailles. Bastia propose de leur substituer Mgr Santini et César-Mathieu Simoni de Petriconi (1727-1794), maintenu noble en 1774, certes, mais « exilé » à Toulon de 1777 à 1790, commandant de la garde nationale (1790), fils aîné de Jean-Laurent, paoliste mort en 1784. Tous deux sont donc adjoints aux deux premiers alors que Bastia dépêche à Londres Murati et Belgodere (le 25 février), afin d'inciter Paoli à rentrer en Corse.

De Londres à Paris : fidélité ou trahison ?

Le 9 mars, Paoli prend – par écrit – congé du roi d'Angleterre qui l'a pensionné pendant plus de vingt ans et qui a dû s'étonner de cette volonté soudaine de Paoli, tout à coup désireux de se rallier à la France qui l'a en apparence écrasé à Ponte Novo, lequel lui écrit, avant de quitter le sol britannique : « Mon cœur sent ce qu'il vous doit, sire, il vous sera *dévoué à jamais* et autant que les lois de l'honneur le permettront, *mon attachement sera aussi manifeste, constant et inaltérable* que le respect et l'admiration qu'exigent vos vertus sublimes[105]. » Mais ce que ne comprend peut-être pas George III de Hanovre, et ce que comprend rarement l'historien, c'est que ce n'est pas la France qui a écrasé les paolistes à Ponte Novo : c'est Louis XV, ce sont les troupes du roi dont le pouvoir chancelle, c'est la monarchie de droit divin, laquelle – justement – est en train de s'écrouler. Aussi Paoli – homme des Lumières, philosophe, homme de lettres – fait-il bien la distinction entre le régime qui l'a « opprimé », dit-il – la monarchie française –, et le régime auquel il adhère volontiers : celui de l'Assemblée « nationale », celui de la Constituante, celui de la France issue des Lumières, la France de Montesquieu, de Mirabeau et de La Fayette, tous affiliés à différentes loges maçonniques. Il y a d'un côté l'ancienne France, monarchique, l'Ancien Régime, déjà écroulé depuis le 4 août 1789, et de l'autre la France nouvelle qui s'achemine vers le régime qu'il a toujours voulu imposer dans son esprit : la République, au sens latin du terme, la *res publica* gérée par le peuple. Paoli ne peut absolument pas se comprendre si l'on ne perçoit pas qu'il ne raisonne pas par rapport aux pays (la France, l'Angleterre), mais par rapport aux idées (la philosophie maçonnique considérée comme fondation stuardiste). Paoli, qui n'est ni français ni anglais, mais corse, ne peut donc se définir en qualité de « traître » à telle ou telle nation : on ne peut le définir qu'en tant que penseur, voire en tant qu'idéologue. Lui-même se perçoit toujours comme « italien » : il l'écrit assez souvent dans ses nombreuses lettres à Maria Cosway, native de Florence, qu'il considère toujours comme sa compatriote. « Italien », Paoli aime à la fois la Grande-Bretagne issue de la *Glorious Revolution* de 1688 et la France des philosophes. Il aime à la fois Montesquieu initié en Angleterre et Rousseau protégé du lord Maréchal. Il aime à la fois le système politique britannique et le système politique que la Constituante va tenter de mettre en place en France. Il est fidèle à la fois aux Stuarts et à l'universalité de la fraternité maçonnique dont il partage le pacifisme et la tolérance religieuse, quoiqu'il soit lui-même catholique et respectueux de la Vierge, de l'Évangile et de l'Église de Rome à condition de bien séparer l'Église et l'État.

Il faut bien voir que Paoli s'intéresse à ce qui se passe à Paris en 1789-1790 tout comme l'historienne britannique Catarina Macaulay qui publie ses *Observations sur les réflexions de M. Burke sur la Révolution française,* ou encore comme le publiciste milanais et maçon Giuseppe Gorani (1744-1819) qui ressemble beaucoup à Paoli. Gorani aussi a participé à un journal « national » : *Le Café,* publication littéraire. Gorani aussi est un esprit « engagé », auteur du *Traité du despotisme* (1770). Gorani aussi est mort en exil, à Genève, ses biens personnels ayant été confisqués comme ceux de Paoli seront détruits en Corse (1798). Lui aussi a été l'ami des philosophes, notamment de Diderot. Proche de Verri, comme Paoli, lié à Beccaria assez intimement, Gorani aussi a reçu les honneurs de la France révolutionnaire ; il a même reçu en 1792, à la demande de Bailly, le titre de « citoyen français ». Venu à Paris lui aussi, il y publia même en 1793 une série de *Lettres aux souverains sur la Révolution française,* lesquelles furent très remarquées, avant de publier en 1797 ses *Prédictions sur la Révolution française* (in-8°).

Paoli procède totalement de cet état d'esprit, européen, universel. Cosmopolite, toujours tolérant à l'égard des juifs, lié au bey de Tunis, ami des corsaires du Maghreb, héritier d'une tradition insulaire qui dépêcha Sampiero Corso, Sanson Napollon ou Théodore de Neuhoff auprès du sultan, Paoli est d'autant plus devenu « citoyen du monde » que le Prétendant Stuart est mort à Florence le 31 janvier 1788 et que l'avenir de la cause jacobite et de la dynastie écossaise est irrémédiablement scellé du fait que le dernier des Stuarts, frère du défunt, est un ecclésiastique romain, le cardinal d'York (1725-1807), de fait célibataire et sans enfants, dont il est – curieux hasard – l'exact contemporain. Dégagé quelque peu de cette fidélité jacobite et écossaise, Paoli a donc légitimement le droit moral de quitter Londres car sa fidélité d'outre-Manche était plus finalement une inféodation au Stuart qu'au Hanovre, au Prétendant qu'à George III, à l'Écosse de Boswell et de Bonnie Prince Charlie qu'à l'Angleterre de John Wilkes.

D'autre part, ce qui attire Paoli à Paris au printemps 1790, c'est le fait que la *Déclaration des Droits de l'Homme et du Citoyen* – concentration des « principes de 1789 » issus de la nuit du 4 août – est si proche des idées que son père et lui ont défendues depuis 1735 au moins qu'on pourrait presque croire qu'ils l'ont influencée ! Que veut la *Déclaration des Droits de l'Homme* en effet sinon rétablir « les droits naturels, inaliénables et sacrés de l'homme » dont elle dit qu'ils sont restés trop longtemps dans « l'oubli » ! Il y a là la base de la véritable « rédemption » voulue en Corse par Giacinto, par Neuhoff puis par Pascal depuis plus de cinquante ans. L'article 3 de la *Déclaration* est identique à la pensée de Giacinto en 1735 et à celle de Pascal exprimée en 1769 : « Le principe de toute *souveraineté* réside essentiellement *dans la nation.* Nul corps, nul individu ne peut exercer d'autorité qui n'en émane expressément. » En matière de tolérance religieuse, Paoli ne peut qu'avoir l'impression d'entendre ses propres idées lorsqu'il lit l'article 10 : « Nul ne doit être inquiété *pour ses opinions, même religieuses.* » Il est favorable à « la libre communication des pensées et des opinions, un des droits les plus précieux de l'homme » (article 11). Lui aussi, à Corte, avait instauré ce que réclame l'article 15 : « La société a le droit *de demander compte* à tout agent public de son administration. » Paoli, qui craint parfois – notamment à l'égard de George III – de passer un peu trop pour le défenseur d'idées « populaires » (c'est-à-dire démocratiques, voire « égalitaires » pour ne pas dire « niveleuses »), ne peut qu'être comblé par l'article premier : « Les hommes naissent et demeurent libres et *égaux en droits.* Les distinctions sociales ne peuvent être fondées que sur l'utilité commune. » Certes, la Révolution française va parfois plus loin qu'il ne l'imaginait : l'abolition de la noblesse choque peut-être celui dont le père a été fait « marquis » théodorien en 1736, celui qui appelait son frère Clemente « le comte » dans ses lettres à son père de 1754-1755, celui qui a fait apposer des armoiries (non timbrées toutefois) sur la façade de la maison familiale de Morosaglia, mais il ne s'oppose pas à cette abolition, à la différence de Necker, né lui aussi roturier. Les paolistes centurais qui se proposaient de pendre le marquis Doria devant la tour de son épouse à Cannelle, plus de vingt ans avant 1789, sont en revanche prêts à suivre la Révolution dans tous ses futurs excès. Quant à l'attitude de la Révolution face au clergé, elle va de plus en plus correspondre à la volonté profonde de Paoli : d'une part, parce qu'il a été l'un des premiers Européens (après Henri VIII) à transformer les biens de l'Église romaine en biens « nationaux » ; d'autre part, parce que la Constitution civile du clergé aboutit à une idée qui lui est chère, celle de la séparation de l'Église, qu'il respecte, de l'État, qu'il vénère. Même l'Être suprême de Robespierre est finalement assez proche sans doute du Grand Architecte de l'Univers auquel Paoli se rattache mais qui fait néanmoins bon ménage dans son esprit avec la Vierge qu'il adore. Pour Paoli, sans doute, l'attitude initiale des constituants en matière religieuse n'est pas schisme romain mais respect de la morale de l'Évangile, un peu comme pour l'abbé Grégoire. C'est dans cet état d'esprit, tout échauffé par les principes de 1789, que Paoli s'apprête à découvrir Paris un peu plus de six mois après la prise de la Bastille et quelques semaines avant la fête de la Fédération.

Le 22 mars 1790, Boswell offre en l'honneur de Paoli un dîner d'adieu : y participent le ministre de Portugal le chevalier d'Almeida Mello Castro, sir John Dick, Thomas David Boswell, frère de James, sir Joseph Banks (1743-1820), explorateur qui a accompagné Cook en 1768 dans son tour du monde et président de la Royal Society depuis 1778, membre de la loge Old Horn n° 4. Assistent pareillement au dîner le premier comte Mac Cartney, John Osborn, le comte Saint-Martin de Front, ministre du roi de Sardaigne, et Richard Cosway.

Paoli à Paris

Le 3 avril 1790, Paoli arrive à Paris où la ville d'Ajaccio a finalement décidé de dépêcher quatre insulaires pour l'accueillir, à la demande de Joseph Bonaparte (frère aîné de Napoléon), de Carlo Andrea Pozzo di Borgo, de Jérôme Levie (podestat d'Ajaccio), d'Arriotte-Louis Benielli (cousin de Napoléon) et de l'abbé Coti. Ces quatre insulaires qui accueillent Paoli à Paris sont Peretti de le Vie, Chiappe de Sartène, le chanoine Multedo de Vico, Mario Peraldi d'Ajaccio. Il faut y ajouter les deux Bastiais Belgodere de Bagnaja et Murati. Spinola regarde alors Paoli comme un « partisan convaincu de la Révolution ». Le 7, depuis Paris, Paoli écrit à Maria Cosway qu'il ne s'est pas « confessé pendant cette période sainte » et qu'il n'a « pas eu le temps d'aller à la messe ». « La traversée à été bonne [...]. Je suis arrivé ici en parfaite santé [...]. Hier soir [6 avril, jour de ses soixante-cinq ans], j'ai pu seulement me présenter à la porte de la comtesse d'Albanie [jeune veuve du Vieux Prétendant]. Elle n'était pas chez elle. Ce matin, elle m'a écrit pour m'inviter à déjeuner. *Je suis trop occupé* [preuve d'un détachement nouveau]. Je la verrai ce soir [preuve que le détachement affiché a ses limites !]... Les gens de qualité vivent à une lieue et plus les uns des autres, et ici les voitures, les cochers et les domestiques ne valent rien et ils me font devenir fou [...]. J'ai cent affaires en cours [...]. Un grand nombre de visites d'affaires ou de cérémonies ennuyeuses [...]. *J'ai vu la comtesse d'Albanie.* Elle m'a plu et je ne sais pourquoi. Si j'avais affaire à elle, l'amitié qu'on ne peut lui refuser se transformerait facilement en sœur jumelle de l'amour. J'étais en bonne compagnie. *Sa présence éleva mon imagination et me fit dire quelques vérités aux Français* [preuve de sa non-inféodation à ceux-ci !]. Elle voudrait que je lui rende visite samedi. Si je n'ai pas d'engagement, je ne me priverai pas de ce plaisir. »

Le 8, Paoli – qui a été présenté à Londres à George III et à la reine d'Angleterre, à Mantoue à l'empereur Joseph II, à La Haye au stathouder de Hollande – est présenté par Biron à Louis XVI et à Marie-Antoinette, accompagné des députés de Corse. Le 10, Paoli qui a déjà rencontré « tous les principaux membres de l'Assemblée », écrit à Thomas Arrighi : « J'ai lieu d'être content des Français comme je le fus des Anglais [106] », mais il s'agit des Français révolutionnaires : Mirabeau, La Fayette, Robespierre, non des Français de l'Ancien Régime : Marbeuf, Barrin, Sionville. Or les successeurs de ces derniers sont toujours en Corse. Le 18, à Bastia, le colonel-comte de Rully réembarque le régiment du Maine, mais les opérations se font dans un extraordinaire désordre ; Rully et Barrin se disputent ; Rully s'impatiente contre un autre officier, sort son pistolet, lui tire dessus, mais c'est une passante qui reçoit le coup ! Une émeute éclate. Rully est alors criblé de balles après s'être mis à la fenêtre de la caserne des grenadiers pour tenter de s'imposer à la foule. Pendant ce temps, à Paris, Paoli est couvert d'éloges par l'astronome Bailly (1736-1793), doyen du tiers-état qui a lu le serment du Jeu de paume le 20 juin 1789, maçon devenu maire de Paris (1789-1791), belle promotion pour le fils d'un gardien des tableaux de Versailles. Partout, Paoli est reçu dans les salons et clubs révolutionnaires, introduit par La Fayette, puis fêté à l'Assemblée nationale le 22 avril, dans sa séance du soir, par tous les députés à l'exception de deux Corses : le comte de Buttafocco et l'abbé Peretti della Rocca, royalistes bientôt émigrés. Présenté par Saliceti, il est acclamé lorsqu'il déclare : « Ce jour est le plus heureux et le plus beau de ma vie. Je l'ai passée à rechercher la Liberté et j'en vois ici le plus noble spectacle... Ma vie entière a été un serment à la Liberté. »

Fêté par tous, Paoli est reçu par Robespierre le 26 avril à la Société des Amis de la Constitution. Celui-ci – qui la préside – le fait asseoir à sa droite en présence de tous les membres, debout et découverts, et lui déclare : « Il fut un temps où nous cherchions à opprimer la Liberté dans ses derniers asiles [...]. Ce délit est toutefois imputable *au despotisme, le peuple français* l'a réparé. » Robespierre fait donc bien – lui aussi – la distinction chère à Paoli : d'un côté, ce qu'il définit comme « le despotisme », de l'autre « le peuple français ». Dans une période aussi troublée que le fut celle de la Révolution, il est essentiel de voir que Paoli comme Robespierre ne considère pas la France dans son unicité. Les historiens d'après 1945 – à l'issue d'une autre période cruelle – réagiront de même – dans un tout autre domaine –, en disant : Vichy n'est pas la France. Pour Paoli, étranger de surcroît, la monarchie française, la dynastie capétienne, Louis XVI, tout cela n'est rien : ni son passé, ni sa culture. En revanche, la *Déclaration des Droits de l'Homme et du Citoyen,* les thèmes fondateurs de la France nouvelle : Liberté, Égalité, Fraternité, sont sa culture et peuvent devenir son avenir. Ces idées sont siennes depuis l'enfance. Aussi ne peut-il que se réjouir de la conclusion de Robespierre : « Quelle magnifique expiation pour la Corse conquise et pour l'humanité offensée. Généreux citoyen, vous avez défendu la Liberté en un temps où nous n'osions même pas l'espérer. Vous avez souffert pour elle ; vous triomphez avec elle et votre triomphe est le nôtre. » Le lendemain, Butaffoco s'inquiète : « M. de Paoli est arrivé à Paris et j'en ai éprouvé le plus vif plaisir, croyant qu'il désirait vraiment le bien de la patrie. Mais peu de temps aura suffi pour découvrir qu'il était animé par ses anciens principes[107]. » Il est vrai que le 13 avril 1790 Clemente Paoli écrit depuis Bastia : « Présentement, il n'y a pas un fusil. Je crois par ailleurs qu'il en arrivera, et alors chaque bon patriote en acquerra un pour la défense du bien commun[108]. »

Le 27 avril, Paoli qui vient d'apprendre la mort à Bastia du colonel de Rully écrit à Cesare Matteo de Petriconi : « J'ai fait connaître combien était éloignée de l'esprit des Corses l'idée de se séparer de ce gouvernement désormais excellent [...]. Il n'y a pas de province dans cette grande monarchie qui, plus que la Corse, proportionnellement, puisse profiter de la nouvelle forme de gouvernement. J'en ai convaincu les ministres, et ce matin je l'ai même écrit au Roi. L'Assemblée nationale a reçu nos députés avec un tel enthousiasme et a manifesté une telle sollicitude en faveur de notre nation, que jamais nous ne montrerons assez de gratitude envers cet Auguste Sénat pour la généreuse constance avec laquelle il étudie les moyens de réparer les torts qui nous ont été faits et dans la conquête, et dans le gouvernement du despotisme [...]. Si nos gens sont judicieux, *la Cour et l'Assemblée* rivaliseront pour aider notre pays. J'ai été très bien reçu, et j'attribue cet accueil favorable au désintérêt que j'ai fait connaître dans ma conduite, parce que je n'ai en vue que le bien et l'honneur de la patrie, et j'ai la vanité de dire que si ma façon d'agir était imitée par tous les bons patriotes, la Corse serait bien vite régénérée [...]. Je ne sais pas quand je pourrai partir car je peux être plus utile ici qu'ailleurs. »

Le 28, Paoli écrit à Maria Cosway : « C'est la comtesse d'Albanie qui m'a fait remettre votre lettre du 20... Ici [à Paris], je me sens en parfaite santé, bien que je ne sois sorti me promener que deux fois et presque au point du jour. Les routes ici ne sont pas faites pour la promenade. Pour ce qui est de l'élégance et des commodités, Paris a des années de retard par rapport à Londres. Mais la physionomie des habitants a changé. On voit gravée sur le front de tous la résolution d'être libres et ils le seront. J'ai tout lieu d'être satisfait de tout le monde. J'ignore quand je partirai. Je ne pourrai pas rester longtemps parce qu'ici *je dépense plus d'argent qu'à Londres,* et assurément je ne suis pas riche. » À Paris, Paoli voit souvent Pierre-François Hughes, dit le baron d'Hancarville (v.1719-1805), aventurier, antiquaire, passionné d'archéologie et historien d'art. Le 30 avril, il rencontre à nouveau Louis XVI lorsque le ministre de la Guerre présente au roi Saliceti, Casabianca et Panattieri député de Calvi. Le 4 mai, Maria Cosway fait baptiser sa fille – Louisa Paolina Angelica – et elle lui donne pour parrain Paoli, absent, et pour marraine la comtesse d'Albanie, aussi absente, représentée par la princesse Czartoryska, épouse du prince Adam-Casimir Czartoryski (1734-1823), membre de la loge Les Trois Frères à l'orient de Varsovie, lequel en 1763 a refusé le trône de Pologne [109] pour ne pas porter préjudice à sa patrie qui néanmoins fut partagée. L'enfant mourra dès 1796, sa mère étant dans un couvent de Gênes depuis 1791 ! (Pourquoi ? Pour expier une faute ? S'agirait-il d'un enfant du péché ? Impossible de répondre à ce genre de question). Le 17, Spinola écrit de Paris aux sénateurs génois : « Il me revient de bonne source que le fameux Pascal Paoli qui se trouve toujours dans cette ville, et les autres Corses députés à l'Assemblée nationale, soupçonnent que Vos Seigneuries aient récemment engagé quelque négociation avec la Cour tendant à obtenir la rétrocession de la Corse moyennant un versement d'argent. » Le 17 juin, Paoli invite à dîner Bailly, La Fayette qui l'a fait acclamer sur le Champ-de-Mars, Mirabeau, Sieyès, Talleyrand (peut-être déjà initié à la maçonnerie). Mirabeau est précieux car il parle corse couramment. Certes, il a combattu en Corse en 1769-1770, mais par sa trisaïeule Jeanne Lenche Mirabeau a des ancêtres cap-corsins. Paoli le sait. En outre, Mirabeau gravite au sein de la loge secrète des Philadelphes, dans l'ordre des Illuminaten où la fièvre mesmérienne attire nombre d'esprits affiliés à des cercles alchimiques et ésotériques [110], proches de ce que professe à Londres Richard Cosway. Avant de quitter la capitale, Paoli veut voir son semi-compatriote qui s'est immortalisé en adressant au marquis de Dreux-Brézé sa célèbre apostrophe : « Allez dire au Roi que nous sommes ici de par la volonté *du peuple* et que nous n'en sortirons que par la force des baïonnettes » (23 juin 1789). Il veut discuter avec Mirabeau qui a fait adopter par la

Constituante (30 novembre 1789) le décret d'amnistie à l'égard de « ceux des Corses qui, après avoir combattu pour la Liberté, se sont expatriés » après Ponte Novo. C'est Mirabeau qui a plaidé pour que tous ces exilés se voient accorder par la Constituante « la faculté de rentrer dans leur pays pour y exercer tous les droits de *citoyens français* ». C'est Mirabeau qui a plaidé pour que la Corse soit française car « le principe sacré, régulateur en cette matière, c'est *le vœu du peuple* ». Paoli a donc besoin de s'entretenir avec ce jeune marquis qui a des amis outre-Manche, notamment Gilbert Elliot, ancien étudiant à Paris. Mirabeau d'autre part est l'auteur d'une *Histoire de Corse,* rédigée à la demande de Buttafoco, mais jamais publiée car « jamais mon monstre de père – écrit Mirabeau – n'a voulu, malgré la demande de la Corse entière et les supplications de Buttafoco, la laisser imprimer ». Or, ce « monstre de père » n'est mort que le 13 juillet 1789, privant son fils de toute participation à la journée du lendemain. Mirabeau regrette amèrement la non-parution de cet ouvrage car, dit-il, le curé de Guagno « me trouva le cœur corse, c'est-à-dire très plein de l'amour de la Liberté ». Ce même 17 juin, après une journée épuisante, Paoli écrit à Gio Geronimo Levie : « J'apprends avec plaisir que vous avez été élu maire de votre cité [Ajaccio]. C'est pour moi une grande consolation qu'un homme du patriotisme duquel je suis sûr depuis tant d'années ait une influence majeure sur une ville pour laquelle j'ai de la prédilection et de l'estime car elle fut la première à donner l'exemple du patriotisme à toutes les autres [111]. »

Le 22 juin, trois semaines avant la fête de la Fédération, Paoli quitte Paris alors que Guelfucci est déjà rentré en Corse. Après une halte à Lyon le 26 (trois jours), une à Valence, Tournon, Avignon (3 juillet), Aix-en-Provence, Paoli arrive le 11 juillet à Marseille où Ajaccio lui a envoyé pour l'accueillir une députation : Joseph Bonaparte né en 1768, son frère Napoléon, Charles-André Pozzo di Borgo né en 1764, Jacques Po, l'abbé Recco, Paravisini, Thomas Tavera. Les deux principaux, Joseph Bonaparte et Pozzo di Borgo, ont vingt-deux et vingt-six ans. Le vieux montagnard en a soixante-cinq et s'embarque avec eux à Toulon. Au cours de ces quelques semaines (avril-juillet 1790), Paoli a découvert la France où il n'avait jamais posé le pied. À soixante-cinq ans, c'est pour l'époque un vieillard d'autant plus que la Révolution est conduite par des hommes jeunes qui ont l'âge des enfants qu'il aurait pu avoir, et même de ses petits-enfants. Saliceti est né en 1757, Arena en 1753. Napoléon est né le 15 août 1769 ! Paoli jadis recevait chez lui à Corte le père de Napoléon, né en 1746, et sa femme Laetitia Ramolino, née en 1750, couple qui avait déjà plus de vingt ans de moins que Paoli. C'est dire qu'existe un fossé immense entre lui et les révolutionnaires qui sont d'une, voire deux générations plus jeunes ; pour Napoléon,

Paoli n'est pas un père mais un grand-père. Le grand-père Ramolino est né en 1723, la grand-mère Ramolino, née Pietrasanta, est née la même année que Paoli. Les parents de Paoli se sont mariés en 1710, or, chez les Bonaparte, ceux qui se sont mariés en 1708, ce sont les arrière-grands-parents de Napoléon ! Le fossé générationnel est donc énorme. Il est important de comprendre que Paoli et Napoléon ne sont pas rivaux au sens politique du terme. Ils ne sont pas contemporains, même s'ils ont quelques paires d'années communes à l'époque révolutionnaire. Paoli – dont les parents se sont mariés sous Louis XIV – se raccroche au passé, à Rakoczy, à Neuhoff, alors que Napoléon est né plus de trois quarts de siècle après Théodore ! Paoli a été élevé par un père né en 1677 alors que Galeazzini est né en 1759 et Buonarrotti en 1761. Pourtant, malgré cet écart d'âge considérable, le fossé culturel est mince entre eux tous en 1789-1790. Le 23 décembre 1789, Paoli a écrit à Nobili-Savelli : « L'union avec la *libre* Nation française n'est *pas servitude mais participation de Droit* » et Bonaparte écrit à l'abbé Raynal : « Il n'est plus de mer qui nous sépare. » Dans cette atmosphère littéraire, au milieu d'hommes de loi – Robespierre, Saliceti, Arena, tous avocats –, Paoli, fils de juriste, et Bonaparte, fils d'avocat, adhèrent ensemble à la Révolution sans guillotine. En 1793-1794, face à la Terreur, le jeune officier et le vieux philosophe, l'homme d'épée et l'homme de plume, feront en revanche des choix provisoirement différents, mais dès le 23 août 1802, depuis Londres, Paoli écrira à Nobili-Savelli : « Quand la situation sera stabilisée, je pense que mes petits-neveux devraient finir leur éducation en France. Nous sommes unis à cette nation, il faut se conformer à la langue, aux us et coutumes de ce pays si on veut faire quelque progrès dans le monde[112]. »

CHAPITRE IX

Le citoyen du ciel (1790-1807)

« Je ne dois plus penser qu'à l'autre monde et à devenir citoyen du ciel. »

Pascal Paoli

Le 14 juillet 1790, Paoli débarque à Macinaggio où des Ajacciens lui lisent un discours rédigé par Bonaparte qui a déjà écrit le 31 octobre 1789 une *Adresse des patriotes d'Ajaccio.* Le hasard a voulu que Paoli y dîne et y couche dans la chambre où naquit notre grand-mère Lucie Baldacci le 11 août 1891. Aussi notre grand-père Antoine Franceschi (1891-1980) fit-il apposer une plaque de marbre sur la grosse demeure qui s'ouvre sur le port et où l'on peut toujours lire les paroles qu'y prononça Paoli depuis le balcon du premier étage : « Ô ma Patrie, je t'ai laissée esclave. Je te retrouve libre. » À Macinaggio, Paoli, descendu à terre, commence par s'agenouiller pour embrasser le sol. Le vœu de Vincenzo Mario Alesandrini va-t-il se réaliser ? « Avec l'arrivée de Paoli, nous espérons que cette division des esprits se convertira en unité, que tous ensemble nous servirons la nouvelle Constitution française[1]. »

Que Paoli débarque en Corse le jour anniversaire de la prise de la Bastille est loin d'être un hasard. Ce 14 juillet voit en effet célébrée dans toute la France l'immense fête de la Fédération qui a pour épicentre le Champ-de-Mars parisien. Il faut bien voir qu'en ce 14 juillet toute la France est à l'unisson des trois cent mille spectateurs qui participent à la fête autour du roi, de Talleyrand – évêque d'Autun, qui célèbre la messe – et de La Fayette qui appuie son épée nue sur l'autel de la Patrie pour prononcer le serment civique : « Nous jurons d'être à jamais fidèles à la nation, à la loi et au roi ; de maintenir de tout notre pouvoir la

Constitution décrétée par l'Assemblée nationale et acceptée par le roi ; de protéger les personnes et les propriétés..., de demeurer unis à tous les Français par les liens indissolubles de la fraternité. » Or ce serment est relayé dans toute la France à partir de l'amphithéâtre du Champ-de-Mars qui devient en ce jour le Champ de la Fédération. Loin des douze cents musiciens qui font danser la bourrée aux Auvergnats et des farandoles aux Provençaux, tous « montés à Paris, les canons de tout le royaume prennent le relais des cents bouches à feu qui tirent leurs salves au Champ-de-Mars sous un déluge de pluie. Les canons de Meudon, de Saint-Cloud, de Montmartre et du Mont-Valérien transmettent à leur tour leur écho de place en place, de ville en ville, jusqu'aux frontières de la France en liesse. Débarquer en ce 14 juillet 1790 à Macinaggio est donc, de la part de Paoli, un geste extrêmement symbolique puisqu'il associe « son » département aux quatre-vingt-deux autres qui ont tous envoyé des députés des gardes nationales en ce Paris révolutionnaire : le député corse à la fête de la Fédération est un jeune officier de Saint-Florent, Francesco Antonio Arena, né en 1769, dont le frère Giuseppe Maria (né en 1762) est maire de L'Île-Rousse (1789-1790) et dont l'autre frère Filippo Antonio (né en 1766) est colonel de la garde nationale de L'Île-Rousse qui a pour capitaine leur dernier frère Giuseppe Antonio (1771-1801). En ce mois de juillet, les auberges de Paris grouillent de « délégués départementaux » venus de Bretagne, du Jura, du Béarn, du Dauphiné ou des bords de la Durance chère à Mirabeau.

Or, de cette fête de la Fédération, Paoli a été mis au courant au cours de son séjour parisien, ne serait-ce que parce que La Fayette en est l'un des personnages essentiels de même que le président de l'Assemblée nationale, assis à la tribune d'honneur, à la droite du roi et « sur un fauteuil d'égale hauteur ». Et les différentes inscriptions qui ornent l'arc de triomphe et l'autel de la Patrie correspondent parfaitement à tout ce qu'a dit ou écrit Paoli depuis une quarantaine d'années. On y lit notamment : « Vous chérissez cette liberté. Vous la possédez maintenant. Montrez-vous digne de la conserver. » Ou encore : « Nous ne vous craindrons plus, *subalternes tyrans.* Vous qui nous opprimiez sous cent noms différents. » Et enfin : « Les Droits de l'Homme étaient méconnus depuis des siècles. Ils ont été *rétablis* pour l'Humanité entière. » C'est la fameuse « rédemption » de Neuhoff et Paoli. Par conséquent, en ce 14 juillet, Paoli est en phase totale avec Paris et on ne parle que de « Liberté » de Macinaggio jusque dans la capitale. Même les prêtres (constitutionnels) que Paoli a laissés à Paris (ils sont deux cents autour de Talleyrand ce 14 juillet 1790) portent autour de la taille une ceinture tricolore et les Parisiennes portent des ceintures « à la Nation », c'est-à-dire tricolores, qui font penser aux rubans des Livournaises qui acclamaient Paoli en leur port au lendemain de Ponte Novo.

Débarquer à Macinaggio le 14 juillet 1790 c'est donc enrôler la Corse dans l'immense farandole que la France entière danse autour du Champ-de-Mars, de place en place, de ville en ville, non pas peut-être parce que la France est la France, mais parce que c'est la patrie des Droits de l'Homme et parce qu'elle incarne la Liberté, si chère aux Paoli père et fils depuis des décennies. Des phrases inscrites sur l'autel de la Patrie du Champ-de-Mars auraient très bien pu l'être par Paoli tant elles sont proches de sa pensée, notamment celle-ci : « Les mortels sont égaux. Ce n'est pas la naissance, c'est la seule vertu, qui fait la différence. » Autant dire que Paoli – si opposé à la « naissance » des prétendus « marquis » de Matra – est en totale communion d'idées et d'idéal avec les constituants de 1789-1791.

Paoli en Corse : 1790-1792

Après une nuit passée à Macinaggio, Paoli réembarque pour faire les quarante kilomètres qui le séparent de Bastia où chacune des églises a exposé le saint sacrement. Le 15 et le 16, les maisons sont illuminées. On danse dans les rues. Les banquets sont nombreux. Le temps s'y prête et un buste de Paoli a été exposé par ses partisans avec une inscription en son honneur : « Le temps et les revers n'ont rien pu sur son âme/ Héros d'un peuple libre, il défendit ses droits/ L'amour de son pays, la liberté l'enflamment/ Et rebelle aux tyrans, il est soumis aux lois ». À Bastia, le 17 juillet, le conseil municipal demande à Barrin de tirer le canon. Demande ambiguë. Est-ce en l'honneur de Paoli ? Est-ce en l'honneur de la Fédération nationale ? En effet, les salves d'artillerie sont fort nombreuses dans toute l'étendue du pays alors que les Fédérés chantent le *Ça ira*, le « bon » *Ça ira* pas celui sanguinaire de 1793 qui imposera de mettre « les aristocrates à la lanterne ». De toute manière, Barrin refuse car il sait très bien que Paoli est fort hostile à l'œuvre entreprise par la monarchie en Corse. Paoli a en effet envoyé deux « lettres » à MM. les députés des juridictions de Corse assemblées à Bastia pour la formation des cahiers de doléances et l'élection de leurs représentants aux États Généraux. Dans ces deux lettres, lues en public en mai 1789, que disait Paoli ? Dans la première, adressée à un Anglais fictif, simplement appelé « Milord » et soi-disant arrivé de la capitale, il écrivait : « Nouvellement arrivé de Paris, vous êtes instruit des biens apparents que le Roi a faits à la Corse, mais vous ne savez point que ces biens mêmes ont été convertis en maux par l'abus qu'en ont fait les chefs de l'administration provinciale [...]. Mais, me direz-vous, l'or du Roi a coulé à grands flots en Corse. L'île a été percée de grands chemins. » En effet, la grande route de Bastia à Ajaccio a été commencée en 1782. Elle doit desservir aussi Corte, et une autre liaison a été entreprise : Bastia-Saint-Florent. « Des pépinières de mûriers, orangers et autres arbres fruitiers se sont élevées de son sein et ont remplacé les anciens makis [*sic*]. » C'est exact : par édit royal de 1784, Louis XVI a exempté de toute imposition et des dîmes ecclésiastiques, pour vingt-cinq ans, les maquis mis en culture. « Les Corses vont exporter le résultat de leurs manufactures », grâce à ces sept cent mille mûriers. « Des primes sont établies pour encourager la culture de l'olivier et des arbres fruitiers. » Exact encore : depuis 1785, une prime de dix sous est offerte à toute personne qui importe un plant d'oranger, de citronnier, d'olivier ou de mûrier. Mais Paoli conclut : « Je vous arrête, milord ». Et les critiques commencent : « que l'on encourage la plantation des mûriers », c'est bien, mais il faut que le gouvernement « se souvienne qu'il est des lieux en Corse qui ne sont bons à autre chose qu'à servir de pacage aux troupeaux de chèvres, qu'elles sont la dernière ressource du pauvre dans les années de famine ». Il faut « qu'on favorise surtout les brebis, que l'on n'oublie jamais qu'elles habillent presque tous les habitants de la Corse ». Les routes ? « La grande route n'a été poussée que de Bastia à Venaco. » « Et puis, quel avantage a-t-elle produit ? » Les Corses n'ont pas de marchandises à transporter dessus ! « Un cultivateur qui s'empresserait à se procurer des cuves avant d'avoir planté sa vigne ne serait pas plus ridicule ». L'éducation ? « Ce gouvernement bienfaisant a offert des places à vingt Corses nommés par les États au séminaire d'Aix-en-Provence ; mais la clause de l'approbation de la Cour ou des commissaires du Roi a presque toujours empêché » la chose ! Paoli déplore « le fardeau des réparations de ces routes, dégradées par les seules voitures qui approvisionnent les troupes ! Voilà le gain de la nation ». Il déplore « le pouvoir illimité des commissaires du Roi... plus illimité que celui qu'ils exercent dans les autres provinces du Roi ». Il dénonce l'autorité des « commis..., *tyrans subalternes*..., Français sans naissance, sans éducation, dont le talent consiste à savoir tracer des lettres et unir des chiffres..., [nommés en Corse parce que] destinés, dans leur pays, à manier la bêche et la charrue ». Il veut que « le commissaire départi accorde les emplois dont il dispose à des Corses ». Il veut que l'on encourage les défrichements, que l'on donne aux États « l'administration de cette partie du revenu des évêques qui est appelée le patrimoine des pauvres ».

S'il critique l'administration royale, Paoli ne critique pas la France. Au contraire, le 20 juillet, il rend un vibrant hommage à l'« *auguste Assemblée* qui travaille sans relâche à refondre la vaste monarchie à laquelle, pour notre plus grand *bonheur,* nous sommes *indissolublement* associés et unis ». La Constituante promulgue en effet plus de trois mille lois et décrets entre 1789 et 1791 ! Elle vient de créer le département de Corse, divisé en neuf districts, six pour le Deçà, trois pour le Delà, eux-mêmes divisés en cantons et municipalités. Pour l'instant, Paoli est totalement en phase avec l'Assemblée et, le 9 août, le *Moniteur* fait son éloge en racontant à ses lecteurs le séjour enfiévré de Paoli à Paris : « Chacun voulait voir, toucher, entendre ce héros, après vingt et un ans d'exil et d'amertume, ce noble vieillard aux cheveux blancs, à la haute taille, au regard doux et pénétrant » ; mais le frère aîné du « noble vieillard » – Clemente –, toujours prêt à combattre (il a soixante-dix-neuf ans), est déjà en train de commander à Livourne quinze cents fusils pour armer ses troupes, ce qui indigne vite la presse parisienne !

Fin août, Paoli est chez lui à Morosaglia, à Pastoreccia, au cœur de son Rostino natal, près de Castinetta et de Salicetto, petits villages voisins en apparence immuables. Pourtant, comme partout ailleurs, les esprits y sont échauffés. Les cahiers de doléances de la communauté de Pastoreccia ont été rédigés par les deux pères de la commune, Ruggiero Valentini (sans doute parent de Pascal) et Luiggi Antonelli, ainsi que par le podestat Pietro Mazzoni[2]. Il est signé aussi par Giuseppe Anton Polidori, sans doute parent des frères Orsonne et Ciccolo partis de Morosaglia à Apt en 1569. Paoli peut y lire : « Aujourd'hui, 22 avril 1789, dans l'assemblée convoquée, selon l'usage, au son de la cloche, devant nous P. Mazzoni... R. Valentini et Luiggi Antonelli..., en vertu de la grâce accordée à la Corse par l'édit daté de Versailles le 22 mai dernier, dans lequel le Roi, en vrai père affectueux, *daigne* jeter un regard *sur notre néant* et porter sa main providentielle sur les innombrables maux dont ce cahier sera une esquisse, afin que la tranquillité tant désirée revienne enfin dans ce pays tourmenté depuis tant de siècles, les membres de ladite assemblée font les observations suivantes : la première cause de la ruine de cette communauté remonte au passage de Ponte Novo, en 1769, par les troupes royales et les muletiers de l'escorte des officiers qui ont piétiné et détruit toutes les plantations faites dans le voisinage de ce pont. À partir de ce moment, les pauvres gens furent obligés, par suite des mauvaises récoltes, de contracter des emprunts du Trésor, pour avances de céréales, orge et blé, et de farines. La ruine fut consommée par les frais d'entretien des soldats qui accompagnaient les agents chargés du recouvrement de ces avances. Quelques individus ont été aussi ruinés par l'occupation, sans dédommagement aucun, de leurs terres par des gens du Roi passant d'une province à l'autre avec leurs chariots, utilisant enclos, écuries, vergers et chemins. D'autres ont perdu, à cause du voisinage des campements, des oliviers endommagés par les mulets qu'on attachait à ces arbres. »

Sorti de Londres, ville de cinq cent mille habitants, et arrivé de Paris, Paoli se retrouve à Pastoreccia où la population est de cent soixante-dix âmes, dont les cousins Valentini[3]. Le village voisin de Frasso ne compte que cinquante-six individus. Si l'on ajoute Morosaglia, le canton de Morosaglia compte trois cent quarante-quatre habitants qui font valoir que « la population a été plus considérable avant que les guerres ne dévastassent le pays ». Localement, la population est plutôt hostile à l'œuvre française : « Les guerres ont diminué le nombre des habitants. » Par conséquent, « le défaut de culture a couvert les campagnes de maquis, de sorte que la génération nouvelle, dans sa majeure partie, souffre de la faim pendant quatre mois de l'année ». Pourtant, « le village de Pastoreccia est au bon air », ce qui n'est pas le cas de Frasso où « l'air ne circule pas librement ». Mais partout ailleurs dans le canton, « l'air en général est bon sur tout le territoire de la commune ». « Les eaux sont abondantes sur le territoire » qui totalise d'après le plan terrier quarante-six fontaines ! Même si « le sol est presque généralement pierreux et médiocre..., il y a cependant environ le quart du territoire de bonne qualité » et les mille huit cent soixante et un arpents et une verge qui sont cultivés fournissent à la population nombre de ressources : pieds d'oliviers, châtaigniers, diverses « plantes annuelles », des pâturages, quelques céréales. Par conséquent, « il reste peu à faire pour mettre l'agriculture à son degré de perfection ». Il y a du reste un élevage abondant et pas moins de cinq moulins, dont sans doute celui du grand-père de Paoli.

En contemplant ce vieux moulin, Paoli peut considérer le chemin parcouru en l'espace d'une vie. Le petit-fils du meunier a été reçu par George III, Joseph II, Louis XVI, Marie-Antoinette, le stathouder, Robespierre, La Fayette, Mirabeau ! Voltaire, Grimm, Frédéric II, le pape et Rousseau ont parlé de lui ou lui ont écrit. Au plan personnel, son chemin est grandiose ! Au plan insulaire, il en va différemment. Les habitants de Pastoreccia se plaignent dans leur cahier de doléances des « discordes civiles », de « l'esprit de parti », de la modicité de leurs ressources. « À cause de leur misère, ils ne peuvent pas recourir aux médecins et aux chirurgiens, lesquels taxent leurs honoraires à leur guise, et ils meurent comme des bêtes. » Cela ne peut que choquer Paoli, souvent malade en Corse, mais remarquablement soigné à Londres par l'éminent Dr Pringle, médecin de Sa Majesté, et par Barthélemy Ruspini, excellent dentiste devenu grand stewart de la Grande Loge unie d'Angleterre (1771) et fondateur de la Masonic Institutions for Girls à laquelle appartint peut-être Maria Cosway ! Les habitants de Pastoreccia veulent « qu'il y ait dans chaque piève des professeurs de médecine et de chirurgie qui, rétribués convenablement, seraient obligés de visiter et de soigner gratuitement les pauvres auxquels les maires doivent fournir des médicaments ».

Les soucis de ses compatriotes, Paoli est à même de les mesurer. À Pastoreccia, « comme personne dans la communauté n'exerce un métier, l'argent des propriétaires qui ont besoin de faire des travaux s'en va au-dehors et les pauvres gens sont au désespoir de n'avoir personne qui leur apprend un métier ». Dès 1789, Paoli avait écrit en Corse, à la veille de la préparation des États Généraux : « Je ne conçois pas en vérité comment un gouvernement qui veut le bien néglige un point aussi important que celui de l'éducation. » Ce que voit Paoli en 1790 dans son propre village, dans son propre canton, c'est une « communauté [qui] ne peut demander au commerce la nourriture que son territoire ne lui fournit pas ». Lui qui s'est habitué à boire du chocolat chaud et du thé à Londres, il entend ses compatriotes se plaindre. D'une part, il y a les maux traditionnels de la Corse : « Les frais des procès et litiges dévorent les patrimoines : salaire des agents, contrôles, renvoi illimité des sentences... Les procès ne se terminent que lorsque les parties sont réduites à l'état de squelettes. » « L'ambition est la ruine de la société d'aujourd'hui. De l'orient au couchant retentit le fracas des rixes et des discordes, au point que chacun se détourne de ses occupations pour ne songer qu'à nuire à son rival et, dans les assemblées publiques, quand deux individus briguent la même charge, leur premier soin est de corrompre les votants. Des restes de l'honnêteté immolée se dégage une odeur fétide qui infecte de proche en proche toutes les communautés. De là, les homicides, le déshonneur, les haines et le désespoir des familles qui sont obligées parfois de s'ôter le morceau de la bouche pour faire face aux tristes conséquences de la débauche et de l'oisiveté. » D'autre part, à ces maux (procès, homicides, brigues électorales), la monarchie en a ajouté d'autres d'après le cahier de doléances de Pastoreccia : « Les ordonnances de Sa Majesté sur les mésus champêtres ne produisent aucun effet et les bestiaux mal gardés dévorent les céréales avant la moisson. Les emplois donnés de préférence aux étrangers sont une des causes de la misère publique, l'argent sortant toujours du pays au lieu d'y entrer. Chaque district n'ayant pas un collège, la jeunesse croupit dans l'ignorance, le vice et l'impolitesse. Le commerce avec les étrangers étant grevé d'un droit de trente pour cent, les objets de première nécessité sont d'un prix excessif. » Les habitants veulent « la liberté du commerce dans l'île et la réduction des gabelles dans les ports à l'ancien cinq pour cent ». Ils déplorent « la faible autorité des officiers municipaux [qui] ne saurait mettre un frein aux rixes et à la maraude. Leurs actes devraient être dispensés du contrôle et leur compétence s'étendre jusqu'aux amendes de cent francs. La rapacité des fermiers de l'impôt du vingtième est une cause incessante de procès ».

Tout semble être contesté : manque d'instruction, manque de collèges, trop d'impôts. Seule la religion catholique paraît soutenir les plus démunis mais « le commerce avec les hérétiques étrangers répand l'erreur dans le pays où les *esprits forts* abondent, méprisant la doctrine maternelle, et ces *catéchistes de l'enfer* causent un dommage à la société » ! Quels sont donc ces « hérétiques » et ces « catéchistes de l'enfer » ?

Le travail à accomplir est donc énorme dans un contexte difficile car aux revendications sociales qui existent en France, en matière fiscale par exemple, s'ajoutent ici des revendications de type national : tous les malheurs viendraient de Ponte Novo, des « gens du Roi », des « chariots », des « troupes royales » et des « officiers qui ont piétiné et détruit toutes les plantations » ou qui ont « attaché » leurs mulets aux oliviers. Mais, dans leurs requêtes, les habitants de Pastoreccia sont loin d'être xénophobes ou anti-Français ! Au contraire ! Ils demandent « qu'on introduise en Corse des familles de cultivateurs *étrangers* », ce que voulaient déjà Giacinto Paoli et Neuhoff dans les années 1730. Ils souhaitent « que tous les Corses qui apprennent *en France* les arts mécaniques rentrent dans leurs familles aussitôt leur apprentissage terminé avec l'obligation de faire des élèves ». « S'il n'y a pas suffisamment de Corses pour enseigner les arts mécaniques, qu'on envoie des maîtres *de France.* » Les habitants réclament « que les emplois ecclésiastiques ou laïques soient donnés à des Corses *ou à des Français établis en Corse* avec leurs familles ». Ils veulent que « tous les trois ans, des élèves, laïques ou clercs, choisis dans toutes les écoles de l'île, soient admis dans un collège royal *de France* où ils compléteront leurs études pendant trois ans, au bout desquels ils reviendront en Corse, où ils formeront des élèves à leur tour, jusqu'au jour où il sera créé dans l'île une excellente université ».

L'intolérance n'existe qu'en matière religieuse. Les habitants de Pastoreccia veulent « que le Roi Très Chrétien, *l'oint du Seigneur,* autorise les évêques dans leurs diocèses et les curés dans leurs paroisses à saisir *les livres prohibés* ; que les évêques jugent de plein droit les procès *d'hérésie* ; qu'il n'y ait pas dans l'île de troupes *non catholiques* », revendications délicates pour Pascal Paoli, naguère entouré de Prussiens et de Suisses. Néanmoins, le 9 septembre, à la *consulta* d'Orezza, Paoli est couvert d'éloges ; les discours y sont multipliés et plusieurs seront imprimés : ceux de Paolo Pompei, de Jean-Baptiste Galeazini, de Barthélemy Arena, secrétaire de cette *consulta.* On procède au vote qui est dépouillé par Abbatucci et Pietri de Fozzano, professeur de physique-chimie à l'université de Pise. Paoli est élu président du département et commandant général des gardes nationales (cas de cumul unique en France) alors qu'il disait, quelques mois auparavant : « Peut-être passerai-je en Corse pour y vivre de la façon *la plus retirée* qui soit possible » (Londres, fin 1789). « Je ne prendrai *aucune part* à l'administration des affaires » (Londres, 22 décembre 1789). « J'avais lieu de croire ma destinée accomplie et qu'il ne me restait autre chose à désirer que de finir mes jours *dans la tranquillité d'une retraite* » (Paoli à George III). De même, l'abbé Guelfucci est élu administrateur du département de la Corse. Malgré son refus, Pompei fait voter en faveur de Paoli une énorme pension viagère de cinquante mille livres, sorte de liste civile représentant le quart des impôts de l'île ! Et malgré son refus également, l'assemblée décrète l'érection d'une statue en son honneur.

Paoli aurait tort de se priver du pouvoir (cumulé, civil et militaire, ce qui est interdit par la Constitution) car c'est le pouvoir qui vient à lui. Le jeune franc-maçon pisan Buonarotti ne lui écrit-il pas : « L'amour et la vénération pour la Liberté, pour la Constitution française et pour les héros qui la promeuvent furent les sentiments qui enflammèrent nos cœurs [de Toscans] en entendant les premiers décrets de l'Assemblée nationale. Vous, Monsieur, qui les avez prévenus, vous, qui, anciennement, avez profité des vertueuses mœurs de ce bon peuple pour le soustraire à une aristocratie barbare et aux horreurs de la confusion, avez suscité le premier notre attention et notre reconnaissance. Les héros, qui, de vous, apprirent à être libres et que la barbare conduite du despotisme obligea à chercher parmi nous un asile, nous apprirent avec leur exemple et leur vertu à aimer la liberté, à respecter le patriotisme et à prononcer avec vénération votre nom qui a bien mérité de l'humanité. Daignez, Monsieur, être auprès d'eux le témoin de la reconnaissance que de nombreux Toscans leur témoignaient déjà. Osons espérer que viendra un jour heureux où ils seront parmi nous cités comme des modèles des vertus de la patrie. Un jour peut-être viendra, dans lequel moins que maintenant, *fanatiques* et aventuriers, nous viendrons en Corse apprendre les lois que Paoli, déjà, vous a promulguées, que l'Assemblée nationale *a renouées* et que vous, avec votre exemple et votre vertu, avez fait exactement respecter[4] ».

Paoli toutefois est un homme de soixante-cinq ans. Louis XV est mort à soixante-quatre. Des Corses plus jeunes aspirent eux aussi au pouvoir, comme lui-même en 1755. Parmi eux, Saliceti, qui a la trentaine, c'est-à-dire l'âge où Paoli s'opposait au vieux chanoine Orticoni lorsque celui-ci déclarait à qui voulait l'entendre que son élection de 1755 n'était pas « régulière » et que Matra avait autant de droits que lui au généralat. Saliceti se fait donc élire procureur général syndic du département, avec Arena pour suppléant, car il est décidé que le département de Corse sera administré par un conseil général – présidé par Paoli –, un directoire, et un procureur général syndic. Au niveau des municipalités, la nouvelle organisation communale engendre des brigues électorales, sévèrement réprimées dans le canton d'Ampugnani par Petriconi qui commande la garde nationale, et habilement apaisées dans son diocèse par Mgr de Guernes (1725-1798), évêque d'Aléria depuis 1770, aimé des Corses parce qu'il les a défendus naguère contre Marbeuf.

Président du département, président du conseil général, commandant de la garde nationale – Paoli croule sous les titres. Sa première erreur est de ne les considérer que comme des titres. Cela est imputable à trois choses, d'une part à la tradition corse, d'autre part au fait que ces institutions sont à peine en train de se mettre en place partout dans le royaume et qu'une immense confusion administrative existe. Enfin, au fait que Paoli, jeune, a été général de la nation, de 1755 à 1769. Or un général de la nation n'avait qu'un pouvoir parallèle au pouvoir réel, c'est-à-dire au pouvoir d'État exercé par Gênes. Tous les lieutenants généraux de telle ou telle province corse, une fois investis de leurs titres par telle ou telle *consulta,* retournaient aux champs dès le lendemain (Luccioni, lieutenant général, fut retrouvé assassiné « dans sa vigne » en 1736). Paoli est l'héritier de cette tradition. Philosophe de la première moitié du siècle, il avait vingt-cinq ans en 1750. Homme des Lumières, c'est un homme âgé pour l'époque et ses allusions à ses compatriotes pauvres, à la nécessité de maintenir les chèvres pour eux, à l'inutilité des routes françaises percées dans l'île, prouvent, comme la plupart de ses lettres de 1789-1790, qu'il aspire à un retour au « premier système » : il écrit « système d'avant ». Quelque part, Paoli en Corse en 1790, dans une île qu'il a quittée depuis vingt et un ans, fait penser à Louis XVIII à Paris, en 1814, rentré en France après vingt-cinq ans d'exil. Comme Louis XVIII et comme tout exilé, la première chose qu'il souhaite faire, c'est « renouer la chaîne des temps ». Général de l'État paoliste (1755-1769), mais général « rebelle » dans le cadre de l'État génois, il ne pouvait que lui être très difficile – dans l'immensité de la confusion révolutionnaire – de s'adapter à des structures nouvelles pour lui comme pour tous les Français : le département, le district, la garde nationale. Aussi accepte-t-il tous ces titres mais plus comme des titres que comme des fonctions. Résultat, alors qu'il voulait exercer la réalité du pouvoir quand Gênes le lui interdisait, Paoli n'exerce pratiquement pas le pouvoir quand Paris le lui donne. Il ne siège au conseil général qu'une seule fois : le 11 novembre 1790. Et le 16 janvier 1792, il écrit encore : « *Je ne tiens pas à m'ingérer dans les affaires ordinaires.* Mais là où il sera nécessaire de défendre la Constitution, je prendrai le mousquet et je marcherai avec les bons patriotes[5]. » Paoli, à y regarder de près, n'est pas un chef d'État mais un théoricien de l'État, du pouvoir. Il est un législateur. C'est Solon. C'est Lycurgue. C'est comme cela que tous ses contemporains le perçoivent, et en 1790 il est quelque peu dans la situation où se serait trouvé Montesquieu si le roi lui avait donné la France à gérer à sa place au lendemain de la publication de l'*Esprit des lois*.

Pour les Corses pro-français – royalistes –, ce retour du *Babbu* est une vraie calamité qui doit être contrée, car si Paoli accepte volontiers que la Corse soit rattachée à la « noble nation française », il oppose en réalité les deux « nations » : la nation corse et la nation française. François de Gaffori (1744-1796), rentré dans l'île le 16 septembre 1789 à la demande de son futur gendre Mathieu de Buttafocco (1731-1806), et nommé à Bastia commandant en second auprès du vicomte de Barrin, en remplacement de M. de Beaumanoir, orchestre donc une véritable opposition à Paoli. Sont à la tête de cette opposition les Fabiani en Balagne, maintenus nobles par le Conseil supérieur en 1774 ; Antoine Bocchechiampe à Oletta, lieutenant à la suite de la place de Saint-Florent, totalement inféodé au roi qui l'a maintenu noble en 1784 avec toute sa famille dont un conseiller au Conseil supérieur de la Corse ; ou les Pasqualini à San Martino-di-Lota. Colonel commandant la Légion corse (1772) au service de Louis XV, maintenu noble par arrêt du Conseil supérieur de la Corse (1789), Gaffori a été fait maréchal de camp par Louis XVI en 1788 et il a été l'un des quatre députés du tiers-état élu pour la juridiction de Corte à l'Assemblée des états de 1789. Quant à Buttafocco, colonel d'un régiment français de son nom (1769), créé comte par Louis XV (1770), maintenu noble en 1771, il est maréchal de camp depuis 1781 et a été député de la noblesse en 1789.

Ces Corses pro-français livrent un véritable combat à Paoli, d'une part parce qu'en vingt ans la monarchie les a couverts d'honneurs, de titres, de grades, d'emplois et d'arrêts de maintenue de noblesse, mais aussi parce qu'ils ont à se venger de Paoli pour différentes raisons. Les Fabiani ne lui pardonnent pas d'avoir fait enfermer en prison, lorsqu'il était au pouvoir, et sans jugement, au château de Corte, Maria Raffali de Stazzona d'Orezza, veuve de Simone Fabiani (1698-1736), sa bru Teresa, femme du lieutenant-colonel Giuseppe Maria Fabiani au service de Louis XV, malheureuse emprisonnée avec ses deux fillettes qui mourut en captivité ! Mais ces Corses pro-français – la plupart officiers, voire officiers généraux (les maréchaux de camp deviennent généraux de brigade en 1792) – ne font pas non plus l'unanimité : dès novembre 1789, même dans sa propre ville de Corte, Gaffori doit battre en retraite et Buttafocco se retrouve même brûlé plusieurs fois en effigie comme

« traître à la patrie », comme l'indiquent divers placards accrochés sur ces mannequins de paille destinés au bûcher ! Donc, dès le retour de Paoli en Corse, le gouverneur de Corse, M. de Monteynard, s'inquiète : « Les partisans de Paoli se réveillent comme je n'ai cessé de le craindre et de le dire. » Et Paoli exile Gaffori dès son arrivée dans la plus pure tradition corse (juillet 1790), exil d'un « particulier » qui n'a rien de constitutionnel alors qu'à Paris les constituants s'acharnent à multiplier les lois, décrets et édits pour aboutir à un total de trois mille lois formant le socle constitutionnel de la France entre 1789 et 1791, jusqu'à la réunion de la Législative.

Le 23 septembre 1790, au cours d'une nouvelle *consulta,* Paoli fait choisir deux « députés extraordinaires » pour les dépêcher à Paris auprès de la Constituante : le premier est le neveu de son ami le RP Carlo Felice Pozzo di Borgo (1733-1780), prieur de Mezzana : le jeune Carlo Andrea Pozzo di Borgo (1764-1862), docteur en droit civil et canon de l'université de Pise et grand admirateur de Montesquieu ; le second est Gentili, son ancien aide de camp à Londres. Tous deux doivent demander à la Constituante plusieurs choses : l'annulation des concessions de terres et étangs accordées par la monarchie en Corse depuis 1769 à divers particuliers ; l'annulation des faveurs royales accordées aux familles de MM. de Marbeuf, Narbonne-Pelet et Sionville. Ce même 23 septembre, Joseph Bonaparte demande à la *consulta* d'élever une pyramide afin d'y graver sur un côté le nom de tous les Corses qui ont combattu pour la liberté depuis 1729 ; sur le deuxième côté, le nom des martyrs de cette liberté ; sur le troisième côté, « l'époque de la régénération » ; et sur le quatrième, le nom des « traîtres à la patrie » (*vittoli*). L'assemblée accepte. La *consulta* invite aussi Volney à venir en Corse, ce qu'il fait, mais malgré l'accueil enthousiaste de plusieurs, Paoli ne l'apprécie guère, le trouvant à la fois athée et de mauvaises mœurs. Le 15 octobre, depuis Bastia, Paoli écrit à Andrew Burnaby : « Gentili est allé à Paris en qualité de député extraordinaire afin de présenter au monarque et au Corps législatif le procès-verbal de l'organisation du département. » À Bastia, certains aussitôt regardent ces correspondances anglaises comme louches. Et pourtant, Paoli pouvait-il couper les ponts avec tous ceux qui avaient constitué l'essentiel de sa vie entre quarante-quatre et soixante-cinq ans ? À Paris, Gentili et Pozzo di Borgo, reçus à l'Assemblée, y présentent leurs requêtes mais doivent y défendre aussi Paoli calomnié par Buttafocco et l'abbé Peretti de La Rocca. Devant le tumulte provoqué par ce différend, Saliceti intervient pour soutenir Gentili et Pozzo di Borgo.

Le 2 janvier 1791, Gio-Carlo Paganelli, devenu maire de Zicavo, recense les religieux franciscains de son couvent local. Giacomo-Anton

Lusinchi y rédige le procès-verbal de la renonciation de leurs vœux. Le 4 mars, la Constituante supprime le régiment *Provincial-Corse* à la demande d'Arena qui le considère avec raison comme trop inféodé à Louis XVI. Le 16, Giacomo-Pietro Abbatucci (1723-1813), lieutenant-colonel au Provincial-Corse depuis 1775, chevalier de Saint-Louis et futur maréchal de camp (1792), et Ventura Leccia, tous deux commissaires députés par le directoire du district, font néanmoins le jeu de la France et procèdent à l'inventaire du couvent de Zicavo alors que commence la vente des biens nationaux : vases d'argent, linge servant au culte, vaisselle d'étain, objets de bronze et de cuivre, autels et statues de bois, bibliothèque de 525 livres et manuscrits, « œuvres imparfaites et traitant de matières de peu d'importance » (Abbatucci), chasubles, coussins, couvertures, linge. Paoli écrit à cette époque à Maria Cosway : « Cessons de parler sur ce ton qui sent un peu trop le bigot et qui est d'autant plus inconvenant pour moi que je suis occupé à supprimer les couvents, les paroisses et les évêchés » ; cela parce qu'il est anticlérical, mais pas parce qu'il serait athée ! Vendus, les biens nationaux sont acquis par les grands notables, tels les Fabiani qui achètent le couvent de Calenzana qui a résisté aux Allemands de Neuhoff ; les Stefanopoli de Comnène, chefs de la colonie grecque de Cargèse régulièrement opposée aux « nationaux » ; les Abbatucci de Zicavo, les Peraldi, déjà bien pourvus dans le district d'Ajaccio.

Le 7 mai, le Bastiais François-Mathieu Guasco (1720-1802), évêque de Nebbio (1770) puis de Sagone (1773), député du clergé à Versailles en 1772 et 1781, président des États de Corse en 1775 et 1785, et surtout prélat assermenté, est élu à soixante-dix ans premier évêque constitutionnel de toute l'île de Corse, ce qui donne lieu à des troubles à Bastia réprimés par Anton Francesco de Rossi (1726-1800), nouveau commandant militaire depuis le départ de Barrin. Capitaine au Royal-Corse (1759), chevalier de Saint-Louis (1763), créé comte par lettres de Louis XVI (1778) avec érection en comté du domaine de Chiavari, maréchal de camp (1788), Rossi n'est autre que le fils aîné de Bianca Colonna de'Bozzi et le petit-fils du prisonnier de 1729 ! Après l'emprisonnement à Gênes de son grand-père, toute sa famille a constitué l'un des pivots du parti français : son père Francesco Saverio, sa mère Bianca, son frère Camillo Maria (1727-1794), capitaine au Royal-Corse (1758), chevalier de Saint-Louis (1763), futur maréchal de camp (1792), général de division (1793), mort sur l'échafaud, et son cousin Giacinto Stefano Antonio de Rossi (1744-1794), chevalier de Saint-Louis (1788), futur colonel (1792), également guillotiné.

Le 1er juin, à Bastia dans l'église Saint-Jean, le curé Bajetta, soutenu par le père Salvadori, supérieur des missionnaires, s'élève en chaire contre la Constitution civile du clergé votée le 12 juillet 1790 et condamnée par le pape le 13 avril 1791. Dès 1790, Mgr de Guernes, évêque d'Aléria, natif du diocèse de Limoges, a d'ailleurs rédigé une protestation contre la Constitution civile du clergé, avant d'émigrer en 1792. Le curé Bajetta s'insurge aussi contre le décret du 27 novembre qui impose aux prêtres de prêter le serment de fidélité à la Constitution ; et il s'insurge contre la loge maçonnique portuaire – ce qui est un moyen de contester Paoli – et organise une procession de pénitence avec les prêtres non jureurs en ce troisième jour des Rogations. Les prêtres réfractaires ne sont pourtant qu'une minorité dans l'île : 39 sur 379, dont l'évêque de Mariana, Mgr de Verclos, rentré de Rome début mai et remplacé depuis le 7 mai par Mgr Guasco. Ce 1er juin, les Bastiais, le clergé régulier et séculier, les confréries, les femmes surtout font donc le tour de la ville, pieds nus, avec une grosse corde au cou. « La procession visita toutes les églises, couvents et oratoires de la cité », écrit Panattieri. « Les cris de *Vive la Religion romaine, vive l'évêque de Mariana et Accia* [Verclos] étaient souvent scandés. Et les décrets de l'Assemblée nationale, affichés un peu partout, lacérés avec colère. » Le 2, jour de l'Ascension, on sonne le tocsin, la foule, essentiellement féminine, se rassemble en l'église Saint-Jean, et dépêche quelques participants auprès du directoire départemental pour réclamer le retour de Verclos, prélat réfractaire. À la cathédrale, les femmes replacent les armes de Mgr de Verclos. Deux membres du directoire – Arena et Panattieri – s'emportent alors contre le clergé en général, choquant ceux qui sont venus leur apporter leurs doléances : à savoir, le curé Bajetta, le RP Salvadori, le père Léonard, provincial des Réformés, le notaire Poggioli, M. Vidau, juge à Sartène, et M. de Petriconi, colonel des gardes nationales à Bastia. Tous protestent énergiquement, se disent heureux d'être français, fidèles aux décrets de la Constituante et au roi, mais ils déclarent fermement qu'ils veulent conserver leur religion telle qu'elle était « avant la convocation des États Généraux » ! Ils exigent 1) le retour de Mgr de Verclos ; 2) l'expulsion de l'« intrus » (Mgr Guasco) ; 3) et celle du franc-maçon Buonarotti, « Toscan établi dans cette ville et exerçant la profession de gazetier, ayant répandu des maximes contraires à la religion et tendant à inspirer du mépris pour les ministres et ses autels ». Face à l'émeute qui gronde, Rossi fait fermer les portes de la citadelle et tourner les canons contre la ville ! La foule alors se déchaîne. Les portes de la citadelle sont brisées. La maison épiscopale de Guasco résiste, mais celle de son cousin Biadelli est pillée. Ses meubles sont brisés et jetés par les fenêtres. Bartolomeo Arena (1753-1832), aîné des cinq frères de ce nom, et F.-B. Panattieri, secrétaire général du directoire du département, sont embarqués pour l'Italie ! Fiora Oliva – dite « la Colonella » –,

« *prostituta con un crucifisso da una mano, e un corno marino dall altra* », à la tête des Bastiaises, ravage alors la loge maçonnique du port. Les meubles sont brûlés, les archives jetées à la mer, les instruments symboliques rassemblés afin d'alimenter un feu de joie au bord de la mer. Le gazetier Buonarotti, molesté, mais protégé par les frères Galeazzini, est conduit au port la corde au cou (signe de pénitence plus que témoignage de violence révolutionnaire), et embarqué de force, pour l'Italie lui aussi. Le 3 juin, la maison de Mgr Guasco est pillée. Celle d'Arena attaquée. Dans la péninsule italienne, Nicolao Spedalieri écrit à pareille époque (1791) : « La philosophie *des impies* est en train de pénétrer toute l'Europe. La conjuration existe, elle a été découverte. *Dans la petite île de Corse,* il n'y avait pas moins de trois loges de francs-maçons. L'Italie est pleine de ces êtres mystérieux[6]. »

En raison des émeutes bastiaises, Paoli, alors à Ajaccio, gagne Corte où Arena et Panattieri parviennent à le rejoindre. Le siège du pouvoir est alors transporté, sur ordre de la Convention, de Bastia à Corte (29 septembre) et l'évêché de Bastia est transféré à Ajaccio alors que les Bastiais réclament la liberté de culte pour les prêtres réfractaires, comme en Bretagne, en Vendée ou dans tout l'ouest du pays. Le 24 juin, Paoli entre à Bastia avec trois à sept mille partisans. Vidau s'embarque aussitôt pour la Sardaigne. Nombre de prêtres, de moines et de femmes sont arrêtés et envoyés à Corte. Petriconi, arrêté, est néanmoins autorisé à rester à Bastia, car il est malade. Les milices paolistes s'installent alors chez les bourgeois du port durant un mois, les obligeant à les nourrir (pain, viande, vin) : c'est la *Coccagna di Bastia.* Le 23 juillet, Paoli rentre à Corte après avoir désarmé les Bastiais, suspendu les autorités municipales et fait arrêter une quinzaine de religieux. Il emmène avec lui l'ensemble de l'administration vite installée au deuxième étage de l'ancien Palais national surélevé depuis 1772. Le 2 août, depuis le couvent de Morosaglia, il écrit à Maria Cosway : « Que fait Paolina, innocente et abandonnée, puisque sa mère ne s'en occupe plus ? Je voudrais que la comtesse [d'Albanie, veuve du Prétendant] sa marraine la prît *avec elle* et je serais tenté *de lui écrire* à ce sujet. » Propos curieux dans la mesure où l'autorité paternelle n'appartient qu'à Richard Cosway ! Certains en ont déduit que Paoli aurait été le père de l'enfant.

Paoli se dit à cette époque « débordé par quantité d'affaires pénibles ». « Je sue comme un portefaix sous un poids *qui n'est plus de mon âge.* Ma santé est médiocre, mais je dois me contenter. Je ne me recommande pas à vos prières, parce que [...] vous croiriez que j'ai quitté le sein de notre Sainte Mère l'Église et que je suis privé de la communion des chrétiens fidèles. » Propos ambigus mais qui semblent indiquer que Paoli est admis de nouveau à la communion.

Le 4 août 1791, Paris décidant de lever en Corse quatre bataillons de volontaires nationaux, Paoli en désigne les officiers qui, normalement, auraient dû être élus. Le 5 septembre, un décret de la Constituante supprime toutes les concessions royales pour les réunir au Domaine. Les biens nationaux sont vendus, mais en Corse, il n'y a que cinq cent sept acheteurs. Les étangs d'Urbino, Siglione, Gradugine, Palo, de Foce d'Aleria, Solenzara et leurs dépendances sont par exemple achetés le 5 octobre 1791 par Jean-Baptiste Battesti, agissant pour le compte de Louis Poli, qui les revendra à Saliceti le 4 juin 1804. En septembre (du 16 au 29) ont lieu les élections à la Législative : Pozzo di Borgo est élu député avec cinq autres insulaires dont le neveu de Paoli, Felice Anton Leonetti, réfugié en Toscane après Ponte Novo, devenu colonel au service de George III en 1782 et présent aux sièges de Port-Mahon et de Gibraltar à la fin de la guerre d'Amérique, dans les rangs de l'armée britannique. Les quatre autres députés corses à la Législative sont Pierre-Jean-Thomas Boerio de Corte (1739-1808), de famille traditionnellement au service de Venise mais à présent totalement inféodé à Versailles. Docteur *in utroque jure* de l'université de Pise, procureur du Roi à Corte (1770), avocat au Conseil supérieur de la Corse (1771), juge royal de La Porta d'Ampugnani, maintenu noble (1783), Boerio est le beau-père de Saliceti, également pro-français. Le deuxième est Mario Luiggi Giuseppe Peraldi (1752-1799) d'Ajaccio, lui aussi inféodé à la France : maintenu noble (1789), colonel de la garde nationale d'Ajaccio (1790), commissaire général des armées françaises, il a acheté en 1784 au Génois Benedetto Centurione la totalité de ses biens en Corse pour soixante mille livres. Il est marié depuis 1775 à sa cousine Peraldi. Le troisième est François-Marie Pietri de Fozzano, professeur de physique-chimie à l'université de Pise, qui mourra à Londres et sera inhumé auprès de Paoli en Angleterre au cimetière de Saint-Pancrace. Quant au quatrième, c'est Bartolomeo Arena, ancien député du tiers-état de Calvi (1789) et ancien suppléant de Saliceti à la Constituante. Député à la Législative, Pozzo di Borgo s'y affirme comme un modéré : il condamne le 20 juin, soutient La Fayette accusé de trahison, condamne le 10 août 1792 et la proclamation de la République.

Paoli, quant à lui, envisage la retraite et l'écrit à Maria Cosway : « Je peux presque me flatter de l'idée qu'à cette date-là [1792] les affaires de la Corse ne m'empêcheront plus de faire un voyage en Italie, et Venise sera le premier endroit que je visiterai, puis Rome. Je désire ardemment voir les merveilles que l'on voit de tout temps dans les belles contrées *de notre patrie* [la péninsule italienne]. Mes distractions : il n'y en a aucune. *Je reste chez moi.* De temps en temps, un ami vient me rendre visite... Nous faisons une partie jusqu'à dix heures, puis je vais me coucher. Oh quelle belle vie ! À soixante-six ans, un honnête homme ne doit penser qu'à vivre *aussi paisiblement* que possible... Pauvre vieux... *Si je ne vous aime plus,* je ne peux pourtant pas cesser de vous admirer... Gentili est retourné il y a quelques jours *de France* pour la seconde fois. Il y est allé pour lire à l'Assemblée nationale une adresse de *notre nation.* »

Fin 1791, ce calme insulaire n'est qu'apparent : il y a déjà treize émigrés partis d'Ajaccio, trente et un de Corte, onze de La Porta, sept de Bastia, cinq de L'Île-Rousse, trois de Cervione, un de Tallano ; soit soixante et onze émigrés dont neuf ecclésiastiques. Ces premiers émigrés appartiennent aux familles Buttafocco, Gaffori, Matra, Baciocchi, Adorno (Génois), Doria (Génois), Boccheciampe, Rossi, Fabiani, Figarelli, Sansonetti, Rigo, Mariotti, de La Casalta, de La Venzolasca, etc. De Morosaglia, le 16 novembre 1791, Paoli les raille et écrit au RP Saliceti : « Des lettres reçues hier de France, il ne semble pas que *nos aristocrates* aient beaucoup à espérer [...]. On dit que Buttafoco serait parti pour Coblence [où commence à se réunir l'armée des Princes]... Ce monsieur apportera un grand secours aux ennemis de la Liberté pour la faire crouler de ses fondements [...]. Il n'était pas nécessaire de me rappeler que vous êtes le fils de feu Angelo Maria, mon ami. Je sais que vous en avez hérité la fermeté et le patriotisme [...]. J'ai en vous toute confiance [...]. Votre filleul peut nous être utile dans la conjoncture présente [...]. Je le garderai près de moi et j'aurai soin d'en faire un homme[7]. »

En mars 1792, Bartolomeo Arena critique violemment Paoli en écrivant au ministre de la Guerre : « Monsieur Paoli se donne là-bas [en Corse] des airs d'un Roy ; on me mande qu'il tient auprès de lui une compagnie de gardes nationales soldées, commandée par le sieur Luccione Pasqualini... Or rien n'est plus *anticonstitutionnel* qu'un président de département se fasse entourer par une garde, escorter partout et jusqu'à la promenade, et comme rien ne peut influer davantage à faire tomber son crédit auprès du peuple dont il cherche à abuser, vous sentez la nécessité de profiter de son avis pour demander en Corse des renseignements sur cet objet et pour donner ensuite les ordres que vous devez *pour le maintien de la constitution*[8]. » Aussitôt, la garde nationale est réorganisée. Le 1er avril, Bonaparte est élu lieutenant-colonel en second du bataillon des volontaires corses d'Ajaccio et de Tallano ; Giuseppe Antonio Arena (1771-1801), lieutenant-colonel en second du quatrième bataillon de volontaires corses (1792). En apparence, Paoli se partage gentiment entre sa maison de Morosaglia et celle de ses neveux à Monticello, mais en réalité les paolistes vengent leur chef aussitôt et dévastent les biens de la famille Arena à L'Île-Rousse fin mars, sa maison et son

« beau jardin », alors que des troubles agitent Ajaccio (les « Pâques sanglantes »). Le 1er avril, Monestier qui a été chargé d'une commission d'enquête en Corse, fait à l'Assemblée un rapport noir de la situation : « conduite oppressive [des] administrateurs », « gouvernement vexatoire », « infraction aux décrets », « malversations de deniers » (près de cinq millions venus de Paris en trois ans), « accaparement de toutes les places et de tous les emplois pour leurs parents [des gens en place] et leurs créatures [9] », négligence : les rôles d'impositions ne sont pas constitués. À la même époque, Volney visite l'île, or il est très lié à Arena. Et comme Arena, il dénonce « tous les abus du département ».

La France en guerre (1792)

Le 20 avril 1792, la France déclarant la guerre à l'Empereur, Paoli quitte Monticello (7 mai) pour Corte où il demeure solidement installé à la tête de l'administration départementale. D'ailleurs, le 29 mai, Bonaparte écrit à son frère Joseph : « Tiens-toi fort avec le général Paoli. Il peut tout et est tout [10]. » Mais à Paris, la situation se durcit : le 10 août, les Suisses sont massacrés sur les marches des Tuileries. Environ neuf cents y trouvent la mort en plus de deux mille gardes nationaux. Du côté du peuple, on dénombre quinze cents morts et près de trois mille blessés. Là-dessus commencent les massacres de septembre dans les prisons parisiennes mais aussi en province, à Toulon notamment. Bonaparte et Pozzo di Borgo dénoncent d'ailleurs les exactions de « la canaille ». À Paris, Paoli continue d'inspirer confiance. Alors que l'an I de la République allait être proclamé, il est nommé le 11 septembre, par le Conseil exécutif provisoire, *lieutenant général commandant la 23e division militaire de la Corse.*

Lorsque la Corse apprend la nécessité d'envoyer à Paris de nouveaux députés à la Convention, l'île procède aux élections du 12 au 23 septembre. Six insulaires sont élus : Antoine-Christophe Saliceti ; Antoine-François Andrei, secrétaire de Paoli à Londres ; le Sartenais Angelo Maria Chiappe (1760-1826), ancien receveur des aides, ancien député suppléant du tiers-état à l'Assemblée des états de 1789 ; le capitaine de vaisseau Luce de Casabianca (1760-1798) ; le chanoine Gio Andrea Multedo (1751-1829) de Vico où son frère commande la garde nationale ; et Gio Battista Bozio, juge criminel. Paoli a réussi à empêcher l'élection de Joseph Bonaparte, mais tous ses propres fidèles (Masseria, Panattieri, Colonna de Cesari-Rocca) ont aussi été écartés par les électeurs. Le 17, Paoli écrit : « Il n'y a que les ennemis du bien public qui ont pu concevoir ces idées désastreuses qui tendraient à séparer la Corse *de la mère patrie* [la France] à laquelle *elle doit rester attachée* par reconnaissance *pour tous les bienfaits* qu'elle a versés sur elle [11]. » Le 12 octobre, Pozzo di Borgo quitte Paris. Début novembre, il est à Corte. Le 17, depuis Corte, Paoli écrit à Maria Cosway : « De la chambre où je suis presque toujours alité depuis plus de deux mois après une pénible maladie qui a inquiété mes amis et dont je me remets lentement, c'est de la main de Pietri, récemment retourné de sa députation en France, que je réponds [...]. Je doute d'avoir repris assez de force pour monter à cheval [...]. Je serai dans la nécessité de faire une tournée de visite des différentes places et forteresses de l'île dont, malheureusement pour moi, la nation m'a récemment confié la défense militaire en cas d'attaque [...]. Ici, ni carrosses, ni voitures élégantes..., quelque débris de mauvaise calèche, la route de Bastia à Corte [est] la seule qui soit carrossable dans l'île. » Paoli ne cesse de déplorer « l'actuelle période *pénible* de [s]a vie », or c'est la seule où il dispose légalement du pouvoir ! Le 20 décembre, il écrit encore à Maria Cosway et se dit « remis d'une maladie très grave dont j'ai souffert pendant trois mois » et il évoque l'expédition de Sardaigne : « C'est moi qui ai le commandement de cette division [...]. On espère qu'il y aura la paix [...]. *Le bruit court* [donc la décision est purement parisienne] que le siège du gouvernement puisse être déplacé de ce lieu inhospitalier [Corte] à Bastia. Alors j'y serai. *Je n'ai pas une minute à moi.* Les circonstances qui ont fait déclarer la patrie [la France] en danger ne m'ont pas permis de refuser l'engagement qu'on a voulu me faire endosser de diriger la défense de l'île. J'abandonnerai cette charge dès que la paix reviendra. En tant que [simple] citoyen, il me semble qu'il y a quelque chose de plus : outre le fait que je désire ardemment revoir l'Italie et prendre un peu de repos [...]. Dites-moi quelque chose, *je vous en supplie,* au sujet de *notre* Paolina [curieux possessif]. Que doit dire de votre longue absence *le petit homme* [Richard Cosway]... »

Le 16 décembre, Galeazzi est élu (grâce à Paoli) président du conseil général à la place de Paoli et Pozzo di Borgo devient (grâce à Paoli) procureur général syndic à la place de Saliceti qui regarde Pozzo di Borgo comme l'auteur de la « contre-Révolution » en Corse. Ce n'est pourtant pas en ces termes qu'il faut débattre. Pozzo di Borgo écrit dans ses *Mémoires* : « Lorsque P. Paoli m'annonça qu'il me destinait à la charge de procureur général, car *les élections étaient dans sa main,* je lui représentai qu'ayant constamment voté avec les modérés dans mes fonctions à l'Assemblée, et les *Jacobins terroristes* étant devenus les *tyrans* de la France, ma nomination aurait rencontré leur désapprobation et provoqué ma ruine. J'ajoutai que nous avions déjà des clubs en Corse et notamment celui d'Ajaccio où les Bonaparte figuraient dans le sens *le plus exagéré,* qui correspondaient avec ceux de Toulon et de Marseille et même de Paris, et enfin que, blessés et exclus des places, ils ne manqueraient pas de me dénoncer, ainsi que lui, comme ennemi de la République et de la France[12]. » Paoli se sentant menacé « [prend] [alors] son logement dans la caserne de Corte fortifiée » (Pozzo di Borgo), car il n'hésite pas à affirmer : « le club des Jacobins sera notre perte ». Ce n'est donc pas en termes de « contre-Révolution » qu'il faut parler car celle-ci inclut trop de paramètres étrangers à Paoli et aux insulaires : l'attachement au roi, à la monarchie absolue, les voies de l'émigration, la fidélité aux prêtres réfractaires, la chouannerie, l'affaire de Quiberon (1795), la fidélité aux princes Bourbons en exil, l'engagement dans l'armée des Princes à Coblence. Le débat ne se situe pas en termes de Révolution et de contre-Révolution, mais en termes de « modérés » et de « terroristes » pour reprendre les deux mots de Pozzo di Borgo lui-même.

Le 24 décembre, Paoli écrit à Burnaby depuis Corte : « Quand, par un décret public [de juillet 1792], la patrie [= la France] fut déclarée en danger, on a voulu me faire endosser la charge de la défense de l'île. Cela aurait été déplacé, *ou aurait éveillé des soupçons,* si j'avais refusé comme je l'avais fait plusieurs fois. Je *dus* accepter la commission de lieutenant général et le commandement de la [23e] division de Corse. Ma qualité de simple citoyen est plus conforme à ma manière de penser [...]. Si j'arrive à remplir mon engagement avec la patrie, je donnerais toutes les faveurs du monde pour une heure de tranquillité d'esprit et de conversation avec mes connaissances et mes amis de cœur. » Depuis Corte, Paoli souhaiterait retrouver Boswell, Burnaby, Maria et « sa harpe ensorceleuse ».

Paoli et l'expédition de Sardaigne

Réélu député en septembre 1792, avec le soutien de Paoli qui déclarait le 15 mars précédent « je l'aime comme mon fils », Saliceti dénonce vite à la Convention la nouvelle administration départementale élue en décembre et la taxe de détournement de fonds et surtout d'esprit contre-révolutionnaire. Paris commence à reprocher à la Corse de coûter cher : cinq millions en trois ans, soit le prix de cinq vaisseaux de guerre (l'équivalent de cinq *Charles de Gaulle* aujourd'hui). Chiappe s'insurge le

20 janvier 1793 : « Les Corses sont calomniés de n'être français que pour en tirer [de la France] des millions[13]. » Mais le ministre des Finances Clavière insiste : le 1er février 1793, il trouve que la Corse est « à charge pour la France et sans nul dédommagement pour elle » ! C'est ce que craignait Choiseul. D'où l'indignation de Paoli qui ne trouve pas Clavière « digne de participer au gouvernement d'une nation grande et *généreuse* ». Mais l'époque est aux économies draconiennes car la guerre qui s'ouvre contre l'Autriche (avril 1792) coûte cher et il est évident que le conflit continental va prochainement déboucher sur une guerre franco-britannique, guerre navale, par conséquent encore plus coûteuse de par le matériel (les vaisseaux), de par la solde des officiers (comme Luce de Casabianca), de par le fait que les mille marins de chaque vaisseau de guerre mangent trois fois par jour les vivres de l'État et ne peuvent subsister sur le terrain conquis comme les cavaliers et les fantassins. En effet, le 1er février 1793, la France déclare la guerre à la Grande-Bretagne et aux Provinces-Unies. Français et Anglais sont déjà en Méditerranée où Paris et Londres ont dépêché leurs escadres dès l'hiver 1792, la France ayant décidé de « délivrer la Sardaigne » de son joug dès le 10 octobre 1792. Le 1er octobre 1792, Paoli a écrit : « Avancé dans l'âge et gêné par quelque indisposition qu'une maladie récente m'a causée, j'ai reçu commission de lieutenant général commandant cette division dont vous avez voulu m'honorer au nom de la nation. J'ai prêté serment en cette qualité que la Loi prescrit, c'est-à-dire *j'ai répété celui que mon père egxigât [sic] de moi de ma plus tendre enfance* et qui a fait l'objet de toute ma vie. Au déclin de mes jours, je ne puis voir qu'avec une joie extrême les efforts généreux de la nation française pour la Liberté ; je l'ai toujours cherchée cette divinité depuis mon existence, et malgré la faiblesse physique de mes forces, je vois avec satisfaction que nous l'obtiendrons ou que je saurai mourir avec elle[14]. » La lettre est quelque peu délicate à interpréter car chaque fois que Paoli évoque sa santé c'est – depuis toujours (dès 1755) – afin de cacher ce qu'il fait réellement. John Stuart-Mountstuart a été le premier à le noter, ne trouvant pas très crédibles ces « indispositions » qui ne surviennent – comme par hasard – qu'en des moments où il est urgent d'attendre avant de se jeter dans la bataille. La maladie mise en avant (ici jointe à l'âge, et à trois reprises en quelques lignes) est toujours pour Paoli un bon moyen de donner du temps à sa réflexion. Son père lui-même était toujours très « lent » à se décider, comme le notait Costa.

La Convention ayant pour objectif de « libérer les peuples opprimés » (Saliceti), la première escadre de la République est confiée à Toulon au contre-amiral Truguet et se trouve vite renforcée de la division brestoise de Latouche-Tréville, lesquelles mènent les opérations contre le royaume de Piémont-Sardaigne. Les 26-27 octobre 1792, la flotte bombarde puis occupe brièvement le port d'Oneglia, nid de corsaires sis à l'est de Villefranche. Paris ordonne ensuite à l'escadre d'aller « délivrer » la Sardaigne. Truguet a sous ses ordres quinze vaisseaux (deux de 80 canons, treize de 74), huit frégates, dix corvettes et avisos. Truguet monte le *Tonnant.* Il a à son bord deux mille sept cents volontaires marseillais et il doit embarquer à Ajaccio les hommes de la 23e division militaire aux ordres de Paoli (dont Bonaparte) outre quelques canons. Or cette flotte, armée dans des conditions difficiles, à Brest et Toulon, ne connaît que des malheurs. En septembre 1792, Toulon a été ravagée par les massacres de Septembre. Les principaux officiers du port ont été « lanternés » de part et d'autre de la porte de l'arsenal le 10 septembre : le comte de Flotte et Rochemore-la-Devèze, cousin de Mirabeau. Le chaudronnier Barry a ouvert le ventre de Rochemore alors qu'on venait de le pendre, et s'est lavé les mains dans le sang chaud sous les acclamations hurlantes de la foule enfiévrée. À Toulon, la guillotine a fonctionné pour la première fois le 15 janvier 1793. À Brest, le port est continuellement agité de mutineries depuis fin 1789. Régulièrement, les équipages refusent d'appareiller, notamment pour les colonies. Ce sont du reste des détenus du bagne de Brest, assassins de leurs officiers, qui ont introduit à Paris leur coiffure, le bonnet phrygien, une fois libérés du bagne le 31 décembre 1791. Ce sont aussi les Jacobins brestois qui ont été les acteurs majeurs de la journée du 10 août 1792 aux Tuileries.

Le 10 décembre 1792, Truguet est donc en rade de La Spezzia avec des équipages agités. Le 13, il arrive sur les côtes de Corse avec quatre vaisseaux, deux frégates et deux bombardes. Il doit y embarquer les troupes insulaires que Paoli doit lui remettre. Le mouillage à Ajaccio, par très mauvais temps, tourne à la catastrophe dans la nuit du 13 au 14. Surpris par le vent, le *Vengeur* et l'*Aréthuse* s'échouent. L'*Aréthuse* se remet à flot mais le *Vengeur* a talonné sur une roche. Il souffre d'une importante voie d'eau et il est définitivement perdu. En outre, l'escale se passe très mal : le 18, dans un cabaret, les marins de l'escadre arrivés de Toulon insultent des soldats corses accusés d'enrôler pour le compte des émigrés (Buttafoco). Un sergent corse de la garde nationale est assassiné, un autre Corse aussi, et leurs têtes sont promenées dans les rues devant une population médusée ! Truguet rétablit le calme difficilement et Peraldi, procureur de la commune, échappe de peu à la pendaison, un soldat du régiment de Vermandois coupant la corde à temps d'un coup de sabre. À Naples, la division de Latouche-Tréville (dix vaisseaux) est ravagée par la tempête qui démâte le *Languedoc* le 21 décembre 1792. Le 28, Latouche-Tréville – qui porte un bonnet phrygien miniature sur la poitrine – dénonce, pour couvrir les malheurs de sa flotte, une « machination » royaliste dont il informe le ministre de la Marine, Gaspard Monge. Il met violemment en cause l'amiral Thévenard, commandant de la marine à Brest qui aurait négligé l'armement de son escadre ! Turkey, maître entretenu, est soupçonné de « trahison » pour avoir donné le plus mauvais cordage et laissé à bord (du *Languedoc*) deux mâts de hune reconnus mauvais. Latouche-Tréville achève son rapport en réclamant « *vengeance* au nom de la République dont les intérêts ont été compromis ». Bref, pour se couvrir, Truguet et Latouche-Tréville dénoncent le fameux « complot aristocratique ».

Les 4-5 janvier 1793, Truguet embarque à Ajaccio mille quatre cent cinquante hommes appartenant aux régiments de ligne stationnés dans l'île. Il en attendait mille sept cents. Il attendait aussi plus de canons que Paoli ne lui en remet. Le 8, il appareille pour la Sardaigne avec trois vaisseaux, quatre frégates, deux corvettes, deux bombardes et mouille le 13 à l'île San Pietro. Il y trouve le *Léopard* et attend des renforts. Ceux-ci sont composés de six mille volontaires marseillais, pour la plupart des adolescents de quinze ou seize ans, turbulents, sans formation ni discipline, recrutés en septembre 1792 dans les Bouches-du-Rhône et le Vaucluse. Marseille et Toulon ayant refusé de les laisser entrer dans la ville, ils ont été embarqués à Villefranche le 5 janvier 1793 sous les ordres de Saint-Julien, à la demande de Truguet, sur trente-trois navires marchands qui ont appareillé le 6. Une partie de ce gros convoi arrive à Ajaccio le 7, soit deux mille six cents Marseillais aux ordres du général Raphaël de Casabianca. Une autre à Saint-Florent. Le reste de la troupe à Bastia où ces volontaires débarquent pour obtenir des vivres, causant de violents désordres malgré l'envoi en ce port de Giampietri de Rostino, sur ordre de Paoli : plusieurs des jeunes Provençaux y trouvent la mort. Saint-Julien ne peut appareiller de Saint-Florent que le 21 janvier. Emporté par le vent jusqu'au golfe Juan, revenu aux îles d'Hyères, opposé à ses troupes mutinées, Saint-Julien finit par perdre son bâtiment dans un nouveau coup de vent ! Or toutes les cartouches de la troupe sont à son bord ! Début février, les deux mille six cents Marseillais de Casabianca arrivent à Cagliari pour rejoindre Truguet : leurs vivres, depuis septembre 1792, sont avariés ! Les trois mille quatre cents autres Marseillais n'arriveront à Cagliari que le 15 février, quarante jours après leur départ de Villefranche, et ne tireront pas un coup de feu !

En Sardaigne, Truguet dispose donc uniquement de ces deux mille six cents Marseillais et des mille quatre cent cinquante hommes embarqués à Ajaccio. Les Sardes leur opposent dix mille hommes de milice, mille quatre cents fantassins, deux mille cavaliers. Le 7 février, Latouche-Tréville (avec le *Languedoc* et l'*Entreprenant*) se réunit à la division Truguet mouillée devant Cagliari. Début février, six cents volontaires corses sont rassemblés à Bonifacio où Truguet en attendait quatre mille ! En outre, rien n'est prévu pour les faire passer à Cagliari et ils ne seront embarqués que le 22 février pour être débarqués aussitôt à Santo Stephano. Mais la mutinerie de l'équipage de la corvette qui soutenait l'opération entraînera leur retrait immédiat. L'attaque de Cagliari (15-16 février) tourne au désastre : se prenant mutuellement pour des Sardes, les troupes françaises se canardent nuitamment ; « il s'ensuit une fusillade fratricide et une panique épouvantable... Les Sardes n'ont pas tiré un coup de fusil » (amiral R. Monaque). Les troupes gaspillent leurs cartouches « toutes utilisées à tirer sur des lièvres, des oiseaux ou même en l'air ! » (Truguet). Les soldats sont « peu courageux » (Truguet) et surtout « ardents et vifs pour demander leur subsistance » alors que la flotte manque de vivres. Le *Léopard,* échoué, est perdu. Le commandant du *Thémistocle* est mortellement blessé (19 février) : il est le premier capitaine de vaisseau de la République mort au combat. Le 19 février, Latouche-Tréville parle de « fatale expédition », de « suites funestes » et, avec Truguet, il réembarque les troupes (19-20 février) pour rentrer à Toulon. Pendant ce temps, les Sardes attribuent le repli des troupes françaises à un miracle de San Elissio !

Paoli : une guerre maçonnique et fratricide

Seul des six députés corses à avoir voté la mort de Louis XVI, exécuté le 21 janvier 1793, Saliceti reçoit de Corse des doléances qui mettent en cause Paoli. Alors que Saliceti a remis à la Convention un plan de défense de l'île, on lui dit que Paoli n'a fourni à Truguet que mille quatre cent cinquante hommes sur les mille sept cents prévus (4-5 janvier 1793). Par conséquent, le 1er février, le jour où elle déclare la guerre à l'Angleterre, la Convention décide d'envoyer en Corse Saliceti, Delcher et Lacombe Saint-Michel « pour s'assurer que les ports sont mis en état de défense ». Les 7-8 février, Paoli apprend l'exécution du roi sur la place de la Concorde et c'est peut-être ce qui contribue à expliquer que les volontaires corses réunis à Bonifacio pour embarquer pour la Sardaigne n'aient été que six cents et non quatre mille, car la Corse se trouve dans une position quelque peu attentiste quant à son avenir. Lors des troubles de Bastia suscités par « la Colonella », on a crié en ville « *Vive le Roi !*Vive la Religion ! » Sans Louis XVI, cette monarchie constitutionnelle à laquelle avait adhéré Paoli a cessé d'exister. Paoli n'est pas un « contre-révolutionnaire » – le terme, trop connoté, fait songer à « royaliste », à « émigré », à « chouan ». Mais il est un constitutionnel. Et à partir du moment où la Constitution est remplacée par l'échafaud, et le roi par la République, tous les propos qu'il a auparavant tenus (sur l'intégration de la Corse à la « monarchie » française) n'a plus aucun sens. On ne peut pas reprocher à Paoli de ne plus être fidèle à quelque chose qui n'existe plus !

Mais Saliceti entend aussi que l'on reproche à Paoli d'avoir fait entreposer les quatre-vingts canons du *Tonnant* à Ajaccio, au Castelvecchio. Colonna-Cesari, rentré de l'expédition de Sardaigne (où il commandait l'artillerie), aurait même dit, selon l'abbé Galletti (alors enfant de huit ans), que « Paoli lui avait conseillé de faire avorter cette expédition en motivant que cette île avait été de tout temps la sœur, l'amie et l'alliée de la Corse ». La Convention s'avoue « intriguée » des faits et gestes prêtés à Paoli, regardé pourtant comme un bon républicain et un adversaire convaincu de la monarchie ; et elle ne le comprend plus. L'attitude du général est pourtant parfaitement claire ! Autant Paoli partageait les idées des constituants du temps de Mirabeau en 1789-1791, autant il est opposé aux pratiques des Jacobins depuis qu'on « lanterne » à Toulon la famille de ce même Mirabeau (Rochemore-la-Devèze).

Le 3 mars, Saliceti arrive à Toulon avec Delcher et Lacombe Saint-Michel. Les volontaires de l'expédition de Sardaigne y sont de retour. Affreusement battus, ils rejettent leur échec sur Paoli, commandant de la 23e division militaire, qu'ils accusent de ne pas avoir fourni assez d'hommes et six canons seulement à Truguet. D'autres prétendent que Paoli est trop proche du roi de Sardaigne pour avoir désiré le succès de l'opération. Il est vrai que le roi de Sardaigne constitue tout au long du XVIIIe siècle une des alliances privilégiées de « nationaux », au temps de Neuhoff, lié aux deux épouses successives du roi de Sardaigne (nées Hesse-Rhinfels), puis à la troisième (sœur de François III de Lorraine), comme au temps de Paoli qui, avant Ponte Novo, n'a cessé d'informer le roi de Sardaigne de sa situation afin qu'il transmette les nouvelles de Corse à Londres ; mais, en août 1768, Paoli disait aussi à John Stuart-Mountstuart : « Le roi de Sardaigne, dont les intérêts sont si proches des nôtres, considère la situation avec une certaine lâcheté, mais qui sait, peut-être s'en repentira-t-il. Les Corses, chassés de leur pays, pourraient, en désespoir de cause, venir chercher refuge en Sardaigne, *la conquête serait aisée pour eux*, et malgré tout son pouvoir, il ne pourrait rien faire pour la leur arracher des mains [15]. » Il n'y a donc pas lieu de croire à une certaine collusion de Paoli avec le roi de Sardaigne en septembre 1792.

En revanche, *après* les massacres de Septembre, après l'exécution du roi, après la création du Tribunal révolutionnaire (10 mars 1793), Paoli résiste aux Jacobins comme les 14 877 des 25 000 Toulonnais qui vont embarquer à bord de l'escadre anglaise de Hood le 18 décembre 1793 ! Paoli est donc loin d'être le seul à avoir cette attitude d'hostilité à l'égard des Jacobins ! Paoli ne trahit pas la France. Il n'adhère pas au jacobinisme, à la guillotine, aux noyades de Nantes. C'est très différent ! Certes, le 14 mars 1793, Lucien Bonaparte dénonce à Toulon la « trahison de Paoli » devant la Société patriotique du port, mais dans ses *Mémoires* Lucien reconnaîtra que ses propos ont déformé sa pensée : « Je peignis Paoli comme ayant abusé de la confiance nationale et n'étant rentré dans l'île que pour la livrer aux Anglais. » Mais, en ce printemps 1793, Lucien, jeune homme, fait mouche, en un Toulon enfiévré par les sans-culottes, les volontaires rentrés de Sardaigne, et le club le plus révolutionnaire du port (club Saint-Jean, plus survolté que le club Saint-Pierre). Au club de Marseille, Joseph Bonaparte tient du reste le même discours que Lucien ! À Paris, Barthélemy Arena agit de même ! Le 15, invité à venir rendre compte de sa conduite devant la Convention, à « deux cents lieues » de chez lui, Paoli refuse, prenant prétexte (comme d'habitude) de son grand âge et de sa mauvaise santé. Là encore, il s'agit de prétextes, puisque, incapable de faire Corte-Paris en 1793, à cause de son âge, il pourra faire Corte-Londres – par voie de terre – en 1795, quoique ayant alors deux ans de plus ! En 1793, Bonaparte le soutient : « Un seul de vos décrets, écrit-il à la Convention, a profondément affligé les citoyens de la ville d'Ajaccio : c'est celui qui ordonne à un *vieillard accablé d'infirmités* de se traîner à votre barre. » Le futur Empereur et la municipalité d'Ajaccio s'avouent indignés que l'on veuille arrêter le « *patriarche* de la Liberté » ! Le 2 avril, Paoli est à nouveau dénoncé à la Convention où seul Andrei le défend alors que le député du Var Escudier présente à la Convention une dénonciation contre Paoli écrite par un membre d'un club de Toulon où les Corses sont nombreux, en particulier les Rinesi inféodés à Sebastiano Costa à Livourne en 1729 et à présent passés dans le camp Bonaparte (Joseph Rinesi trouvera la mort en qualité de capitaine de l'armée impériale en Espagne). Les Rinesi, notamment, sont plusieurs frères à servir aux armées sous le comte de Rossi. L'adresse de la Société patriotique de Toulon est claire : « Prononcez sans délai sa destitution [de Paoli]. *Livrez sa tête* au glaive de la loi. » Se rendre à Paris, dans ces conditions, c'est monter à l'échafaud, comme Lavoisier.

La Convention vote alors un décret (2 avril 1793), soutenu par Cambon, Barère et Marat (ce dernier initié à la maçonnerie en Angleterre, en octobre 1769 – lors de l'arrivée de Paoli à Londres –, à la loge londonienne de King Head, Jerrard Street, Soho, l'ancien quartier de Neuhoff) : Paoli doit être arrêté ainsi que Pozzo di Borgo. L'attitude de

Paoli face aux Jacobins s'explique aussi par leur manière d'agir face à Rome. Lors des opérations de Naples, Latouche-Tréville envisageait de remonter le Tibre avec des chaloupes canonnières pour « porter au sein de Rome même une force suffisante pour *renverser le siège du Lama des chrétiens* »[16] ! Depuis Naples, le 1er janvier 1793, Latouche-Tréville écrivait à Monge : « Je puis vous dire, citoyen ministre, que *le petit bonnet rouge* que je porte à la boutonnière fait plus d'effet aux gens du peuple que tous les cordons et plaques des esclaves [les nobles] dont Naples est surchargé. » Or Paoli ne veut ni du bonnet rouge, ni d'un renversement de la papauté qui a abrité les Stuarts en exil et où le dernier rejeton mâle de la dynastie n'est autre que le cardinal d'York ! Il y a là un divorce profond entre Paoli, franc-maçon héritier de la maçonnerie catholique et jacobite, et Latouche-Tréville, franc-maçon athée, membre de la loge Les Disciples d'Héredom, orient de Montargis, Latouche-Tréville ayant été député de la noblesse de Montargis aux États Généraux. De retour de Sardaigne, Latouche-Tréville s'occupe du reste beaucoup de son chirurgien de bord, Pichon, qui semble bien être le fils du vénérable, maître de la loge bastiaise La Sincère Amitié, Christophe-Pierre Pichon, natif de Metz, commissaire des guerres à Bastia en 1778, maître élu de la loge qui reçut en son sein Gaffori, fils du médecin assassiné, comme en témoigne une lettre au Grand Orient de France du 14 mai 1778[17]. C'est dire qu'il est permis de supposer que la maçonnerie athée et la maçonnerie catholique jacobite qui est celle de Paoli sont alors en conflit. Latouche-Tréville est notamment lié à Monge, rationaliste pur et dur, ministre de la Marine du 10 août 1792 à avril 1793, initié à Mézières à la loge L'Union Parfaite du Corps royal du Génie, créée par la Grande Loge le 3 juin 1765 ; puis membre de la Grande Loge devenue entre-temps le Grand Orient, le 11 août 1774. Monge devint même l'orateur de cette loge qui comptait nombre d'officiers du génie et une partie de l'état-major du régiment suisse d'Eptingen.

Le *Moniteur* du 4 avril 1793 publie l'adresse de la Société républicaine de Toulon : Paoli, accusé d'intrigues avec la Cour de Saint-James, est regardé comme incapable de sacrifier « son ancienne tyrannie à la liberté de ses compatriotes ». Pozzo di Borgo pousse alors Paoli (il l'écrit dans ses *Mémoires*) à « renier l'autorité » de la Convention et à ne pas écouter Saliceti qui conseille à Paoli de se retirer dans le Rostino. Mais le 5 avril, Saliceti, qui a essayé d'attirer Paoli à Toulon, arrive en Corse. Comme les autres conventionnels, il craint que Paoli livre « l'île de Corse à la première escadre anglaise qui semblerait la menacer » car ce dernier est regardé comme un « ancien stipendié du Cabinet britannique ». On se souvient de sa lettre, datée de Londres, du 21 décembre 1789, parue dans le *Moniteur,* dans laquelle il disait : « Je ne servirai pas contre les Anglais. » Certes, il poursuivait : « Je ne me prêterai pas non plus à aucune entreprise de leur part », mais il disait aussi : « ou de celle d'une autre puissance [la France] qui voudrait troubler *la paix et la liberté* de notre pays [la Corse]. » Paoli n'est ni anglais, ni français. Né en 1725, sujet de Gênes jusqu'en 1768, l'homme se sent uniquement Corse, de naissance, de souche et de cœur. En outre, la Corse a toujours fait partie de la Méditerranée italienne et il n'hésite jamais à appeler « notre patrie » la péninsule italienne, notamment lorsqu'il écrit à Maria Cosway, native de Florence. Par conséquent, Paoli et Saliceti n'ont pas grand-chose à se dire le 12 avril 1793, lorsqu'ils se rencontrent à Corte. Non seulement Saliceti est jacobin, non seulement il se veut absolument français, mais en plus il est totalement athée et il est sur le point d'adhérer au Grand Orient. Violent, régicide, conventionnel, il sera initié à Toulon à la loge La Parfaite Sincérité le 8 octobre 1793 [18] avec Joseph Bonaparte, fils du « maçon » Charles et frère de Napoléon. En outre, Paoli est déjà décrété d'arrestation en vertu du décret du 2 avril 1793, arrivé en Corse le 14 et publié par Saliceti le 18. En ce 12 avril, Paoli, en présence de ses partisans, fait savoir à Saliceti qu'il va convoquer une *consulta* pour demander au peuple de choisir entre « les désordres et l'anarchie de la France », et « l'heureuse constitution de l'Angleterre ». Saliceti s'y oppose, « le priant de ne pas convoquer cette consulte générale car elle serait considérée comme une rébellion par la République française ». Saliceti déclare disposer « de millions pour organiser des bataillons afin de réprimer toute tentative d'insurrection ». « Paoli, alors, sortant deux écus d'argent de sa poche les montra à Saliceti en s'écriant : je ne possède que cette somme..., mais avec ces seuls moyens je mettrai en fuite les commissaires et leurs bataillons » (abbé Galletti). Paoli, toutefois, autorisa Saliceti à repartir, alors que ses partisans voulaient l'arrêter !

Le 17 avril, Paoli donne encore ses ordres d'une main ferme, signant par exemple une lettre de ce jour : « Le lieutenant général commandant en chef la 23e division, Pascal Paoli » [19]. Mais en prenant connaissance du décret, Paoli s'insurge et adresse le 26 sa réponse à la Convention. Prudent, il ne se rend point à Paris, mais charge Marsili et Bertola d'y porter sa missive. Il déclare ne pas être un ingrat vis-à-vis de la Grande-Bretagne, ni un parjure vis-à-vis de la République. Face à cette fronde de la Convention, il s'avoue prêt à quitter son « pays natal qui a honoré, dit-il, sa vie et son nom » ; mais Buonarroti se déchaîne contre lui : « Les rôles des contributions n'ont jamais été confectionnés. » C'est exact : seules 38 des 344 municipalités les ont réalisés (environ 10 %). « Ce n'est pas au peuple qu'il faut attribuer *le défaut de paiement* : Paoli et quelques riches l'ont arrêté en entretenant une incertitude perpétuelle sur l'avenir. » En effet, de 1789 à 1793, les impôts ne rentrent pas. Cela, du reste, est loin d'être spécifique à la seule Corse ! Enfin, Buonarroti surnomme Paoli « Pascal Ier, roi de Corse » et fait de Pozzo di Borgo « son grand vizir ». Le 4 avril, Marat s'est écrié à la barre de la Convention : « Qui ne connaît point Paoli, ce lâche intrigant qui prend les armes pour asservir son île et faisait l'illusionné pour tromper le peuple ? Craignez qu'aujourd'hui, il ne livre l'île de Corse aux Anglais qui lui ont donné ses secours[20]. » Le 10 mai, indigné du discours toulonnais de Lucien Bonaparte, Paoli cherche à faire capturer Napoléon sur le chemin de Corte ; mais celui-ci se réfugie à Ajaccio dans la maison de son parent Gio Geronimo Levie et s'embarque pour Macinaggio. Le 13, Saliceti casse l'administration insulaire et en nomme une nouvelle. Le 14, le directoire du département est destitué par les représentants en mission de la Convention. Le 15, Saliceti et Pozzo di Borgo se déchirent.

Paoli et les Anglais (1793)

À partir de ce moment, Paoli s'oppose au régime de la Convention qu'il considère comme un nouveau despotisme. D'après lui, les Jacobins sont au moins aussi despotes que l'était la monarchie abolie : d'ailleurs, les deux régimes emploient les mêmes hommes. Ce Truguet (1752-1839), qui a débarqué à Ajaccio des marins qui ont promené deux têtes en ville, est en effet le fils du capitaine de vaisseau Truguet (1709-1788) qui a conduit en 1752 le marquis de Cursay, prisonnier, jusqu'à Antibes. Comme son père, frère d'assassin, Paoli a une sainte horreur du sang et de la violence. Hostile à tout despotisme et admirateur du régime anglais issu de la Glorieuse Révolution, Paoli oppose au régime français de 1793 – celui qui va dégénérer en « Terreur » – le régime britannique. Loin d'être un traître, Paoli est au contraire extrêmement fidèle à ses idées : il veut un pouvoir fondé sur les aspirations du peuple et, le 16 mai 1793, il convoque une *consulta* afin de prendre avis de tous les députés des communes de Corse sur l'avenir de l'île. Le 23, la maison ajaccienne des Bonaparte est certes mise à sac par les paolistes, et Laetitia – veuve et mère d'une dizaine d'enfants – est contrainte de se sauver à Calvi où Napoléon lui fait envoyer un billet par son fidèle Marmotta, avant de l'embarquer nuitamment le 11 juin ; c'est que les paolistes veulent venger leur chef des discours tenus à Toulon par Lucien et à Marseille par Joseph.

Du 26 au 29 mai, au couvent Saint-François de Corte, la consulte refuse de reconnaître l'autorité de Saliceti, de Delcher et de Lacombe Saint-Michel. Après avoir rejeté ces représentants en mission de la Convention, elle dépose trois des six députés de Corse : Saliceti, Multedo et Casabianca. Elle confirme Paoli dans son titre de « Père de la Patrie » attribué en 1769 et suspend le décret du 2 avril. Saliceti intercepte alors les communications Corse-continent ; mais le 5 juin, sur rapport de Barère, la Convention suspend le décret du 2 avril. Trop tard. Le 21, Saliceti quitte l'île. Le 25, la Convention cesse d'envoyer des fonds en Corse, notamment les traitements des ecclésiastiques. Le 26, depuis Corte, Paoli s'intéresse à la flotte britannique arrivée en Méditerranée. « La flotte combinée [anglo-napolitano-espagnole] était hier entre Capraja et l'île d'Elbe, pas très loin de Bastia », écrit-il. Toujours hostile aux Bastiais, Paoli ironise : « Je crois que, dans cette ville, ils n'ont pas beaucoup dormi tranquille la nuit dernière. » Le vieux chef s'informe : « La flotte anglaise aux ordres de l'amiral Hood a vingt et un vaisseaux de ligne [exact], parmi lesquels deux de 100 canons, trois de 98 et les autres de 74 sauf deux de 64. Il y a quinze frégates avec les brûlots, les bombardes et les frégates-avisos. En tout soixante bâtiments de guerre. La flotte espagnole compte trente-cinq bâtiments de guerre [...]. On n'a jamais vu une flotte combinée aussi forte. Nos émigrés [Buttafocco] ont l'occasion de se distinguer [...]. Nous devons attendre pour voir comment les choses tournent. Les émigrés ne respirent que vengeance et nous ne voulons que Liberté et honneur[21]. »

Paoli, une fois encore, est isolé. Son refus est double : refus de collaborer avec les émigrés (royalistes) ; refus de collaborer avec la Convention (républicains). Le fait que Paoli appelle les Anglais en Corse ne doit pas le faire confondre avec les contre-révolutionnaires toulonnais par exemple. Paoli ne souhaite ni un retour à la monarchie, encore moins un retour à l'Ancien Régime ! Son attitude ne doit pas faire assimiler Paoli aux émigrés qui rêvent de l'union du Trône et de l'Autel. Apprenant que Dumouriez tente de rétablir la monarchie à Paris, il écrit fin avril 1793 : « J'espère qu'il ne réussira pas dans son dessein[22]. » Le 21 octobre 1793, il dit : « Le drapeau blanc ne sera jamais planté en Corse[23] », car c'est ce drapeau qui a battu à Ponte Novo celui à tête de Maure. Paoli aime la République et l'écrit le 5 mai 1793 : « J'aime l'union avec la France car avec elle, par le pacte social, nous avons toutes les choses en commun ; à égalité avec tous les autres individus de la République, nous avons le droit de participer à tous les avantages et à tous les honneurs[24]. » Paoli ne peut donc en aucun cas être comparé aux émigrés (Corses ou de France continentale) qu'il traite lui-même dans plusieurs de ses lettres de « crève-la-faim » (« *morti di fame* »), de « scélérats », de « vagabonds », de « pauvres jobards d'aristocrates » (« *poveri minchioni aristocratici* »). Même en faisant appel à l'escadre britannique de Méditerranée, Paoli écrira à l'amiral Hood que 1789 a assuré « la liberté de mon pays renaissant avec le système de gouvernement qu'on avait adopté en France ». Mais les violences de la Convention entraînent Paoli loin de ce qu'il considère comme un nouveau despotisme. Il l'écrit : « Les décrets de l'Assemblée [la Convention] étaient un piège [...]. Nous, maintenant, nous devons sauver la Patrie [= la Corse] honorablement et avec désintérêt. » Comment ? En utilisant les fonds sur lesquels Paoli a la haute main : « Veuillez faire régler sa solde au citoyen Marc'Aurelio Savelli, lieutenant de la compagnie des grenadiers de votre bataillon, car il n'a pas été payé depuis plusieurs mois », écrit-il de Corte, le 17 avril 1793, au colonel Colonna-Leca ; « veillez [...] que l'on ne paye pas des gens qui ne servent pas », écrit-il le 26 juin à Vincentello Colonna-Leca, commandant de la citadelle d'Ajaccio ; « qui ne sert pas ne doit pas recevoir de paye », conclut-il. Pozzo di Borgo, qui l'aide, écrit dans ses *Mémoires* : « La principale [cause de l'insurrection de la Corse contre la Convention] fut la résolution de la part du général Paoli et de la mienne d'éviter *les horreurs du régime de la Terreur* et passer à travers une époque qu'on ne pouvait pas vivre sans être instrument ou victime des iniquités. Cette attitude offrait à nos ennemis l'occasion de nous accuser au comité sanguinaire qui désolait la France. »

Le 13 juillet, sept vaisseaux de la Navy approchent de l'île et, par l'entremise de Masseria et surtout de l'abbé Leca (proche des Giacomini de Porrata et des Simonpietri de Centuri), Paoli contacte l'amiral Hood comme Toulon le fera le 1er août suivant par l'intermédiaire des Marseillais. Paoli craint alors que les royalistes (Gaffori, Buttafoco, Fabiani) soient les premiers à s'entendre avec la Navy – comme ils le feront à Toulon et comme ils feront à Quiberon (1795). Ni jacobin, ni chouan, Paoli affirme : 1) être résolu à faire respecter l'honneur des Corses si la République leur rend justice en châtiant Saliceti ; ou 2) à défendre « la liberté et l'indépendance » des insulaires si la République les abandonne. Inquiet, Saliceti parcourt la Provence : Aix, Marseille, Toulon où il retrouve Bonaparte qu'il fait nommer commandant de l'artillerie, scellant son destin. Plus tard, Bonaparte écrira au citoyen Saliceti, quartier général de Vérone : « J'ai donné, citoyen commissaire, l'ordre qu'on arrête le citoyen Panatieri, secrétaire de Paoli. Cet intrigant prônait encore en Corse le nom de Paoli qu'il est de l'intérêt des amis de la République et de la liberté d'effacer du souvenir des Corses » (lettre du

5 brumaire an V [26 octobre 1796]). Le 17 juillet 1793, sur proposition de Saliceti et de Delcher (seul Lacombe Saint-Michel est resté en Corse), Paoli est déclaré par la Convention « traître à la République française » et mis « hors la loi », ce que le commandant Arrighi notifie à Paoli peu après. À Corte, les paolistes s'en prennent aussitôt aux Cervoni, aux Arrighi et aux Boerio dont Saliceti a épousé la fille. Sont également décrétés d'arrestation Pozzo di Borgo, Vincentello Colonna-Leca, futur colonel du 2e bataillon royal anglo-corse, les membres de l'administration départementale et le nouveau maire d'Ajaccio Guitera, très lié aux Giacomini de' Porrata de Morsiglia. Chiappe s'élève contre ce nouveau décret. Le 11 août, deux départements sont instaurés pour tenter de diviser les insulaires : celui du Golo et celui du Liamone, du nom de leurs torrents. Les 27-28 août, les Britanniques occupent Toulon.

Le 25, Paoli écrit à Hood : « Nous nous regardons *aujourd'hui* comme peuple libre et indépendant qui a le droit de prendre *par lui-même* toutes les résolutions convenables à son honneur et à ses intérêts [...]. La nation et le roi d'Angleterre trouveront dans les Corses non seulement le retour d'une gratitude éternelle mais encore le plus grand empressement à se prêter à tout ce qui pourra contribuer à l'accroissement de la puissance et à la gloire de Sa Majesté et de la nation britannique et qui sera compatible avec leur liberté [...]. Enfin, Milord, paraissez et la Corse est délivrée dans peu de jours[25]. » De Toulon, Hood détache trois vaisseaux vers la Corse. Le 1er septembre, Paoli écrit à George III : « Le peuple corse est résolu de soutenir sa liberté et son indépendance. Il se croirait heureux, Sire, s'il pouvait la conserver *sous votre protection* [...]. J'implore, au nom de mes compatriotes, l'appui de vos armes et votre protection pour assurer leur liberté qu'ils aiment. » Le même jour, il écrit à lord Greenville : « Vous êtes assurés depuis longtemps que les Corses ont désiré d'assurer leur liberté sous la protection de l'Angleterre. » Paoli écrit à Hood : « Le gouvernement britannique est dans son pouvoir de réaliser les projets qu'il avait déjà agréés lors de mon séjour à Londres » et à George III : « Je *retourne,* Sire, sans tache et sans remords aux sentiments qui me sont *personnels* et que Votre Majesté connaît depuis longtemps. » Ce même 1er septembre, Paoli écrit à Pitt : « [Il m'] est enfin donné [...] de pouvoir sans tache et sans remords renouveler à Sa Majesté britannique les projets et les vœux que j'avais eu l'honneur de lui soumettre autrefois durant mon séjour en Angleterre[26]. »

Le 13 septembre, les Anglais arrivent en rade de L'Île-Rousse. Lacombe Saint-Michel s'est enfermé dans la citadelle de Calvi avec le général Raphaël de Casabianca, le colonel Catelan dans celle de Bastia. Et le colonel Anton Gentili, fidèle aide de camp de Paoli à Londres pendant vingt et un ans, abandonne Paoli pour défendre Saint-Florent contre les Anglais. Paoli envoie quelques-uns de ses proches auprès de Hood. Le 6 octobre, il lui écrit que le statut de la Corse à l'égard de la Grande-Bretagne pourrait peut-être ressembler à celui de l'Irlande, la Grande-Bretagne ayant en Corse la jouissance d'un port. Mais il s'avoue prêt à écouter d'autres propositions. Le 7 octobre, il écrit à Francis Drake, agent anglais en poste à Gênes. Il dénonce dans sa lettre « les satellites du despotisme » (monarchique) : Gaffori, Buttafoco, Boccheciampe. Paoli avoue à Draka être partisan du régime anglais car celui-ci est « à l'abri du despotisme et des ravages de l'anarchie ». L'abbé Leca porte cette lettre à Drake alors que Paoli perd en Corse tous les pouvoirs que lui avait confiés la Convention. Sa 23e division est d'ailleurs rattachée à l'armée d'Italie. En Provence, Saliceti rejoint le Grand Orient (comme Monge ou Latouche-Tréville) et se fait recevoir à la loge La Parfaite Sincérité de Marseille, le 8 octobre. Le 24, Paoli écrit : « Le drapeau de la République française n'est plus celui des Corses. » Les navires corses reprennent le drapeau blanc à tête de Maure. Ce même 24 octobre, paolistes et bonapartistes se battent à Ajaccio pour récupérer sur l'épave du *Vengeur* le fer qui s'y trouve encore : du côté des bonapartistes, Jean-Jérôme Levie, qui dirige la municipalité, et Tomaso Tavera de Bastelica ; du côté paoliste : Vincentello Colonna-Leca, commandant de la citadelle. Paoli dit des bonapartistes : « l'autre parti, *que l'on dit* républicain ». Le 31, il assure : « Les Corses n'entendent pas rentrer sous la domination française [...]. Ils se regardent sous la protection de la Grande-Bretagne et c'est sous ses auspices seuls qu'ils veulent assurer leur destinée. » Le 4 novembre, depuis Murato, il dénonce « les manigances de certains officiers municipaux [d'Ajaccio] avec Toulon[27] ».

Le 21 décembre 1793, Clemente, quatre-vingt-deux ans, meurt au couvent de Morosaglia. Assez curieusement, c'est le 22 décembre que Paoli fait supprimer la formule « an II de la République » sur l'ensemble des actes publics à venir. Il trouve en effet cette pratique « absurde et dérisoire ». Peut-être en a-t-il pris conscience en faisant enregistrer en mairie l'acte de décès de son frère. L'éloge funèbre de Clemente est prononcé à Corte le 7 janvier alors qu'on l'inhume religieusement au couvent franciscain du Rostino. Depuis le 2, le capitaine de vaisseau Edward Cook et le capitaine des Royal Engineers Thomas Nepean se reposent à Monticello chez Felice Anton Leonetti, fils de la sœur de Paoli. En juin-juillet, Cook sera aux côtés de Nelson lors du siège de Calvi. Paoli, quant à lui, écrit à son ami Quenza le 3 janvier 1794 : « Il faut se garder de montrer à nos protecteurs [Hood] que nous n'avons d'existence politique qu'en fonction de leur charité[28]. » Le 10 janvier, l'Écossais sir Gilbert Elliot est chargé de représenter le roi d'Angleterre pour les affaires civiles et politiques à Dunkerque et Toulon. « Commissaire plénipotentiaire », il arrive en Corse sur la frégate *Lowestoft* pour négocier avec Paoli la « cession » de l'île. Elliot est le fils de sir Gilbert (1722-1777), troisième baronnet de Minto, confident de George III et intime de David Hume (1711-1776) qui a conseillé jadis à sir Gilbert d'envoyer ses fils à la pension militaire de Fontainebleau (1764-1766) de l'abbé Choquart. Elliot y a eu parmi ses condisciples Mirabeau et le comte de La Marck (1753-1834), futur prince Auguste-Marie-Raymond d'Arenberg, futur membre du Suprême conseil maçonnique du rite écossais pour la France (1804). Après les avoir commencées à Édimbourg, Elliot a poursuivies ses études à Leyde, comme le père de Boswell. En 1765, au moment où Boswell rentrait de Corse à Marseille, Elliot et son frère Hugh dînaient avec leur précepteur Robert Liston (1742-1836) chez Horace Walpole. Docteur en droit de l'université d'Oxford, il est l'intime d'Edmund Burke – franc-maçon et membre de la Jerusalem Lodge n° 44, orient de Londres, auteur des *Réflexions sur la révolution de France* et sans doute parent de la feue baronne de Neuhoff, fille d'une demoiselle Burke. Mirabeau, au cours de son séjour en Angleterre (de 1783 au printemps 1785), a été reçu par Elliot aussi bien à Bath qu'à Minto. Lorsque Elliot arrive en Corse, l'accompagnent George Frederik Koehler – originaire de Hesse, officier de la Royal Artillery – et le colonel John Moore, écossais. Koehler est l'ancien compagnon d'armes de Leonetti qui a combattu à Gibraltar et qui les accueille tous trois le 14 janvier. Le 16, Paoli les reçoit au couvent des Récollets de Murato.

Elliot regarde Paoli comme un « démocrate », un « républicain », mais aussi comme un « démagogue ». Ce qu'il attend de la Corse, c'est la « soumission » de l'île. Paoli ne veut pas de cette soumission. Il parle, lui, en termes de « protection », voulant conserver « un degré raisonnable de liberté dans le gouvernement interne ». Comme avec Choiseul, Paoli traite sur un pied d'égalité, de « nation » à « nation ». Le 21, Elliot embarque pour Porto Ferraio. Le 25, Moore quitte Leonetti et part à bord du *Victory* au large du cap Corse. Le 6 février, de Murato, Paoli écrit : « La flotte a déjà donné les signaux *convenus* pour effectuer le débarquement des troupes. Il faut donc partir immédiatement pour se trouver aux endroits désignés. » Le 13 mars, Elliot est de retour à Saint-Florent. Le *Victory* est ancré dans la baie de La Mortella. Attaquée par mer par les Anglais et par terre par les paolistes, Saint-Florent capitule et les Anglo-Corses chassent les Français de Barbaggio, de Patrimonio, de Furiani. Lacombe Saint-Michel s'enfuit à Gênes le 27 avril, laissant à Anton Gentili la responsabilité de résister aux Anglais ! Nelson fait le blocus de Bastia sur l'*Agamemnon.* Sir Hudson Lowe (1769-1844) y participe. Boswell demande alors à Henry Dundas (1742-1811), premier comte Melville, secrétaire d'État de George III, un poste en Corse : ministre ou commissaire. Dundas est son ancien condisciple au collège d'Édimbourg. Le 21 avril, au large de Bastia, Hood et Elliot – suivant les instructions de Dundas – affirment que la Corse formera un royaume indépendant uni à ceux de Grande-Bretagne. Le 22, Paoli écrit à Hood pour lui dire sa satisfaction de « l'union des deux nations sous un même souverain, dans l'intérêt de l'une et de l'autre ». Il insiste comme à son habitude sur la nécessaire « préservation de notre liberté et de notre indépendance[29] ». Le 24, Paoli informe Galeazzi des résultats positifs de ses négociations : « Vivez heureux, nous ne perdons pas la qualité de nation[30]. » Le 24 mai, Bastia capitule : les conditions de cette capitulation sont signées du côté de la République par les adjudants généraux Franceschi et Contand, par le maire de Bastia Jean-Baptiste Galeazzini et par le président de l'administration départementale Monti. Capitulation ratifiée par Hood et Gentili. Le 25, la garnison anglaise prend la place de la garnison française rapatriée à Toulon. Elliot s'installe à Bastia ; il y reçoit Paoli qui refuse en juin que le titre de « gouverneur » soit donné à Elliot car seules les colonies ont des « gouverneurs » (Jamaïque anglaise, Martinique, Guadeloupe françaises). Il refuse aussi que les Affaires étrangères de la Corse soient contrôlées par le Parlement britannique. L'île doit avoir ses représentants à l'étranger. Son commerce extérieur ne doit être contrôlé par personne. Ses navires doivent porter le pavillon à tête de Maure. Elliot accueille ensuite le général de division, sir Charles Stuart (1753-1801), fils du marquis de Bute, nommé commandant de Corse. Ancien aide de camp du vice-roi d'Irlande, et ami de Paoli, il a participé à la guerre d'Amérique[31]. Ses états de service outre-Atlantique font mieux comprendre l'hostilité qui s'est déchaînée à Londres contre Paoli parmi les amis de Wilkes. Nelson (1758-1805), fils cadet d'un modeste pasteur de Norfolk et arrière-petit-neveu de Walpole, chancelier de l'Échiquier, est le filleul du premier lord Walpole qui lui donna son prénom. En 1793, il a porté des dépêches à sir William Hamilton (1730-1803) à la cour de Naples. À travers eux, Paoli retrouve tout ce qui a fait son existence. Hamilton – aussi jacobite que Neuhoff ou le lord Maréchal – est l'ancien condisciple de Hervey, le premier voyageur britannique que Paoli a reçu, au cours de l'été 1766, après qu'il eut passé le printemps avec sa femme chez les Hamilton à Naples, lesquels lui firent faire l'ascension du Vésuve. Le 18 juin, Elliot est à Morosaglia auprès de Paoli qui se tient au couvent où repose son frère. Il reste avec lui deux jours, alors que Paoli regrette le choix de Gentili, son ancien aide de camp à Londres, promu général de brigade français le 7 novembre 1793, puis général de division le 20 avril 1794.

Le 19 juin 1794, la consulte de Corte décrète que tous les liens politiques et sociaux unissant la France et la Corse sont dissous et elle décide d'élire quelques représentants pour rédiger un acte susceptible de régler les relations entre la Corse et George III roi de Grande-Bretagne, d'Irlande, de France (depuis 1328) et de Corse (*Giorgio Terzo, re della Gran Bretagna, d'Irlanda, di Francia, di Corsica*). Ces représentants élus sont Videau, Pozzo di Borgo, Giuseppe Maria Pietri, Simoni, Bertolacci pour les laïcs, et, pour les ecclésiastiques, l'abbé Guelfucci, Mariani, Grimaldi et Alessandrini. Elliot doit représenter son souverain dans l'île comme vice-roi et non comme gouverneur. Un conseil d'État l'assistera, présidé par Pozzo di Borgo, véritable Premier ministre d'Elliot. Une assemblée du style de la Constituante prendra le nom de parlement anglo-corse. Seuls les riches propriétaires ayant plus de six mille francs de biens pourront y siéger. Les évêques en seront membres de droit. Cette Constitution devra être ratifiée à Londres et elle le sera par Dundas, ministre de la Guerre, le 1er novembre 1794. Quatre Corses devront porter l'adresse de la consulte à George III. Ce seront : Pietro Paolo comte Colonna de Cesari (1748-1829), qu'Elliot compare à un hobereau écossais dans une lettre à son épouse du 27 juin 1794. Certes, son père a été créé comte par lettres de Louis XVI (1784), et lui-même a été capitaine au Provincial-Corse, colonel de gendarmerie à Porto-Vecchio (1789), maréchal de camp (1792), député du tiers-état aux États Généraux puis à la Constituante, mais il est fort lié à Paoli comme l'était son vieux père, au point d'avoir commis la maladresse de faire courir le bruit que Paoli ne souhaitait pas une victoire française en Sardaigne, sans doute pour faire apprécier encore plus Paoli à Londres ! Le deuxième député auprès de George III est Gian Francesco Galeazzi (1756-mort à Pise), de Penta di Casinca, ancien étudiant à l'université de Rome (1773-1779), élu président du département en 1792 et futur membre du parlement anglo-corse. Le troisième : Giuseppe Nobili-Savelli, grand confident de Paoli ; le quatrième : Francesco Maria Pietri, professeur à l'université de Pise.

Le 21 juin est inhumé à Monticello Felice Antonio Leonetti, neveu de Paoli. Le même jour, Elliot accepte à Corte au nom de George III l'acte d'union entre la Corse et la Grande-Bretagne, acte négocié entre un État, la Grande-Bretagne, et un homme, Paoli, simple particulier investi d'aucun pouvoir souverain mais regardé comme incarnant ce pouvoir *de jure*. Elliot s'installe à Corte dans la maison de Gaffori, royaliste émigré, dont il garde les clefs, écrit Moore. Et Elliot dépêche à Londres Baltassar de Petriconi, qu'il nomme lieutenant-colonel et qu'il prend pour aide de camp, afin d'informer George III de l'heureuse évolution de la situation insulaire. Fin juillet, Elliot et Paoli discutent au couvent d'Orezza. De retour à Bastia le 27, Elliot peut se flatter d'avoir visité toute la Corse[32]. Charles Stuart nomme alors John Moore pour son chef d'état-major et tous deux deviennent rapidement les ennemis d'Elliot dont le principal conseiller devient Pozzo di Borgo ! Le 10 août, Calvi capitule mais le siège a coûté un œil à Nelson (le 10 juillet). Fin août, Stuart et Moore font une tournée dans toute la Corse avec Duncan, sans doute fils d'Adam Duncan (1680-1737), franc-maçon écossais installé à Rotterdam (1702) et créateur de la première loge de ce port (1720). Le 16 décembre, Elliot accueille à Bastia son épouse Maria alors qu'à Corte Paoli prépare la *consulta* du 10 janvier 1795. Au cours de celle-ci, selon l'abbé Galletti dont le père vivait à l'époque des faits, Paoli justifie sa conduite : d'un côté « l'anarchie » de la France jacobine, de l'autre côté la Grande-Bretagne libérale ; « il convenait [donc] de se séparer de la France et de se mettre sous la protection de la Grande-Bretagne, avec une constitution qui aurait assuré la liberté et l'indépendance de l'île ». D'un côté « la désorganisation de tous les principes de la société, la violation et la rapine sur toutes les propriétés individuelles, l'abjuration forcée de toutes les religions, de tous les cultes, l'athéisme prêché avec impiété, tant d'atrocités commises sur tant de victimes innocentes, immolées à la fureur des gens de la pire espèce ». De l'autre côté, la Grande-Bretagne héritée de la Glorieuse Révolution, avec sa Constitution et son Parlement. Cette explication parût sous forme de « manifeste », début 1795, alors que le royaume anglo-corse se met en place.

LE ROYAUME ANGLO-CORSE (1794-1796)

Alors que les Cosway s'installent à Londres à Oxford Street, le royaume anglo-corse se met en place et Mgr de Guernes, évêque d'Aléria, émigré depuis 1792, remonte sur son trône épiscopal. L'île devient une sorte de dominion. Souvent, le *God Save the King* retentit dans les grandes salles de la maison bastiaise des de'Battisti où le couple Elliot donne à dîner, dans les quatre pièces du premier étage, aux nombreux convives qui dansent ensuite au rez-de-chaussée ouvrant sur le jardin, là où les Elliot font planter des citronniers. Paoli, farouchement républicain, se heurte alors au couple. Il appelle ses interlocuteurs « citoyens », chagrinant beaucoup lady Elliot et son mari qui s'en plaint : « Paoli se sert encore du titre de Citoyen au lieu d'employer celui de Monsieur [on est le 19 février 1795]. C'est ainsi qu'il adresse toutes ses lettres à ses compatriotes de tous les rangs et de toutes les conditions », y compris au « doyen du Parlement » ! « Il se sert du titre de Cittadino, mot qu'il répète trois fois dans cette courte lettre ! » De son côté, Paoli reproche à Pozzo di Borgo d'être trop lié à sir Gilbert mais aussi à Buttafoco et à Gaffori (1744-1796), rappelé en Corse par Elliot. Marginalisé par les Génois au temps du gouvernement « national », marginalisé par Buttafoco au temps des Français, marginalisé par Pozzo di Borgo au temps des Anglais, Paoli voit toute une série de jeunes gens accéder au « pouvoir » : Pozzo di Borgo, nommé président du Conseil d'État et véritable chef de cabinet du vice-roi ; Agostino Giafferi, élu président du Parlement anglo-corse (17 février 1795)[33] ! À nouveau, Paoli se retrouve isolé car il continue de jouer des cartes très personnelles : 1) celle de la maçonnerie catholique et jacobite, en perte de vitesse depuis la mort du Prétendant en 1788 ; 2) celle de la philosophie des Lumières et non celle du jacobinisme outré ; 3) celle du peuple pauvre des montagnes contre celle des élites urbaines et avides[34]. Elliot écrit d'ailleurs à Londres le 16 août 1795 : « Depuis son arrivée à Bastia, [Paoli] a mis en avant une proposition pour faire accorder une indemnité de quatre *schellings* par jour à tous les membres du Parlement. Il s'est inspiré en cela de la Révolution française qu'il aime bien d'ailleurs à prendre pour modèle et pour laquelle il est loin de partager votre horreur. Il a voulu faciliter aux basses classes l'accès du Parlement et leur permettre de siéger grâce à ce secours. La Corse et ses lois se seraient trouvées ainsi entre les mains de législateurs indifférents, et l'autorité royale en aurait été forcément affaiblie. Paoli en revanche y aurait gagné, lui dont presque tous les partisans appartiennent à cette dernière catégorie[35]. » Paoli est en effet contre le recrutement censitaire de ce parlement. En 1726 déjà, alors qu'il n'avait lui-même que quelques mois, son père Giacinto demandait que les témoins à un procès n'aient rien à verser au tribunal, les accusés pauvres n'ayant pas la possibilité de produire des témoins. Père de la Patrie, voire Père des pauvres, Paoli, trop « démocrate » (Elliot le dit en 1795, mais Paoli le disait déjà de lui-même en 1769), finit par agacer de plus en plus Elliot qui forme quatre bataillons de milices corses dont il confie le commandement à Giampietri de Rostino, Quenza, Frediani et Vincentello Colonna d'Istria. Cependant, il accepte que le buste en marbre de Paoli soit érigé à Bastia dans la Chambre du parlement. Mais Paoli ne cesse de l'agacer comme il l'écrit à Londres le 19 février 1795 : « Est-ce un effet de l'habitude provenant du genre de vie qu'il a mené jusqu'ici, ou de sa partialité pour la cause de sa propre puissance ? Est-ce par opinion et par principe, ou bien par ambition et par calcul ? Je ne sais ; mais Paoli me paraît avoir de *fortes tendances à la démocratie.* Si les Français avaient respecté son autorité et son influence en Corse, s'ils n'avaient pas menacé ses jours, je ne crois pas qu'il leur eût jamais reproché leurs principes. C'est un grand admirateur de leur courage et de leur énergie. Il ne tarit pas d'éloges à leur sujet, tout en désapprouvant leurs dernières atrocités[36]. »

La France ayant dépêché le *Ça ira*, de 80 canons, et le *Censeur*, de 74 canons, sur les côtes de Corse, le vice-amiral Hotham s'en empare le 13 mars et les conduit à Saint-Florent. Hotham reçoit les félicitations du parlement anglo-corse et ses remerciements. Le 18 mai, ce parlement décrète de confisquer tous les biens des Corses retirés en France ou au service de celle-ci. Ces Corses sont en outre condamnés à un exil perpétuel ou à la peine de mort s'ils viennent à rentrer dans l'île. Il semble que Paoli ait protesté, selon l'abbé Galletti. Ces mesures émanaient vraisemblablement de Pozzo di Borgo qui avait réussi à marginaliser Paoli. Privé de Gentili devenu général jacobin, Paoli se trouve aussi privé de l'amitié de Boswell, mort à Londres le 19 mai 1795. Le 22 août 1795, Frederic North (1766-1827) arrive à Bastia comme secrétaire d'État. Le 30, Paoli, désabusé, adresse à Guelfucci la dernière lettre qu'il lui écrira : y perce son amertume et sa méfiance vis-à-vis de Pozzo di Borgo. Le même jour, North signe un traité avec un ambassadeur algérien. Isolé, Paoli est encore soutenu par quelques fidèles ; Jean-François Galeazzi et Antoine-André Filippi de Casinca démissionnent du reste de leurs postes de conseillers d'État anglo-corses, préférant renoncer à leurs appointements plutôt que de faire le jeu trop anglophile et trop oligarchique de Pozzo di Borgo. Ce même 30 août, Paoli écrit à son ami Nobili-Savelli : « La confiance est à Gaffori, Boccheciampe, aux Fabiani, aux Grimaldi de Moriani. Les anciens ennemis de la patrie sont maintenant les soutiens du gouvernement[37] ! » Chaque jour qui passe creuse davantage le fossé qui sépare Paoli d'Elliot. Tout incident mineur prend une ampleur démesurée. À Ajaccio, un autre buste de Paoli aurait été mutilé au cours d'un bal donné en l'honneur d'Elliot. Paoli en profite pour accroître la grogne sourde de ses partisans. Le 31 juillet 1795, Elliot écrit à Londres : « Avant de terminer, je crois utile d'ajouter que, quoique ce buste ait servi actuellement *de prétexte,* Paoli avait déjà fait tout son possible pour susciter des obstacles au gouvernement, alors que l'on n'avait pas encore entendu parler d'une histoire pareille. Il disait au peuple que nous avions les chapeaux, mais que son parti avait les casquettes, désignant par là les classes inférieures. Il recommandait à ses compatriotes de garder leurs fusils chargés, car nul ne pouvait savoir au juste à quel moment ils en auraient besoin. Il ne cessait de leur répéter de ne pas payer les impôts parce que les fonctionnaires civils avaient des traitements trop élevés et pour d'autres raisons de ce genre[38]. » En août 1795, à soixante-dix ans passés, Paoli est pris entre deux feux : Elliot, Pozzo di Borgo, trop élitistes, d'un côté ; et de l'autre la trop grande turbulence des peuples du Delà-des-Monts qui « désirent le désordre » (« *li popoli del delà da Monti sono piu furiosi che da questa parte* »). Paoli, septuagénaire, est las : « Si j'échappe à cette bourrasque, je veux prendre demeure en quelque couvent *des plus retirés* et dans le lieu *le plus caché* de l'univers[39]. » Mais où être plus anonyme que dans la plus grande ville du monde ? Comme son père mort à Naples à quatre-vingt-six ans, comme Neuhoff mort à Londres à près de soixante-dix ans, comme Rivarola mort à Turin octogénaire, Paoli, une fois encore, songe à l'exil.

Le 14 octobre 1795, Paoli embarque sur le *Dolphin* à Saint-Florent. Londres estime qu'il constitue un obstacle trop lourd pour Elliot. Paoli s'exile donc, avec Panattieri, Galeazzi et Ciavaldini pour derniers compagnons de voyage. En outre, la petite Paolina Cosway semble fragile, voire malade : Paoli n'a pu assister à son baptême ; il veut peut-être connaître l'enfant qui meurt le 28 juillet 1796 à six ans, ce qui l'affecte considérablement. Débarqué à Livourne le 16 octobre 1795, Paoli recommence le même périple qu'en 1769 : à Florence, il rencontre Ferdinand III, lord Mac Chateneizer, ambassadeur du comte de Provence, et le comte Alfieri, amant de la comtesse d'Albanie (marraine de Paolina), déjà vu à Londres en 1784 puis à Paris en 1790. Bologne, Bamberg, Cobourg, Hanovre sont les étapes qui rythment son voyage, beaucoup plus discret que celui de 1769. Du 18 novembre au 12 décembre, Paoli séjourne près de Hambourg, à Cuxhaven. Le 18, il débarque près de Newcastle. Le 24, il arrive en Angleterre après dix longues semaines de voyage. Sa santé est excellente, et lorsqu'il prétendait en 1793 ne pouvoir faire « deux cents lieues » (Corte-Paris), on a bien là la preuve qu'il ne s'agissait que d'un pur prétexte par crainte (légitime) d'un « tribunal sanguinaire ».

Dernier exil londonien

Gentili, cette fois-ci, l'a abandonné. Passé dans le camp de Bonaparte, il est chargé par lui de préparer un débarquement en Corse à partir de Livourne pour reprendre la Corse aux Anglais. Masseria essaie bien de le réconcilier avec Paoli, mais en vain. Parvenu en Angleterre, Paoli attend. Le 1er février 1796, Frédéric de Neuhoff – totalement dépité par l'aventure théodoro-paolinienne (1736-1796) – se tire un coup de pistolet dans la tête devant Westminster, laissant des *Mémoires pour servir à l'histoire de la Corse,* publiés à Londres chez S. Hooper (1768)[40]. Ce suicide par arme à feu fait songer à celui du capitaine Dick qui avait introduit Neuhoff à Aléria soixante ans plus tôt et qui lui aussi s'était tiré une balle dans la tête quelques semaines plus tard ! En avril, Francesco Maria Pietri rejoint Paoli. Masseria aussi. Quoique âgé, Paoli continue de suivre de très près les affaires. Le 6, il écrit à Nobili-Savelli : « le gouvernement [anglo-corse] est mené par des gens ennemis de la Liberté, pas du tout attachés à la nation anglaise et extrêmement vénaux ». Le 15 août, Paoli est à Blackheath chez Andrew Burnaby, son futur exécuteur testamentaire. Il écrit : « Il semble que le vice-roi [Elliot] soit toujours sous l'emprise d'esprits pervers. Dieu ! Que de malheurs je prévois pour ma pauvre patrie. » Ces « esprits pervers » sont Édouard Dillon et le baron de Roll qui ont levé deux régiments d'émigrés français. Le 18, l'Espagne s'allie à la France. Pitt se préoccupe des Antilles, du Portugal et met Gibraltar en état de défense. Le 31, Londres ordonne le retrait de Corse des troupes britanniques. Mgr de Guernes en profite pour émigrer à nouveau, à Pise, où il décédera (1798). Elliot, contesté par nombre de Corses (Gambini de Corte, Santini, médecin d'Omessa, Franzini, médecin de Croce, Ponticaccia de La Campana, etc.), prépare l'évacuation de l'île et conclut : la Corse ? « *Ungovernable rock* ». Le 18 octobre, Paoli dénonce à Burnaby « le beau Dillon » qu'il estime trop intime avec Pozzo di Borgo ! Il se confie à Burnaby car il est partagé : « D'un côté, mon engagement de loyauté et l'attachement que j'ai *toujours eu* envers l'Angleterre ; d'un autre côté, mon amour-propre, trop sensiblement outragé sans que je puisse distinguer l'espoir d'une réparation ; le sentiment de ce que dois à ma patrie [la Corse], qui a tant fait pour moi, tout cela me fait souffrir les tourments de l'enfer, alors que je contemple de loin le danger dans laquelle elle se trouve. » Le 25, Nelson, à bord du *Captain*, écrit que toutes les places de l'île sont évacuées ; les Anglais ont tout réembarqué, troupes et matériel, en dix jours. Le 22, ils ont quitté Bonifacio, le 23 Ajaccio et Calvi ; le 26, Elliot part pour Porto Ferraio après avoir écrit à Dundas : « Je crois que ce peuple est une énigme dont personne ne peut être sûr de posséder la clef. »

Paoli enrage contre « ce fripon de Saliceti ». L'homme est las : « Je suis fatigué d'écrire des sentences[41] » ; et il regrette son inefficacité : « Je donnais des conseils qu'on ne me demandait pas. » Désabusé, il reconnaît avoir toujours été « mal accueilli ou déçu » par les femmes et, du côté des hommes, il avoue : « J'ai eu trop d'ennemis puissants et acharnés. » À présent, il se confie à Maria Cosway : « Je suis dévoré par l'oisiveté » ; « dans ce pays, il ne fait que pleuvoir »[42]. Ce premier hiver, Paoli le passe à Bath et le regrette : « l'éloignement de Londres me sera très désagréable », mais il attend « le résultat des manigances des cabinets en Angleterre »[43] pour voir si sa pension sera ou non reconduite. Heureusement, Paoli a Masseria (1739-1814) avec lui, mais il voudrait voir des esprits plus éclairés pour parler avec eux, par exemple « l'évêque de Londres » Beilby Porteus (1731-1808), opposé à la fois à l'esclavage et à la Révolution. Privé de Boswell, Paoli « tient » grâce aux lettres qu'il expédie à Maria : « Je suis un confesseur [...]. J'ai l'impression de parler et d'écrire à moi-même[44]. » Avec Guelfucci, très âgé, Paoli a cessé de correspondre. Le vieillard taxe du reste le père Giuseppe Maria Rinesi de « grande présomption » et de « très grande ignorance »[45] alors que la famille de celui-ci faisait partie jadis des premiers soutiens de Sebastiano Costa ! Il se rallie même à la République et entretient des correspondances avec l'administrateur Miot avant de mourir à Belgodere le 7 mars 1813 à quatre-vingt-onze ans.

Courant 1798, revenu à Londres, Paoli s'installe au 21 Edgeware Road, plus modestement qu'en 1769. Ce sera sa dernière adresse. Accusé d'avoir acheté des biens en Suisse, Paoli ne jouit en réalité que d'une modeste aisance. Certes, il a pour banquier Jean-Frédéric Perregaux (1744-1808), natif de Neufchâtel, et il entretient des relations avec le banquier Bethmann chez qui il a séjourné à Francfort en 1769 ; certes, il a quelque argent placé à la Banque d'Angleterre, et a pour banquier à Londres John Drummond, mais toute sa fortune se montera dans les années 1830 à douze mille cinq cents livres sterling (capital et intérêts compris, depuis sa mort en 1807). Paoli est donc loin d'être riche, loin d'être parti de Corse avec des fonds immenses comme l'ont prétendu ses détracteurs. À Londres, Paoli vit en bon bourgeois, sans plus. Il y apprend la mort du « pauvre Wilkes »[46], décédé le 26 décembre 1797, puis celle de Gentili : parti occuper Corfou, ce dernier meurt le 27 mars 1798 sur le bateau qui le ramène en Corse. Néanmoins, Paoli continue de fréquenter Bath avec assiduité car « les distractions [y] sont nombreuses. Il est rare que je dîne chez moi. J'y trouve maintenant trop d'amis pour ma santé qui devrait se tenir éloignée de trop nombreux toasts [...]. Je ne fréquente pas beaucoup les salles [des bains] », mais beaucoup « les salons privés où va le beau monde. En leur présence [des femmes], je remarque avec beaucoup de déplaisir mes rides, si je tourne par hasard les yeux vers un miroir [...]. Ces réflexions ne doivent pas empêcher les vieux et les dames d'un certain âge de profiter autant que possible de ce triste monde [...]. Les vieilles jouent au whist et on leur gagne leur argent [...]. Ne sachant quoi écrire, je remplis la feuille de ces bêtises... inepties ridicules. »

Paoli se partage alors entre Londres et Bath et, où qu'il soit, attend des nouvelles. Le 11 janvier 1798, une lettre de Toscane « confirme les mauvaises nouvelles que j'avais déjà reçues de mon malheureux pays et de l'exil de tous mes parents et amis. Ils [ses amis] se sont néanmoins engagés à aider ma vieille sœur à quitter sa maison ». Paoli s'ennuie. Heureusement, « un nombre infini de charmantes personnes [...] font oublier la vieillesse et chassent les idées mélancoliques ». Le 12, il est invité à un bal par une Irlandaise, fille de lady Wright (la veuve du peintre Joseph Wright [1734-1797], fidèle de Bath), car « Bath est presque une colonie irlandaise et un grand nombre d'entre eux y sont établis » ; mais « je ne danse pas », déplore-t-il (il a soixante-treize ans !). Il souffre de « maux de dents », et va finalement plus volontiers « à la messe » qu'au bal ! Le reste du temps, dit-il, « je joue au whist pour avoir une excuse pour m'asseoir ». Les nouvelles de Toscane sont parfois terribles. Le 27 janvier, Paoli apprend la mort de son petit-neveu survenue à Pise[47]. « Il portait le prénom de mon père [Giacinto]. En temps voulu, je pensais lui permettre d'en porter même le nom [...]. Je me flattais de l'idée qu'il maintiendrait *les engagements contractés par son bisaïeul* et ses [grands-]oncles, par gratitude et par zèle envers la patrie. Il venait d'avoir cinq ans [...]. Une mort prématurée m'a ravi quatre neveux de ce prénom et n'a pas permis que vive le cinquième qui portait le nom de mon frère. Plût au Ciel qu'avec l'extinction du nom de Paoli en Corse cette île puisse enfin jouir de la paix, de la tranquillité et de la liberté, sans laquelle cela ne vaut guère la peine de vivre. »

Paoli est souvent malade : « Pour peu que je tousse, j'ai l'impression que les veines et les artères de la tempe sont sur le point de crever. On m'a apposé des sangsues sans effet ; on m'a extrait du sang d'un bras, et purgé le lendemain, mais ni la saignée, ni la purge ne m'ont guéri... [Les médecins] appréhendent l'effervescence du sang à la tête. » Bath reste néanmoins une villégiature agréable : « J'y revois tous mes amis et certains s'y sont établis. » Cela lui permet d'oublier les mauvaises nouvelles : « Les lettres que j'ai reçues hier de Toscane ne me permettent pas aujourd'hui de sortir. J'ai l'habitude des mauvaises nouvelles, et pourtant on ne peut empêcher l'affection fraternelle de s'épancher quelque peu. Ma sœur a cessé de vivre et la France cruelle, et la rapacité de son gouvernement ont rendu trop amers les derniers moments de son existence. »

Le 18 février, premier jour du Carême, Paoli évoque la nécessité d'« imposer les Cendres [...] cérémonie sacrée », mais il avoue à Maria Cosway : « Désormais, le meilleur parti pour moi est de rire de tout, puisque tout, jour après jour, s'éloigne de moi. » Et de conclure : « Vous êtes encline à porter un faux jugement sur ma dévotion. » Physiquement, il va « un peu mieux » et s'en réjouit, se dit « assuré [de profiter] d'un autre laps de temps pour aller jusqu'à quatre-vingts ans ». Le 15 février, la République romaine ayant été proclamée, Paoli l'apprend :

« Je n'aurais jamais cru qu'il [Bonaparte] traiterait avec une si grande indignité le chef visible de l'Église à laquelle appartient la grande masse du peuple français. » Pie VI étant conduit de Sienne à Valence, Paoli s'insurge face aux « philosophes vandales » et conclut : « La morale de l'Évangile est si évidemment bonne qu'il y aura toujours une communion d'hommes qui se feront un devoir de la vénérer et de la professer en public [...]. Ici, les prêtres me traitent avec la rigueur de la discipline d'autrefois. On ne m'autorise pas encore à accéder à la communion » car le clergé le sait proche des idées défendues par ceux qui vénèrent le Grand Architecte de l'Univers. D'ailleurs, Paoli fréquente nombre d'architectes, et le 10 avril il écrit à l'un d'eux, Giuseppe Bonomi (1739-1808), élève des architectes écossais Robert et John Adam.

De Londres ou de Bath, Paoli suit les événements. Le royaume anglo-corse s'est effondré. Saliceti a quitté la péninsule italienne pour rentrer en Corse, mais il a dû quitter l'île, Miot y étant nommé commissaire. Député du Golo, élu le 10 avril 1797, ce « fripon » est en train d'être à son tour supplanté dans l'île par les Bonaparte. Paoli ne sait s'il doit s'en réjouir. Certes, délégué des consuls en Corse, Saliceti y a provoqué une insurrection à son arrivée, mais, depuis le pillage de la maison ajaccienne des Bonaparte par les paolistes, les Bonaparte n'aiment guère Paoli qui croit Bonaparte mort en Égypte : « Bonaparte est déjà mort dans les gazettes [...]. Qu'il soit mort comme ils veulent, quelque sentiment de liberté aura toujours été inoculé aux Asiatiques opprimés, et on aura toujours pris connaissance de la puissance qu'auraient les Arabes une fois indépendants. » La plus acharnée contre lui des Bonaparte est alors Laetitia qui regrette les splendeurs de sa maison, ses miroirs, ses cristaux, ses cheminées de marbre et les tissus cramoisis de sa chambre. « La mère de Bonaparte » a quitté Ajaccio, écrit Paoli ; elle est à Rome « avec son fils aîné [...] ministre de France » ; et il tient des propos prophétiques : « Rome pourrait redevenir la capitale de l'Italie... » Richard Cosway, selon lui, devrait y aller : « Je suis certain que le Tibre lui ferait une impression bien plus forte que la Seine. » À l'égard de Bonaparte, Paoli se montre admiratif : Bonaparte « ne manque ni de talent, ni d'allure, ni de franchise [...]. Le temps le rendra plus modéré. »

En décembre 1798, Paoli est informé de la dernière insurrection de Corse (printemps 1798) : la « révolte de la Crocetta », du nom de la petite croix d'étoffe blanche cousue sur leurs vêtements, qui rallie les insurgés, derniers héritiers des dévots pro-vénitiens d'autrefois. Conduits par l'abbé Charles-Pierre Casalta, de Prunelli de Casaconni (mort pendant l'insurrection[48]), par Denis Gavini de Campile (bientôt réfugié à l'île d'Elbe), par l'abbé Savelli de Corbara et les frères Savelli d'Aregno, mais aussi par Fondacci de Sainte-Reparata de Balagne (neveu de Paoli), ces insurgés ont pour seul étendard la croix, et pour chef Agostino Giafferi, quatre-vingt-deux ans. C'est du couvent de Saint-Antoine de la Casabianca que ces insurgés sont partis, c'est-à-dire du couvent même où Paoli a été proclamé général de la nation corse en 1755. Ils avaient leur petite *crucetta* sur la poitrine et leurs bérets (*sulle beretti e nel petto*). Paoli fait quelque peu l'innocent et écrit au sujet des événements : « J'ai *appris* que les Corses ne pouvant plus supporter les violences de l'administration départementale ont pris les armes pour résister aux ordres injustes et inconstitutionnels de cette administration tout autant que pour défendre *leur religion, que l'on voulait entièrement supprimer.* »Les insurgés, selon Renucci, se recrutent essentiellement « dans les cantons de Moriani, de Tavagna, d'Orezza, de Casacconi et d'Ampugnani »[49] ; cantons traditionnels de la révolte puisqu'ils recouvrent les pièves soulevées de 1729. Giafferi, capturé par les républicains (le général Vaubois[50]), est conduit à Bastia et condamné à mort. Les troubles sont violents. La maison de La Stretta est pillée. Le couvent de Rostino aussi. La maison de Fondacci, neveu de Paoli, est brûlée. Visiblement, les émeutiers détruisent tout ce qui touche à Paoli : sa maison (La Stretta), celle de son neveu, le couvent (Rostino) qui avait été l'un des symboles de son pouvoir. Pourquoi ? Parce que nombre de contemporains ont pensé que la révolte de la Crocetta avait été orchestrée par lui depuis Londres. L'abbé Galletti (1784-1866) avait quinze ans à l'époque des faits et en qualité de fils d'un maire corse, témoin des événements, il écrit : « La réunion révolutionnaire, peut-être la dernière qui eut lieu au couvent de la Casabianca en 1798, ne fut que trop malheureuse ; elle ne fut pas inspirée par l'amour de la patrie, mais par des suggestions ambitieuses et soufflées *par des agents secrets du parti anglais* ; cependant, cette révolution éclata sous le prétexte de la religion outragée[51]. » Pourtant, Paoli demeure officiellement serein : « Je me moque des meubles et de l'argent qui s'y trouvaient [à La Stretta] mais me peine beaucoup la disparition des papiers qui appartenaient à l'Histoire future de notre nation. » Et puis, il garde beaucoup d'affection pour Agostino Giafferi, ancien officier à Naples, à peine plus âgé que lui, et fils de don Luiggi, longtemps emprisonné à Gênes et à Savone, et transporté de forteresse en forteresse « en chaise fermée ». Avant d'être fusillé, Agostino a refusé avec hauteur les secours d'un prêtre jureur : « Retirez-vous ! J'ai deux anges tutélaires qui me guident : ma religion et ma patrie. » Agostino, écrit Paoli, « laissera un souvenir glorieux dans l'Histoire parce qu'il s'est consacré au bien de la patrie dont il n'a cessé de plaindre les malheurs comme ceux de tant de bons patriotes exilés, expatriés et dans la misère, dont le seul crime est leur attachement à la cause juste de la nation et de la liberté [...]. Je tiens pour perdu ce pauvre peuple dépourvu de tout. » Et il implore Maria Cosway : « Ne parlez pas de ce sujet comme le tenant de moi », preuve qu'évoquer les Giafferi reste un sujet brûlant depuis l'histoire mystérieuse du Masque de Fer en 1669. Preuve aussi que Paoli, oncle de Fondacci présent sur le terrain, craint d'être soupçonné dans cette révolte de la Crocetta. Paoli, soixante-treize ans, vieux « rebelle » toujours actif, feint en effet d'aspirer à la tranquillité et il craint qu'on ne l'accuse de fomenter des troubles en Corse à distance, comme en 1774, lorsque des Stuarts débarquaient d'Irlande à Multifao-Castifao pour aider son cousin Nicodemo Pasqualini à soulever le Niolo. « J'ai du mal à écrire, dit-il, comme pour s'en disculper par avance. Je suis entre les mains des médecins. Je crains fort le retour du rhumatisme à la tête dont j'ai tant souffert en 1786. Si je tousse ou j'éternue, j'ai l'impression que ma tête va éclater et les artères et les veines se gonflent et deviennent dures comme des cordons. On m'a appliqué sans résultat des sangsues aux tempes. On m'a saigné deux fois au bras... Je prends matin et soir des remèdes apéritifs en plus de bains de pieds fréquents » (des bains de pieds chauds pour attirer le sang de la tête vers le bas du corps). À noter que Paoli, depuis 1755, continue de donner régulièrement des nouvelles, toujours alarmantes, de sa santé lorsqu'il est particulièrement actif au plan politico-insurrectionnel : jeune, il évoquait sa mauvaise vue (à trente ans, alors qu'elle est demeurée excellente jusqu'à soixante-quinze ans), ses vertiges, le charbon à l'aisselle, voire un mauvais rhume ; vieux, il continue, évoquant la toux, voire la grippe, lorsqu'il complote quelque « affaire ». Les visiteurs anglais ont du reste remarqué combien Paoli met en avant sa prétendue « mauvaise santé » lorsqu'il est en réalité au cœur de l'action.

En 1798, on ne peut pas être totalement sûr de son innocence dans les troubles de la Crocetta qu'il ne faut absolument pas chercher à rapprocher des mouvements contre-révolutionnaires de l'Ouest français (Vendée, Quiberon en 1795, chouannerie). En revanche, il est étonnant que la Crocetta éclate en Corse exactement au même moment que les troubles conduits par les catholiques en Irlande. Cette révolte irlandaise est conduite par les chefs du parti populaire irlandais qui installent à Wexford un Directoire exécutif de la République irlandaise. Toute l'Irlande s'embrase contre les troupes anglaises, ce qui pourrait expliquer que Paoli ne veuille pas que l'on parle de lui dans ces soulèvements corse et irlandais de 1798, car il est à nouveau pensionné par le roi d'Angleterre qui pourrait soit le priver de sa pension, soit l'expulser du territoire. Mais quand on sait que Mme de Neuhoff était fille de Sarsfield, chef national irlandais, lui-même petit-fils d'un autre héros national irlandais ; quand on sait comme Paoli a reçu à Corte de vice-rois d'Irlande (Hervey) ; comme Neuhoff a gravité au milieu de vice-rois d'Irlande (le duc d'Ormond, cousin de son épouse) ; quand on voit Paoli suggérer à Hood en 1793 un système en Corse comparable à celui de l'Irlande ; quand on sait que son cousin Nicodemo Pasqualini a été aidé en 1774 dans sa révolte contre la France par un Stuart arrivé d'Irlande, marié cette année-là à l'île d'Elbe, installé à Multifao-Castifao où un tableau de 1545 évoque le *Couronnement de la Vierge* (c'est-à-dire de Marie Stuart) ; quand on sait les liens maçonniques et jacobites entretenus par les Paoli père et fils tout au long de leur existence, il nous semble que la révolte de la Crocetta mériterait une véritable révision historiographique d'autant que Galletti, adolescent en 1798, et devenu prêtre, relie bel et bien la Crocetta à des agissements d'outre-Manche. S'agirait-il du Stuart débarqué en 1774 à Multifao-Castifao et que ses enfants durent en effet cacher pour le préserver des violences locales[52] ? C'est possible, d'autant que plusieurs Irlandais disaient attendre de ce mouvement de 1798 leur « regénération » ! Parmi eux John Heogh et surtout le jeune avocat de Dublin Daniel O'Connell (1775-1847), qui se mit à personnifier l'Irlande un peu comme Paoli avait personnifié la Corse.

On peut être d'autant moins sûr de la non-implication de Paoli dans la révolte de la Crocetta que Philippe Masseria (1739-1814) – son confident à Londres – continue de jouer en 1799 le rôle de véritable agent de liaison britannique auprès de Paoli. Ancien président de la Société des Jacobins d'Ajaccio (le *Globo patriottico* début 1791), l'homme appartient à une famille de bons paolistes, son père et son frère ayant été tués à Ajaccio en 1763 en essayant d'arracher la citadelle aux Génois. Familier de Paoli en Corse jusqu'en 1769, puis en Angleterre de 1783 à 1789, puis en Corse de 1790 à 1793, établi à Londres de 1795 à sa mort, Masseria est l'homme qui a accompagné John Stuart-Mountstuart en Corse, la première fois, en 1768, après avoir rencontré à Livourne le commodore Spry auprès duquel il resta de juillet 1768 à la mi-1769 environ. En 1778, Masseria a joué le rôle d'officier recruteur, enrôlant nombre de Corses émigrés en Toscane afin de les faire servir dans l'armée britannique, pour défendre Mahon et Gibraltar. Lui-même prit part au siège de Gibraltar avec le neveu de Paoli et il renseignait régulièrement le général écossais Murray, gouverneur de Minorque, et lord Heathfield, gouverneur de Gibraltar, sur les mouvements du port de Toulon. Établi à Londres en 1783, Masseria y devint agent du service secret de sir Evan Nepean, sous-secrétaire d'État au Home Office, qui lui obtint une « demi-solde » à partir de 1787, cumulée avec une pension. En 1788, grâce à Peter Moore, membre du Parlement britannique, Masseria a publié aux frais d'Evan Nepean une *Address to the People of France,* brochure d'une centaine de pages. Passé en France en 1789, puis en Corse début 1790, puis à Livourne en juillet 1793, il était à Toulon lorsque le port a été occupé par lord Hood et c'est lui qui a suggéré au commodore Linzee l'attaque de Saint-Florent en septembre. Discret à Londres de décembre 1793 à décembre 1799, Masseria rencontre secrètement Bonaparte avec l'autorisation de William Pitt en décembre 1799 (voyage dont parle sir Charles Stuart à Pitt) ; il le rencontrera à nouveau en avril 1801 (voyage dont Moore parle à lord Macartney). Or Paoli est à la fois l'ami de sir Charles Stuart qu'il avait soutenu à Bastia contre Elliot et l'ami de Peter Moore. De plus, Masseria est en 1800 en relation avec le général irlandais Henri-Jacques-Guillaume Clarke (1765-1818), ancien secrétaire des commandements du duc d'Orléans (haut dignitaire de la franc-maçonnerie), créé duc de Feltre en Vénétie par Napoléon, lequel général Clarke, jeune général de brigade (1793), fut suspendu par la Convention, et se vit un temps obligé pour survivre de travailler dans la maison de banque de Perrégaux. Masseria est aussi en contact avec lord Hervey, avec Francis Drake, avec lord Hobart (neveu de sir Charles Stuart, mort en 1801), ministre de la Guerre, son « patron » officieux en 1801, avec lord Macartney (beau-frère de sir Charles Stuart), lesquels ont tous eu des relations avec Pascal Paoli à divers moments de leur existence. Masseria eut en outre des liens à Paris avec le maréchal Masséna (1756-1817), initié à la maçonnerie le 13 avril 1784 à la loge Les Élèves de Minerve, orient de Toulon, et futur grand dignitaire de l'ordre comme membre du Suprême Conseil pour la France du rite écossais[53].

Dieu : un confident mais pas un maître

Vieillissant, souvent malade, Paoli médite quotidiennement sur la religion. Depuis Bristol Hotwells, il se confie à Maria Cosway. Il se dit « sans préjugés, ennemi de l'imposture et de l'hypocrisie ». Maria étant très pieuse, il ajoute : « Vous aviez l'air de croire peu sincère ma conversion et ma pénitence. Peut-être. Dieu ne concède pas si facilement la grâce d'une vraie contrition, ni le ferme esprit de pénitence à quelqu'un qui depuis si longtemps était resté *sourd à ses appels*. On peut perdre tout seul la grâce divine, mais on ne peut la mériter sans aide... Nous devons constamment prier pour qu'elle nous soit accordée [...]. Les prières qui ne sont pas produites par la grâce ont peu de valeur, ou aucune [...]. Dieu, pour nous ramener à lui, se sert presque toujours des apparences naturelles. Un prédicateur n'a pas la force de nous convertir.

Ce qu'il nous dit, nous l'avons souvent entendu et lu dans des livres, sans effet ; et pourtant souvent Dieu profite de ces prières pour nous convertir à lui ; d'où mon espérance tant que je pratiquerai les actes de piété. Jusqu'ici, vous voyez, un peu de théologie quelque peu teinté de jansénisme [...]. À mon âge [...] la dévotion ne vous paraît-elle pas une bonne retraite ? N'ayant plus confiance dans les hommes, il y aurait de quoi se jeter dans le fleuve si on perdait aussi la confiance dans la divine Providence [...]. Je ne suis bas un bigot [...]. Il faut chercher le salut éternel [...]. Il est beau de rester joyeux, de vivre en harmonie avec notre prochain et d'avoir confiance en notre Père éternel [...]. Récemment converti [...] j'estime leur savoir [des jansénistes], j'approuve un très grand nombre de leurs maximes, mais je ne suis pas satisfait de leur rigueur excessive. J'aime, dans mon comportement, montrer que je suis un homme qui sert Dieu comme son Père céleste, mais non pas comme un esclave à la cour d'un sultan. Cessons de jouer aux ascètes... Nous ne nous sommes pas faits tout seuls. Nous sommes le produit de l'Auteur de la nature qui ne pourrait pas être puissant s'il n'était également sage, et n'ayant pas de raison d'être méchant, il ne peut nous avoir créés pour nous damner [...]. Je suis las d'avoir le comportement d'un janséniste sévère », lequel amuse du reste Richard Cosway qui le traite gentiment de « délinquant repenti ». Physiquement, Paoli va mieux : « Ma santé n'est pas tout à fait rétablie[54] », mais il peut lire longuement chez lui et méditer, notamment sur les Juifs qu'il regarde comme « le seul peuple constant dans sa religion et dans le souvenir de ses grands hommes. Quel autre peuple s'est préservé avec un patriotisme si constant et malgré tant de persécutions ? On attribue aux Juifs un amour-propre et un esprit qui les poussent à s'éloigner des autres nations, et comment pourrait-il en être autrement quand, après leur décadence, tout le monde les considère avec mépris et comme des étrangers[55] ? »

Paoli, cependant, demeure de santé précaire. Le 2 mai, il se plaint de sa « toux continuelle », d'un « rhume persistant ». Le 12 décembre, il se plaint de la fréquentation de « vieilles sorcières » qu'il « déteste » et apprend qu'il y aura de la musique chez les Cosway le lendemain (vendredi 13). Aussi, il taquine Maria : « C'est un scandale impardonnable que d'avoir de la musique chez soi demain qui est un jour de jeûne public ! » En janvier 1800, il lui souhaite un « bon début du siècle ».

Le 21 février 1800, Paoli est admis à la Loge du prince de Galles, loge très fermée, créée en 1787 par le futur George IV. Il fait froid, il neige, mais, écrit-il à Maria, « tous [les invités à la cérémonie] s'attendent à ce que la soirée soit bonne quand vous et vos amies honorerez de votre présence la salle des francs-maçons, non pour assister aux mystères de cette société mais pour présider, comme arbitres et protectrices de l'harmonie et des Grâces ». Le 12 avril, « le catarrhe accorde une trêve » et Paoli voit le comte Front. « Au cours de la présente Semaine sainte qui prend fin, votre compère n'a pas voulu faire de visites pendant lesquelles il a l'habitude de se disputer, ou du moins ne sait pas s'abstenir de plaisanteries oiseuses. » Le 28, il est à Clifton. « Ici, je mène une vie de moine... La solitude, qui est la meilleure amie de l'homme, fera de moi, sinon un saint, du moins un bigot confit en dévotion. » Mais Paoli aime sortir. Le 24 février 1801, il est à Buckingham House. Le Concordat étant signé le 15 juillet, il écrit à Maria : « Nous sommes impatients de voir la publication du Concordat. Ici, les prêtres français, les pauvres, sont sur des charbons ardents. J'en ai un avec moi qui était *mon curé à Clifton.* C'est un brave homme et un bon ecclésiastique *sans préjugés* qui donne à César ce qui est à César[56] », propos proches de ceux tenus par Abraham Duquesne à l'époque de la révocation de l'édit de Nantes : « Il faut rendre à César ce qui est à César [Louis XIV] et à Dieu ce qui est à Dieu. » Vis-à-vis du pape, Paoli tient des propos déférents : c'est « un souverain qui prend [...], par le respect qu'il inspire, la *préséance* sur tous les autres ». En outre, c'est un souverain « élu ».

Le 1er octobre, les préliminaires de paix sont signés à Londres avec la France. Le 15, Paoli écrit à Maria : « Nous sommes italiens » et regrette qu'une partie des trésors de l'art de la péninsule aient été transportés à Paris. Tant de splendeurs « rappellent aux Italiens qu'autrefois ils furent grands ». Il passe son temps à écrire : à Maria, à Nobili-Savelli en exil, à quelques vieux compagnons, mais sa dernière lettre à l'abbé Guelfucci est celle du 30 août 1795. Son frère Clemente est mort en 1793, son neveu Leonetti en 1794, sa sœur en 1798, ses cinq neveux et petits-neveux, tous avant 1798. Boswell est mort en 1795. Gentili en 1798. Laetitia, qu'il recevait jadis à Corte, le hait depuis le saccage de sa maison. Wilkes s'est éteint en 1797. Certes, dans ses correspondances, Paoli reste prudent : « Je dois faire plus attention que beaucoup d'autres personnes [mais à] mon âge, je suis en dehors du monde[57]. » Il lit beaucoup grâce notamment à « M. Lebon, un brave moine bénédictin qui tient une imprimerie et une vaste et élégante librairie à Soho Square », l'ancien quartier de Neuhoff. « Je suis en bonne santé », avoue-t-il parfois à Maria, et il se plaît en la compagnie de Miss Trikel, jeune chanteuse, et de la jeune cantatrice Elizabeth Billington (1765-1818). Il fréquente le comte Front[58], Sastres, le chevalier d'Aglii, M. Federici et sa femme, lady Peschell, l'abbé Crépin, l'abbé Flow, Mme Ussij, le docteur Mac Cartan, le graveur Gaetano Stefano Bartolozzi (1757-1821), l'aéronaute André-Jacques Garnerin (1769-1823), qui lui parle de son ballon et du parachute dont il est l'inventeur, Mme Récamier (courant 1802),

M. Caleb Whiteford (1734-1810), oncle de M. Smith, négociant en vin et diplomate, le comte Merlini, le marquis Visconti, le Bali Ruspoli (cousin du prince Giustiniani et commandeur de plusieurs ordres), M. Ponanti, M. Ginnasi, prélat romain, le marquis Vivaldi, sir Benjamin Hobhouse (1767-1831), fils d'un négociant de Bristol, député libéral de Grampound en Cornouailles (1797), Mgr Charles Erskine (1739-1811), agent diplomatique de Pie VI et Pie VII à Londres (1793-1801), nommé cardinal (1802), et dont il regrette le départ pour Rome : « Lui absent, j'ai perdu un bon ami en compagnie de qui on ne pouvait qu'être de bonne humeur[59]. » Il fréquente le chevalier vénitien Francesco Pesaro (1739-1819), diplomate qui a pris part aux événements qui ont entraîné la chute de la république de Venise. Lui « et sa compagne m'aident souvent », reconnaît-il. Pesaro vient « prendre le café » et le réconforte quand il est « malade, souffrant de fluxion ». Paoli découvre aussi avec plaisir Andrea Vincenzo Giustiniani (1762-1826)[60], sixième prince de ce nom, sixième comte de Newburgh, prince di Basseno e di Corbare. Quoique génois, c'est une « belle âme » et « un parfait honnête homme » qui vient le voir « à l'improviste » le 1er avril 1802. Fils du cinquième prince (Benedetto) et de la comtesse Cecilia Mahony, il est le petit-fils de don Girolamo, quatrième prince, marié à donna Anna Maria Ruspoli, mais surtout, il est le petit-fils du comte John Joseph Mahony et d'Anne, baronne Clifford de Chudleigh, comtesse de Newburgh. Paoli évoque celle-ci dans une lettre à Maria Cosway le 1er avril 1802, à l'issue de la visite : « Sa grand-mère maternelle avait bien plus de feu dans les veines [...]. J'ai pu lui faire connaître le respect que j'éprouvais à Naples envers sa grand-mère, et la grande reconnaissance que je ressens envers la bonté que me témoignait cette aimable dame. » Cinq jours plus tard, Paoli revient sur cette visite. « Oh ! comme l'école des malheurs a contribué à guérir de leur orgueil nos grands seigneurs italiens ! » Ce 5 avril 1802, Paoli est heureux de fêter son anniversaire : « Aujourd'hui, je brise les deux pioches, 77. » En « bonne santé », il « fait une fête » pour l'occasion.

Paoli, comme tout vieillard, évoque volontiers le passé et l'enjolive. Charles Bonaparte, mort depuis 1785, et qui a « déserté » en 1769 à l'époque de Ponte Novo, devient – à titre posthume – son « bon ami ». Bonaparte, dont les paolistes ont ravagé la maison et chassé la mère, devient le vengeur de la nation corse ! « Le destin donne aux Corses l'occasion de se venger des offenses » grâce à Bonaparte, écrit Paoli qui cherche même à faire faire un beau portrait de Bonaparte à Londres ! De son côté, Bonaparte espère que Paoli va demander « à être réintégré dans son droit de citoyen français », qu'il va proclamer « son amour pour la République » et quitter l'Angleterre pour un autre pays avec une forte pension. Paoli, certes, se souvient avec émotion de sa sœur Pauline : « Ma favorite... Elle avait dix ans quand je l'ai vue, mais on aurait dit la Vénus céleste tant étaient grandes la grâce et l'innocente beauté qui resplendissaient dans ses affections juvéniles, surtout quand elle me dit qu'elle voulait faire les honneurs de la maison pour recevoir les dames le soir. Elle fut même ma correspondante. Sa mère et son père m'ont toujours été *attachés* et en signe des obligations que j'avais envers ce *bon ami* défunt, je laissai entre les mains de son fils aîné une petite note dans laquelle il me prévenait de quelque danger que je courais en Corse. Vous pensez bien qu'*ils ne peuvent pas m'être indifférents.* »

Paoli vieillit, souffre d'un « mauvais catarrhe » et s'en remet « à la gloire du paradis... Ici-bas, il ne me reste plus guère de choses à espérer ». Le 23 décembre 1801, veille de Noël, Paoli écrit à Maria : « Je sors de la chapelle [...] faire collation avec le chapelain. » Les morts se multiplient autour de lui. Il apprend à Maria le décès « de notre bon ami M. Udny », mais il plaisante toujours face à la mort : « Je n'ai pas encore vu sa charmante veuve affligée de ce deuil. Quelle belle occasion pour un homme qui serait jeune, riche et beau », car la jeune femme avait trente ans de moins que le défunt. À cette époque, quelques intrigants cherchent à approcher Paoli. Un prétendu parent demande ainsi à Maria Cosway une lettre de sa main pour la porter à Paoli. Maria refuse et informe Paoli de cette démarche, craignant peut-être un projet d'assassinat. Paoli l'en félicite : « Je n'ai pas de parent qui, pour venir ici, chez moi, passerait par la France[61] ! » Peut-être était-ce un messager de Bonaparte. Le Premier consul, en tout cas, est « un homme [...] qui marquera les siècles[62] », reconnaît le vieux chef qui ajoute : « C'est une personne que j'ai vue, il y a de cela tant d'années. »

Paoli n'est pas totalement oublié à Londres. Il mange avec le chevalier d'Éon[63], ancien agent secret de Louis XV, rencontré par Boswell chez Paoli, à Londres, le 5 mars 1786. Paoli l'appelle Mlle d'Éon car son sexe est mal identifié. Son âge devient une préoccupation majeure chez Paoli qui « tremble déjà de plaisir de voir s'approcher le mois de mars qui, s'il le franchit, marquera la fin de sa grande climatérique »[64], l'âge de soixante-dix-sept ans (sept fois onze) étant estimé comme particulièrement critique comme tous les âges multiples de sept, notamment ceux qui multiplient sept par un nombre impair : quarante-neuf, soixante-trois, soixante-dix-sept.

Après la paix d'Amiens (25 mars 1802), Paoli s'avoue soulagé : « Nous avons la paix. La correspondance ne sera plus aussi difficile », mais il commence à perdre la vue comme jadis son père à Naples. « J'ai du mal à écrire ayant depuis quelque temps mal aux yeux, ce qui fait que les objets m'apparaissent brouillés[65]. » Le sort des Bonaparte l'intéresse :

« Madame Mère est telle que ses beaux restes montrent ce qu'elle fut. » Il espère voyager. « Nous avons la paix [...]. Je ne sais pas si je pourrai, ou si j'aurai encore l'envie que j'ai toujours nourrie, de revoir Naples et d'admirer les restes de l'antique majesté de Rome et de Venise [...]. Si notre bon ami le cardinal [Erskine] se trouve toujours là-bas, je voudrais que vous lui rappeliez cette intention et le plaisir que je me flatterais d'avoir, en le revoyant revêtu de la pourpre, non sans espérer qu'il veuille me recommander auprès du Saint-Père [Pie VII], afin qu'il m'absolve de tous serments, tout anathème et toute censure que beaucoup de bigots voulaient me faire endosser, *bien que sans motif*, ce qui a été pour moi, non pas source de scrupules mais de chagrins. Le grand Lambertini [Benoît XIV] disait : “La bénédiction d'un vieil homme vaut toujours quelque chose”. »

Un vieillard facétieux

Paoli, malgré l'âge, reste sensible aux amusements du 1er avril, « jour où sont permises les folies à tout âge[66] ». Déjà, le 1er avril 1786, il plaisantait : « Gentili, même en ce jour, veut être sérieux et sage. » L'humour reste une de ses grandes forces. « Je suis un animal routinier [...]. Si j'avais eu une femme, oh ! quel mari fidèle et affectueux j'aurais été, mais, grâce à Dieu, je n'ai jamais eu une telle tentation, et même, à vrai dire, je n'ai jamais vu des yeux qui se tournent vers moi avec tendresse. J'aurais été ennuyeux avec ma fidélité et, pour s'indemniser de l'ennui, Dieu sait quel dédommagement ma femme aurait choisi[67]. » Paoli reste optimiste : « Malgré mon âge, je me porte bien [...]. Je ne dors pas après le repas, c'est-à-dire après le dîner. Je sors faire quelque partie de whist. » Le 20 avril 1802, Paoli écrit à Ferrandi : « Bien que le 5 de ce mois je sois entré dans ma 78e année, je ne manque pas de faire de nouveaux projets. » Certes, il a « mauvaise vue », mais fréquente toujours beaucoup de monde et on le voit aussi s'occuper d'achat de dentelles pour ses amies, de mantilles, de bijoux, de camées. Il se souvient aussi des siens et c'est en s'occupant de l'avenir scolaire de deux de ses petits-neveux qu'il reçoit de Napoléon, via Fesch, via Maria Cosway, une étrange proposition : rentrer en France.

Le 26 avril 1802, un décret d'amnistie mettant fin à l'émigration, les Français qui ont porté les armes contre la France peuvent rentrer. À Londres, Paoli est toutefois trop bien intégré pour songer à retourner en Corse. Le 14 mai, il assiste au baptême du fils de milady Newborough. « Le parrain et la marraine étaient lord et lady Bute », c'est-à-dire John Stuart-Mountstuart (1744-1814), quatrième comte puis premier marquis de Bute, connu autrefois à Corte, et son épouse. « Je ne pouvais qu'assister [à la cérémonie], parce que nous ne pouvons pas répondre, selon les intentions du ministre protestant. » Le 18, commentant le décret d'amnistie dans une lettre à l'abbé Gio Battista Giovannetti, il écrit : « Je suis bien sensible à l'affection de mes compatriotes [dont certains souhaitent son retour, mais] mon âge avancé ne me permet pas d'espérer revoir ma patrie [...]. Je salue tous les Corses : assurez-les que je n'ai de haine pour personne et que je leur pardonne le saccage de ma maison [...]. Je voudrais que soient conservés les écrits qui restent et l'épée qui me fut offerte par les Prussiens [Frédéric II]. J'aimerais que le meuble et le cadeau que m'a fait le bey de Tunis [en juillet 1768] restent dans la caisse de la confrérie[68]. » Paoli ne veut pas retourner en Corse pour contempler les ruines de sa maison. Le 23 mars, il a en effet écrit à Nunzia Fabiani, belle-mère de son neveu : « Il ne convient pas de penser aujourd'hui à reconstruire ou à restaurer la maison de La Stretta. Son escalier [très particulier de par sa taille monumentale] et la ruine feront plus honneur à qui en héritera que si elle avait été restaurée et qu'on en avait fait un palais[69]. »

La Corse, Paoli y pense chaque jour et les succès de Bonaparte lui réchauffent le cœur : « Notre État est établi et un Corse a vengé notre patrie qui de toutes parts avait souffert d'injustes oppressions et humiliations[70] » ; mais l'âge est là : « J'appartiens désormais au siècle passé[71]. » Paoli rêve d'aller à Rome et à Venise, de revoir Naples. Nombre de ses lettres attestent qu'il est apte à voyager, mais l'homme est déçu. De Saliceti, qu'il disait aimer comme son fils, il écrit en juin 1802 au colonel Pitti-Ferrandi : « On ne peut qu'être fier d'être son ennemi [...]. Il n'a ni *foi* dans le cœur, ni de vérité sur les lèvres. » Paoli ne veut donc plus retourner en Corse ni restaurer sa maison. Par contre, il continue de prendre un soin jaloux de son intérieur londonien, et s'il part passer l'été 1802 à Clifton c'est certes parce que « cet endroit-là m'a plu dès le début, et [c'est aussi parce que] je le préférerai toujours à tout autre[72] », mais ce n'est pas seulement « pour changer un peu d'air » ; c'est aussi « pour permettre quelques réparations ». Paoli aime en effet les jolies choses, les beaux meubles, les étoffes confortables, l'argenterie. On comprend qu'il n'ait pas envie de revoir la maison de La Stretta, vide, endommagée lors de la révolte de la Crocetta. Laetitia non plus ne voudra pas revoir sa maison ajaccienne, pillée, alors que cette demeure était le résultat de vingt années de travaux et d'efforts conduits par elle et son défunt mari. Paoli veut bien continuer de s'occuper de politique, mais de loin, et souvent par le biais de tiers, comme il l'écrit à Maria : « Masseria va écrire à Vienne au fils aîné de feu le général Stuart[73] pour présenter la négociation pour la Cour que vous désirez voir[74]. » De même, il écrit le 25 juillet 1802 : « Le Bali Ruspoli partira dans deux jours en Irlande. »

Paoli envoie aussi un peu d'argent à plusieurs Corses, mais comme tout vieillard qui a peur du lendemain, l'homme est devenu aussi avare que l'était son père à Naples : il n'entend pas dépenser plus de cent louis annuels pour l'éducation de deux de ses petits-neveux et refuse de réparer la maison de La Stretta. De même, lorsque l'abbé Poletti lui demande de soutenir quelques compagnons d'exil, Paoli lui répond qu'il paie trop d'impôts pour pouvoir les aider. Pourtant, Paoli remet parfois des sommes considérables à certains exilés. Il est toutefois important de noter que ces versements correspondent curieusement à des événements très particuliers : ainsi, en septembre 1798, lorsque Paoli, de Londres, fait envoyer des fonds à Giacomo Antoni à Livourne, afin de les remettre à des Corses dont il lui envoie la liste, c'est le moment où le tsar Paul Ier s'intéresse à la Corse ; c'est le moment où Giappiconi est fusillé à Bastia ; où le capitaine Angelo Franceschi, le vainqueur de Capraja en 1767, est devenu colonel du tsar. Il ne faut donc pas se méprendre : si Paoli envoie de l'argent à Gio Battista Leoni et à Pasquale Fondacci, gendres de sa défunte sœur Maria Chiara Leonetti, ce n'est pas par affection familiale : d'ailleurs, il ignore jusqu'aux prénoms de leurs enfants, leur âge et leur date de naissance ! D'autre part et surtout, ces sommes sont bien trop fortes pour avoir pu être prélevées sur sa pension, elle trop modeste : deux mille livres sterling par an, sur lesquelles il doit prélever son loyer annuel de six cents livres. En outre, Paoli paie « plus de trois cents livres d'impôts par an[75] ». Il ne lui reste donc que mille cent livres sterling pour ses réparations locatives, sa nourriture quotidienne, ses vêtements, toujours raffinés et impeccables, ses séjours à Bath et Clifton, ses participations à des concerts, son abonnement au théâtre, ses déjeuners copieux à une couronne pièce lorsqu'il a un invité, l'entretien de son phaéton, l'avoine de son cheval, la location de l'écurie, les gages de ses trois domestiques, la paie de son secrétaire, l'achat de ses livres, papier, encre, plumes, foulards, gilets, cannes. Le tout pour moins de cent livres sterling mensuelles ! Il est donc plus que vraisemblable de supposer que l'argent distribué en Toscane transitait certes par Paoli, mais émanait en fait soit d'un réseau (maçonnique, jacobite), soit d'un État – russe ou britannique –, d'où la multiplicité des comptes bancaires de Paoli, à Londres, à Paris, en Suisse, en Allemagne ! Lorsqu'il fait quelque dépense pour des amies – achats de dentelles et de mantilles –, Paoli leur écrit par exemple qu'elles n'auront qu'à présenter les notes à « ses banquiers » de Paris qui honoreront les factures, preuve que l'homme sait qu'il peut jouir de crédits outre-Manche, fort différents de sa modeste pension viagère londonienne. L'abbé Galletti confirme du reste notre hypothèse puisqu'il écrit : « Aussitôt que le général Bonaparte fut nommé Premier consul, il songea à l'île de Sardaigne et donna ordre à Saliceti et au général Cervoni de se porter en Corse pour organiser des bataillons, afin de faire une descente dans l'île. Le roi de Sardaigne, pour conjurer l'orage, fit entrer en scène *le consul des Russies* à Livourne [Calamai]. Celui-ci fit appel à tous les Corses émigrés [= paolistes] et les envoya dans cette île *avec des sommes considérables,* pour la révolutionner, *au nom de Paul Ier,* empereur des Russies[76]. » Cet argent réputé « paoliste » ne provient en réalité que de fonds russes !

Sa famille de sang, Paoli toutefois ne l'oublie pas. Il tente même d'obtenir de Maria Cosway son soutien auprès des autorités françaises pour assurer le devenir de ses petits-neveux. Paoli se renseigne auprès d'elle « sur la somme qu'il faudrait pour assurer l'éducation en France de deux de mes *petits parents* du côté de ma sœur défunte. Je préférerais pour eux la France à la Toscane. En Corse, il n'y a pas encore d'écoles. J'aimais ma sœur et je voudrais donner à ses descendants une bonne éducation afin qu'ils se présentent dans le monde avec une tête bien instruite et une âme droite et élevée [...]. Les jeunes gens sont maintenant en Toscane et ils attendent un signe de moi[77] ». Onze jours plus tard, Paoli se préoccupe aussi de l'éducation de Dionisia (1792-1841), dix ans, fille de son neveu Felice Antonio Leonetti et d'Angelica Felicina née Fabiani. Il souhaite que ces petits-neveux Agostino Fondacci et Pietrino Leoni veillent à l'instruction de leurs enfants. Trois semaines plus tard, Maria Cosway lui répond : « Vos petits-neveux : je vous prie de m'envoyer immédiatement leur nom, leur âge, le nom de leur père et leur patrie, et l'un d'eux sera déclaré aux frais de la nation [...]. Ne perdez pas de temps. » Étant à Lyon, elle demande à Fesch son soutien et en profite pour écrire à Paoli : « Combien je souffre de voir un homme qui a une longue et illustre carrière enseveli sous deux empans de terre terminer ses jours en sourdine[78]. » En réalité, c'est Fesch qui dicte à Maria cette lettre du 25 août 1802 dans laquelle elle écrit : « Votre retour ici dépend de vous [...]. Demandez à être rétabli dans votre droit de *citoyen français* dans un mémoire adressé au Premier consul, en justifiant les événements passés depuis 1793 dans un récit historique qui prouve *votre amour indéfectible pour la République,* la nécessité dans laquelle vous vous êtes trouvé de ne pas vous rendre à Paris après le décret de la Convention. En peu de mots, prouvez que la Convention vous aurait envoyé devant un tribunal sanguinaire où vous auriez perdu l'honneur et la tête qu'il fallait réserver au service de la patrie. Marquez les événements d'alors, la République française envahie de toutes parts par des ennemis étrangers, Lyon, Marseille en révolte, peu après Toulon aux mains des ennemis ; par la suite, les tribunaux sanguinaires faisant trembler toute la France, vous avez dû recourir à une puissance étrangère pour vous défendre momentanément de l'invasion qui portait la destruction et la mort, etc. ; et votre patrie aurait été désolée sans la protection d'une armée, que votre idée et votre espoir étaient de voir conserver la Corse tranquille, mais libre, afin qu'elle rentre intacte dans le giron de la mère République quand elle sortirait [de la tombe de la destruction] qui la dominait, mais vous [*sic*] voyant déçu dans vos [*sic*] espérances, vous avez regretté d'avoir trop fait confiance à la loyauté d'une nation qui prétend à la liberté, et vous avez par conséquent été obligé et forcé d'abandonner la patrie, etc. Mais il faut que vous veilliez à écrire au Premier consul sans aucune allusion personnelle, en ne voyant en lui que le seul chef du gouvernement français ; ensuite, lui demander d'être réintégré dans votre droit de citoyen français. Mais il faut que cela soit fait avant le 21 septembre et je vous recommande le plus grand secret. » Napoléon est né le 15 août 1769. Fesch le 3 janvier 1763. Ils ont l'âge d'être les petits-enfants de Paoli né en 1725. Le général a trop connu Charles Bonaparte, né le 27 mars 1746, et Laetitia Ramolino, née le 24 août 1749 ou 1750, pour s'abaisser à écrire au Premier consul comme au chef du gouvernement français alors qu'il a connu ses propres parents qui avaient déjà plus de vingt ans de moins que lui. Lui qui a vu Paolina à l'âge de dix ans à Ajaccio ne peut s'abaisser à écrire à Bonaparte en « sujet ».

Le citoyen du ciel

Le 26 août 1802, Maria, gênée d'avoir écrit la lettre dictée par Fesch, écrit : « Hier soir, Fesch vint à nouveau. Il me dit qu'il avait été chez le Premier consul pour lui parler du général Paoli. Il y avait pensé à cause d'une lettre que Paoli m'avait envoyée pour demander où il pourrait placer deux petits-neveux en pension pour leur éducation et Fesch me dit qu'on les mettrait dans une école gratuite. Puis il dit que je pouvais être l'instrument du retour de Paoli, que je pouvais lui écrire la marche à suivre [...]. Je suis dans une grande incertitude sur ce que fera le général. Il me semble que cette demande qu'on lui fait d'être citoyen français détonne un peu. » Napoléon dira du reste : « Je voulais le rappeler[79] », mais Maria ajoutera sur ce passage des *Mémoires* : « C'est moi qui fus l'instrument pour lui écrire. Un jour Fesch vint chez moi, me dicta une lettre afin que [Paoli] quittât l'Angleterre [...]. J'écrivis cette lettre comme si elle était de moi, mais la perspicacité, la sagacité de Paoli étaient trop pénétrantes. Il me connaissait trop pour ne pas deviner d'où provenait la proposition. On attendait la réponse avec anxiété, elle vint telle que je m'y attendais, courte, belle, décisive. Je la remis, on la porta aux Tuileries, on me la rendit avec des marques de commisération, en disant que la vieillesse le faisait radoter. »

Le 4 septembre 1802, Paoli avoue : la Corse est « la chose qui m'intéresse le plus au monde [...]. Mes petits-neveux : je ne connais ni leur nom, ni leur âge. J'écris en Toscane où ils sont pour qu'on m'en informe [...]. Ce n'est pas dans un souci d'économie que je préfère qu'ils reçoivent leur instruction en France, mais c'est fondé sur la considération que, étant donné que la Corse est maintenant unie à la France, il faut qu'ils aient études et habitudes à la française, pour être quelque chose dans le monde politique. » Il voudrait les confier à Lyon à « quelque homme probe et érudit, et excellent en littérature [...]. Cela me coûterait une centaine de louis par an [...]. Je voudrais que ces jeunes gens deviennent quelque chose et sachent à l'occasion défendre la dignité et la réputation de leur [grand]-oncle, si même après sa mort la calomnie voulait continuer à ternir son mérite envers la patrie, alors qu'il était à la direction des affaires publiques de son pays [...]. Je suis trop vieux pour tenter de faire une ébauche historique de mon administration, et j'ai aussi une bonne dose d'orgueil pour croire que j'ai besoin d'une quelconque apologie. J'ai sucé avec le lait de ma mère l'amour de la Liberté. Je suis né alors que la Corse, ne pouvant plus tolérer la tyrannie des Génois, ayant vu ses remontrances rejetées avec mépris, prit les armes pour en secouer le joug. J'ai aimé la Liberté de la patrie d'un amour désintéressé et j'en donnai des preuves en 1790 [lorsqu'il a renoncé à sa pension britannique pour rentrer en Corse]. En 1793, quand on a voulu, avec la plus grande injustice, m'opprimer, je tentai tous les moyens afin qu'on puisse voir mon innocence, et celle du peuple ; quand toutes les voies de modération furent abandonnées par la faction, il fallut se défendre. Les princes Bourbon [le comte de Provence], par l'intermédiaire de leur agent en Toscane, m'offrirent leur aide ; je ne daignai même pas répondre. J'eus quelque ouverture pour avoir les places [en effet, du temps de Choiseul], si je les avais voulues, au nom du Roi [Louis XV]. Je les refusai [exact] parce que j'ai toujours cru que c'était un crime de manquer de parole même envers son ennemi. Je ne refusai pas l'aide offerte par les Anglais. Mais quant à savoir à quelles conditions je permis qu'ils aient la domination de la Corse, que l'on examine la Constitution que leur représentant reçut de mes mains et qu'il jura au nom du roi d'observer, et que l'on dise ensuite s'il y a quelqu'un qui, plus que moi, ait montré un attachement sincère à la Liberté. Si le gouvernement français de ce temps-là, de 1793 [les Jacobins], continuait à présent, je lui serais toujours hostile, et jamais je ne cesserais d'en susciter l'horreur [...]. Laissons ce sujet qui nous entraînerait trop loin dans les révélations et me remettrait en tête des idées que je dois oublier parce que je ne dois plus penser qu'à l'autre monde et à devenir citoyen du ciel. »

Jusqu'à ce 4 septembre, Paoli espérait revoir Naples, accompagné de Maria. Le surlendemain, après lui avoir expédié cette fin de non-recevoir, il écrit à l'abbé Giovannetti : « Je n'espère plus voir l'Italie. » À nouveau, il cherche des prétextes : « L'été, je souffre trop de la chaleur qui m'affaiblit même sous le climat d'ici [80]. » En fait, sans Maria, sans personne pour l'accompagner, Paoli sait qu'il ne pourra revoir le pays de son adolescence et se recueillir enfin sur la tombe de son père. Le 21 décembre, Paoli souffre d'une « crise de violente toux convulsive » qui résiste aux « remèdes que l'on administre pour ce genre de maladie ». Il lui faut « changer d'air », aller à Clifton, en faisant étape à Salthill, puis à Reading, car il vaut mieux « abandonner le brouillard de Londres ». Sa santé s'altère : « Le catarrhe m'a chassé de Londres... La grippe... me retient ici [81]. » Paoli se dit « vieux, tout disloqué, à moitié sourd ». Peut-être est-ce autant de prétextes pour ne plus écrire à Maria, trop proche de Fesch puis de Napoléon. Il lui écrit sa dernière lettre le 31 mars 1803 alors qu'elle est en train de fonder à Lyon une maison d'éducation pour jeunes filles. Pendant les quatre dernières années de sa vie, Paoli ne lui confie plus rien et fait son deuil d'un voyage en Italie en juillet 1803 lorsqu'il écrit à l'abbé Poletti : « Je suis trop vieux et les années pèsent trop sur mes épaules pour penser à de longs voyages, sinon par les chemins du ciel [82]. »

À Londres, le vieux général apprend les victoires de Bonaparte puis le sacre de Napoléon (1804) qui dira à Sainte-Hélène : « Les fêtes se succédaient chez lui. Ce n'étaient que cris d'allégresse et de satisfaction. Cet enthousiasme déplut aux Anglais. Paoli fut mandé : "Vos reproches sont justes, dit-il, mais Napoléon est un des miens, je l'ai vu croître, je lui ai prédit sa fortune. Voulez-vous que je déteste sa gloire ? Que je déshérite mon pays de l'honneur qu'il lui fait ?" » Propos très fortement enjolivés ! Paoli a visiblement aimé Bonaparte adolescent, capitaine, consul, voire Premier consul. Mais une fois celui-ci empereur, il s'est détourné de lui pour ne plus songer qu'à sa mort, même s'il a illuminé son appartement londonien lors des cérémonies du sacre en disant, selon la légende, « c'est un enfant de la Corse ».

LE TESTAMENT DE PAOLI

Le 3 avril 1804, Paoli rédige son testament : il y cite Francesco Pietri qui figure sur la « Liste générale des Corses expatriés auxquels son Excellence le vice-roi [Elliot] a accordé des traitements sous le bon plaisir de Sa Majesté » (cent livres annuelles) ; ainsi que « Philippo Masseria of London » et son dévoué Giacomo Pietro Ciavaldini. Le 23 novembre, à l'approche de ses quatre-vingts ans, Paoli rédige un codicille. Il nomme pour exécuteurs testamentaires Andrew Burnaby (mort en 1812), son fils Sherrard Beaumont-Burnaby et Manvers, vicomte Newark (mort en 1816). Il laisse cinquante livres sterling annuelles à un « maître capable [pour qu'il] apprenne, dans le village de Morosaglia, aux jeunes gens de cette *pieve* à bien lire, à bien écrire clairement, selon les règles du style courant, et aussi l'arithmétique » ; deux cents livres sterling annuelles pour entretenir quatre professeurs à Corte pour enseigner la théologie naturelle, les principes de la religion chrétienne, l'éthique et le droit des gens, les principes de la philosophie naturelle, les éléments des mathématiques ou deux cent cinquante livres sterling annuelles pour l'entretien de cinq élèves de quinze ans au moins et de moins de seize ans, originaires des villages de l'intérieur, deux du département de Golo, deux du Liamone, un de la piève de Rostino, à raison de cinquante livres chacun, pour poursuivre leurs études dans une université continentale pendant cinq ans. Paoli désire aussi l'ouverture d'une « école publique » à Corte. Il nomme pour légataires universels les descendants de Felice Antonio Leonetti et ses sœurs Madelina, épouse de Gio Battista Leoni, et Maria, épouse de Pasquale Fondacci (celui de la révolte de la Crocetta) : il leur laisse l'argent que l'on trouvera chez lui, celui déposé chez ses banquiers et dans les caisses publiques d'Angleterre, argent à répartir « par souche et non par tête ».

Le 20 avril 1805, il écrit encore : « Bien que je sois entré le 5 de ce mois dans ma 81e année, je forme encore des projets. » Et il continue de voir l'extraordinaire ascension des Bonaparte, dont celle de Joseph qui devient roi de Naples le 31 mars 1806 ! En mars 1806, Paoli avoue justement à Padovani : « J'ai assez vécu. » En septembre, il écrit à Nobili-Savelli : « Un vieillard de 82 ans se doit de temps en temps de faire savoir à ses amis qu'il est encore en vie. » Le 24 octobre, il écrit : « Je suis arrivé à un tel âge et je suis dans un tel état d'esprit que même si Bonaparte m'offrait son Empire, je le remercierais sans en tirer vanité. Je suis trop près d'être amené sur une autre scène où les grandeurs de ce monde n'apparaissent que pour rendre la vanité ridicule. » Paoli tousse de plus en plus. Certes, écrit-il, « ma toux, je ne la crains pas, ayant fait le vœu de vivre plus longtemps que mon père », lequel est mort à quatre-vingt-six ans [83], mais, terrassé par une courte mais douloureuse maladie, Paoli meurt à son domicile d'Edgeware Road le jeudi 5 février 1807, vers vingt-trois heures, dans les bras de son fidèle Giacomorsi, deux mois avant ses quatre-vingt-deux ans.

Remember Paoli

Le testament moral du *General of the Corsicans* est bref : « Les Corses sont libres. Je fermerai les yeux au grand sommeil, heureux et sans remords pour ma conduite politique. Que Dieu me pardonne le reste. » Inhumé – à sa demande – « à la tombée du soir », à Londres le 13 février 1807, au cimetière de l'église catholique de Saint-Pancrace à côté des étrangers et des Anglais de confession catholique, Paoli a sa tombe décorée de son buste, dû au sculpteur Flaxman (d'un coût de 157 livres prélevées sur sa succession), d'une épitaphe et de ses armes. Paoli a commandé lui-même un portrait de lui « déposé [en 1810] à l'institution académique de Corte ».

Le 1er mai 1807, ses exécuteurs testamentaires placèrent une partie de ses fonds afin d'obtenir les deux cent cinquante livres sterling d'intérêt annuel nécessaires et prévues par son testament. En 1809, le préfet du Golo accepta le legs mais Napoléon exigea que les fonds fussent placés en France, ce qui ne se fit pas. En 1816, après la chute de l'Empire, Louis XVIII permit au maire de Corte, Nicolas-Paul Baldacci, d'accepter le legs de deux cent cinquante livres sterling annuelles [84]. En 1818, lorsque Beaumont-Burnaby renonça à ses fonctions d'exécuteur testamentaire, après la mort de son père, au profit de la Chancery, l'ensemble de la succession – capital et intérêts – se montait à douze mille cinq cents livres sterling à répartir entre les communes de Morosaglia et de Corte d'une part et les légataires universels d'autre part. Le temps passa. Richard Cosway mourut en 1821, Maria en 1838. En 1823, Robert Benson se rendit en Corse pour régler la succession et rechercher les ayants droit par le sang. Ce n'est qu'en 1833 à Morosaglia et en 1836 à Corte que furent réalisés les souhaits de Paoli et ouvertes les deux écoles Paoli prévues en 1804 !

La dépouille de Paoli fut transférée le 6 septembre 1889 au rez-de-chaussée de sa maison natale, transformée depuis en chapelle funéraire. On lit au-dessus de la porte d'entrée de la maison : « Le Père de la Patrie est inhumé ici. Il repose là où il est né. Le vœu sacré de la Corse est maintenant réalisé. *Requiescat in pace.* » Napoléon regretta de n'avoir pu s'occuper de son père spirituel à la fin de ses jours : « Les affaires m'accablaient, le temps manqua, il mourut, je n'eus pas la satisfaction de le rendre témoin de la grandeur qui m'entourait. » Dans l'abbaye de Westminster, sur une plaque de marbre, on lit toujours : « À la mémoire de Pascal Paoli, un des plus éminents et plus illustres Hommes de son temps. Il naquit à Rostino en Corse le 5 [faux : le 6] avril 1725. À l'âge de trente ans, il fut élu à l'unanimité [pieux mensonge] Chef suprême de l'île et mourut dans cette métropole le 5 février 1807 à quatre-vingt-deux ans. Il consacra sa jeunesse et la plus grande partie de sa vie à la cause de la Liberté, qu'il soutint noblement contre l'usurpation de la tyrannie génoise et française. Par ses magnifiques exploits, ses institutions utiles et bienfaisantes, son zèle national et patriotique manifesté en toute occasion, il a très justement mérité le titre glorieux et rare de Père de la Patrie[85]. À l'entrée de Morosaglia, on peut lire au pied de sa statue due au ciseau de Raymond Servian : « À Pascal Paoli, Père de la Patrie Corse, Législateur et Organisateur social, Précurseur admiré des Nations. Au Chef qui voulut le bonheur de son peuple, *dans la foi* et la justice, le travail et la liberté. Sur le sol natal où il repose, ce monument exprime la fidèle gratitude des Corses du Monde. MCMLII *o corsu saluta ricordati e sia fieru.* » Mais c'est à Voltaire que revient le mot de la fin. Dans son *Précis du siècle de Louis XV,* chapitre XL, « De la Corse », le prince des philosophes qui soutenait tant Choiseul en 1768-1769 n'a pu s'empêcher d'écrire : « Quelque chose qu'on ait dit de lui, il n'est pas possible que ce chef n'eût de grandes qualités. Établir un gouvernement régulier chez un peuple qui n'en voulait point, réunir sous les mêmes lois des hommes divisés et indisciplinés, former à la fois des troupes réglées et instituer une espèce d'université qui pouvait adoucir les mœurs, établir des tribunaux de justice, mettre un frein à la fureur des assassinats et des meurtres, policer la barbarie, se faire aimer en se faisant obéir, tout cela n'était assurément d'un homme ordinaire. Il ne put en faire assez ni pour rendre la Corse libre, ni pour y régner pleinement ; mais il fit assez pour acquérir de la gloire. » Marginalisé de son vivant, Paoli le fut lors de sa mort ; l'abbé Galletti écrivit en effet : « Paoli finit ses jours dans son exil à Londres. La mort de cet illustre personnage, à qui les habitants de la Corse avaient décerné le nom de Père de la Patrie, ne fit pas un grand bruit dans l'île, car les successives et éclatantes victoires de Napoléon remplissaient alors d'enthousiasme et d'admiration tous les esprits. »

NOTES

CHAPITRE PREMIER
La Corse : entre tolérance et esprit de croisade

1. Voir aujourd'hui, en matière de sauvegarde du patrimoine, les remarquables travaux de Michel-Édouard Nigaglioni et de son équipe bastiaise dont Jean-Christophe Liccia. – Voir aussi les publications de Mme Moracchini-Mazel sur les églises corses, par exemple.

2. Il se présente dans une lettre de 1754 comme « descendente da Michelangelo Ornano uccisore del seditioso Sampiero Corso » (*Correspondance de P. Paoli*, A.-M. Graziani éd., t. I, p. 254).

3. J. Just-Rankine-Galloway, *La Naissance de la Royal Navy sous Henry VII et Henry VIII Tudor*, thèse de doctorat d'Histoire, université de Savoie, 1994, sous la direction de M. Vergé-Franceschi.

4. M. Vergé-Franceschi (dir.), *Dictionnaire d'histoire maritime*, R. Laffont, coll. « Bouquins », 2 vol., 2002.

5. M. Vergé-Franceschi (dir.), *Dictionnaire d'histoire maritime*, *op. cit.* Membre de l'*Union Lodge York* n° 331, Orient d'York. (Cf. D. Ligou, *Dictionnaire de la franc-maçonnerie*, Presses universitaires de France).

6. La voyageuse écossaise Miss Campbell écrit en 1868 : « Une autre des propriétés des Ramolino, Belvedere, est située [...] beaucoup au-dessus du port. Dans la partie réservée à l'orangerie, on y voit encore, au dire de Malte-Brun [...], les citronniers plantés par Napoléon, et dont, selon une tradition pleine de poésie, les fruits porteraient chacun un signe distinctif rappelant le grand homme dont la main enfantine les avait mis en terre. Les uns sont couverts d'étoiles, les autres décorés de l'aigle impériale, d'autres enfin, plus favorisés, portent sur leur peau dorée les traits bien connus du Héros. »

7. Tous les capitaines de la Navy qui séjournent alors à Bastia s'en réjouissent (Cf. F. Beretti, *Pascal Paoli et l'image de la Corse au XVIII*^e^ *siècle*).

8. William Petty Fitzmaurice, deuxième comte de Shelburne, premier marquis de Lansdowne. Après avoir appuyé Bute, il devint l'ami de Pitt et fut secrétaire d'État dans son ministère (1766-1768). Trop conciliant vis-à-vis des colons américains, il dut quitter le gouvernement. Ultérieurement, entré au cabinet Rockingham (1782), il lui succéda comme Premier ministre et reconnut inévitable l'indépendance des États-Unis d'Amérique. Jugé trop réformiste, il fut renversé avant la signature de la paix (1783).

9. Voir, sur le sujet, les remarquables travaux de F. Beretti cités en Bibliographie.

10. F. Beretti, *op. cit.*, p. 314.

11. D. Ligou, *op. cit.*, notice « Boswell ».

12. *Ibidem.*

13. Petit-fils de Patrice Mac Neny. Son voyage à Corte est signalé dans les *Ragguagli* de juin-août 1766 (dépêche de Corte du 13 août).

14. Futur évêque de Derry (1768). En raison de ses nombreux voyages, nombre d'hôtels ont pris le nom d'hôtel Bristol jusqu'à nos jours.

15. Cousin germain du capitaine Montgomery qui commandait en 1762 le 77e régiment de Highlanders écossais au Labrador. (Cf. F. Beretti, *op. cit.*).

16. Agent secret de George III, il demeura avec Paoli en Corse du 3 au 5 août 1768 et il revint en Corse en 1769 avec Pembroke. (Cf. F. Beretti, *op. cit.*).

17. F. Beretti, *op. cit.*, p. 96-97. – *Ragguagli*, 1768, L'Île-Rousse, 9 août 1768. – *BSSHNC*, n° 227-228.

18. M. Vergé-Franceschi (dir.), *Dictionnaire d'histoire maritime*, *op. cit.*, article « caronade ».

19. H. Walpole, *Memoirs of the Reign of King George the Third*, éd. G. F. Russel Barker, Londres, 1894, t. III, p. 257-258.

20. Gabriel de Lorges, comte de Montgomery (v.1530-Paris, 1574). Capitaine de la garde écossaise. Après un séjour en Angleterre, il prit la tête des huguenots (1562), tenta de secourir La Rochelle (1573). Vaincu à Domfront, il fut condamné à mort.

21. Voir J.-P. Poussou, *La Terre et les paysans en France et en Grande-Bretagne aux* XVIIe *et* XVIIIe *siècles*, Paris, SEDES, 1999.

22. Lettre du 22 juin 1794. Mrs Elliot naquit Anna Maria Amyand (1752-1829). Elle épousa sir Gilbert en 1777. Fille aînée de sir George Amyand (1720-1766), créé baronnet (1764), banquier et administrateur de l'East India Company, elle était l'arrière-petite-fille d'Isaac Amyand, de Mornac en Saintonge, qui avait fui la France après la révocation de l'édit de Nantes et avait été naturalisé en Angleterre en 1688. Elle était la petite-fille de Claudius Amyand, chirurgien de George II.

23. Moréri, *Grand dictionnaire historique*, p. 171, notices « Fitz-James ».

24. Moréri, *op. cit*, article « Stuart », p. 596. – Et *Supplément français de Basle.*

25. Né et élevé en France, neveu de Jacques III Stuart (1452-1488) et fils d'Alexander Stuart mort en 1485, chevalier de Saint-Michel.

26. Bertrand de La Tour, comte d'Auvergne, a marié en 1480 sa fille Anne à Alexander Stuart, d'où Alexander, évêque de Murray, Mme Hamilton et John.

27. Lettre de Paoli, 1er août 1788, dans l'excellent ouvrage de F. Beretti.

28. Paris, Bibl. nat. de France, ancien Cabinet des Titres, Dossiers Bleus 505.

29. Épousée en 1505, morte en 1524. Cousine germaine de son mari.

30. Les Dossiers Bleus 505 de la Bibliothèque nationale de France sont formels : Filippo Corso, « maréchal de camp des armées du Roi, [était un] homme fort estimé qui a rendu de grands services au siège de Boulogne où il fut frappé à la tête d'un coup d'éclat d'artillerie *venant du camp* dont il mourut ». « *Venant du camp* », et non pas du camp ennemi. Voir notre *Sampiero Corso*, en collaboration avec A.-M. Graziani, p. 148-149.

31. Veuve de Louis II d'Orléans, duc de Longueville, remariée en 1538 à Jacques V d'Écosse. Fille de Claude de Lorraine (1496-1550), premier duc de Guise.

32. Fille de la sœur du roi d'Angleterre.

33. M. Vergé-Franceschi, *Chronique maritime*, années 1543-1545.

34. M. Vergé-Franceschi et A.-M. Graziani, *Sampiero Corso*, *op. cit.*, p. 148-149.

35. *Ibid.*, p. 183-184.

36. Plusieurs Jacques Stuart et plusieurs Marie Stuart vivent en 2004 à Multifao où nous les avons rencontrés. Issus d'un Manuello Stuart, né en Irlande et marié en 1774 à l'île d'Elbe, ils pourraient être issus d'un certain Jacques Stuart, fils naturel de Charles II d'Angleterre, et de Marguerite Carteret, originaire de Carteret près de Valognes sur la Manche, en face de Jersey. Ce Jacques Stuart apparaît à Rome le 11 avril 1668 comme novice au collège jésuite de Saint-André-du-Quirinal, juste à côté du couvent où les sœurs Fonseca entretiendraient ultérieurement des liens étroits avec Neuhoff qui eut des rapports privilégiés avec lord Carteret. En novembre 1668, ce Jacques Stuart s'installa à Naples sous le nom de prince *Giacoppo Stuardo.* On annonça sa mort en septembre 1669, juste après l'emprisonnement du Masque de Fer à Pignerol (août). (Cf. Edith F. Carey, *The Channel Islands*, Londres, A. et C. Black, 1904.) Ce Jacques Stuart, marié en février 1669, a laissé un curieux testament : il s'y déclare fils de Charles II et de Marie-Henriette Stuart qu'il donne pour descendante des barons de *San Marzo*, allusion évidente à M. de Saint-Mars, geôlier de Pignerol.

37. *BSSHNC*, n° 227-228, p. 166-169.

38. Comte de Lenox, mort en 1487.

39. Il fut reçu chevalier des ordres du Roi.

40. M. Vergé-Franceschi et A.-M. Graziani, *Sampiero Corso*, p. 123.

41. Moréri, *Dictionnaire*, *op. cit.*, p. 596.

42. Comtesse de Beaumont-le-Roger, dame d'Aubigny.

43. Seigneur d'Aubigny, chevalier de Saint-Michel. Il accompagna Charles VIII dans sa campagne d'Italie et mourut en 1508. (Cf. Père Anselme, *Histoire des grands officiers de la Couronne*).

44. M. Vergé-Franceschi (dir.), *Dictionnaire d'histoire maritime.* – Antoine Escalin des Aimars, baron de La Garde (v.1498-château de La Garde, 1578), né bâtard, eut un fils de Marguerite L'Anglois. Celui-ci épousa une Adhémar de Monteil de Grignan. Les contemporains en déduisirent qu'il devait être le fils du comte de Grignan et de l'épouse de Louis Escalin, bourgeois de La Garde devenue La Garde-Adhémar.

45. Gênes était alors inféodée à l'Espagne depuis la volte-face d'Andrea Doria (1528). Cf. M. Vergé-Franceschi (dir.), *La Méditerranée des Doria (1284-1945),* Ajaccio, 2001.

46. M. Vergé-Franceschi, *Chronique maritime,* année 1558 et aussi p. 225.

47. Marie Stuart eut un autre demi-frère naturel, Robert Stuart, comte des Orcades, qui a laissé postérité. Ce sont les fils bâtards de Jacques V (1512-1542). En revanche, ses deux frères légitimes, Jacques et Artus sont morts jeunes.

48. Mort le 19 novembre 1723, à quatre-vingt-dix ans et six mois (*Gazette de France* du 27 novembre).

49. *Mémoires,* t. XX, p. 53.

50. Il reçut pour cela à Notre-Dame de Paris, et des mains de Jacques II, l'ordre de la Jarretière (1689). Il reçut aussi de Louis XIV les grandes entrées, un logement au château de Versailles, un à Marly, un à Fontainebleau, un à Saint-Germain.

51. Né à Heidelberg en 1615. Tué à La Boyne. Maréchal de France, huguenot, émigré en 1686. En 1658, Schomberg avait été à la bataille des Dunes l'un des principaux combattants français grâce auxquels Dunkerque avait pu être prise aux Espagnols. Après les « affaires » de Candie, on l'a vu dîner avec Mme de Sévigné et son compatriote Windischgraetz, en train d'évoquer le sort de Beaufort et le voyage du diplomate à Dunkerque.

52. « On reçut le 2 février 1692, dans l'assemblée du parlement d'Angleterre, un acte pour naturaliser (anglais) le marquis de Monpouillan (1615-La Haye 1701) », frère de la mère de Lauzun (*Gazette de France* du 23 février 1692). Armand de Caumont, marquis de Montpouillan, gentilhomme de la chambre de Guillaume d'Orange et lieutenant général des armées des États de Hollande, était l'époux d'Amable-Guillemine de Broderode, fille de Wolsard, seigneur de Broderode, d'où une fille mariée en Angleterre. Il était le fils d'Henri Nompar de Caumont (1582-1678), maréchal de camp, duc de La Force, pair de France, et le petit-fils de Jacques Nompar de Caumont, duc de La Force, pair et maréchal de France, et de Charlotte de Gontaut-Biron.

53. Amable-Guillemine de Broderode, restée veuve d'un vieillard en 1701, épousa Marc-Antoine du Bosc, huguenot, marquis du Bouchet, lequel avait acheté le marquisat du Bouchet-Valgrand à son beau-frère Henri Duquesne, capitaine de vaisseau, marié en 1683 à la sœur de Marc-Antoine. Henri était le fils aîné du Grand Duquesne.

54. M. Vergé-Franceschi, *Abraham Duquesne.*

55. La baronne d'Aubonne (terre d'Abraham Duquesne) épousa Pierre de Caumont, frère du marquis de Montpouillan et de la mère de Lauzun. (Cf. Moréri, *Dictionnaire,* notices « La Force »).

56. Née Françoise de Brancas (morte le 13 avril 1715), elle était mariée depuis le 18 février 1667 à Alphonse-Henri-Charles de Lorraine (1648-1719), prince d'Harcourt. Elle était fille de Charles, comte de Brancas, marquis de Maubec près d'Avignon. Petite-fille de Georges de Brancas, duc de Villars (1565-1657), et de Julienne-Hippolyte d'Estrées (nièce de Gabrielle). Arrière-petite-fille d'Aimon de Brancas, baron de Villars, seigneur de Maubec.

57. Il épousa Geneviève-Marie de Durfort qui mourut le 19 mai 1740 (*Gazette de France* du 21 mai).

58. Mariée depuis 1705 à Anne-Marie-Joseph (1679-1739), prince de Guise, fils de la princesse d'Harcourt ci-dessus.

59. Combattant de la guerre d'Amérique.

60. M. Vergé-Franceschi et A.-M. Graziani, *Sampiero Corso,* p. 351.

61. P.-Y. Beaurepaire, *L'Europe des francs-maçons* XVIIIe-XXIe *siècles,* Paris, Belin, 2002.

62. D. Ligou donne la date de 1751.

63. Lettre à Maria Cosway du 22 août 1786.

64. Étienne-François de Choiseul, comte de Stainville puis duc de Choiseul (1719-Paris, 1785). Lieutenant (1730), colonel (1743), brigadier (1746), maréchal de camp (1748), lieutenant général (1759), ambassadeur du Roi auprès du Saint-Siège (1753), puis auprès de l'Empereur (1757), duc de Choiseul (1758), protégé de Mme de Pompadour, il obtint les Affaires étrangères (1758-1761), puis le portefeuille de la Guerre (1761-1770), puis la Marine (1761-1766), puis à nouveau les Affaires étrangères (1766-1770). Voyant la France perdre Minorque au traité de Paris (1763), Choiseul agit de façon telle que Gênes abandonna non pas sa suzeraineté sur la Corse au traité de

Versailles le 15 mai 1768, mais *l'exercice* de cette suzeraineté. C'est Choiseul qui signa le traité au nom du roi. La Corse fut française tant que Gênes ne fut pas en mesure de rendre au roi les sommes qu'elle lui devait pour qu'il fît régner l'ordre génois dans l'île. Choiseul savait que Gênes ne pourrait jamais rembourser les sommes engagées. Il s'en félicitait : non seulement la France conserverait la Corse, mais encore ce bon tour serait joué à la barbe de l'Angleterre ! Choiseul savourait le désastre corse de Ponte Novo lorsque, privé de l'appui de Mme de Pompadour (morte en 1764), et en butte à l'hostilité de Mme du Barry, il se trouva disgracié (1770). Choiseul fit tout en 1768-1769 pour empêcher la traduction et la diffusion en France du *Tour de Corse* de Boswell, qu'il estimait trop favorable à Paoli, après s'être personnellement fait traduire l'ouvrage (selon une lettre de Mme du Deffand du 19 juillet 1768). Les esprits éclairés lui reprochèrent d'avoir fait envoyer les troupes du premier royaume d'Europe (25 millions de sujets) dans une petite île peuplée de moins de 200 000 âmes. Mais l'île constituait à la fois une base avancée de Toulon et un réservoir de bois capital pour une marine renaissante. Si Paoli partit en exil, Choiseul fut lui-même exilé par Louis XV en sa terre de Chanteloup. Mort, Choiseul ne fut pas oublié dans l'île, et le 5 novembre 1789 une assemblée populaire réunie à Bastia affirma, en présence de Bonaparte : « Le ministre Choiseul nous a conquis par la force à la suite d'un traité conclu avec la République ligure qui n'avait en aucune façon le droit de nous vendre. » (Cf. G. Lacour-Gayet, *La Marine militaire de la France sous le règne de Louis XV,* Paris, 1902. – M. Vergé-Franceschi, *Chronique maritime de la France d'Ancien Régime.* – M. Vergé-Franceschi, *Histoire de Corse,* p. 218, 315, 316, 360, 364, 366, 371 et 433).

65. Françoise-Louise de Bassompierre (v.1694-1758), épouse du marquis de Stainville (*Gazette de France* du 2 décembre 1758).

66. *Gazette de France* du 9 mars 1748.

67. François-Joseph de Choiseul, marquis de Stainville.

68. *Gazette de France,* 5 janvier 1754.

69. Noël de Jourda, comte de Vaux (château de Vaux, près du Puy-en-Velay, 1705-Grenoble, 1788). Lieutenant général des armées du Roi (1759), il prit le commandement des troupes françaises en Corse en juin 1767 et fut nommé en avril 1769 commandant en chef en l'île de Corse. Premier officier général français à porter ce titre, il avait déjà servi en Corse comme capitaine de 1738 à 1741, puis il avait fait un second séjour dans l'île de 1757 à 1760 comme commandant en chef. Il eut pour successeur Marbeuf, nommé le 1er avril 1770. Maréchal de France en 1783.

70. Fils de Charles-Jean-François Hénault (1685-Paris, 1770), de l'Académie française (1723), et de celle des inscriptions, surintendant des finances de la Reine (1754), puis de la maison de la Dauphine, auteur de l'*Abrégé chronologique de l'histoire de France.* Voir F. Bluche, *L'Origine des magistrats du parlement de Paris, op. cit.*, p. 212.

71. *BSSHNC,* n° 227-228, p. 166-169. et F. Beretti, *op. cit.*, p. 106, note 279.

72. *Gazette de France,* 15 août 1733.

73. Guillotiné à Toulouse.

74. Louis-Pierre Bertrand de Chailly, seigneur de Boucheporn.

75. Claude Bertrand.

76. Nicole Georges, dame de Boucheporn, mariée en 1708.

77. D. Ligou, *op. cit.*, notices « Choiseul ».

78. M. Vergé-Franceschi, *Chronique maritime, op. cit.*, année 1557.

79. *Ibid.*, année 1561.

80. *Ibid.*, année 1563.

81. M. Vergé-Franceschi et A.-M. Graziani, *Sampiero Corso,* p. 223.

82. *Ibid.*, p. 327.

83. *Ibid.*, p. 490.

84. *Ibid.*, p. 110.

85. M. Vergé-Franceschi, « Les Lenche et la Magnifique Compagnie du corail », *in* M. Vergé-Franceschi (dir.), *Le Corail en Méditerranée,* Ajaccio, 2004, p. 72, note 32. (Arch. dép. des Bouches-du-Rhône, 201 E2, baptême du 16 août 1555, à la Major).

86. M. Vergé-Franceschi et A.-M. Graziani, *Sampiero Corso,* p. 336. Dame d'honneur de Louise de Lorraine de 1575 à 1586.

87. M. Vergé-Franceschi, *Chronique maritime,* année 1619, p. 291. La transaction (9 septembre 1619) fut menée par Thomas II Lenche, seigneur de Moissac, en son nom et en celui de sa sœur, Mme de Riqueti-Mirabeau. L'acquéreur fut amiral du Levant jusqu'en 1631-1632.

88. Généraux des galères de France de 1574 à 1635. Généralat acheté par Richelieu (1635), puis passé (1642) à son neveu et héritier le duc de Richelieu qui le conserva jusqu'en 1661, date à laquelle Fouquet le lui acheta au nom d'un homme de paille : Créqui.

89. Légitimé par Louis XIV en 1694.

90. Philippe d'Armagnac, chevalier de Lorraine, né en 1643, second fils d'Henri, comte d'Harcourt qui avait repris les îles de Lérins aux Espagnols en 1637. Frère puîné de Louis de Lorraine, comte d'Armagnac, grand écuyer de France (1658). Frère aussi du comte de Marsan (1648-1708) et du général des galères de Malte : le chevalier Alphonse-Louis de Lorraine (1644-1689), dit le chevalier d'Harcourt. Arrêté le 30 janvier 1670, envoyé au château d'If. Sa nièce Marie de Lorraine, fille du comte d'Armagnac, épousa en 1688 Antoine de Grimaldi, prince de Monaco.

91. D. Ligou, *op. cit.*, p. 738-739.

92. Jean-Pierre de Gennes, *Les Chevaliers du Saint-Sépulcre de Jérusalem*, Mémoires et documents, 2004. Sebastiano Cipriani d'Ortinola, fait chevalier le 8 avril 1607, quatre jours après son arrivée à Jérusalem. Leonetto en descendait en ligne directe ainsi que de son fils aîné. Le fils cadet de Sebastiano, Giorgio, arrivé à Jérusalem le 16 juillet 1618 y fut fait chevalier avant la fin du même mois.

93. D. Ligou, *op. cit.*, p. 837.

94. M. Vergé-Franceschi (dir.), *La Guerre de course en Méditerranée*, Ajaccio.

95. M. Vergé-Franceschi et A.-M. Graziani, *Sampiero Corso*, p. 456.

96. *Ibid.*, p. 364-365.

97. *Ibid.*, p. 259.

98. F. Demartini, *Armorial, op. cit.*, p. 214.

99. M. Vergé-Franceschi et A.-M. Graziani, *Sampiero Corso*, p. 374-379.

100. M. Vergé-Franceschi, *Chronique maritime*, années 1566-1573. – *Id.*(dir.), *Dictionnaire d'histoire maritime*. – *Id.* (dir.), *La Méditerranée des Doria, op. cit.* – M. Vergé-Franceschi et A.-M. Graziani, *Sampiero Corso*.

101. M. Vergé-Franceschi, *Histoire de Corse*, t. I, p. 208, pour les Corses embarqués sur la *Capitana*, la *Padrona*, la *Bastarda* et la *Quarta* aux ordres des Negroni de San Colombano et de Gênes.

102. T. Giappiconi, *L'Attraction de la ville (Venise, Livourne, Naples, Marseille) dans la vie sociale et militaire des « pièves de marine » de la Corse orientale*, DEA, Université de Tours, 2004, sous la direction de M. Vergé-Franceschi. Et du même, mémoire de maîtrise, Université de Chambéry.

103. M. Vergé-Franceschi, *Le Cap Corse. Généalogies et destins*, éd. A. Piazzola, 2004.

104. *Journal* de Pierre de l'Estoile. (Cf. *Sampiero Corso*, p. 119).

105. M. Vergé-Franceschi, « Le fabuleux destin des Ornano ». – E. Le Bouteillec, *Le Maréchal Alphonse d'Ornano pendant les troubles de la Ligue en Lyonnais et Dauphiné (1588-1598)*, sous la direction de M. Vergé-Franceschi, Université de Savoie, 2000, mémoire de maîtrise couronné par le ministère de la Défense. – M. Fleyfel, *Le Maréchal Jean-Baptiste d'Ornano*, mémoire de maîtrise sous la direction de M. Vergé-Franceschi, Université de Savoie, 2001.

106. M. Vergé-Franceschi, *Le Cap Corse. Généalogies et destins*. – M. Vergé-Franceschi, « Les Lenche de Morsiglia et la Magnifique Compagnie du corail à Marseille XVIe-XVIIe siècles », *in* M. Vergé-Franceschi (dir.), *Le Corail*, Ajaccio, éd. A. Piazzola, 2004, p. 65-97.

107. Capitaine de la porte réale de Marseille.

108. M. Vergé-Franceschi, « Les amiraux de France (1492-1592) », *in* M. Vergé-Franceschi (dir.), *La France et la mer au siècle des Grandes Découvertes*, Paris, Tallandier, 1993.

109. Le fait qu'il fût installé au Maghreb a entraîné sur son compte nombre d'accusations : absence de messes alors qu'il entretenait au Bastion un chapelain et le personnel nécessaire à la célébration du culte ; absence de cérémonies religieuses, sans compter des « orgies » masculines auxquelles auraient pris part nombre d'adolescents musulmans. Sanson Napollon, marié et père de famille, s'en défendit énergiquement. (Cf. mémoire de maîtrise de Naïma Hamdaoui, *Sanson Napollon et le Bastion de France*, Université de Savoie, Chambéry, 1999, sous notre direction).

110. Suzanne de Secondat, épouse de François d'Estrades.

111. Dans ce combat, d'Estrades blessa M. de Bridieu (Cf. Moréri, p. 258).

112. Lettre de Nicollin Ricou à MM. les consuls et gouverneurs de Marseille, 7 mai 1630, *in* N. Hamdaoui, *Sanson Napollon et le Bastion de France*, *op. cit.*

113. « Relazione dell'accidente occorso » *in Roma l'anno 1662*, texte anonyme Copiato nel codice CXXVII (1), car. 97-142 della libreria Capponi di Firenze. Processo de'Corsi *in* Roma, p. 1-434 du *Bulletin de la Société historique et naturelle de la Corse*, juillet-octobre 1888, fascicules 91-94. – *Souvenirs de la marquise de Créquy de 1710 à 1803*, Paris, Garnier frères, t. II, p. 140-143. – Charles Guérin, « La garde corse », *in Revue des questions historiques*, 1er juillet 1880. – M. Chantelauze, *Le Cardinal de Retz et ses missions diplomatiques à Rome*, Paris, Didier.

114. Giovanni et Marco Vietti.

115. Giovanni da Calenzana.

116. Domenico de Rogliano, fils de feu Giacomo, et Gio Battista d'Ajaccio.

117. Elle est née Catherine du Plessis-Bellière. Fouquet lui a offert pour ses noces deux cent mille livres d'augment de dot. (Voir notre *Colbert,* p. 175-176).

118. François de Blanchefort, marquis de Créqui, gouverneur de Béthune, lequel devait « se tenir dans sa place » si Fouquet venait à être arrêté par le roi. (Voir M. Vergé-Franceschi, *Colbert,* p. 176).

119. François de Nuchèze, commandeur de Malte, créature de Fouquet, et chef de la marine de guerre française jusqu'en 1661. – Ch. de Chergé, « F. de Nuchèze, vice-amiral, intendant général de la marine de France, sa correspondance avec Louis XIV, Colbert, etc », *in Mémoires de la Société des antiquaires de l'Ouest,* Poitiers, 1854. – G. Poumarède et J. Cras, « Entre finance et diplomatie : les armements du commandeur F. de Nuchèze pour le secours de Candie », *in Mélanges Bérenger,* PUPS, p. 507-544. – M. Vergé-Franceschi, *Colbert,* et *Abraham Duquesne, op. cit.*

120. Le jeune Bertaud.

121. Aubin Copet.

122. Antoine Duboys.

123. Les trois meneurs étaient Andrea Crovero d'Ajaccio (l'assassin du page Bertaud), Pietro de Montemaggiore et Carlo d'Ampugnano.

124. Andrea Guernaccino da Carpegna, garçon libraire ; Gio Battista Petrucci della Valtellina, portefaix ; Filippo Rossi da Messina, mendiant aveugle ; et deux boulangers, un Allemand, Michele Trussil, et un Italien, Michele Costa.

125. Il avait déjà emprisonné une première fois Andrea Crovero.

126. Andrea Crovero, dit aussi Crovara ou Cruera (1638-apr. 1662), fils de Battista Crovero (mort à Ajaccio en 1649) et de Giacominetta Sorba (mariés à Ajaccio en 1634). Le *nobile* Andrea Crovero a laissé une fille Geronima Crovero mariée à Pietro Malerba, d'où Giuseppina Malerba (1690-1780) mariée en 1723 à Giuseppe Maria Pietrasanta, d'où Angela Maria Pietrasanta (1726-1791), épouse de Gio Geronimo Ramolino, d'où Laetitia, mère de Napoléon. (Cf. F. Demartini, *Armorial, op. cit.*, p. 254).

127. Crovero s'embarqua le mardi 22 août, avec sept autres fugitifs insulaires, pour gagner la Corse où les nouvelles de la rixe opposant Corses et Français s'étaient répandues jusqu'au fond des villages (Rogliano, Santa Reparata, Bastelica, Montemaggiore, Calenzana).

128. Fabio d'Ajaccio et Paolo Maria Pozzo di Borgo, fils de Paolo Geronimo Pozzo di Borgo (1573-1650), colonel au service du Saint-Siège et de Vannina de'Bozzi (cf. F. Demartini, *Armorial,* p. 153), Ajacciens, firent leur déposition le 29 août. Pietro Ansaldi de Santa Reparata le 26 septembre. On interrogea Matteo de Bastelica et Simone de Bastelica, fils de Tomasino.

129. Matteo d'Ilario de Pietralba, dit « Matteo Fortuna », fut torturé trois fois pour avoir tiré des coups d'arquebuse en pleine place Farnèse.

130. L'assassin du capitaine Duboys fut pendu.

131. Le père du grand écrivain Pietro Bonaventura Trapassi dit Métastase (Rome, 1698-Vienne, 1782) aurait été garde corse du pape ou « soldat des troupes corses du pape » : il s'agissait de « Felice Mariotti, detto Trapassi, nato a Campile, villagio di Corsica », né vers 1640 en ce beau village de Campile où Dionisia Valentini, mère de Paoli, eut un prétendant. (Cf. abbé Galetti, p. 197). Il aurait quitté Campile pour Rome suite à une inimitié avec les Pasqualini.

132. F. Beretti, *Pascal Paoli et l'image de la Corse au* XVIIIe *siècle,* p. 72.

133. *Description de la Corse,* 1743.

134. E. Bouchet, *Dunkerque sous Louis XIV,* 1903.

135. *Ibid.*, p. 63, lettre de Le Tellier, Versailles, 6 août 1677.

136. De nombreux Marchetti corses furent militaires : le sergent Vincenzo Marchetti de Talasani, cité le 5 octobre 1634, *Inventaire des Arch. dép. de la Corse,* série C, Fonds du civile governatore, t. III, Ajaccio, 1952, p. 30 ; – Francesco Marchetti, cité en 1648 et 1654 comme patron marin.

137. Costa, t. I, p. 99. Olmeta avait reçu de son oncle le RP Olmeta 90 doublons d'or espagnols avec les autres neveux et nièces du RP. (Cf. M. Martini, « Aspect de l'activité agricole et maritime en Corse », *BSSHNC,* 2e et 3e trim. 1967).

138. « Les troupes corses et l'histoire militaire de la Corse », *Carnet de la Sabretache,* n° 20, 1973.

139. René Boudard, *La Nation corse et sa lutte pour la liberté entre 1744 et 1769,* p. 45.

140. Voir sur le sujet les travaux les plus récents d'Alain Blondy.

141. Voir le sonnet de Giacinto Paoli dédié à Luiggi Giafferi *in* Abbé Galletti, p. 441.

142. M. Vergé-Franceschi, « Les Lenche de Morsiglia et la Magnifique Compagnie du corail à

Marseille du XVIe au XVIIIe siècle », in *Le Corail,* Actes des Ve Journées universitaires de Bonifacio, Ajaccio, éd. A. Piazzola, 2004, p. 65-97.

143. Antoine Pecquet (Paris, 1704-Paris, 1762), futur grand maître des Eaux et Forêts de Rouen et intendant de l'École militaire.

144. Frère (aîné sans doute) de François Pecquet dit aussi Picquet, né à Lyon le 12 avril 1626, mort à Hamadan à cinq journées d'Ispahan le 26 août 1685 (cf. Moréri, *Dictionnaire,* « Picquet », p. 326-327). Fils de Geoffroi et d'Anne Monnery. Frère cadet de deux carmes déchaussés. Sa sœur épousa M. de La Chambre, de Lyon. Il séjourna en Italie, revint à Lyon en 1650 et de là passa en Angleterre. Consul d'Alep en Syrie (1652), à la mort du consul Bonin, lui-même successeur de Sanson Napollon. Créé kadi d'Alep par le bacha. Consul de Hollande à Alep. Tonsuré (1660). Baron (négociant de Marseille) lui succéda comme consul de France à Alep en janvier 1662, date à laquelle il s'embarqua d'Alexandrette. Sous-diacre à Marseille (1663). Ordonné prêtre (1664). Supérieur d'un couvent de religieuses à Lyon. Vicaire apostolique de Bagdad (1674), évêque de Césarople en Macédoine (1675), sacré à Aix (1677). Visiteur apostolique (Chypre, Alep, Tripoli, Syrie, Mont-Liban, Seyde). Ambassadeur du Roi en Perse (1679). Sa biographie a été rédigée par Mgr Anthelmi, évêque de Grasse, en 1732.

145. Charles de Fieux, chevalier de Mouhy, né à Metz en 1701, mort à Paris en 1784, membre de l'Académie de Dijon, était le fils d'un officier originaire de Bourgogne. Embastillé trois fois. La première, ce fut le 26 septembre 1720 « pour affaire qui n'était connue que de S.A.R. le duc d'Orléans » (registre d'écrou de la Bastille conservé à l'Arsenal, cité *in* Mouhy, *Le Masque de Fer,* éd. Desjonquères, 1983, p. VI). La deuxième en 1741. La troisième en 1745. Il passa une grande partie de sa vie à La Haye.

146. « Le souvenir du prisonnier masqué s'était conservé parmi les officiers, soldats et domestiques de cette prison, et nombre de témoins oculaires l'avaient vu passer dans la cour pour se rendre à la messe. Dès qu'il fut mort, on avait brûlé généralement tout ce qui était à son usage, comme linge, habits, matelas, couverture, etc. On avait regratté et blanchi les murailles de sa chambre, changé les carreaux, et fait disparaître les traces de son séjour, de peur qu'il n'eût caché quelque billet ou quelque marque qui eût fait connaître son nom. »

147. « Un vieux médecin de la Bastille, qui avait souvent traité cet homme singulier dans ses maladies, a dit qu'il n'avait jamais vu son visage, quoiqu'il eût souvent examiné sa langue et le reste de son corps [...]. Sa peau était un peu brune » – comme celle des Méditerranéens. « Il intéressait par le seul ton de sa voix » – comme les Corses ? « Ne se plaignant jamais de son état ».

148. Michel Chamillart (1652-1721), contrôleur général des Finances (1699-1708), appartenait au cercle intime du roi. Très lié aux gendres de Colbert, Chevreuse et Beauvillier, secrétaire d'État à la Guerre (1701-1709), il eut accès à toutes les archives de Colbert aux Finances et de Louvois à la Guerre. Il était le fils de Guy Chamillart (1624-1675) qui travailla avec Colbert et fut procureur général de la Chambre de justice, lequel requit contre Fouquet la peine de mort et écrivit un traité du crime de lèse-majesté.

149. Louis d'Aubusson (1673-1725), duc de La Feuillade, gendre de Michel Chamillart à partir de 1701. Maréchal de France (1724).

150. Dans son *Plan de l'histoire générale et particulière de la monarchie française.*

151. In l'*Année littéraire* de 1759. Lagrange-Chancel s'appuyait sur le témoignage de « Dubuisson, caissier de Samuel Bernard [...], retenu aux îles Sainte-Marguerite, en même temps que le prisonnier inconnu. Enfermé dans une chambre au-dessus de celle de cet infortuné, il avait réussi à se mettre en relation avec lui par le trou de la cheminée ; mais lui ayant demandé la cause de sa détention, il répondit que s'il révélait son nom, on lui ôterait la vie ainsi qu'à toutes les personnes qui connaîtraient son secret [...]. Pour toute récréation, lorsqu'il était seul, il pouvait s'amuser à s'arracher le poil de la barbe avec des pincettes d'acier très luisantes et très polies ». Un neveu de Saint-Mars conservait une de ces pincettes, en sa qualité de lieutenant de compagnie franche des îles Sainte-Marguerite.

152. In l'*Année littéraire* de 1769. M. de Palteau, petit-neveu de Saint-Mars, y raconte que son parent M. de Blainvilliers, autrefois lieutenant de compagnie franche à Pignerol, y avait noté que le prisonnier inconnu était nommé « La Tour » (Louvois l'appelait toujours « le prisonnier de La Tour d'en bas »). Qu'il était toujours vêtu de *brun* (couleur du traditionnel drap corse, tissé de façon telle qu'il était quasi imperméable. Il était en poil de mouton corse : mouton brun, sans laine). Qu'il était grand et blanc de visage. Qu'il avait les cheveux blancs et la jambe un peu trop fournie par le bas (le mollet des montagnards ?). Qu'il fit halte en la terre de Palteau lorsque Saint-Mars le conduisit de Lérins à la Bastille. Qu'il y mangea dans la salle, le dos aux croisées ouvertes sur la cour, face à Saint-Mars armé de deux pistolets. Qu'il y dormit aux côtés de Saint-Mars. Qu'on mit de la chaux dans son cercueil.

153. Dans son *Traité des différentes sortes de preuves qui servent à établir la vérité dans l'histoire*, publié à Liège. Griffet est le premier à citer le *Journal de Dujonca.*

154. Ce n'est qu'en 1770 que le baron d'Heiss fit du *Masque de Fer* le comte Matthioli. C'est impossible puisque l'homme masqué est arrivé à Pignerol en 1669, dix ans avant Matthioli. Malesherbes, pendant son ministère (1775-1776), s'intéressa à Marchiali/Giafer alors que la Corse se soulevait contre Louis XVI. Chevalier, major de la Bastille, se mit même à arracher des feuillets dans les registres de la Bastille (année 1698, folio 120) ! Ont-ils ou non été correctement publiés par Charpentier dans son ouvrage : *La Bastille dévoilée* (Paris, 1789-1790, 3 vol., in-8°) ? Il écrit : « Ce prisonnier était traité avec une grande distinction de M. le gouverneur, et n'était vu que de lui et de M. de Rosarges, major du château, qui seul en avait soin. Il n'a été malade que quelques heures, mort comme subitement. Il a été enseveli dans un linceul de toile neuve, et généralement tout ce qui s'est trouvé dans sa chambre a été brûlé, comme son lit tout entier, y compris les matelas, tables, chaises, et autres ustensiles réduits en poudre et en cendre, et jetés dans les latrines. Le reste a été fondu, comme argenterie, cuivre et étain. Ce prisonnier était logé à la troisième chambre de la tour Bertaudière, laquelle chambre a été regrattée et piquée jusqu'au vif dans la pierre et blanchie de neuf de bout à fond ; les portes, châssis et dormants des fenêtres ont été brûlés comme le reste. » Une note en marge précise : « Il est à remarquer que dans le nom de *Marchiali*, que l'on lui a donné sur le registre mortuaire de Saint-Paul, on y trouve lettre pour lettre ces deux mots, l'un latin, l'autre français : hic amiral, c'est l'amiral. »

155. En 1799, à Talasani, les Marchetti et les Giafferi continuaient de se combattre. Cosmo Maria Poli-Marchetti (v.1746-1813), reçu docteur en médecine devant l'université de Rome (1769), descendait à la fois des Giafferi et des Marchetti dont il portait le patronyme, associé au sien, peut-être pour montrer aux Giafferi qu'il se sentait plus proche des Marchetti que des Giafferi. Résultat, au lendemain de l'exécution d'Agostino Giafferi (1716-1798), à Bastia, il vit sa maison de Talasani mise à sac (1799). Hasard ? En Corse, comme en Écosse, les haines familiales sont héréditaires. Les *vendettas* transversales se poursuivent longtemps : traditionnellement, on devait s'entretuer pour venger une mort violente – ce que Paoli déplora toujours – « jusqu'au troisième degré », c'est-à-dire entre petits-fils de cousins germains !

156. Gabriel de Bruc, chevalier de Malte rançonné par les Turcs.

157. Nous avons dressé les généalogies Auger/Anger à partir du Cabinet des Titres de la BNF. Aucune des généalogies Anger n'aboutit à un éventuel Masque de Fer : pas plus que les Oger (Auger) de Cavoye. Pour les Auger de Manimont, Champenois de Rethel anoblis en mars 1658, nous avons vu les Dossiers Bleus 39, Chérin 10.

158. Le comte Sébastien de Keroualze (ou de Kerouartz), mais il semble qu'il mourut à bord du *Monarque* en 1671.

159. L'abbé Giuseppe Prignani, napolitain : thèse de Mgr A.-S. Barnes, apparue en 1908.

160. Thèse du baron d'Heiss (1770). Mantouan, mais arrivé à Pignerol en 1679 seulement, dix ans après l'emprisonnement du Masque de Fer.

161. La thèse apparaît en 1688 vingt ans après la thèse Beaufort, sous la plume du gouverneur de la Bastille, M. de Saint-Mars.

162. Thèse de miss Edith F. Carey, 1904.

163. Thèse de Madame Palatine en 1711. Chef d'une conjuration jacobite conduite en 1696.

164. Sir George Barclay.

165. Fausse rumeur apparue vers 1700 seulement !

166. Née de Lucie Walters. Thèse apparue en 1768 seulement sous la plume de Germain-François Poullain de Saintfoix. Mais Montmouth a été publiquement exécuté en 1685.

167. Thèse de Maurice Boutry apparue en 1899. Mais qui est le père ? Louis XIV ? Ou le comte de Guiche ?

168. Mme de Sévigné, *Correspondance,* La Pléiade, t. I, p. 365, 368, 369, 376 et 383.

169. *Correspondance de Vivonne,* p. 131, n. 1. – BNF, Mss, fr. 8026, f° 215. – Le duc de Turcy avait sa propre flotte de galères au service de l'Espagne, *ibidem,* p. 160.

170. Charles-Léon, comte de Fieschi, épousa en 1643 Gillone d'Harcourt, veuve depuis 1640 du marquis de Piennes, d'où Jean-Louis-Marie de Fieschi (1647-apr. 1670).

171. Les Franceschi de Cannelle, parmi eux : Pietro Franceschi, né vers 1633, inhumé à Centuri en 1686, église Saint-Sylvestre (cf. notre *Histoire de Corse*). Sa dalle armoriée existe toujours. On peut toujours y lire (en latin) : « À la mémoire de Pietro Franceschi, fils d'Anton-Paolo, intrépide capitaine de navire. Sous l'étendard du Sérénissime Grand Duc d'Étrurie, il équipa des navires à ses frais contre les Turcs et, au grand mépris de sa vie, leur prit un grand nombre de vaisseaux dont l'un surtout qui transportait aux Barbaresques assiégeant la ville principale de Candie (Crète) des miliciens d'élite. Il rendit de grands services à la République chrétienne, ce qui lui valut du

prince de Vénétie de vives louanges. Fait trois fois prisonnier, il garda toujours sa liberté d'esprit et se racheta. Couvert de gloire, il vint mourir dans sa patrie dans l'amour de la Sainte Religion à l'âge de cinquante-trois ans en 1686. »

172. M. Vergé-Franceschi, *Chronique maritime,* p. 422 et suivantes.

173. La marquise du Plessis-Bellière (1608-1705), née Suzanne de Bruc, était fille de Marie Veniero et de Jean de Bruc de La Grée, procureur syndic des états de Bretagne.

174. Anton Venieri, doge 18 ans, 1 mois, 3 jours avant 1410 ; Francesco Venieri, doge 2 ans, 1 mois, 20 jours au milieu du XVIe siècle ; Sebastiano Venieri, doge 11 mois en 1571 (*in* Moréri, *Dictionnaire).*

175. L'hôtel appartint à Jacques de Rouyé, marquis du Plessis-Bellière, maréchal de camp (1646), lieutenant général (1650), gouverneur de Dieppe. Né en 1603, il fut tué dans le débarquement de Cellamare le 17 novembre 1654 aux côtés du chevalier Paul.

176. Le grand-père maternel de la marquise, Veniero, s'est installé en Bretagne comme gouverneur des biens des Gondi, ancêtres du maréchal et du cardinal de Retz.

177. M. Vergé-Franceschi, *Toulon, Port Royal (1481-1789),* Tallandier, 2002.

178. François de Castellane-Adhémar, comte de Grignan (1629-1714), né de Louis Gaucher Adhémar de Monteil, comte de Grignan, et de Marguerite d'Ornano, mariés le 20 mai 1628.

179. M. Vergé-Franceschi et A.-M. Graziani, *Sampiero Corso,* p. 492-493.

180. *Correspondance du maréchal de Vivonne relative à l'expédition de Candie (1669),* publiée par la Société de l'histoire de France par J. Cordey, Paris, 1910, p. 8.

181. *Ibidem,* p. 17.

182. Jean-Baptiste Brodart de Sanseuil, commissaire général de la marine et des galères à Toulon (1666), lieutenant général de l'Amirauté de Dunkerque (1667), subdélégué de l'intendant de Flandre maritime (1667).

183. Le 4 février 1669, à la conférence secrète de Whitehall à Londres, Charles II a reçu le duc d'York, converti, le ministre catholique sir Thomas Clifford et le baron Henry Arundell of Wardour, pair du royaume, catholique. Assez curieusement, l'opposition surnommait le ministère anglais la C.A.B.A.L. (Clifford, Arlington, Buckingham, Ashley-Cooper et Laudernale). Or, avant la Fronde, en France, le duc de Beaufort était justement le chef d'une faction dite « la Cabale des Importants ».

184. Son père, Godefroy, comte d'Estrades, lieutenant général des armées du Roi (1650), commandant de Dunkerque (1649-1652), a été contraint de capituler face aux Espagnols après un an de siège (1651-1652). Dunkerque est alors resté port espagnol de 1652 à 1658. En 1658, Mazarin a accepté que Dunkerque devienne anglais en échange d'une alliance avec Cromwell. Le fait de voir Dunkerque passer des mains du roi catholique aux mains de « l'hérétique » Cromwell semble bien être à l'origine du plan de rébellion de Fouquet, connu sous le nom de plan de Saint-Mandé (1658). En 1660, le comte d'Estrades est devenu gouverneur de Gravelines, puis il a reçu le gouvernement de Dunkerque (1662) qu'il occupait toujours en 1669. En 1661, ambassadeur du Roi à Londres, c'est lui qui a négocié avec Charles II l'achat de Dunkerque par le roi (1662).

185. Une seigneurie de Moissac, près d'Aups, a été achetée pour vingt mille écus, grâce à un prélèvement effectué sur la Banque de Saint-Georges de Gênes par Thomas II Lenche ; son vendeur était alors M. de Grignan. Le 1er novembre 1596, Thomas II épousait la fille du maréchal Alphonse d'Ornano. En 1623, à la mort de Thomas II, cette seigneurie est passée à son fils Alphonse puis au fils d'Alphonse, Scipion Lenche. S'agit-il de la même terre ? Les d'Estrades étaient originaires de l'Agenais, comme Lauzun. Or il existe un autre Moissac (Tarn-et-Garonne).

186. Arch. nat., fonds Marine, B6 1, f° 45, provisions de Vivonne.

187. M. Vergé-Franceschi, *Le Cap Corse. Généalogies et destins.* (Chapitre consacré aux Cipriani d'Ortinola).

188. M. Vergé-Franceschi, *Chronique maritime,* p. 263. – BNF, Dupuy 155, f° 22. Les Baglione de Calvi donnent à Marseille pour descendants les Bayon de Libertas.

189. M. Vergé-Franceschi, *Le Larousse de la généalogie,* Paris, éd. Larousse, chapitre consacré aux armoiries.

190. S. Gatt-Jacob, *Un échevin marseillais au XVIIe siècle, Jean-Baptiste Franceschi (1607-1673),* DEA, Université de Tours, 2004, 2 vol., sous la direction de M. Vergé-Franceschi.

191. Seigneurie vendue par la famille Lenche en 1649 à Gaspard de Grimaldi-Régusse. La fille de celui-ci, Anne de Grimaldi-Régusse, l'apporta à son mari Joseph de Gaillard, d'où Marquise de Gaillard, dame de Moissac, qui l'apporta en dot en 1654 à François de Foresta. (Cf. Artefeuil, t. I, p. 413).

192. Fils d'Alphonse Lenche, propriétaire du Bastion de France créé par ses ancêtres sur les côtes du Maghreb. Fouquet l'en dépossédа au profit d'un certain Pecquet, marchand lyonnais.

193. Louise d'Ornano a épousé en 1596 Thomas II Lenche (1573-1623), seigneur de Moissac à partir de 1596 ayant acheté cette terre aux Grignan. BNF, Dossiers Bleus 505, généalogie d'Ornano dressée le 1er septembre 1706. Ils ont eu Alphonse. Scipion, tué au combat de Cassel, fut le dernier de son nom.

194. M. Vergé-Franceschi et A.-M. Graziani, *Sampiero Corso.*

195. *Ibid.*

196. J.-Ch. Petitfils, *Le Masque de Fer,* p. 109.

197. A. Corvisier, *Louvois,* p. 201. Et L. Bély, *Espions et ambassadeurs,* Fayard. Guillaume de Fürstenberg, agent de Louis XIV, fut enlevé à Cologne le 14 février 1674 et conduit à Vienne.

198. Lettre du 16 janvier 1674.

199. M. Vergé-Franceschi et A.-M. Graziani, *Sampiero Corso,* p. 132.

200. *Correspondance du maréchal de Vivonne, op. cit.*, p. 39.

201. *Ibid.*, p. 16-17.

202. Antonio Lenche, second consul de Marseille et maître des ports de Toulon, a laissé parmi plusieurs enfants Marguerite Lenche, mariée à Jean-Paul de Foresta, seigneur du Castelar et juge du Palais de Marseille ; d'où : François de Foresta, seigneur du Castelar, marié en 1627 à Éléonore de Forbin la Barben, d'où le chevalier de Foresta. Les Foresta se prétendaient originaires de « Dian, sur la côte de Gênes » (cf. Artefeuil).

203. Chef d'escadre des galères le 1er janvier 1698, mort le 22 juin 1698. (Cf. notre thèse d'État, p. 900).

204. Né vers 1611, mort en 1700. Marguerite Napollon mourut vers 1697. Le couple maria en 1646 sa fille Françoise de Grimaldi-Régusse à Honoré de Grimaldi, premier marquis de Cagnes, des princes souverains de Monaco. (Cf. M. Vergé-Franceschi, *Le Cap Corse. Généalogies et destins).*

205. *Ibid.*, p. 185.

206. Domenico Pozzo di Borgo, né le 12 mars 1612, mort à Parga (Zante) le 17 mars 1685. Il s'était marié à Zante le 29 avril 1649 à la fille de Giorgio Apostoliti. Cf. F. Demartini, *Armorial,* p. 156, d'après l'*Archivio di Stato di Venezia, Senato Terra, filza* 333, et les registres paroissiaux de Zante, outre les inventaires notariés de ses biens.

207. Lettre de Vauban à Louvois du 23 juin mentionnant le récent départ de Louvois de Dunkerque, citée *in* J. Peter, *Vauban et Dunkerque,* 2000. À Dunkerque, Louvois rencontra le gouverneur général d'Estrades, le commandant des rysbans, le gouverneur du fort Louis et son major outre trois aides-majors et deux capitaines des portes. Louvois resta dans les Flandres du 18 mai au 4 juin (*in* J.-Ch. Petitfils, *Le Masque de Fer,* p. 109).

208. Vincent Rospigliosi, bailli de Malte. Il offrit de l'argent pour retrouver le corps de Beaufort, en vain. Frère du cardinal (1667) Jacques Rospigliosi (Pistoie, 1628-Rome, 1684). Leur père Camille était le frère de Clément IX (1600-1667-1669). Ils avaient un autre frère qui fut le père de Félix Rospigliosi (v.1643-1688), également cardinal (1673).

209. Louis-François du Bouchet, marquis de Sourches, grand prévôt de France.

210. M. Vergé-Franceschi, *Les Officiers généraux de la marine royale,* thèse de doctorat d'État ès lettres, Paris X-Nanterre, 1987, éd. Librairie de l'Inde, 1990, 7 vol., 3 547 p.

211. *Ibid.*, p. 53.

212. Arch. nat., K 120, n° 67. Le roi a-t-il choisi un geôlier du nom de Saint-Mars pour effrayer ses prisonniers en souvenir de M. de Cinq-Mars, jadis ami de Beaufort et des dévots, qui avait eu la tête tranchée en 1642 pour s'être allié aux Espagnols ? Sans doute non.

213. Joseph Delort, *Histoire de la détention des philosophes et des gens de lettres à la Bastille et à Vincennes, précédée de celle de Fouquet, de Pellisson et de Lauzun,* Paris, 1829, t. I. – Vauroy était depuis 1667 capitaine des chasses dans les châtellenies de Dunkerque, Bergues et Furnes (*in* J.-Ch. Petitfils, *Le Masque de Fer,* p. 109).

214. Le 19 juillet 1669, Louvois écrivit à Saint-Mars, geôlier de Fouquet : « Monsieur, le Roi m'ayant commandé de faire conduire à Pignerol le nommé Eustache Auger, il est de la dernière importance à son service qu'il soit gardé avec une très grande sûreté, et *qu'il ne puisse donner de ses nouvelles en nulle manière ni parler à qui que ce soit.* Je vous en donne avis par avance, afin que vous puissiez faire accommoder un cachot où vous le mettrez sûrement, observant de faire en sorte que les jours [les fenêtres] qu'aura le lieu où il sera ne donnent point sur les lieux qui puissent être abordés de personne, et qu'il y ait assez de portes fermées les unes sur les autres pour que vos sentinelles ne puissent rien entendre. Il faudra que vous portiez vous-même à ce misérable, une fois le jour, de quoi vivre toute la journée et que *vous n'écoutiez jamais, sous quelque prétexte que ce puisse être, ce qu'il voudra dire, le menaçant toujours de le faire mourir s'il vous ouvre jamais la bouche pour vous parler d'autre chose que de ses nécessités.* Je mande au sieur Poupart de faire incessamment travailler à ce que vous désirerez, et vous ferez préparer les meubles qui sont nécessaires pour la vie

de celui que l'on vous mènera, observant que, comme ce n'est qu'un *valet,* il ne lui en faut pas de bien considérables » (Arch. nat., K. 120, n° 67). Sa pension fut fixée à cinquante livres mensuelles. On lui attribua un mobilier sommaire et ses hardes devaient être changées tous les trois ou quatre ans. Doux, silencieux, ce prisonnier commença sa longue détention (1669-1703) « comme un homme tout à fait résigné à la volonté de Dieu et du Roi » (*in* J.-Ch. Petitfils, *Lauzun,* p. 199). Louvois le qualifie de « misérable », adjectif qui qualifiait souvent les meurtriers. Ce jeune individu ne s'appelait pas Eustache Auger, car les Grignan avaient toujours Auger à leur service en 1671, en Provence et à Paris, et Mme de Sévigné se promit même de parler à ce « démon » en 1671.

215. Louis de Bourbon-Vendôme (1612-1669), duc de Mercœur puis de Vendôme à la mort de son père (1665), gouverneur de Provence (1654). Marié à Laure Mancini (1651), nièce de Mazarin, morte en 1657.

216. Philippe de Montault, duc de Navailles (1619-1684).

217. Lettre *in* P. Clément, t. VII, p. 47.

218. *Correspondance du maréchal de Vivonne,* p. 135. – Jean Érard, seigneur de Belle-Isle, dit Belle-Isle-Érard (officier huguenot), écrivit depuis Toulon à Vivonne le 7 octobre 1669 : « La mort de Mgr le cardinal [le duc de Mercœur était devenu, une fois veuf, le cardinal de Vendôme] n'était que trop certaine. Mme de Vendôme [sa mère] l'est aussi [morte], et la Reine mère d'Angleterre [la mère de Madame] », *ibid.*, p.159.

219. *Ibid.*

220. Et lettre précédente, *in* P. Clément, t. III, p. 158.

221. Ce mystérieux prisonnier fut pris en charge par le major de la citadelle de Dunkerque qui relevait de l'armée de terre, donc de Louvois. Ce major le conduisit à Pignerol, forteresse qui dépendait aussi du ministère de la Guerre. Louvois prit donc totalement en charge ce prisonnier dont parlait encore son fils Barbezieux en 1691.

222. Françoise de Lorraine (1592-1669), duchesse de Mercœur, mariée en 1609 à César, duc de Vendôme et de Beaufort.

223. André de Marmet de Valcroissant. Voir lettres de Louvois à Saint-Mars, Arch. nat., K 120, n° 73 (lettre du 1er janvier 1670) ; n° 78 (lettre du 26 mai 1670) ; n° 80 (lettre du 9 mai 1670). – *Correspondance de Mme de Sévigné,* La Pléiade, t. I, p. 126, 136, 241 et 959 (note 5).

224. Il avait épousé le 21 février 1635 Marie de Castellane-Adhémar, fille de Louis-François, comte de Grignan.

225. Melchior, né en 1609, mort vers 1681. Cf. Artefeuil.

226. Pierre de Marmet, tué en 1609. Il venait d'épouser, le 9 octobre 1608, Françoise de Meyssonier de Valcroissant, fille du viguier d'Apt. Cf. Artefeuil.

227. Fille de Jean et d'Hélène de Forbin. Le mariage fut célébré en 1676. La mariée était issue de Louis Doria, patricien de Gênes devenu chambellan du roi René et du duc de Calabre son fils, lequel Louis était l'oncle de Lazare Doria, auteur des Doria de Marseille par son fils Blaise, premier consul de Marseille, marié en 1530 à Marguerite de Forbin, fille de Charles, seigneur de Saint-Marcel. Cf. Artefeuil.

228. Brevet du 6 novembre 1687, cité *in* Artefeuil, *Dictionnaire de la noblesse de Provence,* t. II, p. 108.

229. François.

230. Il devint premier capitaine dans le régiment de la Reine.

231. Sa fille Gabrielle se maria en 1720. Artefeuil, *Dictionnaire,* t. I, p. 71.

232. René de Bruc, marquis de Montplaisir (Paris, 1610-Arras, 1682), maréchal de camp (1651).

233. Antoine Marmet de Valcroissant avait en effet épousé à la fin du XVIe siècle Anne de Rémerville (*in* La Chesnaye-Desbois, *Dictionnaire de la noblesse,* article « Marmet », p. 269-270).

234. *Armorial* de F. Demartini, p. 147.

235. M. Vergé-Franceschi, *Marine et éducation sous l'Ancien Régime,* Paris, éditions du CNRS, 1991, thèse de doctorat de 3e cycle, soutenue à Paris, 1980, EHESS.

236. J.-Ch. Petitfils, *Le Masque de Fer.*

237. D. Ligou, *op. cit.*, p. 370.

238. *Lettres de Mme de Sévigné,* éd. La Pléiade.

239. *Gazette de France,* année 1671.

240. J. Lair, *Nicolas Fouquet,* t. II. – J.-Ch. Petitfils, *Lauzun.*

241. J.-Ch. Petitfils, *Lauzun,* p. 19.

242. Levées par Cesare degli Oddi.

243. Lauzun arriva pour cela à Parme (6 janvier 1664), puis à Mantoue (février), puis alla expliquer à Venise les raisons de l'intervention du roi. Début mars, Louis XIV rappela ses troupes.

Le traité de Pise fut signé. Alexandre VII licencia ses gardes-corses et envoya à Fontainebleau un légat pour présenter ses excuses au roi. La fameuse pyramide fut dressée à Rome. Le 1er avril 1664, Louis XIV écrivit à Lauzun : « Je serai bien aise de vous entendre plus particulièrement sur vos conversations *de Venise.* » (Cf. J.-Ch. Petitfils, *Lauzun,* p. 45).

244. M. Vergé-Franceschi, *Chronique maritime,* p. 413 ; *Abraham Duquesne,* p. 211.

245. F. Demartini, *Armorial corse,* notice « Giafferi ».

246. Le marquis de Saint-Maurice, ambassadeur de Savoie en France, en fit état après l'arrestation de Lauzun (lettre du 22 janvier 1672) ; *in* J.-Ch. Petitfils, *Lauzun,* p. 157.

247. Charlotte de Caumont (v.1623-1666), mariée en 1651 à Turenne, était fille d'Armand de Nompar de Caumont (v.1580-1675), duc de La Force, maréchal de France.

248. La mère de Lauzun, née Charlotte de Caumont, épouse de son cousin Gabriel de Caumont, comte de Lauzun, était huguenote. – Jacques Nompar de Caumont (mort en 1699) abjura. Mais la mère du duc de La Force mourut à Londres, le 5 juin 1731, protestante.

249. Olympe Mancini (Rome, 1639-Bruxelles, 1708), nièce de Mazarin, maîtresse de Louis XIV. Mariée en 1657 au comte de Soissons.

250. Eugène-Maurice de Savoie-Carignan, comte de Soissons (1633-Westphalie, 6 juin 1673).

251. J.-Ch. Petitfils, *Lauzun,* p. 37.

252. M. Vergé-Franceschi, *Colbert.*

253. *Mémoires* de Sebastiano Costa, *op. cit.*

254. Armand-Louis de Gontaut, duc de Lauzun (Paris, 1747-guillotiné en 1793), auteur de *Mémoires* (1822, 2 vol., in-18). Il vint voir Paoli avec Henry Thomas Fox-Strangways (1747-1802), baron Stavordale (1756), deuxième comte d'Ilchester (1776). Ils lui apportaient des armes, des munitions et des vivres (lettre de Calvi du 18 février 1769, *in* F. Beretti, p. 108). Le 25 février 1769, tous deux quittèrent Bastia sur le même navire (in *Ragguagli dell'isola di Corsica,* Bastia, 25 février 1769).

255. Cité *in* F. Beretti, *op. cit.*, p. 309.

256. Marie-Élisabeth-Sophie de Lorraine (v.1703-Paris, 1740), mariée en 1734 à Louis-François-Armand de Vignerot du Plessis, duc de Richelieu. Fille d'Anne-Marie-Joseph de Lorraine, prince de Guise (1679-1739) ; petite-fille d'Alphonse-Henri-Charles de Lorraine (1648-1719), prince d'Harcourt ; lui-même fils d'Anne d'Ornano.

257. Anne d'Ornano, morte en septembre 1695, mariée en 1645 à François de Lorraine (1623-1694). Fille de François-Alphonse d'Ornano, seigneur de Mazargues, premier écuyer de Gaston de France, duc d'Orléans.

258. Soulavie, *Mémoires du maréchal de Richelieu. Nouvelles considérations sur le Masque de Fer.*

CHAPITRE II
Paoli : le fils de Giacinto

1. Pommereul dit à tort le 26 avril. – Mais l'acte de baptême original a été recopié par Paul Graziani, archiviste départemental, et publié dans le *BSSHNC,* n° 490-495, de 1930 : « Le septième jour d'avril, l'an du Seigneur 1725, Filippo Antonio Pasquale, fils de Giacinto et de Dionisia, issu de légitime mariage, a été baptisé par moi soussigné, né du jour précédent. »

2. Fondateur du méthodisme. Une autre amie de Paoli, Hannah More, fut accusée de « méthodisme ».

3. « Tous les hameaux réunis dans une vallée formaient une paroisse qu'on appelle encore du nom italien de *piève* (*plebs*). Chaque piève comprenait ainsi un certain nombre de communes ou de hameaux » (Gregorovius, *Histoire des Corses,* trad. Luciana, p. 23).

4. *Correspondance de Pascal Paoli,* A.-M. Graziani éditeur, éd. A. Piazzola, 8 février 1755.

5. Originaire de Santa Reparata. Père des Servites de Marie. Voir l'excellente biographie que lui a consacrée récemment son parent M. Belgodere de Bagnaja, in *Les Servites de Marie en Corse,* ouvrage collectif, Ajaccio, éd. A. Piazzola.

6. Information aimablement communiquée par notre collègue Annie Duprat, colloque des Historiens modernistes, Tours, 2004, Actes à paraître aux Presses de l'université de Paris-Sorbonne, 2005.

7. Portrait reproduit *in* Peter A. Thrasher, *Pasquale Paoli, an Enlightened Hero,* Londres, 1970, p. 96.

8. Georges Coanet, *Le Souffle corse de la liberté et du droit,* La Marge édition, Fondation Pasquale Paoli, 1993, p. 42. Préface de Dorothy Carrington.

9. Voir en fin de volume.

10. Voir F. Beretti, *Pascal Paoli à Maria Cosway, op. cit.*, p. 12, note 14.

11. D. Ligou, *Dictionnaire de la franc-maçonnerie*, p. 1279.

12. Nous y avons lu avec émotion la plupart des noms de nos ancêtres et de nos oncles, dont celui du RP Giuseppe Maria Terami (Rogliano, 1737-Rogliano, 1825), fidèle paoliste. Ou encore celui des Giacomini de'Porrata de Morsiglia.

13. Drapeaux à fond vert divisés en quatre cantons par la croix blanche, devise en lettres d'or, selon X. Poli. (Cf. « Les troupes corses », *op. cit.*, *Carnet de la Sabretache,* n° 20, 1973, p. 144).

14. Don de notre cousin Ignace Colombani, gouverneur général du Tchad, époux de Marie-Laure Pellegrini, de Rogliano.

15. Voir *Le Petit-Bastiais*, « Arrivée des cendres de Paoli à L'Île-Rousse », septembre 1889. Les couronnes mortuaires de la chapelle datent de cet événement.

16. *L'Île de Corse en 1868,* éd. de 1872.

17. Cette année les exécuteurs testamentaires de Paoli, mort en 1807 à Londres, sont venus d'Angleterre en Corse à la recherche de tous les héritiers du sang.

18. On lit sur les trois côtés « Flaminio Pulidori/Quondam Guidone Anno 1733/Sep. del. Signor. Elfiero ».

19. On lit sur ce marbre : « S. Alfiero Flaminio/Pulidori Quondam Guido/1733 ». Nos remerciements vont à M. et Mme Morel d'Arleux, née Polidori, commissaire-priseur à Drouot, retirés à Ortinola de Centuri (château Cipriani).

20. Abbé Galletti, *Histoire illustrée de la Corse,* p. 201.

21. Beau et riche village, couvert de vignobles et d'oliviers au sud et de châtaigniers au nord. (Selon l'abbé Galletti, né en 1784 ; *op. cit.*, p. 196). Village du père du poète romain Métastase.

22. Le capitaine Samarco de Campile maria sa fille Denia à son cousin don Tomaso Valentini en 1698.

23. Le chanoine Domenico Falconetti de Bastia, d'une famille d'*alfiere* et de capitaines. Procès de 1682, cité in *Correspondance de Paoli,* p. 34.

24. Le jeune homme assassiné était Simeone, fils de Reparato delle Terchine (*BSSHNC,* n° 95-96, p. 708-709).

25. *In contumacia di vita. Giacinto comparve e purgo la causa in tutto. (Trattato di pace ricevuto da Teseo Brocca, notaro, 15 Agosto 1707).*

26. Traité de paix du 15 août 1707 entre les frères Pietro Felice et Giacinto Paoli et la famille du mort, représentée par le fils d'un certain Brasilio (*BSSHNC,* n° 95-96, p. 709).

27. Cornelio était le fils de don Michele.

28. La dispense pour le mariage de Cornelio et de Dionisia Valentini existe en effet, datée de 1703 (*Correspondance de Paoli,* p. 33).

29. Acte devant le notaire Teseo Brocca (BSSHNC, n° 95-96, année 1888, p. 708-709).

30. Pietro Felice Paoli (v.1665-1710). Mentionné avec Giacinto sur le registre de taille de 1709 (*Correspondance de Paoli,* p. 35).

31. P. Darmon, *Le Tribunal de l'impuissance.* Tout mariage non consommé, même au bout de plusieurs années, pouvait être cassé par les tribunaux de l'officialité et après un long examen médical du mari incriminé, en présence d'un public tel que son impuissance ne pouvait généralement être que constatée alors qu'il avait souvent des enfants avec l'épouse suivante. (Cf., dans notre thèse d'État, le cas de Courbon-Saint-Sauveur, ainsi séparé par l'officialité de sa première épouse, née Colbert du Terron).

32. Cité dans *BSSHNC,* n° 95-96, novembre-décembre 1888, p. 708-709. Acte passé devant Ambrosi Giulio Felice, notaro, Carta 20 e 21. Dionisia y est dite fille de Per (Pier) Felice Valentini di Pastoreccia.

33. En 1713, le RP Gio Tomaso Baldassari et son neveu Gio Matteo obtinrent en justice que Giacinto leur payât le quart d'une maison sise à Pastoreccia (*Correspondance de Paoli,* p. 36).

34. Pour ce faux testament passé devant le peu scrupuleux Giovan Camillo Griffoni, notaire à Valle di Rostino, voir *Correspondance de P. Paoli,* p. 34.

35. *Correspondance de Pascal Paoli,* p. 227.

36. Né vers 1634, mort en 1695. Il était le frère du piévan Ignazio mais aussi de Filippo Valentini, tous deux cités dans le contrat de mariage du 10 février 1710. Tous trois étaient fils de Lorenzo Valentini de Pastoreccia (vers 1609-64 ans en 1673), lui-même fils de Giovan Orsino, fils à son tour du « caporal » Pattone, lui-même fils de Bartolomeo (*Correspondance de Paoli,* p. 32-33).

37. Né vers 1711. Enseveli au couvent San Francesco de Rostino, près de la maison familiale, début janvier 1794. Une plaque de marbre blanc y a été apposée le 23 décembre 1872, avec une

épitaphe surmontée d'une tête de maure entourée de feuillages de chêne et de laurier sous laquelle figurent une croix et un sabre croisés.

38. Née le 14 avril 1713.

39. Née le 10 février 1716.

40. Née le 14 avril 1713, morte en 1798. Mariée à don Taddeo Leonetti du hameau de Cima de Morosaglia.

41. Mariée à Giuseppe Franceschetti de Pozzo di Brando (v. 1719-apr. 1770) qui vivait noblement à Bastia en 1770 avec sa mère Maria Francesca, 70 ans, et sa femme Maria Francesca Paoli, 40 ans.

42. Mariée, dit-on parfois, à Gio Giacomo Ambrosi de Castineta (mais rien ne le prouve), d'où trois fils. Il semble que Dionisia et Giacinto aient eu deux filles prénommées Francesca, la première vivait en 1726-1728 (mentionnée sur le registre de taille), la seconde (Maria Francesca) âgée de quarante ans à Bastia en 1770.

43. Lettre du 22 août 1786, citée dans F. Beretti : « Ma mère n'avait jamais eu de sœur » écrit Paoli.

44. Dionisia est mentionnée sur le registre de taille de 1726-1728. En 1733, son mari vivait avec des domestiques et on ne parle plus de son épouse dans les documents. Elle est donc sans doute morte entre 1730 et 1733 environ.

45. Filippo Valentini est cité dans le contrat de mariage de Dionisia sa nièce le 10 février 1710 (acte passé devant Ambrosi Giulio Felice, notaro ; *BSSHNC*, n° 95-96, année 1888, p. 708).

46. Né vers 1677, mort à Naples le 26 décembre 1763 « à 86 ans », écrit Paoli qui a dû avoir accès au baptistère de son père.

47. Abbé Germanes, *Révolution de la Corse*, t. I.

48. Qualification de *nobile* par exemple dans l'acte du 6 novembre 1712, passé devant Ambrosi Giulio Felice, notaro.

49. Vittini descend d'un Giapico, fils de Vittino de La Porta d'Ampugnani, élu père de la commune de la paroisse de Santo Biasio di Lozana dans l'Ampugnani en 1607 ; cité dans *Armorial* de F. Demartini.

50. T. Giappiconi, DEA, Univ. de Tours, 2003, sous la direction de M. Vergé-Franceschi.

51. Costa, t. I, p. 391.

52. *Armorial* de F. Demartini, notice « Vittini », p. 272.

53. 4, rue du Commandant-Bonelli.

54. Ignazio Aitelli et Purificazio Venturini.

55. Selon le colonel Baciocchi d'Ajaccio.

56. Costa, t. II, p. 35.

57. En 1646, Mgr Marliani, évêque de Mariana, donne les revenus suivants, dîmes et bien emphytéotiques pour les curés du cap Corse : Rogliano (1 500 âmes) : 800 lires ; Ersa (700 âmes) : 750 lires ; Luri (1 200 âmes) : 1 200 lires ; Méria : 600 lires ; Pino (560 âmes) : 550 lires ; Tomino (460 âmes) : 550 lires.

58. F. Ettori, *Le Mémorial des Corses*, t. II, p. 258, et *Correspondance de Paoli*, p. 35.

59. Costa, t. II, p. 35.

60. *Correspondance de Paoli*, p. 313.

61. Marié à Cipressa di Ortiporio di Casacconi. Voir le mémoire de maîtrise d'Ange-Paul Stefani.

62. L'avocat ajaccien Sebastiano Costa utilise ces différentes graphies.

63. A.-P. Filippini, *Chronique de la Corse (1560-1594)*, édition critique par A.-M. Graziani, t. II, p. 580.

64. Particule conservée par exemple par les descendants de Peretto : la famille de Peretti della Rocca.

65. Né vers 1590, vivant en 1649. Marié à Maria de La Stretta.

66. *Correspondance de Paoli*, p. 33.

67. Clemente né en 1626, Angiola née en 1629, Marco né en 1636, Elisabetta née en 1645, Liberato (v. 1646-apr. 1685), Orazio (vivant en 1664) et Daria née le 25 septembre 1649. Le 16 mai 1664 Clemente est appelé *Il Reverendo Prete Clemente Paoli della Stretta* dans un acte notarié qui ajoute : *e suo fratello Orazio*. (*BSSHNC*, n° 95-96, année 1888, d'après les registres notariés déposés alors chez maître Polidori, notaire à Morosaglia).

68. Le docteur Perelli a cru que Liberato de Paolo signifiait « fils de Paolo » ; or cela signifie « de la famille des Paoli ». Sur nombres d'actes paroissiaux, être mentionné comme « de X » ne signifie pas toujours en effet « fils de X » mais « de la maison de X ». Dans le cas présent, Liberato, fils d'Ignazio, est le petit-fils d'Angelo Paolo et sans doute l'arrière-petit-fils de Paolo, l'aïeul épo-

nyme. Il est néanmoins mentionné comme *Liberato quondam Paolo della Stretta* (acte du 12 août 1673, devant Brizio Brocca) ; son frère Clemente Paolo della Stretta est dit aussi *quondam Paolo della Stretta* (acte du 13 octobre 1658, Teseo Brocca notaro, et acte du 2 août 1673, Brizio Brocca, notaro).

69. Sebastiano Costa, *Mémoires*.

70. Dû au colonel Giuseppe Maria Baciocchi, d'Ajaccio.

71. *Correspondance de Paoli,* p. 33, État des proscrits (1657-1716).

72. Il épousa vers 1664 Daria Maria, fille de feu Marsilio della Stretta.

73. Lucia, née en 1688, Perpetua, morte après 1685.

74. Né vers 1665, mort en 1710. Marié à Artenzia, fille de Lovico.

75. Il obtint le port d'armes en 1684 (*Correspondance de Paoli,* p. 34).

76. Né le 25 septembre 1667, mort avant 1673.

77. Né le 20 novembre 1673, mort avant 1685.

78. Né le 20 juillet 1678, mort avant 1685.

79. Né après 1685, mort avant 1711.

80. Sebastiano Costa. Marco Pasqualini était sans doute le petit-fils de Marco Paoli, le frère de Liberato.

81. S. Costa, t. I, p. 439.

82. *Ibid.*, p. 441.

83. *Mémoires* du RP de Singlande.

84. Zampaglinu, berger dans la vallée de la Pentica (région de Bocognano), déporté au bagne de Toulon pour avoir continué la lutte, après Ponte Novo, contre M. de Sieuville, s'en évada en 1774. Passé en Sardaigne, il rentra en Corse, y combattit les troupes françaises (1774), puis rejoignit Paoli à Londres. Il rentra en Corse avec Paoli (1790). En 1796, il fut tué en forêt de Vizzavona par les Anglais.

85. Zampaglinu a laissé deux fils : Francesco (1760-1843) et Angelo Santo (1773-1866), officiers supérieurs sous l'Empire, maires de Bocognano. Il y aurait parmi leurs descendants : Antoine Bonelli (v.1820-1912) qui tint le maquis soixante-quatre ans ! Et son frère Jacques qui timbrait son courrier de son sceau sous le Second Empire : « L'indépendant Jacques Bonelli, dit *Bellacoscia* ». Il est intéressant de constater qu'il se considérait comme « indépendant », alors que l'administration du XIXe siècle le regardait comme « bandit ».

86. « Les troupes corses », in *Carnet de la Sabretache,* n° 20, 1973, p. 139.

87. Costa, t. I, p. 407.

88. Ce serait un handicap pour eux pour faire carrière dans le régiment corse de Naples.

89. *Correspondance de Paoli,* p. 345.

90. *The London Journal* du 21 janvier 1720, lettre n° 13 de J. Trenchard.

91. D. Ligou, *Dictionnaire de la franc-maçonnerie*, p. 970.

92. Chapitre 6 de la deuxième partie des *Voyages de Gulliver,* 1726.

93. Alexander Pope, *Epistle to Bathurst,* 1733, « Of the use of riches », v. 145.

94. Costa (notamment t. I, p. 317) ironise plusieurs fois sur le fait que les deux commissaires généraux en poste à Bastia, Ugo Fieschi et Pietro Giustiniani, « ne pouvaient être séparés ».

95. Voir notre édition critique des *Mémoires du marquis de Villette-Mursay,* Tallandier, 1991, p. 64. Il s'agit de Marie-Claire Deschamps de Marsilly, née en 1675, mariée à Villette-Mursay en 1695. Elle mourut à Londres vers 1750.

96. M. Vergé-Franceschi et A.-M. Graziani, *Sampiero Corso,* p. 229.

97. *Correspondance de Paoli,* 17 octobre 1754.

98. Giulio Matteo Natali naquit à Oletta le 30 novembre 1702. Il faillit être assassiné le 20 avril 1757 par Ambrosini, sur ordre de Gênes. Soigné par le docteur Natale Saliceti, il se rétablit en trois mois et mourut à Tivoli le 28 août 1782.

99. F. Beretti, *op. cit.*, p. 203.

100. Maccabées, VIII ; *Account of Corsica* de Boswell, p. 324-328.

101. *BSSHNC,* 1899, n° 227-228, p. 56.

102. Giuseppe Maria Massesi.

103. Nous avons la grande chance de posséder deux bibliothèques familiales, celle de l'abbé don Paolo Giacomini de'Porrata delli Stanti de Morsiglia (1725-1807), exact contemporain de Paoli, et celle de l'abbé Giuseppe Maria Terami de Quercioli de Rogliano (1737-1825), fervent paoliste. Leur inventaire n'a jamais été publié.

104. Pier Simone Ginestra (Oletta, v. 1670-apr. 1747), regardé par Gênes comme l'un des chefs du soulèvement de 1729-1731 (*capi della sollevazione*). Son implication fut telle qu'il figura au nombre des non-amnistiés par Gênes lors du pardon général du 4 août 1731.

105. Gio Ambroggio de Frediani. *Armorial* de F. Demartini, notice « Frediani », p. 304.
106. *Correspondance de Paoli,* p. 239.
107. *Armorial* de F. Demartini, notices « Frediani », p. 304.
108. A.-M. Graziani, *Pascal Paoli,* Tallandier.
109. Ces quatre panneaux sont aujourd'hui conservés dans la maison natale de Paoli à Morosaglia.

CHAPITRE III
Une enfance entre révolution et complots

1. Né à Lunéville en 1708.
2. Époux de Maria Pallavicini, fille d'Hyppolito et de Laura Vivaldi. Archives familiales.
3. L'abbé Galletti le nomme Anton Francesco Defranchi, *Histoire illustrée de la Corse,* p. 205). Mais plusieurs prénoms donnés par le savant abbé sont en réalité faux alors que les patronymes s'avèrent quasiment toujours exacts.
4. *Armorial* de F. Demartini, notices « de'Franchi », p. 302.
5. M. Vergé-Franceschi, *Le Cap Corse. Généalogies et destins.*
6. Saint-Simon, *Mémoires,* t. XII, p. 11. Et t. XVIII, p. 448, historique des comtes d'Altamire.
7. Depuis ses mariages avec les ducs Odoard et François Farnèse.
8. Lettres des 27 juin 1717, 24 novembre 1717, 15 février 1718, 25 avril 1718, 12 juillet 1718. Dans cette dernière lettre, la princesse des Ursins déclare s'installer à Gênes : « Je fais faire des meubles fort simples et très propres » (A. Jal, *Dictionnaire critique de biographie et d'histoire,* p. 1215).
9. 15 février 1706. Il prêta serment le 17 avril 1708.
10. Annick Cossic, *Bath au* XVIIIe *siècle. Les fastes d'une cité palladienne,* PUR, 2000.
11. *Gazette de France* du 15 août 1750.
12. *Gazette de France* du 8 novembre 1727.
13. D. Ligou, *Dictionnaire de la franc-maçonnerie,* p. 837.
14. Louis de Brancas était le fils d'Henri de Brancas de Forcalquier, marié en 1671. Le petit-fils d'Honoré de Brancas de Forcalquier, gouverneur d'Apt (la ville des chevaliers de Valcroissant) et de Marie de Castellane-Adhémar (fille de Louis-François, comte de Grignan), mariés en 1635. L'arrière-petit-fils d'Henri de Brancas de Forcalquier marié en 1603. Et son trisaïeul était Jean de Brancas de Forcalquier qui devint le gendre le 19 novembre 1563 de Jeanne de Quiqueran de Beaujeu.
15. D. Ligou, *Dictionnaire de la franc-maçonnerie,* p. 1278.
16. Maria Rosa, par acte du notaire de Zigliara du 10 juillet 1748. In *Armorial* de F. Demartini, p. 137.
17. Marta Maria et Maria Giustina de Drost.
18. Orazzio et Giuseppe Maria Colonna de'Bozzi.
19. Par lettres patentes de 1574, 1593, 1625 et 1714, citées dans l'*Armorial* de F. Demartini.
20. Le Génois Checco Grignole.
21. S. Costa, *Mémoires,* t. I, p. 650-651.
22. *Ibid.*, p. 647.
23. *Ibid.*, p. 651.
24. Cité dans l'*Armorial* de F. Demartini, p. 84.
25. *Ibid.*, notices « Ornano ».
26. Acte cité par Mme Moracchini-Mazel.
27. Abbé Galletti, p. 432. Les localisations de l'abbé sont pratiquement toujours exactes.
28. Il y vécut avec son épouse Maria Pallavicini et leur fils Geronimo Gallo.
29. « L'honneur des femmes ne fut pas toujours respecté » (Rostini).
30. R. Luciani, *Mémoires de Costa.*
31. Abbé Galletti, p. 443.
32. A. Mattei, Annales de la Corse.
33. Costa, t. II, p. 35.
34. *Correspondance de Paoli,* p. 39.
35. *Ibid.*, p. 38.

36. Brantôme, *Des Couronnels françois*, éd. Buchon, I, 694, col. 1. « Ainsi qu'il (Charles Quint) passerait sur le pont Saint-Ange, il viendrait à lui, et, en feignant lui parler et présenter quelque requête, lui donnerait un grand coup de dague, étant tout à cheval, et aussitôt se précipiterait du cheval du haut du pont dans le Tibre, où étant dedans, lui, qui savait nager comme un poisson, nagerait si bien entre deux eaux, qu'on ne le verrait point, ainsi penserait-on que comme un désespéré aurait fait le coup, et après, désirant la mort, se serait ainsi précipité et noyé ; et cependant, tout le monde en cette opinion et effroi et recherchant son corps dans l'eau, coulerait et nagerait gentiment entre deux eaux jusque bien bas, et fort loin irait sortir, où là, dans une maison apostée et préparée, changerait d'habits et prendrait là un bon cheval turc, et mettant relais d'un autre en autre lieu, *se sauverait ou à Venise*, ou en Suisse, ou par voie de la mer en Constantinople. »

37. Fils de Giuseppe Lusinchi.

38. En 1621, le notaire de Tralonca était un Lusinchi. Voir l'*Armorial* de F. Demartini, notice « Raffaeli ».

39. Gio-Francesco Losinco.

40. Tradition rapportée par notre grand-mère Lucie Franceschi née Baldacci (Macinaggio, 1891-Toulon, 1974), petite-fille de Françoise Lusinchi (Bastia, 1829-Bastia, 1883) : les Lusinchi auraient été « cinq frères venus de Milan » au XVe siècle selon cette ancienne tradition orale.

41. Acte cité par F. Demartini, *Armorial*, p. 137. Or les Lusinchi étaient encore représentés à Pruno à la veille de la guerre de 1914.

42. Inhumé au couvent franciscain de Zicavo.

43. De son vrai nom noble Pier-Maria Leccia, fils de Pietro.

44. S. Costa, *Mémoires*.

45. G. Cambiagi, *Istoria del regno di Corsica*, Florence, 1772, et F.-O. Renucci, *Storia di Corsica*, Bastia, 1833-1834, 2 vol. Giafferi avouait soixante-douze ans en février 1741 lorsqu'il devint colonel du régiment *Corsica* de Naples. Nous avons donc retenu la date de 1669 comme pouvant être l'année effective de sa naissance bien qu'on le donne parfois né en 1663, parfois en 1673, date mentionnée sur un tableau qui le représente et conservé dans sa famille. Les âges indiqués sur le registre des militaires corses au service de Naples en 1741 étant généralement exacts (seize ans pour Pascal Paoli, vingt-cinq ans pour Agostino Giafferi), il nous semble que l'année 1669 peut être retenue d'autant plus que Giafferi, fort instruit, devait connaître la date précise de sa naissance ou avoir son acte de baptême avec lui.

46. F. Demartini, *Armorial de la Corse*, 2003, 3 t., préface de M. Vergé-Franceschi.

47. Pietro Batta, Angelo Francesco, Francesco Antonio.

48. Né vers 1610. On le dit souvent mort en 1667, ce qui ne correspond pas aux 72 ans de son fils en 1741.

49. H. Yvia-Croce, *Quarante ans de gloire et de misère*, p. 231.

50. Registre de Dujonca, Bibliothèque de l'Arsenal : « Le jeudi 18 septembre 1698 [...] M. de Saint-Mars, gouverneur de la Bastille, est arrivé [...] des îles Sainte-Marguerite et Honorat, ayant amené avec lui, dans sa litière, un ancien prisonnier qu'il avait à Pignerol, dont le nom ne se dit pas, lequel on fait toujours tenir masqué. »

51. Registres de sépulture de l'église Saint-Paul : « L'an 1703, le 19 novembre, *Marchialy*, âgé de quarante-cinq ans ou environ, est décédé dans la Bastille, duquel le corps a été inhumé dans le cimetière de Saint-Paul, sa paroisse, le 20 dudit mois. » *L'Estat des prisonniers qui sortent de la Bastille*, ou *Journal de Dujonca, lieutenant de Roi à la Bastille*, dont l'original existe à la Bibliothèque de l'Arsenal, confirme : « Le lundi 19 novembre 1703, le prisonnier inconnu, toujours masqué d'un masque de velours noir, que M. de Saint-Mars, gouverneur, a mené avec lui en venant des isles Sainte-Marguerite, et qu'il gardait depuis longtemps, s'étant trouvé la veille, dimanche, un peu mal en sortant de la messe, est mort sur les dix heures du soir [...]. Il ne reçut point les sacrements. L'aumônier l'exhorta un moment avant de mourir. Ce prisonnier inconnu, gardé depuis si longtemps, a été enterré le mardi, à quatre heures de l'après-midi. Sur le registre mortuaire *on a donné un nom inconnu*. »

52. « Sur le registre mortuaire on a donné un nom inconnu. J'ai appris depuis qu'on l'a nommé... *M. de Marchiel* », écrit Dujonca.

53. Centurioni (M. de Centurion), Napoleoni (Sanson Napollon), Franceschi (M. de Franchiscou), Baglione dit Libertat (M. de Bayon de Libertas), Agostini (baron d'Augustin de Septêmes), Rossi (Roux de Corse), Porrata (M. de Porrades).

54. Voir les divers volumes des Archives de la Bastille publiés par M. F. Ravaisson.

55. G. Cambiagi, *Istoria del regno di Corsica*, *op. cit.* – F.-O. Renucci, Storia di Corsica, *op. cit.*

56. Rostini, *op. cit.*, t. I, p. 271.

57. Francesco Ceccaldi, en 1618.

58. Le capitaine Angelo Santo Ceccaldi (1607-1656).
59. Francesco Ceccaldi (1678-1732).
60. F. Ettori, « Le congrès des théologiens d'Orezza (4 mars 1731). Mythe et réalité », dans *Études corses,* 1973, n° 1, p. 89.
61. *Ibid.*, p. 87 et 89.
62. *Ibid.*, p. 86-87.
63. Abbé Letteron, « Correspondance des agents de France à Gênes avec le ministère », *BSSHNC,* 1902, fascicule 241-247, p. 41.
64. Dix chanoines, tous docteurs en théologie : Antoni de Nebbio ; Astolfi ; Anton Domenico Costa de Corte ; Gaffori de Corte ; Giocanti d'Orezza ; Angelo Santo d'Istria, archidiacre d'Ajaccio ; Anton Domenico Mariani de Corte, curé d'Occhitana ; Giulio Matteo Natali d'Oletta ; Teramo Orticoni ; Stefani d'Orezza, piévan de Verde.
65. Cinq récollets : le père Bartolomeo, provincial ; les pères Giorgio de Lucciana, Pietro Paolo d'Orezza, Peraldo de La Penta, gardien du couvent de Casinca, et Giannangelo, gardien du couvent d'Orezza ; deux observantins : les pères Leonardo de Corte et Carlo de Rostino ; un servite : le père Paoletti ; deux capucins : le provincial et le père Bernardino de Casacconi, mort dans un couvent des Abruzzes.
66. J.-J. Rousseau, *Projet de constitution pour la Corse, Œuvres complètes,* éd. de la Pléiade, Paris, 1959, t. III, p. 949.
67. F. Ettori, « Le congrès des théologiens d'Orezza (4 mars 1731). Mythe et réalité », art. cité, p. 82-83.
68. Abbé Galletti, *Histoire illustrée de la Corse,* p. 434-435.
69. Neuhoff fait mention, dans son *Testament politique,* d'un séjour d'Orticoni en Espagne pendant « deux ans ». Or Orticoni était en Corse en décembre 1730, en train de parcourir le diocèse d'Aléria, en qualité de chanoine pénitencier, à la demande de son évêque (cf. F. Ettori, art. cité, p. 83, note 3).
70. *« Lucca, per il Marescandoli »,* 1731, in-8°, 126 p. – Yvia-Croce, *Anthologie des écrivains corses,* t. I, p. 237-239. – Don Philippe Marini (« Un livre au pilon », *Revue de la Corse,* n° 30-31) suggère que ce pseudonyme cache le nom de Pier Simone Ginestra, ce qu'Yvia-Croce réfute dans*Quarante ans de gloire et de misère. La Révolution corse (1729-1769),* p. 38.
71. Clément XIV affirmait encore cette suzeraineté temporelle du pape, sous Louis XV, dans l'indult de la nomination des évêques insulaires qu'il accorda au Roi.
72. Arch. E., Corse 9. Ms Méjanes, p. 57. – Accinelli, *op. cit.*, II, p. 72 et suiv. – Réf. citées *in* R. Luciani, *Mémoires* de Costa, p. 100, note 17.
73. F. Ettori, art. cité, p. 90.
74. *Ibid.*, Arch. d'État de Gênes, Corsica, 6/346.
75. Père Rossi, *Observations historiques.*
76. Compte rendu fait dans le *Journal historique de la république des lettres* (juillet-août 1733), p. 151-156.
77. Ch. de Giafferi, *L'Invasion de la Corse par les Sarrasins,* Ajaccio, 1937.
78. F. Demartini et A.-M. Graziani, *Les Bonaparte, op. cit.*
79. Le comte palatin de l'Empire – Gregorio Rivarola, originaire de Chiavari – n'a rien à voir avec le premier aïeul de Rivarola qui se nommait Franchino.
80. M. Vergé-Franceschi, « Les Lusinchi », *BSSHNC.*
81. De gueules pour Dionisa Barbaggi, née Paoli, nièce de Pascal (cf. *Armorial* de F. Demartini, notice « Barbaggi », note 98).
82. Sceau de Giacinto Paoli sur des lettres adressées de Naples du 11 juillet 1760 et du 15 juin 1763, Armorial de F. Demartini, t. II, p. 108. Et tombeau de Paoli à Londres.
83. *Armorial* de F. Demartini, p. 138.
84. Archivio Storico di Corsica, 6/1925, Milan, référence citée dans la revue *Amouvra* du 12 avril 1925 par U Balaninu, savant corse établi dans la péninsule italienne.
85. M. Vergé-Franceschi, *Le Cap Corse. Généalogies et destins.*
86. *Ibid.*
87. *Ibid.*
88. *Ibid.*
89. *Ibid.*
90. Ils s'éteignirent à Gubbio en 1803 en la personne de Carlo Paoli, selon l'avocat Oderici Lucarelli (*Mémoires et guide historiques de Gubbio,* Città di Castello, 1888).
91. Henning von Mellentein, *Der Korsikanische Feldzug 1732.*
92. *BSSHNC,* 1893, « Pièces et documents divers » tirés des Arch. A.É., Corse I.

93. Domicilié à Monticello de Balagne. Né à Santa Reparata, à un kilomètre environ, excepté de l'amnistie (1731), procurateur de Balagne (1732), retenu à Bastia par Gênes comme otage (1732). « Comte » théodorien, « vice-président du conseil de guerre », gouverneur de Balagne (1736).

94. Rostini, *Mémoires*, t. I, p. 153-156.

95. Texte reproduit en partie dans la *Cullana Storica di A Muvra*, vol. III, 1928.

96. Jacques Gregori, discours prononcé à Corte le 11 mai 1732.

97. M. Vergé-Franceschi, « Les Rinesi », *in Le Cap Corse. Généalogies et destins.*

98. P. Morati, t. I, livre I, p. 118-119.

99. Arch. nat., Paris, pièces publiées *in* Rostini, *Mémoires*, t. I.

100. *Amnistie accordée à la Corse en 1732 par l'empereur Charles VI*, Milano Stamperica Malatesta, 13 maggio 1733. – *Concessione graziose fatte dalla Serenissima Repubblica di Genova ai popoli e sudditti del regno di Corsica colla interposizione della Cesarea garantia, in* Genova, dalle stampe di Paolo Scionico, 1744, in-8°, 77 p.

101. *Storia delle Rivoluzioni di Corsica.*

102. Blessé à l'assaut de Bastia le 7 mai 1736 comme Ambrosi et tué, semble-t-il, en décembre suivant, au couvent d'Alziprato.

103. Costa, t. I, p. 150, note 1. – Voir Rostini, t. I, p. 121 ; t. II, p. 147.

104. Costa, t. I, p. 150, note 1. Appelé à Gênes lors du procès du major Gentile, il fut exilé avec Giacinto Paoli en 1739.

105. Costa, t. I, p. 152-153.

106. Cataneo Grillo.

107. Marié depuis 1727 à Contessa Ceccaldi.

108. Situé sur la côte dalmate et propriété de la république de Saint-Marc de 1409 à 1797.

109. Costa, t. I, p. 179.

110. *Ibid.*, p. 179.

111. *Ibid.*, p. 178, note 18.

112. *Armorial* de F. Demartini, notice « Battaglini ».

113. *Ibid.*, p. 181.

114. *Ibid.*

115. *Ibid.*, p. 184. Le RP Sylvestro Colombani, de Tavagna, tué en janvier 1738 en défendant Sainte-Lucie de Moriani.

116. F. Demartini, *Armorial*, p. 120.

117. Le Glay, *Histoire de la conquête de la Corse par les Français.*

118. Costa, t. I, p. 189.

119. *Ibid.*

120. Francesco Anton Natali de Nonza, futur secrétaire de la chancellerie de Théodore en 1736.

121. Costa, t. I, p. 227.

122. Rivarola alla jusqu'à mettre les armes d'Espagne, à Bastia, au-dessus de sa porte. Les autorités génoises les lui firent enlever en 1739 (Costa, t. II, p. 102).

123. Diana Frediani, mariée à Bastia en 1701.

124. Condé de Clonard, *Historia orgànica de Las Armas de Infanteria y Caballeria.* Ce *Regimiento de Corsega*, créé le 29 juin 1658 sous le nom de *Basilicata*, était devenu le *Regimiento de Corsega* en 1707. Ses deux bataillons avaient pris part à l'expédition d'Afrique (1720) et au siège de Gibraltar (1725). Supprimé en 1731, ce régiment réapparut en 1734 et ses treize compagnies furent présentées le 18 mai 1734 à la revue des troupes de Barcelone.

125. Costa, t. I, p. 253.

126. *Ibid.*, p. 267.

127. *Ibid.*, p. 269.

128. Sa famille a donné des Nobles Douze (1676).

129. Frère de l'abbé.

130. Cousin de Matra. Issu d'une famille exemptée de taille qui a donné plusieurs Nobles Douze en 1604, en 1675, et plusieurs *alfiere.*

131. Futur commandant théodorien de la piève d'Alesani.

132. Dont : Alexandro Vinciguerra de Loreto, de Casinca (son fils aîné fut tué en 1736 au siège de Bastia ; le cadet fut nommé capitaine par Théodore ; et lui-même fut fait gentilhomme de Cour). – Angelo Santo Contri de Poggio, de Moriani (neveu de Giafferi). – Gio Pasquino Seravalle d'Alesani, de Petricaggio (il reçut Théodore). – Quilicus Casabianca de La Porta, d'Ampugnani. – Gio Pietro Gaffori (1704-1753).

133. Costa, t. I, p. 297.

134. F. Demartini, *Armorial,*, p. 182. Sa famille a fondé (1645) la chapelle San Biaggio dans l'ancien couvent Sant'Angelo de Bastia.
135. Costa, t. I, p. 331.
136. *Ibid.*, p. 343.
137. *Ibid.*, p. 343.
138. *Ibid.*, p. 557.
139. *Ibid.*, p. 565.
140. *Ibid.*, p. 345.
141. *Ibid.*, p. 349.
142. *Ibid.*, p. 355.
143. *Ibid.*, p. 511.
144. *Ibid.*, p. 513.
145. *Ibid.*, p. 545.
146. Son beau-frère Anton Buttafoco (v.1707-1758) était alors en Corse.
147. Costa, t. I, p. 361.
148. Discours publié comme prononcé le 10 janvier 1735, à une pseudo-*consulta* de Corte, sous le nom de « Parlamento avuto ai popoli della Corsica nel congresso tenuto *in* Corte da Giacinto de Paoli, presidente della suprema consulta di quel regno » ; faire référence à Corte, ville connue en Europe, était plus habile que de parler de « *consulta* d'Orezza », Orezza étant un lieu totalement ignoré des capitales européennes.
149. Costa, t. I, p. 389.
150. *Ibid.*, p. 407.
151. *Ibid.*, p. 411.
152. *Ibid.*, p. 421.
153. *Ibid.*, p. 483.
154. *Ibid.*, p. 481.
155. *Ibid.*, p. 483.
156. *Ibid.*, p. 487.
157. *Ibid.*, p. 565.
158. *Ibid.*, p. 565.
159. *Ibid.*, p. 585.
160. *Ibid.*, p. 585.
161. *Ibid.*, p. 585.
162. *Ibid.*, p. 587.
163. *Ibid.*, p. 593.
164. *Ibid.*, p. 597.
165. *Ibid.*, p. 607.
166. *Ibid.*, p. 697.
167. *Ibid.*, p. 693.
168. *Ibid.*, p. 701.
169. *Ibid.*, p. 703.
170. *Ibid.*, p. 747.
171. *Ibid.*, p. 749.
172. *Ibid.*, p. 749.
173. *Ibid.*, p. 751.
174. *Ibid.*, p. 720-721.
175. *Ibid.*, p. 773.
176. *Ibid.*, p. 787.
177. *Ibid.*, p. 801
178. Famille du RP Costa de Castellana, oncle du maréchal de camp français de ce nom, sans parenté avec son homonyme Sebastiano Costa.
179. Selon Rostini.
180. Costa, t. I, p. 889.
181. *Ibid.*, p. 895.
182. *Ibid.*, p. 897.
183. Selon Rostini.
184. Costa, t. II, p. 11.
185. *Ibid.*
186. Abbé Galletti, *Histoire illustrée de la Corse*, p. 443.
187. Costa, t. I, p. 899.

188. *Ibid.*
189. Cf. Le Glay, p. 39.
190. Saggio, *Istorico del regno di Corsica,* Venise, 1768.

CHAPITRE IV
Paoli : l'élève de Neuhoff ?

1. Abbé Galletti, *Histoire illustrée de la Corse,* p. 448. Décision prise en septembre 1736 après le siège de Bastia (mai), à la consulte de Casacconi.
2. Costa, t. II, p. 23-25.
3. Arch. dép. d'Ajaccio, MHCD, 955-3-16, éd. de 1743 ; cité par J.-B. Nicolaï.
4. D'après Leonetto Cipriani, *Garibaldi e i suoi tempi.* Le père de Garibaldi (Nice, 1807-1882), fut armateur en ce port (Domenico Garibaldi, né vers 1770) et suffisamment aisé pour avoir une nourrice pour sa fille et un précepteur pour son fils. Le grand-père (Angelo Garibaldi, né vers 1740) était vivant et établi à Nice lors du baptême de son petit-fils, mais il n'entra point à l'église.
5. Les La Marck sortaient de Guillaume de La Marck, père de Jean, père d'un autre Jean (mort en 1553), baron de Lumain, père de Philippe (arrière-grand-père de la marquise de Dangeau), père d'Ernest (mort en 1653), qui devint comte de La Marck à la mort de son parent Henri-Robert. Ernest était le père de François-Antoine, qui eut deux fils : le cadet, Jules-Auguste, fut colonel au service de France ; l'aîné, Louis-Pierre, comte La Marck, lieutenant général en France, était le père de Louis-Gilbert, comte de La Marck, colonel d'infanterie qui commandait en 1737 un régiment d'infanterie de son nom. – Un La Marck commanda le bataillon de Picardie au siège de Gigery (1664) et fut tué (1675) au combat de Consarbruck, comme maréchal de camp des armées du Roi.
6. *Testament politique,* p. 62.
7. Saint-Simon, *Mémoires,* t. II, p. 399. « La Marck : étranger qui n'a rien en France, et peu sous une coupe étrangère. »
8. *Ibid.* Pourtant, « une branche [des La Marck] a longtemps possédé [les principautés de] Clèves et Juliers », le duché de Nevers, le comté d'Eu, le duché de Bouillon, la principauté de Sedan.
9. Guillaume-Bertrand de Neuhoff, nommé Ley de Pungelscheid, époux d'Henriette de Nehem.
10. Théodore-Étienne de Neuhoff, mort en 1640, époux de Mlle de Nehem et fils d'Alexandre-Bertrand de Neuhoff, mort en 1601. Il commanda un régiment aux ordres de Mgr Bernard de Galen.
11. François-Bernard-Janus de Neuhoff, baron de Pungelscheid, mort en 1708.
12. Frédéric-Guillaume.
13. Alexandre de Neuhoff.
14. Janus-Henri de Neuhoff. C'est sans doute lui qui portait le nom de Nayssen en 1736, date à laquelle il écrivit à son neveu Théodore depuis... Pignerol ! Capitaine au régiment de La Marck en garnison dans les Trois-Évêchés, et par conséquent officier français, il était le beau-frère de la comtesse d'Apremont, dame d'Apremont, seigneurie lorraine qui relevait des évêques de Metz (cf. Moréri, *Dictionnaire,* notice « Apremont »). Une de ses lettres à Mme d'Apremont fut communiquée à Sorba par J.-B. Mari, ministre de Gênes à Turin (Turin, 27 juin 1736, Archives d'État de Gênes, archives secrètes, lettre publiée par Antonio Battistella, *op. cit.*, p. 167). Ce capitaine quitta ensuite Pignerol pour Embrun (selon une lettre de Sorba, Paris, 23 juillet 1736, Archives d'État de Gênes, archives secrètes).
15. Vernhard-Jobst-Lothaire de Neuhoff, mort en 1700.
16. Léopold de Neuhoff, baron de Nienrod.
17. Désigné par le chapitre, mais non confirmé par le Saint-Siège.
18. Mgr François-Égon de Fürstenberg (1626-Cologne, 1682), évêque de Metz (1658) puis de Strasbourg de 1663 à 1682. Neveu de Jacques-Louis de Fürstenberg (v.1592-1626), grand maître de l'artillerie bavaroise. – Frère d'Herman-Égon de Fürstenberg (1627-1674). – Dans l'article que Fr. G. Thiriot, des Frères-Prêcheurs de Corbara (Corse), a consacré à « Un aventurier messin au XVIIIe siècle. Th. de Neuhoff, roi de Corse », l'auteur dit que ce père avait été « capitaine aux gardes de l'évêque de Munster » car il confond l'évêque de Strasbourg avec son contemporain Mgr Frédéric de Fürstenberg (1626-1683), évêque de Paderborn sacré à Rome le 6 juin 1661 par le cardinal Rospigliosi, futur Clément IX, puis évêque de Munster élu en 1667 pour succéder à Mgr de Galen (mort seulement en 1678), entré en fonction en 1678, vicaire apostolique « dans tous les pays du

Nord » et grand « ami à Cologne puis à Munster du nonce apostolique Chigi, devenu Alexandre VII ». Ce dernier prélat appartient en fait à l'autre maison de Fürstenberg, homonyme de celle qui est connue en France pour avoir donné des agents louis-quatorziens régulièrement en conflit avec le Saint-Siège.

19. Guillaume de Fürstenberg (1629-Paris, 1704). Désigné par le chapitre en 1662 mais non confirmé par le Saint-Siège lui aussi. Évêque de Strasbourg de 1682 à 1704. Cardinal en 1686.

20. Selon le correspondant de sir Robinson.

21. *Armorial* de F. Demartini, t. II, p. 74.

22. *Testament politique,* p. 62.

23. Maximilien-Henri de Bavière est mort le 3 juin 1688, dernier de sa branche (branche de Leuchtemberg). Il était fils d'Albert de Bavière (1584-1666), et petit-fils de Guillaume V de Bavière.

24. Antoine-Égon de Fürstenberg (1656-1716), brigadier. Marié à Mlle de Ligny, d'où trois filles. *Testament politique,* p. 62.

25. Les forts dépendants de Metz sont Vic, Marsal, Sierck, tous dans le « pays messin ».

26. Selon le correspondant de sir Robinson. Marie-Anne-Élisabeth-Charlotte de Neuhoff épousa en effet le « haut et puissant seigneur André de Belleseullac, comte de Trévoux ». Elle lui donna un fils, bientôt officier dans la compagnie des Gardes royales de Louis XV, et une fille fiancée en Normandie à M. Desnoyers.

27. Les barons libres ont été créés par Charlemagne. Les Fürstenberg sont également barons libres en Westphalie et l'homme le plus remarquable de leur maison a été Théodore-Ferdinand de Fürstenberg (v.1547-1618), évêque de Paderborn (cf. Moréri, *Dictionnaire,*notices « Fürstenberg »).

28. « Je vins au monde [...] au mois de janvier 1690 », *Testament politique,* p. 62.

29. Cologne est donné pour lieu de naissance de Neuhoff par le *Mercure historique et politique de Hollande* qui reproduit un document de Neuhoff publié à Cologne en 1740. Le 25 août 1748, écrivant à Rome à la religieuse Fonseca, Neuhoff se dit né à Cologne le 25 août 1694. Cette lettre se trouve aux Archives d'État de Gênes, *Ribellione di Corsica,* filza 14/3102.

30. Les comtes de La Marck possédaient le comté de ce nom qui avait au nord l'évêché de Munster et à l'est le duché de Westphalie. Les comtes de La Marck, issus des comtes d'Altena, ont donné les barons de Lumain (Moréri, *Dictionnaire,* notice « La Marck »). – L'oncle de Neuhoff, François-Bernard-Janus de Neuhoff, baron de Pungelscheid, mort en 1708, fut bailli d'Altena.

31. Gregorovius, *Corsica,* t. II, p. 321, *Sur la vie et les gestes de Théodore de Neuhofen et sur la République de Gênes, relation de Giovanni di San Fiorenzo* : Altena y est donné comme son lieu de naissance.

32. Arch. dép. de Metz.

33. Saint-Simon (*Mémoires,* t. XIV, p. 208) écrit : Mortagne : « Très-galant homme, qui avait servi avec distinction ».

34. Sur l'*État de la France,* Neuhoff figure en effet parmi les pages de la Palatine.

35. Le fils de Philippe-Guillaume, l'électeur Jean-Joseph-Guillaume (1658-1716), fut chevalier de la Toison d'or. Il épousa la fille de l'empereur Ferdinand III. Veuf, il se remaria en 1691 à la fille de Côme III de Médicis.

36. Léopold épousa en 1676 Éléonore-Magdeleine-Thérèse de Bavière (1655-1720).

37. Charles II épousa en 1689 Marie-Anne de Bavière (1667-).

38. Édouard Farnèse, marié en 1690 à Dorothée-Sophie de Bavière (1670-), mort le 5 septembre 1693. Elle épousa son beau-frère le 8 décembre 1695.

39. Anne-Marie-Françoise de Saxe, restée veuve en 1693, se remaria en 1697 à Jean-Gaston de Médicis.

40. Louis-Antoine de Bavière (1660-1694), abbé de Fécamp en Normandie, grand maître de l'ordre Teutonique, chanoine de Cologne, de Liège et de Munster. – François-Louis (1664-), chanoine de Cologne, grand maître de l'ordre Teutonique (1694), électeur de Trèves.

41. Saint-Simon (*Mémoires,* t. XVII, p. 441) écrit : Mortagne : « Officier général, il s'était fait estimer dans la gendarmerie et dans le monde [...] et s'était fait chevalier d'honneur de Madame. C'était un fort honnête homme ». On trouve dans la *Gazette de France* un Mortagne fait chevalier de Saint-Louis en 1694 ; un Jacques-André de Mortaigne (v.1650-1734), lieutenant général des armées du Roi mort à Charleville ; un Ernest-Louis, comte de Mortaigne (v.1692-1763), lieutenant général des armées du Roi, commandant dans les Trois-Évêchés, général de la cavalerie de l'empereur Charles VII, marié en 1756 à une chanoinesse du chapitre de Sainte-Marie de Metz.

42. Le sieur Marneau. Lettre de Marneau du 23 ou 26 avril 1736, Archives d'État de Gênes, archives secrètes, *Francia, mazzo* 45, *anni* 1734-1737, lettre communiquée par Sorba, ministre de

Gênes. Marneau écrit que son beau-fils a servi dans les régiments de Navarre (?) et de Courcillon (exact).

43. Le sieur Gomé Delagrange. Neuhoff lui écrivit le 11 décembre 1740 (voir Archives du ministère des Affaires étrangères, *Correspondance de Corse,* vol. 2). Neuhoff se plaint dans cette lettre de Mathieu de Drost. Amelot, agent français, lui écrivit aussi (24 janvier 1741, 10 février 1741). Et Gomé-Delagrange lui écrivit de Thionville (14 janvier 1741) et de Lunéville (23 février 1741).

44. *Correspondance de Madame, duchesse d'Orléans,* traduction et notes par Ernest Jaéglé, 3 vol., Paris, 1890, t. II, p. 96.

45. Ms. de la Bibl. Méjanes, p. 111.

46. Varnhagen, *Théodore Ier, roi de Corse,* traduit de l'allemand par Pierre Farinole, *in BSSHNC,* 1894, p. 3.

47. Ms. de la Bibl. Méjanes, p. 111.

48. Saint-Simon, *Mémoires,* t. II, p. 7. Christian de Bavière (1637-1717), prince de Birkenfeld (1654), comte palatin.

49. Pommereul confirme (1779) que le régiment d'Alsace est bien celui de La Marck.

50. Philippe-Égon, marquis de Courcillon (1687-1719), fils du marquis de Dangeau (1638-1720) et de Sophie de Lowenstein (1664-1736), était le petit-fils du comte de Lowenstein de la maison de Bavière « par la main gauche », et d'Anne-Marie de Fürstenberg (v.1630-1705), sœur du cardinal.

51. Saint-Simon, *Mémoires,* t. V, p. 271.

52. *Ibid.*

53. Dates et grades mentionnés par Fr. G. Thiriot, d'après les Archives de l'actuel SHAT, Vincennes, Reg. 2889.

54. À ne pas confondre avec Maximilien-Henri (1621-1688), son cousin. – Maximilien-Marie (né en 1662) était le fils de Ferdinand-Marie (1636-1679) et d'Henriette-Adélaïde de Savoie (morte en 1676), fille du duc de Savoie Victor-Amédée. Il était le petit-fils de Maximilien (1573-1651) et donc l'arrière-petit-fils de Guillaume V (1548-1626).

55. Joseph-Clément de Bavière (1671-apr. 1722), archevêque et électeur de Cologne, évêque de Liège lui aussi.

56. *Testament politique,* p. 62.

57. *Ibid.*

58. Saint-Simon, *Mémoires,* t. XIV, p. 207.

59. Mlle de Rohan-Guméné, du faubourg Saint-Antoine comme lui. Mariage célébré en 1717.

60. Saint-Simon, *Mémoires,* t. II, p. 292. Charles de Rohan (v.1620-Liège, 1699), duc de Montbazon, prince de Guéméné, marié en 1653 à la fille (v.1632-1706) du maréchal de Schomberg.

61. Saint-Simon, *Mémoires,* t. II, p. 399. Louis-Pierre, comte de La Marck (v.1674-1750), protecteur de Neuhoff, lieutenant général des armées du Roi. Veuf depuis 1706. Il serait le fils naturel du cardinal de Fürstenberg. Ambassadeur du Roi en Suède puis en Espagne auprès de Philippe V (1739), chevalier de l'ordre (1724) et grand d'Espagne (1739).

62. La fille de Catherine de Rohan – Magdeleine-Catherine de Bavière (morte en 1648) – épousa en 1630 Christian de Bavière (1598-1654), prince de Birkenfeld.

63. Le protecteur de Neuhoff, Birkenfeld, était l'ennemi en 1673 du comte de Waldek mais il finit, en 1700, par marier sa fille Louise de Bavière (1678-) à Antoine-Ulrich, comte de Waldek, pour mettre un terme à leur opposition quant à la possession du comté de Rapolstein et de toutes les autres terres familiales de Lorraine et d'Alsace. Il semblerait que le comte de Waldek qui combatit en Corse en 1731-1732 fût le fils de ce couple. (Cf. Moréri, « Bavière », p. 968).

64. Saint-Simon, *Mémoires,* t. X, p. 303.

65. *Ibid.*, p. 301.

66. D. Ligou, *Dictionnaire de la franc-maçonnerie,* p. 1285.

67. Lettre de la Palatine de Versailles, le jour de Pâques 16 avril 1713 : « Le prince Ragotzki m'a un peu rassurée » sur la fièvre du duc de Berry (éd. du *Mercure de France*).

68. Neuhoff mourut chez lui, dans le quartier de Soho, au n° 5 Little Chapel Street, à huit heures du soir.

69. Marie-Angélique Fremin de Moras, fille de Guillaume, comte de Moras, et de Marie-Angélique Cadeau.

70. Selon le correspondant anonyme de sir Robinson.

71. Désirée Lenche (1547-1605), mariée en 1565 à Jean-Baptiste de Forbin-Gardane, mort en 1601, lui a donné Charles de Forbin-Gardane, marié le 18 février 1604 à Claire de Salomon, d'où Pierre de Forbin-Gardane, marié le 10 août 1635 à Anne Merignon, d'où le chef d'escadre.

72. Saint-Simon, *Mémoires,* t. XVI, p. 214.
73. *Ibid.*, t. XIV, p. 147-148.
74. *Ibid.*, t. XIV, p. 198.
75. *Ibid.*, t. XV, p. 10.
76. « Le calme de la paix de Rastadt fut troublé par l'invasion subite que les Turcs firent en Morée », *Testament politique,* p. 62.
77. Lettre de la Palatine, Saint-Cloud, 18 août 1718 (éd. du *Mercure de France*).
78. Voir les *Mémoires* de M. de La Colonie, éd. A.-M. Cocula, le *Mercure de France.*
79. *Armorial* de F. Demartini, notices « Colonna Cesari della Rocca », p. 225.
80. *Testament politique,* p. 63.
81. P.-Y. Beaurepaire, *op. cit.*, p. 138-139. Comte Karl Hieronymus Palssy von Erdod (1735-1816), vice-président de la Chambre des comptes (1774), vice-chancelier de Hongrie (1776), chancelier (1787), chevalier de la Toison d'or (1782), grand maître provincial de Hongrie (1781).
82. Vingt ans plus tôt, le comte Jean Palsi avait mortellement blessé en duel le jeune Jean-Frédéric des ducs de Wurtemberg (1669-1693), colonel d'un régiment des troupes de Souabe (Moréri, *Dictionnaire,* notices « Wurtemberg »).
83. Selon le correspondant de sir Robinson.
84. Il aurait commandé par intérim le régiment de Castellara, selon A. Le Glay, p. 105.
85. Courcillon, fils unique, épousa en 1708, à vingt et un ans, la fille unique de Pompadour qui en avait treize.
86. *Testament politique,* p. 70.
87. Philippe Morbach, « Approche des racines d'un ordre initiatique, rôle de l'Écosse dans l'apparition de la franc-maçonnerie », *Franc-maçonnerie. Avenir d'une tradition. Chemins maçonniques 5997,* Catalogue de l'exposition du musée des Beaux-Arts de Tours, Tours, Alfil, p. 70.
88. P.-Y. Beaurepaire, *op. cit.*, p. 76.
89. *Ibid.*
90. *Ibid.*, p. 44.
91. *Ibid.*, p. 45. « Shaw, architecte, était le maître des ouvrages de Jacques VI avant de devenir surveillant général de l'*Incorporation* des maçons d'Écosse. C'est lui qui organisa les grades d'apprenti et de compagnon, mit en place les cérémonies de réception [...] et créa même le mot de "maçon" attesté à partir de 1638. »
92. *Ibid.*, p. 45.
93. Saint-Simon, *Mémoires,* t. XVI, p. 223.
94. *Ibid.*, t. XVII, p. 72.
95. *Ibid.*, t. XVII, p. 80.
96. *Ibid.*, t. XVII, p. 75. – Lemontey, *Histoire de la Régence,* 1832, t. I, p. 216 et p. 219, liste des papiers saisis.
97. *Testament politique,* p. 70-71.
98. *Ibid.*, p. 71.
99. *Ibid.*
100. Saint-Simon, *Mémoires,* t. XIX, p. 58.
101. Selon le correspondant de sir Robinson.
102. *Ibid.*
103. *Testament politique,* p. 72-73.
104. Saint-Simon, *Mémoires,* t. XIX, p. 58.
105. Cf. notre édition critique des *Mémoires* de Villette-Mursay, Paris, Tallandier, p. 236-237.
106. Cf. « Les troupes corses et l'histoire militaire de la Corse », *Carnet de la Sabretache,* n° 20, 1973.
107. P.-Y. Beaurepaire, *op. cit.*, p. 75.
108. De son vrai nom Willem.
109. Selon le correspondant de sir Robinson.
110. Écuyer de la duchesse d'Orléans.
111. Léonore de Rathsamhausen, amie d'enfance de la Palatine.
112. Neuhoff écrit dans son *Testament politique* : « Je restai deux ans à la cour de Bavière (1714-1716) [...]. Je faisais assidûment ma cour à Maximilien et à la Maison électorale. Je songeais à me marier » (p. 62). C'est à ce projet de mariage que semble faire allusion la Palatine, mais la nécessité d'aller à Belgrade a mis fin au projet : « Croyant ne différer mon mariage que de quelques mois, je me vis peu à peu dans la nécessité de n'y plus songer pour longtemps » (p. 62).
113. Neuhoff vivait alors chez sa sœur et y dînait régulièrement avec le lieutenant-colonel du régiment de La Marck, beau-frère de la comtesse d'Apremont, c'est-à-dire son oncle. Voir lettre à

la comtesse communiquée au Sérénissime collège de Gênes par J.-B. de Mari, Turin, 27 juin 1736, Archives d'État de Gênes, archives secrètes, lettre publiée *in* Antonio Battistella, *Re Teodoro di Corsica. Ritagli e scampoli,* Voghera, 1890, p. 167.

114. *Mercure historique et politique de Hollande,* avril 1740. Généalogie établie à Cologne par Neuhoff lui-même, semble-t-il.

115. Fr. G. Thiriot prétend que Neuhoff aurait été le résident de l'Empereur en 1732 à Florence.

116. En 1727, Théodore était de passage à Paris où un décret de prise de corps pour dettes fut pris contre lui. Cf. Sorba, ministre de Gênes en France, dépêche de Paris, 30 avril 1736, expédiée au Sérénissime Collège, *in* Archives d'État à Gênes, archives secrètes, *Francia, mazzo* 45, *anni* 1734-1737.

117. Gabriel Syveton, *Une cour et un aventurier au* XVIIIe *siècle : le baron de Ripperda,* Paris, 1896, p. 230.

118. Lettre de la princesse Palatine du 21 février 1722, éd. du *Mercure de France.*

119. *Mémoires* publiés dans les tomes V et VI de l'*Histoire des révolutions de Hongrie* par l'abbé Bremier.

120. *Testament politique,* p. 72-73.

121. P.-Y. Beaurepaire, *op. cit.*, p. 45.

122. D. Ligou, *Dictionnaire de la franc-maçonnerie,* p. 243.

123. P.-Y. Beaurepaire, *op. cit.*, p. 31.

124. Saint-Simon, *Mémoires,* t. II, p. 399-400.

125. Moréri, *Dictionnaire,* article « Lowenstein », p. 474.

126. Citée dans Cambiagi, t. III, p. 85.

127. L'escadre qui passa don Carlos d'Espagne à Livourne à cette occasion fut dispersée par la tempête. L'une des galères, montée par le marquis de Monte-Allegro, futur duc de Sales, et cousin de la baronne de Neuhoff, profita de ses prétendues avaries, écrit Rostini, pour faire halte à Bastia où il rencontra le consul d'Espagne en poste à Bastia, Domenico Rivarola, originaire de Chiavari, État de Gênes. Aussitôt, la République le releva de ses fonctions d'autant plus que Rivarola était « uni à la maison Frediani par une double parenté », donc aux Ginestra inféodés à Madrid.

128. M. Vergé-Franceschi (dir.), *La Guerre de course en Méditerranée.* Voir à la fin de ce volume la liste des esclaves corses rachetés au Maghreb par Louis XVI et reconduits en Corse avec le maximum de publicité.

129. Selon le manuscrit de la Bibliothèque Méjanes, p. 111.

130. Francesco de Geronimo (1642-1716).

131. Abbé Galletti, p. 446.

132. Costa, t. II, p. 11

133. *Ibid.*, p. 19.

134. *Ibid.*

135. *Ibid.*, p. 21.

136. Archives des A.É., *Correspondance de Corse,* vol. I.

137. Marie-Annonciade Devoti (Bastia, 1868-Marseille, 1955), notre arrière-grand-mère, fille de Françoise Lusinchi (Bastia, 1829-Bastia, 1883). – Sa sœur Annonciade-Marie Devoti (Bastia, 1864-Bastia, 1927), épouse de Nonce Devichi de Barbaggio, etc.

138. G. della Grossa, *Chronique médiévale corse,* La Marge éd., p. 202.

139. Ambrosi, « L'énigme des Giovannali », *in Le Petit Bastiais,* 2 avril 1933.

140. Communication faite en avril 1956 à l'Académie des inscriptions et belles-lettres.

141. Sa famille vota souvent parmi les caporaux de l'île, selon A.-M. Graziani, *Paoli.*

142. Maurice Agulhon, *Pénitents et francs-maçons de l'ancienne Provence,* Fayard, 1968.

143. Costa, t. II, p. 15-16. Reproduction de la lettre, quasi identique à celle reproduite par Rostini. – Neuhoff a aussi écrit à Arrighi et Fabiani (Costa, t. II, p. 29).

144. Costa, t. II, p. 93. Futur consul général du Levant et de Barbarie pour le compte du roi de Naples (1741).

145. François-Antoine Jabach, banquier de Cologne mort à Livourne en 1761, de la famille d'Everhard Jabach, banquier à Paris au XVIIe siècle. Famille catholique qui donna Jean Engelbert Jabach, chanoine capitulaire de l'archevêché de Cologne. Cf. Vicomte de Grouchy, *Mémoires de la Société de l'histoire de Paris et de l'Île-de-France,* t. XXI, 1894. Neuhoff était aussi en relation avec le banquier Huygens de Cologne établi à Livourne avec son associé Bertoletti (cf. Archives d'État de Gênes, archives secrètes, *Ribellione di Corsica,* N. Gle 14-3012, lettre de J.-B. Mari au Sérénissime Collège, Turin, 5 septembre 1736).

146. Archives d'État de Gênes, archives secrètes, *filza* 11/3009, *Ribellione de'Corsi.* Neuhoff aurait vécu chez lui en mars et avril 1735 à Tunis.

147. Costa, t. II, p. 93.

148. *Ibid.*, p. 34-35. – P. Emmanuelli, « Aperçu sur la terre du commun », 1957, p. 63 : « Les concessions emphytéotiques ;les procoi ». – ;F. Ettori, « Emphytéose et fermiers du domaine public au XVIIIe siècle », *in Études Corses,* 1956.

149. Costa, t. II, p. 17.

150. *Ibid.*, p. 21.

151. O. Pastine, « Intorno ad una proposta di alleanza segreta tra la Corsica e l'Olanda nel 1736 ».

152. Costa, t. II, p. 61.

153. *Ibid.*, p. 17.

154. *Ibid.*, p. 19.

155. *Copia delle deposizioni fatte nella cancelleria del illustrissimo magistrato del Riscatto de'schiavi,* Archives d'État de Gênes, *Ribellione de'Corsi, filza* 11/3009. Déposition faite sous serment à Gênes le 3 juin 1736 par deux esclaves rachetés, Michele Varalzi et Pietro Varsi, nés à Bonifacio.

156. *Fama fraternitatis Rosae Crucis = Manifeste de la confrérie de la Rose-Croix,* attribué à Jean-Valentin Andreae (1587-1654), pasteur de Souabe.

157. *Confession de frère Rozenkreutz Christian,* 1615.

158. Découverte cent vingt ans après sa mort, comme il l'avait prédit : « Après six vingt ans, je serai découvert. » Sur son tombeau, éclairé par une étrange lumière, on trouva une plaque de cuivre gravée : « Vivant, je me suis réservé pour sépulcre cet abrégé de lumière. » Quatre figures ornaient son tombeau : « Jamais vide. Le Joug de la Loi. La Liberté de l'Évangile. La Gloire de Dieu entière. »Tout autour : des lampes, des clochettes, des miroirs, des livres dont le *Dictionnaire des mots* de Paracelse et le *Microcosme* du même auteur.

159. Gabriel Naudé, *Instructions à la France sur la vérité de l'histoire des frères de la Rose-Croix.*

160. Louis Figuier, *L'Alchimie et les Alchimistes.*

161. Il publia *La Vraie et Parfaite Préparation de la pierre philosophale par la fraternité de la Rose-Croix d'Or.*

162. Cité par P.-Y. Beaurepaire, *op. cit.*, p. 162.

163. Il prétendait entrer en contact avec les esprits de Marc Aurèle et de Leibniz à Charlottenburg.

164. F. Beretti, *op. cit.*, p. 194.

165. *Testament politique,* p. 72.

166. *Ibid.*, p. 121.

167. *Ibid.*, p. 116.

168. *Ibid.*, p. 121.

169. *Ibid.*, p. 116.

170. *Ibid.*, p. 121.

171. *Ibid.*, p. 115.

172. *Ibid.*, p. 126.

173. *Ibid.*, p. 115.

174. *Ibid.*, p. 122.

175. *Ibid.*, p. 121.

176. *Ibid.*, p. 122.

177. *Ibid.*, p. 117.

178. *Ibid.*, p. 124.

179. *Ibid.*, p. 124.

180. *Ibid.*, p. 121.

181. *Ibid.*, p. 119.

182. *Ibid.*, p. 121.

183. *Ibid.*, p. 119.

184. *Ibid.*, p. 120.

185. *Ibid.*, p. 122.

186. *Ibid.*, p. 120.

187. *Ibid.*, p. 120.

188. *Ibid.*, p. 112.

189. *Ibid.*, p. 122-123.

190. *Ibid.*, p. 115.

191. Quoique protestant, il put continuer à résider à Montpellier. Il fut le médecin du cardinal de Bouillon, fort connu du cardinal de Fürstenberg, en 1688 notamment.
192. *Testament politique,* p. 113.
193. *Ibid.*
194. *Ibid.*, p. 114.
195. André Corvisier, *Louvois,* Fayard, 1998.
196. F. Ettori, « Du droit des peuples à disposer d'eux-mêmes : la révolte des Corses et la théorie de la souveraineté », *in* Actes du colloque d'octobre 1969, Centre aixois d'études et de recherches sur le XVIIIe siècle.
197. Costa, t. II, p. 160-161.
198. Costa, t. I, p. 349.
199. M. Vergé-Franceschi et A.-M. Graziani, *Sampiero Corso.*
200. Pommereul, p. 184.
201. *Testament politique,* p. 110.
202. *Ibid.*, p. 110.
203. *Ibid.*, p. 110.
204. *Ibid.*, p. 124.
205. *Ibid.*, p. 106.
206. *Ibid.*, p. 113.
207. *Ibid.*, p. 108.
208. *Ibid.*, p. 124.
209. *Ibid.*, p. 120.
210. *Ibid.*, p. 111.
211. *Ibid.*, p. 107.
212. *Ibid.*, p. 110-111.
213. *Ibid.*, p. 115.
214. Ms. de la Bibl. Méjanes, p. 111.
215. Costa, t. II, p. 31.
216. Toutes les descriptions concordent : Ms. de la Bibl. Méjanes, p. 111. –« Habit d'écarlate doublé de fourrure » (*Histoire des Révolutions de l'île de Corse,* p. 193). –« Veste d'un rouge pourpre »(Costa, t. II, p. 31).
217. Abbé Galletti, p. 446.
218. *Testament politique,* p. 113.
219. *Ibid.*, p. 125.
220. Costa, t. II, p. 27.
221. *Ibid.*, p. 29.
222. *Ibid.*, p. 35.
223. *Ibid.*, p. 47.
224. *Ibid.*, p. 37.
225. *Ibid.*, p. 39.
226. *Ibid.*, p. 39.
227. *Ibid.*, p. 41-45.
228. *Ibid.*, p. 53.
229. *Ibid.*, p. 55.
230. *Ibid.*, p. 49-51.
231. Le mille corse fait 1 634 mètres.
232. Selon Accinelli qui établit sa carte en 1732. (Cf. S. Costa, t. II, p. 50).
233. Costa, t. II, p. 51.
234. *Ibid.*, p. 55.
235. *Ibid.*, p. 51.
236. *Ibid.*, p. 55.
237. *Ibid.*, p. 57.
238. *Ibid.*, p. 51.
239. *Ibid.*, p. 55.
240. *Ibid.*, p. 61.
241. *Ibid.*, p. 71.
242. *Ibid.*, p. 79.
243. *Ibid.*, p. 81.
244. *Ibid.*, p. 83.
245. *Ibid.*, p. 83.

246. *Ibid.*, p. 84-85.
247. *Ibid.*, p. 89.
248. *Ibid.*, p. 97.
249. *Ibid.*, p. 89.
250. *Ibid.*, p. 97.
251. *Ibid.*, p. 100.
252. *Ibid.*, p. 101.
253. L'abbé Galletti aussi emploie notre formule : « une sorte de constitution », p. 446.
254. Costa., p. 107.
255. Abbé Galletti, p. 446.
256. *Ibid.*, p. 539.
257. *Ibid.*, p. 537.
258. *Ibid.*, p. 583.
259. *Ibid.*, p. 539.
260. *Ibid.*, p. 541.
261. *Ibid.*, p. 541.
262. *Ibid.*, p. 541.
263. 45 ans en 1739. Envoyé pour crime aux galères à Toulon.
264. Costa, t. II, p. 541.
265. *Ibid.*, p. 541.
266. *Ibid.*, p. 539.
267. *Ibid.*, p. 539.
268. *Ibid.*, p. 403.
269. *Ibid.*, p. 411.
270. *Ibid.*, p. 575.
271. *Ibid.*, p. 633.
272. *Ibid.*, p. 289.
273. *Ibid.*, p. 375.
274. *Ibid.*, p. 683.
275. *Ibid.*, p. 293.
276. *Testament politique,* p. 84.
277. Costa, t. II, p. 223.
278. *Ibid.*, p. 402-403.
279. *Ibid.*, p. 379.
280. *Ibid.*, p. 425.
281. *Ibid.*, p. 359.
282. *Ibid.*, p. 393.
283. *Ibid.*, p. 397.
284. *Ibid.*, p. 431.
285. *Ibid.*, p. 471.
286. Het Leeven..., IIe partie, p. 53-59.
287. Costa, t. II, p. 583.
288. Bibliothèque municipale de Turin, lettres de Théodore à Gio Carlo Cottoni, datées de Verde, 16 et 29 août 1736.
289. Rostini, t. II, p. 162.
290. Costa, t. II, p. 584.
291. Aide de camp du maréchal de Coigny (cf. lettre du 3 avril 1737 de Campredon, *in* Archives du ministère des Affaires étrangères, Correspondance de Gênes, volume 99).
292. Costa, t. II, p. 675.
293. *Ibid.*, p. 677.
294. *Ibid.*, p. 262-272.
295. Cambiagi, t. III, p. 109-112. –*Histoire des révolutions de l'île de Corse,* p. 262-272.
296. *Nobili di prima classa.*
297. *Illustrissimi ed Eccelenze.*
298. *Commendatori.*
299. *Esenti tutti da ogni gabella.*
300. *Da o ogni processo a riserva per i delitti de lesa Maestà.*
301. *Religione Cristiana.*
302. *Di qualunque nazione.*
303. *Mille scudi.*

304. *De'quali riceveva il X per cento per tutta la sua vita.*
305. *Il capitale era assicurato sopra l'Ammiralità et non sussisteva.*
306. *Testament politique,* p. 90.
307. Pommereul, t. II, p. 19.
308. *Testament politique,* p. 86.
309. Costa, t. II, p. 231.
310. *Ibid.*, p. 681.
311. *Ibid.*, p. 635.
312. *Ibid.*, p. 637.
313. *Ibid.*, p. 679.
314. *Ibid.*, p. 693.

CHAPITRE V
L'absent : Naples (1739-1754)

1. Archives du ministère des Affaires étrangères, Correspondance de Gênes, vol. 99.
2. Abbé Galletti, p. 450.
3. G. Bord, *La Maçonnerie en France,* t. I, p. 163.
4. D. Ligou, *Dictionnaire de la franc-maçonnerie,* p. 60, d'après les *Mémoires* de Mathieu Marais, t. III, lettre XXXe, p. 356.
5. M. Vergé-Franceschi, *Histoire de Corse,* p. 310, 316, 327, 372 et 425. –Service historique de l'armée de terre, dossier personnel Boissieux. –*Mercure de France* de février 1739, p. 392.
6. Saggio, *Istorico del regno di Corsica,* Venise, 1768. –Abbé Galletti, p. 451.
7. *Mémoires de Jaussin,* t. III, p. 176.
8. D. Ligou, *Dictionnaire de la franc-maçonnerie,* p. 361.
9. Coutlet, 15 octobre 1751.
10. Archives d'État de Gênes, archives secrètes, Sorba au Sérénissime Collège, Paris, 8 et 14 octobre 1736.
11. *Relazione del modo con cui vienne scoperto nella città d'Amsterdam il barone Teodoro di Neuhoff, re di Corsica, e dell'arresto fattone eseguire dai vari creditori del medesimo : Materie politiche, negoziazioni colla Corsica,* mazzo l° d'addizione. Archives d'État de Turin.
12. Archives d'État de Gênes, Busta Francia, mazzo 45-2221, Guillaume à Sorba, Dunkerque, 3 et 6 septembre 1737.
13. *Mémoires de certaines intrigues de Théodore.* Archives du ministère des Affaires étrangères, Correspondance de Corse, vol. 2.
14. Lettre du 30 juillet 1737, Archives d'État de Gênes, archives secrètes, lettre citée *in* Le Glay, p. 146. –Antonio Battistella, *op. cit.*, p. 177.
15. Abbé Galletti, p. 451.
16. *Ibid.*, p. 452.
17. *Ibid.*
18. Inhumé à Bastia, église Saint-Jean-Baptiste. Sa tombe y fut profanée en 1789.
19. Jean-Baptiste-François Desmarets, marquis de Maillebois. Lieutenant général des armées du Roi (1731).
20. Le comte Zenobio Peretti de Zicavo, le comte Paolo Francesco d'Ornano de Santa Maria Sicché (lettre du 11 mars 1739), le RP Gio Maria Balizone dit Teodorini (lettres des 14 et 16 mars 1739).
21. Archives du ministère des Affaires étrangères, Correspondance de Corse, vol. 2, avril 1739.
22. *Gazette de France* du 27 juin 1739.
23. *Gazette de France* du 17 octobre 1739. Maréchal de camp (1743), lieutenant général des armées du Roi (1748), il s'illustra en 1747 en empêchant les Allemands « de passer l'Argens en Provence ».
24. Louis-François Crozat du Châtel (1691-1750), lieutenant général des armées du Roi et grand-croix de Saint-Louis.
25. Lettre de Puisieux à Amelot, Naples, 20 janvier 1739. Archives du ministère des Affaires étrangères, Correspondance de Naples, vol. 37.

26. Liste des 27 exilés dans Ambroggio Rossi, « Osservazioni Storiche sopra la Corsica », *in* Abbé Letteron (*BSSHNC,* 1895-1906, t. VIII, p. 106).

27. Archives du ministère des Affaires étrangères, Correspondance de Gênes, vol. 101 (traduction).

28. Le Glay, p. 231.

29. 514 feux le 1er novembre 1740 *État général de la population de l'île,* Archives d'État, Gênes, archives secrètes, liasse 2112.

30. Archives d'État de Gênes, archives secrètes, liasse 2330, lettre de Luigi Molinello, 4 août 1739, *in Correspondance de Paoli,* t. I, note 191.

31. *Histoires florentines,* in *Œuvres,* éd. La Pléiade, l. II, chap. 34, p. 1049.

32. *Discours sur la première décade de Tite-Live, in Œuvres,* La Pléiade, 1952, l. I, chap. 16, p. 425.

33. *Ibid.*, p. 424.

34. *Ibid.*, l. I, chap. 12, p. 415.

35. *De l'esprit des lois,* l. I, chap. 3.

36. R. Shackleton, « Montesquieu et Doria », *Revue de littérature comparée,* 1955, p. 173-183.

37. V.-J. Chaix-Ruy, « Montesquieu et J.-B. Vico », *Revue philosophique,* 1941, p. 416-432.

38. *Considérations sur les Romains,* chap. IX.

39. *Histoires florentines,* l. III, chap. 13, p. 1089.

40. F. Nicolini, *Lettere di Bernardo Tanucci a Ferdinando Galiani,* Bari, 1914, vol. I, p. 144.

41. Fusillé à Bastia le 21 février 1798 sur la place Saint-Nicolas, après une longue carrière de capitaine dans le régiment Corse de Naples (1735), rejoint en 1741 seulement, avant de devenir capitaine au régiment d'Amberes jusqu'en 1776. *Livre-journal de l'abbé Grimaldi* (*BSSHNC,* 1934).

42. Gio Aitelli (v.1686-1756).

43. Frères du RP Sylvestro.

44. Selon l'abbé Jean-Joseph Expilly qui rencontra Pascal Paoli en Corse en 1756.

45. Lettre à Maria Cosway du 20 mai 1798.

46. Mémoires et notes sur Paoli, 1755 ; cité par Ersilio Michel, « Giudizi francesi su Pasquale Paoli all'inizio del suo generalato », *Archivio Storico di Corsica,* avril-juin 1934, n° 2, Livourne, p. 239-246.

47. Paoli au père Mariani, 8 juillet 1766, *in* A.-M. Graziani, *Paoli,* p. 46.

48. Raimondo Cocchi, *Lettere italiane sopra la Corsica,* Lausanne, 1770, lettre IV, p. 12.

49. John Symonds, *Osservazioni di un viaggiatore inglese sopra l'Isola di Corsica,* Lausanne, 1770, p. 10.

50. Biblioteca Università Medica di Firenze, Diario de Cocchi (R. 207-24), 4 août 1732 ; cité par José Antonio Ferrer-Benimeli, *Les Archives secrètes du Vatican et de la franc-maçonnerie. Histoire d'une condamnation pontificale,* préface de Michel Riquet sj, traduit de l'espagnol par G. Brossard, Paris, Dervy-Livres, 1989, p. 106.

51. Voir plus loin, année 1802.

52. Lettres de Duchâtel au comte de Belle-Isle : Calvi, 22 mars 1739. –Bastia, 25 avril, 30 avril. –Duchâtel ironise et qualifie Frédéric de « premier prince du sang de Théodore ». –Bastia, 9 mai, 15 mai, 27 mai. –Corte, 24 juillet. –Ajaccio, 30 juillet. –Sartène, 27 septembre. –Corte, 24 octobre, *in* abbé Letteron, *Pièces et documents.*

53. Goury de Champgrand.

54. Germanes.

55. Abbé Galletti, p. 454.

56. Goury de Champgrand.

57. Archives du ministère des Affaires étrangères, Correspondance de Florence, vol. 92, lettre de Lorenzi à Amelot, Florence, 15 octobre 1740.

58. *Libreto di vita e costumi.*

59. Mémoires et Notes, archives du ministère des Affaires étrangères.

60. Lettre à Maria Cosway du 22 août 1786.

61. Côme de Gentile, fils de Virginio, fut envoyé par les « nationaux »en ambassade à Vienne en 1768 et était toujours au service du roi de Naples en 1778 dans le régiment d'Agrigente.

62. *Mercure historique et politique de Hollande* de mars 1740.

63. Maria Baldassari, fille de Luccaferro et veuve de son cousin Giovan Valerio Valentini ;d'où Giacinto Paoli, mort en bas âge dans la péninsule italienne, et l'« illustrissima »Dionisia Paoli (vers 1738-Biguglia, 1767), mariée à Giuseppe Barbaggi (v.1720-apr.1789), fils du capitaine Antonio Barbaggi-Favalelli de Patrimonio et de Maria Giuseppa Murati de Murato (mariés à Bastia en 1720). Giuseppe Barbaggi – déjà veuf deux fois – eut de sa seconde épouse Elena de Zerbi une

fille, Anna Porzia, née vers 1750, mariée en 1770 à Antonio Rivarola (1719-1795), colonel au service du roi de Sardaigne, fils de Domenico Carlo (Bastia, 1667-Turin, 1748). De Dionisia, il n'eut que deux enfants morts jeunes.

64. *Correspondance de Paoli,* t. I, p. 40.

65. Elle lui donna : 1) **Felice** (et non Giudice) **Antonio Leonetti** (mort à Monticello le 19 juin 1794, inhumé le 21, cf. *BSSHNC,* n° 186-187), officier au service de l'Angleterre (il combattit à Gibraltar en 1782), marié le 9 juillet 1789 à Monticello à Angela Filicina Fabiani, d'où Giacinto (Monticello, 23 juin 1793-Pise, 1798) et Maria Antonietta Dionisia (née à Monticello le 28 avril 1795), mariée à Monticello après la mort de Paoli ;2) **Maria Leonetti** (v.1749-Santa Reparata, 2 février 1790), mariée en 1768 à Morosaglia à Pasquale Fondacci de Santa Reparata de Balagne (v.1749-mort après Paoli), président du Directoire du district de L'Île-Rousse sous le nom de Fondacci de'Paoli, d'où a) Lucia (née à Santa Reparata le 9 avril 1769), mariée à Santa Reparata le 9 juin 1791 à Domenico Santini ;b) Teresa (Santa Reparata, 19 octobre 1780-id., 28 août 1801) ;c) Francesca (Santa Reparata, 20 décembre 1782-id., 18 octobre 1790) ;d) Anna (Santa Reparata, 18 janvier 1785-id., 5 mars 1807), mariée le 19 septembre 1805 à Antonio Pietro Franceschini, propriétaire à Catteri ;e) Agostino (1770-apr.1823), officier au service de la Grande-Bretagne, pensionné de l'Angleterre, vivant à Londres en 1823, marié à Santa Reparata à Agata Marcelli le 10 mars 1790, et père de Maria (née à Santa Reparata le 26 septembre 1795) et d'Emmanueolo Clemente Fondacci de'Paoli (né à Santa Reparata le 12 janvier 1791), arrière-petit-neveu de Paoli dont il donna le prénom à son propre fils Pasquale Fondacci de'Paoli en 1820, une fois marié à Maria Francesca Saliceti ; et 3) **Maddalena Leonetti** (née à Morosaglia le 11 octobre 1745), mariée à Morosaglia à Gio Battista Leoni de Palasca (v. 1747-Palasca, 31 octobre 1802), d'où a) Elisabetta (née à Palasca le 4 juillet 1790), mariée à Palasca après la mort de Paoli ;b) don Pietro Leoni de'Paoli (1771-mort à Palasca après la mort de Paoli), futur maire de Palasca, marié en 1789 à Martine Giorgi d'où : Joseph-Marie (né en 1803), arrière-petit-neveu de Paoli. Cette famille Leoni a donné Feliciano, capitaine au service de Naples (1700), mort en 1731 à la prise de la tour de Nonza, et les frères Francesco, Fabiano et Feliciano, tous trois au service de Naples au sein du régiment corse en 1740. Voir Jean-Christophe Orticoni, *Nouvel armorial corse,* éd. Laffitte, pour les descendances Leoni et Leonetti.

66. Elle lui donna Ambroggio (né v. 1757) et auparavant **Giuseppe Maria Franceschetti de Pozzo di Brando** (né v. 1741). Ce dernier se maria à Maria Francesca Figarelli, d'où **Domenico Cesare Francesco Franceschetti** (Pozzo di Brando, 1776-Vescovato, 1835), général, aide de camp de Murat roi de Naples, créé comte napolitain, marié à Catherine Colonna-Ceccaldi, fille d'Andrea, maire de Vescovato, et de Giulia Mattea de Gaffori, d'où **Joseph-Marie Franceschetti** (1808-1875) né peu après la mort de son arrière-grand-oncle Paoli. D'où les familles Alexandre Sanguinetti, Bernard Le Saint, Franceschetti, et les barons Leroy de Boiseaumarie.

67. Lettre de Louis de Groeben, capitaine prussien, à Françoise-Constance de Fonseca, Livourne, 18 septembre 1741, Archives d'État de Gênes, archives secrètes, *Ribellione de'Corsi, filza* 14-3012.

68. Voir notre thèse d'État, p. 2111 : il s'agit de Jean-Paul Bochart, comte de Champigny (1690-mort à Straubingen en Bavière en 1743), admis aux gardes-françaises en 1709, enseigne, sous-lieutenant, lieutenant en 1712, capitaine aux gardes-françaises en 1720, chevalier de Saint-Louis en 1720, brigadier des armées du Roi en 1734, maréchal de camp en 1740. Invité en Bavière par l'électeur, il y mourut « major général de l'armée de Bohême ». Marié en 1729 à Anne-Étiennette de Meuves, fille de banquier.

69. Lettre de Théodore du 5 juin 1744. Bibliothèque municipale de Turin, collection d'autographes Cossilla. Copie aux Archives d'État de Turin, *Materie militare, Levata truppe straniere, mazzo* 2.

70. Abbé Galletti, p. 455.

71. M. Vergé-Franceschi, *Chronique maritime,* années 1740-1748.

72. Archives d'État de Turin, *Materie politiche, Negoziazione colla Corsica, mazzo* n° 2. Copie *in* Archives du ministère des Affaires étrangères, Correspondance de Gênes, vol. 112.

73. Le Glay, p. 272.

74. Walpole à Mann, 13 février 1743, *in The Letters of Horace Walpole,* 9 vol., in-8°, Londres, 1891. Voir aussi *Mann and Manners at the Court of Florence (1740-1786),* par le Dr Doran F.S.A., Londres, 1876.

75. Relation de ce qui s'est passé à Ajaccio le 2 mars 1743 entre le vaisseau de guerre espagnol le *Saint-Isidore* et les vaisseaux de guerre anglais. Archives du ministère des Affaires étrangères, Correspondance de Gênes, vol. 112, Livourne, 21 mars 1743.

76. *Mann and Manners at the Court of Florence,* 1740.

77. Thomas Holles, duc de Newcastle, Premier ministre de 1754 à 1762.

78. Abbé Galletti, p. 456.

79. Lettre du Magnifique Agostino Viale au Sérénissime Collège, Florence, 10 mai 1743. Archives d'État de Gênes, archives secrètes.

80. Abbé Galletti, p. 455.

81. Arrêté à Livourne en septembre 1744 sous le nom de comte de La Vague, il mourut en prison en 1746, incarcéré à la demande de la cour de Turin. Cf. Le Glay, « La politique de la Retirade », *Revue d'histoire diplomatique,* 1898, n°s 2 et 3.

82. Lettres de Théodore des 15 avril, 11 et 14 mai, 1er juin 1744. Archives d'État de Turin ; citées dans Giuseppe Roberti, *Carlo Emmanuele III e la Corsica al tempo della guerra di successione austriaca,* Turin, 1890.

83. Lettre de Théodore à Mann du 11 mai 1744, *in* G. Roberti, *op. cit.*

84. M. Vergé-Franceschi, *Toulon, port royal.*

85. M. Vergé-Franceschi, *L'École royale de marine du Havre au* XVIIIe *siècle,* thèse de doctorat de 3e cycle, Paris, EHESS, 1980.

86. Hannah More, *Memoirs of the Life and Correspondence of Hannah More,* Londres, 1834, t. II, p. 242-243. « Paoli [...] has a general good taste in the Belles Lettres and is fond of reciting passages from Dante and Ariosto. He is extremely lively when set a going : quotes from Shakespeare and raves in his praise. He is particularly fond of *Romeo and Juliet,* I suppose because the scene is laid in Italy. He will not speak in English, and his French is mixed with Italian. He speaks no language with purity. »

87. Lettre à Maria Cosway du 22 août 1786.

88. P.-Y. Beaurepaire, p. 105.

89. *Ibid.*

90. M. Vergé-Franceschi, *Les Officiers généraux de la marine royale,* thèse de doctorat d'État ès lettres. Voir le chapitre consacré aux Mac Némara de Limerick.

91. Moréri, *Dictionnaire,* p. 917, Naples, édit. de 1759. –*Journal des Savants* de mai 1745, article des nouvelles littéraires. –*Mercure de France,* juillet 1745.

92. Fils de Marie-Anne Franceschi de Centuri.

93. Archives d'État de Turin, *Materie militari. Levata truppe straniere, mazzo* 2.

94. *ibid.*

95. Avec 3 720 livres de Piémont de solde plus 1 280 livres de pension ; *in* Le Glay, p. 314, d'après G. Roberti, *op. cit.*, p. 10.

96. *Correspondance de Paoli,* t. I, note 193.

97. Giacinto était le petit-fils d'Ignazio Paoli. Venturini, toujours qualifié de « parent »par Pascal Paoli, sans aucune indication du lien de parenté, pouvait être le petit-fils d'Ignazio Paoli lui aussi, et être par conséquent le cousin germain de Giacinto.

98. Archives du ministère des Affaires étrangères, Correspondance de Gênes, vol. 119. Proclamation publiée *in extenso* dans G. Roberti, *op. cit.*, p. 15-17.

99. Coutlet, 16 janvier 1746.

100. *Ibid.*, 13 février 1746.

101. *Ibid.*

102. *Ibid.*, 23 janvier 1746.

103. *Ibid.*, 6 février 1746.

104. Du Pont, 20 février 1746. Du Pont était secrétaire de l'envoyé de France. Lorenzi écrivit à d'Argenson le 2 décembre 1745 : « Il est à présumer qu'il va naître en Corse une guerre civile fort cruelle, car le colonel Rivarola y a un grand nombre d'ennemis et l'on assure que les deux puissants chefs de partis, nommés Gaffori et Matra, allaient descendre avec un grand nombre de gens pour le chasser du pays »(Archives du ministère des Affaires étrangères, Correspondance de Florence, vol. 102).

105. Du Pont, 13 mars 1746.

106. Guymont, 13 janvier 1747.

107. Mgr Paolo Maria Mariotti (Volpajola, 1700-mort dans les tours de Gênes le 27 juin 1751). À Rome, il était l'aumônier du couvent des religieuses de La Torre di Specchio.

108. L'abbé Orto. Sa famille ajaccienne avait contribué à mettre la ville d'Ajaccio en 1656 « sous la protection de Notre-Dame de la Miséricorde »(cf. *Armorial* de F. Demartini, notice « Orto »).

109. Furent aussi décapités : Ardente, Rossi. Furent arrêtés : Morelli, Degiovanni, Limperani, Raffali. Furent pendus ce même jour : Bosio, Sarri, Caselli ou Casella, Vincenzini et Luciani ou Lucciana. Leurs crânes furent « conservés dans des cages en fer à la porte de l'Arco »à Gênes (Abbé

Galletti, p. 458). Saliceti, ministre plénipotentiaire de la République française à Gênes, les fit inhumer en 1798 aux frais de la ville de Gênes.

110. Coutlet, 5 juin 1746.
111. *Ibid.*, 8 mai 1746.
112. *Ibid.*, 9 octobre 1746.
113. *Ibid.*, 12 novembre 1746.
114. *Ibid.*, 27 avril 1750.
115. Guymont, 23 décembre 1746.
116. Coutlet, 31 décembre 1746.
117. Guymont, 10 septembre 1747.
118. *Gazette de France,* 29 décembre 1748.
119. *Correspondance de Paoli,* p. 42, note 199.
120. Coutlet.
121. Guymont, 7 juin 1748.
122. *Ibid.*, 16 juin 1748.
123. Coutlet, 19 août 1748.
124. Boswell.
125. Guymont, 9 décembre 1748.
126. Séraphin-Marie Rioult de Douilly, marquis de Cursay (v.1700-apr. 1766). Installé à Erbalunga, le gouverneur Grimaldi demeurant à Bastia.
127. M. Vergé-Franceschi, *Histoire de Corse,* p. 316-318, 329, 372, 386, 390 et 392. –C. Ambrosi, *La Corse insurgée et la seconde intervention française.* –Argenson (d'), *Mémoires.* –Marquis de Sourches, *Mémoires.*
128. Coutlet, 6 janvier 1749 ; propos analogues le 12 février 1752.
129. *Ibid.*, 20 août 1751.
130. *Ibid.*, 8 juillet 1752.
131. *Correspondance de Paoli,* novembre 1754.
132. *Ibid.*, 16 juillet 1755.
133. *Ibid.*, 16 décembre 1751.
134. *Ibid.*, 20 novembre 1749.
135. *Ibid.*, 2 septembre 1751.
136. *Ibid.*, p. 51.
137. Coutlet, 9 juin 1749.
138. *Ibid.*, 9 mars 1750.
139. Lettre du 16 mars 1750.
140. Coutlet, 16 décembre 1750.
141. *Ibid.*, 13 avril 1750.
142. *Ibid.*, 4 août 1749.
143. *Correspondance de Paoli,* 11 septembre 1751.
144. *Ibid.*, 2 septembre 1751.
145. *Ibid.*, 3 novembre 1751.
146. Coutlet, 25 août 1749.
147. *Ibid.*, 20 octobre 1749.
148. *Ibid.*, 1er décembre 1749.
149. *Ibid.*, 4 décembre 1751.
150. *Ibid.*, 20 novembre 1752.
151. *Ibid.*, juillet 1753.
152. *Ibid.*, 9 octobre 1752.
153. *Ibid.*, 4 août 1753.
154. En 1754, Louis XV confia à Cursay un commandement en Bretagne. En 1756, il commandait le camp de Saint-Malo. La guerre de Sept Ans le conduisit en Allemagne. Lieutenant général des armées du Roi (1762). On perd sa trace en 1766.
155. *Testament politique,* p. 119.
156. D. Ligou, *Dictionnaire de la franc-maçonnerie,* p. 517.
157. *Testament politique,* p. 113.
158. *Ibid.*, p. 79.
159. *Ibid.*, p. 113.
160. *Ibid.*, p. 82.
161. *Ibid.*, p. 89.
162. Coutlet, 24 mai 1751.

163. Archives du ministère des Affaires étrangères, Correspondance de Corse, vol. 3. Le maréchal de Belle-Isle à Puisieux, Metz, 7 août 1750. – Lettre de Gautier à Belle-Isle, Londres, 12 et 16 juillet 1750. –Puisieux à Belle-Isle, Versailles, 18 août 1750. –Puisieux à Cursay, Versailles, 11 août 1750. –Cursay à Puisieux, Bastia, 26 août 1750.

164. Selon A. Ambrosi, *Histoire des Corses et de leur civilisation,* p. 387.

165. Gaffori a laissé une fille, Giulia Mattea, qui épousa Andrea Ceccaldi, et une autre, Maria Angelica, qui épousa Bartolomeo Arrighi de Casanova.

166. *Correspondance de Paoli,* 8 février 1755.

167. Lettre du duc d'Aiguillon de 1786.

168. Coutlet.

169. *Mémorial des Corses,* t. II, p. 315.

170. Coutlet, 17 décembre 1753.

171. *Correspondance de Paoli,* novembre 1754, p. 91.

172. Coutlet, 7 janvier 1754.

173. *Ibid.*, 14 février 1754.

174. *Correspondance de Paoli,* 15 avril 1754.

175. *Ibid.*, 31 juillet 1754.

176. *Ibid.*, 10 août 1754 : Pascal écrit à son père : « Faites dire à Giafferi qu'à la poste il y a une de ses lettres. »

177. *Ibid.*, 31 juillet 1754.

178. *Ibid.*, 30 août 1754.

179. *Ibid.*, 10 août 1754.

180. *Ibid.*, 30 août 1754.

181. *Ibid.*, 10 août 1754.

182. *Ibid.*, 10 août 1754.

183. *Ibid.*, 10 août 1754.

184. *Ibid.*, 10 août 1754.

185. *Ibid.*, 30 août 1754.

186. *Ibid.*, 30 août 1754.

187. *Ibid.*, 14 septembre 1754.

188. BNF, FM2 158.

189. *Correspondance de Paoli,* 28 septembre 1754.

190. P.-Y. Beaurepaire, *op. cit.*, p. 77.

191. *Correspondance de Paoli,* 17 septembre 1754.

192. *BSSHNC,* 1899, n° 227-228, p. 113.

193. *BSSHNC,* n° 358-360, p. 18. Lettre à Franceschi, 14 décembre 1754.

194. F. Ettori, *in* Arrighi, p. 347.

195. *Correspondance de Paoli,* octobre 1754.

196. *Ibid.*, 28 septembre 1754.

197. *Ibid.*, 4 octobre 1754.

198. *Ibid.*, 28 mars 1755.

199. *Ibid.*, 20 octobre 1754.

200. *Ibid.*, novembre 1754.

201. *Ibid.*, 22 mars 1755.

202. *Ibid.*, 22 mars 1755.

203. *Ibid.*, 4 octobre 1754.

204. *Ibid.*, 9 octobre 1754.

205. *Ibid.*, 22 mars 1755.

206. *Ibid.*, 8 février 1755.

207. *Ibid.*, 17 octobre 1754.

208. *Ibid.*, p. 83.

209. *Ibid.*, 20 octobre 1754.

210. *Ibid.*, 21 octobre 1754.

211. *Ibid.*, 21 octobre 1754.

212. *Ibid.*, p. 103

213. *Ibid.*, p. 105.

214. Coutlet, 16 décembre 1754.

215. *Correspondance de Paoli*, p. 95.

216. *Ibid.*, p. 95.

217. *Ibid.*, p. 95.

218. *Ibid.*, 8 février 1755.
219. *Ibid.*, 22 février 1755.
220. *Ibid.*, 22 février 1755.
221. *Ibid.*, 16 mars 1755.
222. *Ibid.*, 16 mars 1755.
223. *Ibid.*, 22 mars 1755.
224. *Ibid.*, 22 mars 1755.

CHAPITRE VI
Le général (1755-1756)

1. *Correspondance de Paoli*, p. 121.
2. Public Record Office de Londres, SP 98, vol. 86, f. 146.
3. *Correspondance de Paoli*, note 193.
4. M. Vergé-Franceschi, *Chronique maritime de la France d'Ancien Régime*, p. 613.
5. Biblioteca Università Medica di Firenze, Diario de Cocchi (R. 207-24), 4 août 1732 ; cité par José Antonio Ferrer-Benimeli, *Les Archives secrètes du Vatican et de la franc-maçonnerie. Histoire d'une condamnation pontificale*, préface de Michel Riquet sj, traduit de l'espagnol par G. Brossard, Paris, Dervy-Livres, 1989, p. 106.
6. *Correspondance de Paoli*, p. 128.
7. A.-M. Graziani, *Paoli*, *op. cit.* Sorba ironise méchamment sur le fait que Gafforio mit les lois insulaires au goût du jour sous l'autorité de Cursay.
8. *Correspondance de Paoli*, p. 137.
9. *Ibid.*, 2 août 1755.
10. *Ibid.*
11. Coutlet, 4 juin 1755.
12. *Correspondance de Paoli*, p. 149.
13. Lettre du 20 mai 1798 à Maria Cosway.
14. Coutlet, 11 août 1755.
15. Famille maintenue dans sa noblesse en les personnes de Jules-François, Ange-Louis et François-Xavier Matra, par arrêt du Conseil supérieur de la Corse en date du 25 novembre 1776, sur preuves de 1601, rendu en faveur de ces trois frères, le premier capitaine français au *Royal-Corse*, et les deux autres, lieutenants français au *Provincial* et au *Royal-Corse*.
16. *Correspondance de Paoli*, 16 août 1755.
17. *Ibid.*, 26 août 1755.
18. *Ibid.*, p. 161.
19. *Ibid.*, p. 62.
20. *Ibid.*, 2 septembre 1755.
21. *Ibid.*
22. *Ibid.*, p. 167.
23. *Ibid.*, 8 septembre 1755.
24. *Ibid.*, p. 171.
25. Coutlet, 1er sept. 1755.
26. *Correspondance de Paoli*, p. 177.
27. *Ibid.*, p. 183.
28. Selon Cambiagi.
29. *Correspondance de Paoli*, 25 septembre 1755.
30. *Ibid.*, 29 septembre 1755.
31. *Ibid.*, Paoli à Salvini, 2 octobre 1755.
32. *Ibid.*, 2 octobre 1755.
33. Rigny, 1er décembre 1755.
34. *Correspondance de Paoli*, 19 octobre 1755.
35. *Ibid.*, 15 et 24 octobre 1755.
36. *Ibid.*, 25 octobre 1755.
37. *Ibid.*, 28 octobre 1755.
38. *Ibid.*, 9 novembre 1755.
39. *Ibid.*, Paoli à Casabianca, 11 novembre 1755.
40. *Ibid.*, p. 223.

41. *Ibid.*, 26 novembre 1755.
42. *Ibid.*
43. *Ibid.*, 27 décembre 1755.
44. British Library, Newcastle Papers, Add. Mss. 32 866, p. 345-346.
45. *Correspondance de Paoli,* 30 novembre 1755.
46. *Ibid.*, 23 décembre 1755.
47. *Ibid.*, 27 décembre 1755.
48. J. Gregori, *Nouvelle Histoire de la Corse,* texte cité p. 392.
49. Lettre de D. Hume du 13 février 1773, *in Mémoires* du cardinal Dubois.
50. *Correspondance de Paoli,* 3 décembre 1755.
51. *Ibid.*, 4 décembre 1755.
52. *Ibid.*, 4 janvier 1756.
53. *Ibid.*, 5 décembre 1755.
54. *Ibid.*, 13 décembre 1755.
55. *Ibid.*, 15 décembre 1755.
56. *Ibid.*, 2 janvier 1756.
57. *Ibid.*, 4 janvier 1756.
58. *Ibid.*, p. 285.
59. *Ibid.*, 4 janvier 1756.
60. *Ibid.*, 6 janvier 1756.
61. *Ibid.*, 8 janvier 1756.
62. Massei, Domenico Maria Saporiti, évêque de Mariana et d'Accia.
63. *Correspondance de Paoli,* 8 janvier 1756.
64. *Ibid.*, 11 janvier 1756.
65. *Ibid.*, 14 janvier 1756.
66. *Ibid.*, lettre à Salvini, 18 janvier 1756.
67. *Ibid.*, 4 février 1756.
68. *Ibid.*, 6 février 1756.
69. *Ibid.*, 11 janvier 1756.
70. *Ibid.*, 9 février 1756.
71. *Ibid.*, 14 février 1756.
72. *Ibid.*, 29 février 1756.
73. *Ibid.*, 3 avril 1756.
74. *Ibid.*, 24 avril 1755.
75. *Ibid.*, 24 avril 1755.
76. *Ibid.*, 30 avril 1756.
77. *Ibid.*, p. 368-369.
78. *British Library, Newcastle Papers,* Add.Mss. 32 866, p. 345-346.
79. *Gazette de France* du 11 décembre 1756.
80. Jean-Alexandre Romée de Villeneuve, des comtes de Vence.
81. *Correspondance de Paoli,* 5 mai 1756.
82. *Ibid.*, lettre à Mari, 11 mai 1756.
83. *Ibid.*, 25 mai 1756.
84. *British Library, Newcastle Papers,* Add. Mss. 32 866, p. 337-340.
85. *Correspondance de Paoli,* lettre à Salvini, p. 383.
86. Thomas Walpole, comte d'Oxford, fut admis au sein des loges maçonniques en février 1785 à Munich, à l'instar de son frère, mais le 2 mars 1785, l'électeur de Bavière, Charles-Théodore, interdit la franc-maçonnerie dans ses États.
87. Le juge du *King's Bench* à partir de 1768 fut Edward Willes, mort en 1787. Ce dernier fut l'ami de Symonds et de Boswell. À Carlisle, le 23 août 1778, il écrivit à Boswell : « You're acquainted with my friend Md. Symonds. I believe you and he know Corsica better than anybody else »(Ambrosoli, *op. cit.*). Nous n'avons malheureusement pas pu identifier le juge du *Banc du Roi* en 1755-1756.
88. Né à Roelighausen, duché de Westphalie, en 1684, marié le 10 juillet 1748 devant le notaire de Zigliara à Maria Rosa Colonna de'Bozzi.
89. Marta Maria de Drost, mariée en 1788 à Orazzio Colonna de'Bozzi, et Maria Giustina de Drost, mariée en 1788 à Giuseppe Maria Colonna de'Bozzi, frère d'Orazzio.
90. Rigny, 11 avril 1757.
91. Selon le capitaine suisse Siméon de Buochberg.
92. Rigny, 10 mai 1757.

93. *Ibid.*, 8 juin 1761.
94. *Ibid.*, 2 février 1761.
95. Lettre du 22 avril 1761 à Costa de Castellana.

CHAPITRE VII
Le chef d'État (1756-1768)

1. Baptême de Giovanni Baldacci le 20 septembre 1763, fils de Giovanni et de Paulina, petit-fils de Francesco Baldacci. La marraine était Maria Angelica de Gaffori.
2. Procuration du 20 août 1762, datée de Cervione di Campoloro, signée de Pascal Paoli, pour permettre au signor don Giovanni Giacomini de Porrata di Morsiglia della provincia di Capocorso de baptiser le fils ou la fille à naître « du ventre »de la signora Angela Francesca, épouse du signor Paolo Giacomini de Morsiglia. Collection privée.
3. Marie-Désirée-Marseille Roux, née à Marseille le 9 mai 1744, filleule de la ville, son père étant alors échevin (1744-1745). Morte après 1797, sans doute à Rians. Elle épousa à Marseille en 1764 le baron Raimond-Pierre de Glandevès-Castellet (1725-av. 1800), capitaine de vaisseau, chevalier de Saint-Louis, premier consul d'Aix (1784), sénéchal de Castellane, commandant la marine à Marseille (1789), émigré et mort en Espagne.
4. Voir la biographie de Mercier dans notre thèse d'État. Charles-Magloire-Dieudonné de Mercier, lieutenant de vaisseau, chevalier de Saint-Louis, admis à la loge la Marine, reconstituée le 8 juillet 1784, en devint vénérable et épousa le 23 août 1785 Luce-Marie-Charles de Glandevès-Castellet, née le 23 septembre 1765, petite-fille de Roux de Corse. Cf. A. Laget, *Histoire de la loge la Marine n° 433 à Toulon.* Et M. Vergé-Franceschi, *Le Cap Corse. Généalogies et destins,* p. 360.
5. César-Gabriel de Choiseul-Chevigny (1712-1785), d'abord comte de Choiseul puis duc de Praslin (1762). Fils d'Hubert de Choiseul-La Rivière, marquis de Choiseul (v.16.-1727). Maréchal général des logis de la cavalerie de l'armée de Westphalie (1742), brigadier (1743), maréchal de camp (1744), lieutenant général des armées du Roi (1748). Futur secrétaire d'État aux Affaires étrangères (1761-1766), puis à la Marine (1766-1770).
6. Âge donné par Pascal Paoli.
7. A. Lang, « Notice historique sur Théodore de Neuhoff », *Mémoires de la Société d'archéologie et d'histoire de la Moselle,* Metz, 1861.
8. Graziani, *Paoli,* p. 164. –Ravasi, *op. cit.*
9. Archives du ministère des Affaires étrangères, Correspondance de Corse, vol. 2 ; lettre de Maillebois au ministre du 10 février 1740.
10. Archives d'État de Gênes, archives secrètes, Gavi, consul de Gênes à Livourne, lettre au Sérénissime Collège, 18 octobre 1741, *Ribellione di Corsica, filza* 14/3012.
11. Archives du ministère des Affaires étrangères, Correspondance de Corse, janvier 1740, vol. 2 ; direction des lettres que Théodore écrit à Rome.
12. Ravasi, p. 160-161.
13. F. Beretti, p. 45.
14. Rigny, 24 août 1761.
15. Rigny, 21 septembre 1761.
16. *BSSHNC,* 1883, n° 35-36, p. 219. Lettre de Marbeuf à Jadart.
17. *Correspondance de Paoli,* 24 novembre 1761.
18. *Ibid.*, 28 décembre 1761.
19. Grosse felouque armée d'artillerie.
20. Publiées dans *BSSHNC,* Bastia, n° 95-96, nov.-déc. 1888, p. 593.
21. Mac Erlean, « Paoli et la Corse en juillet-août 1768. Rapports de deux agents britanniques », *Études corses,* n° 18-19, p. 178.
22. Publiée dans *BSSHNC,* Bastia, n° 95-96, nov.-déc. 1888, p. 625.
23. *Ibid.*, p. 641.
24. *Ibid.*, p. 644-646.
25. *Ibid.*, p. 658.
26. *Ibid.*, p. 709.
27. Jean-Frédéric de La Tour du Pin de Gouvernet, comte de Paulin, marquis de La Rochechalais, alors colonel dans le corps des grenadiers de France, a en effet épousé le 24 avril 1755 Cécile-Marguerite-Séraphine Guignot de Monconseil, fille d'Étienne Guignot, marquis de Monconseil, lieutenant général des armées du Roi et inspecteur général de l'infanterie, et de Cécile-Thérèse de

Rioult de Cursay (*Gazette de France* du 26 avril 1755). Il était fils de feu Jean de La Tour du Pin de Gouvernet, comte de Paulin, mestre de camp de cavalerie, et de dame Suzanne de La Tour.

28. Rousseau écrit de Môtiers le 26 mai 1765 : « Je reçus bien par M. le chevalier R. la lettre de M. Paoli. » Mais il doute de l'authenticité de celle-ci ;il l'écrit à Buttafoco ce 26 mai 1765 : « M. de R. vient me voir de la part de M. Paoli sans m'apporter aucune lettre ni de la sienne, ni de la vôtre, ni de personne. Il refuse de se nommer. Il venait de Genève. Il avait vu mes plus ardents ennemis [...]. Son long séjour en ce pays sans y avoir aucune affaire avait l'air du monde *le plus mystérieux* [...]. Il avait fait tous ses efforts *pour savoir quelles relations je pouvais avoir en Corse* [...]. Enfin, il m'apporte la lettre de M. Paoli *dont je ne connaissais point l'écriture*. Jugez si tout cela devait m'être suspect. »

29. Edith Cuthell, *The Scottish Friend of Frederick the Great : the last Earl Marischall,* 1915. –F.-C. Green, « Letters of Milord Maréchal to Rousseau », *French Studies,* janvier 1955. La correspondance de Rousseau et de Lord Maréchal comprend plus de cent lettres.

30. Rousseau, *Les Confessions,* éd. Garnier, livre XII, p. 770 et suiv.

31. *Ragguagli dell'isola di Corsica,* décembre 1764.

32. P. Castellin et J.-M. Arrighi, *op. cit.*, p. 38-39.

33. Dates données par F. Beretti, *op. cit.*

34. *Boswell on the Grand Tour, Germany and Switzerland,* 1764, New York, Toronto et Londres, éd. F. Pottle, 1953. –*Boswell chez les Princes,* traduction, Paris, Hachette, 1954.

35. D. Ligou, *Dictionnaire,* p. 532. Ami de Beccaria. Il affirme son appartenance maçonnique dans ses *Mémoires* et écrit avoir fréquenté à Koenigsberg l'ordre de la Félicité.

36. P.-Y. Beaurepaire, *L'Europe des francs-maçons (XVIIIe-XXIe siècles),* Belin, 2002.

37. Rigny, 8 avril 1765.

38. « Correspondance de Lord Nelson », *BSSHNC,* n° 308-312, p. 220. Lettre de Nelson du 7 février 1795.

39. F. Beretti, *op. cit.*, p. 269.

40. Marlies K. Danziger, « Le jeune Boswell en voyage et ses rapports avec la franc-maçonnerie », *Franc-maçonnerie. Avenir d'une tradition. Chemins maçonniques,* Catalogue de l'exposition du musée des Beaux-Arts de Tours, 1997, Tours, Alfil, p. 57. –Et Irma S. Lustig éd., *Boswell : Citizen of the World, Man of Letters,* Lexington, The University Press of Kentucky, 1995.

41. Baronet, visiblement un Cunningham.

42. Lettre citée par F. Beretti, *op. cit.*, p. 39.

43. *Ibid.*, p. 43.

44. Veuf d'Honorée Burke (mère de la baronne de Neuhoff), Berwick, remarié à Anne Burkeley (fille de Sophie Stuart), laissa 1) Jacques Fitz-James (1702-Paris, 1721), duc de Fitz-James, pair de France, marié en 1720, sans postérité ; 2) François (1709-1764), duc de Fitz-James, évêque de Soissons (1739), premier aumônier du Roi (1742-1748) ; 3) Henri (1711-), comte puis duc de Fitz-James, maître de camp au régiment d'infanterie irlandais ; 4) Charles (1712-1731), abbé de Berwick ; 5) Édouard (1715-).

45. Notre sixième aïeule Anna-Maria Giacomini de'Porrata (Morsiglia, v.1729-Centuri, 1779), épouse du *dominus* (chevalier) Sylvestro Simonpietri d'Ortinola (v.1706-1774), podestat du cap Corse, fille de *messer* Cruciano Giacomini de'Porrata et de noble Giulia-Maria Antoni della Botticella d'Ersa (morts avant 1770).

46. Nous sommes toujours au sein du même clan, les alliances étant légion entre les Giacomini de'Porrata, les de'Paoli de Pecorile, les Antonetti, tous de Morsiglia, les Simonpietri d'Ortinola (de Centuri), les Tomasi (de Pino), les Franceschi del Campo (de Luri) et les Franceschi de Bovalo (de Centuri).

47. Claude-François Passerat de La Chapelle.

48. *Ragguagli dell'isola di Corsica,* juin-juillet 1765.

49. Marie-Cécile Révauger, *Le Fait maçonnique au XVIIIe siècle en Grande-Bretagne et aux États-Unis,* Paris, EDIMAF, 1990, p. 35.

50. Rousseau, *Les Confessions, op. cit.*, p. XXX.

51. *Idem.*, éd. de La Pléiade, p. 944 et surtout p. 1733.

52. F. Beretti, *op. cit.*, p. 75.

53. P.-Y. Beaurepaire, p. 77.

54. F. Beretti, *op. cit.*, p. 82. Il s'agit non de Patrice-François (1716-1784) mais de son fils Philippe-Goswyn.

55. P.-Y. Beaurepaire, *L'Europe des francs-maçons, op. cit.*, p. 127.

56. Lettre de Boswell citée par J. Gregori, *Nouvelle histoire de la Corse,* p. 391.

57. *Ragguagli dell'isola di Corscica* de juin-juillet 1765.

58. *Ibid.*, juin-août 1766.
59. F. Beretti, *op. cit.*, p. 106.
60. *Ragguagli*, janvier-juin 1767.
61. *Ibid.*
62. Paoli à Salvini, Murato, 25 octobre 1762, in *Études corses*, n° 33, p. 128.
63. Paoli à Vinciguerra, Corte, 3 janvier 1762, *ibid.*
64. Paoli à Limperani, Olmeta, 19 septembre 1759, *ibid.*, p. 131.
65. Paoli à Casabianca, Oletta, 6 février 1760, *ibid.*, p. 132.
66. Paoli à Salvini, Corte, 15 septembre 1755, *ibid.*, p. 127.
67. Lettre de D'Angelo, 6 août 1755, *ibid.*, p. 122.
68. *Ibid.*
69. Anton Buttaffoco, *Journal d'un combattant* ; cité par D. Rey, *Études corses*, n° 33, p. 123.
70. Paoli, Corte, 3 mars 1756, *ibid.*, p. 122-123.
71. Paoli aux généraux des finances, Corte, 9 octobre 1760.
72. Barbaggi au capitaine Achille Murati, commandant à Erbalunga, Centuri, 28 avril 1764, in *Études corses*, n° 33, p. 132.
73. Paoli aux intendants des finances, Furiani, 26 octobre 1759.
74. *BSSHNC*, 1886, n° 69, p. 489, 505 et 514.
75. Abbé Galletti, p. 477.
76. Capitulation signée le 29 mai 1767 entre Achille Murati du côté corse, et, du côté génois : Bernardino Ottone, Manuello Massari et Giacinto Poggi.
77. J. Gregori, *Nouvelle histoire de la Corse*, p. 393.
78. Campredon disait de Sorba dans une lettre à Amelot, du 18 juillet 1737, datée de Gênes : Sorba n'a « contre lui que le péché originel de sa naissance qui est d'être *corse* » (Archives du ministère des Affaires étrangères, Correspondance de Gênes, vol. 100).
79. De la famille de Philip Stanhope, comte de Chesterfield, ambassadeur du roi d'Angleterre à La Haye à partir du 5 mai 1728.
80. John Mac Erlean, « John Stewart, Paoli et la Corse », lettres de 1768, *Études corses*, 1989, n° 33, p. 144-145.
81. D. Ligou, *Dictionnaire de la franc-maçonnerie*, p. 751.
82. Le 27 août 1768, Paoli étant à Olmeta, il écrivit à Cocchi.
83. P.-Y. Beaurepaire, *op. cit.*, p. 19.
84. Lettre citée par J. Gregori, *Nouvelle histoire de la Corse*, p. 394.
85. F. Beretti, *op. cit.*, p. 106.
86. *Ibid.*, p. 150.
87. John Mac Erlean, « John Stewart, Paoli et la Corse », lettres de 1768, *Études corses*, 1989, n° 33, p. 146.
88. *Ibid.*, p. 117.
89. *Correspondance littéraire par Grimm, Diderot, Raynal*, 1877-1882, vol. IX, p. 64.
90. F. Beretti, *op. cit.*, p. 121.
91. P.-Y. Beaurepaire, p. 105.
92. *Les Obligations d'un franc-maçon, I. Concernant Dieu et la Religion*, traduction de Georges Lamoine, *Les Constitutions d'Anderson...*, *op. cit.*, p. 63.
93. Mémoire du comte de Marbeuf, Arch. nat., K 1226 19.
94. Alphonse Dupront, *Les Lettres, les sciences, la religion et les arts dans la deuxième moitié du XVIIIe siècle*, cours d'agrégation en Sorbonne, 1962-1963.
95. Gioacchino Cambiagi, *Istoria del regno di Corsica*, Livourne, 1770-1772, t. IV, p. 155-164.
96. *Ibid.*, p. 161.
97. Jean-François de Narbonne-Pelet, dit le comte de Narbonne (Saint-Paul-des-Trois-Châteaux, 1725-1804). Issu de la puissante famille de Narbonne fieffée dans le Bas-Languedoc. Son frère ayant épousé une nièce de Fleury, il fit une brillante carrière. Capitaine d'infanterie, aide-major général de l'infanterie en 1757, colonel commandant du corps des grenadiers de France. Marié au retour de Minorque (1756) à sa cousine Louise-Charlotte-Philippine de Narbonne-Pelet, fille du baron de Salgas et de Françoise-Hélène de Pierre de Bernis.
98. Graziani, *Paoli*, p. 193.
99. *Gazette de France*, 1763.
100. Pommereul, *Campagne de 1768.*
101. D. Ligou, *Dictionnaire de la franc-maçonnerie.*
102. Pommereul, *Campagne de 1768.*
103. *Gazette de France*, 1763-1764.

104. *Ibid.*, 1754.
105. *Ibid.*, 1761-1764.
106. Propos rapportés par son petit-fils le docteur Jean Emmanuelli, de Saint-Brieuc.
107. Cambiagi, *op. cit.*, t. IV, p. 162.
108. Abbé Galletti, p. 485.
109. Pommereul, p. 281.
110. Abbé Galletti, p. 485. Galletti ait un grand-oncle, Simon Galletti, qui participa à la prise de Capaja en 1767, et un père paoliste qui accueillit Paoli dans son village de Lucciana lors du combat de Borgo. On peut penser que son témoignage est par conséquent exact.
111. Badge conservé dans la maison-musée de Johnson à Gough Square (F. Beretti, *op. cit.*, p. 106).
112. Fils aîné de Stephen Fox, premier comte d'Ilchester et neveu de Henry Fox, premier baron de Holland.
113. Armand-Louis de Gontaut-Biron.
114. Mme Du Deffand signale que Milord Stavordale fut reçu à dîner chez Lauzun le 28 décembre 1769.
115. Charles Orby Hunter.
116. Pommereul, p. 289.
117. D. Ligou, *Dictionnaire de la franc-maçonnerie,* p. 66.
118. *Gazette de France* du 2 septembre 1747.
119. *Ibid.*, 27 mai 1747 et 15 juillet 1747.
120. Pommereul, p. 296.
121. *Ibid.*, p. 299.
122. Le baron von Kleist n'était plus au service de Paoli depuis 1764 (lettre de Paoli à Rivarola, datée d'Erbalunga, 8 mai 1764 ; Didier Rey, « L'armée régulière corse (1755-1769) », in *Études corses,* 1989, n° 33, p. 125). Sans doute parent du poète prussien et franc-maçon Edwald Christian von Kleist (1715-1759) et du général comte Friedrich Heinrich Ferdinand von Kleist (1762-1823).
123. F. Beretti, *op. cit.*, p. 108.
124. Pommereul, p. 302.
125. *Ibid.*, p. 304.
126. Mémoire n° 2 de Matteo Buttafoco à Choiseul, 29 septembre 1766, in *Fragments pour servir à l'histoire de Corse de 1764 à 1769,* par Antoine-Semideo-Louis-François comte de Buttafoco, Bastia, 1859, p. 50.
127. Voir *Armorial* de F. Demartini. –*Armorial* de Colonna de Cesari-Rocca. –Et André Borel d'Hauterive qui a publié une liste (certes incomplète) des nobles corses reconnus par Louis XV et Louis XVI, in *Revue historique,* Paris, 1841.
128. Service historique des armées de terre, château de Vincennes, A1/3664.
129. G. Baguenault de Puchesse, *La Conquête de la Corse et le maréchal de Vaux,* Paris, 1880, p. 20.
130. Lettre chiffrée citée par Mac Erlean (J.M.P.), « Le capitaine Charles Wood et l'évasion du général Paoli de Corse en juin 1769 », *BSSHNC,* n° 663, 1993.
131. Pommereul, p. 313-314.

CHAPITRE VIII
L'exilé londonien (1769-1790)

1. D. Ligou, *Dictionnaire de la franc-maçonnerie,* p. 1280.
2. F. Beretti, « L'accueil de Paoli en Angleterre, automne 1769 », *Études corses,* n° 10, 1978, p. 59.
3. Abbé Salvini, *Giustificazione della Rivoluzione di Corsica,* p. 606-607.
4. *Ibid.,* p. 59.
5. *Ibid.,* p. 60.
6. Joseph II fut reçu la même année par Mgr Giulio Natali (1702-1782), évêque de Tivoli, à Tivoli.
7. Selon Giuseppe Maria Bettinelli.
8. D. Ligou, *Dictionnaire de la franc-maçonnerie,* p. 1213.
9. *BSSHNC,* n° 562.
10. Georges Coanet, *Le Souffle corse de la liberté et du droit,* La Marge édition, Fondation Pasquale Paoli, 1993, p. 42. Préface de Dorothy Carrington.

11. Paoli à Maria Cosway, 22 août 1786.

12. L'une des dernières lettres connues de Neuhoff est celle du 12 mai 1754, adressée au comte de Bentinck ; citée par Percy Fitzgerald, *op. cit.*, p. 145.

13. F. Beretti, *Études corses*, n° 10, 1978, p. 60-61.

14. F. Beretti, *op. cit.*, p. 213.

15. *Œuvres historiques*, éd. de La Pléiade, 1962, p.1552.

16. *Journal de Boswell*, vendredi 22 septembre 1769, *in* J. Gregori, *Nouvelle histoire de la Corse*, p. 395.

17. Paoli à Maria Cosway, 1er août 1788.

18. Lettre de Boswell, 22 septembre 1769.

19. Michel Duchein, *Histoire de l'Écosse*, Fayard, p. 312.

20. *Journal* de Boswell à la date du 22 septembre 1769, *in* J. Gregori, p. 395.

21. *Journal* de John Wesley, 19 mars 1784, cité par A.-M. Graziani, *Paoli*, p. 261.

22. Claude Manceron, *Les Hommes de la Liberté*, t. I.

23. P.-Y. Beaurepaire, *op. cit.*, p. 138.

24. F. Beretti, *Études corses*, n° 10, 1978, p. 67.

25. J. Gregori, *Nouvelle histoire de la Corse*, p. 398.

26. F. Beretti, *Études corses*, n° 10, 1978, p. 61.

27. *Ibid.*, p. 62.

28. *Ibid.*

29. *Ibid.*

30. Lettre du 26 février 1770.

31. F. Beretti, *op. cit.*, p. 254.

32. F. Beretti, *Études corses*, n° 10, p. 63.

33. Lettre de Paoli citée par A.-M. Graziani, *Paoli*, p. 265.

34. Anonyme, « On the Defection of the Corsicans : an elegy », *The London Chronicle*, 7-9 novembre 1769, p. 452. – Anonyme, *The Complaint of Liberty*, Londres, 1768, 23 p., in-4°.

Anonyme, *The Blessings of liberty displayed with the fall of Corsica : a poem*, Londres, 1769, 41 p., in-4°. – Anonyme, *The Conquest of Corsica by the French, a tragedy*, par « A lady », Londres, 1771, 43 p., in-12°. – Barbauld (Anna Letitia Aikin, Mrs), *Corsica*, 1769, in *Poems*, Londres, 1773, p. 1-13. Œuvre d'une poétesse née en 1743 dans le Leicestershire. – Burnaby Greene (Edward), *Corsica, an ode*, 1768, in *Poetical Essays*, Londres, 1772, p. 36-42. – Cockings (George), *The Paoliad or Corsican memoirs : a poem*, Londres, 1769, 44 p., in-8°. – Colvill (Reverend Robert), *The Cyrnean Exile : a poem, most humbly inscribed to his Excellency Pascal Paoli, General of the Corsicans, The London Chronicle*, 24-26 mars 1772, p. 289-290. Colvill, ministre de Dysart en Écosse, ancien condisciple de Boswell à l'école dirigée par James Mundell, était le fils du « meilleur massier du tribunal d'Édimbourg ». – Cumming (Tom), établi au Sénégal. – Garrick (David). – Johnson (Samuel).

Montagu (Elizabeth, Mrs) : elle offrit un exemplaire de *Corsica* à Paoli. – Nobody, *Liberty's Address to her Britons, in behalf of the Corsicans*, 1768, in *Poems*, Londres, 1770, p. 94-96. – Oglethorpe (général), fondateur de la colonie de Géorgie. – Richardson (William), *A Poetical Address in Favour of the Corsicans*, Londres, 1769. Réédité à Glasgow sous le titre *Corsica, a Poetical Address*, 1769. Né en 1743 dans le Perthshire, étudiant de Glasgow, il devint professeur de lettres à l'université de Glasgow (1772). – Sheridan (Thomas). – Tournay (Reverend T.), *Ambition, an Epistle to Paoli, printed for the author and sold by E. and C. Dilly*, Londres, 1769, 30 p., in-4°. – Underwood (Thomas), *Liberty, in Poems*, Bath, 1768, p. 199-221.

35. F. Beretti, *op. cit.*, p. 236.

36. P.-Y. Beaurepaire, *op. cit.*

37. *Ibid.*, p. 69.

38. Yves-Alexandre de Marbeuf, né près de Rennes en 1734, mort en émigration en Allemagne en 1799, chanoine-comte de lyon, évêque d'Autun (1767), archevêque de Lyon (1788).

39. Celui-ci comprenait un premier président, un second président, un procureur royal, un substitut, un avocat général, dix conseillers. Le commandant en chef y avait voix délibérative.

40. Louise-Nicole Dufresne de Villeneuve, mariée à Chardon depuis 1759.

41. Daniel-Marc-Antoine Chardon, natif de Paris, lieutenant particulier au Châtelet, intendant de Sainte-Lucie aux îles d'Amérique (1763-1764), conseiller au parlement de Paris (1765), maître des requêtes (1765), « chancelier, conseiller du Roi en ses conseils, maître des requêtes ordinaires en son hôtel, premier président de son Conseil supérieur de l'isle de Corse, intendant de justice,

police, finances, fortifications, vivres, troupes et commissaire départi pour Sa Majesté pour l'exécution de ses ordres dans l'étendue de ladite isle, de celle de Capraja et autres »(8 juillet 1768-1er juin 1771). Il fut le rapporteur de l'affaire Sirven (1771) et Voltaire entretint une correspondance avec lui. Procureur général au conseil des finances pour les prises (1799), doyen des maîtres de requêtes. Il eut pour successeur Barthélemy Colla de Pradines, *intendant de Corse de 1771 à 1775,* ancien conseiller à la Cour des comptes d'Aix (1757) qui eut pour successeur Boucheporn. Pour Chardon, voir F. Bluche, *L'Origine des magistrats du parlement de Paris au* XVIIIe *siècle,* éd. P. du Puy, 2004, p. 124.

42. Éléonore-Julie de Guémadeuc, veuve du comte de Guyon.

43. Mlle Gaillardon de Fenoyl, née en 1765.

44. Le mardi 19 septembre 1786, à deux heures du matin, « malade de corps mais sain d'esprit », Marbeuf testa en présence de messire François-Nicolas de La Guillaumye, intendant de Corse, de messire Antoine de Balathier, lieutenant du Roi à Bastia, de Jean-François Hénault, subdélégué général de l'intendance, et de deux autres témoins, par-devant maître Serval, associé de maître Seatelli, notaire royal et apostolique à Bastia.

45. François-Nicolas de La Guillaumye, né posthume en 1738, fils de Pierre-François (1695-1738), conseiller au parlement de Paris (1724-mort en charge) et de Marie-Marguerite Butler. Conseiller au parlement de Paris (1758), intendant de Corse (1785-1790), franc-maçon. Voir F. Bluche, *L'Origine des magistrats du parlement de Paris, op. cit.*, p. 228.

46. Un vicomte de Barrin est nommé maréchal de camp le 25 décembre 1764 (*Gazette de France* du 27 décembre 1764 ; supplément).

47. Pour les La Galissonnière, cf. notre thèse d'État, t. III, p. 1297-1323.

48. D. Rey, « Les *fuorusciti* corses de 1769 à 1790 », *Études corses,* 1988, n° 30-31, p. 255.

49. Paoli au comte Francesco Orsini de Rosenberg, Londres, 17 juin 1770, *in* « Lettres de Paoli », *BSSHNC,* t. IV.

50. Paoli à Rivarola, Londres, 16 juillet 1771, *in* D. Rey, « Les *fuorusciti* corses de 1769 à 1790 », *op. cit.*, p. 256.

51. Paoli à Rivarola, Londres, 8 novembre 1771. *Ibid.*, p. 256.

52. Clemente Paoli à Orso Paolo Vincenti, Prato, 11 juin 1777. *Ibid.*

53. François-Claude, marquis de Chauvelin, né vers 1715. Fils de Germain-Louis (1685-1762), secrétaire d'État aux Affaires étrangères (1727-1737), auteur de la célèbre dépêche envoyée le 26 avril 1735 à Campredon à Gênes dans laquelle il s'intéressait déjà au « rattachement »de la Corse à la France, affaire connue dans les milieux diplomatiques sous le nom de « Secret-Chauvelin ».

54. Marlies K. Danziger, *op. cit.*

55. *Ibid.*, p. 58-59.

56. Alain Lottin, *Boulonnais, noble et révolutionnaire. Le journal de Gabriel Abot de Bazinghen (1779-1798),* Arras, Artois Presses Université, coll. « Histoire », 1995, p. 66-67.

57. Lettre du 12 septembre 1772, *in* D. Rey, « Les *fuorusciti* corses de 1769 à 1790 », *op. cit.*, p. 259.

58. A. Rossi, *Osservazione storiche,* livre XII, n° 43.

59. Lettre du 13 juin 1772 d'un ecclésiastique énorme, *in* D. Rey, « Les *fuorusciti* corses de 1769 à 1790 », *op. cit.*, p. 260.

60. Lettre du 26 mars 1774, *ibid.*

61. Lettre du 21 avril 1774, *ibid.*, p. 262.

62. Lettre du 19 juillet 1774, in *Cahiers d'histoire et de documentation corses,* Grenoble, 1949, n° 1.

63. *Ibid.*, lettre du 28 août 1774.

64. Leroux de Laric à son père, Ajaccio, 7 juillet 1772, *in* D. Rey, « Les *fuorusciti* corses de 1769 à 1790 », *op. cit.*, p. 259.

65. *Ibid.*, lettre de Leroux de Laric à son père, Cargèse, 21 septembre 1775.

66. Protestations du ministre des Affaires étrangères auprès du comte de Muy, dès le 14 novembre 1774, *in* D. Rey, *op. cit.*, p. 263.

67. Lettre du 1er août 1778, *in* D. Rey, *op. cit.*, p. 257.

68. Clemente Paoli à Orso Paolo Vincenti, Prato, 21 septembre 1778. *Ibid.*, p. 257.

69. Foreign Office 79.

70. A. Rossi, *Osservazione storiche,* livre XIII, n° 63.

71. Foreign Office 79, *Tuscany,* lettre d'Horace Mann à Charles Fox du 28 juillet 1783, *in* Dorothy Carrington, *Sources de l'histoire de la Corse au Public Record Office de Londres,* La Marge, Ajaccio, 1983.

72. Foreign Office, Elliott à Horace Mann, Gibraltar, *in* D. Rey, « Les *fuorusciti* corses de 1769 à 1790 », *op. cit.*, p. 264.

73. D. Ligou, *Dictionnaire de la franc-maçonnerie,* p. 840.

74. « Al nobil uomo il signor Pasquale Paoli propugnator magnanimo dei Corsi. Lo scrivere tragedie di libertà nella lingua di un popolo libero, etc. »

75. Paoli à Maria Cosway, Bath, 10 novembre 1786.

76. *Ibid.*, 12 septembre 1786.

77. Sans doute femme de Joseph (1755-1833).

78. Paoli à Maria Cosway, 1er août 1788.

79. *Ibid.*, 5 octobre 1789.

80. *Ibid.*, 22 août 1786.

81. *Ibid.*, 1er août 1788.

82. *Ibid.*, 28 décembre 1797.

83. Lettre de Paoli du 28 avril 1790.

84. Paoli à Maria Cosway, 28 octobre 1787.

85. J. de Fréminville, « Le Conseil supérieur de la Corse », in *BSSHNC,* nouvelle série, EC 7-8, 3e et 4e trimestre 1955.

86. Arch. nat., K 1227.

87. 17 juillet 1789 : Louis XVI est reçu à Paris à l'Hôtel de Ville et une inscription est votée pour être placée sur une colonne à la place de la Bastille : « À Louis XVI, restaurateur de la Liberté publique ».

88. Paoli à l'abbé Andrei, Londres, 11 septembre 1789, in *Lettere di Pasquale Paoli* par Nicolo Tommaseo, Florence, 1846.

89. A. Rovere et A. Casanova, *La Révolution française en Corse,* Privat, p. 161.

90. A. Rossi, *Osservazione storiche,* livre XIV, n° 24.

91. *Ibid.*, livre XIV, n° 19.

92. A. Rovere et A. Casanova, *La Révolution française en Corse, op. cit.*, p. 162.

93. D. Rey, « Les *fuorusciti* corses de 1769 à 1790 », *op. cit.*, p. 267.

94. A. Rovere et A. Casanova, *La Révolution française en Corse, op. cit.*, p. 162.

95. *Ibid.*, p. 161.

96. *Ibid.*

97. D. Rey, « Les *fuorusciti* corses de 1769 à 1790 », *op. cit.*, p. 267.

98. A. Rossi, *Osservazione storiche,* livre XIV, n° 15.

99. A.-M. Graziani, *Paoli,* p. 277.

100. A. Rovere et A. Casanova, *La Révolution française en Corse, op. cit.*, p. 162.

101. A.-M. Graziani, *Paoli,* p. 276.

102. A. Rovere et A. Casanova, *La Révolution française en Corse, op. cit.*, p. 164.

103. *Ibid.*

104. *Ibid.*, p. 165.

105. A.-M. Graziani, *Paoli,* p. 281.

106. *Giornale patriottico della Corsica,* n° 6 du 8 mai 1790.

107. A. Rovere et A. Casanova, *La Révolution française en Corse, op. cit.*, p. 166.

108. Clemente Paoli, 13 avril 1790, *in* D. Rey, « Les *fuorusciti* corses de 1769 à 1790 », *op. cit.*, p. 267.

109. D. Ligou, *Dictionnaire de la franc-maçonnerie,* p. 335.

110. P.-Y. Beaurepaire, *op. cit.*, p. 164.

111. Paoli à G. G. Levie d'Ajaccio, 17 juin 1790, *in* D. Rey, « Les *fuorusciti* corses de 1769 à 1790 », *op. cit.*, p. 267.

112. *BSSHNC,* n° 496-501, p. 26.

CHAPITRE IX
Le citoyen du ciel (1790-1807)

1. A. Rovere et A. Casanova, *La Révolution française en Corse, op. cit.*, p. 164.
2. *Les Doléances de la Corse à travers les cahiers de 1789. Collection d'Archives,* CNDP/CRDP de la Corse.
3. Le fils du couple Valentini, professeur de médecine à Rome, y mourut en 1863. Nombre de Corses furent d'ailleurs médecins à Rome, notamment Natale Saliceti qui soigna l'abbé Giulio Natali lors de sa tentative d'assassinat par les Génois, le docteur Carlo Rinesi (proche jadis de Sebastiano Costa) et le docteur Domenico Franceschi del Campo de Luri, proche du docteur Rinesi et du docteur Saliceti.
4. Ersilio Michel, « Filippo Buonarotti in Corsica e il governo toscano », in *Archivio Storico di Corsica,* 1929, p. 179-180.
5. A. Rovere et A. Casanova, *La Révolution française en Corse, op. cit.*, p. 169.
6. Nicolao Spedalieri, « De' diritti dell'uomo », Assi, 1791, livre IV, p. 447. –Carlo Bordin, « Rivoluzione corsa e illuminismo italiano », Rome, Bulzoni éd., 1979.
7. Pascal-Pierre Santini, « Huit lettres inédites de Pascal Paoli », *Études corses.*
8. Lettre d'Arena du 30 mars 1792, *in* Ange Rovere, « Paoli dans son temps », p. 16.
9. A. Rovere et A. Casanova, *La Révolution française en Corse, op. cit.*, p. 170.
10. Jean Defranceschi, « Paoli et les frères Bonaparte », in *Problèmes d'histoire de la Corse de l'Ancien Régime à 1815,* p. 138.
11. Procès-verbal du 17 septembre 1792 cité par Jean Defranceschi, « Paoli et les frères Bonaparte », in *Problèmes d'histoire de la Corse de l'Ancien Régime à 1815,* p. 134.
12. D. Carrington, « Les Pozzo di Borgo et les Bonaparte », in *ibid.*, p. 126.
13. *Correspondance de Paoli,* coll. Perelli, t. IV, p. 127.
14. A. Rovere et A. Casanova, *La Révolution française en Corse, op. cit.*, p. 170.
15. Rapport de John Stewart, *in* J.M.P. Mc Erlean (université York, Toronto), « Paoli et la Corse en juillet-août 1768 : rapports de deux agents britanniques », *Études corses,* n° 18-19, p. 176.
16. Amiral R. Monaque, *Latouche-Tréville, le marin de la Convention,* p. 286.
17. Charles Santoni, *Chronique de la franc-maçonnerie en Corse, 1772-1920,* p. 44.
18. D. Ligou, *Dictionnaire de la franc-maçonnerie,* p. 1108.
19. Datée de Corte, adressée au citoyen lieutenant-colonel Colonna-Leca. *In* Pascal-Pierre Santini, « Huit lettres inédites de Pascal Paoli », *Études corses.*
20. *Moniteur universel.* Séance du 4 avril 1793, in *BSSHNC.*
21. Pascal-Pierre Santini, « Huit lettres inédites de Pascal Paoli », *Études corses,*
22. A. Rovere et A. Casanova, *La Révolution française en Corse, op. cit.*, p. 232.
23. *Ibid.*, p. 233.
24. *Ibid.*
25. D. Carrington, *Sources de l'histoire de la Corse au Public Record Office de Londres avec 38 lettres inédites de Pasquale Paoli,* Ajaccio, Librairie la Marge, 1983.
26. A. Rovere et A. Casanova, *La Révolution française en Corse, op. cit.*, p. 233.
27. Pascal-Pierre Santini, « Huit lettres inédites de Pascal Paoli », *Études corses.*
28. A. Rovere et A. Casanova, *La Révolution française en Corse,* p. 235.
29. *Ibid.*
30. *Ibid.*
31. Il laissa deux fils, l'un mort en mer, l'autre, sir Charles, ambassadeur de Grande-Bretagne à Paris.
32. *BSSHNC,* n° 186-187 et n° 126-131, 1891.
33. *Ibid.*, n° 126-131, 1891, et n° 271-275.
34. F. Beretti, *op. cit.*, p. 318.
35. A. Rovere et A. Casanova, *La Révolution française en Corse,* p. 256.
36. *Ibid.*
37. *Ibid.*, p. 248.
38. *Ibid.*, p. 258.
39. *Ibid.*
40. Le Glay prétend qu'il s'appelait Frédéric Vigliawischi (d'après les Archives d'État de Gênes, archives secrètes, Celesia au Sérénissime Collège, Londres, 10 et 17 octobre 1758, n° 15-3013). Il

serait donc le fils d'une sœur de Neuhoff (?) et non d'un frère de ce dernier à moins qu'il ne s'agisse d'un nom d'emprunt. On l'appelle aussi parfois Frédéric de Drost.

41. Paoli, 6 décembre 1798 ; cf. F. Beretti, *Lettres à Maria Cosway.*

42. Paoli, 13 décembre 1798, *ibid.*

43. Paoli, 23 octobre 1797, *ibid.*

44. Paoli, 28 décembre 1798, *ibid.*

45. L. Belgodere de Bagnaja. Excellente biographie du père Bonfigliulo Guelfucci dans *Les Servites de Marie en Corse,* p. 964. Guelfucci dit de G.M. Rinesi : « Questo religioso, che unisce la più grande presunzione a la massima ignoranza. »

46. Lettre du 8 janvier 1798 ; cf. *Correspondance de Paoli et de Maria Cosway,* éditée par F. Beretti, Oxford, Voltaire Foundation, 2003.

47. Giacinto Leonetti (Monticello, 25 juin 1793-Pise, 1798), fils de Felice Antonio Leonetti et d'Angelica Felicina Fabiani, mariés le 9 juillet 1789.

48. Fait prisonnier, il fut attaché sur le dos d'une mule comme un sac de farine ; sa tête frappa les rochers tout au long du chemin et il arriva mort. (Cf. abbé Galletti).

49. *Storia di Corsica,* p. 128.

50. Embarqué sur l'escadre de Bonaparte à destination d'Aboukir, elle-même partie de Toulon le 19 mai (30 floréal) 1798.

51. Abbé Galletti, p. 198.

52. Tradition orale communiquée en 2004 par M. Jacques Stuart que nous remercions vivement ici.

53. D. Ligou, *Dictionnaire de la franc-maçonnerie,* p. 784.

54. Paoli à Maria Cosway, 20 mai 1798 ; cf. F. Beretti, *op. cit.*

55. Pascal Paoli à Maria Cosway ; cf. F. Beretti, *op. cit.*, p. 212.

56. Paoli, 27 novembre 1801, *ibid.*

57. *Ibid.*

58. Paoli, 6 décembre 1801, cf. F. Beretti, *op. cit.*

59. *Ibid.*

60. Époux de Nicoletta Grillo fille de Domenico et d'une demoiselle Sanseverino.

61. Paoli, 12 janvier 1802, cf. F. Beretti, *op. cit.*

62. Paoli, 13 février 1802, *ibid.*

63. Charles de Beaumont chevalier d'Éon (1728-1810), chargé de mission à Londres.

64. Paoli, 22 février 1802, cf. F. Beretti, *op. cit.*

65. Paoli, 1er avril 1802, *ibid.*

66. *Ibid.*

67. Paoli, 8 juillet 1802, *ibid.*

68. A.-M. Graziani, *Paoli,* p. 330-331.

69. *Ibid.*, p. 331.

70. Paoli à Savelli, 26 mai 1802, *in* « Correspondance Paoli-Savelli », *BSSHNC,* n° 496-501, p. 21.

71. Paoli, 31 mai 1802, cf. F. Beretti, *op. cit.*

72. Paoli, 8 juillet 1802, *ibid.*

73. Sir Charles Stuart (1753-1801), quatrième fils du troisième comte de Bute.

74. Paoli, 8 juin 1802, cf. F.Beretti, *op. cit.*

75. Paoli à l'abbé Poletti : « Je suis accablé de dépenses ;avec les nouvelles taxes de guerre, j'ai plus de trois cents livres d'impôts par an. »

76. Abbé Galletti, p. 521.

77. Paoli, 12 août 1802, cf. F. Beretti, *op. cit.*

78. Maria Cosway, 25 août 1802, *ibid.*

79. *Mémoires* du docteur Antommarchi.

80. Paoli à l'abbé Giovannetti, *in* A.-M. Graziani, *Paoli,* p. 334.

81. Paoli, 31 mars 1803, cf. F. Beretti, *op. cit.*

82. Paoli à l'abbé Poletti, *in* A.-M. Graziani, *Paoli,* p. 334.

83. D'après une lettre de Paoli au *Magistrato* de Balagne de Santa Reparata du 12 janvier 1764, *Lettere di Pasquale Paoli,* Florence, éd. N. Tommaseo, 1846, p. 200-201.

84. Renseignement donné par notre grand-mère Lucie Baldacci (1891-1974), fille de Michel Baldacci (1859-1926), directeur régional des Postes, commissaire du gouvernement auprès des Messageries maritimes, et confirmé par les archives.

85. Traduction due à Dominique Colonna, *Le Vrai Visage de Pascal Paoli en Angleterre,* et reproduite à Morosaglia au musée Paoli.

SOURCES IMPRIMÉES ET BIBLIOGRAPHIE

ADAMI (Vittorio), « I manoscritti della Biblioteca Ambrosiana di Milano relativi alla storia di Corsica », *Archivio storico di Corsica,* n° 1, janvier-mars 1932.

ALBERT (J.), « Mirabeau et les sociétés secrètes de son temps », *La Chaîne d'union,* Paris, 1935, n° 4.

ALBITRECCIA (Antoine), *Le plan terrier de la Corse au* XVIIIe *siècle,* Paris, 1942, rééd. Laffitte Reprints, Marseille, 1981. – *Histoire de la Corse,* Paris, PUF, 1947. – *Albo nazionale delle famiglie nobili dello Stato italiano,* Societi Historiae Fides. Presidente Duca Crivelli-Visconti.

ALESSANDRI (Jean), « L'ordre de la Délivrance du roi Théodore », *Corse historique,* 1re année, n° 3, p. 49-55.

ALMANACH IMPÉRIAL. – ALMANACH ROYAL.

ALTIERI-LECA (colonel J.), « La communauté corse à Marseille (XVIe-XXe siècle) », *Marseille,* 1981, n° 127, p. 50-55.

AMBROSI (A.), *Histoire des Corses et de leur civilisation,* Bastia, 1914. (Notamment le chapitre XIII et sa sous-partie : Paoli disciple des philosophes français). – « Salicetti après Thermidor », *BSSHNC,* 1924, p. 207-232, 456-468. – Avec ARRIGHI (P.), GUELFI (J.-D.) et VILLAT (L.), *Corse,* Paris, 1951, 2e éd., 1967.

AMBROSI (Christian), *La Corse insurgée et la seconde intervention française au* XVIIIe *siècle (1743-1753),* thèse de doctorat d'État ès lettres, Grenoble, 1950. – « La sécession de la Corse en 1794 », *Mélanges d'études corses offerts à Paul Arrighi,* Aix-Gap, 1971. – « P. Paoli et la Corse de 1789 à 1791 », *Revue d'histoire moderne et contemporaine,* II, 1955.

AMBROSI, « L'énigme des giovannali », *Le Petit Bastiais,* 2 avril 1933.

AMBROSOLI (Mauro), *John Symonds, agricoltura e politica in Corsica e in* Italia (1765-1770), Turin, 1974. Symonds a rencontré Paoli en Corse en 1767. Il a laissé un manuscrit daté de 1767. Lettres de Symonds citant Paoli : Florence, 14 août 1767 ; Venise, 3 octobre 1767, p. 135-137.

AMIABLE (Louis), *Une loge maçonnique d'avant 1789. La loge des Neuf Sœurs,* Paris, ÉDIMAF, 1989.

ANDERSON (George-Pomeroy), « Pascal Paoli : an inspiration to the sons of the Liberty », *The Colonial Society of Massachusetts,* XXVI (février 1925), p. 180-210.

ANGELINI (Jean-Victor, traducteur), *Histoire de Théodore I*[er]*, roi de Corse, et l'ordre de la Délivrance,* éd. L'Originel-Charles Antoni, 1995. L'auteur et l'éditeur sont tous deux membres de l'actuel cercle Théodore.

ANNUAIRES DE LA NOBLESSE, aux Archives nationales et à la BNF.

ANONYME HOLLANDAIS, *Heu Leeven en Daden ven den Alom beruchte Theodorus...,* 1737.

ANONYME ANGLAIS, *A General Account and Description of the Island of Corsica, including a genuine relation of the late revolutions there, occasioned by the oppressions of the Genoese. With authentic memoirs of baron de Neuhoff, stiled Theodore I king of Corsica : containing an exact narrative of his adventures and misfortunes, down to the present time. To which is prefix'd a correct map of the whole island.* The second edition, London, Printed for C. Corbett, 1739. (Exemplaire à la British Library). Premier livre anglais concernant la Corse.

ANONYME ANGLAIS, *History of Theodore I*[st]*, King of Corsica, containing genuine and impartial Memoirs of his private life, and adventures in* France, Spain, Holland, England, etc. The rise and consequence of the troubles *in* Corsica, and the resolution of its inhabitants to shake off the government of the Genoese. The interposition of the Imperialists and French *in* favour of the Republic, and the causes of their quitting the Island as also the true spring of this last revolution, and the motives of King Theodore's present expedition. The second edition, London, J. Roberts, near the Oxford-Arms *in* Warwick-Lane, 1743. (Price : 2 shillings).

ANONYME FRANÇAIS, *Description de la Corse et relation de la dernière guerre,* Paris, 1743 ; La Haye, 1750 ; Paris, 1768 (trois éditions).

ANTONETTI (Pierre), *Histoire de la Corse,* R. Laffont, 1973. – *Le Drapeau à tête de Maure,* Ajaccio, La Marge, 1980. – *Bastia, regards sur son passé,* Paris, 1983 (collectif). – Avec SERAFINO (Xavier), *Deux siècles de vie française,* Marseille, 1968. (Pour les Corses établis à Marseille et en Barbarie au XVIe s.). – « Les Corses à Marseille au XVIe siècle », *Étude d'histoire provençale,* Paris, Ophrys, 1971, p. 7-54.

ARRIGHI (Jean-Marie) et CASTELLIN (Philippe), *Projets de constitution pour la Corse,* Ajaccio, La Marge, 1980. – *Disinganno interno alla guerra di Corsica, scoperto da Curzio Tulliano Corso ad un suo amico dimorante nell'Isola,* 2e éd., Ajaccio, La Marge, 1983.

ARRIGHI (Paul, dir.), *Histoire de la Corse,* Toulouse, Privat, 1971. Notamment le chapitre de Fernand Ettori, « La révolution de Corse (1729-1769) ». – *La Vie quotidienne en Corse au XVIII*[e] *siècle,* Paris, Hachette, 1970. – *Histoire de la Corse,* Paris, PUF, 1966 ; nouvelle édition par P. Arrighi et F. Pomponi, 1978.

ARTEFEUIL, *Histoire héroïque et universelle de la noblesse de Provence,* Avignon, 1757. (Familles Agostini de Septèmes, Cipriani d'Ortinola de Centuri, Franceschi de Merlacce de Centuri, Porrata de Morsiglia, etc.). Les origines des familles sont souvent enjolivées.

BAGUENAULT DE PUCHESSE (G.), *La Conquête de la Corse et le maréchal de Vaux,* Paris, 1880.

BARÈRE, *Rapport sur les domaines nationaux de l'isle de Corse* ; rééd. A Muvra, Ajaccio, 1938.

BARETTI. Paoli le cite parlant de sa « frusta letteraria » !

BASSANI, FIAMMA, PALDACCI, PERALDI, PONCIN, SCAGLIA (MM. et Mmes), *Zicavu, una mimoria par dumani. Un itinéraire dans l'histoire d'une communauté villageoise corse de l'Altu Taravu,* Édisud, v.1990.

BATTESTI (J.), « L'organisation militaire au temps de Pascal Paoli », *Revue de la Corse,* mai-juillet et août-décembre 1939.

BEAUREPAIRE (Pierre-Yves), *La République universelle des francs-maçons,* Ouest-France, 1999. – *L'Autre et le Frère. L'étranger et la franc-maçonnerie en France au XVIII*[e] *siècle,* Paris, Honoré Champion, « Les XVIIIes siècles », 872 p. – *L'Europe des francs-maçons, XVIII*[e]*-XXI*[e] *siècle,* Paris, Belin, 2002. – *L'Espace des francs-maçons. Une sociabilité européenne au XVIII*[e] *siècle,* Rennes, PUR, 2003. (Travaux très précieux pour reconstituer le cadre intellectuel au sein duquel évoluait Paoli.)

BÉDARIDA (Henri), *Parme et la France de 1748 à 1789,* Champion, 1928, 648 p., in-8°.

BÉGIN, *Biographie de la Moselle* (pour Th. de Neuhoff).

BELGODÈRE DE BAGNAGNA (Louis), « Biographie du père Bonfigliuolo Guelfucci », in *Les Servites de Marie en Corse,* Ajaccio, édit. A. Piazzola, 2000, p. 931-966. (Un petit chef-d'œuvre de biographie consacré au secrétaire et ami de P. Paoli).

BELLIN (Jacques-Nicolas, ingénieur du Roi), *Description géographique et historique de l'isle de Corse,* Paris, 1769.

BENEDIKT (H.), « La lotta di liberazione dei Corsi secondo le relazioni delle legazioni austriache », *Miscellanea in onore di Roberto Cessi,* Rome, 1958.

BENSON (Robert), *Sketches of Corsica,* Londres, 1825. (L'auteur oublie de mentionner la descendance de Clemente Paoli dans la généalogie qu'il dresse, p. 196-197).

BERETTI (Francis), *Pascal Paoli et l'image de la Corse au XVIII*[e] *siècle. Le témoignage des voyageurs britanniques,* Oxford, 1988. – « L'accueil de Paoli en Angleterre, automne 1769 », *Études corses,* n° 10, 1978, p. 59-69. – *Correspondance de Paoli et de Maria Cosway,* Voltaire Foundation, 2003 (publication scientifique de haut niveau et extrêmement précieuse). – « Le testament de Pascal Paoli », *Études corses,* 1991, p. 5-13. – « La contribution des voyageurs britanniques à l'élaboration de la gloire de Pascal Paoli (1765-1769) », in *La nascita di un mito : Pasquale Paoli,* Pise, édit. Biblioteca Franco Serantini, 1998.

BERTHELOT (A.) et CECCALDI (F.), *Les Cartes de la Corse de Ptolémée au XIXe siècle,* Paris, 1939.

BETTINELLI (Saverio, 1708-1808, père jésuite), « Observations sur M. de Paoli écrites à Mme de l'Hôpital par le RP Bettinelli, jésuite », *BSSHNC,* 1881, n° 11, p. 299.

BIGWOOD (Georges), *Biographie nationale publiée par l'Académie royale de Belgique,* XV, Bruxelles, 1899, p. 588-593. (Biographie du comte de Nény).

BLUCHE (François), *Le Despotisme éclairé,* Paris, 1969.

BOELL (Louis), *Histoire de la Corse,* d'après l'œuvre de Ferdinand Grégorovius, Marseille, Cayer et Cie, 1878.

BORDES (Maurice), « La Corse, pays d'états », *Annales historiques de la Révolution française,* 218, 1974.

BORDINI (Carlo), *Rivoluzione corsa e Illuminismo italiano,* Rome, 1979.

BOSWELL (James), *État de la Corse,* présentation, traduction et notes de Jean Viviès, Toulouse, CNRS Éditions, 1992. (La meilleure traduction annotée de ce texte à ce jour). – *A Tour to Corsica,* Glasgow, 1768. – *The Yale Edition of the Private Papers of James Boswell,* 1950. – *British Essays in Favour of the Brave Corsicans, by several hands, collected ans published by James Boswell, Esq.,* London, 1769.

BOTTARO PALUMBO (M.G.) et POSTIGLIOLA (A.) (dir.), *L'Europe de Montesquieu,* colloque de Gênes des 26-29 mai 1993, Naples, 1995 (notamment la communication de M.G. Bottaro Palumbo « Montesquieu e la Repubblica di Genova »).

BOUDARD (René), *La Nation corse et sa lutte pour la liberté entre 1744 et 1769, d'après la correspondance des agents français à Gênes et en Corse avec la cour de Versailles,* J. Laffitte édit., 1979. (Ouvrage très précieux).

BOURDE (Paul), *En Corse : l'esprit de clan, les mœurs politiques, les vendettas, le banditisme, correspondances adressées au « Temps »,* Paris, 1887 ; rééd. J. Laffitte, 1983. Introduction de Georges Ravis-Giordani. C'est à ce condisciple d'Arthur Rimbaud que l'on doit la formule « esprit de clan », apparue pour la première fois sous la plume de sir Elliot à Bastia le 31 juillet 1795.

BOUTIER (Jean), « Note sur les sociétés populaires en Corse (1790-1794) », *Annales historiques de la Révolution française,* n° 268, 1987. – « Les réseaux intellectuels italiens et l'Europe au XVIIIe siècle », *Mélanges Ph. Louppès,* Université de Bordeaux III, 2005.

BRIANÇON (Robert de), *L'État et le nobiliaire de la Provence,* Paris, Pierre Aubouin, 2e éd., 1693, 3 vol.

BRUZEN DE LA MARTINIÈRE, *Grand dictionnaire géographique, historique et critique,* 1726-1730.

BUONAROTTI (Philippe), *La Conjuration de la Corse entièrement dévoilée,* pamphlet, Paris, 3e mois de l'année républicaine, chez G.-F. Galletti, aux Jacobins Saint-Honoré.

BURNABY (Andrew), *Journal of a Tour to Corsica in the Year 1766,* Londres, 1804.

BUTTAFOCO (Antoine Semideo Louis François, comte de), *Fragments pour servir à l'histoire de Corse de 1764 à 1769,* Bastia, 1859. (Notamment, p. 135, la première lettre de Buttafoco à Rousseau, Mézières, 31 août 1764).

BUTTAFOCO (Anton), *Memorie di guerra,* publiés en partie par le baron Cervoni, *BSSHNC,* juin 1881.

BUTTAFOCO (Giovan Battista), *Ragguaglio istorico de'successi seguiti in Corsica nell'anno 1755-1756, BSSHNC.*

BUTTAFOCO (Matteo), *Lettre à M. de Paoli,* Paris, 1790. – *Observations de M. Buttafoco sur la réponse de M. Saliceti,* Paris, s.d. (1791).

CAGNANI (M.A.), *Documents sur les troubles de Bastia, 1er, 2 et 3 juin 1791,* Bastia, 1894, 117 p.

CAMBIAGI (Giovacchino), *Istoria del regno di Corsica, dedicato alla sacra reale maesta di Federigo III Re di Prussia, elettore di Brandemburgo,* Florence, 1772.

CAMPBELL (Miss Tomasina), *L'Île de Corse en 1868,* Nîmes, C. Lacour éd., coll. « Rediviva », 1999 ; rééd. de l'édition de 1872.

CAMINER (Domenico), *Saggio storico del regno di Corsica dalla sollevazione del 1729 fino alla metà del 1768,* Venise, 1768. (Cf. F. Venturi, « Il dibattito in Italia sulla rivoluzione di Corsica », *Rivista storica italiana,* 88, 1976.)

CANAULT, *Vie d'Alphonse d'Ornano, maréchal de France* (Ms, Aix, Bibl. Méjanes).

CANONGE (général F.), « La campagne de 1769 en Corse et le maréchal de Vaux », extrait du *Carnet,* avril-mai 1905.

CARAFFA (Sébastien de), « Promenade à travers Bastia au XVIIIe siècle », *BSSHNC,* 1916, n° 367-369. – « Mémoires historiques sur la Corse par un officier du régiment de Picardie (1774-1777) », *BSSHNC,* n° 100-102, 1889, rééd. Laffitte Reprints, Marseille, 1978. – « Correspondance de Lord Nelson pendant sa croisière dans la Méditerranée de 1794 à 1797 », *BSSHNC,* n° 308-312, 1910. (Nelson fait de la Corse « presque la plus belle île du monde ».) – « Vie et lettres de sir Elliot, vice-roi de la Corse avec son gouvernement en 1795 », *BSSHNC,* 1899. – « Correspondance d'Elliot avec le gouvernement anglais (1795-1796) », *ibid.,* 1892-1895.

CARNET DE LA SABRETACHE, *Les Troupes corses et l'histoire militaire de la Corse,* n° spécial, 1973, n° 20, Paris.

CARRILLO (Elisa A.), « The Corsican kingdom of George III », *Journal of Modern History, n°* 34, 1962.

CARRINGTON (Dorothy), « The Corsican constitution of Pasquale Paoli », *The English Historical Review, n°* 88, 1973, p. 481-503. – « Pascal Paoli et sa Constitution », *Annales historiques de la Révolution française, n°* 218, 1974, p. 508-541. – *La Constitution de Pascal Paoli, 1755,* préface de Jean-Marie Arrighi, Ajaccio, 1996. – « Boswell seen through Corsican eyes », *Rivista, the Journal of the British Italian Society, n°* 252, mai-juin 1976. (Lettre de Paoli à Marbeuf du 28 octobre 1765.) – *Sources de l'histoire de la Corse au Public Record Office,* Ajaccio, 1983. – « Jean-Jacques Rousseau et la

Corse : mythes et réalités (1762-1794) », *Études corses,* 1988, n° 30-31, p. 107-116.

CASABIANCA (Fleur de), *Luce de Casabianca,* mémoire de maîtrise, Université de Paris IV-Sorbonne, 1995. – *Les Généraux corses de Napoléon Ier,* DEA, sous la dir. de M. Vergé-Franceschi et de J. Bérenger, Université de Paris IV-Sorbonne, 1996.

CASANOVA (chanoine S.B.), *Histoire de l'Église de Corse,* doctorat ès lettres, chez l'auteur, Zicavo, 1931-1939, 4 vol. – *La Corse et les États Généraux de 1789,* thèse complémentaire, Ajaccio, 1931, 357 p. (Liste des nobles corses ; reproduction *in extenso* du cahier de doléances du clergé du cap Corse (ADC C 538), p.172-173 ; mais pas celui de la noblesse (*ibid.*) ; résumé de celui du tiers de la juridiction de Bastia (AN Ba 34), p.175-179. – « La framassoneria in Corsica », *Corsica antica e moderna,* V, 1936. (Liste des frères).

CASANOVA (Antoine), « La crise de l'Ancien Régime : les mouvements populaires en Corse en 1789 », *Études corses,* n° 8, 1977, p. 95-149.

CASANOVA (Antoine) et ROVERE (Ange), *Peuple corse, révolutions et nation française,* Paris, 1979. – *La Révolution française en Corse,* Privat, 1989 (livre fort bien documenté).

CASATI (Alexandre) et GIRARDET (Raoul), *Mémoires de Gorani,* Paris, 1944.

CASTA (abbé François-J.), *Le Diocèse d'Ajaccio,* Paris, 1974. – *Évêques et curés corses dans la tradition pastorale du concile de Trente (1570-1620),* Ajaccio, 1965. – « Mentalités religieuses et résistance à la Révolution française en Corse et en Sardaigne (1789-1793) », *Études corses,* n° 30-31, 1988, p. 151-169.

CASTELLIN (Philippe) et ARRIGHI (Jean-Marie), *Projets de constitution pour la Corse,* Ajaccio, 1980. – *Disinganno interno alla guerra di Corsica, scoperto da Curzio Tulliano Corso ad un suo amico dimorante nell'Isola,* 2e éd., Ajaccio, La Marge, 1983.

CASTI (abbé Jean-Baptiste), *Le Roi Théodore à Venise,* opéra. En voir la traduction par Jean Carabin, *Revue de la Corse,* juil.-août 1934.

CESARI-ROCCA (Colonna de) et VILLAT (Louis), *Histoire de Corse,* Paris, Boivin et Cie, 1938.

CESARI-ROCCA (Pierre Paul Raoul, 1864-1922, comte de), *Histoire généalogique de la maison d'Ornano,* Paris, 1893. – *Histoire de la Corse écrite pour la première fois d'après les sources originales,* Paris, 1908.

CHEVALIER (Pierre), *La Première Profanation du temple maçonnique de Louis XV et la Fraternité (1737-1755),* Paris, Vrin, 1968.

CHEVRIER (Félix) et ALESSANDRI (Antoine), *La Vie hermétique de Marseille,* Paris, 1902.

CIPRIANI (Leonetto), *Garibaldi e i suoi tempi.* (L'auteur prétend que la nièce – ou la sœur ? – de Neuhoff, mariée en 1736 au médecin corse Garibaldi, était l'arrière-grand-mère de Garibaldi. Les biographies imprimées de Garibaldi, dont celle de Max Gallo, n'apportent pas la réponse).

COANET (Georges), *Insurgents, remember Paoli ! Le souffle corse de la Liberté et du Droit. Essai philosophique sur l'histoire révolutionnaire du XVIIIe siècle,* préface de D. Carrington, Fondation Pasquale Paoli, La Marge, 1993.

COCCHI (Raimondo), *Lettere italiane sopra la Corsica,* Lausanne, 1770.

COCULA (Anne-Marie), voir La Colonie.

COLONNA (Dominique), *Le Vrai Visage de Pascal Paoli en Angleterre,* Nice, 1969.

COLONNA DE CESARI-ROCCA (comte palatin de), *Armorial corse,* Paris, H. Jouve, 1892.

COLONNA DE GIOVELLINA (général Auguste Napoléon Emmanuel Lucien), « Antonio Gentili (1743-1798), général (1795) », *Revue de la Corse,* mai-juin 1929, p. 105-122.

CONDÉ DE CLONARD, *Historia orgànica de Las Armas de Infanteria y Caballeria,* Madrid, 1854, et *Noticia de los Regimientos que desde el ano 1701 al de 1830 ha tenido el ejercito de Espana...*, ms sg. 4-2-7-10, Servicio Historico Militar, Estado Mayor Central, Madrid.

CORNEILLE (Thomas), *Dictionnaire universel,* 1708.

CORRADO (Pina), « Corsica e S. Sede. Un episodio religioso politico nella Corsica di Pasquale Paoli, 1760-1769. La missione del Visitatore Apostolico », *Archivio Storico di Corsica,* janvier-juin 1928, p. 1-84.

CORSE, *Les Guides Bleus,* Hachette, 1978.

COSSIK (Annick), *Bath au XVIIIe siècle. Les fastes d'une cité palladienne,* Rennes, PUR, 2000. (Pour le cadre de vie de Paoli dans sa vieillesse).

COSTA (M. A.), « Gaffori et Cursay », *BSSHNC,* 1934.

COSTA (Sébastien, grand chancelier du roi de Corse Théodore de Neuhoff), *Mémoires (1732-1736),* éd. critique, traduction et notes par Renée Luciani, Paris/Aix, éd. Picard-Atalta, 1975, 2 vol. (Travail scientifique de haut niveau. Mais Costa est loin d'être toujours objectif et sincère).

COTTRET (Bernard), *La Glorieuse Révolution d'Angleterre, 1688,* Paris, coll. « Archives », 1988.

DANTE (Alighieri), *La Divine Comédie.* (Lecture de Pascal Paoli. Nous ignorons dans quelle édition).

DEDECK-HÉRY (Ernestine), *Jean-Jacques Rousseau et le projet de constitution pour la Corse,* thèse de doctorat, Philadelphie, 1932. (L'auteur pense que les deux démarches, celle de Buttafoco et celle de Paoli, auprès de Rousseau n'étaient pas conjointes).

DEFRANCESCHI (Jean), *La Corse française (30 novembre 1789-15 juin 1794),* Paris, Société des études robespierristes, 1980. – « Paoli et les frères Bonaparte », in *Problèmes d'histoire de la Corse,* Actes du colloque d'Ajaccio (1969), Société des études robespierristes, 1971. – Notice « Saliceti », in *Dictionnaire Napoléon,* sous la dir. de Jean Tulard, Paris, Fayard.

DEIDIER (abbé), *Le Parfait Ingénieur ou la Fortification offensive et défensive,* Amsterdam, 1734 ; rééd. Paris, 1742.

DEMARTINI (François), *Armorial de la Corse,* Ajaccio, édit. A. Piazzola, 2003, 3 vol. préface de Michel Vergé-Franceschi. (Au-delà du remarquable travail héraldique que cet ouvrage constitue, il s'agit là d'une véritable étude prosopographique des élites corses).

DEMARTINI (F.) et GRAZIANI (A.-M.), *Les Bonaparte,* Ajaccio, édit. A. Piazzola.

DENEKE (Otto), « Pasquale Paoli e il barone Grothaus », *Archivio storico di Corsica,* juillet-septembre 1940. (Il s'agit du baron Carl von Grothaus, frère de Nicolaus).

DOAZAN (père), *Monnaies corses du* XIIIe *au* XVIIIe *siècle,* Ajaccio, 1993. (Pour les monnaies de Th. de Neuhoff et de P. Paoli).

DUCHEIN (Michel), *Histoire de l'Écosse,* Paris, Fayard, 1998. – *Marie Stuart,* Paris, Fayard, 1987.

DUTENS (Louis), *Mémoires d'un voyageur qui se repose,* Paris, 1806.

EMMANUELLI (P.), « Aperçu sur la terre du commun », 1957, p. 63 : « Les concessions emphytéotiques ; les procoi ».

EMMANUELLI (François-Xavier), « Déportation-colonisation-francisation : la Corse dans les archives des intendants de Provence », *BSSHNC,* 1969, n° 593. – *Vivre à Marseille sous l'Ancien Régime,* Paris, Perrin, 1999. – « Les États de la Corse au temps de la monarchie française », *Études corses,* n° 30-31, 1988, p. 57-67.

EMMANUELLI (René), « Mirabeau et la franc-maçonnerie en Corse », *BSSHNC,* n° 597, 1970. – « Combattants corses au service de l'Angleterre, Mahon et Gibraltar (1782) », *Cahiers Corsica,* Bastia, FAGEC, 1973. – *L'Équivoque de Corse (1768-1805),* Ajaccio, La Marge, 1989 (ouvrage remarquable). – « Notes d'histoire de Corse », *U Muntese,* 1970, n° 130-131. – *Précis d'histoire de Corse,* Ajaccio, 1970. – « Le gouvernement de Louis XVI offre à la république de Gênes la rétrocession de la Corse (1790) », *Annales historiques de la Révolution française,* 1974. – « *Disinganno, Giustificazione* et philosophie des Lumières », *Études corses,* 1974, p. 83-115.

ENCYCLOPÉDIE ou Dictionnaire raisonné des sciences, des arts et des lettres, 1754, t. IV, p. 279.

ENCYCLOPÉDIE BRITANNIQUE. Notamment pour la belle famille de Neuhoff.

ETTORI (Fernand), « Pascal Paoli, modèle du jeune Bonaparte », in *Problèmes d'histoire de la Corse* (de l'Ancien régime à 1815), Actes du colloque d'Ajaccio, Société des études robespierristes. – *Jean-Jacques Rousseau, législateur des Corses,* thèse d'État, 1976. – « La formation intellectuelle de Pascal Paoli (1725-1755) », *Annales historiques de la Révolution française,* n° 218, oct.-déc. 1974, p. 483-507. – « Un voyageur anglais en Corse avant Boswell : Christopher Hervey », in *Mélanges d'études corses offerts à Paul Arrighi,* Gap, 1971, p. 151-163. – « Le congrès des théologiens d'Orezza (4 mars 1731) : mythe et réalité », *Études corses,* t. I, 1973. – « Emphytéose et fermiers du domaine public au* XVIIIe siècle », *Études corses,* 1956. – « Du droit des peuples à disposer d'eux-mêmes : la révolte des Corses et la théorie de la souveraineté », Actes du colloque d'oct. 1969, *Images du peuple au XVIIIe siècle,* Centre aixois d'études et de recherches sur le XVIIIe siècle, 1973. – « Les giovannali », *Études corses,* n° 16, 1957. – « Mirabeau en Corse », Actes du colloque *Les Mirabeau et leur temps,* Centre aixois d'études et de recherches sur le XVIIIe siècle, 1968.

EXPILLY (abbé Jean-Joseph), *Le Géographe manuel,* 1757.

FERGUSON (Adam), *Essay on the History of Civil Society,* 1767.

FERRIÈRE (Georges), « Montesquieu machiavélien », Actes du colloque de Milan, L'État, la Révolution française et l'Italie, Presses universitaires d'Aix-Marseille, 14-16 sept. 1989, 1990.

FILIPPINI, voir GRAZIANI (Antoine-Marie), éditeur.

FITZMAURICE (lord Edmund), *Life of William, Earl of Shelburne, Afterwards First marquess of Lansdowne,* Londres, 1876. (Pour la mission de John Stuart-Mountstuart auprès de Paoli en Corse, p. 157-159).

FOLADARE (Joseph), *James Boswell and Corsica,* thèse dactylographiée, 1936. – *Boswell's Paoli,* Transactions of the Connecticut Academy of Arts and Sciences 48, 1979, p. 1-290.

FONTANA (Mathieu), *La Constitution du généralat de P. Paoli en Corse (1755-1769),* Paris, 1907.

FONTENELLE, *Les Églogues.* (Paoli les cite).

FONZI (Fausto), « Le relazioni fra Genova e Roma al tempo di Clemente XIII », *Annuario dell'Istituto Storico Italiano per l'Età moderna e contemporanea,* 1956.

FORSYTH (William), *History of the Captivity of Napoleon at Saint Helena,* Londres, 1853.

FOTHERGILL (Brian), *The Mitred Earl : an eighteenth-century eccentric,* Londres, 1974. (Ce comte mitré est Freredick Augustus Hervey qui rendit visite à Paoli en Corse avec Andrew Burnaby).

FRANCESCHINI (E. et J.), « Élection aux États Généraux de 1789 », *BSSHNC,* 1er trim. 1920. – « Saliceti et Napoléon », *Revue des études napoléoniennes,* 1930, p. 131-155.

FRANZINI (Antoine), « Giovanni della Grossa. La carrière d'un notaire dans la Corse du Quattrocento », *Cahier Corsica 208,* Bastia, 2003. (Beau travail sur le chroniqueur G. della Grossa qui cite les giovannali).

FURTZ, « Hérésies et hérésiarques aux XIVe et XVe siècles ». (Pour les giovannali).

GALANTE GARRONE (Alessandro), *Philippe Buonarroti et les révolutionnaires du XIXe siècle (1828-1837),* traduit de l'italien en français par Anne et Claude Manceron, Paris, édit. Champ Libre, 1975, 396 p.

GALLETTI (abbé Jean-Ange), *Histoire illustrée de la Corse,* Paris, Pillet, 1863. Nouvelle édition, J. Laffitte, 1972. L'abbé étant né en 1784, cet ouvrage fait quasiment figure de source imprimée d'autant plus que le grand-oncle de l'abbé (Simon Galletti) fut un paoliste convaincu qui participa à la prise de Capraja en 1767, par exemple. L'ouvrage vaut beaucoup plus que sa réputation car l'abbé, jeune, a entendu des choses qu'il retranscrit (notamment des propos de son grand-oncle quasi nonagénaire), et dont la mémoire orale se serait autrement perdue.

GATT-JACOB (Stéphane), *Les Porrata, une famille cap-corsine à Marseille (1533-1782),* mémoire de maîtrise, Université de Savoie, sous la direction de Michel Vergé-Franceschi, 1999. – *Jean-Baptiste Franceschi (1607-1673), un échevin marseillais,* DEA, université de Tours, sous la direction de Michel Vergé-Franceschi, 2003.

GATTI (Luciana), *Navi e cantieri della Repubblica di Genova (secoli XVI-XVIII),* Gênes, 1999.

GAUDIN (abbé Jacques, vicaire général du Nebbio, de l'académie de Lyon), *Voyage en Corse et vues politiques,* Paris, 1787 ; rééd., Marseille, Laffitte, 1978. Traduit en allemand en 1788. (Gaudin né dix ans après Paoli [1735], est mort peu après lui [1810]).

GAZETTE DE FRANCE, XVIIe-XVIIIe siècles. Très nombreuses notices sur les opérations conduites en Corse par les troupes du roi et sur les officiers français.

GENOVESI (Antonio), *Lettere accademiche,* Naples, 1764 ; rééd., 1769. Il fait de Paoli « le Miltiade ou l'Épaminondas de la Corse ».

GERMANES (abbé, vicaire général de Rennes), *Histoire des Révolutions de Corse,* Paris, 1771 (t. I et II), 1776 (t. III) ; rééd. Marseille, Laffitte, 1976.

GIAPPICONI (Thierry), *Les Corses au service de Venise : l'exemple des Giappiconi,* mémoire de maîtrise sous la dir. de Michel Vergé-Franceschi, Université de Savoie, Chambéry, 2000. – *L'Attraction de la ville (Venise, Livourne, Naples, Marseille) dans la vie sociale et militaire des « pièves de marine » de la Corse orientale,* DEA, Université de Tours, sous la dir. de M. Vergé-Franceschi, 2003.

GIBBON (Edward), *Decline and Fall of the Roman Empire,* 1776-1788.

GIUSTI (Raffaello), *La conquista francese della Corsica (da un giornale dell'epoca),* Livournc, 1932.

GIUSTINIANI (Agostino), *Description de la Corse,* édition critique du *Dialogo nominato Corsica* par A.-M. Graziani, Ajaccio, 1993.

—, voir GRAZIANI (Antoine-Marie), éditeur.

GORDON (Daniel), *Citizens without Sovereignty. Equality and Sociability in French Thought (1670-1789),* Princeton (New Jersey), Princeton UP, 1994, 270 p.

GOURY DE CHAMPGRAND (Jean-François), *Histoire de l'isle de Corse,* Nancy, 1749 et 1769 (deux éditions). Pommereul écrit : « L'auteur d'une *Histoire de Corse* imprimée en 1749 à Nancy, qu'on m'a dit être un commissaire des guerres qui avait été employé dans cette île (à Ajaccio), est un de ceux qui l'a le mieux connue. »

GRAZIANI (Antoine-Marie), *Correspondance de Pascal Paoli. La prise du pouvoir (1749-1756),* Ajaccio, édit. A. Piazzola, 2002. Ce premier volume (six années de correspondance bien référencée) inaugure une série d'une douzaine de tomes consacrés aux soixante années de correspondance du Père de la Patrie. La qualité du travail augure bien du reste de l'œuvre. – « La marine de guerre paoliste (1755-1769) : mythes et réalités », *Neptunia.* – *Pascal Paoli,* Tallandier, 2002. – « L'action diplomatique et politique du Saint-Siège dans les guerres de Corse (1729-1769) », *Genova, 1746,* t. II, p. 543-570.

GRÉGORI (Jacques), *Nouvelle histoire de la Corse,* Paris, Jérôme Martineau, 1967.

GREGOROVIUS (Ferdinand), *Histoire des Corses,* trad. Luciana. (L'auteur donne quelques renseignements, plus ou moins, fiables sur Théodore de Neuhoff).

GRIMALDI, « Livre journal de l'abbé Grimaldi », *BSSHNC,* 1934.

GRIMM (baron), *Correspondance littéraire, philosophique et critique de Grimm, Diderot, Raynal,* Paris, éd. M. Tourneux, 1878.

GROCE (George C.) et WALLACE (David H.), *The New York Historical Society's Dictionary of Arts in America,* New Haven, 1957. (Pour Henry Benbridge venu de Philadelphie à Corte faire un portrait de Paoli en 1768).

GUASCO (Alexandre), « La ville de Bastia en 1791 », *Revue de la Révolution,* I, 1883

GUELFUCCI (F.), « À Pascal Paoli », *La Ruche historique, littéraire et agricole,* n° 1, juin 1872.

GUELFUCCI Di BELGODERE (padre Bonfiglio), « Memorie per servire alla storia delle Rivoluzioni di Corsica, dal 1729 al 1764 », *BSSHNC,* 1882, n° 18, édition critique par P. et L. Lucciana. – « Relation du voyage de Pascal Paoli d'Italie en Angleterre, attribuée au père Guelfucci », *Revue de la Corse,* n° 55, janvier-février 1929.

GUERRAZZI (Francesco Domenico), *Pasquale Paoli,* Milan, 1864.

GUTTON (Jean-Pierre), *Dévots et société au XVIIe siècle,* Paris, Belin, 2004.

HALL (Thadd E.), *France and the eighteenth-century Corsican Question,* New York, 1971. (Pour Choiseul et la Corse). – « The development of Enlightenment in 18th-century Corsica », *Studies on Voltaire, n°* 64, 1968, p. 177-182.

HEALEY (F.-G.), « Rousseau, Voltaire and Corsica ; some notes on an interesting enigma », *Studies on Voltaire, n°* 10, 1959.

HEULLANT (Vanina), « Théodore de Neuhoff, la Corse et l'Angleterre », *in* Michel Vergé-Franceschi (dir.), *La Corse et l'Angleterre,* Acte des sixièmes journées universitaires de Bonifacio, Ajaccio, édit. A. Piazzola, à paraître (2005).

HERVEY (Christopher), *Letters from Portugal, Spain, Italy and Germany in the years 1759, 1760, and 1761,* Londres, 1785. Les deux lettres concernant la Corse, au cours de son escale forcée (26-30 juillet 1760 à Ajaccio), sont dans le tome II, lettres LXIV et LXV, p. 360-382.

Histoire des révolutions de l'île de Corse et de l'élévation de Théodore Ier au trône de cet État, tirée de mémoires tant secrets que publics, La Haye, 1738, traduite en italien en 1739 : *Storia delle rivoluzioni dell'isola di Corsica e della esaltazione di Teodoro Ier al trono di questo stato, tratta da pubbliche e secrete memorie,* trasportata dal Francese, all'Haya, 1739. Voir WITTELIEB (VON).

Histoire universelle depuis le commencement du monde jusqu'à présent, traduite de l'anglais, par une société de gens de lettres, Amsterdam, Leipzig, 1773. *(Histoire de l'île de Corse,* chapitre v [156 pages] du tome XXXV).

HOZIER (D'), *Armorial général.* (Mais nous avons surtout utilisé les fonds de l'ancien Cabinet des Titres de la BNF).

JACOBI, *Histoire générale de la Corse,* Paris, 1835.

JAL (A.), *Dictionnaire critique de biographie et d'histoire,* 1872 ; rééd. Genève, Slatkine, 1970. (Pour la princesse des Ursins à Gênes).

JAUSSIN, *Journal de campagne de M. Jaussin,* Ajaccio, 1937. – *Mémoires historiques,* Lausanne, 1758-1759 et 1769 (deux éditions). Pommereul dit au sujet de Jaussin, apothicaire en Corse : « âme servile, tête étroite ».

JEOFFROY-FAGGIANELLI (Pierrette), *L'Image de la Corse dans la littérature romantique française,* Paris, 1979.

JOLLIVET (Maurice), *Les Anglais en Méditerranée (1794-1797) : un royaume anglo-corse,* Paris, Chailley, 1896-1899.

KAISER (Wolfgang), *Marseille au temps des troubles (1559-1596). Morphologie sociale et luttes de factions,* traduit de l'allemand par Florence Chaix, Paris, EHESS, 1992, 411 p.

KALTENBACH (H.), *Historie van Corsica* (attribuée à), 1732. Son compte rendu en est fait dans le *Journal historique de la république des lettres* (juillet-août 1733), p. 151-156. C'est la première *Histoire de Corse* depuis celle de Filippini de 1594.

LA CHESNAYE-DESBOIS (François-Alexandre Aubert de), *Dictionnaire de la noblesse,* Paris, 1770-1786, 19 vol. (Pour l'identifaction des officiers et autres gentilshommes français).

LA COLONIE, *Mémoires,* édités au Mercure de France par Anne-Marie Cocula, et rédigés en 1730 à la demande d'un gentilhomme allemand qui pourrait être Neuhoff. La Colonie n'évoque aucun duel entre lui et ce dernier.

LAMOINE (Georges, édit.), *Les Constitutions d'Anderson. Traductions sur les textes de 1723 et 1738,* Toulouse, SNES, 1995, 284 p.

LAMOTTE (Pierre), « La formation du premier gouvernement corse autonome », *Corse historique,* n° 2, avril 1953, p. 1223. – « Propos sur le soulèvement des Corses contre Gênes », *Corse historique,* n° 5-6, 1er sem. 1962. – « La déclaration d'indépendance de la Corse. Consulte de Corte du 30 janvier 1735 », *Études corses,* 2e trim. 1954. – « La marine de guerre de Pascal Paoli », *Études corses,* n° 26, 1er trim. 1960.

LANG (Adolphe), « Notice historique sur Théodore Ley de Pungelscheid, baron de Neuhof, roi de Corse et de Caprée (Capraja), aventurier messin », in *Mémoires de la Société d'archéologie et d'histoire de la Moselle,* année 1860, Metz, 1861.

LA ROCCA (Jean de), « Les Abbatucci », série d'articles, *Le Petit Bastiais.* – *Les Hommes célèbres : les Abbatucci* (BNF)

LA ROQUE (Louis de) et BARTHÉLEMY (Édouard de), *Catalogue des gentilshommes de Provence, Principauté d'Orange, Comtat Venaissin, Corse, Dauphiné qui ont pris part ou envoyé leur procuration aux Assemblées de la Noblesse pour l'élection des députés aux États Généraux de 1789, publié d'après les procès-verbaux officiels,* Paris, 1861 ; rééd. J. Laffitte, 1982.

LAS CASES (comte), *Le Mémorial de Sainte-Hélène,* Paris, chez l'auteur, 1823, 8 vol.

LA VILLEHEURNOIS (M. de, commissaire des guerres à Calvi), *Description de la Corse,* attribuée à, 1743.

LE BOUTEILLEC (Erwan), *Le Maréchal Alphonse d'Ornano pendant les troubles de la Ligue en Lyonnais et Dauphiné (1588-1598),* mémoire de maîtrise sous la direction de Michel Vergé-Franceschi, Université de Savoie, 2000.

LECCIA (Jean-Christophe, dir.), NIGAGLIONI (Michel-Édouard), PAOLI (Caroline) *et al., Les Servites de Marie en Corse,* Ajaccio, édit. A. Piazzola 2000. (Magnifique travail de synthèse. Voir notamment la biographie du père Guelfucci, secrétaire et ami de Pascal Paoli).

LE GLAY (chanoine André), *Théodore de Neuhoff, roi de Corse,* Monaco, Paris, 1907. (Les documents cités sont intéressants. Le ton, souvent polémique, est quelque peu outré). – *Histoire de la conquête de la Corse par les Français,* Monaco, 1912, p. 14-20.

LE MOIGNE (François-Yves, dir.), *Histoire de Metz,* Toulouse, Privat, 1986. Ouvrage précieux pour replacer les parents et alliés de Théodore de Neuhoff (non cité) dans leur contexte : les Furstemberg notamment.

LEMONTEY, *Histoire de la Régence,* 1832.

LENCHÈRES (chevalier de), « Journal de campagne de 1768 et 1769 en Corse », *BSSHNC,* Bastia, 1889, publié par Mariotti. (Il s'agit d'un maréchal des logis des troupes françaises, cousin du marquis de Cursay).

LETTERE inedite di Pasquale Paoli, Ajaccio, 1933.

LETTERON (chanoine Lucien-Auguste, agrégé de l'université), « Pascal Paoli avant son élection au généralat (1749-1755) », *BSSHNC,* 4e trimestre 1913, n° 358-360, p. 1-47. – « Correspondance des agents de France à Gênes avec le ministère, année 1730 et suivantes », *ibid.,* XXIe année, premier semestre 1901. – « Pièces et documents pour servir à l'histoire de la Corse pendant les années 1737-1739 », *ibid.,* n° 148-154, 1893 (notamment le *Manifesto di Giacinto de'Paoli e don Luigi Giafferi, capi e comandanti del regno di Corsica,* 1er janvier 1739).

LEWIS (W. S.), SMITH (WARREN HUNTING) et LAM (GEORGE L.), *H. Walpole's Correspondence with H. Mann,* New Haven, 1967.

L'HERMITE DE SOULIERS (Jean-Baptiste, dit Tristan), *La Ligurie française,* Arles, 1658. (Les origines des familles citées sont généralement fantaisistes).

LIGOU (Daniel, dir.), *Dictionnaire universel de la franc-maçonnerie,* édit. de Navarre, 1974, 2 vol. – « Les Bonaparte et la franc-maçonnerie », in *Problèmes d'histoire de la Corse,* Actes du colloque d'Ajaccio, 29 novembre 1969, Paris, Société des études robespierristes, 1971. – « Les Mirabeau et leur temps », Actes du colloque d'Aix-en-Provence, 17-18 décembre 1966, Paris, Société des études robespierristes, 1968.

LIMPERANI (Gio Paolo ?, ou plutôt son neveu Matteo), *Istoria della Corsica, de'Tirreni suoi primi abitatori, fin al secolo XVIII,* Rome, 1779-1780. (cf. HYACINTHE YVIA-CROCE, *Anthologie des écrivains corses,* Ajaccio, 1929-1931).

LIVI (Giovanni), « Lettere inedite di P. Paoli con proemio e note di Giovanni Livi », *Archivio storico italiano,* série 5, t. 5, Florence, 1890.

LOUDUN (Eugène), *Le Général Ch. Abbatucci,* Paris, 1851.

LUCCARELLI (Antonio), « Pasquale Paoli in Puglia e in Sicilia », *Archivio Storico di Corsica,* 1932. (L'auteur n'a pas trouvé trace de Paoli à Gallipoli ni à Brindisi).

LUCARELLI (Oderici), *Mémoires et guide historiques de Gubbio,* Città di Castello, 1888. (Pour les Paoli de Gubbio, en Ombrie, non-parents des Paoli de Morosaglia).

LUCIANI (Renée, agrégée de l'Université), *Mémoires de Sébastien Costa (1732-1736),* éd. critique, trad. et notes, Aix-Paris, 1972, 2 vol. (Remarquable travail de chercheur qui permet de reconstituer les « clans » opposés sur le terrain insulaire entre 1729 et 1737).

LUSINCHI (pour le général Gio Francesco), voir « Journal des deux campagnes en Corse par les troupes impériales (1731-1732) », *BSSHNC,* n° 180, déc. 1895.

MACAULAY (Mrs Catarina), *A short sketch of a democratical form of government, in a letter to Signior Paoli, in loose remarks on certain positions to be found in Mr. Hobbes philosophical rudiments of government and society,* Londres, 1767, p. 29-39.

MAC ERLEAN (John M.P.), *The Formative Years of a Russian Diplomat : Charles-André Pozzo di Borgo in Corsica, 1789-1786,* thèse de doctorat dactylographiée, université de Washington, 1967. (Pour le royaume anglo-corse). – « Le royaume anglo-corse (1794-1796) », *Annales historiques de la Révolution française,* LVII, 1985. – « John Stuart, Paoli et la Corse. Lettres de 1768 », *Études corses,* n° 33, p. 139-161. – « La valeur historique des "mémoires" (1762-1802) de Philippe Masseria », *Études corses,* n° 30-31, 1988, p. 151-169. (Série d'articles précieux, notamment le dernier).

MACHIAVEL, *Le Prince.* (Lecture de Pascal Paoli. Nous ignorons dans quelle édition).

MAGNANIMA (Luca), *Lettere italiane sopra la Corsica in rapporto allo spirito di legislazione che dovrebbe animare quel regno per renderlo felice,* Lausanne (en réalité Livourne), 1770. (Le premier feuillet parut à Livourne début juillet 1769).

MARCAGGI (J.-B.), *Le Souvenir de Napoléon à Ajaccio,* Ajaccio, 1921.

MARCHETTI (Pascal), *Une mémoire pour la Corse,* Flammarion, 1980.

MARIEL (Pierre), *Les Francs-maçons en France,* Marabout, 1972.

MARINI (dom Philippe), « Un livre au pilon », *Revue de la Corse,* n° 30-31. – « La consulte de Caccia et l'élection de P. Paoli », *BSSHNC,* n° 352, p. 65-112.

MARTINI (Marien), « Le service des impôts dans la province du cap Corse à la période pré-révolutionnaire », *BSSHNC,* n° 562. – « Situation économique et humaine du cap Corse en 1770-1775 », *Corse historique,* n° 13-14, 1964. (Rapport de la situation du cap Corse par le subdélégué Rouvière, Tomino, sept.1775). – « Aspects de l'activité agricole et maritime du cap Corse à la période de la navigation à voile », *BSSHNC, Bastia,* 1965-1968.

MARX (Roland), *Histoire de l'Angleterre,* Paris, Fayard, 1993.

MASSON (Frédéric) et BIAGI (Guido), *Napoléon, manuscrits inédits,* Paris, 1907.

MATY (Charles), *Dictionnaire géographique universel,* 1701.

MAURE (F.), « Monnaies, poids et mesures en usage en Corse du XVIe au XVIIIe siècle », *Corse historique,* n° 4, 3. (Pour les monnaies de Neuhoff et de Paoli).

MAURICE (sir J.-F.), *The Diary of sir John Moore,* Londres, 1904. (Ami de Paoli).

MELLENTEIN (Henning von), *Der Korsikanische Feldzug 1732, ein Vorspiel moderner Feuertaktik,* Berlin, George Nank, 1913, 120 p. in-8°.

MÉMOIRES DE LA SOCIÉTÉ D'ARCHÉOLOGIE DE LA MOSELLE, 1860. (Pour Th. de Neuhoff).

MÉMOIRES HISTORIQUES SUR LA CORSE PAR UN officier du régiment de Picardie, 1774-1777. Publiés par V. de Caraffa, *BSSHNC,* n° 100-102, 1889. Rééd. Laffitte Reprints, Marseille, 1978.

MICHEL (Ersilio), « Pasquale Paoli ufficiale nell'esercito napoletano (1741-1755) », *Archivio storico di Corsica,* janvier-juin 1928, p. 85-100. – Mémoire sur Paoli (anonyme de 1755), conservé au ministère des Affaires étrangères, publié par E. Michel, « Giudizi francesi su Pasquale Paoli all'inizio del suo Generalato », *Archivio storico di Corsica,* avril-juin 1934, n° 2, Livourne, p. 239-246. – « Pasquale Paoli a Livorno (1769) », *Liburni civitas,* anno I, fasc. 2.

MINTO (éd.), *Life and Letters of sir Gilbert Elliot,* Londres, 1874. (Biographie du vice-roi de Corse).

MIRABEAU (Honoré-Gabriel Riqueti, marquis de), *Aventures en Corse,* Bastia, édit. Marzocchi, 1991. – *Mémoires biographiques, politiques et littéraires de Mirabeau,* Paris, 1833-1835. (Pour les origines du tribun, voir Michel Vergé-Franceschi, *Le Cap Corse. Généalogies et destins,* Ajaccio, éd. A. Piazzola, 2005.)

MOLLAT (Mgr Guillaume, de l'Institut, prêtre à Erbalunga, Corse), conférence sur *Les Giovannali,* Institut de France, 1956-57.

MONAQUE (contre-amiral Rémi), *Latouche-Tréville,* éd. SPM, 2000. (Pour l'expédition de Sardaigne).

MONTESQUIEU, *L'Esprit des lois,* 1748. Traduit à Naples dès 1751. – *Considérations sur les causes de la grandeur des Romains et de leur décadence.* (Paoli demanda à son père de lui acheter ces deux livres à Naples en novembre 1754, puis le 16 mars 1755). – « Voyage de Gratz à La Haye », *Œuvres complètes,* Paris, 1964. – Voir aussi Éric Suire, « Un cheminement religieux. Montesquieu en Italie (1728-1729) », in *Mélanges Ph. Louppès,* Université de Bordeaux III.

MONTI (Antoine-Dominique), « La grande révolte des Corses contre Gênes, 1729-1769 », *ADECEC,* Cervioni, 1978.

MORATI (Pietro), « Prattica manuale del dottor Pietro Morati di Muro », publié par V. de Caraffa, *BSSHNC,* t. I, 54-57, juin-sept. 1885, 355 p. ; t. II, 70-74, oct.-déc. 1886, 515 p.

MORÉRI (abbé Louis), *Grand dictionnaire historique,* 1re éd., 1674 ; nouv. édit. 1759, 10 vol., suppléments de l'abbé Goujet, refondus, le tout revu, corrigé et augmenté par M. Drouet, 1759.

MULTEDO (Françoise), *Quelques notices biographiques,* mémoire de maîtrise, Centre d'études corses d'Aix-en-Provence, 1969.

MURATORI-PHILIP (Anne), *Le Roi Stanislas,* Paris, Fayard, 2000. (L'ouvrage a le grand mérite de permettre de replacer Théodore de Neuhoff [non cité] dans son contexte lorrain des années 1729-1737).

NAPOLÉON (Charles), *Bonaparte et Paoli, Aux origines de la question corse,* Perrin, 2000.

NATALI (chanoine Giulio, puis évêque de Tivoli), *Disinganno intorno alla Rivoluzione di Corsica,* 1736. (Justification de la révolution corse). Édition critique par Jean-Marie Arrighi et Philippe Castellin, Ajaccio, 1983.

NATALI (Giulio), « Pasquale Paoli nella letteratura italiana del settecento », *Archivio Storico della Corsica,* juillet-septembre 1936.

NEPTUNIA, Revue de l'Association des amis du musée de la Marine, « Le Bastion de France », année 1963, n° 69.

NEUHOFF (Théodore de), *Testament politique* ; voir ORSINI (Emmanuel).

NEUHOFF (Frédéric, neveu de Théodore), *Mémoires pour servir à l'histoire de la Corse,* Londres, 1768.

NICOLAÏ (Jean-Baptiste), *Vive le roi de Corse. Notes et documents sur le règne de Théodore de Neuhoff suivis de son Testament politique,* Ajaccio, éd. Cyrnos et Méditerranée, 1981. L'ouvrage a le grand avantage de publier des documents fort intéressants, notamment un édit de Théodore du 31 janvier 1743, outre le *Testament politique* du roi que l'on peut dater de 1748 environ. – *Les Sociétés secrètes en Corse,* Ajaccio, éd. Cyrnos et Méditerranée, 1988.

NICOLINI (F.), *Lettere di Bernardo Tanucci a Ferdinando Galiani,* Bari, 1914. Galiani parle de Paoli comme de son « compagnon d'école » (t. I, p. 144).

NIGAGLIONI (Michel-Édouard), LECCIA (Jean-Christophe), PAOLI (Caroline) *et al.*, *Les Servites de Marie en Corse,* Ajaccio, édit. A. Piazzola, 2000. (Magnifique travail de synthèse. Voir notamment la biographie du père Guelfucci, secrétaire et ami de Pascal Paoli).

NOTICE SUR PASCAL PAOLI, mf. 471 155-506, Bibl. du couvent Saint-François de Bastia, manuscrit italien du XVIIIe siècle.

OMAN (Carola), *Sir John Moore,* Londres, 1953. (Ami de Paoli).

ORNANO (marquis d'), *La Corse militaire,* Paris, 1904.

ORSINI (capitaine Emmanuel), *Testament politique de Théodore de Neuhoff,* Montpellier, 1895. Le texte original ne semble plus exister. Mais en travaillant ce texte publié par un homme intègre qui dit posséder l'original « écrit et signé de la main de Théodore », nous nous apercevons que rien n'autorise à dire qu'il s'agit d'un faux ; les éléments qui permettent de le dater sont nombreux ; il a visiblement été écrit lors de la signature de la paix de 1748, à l'issue de la guerre de Succession d'Autriche. Neuhoff fait mention de la prise d'une riche province (la Silésie), par un souverain « éclairé » (Frédéric II). Certes Neuhoff avoue : « Je n'ai pas voulu charger cet ouvrage des pièces originales dont je suis encore en possession » (p. 124), mais toute l'analyse du texte tend à prouver qu'il a bel et bien été écrit par Neuhoff en 1748, donc avant l'arrivée de Paoli en Corse.

ORSINI (Michel), *Corse, terre vaticane,* thèse de doctorat en droit canon, soutenue à Rome devant l'université pontificale de Latran le 27 février 1975, éd. Sud-Régie.

ORTICONI (Jean-Christophe), *Nouvel armorial corse. Le livre d'or de la noblesse,* éd. J. Laffitte, 1992. (Pour la généalogie de Pascal Paoli.)

PALATINE (princesse), *Lettres de la princesse Palatine (1672-1722),* Paris, Le Mercure de France, 1985. (Lettres au sujet de son ancien page Th. de Neuhoff.)

PALMER (Robert R.), « The kingdom of Corsica and the science of history », in *The Age of the Democratic Revolution,* Princeton, 1959-1964.

PAOLI (Pascal). Pour la *Correspondance,* voir Graziani (A.-M.), un volume de lettres de 1749 à 1755 (Ajaccio, 2002) ; Perelli (Dr), les quatre volumes (Bastia, 1884-1889) et Tommaseo (éd. à Florence, 1846). – Pour le mythe, voir le collectif : *La nascita di un mito : Pasquale Paoli,* édit. Biblioteca Franco Serantini, Pise, 1998. Voir aussi *BSSHNC* et *Études corses* pour quelques lettres éparses ou inédites.

PAOLI (F.-A.), « Pourquoi Napoléon Bonaparte faillit ne pas naître français », *Revue historique de l'armée,* 1969.

PASTINE (O.), « Intorno ad una proposta di alleanza segreta tra la Corsica e l'Olanda nel 1736 », in *Giornale Storico Letterario della Liguria,* 1933.

PERELLI (docteur), « Lettres de Pascal Paoli », *BSSHNC,* 1884-1889, 4 vol.

PERRY (Norma), « Sir Everard Fawkener, friend and correspondent of Voltaire », *Studies on Voltaire,* n° 133, Banbury, 1975, p. 139-141. (Il semblerait qu'il soit le père du capitaine de ce nom qui rencontra Paoli en Corse en 1768).

PETIT BASTIAIS (LE), Chronique de la vieille Corse. Nombreux articles sur : « La prestigieuse histoire des Franceschi de Centuri », notamment par le comte Joseph de Germiny (3 déc. 1942 ; 22 avril 1953 ; 13, 14, 15, 16, 17, 19 et 20 août 1965). – Le général Lusinchi (2 et 3 oct.1936, 2 déc.1939). – L'affaire Abbatucci (avril-mai 1940). – Le général J.-P. Abbatucci (1723-1813) (14 avril 1937, 11, 15, 16 et 20 avril 1940, 2 et 10 mai 1940, 21 août 1959, 17 sept. 1959, 27 sept. 1959, 29 déc. 1960). – Le général Ch. Abbatucci (1771-1796) (14 mai 1942, 8 sept. 1942, 7 août 1943).

PICCIONI (Camille), « L'ordre de Malte et la Corse », *Revue d'histoire diplomatique,* 1916.

PINELLI (Felice), *Relazione del governatore Felice Pinelli (1728-1730), scritta dal medesimo e tratta per la prima volta dagli archivi della famiglia Brignole-Sale,* Bastia, A.F. Santelli editore, Ollagnier stampatore e librajo, 1854, 103 p., in-8°.

PLANTET (Eugène), *Correspondance des deys d'Alger avec la cour de France,* Paris-Tunis, Bouslama, 1893, 2 vol. – *Correspondance des consuls des beys de Tunis et des consuls de France avec la cour,* 3 tomes : 1577-1700 ; 1700-1770 ; 1770-1830, Paris-Tunis, Bouslama, 1893.

POLI (Xavier), *Histoire militaire des Corses au service de la France,* Ajaccio, 1898 ; rééd. *BSSHNC,* 1936 et 1937.

POLIER DE BOTTENS (Antoine-Noé), *Mémoires sur l'éducation, la vie, les ouvrages et le caractère de feu monsieur Gabriel de Seigneux de Correvon,* Lausanne, 1776.

POMMEREUL (François René Jean, baron de, 1745-1823), *Histoire de l'isle de Corse,* Berne, 1779. (Pour lui, Boswell est un « panégyriste stupide »).

POMPONI (Francis), *Le Mémorial des Corses,* Ajaccio, 1982, 5 vol. (Ouvrage monumental). – *Histoire de la Corse,* Paris, Hachette, 1979.

POTTLE (Frederik Albert), *The Literary Career of James Boswell, Esq., being the bibliographical materials for a life of Boswell,* 1929 ; rééd., Oxford, 1967. – *James Boswell : the Earlier Years, 1740-1769,* Londres, 1966. – *Boswell in Holland (1763-1764),* New York, 1952. – *Boswell in Search of a Wife (1766-1769),* Londres, 1957 (avec Frank Brady). – *Boswell for the Defence (1769-1774),* Londres, 1960 (avec William K. Wimsatt Jr). – *Boswell : the Ominous Years, 1774-1776,* New York, 1963 (avec Charles Ryskamp).

POUSSOU (Jean-Pierre), *La Terre et les paysans en France et en Grande-Bretagne au XVIIe et XVIIIe siècles,* Paris, SEDES, 1999. (Pour l'Écosse des XVIIe et XVIIIe s.). – *Les Îles britanniques, les Provinces-Unies, la guerre et la paix au XVIIe siècle,* Paris, Économica, 1991.

PROVASI (Pacifico), « Pasquale Paoli e Antonio Genovesi », *Archivio Storico di Corsica,* 1941, p. 251-256.

PULICANI (Jean), « Historique du Palais national », *Études corses,* 1978, n° 11, p. 31-65.

RACINE, *La Thébaïde.* (Paoli la cite).

RAMBAUD (J.), « La fin de Saliceti », *Revue napoléonienne,* 1910, t. V, p. 161-170.

RAVASI (Ladislao), *Il servo di Dio, Mons. Tommaso Struzzieri,* Milan, 1965. (Pour les visiteurs apostoliques, de'Angelis (1705-1765) et Struzzieri).

RAVENNA (Leona), *Pasquale Paoli,* Florence, 1927.

RAVIS-GIORDANI (Georges, dir.), *Atlas ethnohistorique de la Corse,* éd. du CTHS, 2004. (Beau travail de synthèse).

RENUCCI (F.-O.), *Storia di Corsica,* Bastia, 1833-1834, 2 vol.

RELATION DE LA DESCENTE D'UN ÉTRANGER (THÉODORE DE NEUHOFF) EN L'ÎLE DE CORSE, La Haye, 1738.

RÉVAUGER (Marie-Cécile), *Le Fait maçonnique au XVIIIe siècle en Grande-Bretagne et aux États-Unis,* Paris, coll. « IDERM », ÉDIMAF, 1990.

RÉVÉREND (baron Albert), *Armorial du Premier Empire, titres, majorats et armoiries concédées par Napoléon Ier,* Paris, 1899, 4 vol.

REVUE MARITIME ET COLONIALE, oct. nov.1886.

REY (Didier), « La flotte militaire corse », *Études corses,* n° 29, 1987, p. 145-163. – « Les *fuorusciti* corses de 1769 à 1790 », *Études corses,* n° 30-31, 1988, p. 151-169. – « L'armée régulière corse (1755-1769) », *Études corses,* n° 33, p. 121-139. (Articles d'excellente qualité).

RIETSTAP (Johannes Baptista), *Armorial général contenant la description des armoiries des familles nobles et patriciennes de l'Europe,* Gouda, 1884-1887, 2e éd., 2 vol. (1re éd. 1861).

ROBIQUET (M.-F.), *Recherches historiques et statistiques sur la Corse,* 1835.

ROCCA (Mathieu), « Théodore, roi de Corse et franc-maçon », *Études historiques,* A Muvra éd., dimanche 24 septembre 1922.

ROLLIN (Charles), *Histoire romaine,* 1738-1741. – *Histoire ancienne,* 1730-1738.

ROMAIN (Félix de), *Souvenirs d'un officier royaliste par M. de R., ancien colonel d'artillerie (1787-1790),* Paris, éd. Egron, 1824 ; Ajaccio, 1932, t. I, p. 73-157, et t. II, p. 35-75. (F. de Romain est né à Angers en 1766).

ROSSI (abbé Ambroggio), « Osservazioni storiche sopra la Corsica », publiées par l'abbé Letteron, *BSSHNC,* 1899-1905, 15 vol.

ROSTINI (Carlo), *Mémoires (1715-1740), BSSHNC,* 1881-1882, 2 vol., édition critique par P. et L. Lucciana.

ROUSSEAU (Jean-Jacques), *Projet de constitution pour la Corse, Œuvres complètes,* édit. de la Pléiade. – *Du contrat social,* livre II, chapitre 10. – *Correspondance complète,* Genève, Banbury, Oxford, éd. R. A. Leigh, 1965 (lettre 4035). – *Projet de constitution pour la Corse,* Paris, éd. Nautilus, 2000.

ROVERE (Ange), « Pacification, résistance et mouvements populaires en Corse (1770-1774) », *Études corses,* n° 10, 1978, p. 69-117. – « Journées révolutionnaires en milieu urbain : l'exemple bastiais (1789-1791) », *Études corses,* n° 30-31, 1988, p. 151-169. – « Paoli dans son temps : la naissance des mythes », in *La nascita di un mito : Pasquale Paoli,* éd. Biblioteca Franco Serantini, Pise, 1998. – Avec Antoine CASANOVA, *La Révolution française en Corse,* Privat, 1989. (Ouvrage très bien documenté et fort utile).

RUFFI (Antoine de), *Histoire de la ville de Marseille et de la noblesse provençale,* 1642 ; rééd. par son fils, 1696.

SAINT-SIMON (duc de), *Mémoires,* Paris, éd. J. de Bonnot, 1965, 20 vol., (Dans nos notes, la tomaison renvoie toujours à cette édition et non à celle de Boislisle).

SALVINI (abbé Gregorio), *Giustificazione della Rivoluzione di Corsica combattuta dalle riflessioni di un Genovese e diffesa osservazioni di un Corso,* Corte, 1758, 1760 (2 éditions), 1764, Corte, stampa per S.F. Batini, 607 p. (quatre éditions dont une traduction en français en 1760 : *Mémoire apologétique au sujet de la révolution de l'isle de Corse,* et une en italien en 1760 : *Memoria apologetica sull'ultima rivoluzione dell'isola di Corsica*).

SANTINI (Pascal), « Le manuscrit de l'abbé Expilly », *Cahiers corses,* t. I, p. 33-44. (Description de Pascal Paoli par Expilly en date du 6 décembre 1756, manuscrit daté de Calvi). Expilly fut à titre provisoire « examinateur et auditeur général de l'évêché de Sagone ». – « Huit lettres inédites de Pascal Paoli », *Études corses,* n° 33, 1989, p. 185-207.

SANTONI (Charles), *Chronique de la franc-maçonnerie en Corse (1772-1920),* Ajaccio, éd. A. Piazzola, 1999.

SAUNIER (F.), *Les Lectures de P. Paoli,* mémoire de maîtrise, Centre d'études corses de l'université d'Aix-Marseille, 1970.

SCHIPA (M.), *Storia dell'universita di Napoli,* Naples, 1924.

SÉDILLOT (René), *La Grande Aventure des Corses,* Fayard, 1969.

SERVIERES (M^r^.-J. de), « Les réfugiés corses à Marseille pendant la Révolution (1793-1797) », *BSSHNC,* 1922.

SIALELLI (Jean-Baptiste), *La Justice en Corse et le tribunal de Corte (1769-1958),* Corte, 2003.

SILVANI (Paul), *Corse des révolutions,* Ajaccio, La Marge, 1989. (Première partie : « 1789, La liberté retrouvée », p. 7-72). – *Bandits corses de légende,* Ajaccio, 1999.

SIMI (Pierre), « Démographie et mise en valeur de la Corse », in *Mélanges d'études corses offerts à Paul Arrighi,* Gap, Centre d'études corses d'Aix-en-Provence, 1971.

SINGLANDE (RP de), *Mémoires militaires et voyages,* Paris, 1765, Ajaccio, éd. « A Muvra », 1930. Compte rendu par Grimm in *Correspondance littéraire* du 15 mai 1765, Paris, éd. Tourneux, 1877-1882, VI, p. 284.

SIX (Georges), *Dictionnaire biographique des généraux et amiraux français de la Révolution.*

STEFANI (Ange-Paul), mémoire de maîtrise (origine des Paoli), sous la dir. de F. Ettori (recherches effectuées dans les arch. paroissiales de Morosaglia et les *ceppi* [registres] des notaires de la région), Centre d'études corses, Université d'Aix-Marseille I, 1972.

STEWART (G.), *Henry Benbridge (1743-1812), American Portrait-Painter,* Washington, 1971. (Pour les portraits de Paoli).

SUIRE (Éric), voir MONTESQUIEU.

SYMONDS (John), *Osservazioni di un viaggiatore inglese sopra l'Isola di Corsica,* Londres, 1769. – *Remarks on the present state of the island of Corsica written upon the spot.* Symonds est resté avec Paoli en Corse du 1er au 4 août 1767. Il a donc vu le général deux ans après Boswell (1765). Il avait pour compagnon de voyage Frederick Augustus Hervey (1730-1803), quatrième comte de Bristol et évêque de Derry.

TAILLEMITE (Étienne) et DUPONT (contre-amiral Maurice), *Les Guerres navales françaises du Moyen Âge à la guerre du Golfe,* éd. SPM, 1995. (Pour l'expédition de Sardaigne).

TAILLEMITE (Étienne), *Dictionnaire des marins français,* Tallandier, 2002. (Pour Truguet, Latouche-Tréville et l'expédition de Sardaigne).

TEISSIER (Octave), *Armorial des échevins de Marseille,* Marseille, 1883. (Pour les échevins Franceschi en 1667-68 et 1678-79 et Roux de Corse en 1744-45 et 1764-65). – *Les Anciennes Familles de Marseille,* Marseille, Laffitte Reprints, 1995. – *État de la noblesse de Marseille en 1693.* – « Histoire d'une maison marseillaise », *Le Petit Marseillais,* 12 août 1880.

THIRIOT (Fr.-G., des Frères Prêcheurs de Corbara, Corse), « Un aventurier messin au XVIIIe siècle. Théodore de Neuhoff, roi de Corse », in *Annuaire de la Société d'histoire et d'archéologie lorraine,* 13e année, 1901.

THOMAZI (Pierre), « Le 15 juin 1778, Pascal Paoli était initié à la franc-maçonnerie », *Nice-Matin,* 15 juin 1978. – *Revue Kyrn,* n° 186, Bastia, novembre 1987.

THRASHER (Peter Adam), *Pasquale Paoli, an Englightened Hero (1725-1807),* Londres, 1970.

TISSOT (docteur Samuel-Auguste), *De la santé des gens de lettres,* Lausanne, 1768. (Il estime Paoli plus grand que César, Mahomet et Cromwell).

TOMI (Pierre), « Le royaume anglo-corse », *Études corses,* nos 9-14, 1956-1957.

TOMMASEO, *LETTERE DI PASQUALE PAOLI,* Florence, 1846. Voir aussi Perelli (Dr) puis Graziani (A.-M.).

TOMMASEO, *Cronachetta delle cose di Corsica dal 1737 al 1741.*

TRÉVOUX, *Dictionnaire universel français et latin,* dit de, 1704. (Sans rapport avec la sœur de Neuhoff, la comtesse de Trévoux).

TUZET (Hélène), *La Sicile au XVIIIe siècle vue par les voyageurs étrangers,* Strasbourg, 1955.

VARNHAGEN, *Théodor, König von Corsica.*

VAUGHAN (S.), *An Appeal to the Public on Behalf of Samuel Vaughan, Esq.,* Londres, 1770. (Vaughan, riche marchand des Antilles, a financièrement aidé Paoli et Boswell).

VAUX (comte de), *Relation des campagnes de 1738 et 1739 de l'île de Corse par les troupes du roi sous le commandement du maréchal de Maillebois.*

VENTURI (Franco), « Pasquale Paoli e la rivoluzione di Corsica », *Rivista storica italiana,* n° 86, 1974, p. 5-81. (Correspondance de Paoli dont l'activité est analysée jusqu'en 1769). – « Il dibattito francese e britannico sulla rivoluzione di Corsica », *ibid.*, p. 643-719. – « Il dibattito in Italia sulla rivoluzione di Corsica », *idem*, n° 88, 1976, p. 40-89. – « Le avventure del generale Henry Lloyd », *idem*, n° 91, 1979, p. 369-433. (Important article consacré à ce jacobite qui voulait aller aider Paoli en 1768). – « Settecento riformatore », 5 tomes – « Pasquale Paoli in Olanda », *Études corses*, n° 18-19, 1982.

VERGÉ-FRANCESCHI (Michel), Ouvrages : *Histoire de Corse. Le pays de la grandeur*, Le Félin, 1996, 2 t., 582 p., préface d'Emmanuel Leroy-Ladurie, de l'Institut, rééd. 1998, 2000, 2003 et 2004 ; ouvrage couronné par l'Académie des inscriptions et belles-lettres, prix Hercule Catenacci 2003. – *Le Cap Corse. Généalogies et destins*, Ajaccio, éd. A. Piazzola, à paraître, 2005, 750 p. – *La Marine française au XVIIIe siècle*, Paris, SEDES, 1996, 451 p. – *Chronique maritime de la France d'Ancien Régime (1492-1792)*, Paris, SEDES, 1998, 800 p., préface de l'amiral J.-Ch. Lefebvre, chef d'état-major de la Marine nationale.

VERGÉ-FRANCESCHI (Michel, sous la direction de), *Dictionnaire d'histoire maritime*, Paris, R. Laffont « coll. Bouquins », 2002, 2 vol., 1510 p., – *La Guerre de course en Méditerranée (1515-1830)*, Actes des premières journées universitaires de Bonifacio, réunis en collaboration avec A.-M. Graziani, Paris-Ajaccio, coédition Presses univ. de Paris IV-Sorbonne/A.Piazzola, 2000. – *Les Doria, la Corse et la Méditerranée*, Actes des deuxièmes journées universitaires de Bonifacio, Ajaccio, A.Piazzola, 2001. – *La Corse, île impériale*, Actes des troisièmes journées universitaires de Bonifacio tenues sous la haute autorité de SAI la princesse Napoléon, Ajaccio, A.Piazzola, 2002. – *La Corse et les routes de Méditerranée*, Actes des quatrièmes journées universitaires de Bonifacio, Ajaccio, A.Piazzola, 2003. – *La Corse et l'Angleterre*, Actes des sixièmes journées universitaires de Bonifacio, tenues sous la haute autorité de SAI la princesse Napoléon, Ajaccio, A. Piazzola, à paraître, 2005.

VERGÉ-FRANCESCHI (Michel), Articles : Sondage dans les registres paroissiaux de Rogliano (cap Corse), aux XVIIe et XVIIIe s., *BSSHNC*, 1978, n° 626, p.15-20. – « Les Terami, une famille roglianaise de corsaires, abbés et notaires, du XVIe s. à nos jours », *ibid.* p. 21-49. – « Les Piacentini, une famille roglianaise de podestats, maires et curés, du XVIe s. à nos jours », *ibid.*, 1978, n° 627-628, p. 9-21. – « Les Tully de Quercioli, une famille roglianaise, du XVIIe s. à nos jours », *ibid.*, 1978, n° 627-628, p. 21-51. – « Les Vivaldi de Bettolacce, une noble famille de Gênes établie à Rogliano », *ibid.* 1978, n° 629, p. 9-29. – « Les Agostini de Bettolacce, une noble famille de Rogliano, alliée aux Vivaldi », *ibid.* 1978, n° 629, p. 29-43. – « La noble famille de Marchi de Campiano et la caste des nobles roglianais au XVIIIe s. », *ibid.* 1979, n° 630, p. 9-18. – « La famille Mariani de Magna-Soprana, une famille roglianaise alliée aux Gentile », *ibid.* 1979, n° 630, p. 19-35. – en collaboration avec Philippe LUCCHETTI, « La maison Lucchetti de Bettolacce attachée à sa terre depuis sept siècles », *ibid.* 1980, n° 637, p. 9-63. – « Don Jean-Baptiste Devoti de Bastia et la famille Devoti au XIXe s. », *ibid.* 1981, n° 638, p. 9-41. – « Les Lusinchi de Bastia aux XIXe et XXe s. », *ibid.*

1984, n° 646, p. 9-41. – « Centuri en 1769 : recensement démographique », *ibid.*, 1984, n° 646, p. 41-69. – « Les Rinesi, une vieille famille bastiaise au XIXe s. », *ibid.* 1985, n° 648, p. 3-37. – « La bibliothèque d'un capitaine de vaisseau en 1789 : celle du bailli de Mirabeau », *Chronique d'histoire maritime*, n° 18, 2e sem. 1988, p. 2-11. – « Luce de Casabianca, le héros d'Aboukir », *in* Actes du colloque Napoléon et la Méditerranée, Ajaccio, 1998, Nice, 1999.

VERGÉ-FRANCESCHI (Michel) et GRAZIANI (Antoine-Marie), *Sampiero Corso (1498-1567), un mercenaire européen au XVIe siècle,* éd. A. Piazzola, 1999. Grand prix du Livre corse 2000.

VESPUCCI (Adriano Colonna), *Re Theodoro e l'Ordine Equestre della Liberazione,* 1931. Livre hostile à Théodore, l'irrédentisme italien essayant de lutter contre la bonne image du souverain en Corse.

VIANELLO (C.-A.), « Una relazione sulla Corsica del 1767 », *Archivio Storico di Corsica,* avril-juin 1940, p. 178-201. – « Per l'identificazione dell'autore della Relazione sulla Corsica del 1767 », *ibid.*, avril-juin 1941.

VILLA (Paul-Michel), « Tra Francia e Inghilterra : l'altra vita di Pasquale Paoli », in *La nascita di un mito : Pasquale Paoli,* éd. Biblioteca Franco Serantini, Pise, 1998. – *L'Autre Vie de Pascal Paoli,* Ajaccio, éd. A. Piazzola, 1999 (Pour Paoli en Angleterre, grâce aux lettres de Paoli à M. Cosway, opportunément retrouvées par l'auteur).

VILLAT (Louis), *Histoire de Corse,* Paris, 1914. – *La Corse de 1768 à 1789,* Besançon, 1924. (Villat considérait déjà Boswell, à juste titre, comme « un envoyé d'Angleterre »).

VIVIAN (Frances), « General Paoli in England », *Italian Studies*, n° 4, 1949.

VIVIÈS (Jean), *James Boswell. État de la Corse,* Toulouse, CNRS éd., 1992. (La meilleure traduction de la relation du voyage de Boswell en Corse à ce jour). – « Boswell, la Corse et l'Encyclopédie », *Studies on Voltaire,* n° 245, 1986. – « L'Angleterre et le monde méditerranéen », Actes du Centre aixois de recherches anglaises, Université de Provence, 1987.

VOLTAIRE, *Correspondance,* La Pléiade, Paris, 1985. – *Précis du siècle de Louis XV* (chap. XL), in *Œuvres historiques,* Paris, 1968.

WACHTENDONK (baron), *Journal de campagne de M. le baron de Wachtendonk en Corse en 1731.*

WEECK (René de), *Le Roi Théodore,* Ajaccio, 1923 ; Paris, Plon, 1925.

WITTELIEB (von), *Histoire des révolutions de l'île de Corse,* La Haye, éd. Pierre Paupie, 1738. L'auteur publie le texte intégral de la création de l'ordre de la Délivrance. Pommereul dit de Wittelieb : « Un compilateur fit imprimer à La Haye en 1738 une *Histoire des révolutions de Corse.* Cet ouvrage d'un réfugié français qui avait oublié sa langue n'est qu'un abrégé du Filippini... On y trouve l'histoire de Théodore très détaillée. »

YVIA-CROCE (Hyacinthe), *Quarante ans de gloire et de misère : la Révolution corse (1729-1769),* 1996. – *Anthologie des écrivains corses,* Ajaccio, A Muvra éd., 1929-1931.

Premiers Corses au service du roi de France (1524-1669)

1524 : SAMPIERO CORSO (v.1498-1567), devient colonel au service de François Ier ; il fournit des Corses (1528) à Andrea Doria, amiral génois au service du roi de France, pour combattre Charles Quint ; il assiste au mariage marseillais de Catherine de Médicis (1533) avec le futur Henri II ; attaché à la Maison militaire du futur Henri II, il devient colonel général des Corses au service du roi (1547) ; le roi lui accorde des fleurs de lys à mettre sur son écu pour avoir sauvé le dauphin lors du siège de Perpignan.

1550 : Tomasino LENCHE, Cap-Corsin de Morsiglia, armateur marseillais, marié à Hugone Napollon de Trelo de Centuri, fille et nièce des maîtres calfats royaux de Marseille (l'équivalent de nos directeurs des constructions navales), et grand ami de Sampiero Corso ; est naturalisé à Marseille par Henri II ; crée et installe le Bastion de France au Maghreb, première colonie française en terre musulmane.

1557 : GIAFFERI, pris par les Turcs, et renégat, est tué en mer en combattant les chevaliers de Malte.

1563 : Tomasino LENCHE favorise l'arrestation de Vannina d'Ornano qui tente de passer de Marseille à Gênes et que Sampiero étrangle (été 1563) car elle détient des papiers compromettants qui prouvent que Catherine de Médicis, malgré la paix du Cateau-Cambrésis (1559), continue d'inciter les Corses à la révolte contre Gênes, alliée de l'Espagne depuis 1528 (meurtre sans doute commandité par la reine au nom du secret « Défense »). Tomasino devient immédiatement après second consul de Marseille (1565). Fondateur et directeur de la Magnifique Compagnie du corail, il meurt à Marseille (1568) quelques mois après l'assassinat en Corse de Sampiero (1567), dont il était le chargé de procuration à Marseille et souvent le banquier.

1569 : Alphonse d'ORNANO, fils aîné de Sampiero, arrive de Corse à Marseille avec trois cents amis de feu son père. Leurs descendants forment à Marseille, à Aix et surtout en cour une élite corso-provençale d'une rare importance : Forbin, Riquetti-Mirabeau, Foresta, Montluc, Richelieu, Guise, Harcourt, maison de Lorraine, Narbonne-Pelet.

1569 : Antonio LENCHE, neveu de Tomasino, est naturalisé par Charles IX.

1578 : Orso Santo CIPRIANI d'Ortinola de Centuri est naturalisé par Henri III.

1582 : Giovanni PORRATA delli Stanti de Morsiglia est nommé gouverneur du Bastion de France par Henri III.

1587 : Antonio LENCHE devient second consul de Marseille. Ancien gouverneur du Bastion de France (1568-1581) et directeur de la Magnifique Compagnie du corail (1568-1588) ; les ligueurs l'assassinent (1588).

1595 : Alphonse d'ORNANO est fait par Henri IV chevalier de l'ordre du Saint-Esprit et maréchal de France. De Grenoble (il est gouverneur du Dauphiné) à Lyon, il a combattu et vaincu les ligueurs.

1596 : Pietro BAGLIONE, capitaine de la porte réale de Marseille, assassine le consul ligueur de Marseille Cazaulx, à la demande d'Henri IV et du duc de Guise, gouverneur et amiral de Provence. Les Marseillais lui donnent le surnom de « Libertat ». Il est anobli (1596).

1599 : Orso Santo CIPRIANI devient consul de Marseille. Le roi de France l'anoblit.

1600 : Désirée LENCHE (1547-1605), fille de Tomasino, et son mari Jean-Baptiste de Forbin-Gardane (premier consul de Marseille en 1572), reçoivent Henri IV à Marseille.

1597 : Bartolomeo BAGLIONE hérite de toutes les charges de son frère Pietro.

1602 : Giacomo VINCIGUERRA de Bastia construit six galères pour le roi à Marseille.

1610 : Anton Maria FRANCESCHI de Centuri est naturalisé par Henri IV.

1611 : Marco FRANCESCHI de Centuri, frère du précédent, est naturalisé par Louis XIII.

1615 : Sanson NAPOLLON de Trelo de Centuri est nommé consul de France à Alep. Il accomplit une mission à Constantinople pour Louis XIII (1623), une autre à Smyrne (1624), puis à Alger (1626-1628). Chevalier de l'ordre de Saint-Michel (1623), gentilhomme de la chambre du Roi (1623), gouverneur du Bastion de France, il y est tué par les Génois (1633).

1622 : Giacomo VINCIGUERRA est tué au siège de La Rochelle.

1635 : Balthazarre CIPRIANI, fils d'Orso Santo, devient premier consul de Marseille.

1640 : Jean-Baptiste FRANCESCHI (1607-1673), fils d'Antoine-Marie, est député de la Ville et du Commerce de Marseille auprès de Louis XIII de passage en Avignon. Il le sera à nouveau auprès de Louis XIV en 1650-1651 et en 1661-1663.

1645 : Anne d'ORNANO, arrière-petite-fille de Sampiero, épouse au Palais-Royal François de Lorraine, petit-fils naturel d'Henri IV et cousin germain du duc de Beaufort.

1669 : Jean-Baptiste FRANCESCHI (1607-1673) et son épouse Jeanne de Bricard, arrière-petite-fille de Désirée Lenche, reçoivent Louis XIV à Marseille le 5 mai. Colbert dort en leur hôtel de la rue de la Loge, place Vivaux.

1669 : Scipion LENCHE, arrière-petit-fils d'Alphonse d'Ornano fait dormir à Marseille en son hôtel (actuelle place Lenche) Louis XIV. Le roi et la cour sont reçus par le comte de Grignan, autre arrière-petit-fils du maréchal d'Ornano.

Quelques Corses au service du pape et de Venise

ABBATUCCI (dynastie des) : famille de Zicavo.

BOERIO (dynastie des) : famille de Corte.

CIRNI : auteur ; il a écrit l'une des vingt relations du Grand Siège de Malte (1565). Le roi de France y est accusé d'avoir aidé les Turcs contre les chevaliers ! Sampiero Corso venait d'effectuer un assez long séjour auprès de Soliman en s'arrêtant à Alger à l'aller (1562) et à Chio au retour (1563).

CROVERO (Andrea) d'Ajaccio, garde-corse en 1662 à Rome, fugitif, émeutier et assassin. Trisaïeul de Madame Mère.

FRANCESCHI de CANNELLE (dynastie) : famille de Centuri (cap Corse).

FRANCHI (Alfonso de') : capitaine des gardes-corses à Rome en 1662.

GIAFFERI (dynastie des) : famille de Talasani.

GIAPPICONI (dynastie des)

LUSINCHI (dynastie des) : famille de Zicavo.

PAGANELLI (dynastie des) : famille de Zicavo.

POZZO di BORGO (Paolo Maria), d'Ajaccio, garde-corse en 1662, fugitif, émeutier. Fils de Paolo Geronimo (1573-1650), colonel au service du Saint-Siège, et de Vannina de Bozzi. Neveu de Paolo Emilio Pozzo di Borgo mort en 1626, colonel d'un régiment corse au service du Saint-Siège dont les fils Paolo Agostino et Giacomo Emilio étaient au service de Venise. Le père de Paolo Maria avait pour cousin germain a) Geronimo Pozzo di Borgo (1612-v.1668) au service de Venise ; b) Simon Giovanni Pozzo di Borgo, capitaine des Corses au service de Venise en 1629-1640. Paolo Maria était le cousin issu de germains de Carlo Pozzo di Borgo, capitaine au service de Venise dès 1645, fils d'une Foresti de Bergame : il fit la guerre de Candie. (Cf. P.P.R. Colonna de Cesari-Rocca, *Notices historiques sur les Pozzo di Borgo, op. cit.*). Les Pozzo di Borgo étaient présents à Rome dès 1490. Lucca Pozzo di Borgo, au service du Saint-Siège, laissa un fils Santo mort à Rome en 1589, inhumé à Rome avec ses deux enfants en l'église des Corses de Rome (San Crisogono).

VITALI (Giorgio), corsaire vénitien, originaire du cap Corse, tué en 1668.

Les Corses théodoriens

ACQUAVIVA docteur. Chevalier du deuxième ordre.

AGATA Franceschino dell'. Florentin. Secrétaire de la chambre du Roi.

AITELLI abbé. Auditeur du royaume.

ALBERTINI Innocenzio, d'Orezza. Capitaine.

ALBERTINI Vincente, de Piedipartino. Capitaine.

ALEXIS fra, de Sartène. Confesseur de Neuhoff, pendu sur ordre de Maillebois.

ARRIGHI, de Corte. Frère d'Anton, professeur de droit à l'université de Padoue. Lieutenant général. Comte. Inspecteur général des troupes.

BALISONE Giuseppe. Frère du docteur. Colonel. Famille déclarée noble du premier ordre et « théodorine ».

BATTAGLINI Gio Vitus. Cornette des gardes du corps. Chevalier du premier ordre.

BATTISTI Gio Marco de', de Fano de Moriani. Capitaine. En garnison à Crême en 1738.

BIGANI Saverio, de Livourne. Gentilhomme de la chambre. Adjudant des gardes du corps.

BORGHETTI Carlo, d'Orneto. Gentilhomme et chevalier de Cour. Conseiller d'État. Chevalier du deuxième ordre.

BUONGIORNO Cristofaro. Médecin à Tunis. Gentilhomme de la chambre. Provéditeur général. Il assista Costa à Livourne lorsque celui-ci y dicta son testament.

BUTTAFOCO Anton, de Vescovato. Comte. Marié depuis 1727 à Comtessa Ceccaldi, sœur d'Andrea.

CALVESI Giacomo Felice ou Giacomo Felippo, d'Istria. Comte.

CAPONI Ignazio, du Rostino. Capitaine.

CASABIANCA Quilicus. Comte.

CASALABRIVA, commandant de la province d'Istria.

CASANOVA Lancilotto. Comte.

CASTINETTA Gio Giacomo Ambrosi di. Beau-frère d'Anton Battista Leonetti de Morosaglia. Lieutenant général et commandant de la piève de Rostino. Fait comte pour avoir été blessé à la jambe au siège de Bastia en mai 1736.

CECCALDI Andrea, de Vescovato. Comte. – Son frère Sebastiano : comte.

CERVONI Felice, de Soveria. Capitaine. Colonel. Son frère Gio Battista fut fait lieutenant-colonel pour avoir déclenché l'assaut contre la citadelle de Bastia ; puis colonel, assassiné en juillet 1737 à Corte. Commandants de Corte avec Gaffori. – Felice, leur père : commandant de la piève de Talcini. – Tomaso Cervoni (1726-1810), membre du gouvernement provisoire de la Corse en 1754 qui alla au secours de Paoli lorsque Matra l'assiégeait au couvent de Bozio.

* **CIAVALDINI** Decius, d'Orezza. Membre de la Diète. – Père de Carlo : colonel.

CIPRIANI Gio Batta, d'Isolaccio. Capitaine.

COLOMBANI RP Sylvestro, de Talasani. Capitaine de la compagnie des soldats étrangers.

COLONNA de BOZZI Anton. Capitaine. Colonel. Comte.

COLONNA Don Grazio. Commandant d'un escadron de Zicavais.

CONTRI Angelo Santo. Commandant de la piève de Moriani. Colonel. Comte.

CORSI Patrizio (1670-1759), de Talasani. Noble Douze (1733). Gentilhomme et chevalier de Cour (1736). Parent de Giafferi, il testa devant le notaire Salvatore Marchetti (1759).

COSTA Sebastiano (Ajaccio, 1682-Livourne, 1737). Avocat à Gênes puis à Livourne (1732). – Giuseppe (Ajaccio, 1716-apr. 1760), son fils : lieutenant des gardes du corps du Roi. Parti à Livourne (novembre 1736), Gênes ayant mis sa tête à prix, il devint capitaine au service de François III de Lorraine. – Gio Paolo, neveu de Sebastiano : comte, inspecteur général des troupes.

COSTA Felippo Maria, de la Castellana. Commandant de la piève de Moriani. Comte. Otage à Toulon (1738), avec Antonio Buttafoco. Officier au Royal Corse. Chevalier de Saint-Louis. Maréchal de camp. Emprisonné par Paoli (1761).

CUTOLI Francesco, de Celavo. Ancien capitaine au régiment corse d'Espagne. Commandant de la piève de Celavo. – * Son fils Domenico : comte, membre de la Diète. Cursay en fit un de ses commissaires du Delà-des-Monts en 1749.

DUFOUR, « ingénieur et lieutenant-colonel de Sa Majesté des Corses ». Ami des sœurs Fonseca, amies romaines de Neuhoff[1].

DURAZZO Michele FOSSANO dit, de Fozzano. Commandant général et comte de La Rocca. – Durazzo FOSSANO, son père : ancien capitaine génois (1716), commandant de la province de La Rocca.

FABIANI Simone (Palmento, 1698-Stazzona d'Orezza, 1736), de Monticello, marié à Maria Raffalli de Stazzona emprisonnée au château de Corte par Paoli. Excepté de l'amnistie de 1732. Otage à Bastia. Comte. Cousin de Simoncino Fabiani, 28 ans, capitaine au régiment corse de Naples (1739), exilé en Corse par Giafferi et Giacinto ; protégé d'Orticoni et du duc de Salles, colonel de ce régiment (décembre 1739). Les trois fils de Simone furent les adversaires acharnés de Paoli : le RP Fabiani, Gio Andrea et Giuseppe Maria dont Paoli fit interner l'épouse à Corte, Teresa, morte en captivité, avec ses deux fillettes. En 1769, à Pontenovo, les fils Fabiani combattirent du côté français.

FERRANDI. Commandant de la piève de Verde. Chevalier du premier ordre.

FRANCESCHI père Maestro, de Belgodère.

FRANCHI don Giovanni de'. Chapelain royal.

FRANZINI Gio Tomaso, de la Croce d'Ampugnani. Capitaine. Chevalier du deuxième ordre.

* **FREDIANI** Carlo Domenico, de La Penta de Casinca. Commandant de la piève de la Venzolasca. Chevalier du deuxième ordre. Membre de la Diète.

GAFFORI Gio Pietro (1704-1753). Docteur en médecine. Comte. Secrétaire à la Guerre et au cabinet. Président de l'hôtel de la Monnaie. Commandant de Corte. Otage (1738). Banni (1738). * Filippo Antonio : son père, membre de la Diète (1736), podestat de Corte (1740).

GALLONI Anton. Commandant lieutenant général de la piève d'Istria.

1. Costa, *Mémoires*, t. II, p. 665.

GARELLI Gio Vincente. Capitaine d'Alesani. Chevalier du premier ordre.

GIAFFERI don Luigi. On lit l'inscription suivante sur un de ses portraits : « 1673 Don Luigi de Giafferi + Generale della nazione 1745 ». Comte. Marquis. Son premier-né fut fait chevalier de la Clef d'or et comte. Premier ministre de Théodore avec Giacinto Paoli. Il succéda à Costa dans le gouvernement de Tavagna. À noter : la date de 1729 qui, curieusement, figure sur ses armoiries[1].

* **GIANNONI** Paolo Francesco, du Rostino. Oncle par alliance de Giacinto Paoli. Fait colonel après avoir été blessé au siège de Bastia en mai 1736, avec une solde de 200 lires par mois. Membre de la Diète. Mortellement blessé au combat au cours de l'été 1736. Inhumé en l'église de Montemaggiore, village où les Génois de Marchelli violèrent toutes les femmes.

GIAPPICONI Anton Francesco. Comte, capitaine de la garde royale.

GIUDICELLI Gio Paolo, de Speloncato. Colonel.

GIUDICELLI Giacomo Santo, de Zonza. Chevalier.

GIULIANI, de Muro. Docteur en mathématique, physique et médecine. Excepté de l'amnistie (1731). Comte. Commandant suprême de Balagne avec le Dr Paoli.

* **GIUSEPPI** Carlo Felice, de Pietr'Alba. Commandant des pièves de Caccia et de Canale. Colonel. Chevalier de Cour. Chevalier du premier ordre. Membre de la Diète.

GRAZIETTI Fabrizio ou Profizio, de Vezzani, piève de Castello. Comte.

GUERRINI, d'Orneto di Tavagna. Capitaine de la garde. Lieutenant-colonel.

LECA. Comte de Vico et de Cinarca. Colonel. Son fils fut légitimé par le roi de France. – Ilario, de Guagno, son frère chanoine : commandant de la province de Vico, chevalier.

LUCCIONI Angelo Luigi, de Carcheto d'Orezza. Capitaine. Commandant de Porto-Vecchio avec Colonna de'Bozzi. Exécuté sur ordre de Neuhoff pour avoir rendu Porto-Vecchio aux Génois. Sa veuve, née Filippi de Venzolasca, voulut le venger.

LUSINCHI Milanino, de Zicavo. Major dans l'armée de Venise. Colonel. Comte « sans comté ». Écartelé et rompu vif à Ajaccio (1740) sur ordre des Français. – Parent de Gio Francesco Lusinchi, lieutenant-colonel qui embarqua Neuhoff sur son navire lorsqu'il quitta la Corse, et du capitaine (1736) Carlo Lusinchi, capitaine à Naples (1739) ; de Cesare Lusinchi, adjudant-major à Naples en 1740. – Tous parents du général Gio Francesco Lusinchi, général de la nation corse assassiné.

MALASPINA Anton Marco, de Speloncato.

MARENGO Filippo Maria, fils d'Anton (avocat et consul du grand-duc de Toscane à Bastia). Exécuté en 1736 par les Génois pendant le siège de Bastia.

MARI Brandimarte, de Taglio. Gentilhomme et chevalier de Cour. Comte. Lieutenant général pour la Tavagna.

---

1. *Armorial* de F. Demartini, notices « Giafferi », p. 331.

* **MARSILY** Angelo, de Sainte-Lucie de Moriani. Sebastiano Costa fut le parrain d'un de ses enfants. Lieutenant de la piève de Moriani. Provéditeur de la Cour. Membre de la Diète.

MARTINETTI, de Ventiseri. Cousin de Gaffori.

MATRA Francesco Saverio. Oncle de Faustina, mariée à Gio Pietro Gaffori.

MATTEI Francesco, de Renno. Commandant général de la province de Vico et de Cinarca. Chevalier du deuxième ordre. Commandant pour le Niolo.

MICAELLI, de Piedilacorte à Sant'Andrea de Bozio. Capitaine.

MONTI Tomaso, de Verde. Capitaine. Chevalier du premier ordre.

* **MORATI,** du Nebbio. Membre de la Diète.

NATALI Francesco Antonio, de Nonza. Secrétaire de la chancellerie.

* **NATALI** Gio Natale, d'Oletta. Commandant de la piève du Nebbio. Colonel. Membre de la Diète.

OGLIASTRONI, de Casalabriva. Colonel.

ORNANO Luc d'. Lieutenant général. Commandant en Ornano et pour les pièves de Cauro et Celavo. Comte. Marquis.

ORNANO Alphonso d'. Comte. Colonel. – Paolo Francesco : comte. – Pietro Maria : lieutenant général. Comte. – Anton Domenico : capitaine commandant du second bataillon du régiment Royal-Corse sous les ordres de Poggi. Colonel.

ORTALI Pietro, de Tavagna. Capitaine commandant du camp de San Pellegrino. Colonel.

ORTOLI Anton Padua, de Sartène, beau-frère de Michele Durazzo. Comte.

* **PANTALACCI** de Vivario. Capitaine. Membre de la Diète.

PANZANI Gio Felice, de Tallano. Colonel. Comte. Lieutenant général de sa province. Son frère : capitaine.

PAOLI Giacinto. Comte. Son premier-né Clemente fut fait chevalier de la Clef d'or et comte. Premier ministre de Neuhoff.

PAOLI Paolo Maria. Docteur en droit. Comte. Vice-président et général de la Balagne après Fabiani. Colonel. Commandant suprême de Balagne avec Giuliani.

PASQUALINI don Marco[1]. Capitaine du Rostino à la place d'Ignazio Caponi.

* **PERALDI** Anton, de Cauro. Comte. Membre de la Diète.

PIANELLI Francesco Maria. Colonel.

PIAZZOLE Sampiero de, d'Orezza. Capitaine. Colonel.

PERETTI Francesco, de Zicavo. Lieutenant général, commandant de Talavo. Comte.

PIETRI Anton Marco, de Sartène. Comte.

PIETRI Giacomo Francesco, de Taglio. Gentilhomme. Chevalier de Cour. Comte. Provéditeur général des armées. Lieutenant général pour la Tavagna.

POGGI, de Cittarini. Capitaine. Colonel du régiment Royal-Corse (1736).

1. Sa famille était en relation étroite avec les Martinetti de Ventiseri au point que les armoiries des Pasqualini sont parfois attribuées aux Martinetti (cf. *Armorial* de F. Demartini, t. II, p. 29).

Comte de La Confina, de Propriano et de Coti. Commandant de la piève de Talavo.

POGGI. Major.

RAFFAELLI Marc Aurèle, de Sorbo. Chancelier de la magistrature suprême et de l'auditoire royal.

RINESI Carlo. Médecin. Originaire de Luri. Établi à Bastia. Ami de Costa et du capitaine de'Bozzi à Livourne.

RIVAROLA Domenico. Époux de Diana Frediani.

ROCCA-SERRA de Sartène. Gentilhomme de cour.

ROMANI Giuseppe Maria, de Taglio. Chevalier du deuxième ordre.

ROSSI Saverio et fra Bonaventura. Beaux-frères de Gaffori. Administrateurs des biens fiscaux et percepteurs royaux à Corte au nom de Théodore.

SALVINI don Gregorio. Abbé. Auditeur des Corses, remplacé en 1737 par un apothicaire de Livourne Domenico Tomasini. Auteur de la *Giustificazione della Revoluzione di Corsica,* Oletta, 1758, Corte 1758, Campoloro 1760, Corte 1764.

SANTI Matteo, de Talasani. Gentilhomme de cour.

SANTUCCI. Commandant d'Alésani. Chevalier du premier ordre.

* **SERAVALLE** Gio Pasquino, d'Alesani. Chevalier du premier ordre. Membre de la Diète.

SUSINI Angelo Brando, de Fiumorbo. Comte. Commissaire du Fiumorbo.

SUSINI Giacomo. Capitaine de La Rocca.

SUZZONI Francesco Gio. Commandant de Campoloro. Parent de Domenico Suzzoni, sergent à Naples (1740).

TADDEI Matteo, de Pero. Gentilhomme et chevalier de Cour.

TOMASINI Domenico, d'Occhiatana. Colonel. – Giuseppe : colonel. Comte. Exilé avec Giacinto. Sergent au régiment corse de Naples (1739).

TORGIA Giacomo. Capitaine-commandant du régiment du colonel Anton Domenico d'Ornano. Lieutenant-colonel.

TORRE don Giovanni. Pendu en 1740 sur ordre de Maillebois au couvent de Venzolasca.

TORTORA Anton Marco, de Muro. Comte.

URBALACONE Gio Francesco. Capitaine-commandant du régiment d'Alphonso d'Ornano.

VENTURINI. Commandant de Bozio.

VINCIGUERRA Alessandro, de Loreto de Casinca. Gentilhomme de cour après la mort de son fils Gio tué au siège de Bastia (mai 1736). Comte.

VITTINI Benedetto, de La Porta d'Ampugnani. Peut-être neveu du parrain de Paoli. Il s'occupa de la frappe des monnaies.

Le gouvernement de Paoli

Acquaviva Gio Battista, président du Niolo.
Acquaviva docteur Gio Battista, auditeur du Niolo.
Agostini Carlo Domenico, conseiller à Coasina.
Aitelli Raffaele, conseiller à Vallerustie.
Alberti Angelo Matteo, conseiller à Venaco.
Albertini Giovan Lorenzo, conseiller du Niolo.
Alessandrini, du cap Corse.
Ambrosi capitaine Biaggio, conseiller du Rostino.
Anfriani Francesco Antonio Anfriani, dit Colonna, de Balagne. Capitaine, conseiller d'État du gouvernement paoliste. Inquisiteur d'État. Issu d'une famille qui a donné Giulio Anfriani, établi à Séville avant 1590, et son fils reconnu noble à Séville en 1634, chevalier de Santiago.
Anfriani abbé don Antonio, docteur, son frère.
Angeli Felice Matteo, conseiller à Moriani.
Angeli don Angelo Michele, auditeur de Giovellina.
Antonietti Marcello, conseiller à Talcini.
Anziani Andrea, conseiller du Rostino.
Arrighi Giovan Tommaso, de Corte, conseiller à Talcini. Frère du professeur de droit à l'université de Padoue. Maintenu noble (1783).
Bagnaninchi Antonio, conseiller de Marana. Sa famille a donné Paola Giacinta, mariée en 1701 à Giafferi, et sa sœur Bastiana, mariée en 1715 à Ceccaldi.
Balli don Battista, auditeur de Caccia.
Battaglini don Placido, auditeur de Talcini.
Bernardi Gio Francesco, auditeur de Casacconi.
Biguglia Angelo Luiggi de, conseiller d'Orto.
Boccheciampe. Du Nebbio.
Bonaccorsi Antonio, chanoine de la collégiale de Calenzana. Principal orateur de Paoli dans les consultes.
Borghetti Alessandro, conseiller en Tavagna.
Buonfigli.
Buttafoco Gio Battista dit Titto, président en Casinca. Responsable des finances (1736), colonel d'un des deux régiments paolistes (1762). Tué accidentellement par un soldat au cours d'un exercice.
Buttafoco Sebastiano, président en Casinca.
Calvelli Luigi, commandant des troupes dans le Nebbio.
Campocasso Antonio, conseiller à Casacconi.
Carlotti Salvatore (v.1705-1780), président à Poggio di Venaco.
Carlotti (Antonio Pietro), conseiller à Venaco.
Casabianca Giovan Quilico (1723-Vescovato, 1793), président de l'Ampu-

gnani. Gendre à partir de 1759 de Sebastiano Ceccaldi (frère d'Andrea). Père de Luce, conventionnel mort à Aboukir en 1798. Maintenu noble (1771).

Casabianca Palo, conseiller de Casinca.

Casale Filippo Maria, du Nebbio.

Casalta Anton Paolo, conseiller à Campoloro. Père d'Anton Filippo (1759-1846), chef de bataillon des volontaires nationaux corses (1792), général de brigade (1795) qui reprit Bastia et Saint-Florent aux Anglais (octobre 1796).

Casta Bernardino, du Nebbio, président.

Ceccaldi Sebastiano (1696-1760), président en Casinca. Frère d'Andrea (1692-1741) et beau-frère de Giafferi. Beau-père de Casabianca marié à Maria Francesca Ceccaldi. Son fils Andrea (1746-1823), capitaine au Royal-Corse, fut maintenu noble (1772).

Cervoni Felice, conseiller à Talcini. Comte théodorien (1736), père de Tomaso (1726-1810), membre du gouvernement provisoire de la Corse (1754), lequel secourut Paoli assiégé par Matra au couvent de Bozio.

Ciavaldini Gio Battista, de Carcheto d'Orezza : sa maison fut brûlée par les matristes le 28 août 1755. – Gio Carlo (1707-1787), président d'Orezza. Colonel théodorien. Son fils Carlo Giuseppe (1771-1842), lieutenant du bataillon royal anglo-corse (1796). – Eduardo tué à Noceta en 1762, conseiller à Orezza, neveu de Gio Carlo et fils de Francesco Luigi (1696-1788) parti à Madrid (1733), exilé à Naples (1739). – **Ciavaldini** docteur, auditeur d'Orezza.

Crocce, inquisiteur d'État.

Fabiani Simone, colonel à Naples du régiment Corsica. Écuyer de la reine d'Espagne. Cogouverneur de Balagne. Ses petits-fils, nés en 1752 et 1755, furent maintenus nobles (1774). – Le capitaine Giuseppe Maria, cogouverneur de Balagne.

Ferrandi docteur, conseiller à Verde. Auditeur de Verde.

Filippi Angelo, de Vescovato, président en Casinca. Père d'Anton Andrea, conseiller d'État du royaume anglo-corse.

Filippi Francesco Matteo, conseiller en Tavagna.

Franceschi, de Centuri, futur colonel au service de Russie.

Franzini D. Pietro, conseiller en Ampugnani.

Fraticelli Santo, conseiller à Castello.

Frediani Simon Pietro, de La Penta di Casinca, président en Casinca. Comte théodorien. Ses quatre fils furent maintenus nobles (1772).

Furiani Giacinto de, conseiller dans la piève d'Orto.

Gaffori Francesco (1744-1796), fils de Gio Pietro et de Faustina Matra. Exposé à vingt mois sur les murailles de Corte en 1746. Capitaine des milices nationales de Paoli en 1760. Fidèle à Paoli jusqu'à Ponte Novo, il passa au service de la France et devint en 1772 colonel commandant de la Légion corse, colonel du régiment Provincial-Corse. Franc-maçon, il a peut-être appartenu à la loge de Bastia dite Saint-Jean d'Écosse des Amis Réunis avant 1778. Maître maçon à Corte, admis à la loge La Sincière Amitié en 1778. Maréchal de camp (1788). Monarchiste. Exilé par Paoli en juillet 1790.

Galeazzi Innocenzo, de La Penta di Casinca, capitaine, conseiller de Casinca. Parent de Simone Fabiani assassiné en 1736, car fils de Paola Francesca Raffalli. Son oncle Paolo Galeazzi avait épousé à Bastia (1713) une Raffalli. Innocenzo était le père de Gio Francesco, étudiant à Rome (1773-1779), président du département (1792), nommé en 1794 par Paoli à la *consulta* générale de Corte pour présenter à George III d'Angleterre les sentiments de fidélité du peuple corse. Représentant de Casacconi au parlement anglo-corse. Conseiller d'État pour les Anglais (1794-1795). Paoli lui écrivit souvent de Londres. Il a laissé des *Memorie della mia vita*. – **Angelo** (1709-1788), frère du précédent, auditeur de Casinca, docteur *in utroque jure* ; prêtre, il exerça à Rome comme avocat et testa chez un notaire de Stazzona d'Orezza.

Gavini Paolo Santo, président de Casacconi, conseiller en Ampugnani. Fils d'Anton Giacomo, chevalier de la Délivrance et de Santia Valentini. Capitaine (1769), il commanda les milices de Casacconi à Ponte Novo. Membre du parlement anglo-corse. – Son frère Dioniso entretint avec Paoli une correspondance fournie. Dioniso présida le tribunal de La Porta (1795) pendant l'occupation anglaise. Émigré (1796), Dioniso fut membre du Conseil de régence présidé par Giafferi, à la tête de la révolte de la Crocetta.

Geronimi Giovan Valerio, conseiller du Niolo.

Geronimi Cecco, conseiller du Niolo.

Ghisoni Filippo Antonio, conseiller à Castello.

Giafferi Angelo Francesco (1702-1784), président en Tavagna. Fils de Luiggi. Frère d'Agostino (1716-1798).

Giordani Giacomo Filippo, auditeur de Moriani.

Giudicelli Simone Giovanni, de Montemaggiore, de Balagne.

Giuseppi Giuseppe Maria, président à Pietralba.

Giuseppi Pietro Felice, conseiller à Canale.

Grazietti Saverio, conseiller à Castello.

Grazietti docteur Giuseppe Maria, auditeur de la piève de Castello.

Griffoni don Sansone, auditeur de la piève de Rostino.

Grimaldi docteur Carlo, président à Caccia.

Grimaldi don Pietro, conseiller à Caccia.

Lepidi Antonio, conseiller à Serra.

Limperani Marc'Antonio, conseiller dans la piève de Casinca.

Lorenzi Martino, conseiller à Casacconi.

Lorenzini chanoine Saturnino, auditeur de la piève de Costiera.

Luciani Pietro Francesco, conseiller à Vallerustie.

Manenti docteur Carlo Matteo, auditeur de la piève de Serra.

Mari Innocenzo, président en Tavagna.

Marii le piévan, auditeur des piéves de Cursa et Coasina.

Mariani Bartolomeo, d'Aregno.

Marchetti Gio Antonio, conseiller à Moriani.

Mariotti Paolo Pietro, conseiller dans la piève de Marana.

Martinetti Giacomo Giovanni, président en Fiumorbo.

Massiani Giuseppe, conseiller à Rogna.

Matra le piévan Paolo Luigi, auditeur de la piève de Bozio.
Mattei Carlo, conseiller dans la piève de Marana.
Mattei Emmanuele, conseiller en Alesani.
Melchiori, auditeur de la piève de Rogna.
Montera Giuseppe Maria, conseiller à Talcini.
Moracchini Giuseppe Maria, conseiller à Vallerustie.
Moracchini le piévan, auditeur de la piève de Vallerustie.
Morelli Giuseppe, conseiller dans la piève de Casinca.
Morelli Teodosio, conseiller à Canale.
Morati Tiburzio, un des chefs paolistes du Nebbio.
Negrelli, inquisiteur d'État.
Nicolaï Paolo Pietro, conseiller à Verde.
Nicolai Orso Leone, conseiller à Rogna.
Olmeta docteur, auditeur des pièves de Marana et Orto.
Orsattini don Carlo Antonio, auditeur de la piève d'Ampugnani.
Orsini docteur Carlo, conseiller à Costiera.
Ottomani Gio Francesco, conseiller à Cursa.
Ottavi le piévan, auditeur de la piève de Venaco.
Panzani Pietro Giovanni, président à Serra.
Paoli Clemente, frère de Pascal.
Paoli Pietro, conseiller en Ampugnani.
Paoli Gio Battista, conseiller en Ampugnani.
Perelli don Mariano, auditeur de la piève d'Alesani.
Petrinetto de Casacconi.
Pieri Pietro Giovanni, conseiller à Serra.
Pietri Francesco, conseiller en Tavagna.
Poli Giovan Filippo, conseiller à Campoloro.
Recinensi Paolo Giovanni, conseiller en Alesani.
Rocca Giovanni, secrétaire d'État, mort en attaquant Saint-Florent (1760).
Rossi Gio Andrea, conseiller à Talcini.
Salvini Gregorio (1707-1789). Prêtre. Auteur de la *Giustificazione della rivoluzione di Corsica* (1758).
Santini Carlo Felice, conseiller en Ampugnani.
Santini abbé, auditeur de la piève de Tavagna.
Santini docteur, auditeur de la piève de Canale.
Savelli Jean-Pierre (1754-1839), secrétaire particulier de Paoli.
Suzzoni don Giovanni, conseiller à Campoloro.
Suzzoni chanoine, auditeur de la piève de Campoloro.
Taddei Gio Francesco, commissaire de la piève de Tavagna, parent de Paoli.
Tristani Angelo Battista de Pancheraccia, conseiller à Rogna.
Valentini Gio Felice, président du Rostino.
Venturini don Ignazio, de San Lorenzo dans le Vallerustie, parent de Paoli : opposé à Matra en avril 1755. Dès 1752, il souhaita la création d'une université, appuyé par Clemente Paoli, Quilico Casabianca, Gio Carlo Ciavaldini,

Angelo Filippi, Gaffori, Giuliani. Ils souhaitaient que Gênes attribuât quinze à seize mille sequins à cet établissement.

Vincentelli Francesco Antonio, président à Caccia. Un des six capitaines de Paoli.

Vinciguerra Paolo Luiggi, président en Casinca.

Vittini Pietro, conseiller en Ampugnani.

Zuccarelli Gio Agostino, conseiller à Talcini.

CORSAIRES PAOLISTES

ANTONI Domenico, de Centuri ou d'Ersa.

ANTONMATTEI Domenico, aïeul de Marie Mattei, inspiratrice de Théophile Gautier.

ARENA Anton Matteo et Giuseppe, de Balagne. Le premier commanda le chébec la *Maria.*

ARENA Francesco, parent des précédents ; il acheta une galiote à Livourne.

BARGONE Niccolo, de Capraja, aïeul de Claude Farrère, historien maritimiste.

BELLETTI, commandant d'une felouque.

COSTA Lazaro, d'Ajaccio. Commandant la *Vengeresse,* il fit subir (1768) aux Franco-Génois de nombreuses pertes, s'empara de deux vaisseaux, l'un chargé de trois cent trente-quatre barils de poudre et de trois mille fusils, l'autre d'uniformes et d'argent liquide.

FRANCESCHI Angelo, commandant du *felucone* l'*Intraprendente.* Commandant un brick chargé de munitions de guerre et de bouche pour la garnison de Capraja, il arriva au moment où Astolfi venait de céder l'île à la France. Il échappa à trois navires français et se réfugia à Livourne. Correspondant de Paoli au sujet des affaires de Malte, il devint colonel en Russie à l'époque de la Révolution. Oncle d'un Carlini d'Ersa.

LORENZI Simone Guglielmo, de Nonza. Corsaire à Malte comme Angelo Franceschi. Corsaire moscovite fusillé en 1799 à La Valette de Malte pour avoir conspiré contre les Français.

MALTESE Giovanni, Maltais.

NOBILI Giovanni et Michele ; le second, installé à Livourne, commanda en 1767 la demi-galère nationale.

OLETTA Antonio, de Bastia, tué à la prise de Capraja (1768).

OLETTA Gio-Maria, de Campoloro. Son frère était le beau-frère d'Anton Matteo Arena.

ORTICONI Giovanni, de Balagne.

PERI Gio Batta, dit comte PEREZ, de Peri.

PACIOLA, de Calvi.

PICCIONI Sebastiano, de Pino, commandant le *scampavia Saint-Antoine.*

ROSSI Giorgio, de Calvi, commandant un *scampavia* auprès de Teramo Terami.

SABBATINI Antonio, commandant du *felucone* l'*Intraprendente.*

SANGUINE Antonio Maria, d'Ajaccio, commandant la felouque la *Stella.*

SERPENTINI, commandant un *felucone.*

STEFANOPOLI Giorgio, Ajaccien d'origine grecque.

TERAMI de QUERCIOLI Teramo (1731-1822), de Rogliano. Commandant le gros *felucone* national. Capturé en mer en 1762-1763 après un combat contre les Génois. Retenu plusieurs mois dans un port sarde. Époux de Maria Maddelena Tully de Quercioli (1736-1814).

Renseignements d'ordre économique fournis par Boswell

Prix des produits de consommation

Âne : 20 à 25 lires pièce.

Bœuf de labour : 80 lires pièce.

Cheval de la meilleure qualité : 100 à 140 lires pièce.

Grain : 18 lires le boisseau de 12 *bacini.* Le *bacino* équivalait à vingt livres environ.

Grive et merle : 2 sous pièce.

Huile : 40 à 50 lires le baril de 20 pintes, chacune de 4 quarts.

Jument : 70 à 80 lires pièce.

Mouton : environ 4 lires pièce.

Perdrix : 10 sous pièce.

Poisson (le meilleur) : 2 sous la livre.

Poisson (ordinaire) : 1 sou la livre.

Vache : 20 à 30 lires pièce.

Viande de bœuf : 2 sous la livre.

Vin : 4 sous la bouteille de 6 livres.

Unités de mesure : « Le poids de la livre de Corse est le même que celui de la livre de Toscane. »

Monnaie : « La monnaie de Corse a la même valeur que celle de Toscane. »

Salaires : « Le salaire d'un artisan ou d'un journalier est d'une lire par jour, plus nourriture et boisson. Si l'artisan est particulièrement habile dans son travail, il gagne un peu plus. Les moissonneurs ne sont pas payés en argent : chacun d'eux reçoit, outre sa nourriture, un bacino [10 kg] du grain qu'il a coupé. »

CHRONOLOGIE

1725 (6 avril) : Paoli naît à Morosaglia dans le Rostino (Corse).

1730 (décembre) : Luiggi Giafferi et Andrea Ceccaldi sont proclamés généraux de la nation corse.

1731 (mars) : congrès des théologiens d'Orezza. Teramo Orticoni y participe. En avril, Gênes demande des secours à l'empereur Charles VI. En mai, Orticoni gagne Rome en mission auprès de Clément XII. Au cours de l'été quatre mille Allemands aux ordres de Wachtendonck débarquent.

1732 (mars) : Deux mille autres Allemands arrivent en renfort, aux ordres du prince Ludwig von Wurtemberg. En mai sont emprisonnés Giafferi, Ceccaldi, les abbés Raffalli et Aitelli.

1733 (juin) : les hussards et dragons de Wachtendonck quittent la Corse.

1735 : à la consulta d'Orezza, Giacinto Paoli est élu « primat du Regno di Corsica » avec Giafferi.

1736 : règne de Théodore de Neuhoff. Giacinto Paoli est l'un de ses deux Premiers ministres avec Giafferi. Giacinto est fait « marquis » par Théodore et son fils Clemente « comte ».

1738 (février) : les troupes du comte de Boissieux débarquent à Saint-Florent et à Bastia pour éviter « que la dignité de la République soit compromise ».

1739 (juillet) : Paoli part à Naples avec son père.

1745 : Paoli étudie à l'Académie royale militaire de Naples jusqu'en 1749.

1755 (16 avril) : Paoli revient en Corse. Il est élu Général de la nation corse le 14 juillet à la *consulta* de Sant'Antonio della Casabianca. Mort à Londres de Théodore de Neuhoff (fin 1755 et non fin 1756).

1756 (16 août) : premier traité de Compiègne. Louis XV accepte de verser des subsides à Gênes. En échange, Gênes lui permet d'occuper les présides insulaires.

1759 (septembre) : les troupes du roi de France évacuent la Corse.

1760 : le pape dépêche en Corse Mgr de'Angelis en qualité de visiteur apostolique. Paoli s'en réjouit. Gênes s'insurge. Paoli fonde l'imprimerie nationale. Christopher Hervey, en escale forcée à Ajaccio, est le premier Britannique à mettre le pied en Corse.

1763 : traité de Paris. Louis XV rend Minorque aux Anglais.

1764 (6 août) : second traité de Compiègne. Marbeuf occupe les présides (Bastia, Ajaccio, Calvi, Saint-Florent, Algajola). Dès juillet, à Corte, Paoli a rencontré le Français Paul-Elzéar Rancurel, débarqué à Centuri en juin.

1765 (3 janvier) : ouverture de l'université de Corte. Mort à Segni le 10 septembre de Mgr de'Angelis, visiteur apostolique en Corse depuis 1759 à la demande de Paoli. Voyage de Boswell en Corse, lequel vient rendre visite à Paoli.

1767 : les paolistes prennent l'île de Capraia.

1768 : traité de Versailles : Gênes abandonne ses droits de suzeraineté sur la Corse en attendant de pouvoir rembourser à Louis XV les frais qu'il a occasionnés pour tenter de maintenir dans l'île l'ordre génois. Le 30 juillet, les hostilités commencent entre paolistes et troupes royales. En octobre, ces dernières sont battues à Borgo. Le 18 février a paru l'ouvrage de Boswell *Account of Corsica.*

1769 (8 mai) : les paolistes sont vaincus à Ponte Novo. Le 13 juin, Paoli s'embarque à Porto-Vecchio. Il arrive à Livourne le 16. Le 18 septembre, il débarque à Harwich, là où Boswell avait embarqué sur le *Prince de Galles* le 6 août 1763 pour voyager en Europe.

1771 (23 décembre) : mort d'Agostino Paolo Domenico Sorba (Paris, 1715-Paris, 1771), ministre plénipotentiaire de Gênes à Versailles. Walpole le regarde comme la « vermine » qui a incité Choiseul à envahir la Corse.

1775 : Paoli disparaît de la littérature britannique.

1789 (30 novembre) : décret de l'Assemblée nationale qui déclare que la Corse fait partie intégrante de l'Empire français. Les Corses seront dorénavant régis comme les autres Français. Ceux qui vivent en exil sont autorisés à rentrer dans l'île.

1790 (fin mars) : Paoli quitte l'Angleterre. En avril, il est à Paris. Il est reçu par Louis XVI, Mirabeau, La Fayette, Robespierre. Il débarque à Macinaggio le 14 juillet. Le 17, il est à Bastia. En septembre, il est élu président du directoire départemental. Le comte de Montmorin, ministre des Affaires étrangères, propose à Cristofaro Vincente Spinola, ambassadeur de Gênes en France, de reprendre la Corse moyennant le remboursement des dépenses engagées par la France depuis 1768 (plus de trente millions de livres).

1792 (septembre) : Paoli est nommé lieutenant général de la 23e division militaire (= la Corse).

1793 (mars) : Paoli commence à être accusé de menées contre-révolutionnaires alors que la France vient de déclarer la guerre à l'Angleterre le 1er février. Le 2 avril, il est décrété d'arrestation par la Convention ainsi que Pozzo di Borgo, procureur général syndic du directoire de la Corse depuis décembre 1792. Le 26 mai, une consulte extraordinaire leur maintient la confiance du peuple. Les commissaires de la Convention et les députés corses à la Convention sont déchus de tout pouvoir. Paoli est proclamé président de la consulte. Le 17 juillet, la Convention riposte : Paoli, déclaré « traître à la République française », est mis « hors la loi ». Le 25 août, il écrit à lord Hood et sollicite la protection de la Grande-Bretagne. Mi-décembre, Bonaparte lutte contre les Anglais à Toulon.

1794 (10 janvier) : sir Filbert Elliot quitte l'Angleterre pour négocier avec Paoli la cession de la Corse à la Grande-Bretagne. Le 17 février, les Anglais prennent Saint-Florent, le 21 mai : Bastia. Le 19 juin, Paoli offre la « couronne de Corse » au roi d'Angleterre. Le 10 août, les Anglais prennent Calvi. Le 10 octobre, sir Elliot est nommé vice-roi de Corse au nom du roi d'Angleterre.

1795 (14 juillet) : le buste de Paoli est endommagé lors d'un bal donné chez Elliot. Paoli accuse l'aide de camp d'Elliot. Le 5 octobre, Frédéric North rencontre Paoli à Ponte Novo et l'engage à se retirer en Angleterre. Le 14 octobre, Paoli s'embarque à Saint-Florent. Il débarque à Livourne.

1796 (27 mai) : Elliot accepte la démission de Pozzo di Borgo et de tous les membres du Conseil d'État. Le 25 octobre, Nelson, qui a perdu un œil en assiégeant Calvi, déclare que les Anglais ont évacué toutes les places insulaires. Le lendemain, Elliot quitte la Corse pour l'île d'Elbe.

1797 : Frédéric de Neuhoff se suicide à Westminster.

1807 (5 février) : Paoli meurt à Londres.

1889 : ses cendres regagnent Morosaglia.

INDEX DES NOMS DE PERSONNES

A

ABBATUCCI (famille), de Zicavo : 13, 14, 20, 41, 62, 63, 105,115, 127, 141, 168, 199, 227, 249, 251, 266, 291, 292, 293, 294, 320, 321, 322, 327, 338, 347, 369, 370, 377, 378, 401, 424, 448, 453
ACQUAVIVA, cardinal : 205
ADAM (Robert et John), architectes écossais : 484,
ADDISON (Joseph), écrivain anglais : 293, 307, 361
ADHÉMAR DE MONTEIL DE GRIGNAN, *voir* Grignan
AGAR, graveur : 413, 414
AGATA (Francesco de'), Florentin : 211
AGOSTINI (Ferdinando) : 41, 268, 370
AGRICOLA, général romain : 83, 84, 243, 266
AGUIARI (Lucrezia), cantatrice : 392
AITELLI (Ignazio) : 71, 80, 117, 126, 238, 337, 338, 346
AITELLI (R.P. Gio), piévan : 71, 72, 73, 74, 76, 105, 109, 117, 128, 198, 220
ALBANIE (Charles-Édouard Stuart, comte d') : 26, 30, 299, 339, 409
ALBANIE (Louise-Maxiliane de Stolberg-Gedern, comtesse d') : 22, 26, 124, 163, 299, 381, 409, 418, 434, 435, 437, 455, 480
ALBEMARLE (les ducs d') : *voir* Fitz-James
ALBERONI (cardinal) : 323
ALBERTI (chef de la garnison de Corté) : 378
ALBERTINI, chanoine : 141, 172, 177, 180
ALEMBERT (Jean Le Rond d'), encyclopédiste : 262, 294, 356
ALERIUS ET MARIUS, Romains : 263
ALEXANDRE VII, pape : 41, 42
ALFIERI (comte Vittorio), écrivain : 70, 409, 411, 480
ALLAOUI : *voir* Mulay
ALTAMIRE (la comtesse d') : *voir* Cardone
ALTERMATH (M.), aide-major : 375
ALTIANI (Giuseppe), capitaine : 244
AMBROSI (Gio Francesco), dit Castineta : 81, 125, 142, 174
AMBROSI (Giulio), notaire : 82, 126
AMBROSI (don Marco Maria) : 250, 259
AMELOT, agent français : 207, 208
AMPUS (M. d'), officier : 367, 374, 375
AMYAND (famille) : 21, 22, 23, 30, 62, 63, 77, 299, 328, 329, 407, 438, 473, 474, 475, 476, 477, 478, 479, 480, 481, 488, 500, *voir* aussi Elliot
ANDERSON, franc-maçon : 35, 36, 161, 364, 413
ANDREI (Antoine-François), secrétaire de Paoli :
ANDREOLI (chevalier) : 424, 429, 458, 466
ANGELIS (Mgr Matteo d'), évêque d'Aléria : 283, 285
ANGELIS (Mgr Cesare Crescenzio d'), visiteur apostolique : 305, 341
ANGELO (les frères Anton Battista et Anton Francesco) : 309, 342, 345, 348, 349, 380, 395, 396, 420, 422, 457, 458, 495
ANGELUCCIO, sicaire de Matra : 284, 288
ANNE D'ANGLETERRE, reine : 24, 27, 28, 157, 391

ANNUNZIATA (sainte) : 27, 92, 173, 174, 175, 176, 255, 331
ANSON (George), amiral britannique : 17, 329, 335
ANTHELMI (Mgr), évêque de Grasse : 509
ANTIN (famille d') : *voir* Pardaillan d'Antin
ANTIOCHUS III MEGAS, roi de Syrie : 86
ANTONELLI (Luigi), Père de la commune de Pastoreccia : 445
ANTONETTI (famille), de Morsiglia : 287, 331, 343
ANTONI (Giacomo), de Livourne : 495
ANTONI (Giovanni), podestat d'Ersa : 315
ANTONI (famille), d'Ersa : 380
ANTONMATTEI (Santo), de Morsiglia : 385
APOSTOLITI (famille), de Zante : 512
ARCAMBAL (Antoine-Joseph des Lacs, marquis d'), maréchal de camp : 367, 369, 371, 374, 376
ARCHELLI, astronome : 413
ARENA (famille), de Saint-Florent : 128, 344, 423, 438, 439, 442, 448, 450, 453, 454, 455, 456, 457, 458, 466
ARENBERG (le prince d') : *voir* La Marck
ARÉTIN (Pierre l'), écrivain : 87, 185
AREZZO (marquis d'), colonel : 245
ARIANI (Agostino), mathématicien : 220
ARISTOTE, philosophe : 36, 218
ARMAGNAC (comte d') : *voir* Lorraine
ARRIGHI (famille), de Corte : 13, 62, 126, 133, 134, 138, 139, 142, 143, 146, 168, 195, 197, 199, 202, 212, 213, 233, 248, 249, 268, 277, 308, 341 378, 472
ARRIGHI (famille), de Speloncato : 378, 435, 472
ARUNDELL OF WARDOUR (le baron) : 290
ASCANIO (Sauveur), ambassadeur espagnol : 123, 125
ASCIONE (Domenico), imprimeur napolitain : 305, 307, 308, 314
ASDENTE (famille), de Bastia : 338
ASTOLFI (R.P.), curé de Morosaglia : 91, 109
ASTOLFI, officier : 371
ATHÉNA, déesse grecque : 36
ATIMA ET BONDELLI, Elbois : 172
AUBONNE (la baronne d') : 505
AUBUSSON (François d'), comte de La Feuillade : 48
AUBUSSON (Louis d'), duc de La Feuillade : 509
AUCHILENCK (Lord), juriste écossais, père de Boswell : 163
AUGER, domestique du comte de Grignan : *voir* Masque de Fer
AUGUSTE (Cesar Octavius), empereur romain : 66, 84, 87, 270
AUTRICHE (Marie-Thérèse d'), impératrice : 35, 171, 236, 238
AUVERGNE (famille de La Tour d') : 26, 27, 28. *Voir* aussi Turenne : 28, 60

B

BACIOCCHI (famille), d'Ajaccio : 96, 100, 101, 102, 457, 516, 517
BACH (Jean-Chrétien), fils de Jean-Sébastien : 403
BACHIMONT, colonel d'artillerie : 368
BAFFIER, avocat général : 418
BAGLIONE (Pietro et Bartolomeo), de Calvi : 40, 53, 54, 58, 59, 61, 251, 297
BAGNANINCHI (les sœurs) : 107, 128, 140
BAILLY (Jean-Sylvain), maire de Paris : 403, 427, 428, 432, 435, 437
BAINSFORD (le général) : 412
BAJETTA (R.P.), curé de Bastia : 453, 454
BALANINU, savant corse : 520
BALAY (du), lieutenant de grenadiers : 368
BALDACCI (famille), de Corte : 115, 130, 168, 251, 295, 368, 441, 501
BALDASSARI (Gio Tomaso), de Pastoreccia : 76
BALDASSARI (Ignazio Domenico), colonel paoliste : 346
BALDASSARI (Maria), épouse Valentini : 532
BALDRINI (Felice), de Bocognano : 81, 348
BALISONI, curé d'Olmeto : 112, 113, 128, 131
BARBAGGI (famille), de Patrimonio, neveux de Paoli : 305, 307, 311, 327, 331, 339, 346, 359, 368, 395
BARBAUD (Anna Laetitia), poétesse : 363
BARBEROUSSE (Khaïr ed-din), amiral ottoman : 35
BARBEYRAC (Charles), médecin : 184, 233
BARBEZIEUX (Louis, marquis de), fils de Louvois : 58, 61
BARCKLEY, capitaine britannique : 229

BARÈRE DE VIEUZAC (Bertrand), conventionnel : 466, 470
BARNAVE (Joseph), député : 429
BARRIN DE LA GALISSONNIÈRE (famille) : 399, 418, 420, 422, 425, 435, 443, 451, 453
BARRY (comtesse du), favorite : 401
BARRY, chaudronnier : 462
BART (Jean), corsaire : 45, 145
BARTOLI, paoliste de L'Île-Rousse : 259
BARTOLOZZI (Francesco), graveur florentin : 403, 413, 415
BASNAGE (famille), huguenots normands : 158, 235, 236
BASSOMPIERRE (Françoise-Louise de), marquise de Stainville : 506
BATINI (Sebastiano Francesco), imprimeur lucquois : 308
BATTAGLINI (famille) : 128, 129, 138, 140, 146, 168, 227, 266
BATTEVILLE (le baron), ambassadeur : 42
BATTISTI (famille de) : 13, 21, 39, 62, 76, 77, 107, 115, 124, 133, 134, 143, 197, 227, 266, 291, 477
BAVIÈRE (maison électorale de) : 153
BEAUFORT (François de Bourbon-Vendôme, duc de) : 41, 48, 49, 51, 52, 54, 55, 56, 57, 58, 59, 61, 106, 124, 128, 166
BEAUJEU (Humbert, comte de), ingénieur : 32, 98, 146, 173, 203, 232, 251
BEAUMANOIR (M. de) : 451
BEAUMONT-LE-ROGER (comtesse de), née Anne Stuart : 28, 157
BEAUVOIR (M. de), officier d'artillerie : 367
BECCARIA (César de), philosophe milanais : 432
BECKAURS, écrivain allemand : 175
BECKETT (saint Thomas) : 25
BEL (capitaine), officier anglais : 342
BELASPECT (M. de), lieutenant : 367
BELGODÈRE DE BAGNAJA (Louis de), Paoliste : 43
BELLACOSCIA : *voir* Bonnelli
BELLAMORE (R.P.), jésuite : 232
BELLE-ISLE (Charles Fouquet de), maréchal de France : 48, 247
BELLE-ISLE-ÉRARD, chef d'escadre : 55, 56
BELLUARD, Français : 348
BELVAL (M. de), colonel : 313
BENAVIDES (comte Francisco de) : 129
BENBRIDGE (Henry), peintre américain : 23, 45, 67, 68, 190, 295, 340, 358, 363
BENOIT XIV, pape : 364
BENTINCK ZU VAREL (comte de), plénipotentiaire : 388
BÉRÉNICE, princesse juive : 84
BERETTI (Francis), professeur : 376, 396
BERGHEIM (le baron de) : *voir* Neuhoff
BERNARDI, chanoine à Luri : 287
BERNARDO (Don), marquis del Campo, ambassadeur espagnol : 220, 234, 263, 411, 414
BERNIS (François-Joachim de), cardinal : 36, 366, 404
BERWICK (Jacques, duc de), maréchal de France : 29, 97, 98
BERWICK-FITZ-JAMES (famille du maréchal de) : *voir* Fitz-James
BETHMANN (Johan-Philippe), banquier à Francfort : 387, 482
BETIZI (chevalier de), officier : 368
BETTINELLI (R.P. Giuseppe Maria), jésuite : 11, 15, 66, 221, 386, 399
BÈZE (Théodore de) : 185
BEZONS (chevalier de), officier : 102, 375
BEZOUT (Étienne), professeur : 310
BIADELLI, Bastiais : 454
BIGANI (Rainiero), intendant de l'arsenal de Livourne : 178, 206, 305
BILLINGTON (Élisabeth), cantatrice : 490
BIRKENFELD :153, 154, 161. *Voir* aussi Bavière. 97, 119, 149, 151, 152, 153, 154, 155, 159, 164, 169, 229, 300
BIRON (Armand de Gontaut, duc de) : 40, 435
BLAEU, géographe hollandais : 188
BLAINVILLIERS (M. de), lieutenant à Pignerol : 509
BLAIR (R.P. Hugh), pasteur d'Édimbourg : 363
BLAIR (John), Américain : 363
BLANCHARD, capitaine : 375
BOCCACE (Giovanni), poète : 411
BOCCHECHIAMPE (Antoine), d'Oletta : 451
BOERIO (famille), de Corte : 13, 39, 62, 129, 130, 146, 168, 179, 227, 249, 251, 266, 341, 456, 472, 574
BOISSIEUX (Louis de Frétat, comte de), officier : 32, 63, 208, 209, 212, 244, 249, 399, 420
BOLINGBROKE (Lord Henry), ministre britannique : 84, 217

BONAFEDE (Père), théologien à Naples : 219
BONAPARTE (famille) : 30, 65, 76, 87, 100, 102, 106, 118, 119, 120, 174, 175, 176, 195, 232, 248, 291, 310, 338, 364, 378, 381, 384, 397, 398, 407, 419, 419, 420, 424, 434, 438, 439, 441, 452, 457, 458, 460, 462, 466, 468, 469, 471, 480, 484, 488, 491, 492, 494, 496, 497, 499, 500
BONAPARTE : *voir* Napoléon Ier
BONAVITA (Pasquale de'), corsaire d'Ersa : 383
BONIFACE VIII, pape : 99
BONNELLI (famille), de Bocognano : 66
BONNIE PRINCE CHARLIE : *voir* Stuart (Charles-Édouard)
BONOMI (Giuseppe), architecte : 413, 484
BORGHETTI, sergent : 197, 383
BORGHI (Luiggi), violoniste : 414
BORGIA (César) : 411
BOSSUET : 233
BOSWELL (James), franc-maçon écossais : 22, 328, 434. *Voir* aussi Auchinleck. 22, 163
BOTHWELL, époux de Marie Stuart : *voir* Marie Stuart
BOUCHEPORN (famille de Chailly de) : 33, 372, 397, 418, 420, 421
BOUCHER, intendant de Guyenne : 98
BOUCHET (Marc-Antoine de Bosc, marquis de) : 505
BOUFFLERS (les marquis et ducs de) : 375
BOUGAINVILLE (Louis-Antoine de), circumnavigateur : 308, 354
BOUILLON (la duchesse de) : 19
BOURBON (maison de) : 230
BOURBON-VENDÔME (Françoise de), épouse de César, duc de Vendôme : 57
BOUVILLE (Jubert, vicomte de) : 262
BOYD (William), comtes de Kilmarnock : 23, 30, 163
BOYER D'ÉGUILLES, agent secret de Louis XV : 357
BOZIO (Gio Battista), conventionnel : 140, 231, 244, 348, 458
BOZZI : *voir* Colonna de Bozzi
BRAGANCE (maison de) : 301, 302
BRANDI (chanoine), précepteur : 123
BRANCAS DE FORCALQUIER (famille de) : 34, 97, 98, 99, 112, 127, 209, 233
BRANTÔME, chroniqueur : 104
BRICARD (Jeanne de), épouse Franceschi : 54
BRIENNE : *voir* LOMÉNIE DE BRIENNE
BRIGNOLÉ-SALÉ (marquis de) : 208
BROCCA (Tesco), notaire : 67, 70, 79
BROCHA DI ROSTINO (famille) : 58
BRODART DE SANSEUIL (Jean-Bapriste), commissaire général des galères : 21, 52, 53, 54, 56, 58
BRODERODE (Amable Guillemine de), marquise de Montpouillan : 505
BRUC (Suzanne de) : *voir* Du Plessis-Bellière
BRUE (le marquis de) : *voir* Roux de Corse
BRUNEHAUT, reine d'Austrasie : 264, 270
BRUTUS, consul romain : 240
BUCCHINI (R.P.), prévôt de Zicavo : 105, 225, 292
BUONARROTTI, gazetier pisan : 419, 439
BUONGIORNO (Cristofaro), Toscan : 172, 178
BURKE (Edmond), philosophe irlandais : 24, 163, 180, 384, 408, 432, 474
BURKE (Honorée de), épouse Sarsfield : 162, 163
BURMANN (Peter), helléniste : 387, 389
BURNABY (Andrew), aumônier à Livourne : 295, 342, 452, 481, 500
BURNEY (Fanny) : 336
BUTE (Lord et lady) : *voir* Stuart
BUTLER (James), duc d'Ormond, général irlandais : 157, 162
BUTTAFUOCO OU BUTTAFOCO (famille), de Vescovato : 14, 126, 140, 176, 197, 221, 238, 242, 243, 244, 245, 249, 266, 319, 323, 324, 325, 326, 327, 329, 330, 337, 340, 346, 370, 371, 377, 378, 380, 395, 418, 422, 424, 438, 457, 462, 471, 473, 478
BYNG (John), amiral britannique : 241, 278

C

CADAVAL (la duchesse de) : 19
CAGLIARDI, capitaine : 126
CAGLIOSTRO : 148
CALAMAI, consul de Russie : 496
CALAS (Jean), négociant toulousain : 355
CALONNE (Charles-Alexandre), contrôleur général des finances : 420
CAMBIAGI (le comte) : 385, 403
CAMBON (Joseph), conventionnel : 466

CAMBRIDGE-MACAULAY-GRAHAM (Catherine), historienne : 253, 326, 393, 395, 408, 432
CAMPBELL (miss), voyageuse écossaise : 69, 70, 175
CAMPENNE (marquis de), officier : 368
CAMPINCHI (César), ministre de la marine : 84
CAMPRODON, diplomate français : 108, 207, 208
CAPAR (Johan), écrivain : 412
CAPASSO (Nicolo), professeur à Naples : 220
CAPELLO (Antonio), ambassadeur vénitien : 429
CAPET (Hugues), roi de France : 183, 300
CAPPER (Peter), industriel écossais : 23, 378
CARACCIOLO (R.P.), de Morsiglia : 404
CARAFFA, maire de Bastia : 422
CARCES (Jean de Pontevès, comte de), grand sénéchal de Provence : 29, 34, 98, 99
CARDONE : 95, 96, 97, 123, 147, 195, 301
CARDONE (les ducs de) : 96, 97, 108, 131, 160, 163, 168
CARDONE (le cardinal Jacques) : 96
CARLETTI (comte Francesco Saverio), ambassadeur toscan : 377
CARLINI (Agostino), sculpteur génois : 403
CARLINI (Angelo), corsaire d'Ersa : 349
CARLOS (l'infant don) : *voir* Charles VII
CARON (Sophie), peintre à La Haye : 67, 68, 387, 389
CASABIANCA (famille de), de Vescovato : 419, 430, 437, 458, 461, 463, 470, 472
CASALE (Pietro), du Nebbio : 197, 198, 276, 283
CASALTA (abbé Charles-Pierre de) : 484
CASANOVA (Anton Maria de), de Corte : 46, 162,
CASTANES, avocat général : 418
CASTELAR (Balthazar Patinho, marquis de), jésuite milanais : 123, 124, 127, 128, 130, 131, 143, 144, 166, 167, 169, 170, 222
CASTI (abbé) : 148
CASTINETA : *voir* Ambrosi
CASTRIES (le marquis de), maréchal de camp : 287, 328
CASTROMONTE (le marquis de), ambassadeur napolitain : 219
CATANEO GRILLO, commandant d'Ajaccio : 521
CATELAN, colonel : 472
CATHERINE DE MÉDICIS, reine de France : 15, 19, 26, 34, 39, 69, 70
CATHERINE II, tsarine :18, 21, 70, 148, 279, 361, 385, 394, 395, 402, 420
CATON l'Ancien, censeur : 23, 87, 395
CATONI, capitaine : 345
CAUMONT (famille de Nompar de) : *voir* La Force, Lauzun et Turenne : 28, 59
CAVALLO (Tiberio), savant napolitain : 413
CAVALLONI (R.P. don Pietro) : 237, 262
CAZAULX, consul de Marseille : 40, 53, 54, 58, 61, 157, 161, 166, 250, 297
CECCALDI (Andrea), général de la nation corse : 266, 380
CECCALDI (famille), de Vescovato : 266, 267, 277, 302, 371
CECCONI (Giacinto), patron : 284
CECCONI : *voir* Varèse
CELLAMARE (prince de), ambassadeur espagnol : 157, 160, 161, 162, 172, 323, 330
CENTURIONE (famille), Génois : 456
CERVONI (Felice), de Soveria : 126, 197, 202, 213, 378, 472, 496
CÉSAR (Jules), *imperator :* 196, 490
CESARI : *voir* Colonna de Cesari
CHALAMOND DE LA VISCLÈDE, académicien marseillais : 361
CHALLE (Robert) : 61
CHAMILLART (Guy), procureur général : 48
CHAMILLART (Michel), contrôleur général des finances : 509
CHAMISOT (chevalier de) : 375
CHARDON (Daniel-Marc-Antoine de), intendant de Corse : 378, 380, 398, 420, 421
CHARLEMAGNE, empereur : 183, 238
CHARLES VI, empereur : 35, 113, 125, 171, 183, 185, 208, 230
CHARLES QUINT, empereur : 13, 40, 51, 54, 61, 96, 128, 167, 214, 230, 296, 372
CHARLES 1er STUART, roi d'Angleterre : 51, 57, 58, 150
CHARLES II STUART, roi d'Angleterre : 25, 42, 50, 53, 98, 104, 109, 167, 209, 362, 391, 410

CHARLES II, roi d'Espagne : 152
CHARLES III, roi de Naples et des Deux-Siciles : 204, 361
CHARLES VII, roi de Naples et des Deux-Siciles :
CHARLES IX, roi de France : 38, 39, 51, 297
CHARLES IV, duc de Lorraine : 32, 93
CHARLES V, duc de Lorraine : 34, 39, 93, 94
CHARLES II, duc de Bavière : 151, 152
CHARLES VII, électeur de Bavière : 129
CHARLES XII, roi de Suède : 158, 161, 201
CHARLES-ÉDOUARD STUART : *voir* Stuart, dit le Prétendant ou Bonnie Prince Charlie
CHARLES-EMMANUEL III, duc de Savoie, roi de Sardaigne : 120, 155, 237
CHARLES-THÉODORE, électeur de Bavière : 538
CHARLOTTE-ÉLISABETH de Bavière : *voir* Palatine
CHARNY (comte de), général espagnol : 124, 127, 129
CHARPENTIER, major de la Bastille : 510
CHARTREUX DE PISE (les) : 214, 337
CHAUVELIN (François-Claude, marquis de) : 224, 244, 246, 324, 360, 366, 367, 368, 370, 371, 374, 397, 401
CHESTERFIELD (Lord), *voir* Stanhope
CHIAPPE (Angelo Maria), de Sartène : 434, 458, 460, 472
CHIARELLI, ennemi de Paoli : 283
CHIGI, nonce apostolique : 42
CHOISEUL (Étienne-François, duc de) : 32, 350, 361
CHOISEUL (la duchesse de) : 378
CHOISEUL (Maximilien-Claude-Joseph de), comte de Choiseul-Meuse : 33, 241, 379
CHOISEUL-LA RIVIÈRE (le marquis de) : 539
CHOISEUL-PRASLIN (César-Gabriel, duc de) : 33, 225, 241, 297
CHOISEUL-STAINVILLE (François-Joseph de Choiseul, marquis de) : 32
CHOISEUL-STAINVILLE (l'abbé de) : 32
CHURCH (John Barker et Angelica) : 408
CHURCHILL (Arabella) : 24, 97, 98, 162, 340, 373
CIAVALDINI (famille), d'Orezza : 63, 124, 128, 129, 138, 213, 266, 272, 430, 480, 500
CICERO (Quintus), légat romain en Corse : 85
CICÉRON (Marcus Tullius Cicero, dit) : 85
CIMON, général athénien : 86
CINCINNATUS, consul romain : 87
CIPRIANI d'ORTINOLA (famille), de Centuri : 35, 53, 119, 186, 297, 313, 403, 415
CIPRIANI (Gio Batta), peintre florentin : 403, 416
CLARK, capitaine : 262
CLARK (M.) : 262
CLAVIÈRE (Étienne) : 461
CLÉMENT V, pape : 99
CLÉMENT IX, pape : 44, 50
CLÉMENT XI, pape : 159
CLÉMENT XII, pape : 111, 205, 209, 364
CLÉMENT XIII, pape : 304, 305
CLÉMENT XIV, pape : 81, 405
CLÉOPÂTRE, reine d'Égypte : 303
CLERVILLE (chevalier de), ingénieur du Roi : 251
CLIFFORD (sir Thomas), ministre catholique : 511
CLIFFORD DE CHUDLEIGH (Anne, baronne de), comtesse de Newburgh : 24, 224, 491
COCCHI (Docteur Antonio), médecin florentin : 176, 342
COCCHI (Raimondo), anatomiste florentin : 223, 224, 253, 262, 295, 326, 342, 359, 372, 385, 395
COIGNY (comte de), maréchal de France : 367
COLBERT (Jean-Baptiste), contrôleur général des finances : 12, 38, 42, 43, 47, 51, 52, 53, 54, 55, 57, 92, 145, 183, 213, 262, 280, 295, 297
COLBERT DU TERRON, épouse Courbon de Saint-Sauveur : 515
COLIGNY (Gaspard de), amiral de France : 40, 42, 355
COLLA DE PRADINE, intendant de Corse : 397, 406
COLOMBA, héroïne corse : 19, 162
COLOMBANI (Anton et Gio Paolo), neveux de Giafferi : 220
COLOMBANI (Ignace), gouverneur général du Tchad : 515
COLOMBANI (R.P. Sylvestro), neveu de Giafferi :129, 130, 141, 197, 196, 202, 222
COLOMBANO DELLA BROCCA : 79

COLONNA DE' BOZZI (famille) : 102, 111, 112, 119, 141, 177, 186, 200, 206, 208, 238, 251, 254, 264, 266, 287, 288, 289, 291, 292, 293, 453
COLONNA-CECCALDI : *voir* Ceccaldi
COLONNA DE CESARI-ROCCA (famille) : 158, 335, 337, 418, 422, 424, 427, 458, 465, 476
COLONNA DE GIOVELLINA, lieutenant : 383
COLONNA D'ISTRIA (famille) : 186, 264, 335, 337, 377, 478
COLONNA D'ORNANO (famille) : 115, 117, 158, 186, 264
COLONNA-LECA (Vincentello), commandant d'Ajaccio : 471, 472, 473
COLUMELLE, écrivain latin : 191
CONDILLAC (Étienne Bonnot de), philosophe : 294
CONTRI (Angelo Santo), de Moriani : 141, 197
COOK (Edward), capitaine de vaisseau : 308, 354, 434, 473
COOPER, commodore anglais : 239
CORREVON, traducteur : 360, 361
COSTA (Sebastiano), avocat : 13, 17, 65, 76, 77, 78, 80, 81, 84, 87, 92, 96, 99, 101, 102, 103, 104, 106, 107, 110, 114, 115, 116, 120, 121, 122, 123, 124, 125, 126, 127, 128, 129, 130, 131, 132, 133, 134, 135, 136, 138, 139, 140, 141, 142, 143, 144, 145, 146, 147, 148, 167, 169, 170, 177, 179, 180, 187, 188, 191, 194, 195, 196, 197, 198, 199, 200, 201, 202, 203, 204, 206, 208, 217, 218, 219, 222, 224, 237, 246, 248, 253, 263, 264, 266, 267, 278, 280, 287, 288, 292, 300, 305, 321, 345, 401, 461, 466, 482
COSTA (Gio Paolo et Giuseppe), ses fils et neveu : 100, 101, 102, 141, 168, 196, 202, 206, 237, 287
COSTA DE CASTELLANA, capitaine : 243, 244, 249, 266, 345
COSTER, procureur général : 364, 418
COSWAY (Angelica Louisa Paolina), filleule de Paoli : 480
COSWAY (Maria), née Hadfiel, amie de Paoli : 430, 432, 434, 437, 447, 453, 455, 456, 459, 468, 481, 483, 488, 491, 492, 493, 496
COSWAY (Richard), peintre anglais : 434, 437, 455, 484, 486, 489, 501
COTTONI (famille) : 118, 203, 283
COURBON DE SAINT-SAUVEUR, gentilhomme : 515
COURCILLON (Philippe-Égon, marquis de) : 153, 154, 160, 178, 194
COURCY (M. de), colonel : 246
COUTLET, agent français : 242, 244, 246, 247, 258, 261, 272, 277
COVENS et MORTIER, graveurs : 122, 199
COWLEY (Hannah), poétesse : 413
COYER (abbé) : 413
CRANER (Guillaume), violoniste : 403
CRÉQUY (famille de) : 42, 43, 44, 51, 53, 59, 81
CROMWELL (Olivier), lord Protector : 22, 25, 26, 42, 49, 59, 63, 294, 302
CROSBIE (Andrew), avocat d'Édimbourg : 33, 359
CROVERO (Andrea), aïeul de Napoléon : 44
CROZAT DU CHÂTEL (Louis-François, marquis), beau-père de Choiseul : 213, 225, 297
CROZAT DU CHÂTEL (Louise-Honorine), duchesse de Choiseul : 213
CRUSOÊ (Robinson) : 18, 384
CUANO (Marcello), législateur : 220
CUMMING (Thomas), explorateur : 412
CURSAY (le marquis Rioult de), commandant général des troupes en Corse : 320, 322, 324, 469
CUTTOLI-CORTICCHIATO, corsaire corse : 209, 313, 337
CUZEY (le chevalier de), officier : 375
CZARTORYSKI (Adam-Casimir), gentilhomme polonais : 437

D

DALRYMPLE (David), Lord Hailes, avocat : 340
DAMIENS (Robert-François) : 354
DANGEAU (le marquis de) : 24, 155, 156
DANGEAU (la marquise de), née Lowenstein : 120, 121, 150, 154, 156, 158, 159, 160, 165, 168, 169, 178, 182, 206, 210, 388
DANTE, poète : 87, 89, 119, 174, 233, 293, 411
DANZEL (M. de), capitaine d'artillerie : 411

DARNLEY (Henry Stuart, baron de) : *voir* Stuart
DAUGÉ, président du Conseil supérieur : 33, 397, 418
DAUN (comte), gouverneur de Milan : 120
DAVIES (Mary) : 25, 209
DEFFAND (Marie, marquise du) : *voir* Du Deffand
DEFOË (David), romancier anglais : 384
DELEYRE (Alexandre), bibliothécaire du duc de Parme : 341
DELLA GROSSA (Giovanni), chroniqueur : 174
DEMARTINI (François), historien : 507, 508, 512-514, 516, 518-522, 524, 526, 534, 542, 556, 557, 578
DERWENTWATER (Lord), maçon : 25, 31, 208, 209, 210, 246, 357, 408
DÉSAGULIERS (Jean-Théophile), maçon : 167
DEZOS DE LA ROQUETTE : 179, 324, 362
DICK (Alexander, baronnet) : 329
DICK, capitaine : 144, 261, 289, 329, 340, 481
DICK (Sir John), consul d'Angleterre à Livourne : 144, 329, 342, 349, 358, 385, 434
DIDEROT (Denis), philosophe : 355, 432
DIDON (la reine) : 138
DIETRICHSTEIN (le comte de) : 59
DILLON (le sieur), chargé d'affaires de Jacques II : 62
DILLON (Edward), collaborateur d'Elliot : 62
DILLY (Edward), éditeur anglais : 481
DIODORE de SICILE, historien grec : 86, 411
DOMITIEN, empereur : 266
DOMPIERRE D'HORNOY, ami de Voltaire : 361
DORIA (famille), de Gênes : 4, 50, 57, 60, 80, 104, 107, 113, 217, 250, 320, 335, 366, 423, 433, 457
DOUGLAS (famille) : 22, 27, 390, 391
DRAGUT, pirate barbaresque : 13, 30, 37, 38, 250
DRAKE (Francis), agent anglais : 20, 473, 488
DREUX-BRÉZÉ (le marquis de) : 437
DROST (famille de), de Westphalie : 100, 149, 169, 170, 199, 206, 211, 212, 213, 291
DRUMMOND (John), banquier londonien : 482
DU BARRY (Jeanne Bécu, comtesse), favorite : 401, 506
DU BELLAY (Guillaume), général : 85
DU BELLAY (le cardinal) : 104
DUBOIS (le cardinal) : 158, 235
DUBOIS, capitaine à Rome : 86
DUBOIS, traducteur : 363, 364
DU DEFFAND (la marquise) : 326, 362, 364
DUFOUR, ingénieur du Roi : 251
DUGUAY-TROUIN (René), corsaire malouin : 91
DUMOURIEZ, général : 322, 368, 370, 470
DUNANT (le sieur), Genevois : 356, 372, 378
DUNCAN (Adam), maçon à Rotterdam : 477
DUNCAN, voyageur : 477
DUNDAS (Henry), ministre anglais : 475, 476, 481
DU PLESSIS-BELLIÈRE (famille de Rouyé) : 43, 49, 51, 58, *voir* aussi Créquy
DU PUGET D'ORVAL (M.), capitaine d'artillerie : 367
DUPUY (Joseph), valet de chambre : 317
DUQUESNE (Abraham), lieutenant général : 4, 29, 55, 490
DUQUESNE, capitaine de vaisseau : 4,29, 55, 145
DURAZZO : 206, 378
DUSSEK (Jan Ladislav et Sophie), pianiste tchèque et cantatrice écossaise : 31, 414
DUTENS (Louis), secrétaire d'ambassade : 326, 356
DU TRÉVOUX (Marie-Anne-Élisabeth-Charlotte, comtesse), née Neuhoff : 150
DYCK (Antoine van), peintre flamand : 215

E

ÉLISABETH FARNÈSE, reine d'Espagne : 96, 97, 111, 160, 163, 168
ELLIOT (sir Gilbert), vice-roi de Corse : 21, 22, 23, 30, 62, 63, 77, 299, 328, 329, 407, 438, 473
ELLIOT (Lady Maria), son épouse : 21

ELLIOT (famille) : 474, 475, 476, 477, 478, 479, 480, 481, 488, 500
ELLOSTEIN (le baron d') : 387
EMMANUELLI (François-Xavier), universitaire : 349
ÉON (Charles de Beaumont, chevalier d') : 547
ERSKINE (Mgr Charles), cardinal : 491, 493
ESCALIN DES AIMARS (Antoine), baron de La Garde, général des galères de France : 52
ESCOULOUBRE (le marquis d'), officier d'artillerie : 375
ESCUDIER, député du Var : 466
ESTAING (Henri, comte d'), amiral : 406, 430
ESTE (Anne d') : *voir* Guise
ESTRADES (famille d') : 42, 53-55, 57, 211, 507, 511, 512
ETTORI (famille) : 109, 344, 418
EVANS (Josuah), aubergiste à Philadelphie : 383
EXPILLY (Jean-Joseph), abbé et géographe : 221, 287

F

FABIANI (famille), de Balagne : 104, 113, 115, 121, 133, 138, 139, 143, 198, 199, 202, 222, 226, 273, 371, 451, 453, 457, 471, 479, 494, 496
FAGNANI (Giacomo), marquis milanais : 373
FALCONE (Matteo), personnage de Mérimée : 19
FALCONETTI (Domenico), chanoine : 515
FALCUCCI (le chanoine), de Rogliano : 422
FARNÈSE (maison), de Parme : 43, 44,
FAURE (M. de), officier : 375
FAWKENER (William Augustus), capitaine britannique : 359
FEDI (le comte), agent secret : 304
FÉNELON (le marquis de), officier : 55
FERDINAND VI, roi d'Espagne : 385
FERDINANDI (famille), de Pozzo di Brando : 309
FERGUSON (Adam), historien écossais : 22, 84, 359
FERRANDI (famille), de Verde : 197, 493
FESCH (Joseph), cardinal : 493, 496-499
FIESCHI (famille), de Gênes : 50, 60, 76, 78, 191, 197, 198, 271
FILANGERI (Fabio), « rebelle » : 101
FILIPPI (Antoine-André), de Casinca : 479
FILIPPINI, archidiacre : 85
FILIPPO CORSO, frère de Sampiero, maréchal de camp : 27, 28, 147
FITZ-JAMES (maison de) : 24, 373, *voir* aussi Berwick (maréchal de)
FITZ-MAURICE, comte de Shelburne : *voir* Shelburne
FLAUBERT (Gustave), écrivain : 19, 329
FLAXMAN (John), sculpteur : 413, 501
FLOTTE (le comte de) : 462
FONDACCI (famille), neveux de Paoli : 260, 484, 485, 486, 495, 496, 500
FONSECA (famille de), amis de Neuhoff : 210, 229, 304
FORBIN (famille de), de Provence : 53, 57, 59, 157, 379
FORESTA (famille de), de Provence : 54, 55, 57, 98
FORMERLY, auteur britannique : 45
FORNELLO (Giovan Battista), dit *Barreta Vecchia,* assassin : 249, 258
FOUQUET (Nicolas), Surintendant des finances : 28, 43, 44, 46, 47, 48, 49, 50, 51, 55, 57, 58, 60, 61, 130, 225, 247, 318, 320, 378, 379, 398.
FOX (Charles James), orateur : 414
FOX-STRAGWAYS, lord Stavordale : 372
FRANCESCHETTI (Maria Francesca), sœur de Pascal : *voir* Paoli
FRANCESCHETTI (Dionisia), nièce de Paoli : 305
FRANCESCHI (famille), de Centuri : 127, 254, 258, 343
FRANCESCHI (Antoine-François) : 441
FRANCESCHI (Jacques), échevin de Marseille : 297
FRANCESCHI (Jean-Baptiste), échevin de Marseille : 53
FRANCESCHINI (Marc-Antoine), peintre : 215
FRANCESCO (Giulio), dit *Settacervella :* 158, 201
FRANCHI (familles) ou de'FRANCHI : 44, 95, 96, 97, 108
FRANCHINI, menuisier à Corté : 316
FRANÇOIS Ier, roi de France : 19, 27, 34, 44, 54, 183, 347, 429,
FRANÇOIS II, roi de France : 28, 32,
FRANÇOIS Ier, empereur : 32, 35, 39, 238,

FRANÇOIS III, duc de Lorraine puis empereur François Ier : 32, 35, 63, 94, 104, 111, 112, 127, 170, 178, 185, 188, 207, 208, 210, 229, 238, 465,
FRANKLIN (Benjamin), maçon américain : 66, 383, 401, 402, 403
FRANZINI, d'Ampugnani : 406
FRÉDÉRIC II le Grand, roi de Prusse : 69, 70, 181, 190, 205, 236, 247, 274, 279, 311, 326, 356, 362, 402, 446, 494
FRÉDÉRIC III, son neveu : 151,
FREDIANI (famille), comtes français : 90, 91, 92, 131, 237, 238, 478
FREGOSI, agent génois : 54
FULLARTON (Robert Udny), collectionneur d'Aberdeen : 413
FURSTEMBERG (famille de) : 155

G

GAFFORI (famille de), de Corte : 14, 63, 123, 159, 179, 184, 188, 194, 195, 196, 197, 199, 202, 209, 225, 238, 239, 240, 241, 242, 244, 248, 249, 250, 251, 252, 257, 258, 261, 264, 265, 266, 267, 268, 269, 273, 274, 278, 311, 318, 319, 369, 370, 371, 377, 402, 404, 422, 451, 452, 457, 467, 471, 473, 476, 478, 479
GAILLARDON DE FENOYL (Melle), épouse Marbeuf :
GALEAZZI (Jean-François), DE PENTA DI CASINCA : 475, 476, 479, 480
GALEAZZINI (Jean-Baptiste), capitaine de la garde nationale : 425, 439, 448, 455, 475
GALIANI (marquis Bernardo), traducteur : 220, 221
GALIANI (Ferdinando), son frère : 219, 221, 232, 234, 361, 397
GALILÉE, savant : 233
GALLES (le prince de) : *voir* George IV
GALLETTI (Simon), officier : 348
GALLETTI, abbé : 110, 11, 113, 212, 311, 366, 370, 376, 399, 465, 468, 477, 479, 485, 487, 496, 502
GALLO (Gio Batta), collecteur de tailles : 95, 103
GARELLI (famille), de Valle : 141, 197, 220, 227, 283
GARIBALDI (famille), de Gênes : 523
GARIBALDI (Gio Battista), médecin corse : 149, 403
GARNERIN (André-Jacques), inventeur du parachute : 490
GARRICK (David), acteur anglais : 247, 248, 403, 408, 412
GASCOIGNE (Charles) : 359
GASPARI DE CAMORSIGLIA, de Morsiglia : 264
GATT-JACOB (Stéphane), thésard : 511, 558
GAUTIER, agent de Belle-Isle : 247
GAUTIER (Jean-Baptiste-Séraphin), marquis d'Urbino : 421
GAVINI (Denis), de Campile : 484
GENOVESI (Antonio), professeur à Naples : 65, 87, 145, 146, 176, 223, 224, 243, 310, 311, 361
GENTILE (Francesco Maria), de Brando, major de Bastia : 108, 116, 117, 122, 123, 132, 238, 239, 240, 306, 338
GENTILE (famille de), feudataires de Brando : 91, 122, 123, 197, 220, 227, 235, 247
GENTILI (comte Antonio), aide de camp de Paoli : 390, 403, 406, 427, 452, 475, 479, 480, 482, 490, 493
GEORGE Ier, roi d'Angleterre : 154, 157
GEORGE II, roi d'Angleterre : 110, 154
GEORGE III, roi d'Angleterre : 14, 21, 30, 31, 63, 156, 283, 299, 356, 362, 364, 391, 392, 393, 395, 400, 407, 431,433, 435, 446, 449, 472, 474, 475, 476
GEORGE IV, roi d'Angleterre : 22, 489
GERMANÈS (abbé) : 76, 298, 300, 396
GIACOMINI DE'PORRATA (famille), de Morsiglia : 127, 130, 287, 287, 295, 315, 330, 331, 343, 361, 471, 472
GIACOMO CORSO, oncle de Sampiero : 27
GIAFFERI (Luigi), général de la nation corse : 12, 13, 14, 17, 35, 47, 48, 49, 56, 61, 63, 82, 103, 104, 106, 117, 122, 123, 124, 125, 126, 127, 128, 129, 130, 131, 132, 133, 134, 136, 138, 139, 140, 141, 142, 143, 168, 171, 172, 175, 177, 179, 180, 191, 194, 195, 196, 199, 202, 203, 204, 206, 213, 219, 220, 222, 233, 237, 238, 246, 266, 267, 300, 302, 327, 369
GIAFFERI (famille), de Talasani : 52, 55, 56, 58, 92, 106, 107, 115, 116, 117, 118, 124, 125, 127, 128, 130, 131,

140, 141, 144, 146, 147, 148, 159, 175, 178, 179, 188, 209, 227, 249, 251, 252, 274, 277, 288, 380, 478, 485, 486
GIANNONI (famille), de Salicetto : 78, 83, 115, 116, 125, 126, 132, 141, 142, 143, 146, 185, 186, 197, 200, 220, 222, 263
GIAPPICONI (famille), officiers vénitiens : 62, 124, 129, 130, 133, 134, 146, 196, 202, 227, 229
GINESTRA (famille), d'Oletta : 89, 90, 91, 94, 108, 111, 113, 131, 243, 254, 267, 273, 308
GIOVANNALI (les), hérétiques : 174, 175, 176, 177, 180, 182
GIUBEGA (Laurent), parrain de Napoléon : 424
GIUDICELLI (famille) : 418
GIULIANI (Gio Tomaso), médecin : 244, 257, 259, 283, 302, 308
GIUSEPPI, de Caccia : 197
GIUSTINIANI (Andrea Vincenzo), prince génois, comte de Newburg : 24, 191, 197, 224, 491,
GIUSTINIANI (Mgr Pier Maria), évêque de Vintimille : 85, 303
GLANDEVÈS-CASTELLET (famille de) : 297, 539
GOERTZ (le baron), du Holstein : 157, 158, 160, 161, 171, 196, 201, 231, 311
GOETHE (Wolfgang), écrivain allemand : 182, 387, 403
GOLDONI (Charles), poète italien : 139, 341
GOLOWKIN (comte de), ministre de Russie à La Haye : 211
GONDI (les), généraux des galères : 35, 51
GONTAUT (Armand-Louis de), duc de Lauzun, maçon : 29
GONTAUT-BIRON : *voir* Biron
GORANI (Giuseppe), maçon milanais : 326, 432
GORDON (Georges), maçon écossais : 358
GORDON (Thomas), pamphlétaire américain : 23, 84, 293 358,
GOURY DE CHAMPGRAND (Jean-François), commissaire des guerres : 32, 308
GRAFTON (le duc de) : 356, 360, 378, 388, 392
GRANDE MADEMOISELLE (la) : 29, 52, 60
GRANDMAISON (M. de), officier français : 367, 370
GRASSE (François-Joseph-Paul, comte de), amiral : 272, 407
GRAVINA (Gio Vicente), jurisconsulte : 217
GRAY (Thomas), professeur à Cambridge : 340
GRAZIETTI : 198
GRÉGOIRE XI, pape : 174
GREENVILLE (Lord) : 472
GRIBEAUVAL, artilleur : 368
GRIFFET (R.P. jésuite), confesseur de la Bastille : 48, 49
GRIGNAN (les comtes de) : 19, 49, 50, 52, 54, 56, 57, 58, 59; 60, 62, 98, 209,297, 318 . Voir aussi Escalin, La Garde-Adhémar, Langlois, Sévigné : 49, 52
GRIMALDI (famille), de Gênes : 19, 204, 242, 244, 246, 250, 264, 267, 273, 283, 284, 285, 288, 301, 305, 328, 370, 401, 476
GRIMALDI DE BUEUIL, gentilhomme : 54
GRIMALDI-RÉGUSSE (Françoise de) : 54
GRIMM (Guillaume-Charles), écrivain allemand : 70, 148, 220, 253, 326, 363, 446
GROTHEUS (Carlo von), du Hanovre : 377, 385, 387, 390
GUASCO (Mgr Francesco Matteo), évêque de Sagone : 370, 421, 423, 454,
GUASCO (Jean-Baptiste), capitaine de la garde nationale : 425
GUELFUCCI (Bonfiglio), père servite : 68, 309, 342, 346, 380, 387, 390, 395, 404, 405, 438, 449, 476, 479, 482, 490
GUÉMADEUC (Éléonore-Julie), épouse Marbeuf : 544
GUERNES (Mgr de), évêque d'Aléria : 450, 454, 477, 481
GUIGNOT DE MONCONSEIL (Étienne), lieutenant général : 539
GUIGNOT DE MONCONSEIL (Cécile-Marguerite-Séraphine de), comtesse de Paulin : 539
GUISE (maison de), *voir* aussi Lorraine : 18, 19, 27, 28, 29, 33, 34, 39, 40, 42, 54, 61, 166, 250, 446
GUITERA, maire d'Ajaccio : 472
GUYON (comte de) : 544
GYLLEMBOURG, ambassadeur de Suède à Londres : 158

H

HABSBOURG (maison de) : 13, 49, 51, 60, 61, 93, 94, 152, 167, 185, 227, 229, 301, 306
HADFIELD (famille), de Manchester : 68, 415, 416, *voir* aussi Cosway
HALLER, auteur : 361
HAMILTON (famille), d'Écosse : 20, 27, 33, 39, 357, 359, 475
HAMILTON (Lady), maîtresse de Nelson : 20, 27
HAMILTON (William), son mari : 27
HANCARVILLE (le baron d') : 412, 437
HANCOK (John), armateur : 363
HANNIBAL, général carthaginois : 87
HANOVRE (maison de) : 31, 99, 151, 157, 284, 322, 377, 392, 431, 432, 480
HARCOURT (prince d') : 19, 35, 45, *voir* aussi Lorraine (maison de)
HAUTERIVE (André Borel d'), généalogiste : 542
HAWKE, amiral anglais : 262
HAWKINS (John), navigateur anglais : 20
HAZEUR (M. d'), capitaine de grenadiers : 368
HEATHFIELD (lord), gouverneur de Gibraltar : 487
HELVÉTIUS (famille) : 166, 182
HENAULT (famille) : 425
HENRI II, roi de France : 19, 23, 26, 28, 34, 38, 39, 50, 93, 100, 121, 297, 355, 429
HENRI III, roi de France : 40, 52, 54, 70, 185
HENRI IV, roi de France : 19, 35, 40, 48, 51, 53, 54, 157, 183, 297, 425, 429
HENRI VIII, roi d'Angleterre : 433
HENRIETTE-MARIE, fille d'Henri IV, reine d'Angleterre : 151
HERBERT (Henry), comte de Pembroke : 372
HERSCHEL (sir William), astronome anglais : 413
HERVEY (Frederik Augustus), comte de Bristol, auteur : 22, 27, 63, 85, 157, 295, 315, 317, 328, 342, 475, 486, 488
HESSE-RINFELS (maison de) : 154, 155
HEWETSON (Christopher), sculpteur irlandais : 358
HOBART (Lord) : 488
HOBHOUSE (sir Benjamin), député britannique : 491
HOGARTH (William), peintre anglais : 247
HOLDERNESS (comte de), secrétaire d'État britannique : 150, 151, 261, 283
HOLLIS (Thomas), de Londres : 326
HOLT (John), journaliste : 403
HOOD (Samuel), amiral britannique : 466, 470, 471, 472, 473, 475, 487, 488
HOOPER (S.), éditeur londonien : 480
HORACE (Quintus Horatius Flaccus dit), poète latin : 86, 87, 231, 262, 287, 289, 290, 329, 340, 342, 359, 385, 386, 395, 411, 474
HORN (comte Gustav Jacob von), général prussien : 98, 176, 211, 358, 361, 434
HOTHAM, amiral britannique : 479
HUGUES (Pierre-François), antiquaire : 42, 183, 198, 300
HUME (David), philosophe écossais : 283, 339, 340, 474
HUND, maçon jacobite : 30, 50, 178, 178, 205

I

ILCHESTER (Henri-Thomas Fox-Strangways, comte d'), baron Stavordale : 372
ILARIO (Matteo), de Pietralba : 508
INTIERI (Bartolomeo), professeur à Naples : 220
ISTRIA (famille d') : 91, 99, 162, 186, 188, 264, 293, 300, 321, 335, 337, 377, 478

J

JABACH (famille), de Cologne : 215
JACQUES Ier STUART, roi d'Angleterre : 150, 151, 157, 393
JACQUES II STUART, roi d'Angleterre : 24, 25, 26, 29, 30, 31, 53, 62, 97, 98, 162, 194, 299, 302, 330, 372, 373, 409
JACQUES III STUART, dit le Prétendant : 25, 26
JACQUES IV STUART, roi d'Écosse : 27, 33
JACQUES V STUART, roi d'Écosse : 27
JADART, commissaire des guerres : 338, 343
JAILLOT, géographe ordinaire du Roi : 209

JAMAÏQUE (Don Carlos Miguel de Fitz-James-Stuart, duc de Berwick, marquis de la) : 409
JAMAÏQUE (Caroline-Augusta de Stolberg-Gedern, marquise de la) : 409
JAUSSIN, apothicaire en Corse : 308
JEFFERSON (Thomas), président des États-Unis d'Amérique : 65, 68, 280, 401, 403, 410, 414, 416
JOHNSON (Samuel), médecin britannique : 293, 362, 373, 392, 400, 401, 402, 408, 411, 412, 430
JOSEPH Ier, empereur : 230
JOSEPH II, empereur : 46, 59, 65, 386, 396, 435, 446
JOSUÉ, chef des Hébreux : 88
JOYEUSE (duc de) : *voir* Lorraine
JUBERT DE BOUVILLE (vicomte) : 262
JUIGNÉ (le baron de) : 367
JULIE, fille de César : 84

K

KALTENBACH (H.), historien : 114
KAUNITZ (le prince de), chancelier : 386
KEITH (famille), nobles écossais : 157, 158, 179, 283, 284, 322
KERARTZ ou KERSARTS, agent des Rakoczy : 237, 289
KILMARNOCK (Lord) : *voir* Boyd
KIUPERLI (Achmet), chef ottoman : 50
KLEIST (le baron von), officier prussien : 286
KLEIST (Christian-Edwald von), poète allemand : 286
KOEHLER (George-Frederik), officier de Hesse : 474
KOK (Isabelle de) : 115. *Voir* aussi Hadfield : 415
KOSCIUSZKO (Taddeus), général lituanien : 414, 416

L

LA BARRE (Jean-François, chevalier de) : 355
LA BROSSE (M. de) : *voir* Vauban
LA BRUYÈRE (Jean de), moraliste : 119
LA CHALOTAIS (Louis-René de), robin : 355
LA CHAPELLE (Claude-François Passerat de), médecin militaire : 338
LA COLONIE (M. de), officier en Hongrie : 158, 159, 160
LA FAUGIÈRE (famille de) : 58
LA FAYETTE (Marie-Joseph, marquis de), héros de la guerre d'Amérique : 26, 70, 299, 384, 402, 427, 428, 430, 431, 435, 437, 441, 442, 446, 456
LA FERTÉ-SENNETERRE (le maréchal de) : 59
LA FEUILLADE (Georges d'Aubusson, comte de), diplomate :160
LA FEUILLADE (François), maréchal de France : 48, 55
LA FIZELIÈRE (Patin de) : 418
LA FORCE (Armand de Nompar de Caumont, duc de), maréchal de France : 59
LA FORÊT, valet de Fouquet : 57
LA GALISSONNIÈRE : *voir* Barrin
LA GARDE : *voir* Escalin
LA GARDE (abbé de), nouvelliste : 209
LA GUILLAUMYE (François-Nicolas), intendant de Corse : 399, 421
LA LANDE (Joseph de), astronome :402
LALLY (Thomas-Arthur de), baron de Tollendal, gouverneur en Inde : 355
LA MARCK (maison de) : 149, 151, 153, 154, 155, 158, 159, 161, 165, 168, 194, 203, 232, 358, 404, 474, 523-525
LA MOTTE-PICQUET, marin français : 401
LARKOSZI, Hongrois établi à Londres : 156, 290
LARNAGE (M.), maréchal de camp : 212,213
LA ROCHECHALAIS (le marquis de) : *voir* La Tour du Pin
LA TOUCHE-TRÉVILLE (Louis), amiral français : 461, 462, 463, 464, 467, 473
LA TOUR D'AUVERGNE (maison de) : 26, 27, 28
LA TOUR DU PIN (famille de) : 322 ; 424, 425, 430
LAUNAY (Jourdan de), gouverneur de la Bastille : 48
LAUZUN (le duc de) : 26, 28, 29, 40, 46, 50, 52, 59, 60, 61, 62, 98, 367, 368, 372, 378, 379, 398
LAVAL (le marquis de), colonel d'infanterie : 367
LAVOISIER (Antoine-Laurent), chimiste : 466

LAW (John), financier écossais : 84, 160, 164, 165, 196, 201, 311
LAWRENCE (sir Thomas), portraitiste anglais : 67, 221, 413, 415
LEBON (M.), bénédictin : 490
LECA (l'abbé) : 471 ; 473
LECCIA, dit Bucchini, prévôt de Zicavo : 292
LE CHANGEUR, secrétaire général de l'intendance de Corse : 418
LECZINSKA (Marie) : 32
LECZINSKI (Stanislas) : 125, 170, 375, *voir* Stanislas
LEE (John), acteur : 413
LEE (Harriet), sa fille : 413
LEIBNIZ : 528
LENCHE (famille), de Morsiglia : 34, 40, 41, 42, 43, 47, 53, 54, 56, 57, 59, 87, 157, 250, 297, 379, 437
L'ENCHÈRE, maréchal des logis : 318
LENGLET-DUFRESNOY, historien : 48
LEON (Ferdinando de), juriste : 9, 243, 263, 271, 277
LÉONARD (R.P.), provincial des réformés : 454
LEONETTI (famille), neveux de Paoli : 91, 228, 259, 396, 407, 456, 473, 474 ; 476, 490, 495, 496, 500
LEONI (famille), neveux de Paoli : 495, 496, 500
LÉONIDAS, roi de Sparte : 395
LÉOPOLD Ier, empereur : 156
LEROUX DE LARIC, officier français : 405, 406
LÉVIE (Gio Geronimo), maire d'Ajaccio : 438, 469
LEYRE (Alexandre de), bibliothécaire du duc de Parme : 325, 341, 362
LIGNEVILLE (le comte de) : 120
LINZEE, commodore : 488
LISOLA (M. de), agent espagnol : 54
LISTON (Robert), précepteur d'Elliot : 474
LLOYD (Henry-Humphrey Evans), général gallois : 23, 360
LOCKHART (Alexander), Lord Covington : 342
LOCKHART (James), colonel écossais : 22, 342, 385
LOMELLINI (Agostino), doge de Gênes : 294, 324
LOMÉNIE DE BRIENNE, ministre de la guerre : 421
LONGEPIERRE (M. de), précepteur du Régent : 48
LORRAINE (François de), maçon : 28, 33, 34, 35, 65, 146, 166, 171, 178, 202, 203, 207, 277, 356, 372, 388
LORRAINE (maison de) : 13, 18, 32, 33, 34, 63, 94, 152. Voir aussi Guise.
LOUIS XI, roi de France : 94, 183, 426
LOUIS XII, roi de France : 26, 183
LOUIS XIII, roi de France : 51, 53, 93, 172, 297
LOUIS XIV, roi de France : 4, 19, 20, 21, 25, 26, 29, 35, 42, 44, 47, 48, 49, 50, 51, 52, 53, 57, 59, 60, 62, 67, 90, 93, 94, 99, 125, 150, 156, 157, 162, 167, 178, 183, 184, 236, 270, 281, 297, 298, 301, 303, 314, 330, 347, 354, 364, 379, 392, 439, 490
LOUIS XV, roi de France : 12, 15, 19, 20, 23, 25, 29, 32, 33, 46, 48, 57, 58, 62, 66, 68, 93, 94, 106, 109, 156, 166, 170, 178, 179, 184, 185, 207, 208, 209, 211, 224, 230, 236, 240, 246, 247, 255, 262, 272, 291, 292, 293, 296, 297, 298, 313, 314, 318, 319, 324, 327, 349, 353, 354, 355, 357, 364, 367, 368, 372, 378, 379, 381, 383, 389, 392, 401, 405, 406, 429, 431, 449, 451, 492, 498, 502
LOUIS XVI, roi de France : 33, 171, 178, 179, 187, 278, 335, 355, 383, 401, 419, 421, 426, 429, 435, 436, 437, 444, 446, 451, 453, 464, 476
LOUIS XVIII, roi de France : 175, 450, 501
LOUIS, Grand-Dauphin, fils de Louis XIV : 355
LOUTHERBOURG (Philip Jacob) : 416
LOUVOIS (Michel Le Tellier, marquis de), secrétaire d'État à la guerre : 45, 49, 52, 54, 55, 56, 58, 59, 60, 61, 154, 185, 295
LOVAT (lord), colonel écossais : 341
LOWE (sir Hudson), geôlier de Napoléon : 474
LOWENDHAL (le général) : 120
LOWENSTEIN (Sophie de), marquise de Dangeau : 120, 121, 150, 154, 159, 165, 178, 182, 206, 210, 388
LOWENSTEIN (famille de) : 120, 121, 150, 151, 154, 155, 158, 159, 168, 169, 178, 188
LUCAN (le comte de) : *voir* Sarsfield
LUCCIANI (Pietro Francesco) : 534

LUCCIANI (Renée) : 173, 518, 520, 555, 562
LUCCIONI, lieutenant général : 133, 135, 200, 202, 222, 450
LUCCHETTI (famille), de Rogliano : 286, 308
LUCHESI (Andrea), organiste : 414, 415
LUDRE (famille de), officiers français : 32, 368, 370, 372
LUSIGNAN (maison de), rois de Chypre : 255
LUSINCHI (Gio Francesco), général de la nation corse : 14, 104, 105, 111,, 114, 125, 126, 203, 204, 206, 422
LUSINCHI (famille), de Zicavo : 12, 13, 41, 62, 104, 105, 106, 107, 108, 112, 113, 114, 115, 117, 118, 123, 127, 133, 134, 141, 146, 168, 186, 199, 203, 204, 206, 211, 215, 220, 222, 225, 226, 227, 228, 243, 249, 251, 252, 257, 266, 267, 277, 287, 288, 291, 292, 302, 422, 453
LUSSAN (le marquis de), colonel : 212, 213
LYCURGUE, orateur athénien : 65, 86, 87, 184, 218, 327, 409, 451

M

MABLY (Gabriel Bonnot de), philosophe : 384
MACARTNEY (Lord) : 488
MACAULAY (Catherine), historienne : 253, 326, 393, 395, 408, 432
MACCABÉE (Judas) : 86
MAC DONALD (Paul), maçon écossais : 403
MACHIAVEL (Nicolao), écrivain florentin : 15, 36, 87, 175, 176, 184, 216, 217, 218, 219, 221, 293, 411
MACLEANE (Laughlin), colonel britannique : 357
MACLEANE (James-Hector), maçon écossais : 357
MAC NEMARA, lieutenant général des armées navales : 262
MAHOMET, prophète : 181, 182, 358
MAHONY (comtesse Cecilia) : 24, 491
MAHONY (comte John Joseph) : 24, 224, 491
MAILLEBOIS (Jean-Baptiste-François Desmarets, marquis de), lieutenant général : 63, 212, 213, 224, 225, 244, 249, 262, 292, 304, 374, 531, 539, 569
MAILLEBOIS (Nicolas Desmarets, marquis de), contrôleur général des finances : 605
MAINE (Louis-Auguste de Bourbon, duc du), général des galères : 156, 161, 301, 302
MALESHERBES (Chrétien-Guillaume de Lamoignon, marquis de), ministre d'État : 510
MAMMI CORSO, renégat corse : 37
MANCINI (Olympe), comtesse de Soissons : 60
MANN (Sir Horace), diplomate anglais à Florence : 231, 262, 287, 289, 329, 342, 359, 372, 385, 386
MANVERS, vicomte Newark, exécuteur testamentaire de Paoli : 500
MARAT (Jean-Paul), conventionnel : 466, 469
MARBEUF (Louis-Charles-René, comte de), marquis de Cargèse : 319, 324, 326, 327, 328, 335, 338, 343, 348, 365, 367, 368, 371, 372, 375, 377, 381, 396, 397, 398, 399, 418, 419, 420, 423, 424, 435, 450, 452
MARBEUF (Mgr Yves-Alexandre de), archevêque de Lyon : 543
MARC-AURÈLE, empereur : 84
MARCELLI (Agata), épouse Leonetti : 533
MARCHELLI (le major), Génois : 131, 143, 223,
MARCHELLI, ingénieur génois : 274
MARCHESI (Luigi), castrat : 414
MARCHETTI, familles corses : 43, 45, 46, 48, 49, 52, 53, 55, 56, 58, 60, 106, 107, 113, 117, 124
MARCHETTI (Salvadore), notaire : 129, 140, 143, 249, 269, 348, 356, 372, 378
MARCHIALLY : *voir* Masque de Fer
MARÉCHAL (lord) : *voir* Keith
MARENGO (Anton), consul de Toscane : 116, 121, 122, 123, 126, 240, 247
MARI (Francesco), commandant génois : 113, 198, 304
MARI, Corse : 27
MARIANI (Père Francesco Antonio), de Corbara : 308, 309, 315, 476
MARIE-ANTOINETTE, reine de France : 446
MARIE DE MÉDICIS, reine de France : 53, 157

MARIE STUART, reine d'Écosse : 17, 27, 28, 29, 31, 33, 44, 147, 391, 487
MARIOTTI (Mgr Paolo Maria), archiprêtre d'Ajaccio : 457
MARIUS, général romain : 87, 263
MARLBOROUGH (Charles, duc de) : 97
MARLBOROUGH (John Churchill, duc de) : 340, 404
MARLIANI (Mgr), évêque de Mariana : 516
MARMET DE VALCROISSANT (famille de) : 57
MARMOTTA, domestique de Napoléon : 469
MARNEAU (le commis), de Metz : 524
MARSAN (le comte de) : *voir* Lorraine
MARTINETTI, assassin de Lusinchi : 134
MARTINETTI, fermier de Fieschi : 271
MASQUE DE FER (le) : 46, 47, 48, 49, 56, 57, 58, 59, 60, 61, 62, 100, 104, 106, 122, 154, 161, 211, 229, 372, 486
MASSEI (M. de), officier en Hongrie : 158, 159
MASSEI (Bartolomeo), camérier du pape : 159
MASSEI (famille), de Sisco : 159, 177, 428
MASSÉNA, maréchal de France : 488
MASSERIA (famille), Paolistes : 317, 357, 396, 403, 407, 412, 427, 458, 471, 480-482, 487, 488, 495, 500, 562
MASSESI (famille), Paolistes : 214, 331, 371
MASSONI, podestat : 252
MATRA (famille), de Matra : 14, 15, 20, 69, 78, 81, 82, 118, 131, 136, 139, 158, 159, 177, 178, 179, 180, 184, 188, 191, 192, 194, 238, 239, 240, 241, 242, 248, 249, 251, 263, 267, 268, 269, 271, 272, 273, 274, 275, 276, 277, 279, 283, 284, 285, 286, 288, 291, 294, 301, 302, 305, 318, 320, 325, 347, 348, 364, 401, 406, 443, 449, 457
MATTEI D'ORTINOLA (famille), de Centuri : 343, 348, 421, 424, 425, 430
MATTHEWS, amiral britannique : 229, 231, 236, 263
MAUBEC (marquis de) : *voir* Lorraine
MAULÉVRIER (Colbert de), maréchal de camp : 53, 55, 57
MAUREPAS (Jean-Frédéric Phelippeaux, comte de), ministre de la marine : 109, 226, 297
MAYENNE (duc de) : *voir* Lorraine
MAZARIN (Giulio Mazarini, cardinal de) : 42, 46, 57, 81, 301
MAZZONI (Pietro), podestat : 445
MAZZOCCHI (Alessio Simmacho), chanoine napolitain : 220
MECKLENBURG-STRELITZ (duc Georg-August), major général : 392
MÉDICIS (Catherine de), reine de France : *voir* Catherine
MÉDICIS (Cosme III de), grand-duc de Toscane : 32, 171
MÉDICIS (Hippolyte de), cardinal : 34
MÉDICIS (Jean-Gaston de), dernier des Médicis : 93, 112, 152, 171, 208
MÉDICIS (Marie de) : *voir* Marie
MENES (Mme du), Portugaise : 408, 409
MENZIES OF CULDARES (Archibald), capitaine britannique : 23, 359
MERCIER (famille) : 297, *voir* aussi Glandevès-Castellet, Roux de Corse
MERCŒUR (Louis de Bourbon-Vendôme, duc de) : 56, 57
MÉRIMÉE (Prosper), écrivain : 19
MESMER (Franz Anton), magnétiseur : 416
MÉTASTASE (Pierre-Bonaventure), poète italien : 33, 217, 386, 412
MIDDLESEX (Milord) : 224, 262, 390, 393
MILTIADE, général athénien : 65, 224
MINERVE, déesse des Arts : 36, 488
MIOT, commissaire en Corse : 482, 484
MIRABEAU (Honoré-Gabriel Riqueti, comte de) : 26, 73, 87, 218, 299, 379
MIRABEAU (famille Riqueti de) : 379, 380, 381, 384, 402, 412, 427, 428, 429, 431, 435, 437, 438, 442, 446, 462, 465, 474
MIRADAL (R.P.), prêtre au Pérou : 330
MITCHELL (Sir Andrew), Écossais : 284, 326, 362
MODIGLIANI, Juif de Corse : 344
MOÏSE, prophète : 88, 172
MOLAY (Jacques), Templier : 41
MONACO (les princes de) : *voir* Grimaldi
MONCONSEIL (Guignot de) : *voir* Guignot
MONEGLIA, Génois : 197
MONGE (Gaspard), mathématicien : 463, 467, 473
MONKTON (miss) : 413
MONTAGU (milord Robert de) : 224, 262, 408
MONTCALM (le marquis de) : 355, 366
MONTE ALLEGRO (le marquis de), ministre de Naples : 163

MONTESPAN (Françoise-Athénaïs de Rochechouart, marquise de), favorite : 53, 55, 208, 302
MONTESQUIEU (Charles de Secondat, baron de), philosophe : 15, 34, 36, 42, 86, 87, 90, 97, 98, 99, 104, 112, 117, 121, 127, 128, 135, 150, 176, 209, 211, 215, 216, 217, 218, 219, 243, 261, 276, 293, 294, 341, 402, 405, 431, 432, 451, 452
MONTEYNARD (M. de), gouverneur de Corse : 430, 452
MONTGOMERY (Gabriel de Lorges, comte de), capitaine de la garde écossaise : 372
MONTGOMERY (Lord Alexander Seton), officier écossais : 22, 23, 341, 342
MONTGOMERY (Margaret), épouse Boswell : 22, 28, 392
MONTMORENCY (Melle de), épouse Laval. : 29, 85, 367
MONTI (famille), de Verde : 198, 475, 480
MONTLUC (Blaise de), maréchal de France : 19
MONTMORENCY : 29, 85, 367
MONTOURY (M. de), major général : 375
MONTPLAISIR (René de Bruc, marquis de), maréchal de camp : 513
MONTPOUILLAN (Armand de Caumont, marquis de) : *voir* Caumont, Lauzun, La Force
MOORE (Hannah), romancière : 41
MOORE (John), colonel écossais : 23, 474, 476, 477
MOORE (Peter), député britannique : 487, 488
MORATI (Paolo), de Borgo : 96, 140, 273, 366
MORAZZANI (le Père), servite : 370
MOREL D'ARLEUX (maître), commissaire-priseur : 575
MORELLI (famille), de Bastia : 337, 338
MORÉRI (Louis), abbé : 45, 159
MOROSINI (Francesco), gouverneur de Candie : 54, 57, 60, 126, 129
MORTAGNE (le comte de), officier général : 150, 152, 154, 161
MORTIMER (Roger de), courtisan anglais : 393
MOUHY (le chevalier de), de Metz : 47, 48
MULAY'ABDALLAH ALLAOUI, pacha : 165
MULLER, gazetier allemand : 307
MULTEDO (Gio Andrea), chanoine de Vico : 434, 458, 470
MURATI (famille) : 95, 345, 346, 348, 380, 425, 430, 431, 434
MURRAY (Jacques Stuart, comte de), bâtard d'Écosse : 23, 28, 39, 341, 356, 487
MUZIO (Clemente), virtuose romain : 414

N

NAPOLÉON Ier, empereur : 11, 12, 20, 21, 36, 37, 43, 44, 63, 66, 67, 70, 76, 81, 83, 92, 187, 196, 218, 301, 310, 316, 323, 364, 365, 381, 397, 398, 399, 419, 424, 425, 429, 434, 438, 439, 468, 469, 488, 493, 497, 499, 501, 502, 503, 508, 554, 555, 557, 563, 565, 567, 571
NAPOLÉON III, empereur : 366
NAPOLLON (Hugone), épouse Lenche : 572
NAPOLLON (Marguerite), marquise de Grimaldi-Régusse : 54, 301
NAPOLLON (Sanson), consul de France : 52, 297
NARBONNE-PELET (famille de) : 366, 367, 368, 370, 371, 375, 381, 397, 398, 452
NASSAU (les princes d'Orange-), stathouders de Hollande : 63, 302, 303
NATALI (familles) : 85, 144, 254, 287
NAVAILLES (Philippe de Montault, duc de), maréchal de France : 55, 57, 160
NECKER (Jacques), banquier suisse : 421, 433
NEGRONI : 325
NELSON (Horace), amiral britannique : 20, 87
NENY (Philippe, comte de Goswyn de) : 22
NEPEAN (sir Evan), sous-secrétaire d'État : 487
NEPEAN (Thomas), capitaine : 473
NEUHOFF (Théodore, baron de), roi des Corses : 432
NEUHOFF (famille de) : 100, 149, 169, 194, 211, 213, *voir* aussi Drost, DU TRÉVOUX
NEWARK, voir Manvers.
NEWBOROUGH (Milady) : *voir* Giustiniani

NEWBURG (Charlotte Mary), épouse Derwentwater : 25, 209
NEWBURG : *voir* Giustiniani
NIEMCEWICZ (Julien), chef polonais : 416
NOBILI-SAVELLI : *voir* Savelli
NOMPAR DE CAUMONT : *voir* Caumont, La Force, Lauzun.
NORRIS, amiral britannique : 358
NORTH (Frédéric), secrétaire d'État : 479
NUCHÈZE (le commandeur de), vice-amiral de France : 43, 51, 61
NUCINGEN (E. Frédéric, baron de) : *voir* Neuhoff
NUMA (Pompilius), roi de Rome : 87, 181, 182, 358

O

O'CONNEL (Daniel), avocat de Dublin : 487
OCTAVIE, fille de Claude : 84
OGILVIE (James), comte de Seafield : 391
OGINSKI (comte), hetman de Lituanie : 414
OGLETHORPE (James), gouverneur de Géorgie : 340, 412
OGNY (M. Durand d'), officier : 375
OLIVA (Fiora), émeutière bastiaise : 454
OLMETA (Salvatore), médecin : 45
OLMETA (le R.P.), aumônier du Roi : 45
O'MORE (Rory), leader catholique irlandais : 25, 26, 168
ONSLOW, capitaine de vaisseau : 357
ORANGE (la maison d') : *voir* Nassau
ORANGE (Guillaume d'), stathouder de Hollande : 25, 26, 29, 50, 63, 168
ORCADES (le comte des) : *voir* Stuart
ORFORD (Lord), père de Walpole : 231
ORLÉANS : *voir* Palatine, Régent
ORLÉANS (Gaston, duc d') : 514
ORLÉANS (le duc d'), maçon : 151, 416, 488
ORMESSON (Olivier d') : 44, 61
ORMOND (les ducs d') : 22, 157, 158, 161, 162, 163, 170, 188, 251, 330, 487
ORNANO (Alphonse d'), maréchal de France : 13, 29, 34, 35, 39, 40, 52, 54, 56, 57, 61, 62, 70, 98, 102, 185, 250, 251, 296, 379, 425
ORNANO (Lucca d'), général de la nation corse : 12, 13, 14, 101, 104, 113, 114, 125, 133, 141, 197, 203, 224, 267, 302
ORNANO (Vannina d'), épouse de Sampiero : 34, 37, 113
ORNANO (famille d') : 98
ORSINI (le comte), agent secret : 304
ORSINI (Emmanuel), capitaine : 147, 148
ORSINO (Giovan), de Pastoreccia : 515
ORTICONI (le chanoine Teramo) : 210, 212, 220, 228, 249, 279, 288, 449
ORTIPORIO (Matteo d'), prêtre : 201
OSMAN PACHA : *voir* Ripperda
OVIDE (Publius Ovidius Naso), poète latin : 87, 265, 276
OXENSTIERNA, chancelier de Suède : 158

P

PADOVANI, ami de Paoli : 500
PAGANELLI (famille), de Zicavo : 41, 62, 127, 141, 168, 179, 227, 249, 251, 274, 283, 291, 292, 321, 452
PALATINE (Charlotte-Élisabeth de Bavière, Princesse) : 150, 151
PALLAVICINI (Hippolito) : 109, 518
PALLAVICINI (Maria), épouse Gallo : 518
PALLAVICINI (le marquis), Génois : 108
PALMERSTON (Lord) : 392
PALSI (comte Jean) : 159
PALSSY VON ERDOD (Karl Hieronymus, comte), vice-chancelier de Hongrie : 159
PALTEAU (M. de), neveu de Saint-Mars : 48
PANATTIERI, avocat de Calvi : 430
PANTALACCI (Giulio Pietro), de Vivario : 142
PANTALONE (M.), noble vénitien : 104
PAOLETTI (Orsovecchio), général de la nation corse : 133, 135
PAOLI (famille), de Gubbio : 119, 186, 301
PAOLI (famille), de Morosaglia : 118, 119, 174, 342, 345
PAOLI (Clemente), frère de Pascal : 69, 75, 76, 83, 114, 181, 273, 291, 339, 342, 370, 374, 401, 405, 406, 426, 430, 436
PAOLI (Giacinto), père de Pascal : 45, 47, 58, 62, 69
PAOLI (Maria Chiara), sœur de Pascal : 69, 74, 76, 228, 259, 260, 495

PAOLI (Maria Francesca), sœur de Pascal : 74, 228
PARADISE (John), linguiste : 413
PARAVISINI (famille), d'Ajaccio : 338, 438
PARDAILLAN D'ANTIN (famille de) : 208
PARME (Mme Infante, duchesse de) : 368
PASQUALINI (famille), de San Martino-di-Lota, officiers : 451
PASSAGLI (M.), trafiquant d'armes : 127, 128
PATINHO (Joseph), jésuite milanais : 167, *voir* aussi Castelar
PATROCLE, héros grec : 87
PAUL Ier, tsar de Russie : 395, 495, 496
PAUL (famille), de Corinthie : 119
PAUL (le chevalier), lieutenant général : 60
PAULEWICZ (famille), d'Autriche : 119
PAULI VON PAUL (famille), de Bavière : 119
PAULIN (comte de) : *voir* La Tour du Pin
PAUPIE (Pierre), gazetier d'Amsterdam : 211
PECQUET (Antoine), commis aux Affaires étrangères : 47
PECQUET (Jean), médecin anatomiste : 47
PECQUET (Mgr), ambassadeur en Perse : 42
PEMBROKE (Lord) : *voir* Herbert
PENANCOËT DE KEROUALLE (Louise-Renée), duchesse de Portsmouth : 98
PERALDI (famille), d'Ajaccio : 337, 434, 453, 456, 462
PERES (le comte) : *voir* Peri
PERETTI DELLA ROCCA (famille) : 418, 424, 516
PERETTI DELLA ROCCA (Charles-Antoine), chanoine : 422, 435, 452
PERI (famille) : 313, 314, 318, 383
PÉRICLÈS, Athénien : 269, 270, 339
PERREGAUX (Jean-Frédéric), banquier de Neufchâtel : 482
PESARO (Francesco), diplomate vénitien : 491
PETRALBA (Matteo de), assassin : 44
PÉTRARQUE, poète italien : 411
PETRICONI (famille de), de Sorio : 430, 431, 436, 454, 476
PIENNES (le marquis de) : 510
PHILALÈTHES (Eugenius) : *voir* Samuel Vaughan
PHILLIP (Johan), banquier à Francfort : 387
PHILIPPE LE BEL, roi de France : 393
PHILIPPE II, roi d'Espagne : 28
PHILIPPE V, roi d'Espagne : 161, 167
PHILIPPIN (*alias* Filippini), maître : 45
PICCIONI (famille), de Pino : 343
PICHON (Christophe-Pierre), commissaire des guerres : 402, 467
PICHON, chirurgien : 467
PIE V, pape : 38, 39
PIE VI, pape :367, 484, 491
PIE VII, pape : 37, 491, 493
PIERRE LE GRAND, tsar de Russie : 163, 183, 231
PIERREPONT-MEDOWS (Charles), vicomte Newark, capitaine de vaisseau : 349, 373, 390
PIETRASANTA (famille), d'Ajaccio : 439
PIETRI (famille) : 198, 380, 418, 448, 456, 459, 476, 481, 500
PIETRI (François-Marie), de Fozzane, député : 448, 456
PINELLI, gouverneur de Corse : 94, 103, 107
PINTO (Mme) : 408
PITT (père et fils) : 21, 328, 331, 339, 342, 362, 472, 481, 488
PITTERI (Francesco), libraire vénitien : 122
PLATON, philosophe : 36
PLINE L'ANCIEN : 85
PLUTARQUE : 86, 153, 176, 177, 293, 362, 389
POGGI (docteur), de Bastia : 203
POGGIOLI (maître), notaire : 454
POLETTI (abbé) : 495, 499
POLI (don Cosmo), médecin de Talasani : 107
POLI (comte Giuseppe) : 383, 403
POLI (Pietro), aubergiste américain : 383
POLIDORI (famille), de Morosaglia : 58, 445
POLIGNAC (le cardinal de) : 160, 161, 178
POLIGNAC (Jules, duc de) : 416
POLYBE, historien grec : 216
POMBAL (le marquis de) : 403
POMMEREUL, historien : 73, 308, 376, 380
POMPADOUR (Antoinette Poisson, marquise de) : 355
POMPADOUR (le marquis de) : 160, 161
POMPEI (Paolo), orateur : 448, 449
POMPILIANI, chef « rebelle » : 120
PONIATOWSKI (Stanislas-Auguste) : 379
PONTCALLEC, capitaine de dragons : 161

PONTE (Jacques-Marie), avocat ajaccien : 421
PONTEVÈS-CARCÈS (famille de), de Provence : 98, 99
POPE (Alexander), écrivain : 84
PORRATA (famille de'), de Morsiglia : 119, 472
PORTEUS (Mgr Beilby), évêque de Londres : 482
PORTUGAL-COLOMB (famille de) : 213
POUGATCHEV (Emelian), Cosaque : 385
POULARIÈS (M.), commandant d'Ajaccio : 348
POZZO DI BORGO (famille), d'Ajaccio : 44, 55, 62
POZZO DI BORGO (Charles-André), député : 438
PRASLIN (le duc de) : *voir* Choiseul
PRÉTENDANTS (les) : *voir* Stuart
PRINGLE (Sir John), médecin écossais : 283, 362, 446
PTOLÉMÉE (Claude), géographe grec : 85
PUNCIANI (l'abbé), agent secret : 304

Q

QUEENSBERRY (James, duc de), gouverneur d'Écosse : 391
QUENZA, ami de Paoli : 473, 478
QUILICI, ami de Paoli :289, 346

R

RADCLIFFE (Charles) : *voir* Derwentwater
RADCLIFFE (Édouard) : 25, 209
RAFFALI (famille), de Stazzone d'Orezza : 115, 121, 122, 124, 125, 451
RAIBERTI (le chevalier), ministre sarde : 380
RAKOCZY (dynastie des) : 15, 150, 154, 155, 156, 158, 165, 166, 168, 170, 178, 182, 186, 187, 188, 190, 194, 222, 237, 270, 289, 290, 300, 302, 364, 387, 392, 439
RALEIGH (Walter), marin britannique : 20
RAMOLINO (famille), d'Ajaccio : 30, 316, 397, 407, 438, 439, 497
RAMSAY (le chevalier de), écrivain : 15, 25, 299, 412
RAMSDEN (sir John), baronnet de Byram : 68
RANCUREL (Paul-Elzéar, chevalier de) : 322, 323
RATHSAMHAUSEN (Léonore), amie de la Palatine : 164
RAYMOND (Docteur), médecin militaire : 402
RAYNAL (Guillaume), abbé : 439
RÉCAMIER (Mme de) : 490
RÉGENT (le), duc d'Orléans : 151, 416, 488
RENÉ (le roi), de Provence : 33, 34
REPARATO DELLE TERCHINE, Corse : 515
RETZ (maréchal et cardinal de) : *voir* Gondi
REYNOLDS (Joshua), portraitiste anglais : 402, 408, 411
RICHARD II, roi d'Angleterre : 22
RICHARD III, roi d'Angleterre : 22
RICHELIEU (Armand, duc de), maréchal de France : 62, 63, 272
RICHMOND (Charles Lennox, duc de) : 98, 150, 410, 415
RICHTER (Samuel), pasteur : 181, 182, 362
RIENZI (Nicolao), libérateur romain : 411
RIGAUD (Hyacinthe), peintre catalan : 67
RIGNY (M. de), diplomate français : 312
RINCON, agent français : 54
RINESI (famille), de Luri : 123, 127, 287, 466, 482
RIOULT DE CURSAY : *voir* Cursay
RIPPERDA (le duc de), huguenot néerlandais : 162, 164, 165, 169, 170, 171, 206, 330
RISTORI (Gio Batta), Corse : 345, 348, 369
RIVAROL (Antoine de), littérateur : 330
RIVAROLA (famille) : 87, 118, 124, 125, 131, 134, 186, 237, 239, 240, 241, 242, 246, 249, 251, 266, 267, 268, 269, 277, 285, 287, 288, 293, 307, 327, 329, 330, 331, 338, 339, 344, 360, 361, 385, 400, 407, 480
ROBESPIERRE (Maximilien de), révolutionnaire : 26, 70, 299, 384, 435, 436, 439, 446
ROBINSON (sir Thomas), ambassadeur britannique : 148, 149, 153, 165, 171
ROCCA (Giovanni), Paoliste : 264
ROCCA-SERRA (famille) : 338, 418
ROCHAMBEAU (J.-B. Donatien, comte de), maréchal de France : 272, 406
ROCHEMORE-LA-DEVÈZE (de), officier : 462, 465

ROCHFORD (le comte de) : 388, 392
ROCKINGHAM, ministre anglais : 503
ROHAN (famille de) : 90, 154, 161, 166, 396
ROLL (le baron de) : 481
ROLLIN (Charles), historien : 86, 243, 276, 293
ROMBERG (le baron Étienne) : 165, 304
ROMEI (famille), de Corte : 130, 130, 179, 249, 250
ROSARGES (M. de) : 510
ROSEMBERG-ORSINI (le comte), ministre toscan : 386
ROSENKREUZ (Chrétien) : 180, 362
ROSPIGLIOSI (famille) : 44, 50, 55, 415
ROSSI (famille) : 418, 426, 428, 430, 453, 454,457, 466
ROSTIGLIARDI (Vincenzo), peintre romain : 68, 295
ROSTINO (Andrea du), sous-lieutenant : 232
ROUSSEAU (Jean-Jacques), philosophe : 15, 70, 86, 109, 167, 222, 253, 284, 302, 322, 323, 324, 325, 326, 327, 329, 330, 338, 339, 340, 341, 361, 362, 379, 384, 401, 402, 424, 432, 446
ROUX DE CORSE (famille), de Marseille : 236, 262, 296, 297
RULLY (le comte de), colonel : 425, 435, 436
RUPERT (Robert de Bavière, prince), vice-amiral d'Angleterre : 150
RUSPINI (Bartolomeo), dentiste : 402
RUSPOLI (le bali) : 491, 495
RUYTER (Michel de), amiral hollandais : 20
RUZZINI, de Bergame (Mgr), évêque : 126

S

SABIANI (famille), de Zicavo : 293, 321
SADE (Jean-Baptiste-François-Joseph, marquis de), Provençal : 98, 211
SAILLANT (Jean-Philippe, comte de), lieutenant général : 150
SAINT-CLAIR OF ROSLIN (William), général : 339
SAINT-GEORGE (le chevalier de) : *voir* Jacques III Stuart
SAINT-JULIEN, officier : 174, 463
SAINT-JUST (Louis de), conventionnel : 267
SAINT-MARS (M. de), geôlier de Pignerol : 47, 48, 56, 61
SAINT-MARTIN DI FRONT (comte Filippo), ministre sarde : 415, 434
SAINT-MAURICE (le marquis de), ambassadeur de Savoie : 514
SAINT-SIMON (Louis de Rouvroy, duc de), mémoraliste : 29, 48, 97, 119, 152, 153, 157, 162, 518, 523-527, 568
SALICETTI, officier : 132
SALICETTI (Anton Cristofaro), Jacobin : 132, 369
SALICETTI (le R.P.) : 132
SALOMON (le roi) : 183
SALLUSTE, historien latin : 23
SALVADORI(le R.P.), missionnaire : 153, 454
SALVINI (don Gregorio) : 17, 83, 210, 212, 230, 268, 303, 320,
SAMBUCUCCIO, Corse : 175, 176, 177, 182
SAMPIERO CORSO, mercenaire : 4
SANSON NAPOLLON : *voir* Napollon
SANTINI (Mgr), évêque du Nebbio : 421, 423, 431, 481
SANTUCCI (Tomaso), Corse : 133, 268, 269, 272, 274, 276, 277, 283
SARDO (Frère Giorgio), ennemi des Giovannali : 174
SARPI (Fra Paolo), historien vénitien : 15, 176, 233, 276
SARSFIELD (Patrick), beau-père de Neuhoff : 24, 25, 26, 158, 162, 168, 178, 179, 185, 235, 299, 301, 486
SARSFIELD (Lady), baronne de Neuhoff : 24, 162, 163, 185, 330, 490
SASTRES (Francesco) : 413, 490
SAUNDERS (sir Charles), amiral britannique : 328
SAVELLI, capitaine à Rome : 43, 44, 62, 96
SAVELLI (familles) : 252, 253, 278, 344, 471, 484
SAVELLI (Ottavio Nobili-) : 412, 413, 426, 427, 428, 439, 476, 479, 481, 484, 490, 500
SAVOIE (Marianna Giovanna, régente de) : 314
SAVOIE (maison de) : 40, 93, 120, 124, 155, 173, 185, 210, 237, 239, 275, 289, 300, 314, 340, 514, 525
SCHOMBERG (Armand-Frédéric, maréchal duc de) : 29, 59

SCHUYLER (Philipp John), major général américain : 408
SCHMETTAW (le général) : 120
SÉGUIER (Pierre), chancelier de France : 61
SÉGUR (M. de), officier : 375
SEHESTED (Christian) : 358
SEIGNELAY (Jean-Baptiste Colbert, marquis de), ministre : 61, 145
SEIGNEUX DE CORREVON, de Lausanne : 360
SEMIDEI (Giacomo), théologien de Brando : 122
SEMOUR-CONWAY (Henry), auteur : 45
SÉNÈQUE, prisonnier en Corse : 85
SERAO (Francesco), professeur à Naples : 220
SERAVALLE, Corse : 198
SERTORIUS (Quintus), général romain : 182
SERVIAN (Raymond), sculpteur : 502
SETA (famille), de Bastelica : 131, 132, 220, 347
SETON-MONTGOMERY : *voir* Montgomery
SEUTER (Mathias), géographe : 122
SÉVIGNÉ (Marie de Rabutin-Chantal, marquise de) : 50, 51, 52, 56, 59, 60, 98
SHAKESPEARE (William), auteur : 89, 232, 248, 363, 412
SHAW (William), architecte : 160
SHELBURNE (William Petty Fitz-Maurice, comte de), secrétaire d'État : 21, 181, 318, 356, 356, 357, 358, 359, 360
SHERIDAN (Thomas), écrivain : 391, 412
SIEYÈS (Emmanuel-Joseph), abbé : 437
SIGNORIO (Blaise de), vénérable : 305
SILVA (le marquis da) : *voir* Fitz-James
SILVA (la marquise da), sœur de la comtesse d'Albanie : 124, 163, 409
SILVAGNOLI (famille), de Rogliano : 315
SIMONPIETRI D'ORTINOLA (famille), de Centuri : 471
SINGLANDE (le père de), écrivain : 308
SIONVILLE (le chevalier de) : 396, 423, 435, 452
SIRVEN (Pierre-Paul), protestant de Castres : 355
SOBIESKA (Marie-Casimire), épouse Stuart : 339
SOBIESKI (Jean III), roi de Pologne : 409
SOCRATE, philosophe grec : 36, 411
SODERINI, ministre vénitien : 415
SOISSONS (Eugène-Maurice de Savoie-Carignan, comte de), colonel-général des Suisses : 124, 159
SOISSONS (la comtesse Olympe de) : *voir* Mancini
SOLIMAN LE MAGNIFIQUE, sultan : 13, 37, 38, 39, 51, 250, 297
SOLON, législateur athénien : 65, 136, 184, 409, 451
SOPHOCLE, poète grec : 411
SORBA (Patrice-Augustin-Paul-Dominique), ministre génois : 102, 210, 264, 296, 296, 297, 350, 379
SOULAVIE (l'abbé) : 62
SOURCHES (Louis-François du Bouchet, marquis de), dévot : 55
SPAAR (le baron), ambassadeur de Suède : 158
SPEDALIERI (Nicolao), écrivain : 455
SPENCER (Charles), duc de Malborough : 373
SPENCER (Lady), épouse Stanley : 404
SPENS (le capitaine) : 71, 72, 73, 84, 91, 108, 113, 199, 224, 228, 262, 269, 285, 346, 354, 369, 371, 418, 420, 429, 448
SPERANDA (le comte), vice-roi du Pérou : 385
SPINELLI (le cardinal), archevêque de Naples : 235
SPINOLA (famille), de Gênes : 172, 191, 197, 198, 245, 429, 434, 437
STAINVILLE : *voir* Choiseul
STANHOPE, lord Chesterfield, ambassadeur d'Angleterre : 98, 167, 356
STANISLAS, roi de Pologne : *voir* Leczinski
STANLEY (Hans), sujet britannique : 392, 404
STEFANI (le Père Angelo), de Venaco : 309
STEFANINI (Mgr), évêque de Sagone : 309
STEFANOPOLI (Giovanni), médecin : 338
STEFANOPOLI-COMNÈNE (famille), de Grèce : 423, 453
STEIN (le baron de) : *voir* Neuhoff
STOLBERG-GEDERN (les sœurs) : 409, *voir* aussi Albanie (comtesse d') et Fitz-James-Stuart
STOSCH (le baron) : 224, 262
STRABON, géographe grec : 85
STRETTA (famille della), de Morosaglia : *voir* Paoli
STROZZI (famille) : 34

STRUZZIERI (Mgr), visiteur apostolique. : 300, 341, 371
STUART (la maison), d'Écosse : 15, 17, 21, 22, 23, 24, 25, 26, 27, 28, 29, 30, 31, 33, 35, 39, 40, 42, 44, 45, 46, 49, 50, 51, 53, 56, 57, 58, 60, 62, 63, 97, 98, 99, 124, 150, 151, 157, 161, 162, 163, 168, 170, 203, 209, 210, 232, 239, 251, 255, 258, 266, 283, 284, 299, 300, 302, 305, 322, 323, 328, 330, 339, 340, 341, 342, 356, 357, 372, 373, 391, 393, 403, 409, 486, 487, 488, 495. *Voir* aussi Charles Ier, Charles II, Jacques Ier, Jacques II, etc.
STUART (Francis), maçon : 22, 124, 259, 322, 342, 362, 410, 417, 432
STUART (Henri-Clément-Benoît), cardinal d'York : 30, 467, 475, 477
STUART-MOUNTSTUART (John), marquis de Bute, agent britannique : 318, 356, 357, 360, 373, 391, 461, 465, 487, 494
STUART-MACKENSIE, ambassadeur anglais : 356
SUCKLING, cousin de Nelson : 328
SUIN (Guillaume), maître d'anglais : 232
SULLY, ministre français : 183
SUSINI, Corse : 198
SWIFT (Jonathan), écrivain : 84
SYMONDS (John), professeur à Cambridge : 22, 86, 87, 295, 315, 342

T

TACITE, historien latin : 15, 23, 66, 83, 84, 85, 86, 124, 136, 142, 147, 177, 243, 276, 386
TADDEI (Marco), de Pero : 140
TALBOT (Richard), comte de Tyrconnell : 25
TALLEYRAND (Charles-Maurice de), évêque d'Autun : 437, 441, 442
TANCRÈDE (le chevalier) : 373
TANUCCI, ministre de Naples : 219, 263, 361
TASSONI (Alexandre), poète de Modène : 271, 411
TAVANTI (Angelo), ministre de Toscane : 342
TAVERA (Tomaso), de Bastelica : 438, 473
TÉLÉMAQUE, fils d'Ulysse : 87
TEMPLIERS (les) : 37, 160, 175, 182, 228, 255
TENCIN (le cardinal de) : 304
TENDUCCI (Giusto Ferdinando), castrat : 414
TERAMI (famille), de Rogliano : 128, 286, 287, 312, 315, 343
TESSONI (le comte), sous-lieutenant : 368
THÉMISTOCLE, général athénien : 65, 87, 386, 395, 464
THÉOCRITE, poète grec : 411
THÉODORE Ier, roi des Corses : *voir* Neuhoff
THERMES (le maréchal de) : 79
THÉVENARD (amiral) : 463
THUCYDIDE, historien grec : 86
THURN UND TAXIS (prince Carl Anselme) : 122, 387
TIBERI (Imperiale), officier : 199
TIMOLÉON, Grec de Corinthe : 66, 409
TISSOT (Simon-André), médecin parisien : 326
TITE-LIVE, historien latin : 85, 86, 217, 218, 293
TITUS, fils de Vespasien : 84
TOMASI (famille), de Pino : 287
TORRE (le R.P. Gio), de Vallerustie : 123
TORRE (Francesco), de Tomino : 316
TORRIGIANI (le cardinal) : 305, 371
TOSCANE (Jean-Gaston), grand-duc de : 93, 119, 121, 134, 152, 170, 171, 185, 188, 208, 229, 230, 231, 232, 237, 238, 240, 274, 275, 300, 317, 333, 339, 342, 356, 360, 377
TOSCANE (Pierre-Léopold), grand-duc de : 386, 396, 400, 404, 405, 406, 407, 426, 456, 482, 483, 487, 495, 496, 498
TOTTI (le marquis) : 415
TOURVILLE (Anne-Hilarion de Costentin, comte de) : 26
TRAPASSI (Pietro Bonaventura), dit Métastase : *voir* MÉTASTASE
TRECOTHICK (Barlow), alderman : 362
TRENCHARD (John), journaliste : 23, 84, 293, 517
TRÉVOUX (comte du) : *voir* DU TRÉVOUX
TRIKEL (miss), chanteuse : 490
TRUGUET (famille), de Toulon : 246, 462, 463, 464, 465, 469
TUDOR (Marie) : 25, 28, 31, 209
TULLY DE QUERCIOLI (famille), de Rogliano : 286

U

UDNY (M.), ami de Paoli : 492
ULPIEN, jurisconsulte : 271
ULYSSE, roi d'Ithaque : 300, 384
UNDY (John), consul d'Angleterre à Livourne : 407
URBAIN V, pape : 174
URSINS (La princesse des), camera major : 96, 97, 163, 214

V

VACHER (frère Arnaud), maçon : 254
VALCROISSANT : *voir* Marmet de Valcroissant
VALEMBERG, consul de Hollande : 213
VALENTINI (famille), de Pastoreccia : 71, 72, 74, 75, 172, 228, 258, 279, 282, 284, 304
VALENTINI (le R.P. Anton Leonardo), universitaire : 309, 316, 344, 445, 446
VALOIS (les) : 18, 52, 62, 70, 296, 309
VALPERGA DI CALUSO (Tommaso), poète : 66
VAN DYCK, peintre : 215
VARÈSE (abbé Aurèle) : 398
VARÈSE (Mme de), née Cecconi, maîtresse de Marbeuf : 419
VARGEMONT (M. de), officier : 368, 375
VARRON, savant : 191
VASCO, idéologue : 253, 326
VAUBAN (Sébastien, Le Prestre, marquis de), maréchal de France : 55, 59, 183, 251
VAUBOIS (général) : 485
VAUDOIS (les) : 13, 37, 113
VAUGHAN (Edward), maçon à Londres : 394
VAUGHAN (Samuel), marchand des Antilles : 182, 362, 393
VAUGHAN (Thomas), alchimiste : 182, 362, 394
VAUROY (Alexandre), capitaine : 56
VAUX (Noël de Jourda, comte de), maréchal de France : 32, 60, 371, 374, 375, 378, 397
VENDÔME (César de Bourbon, duc de), gouverneur de Provence : 51
VENDÔME (Françoise de Lorraine, duchesse de) : 57
VENDÔME (le chevalier de), fils de Mercœur : 56, 57
VENEROSO (Geronimo), gouverneur génois : 78, 100, 103, 191
VENIERIO *alias* VENIERI (famille), de Venise : 51
VENTURINI (le président Ignazio), abbé : 238, 250, 273, 274, 279, 283, 284, 285
VERCLOS (Mgr de), évêque de Mariana : 454
VERGENNES (Charles Gravier, comte de), ministre des Affaires étrangères : 20, 262
VERMANDOIS (le comte de), Amiral de France : 57, 153, 462
VERRI (Pietro) : 307, 326, 360
VIDEAU (M.), juge à Sartène : 476
VIGNE, Piémontais : 36, 77, 88, 133, 141, 190, 191, 219, 295, 341, 444, 450
VILLARS (Claude, maréchal duc de) : 59, 98, 150, 156, 209
VILLEGAGNON (le chevalier de), amiral de Bretagne : 355
VILLEMUR, colonel français : 212, 225
VILLENEUVE (Jean-Alexandre de), des comtes de Vence : 211
VINCENTI (Orso Paolo) : 401, 406, 407
VINCES, colonel : 113, 114
VINCIGUERRA (famille), de Bastia : 41, 198, 199
VINCIGUERRA, de Pastoreccia : 253, 258, 297, 356
VINDISGRAS (M. de) : 59, 124
VIOMENIL (le baron de), officier : 375, 377
VIRGILE, poète latin : 15, 66, 83, 84, 85, 86, 87, 122, 136, 147, 176, 177, 234, 243, 265, 276, 386, 387
VITALI (Giorgio Maria), corsaire cap corsin : 50, 124
VITTINI (docteur Antonio), parrain de Paoli : 75, 76, 76, 77, 94, 107, 115, 117, 133, 135, 138, 143, 197
VITTINI (Bartolomeo), frappeur de monnaies : 198, 201
VIVALDI (Gio Pietro), gouverneur de Corse : 95
VIVALDI (Laura), épouse Pallavicini : 518
VIVALDI (famille), de Rogliano : 119, 308
VIVONNE (Louis-Victor de Rochechouart-Mortemart, duc de), maréchal de France : 53, 55, 56, 57

VOLNEY, secrétaire de l'Assemblée nationale : 426, 452, 458
VOLTAIRE, philosophe : 36, 48, 61, 75, 89, 90, 125, 135, 136, 138, 183, 185, 219, 222, 250, 262, 265, 267, 278, 298, 329, 338, 354, 355, 356, 360, 360, 361, 368, 371, 377, 378, 389, 402, 446, 502

W-X

WACHTENDUNG (le baron César de), colonel : 120, 121
WALDECK (le prince de) : 120
WALDEGRAVE (le comte James de), duc de Richmond : *voir* Fitz-James
WALDEK (le comte de) : 154
WALDENSTEIN, officier : 113
WALPOLE (lord Horace) : 23, 87, 231, 248, 289, 290, 328, 340, 362, 393, 395, 474
WALPOLE (Robert), chancelier de l'Échiquier : 475
WASHINGTON (Georges), président des USA : 68, 70, 272, 362, 383, 395, 401, 403
WAYNE (Antony), général américain : 383, 403
WENDT, écuyer de la Palatine : 164
WESLEY (John), maçon : 65, 392, 399, 401
WEST, amiral britannique : 262
WEYMOUTH (Lord) : 360, 386
WILKES (John), député britannique : 156, 364, 377, 392, 393, 408, 417, 433, 475, 482, 490
WILLISON (George), portraitiste écossais : 358
WILSON (Docteur), médecin britannique : 21
WITEFORD (Caleb) : 491
WOOD (Charles), capitaine britannique : 377, 380
WRÈDE-SPARRE (le comte), maçon suédois : 358
WRIGHT (Lady) : 483
WURTEMBERG (maison de) : 114, 120, 121, 122, 154, 158, 169, 180, 188, 247, 290, 300, 377

Y

YARMOUTH (Lady), nièce de Mme de Neuhoff : 231, 247
YORK (Sir), ambassadeur : 388
YORK (Mgr Henri-Benoît-Clément Stuart, cardinal d') : 26, 30, 31, 299, 417, 432, 467
YORK (le duc d') : *voir* Jacques II Stuart
YOUNG (Arthur), agronome anglais : 67, 83, 193, 302, 342
YOUNG (Lady), concertiste : 414

Z

ZAMPAGLINO, berger : *voir* Bonnelli
ZERBI (abbé de) : 13, 38, 47, 62, 174, 197, 243, 253, 254, 255, 258, 266, 273, 287, 288, 319, 264
ZERBI (Domenico) : 243
ZEVACO, hérétique : 175, 194
ZOFFANI (Jean), peintre allemand : 403

INDEX DES NOMS DE LIEUX

A

ABERDEEN : 36, 161, 413
AÏTONE (forêt d') : 355
AIX-EN-PROVENCE : 56, 148, 328, 380, 438, 444
AIX-LA-CHAPELLE : 247, 354, 388
AJACCIO : 4, 13, 15, 21, 28, 32, 38, 39, 43, 44, 49, 62, 66, 67, 76, 79, 96, 100, 101, 102, 103, 105, 106, 118, 126, 131, 141, 148, 191, 192, 197, 200, 204, 225, 228, 231, 240, 248, 268, 282, 285, 292, 293, 305, 306, 308, 313, 314, 315, 317, 319, 322, 324, 328, 332, 337, 338, 343, 348, 350, 364, 366, 371, 378, 380, 397, 399, 405, 406, 418, 419, 421, 423, 424, 425, 430, 434, 438, 441, 444, 453, 455, 456, 457, 458, 460, 462, 463, 465, 466, 469, 471, 472, 473, 479, 481, 484, 487, 497
ALEP : 42, 47, 52, 297
ALÉRIA : 25, 29, 30, 35, 66, 78, 82, 109, 144, 171, 173, 178, 179, 180, 186, 190, 191, 192, 210, 211, 225, 241, 248, 261, 263, 268, 273, 276, 284, 285, 286, 304, 313, 330, 422, 423, 450, 454, 477, 481
ALGAJOLA : 319, 324, 343
ALÉSANI : 273
ALGER : 14, 30, 35, 37, 96, 169, 170, 186, 188, 297, 300, 316
ALSACE (l') : 115, 153, 166, 358
AMÉRIQUE (l') : 15, 18, 68, 166, 182, 260, 268, 272, 314, 341, 359, 363, 396, 401, 402, 405, 406, 407, 408, 414, 416, 426, 456, 475
AMIENS : 492
AMSTERDAM : 14, 122, 146, 165, 173, 188, 199, 202, 210, 211, 212, 233, 236, 247, 303, 306, 311, 387, 389,
ANGLETERRE (l') : 4, 11, 12, 17, 20, 21, 24, 27, 28, 29, 30, 31, 40, 42, 51, 60, 63, 69, 70, 98, 122, 147, 148, 150, 151, 157, 158, 161, 162, 164, 167, 181, 184, 187, 192, 193, 203, 210, 231, 232,236, 237, 240, 242, 251, 255, 261, 262, 263, 266, 274, 287, 289, 290, 296, 297,302, 304, 317, 320, 330, 334, 337, 339, 340, 341, 354, 356, 357, 360, 363, 377, 381, 384, 386, 389, 390, 391, 394, 395, 396, 400, 402, 414, 417, 425, 427, 431, 433, 446, 456, 464, 466, 468, 472, 474, 480, 481, 486, 487, 491, 498, 500
APT : 57, 58, 70, 79, 368, 425, 445
ARCHIPEL GREC (l') :
ARNHEIM : 158
ARRAS : 58
ARTOIS (l') : 49
ASIE (l') : 184
ATHÈNES : 36, 86, 216, 253
AUBENAS : 102, 297, 425
AUBIGNY-SUR-NÈZE : 99
AUGSBOURG : 61, 122, 152, 188, 387
AUTRICHE (l') : 154, 156, 385, 461
AVIGNON : 170, 251, 301, 304, 438

B

BAGNAJA : 430, 434
BAGNOLS-SUR-CÈZE : 45, 162, 425
BALAGNE (la) : 133, 213,
BANYULS : 49

BARBAGGIO : 327, 360, 368, 374, 406, 474
BARCELONE : 18, 20, 41, 96, 99, 143, 146, 161, 166, 167, 168, 169, 171, 178, 200, 206,263, 306
BASTELICA : 23, 43, 70, 107, 113, 131, 220, 331, 380, 473
BASTIA : 13, 14, 15, 19, 24, 28, 31, 32, 33, 38, 39, 41, 43, 49, 50, 66, 71, 72, 73, 75, 77, 81, 84, 87, 95, 103, 104, 108, 116, 119, 120, 121, 122, 123, 124, 125, 131, 134, 142, 156, 158, 186, 197, 198 ; 200, 201, 202, 203, 208, 209, 212, 228, 237, 239, 241, 242, 244, 246, 248, 250, 254, 259, 264, 265, 268, 272, 275, 282, 283, 284, 285, 286, 291, 305, 306, 307, 312, 318, 319, 324, 327, 332, 334, 337, 343, 345, 348,349, 350, 364, 366, 367, 368, 369, 370, 371, 372, 374, 375, 378, 379, 396, 397, 398, 399, 402, 405, 419, 420, 421, 422, 425, 426, 429, 430, 431, 435, 436, 443, 444, 451, 452, 453, 454, 455, 457, 459, 463, 464, 467, 470, 472, 474, 475, 477, 478, 479, 485, 488, 495
BASTION DE FRANCE (le) : 34
BATAVIA : 303
BATH : 22, 41, 89, 97, 221, 233, 381, 392, 407, 410, 411, 413, 474, 481, 482, 483, 484, 495
BAVIÈRE (la) : 97, 119, 149, 151, 152, 153, 154, 155, 159, 164, 169, 229, 300
BÉARN (le) : 442
BELGIQUE (la) : 385
BELGODÈRE : 442
BELGRADE : 17, 115, 146, 155, 159, 177, 340
BELLE-ISLE : 48, 55, 56, 247, 298
BIGUGLIA : 104, 107, 369, 418
BIRMINGHAM : 393
BLACKHEATH : 481
BOCOGNANO : 66, 81, 192, 337, 348, 375, 380
BOLOGNE : 28, 44, 211, 308, 386, 480
BONIFACIO : 13, 15, 28, 38, 39, 66, 96, 106, 131, 174, 200, 268, 306, 319, 343, 348, 350, 352, 378, 464, 481
BONN-SUR-LE-RHIN : 210
BORDEAUX : 4, 36, 98, 306
BORGO : 32, 106, 117, 140, 212, 220, 225, 249, 365, 367, 370, 370, 371, 372, 374, 376
BOSTON : 339, 363, 385, 403, 405
BOUCHEPORN : 33, 397
BOUCHES-DU-RHÔNE (les) : 463
BOUCHET-VALGRAND : 505
BOULOGNE-SUR-MER : 27, 147
BOZZIO (le) : 95, 99, 100, 227, 291
BRANDO : 103, 108, 122, 197, 315, 338
BRESCIA : 62, 127, 129, 168, 169, 171, 227, 228, 229, 291, 292, 321
BREST : 262, 310, 461, 462, 463
BRETAGNE (la) : 161, 166, 292, 301, 322, 442, 455
BRIENNE : 176, 232, 398, 419, 421
BRINDISI : 66, 232, 234, 243, 266
BRISTOL : 22, 342, 407, 413, 491
BRUNSWICK : 326
BUCKINGHAM : 50, 490

C

CACCIA : 198
CADIX : 18, 41, 124, 127, 169
CAGLIARI : 463, 464
CAGNANO : 103
CALAIS : 21, 28, 29, 33, 34, 49, 166, 357
CALENZANA : 43, 114, 202, 208, 286, 453
CALVI : 13, 15, 20, 38, 40, 49, 53, 96, 131, 192, 200, 212, 268, 282, 287, 306, 309, 319, 324, 348, 350, 352, 378, 419, 430, 437, 456, 469, 472, 473, 477, 481
CAMBRIDGE : 87, 223, 295, 340
CAMPOLORO : 122, 139, 140, 191, 197, 273, 307, 309, 334, 539, 579, 581, 583, 584, 618
CANADA (le) : 15, 296, 297, 318, 354
CANARI : 103, 331
CANDIE : 13, 18, 41, 48, 49, 50, 51, 52, 53, 54, 55, 5657, 60, 61, 101, 105, 115, 124, 16, 127, 128, 131, 154, 158, 160, 175, 297, 314, 318, 349, 368, 378, 415
CANTERBURY : 390
CAP CORSE (le) : 4, 34, 36, 66,85, 87, 103, 127, 128, 159, 192, 218, 241, 251, 252, 282, 286, 294, 295, 311, 312, 315, 317, 332, 334, 345, 348, 366, 374, 430, 474

CAPRAIA ou CAPRAJA : 103, 111, 213, 259, 345, 348, 349, 351, 352, 364, 369, 371, 470, 495
CAP SICIÉ : 236
CARDONE : 96, 97, 108, 123, 131, 147, 160, 163, 168, 195, 301
CARTHAGE : 87
CARTHAGÈNE : 165
CASABIANCA : 132, 140, 197, 203, 264, 271, 374, 463, 472, 485
CASABIANDA : 191
CASACCONI : 133, 485
CASINCA : 106
CASTAGNICCIA : 95, 101, 261
CASTIFAO : *voir* Multifao
CASTINETA : 81, 83, 132
CATEAU-CAMBRÉSIS : 28, 34, 49
CAURO : 12, 40, 329, 337
CENTURI : 35, 41, 42, 47, 53, 96, 119, 127, 236, 244, 248, 254, 255, 258, 264, 286, 287, 294, 312, 313, 315, 322, 323, 324, 330, 331, 343, 345, 346, 347, 348, 361, 367, 403, 415, 421, 424, 471
CERVIONI : 378
CHANTELOUP : 401
CHELTENHAM : 21, 31, 226, 234, 411, 414, 417
CHERCHELL : 51, 60
CHESAPEAKE (la) : 407
CHIURLINO (étang de) : 197
CHYPRE (île de) : 38, 159, 255
CLÈVES : 149, 300
CLIFFTON : 21
COASINA : 191, 198
COLCHESTER : 390
COLLIOURE : 49
COLOGNE : 54, 122, 149, 150, 159, 161, 189, 194, 203, 206, 211, 225, 229, 247, 300, 303
CONSTANTINOPLE : 37, 165, 166, 169, 178
CORFOU : 158, 482
CORSICA (USA) : 122, 211, 233 ; 290 ; 339, 383, 395
CORSICANA (Texas) : 383
CORTE : 11, 18, 21, 22-24, 30, 32, 36, 40-43, 46, 58, 59, 62, 63, 66, 83, 86-89, 108, 115, 122, 126, 130, 133, 134, 142, 146, 147, 154, 157, 162, 168, 179, 181, 182, 190, 192, 193, 196, 197, 202, 214, 223, 232, 240, 242, 248, 249, 250, 252, 253, 258, 269, 270, 273, 277, 278, 279, 282, 284, 295, 297-299, 303, 305, 307-311, 313, 316, 318, 320-323, 327, 328, 331, 332, 337, 338, 342, 344, 346, 355-357, 359, 360, 366-369, 373-375, 377, 378, 384, 391, 393, 396, 399, 407, 412, 419, 422, 433, 438, 444, 451, 455-460, 468-473, 476, 477, 480, 486, 490, 494, 500, 501, 503, 520-522, 532, 541, 546, 559, 568, 573, 576, 579-582, 588, 591, 592
CRAMPOUND (Cornouailles) : 491
CRÉMONE : 105, 127, 168, 227, 228
CULLODEN : 23, 31, 163, 203, 239, 246, 251, 299, 339,357, 403, 409
CUTTOLI : 313, 337

D

DAUPHINÉ (le) : 40, 57, 425, 442
DEUX-SICILES (les) : 129, 171, 185, 204, 206, 208, 213, 220, 239, 300, 361
DRESDE : 210
DUBLIN : 25, 26, 84, 157, 162, 163, 487
DUNES : 59
DUNKERQUE : 18, 21, 42, 43, 44, 45, 46, 49, 52, 53, 54, 55, 56, 59, 60, 62, 124, 128, 131, 145, 148, 154, 161, 166, 184, 210, 211, 229, 243, 311, 378, 474
DURANCE : 442

E

ÉCHELLES DU LEVANT : 165, 306
EDGEWARE ROAD : 482, 501
ÉDIMBOURG : 21
ELBE (île d') : 67, 134, 261, 315, 373, 470, 484, 487
ERBALUNGA : 279, 345, 348, 368
ESCURIAL (l') : 96, 165
ESPAGNE (l') : 20, 28, 37, 40, 41, 42, 46, 53, 54, 63, 90, 93, 96, 97, 99, 101, 108, 109, 111, 122, 123, 124, 127, 129, 130, 131, 134, 136, 141, 143, 144, 147, 148, 151, 152, 156, 157, 158, 160, 161, 162, 163, 164, 165, 166, 167, 168, 169, 170, 171, 180, 184, 187, 188, 192, 195, 197, 202, 207, 209, 213, 214, 225, 226, 228, 230, 232, 237, 240, 246, 249, 255,

266, 275, 289, 297, 299, 301, 303, 309, 310, 323, 330, 333, 334, 349, 371, 385, 394, 396, 414, 466, 481
EXILLES : 61

F

FAMAGOUSTE : 18, 38, 43, 56, 62, 159
FANO (tour du) : 143
FARINOLE : 315, 368
FALKIRK (forges de) : 23, 378
FÈS : 21
FERNEY : 329
FINALE (marquisat de) : 237
FLORENCE : 26, 36, 112, 116, 121, 123, 125, 152, 170, 171, 191, 203, 208, 210, 215, 216, 231, 247, 287, 289, 299, 329, 333, 385, 395, 408, 409, 415, 417, 432, 468, 480
FONTAINEBLEAU : 37, 160, 324, 474
FONTENOY : 354, 360
FORCALQUIER : 57, 97, 98, 112, 184, 233
FORNELLI (tour de) : 369
FORT LA MALGUE (Toulon) : 423
FRANCFORT-SUR-LE-MAIN : 387
FRASSO (comté de) : 423
FRITZLAR (poste de) : 367
FURIANI : 317, 334, 348, 369, 474
FURNES : 53, 210, 211

G

GALLIPOLI : 11, 224, 232, 234, 236, 243, 404, 562
GÊNES : 12, 13, 15, 18, 19, 20, 26, 27, 28, 38, 41, 46, 49, 50, 53, 56, 58, 61, 62, 63, 71, 72, 76, 77, 78, 80, 81, 82, 83, 85, 90, 91, 94, 95, 97, 99, 100, 101, 102, 103, 104, 105, 106, 107, 108, 109, 110, 111, 112, 113, 114, 115, 116, 122, 123, 125, 127, 129, 131, 132, 134, 137, 138, 140, 141, 142, 144, 154, 156, 161, 166, 167, 172, 179, 185, 186, 188, 191, 192, 193, 194, 197, 199, 202, 204, 206, 208, 209, 210, 212, 215, 216, 219, 225, 232, 237, 238, 239, 240, 241, 242, 246, 247, 248, 250, 251, 252, 253, 255, 261, 264, 266, 267, 268, 272, 273, 274, 275, 276, 277, 279, 285, 287, 291, 292, 293, 294, 296, 299, 301, 305, 306, 312, 313, 314, 318, 319, 320, 324, 325, 327, 338, 343, 344, 345, 348, 349, 350, 352, 353, 357, 364, 366, 367, 368, 369, 371, 375, 384, 385, 388, 396, 421, 423, 426, 427, 428, 429, 437, 450, 453, 468, 473, 474, 485
GENÈVE : 52, 55, 217, 384, 385, 432
GIBRALTAR : 15, 20, 93, 184, 260, 262, 296, 317, 328, 355, 371, 396, 407, 456, 474, 487
GIGERY : 51
GLASGOW : 329, 339
GLOUCESTER : 392
GOLO (le) : 71, 110, 277, 376, 377, 472, 484, 500, 501
GRÈCE (la) : 36
GRESHAM : 391
GUADELOUPE (la) : 20, 297, 298, 475
GUILDEHALL : 391

H

HANNAU-SUR-LE-MAIN : 387
HANOVRE (le) : 31, 99, 151, 157, 284, 322, 377, 392, 431, 432, 480
HARLEM : 387
HARWICH : 390
HIGHLANDS (les) : 23, 419
HOLLANDE (la) : 45, 48, 52, 164, 184, 206, 211, 212, 213, 235, 236, 289, 302, 303, 306, 317, 329, 336, 354, 363, 364, 388, 394, 402, 435
HOLSTEIN (le) : 158
HONGRIE (la) : 102, 115, 156, 158, 159, 171, 230, 231, 289, 307
HYDE PARK : 411

I

ILE-ROUSSE : 38, 40, 47, 86, 89, 144, 147, 165, 183, 189, 211, 229, 242, 259, 274, 310, 311, 315, 344, 345, 346, 347, 356, 3588, 371, 378, 384, 442, 457, 472
INDES (les) : 43, 96, 130, 166, 189, 306, 330, 389, 412
INGATESTONE (auberge d') : 390
IRLANDE : 22, 25, 26, 65, 110, 157, 163, 188, 232, 299, 301, 302, 342, 363, 372, 373, 473, 475, 476, 486, 487, 495

Italie (l') : 98, 99, 104, 120, 167, 180, 184, 210, 221, 251, 298, 316, 329, 333, 337, 361, 388, 391, 397, 399, 406, 426, 454, 455, 456, 459, 473, 484, 499

Ithaque : 87, 300, 384

J

Jamaïque (la) : 20, 409, 475

Juliers (la principauté de) : 300

Jura (le) : 442

K

Kincardine (le comté de) : 284

L

Labrador (le) : 341, 343

La Castellana : 143

La Flèche (école militaire de) : 419

La Garde (Toulon) : 15, 28, 52, 209

Lago Benedetto : 300, 301

La Haye : 47, 68, 98, 146, 158, 161, 166, 167, 182, 188, 210, 211, 235, 247, 356, 387, 388, 394, 435

La Malgue : *voir* Fort

La Meloria : 274

La Mortella (tour de) : 369, 474

La Padulella (tour de) : 76, 114, 130, 143, 200, 203, 213, 251, 274

La Porta d'Ampugnani : 75, 76, 201, 456, 457, 516, 521, 579

La Porte : 53, 124, 147, 165, 170, 190, 232, 239

La Rochelle : 34, 55, 172, 297, 306, 311

La Spezzia : 462

La Stretta : 65, 69, 70, 72, 79, 80, 91, 118, 228, 259, 485, 494, 495

Leipzig : 311

Lépante : 13, 18, 38, 39, 40, 41, 42, 47, 48, 50, 51, 52, 56, 61, 99, 104, 115, 127, 141, 159, 175, 201

Lérins (les îles de) : 47, 48, 60, 61

Leyde : 163, 326, 362, 387, 389, 396, 474

Limerick : 26, 26, 235, 262

Lisbonne : 4, 211, 231, 234, 302, 306, 358, 413

Livourne : 14, 18, 21, 33, 35, 37, 41, 76, 80, 89, 95, 99, 111, 113, 114, 123, 124, 127, 129, 130, 131, 132, 133, 134, 146, 147, 159, 168, 169, 171, 178, 179, 189, 192, 204, 206, 207, 208, 225, 231, 237, 239, 241, 248, 256, 259, 262, 277, 279, 284, 286, 287, 288, 303, 306, 308, 314, 315, 319, 327, 329, 330, 331, 332, 334, 335, 342, 343, 344, 349, 358, 359, 360, 372, 378, 385, 386, 389, 390, 394, 395, 405, 406, 407, 425, 445, 466, 480, 487, 488, 495, 496

Loges maconniques : 14, 22, 40, 62, 68, 290, 319, 431

Longone : 245, 252, 253, 255, 256, 261, 278, 315

Lorraine (la) : 13, 18, 19, 27, 28, 29, 32, 33, 34, 35, 39, 40, 57, 58, 59, 62, 63, 65, 93, 94, 98, 104, 111, 112, 127, 146, 150, 152, 166, 167, 170, 171, 178, 185, 188, 195, 202, 203, 206, 207, 208, 210, 229, 230, 231, 232, 238, 246, 266, 274, 275, 277, 319, 354, 356, 370, 372, 375, 380, 388, 397, 398, 465

Lota : 103, 315, 355, 451

Louisbourg : 297, 298

Luca : 25, 26, 162, 211, 213, 326

Lucciana : 111, 212

Lucques : 78, 210, 211, 308

Luggo di Nazza : 276

Lunéville : 94, 116, 166, 188, 319

Luri : 41, 85, 123, 127, 128, 287, 312, 317, 396

Lyon : 40, 42, 43, 47, 338, 408, 438, 496, 497, 498, 499

M

Macinaggio : 286, 312, 313, 331, 342, 343, 348, 441, 442, 442, 443, 469

Madrid : 13, 15, 19, 24, 30, 41, 50, 51, 60, 61, 90, 93, 96, 97, 99, 100, 105, 111, 112, 115, 116, 123, 124, 138, 140, 146, 152, 160, 161, 166, 167, 170, 180, 205, 206, 209, 229, 237, 246, 250, 293, 301, 306, 309, 330

Maghreb : 34, 41, 165, 166, 178, 355, 432

MAIN (le) : 387
MAJORQUE : 300
MALOUINES (les) : 20, 394
MALTE (île de) : 13, 15, 18, 20, 30, 33, 38, 39, 41, 42, 46, 49, 50, 51, 55, 57, 61, 61, 63, 115, 159, 164, 174, 204, 205, 246, 251, 253, 254, 255, 256, 258, 264, 275,312, 314, 322, 349, 415
MANCHE (la) : 21, 29, 33, 98, 111, 190, 278, 299, 362, 407, 409, 428, 432, 438, 487, 496
MANTOUE : 11, 15, 65, 66, 386, 435
MARIANA (évêché de) : 67, 73, 108, 253, 263, 309, 423, 454
MARIANA (colonie de) : 313
MARIENTHALL : 387
MAROC (le) : 165, 180, 297
MARSEILLE : 13, 18, 21, 26, 27, 28, 34, 37, 38, 39, 40, 41, 42, 47, 50, 51, 53, 54, 57, 59, 62, 131, 157, 161, 166, 184, 203, 210, 234, 236, 251, 262, 286, 296, 297, 306, 307, 361, 380, 399, 425, 438, 460, 463, 466, 470, 471, 473, 474, 497
MARTINIQUE : 20, 297, 298, 418, 275
MATRA : 14, 15, 20, 69, 78, 81, 82, 118, 131, 136, 139, 158, 159, 177, 178, 179, 180, 184, 188, 191, 192, 194, 238, 239, 240, 241, 242, 248, 249, 251, 263, 267, 268, 269, 271, 272, 273, 274, 275, 276, 277, 279, 283, 284, 285, 286, 288, 291, 294, 301, 302, 305, 318, 320, 325, 347, 348, 364, 401, 406, 443, 449, 457
MAYENCE : 189, 300
MÉDITERRANÉE (la) : 4, 13, 14, 15, 18, 20, 21, 34, 45, 47, 48, 49, 51, 52, 55, 61, 62, 63, 66, 77, 85, 87, 93, 115, 165, 166, 168, 169, 189, 208, 214, 225, 234, 248, 251, 254, 263, 280, 286, 288, 289, 306, 313, 328, 341, 355, 359, 360, 372, 394, 395, 396, 400, 401, 407, 417, 461, 468, 470, 471
METZ : 31, 32, 33, 34, 35, 41, 47, 50, 54, 63, 93, 147, 148, 149, 150, 152, 156, 160, 178, 188, 234, 247, 319, 372, 397, 398, 402, 402, 404, 412, 418, 419, 424, 467
MEUDON : 442
MÉZIÈRES : 323, 324, 467
MIDDLESEX (comté du) : 390
MIGLIACCIARO (domaine du) : 198
MILAN : 28, 105, 117, 120, 124, 216, 307
MILANAIS (le) : 94, 111, 120, 326
MINORQUE (île de) : 15, 20, 62, 93, 263, 272, 278, 288, 289, 290, 296, 298, 318, 328, 355, 357, 371, 396, 399, 400, 487
MINTO : 474
MODÈNE (duché de) : 217, 300
MOISSAC (baronnie de) : 53, 54
MONTARGIS : 467
MONT DES OLIVIERS : 88
MONTE-CHRISTO : 60
MONTE-PULCIANO : 377
MONTFERRAT (oratoire de) : 96
MONTICELLO (Balagne) : 383, 457, 458, 473, 476
MONTICELLO (USA) : 382
MONTMARTRE : 24, 162, 442
MONTRÉAL : 298, 356
MONSERRATO (fort de) : 120
MONT-VALÉRIEN : 442
MORÉE (la) : 55, 158, 189
MORIANI : 39, 76, 106, 115, 132, 136, 139, 140, 141, 142, 168, 197, 249, 267, 269, 479, 485
MOROSAGLIA : 11, 17, 27, 31, 36, 37, 41, 46, 50, 58, 65, 66, 68, 69, 70, 71, 72, 73, 75, 76, 77, 79, 80, 81, 83, 86, 87, 88, 89, 91, 92, 104, 109, 117, 118, 119, 128, 132, 133, 174, 177, 213, 214, 215, 220, 228, 252, 256, 259, 267, 274, 277, 283, 285, 288, 300, 342, 345, 377, 406, 422, 433, 445, 446, 455, 457, 473, 475, 500, 501, 502
MORSIGLIA : 119, 127, 264, 287, 315, 330, 331, 343, 385, 472
MOSCOU : 148, 163, 310
MULTIFAO : 27, 31, 373, 486, 487
MUNICH : 386
MUNIGLIA (domaine de) : 197
MUNSTER : 523, 524
MURATO : 109, 311, 331, 348, 357, 369, 375, 406, 473, 474
MURO : 96, 113, 244

N

NANCY : 32, 33, 35, 208, 231, 319, 359, 361, 372
NANTES : 29, 51, 60, 161, 234, 306, 466, 490

NAPLES : 11, 12, 20, 21, 24, 27, 28, 32, 34, 47, 66, 67, 70, 74, 80, 85, 88, 91, 92, 93, 94, 106, 122, 129, 143, 145, 146, 163, 167, 170, 171, 172, 185, 201, 204, 206, 207, 208, 209, 210, 211, 212, 213, 214, 215, 217, 218, 219, 220, 221, 223, 224, 225, 227, 228, 229, 230, 231, 232, 233, 234, 235, 236, 237, 239, 241, 243, 245, 246, 247, 249, 251, 253, 255, 256, 257, 259, 261, 271, 273, 275, 276, 278, 279, 288, 293, 298, 299, 300, 301, 302, 303, 306, 307, 308, 309, 310, 312, 320, 321, 325, 392, 400, 404, 462, 467, 475, 480, 485, 491, 492, 493, 494, 495, 499, 500
NEUCHÂTEL (Suisse) : 322, 325
NONZA (tour de) : 359, 368
NORDLINGEN : 387
NORFOLK : 475
NORVILLE (château de la) : 314
NOTRE-DAME-DE-PARIS : 505
NUREMBERG : 122

O

OCÉAN INDIEN (l') : 367, 407
OLD BOND STREET : 390
OLETTA : 303, 331, 367, 369, 371, 374, 375, 378, 451
OLMETA DI TUDA : 23
ONEGLIA (le port d') : 462
ORAN : 160, 169, 323
OREZZA : 43, 79, 104, 109, 115, 120, 121, 124, 128, 129, 133, 134, 135, 167, 195, 198, 201, 226, 238, 273, 338, 381, 448, 451, 477, 485
OXFORD STREET : 411, 477

P

PALASCA : 533
PALERME : 95, 148, 178, 234, 364
PAOLI'S CITIES (USA) : 11, 383, 403
PARC AUX CERFS (le) : 355
PARIS : 4, 12, 25, 29, 32, 49, 50, 68, 70, 81, 98, 104, 148, 150, 153, 156, 157, 158, 160, 161, 162, 164, 165, 166, 182, 209, 210, 211, 213, 218, 219, 296, 299, 311, 317, 319, 326, 328, 342, 353, 354, 356, 363, 375, 381, 384, 387, 402, 403, 409, 410, 412, 415, 416, 418, 421, 424, 425, 426, 427, 429, 430, 431, 432, 433, 434, 435, 436, 437, 438, 442, 443, 445, 446, 450, 452, 456, 458, 459, 460, 461, 462, 466, 468, 470, 480, 488, 490, 495, 496
PARME (duché de) : 300
PASTORECCIA : 9, 71, 73, 74, 76, 134, 201, 228, 252, 253, 254, 257, 259, 263, 271, 377, 445, 446, 447, 448
PATRIMONIO : 197, 331, 338, 368, 474
PAYS MESSIN (le) : 20, 33, 150
PEDI PUGHIETTU : 194
PÉLOPONNÈSE (le) : 36
PENTA-DI-CASINCA : 369
PERO DI TAVAGNA : 128
PESCIA : 210
PÉZENAS : 24, 162
PHILADELPHIE : 23, 66, 190, 340, 358, 363, 383, 403
PHILIPSBOURG : 330
PIANOSA (île de) : 60
PICCADILLY : 411
PIE-DI-PARTINO : 141, 177
PIERRE-EN-CIZE : 60
PIETRA-CORBARA : 103
PIETRALBA : 508, 582, 602
PIGNEROL : 28, 49, 50, 56, 57, 59, 60, 61, 318, 320, 378, 379, 398
PISE : 44, 45, 61, 112, 125, 129, 171, 223, 229, 266, 274, 308, 309, 337, 385, 405, 422, 449, 452, 456, 476, 481, 483
PLAISANCE (duché de) : 300
PÔ (le) : 54
POGGIO MEZZANA ou TAVAGNA : 134
POGGIO DE MORIANI : 136, 140, 141, 267
POGGIO D'OLETTA : 369
POLOGNE (la) : 311, 349, 414
POMPEI : 448, 449
PONTE LECCIA : 31, 94
PONTE-NOVO : 154
PONT-SAINT-ESPRIT : 50, 102, 297, 425
PORRAGGIO : 261
PORT-MAHON : 289, 354, 394, 396, 407, 456
PORTMAN SQUARE : 414
PORTO FERRAIO : 474, 481
PORTO-LONGONE : 315
PORTONOPEI : 191
PORTO-VECCHIO : 191, 211, 380, 476
PORTSMOUTH : 98, 150, 392, 404
PORT-VENDRES : 49

POTSDAM : 284, 402
POZZO DI BRANDO : 228, 309
PRAGUE : 366
PROVINCES-UNIES (les) : 20, 301, 303, 347, 384, 461
PRUNELLI DE CASACONNI : 484

Q

QUÉBEC : 298, 363
QUERCY (le) : 375
QUIBERON : 460, 471, 486

R

RAPOLSTEIN (comté de) : 525
RASTADT : 154
RATISBONNE : 387
REGENT STREET : 411
RÉGUSSE : 54, 264, 511, 512
RHEINSBER (château de) : 205
RIALTO (le) : 228
RICHMOND : 98, 150, 410, 415
ROCCA SOPRANA : 58, 79
ROCHEFORT : 51, 262, 310, 347
ROGLIANO : 39, 43, 103, 119, 128, 252, 286, 308, 312, 315, 343, 344, 367, 378, 422, 423
ROME : 13, 15, 18, 25, 30, 36, 37, 38, 39, 41, 42, 43, 44, 46, 50, 51, 59, 61, 63, 81, 85, 86, 88, 89, 90, 96, 97, 104, 107, 109, 111, 112, 113, 116, 119, 123, 124, 125, 129, 147, 166, 179, 192, 205, 206, 210, 215, 216, 217, 219, 229, 233, 237, 248, 250, 251, 252, 255, 258, 259, 279, 287, 299, 304, 305, 308, 326, 328, 329, 330, 339, 358, 367, 405, 409, 411, 417, 432, 454, 456, 467, 476, 484, 491, 493, 494
ROSTINO (le) : 67, 71, 121, 126, 131, 133, 142, 143, 191, 214, 222, 252, 257, 269, 312, 337, 376, 377, 396, 467
ROTTERDAM : 235, 306, 477
ROUERGUE (le) : 368, 370, 374, 375
ROUEN : 156, 210, 235
ROUSSILLON : 49, 368
RUGGEBERG : 149
RUSSIE (la) : 158, 163, 349, 385, 394, 394, 396, 397, 407, 420

S

SAGONE : 89, 192, 240, 303, 309, 370, 421, 423, 453
SAINT-ANGE (le pont) : 40, 104
SAINT BRANDAN (îles de) : 384
SAINT-CHRISTOPHE (île de) : 20
SAINT-CLOUD : 58, 164, 442
SAINT-CYR (maison de) : 398, 419
SAINTE-HÉLÈNE (île de) : 92, 499
SAINTE-ILDEFONSE : 169, 200
SAINTE-LUCIE DE MORIANI : 521, 578
SAINT-FLORENT : 23, 29, 39, 49, 102, 103, 114, 128, 131, 192, 200, 241, 242, 264, 312, 324, 333, 343, 348, 350, 352, 357,, 367, 368, 374, 442, 444, 451, 463, 473, 474, 479, 480, 488
SAINT-JAMES (la cour de) : 21, 23, 156, 467
SAINT-JEAN-DE-LUZ : 29
SAINT-PANCRACE (cimetière de), à Londres : 456, 501
SALAMANQUE : 18, 308
SALICETTO : 77, 83, 115, 125, 132, 220, 422, 422, 445
SALTHILL : 499
SAN COLOMBANO : 107, 306, 366
SAN MARTINO-DI-LOTA : 451
SAN MINIATO : 118, 186
SAN PANCRAZIO DE BIGUGLIA : 104
SAN PELLEGRINO : 106, 108, 141, 143, 171, 177, 197, 198, 200, 201, 213, 232, 264
SAN PIETRO (île) : 463
SAN ANTONIO DE LA CASABIANCA : 132, 140
SANTA MARIA D'ORNANO : 112
SANTA MARIA SICCHÉ : 101
SANTA REPARATA DELLA BROCCA : 67
SANTA SEVERA : 286
SANTI ESTEBAN DEL PUERO : 129
SANTO STEPHANO : 464
SARDAIGNE : 20, 93, 120, 121, 152, 155, 206, 210, 237, 239, 240, 241, 271, 275, 289, 300, 330, 339, 356, 372, 378, 380, 388, 396, 406, 415, 420, 426, 434, 455, 459, 460, 461, 462, 463, 464, 465, 466, 467, 476, 496
SARTÈNE : 24, 66, 103, 106, 107, 112, 113, 131, 206, 320, 378, 434, 454
SAVE : 148, 477
SHUGBOROUGH : 335
SICILE (le royaume de) : 93
SIDON : 87

SOHO (le quartier de) : 290, 411, 466, 490
SOLENZARA : 206, 338, 456
SOLLACARO : 331, 335
SOUTHAMPTON : 404
STORY POINT (New York) : 383
STRATFORD-ON-AVON : 363
STRETTA (hameau de la) : 65, 69, 79, 79
STÜRTZER (auberge), à Munich : 387
SUISSE (la) : 302, 329, 385
SYRACUSE : 243, 244, 245, 278, 334
SYRIE (la) : 184

T

TAHITI : 308, 354
TALASANI : 48, 49, 52, 56, 106, 107, 114, 115, 128, 134, 141, 168
TAMISE (la) : 390
TANGER : 165
TAVAGNA : 101, 103, 106, 107, 115, 128, 129, 130, 134, 139, 140,, 141, 143, 168, 197, 198, 199, 201, 220, 345, 485
TEGHIME (le col de) : 367
TERRA VECCHIA (quartier de), à Bastia : 103
TIBRE (le) : 467, 484
TINOS (île de) : 50, 236
TIVOLI : 517, 542, 564
TOLÈDE : 214, 240
TOMINO : 312, 316, 332, 342
TOULON : 4, 15, 21, 40, 51, 55, 203, 210, 212, 225, 229, 232, 243, 246, 249, 262, 296, 297, 310, 318, 329, 341, 355, 359, 370, 371, 423, 425, 431, 438, 458, 460, 461, 462, 463, 464, 465, 466, 467, 468, 470, 471, 472, 473, 474, 475, 487, 488, 497
TOUR DE LONDRES (la) : 31, 357, 390
TOURNON : 438
TRÈVES : 189, 300, 524
TRIPOLI : 14, 171, 239
TUILERIES (les) : 379, 458, 462, 498
TUNIS : 14, 30, 37, 62, 69, 144, 146, 171, 178, 186, 190, 191, 206, 261, 315, 432, 494
TURIN : 124, 209, 210, 216, 217, 238, 240, 241, 242, 326, 330, 339, 356, 380, 406, 480
TYR : 87

U

UTOPIA (île d') : 384
UTRECHT : 93, 184, 306, 329, 340, 344, 387

V

VADINA (étang de) : 197
VALENCE : 96, 330, 438, 484
VALENCE (Espagne) : 41
VALLADOLID : 109
VALLE-DI-ROSTINO : *voir* Morosaglia
VALLEY FORGE : 383, 403
VALOMBROSA (couvent de) : 387
VAUCELLES : 34
VAUCLUSE (le) : 463
VAUX (château de) : 506
VENACO : 309, 444
VENDÉE (la) : 455, 486
VENISE : 13, 14, 15, 18, 19, 20, 30, 35, 38, 39, 41, 42, 44, 49, 50, 51, 52, 54, 55, 56, 57, 60, 61, 62, 63, 76, 77, 99, 101, 103, 104, 105, 106, 107, 108, 112, 115, 116, 117, 118, 124, 125, 126, 127, 128, 129, 130, 138, 140, 141, 147, 148, 159, 160, 166, 168, 169, 179, 202, 203, 211, 215, 217, 227, 229, 231, 232, 233, 234, 249, 250, 268, 273, 274, 291, 293, 301, 304, 306, 312, 314, 320, 327, 329, 371, 411, 413, 414, 415, 429, 456, 456, 491, 493, 494
VÉRONE : 101, 314, 386, 471
VERSAILLES : 15, 21, 32, 33, 36, 90, 94, 99, 154, 156, 178, 182, 183, 210, 212, 229, 237, 244, 246, 247, 273, 277, 292, 293, 296, 320, 343, 349, 353, 356, 362, 364, 365, 371, 379, 386, 392, 396, 397, 398, 401, 405, 406, 407, 420, 421, 422, 426, 430, 431, 435, 445
VESCOVATO : 107, 108, 114, 115, 140, 141, 170, 310, 334, 337, 346, 430
VÉSUVE : 85, 220, 475
VICO : 66, 96, 108, 218, 221, 378, 434, 458
VICHY : 436
VIENNE (Autriche) : 13, 15, 30, 35, 50, 51, 59, 60, 61, 94, 107, 108, 116, 121, 124, 125, 147, 148, 152, 154, 156, 163, 169, 170, 171, 182, 207,

209, 217, 231, 240, 247, 250, 273, 339, 386, 396, 400, 495
VILLAFRANCA : 28, 231
VIRGINIE (la) : 363
VIVARIO : 142, 378, 379
VIZZAVONE : 355
VOLTERRA : 238

W

WESTMINSTER (abbaye de) : 299, 390, 502
WEXFORD (comté de) : 486
WIGHT (île de) : 17, 27, 28, 147, 404
WILTON HOUSE : 68
WURTEMBERG (duché de) : 180, 247, 300

Y

YORKTOWN : 272

Z

ZANTE : 18, 55, 62, 159, 228
ZARA : 128, 129, 314
ZATHMAR : 159
ZICAVO : 32, 41, 62, 105, 113, 115, 123, 126, 127, 141, 168, 198, 199, 206, 213, 225, 228, 291, 292, 293, 321, 322, 422, 452, 453
ZIGLIARA : 178

Table des matières

Avant-propos 11

CHAPITRE PREMIER

La Corse : entre tolérance et esprit de croisade (1533-1669)

Corte-Édimbourg : les Corses et les Stuarts 21
Corte-Metz : les Corses et la maison de Lorraine 32
Corte-Constantinople : de la tolérance au combat antiturc 36
Corte-Rome : la garde corse pontificale 42
Un Masque de fer corse ? 46

CHAPITRE II

Paoli : le fils de Giacinto

Morosaglia : le village natal 66
La mère de Paoli 71
Le premier vendredi après Pâques 75
Le père de Paoli 76
Le manque d'argent 78
Le manque de « naissance » 79
La culture de Giacinto 83
Et Dieu ? 88
Le fils du Voltaire corse 89
Le *nobile* Giacinto de La Stretta 91

CHAPITRE III

Une enfance entre révolution et complots

Cardone : nom de code 95
1729 : complot espagnol autour de la Corse 99
1730 : du sang et des larmes 101
Complot vénitien autour de la Corse 104
Un vrai complot dévot, hispano-vénitien, théologiens en tête 108
La Corse : base navale de toute l'Europe 111
Les Allemands en Corse 113
Giacinto Paoli, un veuf discret 114
Des armoiries faussement problématques 118
Un père emprisonné (1732) 120
Complot espagnol sur la Corse 123
Un père menacé d'arrestation 125
Giacinto Paoli : un homme qui monte (1734) 126
Un père général de la nation 132
Un père législateur 136
Un père contesté 139
Un père vaincu 142

CHAPITRE IV

Paoli : l'élève de Neuhoff ?

L'internationale jacobite 147
Neuhoff et l'effondrement du complot espagnol (1729-1735) 166
Neuhoff agent du duc de Lorraine en Corse 170
Le messager du Ciel 172
Neuhoff et la fête de l'Annonciation : le mythe fondateur de Pascal Paoli 173
Giacinto Paoli - Neuhoff : premiers contacts 177
Neuhoff : un savoir encyclopédique aux pieds de Pascal Paoli 183
Les objectifs de Neuhoff 188
Les objectifs de Giacinto Paoli 191
Un royaume mal en point 194

CHAPITRE V

L'absent : Naples (1739-1754)

L'amertume de l'exil 213
Séductions françaises et résistances corses 224
Pascal cadet au régiment *Corsica* 226
Le retour de Neuhoff 229
Pascal à l'Académie royale de Naples 232
La guerre de Succession d'Autriche 236
Pascal Paoli et la tentation française 242
L'assassinat de Gaffori 248
Pascal, Clemente, Giacinto : une famille de comploteurs ... 250
La Corse et le grand maître de l'ordre de Malte 254
Paoli à la veille de rentrer en Corse 256

CHAPITRE VI

Le Général (1755-1756)

La naissance du paolisme 264
La conquête du pouvoir 267
Paoli face à Matra 272
Illusions perdues 275
Constitution paoline et gouvernement national 278
Pascal Paoli et Frédéric de Neuhoff 283
Paoli : déjà pro-anglais 288
Paoli face à Giacomo Pietro Abbatucci 291

CHAPITRE VII

Le chef d'État (1756-1768)

Entre royauté et statoudhérat : le mystère du trône 298
Le visiteur apostolique 304
L'Imprimerie nationale 307
L'université de Corte 308
La monnaie de Pascal Paoli 310
Pascal Paoli et le cap Corse 312
La marine corsaire de Pascal Paoli 313
Le Palais national de Paoli à Corte 316
Paoli et Valcroissant 317

Paoli et Rousseau 322
Boswell découvre la Corse 327
Boswell rencontre Paoli 335
Boswell, le père de la légende paoliste 338
La réalité corse 343
L'armée paoline 344
Les paolistes prennent Capraja 348
Paoli face au traité de Versailles 349
Paoli, un grand cosmopolite oublié de Choiseul ? 355
Voltaire, Paoli, entre Lumières et déisme 360
Du traité de Versailles à la victoire paoliste de Borgo 365
Ponte Novo 374
Paoli et Mirabeau 379

CHAPITRE VIII

L'exilé londonien (1769-1790)

Sur le chemin de Londres 385
Londres 390
Marbeuf, à Bastia, remplace Paoli 397
Paoli : un jeune rentier 399
Paoli franc-maçon 402
La flamme du souvenir 404
Paoli et les femmes 407
Le whist, le thé, la promenade, le cheval 410
La lecture 411
L'écriture, les salons, les amis, les artistes 412
La musique, l'opéra 413
Paoli et les hommes politiques 414
Paoli et Maria Cosway 415
La Corse et les débuts de la Révolution 418
Paoli et la Constituante 428
De Londres à Paris : fidélité ou trahison ? 431
Paoli à Paris 434

CHAPITRE IX

Le citoyen du ciel (1790-1807)

Paoli en Corse : 1790-1792 443
La France en guerre (1792) 458
Paoli et l'expédition de Sardaigne 460

PAOLI : UNE GUERRE MAÇONNIQUE ET FRATRICIDE 464
PAOLI ET LES ANGLAIS (1793) 469
LE ROYAUME ANGLO-CORSE (1794-1796) 477
DERNIER EXIL LONDONIEN 480
DIEU : UN CONFIDENT MAIS PAS UN MAÎTRE 488
UN VIEILLARD FACÉTIEUX 493
LE CITOYEN DU CIEL 497
LE TESTAMENT DE PAOLI 500
REMEMBER PAOLI 501

NOTES 503

SOURCES IMPRIMÉES ET BIBLIOGRAPHIE 549

PREMIERS CORSES AU SERVICE DU ROI DE FRANCE (1524-1669) .. 572
QUELQUES CORSES AU SERVICE DU PAPE ET DE VENISE 574
LES CORSES THÉODORIENS 574
LE GOUVERNEMENT DE PAOLI 580
CORSAIRES PAOLISTES 584
RENSEIGNEMENTS D'ORDRE ÉCONOMIQUE FOURNIS PAR BOSWELL 585

CHRONOLOGIE 587

INDEX DES NOMS DE PERSONNE 591

INDEX DES NOMS DE LIEUX 619

Photocomposition Nord Compo
Villeneuve d'Ascq

Impression réalisée sur CAMERON par
BRODARD ET TAUPIN
La Flèche

pour le compte des Éditions Fayard
en mai 2005

Dépôt légal : juin 2005
N° d'édition : 58354 – N° d'impression : 30195
ISBN : 2-213-62469-0
35-65-2669-6/01

Imprimé en France